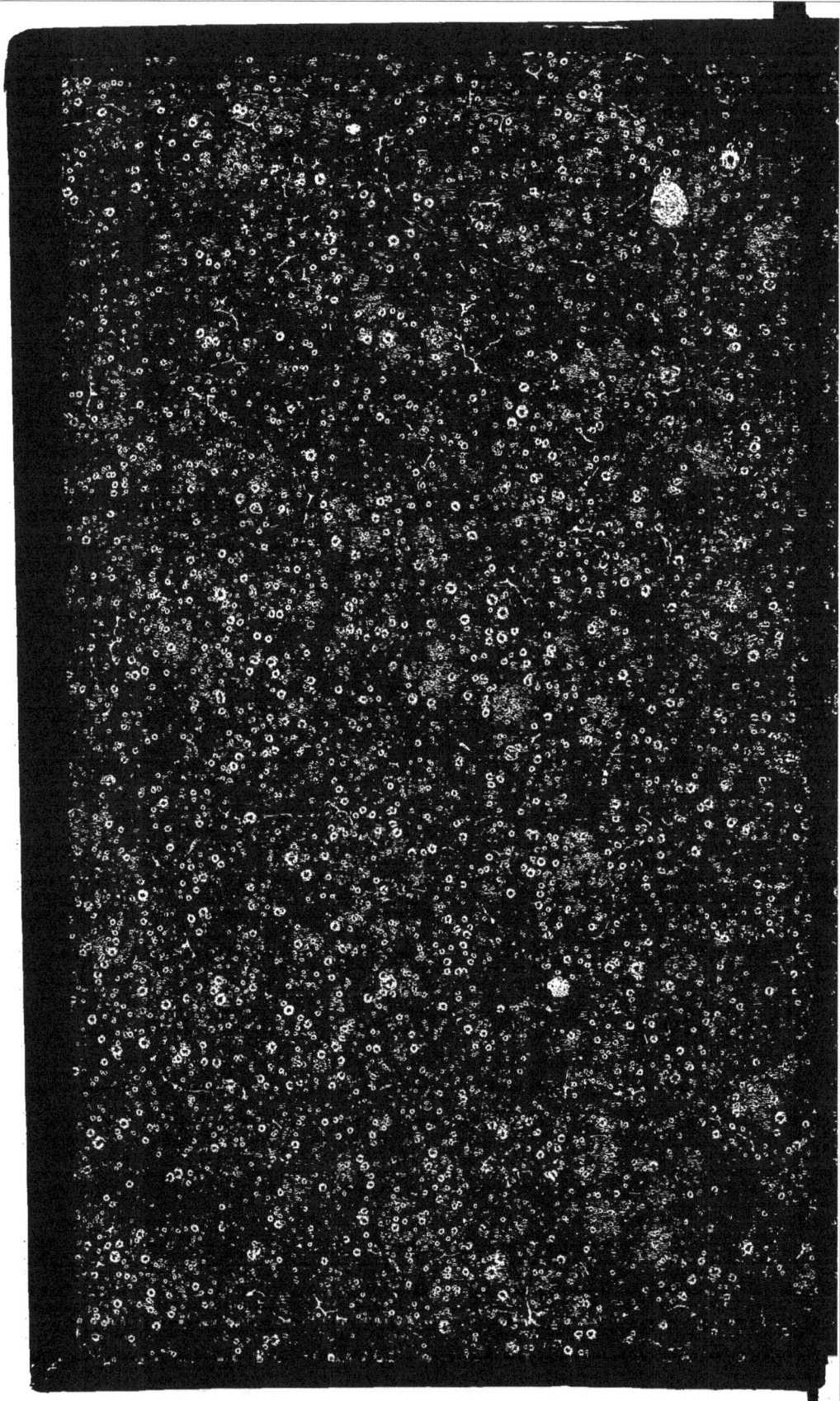

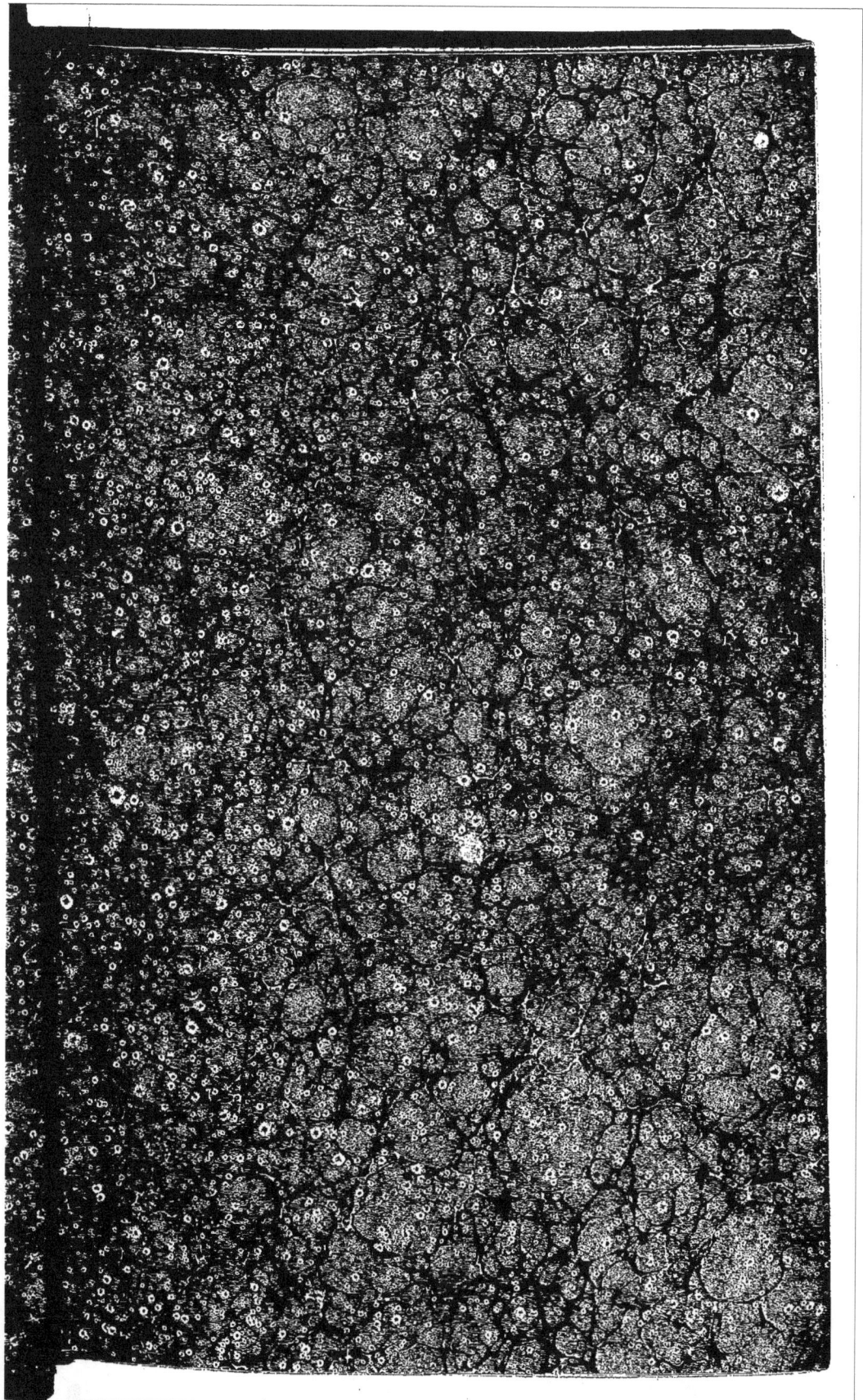

EXPLICATION

théorique et pratique

DU CODE NAPOLÉON

VI

EXPLICATION

THÉORIQUE ET PRATIQUE

DU CODE NAPOLÉON

CONTENANT

L'ANALYSE CRITIQUE DES AUTEURS ET DE LA JURISPRUDENCE

ET UN

TRAITÉ RÉSUMÉ APRÈS LE COMMENTAIRE DE CHAQUE TITRE ;

PAR V. MARCADÉ,

Ancien avocat à la Cour de Cassation, au Conseil d'État et du Ministère de l'Intérieur,
l'un des rédacteurs-fondateurs de la *Revue critique de Jurisprudence.*

SIXIÈME ÉDITION,

Augmentée de plusieurs Questions et des Lois et Arrêts récents.

> La science du droit consiste autant dans
> la réfutation des faux principes que dans la
> connaissance des véritables.
> *Répertoire de* MERLIN, vᵉ *Novation.*

TOME SIXIÈME

PARIS

DELAMOTTE, ADMINISTRATEUR DU RÉPERTOIRE DE L'ENREGISTREMENT
par M. Garnier,

9, RUE CHRISTINE-DAUPHINE, 9

—

1868

EXPLICATION
DU CODE NAPOLÉON.

LIVRE TROISIÈME.

TITRE V.

DU CONTRAT DE MARIAGE ET DES DROITS RESPECTIFS DES ÉPOUX!

CHAPITRE II. — SECTION IX.

DES CONVENTIONS EXCLUSIVES DE LA COMMUNAUTÉ.

I. — Nous avons étudié dans le tome précédent tout le régime de la communauté, soit légale, soit conventionnelle ; et il nous reste dès lors à voir, pour terminer l'importante matière du *Contrat de mariage,* les trois régimes exclusifs de communauté, c'est-à-dire : 1° le régime de simple exclusion de communauté ; 2° le régime de séparation de biens ; 3° le régime dotal.

II. — Quoique ces trois régimes eussent dû, logiquement, ne former qu'une seule et même division de notre titre, division opposée à celle s'occupant des clauses de communauté, le Code, au contraire, présente les deux premiers comme des accessoires du régime de la communauté, et en fait ici l'objet de la section IXᵉ et dernière du chapitre consacré à ce régime, pour donner ensuite un chapitre particulier au régime dotal ; en sorte que la division du Code est celle-ci : 1° *Régime de communauté* (embrassant dans ses détails l'exclusion de communauté et la séparation de biens) ; 2° *Régime dotal.* On sait que ce plan, dont nous avons soin de nous écarter dans notre Traité-Résumé, mais que nous devons suivre dans notre Commentaire, se justifie par l'histoire, les rédacteurs ayant dû trouver tout naturel de reproduire dans un même chapitre toutes les règles formant autrefois une même législation. La France se divisait autrefois en deux parties : 1° pays de coutume et *de communauté ;* 2° pays de droit écrit et *de dotalité ;* et c'était dans les premiers seulement qu'il était question d'exclusion de communauté et de séparation de biens. De là nos deux chapitres :

1° *Régime de communauté* (comprenant l'exclusion de communauté et la séparation de biens); 2° *Régime dotal* (1).

III. — Après avoir donné, dans un premier article, l'indication des deux régimes d'exclusion simple de communauté et de séparation de biens, notre section va s'en occuper successivement dans deux paragraphes distincts.

1529. — Lorsque, sans se soumettre au régime dotal, les époux déclarent qu'ils se marient sans communauté, ou qu'ils seront séparés de biens, les effets de cette stipulation sont réglés comme il suit.

§ 1er. — **De la clause portant que les époux se marient sans communauté.**

1530. — La clause portant que les époux se marient sans communauté, ne donne point à la femme le droit d'administrer ses biens, ni d'en percevoir les fruits : ces fruits sont censés apportés au mari pour soutenir les charges du mariage.

1531. — Le mari conserve l'administration des biens meubles et immeubles de la femme, et, par suite, le droit de percevoir tout le mobilier qu'elle apporte en dot, ou qui lui échoit pendant le mariage, sauf la restitution qu'il en doit faire après la dissolution du mariage, ou après la séparation des biens qui serait prononcée par justice.

1532. — Si, dans le mobilier apporté en dot par la femme, ou qui lui échoit pendant le mariage, il y a des choses dont on ne peut faire usage sans les consommer, il en doit être joint un état estimatif au contrat de mariage, ou il doit en être fait inventaire lors de l'échéance, et le mari en doit rendre le prix d'après l'estimation.

SOMMAIRE.

I. L'exclusion de communauté, même à part l'aliénabilité des biens, diffère encore du régime dotal : erreur de M. Zachariæ et de MM. Pont et Rodière.
II. Le mari prend ici tous les fruits, ceux du travail comme tous autres. A lui dès lors appartiennent les acquisitions faites avec les économies. *Quid* de celles faites au nom de la femme quand elle ne prouve pas *undè habuit* : dissentiment avec M. Troplong.
III. Droit d'administration du mari. Réception du mobilier : inventaire. Restitution de ce mobilier à la fin de l'usufruit.
IV. Payement des dettes. Les créanciers de la femme ne peuvent agir que sur la nue propriété de ses biens : critique de MM. Duranton, Troplong, etc.

I. — La simple déclaration des époux qu'ils se marient sans communauté, ou qu'ils ne seront pas communs en biens, ou qu'il n'y aura pas communauté entre eux, ou toute autre phrase équivalente, n'emporte ni le régime dotal ni la séparation de biens; elle produit un régime particulier, le plus avantageux de tous pour le mari, régime qui reçoit le nom d'Exclusion de communauté. Nous disons que les expres-

_____

(1) *Voy.*, au tome précédent, les *Observations préliminaires* de ce titre.

sions employées sont indifférentes. Un auteur cependant (M. Taulier, V, p. 23 et 218) a eu l'étrange idée de soutenir que les époux qui déclareraient simplement *exclure la communauté*, sans autre explication, se trouveraient soumis, non au régime qui nous occupe, mais à la communauté légale! Sa raison est que la clause ne manifeste pas suffisamment la pensée des parties, et qu'on doit dès lors les soumettre au régime de droit commun, comme s'ils n'avaient pas fait de contrat... Une pareille idée n'est pas même soutenable, comme le disent justement MM. Pont et Rodière (II, 767). Il n'est pas sérieux de venir dire qu'on n'indique pas assez l'intention d'adopter l'*exclusion de la communauté*, en déclarant qu'on entend *exclure la communauté*.

Le régime exclusif de communauté, bien que présentant une très-grande analogie avec le système qui régit les biens dotaux quand ils sont déclarés aliénables, en diffère cependant encore sur quelques points. Il est vrai qu'on a enseigné le contraire. M. Zachariæ (III, p. 385 et 562) et MM. Pont et Rodière (II, 769-782) prétendent que, à part l'inaliénabilité des biens dotaux (qu'il est toujours possible de faire disparaître), ces biens et ceux de la femme mariée sous l'exclusion de communauté sont absolument soumis aux mêmes règles, et que les dispositions de nos art. 1530-1535 doivent se compléter et s'interpréter par celles des art. 1549-1573. C'est une grave erreur : l'identité de règles est presque entière ; mais elle n'est pas entière, attendu que c'est par les dispositions du régime de communauté, de l'ancien droit coutumier, et non par celles du régime dotal, de l'ancien droit écrit, que notre paragraphe doit s'expliquer et se compléter. Ainsi, tandis que le mari, d'après l'art. 1549, est investi du droit de poursuivre seul tous détenteurs de biens dotaux et d'exercer ainsi les actions pétitoires même immobilières, ces dernières actions ne pourraient être exercées ici que par la femme assistée du mari, comme sous le régime de communauté ; car le mari n'a jamais été, dans notre droit national, propriétaire des biens de la femme non commune, comme il était, en droit romain, *dominus dotis*. Ainsi encore, tandis que, d'après l'art. 1571, les fruits que produisent les immeubles dotaux la dernière année du mariage se partagent entre les époux ou leurs héritiers, en proportion de la durée du mariage pendant cette dernière année, en sorte que, si cette durée a été de huit mois, le mariage aura droit à deux tiers (et devra dès lors restituer un tiers de la récolte qu'il a déjà faite en totalité), comme aussi réciproquement, si rien n'est encore recueilli, il pourra se faire remettre plus tard les deux tiers de la récolte ; au contraire, sous le régime exclusif de communauté, on appliquera les principes ordinaires de l'usufruit ; et le mari, comme l'enseignait très-formellement Pothier, gardera, lors de la dissolution, la totalité des fruits alors perçus, sans avoir aucun droit sur ceux qui sont à percevoir ultérieurement. On ne pourrait appliquer non plus ni la disposition qui autorise le mari, pour certains cas, à ne restituer les biens de la femme qu'un an après la dissolution (art. 1565), ni celle qui donne à la femme un droit d'habitation pendant l'année de deuil (art. 1570)...

Comment soutenir le contraire de tout ceci en présence du plan adopté par le Code et de l'historique de sa confection? Comment admettre que c'est au régime dotal, non aux principes adoptés pour la communauté et suivis autrefois dans les pays de coutume, que les rédacteurs ont entendu se référer, quand le régime qui nous occupe n'est pour eux qu'une des parties intégrantes du système de la communauté? Comment leur pensée aurait-elle été que nos articles trouveraient leur complément dans les règles particulières du régime dotal, alors que leur intention, en écrivant ces articles, était de ne pas même admettre ce régime dotal dans le Code?... L'idée de M. Zachariæ et de MM. Pont et Rodière ne nous paraît pas même soutenable; et l'argument suprême sur lequel l'appuient ces derniers en donne précisément la condamnation la plus énergique (1).

En effet, quoique le projet primitif n'admît pas le régime dotal, il semblait cependant l'admettre, ou du moins il parlait, et assez longuement, de biens dotaux et de biens paraphernaux (*voy.* Fenet, t. XIII, p. 520-522, art. 132-145). Ce projet divisait en trois les régimes de non-communauté : ou les biens de la femme étaient tous dotaux (art. 133-138), ou ils étaient tous paraphernaux, ou ils étaient en partie dotaux et en partie paraphernaux; et quand les époux déclaraient adopter l'exclusion de communauté, cette clause les soumettait aux règles posées pour les biens dotaux (art. 143). C'est de là que partent MM. Pont et Rodière. Vous voyez bien, disent-ils (n° 770), que la pensée des rédacteurs était d'identifier le régime dotal et le régime d'exclusion de communauté, et que, pour eux, biens dotaux et biens soumis à l'exclusion de communauté, c'était même chose... Eh! oui, sans doute, c'était même chose. Mais prenez donc garde. Le régime dotal du projet, qui était tout un avec le régime exclusif de communauté, au point qu'on ne réglait celui-ci que par un renvoi aux règles du premier, était-ce le régime dotal d'aujourd'hui? était-ce le régime dotal du droit écrit? était-ce le régime dotal que règle le chap. III de notre titre? Pas le moins du monde. C'était un prétendu régime dotal qui n'avait de la dotalité que le mot sans la chose, et qui n'était destiné qu'à dissimuler aux yeux des provinces méridionales la suppression du vrai régime dotal, et la substitution qu'on y faisait de la simple exclusion de communauté, telle que la pratiquaient nos pays de coutume. Cela est si vrai, que non-seulement l'inaliénabilité des immeubles n'y était pas insérée, mais qu'il n'était pas même permis de l'y introduire par une stipulation expresse du contrat de mariage (art. 138). Et c'est bien pour cela, c'est bien parce que les pays de droit écrit virent qu'on brisait leurs traditions pour les soumettre de vive force aux règles coutumières, qu'ils se révoltèrent, forcèrent la main au législateur et l'amenèrent enfin à leur donner le régime dotal (le vrai), qui fait l'objet de notre chap. III. Ainsi, il est très-vrai que notre pa-

---

(1) Pothier (n° 466); Duranton (XV, 278, puis 298 et suiv.); Bellot des Minières (III, p. 353, et IV, p. 480); Odier (II, 944); Troplong (III, 2234).

ragraphe, restreint aujourd'hui à la seule exclusion de communauté, avait été rédigé tout d'abord pour le soi-disant régime dotal aussi bien que pour elle, et que les deux régimes n'en devaient plus faire qu'un; mais bien loin qu'on voulût par là, en quoi que ce soit, imposer à l'exclusion de communauté les règles spéciales de la dotalité et modifier le droit coutumier par le droit écrit, c'était, au contraire, pour l'anéantissement du droit écrit et la suppression du régime dotal que le projet était fait! Que plus tard on ait reculé devant cette suppression, que, contraint et forcé, le législateur ait fini par admettre les principes de la dotalité romaine, et que chacun dès lors soit libre de les adopter, à la bonne heure; mais que notre section ait été écrite sous l'influence de ce système auquel on ne songeait que pour le proscrire, et qu'on .ait entendu qu'elle s'interpréterait par les règles de ce système, encore une fois, ce n'est pas soutenable.

II. — Sous le régime exclusif de communauté, le mari, d'après notre art. 1530, est seul maître des fruits et revenus de tous les biens de la femme : et il ne faut pas dire, comme on le fait quelquefois, que c'est comme mandataire de sa femme qu'il perçoit ces fruits; rien n'est plus inexact : il les perçoit par son droit propre, *jure mariti ;* il les perçoit parce qu'ils lui appartiennent et qu'il est constitué, sous l'obligation de subvenir aux charges du mariage, l'usufruitier de tous les biens de la femme. Ces fruits lui appartiennent si bien que, les besoins du ménage une fois satisfaits, tout ce qui en reste lui demeure propre, et que toutes les acquisitions qu'il peut faire avec les économies des revenus, si considérables que ces acquisitions puissent être, sont sa propriété personnelle.

Le mari prend tous les fruits, sans exception, loyers des maisons, fermages ou récoltes en nature des biens ruraux, arrérages de rentes perpétuelles ou viagères, intérêts de capitaux, gains du travail ou de l'industrie quelconque de la femme ; car ces gains sont aussi des fruits, des produits dont le travail est le principe producteur, le capital, pour ainsi dire. Ainsi, des tableaux, des statues ou autres sculptures, des partitions musicales, en un mot tous travaux d'art, de science ou de littérature que ferait la femme, appartiendraient au mari. Nous insistons sur cette idée, parce que quelques jurisconsultes la méconnaissent et soutiennent que ces objets doivent être considérés comme un capital, dont la propriété dès lors reste à la femme et l'usufruit seulement au mari, qui ne pourrait ainsi prendre que les intérêts du prix de vente de ces objets. Ils disent que des tableaux, par exemple, quoique formant bien des fruits en réalité et au point de vue des idées économiques, ne sont pas tels dans le sens du Code, parce qu'ils ne sont pas des produits *périodiques* (1). C'est une erreur manifeste, et rien n'autorise à supposer ici à la loi un autre langage que le langage de tout le monde et de la vérité des choses : les tableaux que compose un peintre et du

_____

(1) On trouve un écho de cette doctrine inexacte, ainsi que de la fausse idée de mandat signalée plus haut, dans les *Répétitions écrites* de M. Mourlon, 3ᵉ Examen, p. 98.

prix desquels il vit sont, pour la loi comme pour tout le monde, *le fruit de son travail* ; il n'est pas même vrai de dire qu'il n'y ait point ici cette production successive et réitérée qui fait définir les fruits *quod ex re nascitur et renascitur*, puisqu'on trouve un même principe, un même travail, reproduisant par intervalles, et sans s'amoindrir lui-même, un second tableau après le premier, un troisième après le second, absolument comme la ferme qui me donne chaque année une récolte nouvelle sans diminuer de valeur. Il est très-vrai que les récoltes viennent à des intervalles égaux, tandis qu'il y aura des intervalles plus ou moins inégaux entre les tableaux successivement produits ; mais il est de toute évidence que cette inégalité d'intervalles est insignifiante, et que les 12 000 francs qu'un peintre a gagnés dans une année, en restant trois mois inoccupé et en faisant ensuite deux tableaux, dont l'un lui a demandé huit mois de travail et l'autre un mois seulement, sont tout aussi bien des fruits que les 12 000 francs que gagne un fonctionnaire au moyen d'un traitement fixe et régulier de 1 000 fr. par chaque mois... Sans doute, s'il s'agissait d'une femme riche se livrant à des travaux d'art sans aucun but d'intérêt, la règle serait différente : cette toile ou ce marbre, qui peut-être reproduisent les traits d'une personne chère ou fixent le souvenir d'un grave événement de famille, mais qu'en tout cas elle n'a travaillés que pour les conserver affectueusement, ne deviendraient pas la propriété du mari ; car ils ne sont proprement ni un fruit ni un capital, puisqu'ils n'ont point été créés et n'ont point été mis dans la maison comme valeur pécuniaire. Mais toutes les fois qu'il s'agira de gains, toutes les fois que le travail de la femme devra se traduire en argent, cet argent sera la propriété du mari, aussi bien pour l'œuvre la plus magnifique d'une artiste distinguée que pour les humbles travaux d'une modeste ouvrière.

Le mari prend donc tous les fruits et revenus de la femme sans exception ; et, une fois les besoins du ménage satisfaits, c'est à lui, nous l'avons déjà dit, que le reste appartient, c'est à lui seul qu'appartiennent tous les biens qu'il achète avec l'excédant. Quant à la femme, elle peut bien voir sa fortune s'augmenter, soit par des successions ou donations, soit par la découverte d'un trésor (car le trésor n'est pas plus un fruit de l'immeuble pour la moitié qui s'acquiert *jure soli* qu'il n'est un fruit du travail pour celle qui est attribuée à l'inventeur) ; mais elle ne peut rien acheter qu'au moyen de capitaux lui appartenant déjà. Cela étant, on s'est demandé si, dans le cas d'un achat fait au nom de la femme, ou du mari et de la femme, il y aurait, conformément à la loi romaine (L. *Quintus Mucius*, D., 1, 24 ; L. I, 51), présomption légale, jusqu'à preuve positive du contraire par la femme, que le payement a été fait des deniers du mari. M. Troplong (III, 2245, et IV, 3018) tient pour l'affirmative ; mais nous ne saurions partager son sentiment, et nous pensons avec plusieurs arrêts que le juge, sans pouvoir appliquer ici une prétendue présomption de droit qui n'est écrite nulle part dans notre loi moderne, doit se décider en fait et d'après les principes du droit commun. Il n'y a de présomptions légales,

aux termes de l'art. 1350, que celles qui sont proclamées *par une loi
spéciale*, et comme celle dont il s'agit n'est nulle part exprimée dans le
Code, elle se trouve dès lors enveloppée dans l'abrogation générale des
anciennes lois romaines, par la loi du 31 mars 1804. C'est qu'en
effet, dans notre ancien droit lui-même, cette présomption de la loi
romaine n'était admise déjà qu'avec de grands tempéraments : elle
recevait notamment exception, en général, dès là que l'acquisition avait
été faite en commun par les deux époux et ne s'appliquait qu'à l'acquisition faite pour la femme seule ; or, puisque l'on se contentait
ainsi, pour faire disparaître la présomption, de la reconnaissance tacite
de sincérité résultant, de la part du mari, de son concours comme
coacheteur, on devait arriver, pour être conséquent, à la faire disparaître aussi dans le second cas, puisque cette reconnaissance implicite
que l'achat est fait et payé par la femme, résulte tout aussi bien du
concours du mari autorisant et approuvant l'achat que de son concours
comme coacheteur. Ajoutons que l'abrogation de cette présomption de
droit n'avait pas l'ombre d'un inconvénient, et que le juge n'en arrivera
pas moins au même résultat : l'adversaire de la femme soutenant que le
prétendu achat de la femme n'est qu'une libéralité déguisée du mari,
et que, dès lors, il y a fraude, il y aura donc lieu, non-seulement à la
preuve testimoniale, mais aussi, et par là même, aux simples présomptions de fait. Si donc la femme ne peut pas expliquer *undè habuit*, ce
fait joint aux autres circonstances de l'affaire suffira pour la faire condamner... Le mieux était donc de laisser ce cas, comme l'a fait le Code,
sous l'empire du droit commun (1).

III. — Le mari est ici, comme sous le régime de la communauté,
l'administrateur de tous les biens meubles et immeubles de sa femme
(art. 1428) ; c'est à cause de cette similitude avec le régime de communauté et par allusion à ce régime que notre art. 1531 nous dit que le
mari *conserve* l'administration. Le mari exerce donc toutes les actions
mobilières et aussi les actions possessoires, mais quant aux actions immobilières pétitoires, on vient de voir au n° 1 qu'il n'en a pas l'exercice.

Administrateur et usufruitier de tous les biens de la femme, le mari
prend, sauf restitution à la fin de son usufruit, tous les meubles de
celle-ci, tant ceux qu'elle apporte lors de la célébration que ceux qui
lui échoient pendant le mariage. — Pour les choses qui se consomment
par l'usage, l'estimation doit en être faite, soit par le contrat de mariage, soit par l'inventaire dressé lors de la réception des objets dans le
cours du mariage ; pour les autres choses, il n'y a pas lieu à estimation,
mais il doit toujours, selon nous et malgré l'avis contraire de MM. Pont
et Rodière (II, 77), être fait un inventaire. Il est vrai que notre article 1532 ne fait mention d'inventaire que pour les choses de consom-

---

(1) *Voy.* Grenoble, 30 juin 1827 ; Pau, 10 déc. 1832 ; Agen, 22 juin 1833 ; Montpellier, 14 fév. 1843 (Dev., 33, 2, 240 ; 35, 2, 143 ; 43, 2, 222). — La Cour de Lyon a
rendu cependant un arrêt contraire, à la date du 11 mai 1848 (Dev., 49, 2, 286). —
Voy. d'ailleurs, sur la question, MM. Duranton (XV, n° 265) ; Benoît (*De la Dot*, I,
n°s 209 et 210) ; Tessier (*ibid.*, I, p. 206, note 370).

mation ; mais l'inventaire dont parle ici le texte, et dont l'obligation se trouve ainsi restreinte aux choses de consommation qui échoient durant le mariage, n'est que l'inventaire *estimatif,* faisant parallèle à l'état estimatif qu'on exige pour les mêmes choses apportées lors de la célébration. Quant à l'inventaire simple et purement indicatif des objets, le mari en est tenu par sa seule qualité d'usufruitier. Sans doute, il n'est pas tenu de donner caution, comme doit le faire en principe l'usufruitier ordinaire : l'exception que la loi pose à ce principe pour l'usufruit légal des père et mère, pour l'aliénateur sous réserve d'usufruit et pour le mari dotal (art. 601 et 1550), indique bien qu'on ne doit pas soumettre à cette mesure de défiance le mari non commun ; mais quant à l'inventaire, il est clair qu'il en est tenu, puisque l'art. 600 l'impose à tout usufruitier, même au père usufruitier légal. — Quand l'usufruit marital prend fin, ce qui peut avoir lieu, non-seulement par la dissolution du mariage, mais aussi par la séparation de corps et de biens ou de biens seulement qui viendrait à être prononcée, le mari restitue le prix fixé par l'estimation pour les choses de consommation ; quant à tous les autres biens meubles, il les restitue en nature et dans l'état où ils se trouvent, pourvu qu'ils ne soient pas détériorés par sa faute ou par un usage déraisonnable (cas auquel il devrait indemnité). Que si les choses qui devaient être estimées ne l'avaient pas été, on en déterminerait le prix, selon les cas, soit au moyen de mercuriales, soit à dire d'experts et en recourant au témoignage et à la commune renommée pour établir dans quel état les choses se trouvaient lors de la livraison. La femme pourrait également recourir à ce moyen de la commune renommée pour les choses de non-consommation que le mari aurait négligé de faire inventorier lors de leur réception et dont la consistance ne se trouverait pas régulièrement établie autrement.

IV. — De même que les biens de chaque époux lui restent propres, sauf le droit d'usufruit attribué au mari sur ceux de la femme, de même les dettes de chacun lui restent propres aussi, et les créanciers de l'un ne pourraient pas agir sur ce qui appartient à l'autre.

Les auteurs nous paraissent avoir fort mal appliqué sur un point les conséquences de ce principe... Tous reconnaissent bien que les créanciers du mari ne pourraient pas saisir les meubles de la femme, et que réciproquement les créanciers de la femme, tant que leur créance n'a pas une date certaine antérieure au mariage, ne peuvent saisir ni les meubles du mari ni l'usufruit des meubles de la femme, parce que cet usufruit appartient au mari. Mais ils prétendent que, quand les créances ont une date certaine antérieure au mariage, ces mêmes créanciers de la femme ont alors le droit d'agir sur la pleine propriété de ses meubles, sans être tenus alors de respecter l'usufruit du mari (1). Nous ne saurions admettre cette solution, que ses partisans d'ailleurs n'appuient d'aucune raison plausible. Hors le cas de privilége ou d'hypothèque, un

_____

(1) Duranton (XV, 291); Zachariæ (III, p. 562); Odier (II, 954); Troplong (III, 2268). — *Contrà* : Montpellier, 18 juin 1840 (Dev., 40, 2, 413).

créancier ne peut agir que sur les biens appartenant actuellement à son débiteur : or, ici, la femme débitrice n'a plus à elle que la nue propriété de ses biens ; elle a, par son contrat de mariage, aliéné l'usufruit. Cet usufruit ne pourrait dès lors être pris par ses créanciers que par application de l'art. 1167, par l'exercice de l'action Paulienne, c'est-à-dire au moyen de la preuve, faite par ces créanciers, que c'est en fraude de leurs droits que la femme s'est dépouillée de son usufruit. Tant qu'on n'articule pas de fraude, tant surtout que la nue propriété, soit des meubles, soit des immeubles, peut faire face au payement, les créanciers ne sauraient agir sur un usufruit qui n'appartient plus à leur débitrice. L'auteur qui insiste le plus sur l'idée contraire, M. Troplong, en donne pour toute raison ces deux propositions, que « les créanciers ne perdent pas leur gage parce que le mari devient administrateur des biens de la femme, et que *dos in fraudem creditorum constitui non potest.* » Non, sans doute, ce n'est pas de ce que le mari est désormais *l'administrateur* des biens que découle cet effet, mais c'est de ce qu'il en est aussi *l'usufruitier.* Quant à la maxime invoquée, elle vient confirmer notre doctrine, loin de la contrarier, puisqu'elle ne permet de porter atteinte à la convention matrimoniale que quand elle est faite *in fraudem creditorum.* Ce n'est donc que par exception et dans le cas de fraude que les créanciers pourraient agir sur les revenus ; hors de là et en principe, ils sont sans droit, comme l'a jugé en 1840 la Cour de Montpellier.

Nous supposons, bien entendu, dans ce qui précède, qu'un inventaire, ou, à son défaut, quelque autre moyen de preuve positive, établit bien la distinction des meubles de la femme et des meubles du mari ; car si les deux mobiliers se trouvaient confondus, les créanciers du mari pourraient agir sur les meubles de la femme, et réciproquement les créanciers de la femme pourraient agir (mais toujours pour la nue propriété seulement) sur les meubles du mari. Il va sans dire qu'il serait alors dû indemnité par l'époux débiteur au conjoint dont les meubles ont servi au payement.

1533. — Le mari est tenu de toutes les charges de l'usufruit.

1. — Usufruitier de tous les biens de la femme, le mari est tenu de toutes les charges et obligations qui découlent de ce titre. C'est à lui, notamment, de faire les réparations d'entretien, d'acquitter les contributions, de payer, en tant qu'ils échoient pendant son usufruit, les intérêts des dettes de la femme et les arrérages des rentes perpétuelles ou viagères dont elle est débitrice.

1534. — La clause énoncée au présent paragraphe ne fait point obstacle à ce qu'il soit convenu que la femme touchera annuellement, sur ses seules quittances, certaines portions de ses revenus pour son entretien et ses besoins personnels.

1535. — Les immeubles constitués en dot, dans le cas du présent paragraphe, ne sont point inaliénables.

Néanmoins ils ne peuvent être aliénés sans le consentement du mari, et, à son refus, sans l'autorisation de la justice.

I. — La femme pouvant, au lieu de l'exclusion de communauté qui donne l'administration et la jouissance de tous ses biens au mari, stipuler la séparation de biens qui lui réserve à elle-même cette administration et cette jouissance, elle peut donc aussi, par application du principe qui peut le plus peut le moins, stipuler le droit d'administration et de jouissance pour une partie de ses biens. Elle le peut, évidemment, pour telle partie de son patrimoine qu'il plaît aux époux de convenir, et rien ne s'opposerait à ce que cette portion fût autant ou même plus considérable que celle que l'on soumet à l'exclusion de communauté ; libres de prendre exclusivement l'un ou l'autre régime, les époux sont libres aussi de les combiner dans telle proportion qu'ils voudront (art. 1387). Mais il ne faudrait pas croire que cette combinaison des deux régimes fût le cas prévu par notre art. 1534. Il s'agit ici d'une femme qui adopte uniquement l'exclusion de communauté, en se réservant seulement de toucher par elle-même telle portion du revenu de ses biens. Ainsi, on convient que les 1 200 francs des arrérages de telle rente, ou 1 200 francs à prendre sur les 3 000 francs du loyer de telle ferme, seront perçus par la femme sur ses seules quittances, en sorte que le débiteur, sur la notification qui lui sera faite de cette clause du contrat, sera tenu de ne les payer qu'à la femme ; mais c'est toujours le mari, à la différence de ce qui aurait lieu pour un bien soumis au régime de séparation, qui aura l'administration du bien.

Et cette différence n'est pas la seule. Dans le cas, en effet, où les époux adoptent partiellement le régime de séparation, les revenus des biens soumis à ce régime sont rigoureusement et absolument propres à la femme, en sorte que, s'ils sont assez considérables pour qu'elle puisse faire des acquisitions avec ses économies, ces acquisitions lui sont propres, et avec elles les revenus nouveaux qui en proviennent. Il en serait même ainsi sous le régime de la communauté (où la même clause peut évidemment être stipulée, puisqu'il n'est pas plus défendu de combiner la séparation de biens avec la communauté qu'avec l'exclusion de communauté). Il est vrai que Bourjon pensait le contraire et voyait des acquêts dans les acquisitions ainsi faites par la femme commune ; mais c'est une erreur que rejetait avec raison Pothier (n° 466) ; car puisqu'il s'agit de revenus réservés propres, il est évident que les biens achetés avec ces revenus sont propres comme eux. Au contraire, quand il y a exclusion de communauté pour tous les biens, avec simple autorisation pour la femme de toucher une portion des revenus par elle-même, ces revenus ne changent pas de nature et de destination pour être perçus par elle. Elle ne les perçoit que pour n'avoir pas le désagrément d'en demander chaque jour au mari, et ils ne sont mis à sa disposition que comme revenus et pour être annuellement dépensés, soit en aumônes, soit en objets de toilette ou de fantaisie, soit de toute autre façon. Ils ne sont pas plus propres, dès lors, que les sommes que le mari lui remettrait dans le même but, et s'ils se trouvent capitalisés et placés en acquisitions, ces acquisitions sont la propriété du mari : la femme ne peut faire une acquisition à elle propre qu'avec le revenu d'un bien propre; or aucun bien n'est ici propre à la femme.

Nous retrouverons la même règle dans l'art. 1549, sous le régime dotal, qui place les biens de la femme, selon qu'ils sont dotaux ou paraphernaux, dans une position analogue à celle qui résulte de l'exclusion de communauté ou du régime de séparation. La femme peut aussi, tout en faisant ses biens dotaux, se réserver la libre perception d'une certaine portion des revenus; mais du moment qu'il s'agit des revenus de biens dotaux, les acquisitions qui en proviendraient appartiendraient au mari : la femme ne peut faire d'acquisitions propres que par les revenus de biens paraphernaux.

II. — Les immeubles de la femme ne sont pas plus inaliénables sous l'exclusion de communauté que sous la séparation de biens ou sous la communauté elle-même; et non-seulement l'inaliénabilité ne résulte pas de l'adoption de ce régime, mais elle ne peut pas même y être efficacement stipulée; le contraire est enseigné à tort par MM. Duranton, Zachariæ, Pont et Rodière, etc. Nous avons établi sous l'art. 1497 (n° III) que l'inaliénabilité ne peut jamais résulter que de l'adoption, soit totale, soit partielle, du régime dotal.

La femme pourra donc toujours aliéner ici ses immeubles; mais elle ne le pourra, bien entendu, qu'avec l'autorisation, soit du mari, soit de la justice, à défaut du mari, et en réservant à celui-ci, dans le dernier cas, la jouissance du bien aliéné.

§ 2. — De la clause de séparation de biens.

1536. — Lorsque les époux ont stipulé par leur contrat de mariage qu'ils seraient séparés de biens, la femme conserve l'entière administration de ses biens meubles et immeubles, et la jouissance libre de ses revenus.

1537. — Chacun des époux contribue aux charges du mariage, suivant les conventions contenues en leur contrat; et, s'il n'en existe point à cet égard, la femme contribue à ces charges jusqu'à concurrence du tiers de ses revenus.

I. — C'est ici le second des trois régimes de communauté, la séparation de biens. On n'y rencontre pas encore ces étrangetés exorbitantes (et contraires même, du moins dans leurs conséquences pratiques, à la morale et à la bonne foi) que nous offrira bientôt le régime dotal; mais on y voit déjà le singulier spectacle de deux personnes qui, confondant et mettant en commun leur existence entière et leurs individus mêmes, restent étrangères l'une à l'autre pour leur fortune, en sorte que, livrant aux éventualités d'une association intime jusqu'à leurs corps et leurs âmes, elles n'y risquent pas leurs écus, dont elles ont, ce semble, plus d'estime et de souci que d'elles-mêmes. Sous l'exclusion simple de communauté, si l'on n'a plus ce système d'affranchissement et d'égalité qui élève la femme au titre d'associée du mari, on n'a du moins pas de contre-sens, mais identification et unité : la femme, en se donnant à celui qu'elle choisit pour protecteur et pour chef, lui donne avec sa personne même la jouissance et la direction de son patrimoine; ici, au contraire, on a la séparation complète des biens, en dépit et à côté de l'union intime que contractent les personnes.

II. — Les effets de cette séparation de biens sont fort simples à saisir, puisqu'ils se résument en ceci, que les deux époux sont à considérer, quant à leurs biens, comme étrangers l'un à l'autre, sauf ces deux points : 1° que la femme ne peut pas plus ici que sous un autre régime aliéner ses immeubles sans l'autorisation du mari ou de la justice; et 2° qu'elle doit contribuer aux dépenses de la maison. A part ces deux idées, chaque époux demeure étranger à l'autre, il administre seul son patrimoine, il en jouit seul, il conserve pour lui seul la propriété des acquisitions qu'il peut faire des économies de ses revenus ou les produits de son travail, et seul il paye ses dettes et peut être poursuivi pour elles. Ainsi les meubles du mari ne pourraient pas être saisis ici par les créanciers de la femme, et réciproquement (1); et il n'y aurait pas à argumenter à cet égard du défaut d'inventaire; car l'inventaire n'est exigé que quand les meubles des époux se trouvent réunis et confondus sous la possession du mari, tandis qu'ici les époux conservent séparément la possession de leur mobilier respectif, comme s'il s'agissait simplement de deux amis habitant une même maison.

Simple pensionnaire chez son mari, la femme doit, tant pour faire face à ses dépenses que pour concourir à celles des enfants, verser annuellement au mari la somme indiquée au contrat de mariage, ou, à défaut de convention, le tiers de ses revenus. C'est là une différence entre la séparation de biens conventionnelle ou contractuelle, qui nous occupe ici, et la séparation de biens judiciaire, ainsi qu'on l'a vu sous l'art. 1448, n° II. Toutefois, si la totalité des revenus et gains du mari, réunie au tiers (ou toute autre fraction fixée au contrat) que donne la femme, se trouvait insuffisante pour faire face aux charges du ménage, la femme serait tenue de fournir au reste, en vertu des art. 212 et 205-207, dont le premier lui impose l'obligation de secourir son mari, et les autres celle d'entretenir ses enfants (2).

_____

(1) Les créanciers du mari d'une femme mariée sous le régime de la séparation de biens sont recevables à prouver que les acquisitions faites sous le nom de la femme ont été faites, en réalité, par le mari, et dans le but de soustraire frauduleusement les biens acquis à leur action. Cass., 28 fév. 1855 (Dev., 56, 1, 613; *J. Pal.*, 56, 2, 398; Dall., 55, 1, 401).

(2) Les époux peuvent, en se mariant, stipuler que la femme ne contribuera en rien

De même, au surplus, que la femme peut, sous tout autre régime, faire prononcer par la justice, quand il y a lieu, sa séparation de biens, de même elle pourrait ici, si le mari dissipait en folles dépenses les revenus applicables aux besoins du ménage, faire prononcer la cessation de l'obligation où elle est en principe de verser aux mains de celui-ci sa part contributoire, et se faire autoriser à payer elle-même les fournisseurs (1).

1538. — Dans aucun cas, ni à la faveur d'aucune stipulation, la femme ne peut aliéner ses immeubles sans le consentement spécial de son mari, ou, à son refus, sans être autorisée par justice.

Toute autorisation générale d'aliéner les immeubles donnée à la femme, soit par contrat de mariage, soit depuis, est nulle.

I. — Les deux règles de cet article se trouvent déjà expliquées : la première, sous l'art. 1449, n° 3, dans la matière de la séparation de biens judiciaire, dont les effets sont les mêmes (sauf la quotité de la contribution de la femme) que ceux de la séparation contractuelle, de sorte que les art. 1448-1450 et ceux de notre paragraphe s'interprètent et se complètent les uns par les autres ; la seconde, sous l'art. 1388, n° VI.

Nous disons, et c'est là un point évident et qui n'est contesté par personne, que les art. 1448-1450 et nos art. 1536-1539 se complètent mutuellement. Ainsi, on appliquera pour la séparation conventionnelle ce qui a été dit sous l'art. 1450 relativement au remploi des immeubles aliénés de la femme ; et réciproquement on appliquerait à la séparation judiciaire ce qui va être dit sous l'article suivant.

Nous n'avons pas besoin de dire, au surplus, que si la séparation contractuelle et la séparation judiciaire ont les mêmes effets, elles n'ont pas les mêmes causes d'établissement et d'extinction. On sait que celle-ci, à la différence de la première, ne peut jamais s'établir par le consentement des époux ; on sait aussi qu'elle peut cesser par l'effet de ce consentement (art. 1451), tandis que l'autre ne pourrait pas plus que tout autre régime établi par le contrat être révoquée ni modifiée par les parties (art. 1395).

1539. — Lorsque la femme séparée a laissé la jouissance de ses biens à son mari, celui-ci n'est tenu, soit sur la demande que sa femme pourrait lui faire, soit à la dissolution du mariage, qu'à la représen-

---

aux charges du ménage : une telle clause n'a rien de contraire à l'ordre public ni aux bonnes mœurs. Metz, 17 août 1858 (Dev., 59, 2, 49 ; *J. Pal.*, 58, 906).

(1) Des époux, même en se mariant sous le régime de la séparation de biens, ne peuvent, fût-ce par un acte antérieur à la célébration du mariage, contracter entre eux une société de commerce. Paris, 9 mars 1859 (Dev., 59, 2, 502 ; *J. Pal.*, 59, 403). *Sic* : Duvergier (*Sociétés*, n° 102) ; Massé (*Dr. comm.*, t. II, n° 1257) ; Troplong (*Contr. de mar.*, t. I, n° 210). *Contrà* : Delvincourt (t. III, p. 230 et 451) ; Duranton (t. XVII, n° 347) ; Molinier (*Dr. comm.*, n° 117) ; Alauzet (t. I, n° 35).

tation des fruits existants, et il n'est point comptable de ceux qui ont été consommés jusqu'alors.

I. — Quand la femme, sans mandat formel à cet égard, ou bien par suite d'un mandat exprès, mais qui ne stipule point l'obligation de rendre compte, laisse l'administration et la jouissance de ses biens au mari, elle ne peut, quand cette jouissance vient à cesser (soit par la dissolution du mariage, soit sur la demande de la femme pendant le mariage), réclamer que les fruits existant alors, sans pouvoir demander compte de ceux qui ont été consommés; ces derniers sont réputés avoir reçu un bon emploi, par cette raison que la femme n'ayant pas soumis le mari à l'obligation de rendre compte et ayant toujours pu, à chaque instant, faire cesser sa jouissance, on doit admettre que, tant qu'elle l'a laissé continuer, c'est que cette jouissance était ce qu'elle devait être. — Il en serait autrement, bien entendu, si le mari n'avait joui qu'en vertu d'un mandat qui lui imposait l'obligation de rendre compte : le mari serait alors vis-à-vis d'elle dans la position d'un mandataire ordinaire (1). — Il est évident aussi que si c'était contre la volonté de la femme et malgré son opposition que le mari eût pris ou continué la jouissance, il serait encore obligé de rendre compte. — Dans tous les cas, au surplus, et que le mari soit ou non tenu de rendre compte, qu'il jouisse avec ou malgré le consentement de la femme, c'est toujours à lui de subir les réparations d'entretien, les contributions et autres charges des fruits, puisque c'est lui qui recueille ces fruits.

Ces diverses règles, écrites dans les art. 1577-1580 pour les biens paraphernaux, sont à suivre ici, non pas précisément par application de ces articles (car on a vu que notre section ne peut rien emprunter aux dispositions du régime dotal), mais comme conséquences des principes généraux, qui devraient encore être appliquées alors même qu'elles ne seraient nulle part formulées dans les textes.

CHAPITRE III.

DU RÉGIME DOTAL.

On sait que les rédacteurs du Code, préférant de beaucoup la communauté à la dotalité, la législation vraiment française de nos pays coutumiers à la législation romaine des pays de droit écrit, ne s'étaient pas tout d'abord contentés de faire de la première le droit commun de la France (art. 1393), mais avaient été jusqu'à proscrire rigoureusement la seconde... Et comment les en blâmer, quand on compare l'origine et l'esprit, si remarquables de part et d'autre, des deux régimes de dotalité et de communauté?

Les anciens temps de Rome nous présentent, dans la position de la

(1) Metz, 17 août 1858 (Dev., 59, 2, 49; *J. Pal.*, 58, 906).

femme vis-à-vis du mari, l'alternative de deux exagérations aussi insultantes l'une que l'autre à la raison, à la nature, et partant au véritable droit : ou la femme subissant la *manus,* qui la fait réputer fille de son mari et sœur de ses enfants, devient, sous le nom de *mater-familias,* la propriété de son mari, à qui elle appartient comme les enfants, les esclaves et les bestiaux ; ou bien la femme ne subit pas la *manus,* et alors elle reste, avec le titre de *matrona,* sous la puissance de son père ou de ses agnats, sans que le mari ait sur elle aucune espèce d'autorité. Ainsi, le mari est propriétaire de la femme, ou il lui reste étranger ; celle-ci est sa chose, ou elle ne lui est rien... Le second cas, après avoir été longtemps l'exception, finit par devenir la règle générale, surtout quand les maris, dans la décadence des mœurs, se laissèrent acheter, en quelque sorte, par de grosses dots, dont l'or les consolait de leur abaissement. On conçoit, en effet, que la femme richement dotée (et elles l'étaient presque toutes, les filles pauvres trouvant rarement à se marier) ne voulait pas se mettre *in manu mariti.* Cet abaissement du mari et son impuissance à faire fructifier les affaires domestiques augmentèrent encore, plus tard, par les protections exorbitantes dont les empereurs entourèrent les biens de la femme, protections qui, après avoir interdit sous Auguste toute hypothèque du fonds dotal, en vinrent sous Justinien à édicter son inaliénabilité absolue, en grevant d'ailleurs d'une hypothèque légale au profit de la femme tout le patrimoine du mari. Cette institution énorme de l'inaliénabilité était le couronnement obligé, le dernier mot inévitable du système dotal. La vraie dotalité, c'est l'inaliénabilité ; et on peut dire que Justinien, si justement paré du surnom d'*Uxorius,* est véritablement le père de ce système, dont l'esprit est de sacrifier tout, absolument tout, à la grande idée de la conservation de la dot. Il faut toujours et quand même que la dot se retrouve : au prix de la dignité et du bonheur même de la famille, au prix de la prospérité des affaires de la maison, au prix de la fortune des tiers si scandaleusement spoliés parfois, au prix du crédit et des transactions entravées par l'inaliénabilité, au prix de l'honneur et de la morale publique (1), à tout prix enfin il faut que la dot soit sauve, la raison d'État l'exige. Voyez, en effet : le pauvre empire romain menace ruine, les barbares s'en disputent de toutes parts les morceaux ; et c'est bien le moment dès lors de tout sacrifier à la conservation de la dot, pour que la femme, après un divorce ou le décès du mari, puisse se remarier et donner de nouveaux enfants à la patrie : *Reipublicæ interest mulieres dotes salvas habere, propter quas nubere pos-*

---

(1) « Mariée en communauté, dit avec raison M. Troplong, la femme se couvrirait de honte si elle venait renier ses engagements. Mais il y a une autre morale pour la femme dotale : elle peut promettre et signer ; elle n'est pas forcée de tenir. » (*Préf.,* p. CLV.) Ce n'est pas chose rare que des acquéreurs qui, trompés par la déclaration d'époux dotaux qu'ils sont mariés sans contrat, se trouvent forcés de payer *une seconde fois* ou de rendre le bien ; mais nous en avons vu un qui, après avoir été ainsi trompé et avoir ensuite acquis et payé une seconde fois, sur un jugement permettant l'aliénation, a dû, après la dissolution du mariage, pour omission de l'une des cent précautions à prendre, payer l'immeuble UNE TROISIÈME FOIS !

Voy. aussi les observations des n°⁵ I et V de l'art. 1554.

sint (D., liv. 23, t. III, 2). C'est ce système étroit et déloyal de conservation quand même, inspiré par l'instinct défiant et découragé d'une société décrépite où l'on ne songe plus à rien accroître, trop heureux si l'on peut sauver ce qu'on possède encore, que nos provinces méridionales ont recueilli et religieusement suivi jusqu'à nos jours.

Heureusement, d'autres provinces, et plus nombreuses, ne subirent pas ces traditions d'un mauvais passé. Pendant que la triste idée du Bas-Empire se perpétue dans une partie de la Gaule, une idée nouvelle, un droit nouveau s'élabore ailleurs, non dans les combinaisons des savants, mais dans les instincts du peuple, au sein duquel un travail tout providentiel et spontané vient dégager, au moyen âge, le principe de l'union intime et égalitaire des époux pour les biens comme pour les personnes. L'esprit si puissant d'association, cet esprit que nous voyons en ce moment même agiter les masses populaires et dont le dernier mot n'est certes pas dit, dominait profondément à cette époque, témoin les communes, les bourgeoisies, les corporations ouvrières et marchandes, et surtout ces nombreuses communautés de serfs et gens de mainmorte, mettant en commun *leurs meubles et conquêts*, vivant *du même pain*, partageant *le même travail* pour en confondre les bénéfices, et dont le nom de *fraternité* (1) se trouve si bien rappelé par les *associations fraternelles* que Paris voit aujourd'hui s'essayer de toutes parts. Là naquit, au milieu de ces diverses communautés, la communauté conjugale, la plus naturelle de toutes, et dont l'origine n'est ainsi ni celtique ni germanique, comme quelques-uns l'ont cru, mais purement française... Chose bien remarquable ! loin d'avoir été préparé ni même aidé par les juristes philosophes de ces époques, ce régime chrétien ne fut seulement pas compris par eux, et on le voit souvent honni par ses interprètes mêmes, scandalisés du rôle qu'il confiait à la femme. C'est ainsi que d'Argentré lui-même, en signalant, selon l'usage d'alors, *les mouvements effrénés, la colère farouche, la pénurie d'idées et l'imbécillité de jugement de ce sexe, inhabile au commerce de la société*, déplore le nouveau système et trouve *bien préférable celui des anciens Gaulois, qui tenaient la femme et sa fortune sous un pouvoir absolu* allant jusqu'au droit de vie et de mort (2). Mais ici comme partout, l'instinct des masses, cette voix de Dieu même, comme dit l'apôtre, était bien autrement juste et profond que le calcul des philosophes ; ici comme dans les autres épisodes de cette éternelle lutte entre les deux systèmes de la force et du droit, de la compression et de la liberté, de la résistance et du progrès, le second devait vaincre le premier (3) ; et la communauté, transmise peu à peu des classes asservies jusqu'à la classe noble, devint bientôt le droit général de toutes nos coutumes.

Nos rédacteurs ne pouvaient pas hésiter entre cette institution nationale et chrétienne de la communauté, et ce régime dotal dont on voit

---

(1) Coquille (*Cout. de Nivernais*, t. VI, art. 18; et t. XXII, art. 3).
(2) Sur la Coutume de Bretagne, art. 410, gl. 2, n° 2.
(3) *Voy.* la Préface de nos *Études de science religieuse*, p. XLI-LIII, et 612.

les principes désertés par la plupart même des jurisconsultes qui les
sucèrent avec le lait, du moment où ces jurisconsultes viennent se mêler
à la pratique des affaires (1). Aussi le projet primitivement arrêté sup-
primait-il la dotalité, en soumettant les biens qu'il appelait dotaux à
la simple exclusion de communauté, et en interdisant toute stipulation
d'inaliénabilité (Fenet, t. XIII, p. 520, art. 133-138). Mais la force de
l'habitude, cette puissance si étrangement difficile à vaincre (voir la
note du t. I, p. 80), fit naître, de la part des provinces de droit écrit,
de si vives plaintes, qu'il fallut faire des concessions ; et le législateur,
tout en maintenant le système des coutumes pour droit commun, auto-
risa l'ancien système dotal, en ajoutant après coup au projet le chapitre à l'explication duquel nous arrivons.

1540. — La dot, sous ce régime comme sous celui du chapitre II,
est le bien que la femme apporte au mari pour supporter les charges
du mariage.

1541. — Tout ce que la femme se constitue ou qui lui est donné
en contrat de mariage, est dotal, s'il n'y a stipulation contraire.

SOMMAIRE.

I. Deux conditions pour établir la dotalité. Renvoi pour la première ; explication de
la seconde. — Deux modes de constitution de la dot. Développements : dissentiment sur divers points avec MM. Troplong, Duranton et autres.
II. A défaut de constitution de dot, tous les biens de la femme sont paraphernaux.
Étranges erreurs et contradictions de M. Bellot. — La règle s'applique aux gains
provenant de l'industrie personnelle de la femme : observation sur la doctrine de
M. Troplong.

I. — Il est très-vrai que la dot, ici comme partout, est le bien apporté par la femme au mari pour satisfaire aux besoins du ménage ;
mais elle a ici un caractère tout particulier, caractère extraordinaire et
vraiment exorbitant, qui différencie le régime dotal de tout autre régime : c'est le droit tout particulier d'administration qui est ici conféré
au mari (art. 1549), puis et surtout, l'inaliénabilité, que nous allons
voir consacrer bientôt part l'art. 1554. L'expression même de régime
dotal, qui absolument et par elle-même ne signifierait rien (puisque,
tous les régimes ayant une dot, tous sont dès lors dotaux), ne présente
un sens particulier que par suite de ce caractère ; et il est étrange, dès
lors, de voir le législateur entrer ici en matière par une disposition aussi
insignifiante que celle de l'art. 1540.

A cause précisément de ce caractère exorbitant de la dot *dotale*, cette
dot ne peut être établie, et des biens dotaux ne peuvent exister, que sous
deux conditions à remplir cumulativement. Il faut d'abord (art. 1392)

---

(1) Le régime dotal, qui n'a nulle part une province plus dévouée que la Normandie, ne rencontre nulle part une réprobation plus énergique que dans le sein du bar-
reau de Rouen. Notre célèbre confrère et compatriote M. Senard, qui en avait tant
de fois observé les résultats dans sa longue et brillante carrière, n'hésitait pas à le proclamer un fléau public... On peut voir aussi les remarquables brochures de M. Hom-
berg, également avocat à Rouen, et de M. Marcel, notaire à Louviers.

que les époux déclarent expressément se soumettre au régime dotal; et ensuite qu'une dot soit constituée à la femme. A défaut de la première condition, il n'y aurait pas régime dotal, mais l'un des régimes précédemment expliqués; que si cette première condition est remplie et non la seconde, il y aurait bien régime dotal, mais ce sera un régime dotal sans biens dotaux, un régime dotal dépouillé du vrai caractère de la dotalité, et qui ne sera plus, sous un autre nom, que le régime de séparation de biens : l'art. 1574, en effet, déclare expressément que tous les biens de la femme qui n'ont pas été constitués en dot, sont paraphernaux. Les deux conditions, au surplus, peuvent fort bien être accomplies par une même proposition, par les mêmes mots; comme si, par exemple, les époux, en adoptant d'ailleurs le régime de la communauté, ajoutaient que néanmoins les immeubles de la femme seront *soumis à la dotalité réglée par l'art.* 1554 : il y aurait pour ces immeubles, dans ces seuls mots, réunion des deux conditions d'adoption du régime dotal et de leur constitution en dot.

Nous n'avons pas à revenir sur la condition d'adoption expresse du régime dotal; elle est expliquée sous les art. 1392, nᵒˢ III et IV, et 1497, nᵒ III. Quant à la constitution de dot, on voit par notre art. 1541 qu'elle peut s'effectuer de deux manières : sont dotaux, 1ᵒ les biens que la femme déclare constituer comme tels; 2ᵒ ceux qui, même sans déclaration à cet égard, et pourvu qu'il n'y ait pas de déclaration contraire, lui sont donnés en contrat de mariage par des parents ou des étrangers.

La constitution que fait la femme n'a rien de sacramentel. Ainsi, peu importe que la femme dise qu'*elle se constitue pour dot* tels biens, ou que ces biens *seront dotaux*, ou que ces biens sont ceux qu'*elle destine à supporter les charges du mariage,* ou ceux qu'*elle apporte à son mari* (1). Cette constitution peut aussi n'être qu'implicite; et quand la femme déclare se réserver tels de ces biens comme paraphernaux, il est clair qu'elle indique suffisamment que les autres sont dotaux. Mais devrait-on voir une constitution dotale des biens de la femme dans la déclaration que *les époux se prennent avec leurs biens et droits?* M. Tessier, avocat à Bordeaux, enseigne l'affirmative et prouve qu'elle est et a toujours été suivie dans le ressort de cette ville (I, p. 12); mais nous ne saurions adopter cette idée comme règle générale, comme principe de droit, ainsi que le font, avec hésitation toutefois, MM. Pont et Rodière (II, 385), et plus positivement M. Troplong (IV, 3030) : la question de constitution est, en définitive, une question d'interprétation de volonté; et si la phrase qui nous occupe peut être considérée comme contenant toujours constitution d'après les usages existants et les idées reçues dans telle province, on conçoit que dans d'autres provinces elle pourra fort bien être entendue autrement et paraître trop

____

(1) *Voy.* Pont et Rodière (II, 383); Toulouse, 11 juin 1830; Cass., 16 août 1843 et 16 nov. 1847; Grenoble, 4 mars 1848 et 13 juill. 1850; Limoges, 7 juill. 1855; Cass., 21 janv. 1856 (Dev., 31, 2, 162; 43, 1, 764; 48, 1, 25; 2, 439; 51, 2, 409; 55, 2, 679; 56, 1, 329; *J. Pal.*, 56, 2, 544).

vague pour emporter nécessairement cet effet exorbitant ; pour notre part, nous verrions bien la constitution dotale de tous les biens dans la phrase par laquelle la femme seule déclare *se donner à son mari avec tous ses biens et droits ;* mais quand ce sont les deux époux, même le mari (lui qui ne peut pas avoir de biens dotaux), qui déclarent *se prendre avec leurs biens et droits,* la phrase nous paraît trop peu significative en elle-même pour qu'il faille lui attribuer toujours le même sens, et nous ne voyons plus là qu'une question d'intention que les juges du fait auraient à décider d'après l'ensemble des clauses du contrat, d'après les idées du pays, d'après toutes les circonstances, en un mot (1).

Le second mode de constitution ne demande pas autant d'observations : le bien est dotal par cela seul qu'il est donné à la femme dans son contrat de mariage, et c'est seulement au moyen d'une déclaration contraire que le bien ainsi donné pourrait être paraphernal. Une seule question se présente ici : c'est de savoir si cette règle de notre art. 1541 s'applique également aux donations qui, dans le contrat, sont faites à la femme, non par ses parents ou des étrangers, mais par son mari même. M. Duranton (XV, 334) et MM. Pont et Rodière (II, 380) répondent affirmativement, par ce motif que la loi ne distingue pas et ne met ainsi aucune différence entre la donation du mari et celles de toutes autres personnes. Mais il nous semble, au contraire, et telle est aussi l'opinion générale, que cette différence résulte bien de la définition de l'art. 1540 : la loi nous disant elle-même que les biens dotaux sont ceux que la femme livre au mari pour soutenir les charges du mariage, comment donnerait-elle de plein droit ce caractère à ceux qui sont au contraire livrés par le mari à la femme ? (2) MM. Tessier et Odier (*loc. cit.*) pensent qu'il en serait autrement, et que le bien donné par le mari serait lui-même dotal, si la femme s'était constitué tous ses biens, présents et à venir ; mais il nous paraît, comme à M. Troplong (n° 3038), que c'est une inconséquence. La déclaration de dotalité de l'ensemble des biens de la femme ne doit pas, en recevant son effet, enlever le sien à la donation du mari : les deux clauses du contrat doivent évidemment recevoir l'une et l'autre leur application ; et par conséquent, du moment qu'on reconnaît que la seconde clause, la donation du mari, attribue à la femme un paraphernal, il est clair qu'elle est pour la première une restriction qu'on ne doit pas effacer : il existe alors une règle et une exception qui doivent s'exécuter toutes deux, à moins de déclaration contraire.

II. — De cette idée, proclamée, on le sait, par l'art. 1574, qu'il n'y a de biens dotaux que ceux qui, après adoption du régime dotal, sont constitués comme tels, il résulte évidemment cette conséquence, déjà

---

(1) *Contrà :* Toulouse, 12 juin 1860 ; Troplong (t. IV, n° 3030) ; Rodière et Pont (t. II, n° 385).

(2) Tessier (I, p. 15) ; Odier (III, 1071) ; Troplong (IV, 3037) ; Bordeaux, 3 avr. 1832 ; Aix, 19 janv. 1844 (Dev., 33, 2, 34 ; 44, 2, 217). — *Voy.* cependant un arrêt en sens contraire rendu par la Cour de Bordeaux, le 30 avr. 1850 (Dev., 51, 2, 65).

indiquée aussi, que quand le contrat, tout en adoptant le régime dotal, ne contient ni constitution de dot par la femme, ni donation à elle faite, il y a bien régime dotal, de nom du moins, mais sans aucuns biens dotaux : tous les biens de la femme sont alors paraphernaux. C'est là un point qui ne saurait être douteux; et si nous y insistons, c'est uniquement pour signaler l'étrange doctrine d'un auteur à cet égard.

M. Bellot des Minières, au tome IV de son Traité, tombe sur ce point dans de singulières tergiversations. Il commence par dire (p. 14) que, dans ce cas, il n'y aura pas de biens dotaux, tous seront paraphernaux, et le régime sera celui de *la séparation de biens*. Quelques lignes plus bas (p. 16), il décide, au contraire, sans seulement parler de ce changement d'idées et comme s'il avait oublié ce qu'il vient d'écrire, qu'il y aura alors *dotalité de tous les biens présents* de la femme, ou, à défaut de biens présents, de tous les biens à venir. Plus loin (p. 451), il revient sur ces idées, et trouve, dit-il, plus raisonnable de considérer un tel contrat comme nul, et de déclarer dès lors les époux soumis à *la communauté légale;* mais après avoir présenté cette troisième idée comme plus raisonnable, il finit cependant par la rejeter encore pour revenir à la seconde, et consacre plus de quatre pages (451-456) à établir que, quand il y a adoption du régime dotal sans constitution de dot, l'effet est le même que si la femme *s'était constitué tous ses biens*. La raison qu'il en donne, et qui, présentée sous des formes diverses, reste toujours la même, c'est qu'il ne peut pas y avoir régime dotal sans dot; que dès lors, du moment qu'une femme adopte le régime dotal, elle entend forcément avoir des biens dotaux, et que, puisqu'elle n'a pas désigné comme tels ceux-ci plutôt que ceux-là, c'est comme si elle s'était constitué tous ses biens (soit présents, soit présents et à venir, selon les cas).

De ces solutions si étrangement contradictoires, la première seule est vraie (sauf qu'elle est mal formulée par l'auteur). Il est faux, en effet, qu'il ne puisse pas y avoir régime dotal sans biens dotaux. Sans doute, c'est alors un régime dotal décoloré, un régime qui, *dotal* sans *dotalité,* ne mérite plus le nom qu'il porte, et reproduit sous une qualification différente le régime de séparation de biens; mais ce régime dotal sans biens dotaux, ce régime où les biens de la femme seront tous paraphernaux, est parfaitement dans la pensée de la loi, et la preuve bien claire s'en trouve dans l'art. 1575, qui prend la peine de régler la part contributoire de la femme dans les charges du mariage pour le cas où *tous les biens de la femme sont paraphernaux...* Ce n'est pas qu'il faille dire alors, comme l'avait fait d'abord M. Bellot, qu'*il y a séparation de biens ;* mais ce n'est plus là du moins qu'une affaire de mots, car il n'y a qu'un régime dotal imparfait, absolument *équivalent à la séparation de biens.*

Du même principe découle cette autre conséquence, que les gains résultant pour la femme de son industrie particulière forment, si le contraire n'est indiqué au contrat, des valeurs paraphernales. L'industrie de la femme constitue, comme nous l'avons dit ailleurs, un véri-- table bien dont les profits sont les fruits, et ce bien peut parfois être très-considérable; la femme peut, comme peintre, musicienne, dan- seuse, artiste dramatique, réaliser de gros bénéfices. Or ce bien est soumis aux mêmes règles que tous autres biens : il est dotal et donne dès lors ses fruits au mari, s'il est constitué tel par le contrat, soit par une clause spéciale, soit au moyen d'une constitution générale de tous les biens; dans le cas contraire, il demeure paraphernal, et tous les produits en appartiennent à la femme, comme sous le régime de sépa- ration de biens. Sans doute, il en serait autrement s'il ne s'agissait que d'actes par lesquels la femme aurait seulement aidé et assisté son mari pour le commerce ou l'industrie de celui-ci; car ces actes d'assistance rentrent dans la catégorie de ces soins et services de toute nature que la femme doit à sa maison en toute hypothèse. Mais quand il s'agit d'une industrie personnelle à la femme, et par exemple d'un commerce séparément fait par elle seule, les bénéfices n'en pourront appartenir au mari que par l'effet d'une constitution dotale. Cette vérité, pré- sentée brièvement, mais très-nettement, par M. Zachariæ (III, p. 565), pourrait paraître contredite par M. Troplong (IV, 3016); mais c'est, nous le croyons, une fausse apparence. Le savant magistrat, quand il attribue au mari tous les gains résultant de l'industrie personnelle de la femme, nous paraît ne parler, dans le n° 3016 comme dans les précé- dents, que de la femme proprement dotale, de celle dont tous les biens sont dotaux; et quant à deux arrêts de Toulouse, dont l'un est in- voqué par M. Troplong, ils admettent notre idée, puisqu'ils proclament que les gains faits par la femme dans le commerce appartiennent à celle-ci, du moment qu'il s'agit réellement d'un commerce séparé et non d'actes frauduleux dissimulant des avantages faits par le mari à sa femme (1).

SECTION PREMIÈRE.

DE LA CONSTITUTION DE DOT.

1542. — La constitution de dot peut frapper tous les biens pré- sents et à venir de la femme, ou tous ses biens présents seulement, ou une partie de ses biens présents et à venir, ou même un objet indi- viduel.

La constitution, en termes généraux, de tous les biens de la femme, ne comprend pas les biens à venir.

1543. — La dot ne peut être constituée ni même augmentée pen- dant le mariage.

SOMMAIRE.

I.　La constitution dotale s'interprète restrictivement. Conséquence pour la consti- tution universelle (laquelle est toujours faite sous déduction des dettes). Con- séquence pour celle portant sur la part indivise de la femme dans un immeuble. — La promesse de dot peut être soumise aux mêmes modalités que toute autre obligation.

---

(1) Toulouse, 2 août 1825 (à sa date).

II. La dot ne peut être augmentée ni diminuée, pendant le mariage, par la volonté des époux; elle peut l'être par d'autres causes. — La condition de dotalité ou seulement d'inaliénabilité, apposée à la donation faite à la femme qui ne s'est pas constitué ses biens à venir, est nulle : grave erreur de M. Duranton.
III. Au contraire, la condition de paraphernalité écrite dans le cas inverse, et généralement toute condition réservant à la femme la jouissance de biens dont le mari devrait jouir d'après le régime adopté, reste valable : controverse; réponse aux deux systèmes contraires.

I. — Ces deux articles, dont le premier se trouve expliqué en partie déjà sous les deux précédents, sont, en effet, en rapport intime avec eux, et c'est à tort que nos rédacteurs les en ont séparés pour les réunir sous une seule rubrique avec les art. 1544-1548, qui n'appartiennent plus au même ordre d'idées.

La constitution de dot est une clause dont l'effet doit être rigoureusement restreint à l'objet sur lequel elle porte. C'est ainsi que la constitution de tous les biens de la femme, sans autre explication, ne manifestant d'une manière certaine l'intention de dotaliser que pour les biens actuellement existants et non pour ceux qui pourraient échoir ultérieurement, n'aura d'effet, d'après notre art. 1542, que pour les biens présents et non pour les biens à venir, qui resteront alors paraphernaux (1). Du reste, il est évident que toute constitution, ainsi faite d'une manière générale, soit pour tous les biens présents, soit pour tous les biens à venir, soit pour une quote-part des biens présents ou à venir, n'aura son effet que sous déduction des dettes présentes, ou des dettes grevant les biens à venir, ou d'une fraction de ces dettes proportionnelle à la quote-part de biens constituée : *non sunt bona, nisi deducto œre alieno.* Quant à la constitution d'un ou de plusieurs biens particuliers, elle n'entraîne aucune charge des dettes : *patrimonii, non certarum rerum, œs alienum onus est.*

C'est ainsi encore que la constitution que fait la femme de la part encore indivise qui lui appartient dans un immeuble, n'aura jamais d'effet que pour cette part, quand même, par l'effet du partage ou de l'acte en tenant lieu, l'immeuble entier écherrait à la femme. Il est très-vrai qu'alors la femme est également réputée, par l'effet rétroactif du partage, n'avoir jamais eu de part dans l'immeuble et en avoir eu toujours et *ab initio* l'entière propriété; mais comme elle n'a constitué que la part qui lors du contrat lui appartenait en fait, ou, si l'on aime mieux, la part qu'elle croyait lui appartenir (quoique légalement il se trouve que c'était le tout qui lui appartenait déjà), cette part seulement sera dotale et le reste paraphernal. Il en serait autrement, bien entendu, si la femme avait déclaré constituer, soit tous ses biens présents, tout ce qui lui appartient, soit le droit tel quel qu'elle a sur l'immeuble : la dot frapperait alors ou l'immeuble entier, ou une partie, ou rien, selon le résultat du partage. Mais quand elle n'a constitué que *sa*

(1) La clause par laquelle les époux déclarent se marier sous le régime dotal et renoncer expressément au régime de la communauté pour tous les biens présents et à venir frappe de dotalité et d'inaliénabilité tous les biens de la femme, ceux à venir comme ceux présents. Cass., 14 fév. 1866 (*J. Pal.*, 1866, p. 527).

part dans l'immeuble, la dot ne peut jamais s'étendre à l'immeuble entier ; et quoiqu'elle coure alors la chance de n'en rien avoir, puisque la constitution est forcément faite sous la condition qu'une part écherra à la femme, elle n'a plus la chance réciproque d'obtenir tout l'immeuble (1, 2).

Disons, en terminant, que, par application des principes généraux, l'objet de la constitution peut être laissé à l'arbitrage d'un tiers, comme il peut aussi être indiqué alternativement ou facultativement. Dans le premier cas, c'est la désignation du tiers qui détermine quelles choses seront dotales ; en cas d'alternative, la chose dotale est celle que choisit la partie à laquelle le choix est laissé ; de même et enfin, si une chose est promise purement et simplement, mais qu'une autre soit mise *in facultate solutionis*, c'est celle de ces choses que le promettant livrera qui sera dotale. Il va sans dire aussi que la dot peut être promise à terme ou sous condition.

II. — Notre art. 1543 défend de constituer la dot, et même de l'augmenter, après le mariage célébré. Ce n'est que l'application de l'art. 1395, qui défend d'apporter aucun changement, après la célébration, aux conventions matrimoniales. Dans le droit romain et dans plusieurs de nos anciennes provinces, l'augmentation ou la constitution postérieures à la célébration étaient permises, et lors de la discussion de nos articles, le consul Cambacérès s'efforça de faire rédiger la loi dans ce sens ; mais ce fut en vain, et le principe de l'immutabilité des conventions matrimoniales fut rigoureusement maintenu. Il est bien évident, au surplus, que la loi n'entend parler que de l'augmentation conventionnelle et non de celle résultant de la nature même des choses. Ainsi, quand la femme s'est constitué ses biens à venir et qu'il lui échoit des successions, quand l'immeuble constitué en dot s'accroît par alluvion ou se trouve dégrevé d'un usufruit par la mort de l'usufruitier, l'augmentation qui survient ainsi à la dot n'est, en définitive, que l'application et la conséquence des conventions matrimoniales : la pensée de la loi n'est pas et ne pouvait pas être que la dot ne pourra pas s'augmenter, mais seulement que les époux ne pourront pas l'augmenter (3). Et, bien entendu, si les époux ne peuvent augmenter la dot pendant le mariage, ils ne peuvent pas non plus la diminuer, et tout pacte par lequel ils déclareraient enlever le caractère dotal à un bien qui, d'après

---

(1) Tessier (I, p. 276) ; Pont et Rodière (II, 395) ; Troplong (IV, 3050) ; Limoges, 22 juill. 1835 ; Limoges, 9 mars 1843 (Dev., 39, 2, 299 ; 44, 2, 64). — *Voy.* encore Cass., 10 juill. 1850 et 21 mars 1860 (Dev., 50, 1, 731 ; 60, 1, 874 ; *J. Pal.*, 60, 465). *Comp.* Aubry et Rau (t. IV, § 534, p. 459).

(2) Lorsque l'immeuble constitué en dot en avancement d'hoirie se trouve, par suite de rapport, compris dans un autre lot, la dotalité qui affectait cet immeuble ne passe pas sur l'immeuble que la femme reçoit à la place. Agen, 25 juill. 1865 (*J. Pal.*, 1866, p. 72).

(3) *Voy.* MM. Pont et Rodière (II, 415) ; Proudhon (*Usufr.*, IV, 1923, 2011, 2683) ; Benoît (I, 677) ; Troplong (IV, 3037). — Mais on décide autrement du bénéfice de l'industrie ou des talents de la femme *dans un établissement qui appartient au mari ;* ces bénéfices profitent à ce dernier. Toulouse, 17 déc. 1833 (Dev., 33, 2, 585). *Voy.* ce que nous disons plus haut, art. 1541, n° II, *in fine.*

le contrat, l'a ou doit l'avoir, serait radicalement nul d'après l'article 1395.

Cette règle de l'immutabilité des conventions matrimoniales en ce qui touche la dot conduit à deux questions, controversées l'une et l'autre, que l'on a souvent regardées, mais à tort, comme devant se décider d'après notre article. C'est de savoir si, d'une part, des donations faites sous la condition que les biens seront dotaux peuvent être faites à la femme qui ne s'est pas constitué ses biens à venir ; et réciproquement, si des donations peuvent être faites, sous la condition de paraphernalité des choses données, à la femme dont les biens à venir sont déclarés dotaux par le contrat... Si la pensée de notre art. 1543 et de l'art. 1395 était de proscrire toute modification à l'esprit du contrat de mariage, de quelque cause qu'elle résultât, les deux questions devraient évidemment se résoudre négativement l'une et l'autre ; mais telle n'est pas, nous l'avons dit, la pensée de ces articles ; ils ne prohibent que les modifications qui proviendraient d'une convention des époux, et non celles qui peuvent découler d'une autre source. Le contrat de mariage lie les époux de façon à les empêcher de rien faire qui soit en opposition de vues avec le système qu'il organise ; mais il ne lie pas de même les tiers, et quand ceux-ci viennent faire une donation à la femme, ils sont bien libres, sans se préoccuper du régime sous lequel elle est mariée, d'apposer à leur donation telles conditions qu'il leur plaira, conditions qui devront s'exécuter si elles n'ont rien de contraire à l'ordre public. La preuve s'en trouve, notamment, dans les art. 1401, 1°, et 1405, qui permettent à un donateur de rendre propres à l'époux donataire des biens qui, d'après le contrat, devraient être communs, et réciproquement de rendre communs des biens que le contrat ferait propres. C'est donc uniquement le point de savoir si, dans les hypothèses prévues, on rencontre quelque chose de contraire à l'ordre public, que nous avons à rechercher pour la solution de nos deux questions.

L'affirmative ne saurait paraître douteuse dans le premier cas ; et tout le monde reconnaît, en effet, que la condition de dotalité, apposée aux biens donnés à une femme dont le contrat ne constitue pas dotaux ses biens à venir, est nulle et réputée non écrite, en application de l'art. 900. Il est vrai que M. Duranton (XV, 360), tout en proclamant ce principe, le renverse ensuite, en disant que si le donateur ne peut pas stipuler la dotalité du bien, il peut du moins en stipuler l'inaliénabilité ; mais c'est là une inconcevable erreur. Nous avons établi sous l'article 1497, n° III, contre MM. Pont et Rodière, Duranton et autres, que les art. 1387 et 1497, malgré toute la latitude qu'ils donnent aux époux dans la confection de leur contrat, ne leur permettent cependant pas d'y rendre les biens de la femme inaliénables autrement qu'en les faisant dotaux. Mais quand même ce résultat ne serait pas impossible dans le contrat de mariage, il est clair qu'il le serait toujours partout ailleurs, et alors que la raison de douter tirée de ces articles 1387 et 1497 n'existe plus. Aussi MM. Pont et Rodière eux-mêmes, qui partagent la première erreur de M. Duranton, se gardent-ils d'admettre celui-ci et se déclarent *surpris*, au contraire, que le savant professeur *ait pu méconnaitre à ce point l'esprit du Code Napoléon*. C'est qu'en effet, on n'a plus ici l'excuse des art. 1387 et 1497; on y manque, non pas seulement de raison suffisante, mais de tout prétexte, pour trouver permise une dérogation au grand principe de libre circulation des biens. La condition serait donc réputée non écrite, la donation devenant ainsi pure et simple, aux termes de l'article 900 (1).

III. — La seconde question, sur laquelle nous allons voir trois systèmes se présenter, doit, selon nous, se résoudre dans le sens de la validité de la condition. Qu'y a-t-il, en effet, de contraire à l'ordre public à ce qu'une femme, qui s'est soumise par son contrat à avoir tous ses biens dotaux, arrive néanmoins par la libéralité d'un tiers (qui ne veut pas, lui, voir devenir dotal l'objet de sa donation), à posséder aussi, et en sus du reste de sa fortune, un bien paraphernal?... Sans doute, s'il s'agissait d'un donateur dont la femme serait héritière à réserve et d'un bien faisant partie de cette réserve, le mari, pour se procurer la jouissance à laquelle le contrat lui donne droit, pourrait, comme ayant cause de la femme réservataire d'après ce contrat, faire annuler la donation, afin que le bien arrivât par succession *ab intestat* et sans condition : mais nous supposons le bien disponible. Sans doute encore, si l'on n'enlevait au mari que l'administration du bien, en lui laissant la jouissance, il y aurait une grave atteinte à la dignité et à l'autorité maritales, et dès lors contradiction à l'ordre public (art. 1389, n° VI); mais du moment que la femme doit prendre l'administration avec la jouissance et à cause d'elle, et qu'on ne fait ainsi, pour quelques biens de la femme, que ce que les époux auraient pu faire pour tous par leur contrat, où serait donc la contradiction à l'ordre public?... MM. Pont et Rodière (II, 411), et surtout M. de Vatimesnil dans une remarquable consultation (Devill., 42, 1, 513), cherchent à établir l'atteinte aux bonnes mœurs et la nullité de la condition, par un argument très-spécieux, il est vrai, et auquel nous nous étonnons que nul auteur n'ait cherché à répondre, pas même M. Troplong, mais que nous ne croyons cependant pas exact. Cet argument, qui, du reste, s'applique aussi bien pour le régime de communauté ou d'exclusion de communauté que pour le régime dotal, repose sans doute sur des idées qui ont quelque chose de vrai en elles-mêmes; mais il n'est qu'une exagération de ces idées.

« La jouissance libre, par une femme mariée, de tout ou partie de ses revenus, dit-on en substance, peut avoir, selon les cas, de très-

---

(1) Merlin (*Rép.*, v° Dot, § 2, 14); Tessier (I, p. 47); Toullier (XIV, 62 et 63); Bellot (IV, p. 37); Benoît (I, 29); Pont et Rodière (II, 410); Troplong (IV, 3058 à 3064). — *Voy.* aussi une Note de M. Devilleneuve sur un arrêt de Caen, du 18 déc. 1849 (50, 2, 497). — Il va sans dire que le donateur pourrait toujours obtenir l'un des effets de la dotalité, la jouissance du bien par le mari, en donnant à celui-ci l'usufruit du bien pour toute la durée du mariage, et la nue propriété seulement à la femme.

graves inconvénients; l'insubordination de l'épouse, le mépris de l'autorité maritale, des désordres de plus d'un genre, peuvent en être la suite. Celui qui a épousé telle femme en stipulant un régime qui réserve au mari la perception et la dispensation des revenus, n'aurait peut-être pas consenti, vu son caractère, à l'épouser sous un régime qui laissât à celle-ci la disposition d'une partie de ses revenus. Comment donc un tiers pourrait-il jeter au sein du ménage la cause de désordre qu'un mari prudent a tenu à écarter, et en présence de laquelle il eût positivement refusé l'union ? Sans doute la condition dont il s'agit n'aura pas toujours les déplorables conséquences que l'on signale; mais la simple possibilité du résultat suffit pour que cette condition doive être déclarée illicite. » — Nous ne saurions admettre cette conclusion... Et d'abord, quand même on devrait se préoccuper jusqu'à ce point des inconvénients exceptionnellement possibles que l'on signale, ce ne serait pas toujours une raison pour transporter de la femme au mari, comme le veulent MM. de Vatimesnil, Pont et Rodière, les revenus attribués à la première par le donateur. En supposant qu'on dût refuser ces revenus à la femme, de quel droit les attribuerait-on au mari, pour qu'il s'en enrichît chaque année et fît avec eux des acquisitions qui lui resteraient (pour le tout en cas d'exclusion de communauté ou de régime dotal, et pour moitié en cas de communauté), lui à qui le donateur a entendu ne rien donner? Il faudrait donc s'arrêter au système intermédiaire de Delvincourt (note 3 de l'art. 1401) et de M. Sériziat (n° 21), d'après lequel les revenus devraient être capitalisés pendant le mariage, pour être remis tous à la femme lors de la dissolution. De cette manière, en effet, la femme seule profiterait de la libéralité, comme cela doit être en toute hypothèse, et les dangers dont on argumente disparaîtraient sans qu'on eût pour cela ce résultat, évidemment inadmissible, d'un individu prenant un usufruit en vertu d'une donation qui déclare nettement ne pas le lui donner... Mais faut-il même aller jusque-là, et y a-t-il vraiment nécessité, de par la loi, de sacrifier, même partiellement, la volonté du disposant aux dangers dont on parle ? En d'autres termes, la condition de jouissance par la femme pendant le mariage est-elle vraiment illicite ? Nous ne le pensons pas. Il est possible, dit-on, que dans tel cas donné et à raison du caractère de la future, l'homme eût renoncé à l'union projetée plutôt que de consentir à ce que sa femme pût jamais disposer des revenus d'un seul bien. Oui, sans doute, comme fait exceptionnel, c'est possible; mais ce n'est pas de ces faits exceptionnels que la loi se préoccupe et doit se préoccuper, c'est des faits généraux et habituels de la vie, *de eo quod plerumque fit;* or ce n'est pas avec cette pensée si rigoureuse et de défiance extrême que se contracte, Dieu merci, la généralité des mariages. C'est dans les principes inculqués à la femme, dans l'éducation qu'elle a reçue, dans la direction et le bon exemple que lui-même lui donnera, que le mari, dans la pensée de la loi, doit chercher ses garanties et les moyens de maintenir l'épouse dans le devoir; ce n'est pas dans des mesures de compression matérielle dont l'efficacité est plus que douteuse. Cela étant, le contrat de mariage qui attribue au mari la jouissance de tous les biens de la femme doit toujours s'entendre comme posant un principe susceptible d'exception pour les libéralités faites sous une condition contraire : c'est ainsi qu'une communauté universelle de tous biens présents et à venir ne pourrait cependant pas comprendre les biens donnés à l'un des époux à la condition de lui rester propres... Et quand on supposerait qu'un mari a eu soin de stipuler expressément au contrat qu'il aura l'administration et la jouissance des biens mêmes qui seraient donnés à la femme sous une condition contraire, nous pensons que cette clause céderait à celle de la donation ; car ce n'est pas la volonté de l'homme, c'est la loi seule qui fait des principes d'ordre public. Et où s'arrêter sans cela ? Supposons qu'un futur époux, étendant des revenus au capital l'application de ce principe, posé par nos adversaires, que « les richesses exercent une influence corruptrice, principalement sur les femmes », tienne positivement à n'avoir pas une femme plus riche que lui, une femme qui pourrait lui faire sentir à chaque instant que la fortune de la maison vient d'elle, et se livrer à des exigences intolérables, est-ce qu'il pourrait stipuler utilement au contrat que la femme ne pourra rien recevoir, par donation ou succession, au delà de tel chiffre déterminé ? Il est évident que non ; il est évident que de telles clauses seraient nulles comme attentatoires à la liberté, comme créant des incapacités que la loi seule peut établir. Il ne faut pas oublier, comme on semble le faire dans le système contraire, que le mari n'est jamais désarmé : la femme est incapable de recevoir une donation sans l'autorisation du mari ou celle de la justice au refus du premier (art. 217 et 219); celui-ci pourra donc toujours refuser, et, s'il y a de justes motifs, faire maintenir son refus par les magistrats.

En résumé, toute personne non déclarée incapable par la loi peut recevoir une donation. Toute condition apposée à une donation doit avoir son effet, si elle n'est pas contraire à l'ordre public. La loi seule, et non la convention de l'homme, peut imprimer à une règle le caractère de principe d'ordre public ; or la loi n'attache pas ce caractère à la jouissance des biens de la femme par le mari, puisque c'est une des règles que les époux sont libres d'admettre ou de rejeter. C'est donc avec raison que la doctrine et la jurisprudence se sont fixées dans le sens de la validité de la condition dont il s'agit (1).

Des constitutions (dotales ou non) faites par des parents dotaux.

I. — Le Code, sans changer de rubrique, passe cependant ici à un autre ordre d'idées. Il ne s'agit plus de savoir quand et comment les biens sont dotaux, mais de régler les effets de donations de dot faites

---

(1) Proudhon (Usuf., nos 283-286); Toullier (XII, 142); Duranton (XIV, 150`; Tessier (I, p. 48); Bellot (IV, p. 40); Dalloz (Rép., X, p. 299); Zachariæ (III, p. 568); Troplong (I, 68); Paris, 27 janv. 1835 ; Paris, 27 août 1835 ; Nimes, 18 juin 1840; Toulouse, 20 août 1840; Cass., 9 mai 1842; Paris, 5 mars 1846; Aix, 16 juill. 1846;

(soit à la fille, soit au fils, se mariant sous un régime quelconque) par des père et mère dotaux. La dotalité est ici considérée, non plus chez la femme dotée, mais chez les parents qui dotent leur enfant, quels que soient le sexe de celui-ci et le régime qu'il adopte (*voy.* les observations qui précèdent l'art. 1438).

1544. — Si les père et mère constituent conjointement une dot, sans distinguer la part de chacun, elle sera censée constituée par portions égales.

Si la dot est constituée par le père seul pour droits paternels et maternels, la mère, quoique présente au contrat, ne sera point engagée, et la dot demeurera en entier à la charge du père.

I. — A Rome et dans la plupart de nos anciens pays de droit écrit, il y avait pour le père obligation légale de doter sa fille, et celle-ci pouvait intenter une action en justice pour contraindre son père à lui donner une dot. Cette règle, triste vestige des anciens temps et qui suppose une avarice et une dureté de sentiments qui sont loin de nos mœurs actuelles, est, on le sait, abrogée par le Code (art. 204) (1), qui, généralisant la règle contraire de notre droit coutumier, s'en rapporte ici pleinement à la tendresse des parents.

Mais s'il y a identité de règle sur ce point pour tous parents, qu'ils soient dotaux ou communs en biens, il n'en est pas de même sous tous les rapports, et nous trouvons ici, pour les parents dotaux, un principe qui diffère de celui que nous a présenté l'art. 1439 pour les parents communs. Tandis, en effet, que le mari commun qui dote seul, en biens de la communauté, oblige la femme avec lui, le mari dotal parlant seul au contrat n'oblige que lui seul, quand même il déclarerait doter pour biens paternels *et maternels* ou pour lui *et la femme,* et quoique celle-ci fût présente au contrat et le signât. Le mari n'a pas ici qualité pour parler au nom de sa femme, comme quand il est en société de biens avec elle et qu'il agit comme chef de cette société et en disposant de biens qui en dépendent. Ici le mari n'a pas le droit d'obliger sa femme; la présence et la signature de celle-ci, qui s'expliquent parfaitement, soit par son état de dépendance, soit par son désir d'honorer le contrat de mariage de son enfant, ne prouvent nullement sa volonté de se lier, et comme il faut néanmoins que la dot promise soit fournie, c'est le mari seul qui la doit. Réciproquement et à plus forte raison, si c'était la femme seule qui parlât au contrat, le mari ne serait en rien engagé, la femme serait tenue pour le tout. Il va sans dire, au surplus, que s'il s'agissait d'époux mariés, il est vrai, sous le régime dotal, mais avec société d'acquêts, et que la constitution fût faite en

Nîmes, 10 déc. 1856 (Dev., 35, 2, 65 et 518; 41, 2, 11 et 114; 42, 1, 513; 46, 2, 149 et 402; 57, 2, 134; *J. Pal.,* 57, 594). — *Voy.* cependant un arrêt de Nîmes du 18 janv. 1830 (Dev., 30, 2, 141).

(1) Cass., 10 déc. 1842 (Dev., 43, 1, 335). — *Voy.* aussi MM. Pont et Rodière (I, 88); Demolombe (IV, 10).

biens de cette société, c'est la règle de l'art. 1439 qui s'appliquerait.

II. — Quand, au contraire, les deux époux parlent au contrat et déclarent tous deux doter l'enfant, tous deux sont liés. Chacun l'est pour la part indiquée, si le contrat s'explique à cet égard ; sinon, chacun l'est pour moitié. Du reste, l'un ne répond pas de la part afférente à l'autre, à moins qu'il n'y ait déclaration expresse de solidarité (1).

1545. — Si le survivant des père ou mère constitue une dot pour biens paternels et maternels, sans spécifier les portions, la dot se prendra d'abord sur les droits du futur époux dans les biens du conjoint prédécédé, et le surplus sur les biens du constituant.

1546. — Quoique la fille dotée par ses père et mère ait des biens à elle propres dont ils jouissent, la dot sera prise sur les biens des constituants, s'il n'y a stipulation contraire.

SOMMAIRE.

I. Principe posé par l'art. 1546.
II. Développements sur l'art. 1545. Sa disposition finale ne s'applique que pour des parents dotaux : dissentiment avec M. Demante.

I. — De ces deux articles, c'est le second qui contient l'idée générale dont le premier n'est qu'un développement et une application de détail. C'est donc par le dernier que doivent commencer nos observations.

La circonstance que l'enfant a des biens personnels, et que ses père ou mère en sont détenteurs et usufruitiers, ne permettrait pas de plein droit, et sans une déclaration *ad hoc* dans le contrat, d'imputer sur ces biens la dot que les père et mère ou l'un d'eux constituent. Ainsi, quand le père jouit, soit comme usufruitier légal, soit autrement, d'une somme de 50 000 francs qui appartient à sa fille, soit comme lui provenant de la succession de la mère prédécédée, soit comme lui ayant été donnée par quelque parent ou ami, et que le père déclare sans autre explication constituer à sa fille une dot de 50 000 francs, il ne serait pas reçu à dire que la somme dont il a entendu parler est celle qui appartient à l'enfant : entendue ainsi, la promesse du père serait une duperie pour la fille et le futur gendre ; car ce n'est pas faire donation d'une dot que de livrer à l'enfant ce qui lui appartient. Si donc le père ne veut livrer que le bien de la fille et ne rien donner *de suo,* il faut, d'après notre art. 1546, qu'il ait soin d'écrire une stipulation *ad hoc.*

II. — Or cette stipulation expresse existe lorsque les biens qui appartiennent à la fille lui provenant de la succession de l'un de ses auteurs, l'autre constitue la dot pour biens *paternels et maternels,* ou en tous autres termes exprimant la même idée. Il en serait de même, on

(1) Orléans, 5 déc. 1842 (Dev., 46, 2, 1); Roussilhe (*De la Dot*, II, 664); et MM. Tessier (I, p. 130, note 233); Pont et Rodière (I, 95). — *Voy.* cependant M. Odier (III, 1132).

le comprend, si, les père et mère vivant encore tous deux et l'enfant ayant des biens lui provenant d'une source quelconque, ces père et mère ou l'un d'eux déclaraient constituer la dot tant en biens de l'enfant qu'en biens à eux propres. Si, dans ces différents cas, le contrat indique la proportion dans laquelle contribueront les biens de l'enfant et ceux du constituant, l'indication sera suivie; et s'il arrivait que les biens appartenant à l'enfant ne fussent pas suffisants pour fournir la portion à eux attribuée, c'est le constituant qui devrait la parfaire : ainsi, quand le père a promis 100 000 francs dont moitié à prendre sur la succession maternelle, ou plus généralement sur les biens de l'enfant, et que les biens de l'enfant ne s'élèvent qu'à 45 000 francs, le père sera tenu d'en donner *de suo* 55 000, parce qu'il faut avant tout que la somme promise soit fournie. Que si le contrat est muet sur les parts contributoires, on suit une règle que l'on n'aurait pas toujours appliquée si le Code, gardant le silence à cet égard, avait laissé au juge le soin d'interpréter la clause d'après les circonstances, mais qui est posée comme principe absolu dans notre art. 1545, et dont on ne peut dès lors pas s'écarter : la dot se prendra d'abord et jusqu'à épuisement sur les biens de l'enfant, et c'est seulement pour le surplus que le survivant donnera du sien. Ainsi, quand le père a promis de cette façon 100 000 francs, et que la fille n'en a que 40 000, le père en fournira 60 000; si la fille a 90 000 francs, le père n'en donnera que 10 000; si la fille a 100 000 francs ou davantage, le père ne donnera rien. Sans doute ce résultat prête à la critique; car il n'est pas vrai de dire alors que la dot se constitue de biens paternels et maternels, elle consiste en biens maternels exclusivement. Aussi la Cour de Poitiers, en 1825, avait-elle cru, dans une espèce où le père avait promis la dot tant de son chef qu'à valoir sur la succession de la mère, devoir écarter cette règle pour faire contribuer chacun des patrimoines par moitié. Mais c'était là, du moment qu'il s'agissait de parents dotaux, une violation de notre art. 1546, qui pose ici comme règle absolue que la constitution pour biens paternels et maternels doit s'entendre dans ce sens que le constituant donne *de suo*, s'il est nécessaire, et seulement en cas d'insuffisance de la succession du conjoint. C'est donc avec raison que l'arrêt de Poitiers a été cassé par la Cour suprême le 17 décembre 1828.

Du reste, cette règle ne se trouvant ainsi posée comme principe absolu que pour les constitutions faites par des parents dotaux, les seules dont s'occupent nos trois articles, il s'ensuit que, dans le cas de parents communs, les juges du fait resteraient libres d'interpréter autrement la clause du contrat, en sorte qu'on ne peut pas admettre ici l'idée de M. Demante (*Prog.* III, note du n° 214), qui pense que nos deux articles, bien qu'ils ne soient écrits comme le précédent que pour des constituants soumis au régime dotal, doivent, à la différence du précédent, s'appliquer en toute circonstance, par l'analogie et comme raison écrite. C'est vrai pour les autres dispositions de ces articles, qui ne font en effet que consacrer des idées parfaitement rationnelles et qu'on devrait suivre alors même qu'elles ne seraient pas écrites dans le Code; mais celle qui nous occupe peut, en certains cas, se trouver peu d'accord avec la raison, peu satisfaisante pour la conscience du juge, comme le prouve bien l'arrêt de Poitiers, et le magistrat dès lors, du moment qu'il ne s'agit plus de parents dotaux, reste libre de l'écarter pour donner au contrat une interprétation plus conforme à la vérité.

De la garantie et des intérêts de la dot.

1547. — Ceux qui constituent une dot, sont tenus à la garantie des objets constitués.

1548. — Les intérêts de la dot courent de plein droit, du jour du mariage, contre ceux qui l'ont promise, encore qu'il y ait terme pour le payement, s'il n'y a stipulation contraire.

I. — Ces deux articles ne sont que la reproduction identique de l'art. 1440. On a vu sous ce dernier que la donation faite pour cause de dot participe de la nature des contrats à titre gratuit et de celle des contrats à titre onéreux, et qu'elle produit sous ce dernier rapport le double droit de garantie et d'intérêts, suffisamment expliqué alors pour que nous n'ayons pas à y revenir ici.

Mais si le double caractère d'acte gratuit et onéreux tout ensemble existe ainsi dans la constitution de dot faite par un tiers, il est clair qu'il n'existe pas dans la constitution que la femme se fait à elle-même : l'acte est alors purement et simplement à titre onéreux, puisque la femme ne fait nullement une donation, mais trouve l'équivalent de ce qu'elle abandonne au mari, c'est-à-dire de la jouissance des biens constitués, dans l'obligation du mari de soutenir les charges du mariage. Il suit de là que non-seulement le mari a droit à la garantie et aux intérêts contre la femme, de même que cette dernière y a droit contre son donateur en cas de donation, mais aussi que le profit qu'il tire de la jouissance des biens de la femme n'est point un avantage soumis aux règles des libéralités. Ainsi les enfants d'un précédent lit de la femme n'en pourraient pas demander la réduction, et si le mari se trouvait être l'un des cohéritiers de la femme, il n'en devrait point le rapport.

II. — Du reste, si, dans le cas de constitution de dot faite à la femme par un tiers, le contrat qui se forme alors est gratuit et onéreux tout ensemble, il est à remarquer qu'il se forme aussitôt, entre la femme et le mari, un second contrat qui est purement onéreux comme l'est la constitution que la femme se fait à elle-même. En même temps, en effet, que le tiers transfère à la femme la propriété du bien, celle-ci confère au mari le droit de jouissance de ce bien ; de sorte que ce n'est pas du tiers constituant, mais de la femme seulement, que le mari tient son droit, puisque le constituant n'a fait sa donation qu'à la femme et non au mari.

De là résultent, entre autres, deux conséquences remarquables. — L'une est que le mari, en cas d'éviction, ne pourrait agir personnellement en garantie que contre sa femme, et n'aurait de recours contre le constituant que comme ayant cause de cette femme et par application de l'art. 1166, ce qui prouve combien est profonde l'erreur, déjà signalée sous l'art. 1440, dans laquelle tombe Delvincourt, quand il enseigne que le recours en garantie contre le constituant n'appartient qu'au mari et non à la femme. — La seconde, c'est que, dans le cas où la donation serait attaquée comme frauduleuse par les créanciers du constituant, la rescision, une fois prononcée contre la femme, ne pourrait s'étendre au droit d'usufruit du mari, qu'à la condition de prouver que ce dernier était lui-même complice de la fraude, puisqu'il est sous-acquéreur à titre onéreux, et ne peut dès lors subir la rescision qu'autant qu'il a lui-même agi frauduleusement, comme nous l'avons prouvé ailleurs contre M. Zachariæ (art. 1167, n° IV) (1).

SECTION II.

DES DROITS DU MARI SUR LES BIENS DOTAUX, ET DE L'INALIÉNABILITÉ DU FONDS DOTAL.

1° Droits du mari sur les biens dotaux.

1549. — Le mari seul a l'administration des biens dotaux pendant le mariage.

Il a seul le droit d'en poursuivre les débiteurs et détenteurs, d'en percevoir les fruits et les intérêts, et de recevoir le remboursement des capitaux.

Cependant il peut être convenu, par le contrat de mariage, que la femme touchera annuellement, sur ses seules quittances, une partie de ses revenus pour son entretien et ses besoins personnels.

SOMMAIRE.

I.   Double droit d'administration et de jouissance du mari. Renvois pour plusieurs points.
II.   Le mari n'est plus, comme à Rome, propriétaire des biens dotaux, mais il a toujours les mêmes droits exorbitants d'administration : erreur de deux arrêts; autre erreur de Proudhon et Toullier.
III. Mais il ne peut pas plus qu'autrefois provoquer le partage des biens dotaux; et ce partage doit toujours être fait en justice. Dissidence entre la jurisprudence et la doctrine.
IV.   Il peut transiger, quand la transaction ne contient pas aliénation : erreur de M. Tessier.

I. — Les deux premiers paragraphes de cet article confèrent au mari, en les formulant d'une manière confuse et fort peu méthodique, deux droits importants sur les biens dotaux de la femme : le droit d'administration, dont s'occupent le premier paragraphe et la plus grande partie du second; le droit de jouissance, qui se trouve jeté dans ce second paragraphe au milieu des éléments du droit d'administration. Il est

_____

(1) Le père qui, par le contrat de mariage de sa fille, s'est obligé à faire un emploi déterminé de la somme constituée dotale, est responsable de la perte résultant d'un emploi autre que celui stipulé. Paris, 27 janv. 1854 (Dev., 54, 2, 776; J. Pal., 54, 2, 160).

clair, en effet, que le droit *de poursuivre les débiteurs et détenteurs* en exerçant les diverses actions, et celui *de recevoir les capitaux,* font partie du droit d'administrer, comme on le voit, notamment, au titre de la Tutelle. Quant au droit *de percevoir les fruits,* il ne serait encore qu'un des éléments du droit d'administrer, s'il devait s'entendre à la lettre ; mais on sait, et il est prouvé de reste par les art. 1540, 1562, 1571 et 1576, que la loi, sous cette expression trop restreinte, n'entend pas seulement le droit de *percevoir* les fruits, mais le droit de les garder, de se les approprier ; en d'autres termes, le droit de jouissance des biens.

Nous reviendrons sur ce droit de jouissance ultérieurement, notamment sous l'art. 1571. D'autre part, c'est sous l'art. 1553 que nous aurons à parler de l'emploi des capitaux reçus. Enfin, notre troisième paragraphe, relatif à la clause restrictive, au profit de la femme, du droit de jouissance du mari, se trouve expliqué sous l'art. 1534, n° I. Nous n'avons donc à insister ici que sur la nature toute spéciale et vraiment exorbitante du droit d'administration conféré au mari sous le régime dotal.

II. — A Rome, le mari était déclaré propriétaire de la dot, *dominus dotis.* Il est vrai que le droit de propriété du mari sur les biens dotaux était, en présence de l'autre droit de propriété que l'on reconnaissait toujours appartenir à la femme, fort difficile à bien expliquer et à préciser, témoin les interminables disputes des interprètes à cet égard. Un bien qui demeurait, juridiquement, la propriété de la femme, en devenant, juridiquement aussi, la propriété du mari, c'est une idée qui ne paraît pas aussi simple que le pense M. Troplong (IV, n°s 3097-3104) ; et il est à remarquer que Cujas et Doneau, que le savant magistrat trouve d'accord sur ce point, arrivent à dire en définitive, l'un, que le mari n'est pas propriétaire naturellement et en fait, mais seulement *jure civili;* l'autre, qu'il ne l'est ni *jure naturali* ni *jure civili.* Quoi qu'il en soit, toujours est-il que, dans le droit romain, le mari avait le titre de propriétaire des biens dotaux ; les textes le lui donnent à chaque pas, et c'était comme conséquence de cette qualité qu'on expliquait ses droits exorbitants d'administration et de disposition. Mais comme cette propriété simultanée de la femme et du mari, déjà peu intelligible à Rome, ne peut se concevoir sous notre Code civil, qui n'admet même pas la distinction romaine de deux propriétés, l'une *quiritaire,* l'autre *bonitaire;* comme il n'y a rien de plus arbitraire, de plus inadmissible aujourd'hui, que l'idée présentée par M. Troplong (n° 3173), de deux domaines, l'un *supérieur* et *naturel,* l'autre *civil* et *inférieur,* dont le premier appartiendrait à la femme et le second au mari ; comme, en effet, le Code se garde bien d'appeler nulle part le mari propriétaire des biens dotaux ; que, loin dé là, il l'assimile à l'usufruitier (art. 1562) et tient pour seul propriétaire la femme, si bien que l'aliénation, quand par exception elle est possible, n'est pas faite par la femme et par le mari, mais *par la femme* avec simple autorisation du mari (art. 1555 et 1556), celui-ci ne devenant propriétaire que dans certains cas exceptionnels qui supposent et confirment une règle différente (art. 1551 et 1552), il serait aussi contraire à la théorie légale qu'à l'usage reçu de donner aujourd'hui au mari la qualité de propriétaire des biens dotaux, comme le veut M. Troplong (n° 3102), et c'est par l'idée d'un mandat très-étendu conféré au mari pour agir au nom de sa femme, qu'il faut expliquer désormais les droits que la loi romaine attribuait au mari et que le Code lui conserve. Sans doute, le mari n'est pas plus un administrateur ordinaire qu'il n'est un usufruitier ordinaire; il a un droit *sui generis* et beaucoup plus étendu que celui des deux premiers; mais il n'est pas pour cela propriétaire.

Du reste, ce n'est là, on le voit, qu'une affaire de mots et d'exactitude de langage; et pour ce qui est des choses, elles sont toujours ce qu'elles étaient à Rome. Il est bien évident, en effet, que notre législateur n'a pas songé ici à imaginer un système nouveau de régime matrimonial; il a entendu consacrer l'ancien régime dotal, tel qu'il avait toujours existé. Les droits qu'avait le mari, ils découlent maintenant du mandat que la loi lui confère dans sa toute-puissance, au lieu de découler d'un droit de propriété incompatible avec notre législation, mais ils n'en existent pas moins.

Ainsi, c'est le mari qui a seul qualité pour intenter les actions dotales, quelles qu'elles soient, même les actions immobilières pétitoires. C'est lui seul, dit notre art. 1549, qui est chargé d'administrer, lui seul qui a droit de poursuivre, soit les débiteurs (par action personnelle), soit les détenteurs (par action réelle). Tandis que le mari commun ne peut intenter, quant aux propres de la femme, que les actions mobilières, puis les actions immobilières possessoires, le mari dotal exerce seul toutes les actions (1); lui *seul* peut *poursuivre les détenteurs,* la femme n'a pas capacité pour le faire (2), et c'est tomber dans une profonde erreur, c'est transporter dans le régime dotal les règles si différentes de la communauté, que de croire, comme Proudhon (*Usuf.,* III, 1234) et Toullier (VII, 392 et 393), que le mari dotal n'a ainsi toute latitude que quant à son droit de jouissance; que la chose jugée avec lui, sur une action en revendication, par exemple, n'aurait d'efficacité que vis-à-vis de lui et pour ce droit de jouissance seulement, la femme se trouvant, pour son droit de propriété, être un tiers non représenté au jugement, et qui peut dès lors l'attaquer par la tierce opposition. C'est se méprendre étrangement. En même temps que, pour la jouissance, le mari agit *proprio nomine,* c'est lui aussi qui, pour la propriété, agit au nom et comme représentant légal de la femme, incapable d'agir elle-même sous le régime dotal (3).

---

(1) Bordeaux, 29 juill. 1857; Grenoble, 23 avril 1858 (Dev., 58, 2, 65 et 397; *J. Pal.,* 58, 543; 59, 197).

(2) La femme peut exercer les actions dotales, si elle est autorisée de son mari. *Sic* Bellot (t. IV, p. 65); Taulier (t. V, p. 261); Rodière et Pont (t. II, n° 481); Boileux (6e édit. t. V, p. 278); Massé et Vergé (t. IV, § 668). — *Contra :* Aubry et Rau (t. IV, § 535); Odier (t. III, n° 1177).

(3) Duranton (XV, 393); Bellot (IV, p. 84); Benoît (I, 105); Zachariæ (III, § 535, note 9); Pont et Rodière (II, 479); Troplong (IV, 3005); Odier (III, 1177); Limoges,

Et puisque le mari représente la femme pour intenter l'action et en demandant, à plus forte raison la représente-t-il pour y défendre, et c'est une autre erreur non moins grave que de dire, comme l'ont fait deux arrêts (1), que l'action du tiers doit être dirigée contre le mari et la femme tout à la fois. L'action, disent-ils, doit être dirigée *contre le propriétaire*, et c'est la femme qui a cette qualité. Mais entendons-nous; l'action doit être dirigée contre le propriétaire seul, comme elle doit l'être par lui seul en demandant, quand il a capacité pour agir seul; elle doit l'être, simultanément, par ou contre le propriétaire et la personne chargée de l'assister, quand le propriétaire ne peut agir qu'avec assistance, comme il arrive pour la femme commune; elle doit l'être enfin par ou contre le représentant du propriétaire, quand ce propriétaire est incapable d'agir et qu'un mandataire légal est chargé d'agir en son lieu et place, comme l'est le tuteur pour son pupille (art. 464, 465). Or puisque, d'après les règles romaines, consacrées par notre article, c'est le mari seul, ainsi que le reconnaissent ces mêmes arrêts, qui peut agir en demandant, il peut donc aussi, et à plus forte raison, agir seul en défendant, et lui seul doit être assigné (2).

III. — Ce droit général du mari, d'agir seul, tant en demandant qu'en défendant, existe-t-il aussi au cas particulier de partage?... Il n'y a aucune raison d'en douter quand il s'agit de défendre à l'action, puisque le droit a toujours existé pour ce cas, et que le Code ne fait que consacrer l'ancien état de choses. Mais le point de savoir s'il existe aussi en demandant nous paraît fort délicat. La généralité des auteurs répond affirmativement, en se fondant sur ce que l'action n'était refusée au mari, en droit romain, que par suite de la nature *attributive* du partage, constituant alors un acte d'*aliénation*, en sorte que, notre droit français ayant adopté un principe contraire et rendu le partage simplement *déclaratif* (art. 883), il en résulte, dit-on, que l'action de partage se trouve maintenant sur la même ligne que toute autre action réelle, et doit dès lors appartenir au mari (3). D'autres repoussent cette conclusion, en argumentant de l'art. 818, qui ne permet pas au mari de provoquer, sans le concours de sa femme, le partage de biens ne tombant pas en communauté; mais on répond que cet article n'est pas fait pour le régime extraordinaire de la dot, puisqu'on l'a écrit à un moment où l'on était résolu d'écarter le régime dotal et les droits exorbitants qu'il donne au mari. Du moment que ces droits ont été admis et se trouvent consacrés par notre art. 1549, le principe nouveau sur la nature légale du partage ne fait-il pas rentrer l'action en partage sous la règle de cet article?... Nous adoptons cependant le sentiment contraire, par ce seul fait que le droit dont il s'agit n'a jamais appartenu au mari, et que le

---

4 fév. 1822 (Dev., 22, 2, 247). — *Voy.* toutefois Lyon, 16 janv. 1834 (Dev., 35, 2, 52).
(1) Bordeaux, 16 mars 1827; Riom, 28 janv. 1844 (Dev., 46, 2, 17).
(2) Merlin (*Rép.*, vᵒ Puiss. marit., sect. 2, § 3, art. 3, 8); Tessier (I, p. 139); Troplong (IV, 3107); Zachariæ (III, 570); Pont et Rodière (II, 482).
(3) Delvincourt (III); Benoit (nᵒ 117); Dalloz (ch. 2, sect. 2, 4); Troplong (IV, 3110); Chardon (Puiss. marit., 253); Massé et Vergé (t. IV, § 668); Michaux (*Liquid. et Part.*, nᵒ 230); Aix, 30 avril 1841 (*J. Pal.*, 41, 2, 459).

Code a seulement voulu maintenir le régime dotal tel qu'il était. Il est très-vrai que le droit n'était autrefois refusé au mari qu'à raison d'un principe qui est aujourd'hui changé; mais, en définitive, ce droit n'existait pas, et nous ne croyons pas que notre législateur, qui voit si défavorablement le régime dotal et qui ne l'a admis en quelque sorte que malgré lui, ait entendu l'avoir plus large encore qu'il n'était précédemment. Il est également vrai qu'il y a ainsi, dans l'ensemble de la loi, quelque chose d'illogique, puisqu'on refuse à notre art. 1549 une conséquence que la nature nouvelle du partage devrait lui faire produire; mais il n'y a rien là qui puisse étonner, puisque cet art. 1549 n'est lui-même qu'une règle illogique, admettant les conséquences d'un principe qui n'existe plus, la qualité, chez le mari, de propriétaire des biens dotaux de la femme. La loi, en définitive, entend que le régime dotal soit aujourd'hui ce qu'il était autrefois, rien de plus, rien de moins; c'est pour elle un système exotique, sans harmonie avec le reste de ses dispositions, et dont les règles spéciales doivent s'expliquer, non par ces dispositions, mais par les traditions du passé; et quand on la voit se jeter dans une première inconséquence pour conserver au mari les droits que l'ancien système comportait, on ne peut pas s'étonner de l'en voir commettre une seconde en lui refusant un droit qu'il n'a jamais eu. C'est donc avec raison, selon nous, que les arrêts refusent au mari le droit de provoquer, sans le concours de la femme, le partage de biens dotaux indivis (1).

Et puisque le changement de nature légale du partage ne peut pas être invoqué pour modifier les anciennes règles du système dotal, qui doit toujours être suivi tel qu'il était, il faut donc dire que le partage ne pourra pas être fait, par le mari et la femme conjointement, autrement qu'en justice. C'est aussi ce que décide, malgré la contradiction des auteurs, une jurisprudence constante (2).

IV. — Il va sans dire que le mari dotal, investi d'un droit d'administration exorbitant, est à plus forte raison chargé des actes d'administration simple: ainsi c'est lui, bien entendu, qui passe les baux des biens dotaux, à la charge de suivre les prescriptions des art. 1429 et 1430. Mais les pouvoirs étendus que la loi lui donne l'autorisent-ils à transiger?

M. Tessier (I, note 566) répond par une négation absolue, en se fondant sur le principe de l'art. 2045, qui refuse le droit de transiger à ceux qui n'ont pas la capacité de disposer. Mais nous avons déjà vu que le régime dotal a des règles à part, et que c'est dans les traditions

---

(1) Agen, 14 fév. 1809; Paris, 14 juill. 1845; Cass., 21 janv. 1846; Pau, 21 fév. 1861 (Dev., 36, 2, 323; 45, 2, 501; 46, 263; 62, 2, 241). — Duranton (XV, 395); Toullier (XIV, 156); Chabot (art. 818, 3); Proudhon (III, 1245); Bellot (IV, 137, 412); Malpel (Succ., 244); Vazeille (art. 818, 3); Tessier (II, 838); Pont et Rodière (II, 464); Odier (III, 1181); Demolombe (Succ., t. III, n° 584); Aubry et Rau (t. IV, § 535); Boileux (art. 818); Dutruc (Part. de succ., n° 290).

(2) Bordeaux, 11 fév. 1836; Pau, 26 mars 1836; Rouen, 4 déc. 1838 et 23 juin 1843; Caen, 9 mars 1839 (Dev., 36, 2, 431; 38, 2, 751; 43, 2, 416; 39, 2, 351). Contrà: Tessier (I, 412); Pont et Rodière (II, 565); Troplong (IV, 3112).

du passé, non dans les principes généraux du Code, qu'il faut chercher ces règles. Or, on a fait de tout temps, pour la transaction consentie par le mari dotal, une distinction qui est en effet fort juste. Malgré l'adage *qui transigit alienat*, il est certain que la transaction n'est pas toujours un acte d'aliénation; souvent le traité qui a pour but et pour effet d'arrêter ou de prévenir un procès par quelques concessions réciproques peut n'être, au fond, de la part du mari dotal, qu'un acte d'excellente administration, fort avantageux, et où il serait impossible d'apercevoir aucune aliénation ni diminution de la dot. En conséquence, on a toujours admis que le mari peut transiger, si sa transaction ne contient point aliénation du bien dotal (1). Et puisque telle a toujours été la règle suivie, c'est donc elle qu'il faut suivre encore, et c'est aussi ce que font les auteurs et les arrêts (2).

1550. — Le mari n'est pas tenu de fournir caution pour la réception de la dot, s'il n'y a pas été assujetti par le contrat de mariage.

SOMMAIRE.

I. Différences entre le mari dotal et l'usufruitier. Critique de deux idées inexactes de M. Mourlon.
II. Le droit du mari est un usufruit soumis à des règles spéciales; c'est un droit réel: erreur de Toullier.

I. — Tandis que l'usufruitier ordinaire est tenu de donner caution, s'il n'en est dispensé par l'acte constitutif, le mari, au contraire, en est dispensé de plein droit et n'y peut être soumis que par une clause expresse du contrat, clause dont on voit d'ailleurs peu d'exemples. La raison de cette règle n'est pas, comme on le dit quelquefois, que si les maris avaient été obligés de fournir caution, la moitié de la société eût été caution de l'autre, ce qui eût été trop nuisible au crédit public. Cet égard pour le crédit public n'a pas empêché Justinien, et après lui notre législateur, de frapper, au profit de la femme, d'une hypothèque légale (et occulte) les biens de tous les hommes mariés, c'est-à-dire de la société presque entière! Mais par cette hypothèque, du moins, c'est le mari qui se garantit lui-même, tandis que recourir à un tiers et poser comme règle légale que la femme, qui livre au mari sa propre personne, devra être garantie pour ses biens par l'intervention d'un étranger, ce serait un affront pour le mari, ce serait une défiance inconvenante et qui pourrait devenir une cause de discorde dans le ménage. Telle est, en effet, la raison que donne Justinien, en confirmant l'abrogation de cette règle, suivie autrefois au milieu des mœurs dépravées de l'empire. Ulpien avait déjà dit que c'était là, pour le mari, *contumeliam subire;*

(1-2) Voet (*De transact.*, C. 2, 15, 5); Favre (C. 5, 15, 6); Salviat (I, p. 400); Merlin (v° Transact., § 1, 8); Troplong (IV, 3127); Limoges, 3 juill. 1813; Caen, 24 août 1822; Cass., 10 janv. 1826; Limoges, 10 mars 1836 (Dev., 36, 2, 351). — *Voy.* cependant Cass., 28 fév. 1825; Nimes, 30 nov. 1830 (Dev., 25, 1, 421; 31, 2, 182); Pont et Rodière (II, 568). — On peut consulter un arrêt de la Cour de cassation du 7 fév. 1843 (Dev., 43, 1, 283). — Mais la transaction, dans l'espèce, était émanée de la femme.

Justinien dit à son tour (C., liv. V, tit. 20) : *si enim credendam mulier sese existimavit, quare fidejussor, ut causa perfidiæ in connubio generetur ?*

Cette différence, entre le mari dotal et l'usufruitier ordinaire, n'est pas la seule. Tandis que ce dernier n'aurait droit à aucune indemnité, ni pour les récoltes qu'il eût pu faire dans le cours de son usufruit, et qu'il n'a pas faites (art. 590), ni pour les améliorations par lesquelles il a pu augmenter la valeur des biens (art. 599), une indemnité serait due dans ces mêmes cas au mari, pour éviter les avantages indirects du mari à la femme, ainsi qu'on l'a vu sous l'art. 1403 (n° VI, alin. 5). Une autre différence nous sera indiquée plus loin, quant à l'acquisition des fruits naturels, par l'art. 1571. Enfin le droit de jouissance du mari lui étant conféré dans le but déterminé de satisfaire aux charges du mariage, il s'ensuit qu'il est rigoureusement attaché à la personne et à la qualité du mari, et que celui-ci ne pourrait ni l'aliéner ni l'hypothéquer.

M. Mourlon, qui, dans ses *Répétitions écrites* (p. 110-111), reproduit l'idée fausse, réfutée plus haut, d'après laquelle la dispense de caution aurait eu pour motif l'intérêt du crédit public, reproduit ici, comme cause de la personnalité du droit de jouissance du mari, cette autre idée, souvent enseignée aussi, mais également inexacte, que ce droit n'est qu'un mandat conféré au mari par la femme. Simple mandataire quant à son droit exorbitant d'administration, le mari est tout autre chose qu'un mandataire quant au droit de jouissance. Si c'était comme mandataire qu'il reçût les revenus pour les besoins du ménage, il en serait comptable, et devrait, une fois ces besoins satisfaits, restituer l'excédant à la femme, tandis que cet excédant lui appartient en propre. Si la constitution de dot ne contenait, de la femme au mari, qu'un mandat de percevoir les fruits, tandis qu'elle contient une aliénation temporaire du droit de jouissance, le mari n'aurait donc pas un droit réel, il ne serait pas un acquéreur ; or, M. Mourlon lui-même met très-bien en relief ailleurs (p. 102, 3°) cette qualité d'acquéreur chez le mari, sans remarquer la contradiction des doctrines dont il se fait l'écho. La vérité est que ce n'est point dans l'existence d'un mandat, mais dans la destination même de la dot, que la personnalité du droit du mari trouve sa cause.

II. — Mais quelles que soient les différences entre le droit de jouissance du mari et l'usufruit ordinaire, ce n'est certes pas une raison pour prétendre, comme le fait si étrangement Toullier (XIV, n°ˢ 131-138), en combattant longuement Proudhon et Delvincourt sur ce point, que ce n'est là qu'un droit personnel et mobilier. Les principales raisons du professeur de Rennes, pour nier ici l'existence d'un droit réel, sont que l'art. 1562, en soumettant le mari à toutes *les obligations* de l'usufruitier, lui en refuse par là même *les droits ;* et qu'il n'était jamais venu dans l'esprit des jurisconsultes romains, eux qui avaient, dit-il, médité si profondément sur la science du droit, de voir là un droit d'usufruit... Que dire, vraiment, de pareilles idées ? N'est-il pas évident, d'abord, quand on rapproche l'art. 1562 des diverses règles du régime dotal, que si cet article soumet le mari à toutes les obligations de l'usufruitier, c'est précisément à cause de l'analogie qui existe entre eux? Quant à la seconde objection, elle est plus étrange encore, et on a besoin de la lire deux fois pour y croire. Sans doute, pour les Romains, le mari n'était pas un usufruitier; mais c'est parce qu'il était plus encore: il était *propriétaire!* Comment donc Toullier peut-il argumenter de la loi romaine pour nier ici l'existence d'un droit réel? La propriété contient l'usufruit (appelé alors *usufruit causal,* parce que *suæ causæ junctus est*); or, puisque les choses sont aujourd'hui ce qu'elles étaient à Rome, sauf seulement que l'esprit de notre législation ne permet pas d'aller jusqu'à voir dans le mari un propriétaire, il faut bien au moins reconnaître en lui un usufruitier, même un usufruitier plus qu'ordinaire, et qui joint à son droit réel d'user et de jouir des biens le mandat légal d'exercer toutes les actions relatives à ces biens. Son droit ne pouvant plus être le *dominium* lui-même, il devient tout naturellement celui qui s'en rapproche le plus; et s'il y a nécessité de modifier ainsi sa nature primitive, il n'y a certes ni raison ni prétexte pour la briser au point de l'exclure de la classe des droits réels.

1551. — Si la dot ou partie de la dot consiste en objets mobiliers mis à prix par le contrat, sans déclaration que l'estimation n'en fait pas vente, le mari en devient propriétaire, et n'est débiteur que du prix donné au mobilier.

1552. — L'estimation donnée à l'immeuble constitué en dot n'en transporte point la propriété au mari, s'il n'y en a déclaration expresse.

1553. — L'immeuble acquis des deniers dotaux n'est pas dotal, si la condition de l'emploi n'a été stipulée par le contrat de mariage.

Il en est de même de l'immeuble donné en payement de la dot constituée en argent.

SOMMAIRE.

I. Quatre classes de biens dotaux devenant la propriété du mari, et qui ne sont pas dès lors frappés d'une vraie dotalité. La première comprend les choses fongibles; le fonds de commerce n'en est pas une: erreurs de plusieurs auteurs et arrêts.

II. La deuxième et la troisième comprennent les autres meubles quand ils sont estimés; et les immeubles, quand on déclare que l'estimation en vaut vente. *Quid* des créances? Controverse.

III. La quatrième comprend les immeubles, qui remplacent des deniers constitués par le contrat. *Secùs* quand les immeubles se trouvent être eux-mêmes l'objet de la constitution. Développements sur la clause d'emploi.

IV. Quand les immeubles acquis en remplacement de deniers constitués sont, par l'effet de la séparation de biens, la propriété de la femme, ils n'en sont pas moins dénués de dotalité. Conséquences: controverse.

I. — Parmi les biens qui peuvent constituer la dot d'une femme et que l'on peut dès lors appeler dotaux d'une manière générale et *lato sensu,* il en est qui deviennent la pleine propriété du mari, à raison desquels la femme a seulement une créance contre celui-ci, et qui ne méritent plus ainsi qu'imparfaitement le nom de dotaux. Ils sont bien dotaux, en effet, quant à l'origine et au but, puisqu'ils sont livrés au mari pour soutenir les charges du mariage, mais ils ne sont pas précisément des biens actuellement dotaux ; ce ne sont pas des biens de la femme dotale, puisqu'ils sont la propriété libre du mari. — On peut en distinguer quatre classes, dont trois nous sont indiquées par nos trois articles, qui n'ont pas songé à parler de la première, parce qu'elle s'explique par la nature même des choses.

Cette première classe comprend toutes les choses fongibles, c'est-à-dire celles d'abord qui se consomment par le premier usage, et aussi celles qui, d'après les circonstances, sont destinées à être vendues. L'usufruit de ces choses consistant dans le droit même de propriété, comme on l'a vu sous l'art. 587, c'est donc le droit de propriété qui passe au mari, sous l'obligation par lui d'en rendre de semblables à la fin de l'usufruit : *soluto matrimonio, ejusdem generis et qualitatis alias restituat* (Dig., XXIII, t. 3, 42).

Au nombre et au premier rang des choses fongibles, se trouve l'argent comptant. Le mari devient donc propriétaire des capitaux faisant partie de la dot de la femme, et se trouve débiteur envers elle d'une somme égale. Nous reviendrons bientôt sur cette idée pour développer celles qui s'y rattachent et qui font l'objet de l'art. 1553. Mais on ne peut pas ranger parmi les choses fongibles un fonds de commerce, comme l'ont à tort pensé quelques auteurs et arrêts (1). Sans doute les marchandises de ce fonds sont fongibles, puisqu'elles sont destinées à être vendues pour être remplacées par d'autres qui doivent se vendre à leur tour ; mais il n'en est pas ainsi du fonds, qui, au moyen de cette succession des marchandises, demeure toujours le même fonds, et forme ainsi, de même qu'un troupeau, une universalité qui ne doit pas périr, un corps moral et toujours identique, quoique composé d'objets distants : *unum corpus ex distantibus capitibus* (art. 581, n° II). C'est ce que disent fort bien tous les commentateurs : *Nomen est juris, sicut hæreditas*, dit l'un. *Taberna*, dit l'autre, *dicitur jus universale... distinguendo merces singulares ab hujus modi corporibus universalibus*. Celui-ci explique que *mercaturæ... sicut grex pecudum ; et idcirco, licet merces mutentur, tamen eadem videtur esse taberna ;* celui-là, que *taberna, ut horreum, quoddam corpus universale est, quod nunquam interit...* (2) Ces idées sont, en effet, évidentes ; c'est par la fausse intelligence d'un texte que la Cour de Rouen a cru pouvoir invoquer contre elles la loi romaine ; et le fonds de commerce, chose *quæ nunquam perit, quæ semper durat eadem*, n'est nullement fongible et demeure dès lors, comme l'enseigne M. Troplong (n°ˢ 3160-3163), la propriété de la femme.

II. — D'après nos art. 1551 et 1552, le mari devient encore pro-

---

(1) Tessier (II, p. 211) ; Rouen, 5 juill. 1824 ; Paris, 27 mars 1841 (Dev., 41, 2, 529). Un pourvoi dirigé contre ce dernier arrêt a été rejeté, mais sans adoption du prétendu principe et par une raison de fait.

(2) Cujas (sur la loi 77, liv. 8 des *Réponses* de Papinien) ; Deluca, *De cred.*, disc. 35, n° 17) ; Bartole (sur la loi 34, *De pign.*) ; Bruneman (*ibid.*).

priétaire, 2° des meubles non fongibles qui sont estimés par le contrat
du mariage, à moins qu'il n'y soit déclaré que l'estimation n'en fait pas
vente, et 3° des immeubles eux-mêmes, lorsque le contrat en contient
tout à la fois et l'estimation et la déclaration formelle que cette estimation vaut vente. Il y avait autrefois de longues controverses sur le point
de savoir dans quelles circonstances l'estimation donnée au bien dotal
en opérait la vente au mari : on admettait bien, sans distinction entre
les meubles et les immeubles, que l'estimation faisait vente en principe,
œstimatio venditio est ; mais on apportait à ce principe une foule d'exceptions et restrictions pour lesquelles on était loin d'être d'accord (1).
Le Code a fait cesser ces disputes en posant pour les meubles d'une
part, pour les immeubles de l'autre, deux règles absolues et fort simples : pour les premiers, l'estimation est réputée vente toutes les fois
qu'on n'exprime pas une volonté différente ; pour les seconds, au contraire, l'estimation n'opère vente qu'au moyen d'une déclaration expresse à cet égard. Il va sans dire, au surplus, que cette déclaration
peut être faite en termes quelconques : tout ce qu'il faut, c'est que la
preuve de la volonté soit écrite dans le contrat, que l'intention y soit
exprimée (2).

Les rentes, soit sur l'État, soit sur particuliers, et comme elles
toutes autres créances, sont évidemment des meubles non fongibles,
qui, dès lors, ne deviennent la propriété du mari qu'autant qu'elles lui
sont vendues, ainsi qu'il vient d'être dit, au moyen d'une estimation
portée au contrat. On a prétendu le contraire ; on a dit que toute
créance porte son estimation avec elle-même, et n'a pas besoin, par
conséquent, d'être mise à prix par le contrat (3). C'est une erreur que
condamnent tout à la fois la logique et le texte même du Code. Car,
sans parler même des rentes sur l'État et de ces nombreuses actions
financières dont la valeur vénale est si variable, et qui peuvent valoir un
tiers en plus ou en moins à quelques mois seulement d'intervalle, est-ce
qu'une créance ordinaire ne peut pas aussi valoir, à cette époque, plus
ou moins qu'à telle autre époque, selon la position du débiteur ou à
raison d'autres circonstances ? Aussi Bartole expliquait-il qu'il fallait
appliquer à la créance donnée en dot la même distinction qu'à tout
autre bien, *scilicet, aut datur œstimatum, aut datur simpliciter* (sur la
l. 49, D., XXIV, t. 3). Et le Code l'entend bien ainsi ; il entend bien
que les rentes et créances sont, en général et hors le cas de mise à prix
dans le contrat, la propriété de la femme, comme tous autres meubles
non estimés, puisqu'il les déclare demeurer aux risques et périls de la
femme, et dispose que, si elles viennent à périr ou à subir des retranchements, le mari n'en sera pas tenu et n'aura rien autre chose à restituer que les titres (art. 1566 et 1567) (4).

---

(1) *Voy.* Menochius (*De præsumpt.*, præs. 84) ; Deluca (*De dote*, disc. 158).
(2) *Voy.* sur ces divers points, Paris, 12 mai 1813 ; Montpellier, 26 juin 1848 (Dev.,
14, 2, 81 ; 48, 2, 557).
(3) Jugement du Tribunal de la Seine (Dall., 33, 1, 216) ; Odier (III, 1227) ; Troplong (IV, 3164).
(4) Benoît (II, 104) ; Pont et Rodière (II, 400).

Toutefois, et quoique le mari ne soit pas propriétaire des créances ni des autres meubles non fongibles livrés sans estimation, le mari a cependant le droit d'en disposer. C'est un point qui a toujours été constant à Rome et dans notre ancien droit écrit (1); et comme le Code a voulu, ni plus ni moins, consacrer l'ancien système dotal, cette règle existe donc toujours, et le mari peut aliéner les meubles dotaux alors même qu'ils ne lui appartiennent pas, comme il peut exercer les actions pétitoires relatives aux immeubles dotaux, quoique ces immeubles ne soient pas siens. Tandis qu'il le pouvait autrefois comme étant dans un certain sens *dominus dotis,* il ne le peut aujourd'hui que comme *procurator,* mais enfin il le peut. En vain M. Tessier (I, note 54) invoque contre cette doctrine la jurisprudence du Parlement de Bordeaux, puisque ce Parlement, on l'a vu, s'était écarté du vrai système dotal, en refusant au mari le droit d'exercer les actions pétitoires immobilières, droit toujours admis dans notre ancien droit comme à Rome, et que consacre chez nous l'art. 1549.

III. — La quatrième et dernière catégorie de biens devenant la propriété du mari, catégorie dont s'occupe l'art. 1553 (mais dont la loi, au surplus, eût pu ne pas parler, car elle n'est qu'une conséquence de la première), est celle des immeubles qui viennent remplacer dans la main du mari les sommes dotales qu'il a reçues ou devait recevoir.

Ainsi, quand le mari, détenteur de 50 000 francs qu'on lui a livrés pour dot sans qu'aucune clause d'emploi fût stipulée au contrat, et qui sont dès lors sa libre propriété, place ces 50 000 francs en achat d'un immeuble, il est clair que cet immeuble lui appartient comme l'argent lui appartenait, et que la femme n'a toujours, comme avant, qu'une créance de pareille somme sur lui (2). — De même, quand celui qui avait promis pour dot une somme de 50 000 francs se libère au moyen d'un immeuble de pareille valeur qu'il livre au mari en *datio in solutum,* soit en vertu d'une faculté réservée au contrat, soit en vertu d'une convention postérieure, l'immeuble est la propriété du mari et n'est nullement frappé de dotalité, puisque c'est la somme et non cet immeuble qui a fait l'objet de la constitution de dot (3).

Il en serait autrement, dans ce second cas, si le constituant, en se réservant la faculté de livrer un immeuble au lieu d'argent, avait stipulé que cet immeuble serait alors dotal : l'immeuble, en exécution de cette clause du contrat, serait frappé de dotalité et appartiendrait à la femme. Mais, bien entendu, c'est seulement en vertu du contrat qu'il en serait

---

(1) *Voy.* les lois 35, 36, 41, 43, 49, D., XXIII, t. 3; et 66, § 6, XXIV, t. 3; Serre (*Inst.*, p. 103), Catelan (liv. 4, ch. 47), et les arrêts du Parlement de Toulouse, cités par eux; Boniface (IV, p. 282), et l'arrêt qu'il cite du Parlement de Provence; Roussilhe (I, p. 270); Nouveau Denisart (VII, p. 122).

(2) Grenoble, 13 juin 1862 (Dev., 63, 2, 10; *J. Pal.*, 63, 675); Duranton (t. XV, n° 498); Aubry et Rau (t. IV, § 534); Troplong (t. IV, n° 3181).

(3) La Cour de cassation a jugé par suite que l'immeuble acquis par la femme de ses deniers dotaux n'est pas réputé dotal de plein droit; qu'il ne devient tel que lorsqu'il est intervenu entre les époux un pacte qui lui attribue cette qualité, et dès lors que l'aliénation de cet immeuble consentie par la femme pendant le mariage est valable. Cass., 20 fév. 1849 (Dev., 49, 1, 241).

ainsi ; l'art. 1395, ne permet plus d'obtenir ce résultat, comme on le pouvait autrefois, au moyen d'une convention postérieure (1). — Dans le premier cas, l'immeuble acheté par le mari serait également bien dotal et propriété de la femme, si c'était en exécution d'une clause d'emploi écrite au contrat que l'achat fût fait. Quand, en effet, d'après le contrat, les deniers ne peuvent être reçus par le mari que pour être employés en achat d'immeubles, il est vrai de dire que ce ne sont pas précisément les deniers, mais bien les immeubles à acquérir, qui sont constitués en dot.

Quand l'emploi est ainsi exigé par le contrat, les débiteurs qui font au mari le remboursement des sommes dotales sont responsables et du défaut d'emploi et même de l'inutilité de l'emploi fait. C'est là, il est vrai, quelque chose de fort peu juste, et l'équité demanderait que la convention d'emploi n'eût d'effet qu'entre le mari et la femme ; mais, comme le dit M. Troplong, il ne faut pas trop argumenter de l'équité quand il s'agit du régime dotal, et le recours de la femme contre les débiteurs qui ont payé trop facilement a toujours été admis (2) : on dit que le mari n'ayant capacité de recevoir que sous la condition de faire un emploi bon et valable, le débiteur, quand il n'y a pas emploi ou que l'emploi n'est pas bon, se trouve avoir payé à une personne incapable de recevoir et avoir fait dès lors un payement nul. Aussi la jurisprudence n'hésite-t-elle pas à suivre cette doctrine (consacrée par le Code, puisqu'elle était celle de l'ancien droit) ; la Cour de Paris, qui s'en était écartée en 1831, y est revenue en 1844 (3) ; et comme il est souvent difficile à un débiteur d'avoir entière sécurité sur l'emploi qu'offre le mari, on a pris dans la pratique l'excellente habitude de consigner la somme due pour ne la payer que sur un jugement déclarant l'emploi bien fait.

L'emploi, au surplus, doit être accepté par la femme, quoi que disent Merlin (Rép., vᵒ Dot., § 10) et M. Tessier (1, p. 220) (4) ; car il n'y a pas de raison pour qu'il en soit ici autrement que sous la communauté, et pour que la femme devienne propriétaire d'un bien qui ne lui convient pas (5). Tel était, en effet, l'ancien droit ; et il faut reconnaître aussi que l'acceptation de la femme ne saurait être une fin de non-recevoir contre son recours en cas d'inutilité de l'emploi (6). Mais s'il faut suivre ainsi les traditions du régime dotal, il ne faut pas du moins les dépasser ; et comme la femme n'a jamais pu recourir contre les débiteurs que subsidiairement et en cas d'insuffisance de son recours contre le mari, c'est seulement un recours subsidiaire qu'on doit aussi lui attribuer aujourd'hui. En vain on argumenterait, comme M. Benech (nᵒ 63), du principe que le payement fait sans un bon et valable em-

(1) Cass., 23 août 1852, 23 avril 1853 (Dall., 52, 1, 389 ; 53, 1, 286).
(2-3) Roussilhe (I, 185) ; Nouveau Denisart (VII, p. 147) ; Tessier (II, note, 828) ; Cass., 9 juin 1841 ; Paris, 23 mars 1844 (Dev., 41, 1, 469 ; 44, 2, 131).
(4) Conf. Toullier (XII, 364) ; Pont et Rodière (II, 321) ; Odier (III, 1194-1196) ; Grenoble, 25 avril 1861 (Dev., 61, 2, 565 ; J. Pal., 61, 2, 149).
(5-6) Roussilhe (nᵒ 256) ; Benech (nᵒ 50 et p. 94) ; Troplong (nᵒˢ 3123 et 3198) ; Caen, 18 déc. 1837 (Dev., 39, 2, 186) ; Bourges, 1ᵉʳ fév. 1831 (Dev., 31, 259).

ploi est réputé fait à une personne incapable de recevoir, pour en conclure que ce payement est nul absolument et sans examen du point de savoir si le mari est ou non solvable. Ce principe, en effet, n'est lui-même qu'une exagération qui ne résisterait pas à une critique sérieuse; et s'il se trouve implicitement consacré par le Code, ce n'est certes pas comme idée juste et rationnelle, mais seulement comme maintien de ce qui existait autrefois. C'est donc avec ses anciennes limites que la règle doit être admise; or, le recours de la femme n'était que subsidiaire dans l'ancien droit (1).

Aucune de ces règles ne s'applique plus quand le contrat de mariage ne contient pas de clause d'emploi. Le mari, qui aurait alors la propriété de l'immeuble qu'il achèterait avec les capitaux reçus, est parfaitement libre de n'en pas acheter; et on ne comprend pas que des débiteurs aient pu avoir dans ce cas la prétention de ne payer qu'à la condition d'un emploi. Il va sans dire que cette prétention a été repoussée (2).

IV. — Si, dans le cas prévu par notre art. 1553 d'une constitution de deniers faite purement et sans clause d'emploi, c'était la femme, après avoir fait prononcer sa séparation de biens (art. 1563), qui achetât un immeuble, soit avec les sommes dotales que lui restitue le mari, soit avec celles que lui payent ses débiteurs, ou qui reçût l'immeuble en payement de ces sommes, cet immeuble ne serait pas plus dotal dans les mains de la femme qu'il ne l'eût été dans celles du mari avant la séparation de biens, et c'est évidemment à tort qu'on a quelquefois jugé le contraire. D'après l'ancien droit déjà cet immeuble n'était pas dotal, et la Cour suprême a cassé en 1849 une décision contraire de la Cour de Nîmes (3); mais alors même que ce point serait douteux d'après l'ancien droit, il ne saurait toujours l'être d'après le Code, puisque notre art. 1553 déclare formellement, sans distinguer entre le mari et la femme, que ni l'immeuble acquis avec les deniers dotaux, ni celui qui est reçu en payement de ces deniers, ne sont dotaux. C'est, en effet, ce que reconnaissent la plupart des arrêts (4).

Mais deux de ces arrêts (ceux de 1817 et de 1843), et comme eux quelques jurisconsultes, notamment M. Tessier (1, note 410), tout en proclamant le principe de non-dotalité de l'immeuble, arrivent bientôt à le détruire en méconnaissant ses conséquences. Selon eux, il faut alors que les deniers de la femme se retrouvent toujours et quoi qu'il arrive : si l'immeuble est par elle aliéné ou hypothéqué par un em-

(1) Salviat (vo Dot); Lapeyrère (lett. C); Benoît (no 112); Toullier (XIV, 154); Zachariæ (III, p. 576); Troplong (IV, 3122).
(2) Caen, 27 juin 1825; Cass., 23 janv. 1824; Grenoble, 22 juin 1827, 24 mars 1828; Toulouse, 31 juill. 1833, 23 déc. 1839 (Dev., 40, 1, 242).
(3) Cass., 25 fév. 1817; Bordeaux, 5 fév. 1829; Poitiers, 5 juill. 1839; Riom, 8 août 1843; Cass., 20 fév. 1849 (Dev., 39, 2, 546; 44, 2, 590; 49, 1, 241).
(4) Cass., 25 fév. 1817; Bordeaux, 5 fév. 1829; Poitiers, 5 juill. 1839; Riom, 8 août 1843; Cass., 20 fév. 1849; Riom, 23 nov. 1852; Montpellier, 21 fév. 1851 et 18 fév. 1853; Toulouse, 24 fév. 1860; Caen, 27 déc. 1860 et 18 mars 1861 (Dev., 39, 2, 546; 44, 2, 590; 49, 1, 241; 53, 2, 673; 60, 2, 305; 61, 2, 284; J. Pal., 55, 2, 470; 61, 132).

prunt, et que l'argent qu'elle a reçu pour prix de la vente ou comme prêt se trouve perdu, elle pourra, dit-on, refuser effet à l'hypothèque ou faire payer l'acquéreur une seconde fois... C'est une erreur manifeste ; car du moment que l'immeuble n'est pas dotal, il est clair que l'aliénation ou l'hypothèque qui en sont régulièrement consenties doivent avoir leur effet ordinaire. Ainsi, quand le mari, qui ne devait à sa femme obtenant la séparation de biens qu'une somme d'argent, lui a livré un immeuble par dation en payement, est-ce que ce mode de payement peut procurer à la femme un privilége qu'elle n'aurait pas eu si le mari l'avait payée en argent comme il le pouvait ? En recevant du mari des deniers, la femme l'eût pleinement libéré par sa quittance et n'eût eu aucun recours ultérieur en cas de perte de son argent ; or quand, après avoir reçu l'immeuble en place d'argent, elle le vend ou le grève d'hypothèque, n'est-il pas clair que les deniers à elle livrés par l'acheteur ou le prêteur la mettent dans la même position que si le mari, dès l'origine, l'avait payée en argent ? n'est-il pas clair qu'elle ne peut pas plus avoir de recours, dans le second cas que dans le premier, pour défaut d'un emploi que son contrat ne stipule pas ?... Encore une fois, l'immeuble n'étant pas dotal, son aliénation et son hypothèque restent dès lors soumises au droit commun, comme l'enseigne fort bien M. Troplong (n°s 3189-3193).

2° Inaliénabilité des immeubles dotaux.

1554. — Les immeubles constitués en dot ne peuvent être aliénés ou hypothéqués pendant le mariage, ni par le mari, ni par la femme, ni par les deux conjointement, sauf les exceptions qui suivent.

SOMMAIRE.

I. Observations sur l'inaliénabilité dotale. Elle s'applique sans conteste aux immeubles.

II. Elle ne s'applique point à la dot mobilière.

III. Mais celle-ci ne peut être aliénée que par le mari, tant qu'il n'y a pas séparation de biens. Après la séparation, elle peut l'être par la femme : erreur et contradiction de la jurisprudence.

IV. L'indisponibilité des immeubles dotaux s'étend à leurs revenus, pour la partie nécessaire aux besoins du ménage : erreur de M. Troplong. Quant au superflu, il est pleinement disponible, et il répond, aux mains de la femme séparée de biens, de tous les engagements qu'elle a valablement contractés : erreur de la jurisprudence.

V. La séparation de biens ne fait pas cesser la dotalité ; elle se combine seulement avec elle : erreur de Toullier et de Delvincourt.

VI. Cette combinaison des deux régimes ne pourrait pas être établie par le contrat de mariage.

VII. La dotalité cesse par la dissolution du mariage, mais pour l'avenir seulement, et dès lors les immeubles ne répondent pas des engagements contractés par la femme pendant son union : erreur de Toullier et de M. Troplong. — Il n'y a pas à distinguer si la poursuite se fait contre la femme ou contre ses héritiers : erreur de M. Troplong et d'un arrêt.

VIII. Nouvelle réfutation de l'erreur signalée au n° IV, in fine. Critique d'une autre erreur analogue.

I. — Voici le texte qui pose pour notre France moderne le fameux principe de l'inaliénabilité des fonds dotaux ; principe exotique, emprunté à d'autres mœurs, à un autre pays, et qui se trouve si peu en harmonie avec l'esprit de notre législation nationale; principe étrange, qui, assimilant des choses essentiellement privées aux choses publiques, et créant pour les héritages dotaux un privilége dont ne jouissent ni les biens des mineurs, ni ceux des communes ou des départements, ni ceux de l'État lui-même, déclare les premiers inaliénables, imprescriptibles, soustraits à la circulation, au commerce de l'homme, aux transactions sociales, absolument comme les places de guerre, les monuments publics, les fleuves, les routes, les églises et cimetières; principe funeste, qui sacrifie, à l'esprit étroit et obstiné de conservation absolue et quand même, toute idée de progrès, toute augmentation du patrimoine, l'avenir de la famille, l'aisance du ménage, l'intérêt des tiers, la bonne foi dans les conventions, et fait naître à lui seul près du tiers des procès qui retentissent dans nos tribunaux; principe, enfin, qui se trouve absurde aujourd'hui, puisque son but était de faciliter les seconds ou subséquents mariages de la femme, tandis que notre droit français voit ces mariages d'un œil défavorable et s'efforce de les empêcher... (1) Du reste, si fâcheuse que puisse être la règle de notre article, il est clair qu'on doit l'appliquer sincèrement : *dura lex, sed lex;* mais il est clair aussi qu'on doit bien se garder de l'exagérer.

Et d'abord la règle doit être strictement suivie. Ainsi l'immeuble dotal ne pourra jamais, hors les cas d'exception prévus par les articles suivants, être aliéné, ni pour le tout, ni pour partie, ni quant à la propriété, ni quant à quelque démembrement de cette propriété : on ne pourrait concéder sur cet immeuble aucun droit d'usufruit ni d'usage, aucune servitude. Sans doute il serait soumis comme tout autre aux servitudes légales, et, par exemple, à la nécessité de livrer passage au fonds voisin en cas d'enclave, puisque ce n'est pas ici la volonté de l'homme, mais la loi elle-même, qui impose la servitude, et qu'il n'y a plus dès lors aliénation, c'est-à-dire acte d'un propriétaire transférant son droit à autrui (2). Mais l'établissement de la moindre servitude conventionnelle constitue une aliénation et ne saurait par conséquent avoir lieu.
— En même temps que l'aliénation, notre article prohibe aussi l'hypothèque, et c'est tout simple. D'une part, l'hypothèque contient en germe l'aliénation, et le droit d'hypothéquer n'existe, aux termes de l'art. 2124, que là où se trouve le droit d'aliéner; en sorte que la prohibition résulterait encore de cet art. 2124, alors même qu'elle ne serait pas écrite dans le nôtre. Il y avait d'ailleurs, pour la défense d'hypothèque, un motif plus fort encore que pour la défense d'aliéner : c'est la facilité plus grande avec laquelle la femme accorderait souvent l'hypothèque, dans l'espoir d'un remboursement qui peut ensuite se

_____

(1) *Voy.* les art. 386, 395, 390, 400. — *Voy.* aussi, plus haut, sur l'inaliénabilité dotale, les observations qui précèdent l'art. 1549. — Quant à l'effrayante multiplicité de procès que le régime dotal fait naître, il suffirait presque pour en juger de remarquer le nombre des arrêts que nous avons à citer dans ce chapitre.
(2) *Conf.* Troplong (IV, 3277 et suiv.). — *Voy.* cependant l'arrêt de rejet du 20 janv. 1847 (Dev., 47, 1, 129).

trouver impossible ; en sorte qu'elle arriverait ainsi, indirectement et contre son gré, à une aliénation que directement elle n'eût jamais consentie. Aussi la loi *Julia*, tout en permettant l'aliénation au moyen du concours des deux époux, prohibait-elle l'hypothèque même avec ce concours : c'est Justinien qui prohiba, plus tard, l'aliénation comme l'hypothèque (1).

II. — Mais s'il faut donner tout son effet à la prohibition, il ne faut pas l'exagérer ; et puisque le Code ne parle que des immeubles, il faut bien se garder d'étendre l'inaliénabilité à la dot mobilière... Ce sont *les immeubles constitués en dot* que notre art. 1554 déclare inaliénables. Les art. 1557, 1558, 1559 et 1560 ne parlent également que de *l'immeuble dotal* ou du *fonds dotal*. La rubrique même de notre section déclare s'occuper de l'inaliénabilité *du fonds dotal*, expression d'autant plus significative, que les rédacteurs viennent d'y parler des droits du mari sur les *biens dotaux*. Et cette distinction de la rubrique entre *les biens dotaux* en général, pour lesquels la loi va régler les droits du mari, et *le fonds dotal*, dont elle va édicter l'inaliénabilité, se retrouve, en effet, dans les dispositions de la section, puisque la première partie (art. 1549-1553) s'occupe de toutes les espèces de biens dotaux, immeubles, objets mobiliers, capitaux, tandis que la seconde (art. 1554 et suiv.) ne parle plus que de l'immeuble dotal. On prétendrait en vain que les meubles sont compris dans l'expression *biens dotaux* des art. 1555 et 1556 : il est trop clair que, ces deux articles n'étant que des exceptions au principe de l'art. 1554, les biens dont ils parlent sont nécessairement ceux dont parle le précédent, c'est-à-dire des immeubles, puisqu'on ne peut excepter d'une règle que ce qui s'y trouve compris. La restriction de l'inaliénabilité aux seuls immeubles dotaux est donc une idée manifeste et qui se trouve prouvée, trois fois pour une, par le texte précis de notre art. 1554, par l'ensemble et le rapprochement des diverses dispositions de la section, et par la rubrique même de cette section.

La jurisprudence pourtant proclame, mais pour un cas particulier seulement (et non point comme règle générale, ainsi qu'on le croit trop souvent, et que donne lieu de le croire, en effet, quand on n'y regarde pas d'assez près, le langage étrangement inexact de la plupart des arrêts), l'inaliénabilité de la dot mobilière. Le principal argument de cette doctrine, le seul qui ait quelque chose de spécieux, consiste à dire que la dot mobilière était tenue pour inaliénable dans l'ancien droit, et que, le Code n'ayant voulu rien changer aux anciens principes, il en doit dès lors être de même aujourd'hui. Mais cet argument est doublement inexact. Car, d'un côté, quand même le prétendu principe de l'inaliénabilité des meubles dotaux aurait été constant autrefois, il n'en serait pas moins inadmissible aujourd'hui, en présence de notre section : si le Code a entendu maintenir les anciennes règles, ce n'est certes pas dans les cas pour lesquels il en a formellement tracé de différentes. D'un autre côté, il est faux que l'inaliénabilité de la dot mo-

(1) Cass., 19 nov. 1862 (Dev., 63, 1, 131).

bilière ait jamais été un point constant, un des principes constitutifs du système dotal.

A Rome, d'abord, l'inaliénabilité ne frappait que l'immeuble dotal : *dotale prædium*, dit la loi *Julia* (Caii Comm. II, 63) ; *dotale prædium*, répète Justinien dans ses Institutes (II, t. 8, pr.), en ajoutant que lui-même a étendu la prohibition, *des immeubles* de l'Italie, *aux immeubles* de la province ; ailleurs il dit encore que la règle s'applique désormais *non super italicis tantummodo* FUNDIS, *sed pro omnibus.* Tous les anciens commentateurs (Brisson, Voet, Vinnius, Noodt, Cujas) répètent à l'envi qu'il ne s'agit que des immeubles, et que les meubles sont parfaitement aliénables : *in rebus tantum soli*, dit le premier, *locum habere, mobiles vero res alienari posse;* et tous les autres développent la même idée. Quant à notre ancien droit français, il est très-vrai que le Parlement de Bordeaux et quelques autres localités avaient étendu à la dot mobilière l'inaliénabilité des immeubles ; mais il s'en faut de beaucoup que cette dotalité corrigée et augmentée soit jamais devenue la règle générale, et la plus grande partie de nos pays de droit écrit n'a jamais admis que le système romain.

En résumé, l'inaliénabilité est une règle profondément exorbitante et rigoureuse qui ne pourrait s'appliquer aux meubles comme aux immeubles qu'autant qu'il apparaîtrait à cet égard d'une volonté certaine du législateur. Or, on ne trouve nulle part ni la preuve, ni même le moindre indice de cette volonté : pas dans le texte, puisque notre section, soit dans ses articles pris isolément, soit dans la combinaison de ses dispositions, soit dans sa rubrique, n'admet que l'inaliénabilité des immeubles ; pas dans les traditions du passé, puisque le droit romain ne connut jamais l'inaliénabilité des meubles, et que si elle fut admise par une partie de nos pays de droit écrit, elle fut repoussée par la partie la plus considérable, de sorte qu'elle n'a été qu'un écart des principes dotaux, et que la véritable inaliénabilité traditionnelle du système dotal est uniquement celle des immeubles ; pas enfin dans l'esprit général du Code, dans cette pensée (que les arrêts invoquent pourtant fréquemment) que la dot mobilière mérite la même protection que la dot immobilière, puisque le Code, au contraire, est partout dominé par cette idée qu'on ne donne jamais aux meubles la même importance qu'aux immeubles, qu'on n'a point pour eux autant d'attachement, qu'on ne tient point autant à les conserver, et que leur aliénation, dès lors, doit être permise beaucoup plus facilement : n'est-ce pas ainsi que le mari commun peut faire donation des valeurs mobilières de la communauté, si considérables qu'elles soient, quoiqu'il ne puisse donner le moindre immeuble de cette communauté? N'est-ce pas ainsi que le tuteur, qui ne peut exercer sans l'autorisation du conseil de famille aucune action immobilière, n'a pas besoin de cette autorisation pour les actions mobilières, si importantes qu'elles soient?...

La doctrine contraire, d'ailleurs, ne se condamne-t-elle pas assez par le résultat absurde auquel elle conduirait? S'il était vrai, en effet, comme on l'a trop souvent répété, que tout bien est inaliénable par cela même qu'il est dotal, et que, par conséquent, l'art. 1541, en déclarant *dotal*, sans distinction, *tout ce qui est constitué en dot*, imprime ainsi l'inaliénabilité aux meubles constitués aussi bien qu'aux immeubles, on arriverait à cette conclusion, très-logique assurément, mais parfaitement ridicule, que l'art. 1558 ne faisant exception à l'inaliénabilité pour les cas qu'il prévoit (acquittement des dettes antérieures au mariage, aliments à fournir à la famille, etc.) que quant à *l'immeuble dotal*, les meubles resteraient alors soumis au principe et ne pourraient pas plus être aliénés dans ces cas urgents que dans les circonstances ordinaires. C'est, en effet, ce que le Tribunal de la Seine a eu le courage de juger récemment (1). Des époux voulaient, pour payer les dettes de la femme (et la règle eût été la même s'il s'était agi de donner du pain aux enfants), vendre des actions de la Banque de France : le Tribunal décida que, *ces actions étant des meubles, et la faculté d'aliéner dans certains cas étant purement relative aux immeubles, et ne pouvant pas dès lors être étendue aux meubles dans un régime où tout est de droit étroit*, la vente était impossible !... Et ce n'est pas tout. S'il était vrai que les meubles dotaux se trouvent compris, par la combinaison des art. 1541 et 1554, sous le principe de l'inaliénabilité, ce n'est pas seulement l'exception de l'art. 1558 qui leur serait inapplicable, c'est aussi celle de l'art. 1557, puisque lui aussi ne parle que des immeubles ; en sorte que la réserve, formellement écrite au contrat, d'aliéner les meubles dotaux se trouverait nulle, aux termes de l'art. 1388, comme dérogeant, en dehors des limites permises par la loi, à la *disposition prohibitive* desdits art. 1541, 1554. Ainsi, même pour donner des aliments à la famille, et nonobstant la clause formelle d'aliénabilité mise au contrat, la vente serait impossible, et il faudrait mourir de faim pour conserver intact le dépôt sacré de la dot mobilière! C'est-à-dire qu'on arrive à l'absurde. Aussi allons-nous voir que notre jurisprudence moderne, que l'on dit partout admettre comme principe la fausse idée de l'inaliénabilité de la dot mobilière, ne l'admet en réalité que par exception, dans le cas particulier où la femme dotale aurait fait prononcer sa séparation de biens (art. 1563), et consacre, au contraire, comme règle générale la pleine disponibilité des meubles dotaux.

III. — On va depuis vingt-cinq ans répétant partout, aux leçons de l'école comme aux plaidoiries du palais, dans les ouvrages de doctrine comme dans les considérants des arrêts, que l'inaliénabilité de la dot mobilière est aujourd'hui, à tort ou à raison, un principe généralement consacré par la jurisprudence. Rien n'est cependant plus inexact que ce prétendu fait. Il est vrai que les arrêts, soit de la Cour suprême, soit des cours d'appel, s'expriment à cet égard dans les termes les plus propres à induire en erreur, et que partout ils donnent de la manière la plus formelle à la dot mobilière la qualification d'inaliénable; mais cette qualification n'est qu'un terme impropre, exprimant une idée

(1) 28 août 1849 (Dev., 50, 2, 99). Il va sans dire que ce jugement a été infirmé, sur l'appel, par un arrêt du 18 déc. (*ibid.*), arrêt qui proclame, avec raison, et comme le fait une jurisprudence constante, le principe de la disponibilité des meubles dotaux.

tout autre que celle qu'elle semble exprimer, et quand on laisse de côté *les mots* pour considérer *les choses,* on voit qu'il ne s'agit là, en aucune façon, de l'inaliénabilité des biens. Il est étrange que, depuis si long-temps, personne, à notre connaissance du moins, n'ait signalé cet incroyable malentendu.

Pour comprendre le système de la jurisprudence sur cette importante question, il faut distinguer avec soin les arrêts relatifs à des époux se trouvant dans la position normale et ordinaire de la dotalité, et ceux qui se réfèrent au cas exceptionnel d'époux dotaux entre lesquels est intervenu un jugement de séparation de biens. Pour ce dernier cas, la jurisprudence admet bien, comme nous l'avons dit et comme nous le verrons plus loin, l'idée fausse et insoutenable de l'inaliénabilité; mais pour le cas ordinaire et général d'époux dotaux non séparés de biens, la jurisprudence, bien loin d'admettre cette même idée, comme on le dit partout, et comme elle semble le dire elle-même, reconnaît, au contraire, constamment et très-positivement, la pleine inaliénabilité des meubles dotaux.

Voici, en effet, quelle est en ce point sa théorie, théorie que, pour notre part, nous croyons fort exacte et parfaitement conforme aux vrais principes de la dotalité... Tandis que, par leur constitution en dot, les immeubles se trouvent inaliénables et soustraits au commerce, les meubles, au contraire, restent disponibles et peuvent toujours être aliénés; seulement, c'est au mari, et nullement à la femme, qu'appartient pour eux le droit d'aliénation. Propriétaire de la dot, à Rome, *dominus dotis,* le mari (s'il a été néanmoins avant Justinien dans la nécessité d'obtenir le consentement de la femme pour l'aliénation des immeubles, puis dans la complète impossibilité de les aliéner depuis Justinien) a pu, à toute époque, aliéner seul les meubles (1). Et comme le Code n'a rien changé à cet état de choses, la règle existe donc toujours, avec cette seule différence (expliquée sous l'art. 1549, n° II) que le droit d'aliénation, qui découlait autrefois pour le mari de sa qualité de propriétaire, découle aujourd'hui de sa qualité de *procurator* de la femme : de même que c'est le mari seul, sous ce régime extraordinaire de la dot, qui a capacité pour exercer les actions pétitoires relatives aux immeubles dotaux de la femme, de même c'est le mari seul qui a capacité pour aliéner les meubles dotaux. Et puisque le droit d'aliénation, quoique subsistant toujours, est alors transmis de la femme au mari, puisque la femme se trouve sous ce rapport pleinement incapable de disposer, elle ne pourra donc ni transmettre ses créances dotales, ni renoncer à l'hypothèque qui garantit ses droits dotaux, ni céder, abandonner ou engager d'une manière quelconque aucun des objets ou droits composant sa dot mobilière. Ainsi, et en deux mots : *aliénabilité* pleine et entière *des choses* mobilières de la dot;

---

(1) On ne conçoit pas que M. **Dalloz** (p. 348, n° 50) ait pu écrire que, selon la loi romaine, l'inaliénabilité des meubles est *incontestable* quant au mari. C'est une hérésie étrange et trop nettement condamnée par les textes et autorités que nous avons indiqués sous l'art. 1551 (n° II, *in fine*) pour qu'il soit besoin d'y revenir ici.

d'autre part, *incapacité* dans *la personne* de la femme de disposer de ces choses, parce qu'elle est dépouillée du droit d'aliénation, lequel est conféré au mari.

Qu'on lise avec soin les nombreux arrêts rendus sur cette question, et on retrouvera toujours et partout ces deux idées. Ici, c'est la femme qui avait aliéné un meuble dotal, et l'aliénation est déclarée nulle; ou bien cette femme avait contracté des obligations en vertu desquelles ses créanciers voulaient saisir ses meubles dotaux, et on juge que ces meubles dotaux n'ont pas pu être engagés par elle; ou bien il s'agissait d'une subrogation consentie par la femme à l'hypothèque légale lui garantissant le recouvrement de sa créance dotale, et on déclare nulle cette subrogation (Rej., 1819; Paris, 1820; Agen, 1824; Paris, 1831; Cass., 1837). — Là (et c'est l'autre idée, c'est le droit de disposition du mari, apparaissant toujours en regard de l'incapacité de la femme), on voulait faire annuler la vente, faite par le mari, de rentes ou créances dotales, et cette vente est déclarée parfaitement valable (Rej., 1846; Rej., 1848). Partout, enfin, on retrouve ces deux idées : pleine aliénabilité des choses; incapacité absolue de la femme. Partout, disons-nous, car les arrêts qui ne jugent que l'incapacité de la femme pour disposer ont toujours soin de rappeler, en même temps, le droit de disposition du mari... Il est vrai qu'on retrouve aussi partout, dans ces arrêts (à la rédaction desquels on pourrait souvent faire plus d'un autre reproche), l'inexacte qualification d'*inaliénabilité* des biens donnés à l'incapacité personnelle de la femme, en sorte que M. Devilleneuve a résumé très-exactement l'état de la jurisprudence sur ce point, en disant (46, 1, 602, note) que, d'après elle, *le mari* PEUT DISPOSER *de la dot mobilière, quoiqu'elle soit* INALIÉNABLE, comme s'il n'y avait pas contradiction à parler d'une chose qui est *inaliénable* et dont une personne *peut disposer!* Mais entre le droit de disposition du mari, qui est *un fait* consacré par les arrêts, et cette fausse qualification d'inaliénabilité qui n'est *qu'un mot,* il est bien clair que le choix à faire n'est pas douteux, et que tout se réduit ici à l'emploi d'une expression impropre. Aussi la Cour de cassation, dans ses derniers arrêts, tout en se servant encore de cette malencontreuse expression, indique bien qu'il ne s'agit pas là d'une inaliénabilité véritable comme celle des immeubles, et que le mot n'est qu'une manière de parler employée pour signifier plus simplement l'incapacité personnelle à la femme. L'arrêt de 1846, en signalant comme les autres *le droit de libre disposition qui appartient au mari,* nous dit que *si la dot mobilière est inaliénable,* il s'ensuit *seulement* que *la femme* ne peut aliéner ni directement ni indirectement ses droits sur cette dot. L'arrêt de 1848, après avoir dit que les immeubles sont proprement inaliénables, nous dit que la dot mobilière, au contraire, l'est seulement *en ce sens que la femme ne peut l'aliéner,* et il termine en répétant que pour *tout ce qui est constitué en dot,* en fait de meubles, le mari a, pendant le mariage, le droit de *libre et entière disposition.* Et qu'on ne croie pas que la Cour suprême, en reconnaissant ainsi pour la dot mobilière le droit de disposition du mari (et, par conséquent, le sens impropre du mot *inaliénabilité*), ait, comme le dit M. Troplong (IV, 3226), fait un pas en arrière et contredit en rien ses précédents arrêts. La Cour n'a jamais varié sur ce point; ce qu'elle reconnaît aujourd'hui, elle l'a toujours reconnu; et quand, il y a trente ans, elle proclamait pour la première fois la prétendue inaliénabilité de la dot mobilière, ce n'était, comme aujourd'hui, qu'une erreur de mot, et, comme aujourd'hui, elle montrait bien dans quel sens elle entendait cette soi-disant *inaliénabilité,* puisqu'elle plaçait dès lors en regard d'elle *le droit d'aliénation* du mari; le trop fameux arrêt de 1819 disait, dans son troisième considérant, que si *la femme* se trouve dans *l'impuissance d'aliéner ses meubles ou deniers dotaux,* c'est que *le mari étant seul maitre de la dot mobilière,* dont il a *la propriété* ou du moins *la libre possession, lui seul* peut en avoir LA DISPOSITION. A toute époque, encore une fois, la jurisprudence a reconnu le droit de disposition du mari sur la dot mobilière, et, par conséquent, l'inaliénabilité de cette dot, dont l'aliénation est seulement interdite à la personne de la femme (1).

L'inexactitude de langage dans laquelle tombe ici la jurisprudence n'entraîne donc aucune inexactitude dans les choses, et la solution des divers arrêts est exacte pour la position normale et ordinaire d'époux dotaux. Mais il en est autrement quand il est intervenu entre les époux un jugement de séparation, et la jurisprudence se trouve alors conduite à un résultat manifestement inadmissible, et bien facile, au surplus, à réfuter. Entraînée par l'habitude de qualifier d'*inaliénabilité* de la dot mobilière l'incapacité pour la femme d'aliéner cette dot, la jurisprudence en a déduit cette conséquence (qui serait, en effet, exacte si la prétendue inaliénabilité existait) que, même après la séparation de biens, la femme ne peut pas plus aliéner sa dot mobilière que sa dot immobilière (2). Or, cette solution est d'une fausseté palpable, et elle se réfute d'une manière péremptoire, non pas seulement par les arguments que nous avons présentés plus haut au n° II, mais aussi par la doctrine même des arrêts : c'est ici la jurisprudence elle-même qui prononce sa propre condamnation.

En effet, puisque les meubles dotaux peuvent, dans l'état normal et ordinaire de la dotalité, être aliénés par le mari, c'est donc que la constitution dotale, l'adoption du régime de dotalité, ne les rend pas inaliénables. Or, s'ils ne sont pas faits inaliénables par le régime dotal, comment le seraient-ils par le régime de séparation de biens, venant

---

(1) Limoges, 5 juill. 1816; Cass., 1er fév. 1819; Paris, 25 août 1820; Agen, 15 janv. 1824; Paris, 10 août 1831; Cass., 26 mai 1836; Poitiers, 15 déc. 1836; Cass., 2 janv. 1837, 12 août 1846; Caen, 13 juill. 1848; Cass., 29 août 1848; Bordeaux, 26 mai 1849; Paris, 18 déc. 1849; Bordeaux, 18 fév. 1850 (Dev., 31, 2, 289; 36, 1, 775; 37, 1, 98, et 2, 49; 46, 1, 602; 48, 1, 721; 50, 2, 97-103, et 339); Req., 18 fév., 26 août, 1er déc. 1851 (*J. Pal.*, 1852, t. II, p. 12 et 513); Agen, 18 mai 1858; Cass., 13 déc. 1865, 12 mars 1866 (*J. Pal.*, 58, 896; 66, 291 et 407). *Comp.* Cass., 21 août 1866 (*J. Pal.*, 66, 1171).
(2) Montpellier, 22 juin 1819; Grenoble, 24 mars 1821; Toulouse, 7 mai 1824; Rouen, 26 juin 1824; Cass., 23 déc. 1839, 31 janv. 1842, 7 fév. 1843, 14 nov. 1846 et 29 juill. 1862 (Dev., 37, 2, 55; 40, 1, 242; 42, 2, 110; 43, 1, 282; 46, 1, 824; 63, 1, 443).

s'ajouter au premier? N'est-il pas clair que c'est impossible? Le régime de séparation, bien loin de resserrer davantage les liens de la dotalité et d'accroître ses entraves, ne pourrait évidemment que les relâcher; et nous verrons bientôt (n° V) que c'est un point qui peut paraître douteux, et qui est controversé par les arrêts eux-mêmes, que de savoir si elle ne les détruit pas. Mais s'il faut admettre qu'elle ne les détruit pas, il est toujours bien certain qu'elle ne peut pas les augmenter et que les choses qui étaient aliénables avant la séparation sont encore aliénables après. Cela étant, la seule question sera donc de savoir, ici comme plus haut, et après la séparation comme avant, *par qui* les meubles dotaux peuvent être aliénés. Or, puisque l'effet de la séparation est de faire revenir à la femme les différents droits que le régime dotal conférait au mari, c'est donc à la femme qu'appartiendra désormais le droit de disposition des meubles qui appartenait au mari précédemment; de même que les différents droits de jouissance des biens dotaux, d'administration de ces biens, d'exercice des actions mobilières ou immobilières, même pétitoires, de poursuite de tous les débiteurs ou détenteurs, reviennent alors du mari à la femme, de même, évidemment, c'est du mari à la femme que revient aussi le droit de disposition des meubles... En deux mots, le régime de séparation ne change rien à la nature des biens, au caractère des choses dotales; il change complètement, au contraire, la capacité personnelle et réciproque des deux époux. Il ne change rien au caractère des choses, il ne saurait créer l'inaliénabilité d'un bien : le régime dotal seul a cette puissance; il laissera donc inaliénable ce qui était inaliénable, et disponible ce qui était disponible; en sorte que la dot mobilière pourra toujours être aliénée. Mais il change la capacité des personnes; et de même que la femme, précédemment inhabile à jouir de sa dot, à l'administrer, à en exercer les actions, en recouvre la capacité, de même elle reprendra le droit d'aliénation des meubles, précédemment confié au mari : tout ce que celui-ci faisait comme *procurator* de la femme, celle-ci le fera désormais par elle-même. Il y a donc là une grave erreur de la jurisprudence (1).

IV. — Nous venons d'étudier le principe de l'inaliénabilité en ce qui touche *le capital* des biens, tant immeubles que meubles, qui composent la dot. Que faut-il dire maintenant *des fruits* de ces mêmes objets?

Il est d'abord évident qu'on doit reconnaître la pleine disponibilité

_____

(1) Nous sommes revenu, à différentes reprises, sur cette importante question, et notamment à l'occasion d'une dissertation publiée par notre collaborateur et ami M. Paul Pont, tant dans le *Journal du Palais* (1852, t. II, p. 513) que dans la *Revue critique* (t. III, p. 655 et suiv.), et dans laquelle l'honorable magistrat combat, vivement notre doctrine et tente de restaurer, par des arguments d'ailleurs fort spécieux, le prétendu principe de l'inaliénabilité de la dot mobilière, si énergiquement condamné par les derniers arrêts de la Cour de cassation. Nous ne croyons pas devoir reproduire ici, pour les réfuter de nouveau, les arguments de notre nouvel adversaire; le lecteur pourra juger entre l'attaque et la réfutation en se reportant à la *Revue critique* (t. III, p. 242 et 655), où l'une et l'autre se trouvent développées.

des fruits de la dot mobilière : le mari, dans les cas ordinaires, la femme, après la séparation de biens, pouvant aliéner comme il leur plaît le capital des biens dotaux mobiliers, quoi que dise à cet égard la jurisprudence, ils pourront donc aussi, et à plus forte raison, en aliéner les intérêts. Mais en est-il de même des revenus des immeubles ?

Il est bien manifeste que ces revenus ne peuvent pas être proprement et rigoureusement inaliénables, puisque leur destination même est d'être aliénés pour les besoins du ménage (car employer les revenus à payer les divers fournisseurs, c'est précisément les aliéner). Mais de ce que les revenus sont nécessairement et essentiellement inaliénables pour cet objet, il n'est pas permis d'en conclure, comme le fait M. Troplong (n°s 3288-92), qu'ils le sont absolument et dans un but quelconque; et la nature des choses commande de dire, comme on l'enseignait autrefois et comme le décide sous le Code une jurisprudence constante (1), que ces revenus ne sont disponibles aux mains des époux que pour les besoins du ménage ou après satisfaction de ces besoins. A quoi servirait, en effet, d'avoir édicté l'inaliénabilité d'un bien, s'il était permis d'en aliéner la jouissance pendant toute la durée de l'union conjugale? Que signifierait pour les époux et les enfants d'avoir un patrimoine considérable et qui ne peut pas sortir de la maison, si on pouvait perdre la totalité de ces revenus? Les fruits ont pour destination légalement obligée de faire face aux charges du mariage; et comme c'est précisément pour assurer la conservation de la dot dans ce but (aussi bien que sa restitution ensuite) que l'inaliénabilité dotale est établie, ce serait méconnaître la pensée fondamentale de la loi que d'admettre, comme M. Troplong, la pleine et entière disponibilité des revenus. En vain le savant magistrat nous dit que, si le mari emploie mal les revenus, la femme aura la ressource de la séparation de biens. Ce n'est pas là une réponse, puisque, s'il était vrai que les revenus sont entièrement disponibles aux mains du mari avant la séparation, ils le seraient aussi aux mains de la femme après la séparation, de sorte que cette séparation ne ferait aussi que déplacer, sans l'amoindrir, le danger que la loi a entendu prévenir : dans un cas comme dans l'autre, l'engagement de la totalité des revenus pourrait rendre nécessaire l'aliénation des immeubles eux-mêmes pour fournir des aliments à la famille (art. 1558), de sorte que la restriction mise à la disponibilité des revenus n'est que la conséquence de l'inaliénabilité des immeubles... Il faut donc distinguer deux parties dans ces revenus : l'une comprend ce qui est nécessaire à la maison et participe à l'inaliénabilité du fonds, en ce sens qu'elle ne peut être aliénée que pour satisfaire aux charges du ma-

---

(1) Favre (C. V, 7); Fontanella (cl. 6, gl. 2, p. 2, n° 6); Tessier (I, p. 363); Montpellier, 11 juill. 1826; Riom, 26 avril 1827; Montpellier, 1er fév. 1828; Paris, 14 fév. 1830; Cass., 26 janv. 1834; Bordeaux, 21 août 1835; Caen, 18 déc. 1837; Rej., 3 juin 1839; Cass., 6 janv. 1840; Poitiers, 20 fév. 1840; Bordeaux, 10 avril 1845 (Dev., 34, 1, 176; 36, 2, 50; 39, 1, 183, et 2, 186; 40, 1, 133, et 2, 171; 47, 2, 166). — Voy. cependant Pont et Rodière (II, 488). Voy. aussi Rej., 25 juin 1816, et Montpellier, 1er fév. 1828 (Dev., 17, 1, 282; 28, 2, 194).

riage (1); l'autre se compose du superflu et demeure pleinement disponible.

Et puisque le superflu des revenus est ainsi aliénable sans condition et soumis, comme les biens ordinaires, à l'absolue disposition du propriétaire, il ne peut donc y avoir aucune difficulté quant à lui : libre aux mains du mari tant qu'il n'y a pas séparation (puisque c'est à lui que les fruits appartiennent alors), libre aux mains de la femme quand la séparation est prononcée et rend à celle-ci la jouissance de sa dot, il doit évidemment recevoir, dans l'un et l'autre cas, l'application des règles du droit commun. Ainsi, tant qu'il n'y a pas séparation, ce superflu est la propriété libre du mari, qui peut l'employer, soit au payement de ses dettes, soit en acquisitions personnelles, soit à tout autre usage, et tous ses créanciers pourraient le saisir; quant à des engagements contractés par la femme, ce superflu n'en répondrait pas alors, puisque la dette est celle de la femme, et le bien celui du mari. Après la séparation prononcée, c'est tout le contraire : le superflu tombant alors dans le patrimoine libre de la femme, les créanciers du mari n'ont plus droit sur lui, et ceux de la femme sont parfaitement fondés à le saisir... Ces idées sont d'une vérité palpable, elles sont élémentaires, et ce n'est pas sans surprise qu'on voit la jurisprudence imaginer, quant à la dernière, une distinction que tous les principes repoussent et qui n'aboutit qu'à une grave erreur... En ce qui touche l'exécution, sur le superflu appartenant à la femme, des engagements contractés par elle, la jurisprudence distingue si ces engagements sont postérieurs ou antérieurs au jugement de séparation, et elle décide que la saisie, parfaitement permise pour les premiers, est inadmissible pour les autres (2). Or c'est là une doctrine erronée et que M. Troplong, cette fois, a pleinement raison de condammer.

Et en effet, est-ce que toute personne, du moment qu'elle est valablement obligée, n'est pas tenue et contraignable sur tous les biens libres qui lui appartiennent? Or, on suppose ici chez la femme un engagement valable et régulier, et il s'agit d'autre part du superflu seulement des revenus, c'est-à-dire d'une valeur reconnue pleinement libre. Comment donc la femme ne serait-elle pas contraignable pour les engagements antérieurs au jugement de séparation, aussi bien que pour les autres? C'est, dit-on, parce que, au jour où l'engagement a été contracté, le seul bien dont il s'agit n'appartenait pas à la femme, mais au mari, qui seul pouvait en disposer alors! Mais comment n'a-t-on pas vu que cette idée repose sur deux erreurs et reçoit ainsi deux réfutations pour une? D'une part, en effet, il n'est pas vrai que le bien

---

(1) Paris, 7 mars 1851; Montpellier, 10 juill. 1860 (Dev., 51, 2, 289; 61, 2, 156; J. Pal., 61, 870).
(2) Cass., 9 avril 1823, 26 fév. 1834, 3 juin 1839, 6 janv. 1840; — Caen, 26 mars 1846; Rouen, 29 avril 1845; Caen, 22 déc. 1845; Cass., 4 nov. 1846, 12 août 1847; Caen, 19 nov. 1847; Cass., 28 juin 1859; Paris, 5 août 1859; Cass. (chambres réunies), 7 juin 1864 (Dev., 23, 1, 331; 34, 1, 176; 39, 1, 583; 40, 1, 133; —47, 1, 201; 2, 161 et 164; 48, 1, 56; 2, 592; 50, 1, 666; 60, 2, 23; 64, 673; J. Pal., 49, 1, 28; 59, 1068; 64, 673).

qu'on veut saisir ait jamais appartenu au mari, puisque les seuls biens qui aient appartenu au mari sont les revenus échus avant la séparation, et qu'il s'agit ici des revenus échus depuis cette séparation, lesquels dès lors ont toujours appartenu à la femme. Mais quand même il s'agirait d'un bien qui, avant d'appartenir à la femme, aurait appartenu au mari et se serait trouvé sous la disposition de celui-ci le jour où la femme contractait, cette circonstance serait insignifiante, et le seul fait que ce bien serait aujourd'hui sous la libre disposition de la femme, après avoir été sous la libre disposition du mari, soumettrait encore le bien à la poursuite des créanciers : c'est évident, puisque celui qui contracte n'oblige pas seulement ses biens présents, mais aussi ses biens à venir (art. 2092). N'est-il pas clair, par exemple, que le créancier d'une dette par moi contractée en 1840 peut poursuivre son payement sur les biens qui me sont venus par succession en 1845, quoique ces biens fussent sous la propriété et la disposition d'un autre au jour où s'est formé l'engagement? Aussi n'est-ce pas précisément dans cette circonstance de l'antériorité de la date de l'engagement de la femme sur son droit de disposition du bien que paraît se trouver la véritable cause de l'erreur de la jurisprudence; cette cause est bien plutôt dans l'assimilation irréfléchie qu'on a faite entre le cas qui nous occupe et celui dont nous parlerons au n° VIII. Or cette assimilation n'est qu'une nouvelle erreur, comme on le verra, puisqu'il s'agit, dans le second cas, d'un bien qui, libre au moment de la poursuite du créancier, *était inaliénable* lorsque s'est formé l'engagement, tandis qu'il s'agit ici d'une chose qui est et *a toujours été* disponible et pleinement aliénable. Il faut donc dire, comme nous le faisions devant la Cour suprême en soutenant le pourvoi rejeté par l'arrêt de 1847, que la doctrine admise ici par la jurisprudence est une hérésie certaine, qui se trouve d'ailleurs en flagrante contradiction, ainsi qu'on le verra sous ce même n° VIII, avec la solution, parfaitement exacte, que la même Cour donne à une question analogue.

V. — Inaliénabilité des immeubles dotaux, inaliénabilité (pour tout autre objet que les besoins du ménage) de la portion de revenus des immeubles nécessaires à ces besoins, mais pleine et entière disponibilité du reste de ces revenus : telles sont, on l'a vu, les règles que les principes commandent d'admettre et qui sont, en effet, admises par la jurisprudence. Or, cette double inaliénabilité des immeubles et d'une partie de leurs revenus commence, bien entendu, à la célébration du mariage, et elle finit à sa dissolution.

Que l'inaliénabilité dotale commence toujours à la célébration du mariage, c'est un point évident. Mais il n'en est pas de même de la seconde idée, et il y a eu controverse sur le point de savoir si l'inaliénabilité ne devait jamais finir que par la dissolution du mariage, ou si elle ne devait pas cesser aussi par la séparation de biens... La séparation de biens, peut-on dire, est l'un des régimes de mariage consacrés par le Code, aussi bien que la communauté, aussi bien que le régime dotal; ce régime a ses règles particulières comme chacun des autres, il ne dépend pas plus de celui-ci que de celui-là; et de même qu'il fait entièrement disparaître la communauté, quand on le substitue à elle, de même il doit faire disparaître entièrement le régime dotal, quand on le substitue à ce dernier : qu'importe que des époux séparés de biens soient tels après avoir été communs ou après avoir été dotaux? Il ne s'agit pas de ce qu'ils ont été, mais de ce qu'ils sont; or ils sont en séparation, non en régime dotal, et puisque c'est sous le régime dotal seulement que peut exister l'inaliénabilité, cette inaliénabilité n'existe donc plus! Aussi, ajouterait-on, l'art. 1561 déclare-t-il que les immeubles dotaux deviennent prescriptibles après la séparation, ce qui n'a lieu que parce qu'ils deviennent aliénables; et l'art. 1563, en permettant ici la séparation de biens, renvoie aux art. 1443 et suivants, ce qui fait voir que la séparation dont il s'agit est bien celle dont parle le chapitre de la Communauté, parce qu'en effet il n'existe, pour toutes les hypothèses possibles, qu'une seule séparation de biens... Si spécieuse que soit cette doctrine, adoptée par Toullier (XIV, 253), par Delvincourt (t. III) et par un arrêt de Nîmes (23 avril 1812), elle est complétement inexacte. Et d'abord, les raisons de douter tirées des art. 1561 et 1563 sont sans valeur : nous verrons plus loin, quant au premier, que la prescriptibilité qu'il rétablit pour les immeubles dotaux ne présuppose nullement leur aliénabilité; quant au second, son texte même indique que, s'il renvoie aux art. 1443 et suivants, c'est pour les formes et conditions au moyen desquelles la séparation peut être obtenue, et non pour les effets qu'elle produira. Et, en effet, le Code n'ayant voulu, comme on l'a déjà vu, que reproduire les règles de l'ancien système dotal, c'est donc par l'état de l'ancien droit à cet égard que la question se résout. Or, il n'y a jamais eu divergence sur ce point. La loi romaine, en établissant pour la femme la faculté de poursuivre, en cas de déconfiture du mari, la remise de ses biens dotaux, ajoutait : *ita tamen ut eadem mulier nullam habeat licentiam eas res alienandi, vivente marito, et matrimonio inter eos constituto* (D., XXIII, t. 3, l. 29); et telle a toujours été la règle de nos provinces dotales (1). C'est donc avec pleine raison que la doctrine de Toullier et Delvincourt a été condamnée par les interprètes du Code comme par tous les arrêts (2).

Ainsi donc, le résultat du jugement de séparation de biens (et aussi du jugement de séparation de corps, puisque celui-ci produit quant aux biens le même effet que le premier) n'est pas ici, comme pour le cas de communauté ou d'exclusion de communauté, de faire disparaître le

---

(1-2) Louet et Brodeau (lett. F, 30); Loiseau (*Off.*, liv. 5, ch. 2, 39); Mornac (liv. 4, ad. *S. C. maud.*); Carondas (liv. 7, 208); Lapeyrère (lett. S, 27); Salviat (p. 457); Fontanella (cl. 7, gl. 2, part. 3, 44); Despeisses (*Dot*, sect. 2, 33); Serres (*Ord. des donat.*, p. 44); Merlin (*Rép.*, v° Dot, § 11, 5); Grenier (*Hyp.*, I, 31); Duranton (XV, 520); Tessier (I, p. 301); Benoît (I, 319); Demante (*Pr.*, III, 233); Solon (*Null.*, I, 112); Zachariæ (III, p. 577); Duvergier (sur Toullier); Troplong (*Mar.*, IV, 3598); Aix, 18 fév. 1813; Rouen, 25 juin 1818; Cass., 19 août 1819, 9 avr. 1823, 9 nov. 1826, 28 mars 1827, 18 mai 1830, 7 juill. 1838; Montpellier, 17 nov. 1830 (Dev., 31, 1, 68, et 2, 298); puis la plupart des arrêts cités à la note précédente.

régime préexistant pour le remplacer par le régime nouveau, mais seulement de modifier ce régime préexistant par l'adjonction de l'autre; tandis que, dans le premier cas, les époux cessent complétement d'être en communauté ou sous l'exclusion de communauté pour être purement et simplement en séparation de biens, ici les époux demeurent sur un point, c'est-à-dire quant au principe de l'inaliénabilité, sous l'empire du régime dotal, et ne passent sous le régime de séparation que par l'autre point, c'est-à-dire en ce que les droits d'administration et autres, que le mari seul pouvait exercer sur les biens dotaux, sont désormais exercés par la femme elle-même. Ce maintien de l'inaliénabilité dotale sous la séparation de biens tient à une cause qui, en même temps qu'elle l'explique parfaitement, rend plus frappante encore l'étrange discordance que le régime dotal présente dans notre droit moderne. A Rome, on le sait, l'inaliénabilité de la dot n'était rien moins qu'un principe d'intérêt général, une mesure de salut public : *Reipublicæ interest.* Ce principe devait donc dominer toutes les positions secondaires, il fallait avant tout et partout que la dot fût sauve, et la mesquine circonstance que le droit d'administration et de jouissance passait, dans tel cas donné, du mari à la femme, ne devait pas modifier la grande règle touchant au salut de l'État. Rien de plus naturel et de plus logique que ceci : l'inaliénabilité des immeubles de la femme mariée est ici un principe politique, elle est l'un des soutiens de l'ordre social; qu'elle plane donc au-dessus des diverses combinaisons de l'intérêt privé, c'est tout simple, c'est nécessaire. Mais combien ceci ne devient-il pas bizarre et ridicule dans notre Code et en présence de notre unité de législation? Par quel singulier contre-sens notre loi nouvelle peut-elle accepter ce principe comme nécessaire à l'ordre public et l'organiser comme tel, elle qui ne l'admet que par tolérance et va jusqu'à faire du principe tout opposé sa règle générale et de droit commun? Au surplus, telle est la volonté légale; elle doit, ici comme partout, être respectée; et il ne faut pas oublier dès lors que le jugement de séparation, au lieu de produire ici *la substitution* du régime de séparation de biens au régime précédent, produit seulement *une combinaison* du régime de séparation de biens avec le régime dotal (1).

VI. — Cette position exceptionnelle (et que les auteurs n'ont point assez mise en relief) d'époux qui se trouvent placés sous un régime mixte de séparation de biens et de dotalité, fait naître une question que personne, à notre connaissance du moins, n'a songé à examiner, et qui paraît assez délicate. C'est de savoir si ce régime mixte et complexe, que nous voyons résulter ici d'une sentence judiciaire, pourrait être établi *à priori* par deux futurs époux dans leur contrat de mariage... La loi, peut-on dire pour l'affirmative, permet aux époux de stipuler, avec la plus entière latitude, telles conventions matrimoniales qu'il leur plaît, pourvu seulement qu'elles n'aient rien de contraire aux

---

(1) Mais il est bien évident que, si la séparation de biens ne fait pas cesser les entraves de la dotalité, elle ne peut certes pas les accroître, comme la jurisprudence l'admet à tort sur la question examinée au n° III.

bonnes mœurs (art. 1387) ; or il n'y a rien de contraire aux mœurs
dans la position dont il s'agit, puisque le législateur lui-même la crée
pour certains cas. Si l'on peut adopter purement et simplement l'un
des régimes élémentaires indiqués par le Code (communauté légale,
communauté conventionnelle, exclusion de communauté, séparation
de biens, régime dotal), on peut aussi combiner, dans des proportions
dépendant de la volonté des époux, ces régimes élémentaires, pour
former un régime mixte tout aussi légal que l'un des cinq premiers :
ainsi on peut faire coexister une communauté, soit d'acquêts immeubles, soit de tous acquêts, soit plus large, avec l'exclusion de
communauté, ou avec la séparation de biens, ou avec le régime dotal
(art. 1497, n° III, *in fine ;* art. 1499, n° V). Or, si l'on peut combiner
ainsi la communauté avec la séparation de biens, et le régime dotal
avec la communauté, pourquoi ne pourrait-on pas combiner de même
le régime dotal et la séparation de biens ?...

Si plausibles que puissent paraître ces motifs, nous ne les croyons
cependant pas concluants, et la question nous semble devoir se résoudre négativement... Et d'abord on ne peut pas argumenter de ce
que la position dont il s'agit est quelquefois établie par la loi, pour en
conclure qu'elle pourrait l'être aussi par la volonté de l'homme ; car il
est mainte position que la loi permet d'obtenir ainsi par autorité de
justice, et qui ne pourrait pas néanmoins faire l'objet d'une convention : c'est ainsi que la privation, soit pour le père, soit pour les deux
époux ensemble, de toute puissance sur leurs enfants, peut résulter
d'un jugement, tandis qu'on ne pourrait certes pas l'établir par une
clause du contrat de mariage : il en est de même de l'état de séparation
de corps et de bien d'autres. Il faut donc ici, sans rien conclure de
l'état de choses créé par la loi, rechercher si, dans une pareille stipulation, il y aurait ou non atteinte portée au bon ordre ; or cette atteinte,
quoique délicate peut-être à comprendre, nous paraît exister certainement et doublement. En effet, dire régime dotal, c'est dire inaliénabilité de la dot de la femme et administration de cette dot *par le mari ;*
en sorte que vouloir établir simultanément le régime dotal et la séparation de biens, c'est-à-dire l'inaliénabilité de la dot en même temps
que son administration *par la femme,* ce serait, d'une part, vouloir obtenir l'inaliénabilité en dehors des conditions posées par la loi (ce qui
est impossible, comme on l'a vu sous l'art. 1497, n° III), et ce serait,
d'autre part, blesser la dignité maritale, en enlevant au mari le droit
d'administration que la loi lui confère sur tous les biens dotaux. Qu'on
ait permis d'arriver à ce résultat au moyen d'un jugement, quand des
circonstances impérieuses l'exigeraient, c'est tout simple ; mais il ne
saurait être obtenu par la volonté privée des parties. Sans doute la convention sera pleinement efficace toutes les fois que le second régime
qu'il s'agirait d'adjoindre au régime dotal devra seulement se juxta-
poser, de sorte que les deux régimes s'appliqueraient séparément,
celui-ci à tels biens, celui-là à tels autres ; dans ce sens, ce n'est pas
seulement la communauté qui peut être combinée avec le régime dotal,

c'est aussi la séparation de biens, et c'est même surtout elle (puisque les paraphernaux ne sont rien autre chose que des biens soumis à ce régime de séparation). Mais fondre intimement les deux régimes de séparation et de dotalité, de telle façon que le même bien soit soumis en même temps à tous deux, à l'un pour le droit d'administration de la femme, à l'autre pour l'inaliénabilité, c'est ce que ne saurait faire le contrat de mariage, attendu qu'il y aurait là une double atteinte à des règles d'ordre public.

Le contrat qui adopterait une telle combinaison ne pourrait donc pas s'exécuter, du moins pour le tout, et une distinction serait à faire à cet égard. S'il résultait, en fait, du contexte de l'acte, que l'intention principale des parties était d'adopter avant tout tel des deux régimes, l'adjonction de l'autre n'étant à leurs yeux qu'une clause accessoire de leur contrat, le premier seul aurait son effet, la clause secondaire se trouvant nulle comme incompatible avec le régime établi. Dans le cas contraire, l'acte serait nul pour le tout, et les époux se trouveraient comme mariés sans contrat, soumis au régime de la communauté légale.

VII. — Si l'inaliénabilité des immeubles dotaux continue malgré la séparation de biens, elle cesse, bien entendu, par la dissolution du mariage. Une fois le mariage dissous, il n'y a plus de régime dotal, partant plus de biens dotaux, mais seulement des biens qui ont été dotaux et qui, après avoir été inaliénables à ce titre tant que le mariage existait, sont désormais libres et disponibles aux mains de la femme ou de ses héritiers.

Mais, évidemment, si les immeubles dotaux redeviennent libres après la dissolution, c'est seulement pour l'avenir. Il n'en peut être disposé que par un acte postérieur à cette dissolution; et tout acte d'aliénation, soit directe, soit indirecte, qui s'est accompli pendant le mariage, ne peut recevoir aucune exécution sur eux. Ainsi, que la femme autorisée de son mari ait consenti la vente d'un immeuble dotal, vente avant l'exécution de laquelle le mariage vient à se dissoudre, il est clair que l'acheteur ne pourra pas plus exécuter après la dissolution qu'il ne l'eût pu avant, et qu'il argumenterait en vain de ce que le bien est actuellement libre : il est libre aujourd'hui et pourrait dès lors être vendu aujourd'hui; mais il n'était pas libre et ne pouvait pas être vendu le jour où la vente qu'on veut exécuter a eu lieu. De même, si un créancier vient poursuivre, après la dissolution, l'exécution d'une obligation contractée par la femme pendant le mariage, il sera également repoussé par cette raison, que le bien, aujourd'hui libre et susceptible d'être engagé, n'était pas libre et ne pouvait pas être engagé le jour où la femme a consenti l'acte en vertu duquel on veut saisir et exproprier. Et peu importe, on le conçoit, que la prétention s'élève contre la femme elle-même, après dissolution par la mort du mari, ou contre les héritiers de cette femme, après dissolution par la mort de celle-ci : dans les deux cas, la règle est la même, puisque, dans les deux cas, le réclamant tire son prétendu droit d'un acte qui ne lui en confère aucun, attendu qu'il a été souscrit à un moment où le bien ne pouvait être aliéné ni engagé. C'est, en effet, ce que décide la jurisprudence (1).

Il est vrai que M. Troplong combat vivement cette jurisprudence. Renouvelant, après Toullier (XIV, 334) et deux arrêts de 1821 et 1834 (2), l'opinion, déjà condamnée autrefois, de Favre et de Despeisses, il prétend que ni la femme ni ses héritiers ne peuvent s'opposer, après la dissolution, à l'exécution sur les biens ci-devant dotaux des engagements contractés par la femme pendant le mariage, et regarde la règle suivie par la jurisprudence comme une inconcevable exagération de l'inaliénabilité dotale (nᵒˢ 3312 et 3313). Mais cette critique est mal fondée. Car s'il est évident que, comme le dit le savant magistrat, celui qui s'oblige oblige tous ses biens, soit présents, soit à venir, il est évident aussi qu'il y a exception à ce principe pour les biens qui, appartenant au débiteur au moment où il s'oblige, sont à ce moment indisponibles dans sa main : je puis engager, et j'engage de plein droit en m'obligeant, tous ceux de mes biens présents qui sont libres dans mon patrimoine; je puis engager et j'engage mes biens à venir, en tant qu'ils m'arriveront libres également; mais je ne puis assurément pas engager ceux de mes biens présents qui sont soustraits à mon droit de disposition et mis hors du commerce, pas plus que ceux de mes biens à venir qui m'arriveraient frappés de la même interdiction. Bien loin donc qu'il y ait dans cette règle une inconcevable extension du principe dotal, elle n'en est, on le voit, que l'application logique, et la vérité commande de dire qu'il y en aurait, au contraire, une inconcevable restriction, nous pourrions dire une complète négation, dans la doctrine de M. Troplong, qui, non content de permettre, comme on l'a vu plus haut (nᵒ IV *in pr.*), l'aliénation absolue, pendant le mariage, de la totalité du revenu des immeubles dotaux, arrive ici à permettre l'aliénation des immeubles eux-mêmes, pourvu qu'elle se fasse indirectement et pour n'avoir son effet que lors de la dissolution. Singulier système de protection de la femme et de conservation rigoureuse de sa dot, que celui dans lequel cette femme pourrait, d'une part, rester constamment privée, pendant toute la durée de son union, de la totalité de son revenu, même de la portion nécessaire à ses besoins, et, d'autre part, ne voir le capital lui-même demeurer intact pendant le mariage que pour lui échapper le lendemain de la dissolution! Que l'on critique amèrement le principe de l'inaliénabilité dotale, à la bonne heure; qu'on le déclare illogique et funeste, on sera dans le vrai, et nous l'avons fait nous-même au début de cet article; mais puisque ce principe est dans la loi, il faut bien l'appliquer : *dura lex, sed lex.* Or, encore une fois, un bien ne saurait être saisi et enlevé à son propriétaire en vertu d'un acte consenti à un moment où ce bien était inaliénable.

_____

(1) Rouen, 20 avril 1845; Paris, 28 août 1846; Douai, 27 juill. 1853 (Dev., 54, 2, 182; *J. Pal.*, 55, 2, 601).
(2) Paris, 12 mars 1821; Toulouse, 27 nov. 1834 (Dev., 35, 2, 462).

Et quant à la distinction que l'arrêt de Toulouse et M. Troplong veulent faire entre la femme et ses héritiers, c'est une seconde erreur dans la première. De deux choses l'une, évidemment : ou l'engagement de la femme est inefficace comme contraire au principe d'inaliénabilité, et alors il ne peut pas plus s'exécuter contre les héritiers que contre la femme, puisque ce principe est aussi bien posé pour ceux-là que pour celle-ci (comme le prouve de reste l'art. 1560, qui déclare que, quand le fonds dotal est indûment aliéné, la femme *ou ses héritiers* peuvent faire révoquer l'aliénation) ; ou cet engagement n'a rien de contraire à l'inaliénabilité, et dès lors il peut s'exécuter contre la femme aussi bien que contre ses héritiers. La femme et ses héritiers, c'est tout un ; le droit des uns est précisément et identiquement le droit de l'autre, transmis par l'auteur à ses représentants ; et il est inconcevable qu'on ait pu songer à faire ici une distinction. L'erreur est d'autant plus étonnante chez M. Troplong, que non-seulement Toullier avait su l'éviter, et que l'arrêt de Paris la réprouve également, puisque la raison pour laquelle les héritiers seraient, selon lui, tenus de l'obligation, c'est précisément que *la femme leur a transmis la charge de ses engagements personnels ;* mais que l'arrêt même de Toulouse, invoqué par M. Troplong, ne l'a formulée que pour la condamner immédiatement lui-même, par une contradiction que le savant magistrat s'efforce en vain de dissimuler : « Attendu, dit cet arrêt, que si l'inaliénabilité *ne » permet pas de poursuivre contre la femme* sur les biens dotaux, même » après la dissolution du mariage, l'exécution des engagements que » celle-ci avait contractés pendant sa durée, *il n'en est pas de même,* » lorsque, après le décès de la femme, l'action est dirigée *contre ses* » *héritiers ;* que *ceux-ci, en effet, par l'adition d'hérédité, sont deve-* » *nus passibles de toutes les actions qu'on pourrait intenter contre la* » *défunte.* »

Étrange argument, en vérité, que celui qui consiste à dire : « On peut exercer contre les héritiers de la femme toutes les actions qu'on pourrait exercer contre la femme elle-même ; or l'action dont il s'agit *ne pourrait pas* s'exercer contre la femme ; donc *elle peut* s'exercer contre ses héritiers ! » Oui, sans doute, on peut exercer contre les héritiers, ni plus ni moins, toutes les actions qu'on pourrait exercer contre la femme ; mais il résulte de là le contraire de ce qu'on en conclut ; il résulte de là que si les héritiers sont tenus, c'est que la femme l'est, et que si la femme ne l'est pas, les héritiers ne le sont pas davantage ; il résulte de là qu'il n'y a pas ici de distinction possible, et que tout le monde est tenu ou que personne n'est tenu. Or on a vu que cette dernière idée est seule vraie ; et c'est avec raison dès lors, malgré la critique de M. Troplong, que la jurisprudence juge constamment en ce sens (1).

---

(1) Riom, 2 fév. 1810; *idem,* 2 fév. 1830; *idem,* 26 avril 1827; Cass., 26 août 1828; Caen, 8 déc. 1828; Cass., 11 janv. 1831, 8 mars 1832; Bordeaux, 2 mars 1833; Paris, 12 juin 1833; Caen, 24 déc. 1829; Rouen, 29 avril 1845; Paris, 28 août 1846; Cass., 16 déc. 1846, 20 août 1847 (Dev., 32, 1, 333; 33, 2, 372; 40, 2, 132; 47, 1, 194 et 740;

VIII. — Nous avons dit plus haut (n° IV, *in fine*), en constatant avec M. Troplong l'efficacité, sur le superflu de revenu recueilli par la femme séparée de biens, des engagements par elle contractés avant la séparation, que la solution contraire de la jurisprudence paraissait provenir d'une assimilation trop peu réfléchie entre ce cas et celui qui nous occupe ici. Il était, en effet, assez naturel de se dire au premier coup d'œil que si l'immeuble dotal, quoique devenu disponible pour la femme après la dissolution, ne répond cependant pas des engagements par elle contractés avant cette dissolution, de même le superflu du revenu, quoique disponible aux mains de la femme après la séparation, ne doit pas répondre des engagements par elle contractés auparavant. Mais l'examen montre bientôt l'inexactitude de cet aperçu, et la solution de la jurisprudence se trouve de nouveau réfutée par la comparaison des deux hypothèses. Si, en effet, dans le cas qui nous occupe ici, l'engagement antérieur à la dissolution ne peut pas s'exécuter sur le bien dont il s'agit, c'est parce que ce bien était indisponible quand l'engagement s'est formé, tandis que, dans l'autre cas, il s'agit, comme on l'a vu, d'un bien qui est *et a toujours été* pleinement disponible. La jurisprudence déjà critiquée par nous au n° IV n'est donc qu'une application exagérée et fausse de l'inaliénabilité dotale.

Une exagération du même genre s'est produite encore dans un arrêt de Caen de 1840; mais elle a été, cette fois, réprimée par la Cour suprême. Une femme s'était constitué en dot ses biens à venir; elle contracte des engagements pendant le mariage, et ce n'est qu'après le décès du mari que des immeubles lui échoient. La Cour de Caen, qui, une première fois en 1835, avait jugé et bien jugé que les engagements étaient exécutables sur les biens ainsi échus après la dissolution, prononça en sens contraire en 1840, par ce motif que, s'agissant de biens constitués en dot, la femme n'avait pas pu les engager pendant le mariage. L'erreur était manifeste. Les biens en question n'étant échus à la femme qu'après la dissolution du mariage, à un moment dès lors où la dotalité n'existait plus, n'avaient donc jamais été dotaux, ils n'avaient pas été soumis un seul instant à l'inaliénabilité, et la femme dès lors avait pu les engager. Car, ainsi que nous le disions plus haut, le débiteur peut engager, et engage de plein droit en s'obligeant, non pas seulement ceux de ses biens présents qui sont libres dans sa main, mais aussi ceux de ses biens à venir qui lui échoient plus tard dans ce même état de liberté; or tel était le cas de l'espèce : les biens étaient encore à venir lors de l'engagement et ils étaient ensuite entrés libres et disponibles dans le patrimoine de la femme. C'est donc avec raison que l'arrêt a été cassé (1).

Du reste, cette décision, fort exacte assurément, de la Cour suprême,

---

47, 2, 162-164); Paris, 7 mars 1851 (Dev., 51, 2, 289); Douai, 27 juill. 1853 (Dev., 54, 2, 131). *Voy.* aussi MM. Duranton (XV, 531); Benoît (II, 240); Tessier (I, 62); Seriziat (II, 142); Pont et Rodière (II, 470); Odier (II, 1248); Devilleneuve (47, 1, 193).
(1) Caen, 26 juin 1835; Caen, 9 juill. 1840; Cass., 7 déc. 1842 (Dev., 40, 2, 402-409; 43, 1, 131); Paris, 23 nov. 1865 (*J. Pal.*, 66, 75).

rend plus frappante encore l'erreur que cette Cour commet dans la question, ci-dessus rappelée, du superflu de la femme séparée de biens, puisque, dans un cas comme dans l'autre, il s'agit d'un bien qui était encore à venir lors de la formation de l'engagement et qui est ensuite entré disponible dans le patrimoine de la femme. Il est même à remarquer que dans l'espèce de Caen il s'agissait d'un bien qui, à la vérité, avait toujours été disponible, mais qui du moins ne l'aurait pas été s'il avait existé lors` de l'engagement (circonstance qui pouvait rendre l'erreur plus plausible), tandis que le superflu du revenu ne peut jamais être inaliénable en quelque position que ce soit, puisque avant d'être disponible pour la femme, il est disponible pour le mari.

3° Exceptions au principe de l'inaliénabilité.

1555. — La femme peut, avec l'autorisation de son mari, ou, sur son refus, avec permission de justice, donner ses biens dotaux pour l'établissement des enfants qu'elle aurait d'un mariage antérieur; mais, si elle n'est autorisée que par justice, elle doit réserver la jouissance à son mari.

1556. — Elle peut aussi, avec l'autorisation de son mari, donner ses biens dotaux pour l'établissement de leurs enfants communs.

SOMMAIRE.

I.   Deux natures fort différentes d'exceptions apportées au principe de l'inaliénabilité, et dont l'une comprend quatre catégories.
II. La *première catégorie* n'est point écrite dans la loi : réparation des délits de la femme : dépens dont la femme est tenue dans les procès relatifs à sa dot.
III. 2ᵉ *catégorie :* Établissement des enfants de la femme. Controverse sur la différence entre le cas d'enfants d'un précédent lit et celui d'enfants communs. Sens du mot *donner.*
IV. La femme, au lieu d'aliéner ses immeubles, pourrait les hypothéquer. Controverse.

I. — Le principe de l'inaliénabilité des immeubles reçoit exception de deux manières fort distinctes l'une de l'autre. Il existe, d'une part, une exception directe et proprement dite, en vertu de laquelle les immeubles de la femme, quoiqu'ils soient effectivement *inaliénables* dans sa main, peuvent cependant être aliénés pour certaines causes particulières que nous allons examiner dans les art. 1555, 1556, 1558 et 1559. D'un autre côté, les époux peuvent, par dérogation aux principes, stipuler dans leur contrat que, malgré l'adoption du régime dotal et nonobstant le caractère de biens dotaux donné à tels immeubles, ces immeubles resteront néanmoins *aliénables* (art. 1557). Ainsi il s'agit, dans le premier cas, d'immeubles inaliénables qui peuvent, par exception, être aliénés dans certaines circonstances déterminées; il s'agit, dans le second, d'immeubles qui, par exception aux règles ordinaires de la dotalité, ne deviennent point inaliénables. Là l'exception porte véritablement sur l'inaliénabilité du bien, puisque c'est un bien inaliénable en principe qu'on permet d'aliéner quelquefois; ici l'inaliénabilité n'existe pas, parce que les époux adoptent, au lieu du régime dotal pur, un régime dotal imparfait et mitigé sous lequel les immeubles dotaux restent dans le commerce. La seconde exception diffère donc grandement de la première : et c'est bien à tort, dès lors, que les rédacteurs du Code ont placé l'art. 1557, qui s'occupe de l'une, au milieu même des divers articles qui développent l'autre. La logique commandait de reporter cet art. 1557 après l'art. 1559, et c'est ce que nous ferons dans notre commentaire.

L'exception directe et proprement dite, qu'il est naturel d'étudier en premier lieu (puisqu'elle appartient à la dotalité ordinaire, tandis que l'autre crée une dotalité restreinte et dépouillée de son caractère principal, et déroge ainsi au droit commun en matière de dot), embrasse différents cas que l'on peut ranger en quatre catégories : 1° deux cas dans lesquels l'aliénabilité, commandée par la nature même des choses, est admise sans être écrite dans le Code ; 2° l'établissement des enfants, pour lesquels l'aliénation peut se faire par la seule volonté privée des époux (art. 1555, 1556) ; 3° les cas dans lesquels elle n'est possible que par permission de la justice et aux enchères (art. 1558) ; 4° enfin, l'échange, qui doit également être autorisé par la justice (art. 1559).

II. — L'immeuble dotal a toujours été aliénable et saisissable pour la réparation des délits de la femme. Établie comme principe d'ordre public, l'inaliénabilité ne saurait être retournée contre l'ordre public et devenir pour la femme une protection contre ses méfaits. C'est une idée que la raison la plus vulgaire commande d'admettre, et qui, malgré les efforts de quelques auteurs et arrêts isolés, est en effet admise universellement sous le Code, comme elle l'était dans l'ancien droit (1). Et il ne s'agit pas seulement, bien entendu, des délits prévus par la loi pénale, mais aussi des délits purement civils, c'est-à-dire de tous faits dolosifs et frauduleux. On reconnaît aussi, au surplus, que la nue propriété seulement des biens dotaux de la femme peut alors être poursuivie, l'usufruit du mari devant rester intact, à moins que celui-ci ne soit lui-même complice de sa femme.

Les immeubles dotaux sont également aliénables pour le payement des dépens dont la femme est tenue dans les contestations qu'elle a personnellement soutenues relativement à sa dot, puisque c'est précisément pour la conservation de sa dot que les frais ont été faits. Ainsi, quand une femme a fait prononcer la séparation de biens au moyen

---

(1) Duperrier (*Quest. not.*, liv. 1, quest. 3); Lapeyrère (lett. D, 32); Valin (*Rochelle*, I, p. 532); Roussilhe (I, p. 385); Boniface (6, 3, 15); Basnage (*Normandie*, art. 544); Brodeau, sur Louet (lett. G, 52, 6); Toullier (XIV, 347); Duranton (XV, 533); Dalloz (X, p. 357); Pont et Rodière (II, 538); Troplong (IV, 3324); Nîmes, 28 août 1827; Caen, 18 fév. 1830; Limoges, 17 juin 1835; Cass., 13 déc. 1837; Caen, 14 mai 1839; Caen, 17 août 1839; Riom, 10 fév. 1845; Caen, 11 fév. 1845; Cass., 4 mars 1845, 4 mars 1845; Rouen, 7 août 1846; Cass., 7 déc. 1846, 22 déc. 1847; Agen, 6 déc. 1847; Cass., 23 juill. 1851, 23 nov. 1852; Pau, 3 mars 1853; Rouen, 24 mai 1853; Montpellier, 2 mai 1854; Cass., 24 déc. 1860, 23 avril 1861 et 15 juin 1864; Agen, 6 fév. 1865 (Dev., 36, 2, 6; 38, 1, 37; 39, 249; 40, 2, 12; 45, 1, 513, et 2, 69; 47, 1, 816; 48, 2, 241; 51, 1, 576; 52, 1, 769; 56, 2, 428; 61, 1, 983; 55, 2, 540). Quant à l'arrêt du 22 déc. 1847, pourvoi Barbier C. Allabarbe, nous ne l'avons trouvé dans aucun recueil; mais M. Troplong en donne les détails tout au long (p. 421-430).

d'une procédure dont les frais ont été avancés par son avoué et que, le mari se trouvant insolvable, cette femme n'a pas elle-même de paraphernaux suffisants pour acquitter la dette, il est clair que c'est à la dot de payer les avances ainsi faites pour sa conservation (1).

III. — Nous arrivons maintenant aux causes d'aliénation expressément écrites dans la loi.

La première est l'établissement des enfants de la femme. Celle-ci peut, pour cet objet, disposer de ses immeubles dotaux, soit qu'il s'agisse de ses enfants d'un lit précédent ou de ceux du mariage actuel. Il y a seulement cette différence entre les deux cas que, pour les enfants d'un précédent lit, l'autorisation nécessaire à la femme peut, sur le refus du mari, qui n'est ici qu'un beau-père, être accordée par la justice, sauf qu'il faudra réserver alors l'usufruit du mari (1555), tandis que pour un enfant commun aux deux époux, l'autorisation de la justice ne peut remplacer celle du mari, la loi présumant avec raison que si un père se refuse à un sacrifice pour l'établissement de son enfant, c'est qu'il a de bonnes raisons de le faire (1556). Il est vrai qu'on a nié cette différence. On a prétendu que c'était pour éviter une répétition qui lui paraissait inutile que le législateur n'avait pas reproduit dans l'article 1556 l'alternative de l'art. 1555; et l'on s'est appuyé sur la généralité de l'art. 219, qui permet à la femme de s'adresser à la justice, toutes les fois que son mari refuse de l'autoriser à passer un acte (2). Mais cette idée n'est pas acceptable; car il est bien clair que si le législateur avait entendu mettre les deux cas sur la même ligne, il n'aurait pas fait, et n'aurait pas même pu songer à faire deux articles différents et différemment formulés pour exprimer une règle unique. Il est bien évident que la règle générale de l'art. 219 est inapplicable ici, en présence de la règle spéciale de nos articles; et la raison bien simple en est que l'acte à passer concerne autant le mari que la femme, puisqu'il s'agit de leur enfant commun (3).

Ce n'est pas seulement d'un établissement par mariage que la loi parle, c'est d'un établissement quelconque, c'est-à-dire de tout ce qui peut donner à l'enfant une position dans le monde, de tout ce qui peut ouvrir ou assurer sa carrière. Or, comme le remplacement militaire est souvent le préliminaire obligé de tout établissement pour les jeunes gens qui n'ont aucune cause de dispense ou d'exemption du service, il est évident qu'on devra, selon les cas, ranger parmi les frais d'établissement la somme à payer pour ce remplacement (4).

---

(1) Toulouse, 20 mars 1833; Agen, 11 mai 1833; Caen, 14 août 1837; Nimes, 5 avril 1838; Caen, 6 juill. 1842; Riom, 9 avril 1845; Agen, 17 fév. 1862 (Dall., 33, 2, 113; 34, 2, 47; Dev., 38, 2, 49 et 346; 43, 2, 92; 45, 2, 506; 64, 1, 80). Il en serait autrement si la femme avait succombé dans sa demande. Cass., 5 juill. 1865 (Dev., 65, 1, 340; *J. Pal.*, 65, 870).

(2-3) *Contrà* : Toullier (XIV, 191); Duranton (XV, 497); Rouen, 24 déc. 1841 (Dev., 42, 2, 77). — *Conf.* Delvincourt (III); Benoît (I, 61); Zachariæ (III, p. 587); Pont et Rodière (II, 507); Odier (III, 1277); Troplong (IV, 3347); Limoges, 2 sept. 1825 (Dall., 36, 2, 25).

(4) Rouen, 21 fév. 1828; Grenoble, 21 janv. 1835; Nimes, 10 avril 1837; Caen, 21 juin 1844 et 19 nov. 1847; Nimes, 24 mars 1851 (Dall., 35, 2, 66; Dev., 38, 2, 112;

Ce que nous disons là du remplacement militaire indique assez que nos articles, quand ils permettent à la femme de *donner* ses biens dotaux, ne doivent pas s'entendre restrictivement et dans le sens d'une donation, à faire à l'enfant, des biens en nature. Et en effet, quand il s'agit, par exemple, de procurer à un jeune homme un office ministériel ou un fonds de commerce, pourquoi la loi eût-elle exigé que la mère, au lieu de vendre elle-même une ferme pour payer l'objet, fît donation de la ferme à son fils, afin que celui-ci la vendît ensuite? A quoi bon ce circuit, et pourquoi faire payer deux fois le droit de mutation de l'immeuble? Évidemment, si le Code s'est servi du mot *donner,* ce n'est pas pour spécifier un mode d'aliénation qui serait seul permis à la mère; c'est uniquement en vue du résultat définitif et parce que, quel que soit le mode d'aliénation, ce sera toujours pour le profit de l'enfant que l'aliénation sera faite, il y aura toujours libéralité, donation, de la mère à l'enfant (1).

IV. — Un point plus délicat est celui de savoir si la permission, accordée par nos deux articles, d'aliéner les immeubles dotaux, comprend celle de les hypothéquer; mais l'affirmative nous paraît cependant certaine. Ce n'est pas que nous pensions, comme M. Troplong (3352 et 3364), qu'il y ait sur cette question et celles qui s'y rattachent, une telle évidence, un tel foyer de lumières, que le doute ne puisse pas même se comprendre, et que le système qui présente la négative ne soit que « le résultat d'une frénésie dont les écarts de raison ne méritent pas d'être réfutés »; mais si nous comprenons et respectons les doutes, ils n'ébranlent pas du moins notre conviction... Voici d'où viennent ces doutes :

On sait que dans le droit romain, c'est-à-dire dans l'ordre des idées qui ont créé le régime dotal pour nous le transmettre à travers les âges, l'impossibilité d'hypothéquer l'immeuble dotal n'était point une simple conséquence de l'impossibilité de l'aliéner. Bien loin de là, cette impossibilité d'hypothéquer était regardée comme plus importante encore que l'impossibilité d'aliéner, si bien qu'elle avait précédé celle-ci de plusieurs siècles, et que la prohibition de l'hypothèque existait depuis longtemps quand Justinien vint y ajouter comme complément la prohibition de l'aliénation. La raison en est que, quand il s'agit d'une aliénation, la femme sait parfaitement à quoi s'en tenir et ne se dépouille de son immeuble qu'en pleine connaissance de cause, tandis que pour l'hypothèque, la femme pourrait souvent ne la con-

45, 1, 156; Dev., 48, 2, 592; 51, 2, 326). — *Conf.* MM. Toullier (XIV, 192); Duranton (XV, 494); Benoît (I, 222); Pont et Rodière (II, 510); Troplong (IV, 3356); Massé et Vergé (IV, § 670); Aubry et Rau (IV, § 537). — *Voy.* cependant Limoges, 31 mai 1838; Agen, 5 déc. 1848; Grenoble, 15 fév. 1850 (Dev., 39, 2, 23; 49, 2, 45; 51, 2, 325). — *Voy.* aussi MM. Tessier (I, 78, p. 449); Coulon (II, p. 441).

(1) Ainsi encore, la femme mariée sous le régime dotal pourrait *cautionner* sur ses biens dotaux la restitution de la dot que se constituerait en se mariant le conjoint de l'un de ces enfants : ce cautionnement doit être compris aussi dans le mot *donner* dont se sert l'art. 1556. Montpellier, 7 juin 1825; Limoges, 3 mars 1854 (Dev., 26, 2, 223; 54, 2, 352). — *Voy.* aussi M. Troplong (IV, 3351). — *Voy.* cependant Limoges, 6 janv. 1844 (Dev., 44, 2, 588).

sentir que dans la conviction d'un remboursement qui se trouverait
ensuite impossible et arriverait ainsi à une aliénation qui n'était pas
dans sa volonté. D'ailleurs, en vendant son immeuble, la femme en
aura le prix, et ce marché pourra lui être fort avantageux, parce qu'elle
aura choisi un moment opportun et des circonstances favorables ; par
l'hypothèque, au contraire, la femme serait conduite à une expropriation forcée qui se fera souvent à un moment inopportun, pour un prix
désastreux, et dont les frais absorberont encore une grande partie. Il
est donc bien faux de dire (comme le fait M. Troplong) que la faculté
d'aliéner comprend ici celle d'hypothéquer, comme *le plus* comprend
le moins ; car ici, c'est au contraire l'hypothèque qui est le plus et l'aliénation qui est le moins. Cela étant, on ne peut donc pas dire ici que les
articles qui, par exception, permettent d'aliéner contiennent forcément
et comme conséquence la permission d'hypothéquer. On le peut d'autant moins, il est d'autant moins permis de considérer les textes du
Code qui n'expriment que l'idée d'aliénation comme contenant aussi et
tacitement l'idée de l'hypothèque, que le Code, qui ne parle jamais
que de l'aliénation dans ses textes permissifs et d'exception (art. 1555,
1556, 1557 et 1558), a bien soin de parler successivement et de l'aliénation et de l'hypothèque, quand il pose son principe de prohibition
(art. 1554). En vain on dit que cette expression spéciale de l'hypothèque étant surabondante dans l'art. 1554 à la suite de celle de l'aliénation (puisque, quand même elle n'y serait pas écrite, sa prohibition
n'en existerait pas moins d'après les principes généraux), on ne doit dès
lors en tenir aucun compte. Cette idée est manifestement inexacte ; car,
c'est précisément parce que l'hypothèque marche ordinairement sur la
même ligne que l'aliénation, que le législateur n'aurait pas songé à les
exprimer toutes deux séparément, s'il n'avait eu ici un motif particulier
pour le faire ; et ce motif se comprend de reste, quand le législateur,
après avoir ainsi formellement indiqué l'aliénation et l'hypothèque
dans l'art. 1554 et alors qu'il s'agit de défendre, ne parle plus que de
l'aliénation seulement dans tous les articles suivants et quand il s'agit
de permettre.

Ces idées, ce nous semble, et quoi que dise M. Troplong, sont loin
d'être insignifiantes ; nous les trouvons, au contraire, très-spécieuses et
fort embarrassantes, tellement que nous ne voyons guère moyen de
les réfuter par une argumentation *in forma,* et que la réponse est ici
réduite à prendre son principal point d'appui dans le sentiment, pour
ainsi dire, plutôt que dans le raisonnement proprement dit. Mais nous
n'en sommes pas moins convaincu, comme le savant magistrat, de leur
inexactitude. Remarquons, en effet, que ce n'est pas seulement à nos
art. 1555 et 1556 que s'appliquent ces idées, mais aussi aux art. 1557
et 1558 : les quatre articles présentent une rédaction analogue et une
même pensée, la prétendue règle est nécessairement vraie pour tous
ou fausse pour tous. Ainsi la faculté d'hypothéquer ne serait pas seulement refusée ici, pour l'établissement des enfants, à la volonté privée de la femme, elle le serait aussi (art. 1558) à l'autorité judiciaire,

qui, assez puissante pour permettre la vente de tous les immeubles, ne pourrait jamais, et dans quelque circonstance que ce puisse être, permettre le plus petit emprunt hypothécaire! elle le serait également (art. 1557) dans le contrat de mariage, où les époux, parfaitement libres de déclarer tous les immeubles dotaux pleinement aliénables, stipuleraient en vain le droit d'en hypothéquer un seul! Qui ne voit qu'une telle pensée ne peut pas être celle de la loi? Comment! la justice elle-même, avec toutes les garanties de prudence et de lumières qu'offrent ses deux degrés de juridiction, ne pourrait pas autoriser l'emprunt qui, dans tel cas donné, va, sans exposer à aucun danger, suffire à sauver une famille, et il faudrait, bon gré, mal gré, recourir à l'expédient désastreux du morcellement, ou de la vente totale et à vil prix, d'un immeuble dont la conservation est aussi importante que facile! Comment! dans le contrat de mariage, entouré de tant de faveur et d'une si grande liberté de stipulations, dans ce contrat où la femme est maîtresse de se faire la position pécuniaire la plus contraire à ses intérêts, on déclarerait nulle, comme contraire à l'ordre public, la stipulation du droit d'hypothéquer les immeubles dotaux! Évidemment l'idée n'est pas soutenable, et il faut bien reconnaître que, dans les art. 1557 et 1558, la loi embrasse, dans la faculté d'aliéner l'immeuble, celle de l'hypothéquer. Et comme la règle est, sous ce rapport, la même pour nos art. 1555 et 1556 que pour les deux autres, il faut dire que la femme pourra emprunter hypothécairement pour l'établissement de ses enfants; il faut dire que les rédacteurs du Code, après avoir formulé séparément dans l'art. 1554 les deux idées d'aliénation directe et de simple hypothèque (parce qu'ils les trouvaient formulées ainsi dans la loi romaine), se sont ensuite contentés, dans les quatre articles suivants, d'exprimer ces deux idées par un seul mot, parce que le sens large de ce mot leur a paru devoir se manifester suffisamment par ce seul fait, qu'il s'agit, ni plus ni moins, de faire disparaître, dans les cas prévus par les quatre articles, la prohibition que vient de poser l'article précédent... Et il est, en effet, un texte qui prouve péremptoirement cette pensée du législateur. C'est l'art. 7 du Code de commerce, qui, pour nous apprendre que la femme dotale reste soumise aux règles de la dotalité alors même qu'elle serait marchande publique, déclare que ses biens dotaux ne peuvent être *hypothéqués* ni aliénés *que dans les cas déterminés par le Code Napoléon.* Il y a donc, *dans le Code Napoléon*, des cas où les biens dotaux peuvent être aliénés et *hypothéqués,* des cas où il y a pleine exception à la double prohibition de l'art. 1554. Or le Code Napoléon ne contient nulle part d'autres exceptions que celles de nos quatre articles (1).

_____

(1) *Conf.* Grenier (I, 34); Tessier (note 576); Duranton (XV, 492); Pont et Rodière (II, 511); Troplong (IV, 3352); Montpellier, 7 janv. 1825; Nîmes, 7 juin 1825; Bordeaux, 1er août 1834; Rouen, 23 juin 1835; Nîmes, 10 avril 1837; Cass., 1er avril 1845 (Dev., 34, 2, 685; 36, 2, 94; 38, 2, 112; 45, 1, 256). — *Contrà* : Bordeaux, 11 août 1836; Poitiers, 17 juill. 1838; Amiens, 1er août 1840 (Dev., 37, 2, 230; 39, 2, 233; 42, 2, 431); enfin les motifs (mais non le dispositif, heureusement) de plusieurs arrêts

1557. — *L'explication de cet article est reportée après celle de l'article 1559*.

1558. — L'immeuble dotal peut encore être aliéné avec permission de justice, et aux enchères, après trois affiches,

Pour tirer de prison le mari ou la femme;

Pour fournir des aliments à la famille dans les cas prévus par les articles 203, 205 et 206, au titre *Du Mariage*;

Pour payer les dettes de la femme ou de ceux qui ont constitué la dot, lorsque ces dettes ont une date certaine antérieure au contrat de mariage;

Pour faire de grosses réparations indispensables pour la conservation de l'immeuble dotal;

Enfin lorsque cet immeuble se trouve indivis avec des tiers, et qu'il est reconnu impartageable.

Dans tous ces cas, l'excédant du prix de la vente au-dessus des besoins reconnus restera dotal, et il en sera fait emploi comme tel au profit de la femme.

SOMMAIRE.

I.   3° *catégorie*. Elle comprend cinq cas : 1° Emprisonnement de l'un des époux. Recours de la femme contre le mari dont elle a payé les dettes.

II.   2° Aliments à fournir à la famille. Comment la femme peut alors avoir recours.

III. 3° Payement des dettes de la femme, ou des tiers constituants, antérieures au contrat de mariage. Inexactitude et insuffisance de la plupart des auteurs sur ce troisième cas. Distinction entre le droit d'action des créanciers et la faculté conférée ici aux époux.

IV.   4° Grosses réparations nécessaires pour la conservation même de l'immeuble dotal.

V.   5° Licitation de l'immeuble indivis et impartageable.

VI.   Règles communes aux cinq cas. — Jugement d'autorisation. Il ne donne pas toujours sécurité à l'acheteur. — Formalités de publicité. — Remploi des sommes non dépensées.

I. — Nous arrivons à la troisième catégorie des causes d'exception apportées à l'inaliénabilité des immeubles dotaux, catégorie qui comprend cinq cas dans lesquels une impérieuse nécessité a forcé le législateur à se départir de la rigidité de sa règle. Dans tous ces cas, au surplus, l'aliénation n'est possible que sur la permission de la justice, et au moyen d'une vente faite publiquement et aux enchères.

La vente peut d'abord être autorisée pour tirer de prison le mari ou la femme. La loi ne distingue pas, comme on le faisait souvent autrefois, si c'est par suite d'un délit ou pour une dette purement civile qu'a eu lieu l'emprisonnement qu'il s'agit de faire cesser : dans tous les cas, la privation de la liberté de l'époux est, aux yeux du législateur, une chose assez grave, assez dommageable au conjoint, aux enfants et aux affaires de la famille, pour qu'on permette de la faire cesser par le sacrifice d'une partie de la dot, si l'on n'a pas d'autres

---

de cassation dont nous parlerons en expliquant l'art. 1557. — *Comp.* Cass., 19 nov. 1862 (Dev., 63, 1, 131).

moyens de le faire. Mais, bien entendu, il faut qu'on soit dans le cas prévu par la loi, c'est-à-dire que l'époux soit en prison et aussi que son emprisonnement soit sérieux.

Il faut que l'époux soit actuellement emprisonné, et il ne suffirait pas de la crainte d'un emprisonnement imminent, comme l'enseignaient autrefois quelques auteurs. La fraude serait trop à craindre alors, et le texte est d'ailleurs trop formel : il faut qu'il s'agisse de *tirer de prison* le mari ou la femme (1). — Il faut aussi que l'emprisonnement soit sérieux, que ce ne soit pas une ruse combinée entre les époux et un tiers qui se présente faussement comme créancier de l'un d'eux et le fait emprisonner, d'accord avec lui, pour procurer frauduleusement aux conjoints le moyen d'échapper aux rigueurs de la dotalité. Non-seulement les tribunaux, s'ils découvraient cette simulation, devraient refuser la permission de vendre; mais alors même que, la justice ayant été surprise, la vente aurait été permise et effectuée, cette fraude ne serait pas pour cela sans conséquence; et s'il est vrai, comme nous le verrons plus loin, que l'acquéreur du bien dotal, trompé lui-même comme l'a été le tribunal, ne pourrait pas être inquiété, il n'en serait pas de même du tiers qui se serait prêté à la fraude en se faisant passer faussement pour créancier : celui-ci pourrait fort bien plus tard, sur la poursuite de la femme ou de ses héritiers, être déclaré, comme complice de la fraude par suite de laquelle la femme (même de sa faute et de son plein consentement) a perdu son immeuble dotal, tenu à réparation envers celle-ci (2).

Et puisque le juge est chargé d'apprécier les circonstances pour accorder ou refuser la permission, il a donc son libre arbitre à cet égard; et s'il *doit* refuser l'autorisation quand il voit qu'on n'est pas réellement et sincèrement dans le cas prévu par la loi, il *peut* la refuser encore si la mise en liberté ne lui paraît pas utile à la famille, si, par exemple, un mari, dissipateur incorrigible, ne devait sortir de prison que pour continuer ses folles dépenses et rendre ainsi plus grandes, au lieu de les réparer, les pertes que le ménage a déjà subies (3).

Il va sans dire, au surplus, que quand l'immeuble de la femme aura ainsi servi à payer les dettes du mari, celle-ci reste créancière sur lui du montant des sommes payées.

II. — L'aliénation peut encore être permise pour fournir des aliments, soit aux époux, soit aux enfants, soit aux parents ou alliés auxquels ils sont dus d'après les art. 203, 205 et 206; et sous le nom d'*aliments* on n'entend pas seulement ce qui est nécessaire aux besoins du corps, soit en santé, soit en maladie, mais tout ce qui est nécessaire

---

(1) Merlin (*Rép.*, v° Dot, § 8); Toullier (XIV, 199); Tessier (I, 73); Duranton (XV, 509); Troplong (IV, 3441); Caen, 4 juill. 1826; Rouen, 21 janv. 1838; Cass., 26 avril 1842 (Dev., 38, 2, 104; Dall., 42, 1, 250). — *Contra* : Toullier (V, p. 309); Pont et Rodière (II, 513). — *Voy.* aussi Caen, 3 janv. 1853 (Dev., 53, 2, 575); et Cass., 30 déc. 1850 (Dev., 51, 1, 29).

(2) Cass., 25 juill. 1842 (Dev., 42, 1, 753); Montpellier, 22 déc. 1852 (Dev., 53, 2, 69).

(3) Caen, 6 janv. 1845 (Dev., 46, 2, 10).

à la vie, à la nourriture de l'âme comme à celle du corps; en sorte que tous les frais indispensables à l'éducation des enfants s'y trouvent compris (1).

L'art. 511 de la Coutume de Normandie semblait mettre sur la même ligne, quant au recours ultérieur de la femme contre le mari, le cas qui nous occupe et celui d'un mari tiré de prison au moyen du payement de ses dettes par le prix de vente de l'immeuble dotal. Entendue en ce sens, la règle serait contraire aux principes et ne devrait pas être suivie aujourd'hui. C'est bien au mari, en principe, de fournir aux besoins du ménage; mais quand le mari se trouve sans ressources et que la femme en a, l'obligation devient celle de la femme, et lorsque celle-ci fournit des aliments à la famille sur sa dot, c'est sa propre dette qu'elle acquitte (2). Sans doute si le mari, comme le disait la Coutume, parvenait ensuite à meilleure fortune, la dette redeviendrait sienne; à partir de ce moment, il ne devrait plus se servir des valeurs dotales, et la femme aurait recours contre lui pour tout ce qu'il en prendrait ultérieurement: dans ce sens, la règle de la Coutume, sur la portée de laquelle on ne trouve aucune explication dans Basnage, serait très-exacte; et c'est aussi dans ce sens qu'on peut approuver au fond (mais sans accepter tous ses motifs) un arrêt récent qui accorde le recours aux héritiers de la femme, dans une espèce où ceux-ci établissaient que le mari avait recueilli des biens aussitôt après l'aliénation de l'immeuble de la femme et offraient même de prouver qu'il en avait toujours eu et les avait frauduleusement dissimulés pour obtenir l'autorisation de vendre (3). Mais pour tout ce qui a été dépensé pendant que le mari n'avait aucune ressource, celui-ci, même redevenu riche, ne doit rien à la femme; car, encore une fois, c'est son devoir personnel que celle-ci a rempli.

III. — La vente de l'immeuble dotal peut être autorisée, en troisième lieu, pour payer les dettes de la femme ou de ceux qui ont constitué la dot, pourvu que ces dettes aient une date certaine antérieure au mariage (4). Et, bien entendu, ce n'est pas sur la demande des créanciers et pour autoriser les poursuites que ceux-ci voudraient faire, que le tribunal aura ici à donner la permission; c'est aux époux et sur la demande de ces époux, en vue desquels seulement sont écrites les diverses dispositions de notre art. 1558 (5).

---

(1) Rouen, 26 mai 1840; Caen, 27 janv. 1843; Caen, 7 mars 1845 (Dev., 42, 1, 494; 44, 2, 178; 45, 2, 583); Agen, 13 juill. 1849 et 18 juin 1851; Nîmes, 26 juill. 1853 (Dev., 49, 2, 367; 52, 2, 17; 53, 2, 688). — Voy. aussi MM. Pont et Rodière (II, 515); Troplong (IV, 3450); Demolombe (IV, 4 et 5).

(2) L'enfant naturel ne peut poursuivre sur les biens dotaux le payement de la créance alimentaire qu'il a obtenue contre sa mère. Pau, 18 mai 1863 (Dev., 64, 2, 499; J. Pal., 64, 767).

(3) Troplong (nᵒˢ 3455, 3456); Nîmes, 22 août 1842 (Dev., 42, 2, 475).

(4) La dot peut être aliénée pour payer les dettes de la femme antérieures à la célébration du mariage, encore qu'elles n'aient acquis date certaine qu'après le contrat de mariage. Rouen, 10 janv. 1867 (J. Pal., 67, 467). Comp. Riom, 7 déc. 1859, et Cass., 20 août 1861.

(5) Bordeaux, 29 août 1855; Riom, 7 déc. 1859 (Dev., 56, 2, 679; 61, 2, 129; J. Pal., 56, 2, 198; 61, 594).

Ce troisième cas, sans être précisément plus difficile que les autres, comporte du moins plus de développement et présente une diversité d'hypothèses et de distinctions qui demande une attention plus soutenue. Cette attention est d'autant plus nécessaire, et l'erreur est ici d'autant plus à craindre, que ce cas de dettes antérieures au mariage a été, en général, fort peu compris et très-mal expliqué par les auteurs, surtout par Delvincourt, Toullier et M. Zachariæ. Le premier a cru que la permission à obtenir et les formalités à remplir s'adressaient aux créanciers (tandis qu'il ne s'agit nullement d'eux), et il ne prévoit d'ailleurs aucune des hypothèses dont il est indispensable de s'occuper. Toullier (XIV, nᵒˢ 207-211) part de la même idée fausse et y ajoute encore les conséquences de cette autre erreur, déjà réfutée plus haut (art. 1550, nᵒ II), que le mari n'aurait pas sur les biens dotaux les droits réels de jouissance. Quant à M. Zachariæ (III, p. 588), il ne donne ici ni solutions fausses, ni solutions justes; il ne dit *rien*, ne présente *aucune explication*, et se contente de reproduire purement et simplement le texte du Code.

Ce n'est pas aux créanciers, comme plusieurs l'ont cru, qu'il peut s'agir d'accorder une permission; car de deux choses l'une : ou ces créanciers antérieurs au mariage ont conservé, malgré la constitution dotale, le droit d'agir sur les immeubles de la femme, et dès lors ils n'ont pas à demander permission pour exercer un droit qui leur appartient; ou bien leur droit d'action s'est évanoui, et le tribunal dès lors ne saurait leur accorder l'exercice d'un droit que la loi leur refuse... Nous disons que les créanciers antérieurs au mariage auront tantôt le droit d'agir sur les immeubles dotaux et tantôt ne l'auront pas. Quand l'auront-ils? Il faut distinguer à cet égard entre les créanciers de la femme et ceux du tiers qui aurait constitué la dot, puis voir par qui les immeubles que l'on voudrait poursuivre ont été constitués et comment ils l'ont été (1).

Pour ce qui est des créanciers personnels de la femme, ils n'auront jamais action sur l'immeuble constitué à la femme par un tiers, puisque cet immeuble (qui n'était pas leur gage avant la constitution, n'étant pas alors dans le patrimoine de la débitrice) n'est entré dans son patrimoine que frappé d'inaliénabilité. C'est sans doute par inadvertance que M. Duranton enseigne le contraire (XV, 513) comme un point qui n'est, dit-il, *pas douteux*. L'honorable professeur nous dit que les créanciers ne pourront pas, à la vérité, saisir l'usufruit, puisqu'il appartient au mari, mais qu'ils pourront saisir la nue propriété, puisqu'elle appartient désormais à la femme, qui est leur débitrice. C'est une grave erreur; car s'il faut, pour que vous puissiez saisir un bien, qu'il appartienne à votre débiteur, cette première condition ne suffit pas, il faut aussi que ce bien soit saisissable, qu'il ne soit pas hors du commerce, et cette seconde condition manque ici, puisque le même acte qui a fait

(1) Le créancier de la femme dotale, même pour l'une des créances énumérées en l'art. 1558, ne peut saisir directement et de plein droit l'immeuble dotal ou le prix en provenant. Cass., 13 mars 1867 (*J. Pal.*, 67, 648).

de l'immeuble un bien de la femme en a fait un bien indisponible, inaliénable. Les créanciers n'auront donc pas action sur cet immeuble dotal venant d'un tiers. Mais l'auront-ils même toujours sur l'immeuble que la femme s'est constitué elle-même? Ils l'auront : 1° si la femme s'est constitué l'universalité de ses biens; car tout ensemble de biens, toute universalité, restant tenue de son passif (*non sunt bona, nisi deducto œre alieno*), il n'y a, dans ce cas, de vraiment dotal et d'inaliénable que ce qui restera après acquittement des dettes; 2° si l'immeuble qu'il s'agit de saisir, ayant été constitué individuellement, était, avant la constitution, grevé d'hypothèque au profit du créancier; car l'hypothèque faisant obstacle à l'efficacité de tout ce que le propriétaire débiteur peut consentir au préjudice du droit hypothécaire, l'inaliénabilité dont la femme a revêtu son immeuble se trouve non avenue vis-à-vis du créancier; 3° enfin, dans le cas exceptionnel où, l'immeuble non hypothéqué ayant été constitué individuellement, le créancier prouverait que la constitution en a été faite en fraude de ses droits; seulement il ne pourrait saisir alors, si la femme seule avait agi frauduleusement, que la nue propriété du bien, puisque la constitution de dot est par rapport au mari un acte à titre onéreux, et ce ne serait qu'en prouvant que le mari a participé à la fraude qu'il pourrait se payer aussi sur l'usufruit transmis à celui-ci (art. 1167, n° IV). Mais quand il s'agit d'immeubles non hypothéqués à la dette et qui sont constitués individuellement et sans fraude, les créanciers, malgré la doctrine contraire de la plupart des auteurs et notamment de M. Troplong (1), ne sauraient saisir et exproprier, même pour la nue propriété, puisque, par l'effet de la constitution, ces biens sont sortis de la partie libre et disponible du patrimoine de la femme. Ces auteurs, au surplus, n'ont émis leur proposition qu'incidemment, sans discussion, sans examen, sans avoir même aperçu (bien loin d'y répondre) le motif de décision; et il est probable que ce motif les aurait conduits à une solution différente, s'ils l'avaient remarqué. Et, en effet, le patrimoine de la femme est divisé par la loi en deux parties, dont l'une, les biens paraphernaux, reste libre et forme toujours le gage des créanciers, d'après l'art. 2093, tandis que l'autre, composée des biens dotaux, est soustraite à son droit de disposition et se trouve, sous ce rapport, dans le même cas que s'il s'agissait des biens d'un tiers. Cela étant, il s'ensuit nécessairement que, quand la femme a fait, d'une manière efficace envers ses créanciers, passer un immeuble de son patrimoine libre dans son patrimoine inaliénable, les créanciers ne peuvent pas plus l'exproprier que s'il était passé de ce patrimoine libre dans le pratrimoine d'un tiers. De même donc que des créanciers ne peuvent se payer sur l'immeuble vendu par leur débiteur qu'en faisant constater l'inefficacité de la vente quant à eux, soit par suite de leur hypothèque antérieure à l'aliénation, soit à cause du caractère frauduleux de cette aliénation, de même ils ne

---

(1) Tessier (note 642); Duranton (XV, 512); Pont et Rodière (II, 518); Troplong (3461).

pourront se payer sur l'immeuble individuellement constitué en dot que pour l'une de ces deux causes d'hypothèque ou de fraude. En un mot, il n'importe pas ici de savoir où est allé l'immeuble de la femme : ce qui décide la question, c'est ce fait que l'immeuble est sorti du patrimoine libre et saisissable de la femme.

Quant aux créanciers de celui qui a constitué la dot, il est clair qu'ils n'auront jamais action ni sur les biens que la femme s'est constitués elle-même, ni même sur ses paraphernaux, puisque la femme n'est pas leur débitrice; mais ils pourraient agir sur les immeubles constitués par leur débiteur dans les trois cas ci-dessus indiqués, c'est-à-dire : 1° quand il s'agit d'une constitution universelle; 2° quand l'immeuble institué individuellement était soumis à une hypothèque; 3° quand la constitution a été frauduleuse, pourvu toutefois, même pour agir sur la nue propriété seulement, qu'il y ait eu participation à la fraude de la part de la femme (art. 1440, n° I), et qu'enfin la fraude ait été connue du mari également, si l'on veut agir sur le droit de jouissance de celui-ci (art. 1547, n° II, *in fine*).

Il va de soi qu'en outre des trois cas que nous indiquons, les créanciers, soit de la femme, soit du constituant, pourraient toujours agir, et agir sur la pleine propriété, si la constitution avait été faite avec la charge, formellement écrite au contrat, d'acquitter les sommes dues à ces créanciers. Il n'y a pas de difficulté possible dans ce cas, et c'est seulement pour l'hypothèse d'un contrat qui ne parle pas des dettes que nous avons donné les explications qui précèdent.

Après ces observations sur le droit plus ou moins étendu, selon les cas, des créanciers de la femme ou du constituant, observations qui ne sont en aucune façon l'explication de la troisième règle de notre article, arrivons à cette explication.

La règle est fort simple; elle ne s'occupe pas, comme l'ont cru Toullier, Delvincourt et d'autres, de régler les droits des créanciers, mais seulement d'offrir *aux époux*, comme dans les quatre autres cas de l'article, *une faculté* dont ils pourront user, sauf la permission du tribunal. Que les créanciers aient ou n'aient pas le droit d'agir, qu'il s'agisse de ceux de la femme ou de ceux du tiers constituant, la loi, dans tous les cas et sans aucune distinction, pourvu seulement que les créances aient une date certaine antérieure au contrat de mariage, autorise les époux à vendre des immeubles dotaux pour les payer, si le tribunal juge à propos de le permettre. Ce n'est donc pas seulement pour le cas d'un créancier qui pourrait saisir l'immeuble dotal que la règle est posée; c'est aussi, et c'est même principalement, pour le cas d'un créancier qui n'a pas le droit d'agir. Ainsi, quand la constitution a été faite individuellement et sans fraude, et que le créancier de la femme n'est que chirographaire, la femme, qui pourrait, si elle n'a pas de paraphernaux, se soustraire au payement pendant le mariage, peut cependant se faire autoriser à payer en vendant partie de ses immeubles dotaux; c'est là un vœu trop moral, trop bien commandé par la justice, pour que la loi n'ait pas dû faire fléchir, en vue de sa réalisation, le principe de l'inaliénabilité. Bien plus, alors même que la dette au payement de laquelle le créancier ne peut pas contraindre ne serait pas celle de la femme, mais seulement celle du tiers constituant, on conçoit combien il est naturel de la part des époux de vouloir acquitter cette dette et combien il peut importer à la femme (qui peut, sans avoir de paraphernaux, être riche en biens dotaux) de ne pas déshonorer (par le refus de payer 15 ou 20 000 francs au malheureux créancier à qui les devait celui de qui elle a reçu tout ou partie de sa fortune) la mémoire de son bienfaiteur : tout ici, le soin de sa réputation, l'intérêt bien entendu de ses enfants, tout lui commande de désintéresser le créancier, et la loi devait dès lors lui en offrir le moyen... Nous disons que c'est aussi et même *surtout* pour le cas de créanciers ne pouvant pas saisir les biens, que notre règle est écrite. C'est là seulement, en effet, qu'elle était nécessaire, puisque, dans le cas contraire, le créancier eût toujours pu obtenir son payement, quoique notre disposition n'eût pas existé. Sans doute, ici encore, la disposition est utile, puisqu'elle permet aux époux de prendre l'initiative et de payer spontanément au lieu de subir les frais et la honte d'une expropriation; mais si elle est utile, elle n'était pas du moins indispensable, tandis qu'elle l'est dans l'autre cas.

La loi exige, au surplus, que les créances aient une date certaine antérieure, non pas seulement au mariage, mais au contrat de mariage; car il ne fallait pas que, par des engagements souscrits dans l'intervalle du contrat à la célébration, on pût porter atteinte à la dot telle qu'elle est fixée par ce contrat (1). C'est, du reste, aux tribunaux à décider en fait si l'antériorité de la dette sur le contrat se trouve bien établie (2).

IV. — Le quatrième cas pour lequel notre article autorise l'aliénation de tout ou partie d'un immeuble dotal, c'est celui de grosses réparations indispensables à la conservation de ce même immeuble ou d'autres immeubles également dotaux. Ici, comme dans les autres cas, il faut, pour que le tribunal ait le droit de permettre la vente, que l'on soit bien dans la circonstance indiquée par la loi. Ainsi, il faut qu'il s'agisse de grosses réparations : des réparations d'entretien, si considérables qu'elles fussent, ne sauraient motiver la vente. Et alors même qu'il s'agirait de gros travaux, la vente serait également impossible, s'ils avaient pour objet une nouvelle construction, une meilleure distribution des bâtiments, autre chose, en un mot, que la conservation de l'immeuble à réparer. Ici, comme dans les trois cas précédents, il faut que la vente soit commandée par une impérieuse nécessité, c'est-à-dire qu'il y ait, d'une part, à faire une de ces grosses

---

(1) Tessier (note 638); Duranton (XV, 514); Seriziat (n° 167); Taulier (V, p. 315); Pont et Rodière (II, 517); Troplong (3468); Montpellier, 7 janv. 1830 (Dall., 30, 2, 131). — *Voy.* cependant Bellot (IV, p. 409 et 410).
(2) *Comp.* Pau, 18 mai 1863 (Dev., 64, 2, 139; *J. Pal.*, 64, 767). Jugé que la date dont parle l'art. 1558 peut résulter des livres de commerce du créancier et de l'aveu des époux. Aix, 27 avril 1865 (*J. Pal.*, 66, 225).

réparations sans lesquelles l'immeuble serait perdu, et que, d'autre part, la femme n'ait pas, en paraphernaux, de quoi faire la dépense nécessaire (1).

V. — La vente est enfin permise, en cinquième lieu, quand il s'agit d'une portion appartenant à la femme dans un immeuble indivis qui est reconnu impartageable. S'il s'agissait d'un immeuble qui pût se partager, le partage pourrait se faire, soit sur la demande du copropriétaire de la femme, soit sur celle des époux, sans aucun besoin de permission de justice : ce ne serait plus le cas de notre article, qui ne parle que de l'immeuble impartageable. Quand, en effet, l'immeuble indivis se partage, il n'y a pas légalement aliénation : la femme, qui par l'effet déclaratif du partage est réputée avoir eu *ab initio*, exclusivement et uniquement, la portion divise qui lui échoit, reçoit ainsi un immeuble en nature qui est dotal et qu'elle conserve comme tel : la loi n'avait pas à se préoccuper de ce cas. Mais quand on prétend que l'immeuble ne peut pas se partager et doit être licité, c'est-à-dire vendu pour en diviser le prix entre ses copropriétaires, c'est alors le cas de l'article, et les époux ne peuvent procéder à la licitation que sur la permission du tribunal, qui doit constater si l'immeuble est véritablement impartageable comme on le prétend. — Une fois la licitation permise, si c'est la femme qui, soit par elle-même, soit par son mari agissant pour elle, se rend adjudicataire de l'immeuble, elle est bien propriétaire du tout, mais le tout n'est pas dotal (à moins, bien entendu, qu'elle ne se soit constitué ses biens à venir), puisque la dot ne peut pas être augmentée pendant le mariage : l'immeuble n'est dotal que pour la fraction qui appartenait primitivement à la femme. Que si l'acquisition est faite par tout autre que la femme, celle-ci reçoit une somme d'argent pour sa part, et nous verrons au numéro suivant si cet argent doit être employé.

VI. — Terminons l'explication de notre article par l'examen des différentes règles qui sont communes aux cinq cas qu'il prévoit.

La première condition à remplir, c'est l'obtention d'un jugement qui permette la vente, en constatant que les époux se trouvent dans l'un des cas pour lesquels la loi l'autorise. Mais il ne faudrait pas croire que ce jugement donne toujours à l'acheteur de l'immeuble dotal une pleine sécurité et que l'erreur de la justice soit toujours sans conséquence pour celui-ci... Il faut distinguer à cet égard. S'il ne s'agit que d'une erreur de fait, si le tribunal, par exemple, s'est laissé surprendre par la fraude et a déclaré sérieux un emprisonnement qui n'était qu'une ruse, l'acquéreur ne saurait être inquiété : ce n'était pas à lui, mais à la justice, de vérifier et de constater les faits, et il a pu s'en rapporter à elle sur ce point. C'est donc avec raison qu'un arrêt de Paris, qui avait en pareil cas annulé la vente de l'immeuble dotal, a été cassé par

(1) Rouen, 12 mai 1842; Rouen, 17 mai 1844; Paris, 11 avril 1850; Rouen, 13 janv. 1853; Bordeaux, 21 juill. 1862 (Dev., 42, 2, 520; 44, 2, 352; 51, 2, 163; 63, 2, 11). — *Conf.* Pont et Rodière (II, 520); Troplong (IV, 3474); Aubry et Rau (IV, § 537, p. 496). *Voy.* cependant Rouen, 14 avril 1842 (Dev., 42, 2, 520).

la Cour suprême. Mais si l'erreur du jugement est une erreur de droit, si son vice est d'avoir permis la vente alors qu'il n'existait, et que le tribunal ne constatait qu'un fait ne rentrant pas dans ceux de notre article, par exemple, dans le cas d'un mari qu'on menaçait de mettre en prison, mais qui n'y était pas, l'acquéreur répondra de cette erreur, qu'il a connue ou dû connaître : *nemo jus ignorare censetur*; cet acheteur a su, au simple vu du jugement, qu'on n'était pas dans l'un des cas pour lesquels le Code autorise les tribunaux à permettre la vente, et c'est avec raison dès lors que l'on a cassé aussi un arrêt de Toulouse qui, dans ce cas, avait refusé de déclarer la vente nulle. Sans doute, c'est une bien triste chose qu'un régime qui exige qu'un homme du monde ait plus de prudence, plus de lumières, plus d'intelligence du droit, que des tribunaux eux-mêmes; mais telle est la loi, et s'il est vrai qu'il y a là, comme dans tant d'autres circonstances, une puissante cause de réprobation du régime dotal, la loi n'en doit pas moins être suivie tant qu'elle restera : *dura lex, sed lex* (1).

L'acquéreur du bien dotal doit donc veiller avec le plus grand soin, non-seulement à ce que le jugement soit rendu régulièrement et avec les formes voulues, mais aussi à s'assurer, sans se contenter à cet égard de l'appréciation du tribunal, que les époux sont bien dans l'un des cinq cas énumérés plus haut. Il doit veiller ensuite et en second lieu à ce que les formalités exigées par notre article pour la vente de l'immeuble soient exactement accomplies. Il faut que cette vente soit faite après affiches et aux enchères, afin de présenter plus de chance d'arriver au meilleur prix possible. La vente faite à l'amiable serait donc entachée d'un vice qui permettrait à la femme ou à ses héritiers de la critiquer plus tard; et nous ne concevons pas comment des acquéreurs et certains tribunaux (surtout en Normandie) s'exposent si souvent à de graves dangers (*voy.* art. 1557, n° IV, *in fine*).

Dans les cinq cas prévus par notre article, toute la partie des sommes provenant de la vente qui reste aux mains des époux doit être employée en acquisition d'un immeuble qui sera dotal et inaliénable comme l'était le bien vendu. Ainsi, quand un immeuble a été vendu 20 000 francs pour faire de grosses réparations qu'on est parvenu à faire avec 15 000, en sorte qu'il en est resté 5 000, ou bien quand la femme a reçu 5 000 francs pour sa part de l'immeuble indivis et impartageable qu'on a licité, ces 5 000 francs devront être placés en achat, soit d'une maison, soit d'une pièce de terre, soit de rentes sur l'État ou d'actions de la Banque immobilisées, lesquelles seront à leur tour inaliénables (2). On a quelquefois essayé de soutenir que l'immeuble acquis en remploi dans ce cas ne serait pas dotal; mais c'est une erreur condamnée par le texte même de la loi aussi bien que par son esprit, puisqu'elle nous dit que l'argent *sera dotal* et qu'il en sera fait emploi COMME TEL. On a

---

(1) Troplong (n°s 3493-99); Caen, 12 juin 1842; Cass. d'un arrêt de Paris, 17 mars 1842; Cass. d'un arrêt de Toulouse, 26 avril 1842 (Dev., 42, 2, 462; 47, 1, 576; Dall., 42, 1, 250).

(2) Cass., 10 mars 1856 (Dev., 56, 1, 657).

prétendu aussi que l'obligation de remployer la somme ne s'appliquait que pour les quatre premiers cas et non pour le cas de licitation d'un immeuble impartageable, puisque la loi ne parle que de *l'excédant* du prix de vente *au-dessus des besoins* des époux; mais cette seconde idée n'est pas plus admissible que la précédente. Il est bien clair, en effet, que si le remploi est nécessaire même pour un simple excédant de prix, il l'est à plus forte raison quand c'est le prix entier qui reste aux mains des époux; que si, dès lors, la loi a seulement parlé d'*excédant,* c'est parce que le cas d'excédant était tout à la fois le plus douteux et le plus fréquent; et que sa pensée est bien que le remploi se fasse, comme elle le dit d'abord, *dans tous les cas* (1). Et puisque la vente n'est ainsi autorisée que sous ces quatre conditions : 1° que les époux seront dans l'un des cas prévus, 2° qu'un jugement régulier l'aura permise, 3° qu'elle sera faite avec les formalités de publicité requises, et 4° que le remploi des sommes non dépensées sera fait, la vente faite en dehors de ces conditions serait donc faite indûment, l'immeuble, qui ne pouvait devenir disponible qu'à ces conditions, serait donc resté inaliénable, et le défaut de remploi permettrait, aussi bien que l'absence des autres conditions, d'évincer l'acquéreur (2).

Il est évident, au surplus, que, dans tous les cas, c'est par la femme dûment autorisée que la vente devra être faite. Celle-ci pourrait bien, sur le refus du mari, vendre avec l'autorisation de la justice (sauf à ne vendre alors que sa nue propriété); mais le mari, lui, ne peut jamais vendre l'immeuble sans le concours de la femme, puisque c'est elle qui en est propriétaire.

Rappelons enfin que notre article, en autorisant les tribunaux à permettre la vente des immeubles, les autorise par là même implicitement à en permettre l'hypothèque, qui pourra souvent conduire au même but d'une manière plus avantageuse (3).

1559. — L'immeuble dotal peut être échangé, mais avec le consentement de la femme, contre un autre immeuble de même valeur, pour les quatre cinquièmes au moins, en justifiant de l'utilité de l'échange, en obtenant l'autorisation en justice, et d'après une estimation par experts nommés d'office par le tribunal.

Dans ce cas, l'immeuble reçu en échange sera dotal; l'excédant du prix, s'il y en a, le sera aussi, et il en sera fait emploi comme tel au profit de la femme.

---

(1) Tessier (note 483); Troplong (n° 3485); Paris, 9 juill. 1828; Rej., 1er mars 1832 (Dall., 32, 1, 405).

(2) Aix, 10 fév. 1832 (Dev., 32, 2, 640).

(3) Rouen, 17 janv. 1837; Rouen, 11 janv. 1838; Rouen, 10 mars 1838; Bordeaux, 21 déc. 1838; Grenoble, 9 nov. 1839; Cass., 1er déc. 1840; Lyon, 4 juin 1841; Rouen, 15 avril 1842; Rej., 24 août 1842; Cass., 7 juill. 1857 (Dev., 38, 2, 102 et 450; 39, 2, 233; 40, 1, 943, et 2, 209; 41, 2, 612; 42, 1, 842, et 2, 520; 57, 1, 734); Odier (III, n° 1315); Troplong (IV, n°s 3446 et 3495).

I. — Le cas d'échange est le dernier de ceux pour lesquels la loi autorise l'aliénation des immeubles que la constitution dotale a rendus inaliénables. Ici, et en considération du peu d'inconvénient que présente l'aliénation (puisqu'elle n'est que la substitution directe et immédiate d'un nouvel immeuble à l'ancien), la loi ne demande pas qu'il y ait nécessité d'aliéner ; elle se contente de l'utilité, et par cela seul, par exemple, que l'immeuble dotal se trouve situé à une très-grande distance du domicile des époux, il peut être échangé contre un immeuble qui sera plus à leur portée. Il faut, au surplus, que l'immeuble qu'on acquiert en contre-échange présente au moins les quatre cinquièmes de la valeur de l'autre. La valeur comparative des deux immeubles est déterminée par des experts que nomme d'office le tribunal, lequel est aussi chargé de vérifier l'utilité de l'opération avant d'accorder l'autorisation d'échanger. Il faut toujours, du reste, comme dans les cinq cas de l'article précédent, que la femme concoure à l'aliénation ; car, si favorable que soit le mode d'aliénation, il est clair que le mari seul ne peut pas l'accomplir, puisque c'est la femme qui est propriétaire(1).

Quand l'immeuble acquis en contre-échange vaut moins que celui de la femme, l'argent que celle-ci reçoit en retour est également dotal et doit être employé *comme tel*, c'est-à-dire, ainsi qu'on l'a vu sous l'article précédent, en achat d'un immeuble qui sera inaliénable comme l'était l'immeuble aliéné et comme l'était aussi celui qui vient le remplacer. Si c'était, au contraire, l'immeuble acquis qui fût plus considérable que celui qu'aliène la femme, il ne serait cependant pas dotal pour le tout (hormis le cas de constitution des biens à venir), comme on l'a expliqué plus haut pour le cas de licitation (2).

1557. — L'immeuble dotal peut être aliéné lorsque l'aliénation en a été permise par le contrat de mariage.

SOMMAIRE.

I. Stipulation d'aliénabilité des immeubles dotaux. Elle peut se faire de diverses manières. La réserve, même pure et simple, du droit d'aliéner, n'emporte pas le droit d'hypothéquer; décision inexacte de M. Troplong; faux motifs de la jurisprudence.
II. Le droit d'aliéner les immeubles n'emporte pas pour la femme celui d'aliéner elle-même ses meubles. Le droit d'aliéner emporte celui de compromettre : controverse.
III. De l'aliénabilité stipulée avec charge de remploi. Développements. Sur qui tombent les frais de l'acquisition nouvelle : étrange arrêt.
IV. Les cas prévus par l'art. 1558 ne sont point des cas de remploi. Conséquence. Usage illégal et dangereux de certains tribunaux.

I. — Nous venons de passer en revue tous les cas dans lesquels l'immeuble dotal, quoique frappé d'inaliénabilité, peut par exception être

_____

(1) Par cela même, il est clair que l'échange étant régulièrement consommé, c'est-à-dire avec le concours de la femme, celle-ci ne pourrait, selon la règle générale, en demander la nullité sous prétexte de lésion. Bordeaux, 12 août 1853 (Dev., 54, 2, 87).
(2) *Sic* : Pont et Rodière (II, 532); Tessier (I, p. 262). — *Voy.* cependant Bellot (IV, p. 147).

aliéné ; il nous reste à examiner le cas où la femme, modifiant par son contrat de mariage les règles légales de la dotalité, fait disparaître pour ses immeubles dotaux le principe même de l'inaliénabilité. La suppression de ce principe peut être plus ou moins complète : la femme peut dire que les immeubles pourront être aliénés de quelque façon que ce soit, ou dire qu'ils pourront seulement être vendus ; elle peut dire qu'on les pourra vendre librement et sans aucune condition, ou dire qu'on ne le pourra que sous la condition d'en remployer le prix de telle manière déterminée ; elle peut dire qu'ils pourront être aliénés et hypothéqués, ou dire qu'ils pourront être aliénés seulement, l'hypothèque demeurant interdite ; ou, réciproquement, qu'ils pourront être hypothéqués seulement, leur aliénation directe restant sous le principe légal de prohibition.

Que les époux puissent stipuler le droit d'hypothéquer les immeubles dotaux, c'est ce que nous avons établi sous l'art. 1556, n° IV, et ce que tout le monde, ou à peu près, s'accorde d'ailleurs à reconnaître, quoique tout le monde ne s'accorde pas également, comme on va le voir bientôt, sur le fondement de cette faculté, fondement que les uns (et nous sommes de ce nombre) placent dans la disposition même de notre art. 1557, tandis que d'autres prétendent qu'il n'existe pas là et qu'on le trouve seulement dans la disposition générale de l'art. 1387. Mais quoi qu'il en soit de cette dispute, à laquelle nous allons revenir, sur le fondement du droit, le droit lui-même n'est du moins nié par aucun auteur ni par aucun arrêt. La femme peut donc très-efficacement, par une déclaration expresse de son contrat, se réserver le droit d'hypothéquer aussi bien que celui d'aliéner ; mais si cette déclaration expresse n'existe pas, si le contrat qui formule le droit d'aliénation est muet quant au droit d'hypothèque, que faudra-t-il dire? La faculté d'hypothéquer se trouvera-t-elle comprise implicitement et virtuellement dans celle d'aliéner, ou bien devra-t-elle être refusée aux époux?

C'est là une question profondément controversée aujourd'hui, et qui, s'il fallait en juger par les prétendus éléments de décision qu'on a jetés de part et d'autre dans le débat, serait assurément l'une des plus compliquées et des plus difficiles du Code. D'une part, et d'accord au fond avec la plupart des auteurs et des arrêts de cour d'appel, la Cour suprême tient énergiquement, et selon toute apparence irrévocablement (car sa jurisprudence ne présente pas seulement plusieurs arrêts de cassation, mais aussi un arrêt solennel des chambres réunies), pour la prohibition de l'hypothèque dans ce cas. Malheureusement sa solution s'appuie sur des motifs inadmissibles. Aussi, et d'un autre côté, M. Troplong (n°s 3363-3394) combat-il cette jurisprudence très-vivement et avec succès. Cependant nous n'hésitons pas à penser que la question, aussi simple en réalité qu'elle est difficile en apparence, doit se résoudre dans le sens de la Cour suprême ; que la jurisprudence de cette Cour, inexacte dans ses motifs, est parfaitement exacte dans sa décision ; et que la doctrine de M. Troplong, fort juste quand elle combat les raisons données par la Cour de cassation, n'aboutit pourtant qu'à un résultat erroné.

L'argument décisif de M. Troplong se résume en ceci : « Puisque le mot *aliéner*, qui présente ordinairement et en général un sens large et générique comprenant l'idée d'hypothèque avec celle d'aliénation directe, a ce sens large dans les art. 1557 et 1558, c'est donc là, même en matière de dot, son sens légal ; et le mot, par conséquent, doit être ainsi entendu dans tout contrat de mariage, dans celui qui porte soumission au régime dotal comme dans tout autre. Reconnaître que le mot *aliéner* a ce sens large dans l'art. 1557, qui permet la stipulation du contrat, et lui refuser ensuite ce même sens dans la stipulation écrite précisément en vertu de cet art. 1557, ce serait tomber dans la contradiction. » Ce raisonnement, si spécieux qu'on puisse le trouver, n'est cependant pas exact. Le sens large, que M. Troplong nous dit être le sens légal en matière de dot comme ailleurs, n'y est pas le seul sens légal ; car si la loi donne au mot ce sens large dans notre art. 1557, ainsi que nous l'avons vu plus haut (art. 1556, n° IV), elle a commencé par lui donner le sens étroit et restreint dans l'art. 1554. Les deux sens, étroit et large, sont donc aussi légaux l'un que l'autre ; le mot peut donc être pris soit dans la loi, soit dans le contrat, tantôt dans un sens et tantôt dans l'autre ; la circonstance que la loi le prend dans le sens large quand elle permet, par l'art. 1557, de déroger à la prohibition, aura bien cette conséquence que les époux sont libres de déroger pour l'hypothèque aussi bien que pour l'aliénation directe, mais elle ne saurait avoir cette autre conséquence que les époux soient de plein droit réputés s'en servir dans tel sens plutôt que dans tel autre, puisque la loi, encore une fois, l'a employé avec celui-ci aussi bien qu'avec celui-là. Donc, de même qu'il nous a fallu rechercher, pour chacun des textes du Code, lequel des deux sens y était donné au mot, de même il faudra rechercher lequel de ces deux sens lui est donné dans chaque contrat. Quand les clauses de l'acte, rapprochées les unes des autres, prouveront tel sens, c'est lui qu'on appliquera ; mais quand ces clauses n'indiqueront rien à cet égard et qu'on se trouvera mis, par le silence du contrat, en présence de cette question générale : *aliéner* comprend-il hypothéquer ? alors la raison de décider ne peut pas être que le sens légal du mot est le sens large (comme l'enseigne M. Troplong) ou qu'il est le sens restreint (comme le dit la Cour de cassation), puisque les deux sens, encore une fois, sont aussi légaux l'un que l'autre. Cette raison de décider, qui assurément est fort simple, quoiqu'elle soit restée inaperçue pour quelques-uns même des auteurs qui adoptent la décision, notamment M. Duranton, c'est, comme le disent MM. Devilleneuve, Zachariæ, et Pont et Rodière, que puisqu'il s'agit d'une exception aux principes de la matière, d'une clause dérogatoire au droit commun de la dotalité, cette clause doit dès lors s'interpréter restrictivement.

Mais s'il faut ainsi repousser la décision de M. Troplong et admettre celle de la Cour suprême, on ne peut cependant pas admettre le motif de celle-ci. Ce motif, plusieurs fois développé dans ses arrêts et dans les conclusions de M. le procureur général Dupin, consiste à dire que, pour les matières dotales, la loi prend partout, aussi bien dans les exceptions des quatre art. 1555-1558, que dans la règle de l'art. 1554, le mot *aliéner* dans son sens restreint. Or cette idée se trouve démontrée fausse deux fois pour une. Elle l'est d'abord par le texte de l'art. 7 du Code de commerce, ainsi qu'on l'a déjà vu. C'est en vain que la Cour suprême nous dit que cet article est sans influence sur la question, attendu qu'il ne fait que se référer au texte du Code Napoléon, et que dès lors il n'y ajoute ni n'en retranche rien (Dev., 39, 1, p. 459). Sans doute cet article ne change rien au Code Napoléon, mais c'est précisément pour cela qu'il tranche notre question. Puisque cet article nous dit que les biens dotaux peuvent être aliénés *et hypothéqués* dans les cas *déterminés par le Code Napoléon*, c'est donc que, *dans la pensée du législateur*, les exceptions admises *par le Code Napoléon* pour permettre l'aliénation permettent aussi l'hypothèque... L'inexactitude de l'idée ressort encore de la contradiction qu'elle fait naître dans la doctrine de la Cour suprême. La Cour reconnaît, en effet (1), que les époux peuvent se réserver le droit d'hypothèque au moyen d'une stipulation expresse du contrat de mariage; or ils ne le pourraient pas, si notre art. 1557 n'entendait pas parler du cas d'hypothèque comme de celui d'aliénation. Ils ne le pourraient pas; car, la loi prohibant par sa règle l'hypothèque aussi bien que l'aliénation, il est clair que si son exception n'autorisait ensuite la clause dérogatoire que pour l'aliénation, le droit d'hypothèque resterait ainsi sous la prohibition et ne saurait dès lors être efficacement stipulé. En vain on dirait, comme le faisait M. le procureur général Dupin, lors de l'arrêt des chambres réunies (*ibid.*, p. 455), et comme le fait aussi l'arrêt de rejet de 1840, que si la réserve d'hypothéquer les biens dotaux ne peut pas être stipulée d'après l'art. 1557, elle peut l'être d'après l'art. 1387. C'est là, il faut le reconnaître avec M. Troplong, une erreur manifeste. L'article 1387, en effet, quelque latitude qu'il laisse aux époux pour leurs conventions matrimoniales, ne leur donne pourtant pas une liberté absolue; il déclare formellement soumettre cette liberté à certaines *modifications*, et parmi ces modifications, l'article suivant place l'impossibilité de déroger aux *dispositions prohibitives du présent Code*. Si donc il était vrai que l'art. 1557 n'autorise pas l'exception à la défense d'hypothéquer, il est bien évident que les époux, libres de déroger à la prohibition de l'aliénation, resteraient *quant à l'hypothèque,* d'après la disposition même des art. 1387 et 1388, dans l'impossibilité *de déroger à la prohibition* de l'art. 1554.

Le motif adopté par la Cour de cassation est donc mauvais; mais sa décision n'en est pas moins exacte, comme on l'a vu, et il faut dire avec ses nombreux arrêts, sauf à substituer à la raison qu'elle en

---

(1) Arrêt de rejet du 7 juill. 1840 (Dev., 40, 1, 796).

donne celle que nous avons indiquée plus haut, que la réserve du droit d'aliéner ne comprend point celle du droit d'hypothéquer (1).

II. — La réserve du droit d'aliéner comprend, bien entendu, toute espèce d'aliénation. Il en serait autrement de celle de vendre, qui n'emporterait même pas celle d'échanger, comme réciproquement celle-ci n'emporterait pas celle-là (2).

Mais le droit d'aliéner les immeubles emporte-t-il celui d'aliéner les meubles? Le sens et la portée de cette question varient, on le conçoit, selon le parti qu'on adopte sur l'aliénabilité de la dot mobilière. Pour la jurisprudence, qui, tout en reconnaissant et proclamant nettement l'entière et libre disponibilité des meubles dotaux dans la position normale et ordinaire du régime dotal, arrive cependant (par l'unique effet d'une profonde inexactitude de langage et en violant les principes les plus clairs) à les déclarer inaliénables après la séparation de biens, la question est, pour ce cas particulier de séparation de biens, une véritable question d'inaliénabilité. Mais pour nous qui ne comprenons pas comment des choses que le régime dotal laisse disponibles pourraient devenir indisponibles par la séparation de biens, pour nous qui n'admettons pas, comme la jurisprudence le fait (sans le savoir, du reste, et par suite seulement de son langage impropre), que le régime de séparation de biens puisse créer l'inaliénabilité, pour nous cette difficulté ne peut pas exister, et la question se réduit à savoir si l'incapacité dans laquelle se trouve la femme, avant la séparation de biens, de disposer de ses meubles dotaux, quoique disponibles (le droit de les aliéner n'appartenant alors qu'au mari), cessera par l'effet de la stipulation d'aliénabilité des immeubles... Nous ne le pensons pas. Car le statut réel d'inaliénabilité des immeubles n'a rien de commun avec les règles purement personnelles qui fixent la capacité relative des époux; et la femme, en stipulant que, par dérogation au principe de l'ar-

---

(1) Duranton (XV, 479); Benoît (I, 216); Devilleneuve (36, 1, 444, et 39, 1, 449); Zachariæ (III, p. 585); Taulier (V, p. 296); Pont et Rodière (II, 501 et 502); Aubry et Rau (IV, § 537); Massé et Vergé (IV, § 670); Rej., 25 janv. 1830; Cass., 22 juin 1836, 31 janv. 1837; Lyon, 10 juill. 1837; Caen, 21 déc. 1837; Poitiers, 17 juill. 1838; Cass. (ch. réun.), 23 mai 1839; Amiens, 1er août 1840; Cass., 14 fév. 1843 (Dev., 36, 1, 434; 37, 1, 190, et 2, 466; 38, 2, 174; 39, 1, 450, et 2, 3; 42, 2, 431; 43, 1, 193). — *Contrà* : Bellot (IV, p. 117); Tessier (note 597); Odier (III, 1268); Troplong (n°° 3363-3394); Bordeaux, 22 déc. 1857 (Dev., 58, 2, 529). *Comp.* Cass., 21 août 1866 (*J. Pal.*, 66, 1171). Jugé que le droit réservé par la femme d'hypothéquer et d'aliéner ses immeubles dotaux ne lui permet pas de subroger quelqu'un dans son hypothèque légale. Cass., 4 juin 1866 (*J. Pal.*, 66, 750). Quant à un arrêt de Limoges, du 5 déc. 1844, cité par M. Troplong, il ne juge pas la question, car il est rendu dans une espèce où le droit d'hypothéquer était expressément réservé par le contrat. — Nous ajouterons que, dans deux espèces récentes, la Cour de cassation vient de rendre deux arrêts dont cette dernière doctrine croira peut-être pouvoir s'autoriser. — *Voy.* les deux arrêts du 13 déc. 1853 (Dev., 54, 1, 17). Mais on remarquera que le contrat de mariage, dans ces espèces, contenait faculté pour la femme d'aliéner les biens dotaux et *de prendre tels engagements que bon lui semblerait*. Cette dernière clause, dans sa généralité, embrassait évidemment l'hypothèque; en sorte qu'en réalité il n'y a rien à conclure de ces arrêts contre la jurisprudence antérieure de la Cour de cassation.
(2) Lyon, 9 juill. 1861 (Dev., 62, 2, 15). *Comp.* Agen, 4 déc. 1854 (Dev., 55, 2, 62; *J. Pal.*, 55, 1, 421).

ticle 1554, ses immeubles pourront être aliénés, n'apporte aucune modification à cet autre principe que l'aliénation des meubles ne peut être faite que par le mari et non par la femme (*voy.* art. 1554, nᵒˢ II et III). Nous croyons donc, malgré la doctrine contraire (et non motivée, au surplus) de M. Troplong (nᵒ 3396), que la solution négative admise ici par la jurisprudence est très-exacte, quoique les motifs donnés par les arrêts ne soient pas acceptables (1).

Une autre question très-controversée, c'est de savoir si la réserve du droit d'aliéner emporte celui de compromettre (2). Pour la négative, on dit que le droit de *compromettre* ne résultant pas, d'après la loi, du droit de transiger, quoique pour transiger il faille avoir capacité *d'aliéner* (art. 1987, 2045), il s'ensuit bien que le pouvoir d'aliéner n'emporte pas celui de compromettre. On ajoute que, d'ailleurs, il est défendu de compromettre sur les causes qui sont communicables au ministère public, et que les causes relatives aux biens dotaux sont de ce nombre... Nous ne saurions admettre cette doctrine. D'une part, l'art. 1989 ne contient nullement l'idée qu'on lui prête : il parle d'un simple mandataire, qui ne peut faire, bien entendu, que ce pourquoi il a mandat, et qui, chargé seulement de transiger, n'a dès lors aucun pouvoir pour compromettre. Or tel n'est pas notre cas : il s'agit ici du propriétaire même de la chose, qui, ayant le droit de l'aliéner, d'en disposer, a par là même le droit de compromettre relativement à elle. Si l'argumentation de M. Duranton et autres était exacte, et qu'il fût vrai qu'aliéner n'est pas plus que transiger, il faudrait donc dire que le mandataire chargé de transiger a par là même le pouvoir d'aliéner ! Évidemment, on abuse ici et de l'art. 1989 et de l'art. 2045... Quant à la nécessité de communiquer au ministère public, n'est-il pas clair qu'en l'établissant pour les biens dotaux, la loi n'entend parler que des biens véritablement dotaux, des biens frappés du vrai caractère de la dotalité, c'est-à-dire de l'inaliénabilité ? N'est-ce pas précisément et uniquement à cause de cette inaliénabilité que la communication est imposée ?... En résumé, du moment qu'il s'agit de biens dont le propriétaire a la libre disposition, on ne voit aucune raison pour que le compromis lui soit interdit.

III. — Si le contrat de mariage permet quelquefois l'aliénation purement et simplement, il peut aussi ne la permettre, et ne la permet le plus souvent, qu'à la charge d'un bon et valable remplacement ou remploi. Alors, et contrairement à ce qui a lieu pour la communauté (art. 1497, nᵒ III), l'acquéreur de l'immeuble est responsable de la ré-

---

(1) Cass., 2 janv. 1837; Amiens, 19 avril 1837; Riom, 22 déc. 1846; Caen, 28 janv. 1865; Cass., 21 août 1866 (Dev., 37, 1, 975, et 2, 398; 47, 2, 195; 65, 2, 257; *J. Pal.*, 65, 1013; 66, 1171). *Contrà* : Lyon, 2 août 1845 (Dev., 46, 2, 361). — Mais on peut admettre que la faculté stipulée en termes généraux d'aliéner *ses biens dotaux* s'applique aux meubles comme aux immeubles. Rej., 1ᵉʳ juin 1853 (Dev., 53, 1, 730).

(2) *Nég.* Duranton (XV, 481); Zachariæ (III, p. 585); Pont et Rodière (II, 502); Nîmes, 26 fév. 1812; Lyon, 20 août 1828. — *Aff.* Boncenne (II, p. 284); Pigeau (I, p. 236); Tessier (I, note 596); Troplong (3398); Grenoble, 12 fév. 1846; Bordeaux, 5 juill. 1849 (Dev., 46, 2, 519; 50, 2, 93).

gularité et de l'utilité de ce remplacement ou remploi, et il peut être évincé si le remplacement n'est pas effectué ou se trouve mal fait. La raison en est simple ; car l'immeuble dotal étant inaliénable en principe et n'étant devenu disponible que sous telles conditions déterminées, il est clair que, si ces conditions ne sont pas accomplies, le principe subsiste, le bien est ainsi demeuré indisponible, et l'aliénation dès lors en est révocable.

Il faut d'abord que le remploi soit effectué régulièrement, de la manière précise que le contrat indique. Ainsi, quand le contrat permet l'aliénation au mari seul, qui se trouve établi par là mandataire de la femme, le mari pourra vendre seul ; mais si l'aliénation n'est permise qu'aux deux époux conjointement, il faudra que la femme et le mari concourent à l'acte (1) ; et il en sera de même à défaut d'explication sur ce point et quand le contrat dit seulement que les immeubles pourront être aliénés sans ajouter par qui, puisqu'il faut alors la volonté de la femme comme propriétaire du bien, puis celle du mari pour l'autorisation maritale. Ainsi encore, quand il est dit que le remploi sera fait en France, celui qu'on ferait en biens situés à l'étranger serait nul (2). De même, celui qui serait exigé en fonds de terre se ferait d'une manière inefficace en maisons. Mais quand on aura seulement dit *en immeubles,* il faut dire, avec M. Benech et M. Troplong, et comme un arrêt de Caen, que le remploi pourrait se faire même en actions immobilisées de la Banque ou en rentes sur l'État également immobilisées, puisque, légalement, ce sont aussi là des immeubles (3). Le remploi doit ensuite être fait utilement ; et si la femme venait à être évincée de l'immeuble acquis en remplacement du sien, l'acquéreur de celui-ci pourrait être évincé à son tour. C'est pour éviter ce résultat (que, malgré les plus grandes précautions, on ne serait jamais sûr de prévenir autrement), que l'on conseille toujours aux acquéreurs de biens dotaux de ne payer que sur un jugement qui les condamne à le faire, en déclarant le remploi bon et valable.

Le remploi doit comprendre, bien entendu, la totalité de ce qu'a payé l'acheteur. Ainsi les sommes livrées à titre de pot-de-vin, d'épingles, etc., doivent être employées aussi bien que le prix principal de la vente, puisque le tout est la représentation de l'immeuble vendu. Mais que faut-il décider pour les frais et loyaux coûts de l'achat fait en remplacement du bien de la femme ? Ainsi, quand l'immeuble dotal a été

---

(1) Cass., 12 août 1839 (Dev., 39, 1, 340). — Paris, 23 mai 1844 (Dev., 44, 2, 131); Benech (p. 199); Troplong (n° 3422).
(2) *Voy.* les autorités citées à la note précédente.
(3) Caen, 8 mai 1838 et 27 mai 1851 (Dall., 40, 2, 13 ; Dev., 52, 2, 64). — Cependant un arrêt a décidé que si le remploi, en ce cas, peut être effectué en actions de la Banque de France immobilisées, il ne peut l'être en rentes sur l'État, ces rentes n'étant pas pour ce cas susceptibles d'immobilisation. Rouen, 7 mai 1853 (Dev., 54, 2, 177). Mais la loi du 2 juillet 1862 a tranché cette difficulté. L'art. 46, en effet, est ainsi conçu : « Les sommes dont le placement ou le remploi en immeubles est prescrit ou autorisé par la loi, par un jugement, par un contrat ou par une disposition à titre gratuit, entre-vifs ou testamentaire, peuvent être employées en rentes trois pour cent de la dette française, à moins de clause contraire. »

vendu 40 000 francs, suffira-t-il de le remplacer par un autre immeuble dont le prix est de 38 000 francs et les frais de 2 000? Dire oui, et faire ainsi supporter par la dot les frais de l'acquisition, c'est diminuer cette dot, et plusieurs ventes successives pourraient ainsi la réduire de 40 000 francs à 33 ou 34 000. D'autre part, et quand la femme n'a rien autre chose que sa dot, on ne voit pas quel autre patrimoine que son patrimoine dotal pourrait subir cette perte. Un arrêt de Caen l'a mise à la charge de l'acquéreur de l'immeuble à remplacer. Mais les plus simples notions de justice et de raison ne disent-elles pas qu'une telle solution est inadmissible, et que l'acheteur qui a consenti à payer 40 000 francs de prix principal et 2 000 pour ses frais, en tout 42, ne saurait être contraint à en payer 44? Est-ce que c'est à un étranger de fournir de sa bourse ce qui est nécessaire pour transformer en immeubles les prix de vente des biens de la femme et pour leur donner ainsi l'avantage de la stabilité?... Et si la perte ne doit pas être subie par l'acheteur, elle ne doit pas l'être davantage par le mari, comme le voulait autrefois Salviat (p. 408), et comme la Cour de Caen l'a jugé par un arrêt postérieur. Parce que la femme a son patrimoine placé sous un régime extraordinaire de protection et de conservation, ce n'est certes pas une raison pour qu'elle jouisse de ce privilége aux dépens d'autrui; et si les avantages que la dotalité lui assure doivent quelquefois s'acheter par quelques sacrifices, il est en vérité bien naturel et bien juste que ce soit elle qui les paye et non les tiers. Il faut donc dire, avec M. Benech et M. Troplong, que les frais d'achat seront supportés par la femme, qui les prendra sur ses paraphernaux, si elle en a, sur la dot elle-même dans le cas contraire (1). Ce n'est pas qu'on puisse dire, comme M. Troplong (p. 539), qu'au fond et en définitive il n'y a pas de perte, et que l'immeuble acheté par la femme pour 38 000 francs et 2 000 fr. de frais pourrait se revendre plus tard 40 000. L'idée est très-inexacte : si l'on voit des immeubles (surtout parmi les terres) se revendant de plus en plus cher, on en voit aussi (surtout parmi les maisons) dont le prix de revente baisse de plus en plus; et, soit que la nouvelle vente se fasse plus cher ou moins cher, il y a toujours une perte pour les contractants : puisque l'État, à chaque mutation, gagne une certaine somme, c'est évidemment que quelqu'un la perd... Il y a donc une perte réelle. Mais cette perte, encore une fois, ne peut concerner que le patrimoine dont la conservation exige ce sacrifice.

IV. — Il est d'un usage assez fréquent en Normandie de se servir de la faculté, écrite au contrat, d'aliéner les immeubles moyennant remplacement, pour éluder la disposition de l'art. 1558, qui ne permet d'aliéner, pour les causes prévues à ce même article, que par vente aux

---

(1) Caen, 10 mars 1856; Cass., 16 nov. 1859 (Dev., 60, 1, 241; *J. Pal.*, 61, 123); Benech (p. 212); Troplong (IV, 3429); Aubry et Rau (IV, § 537). — *Contrà* : Caen, 18 déc. 1837; Caen, 7 juill. 1845 (Dev., 39, 2, 186; *J. Pal.*, 45, 2, 609). La Cour de Caen avance, dans son premier arrêt, que le singulier système par lequel elle met les frais à la charge de l'acquéreur *est consacré par la jurisprudence.* L'assertion est étrange, car on ne trouve, dans ce sens, aucun autre arrêt que le sien.

enchères avec les formalités voulues... Une femme a des dettes antérieures au contrat de mariage et hypothéquées sur ses immeubles dotaux. Elle pourrait, d'après l'art. 1558, se faire autoriser par justice à
vendre un de ses immeubles ; mais la vente devrait se faire avec formalités judiciaires. Au lieu de cela, elle commence par vendre l'immeuble
à l'amiable, puis elle se fait autoriser par le tribunal à employer le
prix à l'acquittement des obligations hypothécaires ; et sur le refus de
l'acheteur de payer son prix, le même tribunal rend un jugement contradictoire qui le condamne au payement et lui donne ainsi (on le croit
du moins) pleine sécurité.

M. Troplong (3425), tout en déclarant *plus prudent* de se conformer alors à l'art. 1558, trouve cependant qu'il faudrait être *ultra-dota-
liste* pour critiquer œtte manière de faire. Nous ne saurions être de son
avis, et quoique nous soyons loin d'affectionner le funeste régime de la
dot, nous devons cependant reconnaître qu'il y a là une violation manifeste de la loi, violation qui ne saurait manquer d'être réprimée par la
Cour suprême, le jour où l'action serait portée devant elle. Il ne suffit
pas, en effet, pour qu'il y ait remploi, d'une affectation du prix de l'immeuble à une destination vraiment utile ; il n'y a remploi que dans l'acquisition d'un nouveau bien qui viendra remplacer l'immeuble vendu.
Il n'y a donc pas remploi dans notre hypothèse d'acquittement de
dettes antérieures au mariage. Sans doute c'est là un but d'aliénation
très-respectable, et la loi l'a bien compris, puisqu'elle permet l'aliénation pour ce cas, comme pour le cas de grosses réparations à faire aux
immeubles, et autres cas prévus par l'art. 1558 ; mais, encore une
fois, ce n'est pas là un remplacement, et il est évident dès lors que si
l'aliénation est alors permise, ce n'est pas en vertu du contrat qui stipule l'aliénabilité moyennant remploi, mais seulement par l'art. 1558.
Or, puisque cet article, à tort ou à raison, ne permet l'aliénation
qu'avec les formalités judiciaires, c'est donc violer la loi que déclarer
valable, dans ce cas, une vente faite de gré à gré. Et M. Troplong lui-
même finit par proclamer cette vérité et se range ainsi, sans le remarquer, parmi ces prétendus ultra-dotalistes qu'il condamnait d'abord ;
car il arrive à dire que ces différents cas d'acquittement des dettes, de
réparation des immeubles, et autres analogues, « ne sont pas de vrais
remplacements, et que, par conséquent, *ils ne peuvent aboutir à la
vente du bien dotal qu'avec les formalités de l'art.* 1558. » Qu'ici encore on critique le système dotal, tellement gênant, tellement entra-
vant, que les tribunaux eux-mêmes en viennent, comme on le voit, à
se faire complices des moyens d'y faire fraude, à la bonne heure ; mais
s'il est permis de blâmer la loi, on n'en doit pas moins l'interpréter et
l'appliquer telle qu'elle est : *dura lex, sed lex* (*voy.* art. 1558, n° VI,
alin. 2).

4° Sanction du principe d'inaliénabilité.

1560. — Si, hors les cas d'exception qui viennent d'être expliqués, la femme ou le mari, ou tous les deux conjointement, aliènent

le fonds dotal, la femme ou ses héritiers pourront faire révoquer l'aliénation après la dissolution du mariage, sans qu'on puisse leur opposer aucune prescription pendant sa durée : la femme aura le même droit après la séparation de biens.

Le mari lui-même pourra faire révoquer l'aliénation pendant le mariage, en demeurant néanmoins sujet aux dommages et intérêts de l'acheteur, s'il n'a pas déclaré dans le contrat que le bien vendu était dotal.

SOMMAIRE.

I. L'aliénation indue de l'immeuble dotal est toujours annulable du chef de la femme, mais non pour l'acquéreur : controverse.
II. Par qui la révocation peut être demandée selon les cas : erreur de Toullier.
III. Quand et contre qui l'acheteur a droit à la restitution du prix et même à des dommages-intérêts : critique de la doctrine de M. Troplong.
IV. La promesse de garantie faite par la femme est inefficace : controverse. — Réunion sur la même tête de la dette de garantie et du droit de révocation.
V. L'action n'appartient pas aux créanciers de la femme. Elle se prescrit toujours par dix ans. Controverse sur les deux points; contradiction de M. Troplong.

I. — Toutes les fois que l'immeuble dotal a été aliéné en dehors de l'un des cas d'exception indiqués par les articles précédents, et en violation dès lors de l'art. 1554, l'aliénation est annulable sur la demande de la femme ou de ses représentants, de quelque manière et dans quelques circonstances qu'elle ait été faite. Ainsi, qu'elle ait été consentie par la femme, autorisée ou non, qu'elle l'ait été par le mari seul, agissant, soit au nom de la femme, soit en son nom propre, qu'elle l'ait été par les deux époux conjointement; qu'elle ait ou non profité à la femme, que l'acquéreur soit ou non en droit de demander, soit au mari, soit à la femme, la restitution du prix ou même des dommages-intérêts; dans tous les cas, et dès l'instant que la femme ou ses représentants le demandent, l'aliénation doit être annulée et l'acquéreur évincé.

Nous disons que l'aliénation doit être annulée. Elle n'est pas, en effet, nulle de nullité proprement dite, mais seulement annulable, en sorte qu'elle pourrait être ratifiée après la dissolution du mariage; et elle n'est même annulable que sur l'action de la femme ou de ses représentants, jamais sur celle de l'acquéreur : on le voit par le texte même de notre article, qui n'accorde l'action en révocation qu'à la femme, à ses héritiers et au mari (agissant lui-même, non dans son intérêt personnel, mais comme chargé d'exercer les actions de la femme, d'après l'art. 1549). Ce défaut d'action de la part de l'acquéreur peut étonner, quand c'est par le mari seul et agissant en son nom propre que le bien a été vendu. On peut dire alors que, le mari n'étant pas le propriétaire du bien, la vente peut être critiquée, non pas seulement à raison de la dotalité de l'immeuble, mais par cet autre motif qu'elle a été faite *à non domino;* que dès lors elle tombe sous le coup du principe de l'article 1599, d'après lequel la vente de la chose d'autrui est nulle, proprement nulle, ce qui permet à l'acheteur aussi bien qu'au propriétaire d'en faire déclarer la nullité. C'est, en effet, ce qu'enseignent la plupart des auteurs (1) ; mais l'idée nous paraît cependant tout à fait inexacte. Si le mari n'est pas précisément propriétaire des biens dotaux, il a du moins sur eux des droits fort étendus, d'une nature toute particulière, et qui ne permettent pas de dire que la vente qu'il en fait est la vente de la chose d'autrui, dans le sens de l'art. 1599. Investi, pour les meubles, du droit même de disposition, il a pour les immeubles, en outre de son droit de jouissance, le droit d'exercer toutes les actions, même pétitoires ; il est, dans certaines limites, le *procurator* légal de la femme, dépouillée à son profit de certains attributs de son droit de propriété ; et ses pouvoirs, qui vont, quant aux meubles, jusqu'à l'aliénation même, s'en rapprochent assez quant aux immeubles (dans les cas exceptionnels où cette aliénation est permise) pour que la loi regarde cette aliénation comme devant émaner, en quelque sorte, et du mari et de la femme : c'est ainsi que l'art. 1559 nous présente l'échange comme devant être fait par le mari avec le consentement de la femme. Or, si cette position extraordinaire des époux dotaux ne doit pas empêcher de reconnaître que, dans le fait et en définitive, c'est bien la femme qui est propriétaire, elle suffisait du moins pour empêcher d'appliquer à ce cas la règle ordinaire de l'art. 1599, de dire que la vente faite par le mari ne serait qu'une vente de la chose d'autrui, et c'est par une règle particulière que devait être régi ce cas particulier. Cette règle particulière existe dans notre article, puisque cet article, en édictant, au lieu d'une nullité radicale, une simple action en révocation qui ne peut d'ailleurs s'exercer que dans l'intérêt de la femme, applique expressément sa règle, non pas seulement à l'aliénation faite par les deux époux ou par la femme seule, mais aussi à celle qui est faite par le mari seul. L'art. 1599 est donc inapplicable ici, et l'acheteur ne peut jamais faire annuler, pas plus quand la vente a été faite par le mari que lorsqu'elle l'a été par la femme ou par les deux époux, pas plus quand il a ignoré la dotalité que quand il l'a connue, à moins seulement qu'on n'ait employé des manœuvres frauduleuses pour le tromper à cet égard ; car *fraus omnia corrumpit* (2).

II. — Mais si l'action ne peut être intentée que du chef de la femme, elle ne sera cependant pas toujours intentée par la femme. Tant qu'il n'y a ni dissolution du mariage, ni séparation de biens, c'est le mari seul qui peut agir comme *procurator* de la femme ; celle-ci ne le pourrait pas même avec l'autorisation du mari, et quand Toullier (XIV, 228) qualifie cette idée d'absurdité, c'est, au contraire, lui qui tombe dans l'erreur. La femme ne peut pas agir, parce que toutes les actions dotales sont alors confiées au mari, qui seul peut poursuivre les détenteurs des biens dotaux (art. 1549). C'est seulement quand il y a eu dissolution du mariage, ou du moins séparation de biens, que l'action passe à la femme ; et le contexte des deux alinéa de notre article indiquerait

---

(1) Tessier (II, note 694); Duranton (XV, 522); Benoît (I, 269); Odier (III, 1338).
(2) Troplong (n° 3522); Rej., 25 juin 1822; Toulouse, 24 janv. 1825; Grenoble, 26 déc. 1828 ; Paris, 26 fév. 1833 (Dall., 33, 2, 144). — *Voy.* encore, sur la question, Pont et Rodière (II, 595).

assez clairement cette idée, alors même qu'elle ne serait pas la conséquence de l'art. 1549 (1).

Une fois la séparation de biens prononcée, la femme peut agir et le
mari ne le peut plus, puisque toutes les actions dotales reviennent ici
à la femme, le mari cessant alors d'avoir aucun droit, aucun pouvoir
sur les biens dotaux. Toutefois la prescription de l'action ne court pas
encore au profit de l'acquéreur de l'immeuble. Car, outre que la dotalité et l'inaliénabilité subsistent toujours malgré la séparation de biens
(art. 1554, n° V), en sorte que, la femme ne pouvant pas alors, même
formellement, ratifier l'aliénation, ni renoncer à son droit de révocation, il serait, non pas impossible (ce serait aller trop loin, ainsi qu'on
le verra sous l'article suivant), mais peu naturel de voir dans son inaction une renonciation tacite efficace, c'est-à-dire une prescription; il y
a d'ailleurs ceci, que l'action de la femme devant alors, le plus souvent,
réagir sur le mari, sa liberté d'agir n'est pas complète, et c'était assez
pour que la prescription ne fût pas admise ici. Aussi notre article déclare-t-il qu'aucune prescription n'aura lieu pendant toute la durée du
mariage, quoiqu'il prévoie le cas de séparation de biens (*voy.* l'article 1561, n° II).

Mais quand le mariage est une fois dissous, la femme n'a plus de
mari dont la présence gêne sa liberté d'action; son bien d'ailleurs n'est
plus dotal, et elle peut dès lors ratifier l'aliénation ou renoncer à son
droit de révocation. De ce moment donc la prescription commence à
courir, et elle s'accomplit par dix ans, comme on va le voir au n° V.
Que si c'est par la mort de la femme que le mariage vient à se dissoudre, ou si la femme, après dissolution par la mort du mari, meurt elle-
même avant qu'il y ait ratification ou prescription, ses héritiers ont le
même droit qu'elle avait ou aurait eu.

III. — Si l'acquéreur de l'immeuble dotal indûment aliéné ne peut
jamais se soustraire à la révocation intentée, selon le cas, par le mari,
par la femme ou par les héritiers de celle-ci, il n'est toutefois pas sans
recours ni garantie, et en subissant d'une part l'éviction, il a droit
d'autre part (s'il ne s'agit pas d'une aliénation à titre gratuit) à son
prix d'acquisition toujours, et le plus souvent à des dommages-intérêts (2).

Quant aux dommages-intérêts, on voit par le texte même de notre
article que c'est toujours le mari qui les doit et qu'il les doit dans tous
les cas où, ayant concouru à l'acte, ne fût-ce que pour autoriser sa
femme, il n'a pas eu soin de déclarer dans cet acte la dotalité de l'im-

(1) Pau, 5 mars 1859 (Dev., 59, 2, 404); Tessier (note 761); Odier (III, 1331); Aubry
et Rau (IV, § 537); Massé et Vergé (IV, § 670); Benoît (I, p. 356); Pont et Rodière (II,
581 et suiv.); Troplong (n° 3541). Quant à un arrêt de Grenoble qu'invoque Toullier,
il est très-exact, puisque l'action y était intentée *par le mari et par la femme*, et que
si l'adjonction de la femme au mari est inutile, elle n'empêche certes pas l'action de
celui-ci d'être recevable.
(2) *Conf.* Pont et Rodière (II, 691). — Cependant cet acquéreur n'est pas fondé à
réclamer contre la femme le remboursement des frais et loyaux coûts du contrat.
Cass., 4 juill. 1849 (Dev., 50, 1, 283; *J. Pal.*, 51, 1, 57).

meuble vendu. Il est vrai que M. Troplong (n°ˢ 3535-38) n'admet pas cette solution. Il enseigne que le mari est exempt des dommages-intérêts : 1° quand il n'a fait qu'autoriser la femme; 2° quand il a vendu lui-même, mais au nom de sa femme et en sa simple qualité de mari; 3° même quand il a vendu tant en son nom propre qu'au nom de la femme; 4° enfin dans le cas même où il aurait vendu seul en son nom propre, si l'acheteur, malgré l'absence de déclaration de dotalité dans le contrat, a connu d'une autre manière cette dotalité. Mais cette doctrine est condamnée et par le texte même de notre article, et surtout par les travaux préparatoires du Code. D'une part, en effet, c'est après avoir parlé, dans le premier alinéa, de toutes les manières suivant lesquelles la vente a pu se faire, soit par le mari, soit par la femme, soit par tous deux, que la loi, dans le second, rend le mari passible de dommages-intérêts, s'il n'a pas déclaré la dotalité dans l'acte même. D'autre part, la première rédaction de notre article disait que le mari serait sujet aux dommages-intérêts *si l'acheteur* AVAIT IGNORÉ *le vice de l'achat.* Mais le Tribunat demanda de substituer à cette condition cette autre : SI LE MARI N'A PAS DÉCLARÉ DANS LE CONTRAT *que le bien était dotal;* et il motivait sa demande par cette raison, entre autres, que *ce serait encore un moyen de détourner du dessein de vendre le bien dotal* (Fenet, t. XIII, p. 591 et 609). La pensée de la loi n'est donc pas douteuse; et le seul cas d'exemption des dommages-intérêts est celui où le mari a eu soin de déclarer la dotalité (ou aussi, bien entendu, celui où le mari n'aurait pas participé à l'acte, la femme ayant vendu sans son autorisation)... En vain M. Troplong nous dit qu'il n'y a là qu'une opinion du Tribunat, n'ayant dès lors qu'une valeur doctrinale : le contraire est manifeste, puisque l'opinion du Tribunat a été accueillie par le législateur, et que sa proposition est devenue la loi. En vain aussi le savant magistrat nous dit que la règle est contraire à la justice et à la bonne foi : l'objection reçoit deux réponses pour une. La première, c'est que ce qu'il y a ici de plus contraire à la justice et à la morale, c'est assurément le fait de ces époux qui, après m'avoir librement offert et vendu un immeuble, viennent m'en évincer en foulant aux pieds la foi promise. Qu'importe que j'aie pu connaître la nature dotale du bien? Est-ce que sa dotalité, et dès lors la possibilité légale pour les époux de faire plus tard annuler la vente, était une raison de croire que, malgré leurs promesses, ils useraient de ce moyen déloyal?... La seconde réponse, c'est que la loi ne dit pas, et nous ne disons pas davantage, que hors le cas de déclaration écrite au contrat le mari *devra* être condamné, mais seulement qu'il *pourra* l'être. Il va sans dire, en effet, que le juge du fait est ici souverain appréciateur des circonstances, qu'il n'accordera l'indemnité que quand l'acheteur aura vraiment subi un tort imputable au mari, et que si l'existence d'une déclaration au contrat l'empêche d'adjuger les dommages-intérêts, l'absence de cette déclaration ne lui *commande* pas, mais lui *permet* seulement de le faire.

Pour ce qui est du prix de vente, il est clair que le mari le doit à plus forte raison et qu'il ne peut pas plus pour lui que pour les dommages-intérêts se mettre à l'abri derrière ce fait qu'il aurait seulement autorisé sa femme, en invoquant la maxime *qui auctor est non se obligat*. Cette maxime, vraie en général, et quand il s'agit d'un acte licite (comme serait l'aliénation d'un propre de la femme sous le régime de communauté) n'est point applicable dans notre cas où il s'agit d'un acte illégal, que le mari ne devait pas permettre, et qu'il est supposé, comme l'époux le plus influent, *tanquam potentior*, disait le président Favre, avoir fait faire à sa femme pour en profiter (1). L'obligation de restituer le prix ne passerait du mari à la femme qu'autant qu'il serait établi que celle-ci en a recueilli et conservé le bénéfice : par exemple, si ce prix avait été utilisé par la femme en achat de biens qu'elle possède encore. Que si, d'une part, le bénéfice ne se trouvait pas aux mains de la femme, et que, d'autre part, le mari (qu'on ne prouverait pas non plus avoir profité de la vente) n'eût pas concouru à l'aliénation, même pour autoriser la femme, alors, mais alors seulement, le prix serait perdu pour l'acquéreur, qui serait en faute d'avoir traité avec une femme non autorisée.

IV. — C'est un point controversé que de savoir si la femme serait tenue de la garantie envers l'acquéreur évincé (non pas, bien entendu, sur ses biens dotaux, mais sur ses paraphernaux) dans le cas où elle se serait formellement obligée à cette garantie par le contrat... Nous pensons avec la jurisprudence et comme M. Troplong qu'il faut répondre négativement. Telle était la règle du droit de Justinien. Il faut, disait-il, que la femme soit complétement indemne, que tout ce qui s'est dit et fait soit pour elle non avenu, et que le recours qu'il est juste d'accorder sur les biens non dotaux aux acquéreurs évincés ne s'exerce que contre les maris : « ... Mulier sit omnino indemnis... Obligationem, » quantum ad mulierem, neque dictam neque scriptam esse volumus... » Viros in aliis rebus obligari. » (Nov. 61, § 2 et 4.) Rien dans le Code n'indique un changement à ce principe d'irresponsabilité de la femme, qui, en faisant une chose nulle quant à la clause principale de son contrat (la vente de son bien dotal), a par là même fait une chose nulle dans la clause accessoire de garantie par laquelle on voulait rendre la première efficace (2).

Une autre question qui peut paraître délicate est celle de savoir si la révocation serait possible, alors qu'elle serait demandée par celui-là même auquel est personnellement imposée l'obligation d'indemniser l'acquéreur évincé : ainsi, quand c'est le mari qui devient l'héritier de la femme, ou quand les héritiers de la femme sont aussi ceux du mari...

---

(1) Novelle 61, § 4; Favre (C. 5, 7, 8); Despeisses (I, p. 508); Tessier (II, p. 89); Odier (III, 1351); Troplong (IV, 3533); Riom, 16 août 1824.
(2) *Contrà* : Tessier (II, p. 76); Duranton (XV, 530); Zachariæ (III, p. 581); Odier (III, 1346); Pont et Rodière (II, 592); Grenoble, 16 janv. 1828; Cass., 4 juin 1851; Montpellier, 2 mai 1854; Cass., 20 juin 1853 (Dev., 54, 1, 5; *J. Pal.*, 54, 2, 326). — *Voy.* aussi la dissertation de M. Pont dans la *Revue critique*, t. V, p. 14. — *Conf.* Troplong (3544); Rouen, 15 déc. 1840; Toulouse, 19 août 1843; Limoges, 10 fév. 1844; Rej., 23 juin 1846 (Dev., 41, 2, 71; 44, 3, 344; 45, 2, 28; 46, 1, 865); Agen, 17 juill. 1848 (Dev., 48, 2, 602).

Quelques arrêts anciens déclaraient la révocation possible dans tous les cas, mais la plupart des auteurs s'arrêtaient à une distinction qui paraît préférable : si le mari n'avait fait qu'autoriser sa femme ou n'avait vendu qu'au nom de celle-ci, l'obligation de garantir étant alors exorbitante et dérogatoire au droit commun, il paraît logique de n'en pas déduire toutes les conséquences et de reconnaître comme toujours subsistant, pour ce mari ou son héritier, ainsi que le voulaient les arrêts, le droit de révocation que lui a transmis la femme. Mais quand c'est le mari lui-même qui a vendu, ou qu'il s'est formellement porté garant de la vente, la dette de garantie, ainsi née du fait personnel du mari et dans les conditions ordinaires du droit commun, doit évidemment avoir plein effet et faire cesser la faculté de révoquer (1).

V. — Il nous reste à examiner deux questions, controversées encore l'une et l'autre, mais dont une seule nous paraît délicate, l'autre se trouvant résolue au moyen de ce qui est dit au n° I.

La première est de savoir si l'action en révocation (qui ne saurait appartenir aux créanciers du mari, puisque celui-ci ne l'exerce que comme *procurator* de la femme) peut être exercée par les créanciers de la femme, ou si elle doit être considérée comme exclusivement attachée à la personne (art. 1166). M. Zachariæ (III, p. 579) accorde l'action aux créanciers sans hésiter; mais ce point nous paraît cependant fort délicat, et il nous paraît plus conforme à l'esprit de l'art. 1166 de la leur refuser comme l'a fait un arrêt de Nîmes (2). C'est dans l'intérêt du ménage, de la femme et de ses enfants, que la loi pose le principe si rigoureux, si exorbitant, de l'inaliénabilité dotale; et ce serait, ce semble, exagérer la pensée du législateur que de permettre à des créanciers d'invoquer la sanction si sévère de ce principe, quand la femme ou ses représentants ne le font pas. La plupart du temps, la révocation de l'aliénation du bien dotal sera un acte déloyal et réprouvé par la justice et la morale : comment donc permettre à de simples créanciers de l'exercer, alors que la femme ne veut pas le faire? C'est à celle-ci, c'est à sa conscience, qu'il faut laisser le soin de prononcer à cet égard. Cette action est si peu favorable que si la loi ne l'avait pas formellement accordée aux héritiers, on aurait dû la déclarer non transmissible à ceux-ci, et nous avons, en effet, vu M. Troplong (art. 1554, n° VII) s'efforcer de l'amoindrir aux mains de ces héritiers. C'est un tort sans doute; mais s'il ne faut pas diminuer arbitrairement la portée de notre article, il ne faut pas non plus l'élargir, et on doit regarder cette action si exorbitante, si peu favorable, comme exclusivement réservée aux personnes que la loi désigne.

La seconde question est relative à la durée de l'action. Tout le monde

_____

(1) Brodeau, sur Louet (l. D, *Somm.*, 12, 23); Parlement de Bordeaux, 18 août 1731; Tessier (note 717); Duperrier (liv. 1, quest. 9); Chabrol (chap. 14, art. 3, quest. 13); Tessier (notes 706 et 711); Dalloz (X, p. 343); Troplong (n°ˢ 3552, 3553).

(2) Nîmes, 2 avr. 1832 (Dev., 32, 2, 519). *Adde* : Montpellier, 17 juill. 1846; Paris, 12 janv. 1858; Cass., 18 juill. 1859 (Dev., 60, 1, 431; *J. Pal.*, 59, 1073); Troplong (IV, n° 3519); Cubain (*Droit des femmes*, n° 378). — *Contrà* : Odier (III, n° 1336); Larombière (art. 1155, n° 12). *Comp.* Tessier (II, n° 86); Rodière et Pont (II, n° 385).

reconnaît bien que cette durée n'est que de dix ans, aux termes de l'art. 1304, quand l'aliénation a été faite par la femme, ou, ce qui est la même chose, par le mari déclarant agir au nom de celle-ci ; mais les auteurs, même M. Troplong, enseignent qu'elle ne se prescrira que par trente ans, quand c'est par le mari agissant en son nom propre que l'immeuble a été aliéné (1). C'est une erreur condamnée par les explications données ci-dessus au n° I. La prescription, en effet, n'est que de dix ans, d'après le § 1er de l'art. 1304, toutes les fois qu'il s'agit de l'action en rescision d'une convention, toutes les fois qu'il existe en droit un contrat qu'il faut faire briser ; c'est seulement quand l'acte opposé par l'adversaire se trouve proprement nul et inexistant, quand on agit dès lors par revendication et non par action en rescision, que la prescription peut durer trente années. Or on a vu que, contrairement à l'opinion générale des auteurs, l'aliénation de l'immeuble dotal, même alors qu'elle est faite par le mari, n'est point, aux yeux de la loi, un cas d'aliénation de la chose d'autrui, aliénation dès lors nulle et non avenue, mais un cas d'acte simplement annulable, révocable, aussi bien que l'aliénation faite par la femme elle-même. Cela étant, la prescription s'accomplira donc par dix ans dans tous les cas. Du reste, si la solution contraire se trouve être conséquente chez Toullier, M. Duranton et autres qui tiennent pour l'inexistence légale de l'aliénation du mari, elle ne s'explique pas chez M. Troplong, puisqu'il reconnaît, comme nous et avec la jurisprudence, que cette aliénation est seulement annulable comme celle de la femme. C'est une contradiction que le savant magistrat n'a pas remarquée (2).

5° Imprescriptibilité des immeubles dotaux. — Obligations du mari. — Séparation de biens.

1561. — Les immeubles dotaux non déclarés aliénables par le contrat de mariage, sont imprescriptibles pendant le mariage, à moins que la prescription n'ait commencé auparavant.

Ils deviennent néanmoins prescriptibles après la séparation de biens, quelle que soit l'époque à laquelle la prescription a commencé.

SOMMAIRE.

I. Imprescriptibilité des immeubles dotaux inaliénables. Double différence entre l'inaliénabilité et l'imprescriptibilité. Pourquoi les immeubles deviennent-ils prescriptibles après la séparation, quoique demeurant inaliénables.
II. Il ne s'agit, au surplus, que de la prescription acquisitive. Quant à la prescription de l'action révocatoire, elle reste suspendue après comme avant la séparation. Réfutation de la doctrine contraire de M. Troplong.

I. — Les immeubles dotaux, lorsque comme tels ils sont inaliénables (c'est-à-dire quand il n'existe pas dans le contrat de mariage une

_____

(1) Toullier (XIV, 232); Tessier (II, p. 110-113); Duranton (XV, 521); Zachariæ (III, p. 582); Troplong (nos 3583, 3584); motifs d'un arrêt de Grenoble du 2 juill. 1842 (Dev., 43, 2, 24).
(2) Voy. Cass., 29 janv. 1866 (J. Pal., 66, 389).

clause qui en permette l'aliénation), sont également imprescriptibles. Les meubles, toujours aliénables, comme on l'a vu sous l'art. 1554, sont également prescriptibles (1) ; et il en est de même des immeubles que le contrat déclare aliénables, grâce au Tribunat, sur la demande duquel la première disposition de notre article, qui parlait d'abord de tous les immeubles dotaux sans distinction, a été réduite à ceux qui ne sont pas déclarés aliénables par le contrat.

Les immeubles inaliénables sont donc imprescriptibles ; mais avec trois différences, toutefois, entre l'inaliénabilité et l'imprescriptibilité. D'une part, en effet, le principe de l'imprescriptibilité ne reçoit pas d'exceptions ; les immeubles imprescriptibles restent tels dans tous les cas. D'autre part, tandis que la règle de l'inaliénabilité s'applique à tous les immeubles dotaux sans distinction, l'imprescriptibilité n'existe que pour ceux qui, au moment de la célébration, n'étaient pas déjà en voie de se prescrire : pour ceux dont la prescription aurait commencé avant le mariage, cette prescription continue de courir au profit du possesseur. Enfin, quoique l'inaliénabilité continue après la séparation de biens et jusqu'à la dissolution du mariage, l'imprescriptibilité cesse, au contraire, par l'effet de cette séparation, d'après la seconde disposition de notre article, également due au Tribunat, et qui, pour cette position, rend le bien prescriptible, à quelque moment que commence ou ait commencé, non pas *la prescription,* comme dit fort improprement le texte, mais *la possession :* ainsi, que le tiers ne commence à posséder l'immeuble qu'après la séparation, à un moment dès lors où cet immeuble est déjà prescriptible, ou qu'il ait commencé avant cette séparation et pendant que régnaient la dotalité pure et l'imprescriptibilité du bien, dans ce cas comme dans l'autre la prescription court, soit à partir de la possession même (si elle ne commence qu'après la séparation), soit à partir de la séparation (si la possession existait auparavant).

C'est quelque chose qui peut paraître étrange que cette prescriptibilité d'un bien qui est inaliénable. Comment la loi donne-t-elle effet à l'acquisition que le tiers ne fait qu'en vertu du silence prolongé et du consentement tacite de la femme, alors qu'elle n'admet pas celle que cette femme consentirait formellement et par un acte exprès ?... Si extraordinaire que puisse paraître cette règle, qu'il faut bien accepter au surplus (puisqu'elle est écrite en toutes lettres dans la loi), elle peut cependant s'expliquer. D'une part, en effet, si l'inaliénabilité est considérée comme principe d'ordre public, l'acquisition par prescription l'est aussi et d'une manière bien plus vraie. D'autre part, l'aliénation indirecte par prescription est loin d'être autant à craindre que l'aliénation directe : elle ne s'accomplit, d'abord, que par une longue suite d'années et ne peut jamais être l'effet d'un caprice instantané ; elle est

_____

(1) Serres (p. 192); Catelan (liv. 4, ch. 45); Dunod (p. 253); Despeisses (I, p. 510); Tessier (II, p. 119); Merlin (*Quest.*, v° Prescr., 2 6, art. 3); Troplong (nos 3569-71); Grenoble, 7 janv. 1845 (Dev., 45, 2, 417). — Mais *voy.*, en sens contraire, Taulier (V, p. 345); Pont et Rodière (II, 606).

d'ailleurs sans profit pour la femme et ne la tente point par l'appât d'une somme d'argent lui présentant la séduisante image de telle ou telle fantaisie à satisfaire : la femme n'avait donc pas besoin ici de la même protection que pour l'aliénation directe.

II. — Notre article, comme on le voit par son contexte et aussi par sa comparaison avec l'article précédent, ne s'occupe pas de toute espèce de prescriptions relatives aux biens dotaux, mais seulement de celles qui tendent pour le possesseur à lui faire *acquérir* l'immeuble dotal, à lui en faire arriver la propriété, à en opérer l'aliénation indirecte : quand il s'agit, au contraire, d'un détenteur qui est actuellement propriétaire de l'immeuble dotal, au profit duquel cet immeuble (quoique inaliénable) a été aliéné par les époux, et pour qui la prescription a pour but de le garantir contre la révocation de l'aliénation, ce n'est plus par notre art. 1561 que le cas est prévu, c'est par l'art. 1560. Or, tandis que notre article, après avoir, dans son premier paragraphe, déclaré que la prescription acquisitive est impossible *pendant le mariage,* apporte une restriction à cette règle en déclarant, par le second paragraphe, que néanmoins la prescription sera possible après la séparation de biens; l'art. 1560, au contraire, pose pour la prescription libératoire de l'action en révocation une prohibition dont rien ne restreint la portée absolue, et c'est pendant toute la durée du mariage, aussi bien après la séparation qu'avant, que la prescription contre l'action révocatoire reste suspendue.

Cette idée, si manifeste, ce semble, et qui est admise, en effet, par les auteurs comme par la jurisprudence de la Cour suprême, est cependant vivement critiquée par M. Troplong, qui prétend (nos 3575-80) que le second alinéa de notre art. 1561, en autorisant la prescription de l'immeuble dotal après la séparation de biens, se réfère aussi bien à l'art. 1560 qu'au premier alinéa de ce même art. 1561, et que par conséquent la prescription tendant à éteindre l'action révocatoire des aliénations d'immeubles dotaux court aussi bien, après la séparation, que la prescription acquisitive de ces immeubles. Le savant magistrat en donne ces deux raisons : 1° que notre article ne distingue pas entre telle prescription et telle autre, puisqu'il déclare d'une manière générale que, par l'effet de la séparation, les biens dotaux deviennent prescriptibles; 2° que telle a toujours été, en effet, la règle du régime dotal, puisque le droit romain et notre ancien droit français donnaient à la séparation l'effet de rendre possible toute espèce de prescription, comme le prouvent et les textes du Code Justinien, et Cujas, et Brodeau, et Dumoulin, et Basnage, et tous les autres auteurs anciens... Si ce second motif est parfaitement exact (autant que le premier l'est peu), il a le malheur d'être aussi parfaitement inconcluant, et la critique que M. Troplong adresse ici à la Cour de cassation est manifestement mal fondée.

D'une part, en effet, il suffit de lire les deux art. 1560 et 1561 pour voir clairement qu'ils ne prévoient pas le même cas. Le premier nous dit que l'on peut faire révoquer l'aliénation indûment faite des biens

dotaux, sans qu'on puisse opposer aucune prescription ayant couru
pendant le mariage : il ne s'y agit donc que de la prescription tendant
à éteindre l'action révocatoire. Le second s'occupe de la prescriptibilité
directe des immeubles, c'est-à-dire de la prescription à l'effet d'acquérir
la propriété de ces immeubles. Or, tandis que le principe négatif du
second article reçoit une exception (*néanmoins*) pour le cas de séparation de biens, le principe également négatif du premier ne reçoit, lui,
aucune exception ; et ce n'est certes pas parce que le législateur n'aurait point songé ici à la séparation de biens, puisqu'il en parle, au contraire, dans le même paragraphe... Toute la question est là ; et la longue
argumentation que M. Troplong tire de l'ancien droit se trouve sans
portée et n'est qu'un savant hors-d'œuvre. Qu'importe, en effet, cet
ancien droit sur un point où notre législateur a complétement brisé avec
lui? Comment invoquer, comme ayant dû être dans la pensée des rédacteurs, l'ancienne règle d'après laquelle la séparation faisait courir
toutes les prescriptions, alors que ces rédacteurs voulaient précisément
prendre le contre-pied et statuaient que la séparation ne ferait plus
courir *aucune* prescription? aucune, puisque pendant que l'art. 1560
écartait, pour toute la durée du mariage, celle des actions en révocation d'aliénation, l'art. 1561 (dont l'exception n'existait pas d'abord et
n'est venue qu'après coup) écartait de même pour toute la durée du
mariage celle des actions dirigées contre les tiers n'ayant pas acquis des
époux? Ainsi, tandis que l'ancien droit admettait, après la séparation,
toute espèce de prescription, le Code, dans son état primitif, n'en admettait aucune : comment donc argumenter ici de l'ancien droit au
nouveau? Maintenant, cet état primitif n'a été changé, sur la demande
du Tribunat, que dans l'art. 1561, pour les prescriptions acquisitives
des biens; il ne l'a point été dans l'art. 1560 pour les prescriptions
libératoires des demandes en révocation. Ces dernières restent donc
sous le principe d'interdiction adopté par le Code, et la Cour de cassation, dès lors, est dans le vrai, quoi que dise M. Troplong(1).

1562. — Le mari est tenu, à l'égard des biens dotaux, de toutes
les obligations de l'usufruitier.

Il est responsable de toutes prescriptions acquises et détériorations
survenues par sa négligence.

I. — On a déjà vu que le mari dotal, quoiqu'on puisse fort bien
l'appeler usufruitier des biens dotaux, n'est cependant pas sur la même
ligne qu'un usufruitier ordinaire; il a des droits et aussi des obligations
plus étendus que ce dernier. Ainsi, sans rappeler ici ni le droit de disposition qui appartient au mari sur les biens dotaux mobiliers, ni le
droit d'exercer seul les actions pétitoires relatives aux immeubles, si le
mari est tenu, comme l'usufruitier, de faire et de payer de ses deniers

---

(1) Duranton (XV, 549); Dalloz (47, 1, 209, note); Odier (III, 341); Pont et Rodière
(II, 603); Cass., 1er mars 1847, 4 juill. 1849 (Dev., 47, 1, 181; 50, 1, 283).

les réparations d'entretien, il est aussi tenu, à la différence de cet usufruitier, de faire également (mais seulement comme mandataire de la
femme et sauf son recours) les grosses réparations; de sorte qu'il serait
responsable des détériorations survenues par le défaut de ces grosses
réparations, aussi bien que de celles provenant du défaut des réparations d'entretien. Réciproquement, tandis que l'usufruitier ne pourrait
réclamer aucune indemnité pour les dépenses, si considérables qu'elles
fussent, de mise en culture d'un terrain, de meilleure distribution d'une
maison, ou pour tous autres travaux d'amélioration (art. 599), le mari,
au contraire, aurait droit à récompense; car ce n'est pas pour lui seul,
comme l'usufruitier, qu'il fait des travaux de ce genre : c'est pour la
famille, c'est dans l'intérêt du ménage, c'est pour la femme dont il est
le mandataire légal. C'est pour lui non pas seulement un droit, mais un
devoir, de tirer des biens dotaux le meilleur parti possible (1).

Chargé d'intenter toutes les actions, le mari serait responsable de
toutes les prescriptions qu'il laisserait accomplir, soit pour les meubles
(qui sont toujours prescriptibles), soit pour ceux des immeubles dont
la prescription, commencée avant le mariage, avait encore assez de
temps à courir après la célébration pour qu'il fût facile de l'interrompre.

1563. — Si la dot est mise en péril, la femme peut poursuivre
la séparation de biens, ainsi qu'il est dit aux articles 1443 et suivants.

I. — Lorsque la femme voit sa dot compromise, elle peut, comme
sous la communauté ou l'exclusion de communauté, faire prononcer la
séparation de biens d'après les règles développées sous les art. 1443 et
suivants. Les effets que produit cette séparation ont été suffisamment
expliqués sous l'art. 1554, nos V et VI.

SECTION III.
DE LA RESTITUTION DE LA DOT.

1564. — Si la dot consiste en immeubles,

Ou en meubles non estimés par le contrat de mariage, ou bien mis
à prix, avec déclaration que l'estimation n'en ôte pas la propriété à la
femme,

Le mari ou ses héritiers peuvent être contraints de la restituer sans
délai, après la dissolution du mariage.

1565. — Si elle consiste en une somme d'argent,

Ou en meubles mis à prix par le contrat, sans déclaration que l'estimation n'en rend pas le mari propriétaire,

---

(1) Dig. (liv. 24, t. 3, 7, § 16); Toullier (XIV, 324); Duranton (XV, 463); Tessier
(note 938); Troplong (no 3594); Caen, 5 déc. 1826; Bastia, 29 déc. 1856 (Dev., 57, 2,
333).

La restitution n'en peut être exigée qu'un an après la dissolution.

I. — Ce n'est pas seulement la dissolution du mariage qui donne lieu à la restitution de la dot; c'est aussi la séparation de biens (1); et on comprend que la restitution se fait, selon les cas, soit par le mari, soit par les héritiers du mari, soit à la femme, soit aux héritiers de la femme, soit encore au tiers constituant, si telle était la stipulation du contrat.

Quand la dot, au moment où naît l'obligation de la restituer, consiste en objets dont la femme est restée propriétaire, les choses à restituer se trouvant là dans la main du mari ou de ses héritiers, aucun délai n'est nécessaire et la remise doit se faire immédiatement. Quand, au contraire, la femme n'est que créancière, soit d'une somme d'argent, soit d'une quantité de choses fongibles : ainsi quand le mari a reçu en dot, soit de l'argent, soit tant de pièces de vin qu'il doit rendre en même nombre et qualité; quand il a reçu des meubles sur estimation, en sorte qu'il en est devenu propriétaire à la charge d'en restituer le prix (art. 1551); quand il a reçu des immeubles, mais que ces immeubles ont été estimés avec déclaration que l'estimation en faisait vente (art. 1552); quand des rentes, créances ou autres biens meubles non fongibles ont été livrés sans estimation, mais que le mari les a vendus comme il en avait le droit (art. 1554, n° II), en sorte qu'il n'en doit plus le prix; quand enfin des immeubles restés d'abord la propriété de la femme, mais déclarés par le contrat aliénables sans remploi, ont en effet été vendus ainsi; comme alors le mari ou ses héritiers sont seulement débiteurs de sommes ou de quantités qu'ils peuvent ne pas avoir à leur disposition, la loi leur accorde un délai d'une année pour la restitution. Bien entendu, s'il y avait à restituer, tout à la fois, des biens dont la femme serait propriétaire, puis des sommes ou quantités dont elle serait créancière, le terme d'un an existerait pour les dernières et non pour les premiers.

L'action de la femme ou de ses représentants dure trente années à compter du jour où la restitution doit se faire, c'est-à-dire de la dissolution ou de la séparation, pour certains biens, et de l'expiration de l'année suivante, pour les autres (2).

1566. — Si les meubles dont la propriété reste à la femme ont dépéri par l'usage et sans la faute du mari, il ne sera tenu de rendre que ceux qui resteront, et dans l'état où ils se trouveront.

Et néanmoins la femme pourra, dans tous les cas, retirer les linges et hardes à son usage actuel, sauf à précompter leur valeur, lorsque ces linges et hardes auront été primitivement constitués avec estimation.

---

(1) Pont et Rodière (II, 607); Troplong (IV, 3600).
(2) *Voy.* Toulouse, 13 août 1827; Grenoble, 10 mars 1827; Aix, 21 avr. 1836 (Dev., 28, 2, 42; 29, 2, 81; 36, 2, 463).

I. — En principe, l'usufruitier, à la fin de son usufruit, n'est tenu de rendre les choses qu'autant qu'elles existent encore et dans l'état où elles se trouvent, pourvu que leur détérioration ou leur perte ne lui soit pas imputable (art. 589). Notre article applique ce principe à tous les meubles autres que les linges et hardes. Quant à ces derniers, ils sont l'objet d'une règle spéciale qui apporte au droit commun une double dérogation.

Si les linges et hardes ont été livrés au mari dans les conditions ordinaires de l'usufruit, c'est-à-dire en demeurant la propriété de la femme, celle-ci, qui devrait, d'après le principe ci-dessus, se contenter de ce qui peut rester de ses linges et vêtements usés, pourra prendre, au contraire, en leur lieu et place, les linges et vêtements qui sont actuellement à son usage, quoiqu'ils soient d'une bien plus grande valeur, non-seulement par leur meilleur état, mais aussi, peut-être, par leur plus grande importance.

Si, au contraire, le trousseau a été livré sur estimation, la femme, qui, d'après les principes, n'aurait droit qu'au prix de cette estimation, pourra prendre à son choix, d'après notre article, ou ce prix, ou les linges et vêtements actuellement à son usage. Et comme cette règle de notre article est écrite dans une pensée de faveur pour la femme et pour qu'elle puisse, s'il lui plaît, conserver toujours sa garde-robe actuelle, sans avoir rien à débourser (comme le prouve l'hypothèse précédente), on ne doit pas hésiter à dire que, si les linges et hardes étaient d'une valeur plus considérable que le chiffre de l'estimation faite du trousseau dans le contrat de mariage, la femme pourrait néanmoins les prendre sans payer la différence en plus. A plus forte raison faut-il décider que, si cette valeur était inférieure au chiffre de l'estimation, la femme aurait le droit de se faire payer la différence en moins : le choix conféré à la femme doit, dans la pensée du législateur, lui donner parfois un avantage, jamais une perte (1).

1567. — Si la dot comprend des obligations ou constitutions de rente qui ont péri, ou souffert des retranchements qu'on ne puisse imputer à la négligence du mari, il n'en sera point tenu, et il en sera quitte en restituant les contrats.

1568. — Si un usufruit a été constitué en dot, le mari ou ses héritiers ne sont obligés, à la dissolution du mariage, que de restituer le droit d'usufruit, et non les fruits échus durant le mariage.

I. — Ces deux articles ne sont que l'application du principe, rappelé sous l'article précédent, que l'usufruitier n'est tenu de rendre, quand on n'a pas de faute à lui reprocher, que ce qui reste de la chose soumise à l'usufruit. Si des créances ou des rentes, même viagères, se trouvent diminuées ou anéanties sans le fait du mari, celui-ci doit tout

(1) Cass., 1er juill. 1835 (Dall., 35, 1, 384).

simplement rendre non pas *les contrats,* comme dit en style de vieux procureur l'art. 1567, mais les titres, les écrits, les actes qui constatent le droit ; il n'a à restituer aucune partie des intérêts ou arrérages perçus. De même quand c'est un usufruit qui s'est éteint aux mains du mari sans faute de sa part, celui-ci n'a qu'à rendre l'acte constitutif et non aucune partie des fruits. Il en serait autrement si la dot avait pour objet non pas le droit d'usufruit, mais les fruits à recueillir, constitués *principaliter* et comme capital : ces fruits seraient alors la dot même, non les fruits de la dot, *fructus dotales, potiusquàm dotis fructus,* comme le disait Fabre ; et c'est alors la totalité des fruits perçus que le mari aurait à restituer (1).

1569. — Si le mariage a duré dix ans depuis l'échéance des termes pris pour le payement de la dot, la femme ou ses héritiers pourront la répéter contre le mari après la dissolution du mariage, sans être tenus de prouver qu'il l'a reçue, à moins qu'il ne justifiât de diligences inutilement par lui faites pour s'en procurer le payement.

I. — En principe, c'est à la femme, puisqu'elle est demanderesse, à prouver que la dot dont elle réclame la restitution a été reçue par le mari ou que celui-ci n'a manqué de la recevoir que par sa faute. Mais quand le mariage a duré dix ans au moins depuis le moment où la dot devait être payée, la loi présume, au profit de la femme et de ses héritiers, le payement ou la faute ; en sorte que le mari (ou ses héritiers) se trouve tenu de restituer, sans qu'on ait aucune preuve à faire contre lui, si lui-même ne fait pas tomber la présomption en prouvant qu'il n'a point reçu la dot, quoiqu'il ait fait dans ce but des diligences convenables, mais restées sans effet. Ces diligences, au surplus, n'ont nullement besoin, comme l'enseigne Toullier (XIV, 276), d'être des poursuites judiciaires. Il s'agit là de personnes entre lesquelles *res non sunt amarè tractandæ :* des demandes et démarches réitérées, quoique amiables, devaient être ici suffisantes, et telle est, en effet, la pensée du Code, puisqu'il n'exige pas des *poursuites,* mais de simples *diligences.* C'est aux magistrats à décider, en fait, si le mari a fait ce qu'il pouvait faire eu égard aux circonstances et à la qualité des personnes qui avaient promis la dot (2).

Il va sans dire que quand la dot était payable par fractions et à différents termes, la présomption n'existerait que pour celles des fractions dont le terme de payement aurait été suivi de dix années de mariage lors de l'événement qui donne lieu à la restitution. Il va sans dire aussi que la présomption ne pourrait pas être invoquée par le constituant, débiteur de la dot. D'une part, en effet, les présomptions légales ne doivent pas s'étendre, et celle-ci n'est écrite que pour la femme ou ses

_____

(1) Favre (C. 5, 7, 20); Pothier (*Commun.,* 292); Tessier (note 1079); Troplong (n° 2652); Pont et Rodière (II, 393 et 615).
(2) Tessier (II, p. 253); Devilleneuve (45, 2, 229); Troplong (n° 3063); Pont et Rodière (II, 606).

héritiers. D'un autre côté, la loi ne dit pas que le mari est censé avoir reçu, elle dit seulement qu'il est tenu de payer, ce qui s'explique aussi bien par la présomption d'une négligence qui le rend responsable que par celle d'une réception effective de la dot. Or si la femme peut très-bien argumenter de la faute du mari pour rejeter sur celui-ci la perte qui résulte de sa négligence, il est clair que le constituant ne peut pas argumenter de la négligence de son créancier pour échapper au paye-ment de sa dette. L'action du mari contre ce constituant durerait donc trente années (1).

II. — La règle de notre article s'applique-t-elle également quand c'est la femme qui s'est dotée elle-même ? M. Duranton (XV, 566) et M. Troplong (n° 3658) répondent affirmativement ; mais nous ne sau-rions partager leur sentiment.

Il est vrai que notre article ne distingue pas, et que le droit romain (nov. 100), où se trouve la première origine de notre disposition, ne distinguait pas non plus ; mais il n'y a rien à induire de là pour notre question. Et d'abord, la novelle avait en vue un cas tout différent du nôtre : celui où le mari voulait prouver contre la quittance qu'il avait donnée dans le contrat. Quant à notre règle, ce n'est pas dans la novelle qu'elle a été prise, mais dans la jurisprudence que le Parlement de Tou-louse avait établie, en modifiant profondément le droit romain sur ce point. Or, ce Parlement n'appliquait pas la règle quand c'était la femme qui s'était dotée *de suo*. Et, en effet, nous venons de voir, et MM. Duranton et Troplong reconnaissent, comme tout le monde, que la présomption ne peut pas profiter au constituant, au débiteur de la dot ; or c'est précisément la femme qui est ici constituante et débitrice. Que la négligence du mari ne fasse pas perdre à la femme la dot qu'un tiers lui avait promise et qu'un mari diligent eût obtenue, c'est chose juste ; mais que cette femme puisse se faire payer par son mari une dot qu'elle-même devait livrer et n'a pas livrée, ce serait trop inique (2).

1570. — Si le mariage est dissous par la mort de la femme, l'in-térêt et les fruits de la dot à restituer courent de plein droit au profit de ses héritiers depuis le jour de la dissolution.

Si c'est par la mort du mari, la femme a le choix d'exiger les inté-rêts de sa dot pendant l'an du deuil, ou de se faire fournir des aliments pendant ledit temps aux dépens de la succession du mari ; mais, dans les deux cas, l'habitation durant cette année, et les habits de deuil,

---

(1) Maleville (art. 1569); Toullier (XIV, 277); Merlin (v° Dot, § 3, n° 8); Delvin-court (III, p. 34); Bellot (IV, 255); Benoît (I, 122); Tessier (I, p. 155); Pont et Rodière (II, 633); Troplong (IV, 3665).

(2) Bretonnier (*Quest.*, v° Dot); Bourjon (II, p. 266); Brodeau, sur Louet (l. D, somm. 19); Toullier (XIV, 277); Tessier (I, p. 156); Odier (III, 1426). — *Voy.* toute-fois les distinctions proposées par MM. Pont et Rodière (II, 635), et Nîmes, 23 mars 1866 (*J. Pal.*, 66, 1145). — La présomption de payement établie par l'art. 1569 n'a pas lieu lorsque le constituant de la dot est décédé dans les dix ans et que la femme s'est trouvée appelée à la succession. Riom, 20 juin 1857; Grenoble, 25 avr. 1861 (Dev., 58, 2, 47; *J. Pal.*, 58, 462; 62, 1450).

doivent lui être fournis sur la succession, et sans imputation sur les intérêts à elle dus.

I. — Quelle que soit la cause qui donne lieu à la restitution de la dot (dissolution du mariage, séparation de corps ou séparation de biens), les fruits ou intérêts en sont toujours dus dès le jour même, de plein droit et sans aucune demande de la femme ou de ses héritiers. Mais, dans le cas particulier de dissolution par la mort du mari, la veuve jouit de deux avantages qui lui sont personnels : 1° Elle a le choix, pendant l'année qui suit le décès, ou de se faire payer les intérêts de sa dot ou de se faire fournir ses aliments aux frais de la succession du mari; 2° elle a droit pendant le même temps, et soit qu'elle opte pour les aliments ou pour les intérêts, à l'habitation et aux habits de deuil. La femme dotale se trouve ainsi mieux traitée que la femme commune quant au droit d'habitation, puisqu'elle l'a pour une année et l'autre pour trois mois et quarante jours seulement; mais elle l'est moins bien quant au droit aux aliments, puisque celle-ci, pendant ces mêmes trois mois et quarante jours, l'a gratuitement aussi, tandis que la femme dotale ne l'obtient qu'en le payant par l'abandon des intérêts de sa dot (art. 1465).

1571. — A la dissolution du mariage, les fruits des immeubles dotaux se partagent entre le mari et la femme ou leurs héritiers, à proportion du temps qu'il a duré, pendant la dernière année.

L'année commence à partir du jour où le mariage a été célébré.

I. — Dans les principes de l'usufruit, appliqués à la communauté par l'art. 1401, 2°, les fruits naturels, à la différence des fruits civils qui s'acquièrent jour par jour, ne s'acquièrent que par la perception et s'acquièrent en entier par elle : l'usufruitier gagne la totalité des fruits naturels qu'il perçoit pendant sa jouissance, et il n'a aucun droit sur ceux qu'on ne perçoit qu'après l'extinction de l'usufruit. Il en est autrement sous le régime dotal, d'après notre article; les fruits naturels, aussi bien que les fruits civils, s'y acquièrent jour par jour, c'est-à-dire en proportion du temps qu'a duré le mariage. Si, par exemple, le mariage a duré quatre mois, soit à partir de la célébration, soit à partir du dernier anniversaire de la célébration, le mari, pour ces quatre mois, formant le tiers de l'année, aura droit, ni plus ni moins, au tiers de toutes les récoltes de l'année : il devra après la dissolution (ou après la séparation de corps ou de biens) restituer les deux tiers de celles qu'il aurait faites, et pourra exiger de la femme ou de ses héritiers le tiers de celles qui restent à percevoir. — Il est évident, au surplus, qu'il faut toujours entendre ici par récolte *de la première année* la première récolte qui se fait après la célébration du mariage, la seconde récolte s'appliquant toujours aussi à la seconde année, et ainsi de suite. Ainsi, quand un mariage a eu lieu le 25 août 1840, quelques jours après une récolte faite, et que la récolte suivante, aussi tardive que la précédente était précoce, ne s'est faite qu'en septembre 1841, on ne pourra pas, quoiqu'on n'ait rien recueilli du 25 août 1840 au 24 août 1841, dire que la première année du mariage n'a pas de récolte ; car il faut que chaque année ait sa portion de fruits. On ne pourra pas dire non plus que les fruits à appliquer à la première année sont ceux qu'on avait perçus quelques jours avant le mariage ; car c'est seulement à partir de la célébration que le bien est devenu dotal et qu'il a pu produire pour le mari. C'est donc la récolte de septembre 1841 qui répond ici à la première année du mariage. Réciproquement, si pendant la première année le mari, au lieu de ne faire aucune récolte, en avait fait deux, la première seulement s'appliquerait à cette année et la seconde à l'année suivante. En un mot, le mari, sans jamais avoir aucun droit sur les fruits perçus avant le mariage, prend, à l'avenir, autant de récoltes annuelles que son droit dure d'années ; puis, pour la fraction de la dernière année, une fraction proportionnelle de la dernière récolte.

II. — Et puisque le principe est ici que le mari, chargé de faire face aux besoins du ménage avec les fruits de la dot, a droit à ces fruits en proportion de la durée du mariage, il faudra donc appliquer ce qui vient d'être dit des récoltes annuelles aux récoltes qui ne se recueillent qu'à des intervalles de plusieurs années. Soit, par exemple, un bois dont la coupe ne se fait que tous les neuf ans, et un mariage qui a duré six années seulement ; le mari aura droit aux deux tiers de la coupe, à quelque époque qu'elle soit faite : il rendra un tiers, si c'est lui qui a fait la coupe ; il en aura deux tiers à réclamer, si cette coupe ne se fait qu'après la dissolution ou la séparation. M. Troplong, il est vrai, trouve cette doctrine arbitraire (n° 3675), et lui oppose le silence de notre article, qui ne parle, en effet, que des récoltes ordinaires. Mais où serait donc la raison de ne pas appliquer aux récoltes dont le développement demande plusieurs années, ce que la loi dit des récoltes annuelles ? Permettre à un mari qui restitue la dot dès la première année du mariage de garder la totalité d'une récolte de neuf ans, pour laisser la femme privée de tout revenu pendant les huit années suivantes ; réciproquement, vouloir qu'un mari supporte pendant huit ans les charges du ménage, sans avoir droit à aucune partie des fruits de l'immeuble dotal, pour que la femme, après la dissolution, recueille en une seule année le produit de neuf années, se serait se mettre en flagrante contradiction avec la volonté manifeste du législateur, et admettre pour des années entières l'injustice qu'il n'a pas même voulu tolérer pour quelques mois. Ce que l'article dit d'une récolte ordinaire devra donc s'appliquer, à plus forte raison, à une récolte de plusieurs années, comme l'enseignent tous les auteurs (1).

1572. — La femme et ses héritiers n'ont point de privilége pour

_____

(1) Toullier (XIV, 314) ; Tessier (II, p. 172) ; Proudhon (*Usuf.*, n°° 2735-37) ; Duranton (XV, 458) ; Seriziat (n° 303) ; Pont et Rodière (II, 650).

la répétition de la dot sur les créanciers antérieurs à elle en hypo-thèque.

I. — La femme, sous le régime dotal comme sous les autres ré-gimes, a sur les immeubles du mari une hypothèque légale pour la garantie de ses droits (art. 2121); mais elle n'a point de *privilége*, et ne peut pas primer, dès lors, les créanciers hypothécaires du mari an-térieurs à elle (art. 2094, 2095, 2134 et 2135).

1573. — Si le mari était déjà insolvable, et n'avait ni art ni pro-fession lorsque le père a constitué une dot à sa fille, celle-ci ne sera tenue de rapporter à la succession du père que l'action qu'elle a contre celle de son mari, pour s'en faire rembourser.

Mais si le mari n'est devenu insolvable que depuis le mariage,

Ou s'il avait un métier ou une profession qui lui tenait lieu de bien,

La perte de la dot tombe uniquement sur la femme.

I. — De droit commun, tout donataire venant à la succession du donateur est tenu d'y rapporter l'objet donné. S'il s'agit de meubles, ces meubles sont à ses risques dès l'instant de la donation, et il doit, quoi qu'il arrive, en rapporter la valeur. S'il s'agit d'immeubles, ils restent, il est vrai, aux risques et périls du patrimoine du donateur, et leur perte est supportée par la succession, si elle arrive sans la faute du donataire ou de ses ayants cause; mais quand c'est par la faute de ce donataire ou de ses ayants cause que l'immeuble périt, il y a lieu au rapport de la valeur qu'il aurait eue au jour de l'ouverture de la suc-cession (art. 855, 868 et 869). D'après ces principes, toutes les fois que la dot, soit mobilière, soit immobilière, qui a été donnée à la femme, a été dissipée en tout ou partie par le mari (ayant cause de celle-ci), la femme venant à la succession du constituant en devrait rapporter la valeur.

Or il n'en sera pas toujours ainsi, et notre article déroge à ces prin-cipes dans un cas : quand le mari était tout à la fois insolvable et dénué de profession lorsque le père a constitué une dot à sa fille, celle-ci n'a rien à rapporter; elle est quitte en abandonnant à la succession de son père l'action qu'elle a contre le mari ou ses héritiers. C'est seulement quand le mari était solvable ou avait une profession que les principes ordinaires s'appliquent et que la femme doit le rapport.

II. — D'après M. Bellot des Minières (IV, p. 282), il faudrait dire que, le texte de notre article ne parlant que de la dot constituée par le père, sa règle est inapplicable à celle qu'aurait constituée la mère; et M. Grenier (*Donat.*, II, 530) veut qu'il n'en soit autrement qu'autant que la mère constituerait la dot après la mort de son mari. Nous ne saurions admettre ni l'une ni l'autre idée. Et d'abord, la distinction de M. Grenier est manifestement arbitraire; et il est clair que, si la règle ne devait pas s'appliquer à la mère encore mariée, elle ne s'appliquerait pas davantage à la mère devenue veuve, puisque l'article ne parle pas plus de l'une que de l'autre. Mais n'est-il pas évident que la distinction entre le père et la mère n'est pas plus admissible que la sous-distinction entre la mère veuve et la mère mariée? Ne voit-on pas que le père n'est indiqué là que par mode d'explication, et que la règle est faite pour le père, pour le grand-père, pour la mère, pour l'oncle, pour tout parent dont la femme dotée devient ensuite l'héritière? (1)

Il paraît plus délicat de décider si notre disposition, écrite dans la matière du régime dotal, doit néanmoins, comme l'enseigne M. Vazeille (art. 850, n° 8), s'appliquer aussi à la femme mariée sous un autre régime. On peut dire pour l'affirmative que c'est là une règle de justice et d'équité qui doit dès lors s'appliquer par analogie sous quelque régime que ce soit. Nous pensons cependant, comme la plupart des auteurs, qu'on doit répondre négativement. Si juste que puisse être la règle, elle n'en est pas moins, comme on l'a vu, une dérogation aux principes, une véritable exception; et elle doit dès lors, à ce titre d'exception, se restreindre au seul régime pour lequel elle est écrite. Son extension aux autres régimes serait sans doute désirable, et, en législation, notre question devrait se résoudre affirmativement; mais, en droit, sa nature de disposition exceptionnelle ne permet pas de l'étendre (2).

SECTION IV.

DES BIENS PARAPHERNAUX.

1574. — Tous les biens de la femme qui n'ont pas été constitués en dot, sont paraphernaux.

I. — Tous ceux des biens de la femme dotale qui ne sont pas frappés de dotalité d'après la règle de l'art. 1541 sont dits paraphernaux. La femme est quant à eux, d'après les six articles suivants, dans une position analogue à celle de la femme séparée de biens, en sorte que ces six articles se trouvent expliqués d'avance par ce qui a été dit sous les art. 1448, 1449 et 1536-1539.

1575. — Si tous les biens de la femme sont paraphernaux, et s'il n'y a pas de convention dans le contrat pour lui faire supporter une portion des charges du mariage, la femme y contribue jusqu'à concurrence du tiers de ses revenus.

1576. — La femme a l'administration et la jouissance de ses biens paraphernaux;

Mais elle ne peut les aliéner ni paraître en jugement à raison des-

---

(1) Duranton (XV, 576); Vazeille (art. 850, n° 10); Seriziat (n° 315); Zachariæ (§ 540, n. 48); Pont et Rodière (I, 124).

(2) Grenier (II, 529); Chabot (art. 848); Duranton (XV, 576); Zachariæ (§ 540, n. 50). — *Voy.* encore Pont et Rodière (I, 125) : ces derniers auteurs proposent des distinctions.

dits biens, sans l'autorisation du mari, ou, à son refus, sans la permission de la justice.

1577. — Si la femme donne sa procuration au mari pour administrer ses biens paraphernaux, avec charge de lui rendre compte des fruits, il sera tenu vis-à-vis d'elle comme tout mandataire.

1578. — Si le mari a joui des biens paraphernaux de sa femme, sans mandat, et néanmoins sans opposition de sa part, il n'est tenu, à la dissolution du mariage, ou à la première demande de la femme, qu'à la représentation des fruits existants, et il n'est point comptable de ceux qui ont été consommés jusqu'alors.

1579. — Si le mari a joui des biens paraphernaux malgré l'opposition constatée de la femme, il est comptable envers elle de tous les fruits tant existants que consommés.

1580. — Le mari qui jouit des biens paraphernaux est tenu de toutes les obligations de l'usufruitier.

DISPOSITION PARTICULIÈRE.

1581. — En se soumettant au régime dotal, les époux peuvent néanmoins stipuler une société d'acquêts, et les effets de cette société sont réglés comme il est dit aux articles 1498 et 1499.

I. — Les époux ayant toute latitude pour stipuler telles conventions matrimoniales qu'il leur plaira (art. 1387), ils sont donc parfaitement libres de combiner, comme ils l'entendront, les deux régimes de dotalité et de communauté. De même qu'ils peuvent, comme on l'a vu sous l'art. 1497 *in fine,* ne prendre du régime dotal que l'inaliénabilité des immeubles de la femme, en se soumettant à la communauté pour tout le reste, ils peuvent aussi faire du régime dotal la base principale de leur association en y ajoutant une simple société d'acquêts.

II. — Dans le premier cas, les immeubles de la femme ne prenant de la dotalité que le seul caractère d'inaliénabilité resteraient soumis sous tout autre rapport aux règles ordinaires : ils seraient prescriptibles, et leurs actions pétitoires n'appartiendraient pas au mari, mais à la femme. Quant aux meubles, tous entreraient dans la communauté, conformément au droit commun.

Dans le second cas, au contraire, il faut d'abord distinguer entre les biens constitués en dot et ceux qui ne le sont pas : les immeubles constitués étant entièrement dotaux (sauf pour les revenus, que la stipulation d'une société d'acquêts rend en général communs, au lieu de les laisser exclusivement au mari), ils restent imprescriptibles en même temps qu'inaliénables, et c'est par le mari que les actions même pétitoires sont exercées ; les immeubles non constitués, et qui seraient dès lors des paraphernaux sous le régime dotal pur, forment ici des propres de communaute, puisque la propriété en appartient à la femme et le revenu à la communauté d'acquêts (1). Quant aux meubles, qu'ils soient ou non constitués, ils seront également dans une position différente de celle que leur donne le premier système, puisqu'ils y sont toujours communs et qu'ils ne le seront jamais ici : ils ne le seront pas en cas de constitution, puisqu'ils seront alors dotaux ; ils ne le seront pas davantage quand on ne les a pas constitués, puisque la communauté de simples acquêts laisse propres aux époux leurs meubles aussi bien que leurs immeubles (art. 1498).

III. — Nous venons de dire que, dans ce cas de combinaison du régime dotal et d'une société d'acquêts, les revenus des biens dotaux appartiendraient, *en général,* à la communauté et non point au mari personnellement. Il en sera, en effet, ainsi ordinairement, mais non pas nécessairement. S'il résultait, soit d'une clause spéciale du contrat, soit de l'ensemble de ses dispositions, que la pensée des contractants a été de restreindre leur société d'acquêts (en outre des gains provenant de leur industrie) aux revenus des seuls biens non dotaux, et de laisser ainsi la plénitude de ses effets ordinaires à la constitution dotale, il est clair que cette convention s'exécuterait comme toute autre, et que les revenus communs seraient seulement ceux des paraphernaux de la femme et des biens personnels du mari. Mais cette position étrange, dans laquelle le mari aurait la jouissance exclusive de certains biens de la femme, alors qu'il n'a pas même celle de ses biens propres, ne saurait être admise en principe. Stipuler purement et simplement une société d'acquêts, c'est suivre la règle de l'art. 1498, c'est mettre en commun les revenus de tous les biens sans distinction. Lors donc que des époux, en déclarant d'abord adopter le régime dotal, stipulent ensuite une société d'acquêts, les effets de la seconde clause ne viennent pas seulement s'ajouter à ceux de la première, ils les changent en un point, en enlevant au mari le droit de jouissance personnelle que lui confère la constitution de dot.

APPENDICE.

Sur l'art. 4 de la loi du 18-25 juin 1850, relative à la Caisse de retraites.

La caisse de retraites a été créée, sous la garantie du gouvernement, pour mettre les ouvriers économes à même de se ménager une res-

---

(1) On dit souvent à l'école (et ce langage est reproduit dans les *Répétitions écrites* de M. Mourlon, 3e Examen, p. 141) que ces derniers biens sont tout ensemble dotaux et paraphernaux : dotaux, en ce que c'est le mari qui en a l'administration et la jouissance ; paraphernaux, en ce qu'ils sont aliénables et prescriptibles. C'est une grave inexactitude, car ces biens n'ont rien ni de dotal, ni de paraphernal. Ils ne sont dotaux en rien, pas même pour l'administration ou la jouissance, puisque si le mari en jouit, ce n'est pas pour lui personnellement, mais seulement comme chef de la communauté d'acquêts et pour le compte de cette communauté, et que c'est aussi en cette qualité qu'il les administre, ce qui fait qu'il n'a pas les actions pétitoires immobilières. Ils ne sont pas non plus paraphernaux, puisque ni l'administration ni la jouissance n'en appartiennent à la femme. Ce sont, encore une fois, des propres de communauté.

source assurée pour leurs vieux ans. Au moyen du versement successif de sommes minimes, dont le déposant ne reçoit pas l'intérêt, la caisse servira plus tard à celui-ci, mis par l'âge ou par quelque accident hors d'état de travailler, une rente viagère calculée sur l'importance des versements et sur les chances de mortalité à raison de l'âge de ce déposant. C'est par la loi des 8 mars, 12, 18 et 25 juin 1850, que cette caisse a été créée. Or, les paragraphes 3 et suivants de l'art. 4 de cette loi, en réglant l'effet des versements faits par un époux, avant ou pendant son mariage, apportent à plusieurs des principes qui viennent d'être étudiés dans ce titre, des dérogations que nous devons signaler. Ces paragraphes sont ainsi conçus :

Le versement opéré antérieurement au mariage reste propre à celui qui l'a fait.

Le versement fait pendant le mariage par l'un des deux conjoints profite séparément à chacun d'eux pour moitié.

En cas de séparation de corps ou de biens, le versement postérieur profite exclusivement à l'époux qui l'a opéré.

En cas d'absence ou d'éloignement d'un des deux conjoints depuis plus d'une année, le juge de paix pourra, suivant les circonstances, accorder l'autorisation de faire des versements au profit exclusif du déposant. Sa décision pourra être frappée d'appel devant la chambre du conseil.

D'après l'art. 1401, 1°, toutes sommes versées à la caisse de retraites, avant le mariage, par une personne qui se marie en communauté, seraient tombées dans cette communauté comme étant des valeurs mobilières ; et c'est à la communauté qu'aurait appartenu plus tard la rente viagère, une fois venu le moment de la servir. Or on voit que, d'après la loi du 18 juin 1850, il en sera différemment, puisque cette loi fait demeurer propre à l'époux le versement par lui fait avant le mariage, d'où la conséquence que la rente viagère qui lui sera due plus tard, et qui sera la représentation des sommes versées, sera de même propre au déposant. Du reste, si ce n'est pas alors à la communauté qu'appartient la rente, c'est toujours à elle, bien entendu, qu'appartiendront les arrérages qui écherront pendant la durée du mariage ; car si la loi de 1850 déroge au principe qui attribue à la communauté les biens mobiliers des époux, elle ne modifie pas celui qui lui attribue les fruits des propres. L'unique effet de la disposition consistera donc en ce que la dissolution de la communauté laissera la rente entière, pour les années ultérieures, à l'époux qui a fait les versements antérieurs au mariage, au lieu d'en faire passer la moitié à son conjoint ou aux héritiers de celui-ci, conformément aux principes généraux.

Le même article de loi déroge également à d'autres principes de notre titre. Il déclare, en effet, que « le versement fait pendant le mariage par l'un des deux conjoints profite séparément à chacun d'eux par moitié. »

Or cette disposition, que l'on pourrait, au premier coup d'œil, croire conforme aux principes pour le cas de communauté, mais qui s'en écarte même pour ce cas, ainsi qu'on va le voir, s'en écarte d'ailleurs, et d'une manière évidente, pour les trois autres cas d'exclusion de communauté, de séparation de biens et de régime dotal. — Sous l'exclusion de communauté et pour les biens dotaux, tous les fruits, revenus et bénéfices recueillis pendant la durée du mariage appartenant exclusivement au mari, c'est au mari seul qu'eût profité, d'après les principes ordinaires, tout versement fait pendant le mariage, et la loi de 1850 déroge dès lors à ces principes en attribuant le profit au mari et à la femme, chacun pour moitié. Elle y déroge également pour le cas de séparation de biens ou de paraphernalité, puisque chacun des époux conservant alors la jouissance et l'administration séparées de ses biens, le versement eût dû, d'après les principes, profiter exclusivement à l'époux déposant. — La même disposition, enfin, se trouve être exceptionnelle pour le cas même de communauté, puisque, d'après les principes ordinaires, les versements n'eussent profité aux deux conjoints, chacun pour moitié, que comme bien commun, en sorte que la femme, après la dissolution, n'eût eu sa part, c'est-à-dire celle des deux rentes viagères qui est établie sur sa tête, qu'à la condition d'accepter la communauté, tandis que, le versement profitant ici à chacun des conjoints pour moitié *séparément,* en sorte que cette moitié reste sa chose personnelle et propre, la femme aura toujours sa rente, comme le mari la sienne, soit qu'elle accepte, soit qu'elle renonce. Et pour le cas où, comme la loi le permet, le déposant aurait stipulé le remboursement du capital à ses héritiers lors de son décès (sauf à n'avoir, bien entendu, qu'une rente viagère moins considérable et calculée seulement sur les intérêts), la moitié du capital afférente à la femme reviendrait toujours à ses héritiers, par la même raison, soit qu'il y eût acceptation ou renonciation, au lieu d'appartenir au mari pour ce cas de renonciation.

Du reste, la règle qui attribue pour moitié à chaque époux le bénéfice de tout versement fait pendant le mariage cesse de s'appliquer lorsqu'il intervient entre les conjoints un jugement de séparation de corps ou de biens : à partir de ce jugement, chaque versement profite exclusivement à l'époux qui l'a fait. — Cette nouvelle règle, pour ce qui est du jugement de simple séparation de biens, paraît peu en harmonie avec la précédente et pourrait faire douter de la portée que nous venons de donner à celle-ci. Car si la séparation de biens résultant d'un jugement rend personnel à chaque époux le versement opéré par lui, la séparation de biens établie par le contrat ne devrait-elle pas produire le même effet ? Ne devrait-on pas admettre dès lors que la loi, en parlant ici du *cas de séparation de biens,* entend aussi bien parler de la séparation établie par le contrat que celle résultant d'un jugement ? Nous ne le pensons pas ; car, outre que le second de nos quatre paragraphes parle absolument de tout versement fait pendant le mariage, sans aucune distinction du régime sous lequel le déposant peut être marié, le contexte du troisième paragraphe indique bien d'ailleurs qu'il n'entend parler que de la séparation de biens venant se substituer, après coup et pendant le mariage, à un régime différent, puisqu'il met d'une part cette séparation de biens sur la même ligne que la séparation de corps, et qu'il parle ensuite du versement *postérieur* à l'événement survenu d'une séparation de corps ou de biens. Il paraît donc certain que c'est uniquement après la séparation prononcée par jugement que chaque époux a le bénéfice exclusif du versement opéré par lui, et que la règle qui attribue à chacun des conjoints séparément la moitié du versement fait par l'un d'eux s'applique pour tout régime indistinctement, et aussi bien quand les époux se seront mariés avec séparation de biens que sous tout autre régime. La pensée du législateur a sans doute été que, d'une part, la séparation judiciaire suppose une plus grande division d'intérêts et de sentiments que la séparation contractuelle; et que, d'autre part et surtout, la caisse de retraites s'adressant spécialement à la classe ouvrière, l'application de la loi au régime de séparation contractuelle (comme au régime dotal ou à l'exclusion de communauté) ne serait qu'une exception fort rare, la classe pauvre se mariant toujours sans contrat et dès lors en communauté légale. Mais pour être rare, le cas n'est toutefois pas impossible : il peut certes bien arriver que de simples ouvriers fassent un contrat; il peut arriver aussi que des personnes fort aisées ou même riches au moment de leur mariage se trouvent ruinées plus tard; enfin, il se peut aussi que des personnes qui ont toujours été et sont encore dans l'aisance fassent elles-mêmes des dépôts à la caisse de retraites pour parer à toute éventualité. La question ci-dessus posée et résolue pourrait donc se présenter plus d'une fois.

Une dernière disposition formulée par le paragraphe final de l'article vient modifier, pour un cas qu'il était sage de prévoir, la règle de l'attribution à chaque époux pour moitié des versements opérés par une personne mariée. Quand l'un des conjoints est depuis plus d'une année, soit absent (dans le sens du titre IV, liv. Ier), soit seulement éloigné de son domicile, le conjoint présent peut, si le juge de paix le trouve à propos d'après les circonstances, être autorisé par ce magistrat à faire des versements qui lui profiteront exclusivement. La décision rendue à cet égard, sur la demande du conjoint présent, peut être frappée d'appel devant le tribunal civil, qui devra statuer en chambre du conseil.

RÉSUMÉ DU TITRE CINQUIÈME.

DU CONTRAT (PÉCUNIAIRE) DE MARIAGE.

DEUXIÈME PARTIE.

DES RÉGIMES SANS COMMUNAUTÉ.

XCI. — On distingue trois régimes exclusifs de toute communauté de biens entre les époux : 1° l'Exclusion pure et simple de toute communauté ; 2° la Séparation de biens ; 3° le Régime dotal.

CHAPITRE PREMIER.

DU RÉGIME EXCLUSIF DE COMMUNAUTÉ.

XCII. — Lorsque deux futurs époux, sans adopter par leur contrat ni le régime dotal, ni même la séparation de biens, déclarent néanmoins ne vouloir pas être communs, il en résulte un système particulier dans lequel le mari, en sa qualité de chef, recueille seul les émoluments, administre seul tous les biens et se trouve seul chargé de subvenir aux besoins de la maison.

Ainsi le mari, qui conserve, bien entendu, la jouissance de tous ses biens et tout le produit de son travail, quel qu'il soit, devient aussi l'usufruitier de tous les biens de la femme ; et c'est à lui qu'appartiennent, non pas seulement les loyers des maisons, les fermages ou récoltes des biens ruraux, et tous les fruits quelconques des biens ordinaires de celle-ci, mais aussi les gains ordinaires provenant de cette industrie, puisque ce sont aussi des fruits, des produits dont le travail de la femme est le principe producteur, le capital. C'est à tort qu'on voudrait considérer les objets d'art, de science ou de littérature que ferait la femme comme formant un capital, en sorte que la propriété en resterait à la femme, le mari ne pouvant en réclamer que la jouissance ; car, encore une fois, ce ne sont là que des fruits que le talent et l'industrie font naître et renaître successivement, comme les fruits ordinaires naissent et renaissent du bien matériel qui les produit (art. 1530-32, n° II).

Le mari prend donc tous les fruits venant du chef de la femme ; et ce n'est pas comme mandataire de celle-ci, ainsi qu'on le dit quelquefois, c'est par son droit propre, *jure mariti*, tellement que, une fois les charges de l'usufruit remplies, et les besoins du ménage satisfaits, c'est à lui que le reste des fruits appartient et que demeure, comme sa propriété personnelle, toute acquisition faite avec l'excédant. Quant à la femme, elle peut bien voir sa fortune s'augmenter par des successions ou donations (ou encore par la découverte d'un trésor) ; mais elle ne pourrait rien acheter qu'au moyen de capitaux lui appartenant déjà. Si donc, en cas d'une acquisition faite au nom de la femme et que les héritiers du mari prétendraient n'être qu'une libéralité frauduleuse de celui-ci, la femme ne justifiait pas avoir payé de deniers à elle propres, elle pourrait être condamnée à restituer : elle ne le serait pas nécessairement, puisque le Code n'a pas reproduit le présomption légale de libéralité que l'ancien droit admettait pour ce cas; mais elle le serait si les circonstances indiquaient au juge du fait que l'acquisition a été faite des deniers du mari (*ibid.*).

XCIII. — Le mari est ici, comme dans la communauté, l'administrateur de tous les biens meubles et immeubles de la femme. Il exerce toutes les actions mobilières, même pétitoires, et toutes les actions possessoires, même immobilières, mais non les actions immobilières pétitoires.

C'est le mari qui prend, sauf restitution lors de la dissolution du mariage ou lors du jugement de séparation qui viendrait à être prononcé, tous les meubles de la femme. Ceux qui se consomment par l'usage doivent être estimés soit par le contrat de mariage, soit par l'inventaire dressé lors de la réception. Pour les autres, il n'y a pas lieu à estimation; mais l'inventaire doit toujours être fait, puisque cet inventaire, à la différence de la caution, est exigé de tout usufruitier, même du père, usufruitier légal. A la fin de l'usufruit marital, le mari restitue le prix d'estimation des choses de consommation, et rend les autres en nature, dans l'état où elles se trouvent, pourvu qu'elles ne soient pas détériorées par sa faute. Si les choses de consommation n'avaient pas été estimées, on les estimerait en recourant, au besoin, à la preuve testimoniale ou à la commune renommée; et la femme pourrait aussi recourir à ce moyen pour établir la consistance des choses de non-consommation que le mari aurait négligé de faire inventorier (*ibid.*, III).

XCIV. — De même que tous les biens de chaque époux lui restent ici propres, de même ses dettes lui restent propres aussi, et les créanciers de l'un ne pourraient pas agir sur ce qui appartient à l'autre. Les créanciers du mari ne pourraient poursuivre que les biens du mari, et ceux de la femme la nue propriété seulement des biens de celle-ci.

C'est à tort que les auteurs attribuent aux créanciers de la femme, à la condition que leurs titres aient une date certaine antérieure au mariage, le droit de poursuivre la pleine propriété des biens de leur débitrice; car le mariage ayant transmis au mari l'usufruit de ces biens, cet usufruit n'est donc plus dans le patrimoine de la femme, et les créanciers ne pourraient dès lors le saisir (à moins de privilége ou d'hypothèque) qu'autant qu'ils feraient annuler la constitution d'usufruit pour fraude, en exerçant l'action Paulienne (*ibid.*, IV).

Du reste, usufruitier des biens de la femme, le mari, en outre de son obligation de subvenir aux besoins du ménage, est aussi, bien entendu, tenu, pour tous ces biens, des charges ordinaires de l'usufruit (art. 1533).

XCV. — Quoique la jouissance et l'administration des biens de la femme appartiennent au mari, rien n'empêche de convenir, dans le contrat, que la femme touchera par elle-même et sur ses propres quittances une certaine portion de revenus qu'elle aura ainsi directement à sa disposition, sans être obligée d'en demander au mari chaque fois qu'elle en aurait besoin. Le mari n'en reste pas moins l'administrateur du bien sur lequel se perçoivent ces revenus, et c'est toujours à lui qu'appartiendraient leur excédant et les acquisitions qui en proviendraient. Sans doute on pourrait stipuler le contraire : le contrat pourrait réserver à la femme l'administration et la jouissance d'une partie de ses biens, dont les revenus lui seraient alors propres et pourraient être placés en acquisitions qui lui appartiendraient ; mais il y aurait la combinaison de l'exclusion de communauté et de la séparation de biens, tandis que la clause dont nous parlons ne modifie en rien le régime exclusif de communauté (1534, I).

Au surplus, si les biens de la femme sont ici soumis à l'usufruit du mari, comme nous verrons l'être plus loin les biens dotaux, ils ne sont pas pour cela dans la même position que ces derniers. Ainsi, et malgré la doctrine contraire de plusieurs auteurs, ils ne pourraient pas être rendus inaliénables, même par une stipulation spéciale du contrat, l'inaliénabilité d'un bien ne pouvant jamais résulter que de sa soumission expresse au régime dotal ; le mari n'a pas pour eux l'exercice des actions pétitoires immobilières : il ne jouirait pas, à la fin de son usufruit, du droit de ne rendre qu'après une année ceux de ces biens qui ne se restituent pas en nature : ce sont, en un mot, les principes généraux, et non les règles particulières de la dotalité, qu'il y a lieu d'appliquer ici (1535, II, et 1530, I).

CHAPITRE II.

DU RÉGIME DE SÉPARATION DE BIENS.

XCVI. — La séparation de biens, qui peut (au moyen d'un jugement) se substituer, comme on l'a vu, soit à la communauté, soit à l'exclusion de communauté, et aussi, comme on le verra plus loin, se combiner avec le régime dotal, est également, bien entendu, l'un des régimes que les époux peuvent adopter par leur contrat.

Au lieu d'époux mettant en commun leurs biens en même temps que leurs personnes, ou dont la femme du moins livre au mari, en même temps qu'elle-même, la direction et la jouissance de sa fortune, le régime de séparation présente le spectacle étrange et contradictoire d'individus qui restent étrangers l'un à l'autre quant à leurs biens, en dépit de l'union intime qu'ils contractent quant à leurs personnes. Ici, en effet, les époux restent complétement indépendants pour leur fortune, sauf ces deux points : 1° que la femme ne peut pas aliéner ses immeubles sans l'autorisation du mari ou de la justice, et 2° qu'elle doit contribuer pour sa part aux dépenses de la maison. Cette part, à défaut de détermination par le contrat, est ici, à la différence de la séparation judiciaire (sous laquelle les deux époux contribuent en proportion de l'importance relative de leurs fortunes), du tiers des revenus de la femme. Mais il va sans dire que, dans le cas où cette part contributoire, jointe à la totalité des revenus et gains du mari, ne suffirait pas aux besoins de la maison, la femme serait tenue de fournir au reste, d'après les principes posés au titre du Mariage. Il va sans dire aussi que les époux sont étrangers l'un à l'autre pour le passif aussi bien que pour l'actif; et les créanciers de l'une ne pourraient pas ici, comme sous la simple exclusion de communauté, argumenter du défaut d'inventaire pour poursuivre le mobilier des deux conjoints, puisque les deux mobiliers, au lieu d'être ici confondus sous la possession du mari, restent légalement distincts, comme seraient ceux de deux amis habitant une même maison (1536, 1537).

XCVII. — La séparation de biens, soit contractuelle, soit judiciaire, et aussi (sous le régime dotal) la paraphernalité, qui n'est encore, sous un autre nom, que la séparation de biens, donnent à la femme la libre et entière administration de ses biens, et par suite le droit d'aliéner son mobilier sans aucun besoin d'autorisation du mari ou de la justice.

Nous disons que c'est comme suite et en conséquence de son droit d'administration que la femme séparée de biens ou paraphernale a le droit de disposition et d'aliénation de son mobilier. On avait d'abord soutenu le contraire, et la Cour suprême elle-même avait regardé comme distinct et indépendant du droit d'administration, le droit pour la femme d'aliéner et, partant, d'engager sa fortune mobilière. Mais on a fini par comprendre que l'art. 217 posant comme principe général, et formellement appliqué à la femme séparée de biens comme à toute autre, l'incapacité d'aliéner et dès lors de s'engager sans autorisation, la faculté accordée ici à cette femme n'est ainsi qu'une exception, qui doit dès lors s'entendre restrictivement et ne peut avoir d'autre portée que celle qui résulte des circonstances en vue desquelles elle est écrite, c'est-à-dire les besoins de l'administration dont la femme est ici chargée. C'est ce que reconnaissent aujourd'hui la généralité des auteurs et la jurisprudence constante de la Cour suprême. — Il faut donc reconnaître que c'est seulement pour les besoins de son administration que la femme pourra, sans autorisation, aliéner ses biens meubles ou s'obliger jusqu'à concurrence de leur valeur; et il faut reconnaître aussi, malgré la doctrine contraire, mais isolée, d'un auteur, que la femme ne pourra jamais disposer librement de tout ou partie de son mobilier par donation, puisque la donation ne saurait être un acte d'administration.

Mais quand l'obligation, contractée par la femme sans autorisation, l'a été pour les besoins de son administration et dans les limites de l'importance de son mobilier, en sorte qu'elle est parfaitement valable, faut-il en conclure, comme le font quelques auteurs, qu'elle pourrait s'exécuter, non-seulement sur le mobilier de la femme et sur les revenus de sa fortune immobilière, qui sont aussi des biens meubles, mais encore sur la propriété même de ses immeubles? Non, assurément, et c'est en vain qu'on invoque ici le principe, posé par l'art. 2092, que l'engagement valablement contracté peut être poursuivi sur tous les biens du débiteur; car ce principe suppose un engagement émané d'une personne pleinement capable de s'obliger, tandis que la femme dont il s'agit, parfaitement capable d'engager sans autorisation tous ses biens meubles, reste incapable d'engager ainsi ses immeubles, en sorte que son obligation n'est valable que quant aux premiers biens et non quant aux seconds. Ce point ne saurait être douteux, puisque le même texte précisément, qui proclame ici la capacité exceptionnelle de la femme pour les meubles, a soin de maintenir formellement son incapacité pour les immeubles.

Quant à l'idée que ces règles, quoiqu'elles ne soient formulées dans le Code qu'à l'occasion de la séparation judiciaire, s'appliquent aussi à la séparation conventionnelle (et par suite au cas de paraphernalité), on ne doit pas, malgré les doutes de quelques jurisconsultes, hésiter à l'admettre en présence de l'identité de position et alors que l'art. 1538 ne refuse à la femme séparée contractuellement la capacité d'aliéner sans autorisation que pour les immeubles (art. 1449, III et IV).

XCVIII. — Puisque c'est la femme, sous le régime de séparation, qui a la libre administration de ses biens meubles, et par conséquent de ses capitaux, qu'elle est maîtresse d'employer quand et comme elle l'entend, le mari n'est donc pas responsable, en principe, du défaut d'emploi des sommes provenant à la femme de la vente de ses immeubles. Mais il y a exception à ce principe, 1° toutes les fois qu'il est prouvé que c'est le mari qui a reçu le prix de la vente ou que ce prix a été employé à son profit; 2° toutes les fois que le mari, soit que la vente ait eu lieu avec son autorisation ou seulement avec celle de la justice, a été présent, soit à l'acte de vente, quand le prix a été payé à l'instant, soit à l'acte de quittance, s'il n'a été payé que plus tard, parce qu'alors la loi présume, vu l'état de dépendance de la femme, que c'est le mari qui a reçu les deniers. Il faudrait, au surplus, refuser son effet à la présomption, si le mari établissait que, malgré son concours à l'acte, c'est bien la femme qui a reçu le prix et en a disposé. Du reste, si le mari est ainsi, dans certains cas, garant du défaut d'emploi, il ne saurait jamais l'être de l'inutilité de l'emploi fait par la femme, puisque c'est celle-ci qui est maîtresse d'administrer comme elle l'entend. C'est, en effet, ce que déclare formellement la loi (art. 1450, I et II).

Cette règle de responsabilité du mari n'est écrite dans le Code que pour le cas de séparation judiciaire; mais on doit, malgré quelques contradictions élevées sur ce point, la reconnaître applicable aussi aux cas de séparation contractuelle et de paraphernalité, comme on le fait généralement. La femme, en effet, n'est pas moins soumise, dans ces deux cas, à l'influence du mari. Elle le serait plutôt davantage, puisqu'elle n'a pas les motifs de défiance que peut avoir celle qui s'est vue forcée de demander sa séparation en justice (*ibid.*, III).

XCIX. — Lorsque la femme, sans avoir donné mandat formel au

mari ou par suite d'un mandat ne contenant point obligation de rendre compte, laisse à celui-ci l'administration et la jouissance de ses biens, elle ne peut, quand cette jouissance vient à cesser, réclamer que les fruits alors existants; ceux qui ont été consommés sont réputés, vu le défaut d'opposition par la femme, avoir reçu l'emploi qu'ils devaient avoir. Il en serait autrement, bien entendu, si c'était en vertu d'un mandat imposant obligation de rendre compte que le mari eût administré. Il serait également obligé de rendre compte, on le conçoit, si c'était contre le gré et malgré l'opposition de la femme qu'il eût pris ou continué la jouissance (1539).

CHAPITRE III.

DU RÉGIME DOTAL.

C. — Le régime dotal n'a rien de particulier pour les biens du mari, qu'il laisse seulement hors de toute communauté, comme l'exclusion de communauté et la séparation de biens; mais il pose les règles les plus singulières pour les biens de la femme. Ces biens se divisent ici en dotaux et paraphernaux; et tandis que les derniers ne présentent non plus rien de particulier, puisqu'ils sont purement et simplement dans la position de ceux de la femme séparée de biens (art. 1574-80), les biens dotaux, au contraire, sont soumis à un système extraordinaire, bizarre, et qui, triste legs des mœurs du Bas-Empire, vient heurter partout nos mœurs modernes, les principes les plus sages de notre législation nationale et chrétienne, et jusqu'aux règles les plus sacrées de la morale et de l'équité.

Les caractères éminemment distinctifs et les plus saillants des biens dotaux sont, d'une part, le droit exorbitant et *sui generis* qui est conféré au mari pour l'administration de ces biens, dont il a d'ailleurs la jouissance; d'autre part et surtout, l'inaliénabilité et l'imprescriptibilité des immeubles dotaux, privilége dont ne jouissent même pas les biens des communes ou de l'État, et qui assimile ainsi aux choses du domaine public des choses essentiellement privées.

Après avoir vu, dans une première section, les moyens de rendre dotaux les biens de la femme, nous parlerons, dans la seconde, des droits d'administration et de jouissance du mari, puis, dans la troisième et dernière, de l'inaliénabilité et de l'imprescriptibilité dotales.

SECTION PREMIÈRE.

DE L'ÉTABLISSEMENT DES BIENS DOTAUX.

CI. — Des biens ne peuvent être dotaux que sous ces deux conditions : 1° que les époux déclarent expressément leur volonté d'adopter le régime dotal; 2° que ces biens soient constitués en dot à la femme. Avec déclaration d'adoption du régime dotal, sans constitution de dot, a femme n'aurait que des paraphernaux, elle serait sous un régime dotal qui ne serait tel que de nom, et se trouverait, malgré la différence des mots, mariée réellement en séparation de biens; avec constitution de dot sans adoption expresse du régime dotal, ce régime n'existerait pas, et la dot constituée ne serait dot que dans le sens ordinaire et générique du mot, et non dans le sens rigoureux qui nous occupe ici.

CII. — La première condition, à la différence de la seconde, exige impérieusement une expression formelle de la volonté des époux; mais si cette expression doit être formelle, elle n'a toutefois rien de sacramentel. Ainsi, quoique le parti le plus sûr, en même temps que le plus simple, soit de dire que les époux *adoptent le régime dotal,* on devrait cependant reconnaître que cette condition est suffisamment accomplie si les époux (remplissant les deux prescriptions de la loi, soit séparément, soit simultanément et par une seule et même proposition) disaient qu'ils *se soumettent à la dotalité,* ou que, soit tous les biens de la femme, soit tels biens déterminés de cette femme, seront *frappés de dotalité,* ou *sortiront nature dotale,* ou *seront régis par les art.* 1549 *et* 1554 *du Code Napoléon,* ou que tels biens *sont constitués en dot et par conséquent inaliénables,* etc. On ne peut pas, en effet, quoi que disent à cet égard beaucoup de jurisconsultes, nier qu'il n'y ait là déclaration *expresse* et *formelle* (c'est-à-dire *exprimée, formulée,* et non pas seulement implicite) de la volonté de suivre le régime dotal. Autrement, et si l'on prétendait, par exemple, comme l'a fait un auteur, que l'expression de *biens dotaux,* même opposée à celle de *biens paraphernaux,* n'a point une valeur particulière, parce qu'elle signifie en définitive *biens apportés* EN DOT et qu'il y a dot sous tous les régimes, on arriverait à dire que l'expression même de *régime dotal* est elle-même sans valeur, parce qu'elle signifie en définitive *régime sous lequel* IL Y A DOT, et qu'il y a dot sous tous les régimes.

La seconde condition, celle que les biens soient constitués en dot, peut s'effectuer de deux manières. — Sont constitués dotaux, d'abord, tous les biens que la femme déclare, d'une manière quelconque, apporter en dot. Ainsi, soit que la femme ait dit qu'*elle se constitue* tels biens, ou que ces biens *lui seront dotaux,* ou seulement qu'*elle les apporte à son mari,* ou qu'*elle se donne au mari avec ces mêmes biens* (car la dot étant ici comme sous tout autre régime ce que la femme livre au mari pour les charges du mariage, la femme, en disant qu'elle apporte un bien au mari, dit par là même qu'elle rend ce bien dotal), soit qu'elle n'ait manifesté sa pensée qu'implicitement en désignant ceux de ses biens qui seront paraphernaux, ce qui indique que les autres seront dotaux; toutes les fois, en un mot, que le contrat manifeste, d'une manière quelconque, la volonté de la femme d'avoir tels de ses biens pour dot, ces biens sont par là constitués dotaux. — Sont constitués dotaux, en second lieu, même sans déclaration à cet égard et pourvu seulement qu'il n'y ait pas déclaration contraire, les biens qui sont donnés en contrat de mariage à la femme, soit par des parents, soit par des étrangers. Que si c'était par le mari qu'une dotation fût faite à la femme, comme alors il est impossible d'admettre que le bien doive être ainsi considéré de plein droit comme apporté au mari (puisque c'est précisément celui-ci qui s'en dépouille pour avantager sa femme), la même règle n'est plus applicable, quoi que disent plusieurs auteurs, et le bien ne serait dotal qu'autant que la volonté de le rendre tel serait manifestée (art. 1392, III, et 1541).

CIII. — Du reste, la constitution étant une clause qui produit des effets profondément exorbitants du droit commun, elle doit donc s'interpréter restrictivement. Ainsi celle que la femme ferait *de tous ses biens* ne s'entendrait que de ses biens présents, non de ses biens à venir. De même, la constitution que la femme ferait de la part encore indivise qui lui appartient dans un immeuble n'aurait effet que pour cette part, quand même le partage attribuerait ensuite à la femme l'immeuble entier. Sans doute, il en serait autrement si la femme s'était constitué ou tous ses biens ou le droit tel quel et encore indéterminé qu'elle aura sur l'immeuble : la dot frapperait alors ou la totalité, ou une partie, ou rien, selon le résultat du partage. Mais quand elle n'a constitué que *sa part,* la dot, quoique courant alors la chance de ne rien avoir, n'a plus la chance réciproque d'obtenir l'immeuble entier.

Il va sans dire, au surplus, que toute constitution générale soit des biens présents, soit des biens à venir, soit d'une quote-part des biens présents ou à venir, n'a son effet que sous déduction proportionnelle des dettes. Il va sans dire aussi que la dot peut être promise à terme ou sous condition, aussi bien que purement et simplement, et que son objet peut être laissé à l'arbitrage d'un tiers, comme il pourrait être indiqué alternativement ou facultativement. Il est enfin évident, quoiqu'un auteur éminent semble dire le contraire, que l'industrie particulière de la femme est un bien qui, comme tout autre bien, ne devient dotal qu'autant qu'il est constitué tel : sans doute il en serait autrement d'actes par lesquels la femme ne ferait qu'aider et assister son mari dans les travaux de celui-ci; mais quand il s'agit de son industrie personnelle, c'est alors son bien propre, et les produits dès lors, s'il n'y a pas constitution à cet égard, lui resteront comme paraphernaux (art. 1540 et 1542).

CIV. — Par application du principe de l'immutabilité des conventions matrimoniales, les époux ne peuvent ni augmenter ni diminuer la dot après la célébration du mariage. Ce n'est pas à dire, assurément, que la dot ne puisse se trouver augmentée ou diminuée, car elle le sera souvent indépendamment de la volonté des époux; mais ceux-ci ne peuvent faire utilement aucune convention tendant à faire devenir dotal un bien qui, d'après le contrat de mariage, ne devait pas l'être, ou réciproquement.

Cela étant, on s'est demandé si la condition de dotalité du bien donné aurait son effet dans une donation faite à la femme qui ne s'est pas constitué ses biens à venir, et. réciproquement, si des donations peuvent être faites sous condition de paraphernalité à la femme dont les biens à venir sont constitués dotaux... Si le contrat de mariage lie les époux de manière à leur interdire tout ce qui serait en contradiction avec le système qu'il organise, il ne lie pas de même les tiers, comme le prouvent les art. 1401 et 1405, qui permettent à un donateur de rendre propres à l'époux donataire des biens qui, d'après le contrat, devraient être communs, et réciproquement. Le seul point à rechercher ici est donc de savoir si les deux conditions ci-dessus se trouvent contraires à l'ordre public et doivent être, comme telles, réputées non avenues.

L'affirmative n'est pas douteuse pour la première : il est bien évident, et reconnu par tout le monde, en effet, que la dotalité est un caractère qu'il n'est permis de stipuler que dans un contrat de mariage. Et si le donateur ne peut pas rendre le bien dotal, il est clair qu'il ne peut pas davantage le rendre inaliénable. On ne comprend pas qu'un auteur ait pu écrire le contraire, puisque, quand même la liberté de convention que les art. 1387 et 1497 autorisent dans les contrats de mariage permettrait (ce qui n'est pas, comme on l'a vu plus haut) de stipuler l'inaliénabilité sans la dotalité, cette inaliénabilité ne pourrait toujours être stipulée que par contrat de mariage. — La question peut paraître plus délicate pour la seconde condition ; mais il faut dire cependant que cette condition devra être respectée (pourvu, bien entendu, qu'il ne s'agisse pas de biens faisant partie de la réserve de la femme donataire). Qu'y a-t-il, en effet, de contraire à l'ordre public à ce qu'une femme qui, d'après son contrat, devait avoir toute sa fortune dotale, possède aussi, en sus de cette fortune et par la libéralité d'un tiers, un bien paraphernal ? Quelques jurisconsultes soutiennent que, l'argent étant un principe de corruption, surtout pour les femmes, il serait contraire aux bonnes mœurs de procurer la disposition de certains revenus à la femme qui, d'après son contrat, n'en devait point avoir et que le mari, peut-être, n'a consenti à épouser que dans la pensée qu'elle n'en aurait pas. Mais, outre que cette pensée possible du mari n'est assurément qu'une rare exception, et ne saurait dès lors devenir la base d'une solution générale, il faut dire qu'elle serait inefficace dans le cas même où elle serait formellement écrite au contrat. La loi seule, et non la volonté de l'homme, peut créer des incapacités de recevoir, et le mari dès lors ne pourrait pas plus stipuler l'incapacité pour sa femme d'avoir des revenus propres, qu'il ne pourrait stipuler son incapacité d'avoir une fortune excédant tel chiffre déterminé. Si l'acceptation d'une donation offerte à la femme peut offrir des dangers, le droit du mari est de refuser l'autorisation, pour déduire ensuite les motifs de son refus devant la justice qui jugera la question. C'est donc avec raison que la jurisprudence, comme la majorité des auteurs, déclare valable la condition dont il s'agit (1543, II et III).

CV. — A l'occasion des constitutions de dot dotale et sous la même rubrique, le Code s'occupe des constitutions de dot quelconque en tant qu'elles sont faites par des parents dotaux.

Le mari dotal parlant seul au contrat de mariage de son enfant n'oblige que lui seul, alors même qu'il déclare doter pour lui et pour sa femme et malgré la présence et la signature de celle-ci. Le mari n'a point ici, comme quand il agit sous la communauté et en qualité de chef de cette communauté, le droit de parler au nom de sa femme, dont la présence et la signature s'expliquent assez par la pensée bien naturelle d'honorer le contrat de son enfant. Il va sans dire que si les deux époux parlent, tous deux s'obligent, soit pour la part qu'ils indiquent, soit, à défaut d'indication, pour moitié chacun (art. 1544).

Quand l'époux qui promet la dot a la jouissance de biens appartenant à l'enfant, la dot ne s'en prend pas moins en entier sur les biens du constituant, si le contraire n'est exprimé. Que si le constituant déclare, peu importe en quels termes, doter tant en biens propres qu'en biens de l'enfant, il faut distinguer si la part à fournir par chacun des patrimoines est ou n'est pas indiquée. Quand la part est indiquée, on suit l'indication, et si les biens de l'enfant se trouvaient ne pas suffire pour fournir la part mise à leur charge, ce serait au constituant d'y suppléer sur ses biens propres, puisqu'il faut toujours, bien entendu, que la totalité de la valeur promise soit donnée. Quand il n'y a pas indication des parts, la loi, par dérogation aux principes ordinaires, commande d'entendre la clause en ce sens que le constituant ne donnera *de suo* que ce qui sera nécessaire pour parfaire; en sorte que l'auteur n'aurait rien à donner, si les biens de l'enfant suffisaient à fournir la totalité de la dot. On conçoit que cette règle n'existant pas pour des constituants qui ne sont pas mariés sous le régime dotal, on suivrait pour ceux-ci le droit commun, d'après lequel l'interprétation d'une clause n'est qu'une question de fait à décider par les circonstances (art. 1545, 1546).

CVI. — Nous n'avons pas à revenir sur l'idée que la constitution de dot, acte à titre gratuit pour le constituant, est à titre onéreux pour l'époux, et sur les conséquences que ce dernier caractère entraîne, notamment quant à la garantie et aux intérêts dus par le constituant. Cette idée, qui n'a rien de particulier au régime dotal, a trouvé sa place dans les observations générales mises en tête de ce Résumé (n° VIII).

SECTION II.

DROITS ET OBLIGATIONS DES ÉPOUX QUANT AUX BIENS DOTAUX.

CVII. — La loi confère au mari, sur les biens dotaux de la femme, deux droits dont nous allons nous occuper séparément, le droit d'administration et le droit de jouissance.

Le mari, d'abord, est l'administrateur de tous les biens dotaux et se trouve investi, en cette qualité, de pouvoirs exorbitants. C'est lui seul, en effet, qui exerce, non-seulement les actions possessoires et les actions mobilières, comme tout administrateur, mais aussi les actions immobilières pétitoires; la femme ne pourrait en intenter aucune. A Rome, où le mari était dans un certain sens propriétaire de la dot, ces pouvoirs n'étaient que la conséquence même de sa qualité; chez nous, où la femme seule reste propriétaire des biens dotaux, c'est par l'idée d'un mandat légal qui fait du mari le représentant légal obligé de la femme (comme le tuteur est le représentant du mineur), que ces pouvoirs s'expliquent : notre législateur, sans adopter l'ancienne idée de propriété du mari, a néanmoins entendu que les résultats fussent toujours les mêmes. Et puisque le mari, d'après le texte formel de la loi, peut seul intenter les actions et agir en demandant, il a donc, et à plus forte raison, capacité pour agir aussi seul en défendant, et c'est à tort, par conséquent, que des arrêts ont quelquefois jugé qu'il est nécessaire d'assigner la femme en même temps que le mari (1549, I et II).

CVIII. — Le mari pourrait-il chez nous, à la différence du droit romain, procéder seul au partage des biens dotaux? On dit pour l'affirmative que s'il ne le pouvait pas à Rome, c'est parce que le partage y était attributif de propriété (et rentrait ainsi dans les actes d'aliénation, pour lesquels le mari n'a pas capacité), tandis qu'il n'est que déclaratif aujourd'hui. Mais comme la pensée du législateur a été de maintenir les anciennes règles, alors même qu'il écartait les principes dont elles découlaient, il faut dire que ce droit n'ayant point appartenu au mari autrefois, ne lui appartient pas davantage sous le Code, et c'est avec raison que la jurisprudence et la majorité des auteurs le décident ainsi. Le mari ne pourrait pas non plus faire une transaction qui contiendrait aliénation; mais s'il s'agissait d'une transaction ne contenant point aliénation du bien dotal, le mari pourrait dès lors la consentir, ainsi qu'on l'a toujours reconnu (*ibid.*, III et IV).

Avec le droit d'administration, la loi confère au mari un droit de jouissance ou d'usufruit auquel nous consacrons deux paragraphes distincts. Nous parlerons dans l'un de la nature et de l'étendue de ce droit; dans l'autre, de son extinction et de la restitution de dot à laquelle elle donne lieu.

1° De la nature et des effets de l'usufruit du mari.

CIX. — Le mari n'est pas, quant aux biens dotaux, dans la position d'un usufruitier ordinaire. — Ainsi, 1° tandis que celui-ci doit toujours fournir une caution, s'il n'en est pas dispensé par l'acte constitutif, le mari, au contraire, en est exempt en principe et n'y peut être soumis exceptionnellement que par une clause particulière du contrat : il eût été peu convenant de poser en principe que la femme, qui confie au mari sa propre personne, dût être garantie, quant à ses biens, par l'intervention d'un étranger. — 2° Le mari, à la fin de son usufruit, aurait droit à indemnité pour les récoltes qu'il aurait dû faire et qu'il laisserait à faire à la femme, et pour les travaux d'amélioration qu'il aurait faits sur les biens. Cette règle, motivée déjà par l'interdiction des avantages indirects entre mari et femme, résulte encore, quant au second objet, de ce que le mari, à la différence de l'usufruitier, ne fait pas pour lui seul, mais pour la famille entière, dans l'intérêt des enfants et de la femme, et comme mandataire légal de celle-ci, les travaux qui peuvent augmenter la valeur d'un fonds : c'est là, pour lui, un devoir en même temps qu'un droit. — 3° C'est jour par jour que s'acquièrent pour le mari tous les fruits des biens dotaux, même les fruits naturels qui, pour l'usufruitier ordinaire, ne s'acquièrent que par la perception effectuée : ainsi, le mari prend, à partir de la célébration du mariage, autant de récoltes annuelles que son usufruit dure d'années ; puis, pour la fraction de la dernière année, une fraction proportionnelle de la récolte correspondant à cette année. Et puisque le principe est ici que le mari, chargé de faire face aux besoins du ménage au moyen des fruits de la dot, a droit à tous ces fruits en proportion rigoureuse de la durée de son usufruit, il faut donc, malgré l'opinion contraire et isolée d'un récent auteur, appliquer la règle aux récoltes qui ne se recueillent qu'à des intervalles de plusieurs années comme aux récoltes annuelles ; décider le contraire serait méconnaître la volonté manifeste du législateur et admettre pour des années entières les inconvénients qu'il n'a pas voulu tolérer même pour quelques mois. — 4° L'usufruit du mari ayant ici pour but la satisfaction des besoins du ménage, le mari ne pourrait donc pas céder son droit à un tiers. Ce n'est pas par l'idée que le mari ne serait ici, comme pour son droit d'administration, que le mandataire de la femme, qu'il faut expliquer cette incessibilité, comme on le fait quelquefois (car ce n'est point comme mandataire que le mari jouit des biens dotaux, mais en vertu d'un droit propre, si bien propre que, les besoins du ménage une fois satisfaits, l'excédant des revenus lui appartient exclusivement) ; c'est par la destination de la dot (art. 1550, I, 1562, 1571).

CX. — Malgré ces différences (qui ne sont pas les seules, comme on le verra), le droit de jouissance du mari n'en est pas moins un usufruit ; et on ne comprend pas qu'un auteur lui ait dénié cette qualité et le caractère de droit réel, en se fondant sur ce que ce droit n'a jamais reçu la qualification d'usufruit à Rome. Sans doute les Romains n'appelaient pas le mari usufruitier de la dot, puisque pour eux il en était propriétaire ; mais cette circonstance, bien loin de permettre d'exclure le droit du mari de la classe des droits réels, commande précisément de l'y mettre au premier rang, et loin de n'être pas un usufruit, ce droit est, au contraire, un usufruit privilégié et plus favorisé que l'usufruit ordinaire (1550, II).

CXI. — Pour le mari dotal comme pour l'usufruitier ordinaire, ce n'est pas toujours un usufruit proprement dit qui existe sur les différents biens qu'on lui livre ; il est plusieurs de ces biens qui deviennent la pleine et libre propriété du mari, à la charge par celui-ci de rendre à la fin de l'usufruit, soit leur valeur, soit d'autres biens de même qualité et quantité : ce qui est dotal alors, ce n'est pas le bien, c'est la créance qui appartient à la femme pour en recouvrer l'équivalent ; et c'est alors, par conséquent, un quasi-usufruit qui existe.

Les biens dont le mari devient ainsi, dès la célébration du mariage, quasi-usufruitier, c'est-à-dire plein propriétaire à la charge d'en rendre l'équivalent, sont de quatre classes : — 1° Les choses fongibles, c'est-à-dire celles qui se consomment par l'usage et aussi celles qui sont destinées à être vendues : au premier rang se trouvent l'argent comptant ; mais on ne saurait reconnaître le même caractère à un fonds de commerce, comme l'ont fait certains arrêts. Sans doute les marchandises sont fongibles, puisqu'elles sont destinées à être successivement vendues et remplacées ; mais le fonds, qui, au moyen même de cette succession des marchandises, *semper idem durat*, n'a évidemment rien de fongible ; — 2° Les meubles non fongibles, quand ils sont livrés sur estimation, sans déclaration que l'estimation n'en vaut pas vente : parmi ces meubles non fongibles se trouvent, bien entendu, les rentes et créances ; — 3° Les immeubles livrés aussi sur estimation, quand il est déclaré que l'estimation en vaut vente ; — 4° Enfin les immeubles qui viennent remplacer dans la main du mari les deniers constitués sans condition d'emploi : ainsi, quand le mari, sans y être obligé par le contrat, achète un immeuble avec la somme qui lui avait été livrée en dot, ou quand le constituant qui avait promis une somme se libère (soit en vertu d'une faculté réservée au contrat, soit par suite d'un accord postérieur entre lui et le mari) par la dation en payement d'un immeuble, il est clair que l'immeuble est la propriété du mari, comme le seraient les deniers eux-mêmes (1551-1553, n^{os} I, II, III).

CXII. — Il en serait autrement, bien entendu, et l'on aurait un bien dotal et appartenant à la femme, si le constituant, en se réservant la faculté de livrer l'immeuble, avait stipulé que cet immeuble serait alors dotal, ou si l'immeuble acheté par le mari l'avait été en exécution d'une clause du contrat de mariage. — Dans le cas de clause d'emploi de sommes dues à la femme, les débiteurs, d'après les traditions acceptées par le Code et consacrées par la jurisprudence, sont responsables du défaut d'emploi ou de l'inutilité de l'emploi, et ils ne doivent dès lors payer qu'en présence d'un emploi bon et valable. Du reste, le recours de la femme contre les débiteurs n'est admis que subsidiairement et en cas d'insuffisance de son recours contre le mari (*ibid.*).

Du reste, en outre des quatre classes de biens dont le mari peut se trouver propriétaire par le fait même de la célébration du mariage, il en est qui peuvent devenir sa propriété pendant le cours du mariage. Quand, en effet, des immeubles dont le contrat permettait l'aliénation sans remploi ont été vendus ainsi, ou quand on a vendu des meubles non fongibles et livrés sans estimation, les biens dont la femme était d'abord restée propriétaire se trouvant ainsi remplacés par des sommes d'argent, c'est-à-dire par des choses fongibles, c'est donc au mari qu'appartient la propriété de ces choses, la femme n'ayant plus qu'un droit de créance quant à elles.

CXIII. — Comme usufruitier, le mari n'est tenu, pendant la durée de sa jouissance, que des obligations de l'usufruitier ordinaire ; mais on comprend qu'il a des devoirs plus étendus comme administrateur général des biens dotaux. Ainsi, s'il est tenu, en la première qualité, de faire, et à ses frais, les réparations d'entretien, il est tenu par la seconde de faire, mais pour le compte de la femme, les grosses réparations, et il répondrait des dépérissements ou détériorations que causerait le défaut de ces réparations. Chargé seul de l'exercice de toutes les actions, le mari répond aussi de toutes les prescriptions qu'il laisserait accomplir (art. 1562).

Du reste, tout en conférant au mari, par le fait de l'adoption du régime dotal, l'administration et la jouissance de ses biens dotaux, la
femme peut ici, comme sous l'exclusion de communauté, se réserver
par son contrat de mariage la faculté de toucher directement et sur ses
seules quittances une certaine portion de revenus. La clause produirait
ici les effets indiqués au n° XCV (art. 1519).

2° De l'extinction de l'usufruit marital et de la restitution de la dot.

CXIV. — L'usufruit du mari sur les biens constitués en dot s'éteint
par la dissolution du mariage et aussi par la séparation, soit de corps et
de biens, soit de biens seulement, qui viendrait à être prononcée entre
les époux. La femme, en effet, lorsque sa dot se trouve compromise,
peut ici, comme sous les régimes de communauté et d'exclusion de
communauté, obtenir sa séparation de biens, laquelle résulte d'ailleurs,
comme on le sait, de tout jugement de séparation de corps. Or on
verra plus loin que la séparation de biens, sans faire cesser complètement la dotalité, fait revenir à la femme l'administration et la jouissance de sa dot.

La cessation de l'usufruit et de l'administration du mari donne lieu
à la restitution de la dot, laquelle se fait ordinairement à la femme ou
à ses héritiers, mais pourrait, au contraire, être due au constituant,
si telle était la convention. Dans tous les cas, la restitution peut être
exigée immédiatement toutes les fois que la femme était restée propriétaire des choses à restituer, et que ces choses se trouvent ainsi en la
possession du mari ou de ses héritiers; pour les choses sur lesquelles la
femme n'avait qu'un droit de créance, la loi, vu que les choses dues
pourraient ne pas être actuellement à la disposition du mari, accorde
à celui-ci ou à ses héritiers un délai d'une année pour opérer la restitution. L'action en demande de restitution dure trente ans, à partir de
l'extinction de l'usufruit dans le premier cas, et de l'expiration de l'année dans le second (art. 1563-1565).

Les intérêts de la dot sont toujours dus de plein droit, du jour de
l'extinction, par quelque cause qu'elle arrive et à quelque personne
que la restitution doive se faire; mais, dans le cas d'extinction par la
mort du mari, la veuve jouit de deux avantages qui lui sont personnels : 1° elle a le choix de prendre, pendant l'année qui suit le décès,
ou les intérêts ou ses aliments; 2° elle a droit, quelle que soit son option, à l'habitation et aux habits de deuil pendant le même temps (article 1570).

CXV. — C'est, comme de raison, à la femme qui demande la restitution de prouver que la dot qu'elle réclame a été reçue ou que le
mari n'a manqué de la recevoir que par sa faute, et se trouve ainsi responsable de sa valeur; mais quand l'extinction de l'usufruit n'arrive

qu'après dix ans depuis le moment où la dot devait être payée, il y a contre le mari, et au profit de la femme et de ses héritiers, une présomption légale de réception ou de négligence, que celui-ci ne peut faire tomber que par la preuve contraire. Il n'a pas toujours besoin, au surplus, de prouver qu'il a fait des poursuites rigoureuses; il peut suffire, selon les circonstances et d'après la qualité du constituant, de réclamations et démarches amiables : c'est au juge du fait de prononcer à cet égard.—Bien entendu, cette présomption de payement ou de faute ne pourrait pas être invoquée par le constituant, puisque, débiteur de la dot, il ne saurait jamais se prévaloir de l'inaction et de la négligence du créancier, tant qu'il n'y a pas prescription, c'est-à-dire avant trente ans. Par conséquent, la femme elle-même ne pourrait plus invoquer la présomption, si c'était elle qui eût constitué la dot. On argumenterait en vain de la loi romaine contre cette idée; car ce n'est pas la règle romaine (qui était faite pour un tout autre cas) que notre Code reproduit ici; c'est celle que le Parlement de Toulouse lui avait substituée, et ce Parlement refusait le bénéfice de la présomption à la femme constituante (art. 1569).

CXVI. — Comme tout usufruitier, le mari n'est tenu, en principe, de rendre les choses qui doivent se restituer en nature qu'autant qu'elles existent encore et dans l'état où elles se trouvent à l'extinction de l'usufruit, pourvu seulement que leur détérioration ou leur destruction ne résulte pas de sa faute. La loi applique notamment ce principe aux créances, rentes et droits d'usufruit qui, faisant partie de la dot, auraient pu s'éteindre ou subir des retranchements; mais elle y fait exception, au profit de la femme, pour les linges et hardes à l'usage de celle-ci. Quand le trousseau a été livré sans estimation et est ainsi demeuré la propriété de la femme, celle-ci, qui devrait, d'après les principes, se contenter de reprendre ce qui reste de ses linges et hardes usés, peut, au contraire, prendre en leur place les linges et vêtements actuellement à son usage, quoiqu'ils soient d'une valeur beaucoup plus considérable, tant par leur meilleur état que par leur plus grande importance.

Que si le trousseau a été livré sur estimation, la loi déroge encore au droit commun, d'après lequel la femme ne pourrait réclamer que le prix de cette estimation, et elle lui permet de prendre, si elle le préfère, les linges et hardes actuellement à son usage, quoique leur valeur puisse excéder de beaucoup celle du trousseau primitif. Si, au contraire, la valeur des linges et hardes était inférieure au chiffre de l'estimation du trousseau primitif, la femme, pour qui l'option, dans la pensée de la loi, ne peut qu'être un bénéfice, jamais une perte, aurait le droit de se faire payer la différence (art. 1566-1568).

CXVII. — Un dernier bénéfice exceptionnel que la loi confère ici à la femme (et à ses héritiers) est relatif au rapport à faire de la dot à la succession de celui qui l'a donnée.

D'après le droit commun, toutes les fois que la dot donnée à la femme sans dispense de rapport a été dissipée en tout ou partie par le mari, la femme venant à la succession du constituant devrait en rapporter la valeur à ses cohéritiers. Or ce principe reçoit ici, dans un cas, une exception qui, par sa nature même d'exception, ne doit pas être étendue et ne peut dès lors s'appliquer qu'au régime dotal. Quand le mari était tout à la fois insolvable et sans profession ou métier au moment où la dot a été donnée, la femme est quitte du rapport en abandonnant à la succession du constituant l'action qu'elle a contre le mari ou ses héritiers (art. 1573).

La femme dotale ne jouit ici, au surplus, d'aucun autre avantage particulier, et elle n'a point de privilége pour la répétition de sa dot sur les biens du mari. Sa créance, comme celle de toute autre femme mariée, est garantie par une hypothèque légale; mais elle n'est point privilégiée dans le sens particulier de ce mot (art. 1572).

SECTION III.
DE L'INALIÉNABILITÉ ET DE L'IMPRESCRIPTIBILITÉ DOTALES.

§ 1er. — De l'inaliénabilité dotale.

Nous nous occuperons successivement : 1° du principe d'inaliénabilité, 2° des exceptions qu'il reçoit, et 3° de la sanction édictée pour sa violation.

1° Du principe de l'inaliénabilité.

CXVIII. — C'est seulement aux immeubles dotaux que s'applique le principe de l'inaliénabilité : l'article qui pose le principe, la rubrique de la section où cet article se trouve, et tout l'ensemble de la même section, ne permettent pas de l'étendre aux meubles. Et, en effet, le droit romain et tous les anciens commentateurs n'ont jamais admis l'inaliénabilité que pour la dot mobilière. L'idée contraire conduirait d'ailleurs à l'absurde, puisque la permission exceptionnelle d'aliéner dans certains cas ne s'appliquant qu'aux immeubles, il s'ensuivrait que les meubles ne pourraient être aliénés en aucune circonstance, pas même pour donner du pain aux enfants (1554, II).

Il ne s'agit donc que des immeubles, et seulement, bien entendu, de ceux qui sont proprement dotaux; c'est-à-dire qui restent la propriété de la femme, en passant sous l'administration et la jouissance du mari comme étant directement constitués par le contrat. Quant à ceux qui deviennent la propriété même du mari, en ne laissant à la femme pour bien dotal qu'une créance contre celui-ci, ainsi qu'on l'a vu plus haut (n° CXI, 3° et 4°), il est clair qu'ils ne sont pas inaliénables. Ils ne le seraient pas, alors même que, la séparation de biens ayant été prononcée entre les époux, ces immeubles se trouveraient la propriété de la femme, comme ayant été livrés à elle par le mari en payement de ses deniers dotaux ou achetés par elle avec ces mêmes deniers : c'est l'argent, valeur mobilière, qui est alors dotal, non l'immeuble; or la dot mobilière est pleinement aliénable (1553, IV).

CXIX. — On répète partout que la jurisprudence admet cependant comme principe l'inaliénabilité de la dot mobilière ; mais c'est heureusement un fait inexact. Elle a le tort, il est vrai, d'admettre cette prétendue inaliénabilité pour le cas exceptionnel où il est intervenu entre les époux un jugement de séparation ; mais elle reconnaît la pleine aliénabilité, en général, et dans la position ordinaire de la dotalité. Il est vrai aussi que, pour cette position, les arrêts s'expriment d'une manière étrangement inexacte et mettent partout *le mot* d'inaliénabilité ; mais ce n'est là qu'une expression prise à contre-sens, et la parfaite aliénabilité des meubles se trouve consacrée de la manière la plus énergique. Voici, en effet, ce que disent les arrêts : « Le Code n'a pas entendu changer l'ancien état de choses ; or le mari a toujours eu, et il a dès lors toujours le droit de disposer de la dot mobilière. Mais puisque c'est le mari qui en a la disposition, la femme ne l'a donc pas, et de même que le mari seul peut exercer les actions pétitoires, de même le mari seul peut aliéner les meubles. La dot mobilière est donc *inaliénable*, dans un certain sens, *par rapport à la femme.* » Il n'y a d'inexactitude en ceci que pour les mots, et le fond des idées est aussi exact que facile à saisir. Puisque le mari peut aliéner les meubles, ces meubles sont donc *aliénables* ; il y a seulement incapacité personnelle de la femme pour opérer l'aliénation : le droit de disposition existe, seulement il est conféré au mari, *procurator* de la femme, au lieu de rester dans la main de celle-ci.

Malheureusement, cette inexactitude de mots, qualifiant d'inaliénabilité des choses ce qui n'est qu'une incapacité de la personne, a conduit la jurisprudence à une inexactitude d'idées et de choses, pour le cas de séparation de biens. La séparation enlevant au mari les droits que la dotalité lui conférait sur les biens dotaux, la dot mobilière ne peut donc plus être aliénée par lui ; et comme on avait eu le tort de dire qu'elle était *inaliénable pour la femme,* on est arrivé à dire que, se trouvant désormais *inaliénable pour le mari,* elle est dès lors pleinement et complétement inaliénable. Mais outre que cette prétendue inaliénabilité se trouve déjà réfutée au numéro précédent, elle l'est encore par la doctrine même des arrêts. On a vu, en effet, que, sous un langage impropre, cette doctrine reconnaît la parfaite aliénabilité des meubles, sauf cette circonstance que c'est au mari et non à la femme qu'appartient le droit d'aliénation ; or le bien que le régime dotal (qui seul peut créer l'inaliénabilité) laisse aliénable ne peut certes pas devenir inaliénable par l'effet de la séparation de biens, et il s'agira seulement de savoir par quelle personne il peut être aliéné. Or, puisque c'est à la femme que reviennent alors les différents droits que la dotalité pure conférait au mari, c'est donc cette femme qui aura la disposition du mobilier, comme l'exercice des diverses actions, comme l'administration et la jouissance de tous les biens (*ibid.*, III).

CXX. — Puisque les meubles dotaux sont aliénables, leurs revenus le sont donc aussi ; mais il n'en est pas absolument de même de ceux des immeubles. Ils sont essentiellement aliénables pour les besoins du ménage, puisque telle est précisément leur destination ; mais ce serait se tromper que de conclure de là, comme l'a fait un auteur, qu'ils soient disponibles pleinement et dans un but quelconque. Permettre d'aliéner pour tout objet la totalité des revenus, au lieu de les réserver pour les besoins de la maison, ce serait s'exposer à rendre nécessaire, pour la satisfaction de ces besoins, l'aliénation des immeubles eux-mêmes, en sorte que l'inaliénabilité (pour tout autre objet que les besoins du ménage) d'une partie des revenus des fonds dotaux n'est que la consé-quence de l'inaliénabilité de ces fonds eux-mêmes. Il faut donc, et c'est ce que fait la jurisprudence, distinguer dans ces revenus deux parties : ce qui reste, une fois les besoins du ménage satisfaits, est pleinement disponible; mais ce qui est nécessaire à la satisfaction de ces besoins n'est disponible que pour cet objet.

Et puisque le superflu des revenus est ainsi pleinement aliénable et soumis à une absolue disponibilité, le mari avant la séparation, la femme après, l'auront donc dans leur patrimoine libre. Ainsi, avant la séparation, il peut être employé par le mari en acquisitions person-nelles ou au payement de ses dettes; mais des créanciers de la femme ne pourraient pas le saisir, puisque c'est la propriété du mari. Après la séparation, au contraire, les créanciers du mari n'y ont plus droit, et ceux de la femme peuvent le saisir sans qu'il y ait à distinguer, comme le prétend à tort la jurisprudence, si les engagements sont postérieurs ou antérieurs au jugement de séparation. Il est incontes-table, en effet, qu'un créancier peut saisir les biens qui échoient au débiteur après l'engagement aussi bien que ceux qui lui appartenaient auparavant, puisque celui qui s'oblige est tenu sur ses biens à venir comme sur ses biens présents. Si donc les créanciers de la femme antérieurs à la séparation ne peuvent pas saisir le superflu échu avant cette séparation (non pas parce qu'il ne serait point disponible, car il l'est pleinement, mais parce qu'il n'appartient pas à la femme débi-trice), rien ne s'oppose à ce qu'ils saisissent celui qui n'échoit qu'après (*ibid.*, IV et VIII).

CXXI. — L'inaliénabilité des immeubles et de la portion de leurs revenus nécessaire aux besoins du ménage commence, bien entendu, à la célébration du mariage; mais quand finit-elle? On a quelquefois soutenu qu'elle finissait, non-seulement par la dissolution du mariage, mais aussi par la séparation de biens. C'est une erreur. Le Code, on le sait, a voulu maintenir le régime dotal tel qu'il existait; or il a toujours été entendu que la séparation de biens ne vient point ici se substituer à la dotalité, comme elle se substitue à la communauté ou à l'exclusion de communauté, mais seulement se combiner avec cette dotalité, en sorte qu'il existe ici un régime mixte qui soumet tout à la fois les époux au régime dotal, en ce que les immeubles dotaux sont toujours inaliénables, puis au régime de séparation, en ce que la femme prend l'administration et la jouissance de tous ses biens. C'est désor-mais un point constant pour les auteurs et les arrêts, comme il l'était déjà dans l'ancien droit.

Du reste, ce régime mixte de dotalité et de séparation ne peut résulter que d'un jugement et ne pourrait pas être établi par le contrat de mariage; car il y aurait dans une telle stipulation une double atteinte à des règles d'ordre public. Elle tendrait, d'une part, à obtenir l'inaliénabilité en dehors des conditions sous lesquelles la loi permet de la stipuler; elle serait, d'autre part, blessante pour la dignité maritale, puisqu'elle enlèverait au mari le droit d'administration que la loi lui confère sur tout bien dotal (*ibid.*, V et VI).

CXXII. — Par la dissolution, la dotalité cesse et les immeubles deviennent disponibles aux mains de la femme ou de ses héritiers; mais, bien entendu, c'est seulement pour l'avenir, et aucun acte d'aliénation, soit directe, soit indirecte, consenti pendant le mariage, ne pourrait s'exécuter sur eux après la dissolution. C'est en vain qu'on a prétendu le contraire pour l'exécution des engagements contractés pendant le mariage par la femme. Sans doute celui qui s'oblige oblige tous ceux de ses biens présents qui sont disponibles dans son patrimoine, et aussi tous ceux de ses biens à venir qui lui arriveront libres également; mais il ne saurait engager ceux de ses biens présents qui sont actuellement soustraits à son droit de disposition et mis hors de commerce. Et puisque l'acte est ainsi contraire au principe d'inaliénabilité, il est donc évident, ce principe étant formellement posé pour les héritiers comme pour la femme elle-même, que l'acte ne pourrait pas plus s'exécuter contre les héritiers que contre la femme, et on ne conçoit pas la distinction qu'un auteur et un arrêt ont voulu faire à cet égard, et qui est avec raison repoussée par la jurisprudence.

Mais si l'engagement contracté par la femme ne peut pas, après la dissolution, s'exécuter sur les biens qui ont été dotaux, il est clair qu'il peut très-bien s'exécuter sur le bien qui n'est échu à la femme qu'après la dissolution, puisque ce bien (qui eût pu être dotal, au moyen d'une constitution des biens à venir, s'il fût échu pendant le mariage) n'a jamais été dotal. On s'étonne que l'idée contraire ait pu être admise par un arrêt, qui, du reste, a été cassé, comme il devait l'être (*ibid.*, VIII).

CXXIII. — En même temps qu'elle prohibe formellement l'aliénation des immeubles (ce qui emporte interdiction de les engager), la loi prohibe formellement leur hypothèque. L'hypothèque, en effet, qui se trouverait suffisamment prohibée déjà par la défense d'aliéner (puisqu'il faut pouvoir aliéner pour pouvoir hypothéquer), méritait bien une prohibition expresse et particulière; car elle est plus dangereuse encore que l'aliénation directe. Dans celle-ci, en effet, la femme se dépouille sciemment et en pleine connaissance de cause, tandis qu'elle pourrait consentir une hypothèque dans l'espoir d'un remboursement qui deviendrait ensuite impossible, et se trouver ainsi dépouillée contre son gré. Aussi la loi *Julia* était-elle plus rigoureuse encore pour l'hypothèque que pour l'aliénation elle-même (*ibid.*, I, et 1556, IV).

2° Des exceptions au principe de l'inaliénabilité.

CXXIV. — Le principe de l'inaliénabilité des immeubles dotaux reçoit exception de deux manières différentes. Tantôt l'exception, écrite dans le Code lui-même, porte directement et uniquement sur l'inaliénabilité, en permettant d'aliéner, dans certains cas particuliers, les immeubles qui sont inaliénables dans les circonstances ordinaires. Tantôt cette exception, purement conventionnelle et créée par le contrat de mariage, modifie le système légal de la dotalité et fait disparaître l'inaliénabilité, au moyen d'une clause stipulant que les immeubles seront dotaux sans être inaliénables.

L'exception directe que la loi pose elle-même, et qui fait partie intégrante du régime dotal, embrasse un certain nombre de cas que l'on peut ranger en quatre catégories (art. 1555, 1556, n° I).

CXXV. — La première catégorie présente deux cas dans lesquels l'inaliénabilité, commandée par la nature même des choses, est admise sans être écrite dans le Code.

L'immeuble dotal a toujours été aliénable et saisissable pour la réparation des délits, même purement civils, de la femme. Établie comme principe d'ordre public, l'inaliénabilité ne saurait être retournée contre l'ordre public et devenir pour la femme une protection contre ses méfaits. Du reste, la nue propriété seulement des immeubles dotaux peut alors être poursuivie, l'usufruit du mari devant lui rester intact, à moins que celui-ci ne soit complice de sa femme.

L'immeuble est également inaliénable pour le payement des dépens dont la femme est tenue dans les procès qu'elle a personnellement soutenus relativement à sa dot, puisque c'est précisément pour la conservation de la dot que ces procès ont été faits (*ibid.*, II).

CXXVI. — La loi permet en second lieu l'aliénation pour l'établissement, par mariage ou autrement, des enfants de la femme. S'il s'agit d'enfants d'un précédent lit, l'autorisation nécessaire à la femme peut, si elle est refusée par le mari (qui n'est alors qu'un beau-père) être accordée par la justice, sauf qu'il faudra réserver l'usufruit au mari; mais quand il s'agit d'enfants communs, la loi trouve dans la qualité du père une garantie suffisante, et l'autorisation de celui-ci ne peut plus être remplacée par la justice. Cette différence entre les deux cas, qu'on a niée quelquefois, ne saurait cependant être douteuse, puisque le législateur n'aurait pas pu songer à écrire ici deux dispositions séparées, comme il l'a fait, si sa pensée avait été de poser une règle unique, comme on l'a prétendu (*ibid.*, III).

CXXVII. — La troisième catégorie comprend cinq cas, dans lesquels une impérieuse nécessité commandait d'autoriser l'aliénation, et où la vente, au surplus, ne peut se faire que sur la permission de la justice et aux enchères publiques.

1° La vente peut d'abord être permise pour tirer de prison le mari ou la femme. Bien entendu, il faut que l'emprisonnement soit sérieux et non le résultat d'une ruse combinée avec un tiers pour arriver frauduleusement à une aliénation prohibée : le tiers pourrait, dans ce cas, comme complice de la fraude qui a fait perdre à la femme son immeuble, être condamné à réparation envers celle-ci. Il va sans dire aussi que le tribunal est maître de refuser la permission, s'il voit que la mise en liberté de l'époux détenu ne doit être d'aucune utilité pour la famille ; si, par exemple, il s'agissait d'un mari incorrigible, qui ne sortira de prison que pour se livrer de nouveau à ses folles dépenses. Il est évident enfin que, quand c'est pour la dette du mari que l'immeuble de la femme a été vendu, celle-ci aurait son recours contre le premier, revenu à meilleure fortune (1558, I).

2° La vente peut être permise pour fournir des aliments aux époux, aux enfants ou aux parents ou alliés auxquels ils sont dus. La femme aurait ici recours contre le mari (chargé de subvenir aux besoins de la famille, tant que ses ressources sont suffisantes), si celui-ci, après être revenu à l'aisance, avait continué à se servir des valeurs provenant de la vente; mais pour ce qu'il a pris pendant qu'il était sans ressources il ne doit pas d'indemnité, puisque la dette d'aliments, à défaut de ressources chez le mari, devient la dette personnelle de la femme (*ibid.*, II).

3° On peut aussi permettre la vente pour payer les dettes, soit de la femme, soit de celui qui a constitué la dot, ayant une date certaine antérieure au contrat de mariage. Ce n'est pas pour les créanciers, comme l'ont cru quelques auteurs, qu'il s'agit ici de demander et d'obtenir une permission de poursuivre. De deux choses l'une, en effet : ou ces créanciers ont conservé leur droit d'action sur les immeubles, malgré la constitution en dot, et ils n'ont dès lors aucune permission à demander pour agir ; ou la constitution leur a fait perdre leur action sur ces immeubles, et le tribunal ne pourrait pas leur accorder alors un droit que la loi leur refuse (1). Il ne s'agit donc pas des créanciers, mais des époux : ce sont eux qui peuvent, soit que les créanciers aient ou non le droit d'agir, obtenir, si la justice le juge à propos, la permission de vendre pour payer. Pour des créanciers n'ayant plus le droit d'agir, cette faculté était nécessaire, afin de ne pas laisser la femme qui n'aurait pas de paraphernaux dans l'impossibilité de réaliser le désir, qu'elle peut et doit avoir, d'acquitter ses dettes ou celles de son débiteur; quant à ceux qui ont le droit d'agir, elle était encore utile, pour éviter

_____

(1) Quand les créanciers, soit de la femme, soit du tiers constituant, auront-ils (dans le silence du contrat de mariage à cet égard) le droit d'agir sur les immeubles dotaux de la femme ? Il faut distinguer, pour chaque classe de créanciers, entre les immeubles constitués par le tiers et ceux que la femme s'est constitués elle-même. Quant aux créanciers de la femme, il est certain, quoiqu'on ait quelquefois enseigné le contraire, qu'ils n'ont jamais action sur les immeubles constitués par un tiers, puisque ces immeubles ne sont entrés dans le patrimoine de leur débitrice que pour y être inaliénables, insaisissables et hors du commerce. Sur les immeubles que la femme s'est constitués elle-même, ses créanciers auront action dans trois cas : 1° si la femme s'est constitué l'universalité de ses biens, puisque tout ensemble de biens restant de son passif, il n'y a, dans ce cas, de dotal et d'inaliénable que ce qui reste après acquittement des dettes; 2° si l'immeuble était, avant la constitution, grevé

à cette femme les frais et la honte d'une expropriation. Il faut, au surplus, que les dettes aient date certaine antérieure, non-seulement au mariage, mais même au contrat, afin qu'on ne puisse pas, par des engagements souscrits dans l'intervalle du contrat à la célébration, porter atteinte à la dot telle qu'elle est fixée par ce contrat (*ibid.*, III).

4° La vente peut encore être autorisée pour de grosses réparations nécessaires à la conservation d'un immeuble dotal. Il ne suffirait pas de réparations d'entretien, ni de gros travaux d'amélioration ou autres : il faut qu'il s'agisse de grosses réparations, de gros travaux indispensables à la conservation du bien (*ibid.*, IV).

5° L'aliénation peut enfin être permise pour la part dotale que la femme possède dans un immeuble indivis qu'on prétend impartageable et qu'il s'agit dès lors de liciter : c'est au tribunal de constater que l'impossibilité de partager en nature existe réellement. Si, lors de la licitation, c'est à la femme que l'immeuble est adjugé, il n'est dotal que pour la part qui appartenait primitivement à celle-ci (à moins, bien entendu, de constitution de tous les biens à venir), la dot ne pouvant pas, on le sait, être augmentée pendant le mariage (*ibid.*, V).

CXXVIII. — Dans chacun des cinq cas ci-dessus, quatre conditions, communes à ces cinq cas, sont exigées pour la validité de l'aliénation.

1° Un jugement régulièrement rendu doit permettre la vente, en constatant que les époux sont bien dans l'un des cas prévus par la loi.

2° Il faut en outre, pour que l'aliénation puisse se faire légalement, que le jugement ne contienne pas à cet égard une erreur de droit. Il est bien vrai que si l'erreur ne portait que sur les faits (si, par exemple, le tribunal avait cru sérieux un emprisonnement qui n'était qu'une ruse), l'acquéreur ne pourrait pas être inquiété ; car c'est à la justice, non à cet acquéreur, de vérifier la faute ; mais s'il s'agit d'une erreur de droit, si le tribunal a déclaré cas d'aliénabilité un fait qui ne l'était pas (par exemple, en autorisant la vente pour soustraire un époux à l'emprisonnement dont il est menacé, tandis qu'elle ne peut être permise que pour le *tirer de prison*), l'acheteur, qui doit connaître la loi (*nemo jus ignorare censetur*), ne serait pas en sûreté, et la nullité de son acquisition, si elle était demandée plus tard, devrait être prononcée, ainsi que l'a jugé la Cour suprême.

3° Il faut ensuite que la vente soit faite avec les formalités voulues, c'est-à-dire après affiches et aux enchères.

---

d'hypothèque au profit des créanciers ; 3° si ces créanciers établissent que la constitution a été faite en fraude de leurs droits ; mais ils doivent toujours respecter l'usufruit du mari, à moins de prouver que celui-ci a participé à la fraude. Hors de ces trois cas, les créanciers ne peuvent pas agir, quoi que disent plusieurs auteurs, puisque, par l'effet de la constitution, les immeubles dotaux sont sortis du patrimoine libre de la femme pour passer dans son patrimoine inaliénable, où ils ne sont pas plus disponibles pour elle ou ses ayants cause que s'ils avaient été transmis à un tiers.

Réciproquement, et pour ce qui est des créanciers du tiers constituant, ils n'auront jamais action sur les immeubles que s'est constitués la femme, puisqu'ils n'ont jamais été biens de leur débiteur ; ils l'auront sur ceux que le tiers a constitués, dans les trois cas ci-dessus, et par les mêmes raisons (art. 1558, III).

4° Il faut enfin que toute somme provenant de la vente, et qui n'est pas absorbée par le besoin qui a fait permettre cette vente, soit employée en acquisition d'un immeuble qui sera lui-même dotal et inaliénable. La loi exige formellement ce remploi, même pour le simple excédant du prix au-dessus des besoins des époux : à plus forte raison doit-il avoir lieu quand le prix entier reste aux mains des époux, c'est-à-dire dans le cinquième cas.

Par l'absence d'une seule des conditions voulues, la vente se trouverait faite en dehors de l'exception admise par la loi ; elle constituerait dès lors l'aliénation d'un bien inaliénable, et serait par conséquent soumise à l'action révocatoire dont nous parlerons plus loin (*ibid.*, VI).

CXXIX. — C'est un point qui peut paraître délicat que de savoir si la loi, en permettant d'aliéner l'immeuble dotal dans les cas exceptionnels qui viennent d'être indiqués, entend par là même et implicitement permettre aussi de les hypothéquer. L'hypothèque peut conduire à une aliénation contraire à la volonté de la femme, et qui s'accomplirait d'ailleurs à un moment inopportun où elle se ferait peut-être à vil prix en même temps qu'à grands frais. Elle est donc, sous un rapport, beaucoup plus grave que l'aliénation directe, qui, du moins, se fera volontairement et dans des conditions favorables : aussi l'hypothèque était-elle interdite dans le droit romain, alors même que l'aliénation y était permise. Cela étant, et quand on voit notre Code prendre soin de poser formellement et séparément pour l'hypothèque comme pour l'aliénation son principe prohibitif, pour ne parler ensuite que de l'aliénation, et jamais de l'hypothèque, dans les dispositions qui dérogent à ce principe, n'en faut-il pas conclure que la volonté du législateur a été de n'admettre aucune exception à l'interdiction de l'hypothèque?... Si graves que ces raisons soient pour l'affirmative, on doit cependant répondre négativement.

Remarquons d'abord que, dans le cas dont il s'agit, la loi n'accorde pas directement aux époux l'autorisation d'aliéner, elle accorde seulement à la justice le pouvoir de permettre l'aliénation quand elle le juge à propos. Or n'est-il pas impossible d'admettre que la loi ait entendu refuser aux tribunaux le pouvoir de permettre aussi, selon les circonstances, une concession d'hypothèque, qui pourrait, dans tel cas donné, être infiniment plus avantageuse qu'une aliénation ?

Mais ce n'est pas tout. Si la loi n'entendait pas comprendre l'hypothèque avec l'aliénation dans les dispositions qui nous occupent ici, elle ne la comprendrait pas davantage dans celle qui permet aux époux de stipuler l'aliénabilité de l'immeuble dotal, puisqu'elle est formulée de la même manière. Or qui pourrait jamais admettre que, dans le contrat de mariage, dans ce contrat si singulièrement favorisé, on dût déclarer nulle la clause par laquelle les époux se réserveraient le droit d'hypothéquer les immeubles dotaux?... On répondrait en vain que si les époux ne trouvent pas dans l'art. 1557 la faculté de faire cette stipulation, ils la trouvent dans l'art. 1387. Cette idée, pour avoir été émise par de hautes autorités, n'en est pas moins une erreur aussi étrange que manifeste, puisque cet art. 1387, par son renvoi à l'art. 1388, n'admet la liberté des conventions matrimoniales que sous la défense expresse de *déroger aux dispositions prohibitives du Code*, en sorte qu'il confirmerait, bien loin de l'enlever, l'impossibilité d'échapper à la prohibition dont il s'agit. C'est donc bien dans les exceptions mises par la loi à la défense d'aliéner l'immeuble dotal que se trouvent implicitement les exceptions à la défense de l'hypothéquer.

Ce qui prouve enfin nettement l'existence de ces exceptions, c'est l'art. 7 du Code de commerce, qui rappelle que les immeubles dotaux peuvent être aliénés ou *hypothéqués* dans *les cas déterminés par le Code Napoléon* (1556, IV, et 1557, I).

CXXX. — La quatrième et dernière catégorie des exceptions directement posées par la loi au principe de l'inaliénabilité ne comprend qu'un seul cas, celui de l'échange. Ici la loi ne demande plus qu'il y ait nécessité d'aliéner ; comme il ne s'agit que de substituer à l'immeuble dotal un autre immeuble qui sera dotal également, il suffit que l'échange soit utile. Il faut, en surplus, que l'immeuble qu'on acquiert présente au moins les quatre cinquièmes de la valeur de l'autre. Ce fait doit être constaté par des experts que nomme d'office le tribunal qui doit aussi vérifier l'utilité de l'opération avant d'accorder l'autorisation. Quand l'immeuble acquis vaut moins que l'autre, l'argent que reçoit la femme doit être employé en achat d'un immeuble qui devient dotal et inaliénable ; si c'est, au contraire, l'immeuble acquis qui se trouve plus considérable, il n'est cependant pas dotal pour le tout (hors le cas de constitution des biens à venir), ainsi qu'on l'a dit pour le cas de licitation.

CXXXI. — Telles sont les exceptions que le Code apporte au principe de l'inaliénabilité ; mais il permet aux époux d'aller beaucoup plus loin, et de supprimer quant à eux le principe lui-même en stipulant dans leur contrat la pleine aliénabilité des immeubles dotaux. Bien entendu, la clause d'aliénabilité peut être plus ou moins étendue ; elle peut ne réserver que telle espèce d'aliénation (en laissant les autres soumises à la prohibition légale) ou les permettre toutes ; elle peut autoriser l'aliénation purement et sans condition ou ne la permettre qu'à la condition d'un bon et valable remplacement.

On s'est demandé si la stipulation pure et simple du droit d'aliéner les immeubles dotaux emporte virtuellement celui de les hypothéquer. On a vu plus haut que les époux peuvent fort bien se réserver le droit d'hypothèque, il n'y a pas de difficulté sur ce point ; mais ce droit, qui résulterait ainsi d'une clause expresse, découle-t-il aussi de la déclaration d'aliénabilité ? La Cour suprême juge la négative, et c'est, en effet, dans ce sens, malgré la vive critique d'un éminent auteur, qu'il faut résoudre la question. Ce n'est pas qu'on puisse dire que, dans la matière du régime dotal, le seul sens légal du mot *aliéner* soit le sens restreint et exclusif de l'idée d'hypothèque, puisque ce système, comme on l'a vu, conduirait (sans que l'art. 1387 puisse conjurer ce résultat, qu'il confirmerait, au contraire) à déclarer nulle la réserve, même expresse, du droit d'hypothéquer ; mais on ne peut pas dire davantage que la signification plus large et comprenant l'idée d'hypothèque soit à son tour l'unique sens légal du mot, puisque le sens restreint est celui que la loi adopte tout d'abord en posant sa prohibition. Les deux sens, large et restreint, sont aussi légaux l'un que l'autre ; mais il est de principe que toute clause dérogatoire au droit commun doit s'entendre restrictivement, et comme toute stipulation du droit d'aliéner ou d'hypothéquer déroge au droit commun en matière de dot, on doit donc l'interpréter dans le sens restreint, toutes les fois que rien n'indique une pensée différente chez les contractants (1557, I).

On s'est également demandé si la réserve du droit d'aliéner les immeubles dotaux emporte le droit d'aliéner la dot mobilière. Comme la prétendue inaliénabilité des meubles n'est rien autre chose, on le sait, qu'une incapacité personnelle à la femme d'exercer le droit de disposition, qui est ici confié au mari, la question revient donc à demander si la réserve d'aliéner les immeubles fait passer du mari à la femme le droit de disposer des meubles. Or la négative paraît évidente ; car le statut réel d'aliénabilité des immeubles ne change rien à la capacité respective des deux époux quant au mobilier. — On a discuté aussi sur le point de savoir si la réserve du droit d'aliéner emporte celui de compromettre ; mais on ne doit pas hésiter à répondre affirmativement, car on ne voit aucune raison pour que celui qui a la libre disposition de sa chose ne puisse pas compromettre sur elle (*ibid.*, II).

CXXXII. — Quand le contrat de mariage n'admet l'aniénabilité que sous la condition du remploi, les immeubles restent dès lors inaliénables en dehors de cette condition, et le défaut de remplacement donnerait lieu, à la différence de ce qui se passe sous le régime de communauté, à la révocation de l'aliénation. L'acquéreur doit veiller ici à ce que le remploi se fasse régulièrement et utilement.

Il faut d'abord que le remploi soit fait régulièrement et conformément aux prescriptions du contrat. Ainsi, quand le contrat demande que le remploi se fasse en France, il ne suffirait pas de biens situés à l'étranger ; il ne suffirait pas de maisons, si le contrat exigeait des fonds de terre. Si le contrat demandait seulement des immeubles, sans autre précision, il suffirait même de rentes sur l'État ou d'actions de la Banque de France, pourvu qu'elles fussent immobilières. — Il faut ensuite que l'emploi soit utile ; et c'est parce que l'acquéreur, malgré toutes les précautions possibles, serait rarement sûr d'être à l'abri d'un recours sous ce rapport, qu'il est d'usage de ne payer que sur un jugement qui ordonne le payement en déclarant le remploi bon et valable. — Bien entendu, le remploi doit comprendre tout ce qui provient de la vente du bien dotal, les pots-de-vin ou épingles, aussi bien que le prix principal. Mais c'est la femme qui doit supporter les frais de son achat : il est trop juste que les sacrifices à faire pour la conservation du patrimoine de la femme soient supportés par lui ; quand des biens sont mis sous un régime extraordinaire, ce ne peut pas être aux dépens d'autrui (*ibid.*, III).

Il est évident, au surplus, qu'il n'y a pas remploi dans le payement des dettes de la femme antérieures au mariage, puisque le remploi ne consiste que dans l'acquisition d'un nouvel immeuble. Sans doute l'aliénation peut toujours être permise pour ce cas ; mais elle ne peut avoir lieu qu'après affiches et aux enchères, comme on l'a vu plus haut, et non par vente à l'amiable et sous prétexte de remploi, ainsi que le permettent quelquefois certains tribunaux ; car, encore une fois, il n'y a pas là remploi, et une vente à l'amiable est alors une violation du principe de l'inaliénabilité (*ibid.*, IV).

3° De la sanction du principe de l'inaliénabilité.

CXXXIII. — Toutes les fois que l'immeuble dotal a été aliéné en dehors des cas d'exception indiqués ci-dessus, ou sans l'accomplissement des conditions ou des formalités exigées, soit par la loi, soit par le contrat, il y a lieu du chef de la femme à la révocation de l'aliénation. Tant que les époux sont sous la dotalité pure, c'est le mari, comme *procurator* de la femme, qui peut exercer l'action ; celle-ci ne le pourrait pas, quoi qu'en ait dit un auteur, puisque le mari seul est alors chargé de poursuivre les détenteurs des biens dotaux. Quand il y a séparation de biens, c'est à la femme d'agir, et le mari ne peut plus le faire, puisque c'est à la femme que revient alors l'exercice de toutes les actions dotales ; mais cependant la prescription de l'action ne court pas encore, par la raison que l'immeuble, comme on l'a vu, ne pourrait pas encore être aliéné, et que la femme, d'ailleurs, n'est pas encore pleinement libre dans l'exercice de son action ; cette action pouvant, la plupart du temps, comme on va le voir, réagir contre le mari. Une fois la dissolution du mariage arrivée, l'action appartient soit à la femme, soit à ses héritiers ; mais alors, comme les immeubles cessent d'être dotaux et inaliénables, la ratification de l'aliénation serait possible, et la prescription de l'action commencerait à courir.

L'acquéreur ne peut jamais demander la révocation, pas même quand c'est le mari seul et agissant en son nom qui a vendu. On dirait en vain que c'est alors un cas de vente de la chose d'autrui, vente qui se trouve ainsi proprement nulle et inexistante, et non pas seulement révocable : le mari, en effet, investi du droit de disposition des meubles dotaux, exerce sur les immeubles des pouvoirs tellement étendus que, s'il n'est plus, comme à Rome, *dominus dotis*, il ne pourrait pas du moins être considéré comme un étranger, et la loi déclare en conséquence que, soit que la vente ait été faite par le mari seul, par la femme seule, ou par tous deux conjointement, cette vente ne sera jamais révocable que sur la demande de la femme ou de ses représentants. Et puisque, même dans ce cas de vente consentie par le mari, c'est une révocation, une rescision du contrat, qu'il faut intenter, c'est donc par dix années, non par trente, que la prescription s'accomplirait (1560, n°s I, II et V).

CXXXIV. — L'action révocatoire, qui ne peut jamais appartenir aux créanciers du mari, puisque celui-ci ne l'exerce que comme *procurator* de la femme, peut-elle être exercée par les créanciers de la femme ? C'est un point assez délicat ; mais on doit, ce semble, répondre négativement. La révocation de l'aliénation de l'immeuble dotal est quelque chose d'exorbitant et de défavorable, qui ne doit pas être étendu à d'autres personnes que celles qui sont désignées par la loi ; son exercice présente une question d'équité qu'il faut laisser à la conscience de la femme ou de ses héritiers et qui doit faire considérer le droit comme leur étant exclusivement personnel (*ibid.*, V).

CXXXV. — Toutes les fois que le mari, ayant concouru à l'aliénation, n'a pas déclaré dans l'acte la dotalité de l'immeuble, il peut être condamné à payer des dommages-intérêts à l'acquéreur évincé. On a combattu cette solution et prétendu qu'il fallait pour cela que le mari, d'abord, eût vendu seul et en son nom propre, et que l'acquéreur, d'autre part, n'eût pas connu la dotalité du bien d'une manière quelconque. C'est une erreur ; car, d'un côté, c'est après avoir parlé de toute aliénation, consentie, soit par les deux époux, soit par la femme seule, soit par le mari seul, que la loi déclare celui-ci passible de dommages-intérêts pour n'avoir pas *déclaré la dotalité dans le contrat,* et il est d'ailleurs d'autant moins douteux que le législateur tient positivement à cette dernière idée, que c'est après coup, et pour détourner plus énergiquement de la vente du bien dotal, que cette phrase a été substituée à celle qui demandait que l'acquéreur eût *ignoré la dotalité du bien.* Qu'importe, en effet, que l'acquéreur ait connu la dotalité ? Était-ce une raison pour qu'il crût que les époux seraient assez déloyaux pour venir plus tard violer la foi promise ? Que l'aliénation soit révoquée, à la bonne heure, puisque la rigueur des principes dotaux l'exige ainsi ; que la femme, elle, reste toujours indemne, alors même qu'elle aurait formellement promis la garantie, soit encore, puisque c'est elle qu'on veut protéger quand même et que telle était la disposition formelle du droit romain, auquel on ne voit ici aucune trace de dérogation dans le Code. Mais le mari, qui n'a aucun droit à cette protection exorbitante, le mari qui est réputé, *tanquam potentior,* avoir été l'instigateur de l'aliénation et l'avoir fait faire à son profit, devra non-seulement restituer le prix de vente, mais aussi payer des dommages-intérêts, toutes les fois que, concourant à l'aliénation, il n'aura pas eu soin de mettre sa responsabilité à l'abri par la déclaration de dotalité.

Bien entendu, la présomption de profit tiré par le mari disparaîtrait si le prix avait été employé par la femme, qui l'aurait encore en sa possession ; c'est elle alors qui restituerait ce prix (mais non les dommages-intérêts, qui seraient toujours dus par le mari, la femme devant toujours rester *omnino indemnis*). Que si, la femme ne possédant pas le prix, le mari, de son côté, n'avait pris aucune part à la vente, pas même pour autoriser la femme, l'acquéreur évincé n'aurait droit ni aux dommages-intérêts ni à la restitution du prix (*ibid.*, III et IV).

CXXXVI. — La révocation devrait-elle être prononcée si elle était demandée par celui-là même qui serait obligé de garantir l'acquéreur évincé ; par exemple, quand c'est le mari, tenu de l'indemnité, qui est héritier de la femme? On doit s'arrêter ici à une distinction générale-ment admise par l'ancienne doctrine. Quand le mari a vendu en son nom ou s'est formellement porté garant, la dette de garantie, ainsi née dans les conditions ordinaires du droit commun, doit avoir plein effet et faire cesser la faculté de révoquer ; mais, dans le cas contraire, l'o-bligation de garantir n'existant que par dérogation aux principes géné-raux, on doit, ainsi que l'ont toujours fait les anciens arrêts, recon-naître comme toujours subsistant le droit de révocation transmis au mari par la femme (*ibid.*, IV).

§ 2. — De l'imprescriptibilité dotale.

CXXXVII. — Les meubles dotaux, toujours aliénables, sont également prescriptibles ; mais les immeubles que le contrat de mariage ne déclare pas disponibles sont imprescriptibles comme ils sont inalié-nables, avec ces trois différences toutefois : 1° que l'imprescriptibilité n'admet pas d'exceptions pour tel ou tel cas particulier ; 2° qu'elle ne s'applique pas à ceux des immeubles qui étaient en cours de prescrip-tion lors de la célébration du mariage ; 3° qu'elle cesse par la sépara-tion de biens.

Cette dernière règle peut paraître étrange : comment la loi peut-elle donner effet à l'acquisition qu'un tiers ne fait de l'immeuble dotal que par le consentement tacite ou présumé de la femme, alors qu'elle n'ad-met pas celle que la femme consentirait par un acte exprès? Ce résultat peut s'expliquer par ces deux idées : 1° que si l'inaliénabilité est con-sidérée comme principe d'ordre public, l'acquisition par prescription l'est aussi et d'une manière bien plus vraie ; 2° que l'aliénation indi-recte par prescription ne s'accomplissant que par un long laps de temps et n'offrant pas d'ailleurs à la femme l'appât d'argent à recevoir, celle-ci n'avait pas ici besoin de la même protection que pour l'aliénation directe (1561, I).

CXXXVIII. — Il ne s'agit là, au surplus, que de la prescription ac-quisitive, de celle qui tend à procurer à un simple possesseur la pro-priété du bien dotal qu'il détient. Quant à la prescription dont aurait besoin celui qui a, dès à présent, la propriété (mais révocable) de l'im-meuble, pour l'avoir acquis des époux, c'est-à-dire la prescription libé-ratoire de l'action en révocation, on a vu plus haut qu'elle ne court pas plus après la séparation de biens qu'avant, et ne peut commencer qu'a-près la dissolution du mariage. Il est vrai que cette solution, consacrée par la jurisprudence de la Cour suprême, est vivement critiquée par un récent et savant auteur ; mais elle est pourtant parfaitement exacte, et l'argument, prétendu décisif, que l'on déduit contre elle de ce que l'an-cien droit admettait aussi bien la prescription de l'action révocatoire que la prescription acquisitive, est complétement insignifiant. Tandis, en effet, que l'ancien droit admettait ici toute espèce de prescription, notre législateur, prenant précisément le contre-pied, n'en a admis primitivement aucune : le Code, dans sa première rédaction, repoussait, pour toute la durée du mariage, et la prescription libératoire de la révocation, et aussi la prescription acquisitive ; c'est après coup seulement, et sur la demande du Tribunat, qu'il a introduit par exception cette dernière, à partir de la séparation de biens. Or, puisque la dérogation apporteé au principe pour l'une n'existe pas pour l'autre, celle-ci demeure donc prohibée (*ibid.*, II).

OBSERVATION PARTICULIÈRE.

CXXXIX. — Les époux sont libres, bien entendu, de combiner comme ils l'entendent le régime dotal avec le régime de communauté ; et s'ils peuvent ne prendre du premier que l'inaliénabilité des immeubles de la femme, en adoptant la communauté pour tout le reste, ils peuvent aussi faire du régime dotal la base principale de leur association, en y ajoutant une simple communauté d'acquêts (1581, I).

Dans ce dernier cas, le contrat, tout en laissant dotaux les biens constitués (ce qui emportera l'inaliénabilité et l'imprescriptibilité des immeubles, puis l'attribution au mari de l'exercice des actions pétitoires immobilières), met en commun, du moins en général, les revenus de tous les biens de la femme, même de ses biens constitués, qui cessent d'être dotaux sous ce rapport. Il n'en serait autrement que par exception et si le contrat révélait la volonté de réserver exclusivement au mari, malgré la communauté d'acquêts, l'usufruit de la dot (1581, II et III).

Modifications apportées au Code Napoléon par les lois des 18 juin et 10 juillet 1850.

CXL. — La loi du 18 juin 1850 sur l'établissement de la caisse de retraites, destinée à servir aux ouvriers, dans leur vieillesse, des rentes viagères proportionnées à l'importance des sommes que le bénéficiaire aura versées à la caisse, déroge sur plusieurs points aux principes de notre matière.

Ainsi, tandis que le plus souvent, c'est-à-dire en cas de communauté légale, le mariage du déposant devrait, d'après les principes ordinaires, faire tomber dans la communauté les sommes que ce déposant a versées à la caisse avant son mariage, en sorte que, avenant la dissolution de la communauté, ce serait aux deux époux, chacun pour moitié, en cas d'acceptation de la femme, ou au mari pour le tout, en cas de renonciation, qu'appartiendraient la rente viagère et aussi, après la mort du déposant, le capital des sommes déposées, si la restitution en a été stipulée, la loi du 18 juin 1850, au contraire, dispose que, sans distinction du régime que les époux adoptent, toute somme déposée avant le mariage restera propre au déposant, en sorte que, après la dissolution, c'est toujours au déposant, s'il survit, que la rente appartiendra tout entière, et à ses héritiers que sera restitué, s'il y a lieu, le capital des sommes déposées.

Pour les versements faits pendant le mariage, tandis que la somme déposée devrait appartenir, d'après les principes et selon les cas, ou au mari toujours et quel que soit l'époux qui fasse le versement (en cas de dotalité ou d'exclusion de communauté), ou pour le tout à celui qui fait le dépôt (quand il y a séparation de biens ou paraphernalité), ou à la communauté, quand elle existe, pour revenir alors au mari, si, après la dissolution, la femme renonce, la même loi veut que, dans tous les cas et sans distinction du régime adopté par les époux, les sommes déposées par l'un de ces époux appartiennent, en propre et séparément, pour moitié au mari et pour l'autre moitié à la femme. La loi apporte toutefois deux modifications à cette seconde règle : 1° quand il intervient entre les époux un jugement de séparation de corps ou de séparation de biens, tout versement postérieur à ce jugement profite exclusivement à l'époux qui le fait ; 2° quand l'un des époux est absent ou seulement éloigné depuis plus d'une année, le conjoint présent peut être autorisé par sentence du juge de paix ou, en appel, par le tribunal civil prononçant en chambre du conseil, à se faire également attribuer le bénéfice exclusif des versements qu'il fera (*Append. au comment. du tit.* V).

CXLI. — Quant à la loi du 10 juillet 1850, dont les dispositions sont devenues parties intégrantes du texte du Code Napoléon, elle a pour double but : 1° de procurer aux époux, et surtout à leurs enfants après leur décès, le moyen de retrouver facilement leur contrat de mariage ; 2° de mettre les tiers à l'abri du danger de traiter avec une femme dotale se disant faussement mariée sans contrat et par conséquent en communauté.

D'une part, en effet, la loi exige que tout notaire qui dresse un contrat de mariage remette à l'instant aux époux un bulletin énonçant ses noms et le lieu de sa résidence, les noms, qualités et demeures des époux, et la date du contrat, et portant l'indication qu'il doit être remis à l'officier de l'état civil avant la célébration. Le notaire doit en outre, et sous peine de 10 francs d'amende, leur faire lecture de la disposition qui ordonne ces mesures et mentionner cette lecture dans le contrat de mariage. Lors de la célébration, l'officier public doit, à son tour, interpeller les époux et ceux qui autorisent le mariage, s'ils sont présents, d'avoir à déclarer s'il a été fait un contrat, et, en cas d'affirmative, sa date ainsi que les noms et lieu de résidence du notaire... La déclaration est énoncée dans l'acte, à peine, contre l'officier, de l'amende fixée par l'art. 50 du Code Napoléon. En cas d'omission ou d'inexactitude de la déclaration, la rectification de l'acte peut être demandée sur ce point, non-seulement par les parties intéressées, mais aussi d'office par le procureur impérial.

D'autre part, toutes les fois que l'acte de célébration déclare qu'une femme est mariée *sans contrat* et que la femme (ou son mari pour elle), dans l'acte qu'elle passe avec un tiers, ne fait pas une déclaration qui démente celle de l'acte de célébration, cette femme est réputée, par rapport à ce tiers et quant à l'objet du traité qu'elle a passé avec lui, capable d'aliéner ses biens, de les hypothéquer et de les engager, comme si elle était mariée en communauté légale (art. 1391, n°·VI).

———————

TITRE VI.

DE LA VENTE.

(Décrété le 6 mars 1804. — Promulgué le 16.)

Après avoir posé, dans les titres III et IV, les principes communs aux diverses obligations et à tous les contrats pécuniaires, le Code, passant du général au particulier, s'est occupé, dans le titre V, de celui de ces contrats qui est le plus important par son objet, le contrat de mariage; il va s'occuper ici, dans le titre VI, de celui qui est le plus fréquent, le contrat de vente. Ce titre est divisé en huit chapitres, qui traitent : le 1er, de la nature et de la forme de la vente; le 2e, de ceux qui peuvent acheter ou vendre; le 3e, des choses qui peuvent être vendues ; le 4e, des obligations du vendeur ; le 5e, des obligations de l'acheteur ; le 6e, de deux causes spéciales de résolution : la stipulation de rachat et la vileté du prix ; le 7e, de la licitation, ou vente de la chose commune à plusieurs ; le 8e et dernier, de la vente des choses incorporelles.

CHAPITRE PREMIER.

DE LA NATURE ET DE LA FORME DE LA VENTE.

1582. — La vente est une convention par laquelle l'un s'oblige à livrer une chose, et l'autre à la payer.

Elle peut être faite par acte authentique ou sous seing privé.

1583. — Elle est parfaite entre les parties, et la propriété est acquise de droit à l'acheteur à l'égard du vendeur, dès qu'on est convenu de la chose et du prix, quoique la chose n'ait pas encore été livrée ni le prix payé.

SOMMAIRE.

I.   La vente est aujourd'hui un contrat translatif de propriété : erreur de Toullier.
II. Elle produit le transfert immédiat de la propriété et non pas seulement l'obligation de la transférer, sauf quelques cas exceptionnels.
III. Renvoi pour la restriction de l'art. 1583.
IV. Différence entre la vente et la dation en payement. — De la convention appelée mohatra.
V.   L'écrit n'est exigé que pour la preuve. La convention accessoire de rédaction ultérieure d'un acte ne suspend point l'efficacité de la vente.

I. — La définition que l'art. 1582 donne de la vente est formulée en termes impropres et qui pourraient induire en erreur, si on ne les expliquait pas par les art. 1583 et 1138. A Rome et dans notre ancien droit, la vente n'avait pour effet, de la part du vendeur, que de créer contre lui l'obligation de procurer à l'acheteur la libre jouissance de la chose, et non la propriété de la chose : *ut rem emptori habere liceat, non etiam ut ejus faciat* (Dig. L. 19, t. 1, l. 30, § 1). Sans doute on aurait pu faire à Rome un contrat dans lequel l'une des parties, pour prix de la somme d'argent que l'autre lui payait, aurait transféré à celle-ci, ou promis de lui transférer, la propriété même d'une chose; mais ce contrat n'aurait point été le contrat de vente, il aurait constitué l'un de ces nombreux contrats auxquels la législation n'avait point donné de désignation particulière et qu'on appelait pour cela *contrats innomés* : quant à la vente, elle n'engendrait contre le vendeur que l'obligation de procurer à l'acheteur la libre possession du bien. Or si l'on s'en tenait à l'art. 1582 en l'isolant de ceux qui expliquent sa pensée, on pourrait croire qu'il consacre cette ancienne nature de la vente, puisqu'il la définit une convention par laquelle l'un *s'oblige à livrer une chose,* et c'est, en effet, ce sens d'un simple droit de jouissance et de possession que Toullier admet ici (XIV, 240).

Mais c'est une grave erreur. Cette ancienne nature du contrat de vente, déjà critiquée autrefois par beaucoup de nos auteurs français (1), a été répudiée par le Code, et c'est aujourd'hui la transmission de la propriété de la chose vendue qui fait l'objet du contrat de vente : ni les travaux préparatoires du Code, ni son texte même, ne permettent d'en douter. D'une part, en effet, il a été dit et répété, lors de la confection du Code, que *la transmission de propriété est aujourd'hui l'objet de la vente,* que c'est là *le but unique de ce contrat* (Fenet, XIV, p. 157, 192, etc.). D'un autre côté, on sait que le Code entend généralement par obligation de *livrer* l'obligation de *transférer la propriété,* comme le prouve l'art. 1138, qui, après avoir dit que toute obligation de *livrer* est parfaite par le seul consentement, ajoute comme conséquence qu'*elle rend le créancier propriétaire* de la chose dès l'instant où celle-ci a dû être livrée. Et c'est si bien là le sens de notre art. 1582, que l'art. 1583 ajoute immédiatement que dès que la vente, cette convention de livrer, est parfaite par l'accord des parties sur la chose et sur le prix, *la propriété est acquise à l'acheteur.* C'est enfin par application de ce principe nouveau que la vente de la chose d'autrui, qui était valable à Rome et dans notre ancien droit (2), est déclarée nulle dans notre Code (art. 1599). Quand, en effet, le vendeur n'était tenu que de procurer à l'acheteur la libre possession et jouissance de la chose, il n'avait pas besoin d'être propriétaire, et l'acheteur, pourvu qu'il ne fût pas troublé dans sa possession, n'avait pas à réclamer; mais aujourd'hui que le vendeur doit transférer la propriété, il faut qu'il l'ait lui-même (puisqu'on ne peut pas donner ce qu'on n'a pas), et il y a dès lors nullité de la vente du bien d'autrui. Aussi tous les commentateurs du Code, même le continuateur et annotateur de Toullier, M. Duver-

---

(1) *Voy.* notamment Caillet (cité par Pothier, *Vente,* n° 48); Denisart (t. IX, v° Garantie); Argou (*Instit.,* liv. 3, ch. 23); Bourjon (t. I, p. 458).
(2) Dig. (liv. 18, t. 1, 28); Pothier (*Vente,* n° 7).

gier (I, 12), reconnaissent-ils le changement apporté sur ce point aux anciens principes.

II. — Cette première différence avec les anciens principes en entraîne une seconde que les auteurs n'ont pas également mise en relief, et n'ont pas même toujours aperçue, quoiqu'elle soit pourtant indiquée deux fois pour une dans le Code. Alors même que la vente aurait eu pour but, dans l'ancien droit, la translation de la propriété, elle ne l'aurait toujours pas produite immédiatement et par l'effet direct du contrat; elle ne l'aurait opérée que médiatement, *ex post facto*, et au moyen de la tradition faite en vertu de ce contrat; il y aurait eu deux choses à distinguer alors : 1° le contrat de vente, faisant naître uniquement *l'obligation* de transférer le domaine de la chose; 2° la tradition, faite en exécution de cette obligation et réalisant la translation. Aujourd'hui il en est autrement, et c'est le contrat de vente qui opère immédiatement, indépendamment de tout fait postérieur, la translation de la propriété. On a vu, en effet, que l'art. 1138, à l'explication duquel nous renvoyons, pose en principe que toute convention de transférer la propriété d'une chose se trouve, par le seul effet du consentement, immédiatement *parfaite* (c'est-à-dire réputée mise à exécution, et censée suivie d'une tradition civile qui remplace la tradition matérielle), et que dès lors *elle rend le créancier propriétaire* à l'instant même et *avant que la tradition ait été faite*. Et la loi, faisant ici au contrat de vente l'application de ce principe, répète dans l'art. 1583 que, dès que les parties sont d'accord sur la chose et sur le prix, dès que la convention est formée, la vente se trouve *parfaite* et la propriété acquise à l'acheteur, *quoique la chose n'ait pas été livrée* (1). Il ne faut donc pas, pour corriger la rédaction de l'art. 1582, définir la vente, comme le fait M. Duvergier (n° 17), un contrat par lequel l'un des contractants *s'oblige à transférer la propriété* d'une chose, mais bien un contrat par lequel l'un des contractants *transfère la propriété* d'une chose moyennant un prix en argent que l'autre partie s'oblige à payer. Car, encore une fois, c'est par l'effet immédiat et instantané de la convention que la translation de propriété s'accomplit, en sorte que l'obligation d'opérer cette translation ne peut pas même exister.

Du reste, si la translation instantanée de la propriété est aujourd'hui l'effet normal et ordinaire de la vente, elle n'en est pas un effet nécessaire, et la vente peut, dans certains cas exceptionnels, ne produire immédiatement que l'obligation de rendre l'acheteur propriétaire ultérieurement. C'est ce qui arrive, 1° quand, l'objet de la vente n'étant pas déterminé dans son individu, ou le prix n'étant pas encore connu,

---

(1) Cela s'applique même au cas de vente d'une chose future. Lyon, 29 mai 1849 (Dev., 50, 2, 25). Mais la formation du contrat, dans ce cas, est subordonnée à la réalisation de la chose vendue; en sorte que si cette chose ne se réalisait pas, la non-réalisation rendrait le contrat nul pour défaut d'objet. Lyon, 18 mai 1854 (Dev., 54, 2, 426); à moins, toutefois, que les parties n'eussent entendu se lier définitivement et quel que fût l'événement ultérieur, c'est-à-dire la réalisation ou la non-réalisation de la chose. — *Voy.* Pothier (*De la Vente*, n° 6); Toullier (VI, 104 et 503); Duranton (X, 301); Troplong (*De la Vente*, n° 204).

la vente n'est pas encore parfaite, comme on le verra sous l'art. 1585; 2° quand les parties, malgré la détermination précise de l'objet et du prix, conviennent de suspendre l'effet ordinaire du contrat, en stipulant que l'acheteur ne deviendra propriétaire qu'après un certain délai.

III. — Pour ce qui est de la restriction que l'art. 1583 semble apporter au principe de la translation de propriété par l'effet instantané du contrat, en disant que, par le seul consentement, la propriété est acquise à l'acheteur *à l'égard du vendeur*, elle a été expliquée sous les art. 1140, 1141. On y a vu que la question de savoir si la transmission de propriété des immeubles serait efficace même *vis-à-vis des tiers* par le seul effet du contrat, ou si elle ne le serait qu'au moyen de la transcription de ce contrat, avait été renvoyée à notre titre et à celui *des hypothèques*, et que, restée encore indécise dans notre matière *de la vente*, comme on le voit par notre art. 1583, elle a enfin été résolue plus loin dans le sens de la translation absolue et *erga omnes* par la seule convention. Quant à la transmission de propriété des meubles, on y a vu également que, si elle n'admet non plus aucune exception ni restriction, la propriété des choses mobilières se transmettant aussi à l'égard de tous par le seul consentement, cette propriété peut du moins se trouver détruite pour l'acquéreur par la prescription qui résulte instantanément de la possession de bonne foi d'un tiers, aux termes de l'art. 2279.

Mais il ne faut pas oublier que, à côté de la question d'existence du droit, il y a là question de sa preuve en cas de dénégation; et comme les actes sous seing privé n'ont pas de date certaine par eux-mêmes vis-à-vis des tiers, il s'ensuit que l'acheteur a besoin, en fait d'immeubles, pour sa pleine sécurité, d'avoir un acte authentique ou un acte enregistré, de même qu'il a besoin, en fait de meubles, d'être mis en possession.

IV. — Bien entendu, c'est par les termes du contrat et par l'ensemble des circonstances que l'on apprécierait ici comme partout quelle a été la pensée des parties, et que l'on déciderait si elles ont fait véritablement une vente ou quelque autre contrat lui ressemblant plus ou moins, mais ne produisant pas les mêmes effets (1). C'est ainsi, par exemple, qu'il faudrait distinguer la vente, soit de la dation en payement, soit du prêt usuraire connu sous le nom de *mohatra*.

La dation en payement présente aujourd'hui, d'après les nouveaux principes de la vente, une grande analogie avec celle-ci, surtout quand c'est en payement d'une somme d'argent que la chose est livrée, puisqu'on y trouve alors une chose dont on transfère la propriété, et un prix formé par la somme que devait l'aliénateur, en sorte qu'il y a ici, comme dans la vente, *res, pretium et consensus*. Mais elle en diffère toujours par son but, qui n'est autre que la libération de l'aliénateur. Sans doute un débiteur peut aussi consentir à son créancier, et pour prix de la somme qu'il lui doit, une véritable vente de sa chose, de sorte qu'il sera quelquefois difficile de savoir lequel des deux contrats on a

---

(1) *Voy.* Caen, 31 janv. 1851 et 12 fév. 1853 (*J. Pal.*, 53, 2, 294 et 430).

entendu faire ; mais la difficulté de les distinguer ne les empêche pas d'être différents, et l'aliénateur, qui livre dans un cas comme vendeur, ne livre dans l'autre que comme débiteur désintéressant son créancier. Par conséquent, tandis que les clauses obscures ou ambiguës du contrat s'interpréteraient, en cas de vente, contre l'aliénateur, aux termes de l'art. 1602, elles s'interpréteront à son avantage au cas de dation en payement, la libération étant toujours favorable. Une autre différence, c'est que, si l'aliénateur prouvait plus tard que la somme qu'il croyait devoir n'était pas due, il ne serait, en cas de vente, qu'un vendeur non payé, et ne pourrait dès lors réclamer que le prix de la vente, tandis que, dans le cas de dation en payement, il peut répéter le bien en nature, puisque le détenteur ne l'avait reçu qu'à titre de créancier et n'est pas créancier : ce bien a été indûment payé, il y a donc lieu de le reprendre (Pothier, *Vente*, n° 603).

Quant à la convention appelée *mohatra*, et qui n'est qu'un prêt usuraire déguisé sous la forme de deux ventes du même objet (dont l'une au comptant et à bas prix, l'autre à un prix plus élevé et à terme), on conçoit que ce n'est pas par la teneur de l'acte, comme pour la dation en payement, qu'on pourra la reconnaître, mais par les circonstances seulement. Ainsi, quand je déclare vous vendre ma bibliothèque moyennant 3 000 francs payables dans un an, et que vous déclarez, aussitôt après, me la revendre moyennant 2 000 francs comptant, tout se réduit à ceci que je vous livre aujourd'hui 2 000 francs pour que vous m'en rendiez 3 000 dans un an, ce qui forme un prêt à 50 pour 100 par an. Il en sera de même si c'est vous qui me vendez votre bibliothèque pour 2 000 francs comptant, et que je vous la revende aussitôt pour 3 000 francs payables dans un an. Sans doute, il peut arriver souvent dans le commerce que des choses achetées aujourd'hui à bas prix se vendent demain fort cher, quoique la vente en soit, dans les deux cas, très-loyale et très-sincère ; mais la double opération pourra souvent aussi n'être qu'une fraude, et ce serait aux tribunaux de décider, d'après les circonstances, si ce sont de véritables ventes qui ont eu lieu, ou si l'on n'a fait qu'un prêt à un taux réprouvé par la loi.

V. — Le second et dernier alinéa de l'art. 1582 nous dit que la vente peut se faire, soit par acte public, soit par acte privé ; mais, bien entendu, il ne s'agit là que de la preuve du contrat pour une valeur de plus de 150 francs. Il est bien évident, en effet, que la loi n'a pas entendu soumettre un contrat aussi fréquent que la vente à des difficultés exceptionnelles, et qu'il reste soumis aux règles du droit commun. Toutes les fois donc qu'il s'agira de 150 francs au plus, la preuve testimoniale, et par conséquent les simples présomptions, seraient admissibles, sans qu'il soit besoin d'un acte ; et si, au-dessus de 150 francs, la vente verbale qu'une des parties refuserait d'exécuter était avouée par elle, la convention aurait tout son effet (1).

Il va sans dire que si, dans une vente verbale, ou dans une vente

_____

(1) *Voy.* Cass., 25 avr. 1853 (Dev., 53, 1, 368).

par acte privé, on était convenu de rédiger après coup un acte quelconque pour la première, ou un acte authentique pour la seconde, cette circonstance ne permettrait pas, comme l'a jugé à tort un arrêt de Bourges de 1818, de considérer la première convention comme dénuée de valeur. Sans doute, il en serait autrement si l'on reconnaissait que les parties n'ont entendu faire qu'un projet qui ne devait devenir vente que par la rédaction de l'acte ultérieur; mais du moment que c'est bien une vente qu'on a entendu faire en premier lieu, la circonstance d'un acte à rédiger après coup ne saurait lui faire refuser son effet, et c'est ce que décident, avec raison, plusieurs arrêts plus récents de la même Cour (1).

1584. — La vente peut être faite purement et simplement, ou sous une condition soit suspensive, soit résolutoire.

Elle peut aussi avoir pour objet deux ou plusieurs choses alternatives.

Dans tous ces cas, son effet est réglé par les principes généraux des conventions.

I. — La vente est susceptible, bien entendu, des diverses modalités qui peuvent affecter les autres contrats. Si elle peut être faite purement et simplement, elle peut aussi se faire sous une condition, soit suspensive, soit résolutoire, ou avec stipulation d'un terme, soit pour la tradition de la chose, soit pour le payement du prix, soit pour la transmission même de la propriété. L'effet de la modalité, quelle qu'elle soit, est toujours réglé par les principes que nous avons développés dans le commentaire du titre *Des Contrats en général*.

Mais en outre des diverses modalités communes à tous les contrats, la vente peut présenter une particularité très-remarquable dans la stipulation du droit d'élection de command. On appelle *élection de command*, ou *déclaration de command*, la désignation que l'acheteur fait, après coup, d'une tierce personne qui vient prendre sa place, de telle façon qu'il est légalement censé n'avoir agi qu'au nom et pour le compte de celle-ci, comme si c'était elle qui lui eût donné mandat et *commandement* d'acheter (2). C'est là, on le voit, une clause assez bizarre; car il y a quelque chose de contradictoire à pouvoir ainsi chercher et *élire*, après la vente faite, une personne qui, n'intervenant qu'après coup, sera cependant réputée avoir donné les ordres, de sorte que le véritable acheteur sera censé n'être que l'instrument de celui que l'on avoue n'avoir songé à rien, qu'un mandataire qui n'est personnellement tenu à rien, ni au payement du prix envers le vendeur, ni à l'acquittement des droits envers le fisc. C'est donc là une stipulation exorbitante du droit commun, qui ne serait pas permise d'après les principes généraux, mais qui, admise partout dans l'ancien droit, se

_____

(1) Bourges, 19 août 1818; — Bourges, 20 août 1841 et 17 mai 1842 (Dev., 42, 2, 68; 43, 2, 100).
(2) Lyon, 14 mai 1851 (*J. Pal.*, 53, 1, 701).

trouve consacrée aujourd'hui par les lois du 5 décembre 1790, du 13 septembre-16 octobre 1791, du 14 thermidor an 4, et du 22 frimaire an 7.

La faculté d'élire un command (ou plusieurs commands, dont chacun sera acheteur pour une portion) n'existe, bien entendu, qu'autant qu'elle est formellement réservée par le contrat. L'élection peut, entre les parties, être faite dans le délai quelconque qu'on aura fixé par la convention; mais vis-à-vis du fisc, l'élection doit être faite par acte authentique, et notifiée à l'administration dans les vingt-quatre heures du contrat de vente (lois de l'an 4 et de l'an 7). Il va sans dire que l'acceptation du command doit avoir lieu aux mêmes conditions que la vente primitive; car, s'il y avait quelque changement, ce serait une nouvelle vente, le premier acheteur serait tenu envers son vendeur, comme le nouveau le serait envers lui, et deux droits de mutation seraient dus. L'acquéreur en nom peut, au surplus, sans être à considérer pour cela comme l'acheteur réel, faire tous actes de jouissance et de propriété : il est censé les faire pour son command. Il importe peu aussi que cet acquéreur en nom ait dit *pour moi* OU *pour une personne que je me réserve de désigner*, ou qu'il ait dit *pour moi* ET *pour une personne*. Cette dernière locution, quoiqu'elle pût ne signifier que l'association du tiers à un achat que celui qui parle fait en toute hypothèse pour lui-même, peut aussi se prendre comme synonyme de la première, et on l'a toujours entendue, en effet, dans ce sens : tant pour moi (en totalité) si je veux conserver la chose, que pour un tiers (en totalité aussi) dans le cas contraire (1).

Ce n'est pas, au surplus, un cas d'élection de command que l'achat fait par les avoués à l'audience des criées. L'avoué est alors, très-réellement, le mandataire légal de l'acheteur, et n'a pas besoin, par conséquent, d'une réserve spéciale pour désigner ensuite le client pour lequel il a acheté. Par la même raison, il n'est pas nécessaire que sa déclaration, qui doit être faite dans les trois jours par acte d'avoué, soit notifiée à la régie (art. 709 C. pr.).

1585. — Lorsque des marchandises ne sont pas vendues en bloc, mais au poids, au compte ou à la mesure, la vente n'est point parfaite, en ce sens que les choses vendues sont aux risques du vendeur jusqu'à ce qu'elles soient pesées, comptées ou mesurées; mais l'acheteur peut en demander ou la délivrance ou des dommages et intérêts, s'il y a lieu, en cas d'inexécution de l'engagement.

1586. — Si, au contraire, les marchandises ont été vendues en bloc, la vente est parfaite, quoique les marchandises n'aient pas encore été pesées, comptées ou mesurées.

---

(1) Favre (liv. 4, tit. 34); Brodeau, sur Louet (l. R, § 2); Merlin (*Rép.*, v° Vente); Toullier (VIII, 170); Troplong (I, 75).

SOMMAIRE.

I. Distinction entre la vente à la mesure et la vente en bloc. La vente est faite à la mesure dans trois cas. Controverse.
II. Quand la vente est-elle faite en bloc ? Développements.
III. La vente à la mesure n'est point parfaite, c'est-à-dire qu'elle n'opère ni le transport des risques, ni celui de la propriété : erreur de la plupart des auteurs.
IV. Mais elle est efficace comme contrat productif d'obligations.

I. — Quand il s'agit de choses qui peuvent se peser, se compter ou se mesurer, le Code distingue si la vente en a été faite en bloc ou si elle n'a eu lieu qu'au poids, au compte ou à la mesure. Cette distinction est fort importante par les effets différents que la vente produit dans l'un et l'autre cas ; mais elle présente quelques difficultés et fait naître plus d'une controverse, soit quant au point de vue de savoir quand la vente sera faite en bloc et quand elle sera faite à la mesure, soit aussi quant aux effets qu'elle produit dans le second cas. Précisons l'un et l'autre point.

La vente est faite en bloc lorsqu'elle présente tout à la fois ces deux circonstances : 1° que les choses sont vendues en masse et dans leur ensemble ; 2° qu'elles sont vendues par un seul et unique prix : *Confusè et acervatim pretio, insimul dicto.* Elle n'est faite qu'au poids, au compte ou à la mesure dans l'hypothèse inverse, et par conséquent dans trois cas, c'est-à-dire toutes les fois qu'il y a absence, soit de chacune des deux conditions ci-dessus, soit de la première seulement de ces conditions, soit de la seconde seulement.

Ainsi, la vente est au poids, au compte ou à la mesure, 1° quand on ne vend les choses ni en masse ni pour un seul prix : par exemple, je vous vends 100 kilogrammes du café que j'ai dans ce magasin, à raison de 4 francs le kilogramme ; ou 100 moutons à prendre dans mon troupeau, à 25 francs par tête ; ou 100 décalitres du vin de cette cuve, à 20 francs le décalitre. — La vente est également faite au poids, au compte ou à la mesure, 2° si la condition d'unité d'objet n'existe pas, alors même qu'on aurait celle de l'unité de prix : ainsi, je vous vends, pour 400 francs, 100 kilogrammes de mon café ; ou, pour 2 500 fr., 100 moutons de mon troupeau ; ou, pour 2 000 francs, 100 décalitres du vin de cette cuve. *Non interest,* disait la loi romaine, *num pretium centum metretarum insimul dictum sit, an in singulas eas* (D., l. 18, t. 1, 35, § 7). — Il en est de même enfin, 3° quand c'est la condition d'unité de prix qui manque, et quoique les choses soient indiquées en masse : ainsi, je vous vends le lot de café que j'ai dans ce magasin à 4 fr. le kilogramme, ou mon troupeau à 25 francs par mouton, ou cette cuve de vin à 20 francs le décalitre. Il est vrai qu'on a quelquefois prétendu le contraire et voulu voir une vente en bloc, une vente d'objet certain et déterminé, par cela seul que les choses étaient indiquées en masse (1) ; mais cette idée est inadmissible. Elle est d'abord repoussée par le texte

---

(1) Voët (*De peric. et comm.*, liv. 18, t. 6, 4) ; Charondas (liv. 9, rép. 30, p. 345) ; Treilhard (Fenet, XIV, p. 21).

même de nos articles, puisqu'il oppose à la vente en bloc la vente au poids, au compte ou à la mesure, et que c'est bien vendre au compte, au poids ou à la mesure que de vendre à tant par kilogramme, ou par tête de bétail, ou par litre. D'un autre côté, la vente, d'après nos articles, est parfaite ou imparfaite, selon qu'elle est ou n'est pas vente en bloc ; et elle n'est parfaite, d'après l'art. 1583, que lorsqu'il y a détermination et de la chose et du prix : or le prix n'est nullement connu dans notre hypothèse, il ne le sera que par le pesage, le comptage ou le mesurage. Enfin la vente en bloc est, d'après nos articles, celle qui met les choses aux risques de l'acheteur : or c'est ce qui n'a pas lieu ici, puisque les choses peuvent, dans l'intervalle entre la vente et le mesurage, diminuer par dessiccation, évaporation, coulage ou autrement, et que l'acheteur ne payera cependant que la quantité qui existera lors du mesurage. Aussi la loi romaine nous dit-elle que la vente d'un troupeau n'est qu'une vente imparfaite (jusqu'au comptage) dès là qu'elle est faite à tant par tête : *si in singula corpora certo pretio*. Cujas explique de même que, pour qu'il y ait vente en bloc, il faut la réunion des deux conditions que nous avons indiquées, de choses vendues en masse (*confusè et acervatim*) et pour un seul prix total (*pretio insimul dicto, non in singulas res constituto*). Brunemann enseigne aussi que la vente est imparfaite, *licet universum venditum, si ad mensuram tamen*. Pothier, enfin, le guide ordinaire des rédacteurs de notre Code, professait la même doctrine (1).

II. — La vente est faite en bloc, au contraire, quand les choses sont vendues et pour un seul prix et comme formant un seul tout, c'est-à-dire quand il y a tout à la fois unité de prix et détermination de l'objet : je vous vends ce lot de café pour 400 francs, ou mon troupeau pour 2 500 francs, ou cette cuve de vin pour 2 000 francs.

Il importe peu alors que le vendeur fasse aussi connaître la quantité des choses vendues : ainsi, je vous vends pour 2 000 francs ma cuve de vin, qui contient 100 décalitres ; ou pour 2 500 francs mon troupeau, qui est de 100 moutons ; ou pour 400 francs mon lot de café, qui est de 100 kilogrammes ; car ce qu'on prend alors pour objet de la vente, ce n'est pas 100 kilogrammes de café, 100 moutons ou 100 décalitres de vin ; c'est *la cuve* de vin, *le troupeau* ou *le lot* de café : l'indication du chiffre n'est là que comme explication, pour mieux renseigner l'acheteur, et non comme déterminant l'objet de la vente. Sans doute cette indication ne serait pas sans effet : le vendeur devant, ou connaître l'importance de la chose qu'il vend, ou ne rien dire à cet égard, il est clair que, malgré l'opinion contraire de M. Pardessus (II, p. 316), l'acheteur pourrait se plaindre si le chiffre indiqué n'existait pas, et serait en droit d'exiger ou le complément ou une diminution proportionnelle du prix (2). Mais cette indication n'empêche pas la vente

(1) Dig. (l. 18, t. I, 35, § 6) ; Cujas (même loi, § 5) ; Brunemann (sur la loi 6 *De peric. et comm.*) ; Despeisses (I, n° 10) ; Pothier (*Vente*, n° 310) ; Pardessus (II, p. 315) ; Delvincourt (t. III) ; Troplong (I, 90).
(2) Favre (*De Contr. empt.*, Def. 3 et 4) ; Pothier (n° 251) ; Troplong (I, 92).

d'être faite en bloc, et c'est avec raison que la Cour suprême l'a ainsi jugé pour la vente faite d'un baril d'azur de 100 kilogrammes, moyennant le prix de 1 000 francs. On avait vendu, en effet, non pas 100 kilogrammes d'azur *in genere*, mais *tel baril* d'azur; et la promesse accessoire que ce baril pesait 100 kilogrammes ne l'empêchait pas d'être un corps certain et déterminé (1). Et comme ce n'est pas aux mots ou à leur arrangement qu'il faut s'attacher, mais aux idées, on doit dire que, quand même l'indication de la quantité serait mise en première ligne, la vente serait toujours une vente en bloc, du moment que les choses qui en font l'objet (et que l'on vend pour un prix unique) sont vendues dans leur ensemble et comme un seul tout : ainsi, quand je vous vends pour une somme de... les 100 kilogrammes de café que renferme ce sac, les 100 moutons de mon troupeau, ou les 100 décalitres de vin que contient ma cuve, la circonstance qu'il y a indication de la quantité, et que cette indication se trouve même en premier ordre, n'empêche pas que l'objet de la vente ne soit réellement le sac de café, le troupeau ou la cuve de vin, c'est-à-dire un corps certain; et comme la vente est d'ailleurs faite pour un seul prix, c'est donc bien une vente en bloc.

Ce serait également une vente en bloc que celle qui, faite ainsi pour un prix unique, aurait pour objet, non plus la totalité d'un ensemble de choses, mais une quote-part de cet ensemble : ainsi, je vous vends, pour une somme totale de..., la moitié, le tiers, le quart de mon sac de café, de mon troupeau ou de ma cuve de vin (ou des 100 kilogrammes de café de mon sac, des 100 moutons de mon troupeau, des 100 décalitres de vin de ma cuve). Sans doute, si une telle vente, au lieu d'être faite pour un seul prix, l'était à tant la mesure, ce ne serait plus une vente en bloc (puisqu'elle ne le serait même pas alors, ainsi qu'on l'a vu plus haut, quand elle porterait sur le tout au lieu d'une quote-part), et par conséquent tous les risques resteraient alors pour le vendeur, comme le dit avec raison M. Troplong (n° 92, en note), en relevant à cet égard l'erreur de Delvincourt. Mais quand la vente a eu lieu pour un prix unique, elle est évidemment faite en bloc; et le seul effet de cette circonstance que je ne vous ai vendu qu'une quote-part et non la totalité, c'est que la chose sera commune et indivise entre vous et moi, jusqu'à ce qu'il y ait partage.

III. — La vente, avons-nous dit, produit des effets très-différents, selon qu'elle est faite en bloc ou seulement à la mesure. Le Code indique ces effets différents en disant que, dans le premier cas, la vente *est parfaite,* et qu'elle ne l'est point dans le second. Mais qu'entend-il par là? La plupart des auteurs et un arrêt ancien de la Cour de cassation, entendant restrictivement l'art. 1585, décident que la vente à la mesure n'est imparfaite que quant aux risques de la chose, qui ne passent point alors du vendeur à l'acheteur tant qu'il n'y a pas eu mesurage, mais non quant à la translation de propriété, qui s'opère tou-

_____

(1) Cass., 30 août 1830 (Dall., 30, 1, 359).

jours, disent-ils, à l'instant même du contrat, aussi bien que dans la vente en bloc (1). D'autres, au contraire, notamment M. Troplong (nos 86-88) et MM. Championnière et Rigaud (III, 1681), enseignent que la vente à la mesure n'opère pas plus la translation de propriété que la mise aux risques de l'acheteur, et que si le second effet lui est expressément refusé par notre texte, c'est précisément comme conséquence de l'absence du premier. D'autres enfin, et surtout M. Duvergier (I, 83), font ici une distinction d'après laquelle la vente à la mesure, quoique n'opérant jamais la translation des risques, opérerait dans certains cas, mais non dans certains autres, la translation de propriété.

De ces trois systèmes, le dernier doit tout d'abord être repoussé, puisque ce serait refaire la loi, au lieu de l'expliquer, que d'imaginer deux règles différentes là où elle n'en pose qu'une seule. La vente en bloc est *parfaite,* la vente à la mesure ne l'est pas, du moins dans tel sens (que la loi a cru suffisamment préciser, tandis qu'elle l'a laissé discutable). Cela étant, on peut bien discuter sur le sens du mot *parfaite,* mais on ne peut pas discuter sur l'unité de ce sens; et quand la discussion aura fixé la portée de la règle, quand on saura dans quel sens le législateur entend que la vente à la mesure n'est pas parfaite, il est clair que toute vente faite à la mesure recevra l'application de cette règle. C'est donc entre les deux premières interprétations qu'il faut choisir, et nous allons voir que c'est à la seconde qu'il faut s'arrêter (2).

C'est dans ce sens qu'elle n'opère ni la transmission de propriété ni le transport des risques, que la vente faite au poids, au compte ou à la mesure est déclarée n'être pas parfaite; la seconde idée n'est même, pour le législateur, que la conséquence de la première, et c'est précisément parce que l'acheteur ne devient pas ici propriétaire, que les risques ne tombent pas sur lui. On en peut donner trois preuves pour une. D'abord, il est certains cas dans lesquels la transmission de propriété se trouverait impossible par la force même des choses : quand je vous vends, pour 25 francs par tête, 30, 40 ou 50 moutons à prendre, soit à mon choix, soit au vôtre, soit au hasard, dans mon troupeau de 400 bêtes, comment voudriez-vous devenir propriétaire à l'instant et avant qu'on ait déterminé les moutons que vous aurez? C'est bien impossible, puisque personne ne connaît encore les moutons sur lesquels frappera la vente. Par conséquent, dire, comme on prétend que le fait le Code, que les ventes à la mesure ne se trouvent imparfaites que pour ce qui concerne les risques et sont d'ailleurs translatives de propriété, ce serait poser une règle impossible et que répudierait la nature même des choses. — D'un autre côté, on a déjà vu sous les art. 938 et 1138 que, dans le langage du Code, le contrat susceptible d'opérer la transla-

---

(1) Merlin (*Rép.*, vo Vente, § 4, 2); Pardessus (II, 297); Favart (vo Faillite, § 131, 3); Duranton (XV, 192); Cass., 11 nov. 1812.
(2) Cass., 24 mars 1860 (Dev., 61, 1, 778; J. Pal., 61, 609). Sic : Massé (*Droit comm.*, t. IV, nos 159 et 188); Aubry et Rau (III, § 349); Delsol (III, p. 132); Boileux (V, p. 575).

tion de propriété est appelé *parfait,* quand il a produit cette translation ; et ce qui est dit à cet égard par l'art. 1138 pour tout contrat de
ce genre, et par l'art. 938 pour la donation, est répété dans notre titre
pour la vente par l'art. 1583, qui nous dit de même que, dès qu'il y a
fixation de chose et de prix, la vente est *parfaite et la propriété acquise
à l'acheteur.* Quand donc nos deux articles nous disent que, dans tel et
tel cas, la vente est ou n'est pas parfaite, cela signifie qu'elle transfère
ou ne transfère pas la propriété.—Nous avons également vu, sous l'article 1138, que, par convention *parfaite,* le Code (dans cette matière
des contrats translatifs de propriété) entend, non pas une convention
dûment formée, mais une convention légalement *consommée* et qui, au
moyen de la tradition purement civile qui vient ici remplacer de plein
droit la tradition matérielle, est réputée *suivie d'exécution* et pleinement
accomplie. Or il est clair que cette fiction d'exécution ne peut pas exister pour une vente dans laquelle soit la chose, soit le prix, soit tous
deux, ne sont pas même connus encore et restent à déterminer ultérieurement. Et ceci, notons-le, réfute aussi bien le système mixte de
M. Duvergier que celui de la majorité des auteurs ; car, lors même que
la chose est parfaitement déterminée, une vente ne peut certes pas être
réputée *mise à exécution* et fictivement *consommée,* alors que le prix n'en
est seulement pas connu. — La vérité de notre doctrine arrive enfin
jusqu'à l'évidence quand on recourt aux travaux préparatoires. On y
voit que, si le législateur n'a parlé que de l'exclusion du transport des
risques, ce n'est pas du tout parce qu'il entendait maintenir ici la transmission de propriété, mais, au contraire, parce que l'exclusion de celle-ci
était une chose allant de soi, admise par tout le monde, dont la première n'était même que la conséquence, et qui n'avait pas besoin d'être
signalée. Voici, en effet, ce qui se passa. Dans la première rédaction,
on avait seulement dit que la vente au poids, au compte ou à la mesure
n'est point parfaite tant que la marchandise n'est pas pesée, comptée
ou mesurée ; déjà, sur cette première rédaction, on avait expliqué devant le conseil d'État que le but de cette disposition était de ne pas
soumettre ce cas de vente à la mesure à la règle qui met immédiatement la chose aux risques de l'acheteur, *suivant l'axiome* RES PERIT
DOMINO. Plus tard, le Tribunat proposa la rédaction plus explicite que
nous avons aujourd'hui, non pas pour combattre l'idée que la vente ne
transmet point alors la propriété, mais pour prévenir, au contraire,
l'idée, tout opposée, qu'on aurait pu avoir de regarder la vente à la mesure comme ne produisant aucun effet avant le mesurage et ne créant
pas même d'obligation : il voulait qu'il fût bien entendu que « s'il n'y
a pas alors *d'accomplissement de la vente* (c'est-à-dire la tradition civile
qui opère la transmission de propriété), du moins la vente existe et
produit obligation. » Aussi rien n'est plus explicite que les Rapports au
Tribunat et au conseil d'État sur cette question. Le premier, en posant
la distinction de la vente en bloc et de celle faite au poids, au compte
ou à la mesure, nous dit : « Dans le premier cas, l'acheteur a reconnu…
Il deviendra donc propriétaire à l'instant de la vente. Dans le second

cas, au contraire, l'acheteur *ne peut devenir propriétaire des marchandises que lorsqu'elles auront été pesées, comptées ou mesurées.* » On lit de même dans le Rapport au conseil d'État : « Il était important de distinguer le cas où il y a transmission de propriété de ceux où il n'y en a pas... Dans le cas où la vente est *parfaite* par le seul consentement, la chose est *la propriété de l'acquéreur, et dès lors elle est à ses risques ;* au lieu que lorsque la vente existe à la vérité, mais qu'on ne peut pas la considérer *comme accomplie* sans le secours de quelque circonstance, la chose vendue est *aux risques du vendeur, qui n'est pas encore dessaisi de la propriété.* » (Fenet, t. XIV, p. 4, 21, 85, 153, 182, 183.)

IV. — Mais si la vente, quand elle est faite au poids, au compte ou à la mesure, n'est pas immédiatement parfaite, c'est-à-dire réputée accomplie et opérant le transport du risque et de la propriété, elle n'en est pas moins une convention qui lie dès à présent les parties. Elle n'existe pas encore comme contrat translatif de propriété; mais elle existe comme contrat producteur d'obligation. L'acheteur peut forcer le vendeur à peser, compter ou mesurer les choses pour les lui livrer dans le délai convenu ou, à défaut de convention, dans un délai que le juge déterminerait d'après l'usage et les circonstances; et il peut, à défaut de cette exécution par le vendeur, obtenir des dommages-intérêts. Le vendeur, de son côté, peut contraindre l'acheteur à exécuter et à prendre livraison. Et si les choses venaient à périr avant que l'acheteur eût consenti à prendre livraison, il faudrait distinguer. Si c'était après qu'il aurait été régulièrement procédé au pesage, au comptage ou au mesurage, les choses, devenues la propriété de l'acheteur, périraient pour lui, le vendeur restant toujours créancier de son prix. Si c'était avant l'opération (mais alors que l'acheteur était en demeure d'y procéder), les choses, à la vérité, périraient pour le vendeur, malgré l'idée contraire de M. Duranton (XVI, 89), puisque c'est seulement par le mesurage qu'elles passent aux risques de l'acheteur; mais cette perte du vendeur étant causée par la faute de l'acheteur qui refuse d'exécuter son engagement, le premier aurait droit à des dommages-intérêts qui seraient, tout naturellement, égaux au prix de la vente.

1587. — A l'égard du vin, de l'huile, et des autres choses que l'on est dans l'usage de goûter avant d'en faire l'achat, il n'y a point de vente tant que l'acheteur ne les a pas goûtées et agréées.

1588. — La vente faite à l'essai est toujours présumée faite sous une condition suspensive.

SOMMAIRE.

I. Controverses sur le sens précis des deux articles.
II. Elles sont peu utiles, car il ne s'agit ici que de questions d'intention et d'interprétation de volonté.
III. L'art. 1587 se trouve inexact dans sa rédaction absolue. *Secùs* de l'art. 1588.

I. — Il serait assez difficile, mais il est heureusement peu important, de savoir au juste quelle est la pensée du législateur dans ces deux articles.

Quel est le sens de l'art. 1587, quand il dit que, pour les choses qu'il est d'usage de n'acheter qu'en les goûtant, il n'y a pas vente tant que l'acheteur ne les a pas goûtées et agréées? Veut-il dire que, jusqu'à dégustation et agrément, il n'y a pas vente parfaite, mais une vente conditionnelle par laquelle les deux parties se trouvent déjà liées sous la condition que la chose conviendra? Veut-il dire qu'il n'y a pas alors contrat de vente, mais un contrat unilatéral qui, sans obliger quant à présent le futur acheteur, lie déjà le futur vendeur, qui ne pourra pas refuser de livrer la chose pour le prix indiqué, si l'autre partie la veut prendre? Veut-il dire enfin qu'il ne se forme alors aucun contrat, mais seulement un projet de contrat, une convention non obligatoire et à laquelle chaque partie reste libre de ne pas donner suite? L'art. 1588, à son tour, quand il dit que la vente à l'essai est présumée faite sous une condition suspensive, entend-il parler d'une condition proprement dite et dont l'accomplissement ferait remonter rétroactivement au jour même de la convention la perfection et l'effet de la vente, ou n'entend-il pas plutôt qu'il s'agit de la fixation d'un des éléments constitutifs de la vente, et que cette vente dès lors n'aura son existence et son effet qu'à partir du jour où l'essai sera fait et reconnu satisfaisant? Enfin faut-il, dans l'un et l'autre article, que la dégustation ou l'essai satisfassent le goût personnel de l'acheteur, ou suffit-il que la chose soit vraiment convenable d'après le goût général, et reconnue telle, en cas de contestation, par des experts chargés de l'examiner?

II. — La plupart de ces questions divisent les interprètes, et elles sont, en effet, fort délicates, en présence surtout du laconisme (et quelquefois même de la contradiction) des travaux préparatoires du Code (1). Mais heureusement elles sont assez oiseuses; car, quelles que soient ici les idées du législateur, c'est toujours et uniquement celles qu'auront eues les parties qu'il faudra rechercher et sanctionner. Tout se réduit ici à de simples questions d'intention : le magistrat devra, dans chaque espèce, décider en fait, soit d'après les termes de la convention, soit d'après l'ensemble des circonstances, quelle a été la volonté des contractants, et donner effet à cette volonté.

Ainsi, quel que puisse être le véritable sens de cette proposition du Code que, pour les choses que l'on est dans l'usage de goûter, il n'y a pas vente tant que l'acheteur ne les a pas goûtées et agréées, il est clair que, s'il a été entendu entre un marchand de vin et moi que, vu la modicité du prix auquel il me livrait son liquide, je consentais à le prendre tel quel et à me lier irrévocablement, la vente est dès à présent formée, sans que je puisse, plus tard, ni prétendre qu'il n'y a pas eu contrat, ni

---

(1) *Voy.* Pothier (*Vente*, 311); Merlin (*Rép.*, v° Vente, § 4, n° 3); Troplong (I, 102); Duvergier (I, 97); Delamare et Lepoitevin (III, 150); Duranton (XVI, 93); Pardessus (II, p. 317); Zachariæ (II, p. 485); Metz, 20 août 1827; Cass., 29 mars 1836; Limoges, 15 mars 1838; Cass , 5 déc. 1842 (Dev., 36, 1, 566; 38, 2, 474; 43, 1, 89); Angers, 21 juin 1835; Limoges, 8 mars 1837 (Dev., 35, 2, 222; 38, 2, 474).

même faire briser ce contrat, sous prétexte que je ne trouve pas au vin un goût assez agréable. S'il a été entendu que le marchand s'obligeait immédiatement envers moi à la livraison de tel vin pour tel prix, mais que je me réservais, moi, la liberté de le prendre ou non, selon qu'il me conviendrait ou ne me conviendrait pas, il n'y a plus contrat synallagmatique, mais il y a encore contrat, un contrat unilatéral dont le marchand ne peut plus discéder. De même, si plein de confiance dans la capacité et la délicatesse d'un horloger, je prends chez lui une pendule que je paye et emporte chez moi à soixante lieues de là, il est évident, nonobstant l'art. 1588, que ce n'est pas là une vente sous condition suspensive, mais une vente pure et simple, qui me rend immédiatement propriétaire de l'objet, et qui pourra seulement se résoudre s'il y a lieu. On ne fait également que sanctionner l'intention, certaine ou probable, des parties, quand on dit, comme le font avec raison les auteurs, que c'est au goût individuel de l'acheteur qu'il faut, en général, s'attacher, quand il s'agit de choses qu'il doit consommer lui-même, mais qu'il suffit, au contraire, que la marchandise soit reconnue convenable par des experts, quand il ne l'achète que pour la revendre, ou encore quand, la prenant pour lui seulement, il l'a achetée, soit sur échantillon, soit sur désignation d'espèce et de qualité : c'est suivre l'intention des parties que de se contenter alors d'une expertise qui déclare, dans le premier cas, que la chose est *bonne, loyale* et *marchande,* ou qui constate, dans le second, sa conformité, soit avec l'échantillon, soit avec la désignation donnée.

En deux mots, toute convention est la loi de ceux qui l'ont faite (article 1134); or une convention n'est rien autre chose que l'accord des volontés; il ne s'agira donc jamais ici que de rechercher quelle a été la volonté des parties. C'est uniquement par l'appréciation en fait de cette volonté, et nullement par l'application méthodique de principes qui ne sauraient exister en pareille matière, que l'on devra décider si la convention a constitué un contrat ou un simple projet, si le contrat était synallagmatique ou unilatéral, si la vente était faite sous condition suspensive ou sous condition résolutoire, si enfin les qualités dont l'existence était prise comme objet de la condition devaient être appréciées par le sentiment personnel de l'acheteur ou si elles pouvaient l'être par le sentiment général (1).

III. — Au surplus, s'il est vrai, d'après cela, que l'art. 1587 pèche manifestement par une rédaction trop absolue, en présentant comme une règle générale (qui serait quelquefois fausse) ce qui ne peut être qu'une question de fait et d'espèce, il serait peu juste d'adresser le même reproche à l'art. 1588 et de qualifier d'erreur, comme le fait M. Troplong (*Somm. du n°* 107), la disposition de cet article. Sans doute, il eût mieux valu, comme le dit le savant magistrat, mettre ici

_____

(1) La dégustation doit-elle se faire au lieu où se trouve la marchandise au moment de la vente, ou bien au lieu de la livraison? *Dans le premier sens :* Besançon, 4 juill. 1862 (Dev., 63, 2, 42; J. Pal., 63, 426). *Dans le deuxième :* Besançon, 13 janv. 1863 (*eod. loc.*).

de côté tout jugement *à priori,* laisser la loi neutre sur un point qui ne peut dépendre que de la convention des parties, et imiter ainsi la sage réserve de la loi romaine, qui tenait la vente à l'essai comme faite tantôt sous condition suspensive, tantôt sous condition résolutoire, selon la pensée des contractants (1). Mais, outre que la rédaction de notre article trouve une excuse fort naturelle dans les précédents du Code, elle ne mérite pas d'ailleurs, comme l'art. 1587, le reproche d'inexactitude.

D'une part, en effet, Pothier, prenant par erreur pour une règle générale une décision particulière d'Ulpien, avait enseigné (*Vente,* nos 264, 266) et fait prévaloir autrefois l'idée fausse que la vente à l'essai doit toujours être réputée faite sous condition résolutoire, c'est-à-dire immédiatement parfaite, sauf à se résoudre plus tard. Cette idée était profondément contraire à la vérité des choses; car non-seulement la vente à l'essai peut se faire aussi bien sous condition suspensive que sous condition résolutoire, mais c'est même dans le premier sens qu'elle se fera le plus souvent, et il est peu naturel de supposer qu'un acheteur entende prendre immédiatement à ses risques une chose qu'on lui livre pour l'essayer. Or c'est pour prévenir les effets de cette doctrine de Pothier (qui n'eût pas été sans influence si le Code avait gardé le silence à cet égard) que notre législateur a pris soin d'écrire l'art. 1588, dont on doit dès lors lui savoir gré, loin de l'en blâmer. D'un autre côté, la disposition de cet article, même prise à la lettre, n'a rien d'inexact, puisqu'il veut, non pas que la vente à l'essai soit *tenue* pour faite sous condition suspensive, mais seulement qu'elle soit *présumée* faite ainsi, ce qui laisse au juge toute latitude d'admettre l'idée contraire, quand elle lui paraîtra résulter des circonstances, et lui indique seulement que, dans le doute absolu sur la pensée des contractants, et en l'absence de toute preuve à cet égard, c'est à l'idée d'une condition suspensive, plus naturelle et plus supposable que l'autre, qu'il doit s'arrêter.

1589. — La promesse de vente vaut vente, lorsqu'il y a consentement réciproque des deux parties sur la chose et sur le prix.

SOMMAIRE.

I. Trois espèces de promesses de vente : 1º la simple pollicitation; 2º l'obligation unilatérale; 3º la promesse synallagmatique. Développements. Inexactitude de plusieurs auteurs et des arrêts.
II. La promesse unilatérale est-elle valable sans détermination positive du prix? Controverse et distinction.
III. Le créancier peut obtenir, par voie judiciaire, l'exécution directe, et non pas simplement des dommages-intérêts : erreur d'un arrêt. Mais la vente, une fois réalisée, ne rétroagit point au jour de la promesse : erreur de M. Duranton.
IV. La promesse unilatérale d'acheter suit les mêmes règles et produit des effets analogues.
V. De la promesse synallagmatique, la seule dont s'occupe le texte. Dans quel sens elle vaut vente : grande controverse. Ce n'est point dans le sens rigoureux du mot.
VI. Elle ne transmet point la propriété : conséquences. Observations diverses. Pro-

_____

(1) *Voy.,* entre autres textes, Dig., liv. 19, tit. 5, l. 20, § 1.

messes faites avec ou sans fixation d'un délai : inexactitudes de plusieurs auteurs.

VII. La promesse synallagmatique peut être annulée pour la lésion prévue par l'article 1674. — Il ne faut pas la confondre avec une vente dont on convient de passer acte plus tard.

I. — On peut distinguer trois espèces de promesses de vente : 1° la promesse réciproque par laquelle une des parties s'engage à vendre la chose pendant que l'autre s'oblige à l'acheter, ce qui forme un contrat synallagmatique; 2° la promesse de vendre simple, c'est-à-dire non accompagnée de la promesse réciproque d'acheter, mais acceptée cependant par la seconde partie, qui, sans s'obliger elle-même, entend s'emparer de l'obligation de la première, ce qui forme un contrat unilatéral; 3° enfin, la promesse ou plutôt l'offre qui n'est encore suivie ni de la promesse réciproque d'acheter, ni même de la volonté de l'autre partie de s'emparer de cette offre, en sorte que, le concours des volontés n'existant pas alors, il n'y a pas de contrat, pas d'obligation, mais seulement ce qu'on appelle en droit une pollicitation, une promesse non obligatoire. On conçoit, enfin, qu'il peut se présenter aussi des promesses unilatérales *d'acheter,* produisant l'effet inverse des promesses unilatérales de vendre. — Ceci demande, au surplus, soit quant aux mots, soit quant aux choses, plusieurs observations sans lesquelles il serait difficile de ne pas tomber dans l'erreur, en présence de la diversité, et quelquefois de l'inexactitude d'expressions ou même d'idées que l'on rencontre parfois ici dans les auteurs et les arrêts.

Ainsi d'abord, nous disons, comme le fait aussi M. Duvergier (I, 121), qu'on peut distinguer trois promesses de vente. Or, Pothier, au contraire, que M. Duvergier invoque pourtant à l'appui de cette classification, n'en admet que deux, la première et la seconde des trois ci-dessus (1); quant à la dernière, ce n'est pas pour lui une promesse, et « il faut, dit-il, bien prendre garde à ne pas la prendre pour une promesse de vendre (n° 477). » Mais ce n'est là qu'une affaire de mots, et les idées sont parfaitement les mêmes de part et d'autre. Pothier prend le mot de *promesse* dans le sens restreint de promesse obligatoire, d'engagement contracté; en sorte que, quand il dit qu'il n'y a pas de promesse, il exprime l'idée que nous exprimons nous-même quand nous disons que la promesse n'est pas obligatoire, qu'il n'y a pas d'engagement formé, pas de contrat.

Nous disons aussi que la promesse de vendre, non accompagnée de la promesse d'acheter, et qui en ferait un contrat synallagmatique, mais acceptée par l'autre partie, qui déclare s'en emparer, forme un contrat unilatéral parfaitement obligatoire pour le promettant. Or on sait que cette proposition est niée par plusieurs auteurs et arrêts, qui prétendent qu'une telle convention est inefficace et que la promesse ne devient un contrat et ne forme lien que quand elle est accompagnée de la promesse d'acheter. Mais nous avons déjà réfuté (art. 1325,

_____

(1) Il ne s'occupe même que d'une, la seconde; quant à la première, celle qui forme un contrat synallagmatique, il la laisse sous-entendue.

n° IV) cette grave erreur, qui paraît provenir d'une confusion dont nous parlerons à l'alinéa suivant. Il n'y a pas contrat, dit-on, sans concours des volontés ; donc, tant que ma volonté d'acheter n'est pas venue se réunir à votre volonté de vendre, le contrat n'existe pas. Cette conclusion est on ne peut plus fausse : quand vous déclarez vous obliger à me vendre tel objet, et que, de mon côté, je déclare m'emparer de votre promesse et vous tenir pour obligé par elle, il est certes bien clair que nos deux volontés ont concouru, que, par conséquent, il y a contrat. Nous ne convenons pas, à la vérité, que nous serons tenus, vous de vendre *et moi d'acheter ;* mais nous convenons d'autre chose, nous tombons, vous et moi, d'accord de ce fait *que vous serez tenu de me vendre ;* il y a donc bien *consensus in idem placitum ;* sans doute, le contrat est unilatéral au lieu d'être synallagmatique, mais il y a contrat. Aussi venons-nous de voir que ce contrat unilatéral est précisément le seul dont s'occupe Pothier dans son article *Des Promesses de vendre.* Il est très-vrai que le Code, lui, ne s'en occupe pas spécialement, notre art. 1589 ne parlant que de la promesse réciproque de vendre et d'acheter ; mais il est bien clair que le silence du Code laisse ce cas sous l'empire des principes généraux ; et c'est avec raison, dès lors, que la pleine efficacité de cette convention est proclamée par la grande majorité des auteurs et des arrêts (1).

Parmi les inexactitudes de langage que l'on rencontre çà et là sur cette matière des promesses unilatérales de vente, chez ceux-là même qui en reconnaissent l'efficacité, notamment dans les arrêts et dans les notes et sommaires qui les accompagnent, il en est une que nous devons surtout mettre en relief. Les collecteurs ou annotateurs d'arrêts et les arrêts eux-mêmes, équivoquant sur le sens des mots *acceptation* de promesse de vente, promesse de vente *acceptée,* et désignant par ces mots, tantôt la simple déclaration de l'acheteur éventuel qui entend avoir le promettant pour obligé (ce qui ne donne que le contrat unilatéral), tantôt sa déclaration qu'il entend faire réaliser la promesse et acheter l'objet (ce qui donne le contrat synallagmatique), présentent sur ce point une rédaction profondément vicieuse, et qui arrive parfois jusqu'à se contredire d'une phrase à l'autre de la manière la plus étrange. Ainsi, et sans insister sur ce qu'il y a de faux et de dangereux à mettre ainsi sur la même ligne, et à exprimer par les mêmes termes, la promesse de vendre simplement *acceptée* et la promesse de vendre *accompagnée de la promesse réciproque d'acheter,* remarquons les contradictions auxquelles a conduit cette confusion de deux choses si différentes. Ici (Devill., 48, 1, p. 181), on pose dans le sommaire d'un arrêt de rejet

_____

(1) Aux nombreuses autorités que nous avons citées sous l'art. 1325, n° IV, il faut ajouter : Coulon (*Quest.,* II, p. 223); Championnière et Rigaud (III, 1747); Paris, 10 mai 1826; Bourges, 15 juin 1841 ; Amiens, 16 juin 1841 ; Rej., 12 juill. 1847; Paris, 26 août 1847; Cass., 9 avr. 1848 (Dev., 43, 2, 403; 44, 2, 263; 48, 1, 181 et 615; 48, 2, 161); Paris, 26 août 1847; Bordeaux, 17 août 1848 (Dev., 48, 2, 641; *J. Pal.,* 48, 2, 563). — On va voir, du reste, que si ces divers arrêts admettent la validité de la promesse unilatérale, ils ne sont pas toujours, et beaucoup s'en faut, d'une rédaction bien exacte. *Comp.* Caen, 9 mars 1866 (*J. Pal.,* 66, 1020).

de 1848 cette proposition que la promesse unilatérale de vente *peut être retirée* tant qu'elle n'a pas été acceptée, c'est-à-dire (comme on le voit par le texte de l'arrêt) tant qu'elle n'est pas devenue un *contrat synallagmatique*, et on dit immédiatement en note que cette proposition est la conséquence de cette autre, que la promesse unilatérale est valable en soi et oblige *hic et nunc* le promettant : ainsi, tant que la promesse n'est pas devenue synallagmatique, on peut la retirer; en d'autres termes, *elle n'oblige pas ;* et s'il en est ainsi, c'est *parce qu'elle oblige !* Ailleurs (48, 2, p. 168), dans le texte d'un arrêt de Paris, on commence par reconnaître et proclamer que la promesse *unilatérale* de vente n'est prohibée par aucune loi, et se trouve dès lors valable et obligatoire; et c'est pour dire ensuite que le créancier, en signifiant au promettant sa volonté d'acheter, et en faisant ainsi devenir synallagmatique le contrat unilatéral d'abord, a rempli la condition qui était nécessaire *pour rendre obligatoire la promesse de vente :* ainsi, le contrat unilatéral est obligatoire, mais il n'y d'obligation que par le contrat synallagmatique!!! Que dire de pareilles contradictions?

Une inexactitude non moins grave, et qui tient toujours de près ou de loin à la fausse entente du mot *acceptation,* se retrouve jusque dans les arrêts de la Cour de cassation, qui répètent que la promesse unilatérale, tant que l'acceptation du créancier ne l'a pas fait devenir contrat synallagmatique, n'est *qu'une pollicitation,* et dans la définition même que donne de la pollicitation le *Répertoire* de Merlin, qui la définit « *l'engagement contracté* par une personne sans être *accepté* par une autre. » — La pollicitation n'est point un engagement, c'est seulement l'offre et la proposition d'un engagement : c'est un engagement simplement *proposé,* et non point un engagement *contracté.* Quand il y a engagement contracté, engagement actuellement réalisé par un contrat, c'est que les deux parties sont tombées d'accord et ont uni leurs volontés pour former l'engagement (puisque le contrat est précisément l'accord des volontés); or si les deux parties sont tombées d'accord pour former cet engagement, l'une a donc accepté l'engagement que l'autre proposait, et c'est dès lors chose impossible qu'un engagement contracté et non accepté... Mais puisque, du moment qu'un engagement proposé par l'un est accepté par l'autre, il y a contrat et non pas simple pollicitation, il est donc très-inexact de dire, comme la Cour de cassation, que la promesse faite, c'est-à-dire l'engagement proposé de vendre, ne sera qu'une pollicitation jusqu'à ce qu'il devienne contrat synallagmatique par l'engagement réciproque d'acheter : sans doute cet engagement réciproque serait nécessaire pour qu'il y eût contrat bilatéral; mais il n'est pas nécessaire pour qu'il y ait contrat unilatéral; et dès là qu'il y a contrat, il n'y a plus simple pollicitation, puisque la pollicitation et le contrat sont précisément deux choses qui s'opposent l'une à l'autre... Le contrat, c'est l'accord des deux volontés, c'est l'acceptation par l'une de la proposition quelconque qui est faite par l'autre. Si donc vous me proposez, non pas une vente, mais seulement une promesse de me vendre, il est clair qu'il y aura acceptation, c'est-à-dire contrat, quand j'aurai agréé cette promesse ; car *accepter*, c'est *agréer un objet proposé*, quel que soit cet objet... L'esprit s'étonne et s'attriste de voir, et le *Répertoire* de Merlin (surtout dans une définition), et les arrêts de la Cour suprême, tomber dans de si graves inexactitudes sur des points si fondamentaux. C'est d'autant plus étonnant pour le dernier arrêt, celui du 9 août 1848, et il était d'autant moins permis de ne pas voir, dans l'espèce, qu'il y avait acceptation, par la seconde partie, de l'engagement proposé par la première, que cette acceptation était écrite en toutes lettres dans l'acte. « Le sieur Boguet, y disait-on, propriétaire d'un terrain sis à Paris, s'interdit de vendre ce terrain à tout autre qu'au sieur Pelletier pendant un laps de quatre ans. En conséquence, et dès à présent, il promet de vendre au sieur Pelletier, *qui accepte pour lui ou ses ayants cause*, le terrain susdit... » Après quoi on expliquait que l'acte, obligatoire pour Boguet, ne deviendrait obligatoire pour Pelletier et ne le forcerait à acheter que le jour où il en manifesterait la volonté dans le délai fixé. Comment s'expliquer, après cela, que l'arrêt débute par dire (1) qu'il n'y a là qu'une simple pollicitation ?

Ainsi donc, et en résumé, trois cas peuvent se présenter ici : ou bien la promesse de vendre est seulement proposée par une partie sans être encore acceptée par l'autre, et il n'y a dès lors qu'une simple pollicitation, pas de contrat, par conséquent pas d'obligation ; ou la promesse proposée par l'une est accordée par l'autre, sans que celle-ci toutefois s'engage en rien, et il y a dès lors contrat unilatéral, obligation d'un côté et pas de l'autre ; ou bien enfin la promesse de vendre, faite par l'une, est accompagnée, non pas seulement de l'acceptation de l'autre, mais de la promesse réciproque d'acheter, faite par celle-ci, et il y a dès lors contrat synallagmatique, obligation de part et d'autre (2).

Occupons-nous d'abord de la promesse unilatérale (obligatoire) ; nous parlerons ensuite de la promesse synallagmatique.

II. — C'est un point délicat que de savoir si la promesse unilatérale et dûment acceptée serait valable, alors qu'elle ne contiendrait pas, soit la détermination actuelle du prix, soit la désignation précise d'une ou de plusieurs personnes à l'arbitrage desquelles les parties conviennent de s'en remettre à cet égard. M. Troplong (I, 118) et M. Duvergier (I, 128), adoptant la doctrine de Voët (sur le tit. 1, liv. 18, Dig., n° 2), enseignent qu'une telle promesse est nulle, sans entrer dans une discussion suffisante à cet égard, et sans distinguer si les parties, à défaut d'une précision rigoureuse, n'auraient pas dit, du moins, *au prix courant* des choses de même espèce, *pour le prix que la chose sera estimée valoir*, ou si elles ont gardé un silence complet. Au contraire, Pothier (n° 481), sans distinguer davantage, prétend que la promesse

---

(1) *Voy.* Dev. (t. XLVIII, 1, p. 616, et 2, p. 163 et 164).
(2) Le droit résultant d'une promesse de vente peut être cédé à un tiers sans le consentement ou l'acceptation du promettant. Mais en pareil cas le bénéficiaire originaire de la promesse n'en reste pas moins obligé vis-à-vis du promettant. Cass., 31 juin 1866 (*J. Pal.*, 66, 394).

sera toujours valable, alors même que les parties n'auraient rien dit, parce qu'il est tout naturel de considérer le débiteur comme ayant entendu s'obliger pour le prix loyal et marchand que des experts, au besoin, détermineront, et que si la fixation actuelle du prix est indispensable pour qu'il y ait vente, elle n'est point nécessaire pour qu'il y ait obligation de vendre. M. Duranton (XVI, 57), qui se préoccupe du moins de la distinction que nous signalons, et qui paraît d'abord sentir la différence qui existe entre les deux cas prévus, arrive aussi en définitive, mais par des raisons qui n'ont rien de concluant, à se décider, ou plutôt à incliner, pour la nullité de la promesse.

Pour nous, c'est par la distinction ci-dessus que la question nous paraît devoir se résoudre. Si les parties n'ont absolument rien dit, il est impossible, quoi que dise Pothier, de voir là une obligation valable. Ainsi, quand je déclare prendre l'engagement, par vous accepté, de vous vendre dans deux ans ma ferme de Normandie, sans rien dire relativement au prix, comment voir là l'existence d'un lien de droit? Lorsque, dans deux ans, vous viendriez me demander d'exécuter ma promesse et de vous consentir la vente, en m'offrant une somme de 50 000 francs, que vous croyez être et qui est, en effet, le prix marchand de la ferme, ne pourrai-je pas vous dire que nous n'avons pas compris les choses de la même manière; que ce n'est pas seulement comme propriété de rapport et au prix marchand, mais aussi comme chose d'agrément et au prix de convenance, que j'ai entendu céder ma ferme; que le pavillon construit sur la propriété, et qui sera considéré, généralement et dans le commerce, comme n'ajoutant presque aucune valeur à celle de la ferme, a pour moi une valeur très-grande; que le site au milieu duquel se trouve l'immeuble et les points de vue dont il jouit ont à mes yeux autant d'importance que le revenu qu'il donne; que ce bien, qui vaut pour vous et commercialement 50 000 francs, vaut ainsi pour moi 80 000, 100 000 francs, ou davantage; qu'à la vérité, j'ai promis de vous le vendre, et suis tout prêt à le faire, mais que je n'ai rien promis quant au prix, et que je demeure dès lors libre de ne vous céder ma chose que si vous consentez à un sacrifice d'argent proportionné à l'affection que je lui porte? Et comme un prix d'affection est chose de pure fantaisie, je pourrais toujours tenir à une somme qui rendrait pour vous l'acquisition impossible... Encore une fois, toute promesse de vente dans laquelle on ne convient de rien quant au prix, ne lie pas sérieusement le promettant, et ne constitue pas dès lors une obligation. C'est qu'en effet, l'une des conditions nécessaires à l'existence d'une obligation, c'est un objet certain, c'est-à-dire un objet que la convention rende suffisamment déterminé ou déterminable, pour que le promettant puisse être contraint; or, puisque la promesse a ici pour objet un contrat de vente à passer, il faut donc que ce contrat soit suffisamment précisé, et que les deux objets, la chose d'une part et le prix de l'autre, en soient eux-mêmes déterminés ou facilement déterminables. Et, puisque cette condition n'existe pas pour le prix, il y a donc indétermination du contrat à passer, par là même indétermination de l'objet de la promesse, et par suite nullité de cette promesse (*voy.* les art. 1108, n° IV, 1126 et 1129). — Mais quand les parties, sans mettre immédiatement dans leur convention la fixation du prix, y ont mis du moins un moyen d'obtenir plus tard cette fixation ; quand je suis convenu de vous vendre ma ferme *au prix qu'elle sera estimée valoir*, ou *au prix courant des terres de la contrée*, ou avec toute autre indication équivalente, n'est-il pas vrai que le prix, s'il n'est pas déterminé, est facilement déterminable ? En vain on dirait, comme M. Duranton, que les parties pouvant refuser de choisir les experts qui, à leur défaut, devraient fixer le prix, en sorte qu'il faudrait se contenter alors d'experts désignés par la justice, le prix sera donc ainsi fixé sans le consentement des parties. C'est une manifeste erreur, puisque le prix courant d'une espèce de biens, et la valeur vénale et commerciale d'un de ces biens, étant un fait indépendant de la volonté particulière de tel ou tel, les parties se trouvent toujours avoir consenti à l'avance à en passer par le résultat de l'estimation qui se fait plus tard (1). Ainsi, et en résumé, nulle pour insuffisance de détermination de son objet quand les parties n'auront rien dit quant au prix, la promesse sera valable, au contraire, toutes les fois que ces parties auront suffisamment manifesté la pensée de se soumettre, à cet égard, à l'estimation de tierces personnes. Que si les termes du contrat laissent des doutes sur le point de savoir si les parties ont entendu se soumettre, en tant que de besoin, à la fixation par des tiers, ou se réserver à elles-mêmes cette fixation à tout événement, la question serait, on le conçoit, une interprétation de convention, un point de fait que le juge aurait à décider, dans chaque espèce, par les circonstances de l'acte. Il va sans dire, au surplus, que, comme l'enseignait Pothier (n° 482), toutes les fois que le promettant sera reconnu s'être obligé à vendre à telle époque pour un prix qui n'est pas fixé dans l'acte, mais dont les conditions de fixation s'y trouvent suffisamment, comme il vient d'être dit, c'est au prix que la chose vaut lors de la vente, et non à celui qu'elle valait lors de la promesse unilatérale, que cette chose doit être estimée.

III. — Une fois que la promesse unilatérale de vendre est arrivée à être obligatoire, à former un contrat valable, parce que, d'une part, elle est acceptée par l'acheteur éventuel, et que, d'autre part, elle contient, avec la détermination de la chose, soit la fixation du prix, soit les moyens de le fixer sans le concours ultérieur des parties, quel est l'effet de cette promesse ? donne-t-elle au créancier la faculté d'obtenir plus tard, malgré le refus du débiteur, la propriété de la chose, ou lui permet-elle seulement de faire condamner ce débiteur récalcitrant à des dommages-intérêts ?... On a beaucoup disputé sur ce point dans l'ancien droit ; mais le sentiment général était déjà, comme il l'est aujourd'hui, que le créancier peut se faire transmettre la propriété ; et c'est, en effet, à cette doctrine qu'il faut tenir.

On a abusé ici de la maxime *nemo potest precisè cogi ad factum*. Sans

_____

(1) Cass., 19 mars 1850 (Dev., 50, 1, 289 ; *J. Pal.*, 50, 2, 59).

doute, on ne peut pas contraindre une personne à l'accomplissement d'un fait, et il résulte bien de là l'impossibilité d'une exécution directe en cas de refus de l'obligé, pour les obligations qui ne peuvent s'accomplir *que par le fait personnel de cet obligé ;* mais pour toute autre obligation, cette impossibilité n'existe plus. Ainsi, de même que, quand vous m'avez promis la démolition de votre mur, je pourrai, au lieu de recevoir des dommages-intérêts en continuant à subir la gêne que ce mur me cause, être autorisé par la justice à faire démolir ce mur par des ouvriers qui travailleront à vos frais ; de même, quand vous m'avez promis de me vendre votre maison, je pourrai obtenir un jugement qui, attendu votre refus de me passer contrat, et à défaut par vous de le faire dans tel délai, me déclarera propriétaire sous les conditions de la promesse intervenue entre nous, et me tiendra lieu de l'acte de vente. L'exécution directe que me procureront, dans le premier cas, des ouvriers autorisés par la justice, c'est la justice elle-même qui me la donnera dans le second. On ne peut pas vous contraindre personnellement à un fait ; et, par conséquent, je ne pourrais pas, à votre refus, obtenir l'exécution directe de votre promesse de m'épouser, ou de me faire un portrait que je veux être peint par vous, ou de devenir mon commis ou mon associé, etc. ; mais la loi, qui est bien forcée de s'arrêter ainsi devant l'impossible, ne s'arrête que là, et elle n'a pas besoin de votre concours pour déclarer, par l'organe du juge, que, par l'effet de votre obligation, le droit qui reposait jusqu'ici sur votre tête reposera désormais sur la mienne. C'est donc avec raison que la Cour d'Amiens, après avoir d'abord jugé le contraire, a consacré cette règle de droit et d'équité, comme l'avait déjà fait la Cour de Paris (1).

Mais si la promesse de vente conduit ainsi à l'obtention de la propriété de la chose, par l'exécution volontaire ou forcée, c'est-à-dire quand il y a contrat de vente ou un jugement qui en tienne lieu, il est clair que c'est seulement à partir de ce contrat (ou de son équivalent) que la propriété appartient à l'acheteur, et nullement à partir du jour de la promesse primitive, comme l'enseigne à tort M. Duranton (XIV, 53). Sans doute, si, au lieu d'un premier contrat unilatéral, produisant seulement l'obligation de vendre, et qui est suivi plus tard du contrat synallagmatique de vente, il y avait en premier lieu une vente faite sous condition, et en second lieu accomplissement de cette condition, il est évident que ce serait le cas de dire, comme M. Duranton, que, le propre de la condition étant de rétroagir au jour de la convention, c'est de ce jour que l'acheteur se trouve propriétaire ; mais ce n'est pas ce qui existe ici, il n'y a pas ici l'ombre d'une vente conditionnelle, et il suffit d'analyser les faits pour voir clairement la méprise du savant professeur. En 1848, j'ai pris l'engagement par vous accepté,

---

(1) *Contrà* : Amiens, 24 août 1839. — *Conf.* Voët (*De contr. empt.*, n° 2); Fachin (liv. 2, chap. 7); Boerius (décis. 183, n° 14); Tiraqueau (*De retr. conv.*, tit. fin., 25 et 61); Pothier (n° 479); Duranton (XVI, 49); Troplong (I, 116); Duvergier (I, 122); Coulon (*Quest.*, II, p. 225); Championnière et Rigaud (III, 1747); Paris, 10 mai 1826; Amiens, 16 juin 1841 (Dev., 43, 2, 403; 44, 2, 263).

mais sans engagement réciproque de votre part, de vous vendre ma maison pour tel prix dans deux ans, s'il vous convenait alors de l'acheter; en 1850, vous me déclarez vouloir acheter, et je vous vends. Qu'avons-nous fait là? deux conventions: une promesse de vente qui était conditionnelle, puis une vente qui est parfaitement pure et simple. La formule du premier contrat était: « Je serai tenu de vous vendre, si...; je ne serai pas tenu, si... » Ce contrat était donc conditionnel; et la condition, en s'accomplissant en 1850 par votre déclaration de vouloir acheter, rétroagit au jour de la convention, et fait que j'ai toujours été, depuis 1848, dans l'obligation de vous vendre. Le second contrat, au contraire, rentre dans cette formule pure et simple: « Je vous vends. » Il n'a rien de conditionnel, absolument rien; et il ne peut pas être question, dès lors, de rétroactivité pour l'effet qu'il produit, c'est-à-dire pour la transmission de propriété. — Et puisque la conditionnalité n'existe que dans la promesse de vente, et non dans la vente, que dès lors l'effet qui rétroagit par l'accomplissement de la condition est celui de cette promesse, c'est-à-dire l'obligation de vendre, et non celui de la vente, il s'ensuit donc que, dans l'intervalle du premier contrat au second, le promettant n'a point été dépouillé de son droit de propriété, mais seulement soumis à une obligation; que l'acceptant n'a point eu un droit réel, mais seulement une créance, d'où la conséquence que, si le promettant avait, dans cet intervalle, vendu la chose à un autre, la vente par lui faite ne serait point, comme l'enseigne à tort M. Duranton, une aliénation nulle et que l'accepteur pourrait faire déclarer non avenue, mais seulement la violation d'une obligation purement personnelle, permettant à cet accepteur de se faire adjuger des dommages-intérêts pour le tort que lui cause l'impossibilité dans laquelle s'est mis le promettant d'accomplir sa promesse. — C'est donc avec raison que la doctrine de M. Duranton sur ces deux points est condamnée par les auteurs et les arrêts (1).

IV. — Tout ce qui vient d'être dit de la promesse unilatérale de vendre s'applique réciproquement à la promesse unilatérale d'acheter, c'est-à-dire à l'engagement que vous contractez envers moi, et dont je déclare m'emparer (mais sans m'obliger réciproquement), de m'acheter telle chose pour un prix dont nous convenons ou pour lequel nous indiquons les moyens d'une fixation ultérieure et indépendante de notre volonté. Cette promesse, on le comprend, oblige le promettant aussi bien que la précédente, et le créancier peut dès lors obtenir, au cas de refus d'exécution volontaire de la part du débiteur, non pas une simple

---

(1) Toullier (IX, 92); Troplong (I, 123); Duvergier (I, 123); Grenoble, 23 mai 1820; Paris, 26 août 1847; Cass., 9 août 1848, 25 juill. 1849, 14 mars 1860, 20 janv. 1863 (Dev., 48, 1, 615, et 2, 161; 50, 1, 520; 60, 1, 740; 62, 1, 705). — Mais si la décision des quatre premiers de ces arrêts est exacte, il n'en est pas toujours de même de leurs motifs. Ainsi, le dernier se jette dans une théorie contradictoire que l'arrétiste critique avec raison; le troisième débute par la fausse idée de *pollicitation*, que nous avons critiquée à la fin du n° I; et le premier se fonde sur une prétendue nullité de la promesse, nullité qu'il reconnaît ensuite, par le fait, ne pas exister, puisqu'il fait produire à la promesse des dommages-intérêts, ce qui n'eût pas été possible si elle eût été nulle. *Contrà*: Ballot (*Rev. de droit prat.*, t. IV, p. 764, et t. V, p. 114).

condamnation à des dommages-intérêts, mais un jugement qui condamne celui-ci à passer contrat dans tel délai, sans quoi le jugement en tiendra lieu et le fera devenir acheteur et propriétaire.

Ici, du reste, la possibilité d'arriver, par voie judiciaire, à l'exécution directe du contrat a beaucoup moins d'importance que dans le cas précédent, puisqu'il ne s'agit pour le créancier que d'obtenir le prix de sa chose, c'est-à-dire une somme d'argent, et que cette somme eût toujours pu être allouée à titre de dommages-intérêts.

V. — Nous arrivons enfin à la promesse synallagmatique, c'est-à-dire à la convention par laquelle les deux parties contractent l'engagement réciproque, l'une de vendre, l'autre d'acheter, et qui est la seule dont s'occupe notre art. 1589. La loi nous dit que, faite dans ces conditions, *la promesse de vente vaut vente;* mais quel est le sens de cette disposition? C'est là un point très-controversé, et fort délicat en effet.

On enseigne souvent à l'école, et telle paraît être la doctrine de M. Demante dans son Programme (1), que notre article n'a eu pour but que de remédier à la fausse qualification que des parties donnent quelquefois à la vente. Il peut arriver, dit-on, que des personnes peu lettrées ne saisissent pas la différence qu'il y a entre une vente et une simple promesse de vente, et qu'elles disent dans un acte *je promets vendre,* au lieu de *je vends,* quoique leur pensée soit bien d'opérer immédiatement une vente actuelle, et non pas de prendre seulement l'obligation de vendre plus tard. Or c'est à cette vente, ainsi qualifiée inexactement promesse de vente, que s'applique notre article; et quant à la véritable promesse de vente, l'article ne s'en occupe pas, et son effet serait, tout naturellement et comme le veulent la raison et les principes du droit, de créer seulement deux obligations de faire, en mettant l'une des parties dans l'obligation de vendre plus tard, et l'autre dans l'obligation d'acheter.

Cette interprétation, déjà fort singulière en elle-même, est d'ailleurs purement divinatoire et en contradiction flagrante avec la pensée bien manifeste du Code. Elle serait d'abord fort étrange, puisque, d'après elle, l'article se réduirait à ces deux propositions : 1° que *la vente,* quoique faussement qualifiée de simple promesse de vente, vaut vente; 2° que la véritable *promesse de vente ne vaut pas vente.* Écrire un article tout exprès pour dire que, dans tel cas comme dans tout autre, *la vente vaut vente,* serait chose trop naïve et bien inutile en présence de la disposition de l'art. 1156; et ce serait ensuite chose bien bizarre que de dire *promesse de vente vaut vente,* quand on entend que *promesse de vente ne vaut pas vente.* Aussi va-t-on voir, par les explications qui suivent, que ce système (qui, du reste, paraît n'avoir jamais eu d'écho hors de l'école de Paris) n'est pas même discutable en présence des antécédents du Code et de ses travaux préparatoires.

C'est bien de la promesse de vente, et non d'une vente qui serait faussement qualifiée promesse, que le Code entend parler. Tous les

_____

(1) Demante (*Prog.,* III, 262); Mourlon (*Répét.,* III, p. 148).

auteurs sont d'accord sur ce premier point, qui, comme on le verra bientôt, ne saurait, en effet, être douteux ; mais la question est de savoir dans quel sens cette promesse est déclarée valoir vente. Selon Toullier (IX, 91 et 92) et M. Troplong (I, 130 et 131), c'est seulement en ce sens que le créancier peut, au moyen d'une telle promesse, obtenir, en cas de refus d'exécuter de la part du débiteur, non pas seulement un jugement qui condamne celui-ci à des dommages-intérêts, comme l'enseignaient autrefois certains auteurs, mais un jugement qui enjoigne à ce débiteur de passer contrat, et qui, au besoin, tienne lieu de ce contrat, en sorte que *celui qui tient une promesse de vente tient déjà la vente,* non pas comme chose actuelle, mais *comme chose qui ne saurait lui échapper.* Tous le autres auteurs, au contraire, et comme eux le seul arrêt qui ait jugé la question (**1**), prennent l'article au pied de la lettre et en ce sens que la loi, par sa toute-puissance, transforme la promesse de vente en vente actuelle, en sorte que l'une des parties devient immédiatement propriétaire de la chose et l'autre créancière du prix. Ainsi, dans la première opinion, la promesse de vente vaut vente, en ce sens seulement qu'*elle assure au créancier l'obtention de la vente* et non pas de simples dommages-intérêts ; dans la seconde, la promesse de vente vaut vente rigoureusement parlant, parce que la loi fait de la simple promesse une vraie vente, dès avant tout contrat ou jugement.

Si générale que soit cette dernière doctrine, elle nous paraît cependant inexacte ; et les nombreux documents réunis sur cette question par M. Troplong, joints à un dernier document qui avait échappé au savant magistrat et qui complète la démonstration, en établissent, selon nous, l'erreur d'une manière certaine. — En effet, il est bien vrai que, si l'on se contentait d'un examen peu approfondi des travaux préparatoires et des écrits de nos anciens auteurs, la doctrine que nous rejetons paraîtrait parfaitement fondée. Ainsi, d'une part, on lit dans le Rapport au Tribunat que « la promesse de vente a *la même force* que la vente », et le Rapport au Corps législatif explique à son tour que « la promesse de vendre *renferme la vente* », que sous une dénomination différente *elle en a tous les effets,* et qu'elle lui est *parfaitement assimilée* (Fenet, XIV, p. 153 et 189). D'autre part, nos anciens auteurs, Boiceau, Danty, Ferrières et autres, répètent partout, non-seulement que la promesse de vente *vaut vente* ou *équivaut à vente,* mais qu'elle constitue *une véritable vente,* qu'*elle est effectivement une vente.* Mais quand on entre au fond des choses, quand on cherche dans les explications qui en ont été données à toutes les époques le vrai sens de cette règle, on voit bientôt que ni nos vieux auteurs, ni les rédacteurs du Code, n'ont en-

---

(1) Dalloz (v° Enregistr., ch. 1, sect. 8); Favart (v° Vente, § 4); R. de Villargues (v° Promesse de vente, n° 13); Duranton (XVI, 51); Duvergier (I, 124); Zachariæ (II, p. 483, 484); Bastia, 28 juin 1849 (Dev., 50, 2, 257). — Quant à un arrêt de cassation du 28 août 1815, cité par M. Duvergier comme jugeant implicitement la question dans le même sens, il ne touche en rien à cette question ; il décide seulement celle de savoir si, dans l'espèce, il y avait eu vente conditionnelle ou vente pure et simple.

tendu prendre ces énergiques expressions au pied de la lettre, que jamais ils n'ont songé à nier la différence que la nature même des choses établit entre une vente actuelle et une simple promesse de vendre.

La grande dispute qui existait autrefois, et que le Code est venu trancher, n'a jamais été de savoir si, en droit et légalement, une promesse de vente devait être rigoureusement la même chose qu'une vente. Personne, ni dans les siècles précédents, ni en 1804, n'a jamais imaginé une pareille idée. La dispute était de savoir si la promesse de vente liait le promettant assez énergiquement pour que la vente s'ensuivît forcément, et qu'elle fût ainsi rendue certaine par la promesse ; si, en face du refus de ce promettant, elle procurait une condamnation à passer contrat ou à tenir ce contrat pour passé et remplacé par le jugement, ou si elle ne conduisait qu'à de simples dommages-intérêts ; si, enfin, la promesse de vente *assurait*, oui ou non, à chaque partie, *l'exécution de la vente* promise. C'est uniquement en ce sens qu'on se demandait si la promesse de vente vaut vente ou ne vaut pas vente. Écoutons ceux de nos anciens auteurs qui y ont employé les termes les plus énergiques, les plus propres à faire naître l'erreur que nous combattons : Danty nous explique que si l'on appelle la promesse de vente une vente, c'est en ce sens qu'elle lie rigoureusement les deux parties, dont chacune sera tenue, même malgré sa volonté contraire, d'exécuter ce qu'elle a promis : « La promesse de vendre *est effectivement une vente;* car *elle est obligatoire de part et d'autre... Quod ab initio sponte scriptum, hoc ab invitis compleatur* (Preuve, p. 740). » Boiceau, après avoir posé le principe que « la promesse de vendre *est une véritable vente* », l'explique ainsi : « Quant à la maxime que *l'on peut se départir* d'un contrat qui n'est pas encore parfait, elle ne peut être opposée; car ceux-là se trompent, qui croient que cette maxime a lieu dans *les conventions qui portent promesse de vendre,* de louer, etc.; car ces sortes de contrats *sont parfaits entièrement,* quoique, pour leur entière exécution, *ils requièrent un autre contrat.* C'est pourquoi Bartole et Balde les appellent des *contrats innomés* (p. 737, n° 6). » Si la promesse de vendre est un contrat innomé, ce n'est donc pas une vente ; et Boiceau, en effet, nous dit plus haut (n° 1) que ces contrats *« ne sont pas des ventes* ni des baux. » Si un autre contrat, c'est-à-dire la vente, est requis pour l'exécution de la promesse, c'est donc que cette promesse n'est pas la vente. Aussi était-il entendu que la promesse de vente laissait la chose aux risques de celui qui promettait de vendre, tandis qu'elle l'eût mise aux risques de celui qui promettait d'acheter, si elle eût constitué une vente (1). Telle était l'ancienne doctrine, et telle aussi la jurisprudence ; car de nombreux arrêts consacraient ces principes, en même temps que d'autres, en très-petit nombre, appliquaient l'idée contraire de ceux qui n'admettaient là qu'un droit à des dommages-intérêts (2).

---

(1) Pothier (n°ˢ 307 et 478); Bretonnier, sur Henrys (II, p. 334).
(2) *Voy.* Henrys (II, liv. 4, ch. 6, 9, 40); Brillon (*Dict.,* v° Vente, n° 49); Boniface

Maintenant, le Code aurait-il changé les idées en reproduisant les mêmes termes? Sa règle que *promesse de vente vaut vente* n'aurait-elle plus le même sens que le principe *promesse de vente vaut vente* de Ferrières; et quand le Rapport au Corps législatif nous dit que la promesse *a tous les effets de la vente* et qu'elle lui est *parfaitement assimilée*, veut-il dire plus que ne disaient Danty et Boiceau quand ils déclaraient que cette promesse *est effectivement une vente*, qu'elle est bien *une véritable vente?...* Trois citations vont répondre à la question: 1° M. Portalis, dans son Exposé de motifs, après avoir dit qu'on trouve dans l'hypothèse prévue par notre article tout ce qui est de la substance du contrat de vente, indique comme commentaire de ses paroles le quatrième plaidoyer du t. VI de Cochin; or voici ce qu'on lit dans ce plaidoyer : « Il a été mille fois jugé qu'une promesse de passer contrat de vente *était obligatoire* et qu'il suffisait pour cela que la promesse contînt les conditions essentielles de la vente; et lorsqu'une des parties a voulu secouer le joug d'une pareille promesse, elle a toujours été *condamnée à l'exécuter* (Fenet, p. 115). » 2° Le Rapport au Corps législatif, dans le passage qui nous dit que la promesse de vendre renferme la vente et en a les effets, ajoute : « L'usage en est aussi ancien que celui de la vente, et il n'y avait aucun inconvénient *à le conserver* (p. 189). » 3° Enfin, M. Maleville, l'un des quatre rédacteurs du Code, commence ses observations sur notre art. 1589 par cette phrase qui, à elle seule, est toute une démonstration et contient un commentaire complet de la question : « Cet article *termine une grande discussion* entre les docteurs, les uns *tenant que la promesse de vendre vaut vente et oblige à passer contrat ;* les autres, *qu'elle se résout en dommages-intérêts.* » Et sous l'article suivant, qui continue de s'occuper de la promesse de vente, en parlant du cas où elle serait faite avec des arrhes, M. Maleville nous dit encore qu'il ne s'agit que des arrhes données *sur la simple promesse de vendre,* et non de celles données dans une vente parfaite (III, p. 359, 360).

Ainsi, le Code n'a point voulu innover, mais seulement *conserver ce* qui existait. La dispute qu'il a terminée n'était point de savoir si la promesse de vente doit être réputée une vente actuelle, mais de savoir si cette promesse *contient la vente en germe et conduit forcément à sa réalisation*, ou si elle conduit seulement *à des dommages-intérêts. C'est* en ce sens que les docteurs disaient, c'est en ce sens que le Code répète que la promesse de vente *vaut vente*, c'est-à-dire *oblige à passer le contrat.* Voilà ce que nous apprend un rédacteur même du Code.

Et comment, en effet, les principes de la raison et de la justice auraient-ils permis qu'il en fût autrement? Quand nous sommes convenus, moi de vous vendre, vous de m'acheter, tel domaine pour tel prix *dans deux ans*, comment la loi viendrait-elle briser la convention que nous

et l'arrêt de 1661, qu'il cite (II, liv. 2, ch. 1); Bretonnier, sur Henrys (II, p. 335); Boiceau (p. 737, n°s 1 et 6); Tiraqueau et les auteurs qu'il cite (*tit. fin.*, 1, n° 42 et suiv.); Rousseaud (v° Promesse); Lapeyrère (lett. V, n° 27); Ferrières (v° Promesse de vente).

avons faite, quoiqu'elle n'ait assurément rien de contraire à l'ordre public, et, de plus, y substituer violemment et contre notre volonté une convention toute différente? Comment, quand nous sommes convenus de ne faire que dans deux ans, en 1856, le contrat de vente en question, la loi viendrait-elle nous dire qu'elle se moque de notre volonté et qu'elle tient ce contrat pour déjà fait par la simple promesse de 1854? C'est manifestement impossible, et M. Duvergier lui-même est forcé de le reconnaître (n° 125); or tel serait pourtant, dans le système contraire, le sens de l'art. 1589, qui n'autorise en aucune façon la distinction arbitraire que fait M. Duvergier. Aussi cette distinction, que le savant écrivain se flattait de voir adoptée par les autres auteurs, a-t-elle été rejetée par eux, comme on le voit dans la nouvelle édition de M. Dalloz, dans celle de M. Duranton et dans l'ouvrage de M. Zachariæ, qui proclame cette distinction *inconciliable avec le sens que M. Duvergier donne à l'article.* Il faut donc reconnaître que la promesse de vente ne forme point le contrat de vente et qu'elle oblige seulement à le passer.

VI. — Ainsi, la promesse synallagmatique ne rend point le futur acheteur propriétaire, elle lui donne seulement le droit de le devenir, même malgré la volonté contraire de l'autre partie, c'est-à-dire qu'elle produit, au profit du futur acheteur, identiquement les mêmes effets que la promesse unilatérale de vendre, de même qu'elle produit, au profit du futur vendeur, les mêmes effets que la promesse unilatérale d'acheter. C'est tout naturel, en effet, puisque cette promesse réciproque d'acheter et de vendre n'est rien autre chose que la réunion des deux promesses unilatérales. Et puisque la promesse ne rend point encore propriétaire le futur acheteur, qui ne deviendra tel que par la vente ou le jugement qui en tiendra lieu, il faut donc reconnaître (toujours comme pour la promesse unilatérale de vendre) que le futur vendeur conserve, non pas en droit, mais en fait, un moyen de rendre la vente promise impossible, en vendant à un autre (1). Par la même raison, les servitudes, hypothèques ou droits réels quelconques que le futur vendeur consentirait dans l'intervalle des deux actes seraient valables et donneraient seulement lieu contre lui à des dommages-intérêts. Enfin si, dans ce même intervalle, les deux parties convenaient de se délier réciproquement, il n'y aurait pas eu dans ce cas une vente et une revente; il n'y aurait eu qu'une vente future qu'on était d'abord convenu de faire et qu'on est ensuite convenu de ne pas faire; en sorte qu'au lieu de deux ventes, il ne s'est pas fait une seule vente, et au lieu de pouvoir exiger deux droits de mutation, l'enregistrement n'en pourrait exiger aucun.

Il va sans dire, au surplus, que le contrat synallagmatique de promesse de vente peut, comme le contrat unilatéral portant promesse, soit de vendre, soit d'acheter, comme le contrat même de vente et comme tout autre contrat, se faire ou purement et simplement, ou à

---

(1) *Contrà :* Bastia, 28 juin 1849 (Dev., 50, 2, 257); Aubry et Rau (t. III, p. 228).

terme, ou sous condition. Quand la promesse a été faite avec fixation d'un délai dans lequel l'exécution devra être demandée, soit par le créancier, dans la promesse unilatérale, soit par l'un ou l'autre des contractants, dans la promesse synallagmatique, et que le terme expire sans que la demande ait été faite, la promesse est non avenue et chaque promettant libre de son engagement, sans qu'il soit besoin, comme l'enseigne M. Duranton (XVI, 58), d'une sommation ou autre acte équivalent : l'engagement n'ayant été pris que pour un certain temps, cet engagement expire quand expire le temps fixé (1). Quand la promesse, au contraire, a été faite sans indication de délai, il faut distinguer si elle est unilatérale ou synallagmatique. Dans ce dernier cas, les deux parties (en supposant, bien entendu, qu'il n'y ait pas non plus de condition, ou que la condition, s'il y en avait une, soit accomplie) sont liées absolument et indéfiniment; et quel que soit le temps écoulé depuis la promesse, chacune d'elles pourrait toujours, tant qu'elles ne seraient pas convenues de se dégager mutuellement, contraindre l'autre à l'exécution. Mais dans la promesse unilatérale, comme la partie qui s'est liée sans que l'autre partie se lie envers elle ne peut pas rester indéfiniment dans une pareille position, il faut bien, quoiqu'on n'ait pas fixé de terme à la durée de l'engagement, qu'il y en ait cependant un, et que le refus du créancier d'arriver à prendre un parti ne perpétue pas éternellement l'obligation du débiteur. Tout le monde est d'accord à cet égard; mais il y a dissentiment quand il s'agit de savoir si ce terme, dont l'expiration, arrivée sans que le créancier se soit prononcé, sera l'équivalent d'une renonciation au bénéfice de la promesse et déliera le promettant, peut être fixé par une simple sommation faite par celui-ci, ou s'il ne peut l'être que par un jugement. M. Duranton (XVI, 58) et M. Troplong (n° 117) enseignent qu'une sommation suffit, tandis que Pothier (n° 481) et comme lui M. Duvergier (n° 127) tiennent pour la nécessité d'un jugement. Mais nous pensons, comme ce dernier auteur, qu'il y a plutôt malentendu dans les termes que dissentiment dans les idées. Sans doute, en effet, le promettant procède régulièrement en faisant signifier à son créancier un acte par lequel il le somme de se prononcer dans tel délai, faute de quoi il entend retirer sa promesse; mais s'il y a contestation sur la valeur de cet acte (et ce n'est que pour ce cas de contestation que notre question peut s'élever), n'est-il pas évident que les tribunaux seuls pourront la vider, et qu'eux seuls devront décider, en appréciant les circonstances, si le délai imparti par la sommation était suffisant ou s'il y a lieu de le prolonger? Mais s'il en est ainsi, il est donc vrai de dire que la sommation ne sera jamais efficace qu'au moyen du jugement postérieur, et que, quand la fixation de délai sera obligatoire pour le créancier, ce sera, non pas en tant qu'elle est écrite dans la sommation, mais en tant qu'elle sera déclarée suffisante par le jugement (2).

---

(1) Pothier (n° 481); Troplong (n° 117); Duvergier (n° 127). *Voy.* aussi Cass., 17 juin 1839 (Dev., 39, 1, 765) et 25 juill. 1849 (Dev., 50, 1, 520).
(2) *Comp.* Bourges, 15 juin 1841 (Dev., 48, 1, 181).

VII. — Mais si les origines de notre art. 1589, aussi bien que les principes du droit et les règles mêmes de l'équité, ne permettent pas de prendre une simple promesse de vente pour une vente, ce n'est pas à dire que cette promesse ne pourrait produire aucun des effets de la vente. Ainsi, nous adoptons pleinement, comme M. Troplong (n° 131), la décision d'un arrêt des requêtes du 2 mai 1827, qui juge que c'est à partir du jour de la promesse, et non du jour du contrat de vente qui s'en est suivi plus tard, que court le délai de deux ans accordé au vendeur, par l'art. 1676, pour faire rescinder la vente d'immeubles dans laquelle il est lésé de plus des sept douzièmes.

Sans doute, nous n'approuvons pas les motifs de cet arrêt, qui nous dit que puisque la promesse de vente vaut vente, c'était le premier acte, celui qui contenait la promesse, qui était la vente. Encore moins approuvons-nous ceux de la Cour d'appel, dans lesquels on lit que « du jour même de la promesse, la vente est parfaite, et que le contrat notarié qui intervient ensuite n'a pour but que de rendre cette vente authentique. » Nous n'adoptons même pas le motif donné par M. Troplong lui-même, et qui consiste à dire que c'est la promesse de vendre qui produit l'obligation de livrer la chose, comme la promesse d'acheter produit celle de payer le prix. C'est là une inexactitude dont M. Zachariæ n'a pas manqué de s'emparer au profit du système qu'il professe avec MM. Duvergier, Duranton et autres, en répondant à M. Troplong que si la promesse de vendre produit l'obligation de livrer, elle produit donc par là même la transmission de propriété, aux termes de l'article 1138. C'est qu'en effet je ne devrai la chose que quand je l'aurai vendue, et on ne m'en devra le prix que quand on l'aura achetée; c'est seulement le contrat de vente à passer ultérieurement qui fera naître les obligations *de livrer* et *de payer,* et quant à la promesse, elle ne produit que deux obligations *de faire.*

Mais il n'en est pas moins vrai que la décision est exacte au fond; car, lorsque j'ai promis de vendre pour 4 000 francs un immeuble qui en vaut 12 000, il serait évidemment impossible de me refuser, sur la demande que j'en ferais avant la passation du contrat, l'annulation de cette promesse : il serait absurde de me forcer à exécuter mon obligation, c'est-à-dire à passer le contrat de vente, pour m'accorder ensuite la rescision de cette vente, aussitôt qu'elle serait faite. Celui qui a fait la promesse de vente présentant une lésion de plus de sept douzièmes peut donc agir en annulation du jour même de cette promesse; or, puisqu'il peut agir à compter de ce jour, c'est donc de ce jour que le délai de l'action court contre lui.

Disons, en terminant, qu'il ne faudrait pas confondre avec une simple promesse de vendre la vente, sous seing privé ou même verbale, dans laquelle les parties seraient convenues d'en passer plus tard un acte notarié. Il faut alors, comme le fait observer M. Maleville, rechercher en fait si les parties ont entendu se lier immédiatement en ne recourant à l'acte notarié que pour se procurer une preuve authentique de leur convention antérieure, ou si elles ont voulu faire dépendre la vente de la passation de l'acte. Dans ce dernier cas, il n'y a, jusqu'à la signature de cet acte, qu'un projet que chaque partie reste maîtresse d'abandonner. Dans le premier, au contraire, la vente est dès à présent parfaite, et elle aura tout son effet si elle est avouée ou prouvée (Colmar, 15 janv. 1813).

1590. — Si la promesse de vendre a été faite avec des arrhes, chacun des contractants est maître de s'en départir.

Celui qui les a données, en les perdant,

Et celui qui les a reçues, en restituant le double.

SOMMAIRE.

I. Les arrhes, dans la promesse de vente, ne sont à considérer que comme moyen de dédit, s'il n'y a preuve du contraire. Conséquences. Observations.
II. Mais *quid* dans la vente? Controverse. Observations sur le droit romain; l'ancien droit et les travaux préparatoires du Code. C'est, en définitive, une simple question de fait.

I. — On, entend ordinairement et en général, par *arrhes*, une somme d'argent (mais ce peut être aussi un autre objet) qui, dans les contrats de vente ou de louage, est remise par l'une des parties (ordinairement l'acheteur ou le locataire) comme garantie, pour l'autre, de l'exécution de la convention. Mais notre article donne ici aux arrhes un caractère tout différent; il déclare que, dans la promesse de vente, les arrhes, au lieu d'être ainsi un indice de l'irrévocabilité de la convention et de la pensée bien arrêtée dans laquelle sont les contractants de ne pas s'en départir, devront être considérées, au contraire, comme une preuve de la volonté réciproque des parties de n'être pas liées irrévocablement et de pouvoir se dégager en perdant, l'une les arrhes qu'elle a données, l'autre une somme égale. Ainsi, tandis que la promesse réciproque que nous aurons souscrite, vous de me vendre votre maison, moi de l'acheter, pour le prix de 10 000 francs, dans un an, serait, si elle était faite sans arrhes, pleinement obligatoire et permettrait à chacun de nous d'obtenir dans un an, même contre le gré de l'autre, le contrat de vente ou un jugement en tenant lieu, cette même promesse faite avec 500 francs d'arrhes que je vous ai comptées, nous laisse libres de ne point exécuter, à la condition pour moi, si c'est moi qui renonce, de vous laisser mes 500 francs, et pour vous, si c'est de vous que vient le refus, de me rendre ces 500 francs, en m'en donnant encore 500 autres. Il est évident, au surplus, que si la convention s'exécute par la passation du contrat de vente, la somme donnée pour arrhes s'imputera sur le prix, en sorte que, dans l'hypothèse ci-dessus, je n'aurai plus que 9 500 francs à vous payer. Il n'est pas moins évident que si c'est par notre consentement mutuel que la promesse reste sans effet, ou parce que la chose vient à périr, ce qui rend impossible la vente promise, aucune partie ne doit rien perdre, et celle qui a reçu les arrhes doit les rendre sans y rien ajouter : le futur vendeur, dans le dernier cas, a seulement perdu sa chose, ce qui est tout simple, puisque, cette chose n'étant pas encore vendue, c'est nécessairement pour lui qu'elle périt. On s'étonne que M. Duranton (III, 263 *in fine*) présente un point aussi simple comme une question controversable (1).

Du reste, il n'est pas douteux que si la stipulation d'arrhes doit ainsi être considérée, dans la promesse de vente, comme un moyen de dédit, ce n'est là qu'une règle générale, une présomption légale, qui devrait cesser dans les cas particuliers où il serait certain, soit par les termes de la convention, soit par les circonstances, que la pensée des contractants a été différente, et qu'elles ont considéré les arrhes comme un indice de l'irrévocabilité de leur promesse.

II. — Mais quel serait l'effet des arrhes si elles accompagnaient, non plus une simple promesse de vente, mais une vente? C'est là une question très-controversée, très-compliquée, mais dont la solution cependant doit, selon nous, se réduire à quelque chose de fort simple.

Les uns, notamment M. Duvergier, veulent que ce qui est dit dans notre article pour la promesse de vente s'applique également à la vente.

D'autres pensent, au contraire, que les principes du droit conduisent à la règle opposée, et telle est notamment l'opinion de M. Troplong, qui toutefois n'adopte cette règle qu'avec plusieurs distinctions et sous-distinctions. De part et d'autre, au surplus, on se jette dans de longues discussions pour rechercher quel était l'effet de la vente faite avec arrhes, soit dans le dernier état du droit romain, soit dans notre ancien droit français. Or, c'est là un point sur lequel il paraît impossible de se fixer. Dans le droit antérieur à Justinien, les arrhes étaient une preuve de l'irrévocabilité de la vente : *argumentum,* disait Gaïus, *emptionis et venditionis contractæ.* Mais Justinien fit à cette règle un changement sur la portée duquel on ne s'est jamais accordé, et s'il est vrai que le sens d'un simple dédit, admis aujourd'hui par M. Ducaurroy et M. Ortolan, et que professaient autrefois quelques docteurs, tels que Salichet et Fachin, soit, en effet, le seul conforme au texte des Institutes, il est constant aussi qu'il était autrefois repoussé par tous les commentateurs les plus célèbres, Bartole, Cujas, Vinnius, Voët, Pothier; en sorte que la doctrine de ceux-ci aurait beaucoup plus de chances que l'autre pour nous donner la pensée des rédacteurs du Code. Les travaux préparatoires ne nous renseignent pas davantage; et le passage du discours de M. Grenier au Corps législatif, que MM. Troplong et Duvergier, celui-ci en l'invoquant à l'appui de sa doctrine (n° 135), celui-là en le combattant comme contraire à la sienne (n°s 140 et 145), citent tous deux comme étendant à la vente faite avec des arrhes ce que la loi dit de la promesse de vente ainsi faite, ne dit rien de semblable. MM. Troplong et Duvergier, isolant le dernier alinéa du passage au lieu de le rattacher à ce qui précède, et changeant d'ailleurs sa ponctuation, interprètent mal cette phrase de M. Grenier, que « les arrhes déterminent le caractère et l'effet de l'engagement, en le réduisant à une simple promesse

---

(1) Pothier (503); Delvincourt (III); Troplong (136); Duvergier (140).

de vendre dont on pourra se désister. » Ils entendent par là que les arrhes réduisent *la vente* à n'être plus *qu'une promesse de vendre*, dont on pourra se désister, tandis que l'idée est que les arrhes réduisent *une promesse de vendre*, qui sans elles serait irrévocable, à n'être plus qu'une promesse de vendre *dont on pourra se désister*. Ce sens, qui se révèle déjà par la virgule que les deux auteurs ont placée après les mots *promesse de vendre*, et qui n'existe pas dans le procès-verbal (ce qui indique qu'il ne s'agit pas de réduire l'engagement A UNE PROMESSE, dont... mais de le réduire *à une promesse dont* ON POURRA SE DÉSISTER), ce sens, disons-nous, devient d'ailleurs évident quand on rattache la phrase à celles qui la précèdent. M. Grenier, en effet, après avoir analysé l'art. 1589 (qui s'occupe, dit-il, *d'un autre acte* que la vente, à savoir *la promesse de vendre*, pour nous dire que cette promesse vaut vente), ajoute, en arrivant à notre article, que « il a paru sage d'établir *une exception* à cette règle *pour une espèce de promesse de vendre. C'est celle* qui est faite avec des arrhes. » Et il arrive de là à la phrase en question, qui ne s'occupe ainsi que de *la promesse de vendre* et nullement de la vente (1). Aussi M. Maleville, l'un des rédacteurs, nous dit-il que « il s'agit dans cet article des arrhes données sur la simple promesse de vendre, et non de celles données la vente une fois parfaite. »

Ainsi, notre législateur, en réglant l'effet des arrhes dans les promesses de vente, n'a posé, ni explicitement, ni implicitement, aucune règle sur l'effet qu'elles devront produire dans les ventes. Mais *ce silence* absolu est-il ici une lacune qu'il faille combler? Sommes-nous ici dans un cas où une règle de droit spéciale et posée *à priori* soit indispensable? Assurément non, puisqu'il ne s'agira jamais que d'une question d'intention, que de l'appréciation de la volonté des contractants, question de fait que le juge devra décider, dans chaque espèce, par les usages de la localité, par l'importance des arrhes comparée au prix de la chose, par les habitudes des parties, par l'ensemble des diverses circonstances de l'opération. C'est par ce moyen, et comme point de fait, qu'il jugera si la somme ou autre valeur remise l'a été comme indice de la faculté de se dédire, ou comme signe, au contraire, de l'irrévocabilité de la convention, ou comme simple à-compte sur le prix convenu, ou enfin avec ces deux derniers caractères tout ensemble.

*Donc, tandis que, pour les simples promesses de vente, le juge a une voie tracée à l'avance et ne doit voir dans les arrhes qu'un moyen de dédit, à moins de preuve du contraire, pour les ventes, aucune règle ne lui est imposée, ni dans un sens, ni dans l'autre, et il a toute latitude pour rechercher et suivre, selon sa conscience, la pensée certaine ou probable des contractants (2).

---

(1) Fenet (XIV, p. 189, et non pas 319, comme on lit dans M. Troplong).
(2) *Voy.*, sur la question, Pothier (*Vente*, 508), Despeisses (part. 1, tit. 1, sect. 4), et dans le droit nouveau, MM. Toullier (VI, 16), Maleville (art. 1590), Pardessus (II, 295), Delvincourt (III, p. 134), Duranton (XVI, 50), Favart (v° Arrhes, n° 2), R. de Villargues (Cod., n° 21), d'après lesquels l'art. 1590 s'appliquerait à la vente par-

1591. — Le prix de la vente doit être déterminé et désigné par les parties.

1592. — Il peut cependant être laissé à l'arbitrage d'un tiers : si le tiers ne veut ou ne peut faire l'estimation, il n'y a point de vente.

SOMMAIRE.

I. Le prix doit consister en argent ; mais comment doit s'entendre cette règle : controverse.
II. Il doit être déterminé ou déterminable. Renvoi. Développements.
III. Il doit, enfin, être sérieux. Sens de ce mot : erreur de MM. Duvergier, Zachariæ, et de la jurisprudence.

I. — Le prix est l'une des trois choses essentielles au contrat de vente, qui n'existe, bien entendu, qu'autant qu'il y a consentement des parties sur *la chose* et sur *le prix* de cette chose : *res, pretium, consensus*. Le prix, du reste, requiert trois conditions indispensables : il faut 1° qu'il consiste en argent, 2° qu'il soit suffisamment déterminé ou déterminable, 3° qu'il soit sérieux. Chacune de ces trois idées n'est pas sans difficulté.

D'abord, le prix doit consister en argent. Si, au lieu de vous livrer ma maison moyennant une somme de 12 000 francs, je vous la livrais moyennant la livraison que vous me consentez de telle pièce de terre, ou de tel tableau d'un grand maître, ou d'un écrin de diamants, il n'y aurait plus vente, mais échange, et les effets du contrat ne seraient pas complétement les mêmes. Ainsi, sans parler même des différences, assez importantes déjà, qui résultent de l'inapplicabilité à l'échange de l'art. 1593 (d'après lequel c'est à l'acheteur, à défaut de convention contraire, de payer les frais de contrat, tandis que, les deux échangistes jouant un rôle identique, ils doivent dès lors supporter ces frais en commun), et aussi de l'art. 1602 (d'après lequel les clauses obscures s'interprètent contre le vendeur, tandis qu'on devra, dans l'échange, interpréter chaque clause obscure, par application du principe général de l'art. 1162, contre celui qui stipule dans cette clause, c'est-à-dire au profit duquel elle est écrite) ; sans parler, disons-nous, de ces deux premières différences, il en est une troisième qui est de la plus haute importance, c'est celle qui résulte de l'art. 1674. D'après cet article, en effet, celui qui vend un immeuble pour un prix inférieur aux cinq douzièmes de sa valeur réelle peut faire rescinder la vente à raison de cette lésion énorme, tandis que celui qui échangerait son immeuble contre un objet ne représentant que le tiers ou le quart de sa valeur ne pourrait pas revenir sur sa convention (art. 1706). Il peut donc être fort important de savoir si un bien a été vendu ou seulement échangé. Or on n'est pas d'accord sur la manière précise dont doit s'entendre le

---

faite. *Sic* : Colmar, 15 janv. 1813. — Mais *voy.*, en sens contraire, MM. Duvergier (135 et suiv.), Coulon (II, p. 141), Troplong (141 et suiv.), qui font certaines distinctions suivant que la vente est pure et simple ou conditionnelle. — *Voy.* encore Colmar, 19 juin 1814 ; Orléans, 11 juin 1818.

principe, posé plus haut, que le caractère distinctif de la vente, c'est un prix en argent.

Plusieurs auteurs enseignent que le prix peut consister soit en argent proprement dit, soit en certaines choses qui en seraient l'équivalent, comme une certaine quantité de denrées ayant un cours bien connu, une pension alimentaire à fournir en nature, etc. (1). Au contraire, M. Duvergier (n° 147) et M. Zachariæ (II, p. 486) tiennent qu'il ne peut y avoir vente qu'à la condition rigoureuse d'un prix en numéraire. Quant aux arrêts qu'on cite dans le premier sens, ils ne résolvent pas précisément la question; car s'il est vrai qu'ils se servent des mots *vente, prix, vendeur, acheteur,* pour l'hypothèse prévue, on peut très-bien dire, comme M. Duvergier, que c'est parce que ces termes, conformes à l'usage, n'avaient pas d'importance dans les espèces à juger, espèces dans lesquelles il s'agissait de savoir, non pas si l'acte était une vente ou un échange (ou un contrat innomé), mais seulement si cet acte était ou n'était pas obligatoire, si les parties étaient tenues d'exécuter leur convention, quelle que fût d'ailleurs la qualification à donner à cette convention. Or comment doit se résoudre la question? Faut-il, oui ou non, dire qu'il y a là une véritable vente, et que les effets de la vente, notamment la rescision pour lésion de plus de sept douzièmes dans la cession ainsi faite d'un immeuble, devront être admis?

C'est, selon nous, par une distinction que présente la nature même des choses, et que n'ont pas signalée les auteurs, que la question doit se résoudre. Cette distinction consiste à voir si la chose que l'on veut regarder comme prix est de nature à jouer ce rôle et à représenter une somme d'argent relativement à la chose cédée en retour. Ainsi, quand, pour un certain nombre d'hectolitres de blé que vous me livrez, je vous livre, moi, un certain nombre d'hectolitres de seigle (ou d'orge, ou de vin, ou d'huile), ou une certaine quantité de stères de bois, il est bien clair qu'aucune de ces choses n'est un prix par rapport à l'autre, et qu'il n'y a là rien qu'un échange. On ne pourrait donc pas poser comme règle que des denrées sont l'équivalent de l'argent et constituent un prix. Mais si, pour une certaine quantité de denrées ou pour une rente, soit perpétuelle, soit viagère, de ces mêmes denrées, c'est ma maison que je vous cède, n'est-il pas vrai de dire que je vous ai vendu ma maison, et que les denrées ou la rente sont le prix d'une vente, et que j'ai bien voulu, vu la facile transformation de ces denrées en argent, prendre ces denrées pour de l'argent? L'affirmative nous paraît certaine, et le sentiment contraire de M. Duvergier est à nos yeux une inexactitude qui reçoit deux réfutations pour une. D'une part, en effet, s'il était vrai, comme le soutient notre savant confrère, qu'un prix de vente ne peut rigoureusement consister qu'en argent, ce prix n'existerait donc

_____

(1) Delvincourt (t. III); Duranton (XVI, 119); Troplong (n° 148); Championnière et Rigaud (II, 1770). — *Voy.* aussi Cass., 5 therm. an 13; Agen, 17 fév. 1830; Bordeaux, 7 août 1849 (Dev., 50, 2, 113).

pas même dans une rente; car une rente n'est pas de l'argent, c'est une chose incorporelle, immatérielle, un droit; c'est le droit de percevoir des arrérages qui se payeront en argent; mais le droit, la rente, n'est pas plus de l'argent que ma maison (dont les loyers se payeront aussi en argent), je ne pourrais pas plus forcer celui à qui je dois une certaine somme à recevoir en payement une rente équivalente, que je ne pourrais le forcer à recevoir un immeuble. Une rente n'est point de l'argent; or tout le monde reconnaît, même M. Duvergier et M. Zachariæ, qu'une rente, soit perpétuelle, soit viagère, peut fort bien être un prix de vente (1). D'un autre côté, c'est un usage général et constant d'appeler vente la cession d'un immeuble moyennant une rente ou une prestation, soit de denrées, soit de pension alimentaire à fournir en nature; et c'est parce que tel est l'usage général que les tribunaux, comme on le voit dans les arrêts précités, se servent toujours, dans cette hypothèse, des qualifications de *vente, vendeur* et *acheteur*. Or, n'est-il pas évident que les rédacteurs du Code, hommes essentiellement pratiques, et si étrangers au rigorisme romain, ont entendu parler comme tout le monde et exprimer par *vente* et *prix de vente* ce que tout le monde entend par là? Et pourquoi, en effet, quand la loi vient au secours du malheureux propriétaire qui, pressé par le besoin, cède pour 1 000 fr. en écus l'immeuble qui en vaut 3 000, ne viendrait-elle pas également à son secours quand, ne trouvant pas même d'argent comptant, il l'a cédé pour une quantité de denrées représentant cette même somme de 1 000 francs, et dont il a fait immédiatement des écus?

Nous disons donc que le prix de vente peut consister, soit en une somme d'argent, soit en choses qu'il est d'usage, et qu'il a été dans la pensée des parties, de regarder comme l'équivalent de cette somme.

Il est évident, au surplus, que quand la vente est une fois faite pour un prix en argent (ou pour une autre chose pouvant constituer un prix), il importe peu que ce prix soit de suite remplacé par une autre chose, même par un immeuble, puisque cet immeuble ne serait alors livré que par dation en payement de la somme due; il serait également indifférent que la vente faite moyennant tel prix fût accompagnée de la faculté pour l'acheteur de livrer un immeuble en payement, puisque l'immeuble serait seulement *in facultate solutionis*, et que la somme d'argent serait le seul objet direct du contrat. Mais si la somme et l'immeuble étaient indiqués *alternativement*, c'est par celui des deux objets qui serait choisi et livré que la nature du contrat se trouverait déterminée, et ce contrat dès lors ne serait plus qu'un échange, si c'était à l'immeuble qu'on s'arrêtât.

II. — Il faut, en second lieu, que le prix soit suffisamment déterminé ou déterminable. Ce que nous avons déjà dit à cet égard pour la promesse de vente s'applique évidemment à la vente, et nous y renvoyons (art. 1589, II).

---

(1) *Voy.* Zachariæ (p. 486, note 15); Duvergier (p. 170-178), et les nombreux arrêts que ce dernier cite en les approuvant.

Ainsi la loi parle trop absolument quand elle dit, dans l'art. 1591, que le prix doit être *déterminé par les parties*, et elle apporte à cette proposition une correction nécessaire quand elle ajoute, dans l'article 1592, qu'il peut être laissé à l'arbitrage d'un tiers. Et, bien entendu, les parties peuvent parfaitement, au lieu d'un arbitre, en nommer plusieurs ; et une telle observation n'aurait pas même besoin d'être faite, si on ne lisait dans le discours de M. Grenier au Corps législatif cette incroyable idée que l'une des conditions nécessaires, c'est *qu'il n'y ait* QU'UN TIERS *qui soit chargé de la fixation* (Fenet, XIV, p. 186). Une pareille idée ne demande pas de réfutation : aussi l'un des rédacteurs, M. Maleville, s'occupe-t-il successivement et du cas où les parties ont désigné un seul expert et de celui où elles en auraient nommé plusieurs. Ce qu'il faut, c'est que les parties se soient suffisamment liées pour que le prix puisse être ultérieurement déterminé sans un nouvel acte de leur volonté, et en conséquence du consentement dès à présent donné par elles. Si, par exemple, après que les parties ont dit que la vente est faite pour un prix *dont elles conviendront plus tard* (ce qui ne suffirait pas, puisque cette phrase ne les lie pas), elles ajoutaient *ou qui sera fixé, en cas de désaccord, par un expert désigné par elles ou par le juge de paix du canton*, il est clair que la vente existerait, puisqu'il n'est plus au pouvoir des parties d'empêcher que la fixation soit faite. Le résultat serait le même si, sans s'expliquer aussi catégoriquement, les parties avaient cependant manifesté cette idée de s'en rapporter au besoin à la justice pour la désignation d'un ou de plusieurs experts ; mais quand rien n'indiquera ce consentement, la fixation ne pourra se faire que par l'expert ou les experts qu'auront désignés les parties, et si l'un d'eux refuse, meurt ou se trouve dans l'impossibilité de faire l'estimation, la vente n'existera pas, la condition dont elle dépendait ne se réalisant point (1).

Le prix, au surplus, peut être parfaitement déterminé sans être encore connu. Ainsi, je puis vous vendre mes 10 hectolitres de blé pour le prix moyen auquel le blé se vendra au prochain marché de tel pays, ou pour une somme égale à celle qui se trouve dans ce sac, dont ni vous ni moi ne connaissons le contenu. Dans ce dernier cas, notre contrat est aléatoire ; mais il n'en constitue pas moins une vente parfaitement valable.

III. — Il faut, enfin, que le prix soit sérieux. Cette condition, si évidente et si simple, n'aurait dû, ce semble, soulever aucune difficulté. Mais il existe, au contraire, une très-vive controverse sur le point même de savoir ce que c'est qu'un prix de vente *sérieux* ; et c'est pour discuter plus librement la question que nous avons mis en troisième ordre cette condition, qui est bien plutôt la première.

Tout le monde reconnaît qu'il n'y a pas de prix sérieux, pas de prix véritable, et partant pas de vente, 1° quand le prix stipulé ne l'a été

_____

(1) *Comp.* Cass., 31 mars 1862 ; Grenoble, 1er juin 1865 (Dev., 65, 2, 332 ; J. Pal., 62, 584).

que fictivement, sans intention qu'il soit payé ; et 2° quand la disproportion avec la valeur de la chose est telle qu'il est évident que les
parties n'ont pu l'indiquer que par jeu et sans considérer sa fixation
comme une affaire ; comme si je déclarais vous vendre ma maison
pour cinq francs, uno nummo, comme disaient les Romains (1). Mais
ces deux hypothèses de prix dérisoire sont-elles les seules ? M. Troplong
(n° 150) le soutient énergiquement, et, pour notre part, nous le croyons
fermement aussi ; mais M. Duvergier (n°ˢ 148 et 149) et M. Zachariæ
(II, p. 487), et comme eux une jurisprudence de quarante années, en
admettent une troisième. Dans ce système, le prix est encore dérisoire
et emporte inexistence de la vente pour absence de prix, toutes les fois
qu'il est assez minime pour que les parties *n'aient pas pu* le regarder
comme L'ÉQUIVALENT DE LA CHOSE : par exemple, si je vous cède ma
maison de 12 000 pour 2 000, ou pour une rente simplement viagère
de 500 francs, alors qu'elle en rapporte annuellement 600, toutes
charges déduites (2). M. Duranton (XVI, 100), sans toutefois présenter
aucune discussion, aucun développement, paraît admettre aussi cette
doctrine. Néanmoins, et si général que soit ce système, nous n'hésitons
pas à dire avec M. Troplong que c'est une erreur certaine, et on en peut
donner plusieurs preuves pour une.

Et d'abord, qu'est-ce qu'une clause sérieuse dans un acte ? Est-ce
seulement celle qui est convenable et raisonnable ? Nullement, c'est
tout simplement celle à laquelle on entend tenir, celle qui est mise
pour tout de bon. Une chose peut être mauvaise, inconvenante, déraisonnable, et n'en être pas moins faite très-sérieusement. Un prix *sérieux* est donc, ni plus ni moins, celui qu'on stipule *pour tout de bon ;*
et de même qu'il est évident que nous ne parlons pas sérieusement
quand je déclare vous vendre ma maison de 12 000 francs pour 5 francs,
de même il est évident que nous faisons une chose très-sérieuse quand,
pressé par le besoin, je vous vends cette maison pour 2 000 francs ;
ou quand, voulant vous procurer un grand avantage, je vous la vends
pour une rente viagère de 500 francs, quoiqu'elle en rapporte 600 ;
quand, en un mot, et par un motif quelconque, je vous vends mon
bien pour un prix qui est, à la vérité, énormément inférieur à sa valeur,
mais qui conserve pourtant une véritable importance intrinsèque et au
payement duquel on tient positivement. —Et ce que disent ainsi la
raison et le sens habituel des mots, est-ce que les principes du droit et

_____

(1) On conçoit que ces prétendues ventes ne peuvent être que des donations ; et en
effet, il a été jugé que la vente pour un prix illusoire peut, tout en étant déclarée
nulle comme acte onéreux, être maintenue comme donation, par appréciation des
intentions du vendeur. Douai, 14 juin 1852 (Dall., 53, 2, 89). — Quant à la question,
très-controversée, de savoir si une donation ainsi déguisée sous la forme d'une vente
peut néanmoins valoir, nous l'avons examinée sous l'art. 851, n° IV.
(2) Poitiers, 23 therm. an 2 ; Cass., 2 juill. 1806 ; Bourges, 10 mai 1826 ; Paris,
25 juill. 1826 ; Angers, 21 fév. 1858 ; Orléans, 24 mai 1831 ; Cass., 28 déc. 1831 et
23 juin 1841 ; Douai, 30 nov. 1847 (Dev., 31, 2, 200 ; 32, 1, 300 ; 41, 1, 867 ; 48, 2,
267) ; Cass., 7 août 1849 (Dev., 50, 1, 129) ; Douai, 14 juin 1852 (*J. Pal.*, 54, 1, 353).
Comp. Dijon, 24 fév. 1865 (Dev., 65, 2, 141 ; *J. Pal.*, 65, 695). — Mais *voy..* en sens
contraire, Cass., 16 avr. 1822 ; Agen, 5 mai 1829 et 17 fév. 1830 ; Bordeaux, 7 août
1849 (Dev., 22, 1, 246 ; 32, 2, 109 ; 50, 2, 113).

l'esprit manifeste du Code ne le disent pas de même ? Ainsi, tandis que ce ne serait pas un échange sérieux que celui de ma ferme contre un moineau, ne serait-ce pas un échange sérieux, quoique peu raisonnable et très-disproportionné, que celui de ma ferme contre votre attelage de deux magnifiques chevaux, quoique vos chevaux ne vaillent que la dixième partie de ma ferme? Tandis que ce ne serait pas un louage sérieux que celui que je déclarerais vous faire de ma ferme, d'un revenu de 1 200 francs, pour un loyer en quatre termes de 1 franc chacun, ne serait-ce pas un bail sérieux que celui de cette ferme pour un loyer de 200 francs? Or, est-ce que la vente, pour laquelle on s'est imaginé de donner au mot *sérieux* un sens extraordinaire et magique qu'on ne demande pas pour les autres contrats, présente quelque part dans le Code une règle qui autorise cette particularité? Pas le moins du monde : le Code ne parle pas plus du sérieux de la vente que du sérieux de l'échange, du louage ou de tout autre contrat. Le Code demande qu'il y ait un prix, il ne prend pas la peine de dire que ce prix doit être sérieux; si on le demande, c'est parce que le bon sens dit que, la loi ne s'occupant que de choses sérieuses, on ne peut invoquer les effets légaux d'une vente que quand on a sérieusement vendu, comme on ne peut invoquer les effets légaux d'un échange ou d'un louage que quand on a sérieusement échangé ou sérieusement loué. Encore une fois, il n'y a ici rien de particulier à la vente, et ce contrat, comme tout autre contrat, est sérieux toutes les fois qu'on l'a considéré comme une affaire (sotte ou convenable, peu importe), qu'on y a stipulé pour tout de bon. — Si, d'ailleurs, on devait, en prenant ainsi le mot *sérieux* comme synonyme de *convenable,* dire que le prix n'est pas sérieux quand il est par trop minime, il faudrait dire aussi que l'autre objet de la vente n'est pas sérieux non plus quand il est dans le même cas : si c'est faire une chose ridicule que de donner pour un certain prix un bien qui le vaut dix fois, c'est faire une chose ridicule au même degré que de payer un bien dix fois ce qu'il vaut. Dans les deux cas, il y a identité de disproportion et de disconvenance, le degré de sérieux du contrat est dès lors le même ; et de même qu'on déclarerait nulles, non-seulement (faute de *prix sérieux*) la vente de ma maison de 12 000 francs pour 5 francs, mais aussi (faute d'*objet sérieux*) la vente d'une mouche pour 600 francs, de même, s'il fallait dire nulle aussi la vente du bien de 12 000 francs pour 1 000 francs, il faudrait également dire nulle la vente d'un objet de 1 000 francs pour 12 000. En rejetant cette seconde conséquence, la doctrine contraire constate elle-même la fausseté de son prétendu principe. — Pothier, qu'on invoque à l'appui de cette doctrine, professe, au contraire, celle que nous défendons ici. Dans tout son paragraphe, en effet, il ne prévoit et n'explique que nos deux hypothèses : 1° de prix fictif, stipulé sans intention de l'exiger (n° 18); et 2° de prix dérisoire qui ne consiste que dans l'*uno nummo* des Romains (n° 19). Son n° 20, où l'on s'est imaginé voir la troisième hypothèse d'un prix non sérieux, en est au contraire la négation, puisqu'il explique que, si vil que soit le prix, pourvu qu'il ne tombe pas dans l'*uno nummo*, la vente est valable. Son idée est manifeste ; car, d'une part, les mots *somme qui n'ait* AUCUNE PROPORTION *avec la valeur de la chose*, mots dont on abuse pour exiger une proportion *convenable*, sont nettement expliqués dans le sens contraire, dans le sens de l'*uno nummo*, tant par ces autres mots de la même phrase *une somme* DE NÉANT, que par l'exemple que l'auteur vient de donner en disant : « *Putà*, si on vendait *une terre considérable* POUR UN ÉCU. » D'autre part, Pothier emploie le n° 21 et dernier à nous expliquer que si le vendeur a livré sa chose *viliore pretio*, pour gratifier l'accepteur, ou s'il s'est trouvé contraint par le besoin à la vendre *pour le prix qu'on lui en offrait*, cela n'empêche pas le contrat de vente d'être valable.— Le Code, enfin, donne à ce système le démenti le plus énergique par ses art. 1674-1681. En effet, quand un immeuble de 12 000 francs est vendu, non pas pour 10 000 francs, 8 000, ou seulement 6 000 (ce qui ne serait déjà que moitié de sa valeur), pas même pour 5 000, mais pour *moins de* 5 000, il est bien clair que les parties *n'ont pas pu* regarder le prix *comme l'équivalent de la chose* : on ne se trompe pas de PLUS *de sept douzièmes*, c'est-à-dire de BEAUCOUP PLUS *de moitié*, sur la valeur d'un immeuble dont on traite. Si donc la définition qu'on nous donne du prix non sérieux était exacte (1), une pareille vente serait nulle, et il en serait de même si cette vente portait sur des choses mobilières. Or il n'en est rien ; et le Code, qui ne donne jamais aucun effet à la vileté du prix, si grande qu'elle puisse être, dans les ventes de meubles, lui donne pour effet, dans les ventes d'immeubles, non pas l'inexistence du contrat, mais seulement le droit d'obtenir, pendant deux années, la rescision ou un supplément de prix !... Et non-seulement ce système se trouve démontré faux en ce qu'il met une nullité radicale de la vente là où le Code n'admet qu'une simple rescision, à laquelle on peut même échapper par un supplément de prix ; mais il créerait encore cette nullité dans des cas où la loi ne permet pas même la rescision. Il en serait d'abord ainsi pour les ventes mobilières, où la rescision n'est jamais admissible ; mais le résultat peut se présenter aussi pour des ventes d'immeubles. Si, par exemple, on vend un immeuble moyennant une rente simplement viagère, et qui n'excède pas l'intérêt annuel de la valeur de l'immeuble, il est bien évident que les parties n'ont pas pu regarder cette rente *comme l'équivalent de la chose ;* et si c'était là, comme on imagine de le dire, le caractère distinctif du prix non sérieux, une telle vente serait donc nulle pour absence de véritable prix : c'est, en effet, dans des espèces analogues qu'ont été rendus la plupart des arrêts ci-dessus cités. Or tout le monde comprend cependant qu'une rente viagère peut fort bien, vu la jeunesse et la force du crédirentier, valoir grandement *la moitié* du capital dont ses arrérages représentent l'intérêt : une rente viagère de 600 francs peut très-bien valoir 6 000 francs, et représenter dès lors la moitié de la valeur de l'immeuble de 12 000 francs, pour prix duquel elle est constituée.

---

(1) Duvergier (I, p. 169, 170) ; Zachariæ (II, p. 487, alin. 2).

Voici donc des cas dans lesquels la loi n'autoriserait pas la rescision de la vente (puisque la lésion ne serait que de *six douzièmes*, tandis qu'elle doit être de *plus de sept*), et dans lesquels l'étrange système dont il s'agit trouve, lui, la nullité radicale de cette vente !

Du reste, il n'y a pas pleine solidarité entre la doctrine de MM. Duvergier et Zachariæ et celle de la jurisprudence ; et quoique les arrêts cités plus haut soient approuvés par les deux auteurs, ils ne se fondent cependant pas sur le principe de ceux-ci. Ces arrêts n'ont prononcé que dans le cas de vente à rente viagère, et s'ils ont déclaré la vente nulle, comme manquant de prix, toutes les fois que la rente n'excédait pas le revenu net du bien vendu, c'est en partant de cette autre idée que, l'acheteur trouvant alors dans les revenus de quoi payer les arrérages de la rente, c'est donc le bien lui-même qui fournit cette rente, c'est le vendeur qui procure chaque année à son acheteur un prix que celui-ci lui paye sans rien débourser *de suo*, et la vente est ainsi semblable à celle que je déclarerais faire de mon immeuble sans autre prix que la réserve de l'usufruit de cet immeuble, ce qui serait évidemment, non pas une vente, mais une donation de la nue propriété du bien. Mais ce raisonnement n'est pas plus exact que l'étrange définition de MM. Duvergier et Zachariæ. L'acheteur, en effet, doit la rente aussi bien sur tout le reste de son patrimoine présent et futur que sur les revenus du bien ainsi acheté : que ce bien voie ses revenus diminuer de moitié, l'acheteur n'en devra pas moins la rente entière ; qu'une inondation ou toute autre cause enlève tout ou partie du bien, la rente n'en devra pas moins être payée. Les arrêts ont ici perdu de vue ce grand principe que quiconque s'oblige, oblige tous ses biens présents et à venir (art. 2092). On ne peut donc pas dire que c'est comme s'il n'y avait pas d'autre prix qu'une réserve d'usufruit. Car votre réserve d'usufruit ne m'apporte aucune obligation, ni aucune chance de perte ; si les revenus du bien diminuent ou s'arrêtent, c'est tant pis pour l'usufruitier ; et c'est également lui qui souffrirait de la ruine du bien, par l'extinction de son usufruit. Il est donc évident qu'une réserve d'usufruit n'est pas un prix, et qu'une stipulation de rente viagère en est un. Sans doute, ce prix, comme tout autre, peut être plus petit ou plus grand, et il y aura lieu, pour lui comme pour tout autre, de voir 1° s'il est sérieux, 2° s'il est vil (en cas d'immeubles) ; mais enfin c'est un prix, si faible que soit la vente, et il est aussi faux de dire, comme l'ont fait tant d'arrêts, que la rente viagère qui n'excède pas le revenu de la chose n'est pas un prix, que de dire, comme MM. Duvergier et Zachariæ, que le prix cesse d'être sérieux par cela seul que les parties n'ont pas pu le regarder comme l'équivalent de la chose.

En résumé, il faut distinguer, dans les ventes d'immeubles, quatre espèces de prix : 1° le prix *juste*, celui qui est l'équivalent de la chose (*voy.* art. 1681) ; 2° le prix *purement conventionnel* : c'est celui qui s'éloigne du juste prix, soit en plus, soit en moins, mais qui ne tombe pas au-dessous des cinq douzièmes ; 3° le *prix vil*, c'est-à-dire si démesurément disproportionné et tellement abject que la loi, malgré son respect pour la liberté des conventions, croit devoir intervenir, en présence d'un tel prix, pour protéger le vendeur contre lui-même : ce prix est vil quand il n'atteint pas même les cinq douzièmes du juste prix ; 4° enfin, le prix *dérisoire* ou *non sérieux,* qui se présente dans deux cas : quand le prix est stipulé fictivement et sans intention de l'exiger ; quand sa disproportion est telle que des gens sensés n'ont pas pu en faire la fixation pour tout de bon et comme une affaire.

Le système contraire, tout en se disant admettre ces quatre espèces de prix, en supprime réellement un troisième, qu'il fait rentrer dans le dernier. C'est évident, puisqu'il prend pour prix *non sérieux* tout prix que les parties n'ont pu regarder comme l'équivalent de la chose, et que le prix *vil* est nécessairement dans ce cas. Or, chose étrange, et qui montre jusqu'où peut aller l'illusion, même chez les bons esprits, MM. Duvergier et Zachariæ reprochent à M. Troplong de rejeter la distinction du prix dérisoire et du prix simplement vil, quand ce sont eux qui confondent ces deux prix, et que M. Troplong lutte, au contraire, pour le maintien de cette distinction, qui résulte, en effet, si clairement des art. 1674-1681 (1).

1593. — Les frais d'actes et autres accessoires à la vente sont à la charge de l'acheteur.

1. — L'acte de vente étant nécessaire à l'acheteur pour avoir, au besoin, le moyen de prouver la propriété qu'il acquiert, c'est donc à lui, tout naturellement, de payer les différents frais d'enregistrement, de transcription, d'honoraires de notaire et autres que nécessite la rédaction régulière de l'acte. Il doit aussi payer, par une raison semblable, les frais de purge destinés à lui procurer une pleine sécurité (2). Enfin, la position respective des contractants, dont l'un entend se procurer de l'argent, tandis que l'autre consent à en débourser, a fait admettre aussi, comme présomption de la volonté des parties, que c'est à l'acheteur de payer également les autres frais, tels que ceux de visite de lieux, d'arpentage, etc., que la vente peut occasionner.

Mais il va sans dire qu'il en serait autrement, s'il y avait convention contraire. Il est évident aussi que l'acheteur pourrait répéter les frais de purge contre le vendeur, si celui-ci l'avait trompé en lui présentant l'immeuble comme libre d'hypothèques. Enfin, notre article n'ayant pour objet que de régler les rapports des deux parties l'une envers l'autre, le notaire, que cette règle ne saurait concerner, peut, puisqu'il est le mandataire des deux parties, se faire payer de ses honoraires ou déboursés par le vendeur aussi bien que par l'acheteur, sauf le recours

---

(1) Nous avons traité cette question avec plus de développement dans la *Revue critique de la jurisprudence,* 1re livr. de 1851.
(2) Pau, 27 janv. 1855; Toulouse, 24 nov. 1855; Grenoble, 7 janv. 1857 (Dev., 55, 2, 515; 56, 2, 110; 58, 2, 560; *J. Pal.*, 55, 1, 223; 56, 1, 414; 58, 464). *Sic :* Duranton (XVI, n° 124); Troplong (I, n° 164). *Contrà :* Toulouse, 27 fév. 1856; Cass., 22 avr. 1856 (Dev., 56, 1, 849; *J. Pal.*, 57, 318); Aubry et Rau (II, § 294); Deffaux et Harel (*Encyclop. des huissiers,* v° Purge, n° 92).

du premier. Il a ce droit d'agir contre celle des parties à qui il juge à propos de s'adresser, alors même que l'acte par lui dressé explique que telle partie payera seule les frais et honoraires; car cette convention n'est également faite qu'entre l'une et l'autre partie, non entre les parties et le notaire (1).

CHAPITRE II.

QUI PEUT ACHETER OU VENDRE.

1594. — Tous ceux auxquels la loi ne l'interdit pas, peuvent acheter ou vendre.

I. — La capacité d'acheter et de vendre est la règle, l'incapacité est l'exception. L'incapacité est, pour certaines personnes, générale et commune au contrat de vente et aux autres contrats; pour d'autres, elle est spéciale au contrat qui nous occupe ici. — Les personnes généralement incapables de contracter, et par conséquent d'acheter et de vendre, sont, aux termes de l'art. 1124, les mineurs, les interdits et les femmes mariées, pour lesquels on peut se reporter aux textes qui les concernent, notamment aux art. 217 et 1449 pour les femmes mariées, et surtout, pour les mineurs, à l'art. 1305, où nous établissons que, contrairement aux différents systèmes de Merlin, de M. Demante et de M. Troplong, l'incapacité des mineurs est d'une tout autre nature que celle des femmes mariées et des interdits. —Quant aux incapacités spécialement relatives au contrat de vente, elles vont nous être indiquées par les trois articles qui suivent.

1595. — Le contrat de vente ne peut avoir lieu entre époux que dans les trois cas suivants :

1° Celui où l'un des deux époux cède des biens à l'autre, séparé judiciairement d'avec lui, en payement de ses droits;

2° Celui où la cession que le mari fait à sa femme, même non séparée, a une cause légitime, telle que le remploi de ses immeubles aliénés, ou de deniers à elle appartenant, si ces immeubles ou deniers ne tombent pas en communauté;

3° Celui où la femme cède des biens à son mari en payement d'une somme qu'elle lui aurait promise en dot, et lorsqu'il y a exclusion de communauté;

Sauf, dans ces trois cas, les droits des héritiers des parties contractantes, s'il y a avantage indirect.

---

(1) Cass., 26 juin 1820, 15 nov. 1820, 19 avr. 1826, 10 nov. 1828, 20 mai 1829.

SOMMAIRE.

I. En principe, la vente est prohibée entre époux. Pourquoi. 1re exception au principe.
II. 2e exception. Elle a lieu quand le mari vend à la femme pour se libérer d'une dette actuelle envers celle-ci : erreurs opposées de deux arrêts et de Toullier.
III. La 3e exception est applicable pour tout régime autre que la communauté : erreur de Delvincourt. Elle ne s'appliquerait pas pour une créance antérieure au mariage.
IV. La vente faite en dehors de ces trois exceptions serait annulable pendant dix ans à compter de la dissolution du mariage : controverse.
V. Celle qui, faite dans un des cas d'exception, contiendrait un avantage indirect, serait seulement réductible à la quotité disponible.

I. — Nos anciennes coutumes prohibaient généralement entre époux toute espèce de contrat (1). Le Code, en se gardant bien de reproduire cette excessive sévérité, interdit entre époux, du moins en principe, le contrat de vente, pour trois raisons que signalent les divers auteurs. Permettre la vente aux époux entre eux, c'eût été leur donner un moyen facile : 1° de se faire des libéralités considérables par des ventes simulées, dont les héritiers n'auraient pas toujours été en mesure de prouver la vraie nature ; 2° d'imprimer à ces libéralités l'irrévocabilité que la loi a cru devoir leur refuser (art. 1096) ; 3° enfin de frauder leurs créanciers en faisant passer les biens de l'époux débiteur à son conjoint. Les époux sont donc, en principe, déclarés incapables d'acheter et de vendre l'un envers l'autre.

Mais ce principe reçoit trois exceptions : la loi, dans trois cas que nous allons successivement examiner, permet aux époux de se consentir des ventes, ou plutôt des dations en payement, car on va voir que, dans les trois cas, l'aliénation n'est permise que comme moyen de libération d'un époux envers l'autre.

Le premier cas d'exception est celui où l'un des époux, après un jugement de séparation de biens, et quand il est constitué débiteur envers l'autre par la liquidation, cède des biens à celui-ci en payement de ce qu'il lui doit (2). Il importe peu que la cession soit faite par le mari à la femme ou par la femme au mari ; il importe peu aussi que les époux fussent mariés en communauté, ou sous l'exclusion de communauté, ou sous le régime dotal ; la loi ne distingue pas, et du moment qu'il y a eu jugement de séparation, que la liquidation laisse l'un des époux débiteur envers l'autre, celui-ci peut recevoir en payement les biens du premier.

II. — Le Code déroge en second lieu à sa prohibition, dans le cas où il s'agit d'une cession à faire par le mari à la femme, soit pour le remploi des deniers propres de celle-ci ou de ses immeubles propres aliénés, soit pour une autre cause analogue à celle-ci.

Nous disons d'abord qu'il ne s'agit que de la cession du mari à la femme et non de celle de la femme au mari : la loi, en effet, dans ce

---

(1) Dumoulin (sur Paris, art. 156, n° 5) ; Pothier (*Donat. entre mari et femme,* n° 78).
(2) *Voy.* Caen, 4 janv. 1851 ; Riom, 24 mars 1852 (*J. Pal.*, 53, 2, 219 et 221).

second cas, et à la différence de ce qu'elle fait pour le premier, ne parle que de la cession faite par le mari, et comme la disposition est exceptionnelle, on ne peut pas l'étendre au delà de ses termes : le législateur a sans doute pensé que, pour ce second cas (qui ne prévoit pas, comme le premier et le troisième, des circonstances toutes particulières, mais l'état ordinaire et normal des époux), on avait trop lieu de craindre l'influence du mari sur la femme et des aliénations faites à bas prix par celle-ci.

Nous disons ensuite qu'il ne s'agit que de la cession que le mari ferait soit pour le remploi des immeubles ou deniers propres de la femme, soit pour une cause analogue. Et, en effet, s'il est évident, d'une part, que le cas de remploi n'est indiqué par notre article que comme exemple, il est bien démontré aussi, soit par ces mots *une cause légitime* TELLE que le remploi (c'est-à-dire *semblable* ou *analogue* à ce remploi), soit par la comparaison des deux autres exceptions de l'article, que la loi n'entend parler que d'une cession faite alors qu'il existe *une dette* de l'époux envers son conjoint et comme *moyen de libération* de cette dette. C'est aussi ce qu'enseignent les auteurs qui traitent la question (1) ; et si l'on pouvait douter de la vérité de cette doctrine, on en trouverait une preuve nouvelle et décisive dans cette phrase de l'Exposé des motifs que personne n'a signalée : « Les circonstances dans lesquelles il est permis entre époux de vendre et d'acheter sont celles où le contrat a moins le caractère d'une vente proprement dite que *celui d'un payement forcé* et d'un acte d'administration. » On lit également dans le Rapport fait au Corps législatif au nom du Tribunat : « Pourquoi, dans ces trois cas, aurait-on interdit une vente entre époux ? *Comme les créances sont légitimes et exigibles,* il serait injuste d'empêcher *une libération* par la voie de la vente. » (Fenet, XIV, p. 116 et 191.) C'est donc avec raison que M. Duvergier (n° 179) et M. Devilleneuve (C. N. VIII, 1, 179) critiquent un arrêt de rejet du 23 août 1825, qui reconnaît une cause légitime à la vente qu'un mari avait faite à sa femme d'un immeuble de 20 000 francs, à la charge par celle-ci de payer 3 918 francs que le mari devait à des tiers, et de conserver le surplus pour l'entretien des enfants : l'aliénation n'était pas faite pour acquitter une dette du mari envers sa femme, et par conséquent la cause légitime dont la loi parle n'existait pas. Toullier, dès lors, commet aussi une erreur plus grave même (et qu'on s'étonne de ne pas voir relevée aussi, comme celle de l'arrêt de 1825, par son annotateur M. Duvergier) quand il donne comme exemple de cause légitime le cas où la femme achète une terre de son mari, pour placer les économies faites sur ses paraphernaux (XII, 41, 2°). Où voit-on ici l'ombre d'une

---

(1) Troplong (n° 180); Duvergier (n° 179); Zachariæ (II, p. 498). — Et il a été jugé en ce sens, et bien jugé, qu'une vente faite par un mari à sa femme à titre de remploi de deniers propres à celle-ci n'est valable qu'autant qu'elle a pour cause une créance actuelle et exigible de la femme envers son mari; et qu'il ne suffirait pas d'une créance purement éventuelle, dont l'existence et le *quantum* dépendraient d'une liquidation à faire. Bourges, 14 mars 1853 (Dev., 53, 2, 512).

dation en payement, d'une libération, d'une créance que l'on éteint? En quoi y a-t-il nécessité, utilité même que le mari vende sa terre? Dans le cas de l'arrêt de 1825, on avait du moins pu prendre le change jusqu'à un certain point; on avait pu dire que le mari vendant pour se décharger de son obligation d'entretenir les enfants et de ses dettes envers des tiers, il y avait presque *datio in solutum* (et l'arrêt d'appel, en effet, s'était imaginé que la *datio in solutum* existait). Mais, dans l'hypothèse de Toullier, il n'y a pas même lieu à ce *quiproquo ;* on ne manque pas seulement de raison, on manque même de prétexte pour y voir la cause légitime que le Code exige, puisque l'acte n'ayant pas d'autre objet que le placement des économies de la femme, celle-ci peut tout aussi bien les placer en achetant à un tiers qu'en achetant à son mari.

Mais s'il ne faut pas exagérer ainsi la portée de cette exception, il ne faut pas non plus la restreindre arbitrairement. Si donc la Cour de Grenoble a eu raison, dans trois arrêts successifs, de déclarer faite sans cause légitime la vente qu'un mari consent à sa femme en payement de la dot de celle-ci, avant toute séparation de biens (puisque c'est seulement par cette séparation que la dot devient restituable et que la dette du mari devient exigible), elle a eu tort, au contraire, dans le second de ces trois arrêts, d'ajouter à ce premier motif, parfaitement exact, cet autre motif que l'exception qui nous occupe n'est applicable que sous le régime de communauté et non sous le régime dotal. C'est une erreur : *l'exemple* que la loi nous donne comme explication de sa règle est bien pris dans la communauté, mais *la règle* n'a rien d'exclusif, et du moment qu'il existe une cause de vente analogue à celle que le texte indique, peu importe sous quel régime la règle est applicable. C'est ce qu'a fort bien jugé la Cour de Bordeaux, en déclarant valable la vente qu'un mari avait faite à sa femme pour la payer du prix de ses biens paraphernaux, par lui aliénés (1).

Notre seconde exception signifie donc que la vente est valable lorsqu'elle est faite à la femme par le mari, en payement d'une dette actuelle et personnelle de celui-ci envers la femme.

III. — Le troisième et dernier cas d'exception est celui d'une cession faite par la femme au mari en payement d'une somme ou créance qu'elle lui avait promise en dot, et alors qu'il n'y a pas communauté entre eux.

Nous disons d'une somme *ou créance ;* car c'est aussi et surtout de ce cas d'une créance sur un tiers promise pour dot par la femme et qu'on n'arrive pas à recouvrer, que le Code entend parler. Le 3° n'avait même été écrit d'abord que pour ce seul cas, et c'est pour *étendre* la disposition au cas où la femme aurait promis un capital de..., sans dire d'où elle entend le tirer, que l'on substitua plus tard aux mots

---

(1) Grenoble, 24 janv. 1826, 1ᵉʳ mars 1831, 10 juill. 1841 ; Bordeaux, 1ᵉʳ déc. 1829 (Dev., 30, 2, 66 ; 32, 2, 55 ; 42, 2, 8). — *Voy.* encore Cass., 24 juin 1839 et 10 juill. 1841 (Dev., 39, 1, 596 ; 42, 1, 8) ; Agen, 4 déc. 1854 (Dev., 55, 2, 62 ; *J. Pal.*, 55, 1, 421).

créance apportée en dot les mots plus larges de *somme promise en dot* (Fenet, XIV, p. 5, 22 et 23).

Nous disons ensuite que la disposition s'applique ou peut s'appliquer toutes les fois qu'il n'y a pas communauté entre les époux. Il est vrai que Delvincourt enseigne qne l'exception n'est faite que pour le seul cas de régime dotal. Il en donne pour raison que, d'une part, le cas de communauté n'ayant pu être exclu que parce que, sous ce régime, tous les biens de la femme tombent sous la jouissance du mari, la loi a donc entendu exclure aussi le cas de simple exclusion de communauté, où le mari jouit légalement de tous les biens de la femme, et que, d'autre part, la femme n'apportant pas de dot ordinairement dans la séparation de biens, c'est donc uniquement du régime dotal que le Code entend parler. Mais cette doctrine est purement divinatoire et rejetée avec raison par tous les auteurs. Il n'est pas admissible, d'abord, que, soit dans le texte du Code, soit dans les travaux préparatoires, on ait partout employé les mots *exclusion de communauté,* pour signifier *régime dotal,* et pour écarter non-seulement la séparation de biens, mais aussi l'*exclusion de communauté* elle-même! D'un autre côté, il est, non pas probable, mais parfaitement évident, par l'ensemble de notre article, que la loi ne s'y occupe pas d'une question de simple jouissance, mais de la transmission du bien lui-même, de la propriété de ce bien; c'est évident, puisqu'il ne s'agit que de ventes ou dations en payement! Et, en effet, le mari n'a-t-il pas pu, même sous l'exclusion de communauté, et à plus forte raison en cas de séparation de biens, tenir à recevoir de sa femme une somme dont il aurait (sauf à rendre une somme égale lors de la dissolution du mariage) la pleine et entière disposition? Et si la femme, dans ce cas, ne peut pas livrer la somme promise, n'est-il pas juste de lui permettre de livrer un immeuble en payement, au lieu de la contraindre à vendre cet immeuble à un tiers? La loi ne devait donc écarter, comme elle l'a fait, que le cas de communauté : ce cas devait être écarté, parce que remplacer une somme ou une créance qui tombaient en communauté, et qui se trouvent être *irrécouvrables,* par un immeuble qui ne devait pas y entrer, c'eût été, comme le dit M. Troplong, faire une donation et non plus une vente. La disposition est donc applicable, comme on le reconnaît généralement, à tout régime autre que la communauté (1).

On s'est demandé si la femme, qui peut ainsi, hors le cas de communauté, livrer un bien au mari en payement de la somme qu'elle lui avait promise par le contrat, pourrait aussi le lui livrer en payement d'une somme qu'elle lui devait antérieurement au mariage. Il faut évidemment répondre négativement, puisque ce cas ne rentre dans aucune des trois exceptions de notre article : on ne suppose pas le cas de séparation judiciaire, comme le veut le 1°; la cession n'est pas à faire par le mari, comme le veut le 2°; enfin, il ne s'agit pas d'une somme

---

(1) Toullier (XII, 41, 3°); Duranton (XVI, 150); Troplong (I, 181); Duvergier (I, 181); Zachariæ (II, p. 499).

promise en dot, comme le demande le 3° : on reste donc sous le principe de la prohibition. Sans doute c'est bien sévère : c'est là un des cas où la dation eût dû être permise, et MM. Regnaud et Jollivet le demandaient formellement lors de la discussion de notre article (Fenet, p. 22 et 23); mais leur demande n'a point été accueillie, et par conséquent la prohibition subsiste, comme l'enseignent M. Troplong (n° 182) et M. Duvergier (n° 182).

IV. — Deux questions nous restent à examiner sur cet article.

L'une est de savoir quel sera le sort des ventes faites entre époux en dehors des trois cas d'exception que l'article admet. Trois systèmes sont ici en présence. Toullier (*loc. cit.*) enseigne que de telles ventes sont à considérer comme constituant des donations entre époux, donations que l'époux aliénateur pourra toujours révoquer (art. 1096) et qui seront réductibles à la quotité disponible sur la demande des héritiers réservataires. M. Troplong (n° 186) et M. Duvergier (n°s 183 et 184) veulent qu'on distingue si l'acte a été fait avec ou sans l'intention de donner : dans le premier cas, ils adoptent le sentiment de Toullier; dans le second, ils reconnaissent que l'acte doit être annulé. Enfin, M. Duranton (XVI, 153) pense que l'acte est nul dans tous les cas, et telle est aussi la doctrine que consacre la jurisprudence (1).

C'est, en effet, la seule exacte; car ou les époux ont entendu faire une véritable vente, ou ils ont voulu faire une donation déguisée; or il y a nullité dans les deux cas. Si c'est une vente qu'ils ont faite, cette vente est nulle, comme le reconnaissent MM. Troplong et Duvergier, comme faite en dehors des cas où la loi permet ce contrat aux époux. Si c'est une donation déguisée, elle est nulle deux fois pour une. D'une part, en effet, nous avons vu sous l'art. 1099 que la loi distingue les donations déguisées sous la forme d'un acte onéreux d'avec les avantages simplement indirects, et que si les premières sont valables entre étrangers (dans les limites du disponible), elles sont nulles entre époux. D'un autre côté, quand même les donations déguisées sous la forme d'une vente ne seraient pas nulles, entre époux, d'après cet art. 1099, elles le seraient toujours d'après notre article; car pour que l'acte, qui est une donation au fond, mais une vente quant à la forme, soit valable, il faut, bien entendu, que ceux qui ont fait cet acte aient été capables et de donner et de vendre : l'acte doit être, tout à la fois, conforme aux règles de la donation quant au fond, conforme aux règles de la vente quant à la forme (art. 851, n° IV, *in fine*); or c'est ce qui n'a pas lieu ici, puisqu'on suppose un cas où les époux n'ont pas le droit de se faire une vente. En deux mots, l'acte ne peut pas valoir comme ayant la forme d'une donation, puisqu'il ne l'a pas; il ne peut pas valoir non plus comme ayant la forme d'une vente, puisque la vente était interdite aux parties... Qui ne voit enfin que c'est précisément pour couper court aux mille procès qui se seraient élevés sur le point de sa-

---

(1) *Voy.* les trois arrêts de Grenoble et les motifs de l'arrêt de Bordeaux, cités tous quatre au n° II; puis les motifs d'un arrêt de cassation du 13 mai 1817.

voir si les époux s'étaient fait une vente sincère, ou s'ils n'avaient fait qu'un acte frauduleux ou simulé, que la loi a pris la précaution de prohiber la vente entre époux ; et que ce serait aller dès lors en sens contraire de la volonté manifeste du législateur, que de ne pas reconnaître, avec la jurisprudence, la nullité d'une pareille vente ?

Du reste, l'acte n'est pas radicalement nul, mais seulement annulable, c'est-à-dire entaché, par l'incapacité des parties, d'un vice qui permet à celles-ci et à leurs ayants cause de le faire briser par la justice. Le délai pour agir serait donc, non pas de trente ans, mais de dix années seulement, aux termes de l'art. 1304 ; mais ces dix années ne courraient qu'à partir de la dissolution du mariage par application de l'art. 2253.

V. — La dernière question est de savoir quel est le sens et la portée du dernier alinéa de notre article, quand il déclare que les trois exceptions apportées à la prohibition de vendre entre époux ne sont admises que sauf les droits des héritiers de ces époux, dans le cas où il y aurait avantage indirect. Les auteurs qui prévoient la question répondent que l'avantage ainsi fait serait seulement réductible à la quotité disponible sur la demande des héritiers réservataires (1). D'autres jurisconsultes, au contraire, surtout à l'école, pensent que l'acte serait encore nul dans ce cas ; mais c'est une erreur.

L'art. 1099, en effet, en plaçant dans deux classes séparées, d'une part les simples avantages indirects, d'autre part les donations faites, soit sous le déguisement d'un acte onéreux, soit par interposition de personnes, a soin, pendant qu'il prononce la nullité des secondes, de n'édicter pour les premiers que leur réductibilité à la quotité disponible. Si donc un époux qui ne pouvait donner à son conjoint que 20 000 francs, lui a vendu pour 75 000 francs (dans l'un des trois cas exceptionnels de notre article) un immeuble qui en valait 100 000, et l'a ainsi avantagé de 25 000 francs, les héritiers réservataires de l'époux vendeur pourront seulement faire réduire de 5 000 l'avantage ainsi procuré.

Sans doute, si l'époux, alléguant au profit de son conjoint de prétendues créances qui n'existent pas, et se présentant ainsi comme étant dans l'une des exceptions de l'article, alors qu'il ne s'y trouve pas en réalité, avait déclaré vendre un bien que dans le fait il donnait, sans doute alors l'acte serait nul, comme on vient de le dire au numéro précédent : la seule différence entre le cas de ce numéro précédent et celui-ci, c'est que les époux étant ici en apparence dans un des cas d'exception et en présence d'une vente véritable et valable, ce serait à ceux qui attaquent l'acte de faire tomber cette apparence et de prouver que l'acte n'est qu'une donation déguisée. Mais quand il s'agit d'une vente sincère, faite réellement dans l'une des hypothèses où cette vente est permise et qui n'a d'autre tort que de contenir un avantage indirect, vu

(1) Toullier (XII, 41); Duranton (XVI, 152); Duvergier (I, 185); Zachariæ (II, p. 499).

son prix trop peu élevé, alors ce n'est plus une donation faite sous la forme d'une vente, c'est une vente très-réelle et très-licite; il n'y a plus que le simple avantage indirect, qui ne donne lieu qu'à l'action en retranchement (art. 1099, 1ᵉʳ al., 1496, 1527).

1596. — Ne peuvent se rendre adjudicataires, sous peine de nullité, ni par eux-mêmes, ni par personnes interposées,

Les tuteurs, des biens de ceux dont ils ont la tutelle;

Les mandataires, des biens qu'ils sont chargés de vendre;

Les administrateurs, de ceux des communes ou des établissements publics confiés à leurs soins;

Les officiers publics, des biens nationaux dont les ventes se font par leur ministère.

I. — La loi pose ici l'incapacité d'acheter pour quatre classes de personnes qu'une pleine liberté à cet égard eût placées entre leur intérêt et leur devoir, puisque ce devoir est pour elles de faire vendre au plus haut prix possible.

1° Ce sont d'abord les tuteurs, pour les biens de ceux dont ils ont la tutelle. — Tout le monde reconnaît bien que, la loi ne distinguant pas, sa règle s'applique à tous tuteurs, aussi bien à ceux des personnes frappées d'interdiction, soit judiciaire, soit légale, qu'à ceux des mineurs; aussi bien à un cotuteur ou protuteur, puisque c'est un tuteur. Mais il y a division, aussi bien parmi les auteurs que parmi les arrêts, sur le point de savoir si cette règle embrasse aussi le subrogé tuteur, le curateur et le conseil judiciaire(1). Nous avouons que pour nous la question n'en est pas une. Il s'agit, en effet, d'une incapacité, d'une disposition dérogatoire au droit commun, disposition dès lors qui doit s'appliquer restrictivement, sans pouvoir s'étendre des cas prévus par la loi aux cas qui s'en rapprochent sans être identiques. Or il n'y a certes pas parité de position entre un tuteur d'une part, et un subrogé tuteur, un curateur ou un conseil judiciaire d'autre part, et la prohibition n'avait pas la même importance pour ceux-ci que pour celui-là. En vain on dit que cette prohibition serait cependant très-utile ici : c'est là une raison *en législation* et quand il s'agit de faire la loi, mais ce n'en est plus une *en droit* et quand il s'agit d'interpréter la loi telle qu'elle est faite. C'est ainsi que M. Troplong lui-même, sous l'article précédent, tout en reconnaissant qu'il eût été nécessaire d'étendre aux créances du mari sur sa femme antérieures au mariage, ce que le

---

(1) *Aff.* Lyon, 7 déc. 1821; Riom, 25 fév. 1843; Toulouse, 17 mai 1850 (Dev., 43, 2, 347; 50, 2, 504; *J. Pal.*, 52, 2, 213); Magnin (II, 1185); Delvincourt (t. III); Troplong (I, 187); Demolombe (VII, n° 375); Massé et Vergé (I, § 224). *Nég.* Riom, 4 avr. 1829; Bordeaux, 30 mai 1840 (Dev., 40, 2, 357); Cass., 21 déc. 1842; Agen, 13 juin 1853 (Dall., 52, 1, 314; 53, 2, 183); Cass., 21 déc. 1852; Agen, 13 juin 1853; Grenoble, 4 janv. 1854 (Dev., 53, 1, 13; 53, 2, 390; 55, 2, 782); Duranton (XVI, 134); Duvergier (I, 188); Zachariæ (II, p. 496); Pont (*Rev. crit.*, t. III, p. 352); Coin-Delisle (*ibid.*, p. 360); Aubry et Rau (I, § 117).

3° dit des créances nées du contrat, décide avec raison que l'extension n'ayant pas été faite par le législateur, l'interprète ne saurait la faire. Comment donc veut-il admettre ici cette extension, malgré le silence de la loi? (1)

II. — 2° Tout mandataire est déclaré incapable d'acheter les biens qu'il est chargé de vendre. Cette seconde règle avait fait naître la question de savoir si l'avoué qui poursuit une saisie immobilière au nom d'un créancier était incapable de se rendre adjudicataire, comme l'est incontestablement l'avoué qui poursuit la vente judiciaire des biens d'un mineur ou d'un interdit au nom du tuteur, et M. Troplong (I, 188), critiquant un arrêt de Bourges, qu'il présentait comme une décision isolée (tandis qu'il était conforme à une jurisprudence constante), tenait pour l'incapacité de l'avoué. C'était une erreur : le créancier n'étant pas le vendeur du bien, l'avoué de celui-ci n'était point un mandataire chargé de vendre et ne tombait pas sous la prohibition de notre article (2). Mais ce que le législateur n'avait pas fait dans le Code Napoléon, il l'a fait dans la loi sur les ventes judiciaires du 2 juin 1841, et le nouvel art. 711 du Code de procédure déclare formellement que « l'avoué poursuivant la saisie ne peut se rendre adjudicataire à peine de nullité. »

3° Les maires et tous autres administrateurs ne peuvent être adjudicataires des biens appartenant aux communes ou aux établissements publics qu'ils sont chargés d'administrer. Ici encore la règle ne doit pas s'étendre au delà de ses termes, et comme les conseillers municipaux d'une commune ne sont point ses administrateurs, qu'ils forment simplement un corps délibérant et donnant des avis, non pas un corps chargé d'administrer, le conseiller municipal peut se rendre adjudicataire d'un bien de la commune, comme un membre du conseil de famille le pourrait pour un bien du mineur (3).

4° Enfin, l'article déclare tous officiers publics incapables d'acheter les biens nationaux qui se vendent par leur ministère. — On a, dans la discussion au conseil d'État, émis une idée que M. Troplong (n° 191) semble trouver toute naturelle, mais que nous croyons, au contraire, comme M. Duvergier (n° 192), complétement fausse et inadmissible. M. Réal ayant demandé si l'interdiction s'appliquait aux préfets, M. Regnaud prétendit que ces fonctionnaires ne seraient soumis à la règle que quand ils procéderaient à la vente *par eux-mêmes*, et qu'ils pourraient se soustraire à son application *en se faisant remplacer* dans l'opération. Mais on ne pouvait pas admettre une pareille idée : le fonctionnaire inférieur, par lequel le préfet chargé de procéder à la vente se

---

(1) La défense faite au tuteur de se rendre acquéreur des biens du mineur ne s'applique pas au cas de licitation de biens indivis entre celui-ci et son tuteur. Montpellier, 10 juin 1862 (Dev., 62, 2, 401; J. Pal., 63, 373). *Sic* : Duranton (III, n° 599); Valette, sur Proudhon (II, 397); Demolombe (VII, n° 754); Massé et Vergé (I, § 224); Aubry et Rau (III, § 351).

(2) Besançon, 11 août 1814; Bourges, 15 fév. 1815; Caen, 22 août 1816; Rej., 10 mars 1817, 26 mars 1817.

(3) Colmar, 8 août 1838 (J. Pal., 38, 2, 511); Foucart (III, 158).

ferait remplacer, ne serait que le délégué et l'instrument de celui-ci. Aussi fut-il répondu à M. Regnaud qu'il était au contraire utile d'*appliquer l'article aux préfets*, que c'était le moyen *d'éviter les abus et surtout les soupçons* (Fenet, XIX, p. 23).

III. — La nullité prononcée par notre article n'est pas seulement établie pour le cas où ceux que la loi déclare incapables auraient acheté directement, mais aussi, et cela devait être, pour le cas où ils auraient acheté par personnes interposées. Du reste, on est d'accord pour reconnaître que les présomptions d'interposition posées par les art. 911 et 1100 ne sauraient, dans le silence de la loi, s'appliquer ici : sans doute la circonstance que l'acheteur ou adjudicataire est l'ascendant, le descendant ou le conjoint de l'incapable, pourra être d'un grand poids dans l'esprit des magistrats, mais ce ne sera qu'une circonstance de fait qu'ils devront apprécier en la combinant avec les autres circonstances de l'affaire, sans qu'elle les lie comme présomption légale (1).

Tout le monde reconnaît également que la nullité, ou, pour parler plus exactement, l'annulabilité n'existe que pour ceux dans l'intérêt desquels la prohibition est posée, et que la vente ne pourrait dès lors être attaquée que par les mineurs ou interdits, les mandants, les communes ou établissements publics et l'État, sans pouvoir jamais l'être par celui qui s'est rendu acheteur ou adjudicataire (2).

1597. — Les juges, leurs suppléants, les magistrats remplissant le ministère public, les greffiers, huissiers, avoués, défenseurs officieux et notaires, ne peuvent devenir cessionnaires des procès, droits et actions litigieux qui sont de la compétence du tribunal dans le ressort duquel ils exercent leurs fonctions, à peine de nullité, et des dépens, dommages et intérêts.

SOMMAIRE.

I. A quelles personnes s'adresse cette prohibition? Erreur d'un arrêt d'Amiens.
II. A quels droits elle s'applique. Ce n'est pas seulement à ceux que définit l'art. 1700. — Elle ne comporte pas les exceptions de l'art. 1701. Elle embrasse le pacte *de quotá litis*.
III. La cession faite en contravention à cet article est légalement inexistante. Conséquences; erreurs de M. Duranton et de M. Zachariæ. — Néanmoins le débiteur pourrait invoquer l'art. 1699.

I. — Cette disposition fait naître de nombreuses questions, dont la plupart divisent les auteurs ou les arrêts, et dont quelques-unes sont assez délicates. Nous les ferons rentrer toutes sous ces trois idées générales : 1° à quelles personnes s'adresse la prohibition ; 2° à quels droits elle s'applique ; 3° quelle est la nature et la portée de la nullité qu'elle prononce.

Et d'abord, à quelles personnes s'adresse la prohibition? Il est évident que sous le nom de *défenseurs officieux* sont compris, non-seule-

---

(1-2) Duranton (XVI, 138 et 139); Troplong (193 et 194); Duvergier (193 et 194); Cass., 4 avr. 1837 et 3 avr. 1838 (Dev., 37, 1, 332; 38, 1, 368).

ment les agréés des tribunaux de commerce, qui, n'ayant pas de titre officiel, sont dans toute la rigueur de l'expression des défenseurs officieux, mais aussi les avocats; puisque leur ordre, aboli sous la révolution, n'ayant été rétabli qu'après la publication du Code Napoléon, c'est par ce même nom de défenseurs officieux qu'ils étaient légalement désignés lors de la rédaction de notre article. Il est également évident que sous le nom de *juges* et autres personnes se rattachant à un *tribunal*, la loi comprend aussi bien les personnes attachées à une *cour* que celles dépendant d'un tribunal de première instance : ce n'est pas seulement, comme le dit M. Troplong (n° 198), parce qu'il y a parité de raison, même crainte d'une fâcheuse influence, même danger d'un crédit oppresseur, même dégradation de fonctions respectables, même oubli des devoirs de la profession, et que, par conséquent, l'esprit de la loi conduit à cette solution ; c'est parce que son texte même embrasse les personnes dont il s'agit, puisque l'organisation judiciaire, lors de la promulgation de notre titre (16 mars 1804), ne connaissait que des *juges* et des *tribunaux* (de première instance, d'appel ou de cassation), et que les dénominations de *conseillers* et de *cours* n'ont été introduites qu'un peu plus tard. De même donc que les magistrats, avocats, avoués, etc., d'un tribunal, sont frappés de l'interdiction pour ce qui est du ressort de ce tribunal ; de même les magistrats, avocats, avoués, etc., d'une cour d'appel, en sont atteints pour tout le ressort de cette cour, et les magistrats, avocats et greffiers de la Cour de cassation sont frappés de la même incapacité pour toute la France et les colonies. Enfin il faut également admettre que la disposition est applicable aux membres des conseils de préfecture et du conseil d'État, pour les procès, droits et actions litigieux qui sont de leur compétence, puisque ce sont là des *tribunaux* administratifs, des *juges* administratifs (1).

Mais s'il faut donner à la prohibition toute sa portée, il ne faut pas l'étendre au delà. Si donc les magistrats, avocats, avoués, etc., d'une cour d'appel ne peuvent pas acheter les droits litigieux qui sont de la compétence de cette cour, ils pourraient très-bien acheter ceux sur lesquels un tribunal d'arrondissement dépendant de cette cour devrait statuer en dernier ressort, puisque le droit, dans ce cas, n'est pas de la compétence de la cour : sans doute, il est plus convenable et plus moral de s'abstenir d'un tel traité; mais ce traité, en définitive, n'aurait rien de contraire à la loi. De même la personne qui exerce sa fonction près d'un tribunal d'arrondissement peut légalement acheter le droit sur lequel doit statuer un autre tribunal du ressort de la même cour. Il est vrai qu'un arrêt a jugé le contraire (2). Mais c'est une erreur manifeste qui a été repoussée avec raison par un arrêt postérieur et par tous les auteurs (3), et qui est en effet condamnée, non-seulement par

---

(1) *Voy.* sur tout cela Bourges, 30 juill. 1828; Lyon, 10 juill. 1839 (Dev., 32, 2, 364; 40, 2, 104); Duvergier (I, 196); Troplong (I, 98); Duranton (XVI, 144).
(2-3) Arrêt d'Amiens (et non de Paris, comme le dit M. Troplong) du 11 prairial an 13. — Colmar, 11 mars 1807; Trèves, 24 juin 1809; Delvincourt (t. III); Carré

le texte de notre article (qui ne parle que des droits qui sont de la compétence du tribunal près duquel le cessionnaire exerce), mais aussi, et de la manière la plus péremptoire, par les travaux préparatoires. Le Tribunat, en effet, lors de la communication officieuse de notre titre, et alors que notre article ne comprenait pas les notaires dans sa prohibition, proposa une double extension à cette prohibition. « La section propose, disait-on, de l'étendre aux notaires. Elle propose encore une nouvelle extension, en disant : *les droits qui sont de la compétence* DU TRIBUNAL D'APPEL DANS LE RESSORT DUQUEL *les personnes exercent leurs fonctions.* » (Fenet, XIV, p. 87.) La première extension a été admise, mais la seconde ne l'a point été, et ce point dès lors ne saurait faire difficulté.

II. — A quelles cessions, maintenant, s'applique la prohibition? L'article parle de droits litigieux, et comme le Code, à l'occasion d'une autre règle que nous étudierons plus loin, déclare que la chose litigieuse est celle pour laquelle il y a *procès et contestation sur le fond du droit* (art. 1700), la Cour de Rouen (27 juillet 1808) en a conclu que c'est seulement pour les droits sur lesquels il y a procès que notre article s'applique. C'est encore une erreur. La règle des trois art. 1699-1701 ne diffère pas seulement de la nôtre par le but, par la portée, par une sévérité moindre, elle en diffère même par l'objet, et tandis qu'elle ne s'applique qu'aux choses sur lesquelles il y a déjà procès, et procès portant sur le fond même du droit, notre art. 1597 s'applique à tous droits qui sont ou qui seulement peuvent être l'objet d'un procès. Il est vrai que, lors de la confection du Code, le Tribunat paraît l'avoir compris autrement : le tribun Faure, dans son Rapport (Fenet, p. 156), présente la définition de l'art. 1700 comme s'appliquant aussi à notre hypothèse, et nous verrons bientôt le tribun Grenier assimiler de même les deux règles sous un autre rapport. Mais ce n'en est pas moins une idée fausse. D'une part, en effet, c'eût été là un changement apporté à l'ancien droit, changement dont le conseil d'État n'eût pas manqué de parler, comme il l'a fait pour l'art. 1700 ; or, soit dans la discussion au Conseil, soit dans l'Exposé des motifs, soit dans l'analyse de M. Maleville, on ne trouve pas un mot qui fasse seulement allusion à ce changement. D'autre part, la preuve positive du contraire se trouve, et dans l'Exposé des motifs, où il est formellement déclaré qu'il s'agit, comme dans les anciennes ordonnances, des droits *qui sont* OU PEUVENT ÊTRE PORTÉS *devant le tribunal* (Fenet, XIV, p. 117), et dans le texte lui-même, puisque l'article a soin de réunir sous sa prohibition les *procès*, les *actions* et les *droits litigieux*, tandis que restreindre sa règle au cas où il y a contestation actuelle, ce serait ne l'appliquer qu'aux seuls procès. Le droit est donc litigieux ici par cela seul qu'il est vraiment de nature à faire naître une contestation, ce que les juges du fait apprécieront d'après les circonstances, et c'est avec

---

(Compét., I, 165); Duranton (XVI, 144); Troplong (I, 199); Duvergier (I, 198); Zachariæ (II, p. 572).

raison que l'idée contraire de la Cour de Rouen est repoussée par les auteurs et les arrêts (1).

Et ce n'est pas sous ce rapport seulement que notre règle est plus sévère que celle des art. 1699-1701; car celle-ci admet des exceptions que la nôtre ne comporte pas. Après avoir dit dans les art. 1699 et 1700 que, quand il y a cession d'un droit litigieux, c'est-à-dire d'un droit sur le fond duquel il y a dès à présent procès, le débiteur cédé est autorisé à se faire tenir quitte par le cessionnaire en remboursant à celui-ci le prix de la cession, si minime qu'il soit, le Code ajoute dans l'art. 1701 que cette faculté disparaît dans trois cas où la cession avait un motif légitime, et, par exemple, quand la cession a été faite à un créancier en payement de sa créance. Or M. Zachariæ (p. 573, note 7), sur le fondement de la déclaration qui en fut faite dans le discours du tribun Grenier (Fenet, p. 205), enseigne que dans ces mêmes cas il y aurait exception à la règle de notre art. 1597 aussi bien qu'à celle de l'art. 1699. C'est encore là une erreur, et la question (que ne prévoient ni M. Troplong ni M. Duvergier) doit évidemment se résoudre en sens contraire. D'abord, on ne comprend pas que M. Zachariæ ait pu regarder comme une raison décisive la déclaration, même très-formelle, consignée dans le discours fait au nom du Tribunat, lui qui, quelques lignes plus haut, écarte, et avec raison, la déclaration également très-formelle du Rapport au Tribunat par M. Faure sur la question précédente, et reconnaît ainsi, comme les autres auteurs, entre les deux règles dont il s'agit, la profonde différence que le Tribunat a méconnue. Il fallait donc examiner la question en dehors de cette opinion erronée de quelques tribuns. Or la question ne peut guère paraître douteuse. D'une part, en effet, du moment qu'il s'agit d'exceptions et que ces exceptions ne sont pas écrites pour notre règle, mais seulement pour la règle toute différente de l'art. 1699, on ne peut donc pas les étendre du second cas au premier. D'un autre côté, il est facile de comprendre que la loi ne devait pas, ne pouvait pas appliquer ici ces exceptions, attendu que le motif qui justifie l'acquisition dans le cas de l'art. 1699 ne la justifierait en aucune façon dans le cas de notre art. 1597. Ainsi, par exemple, si la circonstance que le cessionnaire d'un droit litigieux était créancier du cédant, et s'est fait transmettre ce droit pour se payer, justifie assez la cession dans des cas ordinaires et alors que ce cessionnaire n'est qu'un simple citoyen dont le tiers débiteur n'a rien à craindre, est-ce que cette même circonstance justifierait de même et mettrait à l'abri d'une juste réprobation la cession que se ferait ainsi consentir le juge d'un tribunal qui doit statuer sur le droit litigieux? Est-ce que le magistrat qui est appelé à prononcer sur le litige ne doit pas s'abstenir à tout prix d'acheter le droit sur lequel porte ce litige? Les motifs mêmes de notre article répugnaient à l'admission des exceptions indiquées par

_____

(1) Delvincourt (t. III); Duranton (XVI, 141); Carré (Compét., I, 165); Troplong (I, 200); Duvergier (I, 199); R. de Villargues (Dr. litig., n° 15); Zachariæ (II, p. 573, note 3); Cass., 8 frim. an 12; Besançon, 12 mai 1808; Lyon, 10 juill. 1839 (Dev., 40, 2, 104).

l'art. 1701 ; et c'est avec raison que le seul auteur qui ait prévu là question avec M. Zachariæ, et le seul arrêt qui l'ait jugée, la décident dans ce sens (1).

On se demande enfin, toujours quant au point de savoir sur quels objets porte la prohibition, si l'article s'étend aux conventions connues sous le nom de pactes *de quotá litis*. On appelle ainsi le traité par lequel le créancier d'un droit litigieux en cède une portion, *une quote* (la moitié, le tiers, le quart) à une personne, comme prix de ce que celle-ci s'oblige à faire pour procurer le payement de la créance. M. Duvergier (I, 201), se fondant sur ce que ce n'est pas précisément là une vente (ce qui est vrai, puisque la cession, au lieu d'être faite pour un prix en argent, est au contraire le prix ou le salaire d'un travail à faire, en sorte qu'il y a plutôt louage d'ouvrage que vente), décide que notre article est inapplicable. — Nous ne saurions adopter son sentiment. Sans doute ce n'est pas là une véritable vente; mais quoique notre article et les précédents soient placés au titre de la vente et sous la rubrique *qui peut acheter ou vendre*, on a vu déjà que la loi n'entend pas seulement **y** prohiber les ventes proprement dites, puisque l'art. 1595 ne prohibe entre époux, sous ce même nom de ventes, que de simples dations en payement. Le Code, dans sa rubrique, entend donc parler, soit de ventes, soit de contrats ayant, quant au résultat qui le préoccupe, des effets analogues à ceux de la vente et devant produire les mêmes inconvénients. Or, tels sont les pactes *de quotá litis*, qui, en effet, ont toujours été défendus aux personnes dont parle notre article aussi bien que les ventes de droits litigieux (2). D'ailleurs, notre article embrasse tous cessionnaires; or celui qui acquiert par le pacte *de quotá litis* est aussi bien *cessionnaire* que celui qui achète; et c'est si bien ainsi que les rédacteurs du Code l'ont entendu, que c'est précisément du pacte *de quotá litis* que M. Maleville s'occupe dans son analyse de cet article (III, p. 365). C'est aussi dans ce sens que prononce le seul arrêt rendu sur la question (3).

III. — Le troisième point à examiner sur cet article, c'est celui de savoir quelles sont la nature et la portée de la nullité prononcée par notre article pour les cessions dont il s'agit. Trois systèmes sont ici en présence : 1° M. Duranton (XVI, 115) enseigne que la nullité est purement relative et que, prononcée dans le seul intérêt du cédé, elle ne peut être proposée que par lui, jamais par le cessionnaire ni par le cédant; 2° M. Zachariæ (II, p. 573), tout en admettant aussi que la nullité est simplement relative, accorde au cédant comme au cédé le droit de l'invoquer, et ne le refuse qu'au cessionnaire; 3° M. Duvergier, enfin, et tel paraît être aussi le sentiment de M. Troplong (n° 196), qui toutefois ne s'en explique pas, soutient (I, 200) que la nullité est d'ordre public, par conséquent absolue et de nature à être invoquée

---

(1) Duranton (XVI, 142); Nîmes, 25 mai 1840 (Dev., 40, 2, 539).
(2-3) Prévot de la Jannès (II, p. 218); Troplong (I, 196); Douai, 18 mars 1843 (Dev., 43, 2, 411).

par tous les intéressés, aussi bien par le cessionnaire lui-même que par le cédant et le cédé.

Cette dernière doctrine est la seule exacte. Car si notre prohibition tend à protéger les tiers débiteurs, elle tend aussi à sauvegarder la dignité de la justice, et elle constitue dès lors une disposition d'ordre public et d'intérêt général autant que d'intérêt privé. Or si ce fait condamne la doctrine de M. Duranton (que repousse aussi un arrêt de rejet du 14 nivôse an 12), il ne condamne pas moins celle de M. Zacharie, puisque, du moment que la nullité est d'ordre public, elle est dès lors proposable par tous intéressés. En vain M. Duranton invoque la maxime *nemo ex delicto suo actionem consequi debet* : c'est prendre le change que de raisonner ainsi. Sans doute, on ne peut pas conquérir un droit par son délit, par un acte illicite; mais la conséquence de ceci est précisément le contraire de celle qu'en tire le savant professeur; la conséquence de ceci, c'est que, du moment que le contrat est illicite, ni le cédant, ni le cessionnaire, n'en peuvent demander l'exécution; il est sans valeur pour l'un comme pour l'autre, il est nul pour l'un comme pour l'autre, et l'un comme l'autre dès lors peuvent et doivent argumenter de sa nullité! Si l'une ou chacune des parties était privée de la faculté d'invoquer la nullité de l'acte, l'autre pourrait donc agir pour contraindre à l'exécution de cet acte; or c'est alors précisément que le délinquant aurait une action, un droit naissant de son fait illicite! L'obligation sur cause illicite ne peut produire *aucun effet* (art. 1131); or, ce serait faire produire un effet au contrat, dit avec raison M. Troplong, que d'empêcher le cédant d'argumenter de la nullité d'une pareille convention et de le maintenir ainsi dans les liens que cette convention engendre. Et il en est de même pour le cessionnaire; ce serait aussi donner effet à ce contrat, qui n'en peut produire aucun, que de prétendre qu'il lie ce cessionnaire. Le contrat ne lie personne, il est frappé d'une nullité radicale et demeure légalement inexistant et non avenu (art. 1131, II, et 1133, II). Et c'est ce que M. Duranton lui-même finit par reconnaître implicitement, en renversant ainsi sans le remarquer le prétendu principe qu'il avait posé d'abord; car, après avoir refusé au cédant (1er alinéa) le droit d'invoquer la nullité, il arrive à dire (3e alinéa) que si le cédé, poursuivi par le cédant, prétendait que celui-ci n'a plus de droit contre lui puisqu'il a transporté ce droit, le cédant pourrait lui répondre que *la cession étant nulle, elle n'a rien transporté.* Mais argumenter ainsi de ce que la cession est nulle, c'est précisément en invoquer la nullité!

C'est qu'en effet, et encore une fois, la convention est radicalement nulle et légalement inexistante. De là découlent ces diverses conséquences : 1° qu'aucune des parties ne peut contraindre l'autre à l'exécution; 2° que si le cessionnaire a payé son prix, il peut le répéter comme payé indûment, en restituant, bien entendu, ce qu'il aurait pu recevoir du débiteur cédé; 3° que de son côté le cédant peut toujours répéter contre le cessionnaire ce que celui-ci aurait reçu du débiteur, en lui remboursant le prix de la cession; 4° que le débiteur, qui peut, sur la poursuite du cessionnaire, répondre à son action en l'acceptant comme mandataire de son créancier, peut aussi repousser cette action en invoquant la nullité de la cession ; 5° que si ce même débiteur, sur la poursuite du cédant, argumentait de la cession pour soutenir que le demandeur a cessé d'être son créancier, celui-ci pourrait néanmoins le contraindre à payer en faisant constater l'inexistence légale de cette cession.

Que si la cession se trouvait être à la fois dans l'hypothèse de notre article et dans celle de l'art. 1699, c'est-à-dire s'il y avait déjà procès et procès sur le fond du droit, dès le moment de la cession, et qu'on ne fût pas d'ailleurs dans l'une des trois exceptions de l'art. 1701, le débiteur ne pourrait-il pas exercer la faculté que lui donne cet art. 1699 de se libérer en payant le prix (peut-être très-minime) pour lequel la cession a été faite? La raison de douter vient de ce que, la cession étant radicalement nulle, il semble que le cédant et le cessionnaire pourraient dire au cédé que sa prétention n'est pas admissible, puisque, légalement, il n'existe pas de cession. Mais cette objection devrait être écartée, comme tendant à faire tourner le délit au profit des délinquants et au détriment du débiteur. Puisque, si le cédant et le cessionnaire avaient eu seulement le tort de traiter d'un droit litigieux (étant d'ailleurs capables de le faire), le cédé jouirait du bénéfice de l'art. 1699, comment voudrait-on que le second tort, plus grave que le premier, qu'ils ont ajouté à celui-ci, enlevât au débiteur ce bénéfice, et leur donnât à eux un avantage? Sans doute le cédant et le cessionnaire peuvent, en principe, argumenter de la nullité ; mais ils ne le peuvent plus quand il s'agirait ainsi d'en tirer un bénéfice qu'ils n'auraient pas sans elle, car ce serait alors *actionem ex delicto consequi*. Du reste, comme c'est le cessionnaire qui est le principal coupable, comme c'est à lui que la prohibition s'adresse, et que c'est lui qui est déclaré par notre article passible des dépens et dommages-intérêts, c'est donc lui qui subirait la perte, et si, un droit qui valait 4 000 francs ayant été cédé pour 2 000, le débiteur se libérait par le payement de ces 2 000, le cédant pourrait contraindre le cessionnaire à lui tenir compte de la différence.

CHAPITRE III.

DES CHOSES QUI PEUVENT ÊTRE VENDUES.

1598. — Tout ce qui est dans le commerce, peut être vendu, lorsque des lois particulières n'en ont pas prohibé l'aliénation.

SOMMAIRE.

I. On ne peut vendre les choses hors du commerce. De ce nombre est la démission d'un office public autre que ceux dont parle l'art. 91 de la loi de 1816.
II. Les œuvres de l'esprit sont aussi hors du commerce sous certains rapports : conséquences.
III. Prohibitions et restrictions apportées à la vente de certaines choses qui sont dans le commerce.

I. — La vente est impossible, 1° pour les choses qui, par leur nature même, sont hors du commerce ; 2° pour celles que quelque disposition spéciale de loi interdit de vendre.

Il est plus facile de sentir que de bien définir quelles sont les choses que leur nature met hors du commerce ; et s'il en est pour lesquelles le doute n'est pas possible, notamment les choses publiques, soit de l'État, soit des communes (voir l'explication des art. 538-542), il en est d'autres pour lesquelles, au contraire, il y a vive controverse.

Ainsi, c'est un point sur lequel les arrêts sont très-divisés que de savoir si le titulaire d'une fonction publique (autre que les offices pour lesquels la présentation d'un successeur est autorisée par la loi du 28 avril 1816) peut vendre à prix d'argent sa démission. Pour notre part, nous n'hésitons pas à dire non : nous voyons là, comme M. Troplong, un traité profondément contraire à l'ordre public ; et, comme M. Duvergier, nous ne concevons même pas comment des cours ont pu déclarer valables de pareilles conventions. Est-ce que ce n'est pas uniquement pour l'intérêt général qu'un fonctionnaire est revêtu de sa fonction ? est-ce que, quand il la résigne, sa seule pensée ne doit pas être, comme elle doit être celle du gouvernement, qu'il y soit remplacé, non pas par le candidat auquel il s'intéresse davantage, mais par le plus méritant et le plus digne ? est-ce que ses vœux comme ses efforts ne doivent pas tendre à ce but ? Sans doute, il s'en faut de beaucoup qu'il en soit ainsi en fait ; mais ce n'est pas des faits qu'il s'agit ici, c'est du droit, c'est des principes ; or il n'est pas douteux que d'après les vrais principes, le citoyen qui reçoit ou résigne une fonction, comme le gouvernement qui la donne ou la reprend, ne doivent se préoccuper que d'une seule chose, le bien public. Mais cela étant, comment y aurait-il place ici à un traité pécuniaire, à un trafic de la démission ? — M. Chardon, en constatant que la fonction n'est pas dans le commerce, prétend (ou plutôt suppose, sans en donner aucun motif) que la démission y est ; mais c'est une grave erreur. La démission ne peut avoir ce caractère ni quant à la fonction, ni quant à l'émolument qui s'y trouve attaché : pas quant à la fonction, puisque la renonciation à une fonction ne comporte que des motifs puisés dans l'ordre moral ; pas quant à l'émolument, puisque cet émolument n'étant que l'indemnité affectée à l'exercice de la fonction, celui qui se dépouille de l'emploi se dépouille par là même du droit à l'émolument ; en sorte que (à part d'autres raisons) celui qui trafique de cet émolument en se démettant, trafique d'une chose qui ne lui appartient pas. Est-ce que la démission n'est pas, et pour la fonction et pour l'émolument, qui n'en est que l'accessoire inséparable, un acte qui ne peut se passer qu'entre le fonctionnaire et l'autorité. Pour qu'un acte pût devenir une convention d'intérêt privé, un traité pécuniaire, il faudrait avant tout qu'il pût s'accomplir entre personnes privées ; or c'est ce qui n'a pas lieu ici : la démission ne comporte pas d'autres parties que le titulaire qui la donne et l'autorité qui la reçoit, et elle ne peut pas dès lors être acte de commerce. Sans doute, il y a exception dans les cas où la loi spéciale de 1816, en substituant à la démission simple et absolue une démission faite nominativement au profit de tel candidat et sous la condition que ce candidat et non pas un autre sera nommé, permet ainsi de décomposer la démission en deux actes, dont l'un se passe entre le titulaire et une personne privée, tandis que l'autre s'accomplit entre le titulaire et l'État (toujours libre de conférer la fonction à qui il veut) : le premier de ces actes est alors une convention privée, un traité pécuniaire parfaitement légal ; mais l'exception confirme la règle, et un traité pécuniaire reste dès lors impossible dans tous les cas laissés en dehors de cette loi spéciale. — Notre ancien droit lui-même démontre bien la vérité de notre thèse ; car pendant tout le temps que la vénalité des offices n'y fut pas admise, les traités dont il s'agit y étaient prohibés de la même manière et aussi sévèrement que la vente même de la charge ; partout on trouve, sur la même ligne que la défense d'acheter et vendre la charge, la proscription de tout traité vénal entre un démissionnaire et l'aspirant. L'art. 33 de l'ordonnance de 1407 fait défense aux officiers DE TIRER AUCUN PROFIT DE LA RÉSIGNATION DE LEURS OFFICES ; l'art. 54 de celle de 1450 défend aux officiers DE RECEVOIR AUCUNE PROMESSE NI DON POUR FAIRE AVOIR NI OBTENIR AUCUN OFFICE, sous peine de payer le quadruple de ce qui leur aurait été promis ou donné, et d'être punis sévèrement ; l'article 68 de celle de 1493 ordonne qu'*aucun n'achète* office de président, conseiller ou autre office, NI, *pour iceux avoir*, BAILLER NI PROMETTRE ARGENT, et que DE CE le candidat soit tenu DE FAIRE SERMENT SOLENNEL AVANT D'ÊTRE INSTITUÉ ; enfin l'art. 100 de l'édit de 1579 ordonne que ceux qui auront *vendu directement* OU INDIRECTEMENT des offices perdent le prix et soient condamnés au double, et que ceux qui les auront *achetés ou fait acheter*, DONNÉ OU PROMIS ARGENT POUR PARVENIR AUXDITS OFFICES, en soient privés et déclarés indignes et incapables de tenir aucuns offices royaux... Ainsi, tout trafic sur la démission est assimilé à la vente de la charge, et avec raison ; car qui ne voit que vendre ma démission d'une charge dont la loi n'admet pas la vénalité, c'est vendre la charge elle-même autant que, de fait, il est en mon pouvoir de la vendre ?... Tout démontre donc que de pareils traités sont radicalement nuls, et si l'on est heureux de constater qu'un seul auteur a soutenu le contraire, on peut s'étonner qu'il ait même pu s'en trouver un (1).

Et puisque ces traités sont frappés d'inexistence légale comme contraires à l'ordre public et portant sur une chose qui n'est pas dans le commerce, le prix qui aurait été payé en exécution d'un tel traité pourrait donc être répété, pendant trente ans, comme payé indûment,

---

(1) *Pour la validité :* Chardon (*Dol et fr.,* III, 405); Amiens, 18 janv. 1820; Amiens, 18 juin 1822 ; Rej., 2 mars 1825 ; Grenoble, 5 juill. 1825 ; Bordeaux, 5 déc. 1845 (Dev., 46, 2, 328). — *Pour la nullité :* Toullier (V, 161); Troplong (I, 228); Duvergier (I, 207); Coulon (*Quest.,* III, p. 563); Paris, 23 avr. 1814, 8 nov. 1825; Nancy, 12 nov. 1829; Paris, 18 nov. 1837 (Dev., 38, 2, 65); Paris, 8 fév. 1840 (*J. Pal.,* 40, 1, 188); Rennes, 3 juill. 1840 (Dev., 40, 2, 414); Nîmes, 7 déc. 1848 (Dev., 49, 2, 629). Est valable la cession de la clientèle attachée à la charge d'un agréé près le tribunal de commerce. Cass., 14 déc. 1847; Bordeaux, 23 mai 1865 (*J. Pal.,* 66, 107).

par application de l'art. 1376. La doctrine contraire de Delvincourt (t. II) et de Toullier (VI, 126), d'après laquelle la nature illicite de la convention s'opposerait à la répétition, a été réfutée sous l'art. 1133, n° III. On y a vu que la jurisprudence, après avoir admis d'abord cette fausse idée, qui se retrouve encore dans l'arrêt précité de Paris du 18 novembre 1837, la condamne de la manière la plus constante depuis 1844 (1). Et cette répétition pourrait avoir lieu, quoi que dise M. Duvergier, encore bien que celui qui a payé la somme eût obtenu l'emploi ; car cet emploi, qui n'a pas été donné par le démissionnaire, mais par l'autorité, n'est pas le prix de la somme versée ; la circonstance que cet emploi a été obtenu n'empêche pas la nullité radicale du traité et du payement indû qui en a été la suite. Que les tribunaux décident, selon les circonstances, qu'un dommage est causé au démissionnaire par le fait de l'autre partie de lui remettre, pour obtenir la démission, une somme qu'elle vient reprendre ensuite, et qu'ils la condamnent pour cette cause, par application de l'art. 1382, à payer au démissionnaire une somme égale à celle qu'elle répète, rien de mieux ; mais dire, comme M. Duvergier, qu'il n'y a pas lieu à répétition, ce serait tomber dans l'erreur et violer l'art. 1376.

II. — Il est une classe de choses qui, sans être absolument hors du commerce, n'y entre pas absolument non plus : nous voulons parler des œuvres de l'esprit, des compositions littéraires, scientifiques ou artistiques. On dit souvent que tel auteur a vendu à tel éditeur sa composition, qu'il lui en a cédé la propriété ; mais c'est là une manière de parler qu'il ne faut pas prendre à la lettre et dans un sens absolu ; car il y a, entre la vente d'une œuvre de ce genre et la vente ordinaire, deux différences importantes. La première, c'est que l'éditeur n'acquiert pas et ne peut pas acquérir un véritable droit de propriété, mais seulement le droit de faire et d'exploiter la publication du travail, pour en tirer tout le profit possible ; la seconde, c'est que l'auteur, qui demeure forcément le seul vrai propriétaire de l'œuvre, est toujours le maître (sauf, bien entendu, la question de dommages-intérêts) d'y apporter tels changements qu'il juge nécessaires, et même d'en suspendre ou d'en arrêter la publication. Et d'abord, l'éditeur ne devient pas propriétaire : il est bien évident qu'il ne pourrait pas dire que cette œuvre ayant été achetée par lui, elle est par conséquent sienne et qu'il a dès lors le droit d'effacer le nom de l'auteur pour y substituer le sien. Et non-seulement l'éditeur n'a qu'un droit d'exploitation, nullement un droit de propriété ; mais son droit même d'exploitation reste constamment subordonné à l'appréciation de l'auteur, libre, selon les circonstances, de modifier plus ou moins, ou même d'empêcher, à un moment donné, toute reproduction ultérieure. Si de nouvelles découvertes font sentir à l'auteur la nécessité de changer son travail, l'éditeur ne peut pas exiger que l'œuvre continue de se vendre dans son état actuel ;

---

(1) Aux arrêts cités sous cet art. 1133 il faut ajouter : Paris, 5 déc. 1846, 12 janv. 1847 ; Riom, 10 mai 1847 ; Cass., 26 déc. 1848 et 3 janv. 1849 (Dev., 47, 2, 832 ; 49, 1, 29 et 282).

son seul droit serait d'obtenir la résiliation du traité et des dommages-intérêts; et bien plus, si de nouvelles réflexions démontraient à un auteur la fausseté des idées que son livre propage, la vérité de celles qu'il attaque, cet auteur, responsable de son œuvre devant les hommes comme devant Dieu, serait maître d'exiger la suppression immédiate de cette œuvre, le droit de l'éditeur se réduisant toujours à des dommages-intérêts.

Ainsi, ce qui est ici dans le commerce, ce qui peut se vendre et se vend, ce n'est pas la chose elle-même, ce n'est pas même le droit absolu de l'exploiter; c'est un droit d'exploitation restreint, et toujours soumis à l'appréciation de l'auteur (1).

III. — Du moment que par sa nature une chose est dans le commerce, c'est-à-dire ne répugne pas à être l'objet de transactions pécuniaires, elle peut être vendue, sauf les prohibitions et restrictions qui peuvent résulter de lois particulières.

C'est ainsi que l'aliénation des immeubles dotaux est interdite, comme on l'a vu sous les art. 1554 et suivants. C'est ainsi que des lois de police prohibent la vente comme la fabrication des armes cachées et secrètes, telles que stylets, poignards, tromblons, pistolets de poche, etc. (Décr. 12 mars 1806; art. 314 C. pén.). C'est ainsi qu'on ne peut vendre, comme on va le voir par l'art. 1600, la succession d'une personne encore vivante. C'est ainsi, enfin, que la vente des grains en vert est prohibée par les lois du 6 et du 23 messidor an 3, sauf le cas où elle aurait lieu par suite de tutelle, curatelle, saisie de fruits et autres exceptions prévues par la seconde de ces lois. Il est vrai qu'un arrêt d'Agen, du 2 août 1830 (et non de la Cour de cassation, comme on le dit quelquefois) (2), a jugé que ces lois étaient abrogées par le Code Napoléon; mais c'est une erreur, puisque notre art. 1598 maintient, au contraire, les prohibitions portées par des lois particulières. Aussi le sentiment général tient-il pour la nullité de ces ventes (3).

Il est enfin des choses dont la vente est entourée de certaines restrictions ou précautions. C'est ainsi que les boissons, le sel, les cartes de jeu, etc., sont soumis à des règles particulières pour le recouvrement de l'impôt indirect dont ils sont l'objet; que les substances vénéneuses ne peuvent être vendues que par des personnes déterminées et sous certaines conditions; que le tabac et la poudre à tirer, dont le gouvernement se réserve le monopole, ne peuvent être vendus que par ceux qu'il prépose à cet effet.

1599. — La vente de la chose d'autrui est nulle : elle peut donner

---

(1) *Comp.* Paris, 31 janv. 1854 et 27 nov. 1854 (Dev., 54, 2, 734; 56, 2, 47).
(2) *Voy.* encore Caen, 11 mai 1846 (Dev., 48, 2, 42); Massé et Vergé (IV, § 680).
(3) Merlin (*Rép.*, v° Vente, art. 1, n° 6); Toullier (VI, 118); Delvincourt (t. III); Duranton (XVI, 161); Troplong (I, 223); Duvergier (I, 133); Zachariæ (II, p. 500); Montpellier, 4 mai 1842; Bourges, 6 janv. 1844; Caen, 11 mai 1846; Cass., 12 mai 1848; Orléans, 2 mars 1849 (Dev., 42, 2, 349; 45, 1, 522; 47, 2, 42; 48, 1, 416; 49, 2, 465). — *Voy.* encore Toulouse, 12 déc. 1846; Orléans, 9 nov. 1857 (Dev., 47, 2, 652 et 653).

lieu à des dommages-intérêts lorsque l'acheteur a ignoré que la chose fût à autrui.

SOMMAIRE.

I. La vente de la chose d'autrui est aujourd'hui radicalement nulle et inexistante : pourquoi.

II. La nullité, quoique radicale, ne peut cependant pas être invoquée toujours par tous intéressés. Elle peut toujours l'être par le vrai propriétaire et par l'acheteur, mais non pas toujours par le vendeur. Celui-ci peut l'opposer tant qu'il n'a pas livré la chose; il ne le peut plus après la délivrance faite. Controverse.

III. L'action dure trente ans, aussi bien pour l'acheteur que pour le propriétaire. Erreur de M. Troplong et de M. Duvergier.

IV. L'acheteur de bonne foi gagne les fruits et la prescription court à son profit. Réponse à une objection; développements et observations.

V. La vente devient valable du moment que les deux qualités de vendeur et de propriétaire se réunissent sur la même tête : erreur de M. Zachariæ. — L'acheteur serait toutefois libre de faire encore déclarer la nullité, si son action avait précédé cet événement : erreur de Delvincourt et de M. Duvergier.

VI. La vente devient valable aussi par la ratification du propriétaire, sauf la même faculté pour l'acheteur, quand son action était déjà formée.

I. — Nous avons déjà vu sous l'art. 1582 qu'il y a, entre la vente du Code Napoléon et la vente du droit romain et de notre ancien droit, une différence plus profonde qu'on ne le croit communément. On répète souvent que la vente, qui ne produisait autrefois que l'obligation de procurer à l'acheteur la libre possession de la chose, produit aujourd'hui l'obligation de lui en faire avoir la propriété. Or, c'est là une erreur : la vente produit aujourd'hui, non pas l'obligation de transférer la propriété, mais bien la translation immédiate et directe de cette propriété. La différence entre l'ancien droit et le nouveau n'est donc pas que la vente, autrefois productive d'une certaine obligation, serait aujourd'hui productive d'une obligation différente et plus importante; elle consiste en ce que la vente, autrefois contrat simplement productif d'obligation, est aujourd'hui contrat translatif de propriété, acte d'aliénation.

Or, c'est pour cela qu'une vente ayant pour objet la chose d'autrui était valable à Rome et se trouve nulle aujourd'hui. Tant que la vente n'a été qu'un acte productif d'obligation, comme rien n'empêche de contracter une obligation relativement à la chose d'autrui, on pouvait donc vendre la chose d'autrui : on l'aurait pu alors même que l'obligation résultant de la vente aurait été de transférer la propriété de la chose; car il est évident que Pierre peut très-bien s'obliger à vous procurer la chose de Paul; il exécutera cette obligation en obtenant lui-même la propriété pour vous la transmettre ensuite, et à défaut de cette exécution directe, son obligation se résoudra, comme toute autre obligation, en dommages-intérêts. Mais aujourd'hui que vendre, c'est opérer immédiatement la translation de propriété, il est clair que, par la force même des choses, je ne puis pas vendre ce qui ne m'appartient pas, ce dont je n'ai pas la propriété, puisqu'on ne saurait transmettre à un autre le droit qu'on n'a pas soi-même. La vente de la chose d'autrui est donc nulle aujourd'hui : *nulla est venditio*, il n'y a pas de vente; il y a un acte qui présente les apparences d'une vente, mais qui n'en est pas une.

II. — Puisqu'il s'agit ainsi d'une nullité proprement dite, d'un prétendu contrat de vente qui n'a aucune existence légale, il semblerait que la nullité en peut être invoquée en toute circonstance et par tous intéressés. Il n'en est cependant pas ainsi, et tout le monde reconnaît qu'il y a des distinctions à faire à cet égard. Il est vrai que les auteurs sont loin de s'entendre, soit sur les cas dans lesquels la nullité peut ou ne peut pas être opposée, soit sur les principes mêmes qui doivent dominer l'ensemble de cette théorie ou ses différentes faces particulières; c'est là, au contraire, l'un des points les plus obscurs, les moins expliqués du Code. Mais tous sont du moins d'accord sur ce fait, qu'on est loin de bien justifier, mais qu'on admet partout, que le vendeur, si tant est qu'il puisse quelquefois opposer la nullité, ne peut pas l'opposer toujours. M. Troplong (n° 238) soutient qu'il ne le peut jamais; M. Duvergier (n° 220) enseigne qu'il le peut quand il a vendu de bonne foi, mais non quand il savait que la chose ne lui appartenait pas; enfin M. Zachariæ (II, p. 501) décide que, sans qu'il y ait à distinguer la bonne ou la mauvaise foi, il peut toujours opposer la nullité par voie d'exception, mais jamais par voie d'action... Voici, quant à nous, la théorie qui nous paraît la seule vraie, théorie qui, tout en prenant un point de départ autre et plus exact que celui de M. Zachariæ, conduit cependant au même résultat.

Et d'abord, il s'agit bien d'une nullité radicale, d'un cas où la vente est proprement nulle et inexistante, et non pas seulement annulable: c'est évident, puisque la vente ne pouvant être, chez nous, qu'un acte transférant la propriété de la chose, et la propriété d'une chose ne pouvant être transférée que par celui à qui elle appartient, la prétendue vente qu'un tiers fait de la chose d'autrui n'est point une vente. Cette vente purement apparente est donc sans réalité juridique, et son inexistence légale peut être opposée sans difficulté tant par le vrai propriétaire contre l'acheteur que par celui-ci contre le vendeur. Elle peut l'être par le propriétaire, qui pourra toujours, tant que la prescription de son bien ne sera pas accomplie, en exercer la revendication, en écartant comme chose légalement non avenue la prétendue vente qu'on lui opposerait. Elle peut l'être aussi par l'acheteur, qui peut toujours (et c'est là qu'est la principale différence pratique des deux règles contraires du droit romain et de notre droit actuel : autrefois, VALET *rei alienæ emptio;* aujourd'hui, *la vente de la chose d'autrui* EST NULLE) refuser de payer son prix et de se livrer de la chose, ou répéter ce prix déjà payé, en rendant la chose, dès là qu'il prouve que c'est la chose d'autrui qu'on lui a vendue. Il le peut toujours, disons-nous, et alors même qu'il aurait su dès l'origine que la chose n'appartenait pas au vendeur et que celui-ci l'aurait ignoré. Sans doute il pourrait alors être condamné à des dommages-intérêts envers le vendeur, puisqu'il a agi déloyalement et méchamment, en abusant de l'erreur dans laquelle était celui-ci et que lui connaissait; il devrait donc, par application de l'article 1382, supporter les coûts et frais de la vente et de plus amples dédommagements s'il y avait lieu. Mais il n'en pourrait pas moins invoquer la nullité de la vente prétendue, puisque, par la force même des choses, cette vente n'existe pas, qu'il n'est pas devenu propriétaire, et que, la translation de propriété qui devait être la cause de son obligation de payer le prix n'existant pas, cette obligation se trouve ainsi sans cause et n'a jamais existé. Aussi notre article ne distingue si l'acheteur a été de bonne ou de mauvaise foi que pour lui accorder ou lui refuser des dommages-intérêts contre le vendeur, et nullement quant à la nullité de la vente.

Mais ce droit absolu d'opposer la nullité radicale de l'acte, pour lui refuser tout effet, n'existe pas de la même manière pour le vendeur. Sans doute l'acte est nul aussi vis-à-vis de lui, mais il ne l'est pas aussi complétement, il ne l'est pas entièrement : l'acte est nul et inexistant en tant que vente et comme contrat translatif de propriété, mais il ne l'est pas en tant que productif d'obligations. Le vendeur, en même temps qu'il devait transférer la propriété de la chose, devait aussi en procurer la libre possession et garantir ou indemniser son acheteur de toute éviction ; or, s'il ne peut pas accomplir le premier devoir, il pourra quelquefois accomplir le second, et toutes les fois qu'il le pourra légalement et licitement, il est clair qu'il sera tenu de le faire. Le vendeur, en un mot, s'il ne peut pas pour le tout remplir son rôle de vendeur et tenir ses engagements, doit du moins le faire dans les limites où le droit et la morale le lui permettent. Or c'est cette règle, dont nous aurons à déduire ultérieurement plus d'une conséquence, qui empêchera quelquefois le vendeur d'invoquer contre l'acheteur la nullité de l'acte par lui souscrit. Voyons dans quels cas il le pourra, dans quels autres il ne le pourra pas.

Quand la chose vendue n'a pas encore été livrée, le vendeur à qui l'acheteur vient demander la délivrance peut-il opposer la nullité de l'acte pour s'y refuser ? Nous pensons qu'il le peut alors même qu'il aurait connu la vérité dès le moment de la vente. De ce qu'il a fait un premier acte illicite en vendant sciemment la chose d'autrui, ce n'est certes pas une raison pour qu'il en fasse un second en la livrant : l'acte étant contraire à la morale et à la loi, on ne saurait le contraindre à l'accomplir ; son devoir, au lieu de livrer le bien à un tiers, est de s'entendre avec le propriétaire, soit pour le lui acheter et consolider ainsi sa propre vente, soit pour le restituer si celui-ci refuse de vendre, en offrant d'ailleurs au tiers tous les dommages-intérêts qui peuvent lui être dus. Il est donc faux de dire, comme le font plusieurs jurisconsultes, notamment Delvincourt, que l'acheteur peut ici, comme en droit romain, forcer à faire la délivrance le vendeur qui s'y refuse en invoquant la nullité de la vente. A Rome, où la vente était valable, il est clair que le vendeur pouvait être contraint à livrer ; mais aujourd'hui que cette vente est nulle, et que la délivrance faite sciemment est par conséquent un fait réprouvé par le droit et la morale, il est clair que le vendeur a le droit de s'y refuser, en opposant l'inexistence de la prétendue vente et en payant les dommages-intérêts. En vain on argumenterait ici de la bonne foi de l'acheteur ; car, outre que cette bonne foi ne saurait être un motif, pour la justice, d'ordonner un fait illicite, et qu'elle donne seulement lieu à des dommages-intérêts qui sans elle ne seraient pas dus, l'acheteur d'ailleurs ne peut plus, après la défense du vendeur, continuer de parler de son ignorance et de la possession de bonne foi à laquelle il voudrait arriver au moyen de la délivrance qu'il demande, puisque cette défense même fait cesser cette ignorance et cette bonne foi, en lui apprenant que la chose n'appartenait pas au vendeur. Le vendeur peut donc opposer la nullité tant que la délivrance n'est pas faite et pour se refuser à cette délivrance. Mais pourrait-il l'invoquer aussi, une fois la chose livrée, pour se faire rendre cette chose? Nous ne le pensons pas. D'une part, en effet, le vendeur ne saurait jamais évincer l'acheteur, lui qui est obligé de le garantir et de l'indemniser de l'éviction venant d'un autre : *quem de evictione tenet actio, eum agentem repellit exceptio;* et, d'un autre côté, la nullité de la vente ne lui donne aucune action contre cet acheteur, puisque si cette nullité fait que la chose n'appartient pas à l'acheteur, elle ne fait pas qu'elle appartienne au vendeur; le véritable maître a seul conservé la propriété, et lui seul dès lors peut agir pour se faire rendre le bien. Le vendeur ne peut donc pas agir ici; et quant à son devoir envers le propriétaire, il consiste alors, non plus à rendre la chose, en cas de refus de vendre (car il s'est enlevé ce moyen de réparation en livrant cette chose), mais seulement à l'avertir, afin que, dans ce même cas de refus de vendre, ce propriétaire agisse lui-même par une éviction dont lui, vendeur, indemnisera l'acheteur. Nous arrivons donc à dire, comme M. Zachariæ, que le vendeur ne peut opposer efficacement la nullité de la vente que par voie d'exception, jamais par voie d'action, malgré l'idée contraire de M. Duvergier et d'un arrêt de la Cour de cassation (1).

III. — Quant à la durée de l'action en nullité, tout le monde reconnaît bien que le propriétaire peut agir à toute époque, tant que sa chose n'a pas été acquise par prescription; mais que faut-il dire de l'acheteur à l'égard du vendeur? L'arrêt précité, et, comme lui, M. Troplong (n° 239) et M. Duvergier (n° 221), admettent comme chose évidente et toute simple que l'action s'éteindrait par dix ans à compter du jour de la vente, par application de l'art. 1304. Mais c'est une double erreur. D'une part, en effet, quand même l'action serait prescriptible par dix ans, les dix ans ne pourraient du moins courir que du jour où l'acheteur a découvert que la chose n'appartenait pas au vendeur, et non pas du jour du contrat; comme ils ne courent, en cas d'erreur, que du jour où cette erreur est découverte, aux termes mêmes de cet art. 1304. Mais, d'un autre côté, l'art. 1304 n'est pas applicable, puisqu'il n'est écrit que pour les actes annulables et qu'il s'agit de faire briser, tandis qu'ici l'acte est radicalement et légalement inexistant, comme on l'a vu plus haut. L'acheteur ne demandera pas à faire annuler la vente; il fera constater et reconnaître que, la chose n'appartenant pas au ven-

---

(1) Cass. 23 janv. 1832 (Dev., 32, 1, 666).

deur, la translation de propriété n'a pas été possible, et que par conséquent son obligation, à lui acheteur, n'a jamais existé faute de cause (art. 1304, n° IV).

IV. — La circonstance que la vente n'est en droit qu'une apparence sans réalité n'empêche pas, bien entendu, que l'acheteur de bonne foi mis en possession ne gagne les fruits (art. 549) et ne prescrive la chose, par dix ou vingt ans si c'est un immeuble (art. 2245), à l'instant même si c'est un meuble et qu'il ne soit ni perdu ni volé (art. 2279). On s'étonne qu'il se soit trouvé des esprits assez peu droits pour voir là matière à objection et soutenir qu'il n'est pas exact de dire la vente nulle, puisqu'elle produit des effets, à savoir, le droit à des dommages-intérêts, le gain des fruits et le bénéfice de la prescription! Sans doute la vente est nulle en droit, mais *les faits* qui la constituent, l'accompagnent ou la suivent, ne sont pas nuls et peuvent produire des conséquences. Des dommages-intérêts sont dus, non parce qu'il y a une vente, mais parce qu'il existe un fait blâmable et dommageable dont l'auteur doit la réparation. Les fruits sont gagnés par le possesseur, non parce qu'il y a vente, mais parce que ce possesseur est de bonne foi et que la bonne foi fait gagner les fruits : s'il y avait vente et que l'acheteur fût ainsi propriétaire, ce n'est pas par l'effet de sa bonne foi et comme faveur qu'il gagnerait les fruits, ce serait comme conséquence de son droit de propriété. Enfin la prescription, même celle de dix et vingt ans, court à son profit, non parce qu'il y a vente, mais parce qu'il y a chez lui bonne foi et titre apparent; s'il y avait vente, il serait propriétaire et n'aurait dès lors pas besoin de prescription.

Nous disons qu'en fait de meubles non perdus ni volés, l'acheteur de bonne foi serait immédiatement propriétaire. Mais ce ne serait toutefois qu'autant qu'il le voudrait bien; car si cet acheteur, ne voulant pas user d'un tel moyen d'acquisition, préférait demander à son vendeur la restitution du prix en rendant la chose, celui-ci ne pourrait pas s'y opposer : la prescription n'est qu'une faculté pour cet acheteur, qui ne peut pas être contraint à s'en servir contre le cri de sa conscience. Nous supposons ici, du reste, que le vendeur était de mauvaise foi; car si lui-même avait ignoré que la chose fût à autrui, c'est lui-même dès lors qui aurait été déjà propriétaire au moment de la vente; c'est chez lui, non chez l'acheteur, que la prescription aurait fait naître le droit de propriété, et il pourrait par conséquent dire à l'acheteur : c'est ma chose que je vous ai vendue, non la chose d'autrui; s'il y a quelque chose d'indélicat dans la prescription, c'est ma conscience qui en est chargée, non la vôtre, et vous ne pouvez dès lors pas vous plaindre.

V. — Nous avons vu que le vendeur de la chose d'autrui est tenu de remplir son rôle de vendeur et les conséquences qui en découlent, autant qu'il lui est légalement possible de le faire. Si donc, postérieurement à la vente, il devient, par une cause quelconque, propriétaire du bien vendu, ou si plus généralement les deux qualités de vendeur et de propriétaire viennent à se réunir sur la même tête (parce que le vendeur devient l'héritier du propriétaire, ou *vice versá*), le vendeur se trouve immédiatement dans l'obligation de transférer à l'acheteur la propriété de la chose; et comme dans notre droit l'obligation de transférer la propriété s'accomplit *ipso jure* à l'instant même où elle naît, d'après l'art. 1138, il s'ensuit que la propriété, aussitôt qu'elle a reposé sur sa tête, passe immédiatement sur celle de l'acheteur. La vente devient donc, à partir de ce moment, parfaitement valide, et se trouve désormais, malgré l'idée contraire de M. Zachariæ (II, p. 502), à l'abri de toute critique, soit du vendeur, soit de l'acheteur. C'est là une décision qui, si elle a été généralement mal motivée, est du moins admise par la majorité des auteurs comme par les arrêts, et c'est par erreur qu'on a écrit que la jurisprudence, en l'admettant pour le vendeur (pour qui elle est, en effet, évidente, puisqu'il serait absurde d'accorder l'éviction à celui précisément qui est tenu de l'empêcher), la repoussait quant à l'acheteur : c'est au contraire contre des acheteurs, précisément, que les trois arrêts qui jugent la question ont prononcé la validité de la vente dans ce cas (1).

Quant aux deux arrêts que M. Zachariæ invoque à l'appui de sa doctrine (Rej., 16 janv. 1810; Riom, 30 nov. 1813), ils lui sont plutôt contraires que favorables, car ils décident seulement que l'acquisition de la propriété par le vendeur n'empêche plus l'acheteur de faire proclamer la nullité, quand son action en nullité *était déjà intentée* au moment où cette acquisition est faite. Et cette solution est exacte, quoi que disent Delvincourt (t. III) et M. Duvergier (I, 210). C'est évident, puisque, l'acheteur n'étant pas encore devenu propriétaire au moment où il a intenté son action en nullité, et prouvant par cette action qu'il entend répudier tous les effets que la convention pourrait avoir, la propriété ne saurait lui être acquise ultérieurement : on ne devient pas propriétaire malgré soi. Le fait, par l'acheteur, d'intenter l'action en nullité empêche donc la propriété, que le vendeur acquiert ensuite, de passer de la tête de celui-ci sur la sienne, et la vente reste dès lors nulle, comme elle l'était *ab initio* (2). L'objection que l'on veut tirer de l'art. 1655, d'après lequel l'action en résolution intentée par un vendeur pour défaut de payement du prix se trouve arrêtée par le payement que l'acheteur effectue ensuite (payement pour lequel le juge peut même lui accorder un délai), n'a aucune espèce de valeur. Alors, en effet, il s'agit de résoudre, de briser une vente existante; l'acheteur a déjà la propriété et il s'agit de la lui enlever; si donc cet acheteur fait disparaître, en payant, la cause pour laquelle on allait lui retirer le droit dont il est investi, ce droit lui reste. Ici, au contraire, la vente n'existe pas, l'acheteur n'est pas propriétaire, et comme, en deman-

---

(1) Delvincourt (III, notes); Duranton (XVI, 179); Troplong (I, 236); Duvergier (I, 219); Championnière et Rigaud (III, 2033); Bordeaux, 16 août 1834; Cass., 23 juill. 1835; Paris, 25 août 1845 (Dev., 36, 1, 70; 46, 2, 161). — *Voy.* encore Agen, 17 déc. 1851 (J. Pal., 53, 2, 43).
(2) Agen, 13 juin 1866 (J. Pal., 66, 1241).

dant lui-même à faire proclamer la nullité, il renonce à le devenir, il s'ensuit que la propriété acquise ensuite par son vendeur n'arrive pas sur sa tête, et la nullité dès lors subsiste et doit être proclamée. Si donc il faut reconnaître, avec Delvincourt et M. Duvergier, que le motif donné par les deux arrêts ci-dessus, et aussi par M. Duranton (X, 438), n'est pas concluant, la solution de ces arrêts est au contraire parfaitement exacte (1).

VI. — De même que l'acheteur ne peut plus agir en nullité quand son vendeur acquiert la propriété de la chose avant l'action intentée, de même il ne le peut plus, et la vente devient valable, quand le vrai propriétaire vient ratifier l'acte. Mais, ici encore, il faut que la ratification précède l'action de l'acheteur, sans quoi celui-ci resterait libre, comme ci-dessus, de faire proclamer la nullité. En effet, tant que l'acheteur, qu'il sache ou qu'il ignore que la chose est à autrui, n'invoque pas la nullité de l'acte, il entend donc conserver la chose et en avoir la propriété, d'où la conséquence que, quand le vrai propriétaire vient déclarer qu'il ratifie la vente et cède sa propriété à l'acheteur, il y a concours des deux volontés, et la propriété se trouve ainsi transmise au possesseur à partir de ce moment (2). Nous disons *à partir de ce moment;* car il est bien évident que ce n'est pas là une ratification proprement dite, venant *confirmer* l'acte et en assurer l'effet *rétroactivement,* à compter du jour même de sa date : on ne peut pas confirmer une vente légalement inexistante. Le second acte n'est donc, sous le nom impropre de ratification, que la cession même de la chose, et c'est à partir de sa date, sans aucune rétroactivité, que l'acheteur est propriétaire (3). — Mais quand le propriétaire ne vient ratifier qu'après l'action en nullité déjà intentée par l'acheteur, cet acheteur n'ayant plus la volonté de conserver la chose, au moment où le propriétaire manifeste celle de la lui attribuer, le concours des volontés n'existe plus et la ratification reste sans effet.

On comprend, au surplus, que cette inutilité, soit de la ratification, dans ce second cas, soit de l'acquisition faite par le vendeur, dans le cas précédent, est purement facultative pour l'acheteur, qui peut, à son gré, ou continuer son instance en déclaration de nullité, ou dire qu'il la retire et entend conserver la chose. C'est évident, puisque le

---

(1) Elle n'est exacte, au surplus, que pour la question qui nous occupe, et les deux arrêts sont mauvais au fond. Dans le premier, en effet, c'était par suite d'un partage que le vendeur était devenu propriétaire pendant l'instance; en sorte que, par l'effet rétroactif de ce partage, il se trouvait avoir eu la propriété *ab initio*, dès avant l'introduction de l'instance (art. 883), et l'avoir immédiatement transmise à l'acheteur. Dans le second, il s'agissait de la vente d'un immeuble dotal par le mari; or nous avons vu sous l'art. 1560, n° I, que ce cas ne reçoit point l'application de notre article 1599, et que la vente est alors non pas nulle, mais seulement révocable *à parte mulieris.*

(2-3) Duranton (XVI, 179); Troplong (I, 237); Duvergier (I, 219); Championnière et Rigaud (III, 2034); Cass., 12 déc. 1810; Turin, 17 avr. 1811; Riom, 12 janv. 1827; Cass., 6 juill. 1831, 23 janv. 1832; Amiens, 13 août 1840 (Dev., 31, 1, 307; 32, 1, 666; 42, 2, 429); Cass., 20 fév. 1855 et 8 janv. 1866 (Dev., 55, 1, 590; J. Pal., 66, 258). *Contrà :* Aubry et Rau (III, § 351).

seul élément qui manque, dans les deux cas, pour qu'il y ait une vente valide, c'est la volonté de cet acheteur de devenir propriétaire de la chose.

N. B. — Il est clair que tout ce qui vient d'être dit sous cet article ne s'applique pas au contrat par lequel Pierre déclarerait, non pas vendre et transmettre ainsi en propriété la chose de Paul, mais seulement se porter fort de faire avoir cette propriété : ce serait alors un contrat parfaitement valable, produisant pleinement le seul effet qu'il se propose, c'est-à-dire la simple *obligation* pour Pierre de faire avoir à l'autre partie la propriété de la chose de Paul, obligation qui, en cas d'inexécution, se réduirait à des dommages-intérêts. Et alors même que Pierre n'aurait pas eu soin d'expliquer qu'il entend seulement se porter fort de faire obtenir la chose, non pas la transmettre lui-même immédiatement, et qu'on se serait servi des mots *vendre* et *acheter*, si pourtant il était expliqué dans l'acte que c'est de la chose d'autrui qu'il s'agit, c'en serait assez pour faire comprendre la vraie pensée des parties, et on devrait voir là, non pas une véritable vente de la chose, mais la promesse de la faire avoir. Le stipulant ne pourrait donc pas, comme au cas de vente de la chose d'autrui, agir immédiatement en nullité et en dommages-intérêts; il serait tenu de laisser au promettant le délai nécessaire pour obtenir la cession à faire par Paul, et de prendre cette chose en payant le prix convenu, quand cette cession interviendrait.

1600. — On ne peut vendre la succession d'une personne vivante, même de son consentement.

SOMMAIRE.

I. La vente est ici radicalement nulle comme illicite. La règle s'applique pour les biens particuliers d'une succession comme pour son ensemble.
II. La nullité pourrait être opposée pendant trente ans ; renvoi et développements : lourde erreur de Toullier et de M. Duvergier.
III. La vente, pour un seul prix, d'une succession future et de biens présents serait nulle pour le tout : erreur de M. Duvergier. A moins que l'acheteur ne consentît à payer ce prix pour les seuls biens présents : erreur d'un arrêt.

I. — La règle de cet article se trouvait déjà comprise dans celle que posent d'une manière plus générale les art. 791 et 1130, en prohibant toute aliénation des droits éventuels qu'on peut avoir sur une succession future et toute stipulation sur cette succession.

Ce n'est pas, comme on l'a dit quelquefois, parce que la succession non ouverte est une chose future, que la loi prohibe toute convention et, en particulier, la vente qui la prendrait pour objet; car les choses futures peuvent très-bien être l'objet de conventions quelconques, et je puis bien vous vendre, par exemple, soit la récolte à provenir de mon champ l'année prochaine, soit même la chance de cette récolte (article 1131, n° 1). Le motif de la prohibition des trois art. 791, 1130 et 1600, c'est, ainsi que le disait Pothier (*Vente,* n° 527), qu'un tel traité est contraire aux bonnes mœurs comme entraînant le vœu de la mort du *de cujus*. Un premier acquéreur pourrait d'ailleurs céder son droit à un second, celui-ci à un troisième, et l'on aurait ainsi toute une série de personnes intéressées au décès d'une autre qui leur est étrangère. C'est donc avec raison que de telles conventions sont prohibées de la manière la plus absolue, et malgré le consentement même de la personne dont la succession en serait l'objet.

Ce motif de notre article fait assez comprendre que, quand il parle de la vente d'*une succession*, il embrasse aussi bien le cas d'un ou de plusieurs objets particuliers, dépendant de cette succession, que celui de la succession considérée dans son universalité ou d'une quote-part de cette universalité : le Code entend parler de la succession, soit dans son ensemble, soit dans chacune de ses parties. D'une part, en effet, l'immoralité et le danger seraient les mêmes pour des biens particuliers que pour l'ensemble ou une quote-part d'un patrimoine; et d'un autre côté, la règle, si on l'entendait autrement, deviendrait dérisoire, puisqu'on pourrait, en vendant comme choses déterminées chacun des biens qui composent la succession future, vendre ainsi la succession tout entière. C'est donc avec raison que la Cour suprême, après avoir d'abord jugé le contraire, est revenue à cette idée, seule conforme à la pensée du législateur (1).

II. — Puisque la vente, dans le cas de notre article, se trouve radicalement nulle et inexistante comme étant sans objet licite, la nullité ne se prescrirait donc pas par dix années; elle pourrait être invoquée à perpétuité par voie d'exception, et pendant trente ans par voie d'action, ainsi qu'il a été expliqué sous l'art. 1304, n°ˢ III et IV, et on ne comprend pas que M. Duvergier (I, 230) ait pu soutenir le contraire. On conçoit que Toullier l'ait fait à l'époque où il écrivait, lui surtout qui n'avait absolument rien compris à la théorie des actes nuls, annulables (ou rescindables) et résolubles. Mais après les explications présentées par M. Duranton (XII, 523 et 524) et par M. Troplong (I, 249), après la réfutation que ce dernier avait donnée de la doctrine de Toullier, on s'étonne que M. Duvergier se soit contenté, sans aucune observation ni discussion, de répondre par ces seuls mots : *M. Toullier a établi les vrais principes.*

La réponse est d'autant plus malheureuse, que les longues explications de Toullier sur ce point (VII, n°ˢ 521 à 617) sont, comme on l'a vu sous l'art. 1304, aussi fausses que possible.

Toullier commence par dire (n° 521) que la grande distinction des actes radicalement nuls et des actes rescindables repose sur la visibilité ou l'invisibilité du vice; « qu'il y a nullité de plein droit, quand l'acte est entaché d'un vice intrinsèque dont la visibilité *empêche le contrat de se former,* ce qui a lieu pour les contrats *passés par les mineurs, les interdits et les femmes mariées,* contrats pour lesquels il suffit de présenter l'acte de naissance, le jugement d'interdiction ou l'acte de

---

(1) *Contrà* : Cass., 23 janv. 1832 (Dev., 32, 1, 666). — *Conf.* Rej., 11 nov. 1845 (Dev., 45, 1, 785); Troplong (I, 246).

mariage, pour démontrer la nullité et *détruire l'apparence du contrat ;* qu'il y a, au contraire, simple rescision quand l'acte renferme un vice intrinsèque, comme *l'erreur, la violence ou le dol*, qui le rend *essentiellement et radicalement nul ;* qu'alors cette nullité, quoique radicale, et *empêchant la convention de se former*, laisse subsister, parce qu'elle n'est pas visible, *l'apparence d'un contrat*, apparence qui a l'effet de la réalité *tant qu'elle n'est pas détruite* par le jugement. » Que signifie un tel début ? Il s'agit de distinguer, et d'opposer les uns aux autres les actes proprement nuls et ceux qui ne sont que rescindables, et voilà que Toullier présente deux hypothèses dans lesquelles les actes sont absolument identiques : dans un cas comme dans l'autre, les actes, nous dit-il, *sont essentiellement et radicalement nuls ;* dans un cas comme dans l'autre, *le contrat ne se forme pas*, il y a seulement *une apparence de contrat*, apparence qu'il faudra *détruire* pour faire cesser les effets de l'acte ; la seule différence, c'est que le magistrat reconnaîtra la nullité plus facilement dans un cas que dans l'autre, parce que, dans le premier, il suffira de présenter l'acte de naissance ou autre, tandis que, dans le second, une instruction sera nécessaire pour établir l'erreur, la violence ou le dol. Mais le plus ou moins de facilité qu'il peut y avoir à constater un état de choses ne change rien à cet état : le plus ou moins de *visibilité* du vice d'un contrat ne saurait rien changer aux conséquences légales que ce vice entraîne, et, encore une fois, il y a, quant à la nature de la nullité, parfaite identité entre les deux cas que Toullier oppose l'un à l'autre, puisqu'il nous présente des deux parts un acte *nul radicalement*, par lequel *la convention ne se forme pas*, et qui n'est que *l'apparence* d'un contrat. Aussi la loi met-elle sur la même ligne les deux classes d'actes dont il s'agit, puisque l'art. 1304 pose textuellement sa règle et pour les actes passés par les mineurs, les interdits ou les femmes mariées, et pour ceux qui sont entachés d'erreur, de violence ou de dol. Toullier commet donc ici une première et bien grave inexactitude, et c'est étrangement *établir les vrais principes* que d'opposer, comme appartenant aux deux classes contraires d'actes nuls radicalement et d'actes seulement rescindables, deux catégories appartenant, même dans les idées de Toullier, à une seule et même classe.

Mais en commettant cette première erreur, Toullier en commet en même temps une seconde ; car s'il est très-vrai que tous les actes en question appartiennent réellement à une même classe, il est complétement faux que cette classe soit, comme l'explique Toullier, celle des actes radicalement nuls, inexistant en droit et n'ayant d'un contrat que l'apparence ; dans tous ces cas, le contrat se forme, il existe, et il est seulement entaché d'un vice qui permet de le faire briser : c'est bien évident, puisque dans tous ces cas il y a lieu à ratification, ce qui ne serait pas possible pour des contrats légalement inexistants (car on ne saurait ratifier le néant, *quod non est confirmari nequit*), et que ce sont même là, précisément, les actes pour lesquels la loi admet textuellement, par l'art. 1304, la ratification tacite résultant d'un silence de dix années. Ainsi, non-seulement Toullier se trompe lourdement et se contredit lui-même en présentant, comme appartenant à deux classes opposées, des actes qui, d'après ses propres explications, appartiennent à une même classe ; mais il se trompe encore, et non moins lourdement, en plaçant ces actes dans la classe des contrats proprement nuls, alors qu'ils sont précisément la partie la plus saillante et la moins douteuse des contrats simplement annulables.

Mais ce n'est pas tout, et l'esprit se perd quand on veut examiner de près l'étrange pêle-mêle d'idées fausses et contradictoires que Toullier a écrites ici, et que M. Duvergier appelle l'établissement des principes. Tout en déclarant que les actes qu'il oppose les uns aux autres sont tous des actes nuls de plein droit et radicalement, que par eux le contrat *ne se forme pas* et n'est qu'une *apparence de contrat,* Toullier, qui voit apparemment des degrés, du plus et du moins, dans l'existence ou l'inexistence d'un acte, dans la formation ou dans la non-formation d'un contrat, enseigne qu'en définitive il est une des deux classes dans laquelle l'acte n'est pas tout à fait aussi nul et inexistant que dans l'autre, ou du moins pas tout à fait aussi dépourvu d'efficacité, en ce sens que, quoiqu'il n'y ait de part et d'autre qu'une apparence de contrat, cette apparence est sans effet d'un côté, tandis qu'elle produit effet de l'autre côté jusqu'à ce que la justice soit intervenue. Telle paraît être l'idée du savant professeur quand, pour faire sentir la différence des deux classes d'actes, il nous dit que, tandis que, d'un côté, c'est le fait même qui *démontre la nullité de l'acte et détruit l'apparence du contrat,* en sorte que, *si l'on s'adresse au juge, ce n'est pas pour qu'il prononce la nullité,* laquelle est *prononcée d'avance par la loi,* de l'autre côté, au contraire, quoiqu'il y ait également *une nullité radicale,* et qui *empêche la convention de se former,* cependant, tant que *l'apparence du contrat* n'est pas détruite par un jugement, *cette apparence a l'effet de la réalité* (n° 521)... Ceci posé, dans laquelle des deux classes d'actes est l'apparence sans effet, et dans quelle autre l'apparence à effet ? Ici la réponse est différente, selon le passage de Toullier qu'on voudra choisir : au n° 521, c'est dans les actes entachés d'erreur, violence ou dol, que l'apparence est efficace, parce que leur nullité *n'est pas visible,* tandis que celle des actes passés par des incapables est visible ; mais aux nᵒˢ 298 et 299 (du même t. VII), c'est tout le contraire, c'est l'acte de l'incapable qui produit des effets, tandis que l'acte entaché d'erreur, violence ou dol, *n'en peut produire aucun ni civilement ni naturellement, sa nullité étant ce qu'on appelle radicale, parce qu'elle remonte à la racine !*

Telles sont les bases de la théorie de Toullier sur la distinction des conventions rigoureusement nulles et des conventions rescindables ; c'est là ce que M. Duvergier appelle *avoir établi les principes !*

Quant à ces principes, nous les avons exposés sous l'art. 1304, où l'on a vu aussi que la doctrine de M. Duvergier est nettement condamnée par la jurisprudence constante de la Cour de cassation (1).

---

(1) *Voy.* les explications de l'art. 1304 et les observations qui précèdent cet article.

III. — Si, dans un même acte, on avait vendu tout à la fois des choses dépendant d'une succession future et aussi des biens présents, et que deux prix différents eussent été indiqués pour ces deux objets de vente, on devrait évidemment voir là deux ventes, dont l'une serait parfaitement valable malgré la nullité de l'autre : *utile per inutile non vitiatur*. Mais si le tout avait été vendu pour un seul et même prix, nous ne voyons pas comment on pourrait, malgré la doctrine contraire de M. Duvergier (I, 231), ne pas voir là une seule vente nulle pour le tout. Comment, en effet, les tribunaux pourraient-ils se permettre, en présence du prix unique que les parties ont fixé, de dire que les biens actuels correspondront à telle fraction de ce prix ? Ce serait substituer leur volonté à celle des parties, et faire une détermination de prix qui ne peut émaner que de celles-ci (art. 1591). C'est donc avec raison que de nombreux arrêts décident, comme M. Troplong (I, 251), que la vente se trouve nulle pour le tout (1).

Mais on ne saurait approuver le dernier de ces arrêts (Orléans, 1849) quand il va jusqu'à déclarer la vente nulle, alors que l'acheteur consentait à payer pour les seuls biens présents l'intégralité du prix convenu. Le consentement d'un vendeur à livrer pour tel prix deux objets contient évidemment celui de livrer l'un d'eux pour ce même prix. Du moment donc que l'acheteur, de son côté, consentait aussi à payer ce prix entier, il y avait concours des volontés, et le contrat, ainsi réduit aux biens présents, était parfaitement valable, comme l'ont précédemment jugé la Cour de Grenoble et la Cour de cassation (2).

1601. — Si au moment de la vente la chose vendue était périe en totalité, la vente serait nulle.

Si une partie seulement de la chose est périe, il est au choix de l'acquéreur d'abandonner la vente, ou de demander la partie conservée, en faisant déterminer le prix par la ventilation.

SOMMAIRE.

I. En cas de destruction totale, la vente ne se forme pas et le prix payé pourrait être répété pendant trente ans : erreur de Delvincourt. — Il peut l'être quand même l'acheteur aurait connu le fait (sauf la question des dommages-intérêts) : erreur de M. Troplong.
II. En cas de destruction partielle, l'acheteur peut se départir du contrat, sans qu'on puisse appliquer ici l'art. 1636 ou faire diminuer le prix. Controverse. Mais il faut qu'il ait ignoré le fait.
III. Cas où la vente serait valable malgré la destruction, soit partielle, soit totale.

— Quant aux trois arrêts de la Cour suprême invoqués par M. Duvergier (10 mars 1812, 3 août 1829 et 23 janv. 1832 : Dev., 32, 1, 666), ils ne sont pas applicables à la question. Les deux premiers sont relatifs à des espèces régies par les anciennes ordonnances de 1519 et 1533, qui portaient, pour le cas qui nous occupe, la règle que l'art. 1304 ne porte aujourd'hui que pour d'autres cas ; le dernier décide que, dans l'espèce, il n'y avait point pacte sur une succession future.
(1) Limoges, 13 fév. 1828 ; Riom, 13 déc. 1828 ; Montpellier, 4 août 1832 ; Toulouse, 27 août 1833 ; Limoges, 6 avr. 1838 ; Rej., 14 nov. 1843 ; Orléans, 24 mai 1849 (Dev., 32, 2, 481 ; 34, 2, 97 ; 38, 2, 501 ; 44, 1, 229 ; 49, 2, 600).
(2) Grenoble, 8 août 1832 ; Cass., 17 janv. 1837 (Dev., 33, 2, 176 ; 37, 1, 247). *Sic :* Larombière (art. 1130, n° 32).

I. — Cet article prévoit deux hypothèses : celle où la chose vendue se trouvait ne plus exister au moment où on la vendait; celle où elle n'était détruite qu'en partie.

Le premier cas ne pouvait présenter aucune difficulté. Puisque la chose qu'on déclarait vendre n'existait pas, il est clair que l'engagement du vendeur ne s'est pas formé, faute d'objet, et que celui de l'acheteur n'a pas pu naître, faute de cause. Le contrat est donc inexistant, d'où la conséquence que, si l'acheteur avait payé son prix, il pourrait le répéter pêndant trente années, et non point pendant dix ans seulement, comme l'a enseigné M. Delvincourt, en appliquant à ce cas l'article 1304. On ne comprend pas une telle erreur de la part d'un auteur ordinairement si judicieux : la règle de l'art. 1304 n'est écrite, on le sait, que pour les actes qu'il s'agit de faire briser, et on ne peut pas parler de faire briser une vente qui n'existe pas. L'acheteur qui a payé son prix ne viendra pas attaquer la vente, il viendra répéter son prix comme l'ayant payé sans cause, en vertu des art. 1235 et 1376 ; et s'il est vrai qu'après trente ans il serait repoussé, ce n'est pas parce que son inaction de trente ans aurait vivifié une vente qui n'a jamais pu exister, et fait éteindre une action en nullité qui ne pouvait pas exister davantage, c'est parce que cette inaction a éteint son action en répétition, le droit de créance que le payement indû lui avait donné contre le vendeur, puisque tous droits et toutes actions se prescrivent par trente ans (art. 2262). Nous avons déjà expliqué ceci sous l'art. 1304, n° III, *in fine*.

Et cet acheteur pourrait répéter son prix, alors même qu'il aurait su au moment de la vente que la chose n'existait plus, et que le vendeur l'aurait ignoré. La doctrine contraire de M. Troplong (I, 253), qui enseigne, d'après le droit romain, que l'acheteur, dans ce cas, ne pourrait pas répéter ce prix, et pourrait même, s'il ne l'avait pas encore payé, être contraint à l'acquitter, n'est qu'une grave erreur. Sans doute cet acheteur pourra, par application de l'art. 1382, être condamné à des dommages-intérêts ; en outre des frais que la vente a pu occasionner et qu'il devra supporter seul, il devra encore, s'il cause un préjudice au vendeur, en lui retirant ou en ne lui donnant pas la somme dont celui-ci avait cru pouvoir disposer, être condamné à réparer ce préjudice ; mais il ne pourra jamais rien devoir ni à titre de prix de vente, ni à aucun autre titre que celui de dommages-intérêts et sous la condition dès lors d'un préjudice causé. En vain M. Troplong parle de punition du dol et aussi de ce que l'acheteur peut être considéré comme ayant voulu gratifier le vendeur ; car, pour ce qui est de l'idée de punition, comme il ne s'agit pas ici de droit criminel, mais de droit civil, il ne peut pas être question d'amende (et une amende n'est d'ailleurs pas applicable au profit d'un particulier), et il n'y a pas d'autre punition que des dommages-intérêts ; quant à l'idée d'une donation, nous avons déjà vu plusieurs fois qu'elle a été rejetée, et avec raison, par notre Code. En résumé, donc, il y a lieu ici pour l'acheteur à se faire indemniser du tort qu'il prouverait avoir subi ; mais jamais à retenir le prix de vente, ni encore moins à contraindre l'acheteur à le payer, sous prétexte de punition ou de donation (*voy.* art. 555, n° VI; 1235 et 1376, n° I).

II. — Quand la chose n'est détruite qu'en partie au moment de la vente, la loi donne à l'acheteur le choix, ou de se contenter d'une diminution proportionnelle du prix, ou de se départir du marché. M. Duranton (XVI, 184) et M. Troplong (I, 252), interprétant cette disposition par celle de l'art. 1636, qui, en cas d'éviction partielle, ne permet à l'acheteur de faire résilier le contrat qu'autant que la partie enlevée à cet acheteur est assez considérable pour que sans elle il n'eût pas acheté, pensent que l'acheteur ne pourrait ici se départir de la vente que sous cette même condition. Il nous paraît difficile d'admettre cette assimilation complète des deux cas. Ces deux cas, d'abord, ne sont pas absolument semblables : dans l'art. 1136, le contrat s'est formé, il a eu sa pleine et entière existence, et il s'agit de faire résoudre, pour une cause postérieure, une vente parfaitement valable ; ici, au contraire, la question est précisément de savoir si l'on ne doit pas, à raison de ce que l'objet du contrat n'est pas ce qu'on le croyait être, permettre de regarder ce contrat comme ne s'étant pas formé. Or, quand, en présence de cette différence dans les positions, on voit le Code permettre ici formellement à l'acheteur de se départir de la vente, par cela seul qu'il y avait destruction partielle de la chose, tandis qu'il n'autorise la résolution dans l'art. 1636 qu'autant qu'on reconnaît que, sans la partie enlevée, l'acheteur n'aurait pas traité, ne serait-ce pas refaire la loi, au lieu de l'expliquer telle qu'elle est faite, que de ne tenir aucun compte de cette différence des deux règles? Nous le pensons, pour notre part, et nous disons, comme M. Duvergier (I, 237) et M. Zachariæ (II, p. 486), que la seule chose que permettent ici les principes, c'est de dire que les magistrats pourront écarter la demande de l'acheteur, quand la partie périe sera d'une importance relative assez faible pour qu'on puisse juger que sa perte n'est qu'un prétexte dont l'acheteur s'empare pour se soustraire à son engagement (1).

Du reste, nous n'hésitons pas à dire que si l'acheteur avait eu connaissance de la destruction partielle alors qu'il achetait, il ne pourrait ni se départir du contrat, ni même demander une diminution de prix. Il serait tout naturellement réputé avoir reconnu que la chose valait encore le prix qu'il en donnait. Ce n'est plus ici comme dans le cas de destruction totale, où la convention ne peut pas se former et où, dès lors, la connaissance qu'a l'acheteur ne saurait produire d'autre effet qu'une dette de dommages-intérêts : ici le contrat se forme, et la connaissance que l'acheteur a de l'état de la chose ne lui permet pas de se plaindre ensuite de cet état.

III. — Il va sans dire que si l'on avait vendu, non pas précisément la chose qui est périe en tout ou partie, mais bien la chance ou l'espérance d'avoir ce qui peut exister de cette chose ; si, par exemple, ap-

_____
(1) *Comp.* Cass., 10 juin 1856 (Dev., 56, 1, 819; *J. Pal.*, 57, 867).

prenant, vous et moi, qu'un incendie a dévoré le tiers d'une commune dans laquelle j'ai une maison, ou qu'une maladie a tué la moitié des bestiaux d'une contrée dans laquelle je possède un troupeau, je vous vends ce qui peut rester de cette maison ou de ce troupeau, la vente serait parfaitement valable, alors même qu'on saurait ensuite qu'il ne restait absolument rien. C'est évident, puisque l'objet de la vente n'est alors que l'espoir, plus ou moins fondé, de retrouver quelque chose, la chance d'avoir tout, peu ou rien.

Il va sans dire aussi, en sens inverse, que les deux règles posées par notre article, quoiqu'on n'y parle que de la vente d'une seule chose, s'appliqueraient également au cas de vente, faite pour un seul et même prix, de plusieurs choses dont l'une n'aurait pas été achetée sans les autres, et dont l'une ou toutes n'existeraient plus au moment de la vente.

CHAPITRE IV.

DES OBLIGATIONS DU VENDEUR.

SECTION PREMIÈRE.

DISPOSITIONS GÉNÉRALES.

1602. — Le vendeur est tenu d'expliquer clairement ce à quoi il s'oblige.

Tout pacte obscur ou ambigu s'interprète contre le vendeur.

I.— D'après le principe général de l'art. 1162, lorsque les différents moyens d'interprétation laissent encore du doute sur le sens d'une clause, c'est contre la partie qui a stipulé dans cette clause, et en faveur de celle qui s'y est obligée, que la clause doit être entendue. En matière de vente, il en est autrement : notre article, en laissant subsister ce principe contre le vendeur pour toutes les clauses par lesquelles l'acheteur s'oblige envers celui-ci, lui impose en outre la responsabilité des rédactions obscures ou ambiguës, même dans les clauses par lesquelles il s'oblige envers l'acheteur, en sorte que c'est contre lui que doit s'interpréter toute clause douteuse, sans distinguer s'il y est stipulant ou promettant. La règle générale que tout pacte obscur s'interprète contre le stipulant est donc remplacée ici par cette autre règle que, dans la vente, tout pacte obscur s'interprète contre le vendeur.

M. Duvergier (I, 242) critique vivement cette règle; il prétend qu'elle est tout à la fois inutile et injuste : inutile, parce qu'il est impossible, dit-il, qu'un magistrat judicieux n'arrive pas à découvrir toujours la pensée des contractants, et soit jamais réduit à cette incertitude absolue qui fit rendre autrefois le fameux jugement *des bûchettes* (1) ; injuste,

---

(1) Messire Pierre-Saturnin Houlyer, juge civil et criminel au siége royal de Melle, ne pouvant parvenir à démêler la vérité entre les allégations contraires de deux parties, ne trouva rien de mieux à faire que de *remettre le jugement à la providence divine*, et pour ce, *de prendre deux courtes pailles ou bûchettes entre le poulce et le doigt*

parce que la vente n'est pas plus l'œuvre du vendeur que celle de l'acheteur.

Nous ne saurions partager ces idées. Si le jugement des bûchettes est et doit sans doute rester chose unique dans notre histoire, il n'en est pas de même de l'embarras qui lui a donné lieu; et l'entière incertitude du magistrat sur le vrai sens d'une clause, loin d'être une chose impossible, comme le dit M. Duvergier, peut, au contraire, se présenter assez souvent. Comment ne trouverait-on pas de ces phrases à double sens dans les actes émanant quelquefois de personnes qui ne connaissent ni les affaires ni même les règles du langage, alors qu'on en trouve jusque dans les textes du Code, et qu'il est telle disposition entre les deux sens de laquelle le jurisconsulte le plus sagace serait parfois tenté de tirer aussi à la courte paille comme le bon juge Houlyer? Notre règle, de même que celle de l'art. 1162, est donc loin de ne pouvoir rencontrer des cas d'application. Quant au reproche d'injustice, il nous paraît se réfuter complétement par ces trois observations : 1° que la règle n'est écrite, comme on l'a bien expliqué devant le Corps législatif, que pour les clauses qui sont véritablement constitutives du contrat de vente, c'est-à-dire relatives à la chose, au payement de son prix, et aux deux obligations de délivrer et de garantir, mais non point pour les stipulations exceptionnelles ou particulières que l'acheteur aurait pu introduire dans la convention, lesquelles resteraient soumises au principe que le doute doit se trancher contre le stipulant (1); 2° que pour ce qui appartient essentiellement au contrat de vente, le vendeur est bien autrement que l'acheteur en position d'expliquer clairement les choses, de tromper l'autre partie par des expressions ambiguës ou des réticences, et qu'il existe toujours pour ce dernier un danger qui faisait dire à Loisel (liv. 3, t. 4, 2) qu'*il y a plus de fols acheteurs que de fols vendeurs;* 3° enfin, que la règle n'est d'ailleurs posée que pour le cas où l'on aurait épuisé tous les moyens d'interprétation : notre article ne faisant que remplacer, pour le contrat de vente, le principe de droit commun posé par l'art. 1162 pour tous les autres contrats, et cet art. 1162 ne s'appliquant, comme on l'a vu par son explication, que quand on reste dans le doute, après avoir vainement employé tous les moyens de découvrir la véritable pensée des contractants, c'est donc dans ce cas aussi seulement que le nôtre s'appliquerait contre le vendeur.

1603. — Il a deux obligations principales, celle de délivrer et celle de garantir la chose qu'il vend.

I. — Le Code va s'occuper successivement, et dans deux sections

---

index, *et d'enjoindre aux parties de tirer chacune l'une d'icelles, en déclarant que celle des parties qui tireroit la plus grande bûchette gagneroit sa cause.* — Le texte de cette curieuse sentence, du 24 septembre 1644, est rapporté tout au long par M. Boncenne (II, p. 505).

(1) Duranton (XVI, 187); Troplong (I, 258); Fenet (XIV, p. 194).

distinctes : 1° de l'obligation de délivrer la chose, 2° de l'obligation de la garantir. Quant à l'obligation d'en transférer la propriété, il n'en parle pas et n'avait pas à en parler, puisque cette obligation s'accomplissant de plein droit à l'instant même où elle naît, comme on l'a vu sous les art. 1138 et 1583, l'acheteur devient propriétaire par le fait même de la vente : la propriété se trouvant ainsi transférée à l'acheteur dès l'instant même et avant toute livraison, il est clair que l'obligation, pour le vendeur, de la transférer ensuite, ne peut pas même exister.

Puisque l'acheteur est aujourd'hui, par l'effet immédiat de la vente et avant toute livraison, propriétaire de la chose, il est donc évident que l'action qu'il veut intenter contre son vendeur pour obtenir la possession de cette chose est réelle en même temps que personnelle, et constitue ainsi une action mixte. C'est avec grande raison qu'un arrêt de la Cour suprême (2 fév. 1809) et M. Troplong (I, 262) le décident ainsi, et on ne comprend pas la doctrine contraire de Poncet (*Actions*, p. 180), Carré (*Compét.*, I, p. 517) et M. Duvergier (I, 258). Ce dernier, tout en reconnaissant bien que l'acheteur est propriétaire et se trouve dès lors avoir une action réelle, prétend que cette action n'existe que vis-à-vis des tiers, et que de l'acheteur au vendeur il n'y a rien autre chose que l'action personnelle résultant de l'obligation que le contrat impose au vendeur d'opérer la délivrance. N'est-ce pas là une erreur manifeste ? L'acheteur étant propriétaire, il est clair qu'il l'est aussi bien vis-à-vis de son vendeur que vis-à-vis de tous les autres, et que celui-ci est tenu de respecter son droit de propriété tout autant qu'un tiers détenteur. Lors donc que l'acheteur vient demander sa mise en possession au vendeur, son action, en même temps qu'elle est fondée sur l'obligation imposée au vendeur par le contrat d'opérer la délivrance, se trouve également fondée sur le droit de propriété que ce même contrat lui a transmis, et s'il est vrai qu'il ne pourrait agir contre un tiers qu'en la qualité de propriétaire, tandis que contre le vendeur il a aussi la qualité de créancier, il est bien évident que cette seconde qualité ne saurait effacer la première, et qu'il est ici par conséquent créancier et propriétaire tout ensemble. Son action est donc réelle et personnelle tout à la fois. C'est la conséquence inévitable de ce que la vente n'est plus, comme autrefois, un contrat simplement productif d'obligation, mais aussi et en même temps un contrat translatif de propriété, un acte contenant aliénation, et que cette aliénation ne peut pas avoir moins d'effet vis-à-vis de l'aliénateur que vis-à-vis des tiers.

SECTION II.
DE LA DÉLIVRANCE.

Le Code va nous dire successivement : 1° ce que c'est que la délivrance et quels actes la constituent (art. 1604-1607) ; 2° aux frais de qui elle est, où et quand elle doit se faire (art. 1608-1613) ; 3° ce qu'elle doit comprendre (art. 1614-1623) ; 4° enfin, pour qui sont les risques de la chose depuis la vente jusqu'à la délivrance (art. 1624).

1º Ce qu'est la délivrance et quels actes la constituent.

1604. — La délivrance est le transport de la chose vendue en la puissance et possession de l'acheteur.

1605. — L'obligation de délivrer les immeubles est remplie de la part du vendeur lorsqu'il a remis les clefs, s'il s'agit d'un bâtiment, ou lorsqu'il a remis les titres de propriété.

1606. — La délivrance des effets mobiliers s'opère,

Ou par la tradition réelle,

Ou par la remise des clefs des bâtiments qui les contiennent,

Ou même par le seul consentement des parties, si le transport ne peut pas s'en faire au moment de la vente, ou si l'acheteur les avait déjà en son pouvoir à un autre titre.

1607. — La tradition des droits incorporels se fait, ou par la remise des titres, ou par l'usage que l'acquéreur en fait du consentement du vendeur.

SOMMAIRE.

I. Ce que c'est que la délivrance. Subtilités des anciens docteurs rejetées par le Code. Critique de M. Duvergier.

II. La délivrance des immeubles peut se faire, quelquefois, même par la simple livraison des titres ou des clefs, ou par le simple consentement. Mauvaise rédaction de l'art. 1605.

III. La délivrance des meubles peut se faire de cinq manières. — Trois modes sont applicables, selon les cas, pour celle des choses incorporelles.

IV. La délivrance n'est point un fait générateur de la prescription : profonde différence entre elle et la prise de possession utile pour prescrire; réfutation d'une grave inexactitude.

I. — La délivrance est, ni plus ni moins, la mise de la chose vendue en la pleine puissance et possession de l'acheteur, et la définition fort exacte que nous donne à cet égard l'art. 1604 doit servir à expliquer et à compléter les règles de détail contenues dans les trois autres articles.

Les anciens docteurs distinguaient diverses espèces de délivrances ou traditions. On opposait à la tradition réelle les traditions feintes ou symboliques et allégoriques; par exemple, la remise des clefs du bâtiment contenant des meubles vendus, remise qui devait se faire devant la porte du bâtiment *apud horrea, in re præsenti,* était considérée comme une allégorie de la remise des choses elles-mêmes. En regard de la prise de possession ordinaire et effective, on admettait une possession *de longue main* que l'acheteur prenait en jetant de loin son regard sur la chose, l'œil étant considéré comme une main plus longue dont l'acheteur se servait pour s'emparer de la chose. De même, quand l'acheteur se trouvait déjà, dès avant la vente, en possession de fait de la chose comme dépositaire, locataire ou autrement, l'ancienne doctrine, au lieu de dire tout simplement que la délivrance s'opère alors par le consentement même, et qu'il n'est aucun besoin de tradition, voulait que l'acheteur fût réputé avoir remis la chose au vendeur qui était censé l'avoir immédiatement rendue à l'acheteur, en sorte qu'on voyait là fictivement une opération comprenant deux remises successives de la chose et qu'on appelait tradition *de brève-main*... Le Code a repoussé, avec raison, ce système empirique et matérialiste de fictions et d'allégories, et ce n'est pas sans étonnement qu'on voit M. Duvergier recourir encore parfois à ces puériles subtilités, comme quand il range, d'après Pothier, parmi les diverses espèces de traditions, *la montrée*, dans laquelle *les yeux de l'acheteur font la fonction de ses pieds et de ses mains*, et lui font *acquérir la possession d'un héritage, de même que s'il s'y fût transporté, et celle d'une chose mobilière, de même que s'il l'eût reçue entre ses mains* (I, 250)... Ces idées, et autres semblables, ne sont plus de mise sous le Code Napoléon, et il faut se contenter de dire, aujourd'hui, que la délivrance est accomplie quand l'acheteur, de quelque manière que ce soit, avec ou sans tradition, avec ou sans acte matériel quelconque, se trouve avoir la chose en sa possession et sous sa puissance.

II. — Le Code, entrant dans le détail des différentes manières dont la délivrance peut s'accomplir, distingue à cet égard entre les immeubles et les meubles, entre les choses corporelles et les choses incorporelles.

Pour les immeubles, l'art. 1605 nous dit que l'obligation de délivrer est remplie par le vendeur quand il a remis, soit les clefs, soit les titres de propriété. Cette proposition serait profondément fausse et nettement condamnée par l'art. 1604, si on la prenait à la lettre et dans ce sens qu'il suffira toujours au vendeur de remettre, soit les clefs, soit les titres. Il serait absurde de dire qu'un vendeur remplit son obligation quand il remet les clefs en gardant les titres, ou quand il remet les titres en gardant les clefs : quand je vous vends la maison que j'occupe, il serait ridicule de dire que j'ai rempli mon obligation de vous en faire la délivrance par cela seul que je vous remets les différents titres qui établissent mon droit de propriété, et en continuant d'habiter la maison ! Il est clair que je dois non-seulement vous remettre tout à la fois et les titres et les clefs, mais aussi délaisser l'immeuble, en enlever tout le mobilier que j'y puis avoir, et vous l'offrir libre pour que vous puissiez vous y installer par vous-même ou par un locataire, et de telle façon qu'il vous plaira. Le vendeur, en un mot, doit livrer à l'acheteur la libre possession de la chose et lui remettre tout ce qui peut servir à l'exercice de cette possession, sans aucune réserve. La pensée de l'article n'est donc pas que la délivrance d'un immeuble sera *toujours* accomplie par la remise soit des clefs, soit des titres, mais bien que la délivrance sera quelquefois accomplie *même* par cette seule remise : ainsi, quand je vous ai vendu mon champ, je n'ai rien autre chose à faire pour en opérer la délivrance qu'à vous remettre les titres de propriété que je puis avoir quant à lui ; si c'est un bâtiment, un jardin ou un autre enclos que je n'occupe pas et d'où je n'ai rien à enlever, je n'aurai qu'à remettre les titres et les clefs, et si je n'avais pas de titres, les clefs seulement. Il faut donc entendre l'article, assez mal rédigé, comme on le voit, en ce sens que la délivrance d'un immeuble, qui consiste dans le délaissement de cet immeuble et de tout ce qui s'y rapporte, peut quelquefois être entièrement accomplie, même par la seule remise des titres ou la seule remise des clefs.

Et si c'était pour un immeuble qui n'a pas de clôture, et dont je n'ai d'ailleurs rien à enlever (par exemple, un champ sur lequel ma récolte est entièrement faite), que je fusse sans titre aucun, je n'aurais rien à vous livrer, aucun fait à accomplir, et la délivrance consisterait dans une simple abstention, de ma part, de tout fait pouvant gêner les actes de possession que vous exercerez. Je n'aurais également rien à vous livrer (sauf les titres de propriété, s'il y en a), si c'est vous-même qui étiez, avant la vente, en possession de fait de l'immeuble, comme fermier ou usufruitier; seulement, tandis que jusqu'à la vente vous ne possédiez qu'en mon nom et pour mon compte, c'est pour vous que vous posséderez désormais. Enfin, il se pourrait encore qu'il n'y eût aucune tradition à faire, alors même que l'immeuble était possédé par moi, vendeur. Ce serait si nous convenions que je serai désormais locataire ou usufruitier du bien que je vous vends; seulement, tandis que je possédais précédemment pour moi-même, c'est désormais pour vous que je posséderai. Cette convention par laquelle le précédent propriétaire est constitué possesseur pour un autre se nomme *constitut possessoire* ou clause *de constitut et de précaire*.

III. — Pour les meubles, l'art. 1606 indique trois modes de délivrance, qui ne sont toutefois pas les seuls.

La délivrance peut d'abord se faire ici, à la différence de ce qui a lieu pour les immeubles, par la tradition réelle et proprement dite, c'est-à-dire par la livraison des choses elles-mêmes, comme lorsque je vous mets en main la pendule, les volumes, le fauteuil que vous emporterez, le cheval ou le bœuf que vous emmènerez, ou lorsque je vous introduis dans ma cave ou dans mon grenier, pour que vous chargiez sur votre voiture les douze pièces de vin ou les vingt hectolitres de blé que je vous ai vendus. — Elle peut se faire encore par la remise des clefs des bâtiments où se trouvent les choses vendues; et si cette tradition n'est pas réelle dans le même sens que la précédente, c'est-à-dire comme portant directement et immédiatement sur la chose même, elle n'en est pas moins réelle aussi, et non pas seulement allégorique, puisqu'elle met très-réellement la chose en la puissance et à la disposition de l'acheteur : le vendeur ne pourrait plus s'en ressaisir que par un vol accompagné d'effraction ou de fausses clefs ! — La délivrance des meubles se fait, en troisième lieu, par le seul consentement, dans deux cas : 1° lorsque l'acheteur était en possession avant la vente, à titre d'usufruitier, locataire, emprunteur ou dépositaire, ou lorsque les parties conviennent que la chose restera, à l'un de ces titres, au vendeur, qui la possédera pour l'acheteur, ainsi qu'on l'a expliqué plus haut pour les immeubles ; 2° lorsque, soit à cause de l'éloignement des choses, soit par suite de tout autre empêchement, l'acheteur ne peut pas prendre immédiatement livraison effective de ces choses, et que le vendeur ne s'en dessaisit qu'intellectuellement, en remettant, par exemple, à l'acheteur un ordre de livraison au moyen duquel celui-ci pourra prendre les choses quand il le voudra. — La délivrance peut encore se faire, comme pour les immeubles, par la remise des titres de propriété et autres que le vendeur pourrait avoir relativement à l'objet vendu, tels que l'acte de francisation, s'il s'agit d'un navire. — Elle peut se faire enfin par l'application que l'acheteur, du consentement du vendeur, fait de son sceau ou de sa marque quelconque sur les choses vendues (1).

Pour les choses incorporelles, la délivrance s'opère, d'après l'article 1607, soit par la remise des titres, soit par l'usage que l'acquéreur, du consentement du vendeur, fait du droit cédé. Ainsi, quand je vous vends le droit de créance que j'ai sur un tiers, mon obligation de délivrer s'exécute par la remise du titre que j'avais contre ce tiers (art. 1689). De même si je vous vends le droit d'usufruit que j'ai sur le bien d'un tiers, je vous en ferai la délivrance en vous remettant l'acte constitutif de mon usufruit. Que s'il s'agit d'un usufruit ou autre servitude positive que je crée pour vous la céder, comme alors il n'y a pas de titre que je puisse vous remettre (2), c'est en vous laissant exercer le droit sur mon fonds que je vous en ferai délivrance. Mais si la servitude était négative, c'est-à-dire consistant uniquement dans mon abstention de certains faits (art. 687, n° I, alin. 3), la délivrance résulterait du seul consentement, puisqu'il ne saurait y avoir de titres à remettre par moi, ni d'actes à exercer par vous.

IV. — Quoique la délivrance soit définie le transport de la chose en la possession de l'acheteur, il ne faut cependant pas dire, comme on le fait souvent, même à l'école (3), que c'est par elle que s'opère, dans les ventes faites *à non domino*, soit le commencement de la prescription pour les immeubles, soit l'accomplissement instantané de cette prescription pour les meubles achetés de bonne foi. Ce prétendu principe n'est qu'une confusion de deux choses très-distinctes. La délivrance est un fait purement relatif au vendeur et à l'acheteur, tandis que la possession nécessaire pour prescrire doit exister absolument et vis-à-vis de tous ; la première se passe exclusivement entre les deux parties et ne requiert point pour son accomplissement les circonstances que la seconde exige. Quand, après avoir vendu la maison que j'habite, j'en

---

(1) Jugé que dans une vente de coupe de bois, il y a tradition suffisante lorsque le permis d'exploiter a été délivré à l'adjudicataire. Besançon, 14 déc. 1864, 16 janv. 1865 (Dev., 65, 2, 127).

(2) Nous disons qu'il n'y a pas alors de titres à remettre. Il est clair, en effet, que quand la loi parle de délivrance par remise des titres, ce n'est pas de l'acte de vente qu'il s'agit, mais des différents actes que le vendeur possédait précédemment. Quant à l'acte même de vente, il ne donne aucune garantie à l'acheteur vis-à-vis des anciens propriétaires, et cet acte d'ailleurs appartient aussi bien à l'acheteur qu'au vendeur; il est leur œuvre commune; s'il est fait sous seing privé, l'acheteur a son double; s'il est passé devant notaire, celui-ci en remet une expédition à l'acheteur aussi bien qu'au vendeur : l'acheteur n'a donc ici rien à demander au vendeur, et le vendeur rien à délivrer à l'acheteur. L'idée de la loi, indiquée déjà par la raison, apparaît au surplus clairement dans l'art. 1689. Dumoulin (*Des Fiefs*, § 20, gl. 5, 14); Merlin (*Rép.* v° Trad.); Troplong (I, 276); Duvergier (I, 255).

(3) *Répétitions* de M. Mourlon, t. III, p. 169, 2° et 3°.

opère à votre profit le délaissement complet, que j'enlève mon mobilier, et que je vous livre, avec la maison vide, les clefs de cette maison et tous les titres à elle relatifs que je puis avoir, il est clair que c'est là une délivrance aussi parfaite que possible. Or suit-il de là que la prescription (si elle vous était nécessaire, parce que je me trouverais n'être pas le vrai propriétaire de l'immeuble) court immédiatement à votre profit? La délivrance sera-t-elle, comme on le dit, le point de départ de cette prescription? Évidemment non; car cette prescription ne peut résulter que d'une circonstance qui ne me concerne plus, moi vendeur, à savoir la prise réelle et publique de la possession par vous. Si, au lieu de vous installer dans la maison, soit par vous-même, soit par un locataire ou toute autre personne qui possède pour vous, vous étiez assez négligent pour ne pas l'occuper (1), n'est-il pas évident que la prescription ne courrait pas? Et si un tiers venait à s'emparer de la maison, n'est-il pas évident que la prescription courrait pour lui et non pas pour vous? Et pourtant, encore une fois, il y a eu pleine et parfaite délivrance de la chose vendue!

La délivrance n'est donc pas par elle-même génératrice de la prescription. Par la délivrance, le vendeur offre et prépare la possession à l'acheteur, il lui remet tout ce dont celui-ci a besoin pour cette possession, mais c'est à l'acheteur seul de la réaliser ensuite; le vendeur fait la place libre à l'acheteur et lui donne les moyens de venir l'occuper, mais c'est à celui-ci d'en opérer l'occupation. Or c'est seulement par cette occupation réalisée que la prescription prend naissance. Lors donc qu'on dit, comme nous l'avons fait nous-même, que la délivrance est la mise en possession de l'acheteur par le vendeur, la proposition n'est vraie que du vendeur à l'acheteur, en ce sens que le premier doit se dépouiller de la possession et la laisser libre pour le second, mais sauf à celui-ci de s'emparer ensuite de cette possession, ce qui est son affaire, et non plus celle du vendeur. Cette distinction, qui résulte, comme on le voit, de la nature même des choses, est d'ailleurs écrite dans le Code lui-même, pour la cession des créances. Notre art. 1607 pose le principe que la délivrance des droits ou choses incorporelles (ce qui comprend les créances) se fait par la remise du titre; l'art. 1689, faisant l'application de ce principe au cas particulier de créances ou autres droits à exercer contre un tiers, répète que la délivrance s'opère par la remise du titre; mais il a soin de dire que si tout est consommé par là, c'est seulement *entre le cédant et le cessionnaire*, c'est seulement *pour la délivrance*, et l'article suivant explique que le cession-

_____

(1) Cette hypothèse, d'une personne qui ne vient pas occuper l'immeuble dont elle est ou se croit propriétaire, ne serait pas moins concluante pour notre explication, alors même qu'elle serait purement imaginaire et de nature à ne se réaliser jamais; mais elle n'est cependant pas telle. Il existe en ce moment même, au milieu d'une des plus riches contrées de la France, dans le département de la Seine-Inférieure (arrondissement de Dieppe, commune de Bracquetuit, près de la station de Saint-Victor l'Abbaye), un immeuble composé de plusieurs bâtiments, herbages et jardins, que son propriétaire n'a jamais occupé ni fait occuper depuis plus de trente ans, qui est depuis ce temps dans le plus complet abandon, sans que personne sache ou soupçonne à qui il appartient aujourd'hui, et dont le premier venu pourrait venir s'emparer.

naire ne sera saisi par rapport au tiers débiteur qu'en lui faisant signifier sa cession.

Il ne faut donc pas confondre la délivrance, fait dont l'obligation incombe au vendeur envers son acheteur, avec la prise effective de possession, fait qui ne concerne que ce dernier et qu'il est libre d'accomplir ou de ne pas accomplir, sans que le vendeur ait à s'en occuper. Sans doute le second fait accompagnera quelquefois le premier, comme lorsqu'il s'agit de meubles corporels que l'acheteur vient se faire livrer par la tradition directe des choses elles-mêmes; mais s'il en est ainsi quelquefois, il s'en faut de beaucoup qu'il en soit ainsi toujours; la possession réelle et publique, qui seule engendre la prescription (art. 2229), ne jouera souvent aucun rôle dans la délivrance; et, comme cette délivrance n'en sera pas moins complète et parfaite, c'est une grave erreur que de la présenter comme faisant naître la prescription, et il faut se garder de confondre ainsi deux ordres d'idées qui n'ont rien de commun l'un avec l'autre. La prescription naît de la possession réelle et publique; la délivrance s'opère par le délaissement du vendeur offrant la possession à l'acheteur, libre de la prendre ou de ne pas la prendre : la prescription s'opère à chaque pas sans aucun fait de délivrance ; la délivrance s'accomplit tous les jours sans qu'il puisse s'ensuivre aucune prescription : il ne faut donc pas, encore une fois, confondre ces deux ordres d'idées.

Donc, quand il s'agit de savoir si une personne a prescrit une chose, l'idée de délivrance n'a rien à faire dans la question : la seule chose à se demander, c'est si la personne a possédé, et si elle a possédé avec les conditions voulues. Ainsi, dans l'hypothèse présentée plus haut d'un immeuble que l'acheteur ne vient pas occuper, la prescription n'a pas lieu, quoiqu'il y ait une délivrance, parce que l'acheteur n'a pas possédé. De même, si Pierre vous vend un bien mobilier qui ne lui appartient pas, et que vous vous contentiez d'une délivrance accomplie par la remise des titres et par la convention que Pierre conservera l'objet comme dépositaire et le possédera pour vous, le vrai propriétaire pourra venir le revendiquer sans que vous puissiez opposer la prescription de l'art. 2279, parce que, s'il est vrai que vous possédiez (puisque c'était vous qui exerciez la possession par le ministère de Pierre), vous ne possédiez pas avec le caractère de publicité que l'art. 2229 exige. Réciproquement, si vous avez emmené chez vous l'objet mobilier quel qu'il soit, ou si vous avez occupé la maison, alors, quand même les titres que le vendeur pouvait avoir ne vous auraient pas été remis, en sorte que la délivrance n'aurait pas été complétement accomplie par votre vendeur, vous avez prescrit, parce vous avez possédé publiquement, à titre de maître, à l'aspect de tous. Ainsi vous ne prescrivez pas dans les deux premiers cas, malgré la délivrance la plus complète; vous prescrivez dans les autres, malgré l'absence de cette délivrance complète.

Disons, au surplus, que si les auteurs ont eu le tort de ne présenter ni le développement, ni même l'indication de cette importante distinction, ils en admettent cependant à peu près les résultats, et reconnaissent que dans bien des cas la prescription ne naîtra pas, quoique la délivrance soit dûment accomplie (1). Mais alors pourquoi présenter la délivrance comme un principe de prescription ? Encore une fois, la délivrance et la possession à l'effet d'acquérir sont deux choses qui n'ont rien de commun.

2° Frais de la délivrance, où et quand elle doit se faire.

1608. — Les frais de la délivrance sont à la charge du vendeur, et ceux de l'enlèvement à la charge de l'acheteur, s'il n'y a eu stipulation contraire.

1609. — La délivrance doit se faire au lieu où était, au temps de la vente, la chose qui en a fait l'objet, s'il n'en a été autrement convenu.

1610. — Si le vendeur manque à faire la délivrance dans le temps convenu entre les parties, l'acquéreur pourra, à son choix, demander la résolution de la vente, ou sa mise en possession, si le retard ne vient que du fait du vendeur.

1611. — Dans tous les cas, le vendeur doit être condamné aux dommages et intérêts, s'il résulte un préjudice pour l'acquéreur, du défaut de délivrance au terme convenu.

1612. — Le vendeur n'est pas tenu de délivrer la chose, si l'acheteur n'en paye pas le prix, et que le vendeur ne lui ait pas accordé un délai pour le payement.

1613. — Il ne sera pas non plus obligé à la délivrance, quand même il aurait accordé un délai pour le payement, si, depuis la vente, l'acheteur est tombé en faillite ou en état de déconfiture, en sorte que le vendeur se trouve en danger imminent de perdre le prix; à moins que l'acheteur ne lui donne caution de payer au terme.

SOMMAIRE.

I. Règles pour les frais de la délivrance et de l'enlèvement. Et pour le lieu de la livraison : renvoi.
II. Règles pour le temps de la livraison : solutions et renvois.

I. — La délivrance à faire de la chose vendue étant une obligation qui incombe au vendeur, c'est donc à lui d'en supporter les frais ; mais comme la délivrance, ainsi qu'on vient de le voir ci-dessus, ne consiste que dans le délaissement de la chose, non dans la prise de possession, qui doit être le fait de l'acheteur, c'est donc à ce dernier à payer les frais de l'enlèvement : c'est aussi ce que déclare l'art. 1608. En conséquence, c'est au vendeur de supporter les frais de pesage, comptage ou mesurage, ainsi que le salaire de la personne qui devrait tenir les

---

(1) Troplong (I, 281 et 282); Duvergier (I, 251 et 253).

magasins ouverts, quand l'acheteur viendra prendre livraison ; c'est à l'acheteur, au contraire, de payer les frais d'emballage, de chargement et de transport. Il est évident, au surplus, qu'il peut être dérogé à ces principes par la convention, soit expresse, soit tacite, des parties ; et comme il y a toujours convention tacite de suivre les usages du pays où l'on se trouve, ces usages, à moins de déclaration à cet égard, devraient être suivis en ce qu'ils auraient de contraire à la disposition de l'art. 1608.

C'est également par la convention expresse ou tacite des parties que se règle le lieu de la livraison, et ce n'est encore qu'à défaut de convention contraire qu'on applique la règle de l'art. 1609, qui veut que la chose soit livrée au lieu où elle était au moment de la vente. Ceci se trouve suffisamment expliqué sous l'art. 1247, dont la disposition est d'ailleurs plus complète que la nôtre, et auquel nous renvoyons. Ajoutons que, si l'on avait désigné deux localités alternativement, sans indiquer à quelle partie le choix appartiendrait, ce choix appartiendrait au vendeur, puisque c'est lui qui est débiteur de la livraison à faire.

Nous avons maintenant à examiner les règles relatives au temps où doit se faire la délivrance, et qui sont posées par les art. 1610-1613.

II. — La délivrance doit, bien entendu, se faire au moment fixé par la convention. S'il n'a été rien dit à cet égard, l'acheteur peut exiger la livraison à l'instant, à moins, toutefois, qu'il ne s'agisse de choses pour la livraison desquelles un certain délai se trouve nécessaire à raison de circonstances que l'acheteur connaissait ; car, dans ce cas, il y a convention tacite que le vendeur jouira de ce délai.

Le vendeur peut refuser la délivrance tant que l'acheteur qui n'a pas de terme pour le payement de son prix n'offre pas ce prix ; car l'une des parties ne saurait être contrainte à exécuter son obligation tant que l'autre n'exécute pas l'obligation corrélative (art. 1612). Dans le cas où la convention donne un terme à l'acheteur, le vendeur peut encore refuser la livraison, l'acheteur perdant le bénéfice de son terme, quand celui-ci, depuis la vente, est tombé en faillite ou en déconfiture, ou qu'il a diminué les sûretés qu'il avait données au vendeur par son contrat, à moins toutefois que cet acheteur ne donne bonne et valable caution pour le payement au terme convenu (art. 1613 et 1188) [1]. Que si l'acheteur eût été déjà en faillite ou en déconfiture au moment de la vente, le vendeur ne pourrait refuser à l'acheteur le bénéfice du terme, et exiger le payement immédiat ou une caution, qu'en prouvant qu'on lui a frauduleusement dissimulé l'état de faillite ou de déconfiture.

---

[1] Il a été décidé, en ce sens, que le vendeur d'un fonds de commerce qui a stipulé un délai pour la livraison peut obtenir, même avant le délai fixé, la résiliation du traité, si la solvabilité de l'acheteur est diminuée au point de mettre le payement en péril. Paris, 11 juill. 1853 (*J. Pal.*, 53, 2, 376). *Comp.* Cass., 9 janv. 1854 ; Paris, 22 janv. 1856 ; Cass., 26 nov. 1861 ; Lyon, 18 mai 1864 (*J. Pal.*, 56, 2, 552 ; 56, 1, 217 ; 62, 332 ; Dev., 64, 2, 242).

Si, en dehors des cas où il est ainsi autorisé à refuser la livraison, le vendeur manque de la faire à l'époque voulue, et que ce défaut ou ce retard d'exécution provienne de sa faute ou de son fait, l'acheteur a le choix de faire prononcer par la justice ou sa mise en possession de la chose ou la résolution du contrat (art. 1610), en obtenant d'ailleurs, dans un cas comme dans l'autre, des dommages-intérêts, si le défaut ou le retard de l'exécution lui a causé un préjudice (art. 1611). On sait, du reste, que ni la résolution du contrat, ni même des dommages-intérêts, ne peuvent être demandés qu'après une sommation de délivrer restée sans effet, à moins 1° qu'il n'ait été formellement convenu que le vendeur serait mis en demeure par la seule échéance du terme et sans qu'il soit besoin d'aucune sommation, ou 2° lorsque la chose vendue ne pouvait être utilement livrée à l'acheteur que dans un délai que le vendeur a laissé passer, comme si je vous avais acheté, pour telle foire, des marchandises que vous deviez m'expédier, au plus tard, la veille de cette foire, et que vous ne l'ayez pas fait (art. 1139 et 1146). Et non-seulement, hors de ces deux cas, l'acheteur ne peut pas demander la résolution, ni même des dommages-intérêts avec exécution, avant une sommation restée sans effet, mais les juges saisis de la demande peuvent encore, selon les circonstances, accorder au vendeur un délai pour exécuter (art. 1184). Rappelons enfin que si le vendeur prouve que le défaut de livraison provient d'événements de force majeure, il pourrait bien encore y avoir lieu, selon les cas, à prononcer la résolution (par exemple, dans le cas d'achat fait pour une foire, après laquelle l'acheteur n'a plus besoin des marchandises), mais non pas à condamner le vendeur à des dommages-intérêts (art. 1148).

Ces diverses solutions ne sont, on le voit, que des applications de principes développés dans le titre *Des Obligations,* et nous renvoyons, à cet égard, à l'explication des différents articles qui viennent d'être cités. Nous renvoyons également à l'explication des art. 1150 et 1151 pour l'étendue que peut avoir, selon les cas, la dette des dommages-intérêts, et pour l'ancienne distinction des dommages soufferts *extrinsecus* ou *propter rem ipsam.*

3° Quel doit être l'objet de la délivrance.

1614. — La chose doit être délivrée en l'état où elle se trouve au moment de la vente.

Depuis ce jour, tous les fruits appartiennent à l'acquéreur.

SOMMAIRE.

I. L'état de la chose doit être considéré au jour de la vente, quant aux changements imputables au vendeur; il doit l'être au jour de la livraison pour ceux provenant de force majeure. Observation pour le droit aux fruits.

II. Renvoi pour les ventes conditionnelles. *Quid* de l'acquisition des fruits dans ce cas? Renvoi et nouvelle discussion.

I. — Puisque c'est du jour même de la vente que l'acheteur est propriétaire de la chose vendue et que le vendeur est débiteur de cette chose, celui-ci doit donc la délivrer dans l'état où elle était alors, c'est-à-dire non détériorée par une cause qui lui serait imputable. C'est là ce que signifie notre art. 1614 ; c'est dans ce sens, purement relatif à l'obligation du vendeur de ne pas changer l'état de la chose dans l'intervalle de la vente à la livraison, et nullement dans un sens absolu, qu'est écrite cette règle que *la chose doit être délivrée en l'état où elle se trouve au moment de la vente.* Il est évident, en effet, que, l'acheteur étant propriétaire du jour du contrat, c'est pour lui, c'est à son profit ou à son détriment, que s'accomplissent, à partir de ce jour, sans aucune possibilité d'augmentation ou de diminution du prix, tous les événements de force majeure qui peuvent accroître et améliorer, ou amoindrir et détériorer la chose vendue ; en sorte que, pour ce qui est de ces événements de force majeure, c'est, au contraire, dans l'état où la chose se trouve *au jour de la livraison,* qu'elle doit être livrée et reçue. Mais pour ce qui est des modifications provenant du fait du vendeur, c'est l'état au jour de la vente qui sert de point de départ : ainsi le vendeur serait responsable de toute détérioration qui lui serait imputable, et si, réciproquement, il avait fait sur cette chose des travaux d'amélioration, l'acheteur serait tenu d'en payer le montant ou de laisser remettre les choses au même état que devant ; il devrait également rembourser toutes les dépenses que le vendeur aurait été forcé de faire pour la conservation de la chose.

Le principe que l'acheteur est propriétaire de la chose du jour de la vente, et avant toute délivrance, emporte cette autre conséquence, également exprimée par notre article, que c'est à partir de ce jour que lui appartiennent les fruits, soit naturels, soit civils, de la chose vendue. Sans doute la convention peut déroger à cette règle ; on peut convenir, et on convient souvent, que l'entrée en jouissance de l'acquéreur n'aura lieu qu'à telle époque ultérieure. Quelquefois même cette réserve de la jouissance par l'acheteur devra se voir, quoiqu'on n'ait employé ni ce mot de *jouissance* ni le mot de *fruits :* dire, par exemple, que le vendeur ne fera la délivrance d'une ferme qu'après la prochaine récolte, c'est bien dire que cette récolte sera pour lui. Mais à défaut de convention spéciale, tous les fruits sont pour l'acheteur à partir de la vente.

II. — Si la vente était conditionnelle, on appliquerait les règles que nous avons expliquées sous les art. 1179 et 1182.

On y a vu notamment que l'accomplissement de la condition, en faisant exister la vente et la propriété de l'acheteur du jour même du contrat, attribue par conséquent les fruits à cet acheteur à partir du même jour, à moins d'intention contraire chez les parties. Il est vrai que la doctrine opposée de Toullier et de M. Duranton est également suivie par M. Troplong (I, 322) et par M. Duvergier (I, p. 321, note) ; mais ni l'un ni l'autre n'ajoute aucune raison solide, ni même spécieuse, à celles que nous avons déjà réfutées. M. Troplong commence par reproduire les motifs déjà indiqués, en disant que le vendeur, *pendente conditione,* fait les fruits siens comme propriétaire et comme possesseur ; or ceci est d'abord contradictoire, puisque les deux qualités de propriétaire et de simple possesseur de bonne foi s'excluent l'une l'autre ; mais on a vu d'ailleurs qu'une fois la condition accomplie, le vendeur se trouve n'avoir été *ni propriétaire*, puisque la vente, acte d'aliénation, se trouve avoir existé dès le moment du contrat, *ni possesseur de bonne foi,* puisque la nature résoluble de son droit lui était parfaitement connue. Et après avoir cité, d'abord, un passage de Cujas qui parle de ce qui arrive *ante conditionem impletam,* tandis qu'il s'agit ici de ce qui arrive *post conditionem impletam,* puis une loi romaine qui ne touche ni de près ni de loin à la question (1), M. Troplong donne pour dernière raison qu'il serait injuste que l'acheteur reçût les fruits alors qu'il ne paye pas les intérêts de son prix. M. Duvergier, qui reconnaît que les autres raisons ne valent rien, trouve cette dernière décisive. Or elle est, au contraire, la plus mauvaise de toutes et tombe complétement à faux, puisque si la perfection de la vente, en remontant au jour même du contrat, attribue dès ce jour à l'acheteur le droit de propriété et toutes ses conséquences, c'est aussi dès ce même jour, évidemment, qu'elle le rend débiteur du prix convenu, en sorte qu'il doit payer les intérêts échus depuis ce jour, en prenant les fruits nés depuis le même jour. On a enfin imaginé une autre raison, en disant que la rétroactivité opère sur *les droits,* mais non sur *les faits,* et que l'accomplissement de la condition ne saurait effacer le fait de la perception (2) ; mais ce ne sont là que des mots. Sans doute ni la règle de la rétroactivité des conditions, ni aucune autre règle que ce soit, ne peut détruire un fait. La destruction d'un fait est chose impossible, et la loi, pas plus que Dieu lui-même, ne peut faire l'impossible. Mais si la loi ne peut pas effacer un fait, elle peut parfaitement effacer les conséquences légales que ce fait devait produire, les droits qu'il devait engendrer, en sorte que, si l'accomplissement de la condition ne peut pas enlever le fait matériel de la perception accomplie par le vendeur, elle enlève très-bien le droit de propriété que ce fait devait lui donner sur les fruits perçus.

Ainsi, des quatre ou cinq motifs qu'on a successivement imaginés, pas un ne supporte l'examen. C'est qu'en effet, la règle étant ici, comme tout le monde le reconnaît, que, par l'accomplissement de la condition, la vente se trouve avoir été pure et simple *ab initio,* c'est donc *ab initio* que les fruits appartiennent à l'acheteur et les intérêts du prix au vendeur. Ainsi le veulent et le principe de la rétroactivité, et cette disposition de notre art. 1614 que c'est *du jour de la vente* que *tous les fruits appartiennent à l'acquéreur.* L'intention contraire des parties peut seule déroger à cette règle ; et, par conséquent, les fruits ne pourront rester au vendeur, et les intérêts du prix à l'acheteur, que quand on décidera *en fait* que ces parties l'ont ainsi entendu.

(1) C'est la loi 31 (Dig., *De legatis,* 2°) ; or cette loi ne s'occupe que d'une question d'affranchissement, et ne parle nullement de fruits.
(2) M. Mourlon, dans ses *Répétitions* sur le deuxième examen, p. 534, présente ce motif comme donné par M. le professeur Valette.

1615. — L'obligation de délivrer la chose comprend ses accessoires et tout ce qui a été destiné à son usage perpétuel.

I. — Autant est évident et simple ce principe, que la délivrance de la chose doit comprendre tous les accessoires et toutes les dépendances de cette chose, autant il serait difficile, ou plutôt impossible soit de donner une nomenclature complète des divers objets qui peuvent être, dans les différents cas, les accessoires ou les dépendances de l'objet principal, soit de poser des définitions ou des règles générales de nature à s'appliquer aux mille espèces qui peuvent se présenter. Le point de savoir si tel ou tel objet est un accessoire ou une dépendance de la chose vendue n'est qu'une question de fait que le magistrat appréciera, et les rédacteurs du Code ont sagement agi en écartant les idées dogmatiques qu'on avait d'abord voulu introduire à cet égard dans notre disposition (1).

1616. — Le vendeur est tenu de délivrer la contenance telle qu'elle est portée au contrat, sous les modifications ci-après exprimées.

SOMMAIRE.

I. Les ventes d'immeubles peuvent, quant à la contenance, se faire de six manières différentes.
II. Examen des trois premiers cas. Même dans le second, la vente ne transmet point immédiatement la propriété : erreur de M. Duvergier.

I. — Cet article et les suivants règlent l'étendue de l'obligation de délivrer, pour les différents cas d'immeubles vendus avec indication de la contenance, cas qui se réduisent à quatre. De ces quatre cas, le Code n'en prévoit que deux ; il ne parle pas des deux autres, de même qu'il ne parle pas des deux cas dans lesquels la vente sera faite sans indication de la contenance. Voici les six hypothèses qui peuvent se présenter ici.

D'abord, ventes sans indication de contenance :

1° Vente d'un immeuble déterminé, sans indication de sa contenance, pour un seul prix total : ainsi, je vous vends le terrain renfermé entre telles limites pour le prix de 20 000 francs ;

2° Vente d'un immeuble déterminé, sans indication de contenance,

---

(1) Fenet (t. XIV, p. 27). — On peut consulter, comme exemples, sur cette question de fait des accessoires et dépendances de la chose vendue : Merlin (*Rép.*, v° Accessoires); Troplong (I, 323); Limoges, 15 juin 1829; Rouen, 30 août 1820; Cass., 18 juill. 1822; Rouen, 21 fév. 1824; Bordeaux, 24 juill. 1820; Riom, 8 avr. 1827; Toulouse, 1er juin 1827; Bordeaux, 14 déc. 1829; Pau, 28 mai 1831; Cass., 1er juill. 1834, 14 juill. 1840; Rouen, 14 juin 1843; Cass., 25 juill. 1843; Grenoble, 29 nov. 1843; Caen, 13 déc. 1853; Rouen, 17 mai 1854; Paris, 5 juin 1855 et 11 avr. 1866 (Dev., 31, 2, 201; 35, 1, 206; 40, 1, 910; 43, 1, 839, et 2, 519; 44, 2, 490; 54, 2, 398; 56, 2, 604; *J. Pal.*, 66, 1286).
Jugé que les immeubles par destination dont il n'est fait mention ni dans le procès-verbal de saisie d'un domaine, ni dans le cahier des charges, sont compris dans l'adjudication sur saisie. Grenoble, 3 fév. 1851; Lyon, 7 avr. 1853. — *Sic* : Troplong (I, n° 323); Rodière (*Proc. civ.*, III, n° 112); Bioche (v° Saisie imm., n°s 351 et 527). *Contrà* : Limoges, 26 juill. 1847; Poitiers, 13 juill. 1854; Montpellier, 31 juill. 1855.

mais à raison de tant la mesure : je vous vends le terrain renfermé entre telles limites, à raison de 100 francs l'are.

Ensuite, ventes avec indication de contenance :

3° Vente d'un certain nombre de mesures à prendre dans un terrain plus grand : je vous vends (soit pour 1 000 francs l'hectare, soit pour un prix total de 9 000 francs) un carré de 9 hectares à prendre dans ce champ ;

4° Vente d'un immeuble déterminé, avec indication de contenance, pour un prix à tant la mesure, soit qu'il y ait ou non, d'ailleurs, indication du prix total : je vous vends ma vigne, d'une contenance de 15 hectares, à raison de 3 000 francs l'hectare, soit qu'on dise ou non que le prix total sera de 45 000 francs (art. 1617 et 1618) ;

5° Vente d'un immeuble déterminé, avec indication de contenance, mais pour un prix unique et non pas à tant la mesure : je vous vends ma vigne, d'une contenance de 15 hectares, pour le prix de 45 000 fr. (art. 1619) ;

6° Vente d'un ou plusieurs immeubles, avec indication de la contenance, mais avec convention qu'il ne sera dû aucune garantie pour cette contenance et que la différence, soit en plus, soit en moins, ne produira aucun effet.

De ces six hypothèses, le Code ne prévoit que la quatrième et la cinquième ; nous les examinerons toutes successivement.

II. — Le premier cas ne peut présenter aucune difficulté. Quand je vous vends tout simplement tel immeuble pour une somme de..., sans aucune indication de mesure, c'était à vous d'examiner cet immeuble avant de traiter, et vous ne pourriez pas vous plaindre de ce qu'il est moins considérable que vous ne supposiez, pas plus que je ne pourrais, de mon côté, prétendre à une résiliation ou à une augmentation de prix, en disant qu'il est plus grand que je ne croyais. C'est l'immeuble tel qu'il est que nous avons acheté et vendu ; la vente est dégagée de toute espèce de conditions ou modalités quelconques, et nous sommes irrévocablement, dès la signature de l'acte, vous, propriétaire de l'immeuble, et moi, créancier de la somme convenue.

Il en est autrement dans le second cas : l'immeuble étant vendu à raison de tant la mesure, et le nombre de mesures qu'il contient n'étant pas indiqué, le prix n'est donc pas connu, il ne le sera que par le mesurage qui se fera plus tard ; donc la vente est conditionnelle, elle ne sera parfaite que par l'accomplissement de la condition du mesurage, et par conséquent c'est le vendeur qui continue, jusque-là, d'avoir la propriété de la chose et d'en supporter les risques. Il est vrai que M. Duvergier enseigne le contraire (I, 284) et prétend, en combattant sur ce point la doctrine de M. Troplong (I, 329, al. 3), que la propriété passe immédiatement à l'acheteur, parce que l'objet vendu est un corps certain. Mais c'est une erreur que nous avons déjà réfutée dans l'art. 1585, n° III, et que M. Duvergier lui-même réfute aussi sans s'en apercevoir. Sans doute, en effet, l'objet est ici un corps certain ; mais pour qu'un corps, si certain qu'il soit, devienne, par l'effet d'une vente, la propriété d'un nouveau maître, il faut avant tout qu'il y ait vente. Or il n'y a pas encore vente ici, il n'y a pas vente actuelle, il y a seulement vente conditionnelle, c'est-à-dire *spes tantùm venditionem fore.* C'est bien évident, puisqu'on manque de l'un des trois éléments constitutifs de la vente : le prix. C'est ce que reconnaît très-bien M. Duvergier lui-même, quand il ajoute que, si la chose vient à périr, « la perte, en rendant la mesure impossible, *ne laisse aucun moyen de déterminer le prix ;* d'où il résulte que *la vente est privée d'un de ses éléments essentiels.* » Mais s'il manque un élément *essentiel,* la vente n'existe donc pas ; et si elle n'existe pas, elle ne peut donc pas opérer la transmission de propriété !

Quant à la troisième hypothèse, celle d'une certaine contenance de terrain à prendre dans un terrain plus grand, elle ne peut pas plus présenter de difficulté que la première, et tout le monde est d'accord pour reconnaître qu'elle ne transmet pas la propriété avant le mesurage. C'est évident, en effet, puisque c'est précisément ce mesurage qui déterminera l'objet de la vente, et jusque-là on ne sait pas si la contenance promise sera prise de tel côté plutôt que de tel autre.

1617. — Si la vente d'un immeuble a été faite avec indication de la contenance, à raison de tant la mesure, le vendeur est obligé de délivrer à l'acquéreur, s'il l'exige, la quantité indiquée au contrat;

Et si la chose ne lui est pas possible, ou si l'acquéreur ne l'exige pas, le vendeur est obligé de souffrir une diminution proportionnelle du prix.

1618. — Si, au contraire, dans le cas de l'article précédent, il se trouve une contenance plus grande que celle exprimée au contrat, l'acquéreur a le choix de fournir le supplément du prix, ou de se désister du contrat, si l'excédant est d'un vingtième au-dessus de la contenance déclarée.

SOMMAIRE.

I.   4ᵉ *hypothèse.* L'excédant de contenance n'y donne lieu à supplément de prix que quand il est d'un vingtième et qu'il permet la résiliation : controverse.
II. Le déficit peut aussi faire prononcer la résiliation quand l'acheteur prouve qu'il n'eût pas acheté s'il l'avait connu. Réponse à M. Troplong.
III. La vente est ici parfaite dès le moment du contrat : erreur de M. Duranton.

I. — Ces deux articles prévoient la quatrième des six hypothèses indiquées plus haut, celle d'un immeuble déterminé, vendu avec cette double circonstance, que la contenance est indiquée, et qu'un prix particulier est fixé pour chaque mesure, soit qu'il y ait ou non indication du prix général. Ainsi, on vend une vigne de 20 hectares pour 3 000 francs l'hectare, soit qu'on exprime ou non le prix total de 60 000 francs.

Dans ce cas, la différence entre la contenance déclarée et la contenance réelle produit des effets plus ou moins énergiques, selon qu'elle est en moins ou en plus. Quand elle est en moins, si minime qu'elle soit, l'acheteur peut toujours exiger que le vendeur lui procure ce qui manque, si c'est possible, c'est-à-dire si ce vendeur est propriétaire du terrain contigu, ou s'il peut lui-même l'acquérir à des conditions modérées; si ce n'est pas possible, ou si l'acquéreur n'y tient pas, il y aura diminution proportionnelle du prix : ainsi, dans l'exemple ci-dessus, si, au lieu de 20 hectares, il n'y en a que 19 et demi, le prix sera diminué de 1 500 francs, et s'il y avait 19 hectares 80 ares, il sera diminué de 600 francs. Quand la différence est en plus, elle n'a d'effet, d'après l'art. 1618, qu'autant qu'elle est d'un vingtième : l'acheteur est alors obligé de subir une augmentation proportionnelle de son prix, à moins qu'il ne préfère rompre le marché. Notons bien que c'est quand l'excédant de contenance est *d'un vingtième* que la règle s'applique, et non pas *de plus d'un vingtième*, comme on le dit quelquefois (1); le texte de l'art. 1618 et les explications réitérées des travaux préparatoires ne permettent pas le doute à cet égard.

Nous venons de dire que, tandis que le déficit dans la contenance donne toujours, et quel qu'il soit, une diminution de prix, l'excédant, au contraire, ne donne lieu à l'augmentation (sauf le droit pour l'acheteur de résilier le contrat) que quand il est d'un vingtième; et cette solution paraît, en effet, d'une exactitude bien manifeste en présence de nos deux art. 1617 et 1618, puisque le premier accorde à l'acheteur la diminution de prix, par cela seul qu'il y a déficit, sans s'occuper de l'importance de ce déficit, tandis que le second n'admet l'augmentation que quand l'excédant est d'un vingtième. Cependant les quatre auteurs qui ont songé à se demander si l'excédant de moins d'un vingtième produirait un effet, décident tous que cet excédant donnerait également lieu à l'augmentation de prix, et que la seule différence entre l'excédant inférieur à un vingtième et l'excédant d'un vingtième, c'est que le premier n'autoriserait pas l'acheteur à résilier, comme le lui permet le second (2).

Ce système, à l'appui duquel Delvincourt seul donne quelques motifs, en le présentant toutefois comme douteux, tandis que MM. Troplong, Duvergier et Zachariæ le présentent comme allant de soi et sans prendre la peine de le discuter, ne nous paraît guère soutenable. Argumentera-t-on, en effet, de ce que Pothier voulait que tout excédant donnât ici lieu à l'augmentation de prix? Mais qu'importe, puisque le Code, dans nos deux articles comme dans l'article suivant, a rejeté les règles de l'ancien droit pour en créer de nouvelles?... Il ne serait pas juste, dira-t-on, que le vendeur n'obtînt pas une augmentation de prix pour tout excédant, alors que l'acheteur a droit à une diminution pour tout

---

(1) M. Mourlon, notamment, présente nettement cette erreur, quand, après avoir dit que l'excédant doit être *de plus d'un vingtième*, il ajoute : « Si, par exemple, le champ (déclaré de 20 hectares) compte vingt et un hectares *et un demi-hectare* (3e Examen, p. 175). » Ce demi-hectare est de trop : c'est à vingt et un hectares que la règle s'applique.

(2) Delvincourt (III, notes); Troplong (I, 335); Duvergier (I, 285); Zachariæ (II, p. 510). — *Voy.* Dijon, 27 mars 1851 (*J. Pal.*, 53, 2, 27) : cet arrêt ne se prononce pas, il est vrai, sur la question; seulement il accorde une augmentation proportionnelle, sans s'attacher au point de savoir si l'excédant était ou non d'un vingtième.

déficit. Mais qui ne voit la différence de position des deux parties? Qui ne voit que, la déclaration de contenance étant faite par le vendeur, refuser le prix de l'excédant à celui-ci, c'est simplement lui faire subir le résultat de sa propre faute, tandis que refuser à l'acheteur la diminution du déficit, c'eût été le punir de la faute d'un autre?... On veut enfin tirer argument du rapprochement de nos articles avec l'art. 1619, en disant que, puisque celui-ci entend poser une règle contraire à la nôtre quand il refuse l'augmentation du prix, aussi bien que sa diminution, pour toute différence de moins d'un vingtième, c'est donc que nos art. 1617 et 1618 entendent accorder l'une comme l'autre. Mais cet argument est évidemment mauvais, puisque la contrariété des deux règles existera toujours quand on les entendra dans ce sens, que la première admet la diminution, mais refuse l'augmentation, tandis que la seconde admet l'une et l'autre en même temps.

Et maintenant, comment ne pas voir la vraie pensée du législateur, quand on a soin de bien examiner, d'une part, les principes généraux, et de recourir d'ailleurs aux travaux préparatoires? Quant aux principes, n'est-il pas manifeste qu'on ne peut jamais forcer un acheteur à prendre un bien pour un prix plus fort que celui qu'il a consenti payer, plus fort peut-être que celui qu'il peut payer? Imposer l'obligation de payer un prix excédant celui de la convention, quand on met en regard la faculté de rompre le marché, à la bonne heure : l'acheteur ne peut pas se plaindre, quand on lui donne ainsi le choix ou de subir l'augmentation, ou de résilier le marché; et c'est, en effet, ce que fait le Code, dans notre art. 1617, et dans les art. 1619 et 1620. Mais toutes les fois que ce droit de résilier n'existe pas, il est clair que l'obligation de payer un excédant ne peut pas exister non plus : je ne puis pas, parce que l'immeuble que vous m'avez affirmé n'être que de 20 hectares est de 20 hectares 80 ares, être obligé, par votre seule faute, à vous payer 62400 francs, alors que je n'ai voulu donner, et que peut-être je ne puis donner que 60000 francs. Sans doute, si en me demandant cette augmentation de 2400 francs on me laissait libre de l'éviter en résiliant le marché, ce serait acceptable; mais me contraindre, malgré la convention, à payer quand même 2400 francs que je ne dois pas et que je n'ai pas, ce serait une iniquité que la loi ne pouvait pas commettre. Aussi cette idée a-t-elle été aussi loin de sa pensée qu'elle l'est de son texte, comme on le voit par les travaux préparatoires. C'est ainsi que l'Exposé des motifs présente l'analyse de nos art. 1617 et 1618 en ce sens que le déficit donne lieu au supplément de prix par lui-même, tandis que l'excédant ne donne jamais lieu au supplément, comme à la faculté de résilier, qu'à la condition d'être d'un vingtième : « Y a-t-il un déficit? l'acquéreur peut exiger le complément ou se contenter d'une diminution du prix. Y a-t-il un excédant, et cet excédant est-il d'un vingtième? l'acquéreur a le choix de fournir le supplément du prix ou de se désister de son achat. » Le Rapport du Tribunat, sans être plus significatif, est du moins plus explicite : « S'il y a déficit, quelque modique qu'il soit, l'acquéreur... doit obtenir une diminution proportionnelle du prix. Si, au contraire, la quantité délivrée excède, il faut, *pour que le vendeur ait droit de demander un supplément de prix,* que l'excédant soit d'un vingtième. » (Fenet, XIV, p. 121 et 163.) (1)

II. — L'acquéreur, qui peut toujours se désister par cela seul que la contenance est d'un vingtième en plus, ne le pourrait pas également par cela seul qu'elle serait d'un vingtième en moins, tout le monde est d'accord à cet égard; mais ne le pourrait-il pas, s'il prouvait qu'il n'aurait pas acheté s'il avait connu la différence de la contenance réelle à la contenance déclarée, attendu que le terrain se trouve insuffisant pour la destination qu'il voulait lui donner? M. Troplong enseigne la négative (nos 330, 331); mais sa doctrine nous paraît manifestement inexacte, et c'est avec raison qu'elle est repoussée par tous les autres auteurs (2).

Sans doute la faculté de résilier dans ce cas ne résulte pas de notre art. 1617, et c'est là tout ce que signifie un passage du Rapport de M. Grenier, cité par M. Troplong, passage dans lequel on lit que « l'acquéreur est toujours *présumé* avoir voulu acheter, attendu qu'il en a les moyens, puisqu'il voulait acquérir une contenance plus grande. » (Fenet, p. 196.) Mais cette faculté résulte alors des principes généraux, et l'acheteur ne peut plus être *présumé* avoir voulu acheter, quand *il prouve* qu'il n'aurait pas acheté. On ne peut pas me forcer à prendre un terrain que je n'achetais que pour un usage auquel la contenance par vous déclarée le rendait propre et auquel le défaut de cette contenance le rend impropre.

III. — Une dernière question que soulèvent nos articles, c'est de savoir si la vente qu'ils prévoient est immédiatement parfaite, ou si la nécessité du mesurage à faire ne doit pas être considérée comme une condition dont l'accomplissement seul ferait passer à l'acheteur la propriété de la chose et ses risques. M. Duranton (XVI, 226), sans en donner toutefois aucun motif, professe cette dernière doctrine; mais quoique cette opinion pût s'étayer de l'autorité de beaucoup d'anciens docteurs, nous la croyons manifestement inexacte sous le Code Napoléon.

Il est bien vrai, en effet, que Bartole, Favre et d'autres enseignent que, même quand la vente a pour objet un *certum corpus,* on doit cependant la considérer comme vente *ad mensuram* et non comme vente *ad corpus,* du moment qu'il y a, comme dans le cas de nos articles, une

_____

(1) Du reste, les parties peuvent déroger aux dispositions des art. 1617 et 1618. — (*Voy.,* sur l'art. 1622, n° V.) La jurisprudence fournit même l'exemple d'une dérogation assez étrange. Il a été décidé, en effet, que, dans une vente à tant la mesure, avec déclaration de la contenance, il peut être convenu que le prix sera définitivement déterminé par la contenance déclarée, et que la différence en plus ou en moins, qui serait ultérieurement reconnue, ne pourra donner lieu à aucune réclamation de la part du vendeur ou de l'acheteur. Cass., 7 nov. 1853 (Dev., 53, 1, 680). Nous disons que cela est étrange, parce que, tout en vendant à tant la mesure, les parties semblent convenir qu'on n'aura pas cependant égard à la mesure; mais nous devons dire aussi avec l'arrêt que la clause, alors qu'elle est exempte de dol et de fraude, n'a par elle-même rien de contraire à l'ordre public ni aux bonnes mœurs.

(2) Delvincourt (III, notes); Duranton (XVI, 223); Duvergier (I, 286); Championnière et Rigaud (I, 400).

indication du prix particulier de chaque mesure, *distributio pretii pro qualibet mensura* (1). Mais Pothier tenait pour la doctrine contraire; il enseignait (2) que la vente est toujours pure et simple, *quamvis sub lege metiendi facta sit*, du moment que *ea res est quæ per se certam finitionem habet*, et non de celles *quæ natura sua mensura constant; et le* Code a consacré sa doctrine, comme il était rationnel de le faire. Pourquoi donc, en effet, la vente ne serait-elle pas dès à présent parfaite? est-ce que, si la chose est déterminée, le prix ne l'est pas aussi? Quand je vous ai vendu ma vigne de 20 hectares pour 3 000 francs l'hectare, est-ce que le prix de 60 000 francs, alors qu'il ne serait pas exprimé, n'est pas connu? Il est vrai que, dans le vœu des contractants, il reste un mesurage à faire; mais ce mesurage ne constitue nullement une condition par l'accomplissement de laquelle le prix serait fixé; ce n'est qu'un moyen de vérification et de contrôle de l'erreur qui aurait pu être commise : dès à présent le prix est fixé (sauf modification, si une erreur est reconnue), dès à présent la vente existe (sauf résiliation, s'il y a lieu). Tout ceci devient certain en présence des textes; dès à présent il y a prix de vente, puisque l'art. 1617 nous dit que le déficit de contenance produirait *une diminution du prix;* dès à présent la vente existe, puisque, d'après l'art. 1622, c'est à sa *résiliation* que l'excédant d'un vingtième donnerait lieu. Enfin, le prix existe si bien, et la vente est si bien formée, que, d'après cet art. 1622, si l'acheteur laisse passer une année sans agir, tout est désormais irrévocable.

C'est donc à l'instant même du contrat que l'acheteur devient propriétaire de la chose et en supporte les risques (3).

Le mesurage doit, au surplus, comme rentrant dans les actes de délivrance, se faire aux frais du vendeur (4).

1619. — Dans tous les autres cas,

Soit que la vente soit faite d'un corps certain et limité,

Soit qu'elle ait pour objet des fonds distincts et séparés,

Soit qu'elle commence par la mesure, ou par la désignation de l'objet vendu suivie de la mesure,

L'expression de cette mesure ne donne lieu à aucun supplément de prix, en faveur du vendeur, pour l'excédant de mesure, ni en faveur de l'acquéreur, à aucune diminution du prix pour moindre mesure, qu'autant que la différence de la mesure réelle à celle exprimée au contrat est d'un vingtième en plus ou en moins, eu égard à la valeur de la totalité des objets vendus, s'il n'y a stipulation contraire.

1620. — Dans le cas où, suivant l'article précédent, il y a lieu à augmentation de prix pour excédant de mesure, l'acquéreur a le

---

(1-2) Bartole (l. 10, *De peric. et comm.*); Godefroy (*ibid.*); Brunemann (*ibid.*); Favre (C., liv. 4, t. 28, def. 3); Pothier (*Pand.*, t. I, p. 510, n° 7).
(3) Troplong (I, 329); Duvergier (I, 287).
(4) Bourjon (I, p. 482, n° 50); Basset (II, liv. 2, t. 16, ch. 6); Troplong (I, 334).

choix ou de se désister du contrat ou de fournir le supplément du prix, et ce, avec les intérêts, s'il a gardé l'immeuble.

1621. — Dans tous les cas où l'acquéreur a le droit de se désister du contrat, le vendeur est tenu de lui restituer, outre le prix, s'il l'a reçu, les frais de ce contrat.

1622. — L'action en supplément de prix de la part du vendeur, et celle en diminution de prix ou de résiliation du contrat de la part de l'acquéreur, doivent être intentées dans l'année, à compter du jour du contrat, à peine de déchéance.

SOMMAIRE.

I. 5e *hypothèse*. Ici la diminution du prix, comme son augmentation, n'ont lieu que pour la différence d'un vingtième, et ce vingtième se calcule sur la valeur.
II. Au cas de terrains de nature et valeur diverses, la règle s'applique, soit que les parties aient ou n'aient pas assigné la contenance particulière de chaque terrain : erreurs contraires de M. Troplong et de M. Duvergier.
III. L'adjonction du mot *environ* dans l'indication de la contenance ne modifie pas la règle : erreur de M. Duranton et de M. Duvergier. — Ce n'est que pour le déficit d'un vingtième de la valeur que l'acheteur peut, sous la condition voulue, demander le désistement.
IV. Les intérêts du supplément de prix sont dus aussi bien dans le cas de l'art. 1618 que dans celui de l'art. 1619.
V. Durée de l'action en supplément, en diminution ou en résiliation, dans les différents cas : controverses.

I. — Toutes les fois que la vente d'un immeuble, dont la contenance est déclarée, n'est pas faite à tant la mesure, mais pour un seul prix total, la loi, comme on l'a déjà dit, porte pour le déficit ou l'excédant de contenance une règle qui diffère en deux points de celle de l'hypothèse précédente. D'une part, en effet, la diminution de prix, au lieu d'être admise encore pour un déficit quelconque, ne l'est alors que pour le déficit d'un vingtième (de même que l'augmentation n'a lieu toujours que pour l'excédant du vingtième); et, d'un autre côté, ce n'est plus sur l'étendue de l'objet, mais sur sa valeur, que se calcule le vingtième en plus ou en moins. Ainsi, quand on a vendu pour 35 000 francs un immeuble déclaré de 20 hectares, tandis qu'il n'en contient que 19, si cet immeuble se compose de terres de valeurs différentes, par exemple, d'une prairie valant 3 000 francs l'hectare et d'une bruyère dont l'hectare ne vaut que 500 francs, et que ce soit un hectare de bruyère qui manque, comme alors la différence en moins, qui est d'un vingtième pour l'étendue, n'est que d'un soixante-dixième pour la valeur (500 fr. sur 35 000), il n'y a pas lieu à diminution du prix. Il en serait de même réciproquement pour l'excédant.

Cette règle, que l'action en diminution ou en supplément de prix n'est admissible que pour une différence d'un vingtième sur la valeur totale, s'applique, d'après l'art. 1619, toutes les fois que la vente n'est pas faite à tant par mesure, de quelque manière qu'elle soit d'ailleurs faite (1). Ainsi, on ne fait plus, comme autrefois, la distinction trop

(1) L'action est admissible dans le cas de vente sur expropriation, comme dans

puérile, en effet, entre le cas où l'indication de la contenance précéderait dans le contrat la désignation de l'objet, et le cas inverse (1). Il n'y a pas à distinguer non plus, et ceci n'avait guère besoin d'être dit, entre la vente d'un seul fonds d'une nature identique, et celle d'un domaine comprenant plusieurs fonds de nature diverse : je vous vends ma vigne de 20 hectares ; ou bien je vous vends ma métairie de 20 hectares, composée de telle vigne, de telle prairie et de telle bruyère. Le Code, au surplus, s'exprime inexactement, quand il oppose la vente de plusieurs fonds séparés à celle *d'un corps certain et limité ;* car il y a corps certain dans les deux cas : ma métairie de 20 hectares, composée de trois fonds différents, est aussi bien un corps certain et limité que ma vigne de 20 hectares ; la réunion de plusieurs corps certains est toujours un objet certain et non point un genre.

II. — C'est un point que les interprètes du Code ont laissé fort obscur, et dont l'explication est très-inexacte, quand elle n'est pas nulle, que celui de savoir si et comment doit s'appliquer la règle de l'art. 1619, dans le cas de terrains de valeurs diverses, soit que le contrat indique ou n'indique pas la contenance particulière de chaque terrain. Delvincourt (t. III), M. Duranton (XVI, 229 et 230) et M. Demante (t. III, 304) ne prévoient pas la question. M. Troplong et M. Duvergier ne la prévoient que pour donner deux solutions contradictoires et dont aucune n'est admissible.

M. Troplong (I, 343), s'arrêtant à une idée qui, lors de la discussion du conseil d'État, fut proposée par M. Bigot, mais ne fut pas admise, enseigne que l'art. 1619 ne s'applique que dans le cas où le contrat énonce seulement la contenance générale des différents fonds réunis, et non quand il indique séparément la contenance particulière de chacun. Ainsi, quand j'ai déclaré vendre pour 40 000 francs ma prairie et ma bruyère, d'une contenance totale de 20 hectares, l'article s'appliquera, et c'est la différence d'un vingtième sur la valeur, non sur la contenance, qui donnera lieu à l'action en supplément ou en diminution du prix. Au contraire, si j'ai déclaré vendre pour 35 000 francs ma prairie de 10 hectares et ma bruyère de même contenance, l'article, suivant M. Troplong, ne s'appliquerait plus ; on suivrait une règle qui n'est ni celle de cet art. 1619, ni celle des art. 1617 et 1618, mais une combinaison des deux, en ne prononçant la diminution comme l'augmentation que pour une différence d'un vingtième (ainsi que le veut notre art. 1619), mais d'un vingtième calculé sur la contenance (ainsi que le veut l'art. 1618). Si, par exemple, avec les 10 hectares de prairie, on trouve 9 ou 11 hectares de bruyère, l'action en diminution ou en supplément de prix serait admise, quoique la différence en valeur ne soit que de 500 francs, c'est-à-dire d'un soixante-dixième, parce que la différence en contenance est du vingtième ; si l'on trouve, au contraire, avec 10 hectares de bruyère, 9 hectares 16 ares ou 10 hec-

---

celui de vente volontaire. Nîmes, 31 mars 1852 ; Toulouse, 14 juin 1845 ; Angers, 25 août 1852 (Dall., 52, 2, 269 ; 47, 2, 49 ; 53, 2, 69) ; Aubry et Rau (III, § 354).
(1) Lapeyrère (lett. G, n° 6) ; Despeisses (p. 45, n° 15) ; Fachin (liv. 2, ch. 27).

tares 84 ares de prairie, l'action ne serait pas admise, quoique la différence en valeur soit de 2 500 francs ou d'un quatorzième, parce que la différence en contenance n'est pas du vingtième.

Ce système, dont M. Troplong, au surplus, pose seulement le principe, n'est pas même soutenable. D'abord, s'il est vrai que M. Bigot, dont les paroles sont ici reproduites par le savant magistrat pour toute explication, ait, en effet, proposé de ne prendre le vingtième *de la valeur* que quand la quantité particulière de chaque terrain ne serait pas indiquée, en même temps que M. Berlier proposait de ne le prendre jamais et de ne considérer que le vingtième *de la contenance* dans tous les cas, il est bien certain qu'on a rejeté l'une et l'autre idée pour s'en tenir à celle de M. Tronchet, qui demandait que, dans tous les cas et sans distinction, « la différence soit calculée *sur le prix de la vente* et *non sur l'étendue du terrain.* » Le procès-verbal, en effet, se termine par ces mots : « Le Conseil adopte le principe qu'on n'aura égard à la différence que *lorsqu'elle sera du vingtième*, et qu'on l'estimera D'APRÈS LA VALEUR *des objets vendus.* » (Fenet, XIV, p. 28-30.) Il n'était d'ailleurs pas besoin de recourir aux travaux préparatoires, et notre article 1619 est certes assez formel : «... Qu'autant, dit-il, que la différence en plus ou en moins est *d'un vingtième*, eu égard A LA VALEUR *de la totalité des objets vendus.* » Rien n'est donc plus contraire à la loi que le système de M. Troplong, dans lequel l'action devrait être admise, dans certains cas, pour une différence d'un cinquantième de la valeur, d'un soixantième ou moins encore, tandis qu'elle devrait être écartée, dans certains autres, en présence d'une différence de beaucoup plus d'un vingtième ! Et comment, en effet, le savant magistrat a-t-il pu s'arrêter, même un instant, à l'idée de refuser l'application de l'art. 1619 au cas où la contenance particulière des divers terrains est indiquée, alors que ce cas est précisément celui des deux où cette application ne souffre aucune difficulté, tandis que, dans l'autre, elle sera souvent impossible, du moins directement? Quand on dit 10 hectares de prairie et 10 hectares de bruyère, on sait parfaitement, en mesurant, si c'est de la bruyère ou de la prairie qui manque, et il est bien facile, par conséquent, de comparer la valeur de l'objet manquant au chiffre du prix total, pour voir s'il en forme ou non le vingtième. Mais quand on a seulement déclaré 20 hectares, tant en prairie qu'en bruyère, et qu'il manque 80 ares, comment dire si ces 80 ares manquent en bruyère, et ne font ainsi qu'un déficit de 400 francs, en sorte que l'action ne serait pas admissible ; ou s'ils manquent en prairie, ce qui ferait un déficit de 2 400 francs, dépassant dès lors le vingtième et autorisant l'action?... Dire que l'article ne s'applique que quand la contenance particulière que les parties supposaient à chaque terrain n'est pas connue, c'est faire de la règle un non-sens et tomber dans une profonde méprise.

M. Duvergier (I, 293), en qualifiant de grave erreur, et avec raison, cette doctrine de M. Troplong, tombe à son tour dans une erreur opposée. En expliquant que la règle s'applique nécessairement au cas d'énonciation de chaque contenance particulière, il ajoute qu'elle ne s'applique même qu'à lui, tandis qu'elle s'applique aussi à l'autre. Et par quelle règle serait donc régi ce cas de simple énonciation de la contenance générale, s'il ne l'était pas par notre art. 1619? Pas par les art. 1617 et 1618, puisqu'ils ne concernent que la vente faite à tant la mesure, et qu'il s'agit de celle qui est faite pour un seul prix total. Ni le vendeur, ni l'acheteur, ne pourraient donc jamais, dans ce cas, demander le supplément ou la diminution du prix, si considérable que pût être l'excédant ou le déficit! Il est clair qu'il n'en saurait être ainsi et que l'article s'applique nécessairement aux deux cas. Aussi pensons-nous que c'est là plutôt, chez M. Duvergier, une inexactitude de langage et d'exposition qu'une véritable erreur d'idées; et lorsque le savant jurisconsulte nous dit que l'application de la règle est alors impossible, il n'entend sans doute parler que d'une application *directe*, c'est-à-dire du calcul *immédiat* de la valeur du déficit ou de l'excédant. C'est qu'en effet, quand rien n'indique la contenance particulière que les parties assignaient à chaque terrain, c'est uniquement par le calcul des contenances qu'on pourra trouver la valeur du déficit ou de l'excédant, et le vingtième de la valeur ne sera jamais autre chose que le vingtième même de la contenance. La raison en est simple; car la différence de contenance que l'on trouve alors en plus ou en moins ne s'appliquant pas plus à tel terrain qu'à tel autre, il faut donc la répartir sur chacun d'eux, en proportion de son étendue respective; et comme, d'un côté, ce qui sera, pour chaque terrain, le vingtième de sa contenance, sera aussi le vingtième de sa valeur (puisque chaque terrain est d'une même nature et d'une valeur identique dans toutes ses parties); que, d'un autre côté, les vingtièmes des divers terrains formeront par leur réunion le vingtième du total, il s'ensuit bien que c'est toujours le vingtième de toute la contenance qui sera, dans ce cas, le vingtième de toute la valeur, c'est-à-dire du prix convenu. Le calcul sur la valeur se confond donc alors avec le calcul sur la contenance : vingtième de contenance ou vingtième de valeur sont ici même chose; et comme c'est précisément le vingtième de contenance qui fait connaître par induction le vingtième de valeur, il est clair que, si ce cas avait été le seul, ni la règle qui commande de considérer la valeur et non la contenance, ni la discussion à la suite de laquelle elle a été adoptée, n'auraient été possibles. Cette observation, en même temps qu'elle réfute péremptoirement le système de M. Troplong, explique (sans la justifier) cette proposition inexacte de M. Duvergier, que la règle ne s'applique pas au cas de simple indication de la contenance générale. Elle s'y applique assurément; mais il est vrai qu'elle ne serait pas appliquée (car elle n'eût pas même existé), si ce cas eût été seul : l'application de la règle n'est pas impossible; mais il y a quelque chose d'impossible, c'est un calcul par la valeur indépendant et différent du calcul par la contenance. C'est là ce que M. Duvergier a confondu.

M. Zachariæ (II, p. 511) n'est pas tombé dans cette confusion; il a su éviter l'erreur de M. Duvergier comme celle de M. Troplong; et sa doctrine, trop laconique, comme d'ordinaire, est du moins fort exacte, quand il dit, sans autre explication, que « la différence *de valeur* d'un vingtième doit être considérée comme existante, par cela seul qu'il y a une différence *de contenance* d'un vingtième, lorsque les différentes parties de terrain étant de nature diverse, la contenance de chacune d'elles n'a pas été indiquée séparément. » Telle est, en effet, la vérité, sauf une dernière observation qui s'adresse à M. Zachariæ comme à M. Duvergier.

Les deux auteurs étendent, celui-ci l'idée fausse d'inapplicabilité de l'art. 1619, celui-là l'idée très-exacte d'identité entre la différence de valeur et celle de contenance, à toute hypothèse dans laquelle la contenance particulière de chaque terrain n'a pas été *indiquée dans le contrat*. C'est aller trop loin. C'est seulement quand la contenance particulière que les parties supposaient à chaque terrain, et en considération de laquelle elles traitaient, *n'est pas connue,* qu'on est réduit à n'admettre la différence d'un vingtième de la valeur que pour celle d'un vingtième de la contenance ; or cette contenance particulière peut être parfaitement connue sans être écrite au contrat. Si, par exemple, dans l'hypothèse déjà présentée d'une vente, faite pour 35 000 francs, de ma prairie et de ma bruyère d'une contenance totale de 20 hectares, on trouvait cette réunion de circonstances, que les baux de mon fermier assignent tous 10 hectares à la prairie et 10 hectares à la bruyère, que l'opinion commune des habitants à toujours regardé chacun des deux fonds comme ayant cette contenance, que le prix courant de l'hectare dans le pays est de 3 000 francs pour les prairies et de 500 francs pour les bruyères, en sorte que le chiffre de 35 000 francs indique encore que nous avons entendu vendre et acheter 10 hectares de prairie pour 30 000 francs et 10 hectares de bruyère pour 5 000 francs, ne serait-il pas bien prouvé par là que c'est de deux fonds de 10 hectares chacun que notre commune intention a été de traiter ? De là cette conséquence que le supplément ou la diminution de prix seraient dus, si on trouvait les 10 hectares de bruyère, mais une différence de 60 ares en plus ou en moins dans les prairies, puisque cette différence serait de plus du vingtième pour la valeur (quoique moindre pour la contenance), tandis qu'ils ne seraient pas dus, si une différence d'un hectare ou même de deux n'existait que pour la bruyère, puisqu'elle ne serait que du soixante-dixième ou du trente-cinquième de la valeur (quoique étant du vingtième ou du dixième de la contenance). Encore une fois, c'est dans tous les cas où la contenance particulière en considération de laquelle les deux parties ont traité se trouve connue, qu'il faut considérer le vingtième de la valeur indépendamment du vingtième de la contenance.

III. — M. Duranton (XVI, 229) et M. Duvergier (I, 299) enseignent que la règle qui admet ici la diminution du prix pour toute différence d'un vingtième en moins sur la valeur ne serait plus applicable, si le vendeur n'avait déclaré la contenance que par approximation, en disant tant de mesures *ou environ.* Nous disons avec M. Troplong (I, 340) **que** c'est une grave erreur, puisque c'est précisément pour régler l'effet de la déclaration approximative qu'a été fait notre article. Toujours prévoyante, la loi suppose qu'un vendeur, à moins d'une stipulation contraire, n'entend jamais être tenu à la dernière rigueur, et avec une précision mathématique, à délivrer la contenance qu'il a déclarée; elle regarde toute déclaration de contenance, dans les ventes d'immeubles déterminés qui ne sont pas faites à tant la mesure, comme n'indiquant qu'un à peu près, et c'est pour en fixer la latitude qu'elle a écrit notre disposition. Dans l'ancien droit, le vendeur qui n'avait pas dit *ou environ* devait fournir toute la contenance : et quand il avait ajouté ces mots, on leur donnait effet pour un trentième (1). Le Code apporte à cette règle deux changements, favorables tous deux au vendeur : d'une part, en effet, la latitude existe sans qu'il y ait besoin de dire *environ;* d'autre part, cette latitude est considérablement augmentée. Le projet de Code proposait de porter le chiffre jusqu'au dixième ; mais M. Berlier réclama contre cette idée lors de la discussion au Conseil, et proposa le vingtième, en faisant remarquer que le vendeur serait bien favorablement traité, puisque l'ancienne jurisprudence ne lui accordait qu'un trentième, et seulement quand il avait eu soin de dire *environ* (Fenet, XIV, p. 9, art. 38, et p. 27, 28.) C'est donc par notre art. 1619 que se trouve réglé l'effet du mot *environ*, toujours sous-entendu désormais dans les ventes dont il s'agit ici.

Et puisque le vendeur, soit qu'il ait ou non dit *environ*, jouit toujours de cette latitude d'un vingtième, mais d'un vingtième calculé sur la valeur, quelle que soit la fraction correspondante dans la contenance, c'est donc seulement dans le cas où le déficit de contenance représenterait ainsi le vingtième au moins de la valeur, que l'acheteur aurait la faculté, signalée sous l'art. 1617, de se désister du contrat en prouvant qu'il n'eût pas acheté s'il avait su que le terrain était si petit. Au cas de l'art. 1617, le désistement est possible, au moyen de la preuve voulue, pour tout déficit, parce que le vendeur y est tenu de délivrer la contenance exacte; mais puisqu'il ne doit ici cette contenance que par approximation et à un vingtième de la valeur près, ce n'est donc que le déficit d'un vingtième de la valeur qui permettrait le désistement, sous la condition prévue, comme lui seul permet la diminution du prix en dehors de cette condition. Si l'acheteur voulait qu'il en fût autrement, il devrait avoir soin de le stipuler.

IV. — Quand l'acheteur, vu l'excédant d'un vingtième de la valeur, doit un supplément de prix, il doit aussi les intérêts de ce supplément, s'il a joui de l'immeuble et si, d'ailleurs, le prix principal est lui-même productif d'intérêts. Il est bien évident, du reste, que ce n'est pas seulement au cas de notre art. 1619, comme le dit l'art. 1620, mais aussi à celui de l'art. 1618, que la règle s'applique. De même que le vendeur doit payer les frais (2) et même des dommages-intérêts, s'il y

---

(1) Henrys (t. I, liv. 4, ch. 6, quest. 83); Bourjon (t. I, n° 51, p. 483).
(2) Ces frais doivent être réclamés, dans ce cas, par voie d'action principale; ils ne sont pas garantis par le droit de rétention. Angers, 28 avr. 1853 (Dev., 53, 2, 420).

a lieu, toutes les fois qu'il y a résiliation (art. 1621), de même l'acheteur doit évidemment les intérêts du supplément de prix, toutes les fois que le prix lui-même en produit.

V. — L'action en supplément ou en diminution, comme celle en résiliation de la vente dans le cas où l'acheteur préférerait cette résiliation au payement du supplément, doit, d'après l'art. 1622, s'intenter dans l'année à compter du jour du contrat; passé ce délai, elle serait prescrite. Ce terme d'une année est, en effet, bien suffisant pour constater l'excédant ou le déficit, et agir en conséquence. Cette prescription, qui court contre les incapables eux-mêmes comme toutes les prescriptions de courte durée (art. 2278), s'appliquerait aussi à l'action en résiliation fondée sur ce que l'acheteur n'eût pas acheté s'il avait connu le déficit de contenance; car ce déficit est aussi facile à constater dans ce cas que quand il s'agit de demander une simple diminution du prix. Il est évident enfin que la règle est écrite autant pour le cas prévu par les art. 1617, 1618, que pour celui dont s'occupent les art. 1619, 1620.

On doit de même reconnaître, quoique ce point ait été controversé, que la prescription annale dont il s'agit s'applique aussi bien dans les cas où des stipulations particulières, autorisées par l'art. 1619 *in fine,* ont déterminé un déficit ou un excédant autre que celui de la loi, que dans le cas contraire. D'une part, en effet, il ne s'agit toujours que de calculer un excédant ou un déficit, et le motif d'intérêt général qui a fait repousser un terme plus long comme devant jeter dans les affaires une incertitude fatale est toujours le même; d'autre part, la règle de l'article 1622 est absolue, et elle porte dès lors, même matériellement et par son texte, sur la disposition finale dans laquelle l'art. 1619 prévoit et autorise ces stipulations particulières, aussi bien que sur les autres dispositions des art. 1617 à 1620. C'est donc avec raison que la doctrine contraire de Delvincourt et de deux arrêts déjà anciens est repoussée par les autres auteurs et par la jurisprudence (1).

1623. — S'il a été vendu deux fonds par le même contrat, et pour un seul et même prix, avec désignation de la mesure de chacun, et qu'il se trouve moins de contenance en l'un et plus en l'autre, on fait compensation jusqu'à due concurrence; et l'action, soit en supplément, soit en diminution du prix, n'a lieu que suivant les règles ci-dessus établies.

---

(1) Delvincourt (III, notes); Bordeaux, 19 mars 1811; Montpellier, 5 juill. 1827; Vazeille (*Prescr.*, II, 728); Troplong (I, 350); Duvergier (I, 303); Colmar, 29 mai 1817; Agen, 7 juill. 1832; Cass., 22 juill. 1834, 27 avr. 1840 (Dev., 32, 2, 434; 34, 1, 500; 40, 1, 600). — Mais lorsqu'une vente a été faite à tant la mesure, avec fixation provisoire d'un prix approximatif, qui doit être ultérieurement déterminé d'une manière définitive par un mesurage, la demande du vendeur tendant à faire opérer ce mesurage constitue un acte ayant pour objet l'exécution du contrat, qui ne se prescrit que par trente ans. Cass., 31 mai 1853 (Dev., 53, 1, 693).

SOMMAIRE.

I. Vente de plusieurs fonds pour un seul et même prix. Elle forme une seule vente
    et donne lieu, dès lors, à un seul calcul d'excédant ou de déficit sur l'ensemble
    des terrains vendus.

II. Cette règle s'applique au cas de l'art. 1617 comme à celui de l'art. 1619 : critique
    de la doctrine de M. Troplong.

III. 6e *et dernière hypothèse.* Vente avec stipulation d'inefficacité d'excédant ou de
    déficit. Cette stipulation s'exécute même pour la différence de plus d'un vingt-
    tième : erreur des Cours de Paris et de Bourges.

I. — C'est un point controversé entre M. Troplong et M. Duvergier
que de savoir si la règle de cet article s'applique uniquement à la cinquième de nos six hypothèses, c'est-à-dire au cas prévu par les articles 1619, 1620, ou si elle est applicable aussi à la quatrième, c'est-à-
dire au cas des art. 1617, 1618. Il nous paraît certain qu'elle s'applique
à toutes deux ; mais avant de nous expliquer à cet égard, précisons bien
le sens de la règle, en nous arrêtant au cas pour lequel son application
n'est pas douteuse.

Lorsque la vente de deux fonds pour un seul et même prix, au lieu
d'être faite avec l'indication unique et générale de la contenance totale
des deux fonds, l'a été avec indication double et séparée de la contenance spéciale de chacun ; par exemple, quand j'ai déclaré vous vendre
pour une somme de 80 000 francs ma vigne de 12 hectares et mon pré
de 8 hectares, la loi ne veut pas que cette indication séparée des deux
contenances permette de regarder le contrat comme contenant deux
ventes distinctes, indépendantes l'une de l'autre, et pour chacune desquelles séparément on pourrait appliquer les règles de diminution ou
d'augmentation de prix ; elle veut que le déficit qui peut exister pour
l'un des fonds et l'excédant que peut présenter l'autre se compensent,
et qu'il n'y ait lieu à diminution ou augmentation du prix qu'après calcul fait sur les deux fonds réunis. Ainsi, que le pré, au lieu de contenir 8 hectares, n'en contienne que 7 et demi, pendant que la vigne, de
son côté, en contient 12 et demi, au lieu de 12 seulement : comme on
trouve, en définitive, les 20 hectares qu'on entendait vendre et acheter
pour 80 000 francs, il n'y aura pas plus lieu à diminution de prix pour le
pré qu'à augmentation pour la vigne. Or il en eût été autrement si on
avait considéré le traité comme formant deux ventes : l'acheteur aurait
dit alors que, quant à la vente de la vigne, il y avait bien un demi-hectare d'excédant, mais que ce demi-hectare, sur 12 hectares, n'étant
qu'un vingt-quatrième, ne donnait lieu à aucune augmentation, tandis
que le demi-hectare qui manque aux 8 hectares de pré forme un seizième, c'est-à-dire plus du vingtième, et donne ainsi droit à une diminution. Il aurait donc pu réclamer un seizième des 32 000 francs s'appliquant dans le prix total de 80 000 francs aux 8 hectares de pré
promis, c'est-à-dire 2 000 francs. Réciproquement, si le demi-hectare
eût été en plus sur le pré, qui aurait présenté 8 hectares et demi, et en
moins sur la vigne, c'est le vendeur qui aurait pu exiger une augmentation de prix de 2 000 francs.

Le législateur, et avec raison, n'a pas voulu qu'il en fût ainsi. Du moment que le marché portant sur les deux fonds s'est fait pour un seul et même prix, il n'y a donc qu'une seule vente dont les deux fonds réunis forment l'objet unique, et dès là que cet objet, en offrant en plus dans l'une de ses parties ce qu'il offre en moins dans l'autre, présente, soit exactement, soit à moins d'un vingtième près, la contenance indiquée pour l'ensemble, on ne doit admettre ni diminution ni augmentation du prix.

Ainsi, la pensée du législateur, dans cet article, c'est que l'unité du prix emporte unité de vente, malgré la pluralité, non-seulement dans les fonds vendus, mais encore dans les déclarations de contenance de ces fonds. De là découlent plusieurs conséquences. — La première, c'est que, bien que l'article ne parle que de deux fonds, la règle serait toujours la même s'il y en avait trois ou quatre : du moment qu'il n'y a qu'un seul prix, il n'y a qu'une seule vente, et partant, un seul calcul à faire pour la contenance totale de l'objet vendu ; si donc l'excédant que présente un seul des fonds compense assez le déficit existant dans deux ou trois autres pour que ce déficit, en définitive, devienne nul ou inférieur à un vingtième, il n'y aura pas diminution ; et de même, si l'excédant qui se trouve dans deux ou trois fonds est suffisamment compensé par le déficit d'un seul, l'augmentation ne sera pas due. — La seconde, c'est que, quoique l'article ne parle que du cas où il y a tout à la fois un excédant d'une part et un déficit de l'autre, et, par suite, une compensation plus ou moins complète, la règle n'en serait pas moins applicable, alors qu'il y aurait excédant sans déficit ou déficit sans excédant, et par conséquent absence de compensation. Ainsi, que le pré contienne 8 hectares et demi, alors que la vigne contient bien les 12 hectares annoncés : l'excédant d'un demi-hectare devant s'appliquer à la contenance totale de 20 hectares, et n'étant ainsi que d'un quarantième, il n'y aura pas lieu à augmentation, tandis que le vendeur eût pu exiger cette augmentation, s'il y avait eu deux ventes et que le calcul se fût ainsi fait pour chaque fonds séparément, puisque alors l'excédant eût été d'un seizième. Réciproquement, si le pré ne contenait que 7 hectares et demi, la vigne ne présentant pas d'excédant aux 12 hectares annoncés, l'acheteur ne pourra pas demander de diminution, puisque, par suite du calcul sur la contenance totale, le déficit ici, comme l'excédant plus haut, n'est que d'un quarantième.

On comprend, au surplus, que si nous parlons ici de calculer par la contenance, c'est parce que, les deux espèces de terrain ayant, dans notre hypothèse, la même valeur, le calcul sur la contenance est en même temps le calcul sur la valeur ; mais s'il en était autrement, si la valeur des deux terrains n'était pas la même, c'est par la valeur comparée du déficit, de l'excédant, ou de l'un et de l'autre, et non pas par leur contenance, qu'il faut calculer. Ainsi, quand je vous ai vendu pour 80 000 francs 15 hectares de vigne que l'on reconnaît valoir 4 000 francs l'hectare, et 20 hectares de taillis qui ne vaut que 1 000 francs, un déficit de 2 hectares de taillis que ne compense aucun excédant de vigne ne donnera pas lieu à diminution de prix, quoique présentant plus du vingtième de la contenance totale de 35 hectares, parce que ce déficit ne forme que le quarantième de toute la valeur, 2 000 sur 80 000 ; et il en sera de même réciproquement pour un excédant. Au contraire, une différence, soit en plus, soit en moins, d'un seul hectare de vigne que ne compense aucune différence dans le taillis, donnera lieu à augmentation ou à diminution, puisque cet hectare, quoique ne présentant qu'un trente-cinquième de la contenance, forme le vingtième de la valeur. Que si enfin il y avait sur le taillis une différence s'élevant jusqu'à 4 hectares, il suffirait d'une différence quelconque en sens contraire dans la vigne pour empêcher toute augmentation ou diminution du prix, puisque cette différence dans la vigne diminuerait l'importance de la différence dans le taillis, laquelle n'étant que de 4 000 francs, c'est-à-dire du vingtième tout juste de la valeur, tomberait, par la compensation, au-dessous de ce vingtième.

En un mot, la pensée de l'article, pensée simple et large qu'exprime mal la rédaction trop restreinte du texte, et que nous verrons bientôt nettement indiquée dans le Rapport au Tribunat, c'est que l'indication séparée des diverses contenances de plusieurs fonds, quand elle n'est pas accompagnée de l'indication également séparée de prix divers pour chacun de ces fonds, n'empêche pas l'acte de ne former qu'une vente unique dont les divers fonds réunis sont l'objet également unique, en sorte qu'on ne peut calculer le déficit ou l'excédant que pour l'ensemble de ces fonds.

II. — Maintenant ce principe, qui s'applique sans conteste au cas prévu par l'art. 1619, d'une vente faite pour un prix indiqué en bloc, s'appliquera-t-il aussi au cas prévu par l'art. 1617, d'une vente faite pour un prix indiqué à tant la mesure? Ainsi, quand je vous ai vendu ma vigne de 12 hectares et mon pré de 8 hectares, non plus pour le prix général de 80 000 francs, mais à raison de 4 000 francs l'hectare, la règle de notre article sera-t-elle applicable?

M. Troplong (n° 356, en note) répond négativement, sans en donner aucune raison, et en se contentant de dire qu'il ne lui paraît pas contestable que notre art. 1623 est étranger au cas de l'art. 1617. Mais M. Duvergier (n° 295), en prenant toutefois un biais qui nous paraît bien inutile, veut que la règle soit la même dans les deux cas : il enseigne que cette règle sera suivie, au cas de l'art. 1617, moins par application de notre art. 1623 que comme conséquence naturelle de la convention. Cette distinction ne nous semble en rien nécessaire, et nous n'hésitons pas à dire que la pensée comme le texte de la loi commandent d'appliquer la règle aux deux cas.

L'article, d'une part, parle de toute vente faite pour *un seul et même prix*, sans distinguer si ce prix est fixé en bloc et par une somme totale, ou s'il l'est à tant la mesure. Or, de même que tout est vendu pour un seul et même prix, quand je vends ce premier fonds et ce second fonds pour une seule somme de 80 000 francs, au lieu de vous vendre le premier pour 60 000 francs et le second pour 20 000, de même il n'y a ici qu'un seul et même prix, quand je vends ces deux fonds pour un même chiffre de 4 000 francs l'hectare, au lieu de vendre le premier pour 4 000 francs et le second pour 1 000, 2 000, 500 ou tout autre chiffre. Le seul et même prix n'est-il pas mis par opposition à deux ou plusieurs prix, à autant de prix qu'il y a de fonds ? Si l'on a fixé autant de prix que de fonds, il y a plusieurs ventes ; s'il n'y avait qu'un même prix pour les différents fonds, c'est une seule vente. — Cette pensée de la loi n'apparaît-elle pas bien, d'ailleurs, par la place même qu'occupe notre article, puisqu'il ne vient qu'à la suite de deux autres dispositions également applicables aux deux hypothèses de l'art. 1617 et de l'art. 1619 ? Le législateur règle sa première hypothèse dans les deux art. 1617, 1618 ; il passe immédiatement à la seconde dans les deux art. 1619, 1620 ; puis il pose les règles communes aux deux cas dans les trois art. 1621-1623, pour s'occuper ensuite d'un autre ordre d'idées dans l'art. 1624. — Et comment, en effet, notre règle ne s'appliquerait-elle pas au cas de l'art. 1617 ? Comment ! votre déficit d'un demi-hectare de vigne valant 2 000 francs sera compensé par l'excédant d'un demi-hectare de pré de même valeur, quand j'ai déclaré vendre les 20 hectares *pour* 80 000 *francs,* et la compensation n'aurait plus lieu, quand j'ai déclaré vous vendre le tout *pour* 4 000 *francs l'hectare !* Comment ! cette estimation écrite au contrat va empêcher que les 2 000 francs que vous perdez d'un côté se compensent avec les 2 000 francs que vous gagnez de l'autre ? Comment ! vous pourriez prétendre qu'il y a dans ce cas deux ventes, que par conséquent vous ne me devez pas d'augmentation pour l'excédant d'un demi-hectare sur les 12 hectares de vigne (puisqu'il n'y a pas un vingtième), et que je vous dois, moi, une diminution sur les 8 hectares de pré, non pas seulement pour un demi-hectare qui manquerait, mais pour une parcelle quelconque (puisque l'art. 1617, à la différence de l'art. 1619, admet la diminution pour tout déficit, si faible qu'il soit) : ainsi les 3 ou 400 francs que vous perdez sur le pré ne seraient pas compensés par les 2 000 francs que vous gagnez sur la vigne !... Ce serait d'une monstrueuse injustice, et l'esprit de la loi, dès lors, de même que son contexte, commandent de voir une seule vente, et partant un seul calcul de déficit ou d'excédant, aussi bien quand les fonds sont vendus pour un seul prix à tant la mesure que quand ils le sont pour un seul prix général.

Au surplus, cette pensée de l'article, ainsi manifestée déjà par ses termes, par la place qu'il occupe et par le but qu'il se propose, ne laisse plus de doute quand on recherche comment l'ont entendu les auteurs du Code. D'une part, le rapporteur du Tribunat, après avoir analysé notre article en tant qu'il « sert à régler, dit-il, de quelle manière doit être appliquée *la disposition que je viens d'analyser* », c'est-à-dire celle des art. 1619, 1620, s'élève ensuite à ce principe général, par nous précisé plus haut, que c'est la circonstance d'un seul et même prix qui ait considérer les différents fonds comme objet unique d'une seule vente ; puis il ajoute que *la même règle doit être suivie,* TOUTES LES FOIS *que la contenance réelle de l'un des fonds est différente de celle exprimée au contrat* (Fenet, t. XIV, p. 164). D'un autre côté, M. Maleville, l'un des quatre rédacteurs, après avoir expliqué que la compensation commandée par notre article est celle des valeurs et non celle des contenances, ajoute que « cette compensation faite, on n'a égard à l'excédant ou au déficit qu'autant qu'il est d'un vingtième, *à moins que la vente n'ait été faite à tant la mesure,* cas où un déficit quelconque est suffisant (t. III, p. 381). » Ce cas de vente à tant la mesure est donc soumis, aussi bien que l'autre, à la règle de compensation posée par notre article.

III. — Il ne nous reste à parler, sur cette matière *de l'objet de la délivrance,* réglée par les dix art. 1614-1623, que de la sixième des hypothèses dont le Code n'a prévu que deux, celle des ventes faites avec indication de contenance, mais avec convention qu'il ne sera dû aucune garantie de cette contenance.

Ce cas ne saurait présenter aucune difficulté. Toute convention étant la loi de ceux qui l'ont faite, il est clair que du moment que le vendeur et l'acheteur sont convenus, soit expressément, soit tacitement, que l'indication de contenance ne produira pas d'effet et que le terrain serait pris avec l'étendue, telle quelle, qu'il se trouve avoir, c'est à cette idée qu'il faut se tenir, en sorte qu'il n'y aura ni diminution de prix pour déficit, ni augmentation pour excédant, si considérable que cet excédant ou ce déficit puisse être. L'art. 1619, quand il admet la diminution ou l'augmentation de prix pour la différence de moins d'un vingtième en cas de stipulation spéciale à cet égard, ne fait qu'appliquer le principe général de la liberté des conventions, en vertu duquel réciproquement la différence de plus du vingtième sera sans effet, si telle est la stipulation des parties. On ne conçoit pas que deux cours d'appel, celle de Paris (16 juin 1807) et celle de Bourges (12 juillet 1808), aient pu juger que la stipulation que le vendeur ne sera point garant du défaut de mesure n'a d'effet qu'au-dessous du vingtième. L'erreur est d'autant moins douteuse, qu'on s'en était formellement expliqué lors de la rédaction du Code. M. Berlier, en proposant le chiffre d'un vingtième, faisait observer que « *cette décision ne nuira point* aux stipulations propres à rédimer le vendeur qui aura vendu le fonds *tel qu'il est et se comporte* ou *sans aucune garantie de contenance.* » (Fenet, t. XIV, p. 28.)

Du reste, les deux mêmes cours ont plus tard abandonné l'une et l'autre cette fausse doctrine (1) pour suivre la doctrine contraire, consacrée par la Cour suprême (Rej., 18 novembre 1828) et professée depuis par M. Troplong (I, n° 341) et M. Duvergier (I, n° 305).

4° Des risques depuis la vente jusqu'à la délivrance.

1624. — La question de savoir sur lequel, du vendeur ou de l'ac-

---

(1) Paris, 9 juill. 1827 (c'est l'arrêt maintenu par le rejet de 1828); Bourges, 31 août 1831 (Dev., 33, 2, 9).

quéreur, doit tomber la perte ou la détérioration de la chose vendue avant la livraison, est jugée d'après les règles prescrites au titre *Des Contrats ou des Obligations conventionnelles en général*.

I. — C'est d'après les principes généraux des obligations que se décidera, selon les différentes circonstances, la question des risques de la chose vendue. Nous renvoyons, à cet égard, aux explications que nous avons données sous les art. 1302, 1245 et surtout 1137 sur la théorie des fautes. Il faut y ajouter aussi ce que nous avons dit du transport de la propriété et des risques, dans le contrat de vente, sous les articles 1585, 1586, et 1587, 1588.

SECTION III.
DE LA GARANTIE.

1625. — La garantie que le vendeur doit à l'acquéreur, a deux objets : le premier est la possession paisible de la chose vendue ; le second, les défauts cachés de cette chose ou les vices rédhibitoires.

I. — Le vendeur est tenu de *garantir* son acheteur, c'est-à-dire de le protéger et défendre ou subsidiairement de l'indemniser, à raison, 1° de tout ce qui peut faire obstacle à la pleine et libre possession qu'il doit procurer à cet acheteur sur la chose vendue ; 2° des défauts cachés qui anéantissent ou diminuent considérablement l'usage de cette chose, défauts qui, permettant à l'acheteur de résilier son achat, *redhibere,* se nomment pour cela *vices rédhibitoires.*

Ce double objet de la garantie est ici réglé dans deux paragraphes, dont le premier va traiter de l'éviction ou dépossession, soit totale, soit partielle. Ce paragraphe, après avoir posé d'abord les principes généraux de la matière (art. 1626-1629), s'occupera successivement : 1° de l'éviction totale (art. 1630-1635) ; 2° de celle qui ne porte que sur une partie de la chose (art. 1636 et 1637) ; 3° de celle qui résulte de l'existence de charges non apparentes et non déclarées à l'acheteur (art. 1638) ; 4° du renvoi aux principes généraux *des obligations,* pour les questions non prévues ici (art. 1639) ; 5° enfin des causes qui font cesser la dette de garantie (art. 1640).

§ 1er. — De la garantie en cas d'éviction.

1626. — Quoique lors de la vente il n'ait été fait aucune stipulation sur la garantie, le vendeur est obligé de droit à garantir l'acquéreur de l'éviction qu'il souffre dans la totalité ou partie de l'objet vendu, ou des charges prétendues sur cet objet, et non déclarées lors de la vente.

1627. — Les parties peuvent, par des conventions particulières, ajouter à cette obligation de droit ou en diminuer l'effet ; elles peuvent même convenir que le vendeur ne sera soumis à aucune garantie.

1628. — Quoiqu'il soit dit que le vendeur ne sera soumis à aucune garantie, il demeure cependant tenu de celle qui résulte d'un fait qui lui est personnel : toute convention contraire est nulle.

1629. — Dans le même cas de stipulation de non-garantie, le vendeur, en cas d'éviction, est tenu à la restitution du prix, à moins que l'acquéreur n'ait connu, lors de la vente, le danger de l'éviction, ou qu'il n'ait acheté à ses périls et risques.

SOMMAIRE.

I. — On entend par éviction les privations que subit un acheteur de tout ou partie de ce que devait lui transmettre la vente. L'éviction partielle peut se réaliser de deux manières : 1° par la privation complète d'une portion de la chose : par exemple, si des vingt hectares de terre que j'ai achetés, je n'en obtiens on n'en conserve que quinze ; 2° par la restriction qu'apportent au droit qui devait être transmis, soit l'existence de servitudes passives, hypothèques ou autres charges grevant le bien acquis, soit la non-existence de servitudes actives que le vendeur avait dit exister.

Il importe peu que la privation, soit totale, soit partielle, résulte de l'action d'un tiers ou qu'elle résulte seulement de la résistance que ce tiers oppose à l'acheteur. Ainsi, soit qu'après avoir possédé l'immeuble à moi vendu, je me le voie enlever en tout ou en partie, par une action en revendication, soit que le détenteur refuse de me laisser mettre en possession du tout ou d'une partie, il y a toujours éviction. — Et, bien entendu, il n'est pas nécessaire, pour qu'il y ait éviction, que l'acheteur soit privé absolument, il suffit qu'il le soit, en tant qu'acheteur. Ainsi, quand je deviens héritier ou légataire de celui à qui appartenaient les cinq hectares de terre que vous m'aviez vendu, il est vrai que je les ai, mais je ne les ai pas en vertu de votre vente, et dès lors il y a éviction. Il en est de même si je ne puis conserver le bien qu'en payant une dette à la garantie de laquelle il était affecté; car si j'en ai alors la possession paisible, ce n'est pas vous qui me l'avez procurée, comme vous étiez tenu de le faire.

II. — L'éviction ne permet d'agir en garantie qu'autant qu'elle est le résultat d'un droit dont l'existence était antérieure à la vente, à moins, bien entendu, que la naissance du droit ne soit imputable au vendeur. Dans ce dernier cas, en effet, il est évident que le vendeur devrait la garantie, alors même que la naissance du droit serait postérieure à la vente : ainsi, quand vous m'avez vendu, par un acte privé que je n'ai pas eu soin de faire enregistrer immédiatement, un immeuble que vous vendez ensuite à un autre par acte authentique, il est clair que l'éviction que me fera subir le second acheteur me donnera recours contre vous. Mais hors ce cas d'un droit résultant du fait du vendeur, l'éviction ne donne lieu à la garantie qu'autant que le droit dont l'exercice la produit avait déjà son existence avant la vente ; car le vendeur ne saurait être responsable des droits qui viennent à naître après la vente sans qu'il y soit pour rien.

Ainsi, il y aura lieu à garantie, quoi que disent M. Dalloz (v° Vente, p. 873) et deux arrêts de Metz et de Paris (25 prairial an 12 et 31 mars 1821), quand l'acheteur est évincé au moyen de la surenchère qu'un créancier ayant hypothèque inscrite sur l'immeuble exerce en vertu de l'art. 2185 ; car on trouve ici cette raison décisive, que l'acquéreur est alors évincé par l'effet d'un droit hypothécaire dont l'existence est antérieure à la vente, et telle est, en effet, sauf les motifs (qui sont tantôt inexacts, comme chez M. Troplong, tantôt nuls, comme chez M. Duranton et M. Zachariæ), la doctrine générale des auteurs et des arrêts (1). Au contraire, la garantie ne serait pas due à raison des charges que fait peser sur l'immeuble acquis l'ordonnance administrative, postérieure à la vente, qui établit, sur cet immeuble et sur les autres immeubles d'une commune, une contribution extraordinaire destinée à l'acquittement de la dette de cette commune, quoique la dette existât avant cette même vente. C'est par l'ordonnance, en effet, que la dette de la commune est devenue la dette des immeubles composant le territoire de cette commune; or, puisque jusque-là le créancier n'avait aucun droit sur l'immeuble acquis, le droit dont l'exercice entraîne l'éviction est donc postérieur à la vente et n'autorise pas dès lors le recours en garantie. C'est ce qu'a jugé la Cour suprême, en cassant une décision contraire de cour d'appel (2).

---

(1) Duranton (XVI, 260); Troplong (I, 426); Duvergier (I, 321); Zachariæ (II, p. 516); Cass., 4 mai 1808; Bordeaux, 27 fév. 1829; Toulouse, 27 août 1834; Dijon, 23 avr. 1847; Paris, 8 janv. 1848; Cass., 15 déc. 1862 (Dev., 35, 2, 325; 47, 2, 657; 48, 2, 40; 63, 1, 57).
(2) Cass. d'un arrêt de Nîmes, 13 déc. 1843 (Dev., 44, 1, 209). — Au contraire, l'expropriation pour cause d'alignement est une éviction donnant lieu à une action en garantie contre le vendeur, lorsque cette expropriation a lieu en vertu d'une clause

Mais que faut-il dire de l'éviction résultant d'une prescription qui avait commencé avant la vente, et qui ne s'est accomplie que depuis? Deux arrêts, contraires entre eux (dans leurs motifs, du moins, car on va voir que leurs décisions en elles-mêmes peuvent très-bien se concilier), ont admis à cet égard deux doctrines opposées; mais quoique l'une d'elles soit adoptée par les trois auteurs qui ont traité la question, nous les croyons cependant inexactes l'une et l'autre (1). La Cour de Bordeaux, prenant à la lettre cette expression impropre de Pothier, qu'il suffit que l'éviction ait une cause ou *un germe* antérieur à la vente, et lui donnant un sens condamné par l'arrêt de cassation précité, déclare que la garantie est due ici. La Cour de Bourges, au contraire, et, comme elle, MM. Troplong, Duvergier et Zachariæ, refusent la garantie, en se fondant sur ce que le droit engendré par une prescription n'existe que du jour où cette prescription est entièrement accomplie, en sorte que l'éviction, dans notre hypothèse, résulte évidemment d'un droit postérieur à la vente. Mais est-il exact de résoudre ainsi la question d'une manière absolue, soit dans un sens, soit dans l'autre, et ne doit-elle pas se décider, selon les cas, tantôt contre le vendeur, tantôt contre l'acheteur? S'il serait ridicule et inique de dire, d'après le principe de l'arrêt de Bordeaux, que la prescription doit s'accomplir toujours au détriment du vendeur, alors même qu'elle n'aurait couru contre lui que pendant quelques mois, pour courir contre l'acheteur pendant vingt-neuf années, il ne serait ni moins inique ni moins ridicule de dire qu'elle s'accomplira toujours, et nécessairement au détriment de l'acheteur et sans garantie pour lui, alors même qu'au moment de la vente il n'aurait manqué que quelques semaines à son accomplissement! C'est cependant là que conduirait le principe de l'arrêt de Bourges et de MM. Troplong, Duvergier et Zachariæ : par cela seul que quelques semaines, quelques jours même, manquaient encore au délai de la prescription, celle-ci ne se serait donc accomplie qu'après la vente, le droit d'où résulte l'éviction serait donc postérieur à cette vente, et par conséquent la garantie ne serait pas due!... Assurément une pareille thèse n'est pas soutenable, et c'est ailleurs qu'il faut chercher le principe de la solution.

Ce principe est bien simple. On a vu que l'éviction autorise le recours en garantie, même en résultant d'un droit postérieur à la vente, quand c'est précisément au vendeur qu'est imputable la naissance de ce droit. Or n'est-il pas clair que c'est au vendeur et non à l'acheteur que l'acquisition de la prescription est imputable, quand elle a couru pendant plus de vingt-neuf ans contre le premier et quelques mois seulement contre le second?... La question reviendra donc ici à savoir

domaniale, d'après laquelle la propriété vendue est tenue de se conformer, sans indemnité, aux alignements indiqués par l'administration. Cass., 20 mars 1850 et 14 juin 1853 (Dev., 51, 1, 86; 53, 1, 525). *Voy.*, sur l'existence même de la clause domaniale, Paris, 3 avr. 1849; Cass., 23 juin 1851 (Dev., 51, 1, 728; *J. Pal.*, 52, 1, 515).

(1) Troplong (I, 425); Duvergier (I, 314); Zachariæ (II, p. 516); Bourges, 4 fév. 1823; Bordeaux, 4 fév. 1831 (Dev., 31, 2, 138). — *Voy.* aussi Pau, 9 déc. 1853 (Dev., 54, 2, 262).

quelle est celle des deux parties de laquelle il est vrai de dire que le bien s'est prescrit par sa faute. Cette question se résumera toujours en une appréciation des circonstances; et c'est pour cela que les deux arrêts de Bourges et de Bordeaux, si contraires et si peu exacts l'un et l'autre dans leurs motifs, n'ont cependant rien d'inconciliable dans leur décision (1).

De même que le vendeur ne répond pas des évictions provenant d'un droit qui est postérieur à la vente et dont la naissance ne lui est point imputable, de même il ne répond pas de celles qui proviennent d'un cas fortuit ou d'une force majeure : étranger, dans un cas comme dans l'autre, au préjudice que subit l'acheteur, il n'en doit pas réparation. Or, on range avec raison parmi les événements de force majeure le fait du souverain, c'est-à-dire tout acte du pouvoir législatif ou du pouvoir exécutif, ordonnant une dépossession qui n'est pas la conséquence d'un droit préexistant. Si la dépossession, ainsi effectuée, n'était que l'exercice d'un droit et que le souverain dès lors n'eût fait par lui-même que ce qui eût pu être fait par les tribunaux, on conçoit que la garantie serait due d'après les règles ci-dessus (2). Elle le serait également si c'était précisément sur la demande et dans l'intérêt du vendeur que l'acte du pouvoir fût intervenu, puisqu'il y aurait alors fait personnel de ce vendeur (3).

Mais si le fait du souverain est un cas de force majeure ne donnant pas lieu, en principe et par lui-même, à la dette de garantie, il en est autrement du fait du juge, et alors même qu'il serait évident que le jugement qui prononce l'éviction s'est trompé en reconnaissant à un tiers le droit qui appartient réellement au vendeur, celui-ci n'en devrait pas moins garantir son acheteur. Il est vrai que Pothier (n° 95) enseignait le contraire, d'après la loi romaine; mais sa doctrine ne saurait être admise aujourd'hui. Toute décision judiciaire qui a force de chose jugée est légalement une vérité, si fausse qu'elle puisse être en fait; et, par conséquent, dès là qu'il est jugé, même à tort, que tel bien n'appartenait pas au vendeur, il est donc vrai, en droit, que la vente n'a pas transmis ce bien à l'acheteur, et dès lors la garantie est due. Sans doute, si le vendeur, alors qu'il n'aura pas été mis en cause, prouvait qu'il eût fait valoir des moyens décisifs que l'acheteur n'a pas présentés, il ne devrait pas la garantie, puisque alors ce serait précisément à la négligence de l'acheteur que l'erreur du juge serait imputable (art.1640). Mais, hors de ce cas, la garantie est due, et le vendeur n'a aucun moyen, ni en fait ni en droit, pour y échapper. Alors, en effet, l'er-

_____

(1) Dans l'espèce où le recours contre le vendeur a été accordé, c'était contre ce vendeur qu'avaient couru les quatre cinquièmes du délai de la prescription, et le dernier cinquième s'était accompli d'autant plus facilement contre l'acheteur qu'il s'agissait d'une chose sur laquelle les actes de possession sont très-peu fréquents : c'était une haie; or une haie ne se coupe d'ordinaire que tous les trois ans, quelquefois tous les six ans! Dans l'autre affaire, au contraire, la prescription était manifestement imputable à la négligence de l'acheteur, car il l'avait laissée courir pendant dix-huit ans. Les deux arrêts sont donc, au fond, conformes l'un et l'autre aux vrais principes.
(2-3) Cass., 14 avr. 1830 et 8 janv. 1851 (Dev., 51, 1, 106).

reur ne peut être imputée qu'à lui-même ou au juge seul : or, si elle lui est imputable, c'est à lui d'en subir la conséquence ; si elle ne l'est qu'au juge, cette erreur n'existe pas en droit, bien que réelle en fait, puisque, encore une fois, toute chose jugée est en droit une chose vraie (1).

III. — La garantie pour cause d'éviction a-t-elle lieu dans les ventes par expropriation forcée, comme dans les ventes volontaires (2) ; et, si elle a lieu, contre qui peut-elle s'exercer ? C'est là une question qui n'est pas seulement très-controversée, mais qu'on a aussi fort embrouillée, en confondant l'obligation de garantie résultant de nos articles, soit avec la responsabilité générale édictée par l'art. 1382, soit même avec la règle de la répétition du payement fait par erreur, (art. 1377)... Pour éviter cette confusion, réservons d'abord la question de savoir si l'acquéreur, évincé de tout ou partie de la chose à lui adjugée, peut répéter contre les créanciers du saisi les sommes qu'il leur avait payées, et occupons-nous seulement de la question de garantie entre acheteur et vendeur.

M. Persil (*Quest.*, t. II, p. 241) et, comme lui, trois arrêts de cours d'appel (3), non contents de donner ici action à l'adjudicataire contre le saisi, lui donnent aussi l'action de garantie pour éviction contre le créancier saisissant, parce que, dit-on, il est en quelque sorte vendeur, puisque c'est lui qui poursuit et fait prononcer l'adjudication. — M. Troplong, au contraire, enseigne (n° 432), sur le fondement de lois romaines suivies par Pothier, que l'action de garantie n'existe ici contre personne, pas plus contre le saisi que contre le créancier poursuivant, attendu que la vente n'a été faite ni par l'un ni par l'autre, mais par la justice. — Mais ces deux opinions extrêmes sont repoussées l'une et l'autre par la généralité des auteurs et par la Cour suprême, qui admettent, contrairement à la seconde, que l'action de garantie existe, mais qu'elle ne peut être dirigée, contrairement à la première, que contre le saisi.

Cette troisième doctrine est la seule vraie. Car, d'une part, si le nom de *vendeur* ne convient pas au débiteur exproprié dans le sens complet du mot, il lui convient du moins dans un sens, dans le sens dont il s'agit ici. Il y a ici un possesseur qui, en se donnant comme propriétaire des choses que l'on vendait à sa connaissance, pour son compte et comme lui appartenant, s'est procuré le même avantage et a causé à l'acheteur le même préjudice que s'il avait vendu lui-même. La même circonstance, qui est imputable au vendeur ordinaire et qui crée la dette de garantie, est identiquement imputable ici au saisi ; et c'est avec raison dès lors que la Cour suprême déclare qu'il faut entendre, sous ce rapport, par vendeur, non-seulement *celui qui s'est dessaisi volontairement de la chose vendue, mais aussi celui qui en a été dessaisi par la justice.* Au contraire et d'autre part, le créancier poursui-

(1) Troplong (I, 424); Duvergier (I, 316); Cass., 6 janv. 1841 (Dev., 41, 1, 24).
(2) *Voy.* Lyon, 13 août 1852 (Dev., 53, 2, 119; *J. Pal.*, 52, 2, 635).
(3) Toulouse, 24 janv. 1826; Dijon, 25 août 1827; Caen, 7 déc. 1827.

vant n'est nullement vendeur. C'est bien lui qui dirige la saisie, et nous allons en voir la conséquence ; mais ce n'est pas lui qui vend, c'est la justice, pour le compte et comme mandataire légal du saisi. Donc l'action de garantie existera contre le saisi, et contre lui seulement (1).

Mais si le créancier saisissant ne peut jamais être poursuivi comme vendeur et en vertu de notre art. 1626, il pourrait l'être, au contraire, comme responsable de sa faute et en vertu de l'art. 1382, s'il avait commis dans ses poursuites d'expropriation des irrégularités entraînant l'annulation de l'adjudication, ou s'il eût compris dans cette saisie des biens sur lesquels le saisi n'avait pas de possession et n'avait fait aucun acte de nature à le faire passer pour propriétaire. Dans ces deux cas, en effet, c'est le saisissant qui a commis la faute ; et c'est à lui dès lors de réparer le préjudice qu'elle cause à l'adjudicataire. Si donc les trois arrêts ci-dessus cités, de Toulouse, Dijon et Caen, sont inexacts tous trois dans leurs motifs, les deux premiers sont, au contraire, fort exacts dans leur décision ; car ils étaient rendus dans l'hypothèse ici prévue.

Quant aux créanciers colloqués auxquels l'adjudicataire qu'on évince avait payé son prix, ils peuvent être poursuivis en répétition de ce pr x en vertu de l'art. 1377, quoi que disent Delvincourt et M. Duranton (XIII, 686). En vain on objecte que la somme payée aux créanciers leur était réellement due par le saisi, pour en conclure d'après le droit romain qu'il n'y a pas lieu à répétition. Quant au droit romain, on a vu sous les art. 1376 et 1377 que notre Code n'en a pas suivi les règles sur cette matière ; et quant à la circonstance que les créanciers n'ont vraiment reçu que ce qui leur était dû, elle écarte bien l'application de l'art. 1376, mais non celle de l'art. 1377. Celui-ci, en effet, accorde la répétition encore que la somme fût due, si elle ne l'était pas par celui qui a payé : il suppose que celui qui a reçu était bien créancier, mais que celui qui a payé n'était pas débiteur et n'a payé que par erreur. Or l'adjudicataire ne doit le prix des biens que si ces biens lui sont vraiment transmis, il n'est débiteur d'un prix d'acquisition qu'autant qu'il y a vraiment acquisition ; lorsque l'adjudication est déclarée nulle et que l'adjudicataire se trouve ainsi n'avoir point acquis, il se trouve par là même n'avoir point été débiteur, la somme qu'il croyait devoir et ne devait pas n'a donc été payée que par erreur, et il peut dès lors la répéter. C'est, en effet, ce que reconnaissent la généralité des auteurs et des arrêts, qui rejettent avec raison la doctrine erronée de Delvincourt et M. Duranton (2).

---

(1) Favart (V, p. 73); Pigeau (*Proc. civ.*, II, p. 252); Duvergier (I, 345); Delvincourt; Duranton (XVI, 265); Zachariæ (II, p. 517); Cass., 16 déc. 1828; Pau, 20 août 1836 (Dev., 37, 2, 278); Rouen, 25 juin 1849; Cass., 28 mai 1862 (Dev., 50, 2, 381; 62, 1, 747).

(2) Persil (*Quest.*, I, 241); Merlin (*Rép.*, v° Saisie imm., § 7, n° 2); Favart (*Saisie imm.*, § 2, art. 751); R. de Villargues (v° Expropr., n° 85); Troplong (I, 498); Duvergier (I, 346); Zachariæ (II, p. 518); Lyon, 2 juill. 1825 ; Colmar, 22 mars 1836; Lyon, 15 déc. 1841 ; Rouen, 25 juin 1849 ; Riom, 30 janv. 1850 et 20 mai 1851 (Dev., 36, 2, 551; 42, 2, 168; 50, 2, 383; 51, 2, 767; *J. des av.*, 75-242).

IV. — Par qui faut-il que l'éviction soit subie pour que la garantie soit due? Pothier (n° 98), suivant encore ici l'idée, fort contestable et en tout cas inacceptable, d'une loi romaine, voulait que la garantie ne fût due qu'autant que l'éviction serait subie, soit par l'acheteur lui-même, soit par son successeur à titre universel ou à titre onéreux, et non quand elle frapperait sur son successeur à titre gratuit et particulier. Ainsi quand j'ai fait donation de la ferme que vous m'aviez vendue, et quand mon donataire en est évincé, il n'y aurait pas lieu à garantie et la circonstance que le bien, au moment de l'éviction, se trouve aux mains de mon donataire vous mettrait à l'abri de tout recours. La raison qu'en donne Pothier, c'est qu'un donateur ne peut pas être poursuivi en garantie par son donataire, et que ne pouvant dès lors subir aucune perte, il ne peut pas être question pour lui de se faire indemniser ; et quant au donataire, étant privé par sa qualité même de l'action en garantie, il ne pourra donc pas plus l'exercer contre le vendeur de son donateur que contre celui-ci.

Cette doctrine n'est pas plus soutenable en droit qu'en équité. Comment soutenir qu'un vendeur se trouve affranchi de ses obligations parce qu'il plaît à son acheteur de faire donation du bien vendu? C'est donc à ce vendeur, dans notre cas d'éviction, que profiterait la donation ! c'est lui qui conserverait la valeur du bien, qui ne lui appartenait pas, et le donataire n'aurait rien ! On s'étonne que Pothier ait pu professer une pareille doctrine, et c'est avec raison qu'elle est unanimement rejetée aujourd'hui ; seulement, les principes par lesquels on décide la question en droit ne sont pas toujours exacts, et M. Troplong, notamment, émet à cet égard des idées manifestement inadmissibles et qui sont même contradictoires. Non-seulement le savant magistrat a le tort de présenter le droit d'action du donataire comme dépendant de la fantaisie du donateur et du droit qui résulterait pour celui-ci d'un prétendu *intérêt d'affection* qui n'a rien à faire ici, mais à cette première inexactitude il en ajoute une autre plus grave ; car, tout en finissant par reconnaître, au n° 427, que le donataire peut intenter l'action en garantie contre le vendeur de son donateur, parce que *ce donateur lui a implicitement cédé tous ses droits et actions par rapport à la chose,* il prétend plus loin (n° 497) que cette cession implicite de l'action en garantie *est impossible,* et donne trois raisons (plus mauvaises l'une que l'autre) qui, selon lui, en fournissent *une preuve décisive !...* De ces deux idées contradictoires, c'est la première qui est vraie. Notre droit moderne n'admet pas les subtilités du droit romain sur la cession des actions ; tout aliénateur, en transmettant une chose, transmet par là même tous les droits et actions qui lui compètent relativement à cette chose ; il la cède avec tous les droits et avantages qu'il a quant à elle ; *cum omni suâ causâ ;* et la bonne foi des conventions ne permet pas d'admettre qu'il se réserve rien, à moins de la déclaration contraire. Pothier lui-même proclame ailleurs (n° 149) la vérité de ce principe ; il l'exagère même singulièrement en soutenant que dans le cas de plusieurs reventes successives faites pour des prix différents, le dernier acheteur est tellement investi des actions en garantie de ses prédécesseurs, qu'il peut choisir celle qu'il voudra pour l'exercer absolument de la même manière que celui en qui elle est née, de sorte que, n'ayant acheté le bien que 50 000 francs, par exemple, tandis qu'un des acquéreurs précédents l'avait acheté 80 000 francs, il pourrait exiger ce prix de 80 000 francs, et se faire ainsi donner 30 000 francs de plus que ce qu'il a payé et de plus que le bien ne vaut ! C'est précisément pour combattre cette conclusion erronée de Pothier, que M. Troplong tombe à son tour dans l'erreur de principe qui vient d'être signalée.

Ce principe, que Pothier méconnaît au cas de donation pour l'exagérer dans le cas de vente, tandis que M. Troplong le nie dans ce second cas après l'avoir appliqué dans le premier, ce principe est incontestable dans les deux cas. Tout aliénateur, de plein droit et à moins de déclaration contraire, transmet à l'acquéreur tous les droits et actions qu'il avait quant au bien aliéné. Donc le donataire, investi de la propriété de la chose donnée, est également investi des actions que le donateur avait quant à cette chose ; et voilà comment il a l'action de garantie contre le vendeur de son donateur, quoiqu'il n'ait pas cette même action contre le donateur lui-même (en principe, du moins ; car on sait que la garantie est due par les donateurs dans certains cas : art. 1440 et 1547).

Il faut donc dire que la garantie est due toutes les fois que l'éviction est soufferte par l'acquéreur ou par son ayant cause, quel qu'il soit ; et c'est ce qu'enseignait formellement Domat, qui nous dit : « La demande en garantie peut être formée tant par l'acquéreur que par ses représentants : ainsi l'héritier de l'acquéreur ou *son donataire* aura le même droit que lui. » La Cour de cassation a également condamné la fausse théorie d'après laquelle Pothier enseigne que celui qui n'a pas l'action de garantie contre son auteur ne l'a pas non plus contre le vendeur de celui-ci ; car elle a jugé, en cassant une décision contraire de la Cour de Rouen, que l'acquéreur qui est privé de l'action en garantie contre son auteur immédiat, par l'effet d'une convention formelle à cet égard, n'en a pas moins son recours contre le vendeur précédent. Les cours d'appel ont également repoussé la doctrine de Pothier, qui se trouve ainsi généralement condamnée, et avec raison (1).

V. — En général, l'obligation pour le vendeur de garantir son acheteur est de la nature de la vente, mais non pas de son essence. Elle est de sa nature, puisque, d'après l'art. 1626, elle existe de plein droit et

---

(1) Duranton (XVI, 276); Duvergier (I, 343); Troplong (I, 429); Zachariæ (II, p. 518); Domat (liv. 1, sect. 2); Cass., 25 janv. 1820; Bordeaux, 5 avr. 1826; Bordeaux, 4 fév. 1831 (Dev., 31, 2, 138). — On fonde quelquefois cette solution, en outre de la raison par nous donnée, sur cet autre motif que le donataire évincé peut exercer les droits de son auteur, comme créancier de celui-ci, en vertu de l'art. 1166 (M. Duranton, M. Troplong, arrêt de 1826). Ce motif est en même temps dangereux et inexact. Il est dangereux, car si le donataire agissait en vertu de l'art. 1166, la somme obtenue entrerait dans le patrimoine du donateur, et tous les créanciers de celui-ci y auraient le même droit que le donataire. Il est inexact, puisque le donataire, on vient de le voir, agit ici non pas au nom du donateur, mais en son nom propre et comme exerçant un droit qui lui appartient, pour lui avoir été transmis avec la chose elle-même.

sans qu'il soit besoin d'en parler (1). Mais elle ne lui est pas essentielle, puisque, d'après l'art. 1627, on peut, par une stipulation spéciale, non-seulement la restreindre, mais aussi la supprimer, comme on peut réciproquement l'élargir. Toutefois la faculté de faire disparaître la dette de garantie n'existe pas pour ceux des faits personnels au vendeur qui seraient postérieurs à la vente, ni pour ceux antérieurs que le vendeur ne ferait pas connaître à l'acheteur : pour eux, on va le voir, la garantie est essentielle au contrat.

Les parties, disons-nous, peuvent, à leur volonté, étendre ou restreindre l'obligation légale de garantie. — Elles peuvent l'étendre, par exemple, en stipulant qu'elle s'appliquerait même au fait du souverain ou autre cas de force majeure. Mais il faut, bien entendu, que la volonté soit manifeste à cet égard, et il ne suffirait pas, pour produire un résultat si exorbitant, de cette phrase banale, que la vente est faite *avec garantie de tous troubles et évictions quelconques.* Cette phrase, par elle seule, ne pourrait s'entendre que des troubles et évictions *imputables au vendeur,* en sorte qu'elle ne serait que la reproduction de la règle écrite dans le Code et n'ajouterait rien à celle-ci (2). Pour qu'il en fût autrement, il faudrait, ou 1° que l'acte déclarât expressément la garantie due, soit pour tel cas particulier de force majeure, soit pour tous cas de force majeure; ou 2° que l'expression *toutes évictions quelconques* se trouvât expliquée dans ce sens par l'ensemble du contrat (3). Ainsi, quand il est déclaré dans l'acte que, par suite de telles circonstances, l'acheteur se trouve exposé soit à une dépossession par le fait du souverain, soit à l'enlèvement d'une partie du bien par les eaux d'un fleuve ou de la mer, la clause de garantie *pour toutes évictions quelconques* comprendra naturellement les cas ainsi prévus. Cette garantie, plus large que celle de la loi et résultant de conventions spéciales, se nomme quelquefois *garantie de fait,* par opposition à la première qui, résultant des seules dispositions du Code, est appelée pour cela *garantie de droit.* — On peut réciproquement diminuer ou même supprimer l'obligation légale de garantie par telles clauses dont il plaira aux parties de convenir; mais cette faculté, toutefois, ne s'étend pas à tous les faits personnels du vendeur. Ces faits se rangent en deux catégories : les faits antérieurs au contrat; les faits postérieurs. Ceux-ci sont toujours soumis, rigoureusement et quoi qu'on fasse, à la règle de notre art. 1628; et alors même que la clause de non-garantie de ces faits postérieurs, au lieu d'être seulement générale, s'appliquerait spécialement à tel fait rigoureusement prévu et déterminé, la clause n'en serait pas moins nulle, et la garantie de ce fait toujours due. Mais il en est autrement pour les faits antérieurs au contrat; et si pour eux la clause de non-garantie est encore nulle quand elle est générale, elle est très-valable, au contraire,

---

(1) Toutefois la garantie expressément stipulée a, dans un cas, plus d'efficacité que celle qui résulte seulement de la loi. On va le voir au n° VI.
(2) Rej., 27 pluv. an 11; Bordeaux, 24 janv. 1826.
(3) Cass., 19 flor. an 12.

quand elle porte sur un ou plusieurs faits formellement déclarés à l'acheteur par le vendeur. Il n'y a, en effet, rien que de très-loyal, de la part d'un vendeur, à stipuler, d'un acheteur agissant en connaissance de cause, la non-garantie de l'éviction pouvant provenir d'un fait par lui accompli et qu'il a soin de faire connaître à cet acheteur. La raison dit assez, et les origines de l'art. 1628 indiquent bien aussi, que ce n'est pas de ce cas que l'article entend parler. C'est donc seulement pour ceux des faits personnels du vendeur qui seraient postérieurs au contrat ou qui, antérieurs, ne seraient pas déclarés par lui, que la garantie est de l'essence de la vente (1).

VI. — La dette de garantie peut cesser, soit quant aux dommages-intérêts seulement, soit tout à la fois pour les dommages-intérêts et pour le prix à restituer.

Le vendeur est déchargé de tous dommages-intérêts, mais en restant débiteur du prix : 1° quand il y a stipulation de non-garantie (art. 1629); 2° quand, l'acte de vente étant muet sur la garantie, l'acheteur connaissait lors de la vente le danger de l'éviction, comme on le voit par l'art. 1599, qui ne rend le vendeur de la chose d'autrui passible de dommages-intérêts que quand l'acheteur ignorait que la chose fût à autrui. Nous supposons ici que l'acte garde le silence sur la garantie; car si, d'une part, l'acheteur avait formellement stipulé la garantie, la connaissance qu'il avait des causes d'éviction ne ferait pas cesser la dette des dommages-intérêts (2); et, d'autre part, s'il y avait stipulation de non-garantie, cette circonstance, réunie à la connaissance qu'avait l'acheteur des causes d'éviction, déchargerait le vendeur, non pas seulement des dommages-intérêts, mais aussi de la restitution du prix, comme on va le voir plus bas. Il importe peu, au surplus, que la connaissance des causes d'éviction ait été acquise à l'acheteur par une déclaration formelle du vendeur ou autrement. Car pourquoi le vendeur serait-il tenu de déclarer à l'acheteur une circonstance que celui-ci connaît? La raison ne dit-elle pas, comme la loi romaine et un arrêt de la Cour suprême, qu'il n'est pas nécessaire d'instruire celui qui est déjà instruit? Du moment que vous achetiez en pleine connaissance de cause, peu importe d'où vous était venue cette connaissance. Aussi tout le monde est d'accord à cet égard. — Mais en admettant la règle comme principe, plusieurs auteurs veulent qu'elle reçoive, pour les hypothèques, une exception à laquelle nous ne voyons aucune base, et sur l'étendue de laquelle ses partisans ne s'entendent même pas. M. Troplong (n°s 418 et 477) enseigne que la déclaration est nécessaire pour les hypothèques établies par le vendeur lui-même, et non pour celles provenant de propriétaires précédents. M. Duvergier (n° 319) et M. Zacha-

---

(1) Pothier (n° 185); Fenet (XIV, p. 165); Troplong (I, 477); Duvergier (I, 337); Zachariæ (II, p. 524).

(2) Rej., 7 frim. an 12; Cass., 19 flor. an 12; Nîmes, 7 flor. an 13. — La connaissance acquise à l'acheteur fait bien cesser la garantie purement légale, mais non pas celle qui est expressément convenue : il est tout simple, en effet, que la présomption d'affranchissement qui résulte de cette connaissance acquise disparaisse devant une volonté contraire formellement exprimée.

riæ (II, p. 525) la disent indispensable pour les uns et pour les autres. M. Duranton (XVI, 261) va plus loin encore : d'après lui, la déclaration, nécessaire pour les hypothèques des précédents propriétaires, ne serait pas même suffisante pour celles établies par le vendeur... Nous ne saurions admettre cette prétendue exception, qui n'est écrite nulle part. Non-seulement la loi, ainsi que le dit très-bien M. Duvergier, ne distingue pas entre les hypothèques provenant du vendeur et celles des précédents propriétaires, comme le font à tort M. Troplong et M. Duranton, mais elle ne distingue pas davantage entre des hypothèques quelconques et d'autres charges, comme le font à tort M. Duvergier et M. Zachariæ. La loi parle de toutes charges (art. 1626) pour en distinguer la cause, et de tout danger d'éviction (art. 1629) sans en distinguer la nature : la déclaration est donc nécessaire toujours, ou ne l'est jamais; et puisque tout le monde reconnaît que l'art. 1626 (qui s'explique et se complète par l'art. 1629, par l'art. 1599 et par les règles du droit romain et de notre ancien droit) sous-entend, en parlant de charges déclarées, *si elles ne sont déjà connues*, il faut donc dire que la déclaration n'est jamais indispensable, et que ce qui est nécessaire, c'est seulement la connaissance acquise par l'acheteur lors de la vente : toute distinction est ici arbitraire, et c'est avec raison que Pothier, Merlin et la jurisprudence n'en font aucune (1).

Le vendeur ne devra ni les dommages-intérêts, ni même la restitution du prix : 1° quand les deux circonstances dont on vient de parler séparément seront réunies, c'est-à-dire quand il y aura tout à la fois stipulation de non-garantie et connaissance acquise à l'acheteur, lors de la vente, du danger de l'éviction (art. 1629). Il est vrai que M. Duranton (XVI, 261) est moins exigeant. Lui qui enseigne que, pour les hypothèques créées par le vendeur, la déclaration qu'en fait ce vendeur ne peut pas même l'affranchir des dommages-intérêts, il veut que pour les autres charges cette même déclaration l'affranchisse, par elle seule et sans stipulation de non-garantie, non pas seulement des dommages-intérêts, mais aussi de la restitution du prix ! Mais cette doctrine est, et avec raison, unanimement repoussée (2). Il est clair, en effet, que la simple déclaration d'une charge (qui n'indique qu'implicitement et présomptivement l'intention de ne pas garantir) ne saurait avoir plus d'effet que la stipulation formelle de non-garantie; or, puisque, d'après notre art. 1629, cette stipulation elle-même, quand elle est seule, n'affranchit pas de la restitution du prix, la déclaration, quand elle sera seule aussi, ne peut donc pas produire cet effet, et c'est seulement quand il y a tout à la fois déclaration (ou connaissance autrement acquise) et stipulation de non-garantie, que le vendeur n'est pas tenu de rendre le prix. — 2° Quand la vente est faite aux risques et périls de l'acheteur,

_____

(1) C., l. *De evict.*; Pothier (n° 187); Merlin (v° Garantie, § 7, 2°); Rej., 16 juin 1840, 20 juin 1843; Douai, 16 fév. 1846; Cass., 2 mai 1864 (Dev., 40, 1, 870; 43, 1, 288; 46, 2, 319; 65, 1, 381).

(2) Troplong (I, 483); Duvergier (I, 341); Zachariæ (II, p. 525); Paris, 16 juill. 1832 (Dev., 32, 2, 518).

de sorte que, dans ce cas, l'objet de la vente n'est pas précisément la chose elle-même, mais seulement les prétentions et les chances que le vendeur peut avoir sur cette chose. Le vendeur alors remplit complétement sa promesse par cela seul qu'il transmet les droits quelconques, ou plutôt les prétentions plus ou moins fondées, qu'il avait sur la chose, et dès lors il ne peut jamais être question pour l'acheteur de réclamer son prix parce qu'il n'obtient pas cette chose. Il n'y a donc pas à distinguer ici si la vente contient ou non une clause de non-garantie, et ce que l'art. 1629 dit en supposant l'existence de cette clause aura lieu de même quand elle n'existe pas (1). — 3° Quand c'est par la faute ou du moins par le fait de l'acheteur lui-même que l'éviction s'est réalisée, comme il arrive dans l'hypothèse prévue par l'art. 1640. — 4° Enfin, quand la conservation du prix est expressément convenue; comme s'il est dit, par exemple, que la vente est faite « sans garantie ni aucune restitution de deniers. »

Il a été jugé par la Cour de Colmar et la Cour de Lyon que toute garantie cessait encore d'être due, quand la portion de bien dont l'acheteur est évincé est de moins d'un vingtième de la valeur totale, en vertu de l'art. 1619, à la disposition duquel serait subordonnée, dit-on, celle de l'art. 1626... C'est une grave erreur. Les deux règles des art. 1619 et 1626 sont parfaitement distinctes et indépendantes l'une de l'autre. Quand l'acheteur, recevant et conservant la chose *tout entière*, se plaint seulement de ce que cette chose n'a pas toute l'étendue indiquée au contrat, la loi, qui ne pouvait pas exiger une rigueur mathématique dans les indications de contenance, ne lui donne droit à une diminution de prix qu'autant que le déficit de la mesure est d'une importance suffisante, importance fixée au vingtième du tout. Mais quand l'acheteur ne reçoit pas ou ne conserve pas toute la chose, quand une portion de cette chose qu'il a vue et entendu acheter lui est enlevée, quand un tiers vient le déposséder de cette portion sur laquelle il comptait comme sur le reste, où serait donc la raison, où serait le prétexte de lui refuser un recours en garantie? L'art. 1626 devait bien se garder et s'est bien gardé, en effet, de subordonner sa disposition à la condition écrite dans l'art. 1619. C'est ce que vient de décider avec raison la Cour suprême, en cassant, pour violation de l'art. 1626 et fausse application de l'article 1619, l'arrêt de la Cour de Lyon (2).

VII. — Le droit, pour l'acheteur, d'agir en garantie quand il est évincé, lui permet de faire écarter, comme non recevable, toute action en éviction que voudrait diriger contre lui une personne tenue de le garantir. Qui doit garantir ne peut évincer : *quem de evictione tenet actio, eum agentem repellit exceptio.*

L'exception de garantie existe, disons-nous, contre toute personne

---

(1) Pothier (n° 186); Duranton (XVI, 262); Troplong (I, 417); Duvergier (I, 339); Zachariæ (II, p. 523). — *Voy.* aussi Riom, 13 mars 1849 (Dev., 49, 2, 616).
(2) Colmar, 19 avr. 1827; Cass., 14 janv. 1851 (Dev., 40, 1, 870; 51, 1, 103). *Sic :* Aubry et Rau (III, § 355); Massé et Vergé (IV, § 685). *Voy.* aussi Marcadé (*Rev. crit.*, t. I, p. 474). *Contra :* Cass., 14 avr. 1862 (Dev., 63, 1, 85).

qui serait tenue de garantir si quelque autre évinçait : par conséquent contre le vendeur, contre sa caution, et contre tous successeurs universels de l'un ou de l'autre.

Ainsi, que le propriétaire de la chose vendue *à non domino* devienne héritier du vendeur, il ne pourra pas invoquer sa qualité de propriétaire de la chose pour évincer l'acheteur, puisque sa qualité d'héritier du vendeur l'oblige à garantir de l'éviction. Nous le supposons toutefois héritier pur et simple; car s'il n'était qu'héritier bénéficiaire, comme alors il ne serait pas personnellement soumis aux obligations du défunt, rien ne l'empêcherait de revendiquer le bien vendu, sauf à l'acheteur évincé d'exercer son recours sur les biens héréditaires : la décision contraire d'un arrêt de Riom (13 décembre 1807) n'est qu'une lourde erreur, condamnée avec raison par les auteurs et la jurisprudence (1). L'exception de garantie pourrait également être opposée au légataire universel ou à titre universel du vendeur, puisque ce légataire est tenu des dettes du défunt; seulement, comme il n'est pas représentant de la personne, mais simple successeur aux biens, il pourrait échapper à l'exception de garantie en abandonnant les biens légués.

Nous pensons aussi, avec la jurisprudence, que la même règle doit s'appliquer au donataire universel ou à titre universel, attendu que lui aussi est tenu, comme successeur aux biens, des engagements de son auteur. Il est vrai que plusieurs auteurs, notamment Toullier (V, 816 et suiv.), M. Troplong (I, 448) et M. Duvergier (I, 349), en admettant cette idée pour la donation de biens présents et à venir, la rejettent pour la donation des seuls biens présents et enseignent que celle-ci ne soumet jamais le donataire au payement des dettes. Mais nous ne saurions adopter leur doctrine. En vain on dit, en reproduisant une théorie de Ricard, que toute donation entre-vifs, même universelle, n'est qu'un titre particulier, parce qu'il n'y a rigoureusement universalité que dans ce qui embrasse l'avenir aussi bien que le présent. Ce n'est là, selon nous, qu'une subtilité sophistique. Sans doute, dans un sens, la proposition de Ricard est exacte; mais il ne s'agit pas ici de savoir si la donation portant sur tout le patrimoine actuel d'une personne est universelle dans le sens le plus large et le plus absolu de ce mot; il s'agit de savoir si elle l'est assez pour mériter ce nom et en subir les conséquences quant aux dettes; il s'agit de savoir si la maxime *universi patrimonii, non certarum rerum œs alienum onus est* ne doit pas s'entendre aussi bien du patrimoine actuel seulement (pour les dettes actuelles) que du patrimoine actuel et futur (pour les dettes actuelles et futures). Or comment en douter? est-ce que le nom de donation *universelle* n'est pas celui que la loi, comme tout le monde, donne à la disposition qui nous occupe? Ne serait-il pas ridicule, en effet, de présenter comme une disposition *certarum rerum* celle par laquelle je vous attribue, en masse, tous les biens, droits et actions qui m'appartien-

_____

(1) Pothier (n° 175); Toullier (IV, 357); Delvincourt (t. II); Chabot (art. 802); Vazeille (*ibid.*); Duranton (VII, 52); Troplong (I, 447); Duvergier (I, 350); Rej. (anal.), 1er déc. 1812; Grenoble, 28 mars 1835 (Dev., 36, 2, 47).

nent? Cette masse, cet ensemble de tous mes biens, droits et actions, n'est-ce pas une universalité; et cette idée ne se retrouve-t-elle pas partout dans le Code? La communauté qui porte sur tous les biens présents des époux n'est-elle pas communauté *universelle*, aussi bien que celle qui embrasse leurs biens présents et à venir, et ne met-elle pas en commun toutes les dettes actuelles, comme l'autre y met toutes les dettes actuelles et futures?... Aussi Pothier, guide ordinaire des rédacteurs du Code, a toujours enseigné l'idée que nous soutenons; et la preuve que les rédacteurs ont entendu la suivre est écrite en toutes lettres dans les travaux préparatoires. Le Rapport au Tribunat, après avoir signalé le laconisme du projet sur les dettes et charges, trouve que, grâce aux principes connus, ce laconisme n'a rien de dangereux; et, passant en revue les diverses donations entre-vifs, il dit : « Donation de tous les biens... Il n'y a de bien que ce qui reste, déduction faite des dettes. Conséquemment, le donataire de tous les biens est tenu, de droit, de toutes les dettes et charges qui existent à l'époque de la donation. » C'est donc avec raison que la jurisprudence déclare le donataire universel tenu des dettes du donateur, et par conséquent de l'obligation de garantie qui grevait celui-ci (1).

La règle que le propriétaire de la chose vendue *à non domino*, qui devient successeur universel du vendeur, ne peut plus évincer, ne cesserait pas par la circonstance qu'il s'agit d'un mineur dont le tuteur aurait vendu les biens comme lui appartenant à lui tuteur, ou bien en promettant de faire ratifier par ce mineur; car la loi ne fait nulle part exception pour les mineurs au principe *qui doit garantir ne peut évincer*, et le mineur est ici garant (2). En serait-il autrement, et le mineur pourrait-il évincer, si le bien avait été vendu comme bien de ce mineur, et que la vente ne fût nulle que pour absence des formalités voulues? MM. Troplong et Duvergier (*loc. cit.*) l'enseignent ainsi, par cette idée que, l'acte de vente étant l'œuvre commune du vendeur et de l'acheteur, ses vices sont aussi bien imputables à celui-ci qu'à celui-là, et que dès lors le vendeur ne doit pas de garantie pour cette cause. Mais nous ne saurions suivre cette décision; et l'idée que le défaut de formalités est également imputable à l'acheteur et au vendeur, alors même qu'elle serait toujours vraie (tandis qu'elle est fausse dans certains cas), ne saurait conduire à la conclusion qu'on en veut tirer. La circonstance d'une négligence égale des deux parties aurait bien ce résultat que l'éviction, si elle était possible, ne donnerait pas droit contre le vendeur à des dommages-intérêts et ne ferait naître qu'une garantie restreinte à la restitution du prix de vente; mais puisque le vendeur devrait encore garantir, il ne peut donc pas évincer, et son représen-

---

(1) D'Argentré (*Bretagne*, gl. 7, 16); Furgole (*Sur l'ord. de 1731*); Pothier (*Donat.*, sect. 3, art. 1; *Vente*, n° 175); Grenier (n°ˢ 86 et suiv.); Delvincourt (t. II); Duranton (VIII, 472); Vazeille (art. 945, n° 1); Riom, 2 déc. 1809; Paris, 15 nov. 1811; Limoges, 29 avr. 1817; Toulouse, 3 avr. 1821; Bordeaux, 23 mars 1827; Nîmes, 3 avr. 1827; Bordeaux, 7 août 1834; Agen, 4 juin 1837 (Dev., 35, 2, 35; 39, 2, 490).
(2) Pothier (n° 175); Troplong (I, 546); Duvergier (I, 351); Bordeaux, 8 déc. 1831 (Dev., 32, 2, 565).

tant ne le peut pas davantage. Et comment, en effet, mon vendeur pourrait-il argumenter d'une négligence qui nous est commune pour me dépouiller lui-même du bien vendu? Comment pourrait-il me déposséder, lui dont l'obligation est de me protéger contre tous troubles apportés à ma possession? Que des tiers, par qui l'omission de telle ou telle formalité pourrait être invoquée, viennent m'évincer, à la bonne heure (et alors, encore une fois, le vendeur me devra garantir pour mon prix); mais que le vendeur vienne m'évincer lui-même, c'est évidemment impossible... Ainsi donc, le vendeur est toujours garant et ne peut pas évincer en cas de vice de forme comme en tout autre cas; et par conséquent le successeur universel de ce vendeur, aussi bien son ex-pupille que tout autre, est comme lui, dans ce même cas, garant et incapable d'opérer l'éviction. C'est aussi ce que décide un arrêt de la Cour suprême (1).

Celui qui s'est porté, vis-à-vis de l'acheteur, caution du vendeur, étant dès lors tenu de la garantie, ne pourrait donc pas évincer. Et il importe peu, on le conçoit, que la propriété de la chose appartînt à cette caution dès le moment de la vente ou qu'elle ne lui fût venue que plus tard. Il est vrai que Despeisses (t. I, n° 10) enseignait que dans ce second cas la caution pourrait évincer, parce que, disait-il, elle ne pouvait pas être censée avoir renoncé à un droit qu'elle n'avait pas encore lors du contrat. Mais c'était là une lourde erreur, très-bien réfutée par Pothier (n° 176); car la caution, au moment où elle a acquis la propriété (et où elle eût acquis par suite le droit d'éviction, si rien ne s'y était opposé), était soumise à l'obligation de garantie, et elle tombe ainsi sous la règle *qui doit garantir ne peut évincer* : l'obligation de garantie a empêché le droit d'éviction de naître pour elle. Les héritiers et autres successeurs universels de la caution sont évidemment soumis, comme elle, à l'obligation de garantir et par conséquent à l'exception de garantie; et l'on a peine à comprendre, non pas seulement qu'un auteur moderne, M. Duranton (XVI, 254), ait pu soutenir le contraire, mais même qu'il y ait eu discussion à cet égard sous le Code Napoléon.

(1) Cass., 14 janv. 1840 (Dev., 40, 2, 569). *Voy.* aussi Cass., 28 juin 1859 (Dev., 59, 1, 753). — C'est à tort que M. Devilleneuve, en rapportant le premier de ces arrêts, révoque en doute sa portée et dit qu'on ne sait pas d'une manière certaine s'il juge une question de vente de biens de mineur présentés comme appartenant au tuteur, ou une question de vente nulle pour inobservation des formes voulues, attendu que la tutrice qui, d'une part, avait vendu sans suivre ces formes, était, d'autre part, copropriétaire du bien. Le doute n'est pas possible. D'une part, en effet, la tutrice ne s'était présentée que comme copropriétaire, demandant *une licitation* entre elle et ses enfants mineurs, ce qui, loin de dissimuler le droit de propriété de ces enfants, le mettait dans tout son jour. D'un autre côté, l'action des enfants était *une demande en nullité fondée sur l'omission des formalités essentielles*; c'était *cette demande en nullité* que l'arrêt d'appel avait déclarée inadmissible, attendu que les enfants, héritiers de leur mère, *devaient en garantir toutes les conséquences*; c'était pour avoir admis l'obligation de garantir dans ce cas de *nullité de vente pour vice de forme*, que l'arrêt d'appel était attaqué devant la Cour suprême; et l'arrêt de rejet, enfin, dit que, *d'après les termes de la demande en nullité* (lesquels termes étaient : *nullité de l'adjudication pour omission des formalités essentielles*), la Cour d'appel n'a fait qu'appliquer régulièrement les principes de la garantie... Il n'y a donc pas de doute possible sur la question jugée par l'arrêt.

Il est très-vrai qu'une loi de Dioclétien et Maximien (L. 31, C. *de evict.*) semblait apporter ici, pour l'héritier de la caution, une exception de faveur au principe qui soumet tout héritier aux obligations de son auteur; mais sans qu'il soit besoin de prétendre, comme autrefois Cujas et Pothier, et aujourd'hui encore M. Troplong, que cette loi romaine n'avait pas en réalité le sens qu'elle paraît avoir, il suffit de répondre, comme nous l'avons déjà fait souvent en pareil cas, que nous ne sommes plus régis par les rescrits de tel ou tel empereur romain, mais par le Code Napoléon, et que ce Code ne présentant nulle part l'exception dont il s'agit à la règle *quem de evictione* et au principe qui soumet l'héritier aux obligations de son auteur, tout successeur universel de la caution ne peut donc pas plus échapper à l'exception de garantie que la caution elle-même. En vain M. Duranton dit que, la dette de garantie se réduisant en définitive à des dommages-intérêts, l'héritier de la caution peut dès lors, à la condition de payer ces dommages-intérêts, évincer l'acheteur. C'est une grave erreur. Quiconque doit la garantie doit avant tout la paisible possession de la chose vendue; et ce n'est qu'autant qu'il ne dépend pas de lui de procurer ou de conserver cette possession, que son obligation se résout en dommages-intérêts. C'est précisément de ce que le garant doit la possession que résulte la règle *qui doit garantir ne peut évincer;* et M. Duranton aurait dû remarquer que son idée, si elle était vraie pour l'héritier de la caution, le serait aussi pour cette caution, pour les successeurs du vendeur, pour le vendeur lui-même, pour tout garant enfin, et que par conséquent elle ne serait rien moins que la suppression de la règle *quem de evictione !* En vain aussi le savant professeur ajoute encore que l'héritier de la caution n'a pas pu être dépouillé de la chose *sans son fait;* car c'est bien *par son fait* qu'il s'est porté héritier de son auteur et s'est ainsi soumis à l'obligation de mettre ou maintenir l'acheteur dans la libre possession de la chose (1).

VIII. — Une dernière question à examiner ici, et qui est bien vivement controversée, consiste à savoir si l'action et l'exception de garantie sont ou non divisibles. Ainsi, quand le vendeur a laissé plusieurs héritiers, l'acheteur, attaqué par un tiers qui se prétend propriétaire du bien, peut-il demander à un seul des héritiers de le garantir pour le tout, ou doit-il les appeler tous parce que chacun n'aurait à le garantir que pour sa part? et si, l'un de ces héritiers étant précisément le propriétaire de la chose, lequel voudrait évincer l'acheteur, est-ce pour le tout que celui-ci peut opposer à cet héritier l'exception de garantie et empêcher l'éviction, ou ne le peut-il que pour la part incombant à l'héritier dans les obligations divisibles du défunt, cet héritier restant ainsi maître de revendiquer et reprendre sa chose pour le surplus de cette part?

Peu de questions ont soulevé une aussi ardente et aussi longue dispute. Grand nombre d'anciens docteurs, notamment Alcyat, Socin,

---

(1) Pothier (n° 178); Troplong (I, 462); Duvergier (I, 353).

Duperrier, puis, sous le Code, Delvincourt et M. Duvergier, tiennent pour l'indivisibilité de l'action et de l'exception, tandis que d'autres écrivains non moins nombreux, parmi lesquels se trouvent Dumoulin et Pothier, et, depuis le Code, M. Duranton et M. Troplong, tout en proclamant aussi l'indivisibilité de l'action, professent la divisibilité de l'exception avec la plus grande énergie, à ce point que Dumoulin se laisse aller jusqu'à traiter l'idée contraire d'opinion *inepte et stupide* (1).

C'est pourtant cette opinion, prétendue stupide, qu'une jurisprudence constante, tant de la Cour suprême que des cours d'appel, suit invariablement; et nous n'hésitons pas un seul instant à dire que cette jurisprudence est parfaitement dans le vrai, que l'exception de garantie est incontestablement indivisible, et que la doctrine contraire de Dumoulin, Pothier, M. Troplong et autres, n'est qu'une étrange et grave erreur. Il est vrai que la Cour de cassation, en consacrant cette idée, incontestable quoique tant contestée, a paru nier le caractère également indivisible de l'action, qui est cependant admis par les auteurs unanimement, et d'un côté comme de l'autre; mais on va voir que ce n'est là qu'une apparence, qu'une affaire de mots, et qu'en réalité nulle contradiction n'existe ici, la Cour suprême n'ayant exprimé là, en termes différents, qu'une idée évidente et reconnue, vraie par tous les auteurs. On va voir, en effet, que si l'action de garantie est certainement indivisible en elle-même et en principe, elle se transforme et devient divisible quand on vient à la mettre en pratique; que dès lors on peut, à volonté, la qualifier d'indivisible ou de divisible, selon qu'on la considère abstractivement en elle-même ou pratiquement dans son exécution; et que c'est parce que la Cour suprême l'a considérée tout naturellement sous ce dernier point de vue qu'elle l'a déclarée divisible et avec raison.

Ainsi, 1° l'action de garantie, indivisible en elle-même, devient divisible dans son exécution; 2° l'exception de garantie, également indivisible, l'est aussi bien dans ses effets que dans son principe. Telles sont les deux propositions qu'il nous faut établir.

On sait que mon vendeur est obligé de me faire obtenir et conserver la libre possession de la chose, et que par conséquent il est tenu 1° de me donner aide et protection quand une éviction me menace; 2° de m'indemniser si elle vient à s'accomplir. L'obligation de garantie a donc pour objet, d'abord et avant tout, l'établissement ou le maintien de l'acheteur dans la possession, la défense de cet acheteur contre tous troubles et empêchements; c'est là le but direct de l'action, et ce n'est que secondairement, subsidiairement, et après que ce pre-

---

(1) Voët (*De rei vind.*, 16); Dumoulin (*De div. et indiv.*, 487); Fachinée (*Controv.* liv. 10, c. 55); d'Argentré (*Bretagne*, art. 419); Lebrun (*Succ.*, l. 4, ch. 2); Pothier (n° 174); Duranton (XI, 265); Troplong (I, 434, 438-441, 457). — *Contra* Alcyat, Lancelot, et autres cités par Fachinée (c. 45); Socin (l. 42, *De verb. oblig.*); Duval (*De rebus dub.*); Duperrier (liv. 1, quest. 9); Cochin (46° consult.); les professeurs de Louvain (*Recital. ad pand.*, tit. *De rei vind.*); Delvincourt (t. III); Duvergier (I, 355).

mier but est manqué, que l'obligation se transforme en dette d'argent. Mais puisqu'il en est ainsi, puisque mon action tend à ce qu'on vienne me défendre et empêcher l'éviction, cette action est donc indivisible, puisqu'il est impossible, comme on l'a fort bien dit, de soutenir le tiers ou le quart d'un procès, de produire le tiers ou le quart d'un titre, de faire valoir le tiers ou le quart d'un moyen! Il est donc parfaitement impossible que l'un des héritiers de mon vendeur vienne me défendre pour partie, c'est pour le tout que je lui demanderai de me protéger, et l'action, ainsi considérée en elle-même, est évidemment indivisible, comme l'enseignent unanimement les auteurs... Mais quand du principe on descend à l'application, qu'arrive-t-il? D'abord il peut y avoir, de la part de celui des héritiers qui est assigné, négligence ou refus de venir défendre (ce qui laisserait l'éviction s'accomplir, et transformerait dès lors la première obligation en celle de rendre le prix et des dommages-intérêts, c'est-à-dire en une dette divisible). Mais en supposant que l'héritier vienne défendre l'acheteur, celui-ci peut-il, en fait et en raison, comme il le peut en droit, se contenter d'appeler ce seul héritier? Évidemment non; car, d'une part, il ne gagnerait rien quant à la célérité, puisque cet héritier obtiendrait le délai nécessaire pour mettre ses cohéritiers en cause (art. 1225), et que, d'un autre côté, la condamnation qui pourrait intervenir contre cet héritier ne pourrait pas être opposée aux autres, pour qui elle serait *res inter alios judicata* (1). Il faut donc, et c'est ce qu'expliquent eux-mêmes Dumoulin et ses partisans, que l'acheteur ait soin de mettre tous les héritiers en cause; en sorte que, quoiqu'il ait en droit une action indivisible, il est forcé d'agir en fait par le mode de l'action divisible, en s'adressant à tous et chacun des héritiers; l'indivisibilité n'est pour lui qu'un principe mort-né et dépouillé de tout résultat... Voilà pourquoi la Cour de cassation, se préoccupant plus de la réalité des choses que d'idées dont les circonstances font ici de pures abstractions, a déclaré que l'action de garantie n'est en définitive qu'une action divisible; et on s'étonne que M. Troplong se soit tant récrié contre une idée si parfaitement innocente.

Mais ce qui étonne beaucoup plus, ce qui est vraiment incroyable, c'est de voir et M. Troplong, et Pothier, et Dumoulin, ne tenir si scrupuleusement au principe de l'indivisibilité, de la garantie, dans le cas où il ne peut produire aucun effet, que pour le nier ensuite, sans qu'on sache pourquoi, et par la plus singulière contradiction, dans le seul cas où il soit efficace. La dette de garantie est indivisible, ce sont nos adversaires qui le crient de toutes leurs forces; ils trouvent *stupide* de penser le contraire, et tout argument tendant à combattre cette idée ne peut être, disent-ils, *qu'un paradoxe;* la dette est indivisible, c'est, dit-on, un principe qu'il faut se garder *d'ébranler* et qu'il convient de proclamer alors même qu'il ne peut servir à rien, c'est-à-dire quand l'acheteur procède par voie d'action; et voilà que ces mêmes écrivains,

---

(1) Dumoulin (nº 472); Pothier (nº III); Troplong (nº 440).

quand le principe va devenir utile et produire ses conséquences, parce que l'acheteur procède par voie d'exception, ne trouvent rien de mieux que de le répudier !

Et si ce résultat est étrange, les trois motifs sur lesquels on s'efforce péniblement de l'appuyer ne le sont pas moins. — On commence par dire que l'obligation *de livrer* étant divisible, le vendeur, s'il était mort avant la tradition, n'aurait transmis à ses héritiers qu'une obligation divisible et dont chacun n'aurait été tenu que pour sa part ; or, ajoute-t-on, la circonstance que le vendeur a livré la chose avant de mourir ne doit pas aggraver la condition des héritiers !... Comment de graves auteurs ont-ils pu tomber dans une telle confusion d'idées ? Comment n'ont-ils pas vu qu'autre chose est l'obligation de livrer, autre chose l'obligation de garantir, et que la tradition, en changeant la position des parties, change aussi leurs droits ? Comment ont-ils pu l'oublier, alors que ce sont eux-mêmes, quelques pages plus haut, qui ont soin d'expliquer (Pothier, n° 105) que, *quoique l'action en délivrance* d'un objet divisible *soit divisible et ne passe contre chacun des héritiers que pour sa part, néanmoins l'action de garantie est indivisible et a lieu pour le total contre chacun des héritiers ?* — On dit ensuite que si, à la vérité, l'obligation de protéger et défendre est indivisible, il faut bien remarquer qu'elle n'est pas tellement absolue que chaque héritier ne soit maître de s'en décharger et de la transformer en une dette d'argent dans laquelle il ne devra que sa part... Ce second argument ne repose que sur une confusion plus étrange encore que la précédente, confusion du fait et du droit, qui serait pardonnable pour des gens du monde, mais qui ne l'est pas pour des jurisconsultes. Sans doute l'obligation, pour un vendeur ou ses représentants, de défendre et protéger la libre possession de la chose par l'acheteur, n'est pas dans de telles conditions (*en fait* et matériellement) que l'acheteur puisse toujours et absolument en obtenir l'exécution directe ; sans doute il arrive quelquefois que le vendeur ou son représentant se trouve le maître *en fait* de détruire cette obligation de protéger et assurer la possession pour y substituer une obligation d'argent. C'est quand l'acheteur est forcé de procéder contre ce vendeur ou son représentant par voie d'action. Mais cette faculté de fait pour le vendeur n'est certes pas un droit pour lui. Cette faculté de fait, il faudra bien en subir les conséquences pour se contenter d'une obligation de dommages-intérêts, quand par la force même des choses il sera impossible d'obtenir l'exécution directe de l'obligation de protéger et assurer la possession ; mais quand les circonstances permettront cette exécution directe (et c'est ce qui a lieu quand l'acheteur, n'étant attaqué que par le vendeur ou son représentant, peut procéder par simple exception au lieu de recourir à l'action), il est clair qu'il ne pourra plus être question d'y substituer, malgré l'acheteur, une exécution indirecte par simples dommages-intérêts. Ce sont là des principes élémentaires que nous avons expliqués sous les art. 1142-1144, et qu'il n'est vraiment pas permis d'oublier. Et comment n'a-t-on pas vu que s'il en était autrement, si la faculté dont il s'agit n'était pas un simple fait, et qu'elle fût un droit pour le garant, ce droit dès lors n'appartiendrait pas seulement à l'un des héritiers du vendeur, mais aussi à son héritier unique et au vendeur lui-même, de sorte qu'on aurait ce curieux résultat qu'un vendeur pourrait évincer personnellement son acheteur à la condition de le dédommager?... Chose inconcevable! c'est à cause de la possibilité de fait, existant quelquefois pour le garant, de transformer son obligation en dette d'argent (divisible dès lors), que nos auteurs présentent l'obligation de garantie comme étant quelquefois divisible; or, par une singulière aberration, c'est précisément dans le cas où cette possibilité de fait, cause de la divisibilité, *n'existe point* (le cas de simple exception), qu'ils la prétendent divisible; et quand cette possibilité vient à exister (dans le cas d'action), ils tiennent pour l'indivisibilité! Il fallait vraiment un esprit accoutumé à creuser bien avant, un esprit aussi profond que Dumoulin, pour arriver à une erreur aussi profonde! — Quant au troisième et dernier argument, il ne présente qu'un non-sens et une pétition de principe. On y distingue l'obligation de protéger et défendre et celle de *faire jouir,* pour dire que la première est subordonnée à la seconde, et que, par conséquent, lorsque l'héritier exécute cette dernière pour sa part, il est par là même affranchi de l'autre. Mais il y a, d'une part, non-sens à indiquer là deux obligations distinctes; car c'en est une seule exprimée par des termes différents : faire jouir paisiblement, assurer et maintenir la paisible possession et jouissance, protéger et défendre la possession, tout cela n'est qu'une seule et même idée. S'il en était autrement, l'obligation de garantie présenterait donc trois chefs : 1° faire jouir, 2° défendre, 3° payer des dommages-intérêts; or les adversaires enseignent très-bien qu'elle n'a que deux objets : la paisible possession, et à son défaut les dommages-intérêts. Cela étant, la question de savoir s'il suffit à l'héritier de me faire jouir pour partie est encore la même que celle de savoir s'il lui suffit de protéger et défendre ma possession pour partie; et ce troisième argument n'ajoute dès lors rien au débat, il se réduit ainsi aux deux précédents.

Ainsi donc, l'obligation de garantie *est indivisible dans son premier chef,* comme le dit très-bien M. Troplong, c'est-à-dire en elle-même et quand elle ne dégénère pas en simple dette de dommages-intérêts, cas où elle devient évidemment divisible. Il suit de là que quand l'acheteur, troublé par un tiers, est réduit à invoquer la garantie par voie d'action, il ne jouira, par suite des circonstances, que des effets d'une action divisible; mais quand cet acheteur, attaqué précisément par une personne qui lui doit la garantie, peut procéder par simple exception en faisant déclarer son adversaire non recevable (ce qui empêche celui-ci de faire dégénérer l'obligation de garantie en dette d'argent), l'obligation se maintenant ainsi dans son premier chef, elle reste donc indivisible, et l'exception, dès lors, peut être opposée à chaque héritier pour le tout, comme le décide la jurisprudence (1).

_____

(1) Caen, 8 déc. 1808; Cass., 19 fév. 1811; Pau, 25 août 1813; Cass., 5 janv. 1815;

1630. — Lorsque la garantie a été promise, ou qu'il n'a rien été stipulé à ce sujet, si l'acquéreur est évincé, il a droit de demander contre le vendeur,

1° La restitution du prix;

2° Celle des fruits, lorsqu'il est obligé de les rendre au propriétaire qui l'évince;

3° Les frais faits sur la demande en garantie de l'acheteur, et ceux faits par le demandeur originaire;

4° Enfin les dommages et intérêts, ainsi que les frais et loyaux coûts du contrat.

1631. — Lorsqu'à l'époque de l'éviction, la chose vendue se trouve diminuée de valeur, ou considérablement détériorée, soit par la négligence de l'acheteur, soit par des accidents de force majeure, le vendeur n'en est pas moins tenu de restituer la totalité du prix.

1632. — Mais si l'acquéreur a tiré profit des dégradations par lui faites, le vendeur a droit de retenir sur le prix une somme égale à ce profit.

1633. — Si la chose vendue se trouve avoir augmenté de prix à l'époque de l'éviction, indépendamment même du fait de l'acquéreur, le vendeur est tenu de lui payer ce qu'elle vaut au-dessus du prix de la vente.

1634. — Le vendeur est tenu de rembourser ou de faire rembourser à l'acquéreur, par celui qui l'évince, toutes les réparations et améliorations utiles qu'il aura faites au fonds.

1635. — Si le vendeur avait vendu de mauvaise foi le fonds d'autrui, il sera obligé de rembourser à l'acquéreur toutes les dépenses, même voluptuaires ou d'agrément, que celui-ci aura faites au fonds.

SOMMAIRE.

I. Le vendeur doit à l'acheteur évincé, 1° le prix de vente, et 2° des dommages-intérêts. Double sens de ce dernier mot. Il ne comprend pas le prix de vente.

II. Le prix doit être restitué en totalité, quand même le bien aurait diminué de valeur par la négligence de l'acheteur ou qu'il aurait péri en partie. Quid si la valeur a diminué d'une part et augmenté de l'autre.

III. Mais l'acheteur ne peut pas, même en s'adressant à un vendeur antérieur au sien, et qui avait vendu plus cher, répéter un prix plus fort que celui qu'il a payé. Encore moins pourrait-il réclamer plusieurs prix de vente : inexactitude et contradiction de M. Troplong. — Déductions que peut faire le vendeur.

IV. La restitution du prix entier n'est due que dans l'éviction totale; or l'éviction n'est que partielle quand, faite après un certain temps, elle ne porte que sur un usufruit, une rente viagère, etc. Il en est de même pour les ventes d'animaux : réponse à M. Troplong et à M. Zachariæ.

V. Des dommages-intérêts. Objets divers dont ils se composent. Lorsque la chose a

---

Bordeaux, 1er mars 1826; Poitiers, 5 juin 1828; Cass., 11 août 1830; Bordeaux, 8 déc. 1831; Nancy, 2 mai 1833; Bourbon, 4 août 1837; Rouen, 22 mai 1839; Cass., 14 janv. 1840 (*J. Pal.*, 1839, t. II, p. 568, et aux dates indiquées; Dev., 40, 1, 569); Cass., 18 avr. 1860 (Dev., 60, 1, 519; *J. Pal.*, 60, 785). — *Sic :* Aubry et Rau (III, § 355); Massé et Vergé (IV, § 684); Larombière (art. 1222 et suiv.). *Contrà :* Eyssautier (*Obligat. de garant.*).

reçu une augmentation de valeur énorme et provenant de causes extraordinaires, le vendeur n'en doit l'indemnité qu'autant qu'il a vendu de mauvaise foi : controverse.

I. — Lorsque l'acheteur est évincé et que rien ne modifie l'obligation de garantie du vendeur, celui-ci est tenu et de lui restituer le prix de vente et de lui payer des dommages-intérêts. Ces dommages-intérêts comprennent, selon les cas, 1° le montant des fruits que l'acheteur serait condamné à rendre au propriétaire; 2° les frais faits, tant sur la demande principale que sur la demande en garantie; 3° le coût du contrat et autres faits accessoires, tels que ceux de purge des hypothèques; enfin tout ce qui peut être nécessaire, en sus, pour indemniser complétement l'acheteur, soit du tort que l'éviction lui cause, soit du bénéfice dont elle le prive.

L'art. 1630 ne donne qu'à ce dernier objet le nom de dommages-intérêts, en désignant chacun des autres par sa qualification spéciale; mais ceux-ci forment aussi des dommages-intérêts, puisqu'ils ne sont dus et payés que comme réparation d'un tort que le vendeur fait subir à l'acheteur. Il n'en est autrement que pour le prix de vente, auquel il ne serait pas logique d'appliquer la même dénomination. Il est vrai que beaucoup de très-anciens auteurs, et plus tard encore Caillet et Domat lui-même, présentaient aussi le prix de vente comme constituant des dommages-intérêts : un arrêt de Colmar (7 avril 1821) a même reproduit cette idée pour motiver contre un vendeur une condamnation *par corps* à la restitution du prix (art. 126 C. pr.); mais Dumoulin, suivi depuis par Pothier, avait solidement et sévèrement réfuté cette idée, abandonnée aujourd'hui, et avec raison, par tous les auteurs[1]. Ce n'est pas, en effet, à titre de réparation d'un préjudice par lui subi que l'acheteur réclame le prix de vente, c'est comme l'ayant payé indûment, puisqu'il se trouve que la vente était nulle et qu'il ne devait pas la somme qu'il a livrée; son action n'est donc pas une demande de dommages-intérêts, mais une *condictio indebiti*.

Parlons successivement 1° de la restitution du prix, dont traitent les art. 1631 et 1632, et 2° des dommages-intérêts, dont s'occupent les art. 1633-1635.

II. — Le vendeur doit la totalité du prix de vente, dans tous les cas possibles. Ainsi, il la doit alors même qu'au moment de l'éviction la chose aurait diminué de valeur, soit par des circonstances générales qui auraient déprécié les biens de la nature de celui dont il s'agit, soit par suite d'une détérioration provenant, ou d'accidents de force majeure, ou même de la propre négligence de l'acheteur. Il n'en eût pas été ainsi si la restitution du prix n'avait été qu'un payement de dommages-intérêts; l'acheteur alors n'eût pu exiger que l'équivalent de ce qu'il perd, et quoiqu'il eût acheté 25 000 francs l'immeuble qui n'en vaut plus que 18 000, il n'aurait eu droit qu'à ces 18 000 francs, alors

---

[1] Dumoulin (*De eo quod inter.*, n°ˢ 9, 20, etc.); Pothier (*Vente*, n°ˢ 69, 131); Delvincourt (t. III); Duranton (XVI, 277); Favart (v° Vendeur, § 8 et 9); Troplong (I, 503); Duvergier (I, 358); Zachariæ (II, p. 519, note 19).

même que la diminution de valeur de 7 000 francs ne lui serait nullement imputable. Mais on a vu qu'il en est autrement : l'action du demandeur n'est rien autre chose que la réclamation d'une somme qu'il a
indûment payée, et il a droit dès lors à la totalité de cette somme ; il y
a droit alors même que la diminution de valeur résulterait de sa négligence, puisque, se croyant propriétaire de la chose vendue, il était bien
libre de la négliger, sans en avoir compte à rendre à personne, et sa
négligence n'empêche pas qu'il n'ait payé une somme qu'il ne devait
pas, et qu'il a dès lors le droit de répéter. Mais il faut ajouter à ceci une
observation importante, et que nous sommes d'autant plus étonné de
ne trouver dans aucun auteur, qu'elle fait disparaître le reproche
d'injustice que l'on a souvent adressé, bien à tort, à l'art. 1631. C'est
que si le vendeur, dans le cas de détériorations provenant de la négligence de l'acheteur, était condamné, sur la demande du propriétaire
(comme ayant vendu la chose sachant qu'elle ne lui appartenait pas),
à lui faire réparation de ce préjudice, ce vendeur, qui subirait ainsi lui-
même un préjudice par la négligence de l'acheteur, pourrait à son tour
s'en faire indemniser par celui-ci, par application de l'art. 1383, et
retenir dès lors le montant de la somme sur le prix qu'il doit restituer.
Mais tant que le vendeur ne subit aucune condamnation de ce genre,
tant que la négligence de l'acheteur ne lui fait subir aucun préjudice,
il doit restituer le prix entier. Et notons que si cette restitution totale,
exigée par notre art. 1631, est ainsi conforme aux principes du droit,
elle ne l'est pas moins aux principes de l'équité ; car on ne peut pas permettre à une personne de bénéficier d'une portion du prix de la vente
d'une chose qui ne lui appartenait pas (1).

Par la même raison, la totalité du prix serait également due, quoique,
lors de l'éviction, une partie de la chose eût péri, comme si, par exemple, le quart ou le tiers du domaine voisin d'un fleuve avait été enlevé
par la violence des eaux. Il est vrai que Pothier décidait le contraire et
que M. Troplong (I, 487 et suiv.) ne repousse son avis qu'après hésitation ; mais le doute ne nous paraît pas même possible en présence de
l'art. 1631 ; car les principes en vertu desquels cet article ordonne la
restitution totale malgré la diminution de valeur provenant de causes
quelconques, même de la négligence de l'acheteur, sont identiquement
applicables au cas de destruction d'une partie de la chose. Ce n'est pas
que ce second cas soit compris dans les termes mêmes de l'article,
comme l'admet à tort M. Troplong (car l'article ne parle que d'une
chose qui continue de subsister en entier, et dont la valeur seulement
a diminué) ; mais il rentre bien manifestement dans son esprit, puisqu'on ne saurait évidemment traiter le vendeur plus avantageusement,
ni l'acheteur plus durement, dans ce cas de perte d'une partie de la
chose, que dans le cas de détériorations résultant de la négligence même
de cet acheteur.

Cette hypothèse de la perte d'une partie de la chose fait naître une

---

(1) Douai, 18 avr. 1853 (Dev., 54, 2, 11).

question que M. Troplong (I, 495) ne résout qu'avec hésitation et par des motifs peu juridiques, et dont M. Duvergier et M. Zachariæ ne parlent pas. C'est de savoir si, dans le cas où il y aurait tout à la fois perte d'un côté et augmentation d'un autre, il faudrait ou non en faire compensation. Ainsi, cinq hectares de terre ont été détachés d'une prairie par les eaux, mais une alluvion d'une égale importance s'est formée sur un autre point : l'acheteur pourra-t-il, en exigeant d'une part la totalité de son prix nonobstant la perte et en vertu de notre art. 1631, demander encore, en vertu de l'art. 1633, des dommages-intérêts pour l'éviction qu'il souffre des cinq hectares provenant de l'alluvion ? Ne doit-on pas, au contraire, compenser la perte avec l'augmentation, en sorte que le vendeur payera seulement son prix sans devoir aucuns dommages-intérêts à raison de cette augmentation ? — La réponse nous paraît simple, et les principes de l'équité, dont M. Troplong se préoccupe surtout, s'y trouvent d'accord avec les principes du droit, dont le savant magistrat s'écarte, selon nous, dans les motifs de sa solution. Ainsi, il n'est pas exact de dire, comme le fait M. Troplong, qu'il y ait ici compensation ; car pour qu'il pût être question de compensation, il faudrait que le premier événement apportât dans les droits des parties un changement que le second ferait ensuite disparaître ; or c'est ce qui n'a pas lieu : le premier événement, la perte de cinq hectares, n'a diminué en rien le droit de l'acheteur à la totalité du prix, et l'obligation pour le vendeur de payer cette totalité; or les droits des parties n'ayant pas changé par le premier événement, comment le second ferait-il compensation, comment viendrait-il neutraliser une modification qui n'a pas eu lieu?... Mais il n'est pas moins vrai que, par une autre voie, les principes conduisent définitivement au même résultat. En effet, si la perte des cinq hectares n'a pas eu pour résultat d'amoindrir le droit de l'acheteur à la répétition de la totalité de son prix de vente, elle a du moins empêché l'alluvion postérieure de faire naître, en vertu de l'art. 1633, le droit à des dommages-intérêts. L'art. 1633 oblige le vendeur à payer à l'acheteur ce que la chose, lors de l'éviction, *vaut au-dessus du prix de la vente ;* or, ici, la chose, par suite de la perte faite d'abord de cinq hectares, n'a fait que revenir, par l'augmentation postérieure, à son importance primitive : elle n'a donc aucune valeur en sus du prix de vente, et partant il n'est pas dû de dommages-intérêts.

III. — Nous avons vu plus haut (art. 1626, IV) que l'acquéreur d'un bien est de plein droit investi de tous les droits et actions qui appartenaient à l'aliénateur relativement à ce bien; et nous avons signalé à cet égard les deux doctrines, fausses et contradictoires l'une et l'autre, de Pothier et de M. Troplong, dont le second nie, en parlant d'un acheteur, cette transmission des actions qu'il proclame cependant en parlant du donataire, tandis que le premier la nie pour le donataire, pour arriver, quand il s'agit de l'acheteur, non-seulement à la reconnaître, mais à l'exagérer au point de permettre à cet acheteur de choisir dans toute la série des vendeurs successifs celui qui a vendu le plus cher, pour lui demander la restitution d'un prix qui est peut-être le double ou le triple de celui que lui, dernier acheteur, a payé à son vendeur.

On s'étonne que Pothier, d'ordinaire si judicieux et si équitable, ait pu admettre une idée aussi contraire tout à la fois au droit, à la justice, à la raison même; à la raison, puisqu'il y a contradiction à parler de se faire restituer ce qu'on n'a jamais donné, de faire rentrer ce qui n'est jamais sorti. Sans doute tout acheteur obtient la chose *cum omni suâ causâ* et acquiert les actions dont son vendeur était investi, notamment l'action de garantie que celui-ci avait contre le vendeur précédent; mais il n'acquiert cette action de garantie que pour la somme qu'il paye et non pour celle plus forte que son vendeur a pu payer : si les principes commandent de reconnaître que dans une vente les parties ont nécessairement entendu que le vendeur, en s'obligeant lui-même à la garantie, cédait, comme accessoire naturel de son obligation, l'action de garantie qu'il avait contre son propre vendeur, ils commandent de reconnaître aussi que leur pensée commune est de ne pas donner effet à cette cession au delà du prix de la nouvelle vente, par la raison bien simple que l'on ne peut pas entendre se faire garantir le remboursement de ce qu'on ne débourse pas (1). — On conçoit, du reste, qu'il en serait autrement et que le dernier acheteur pourrait agir contre un vendeur antérieur pour la totalité du prix plus fort que celui-ci avait reçu, si c'était à titre de dommages-intérêts qu'il réclamait la différence des deux prix. Ainsi, j'ai acheté 80 000 francs une ferme qui en vaut 100 000 au moment de l'éviction, et qui avait été vendue 100 000 à mon vendeur : comme d'une part j'ai droit d'exiger, non-seulement mon prix de 80 000 francs d'après l'art. 1631, mais aussi l'indemnité de l'excédant de valeur d'après l'art. 1633, c'est-à-dire une somme totale de 100 000 francs, et puisque d'autre part tout vendeur est tenu, envers chacun des acheteurs successifs, et du prix de vente de celui-ci, et de ses dommages-intérêts pour plus-value, je pourrai donc exiger de lui la totalité des 100 000 francs. Le résultat sera d'ailleurs le même que si j'agissais contre mon vendeur et que celui-ci agît à son tour contre le vendeur précédent : j'obtiendrais, en effet, sur mon vendeur les 80 000 francs de prix de vente et 20 000 francs de dommages-intérêts; et ce vendeur recouvrerait sur son propre vendeur les 100 000 francs que celui-ci lui devait à double titre, soit comme prix de vente, puisque lui avait acheté 100 000, soit comme représentant le préjudice que l'éviction lui cause, puisqu'elle l'oblige à me payer cette même somme. C'est qu'en effet, quand même le second vendeur n'aurait acheté que 80 000, il aurait toujours son recours pour 100 000, du moment que l'éviction lui fait perdre cette somme en le forçant de me la payer; et quand même, réciproquement, il ne me payerait que 80 000 (parce que le bien n'aurait pas augmenté de valeur), il aurait encore droit, s'il avait acheté 100 000, à la restitution de ses 100 000.

Il est évident, au surplus, quoique M. Troplong (I, 497) ait méconnu cette idée, que quand l'acheteur évincé a obtenu ce à quoi il a droit en

_____

(1) Bourges, 5 avr. 1821; Rej., 5 fév. 1845 (Dev., 45, 1, 420).

agissant contre l'un des vendeurs successifs, il ne peut plus rien demander ensuite à aucun des autres vendeurs. Le savant magistrat, pour combattre la transmission des actions en garantie, prétend que, si elle avait lieu, elle permettrait au dernier acheteur de se faire payer autant de prix de vente qu'il y a eu de vendeurs; mais si un tel résultat serait absurde, il ne l'est pas moins de dire qu'il soit la conséquence de la transmission des actions, et il faut bien que M. Troplong le reconnaisse, puisqu'il admet cette transmission dans le cas de cession expresse, et que la répétition de plusieurs prix de vente par un même acheteur ne serait pas moins absurde pour cette cession expresse que pour la cession implicite qui se trouve contenue dans toute aliénation. On a vu d'ailleurs que M. Troplong lui-même, sans remarquer la contradiction dans laquelle il tombe à cet égard, prouve très-bien dans un autre endroit (n° 429) l'existence de cette cession implicite. La vérité est que cette cession, qu'elle soit tacite ou expresse, ne donne jamais le droit d'obtenir plusieurs prix de vente, puisqu'elle n'a pour but que de rendre plus assuré pour l'acheteur, en cas d'éviction, le recouvrement de ce qui lui sera dû, et qu'il n'est dû qu'un prix pour chaque vente.

Ainsi l'acheteur évincé n'a jamais droit qu'à un seul prix, mais il a toujours droit à la totalité de ce prix. Il a droit à la totalité; et par conséquent le vendeur ne devrait pas seulement restituer le prix principal, mais aussi toutes sommes accessoires qui, sous les noms de pots-de-vin, d'épingles ou autres, auraient été payées en sus, car elles sont une partie du prix de l'acquisition. Réciproquement, le vendeur pourrait déduire de sa restitution, soit les sommes que dans l'intervalle de la vente à l'éviction il aurait déjà rendues à l'acheteur, pour déficit dans la contenance indiquée ou pour toute autre cause, soit l'indemnité que cet acheteur aurait reçue du propriétaire qui l'évince, à raison d'améliorations faites par lui vendeur sur le bien, soit les bénéfices que cet acheteur se serait procurés au détriment du bien, en vendant, par exemple, des bâtiments ou des futaies : dans ces différents cas, en effet, l'acheteur est déjà remboursé d'une partie de son prix, et ce qu'il reçoit sous défalcation de ces sommes forme avec elles le prix entier.

IV.—La règle que l'acheteur évincé a droit à la totalité du prix ne s'applique, bien entendu, que quand il y a éviction totale, et non quand une partie de la chose reste à l'acheteur, cas régi par les articles 1636, 1637. Or il est vrai de dire que l'éviction n'est que partielle lorsque, la chose vendue consistant dans une série de jouissances ou prestations, comme un usufruit, une rente viagère, un bail, l'éviction n'a lieu qu'après un certain temps depuis la vente. Dans ce cas, en effet, l'acheteur a véritablement absorbé une certaine partie de la chose : si le droit d'usufruit, par exemple, devait durer une vingtaine d'années et que l'acheteur l'ait exercé pendant dix ans, l'éviction ne lui enlève en réalité que la moitié de la chose. Sans doute, en principe rigoureux, l'usufruit et la rente viagère ne sont point un bien matériel se composant de l'ensemble des jouissances ou revenus; ils sont un bien incorporel, un droit, dont tous les revenus ou produits ne sont que des fruits, de telle sorte qu'après la moitié ou les trois quarts de sa durée, l'usufruit et la rente sont toujours le même usufruit et la même rente, entiers comme au premier jour (art. 588). Mais s'il en est ainsi en pur droit, il n'est pas moins vrai qu'en fait on avait entendu acheter et vendre vingt années de jouissance, et que, l'acheteur n'étant évincé que d'une moitié ou d'un quart, il serait souverainement inique et contraire aux idées fondamentales de notre matière, d'obliger le vendeur à lui rendre la totalité du prix. C'est précisément du fait, des idées d'équité, que le législateur se préoccupe ici, et il est évident qu'à ce point de vue il n'y a, dans ce cas, qu'une éviction partielle.

C'est, en effet, ce que reconnaissent tous les auteurs; mais il y a dissidence entre eux pour savoir si la même règle doit s'appliquer aux ventes d'animaux. M. Duvergier (I, 362), d'après Pothier et Dumoulin, enseigne l'affirmative, par le motif que, les animaux ayant une existence limitée, l'acheteur n'a eu en vue qu'un certain nombre d'années de services qui se sont en effet réalisés pour partie... Au contraire, M. Troplong (I, 494) et M. Zachariæ (II, p. 519) trouvent que cette solution n'est pas légalement acceptable; et on peut soutenir dans ce sens qu'il n'est pas possible, ni en droit ni en fait, de ne voir là qu'une éviction partielle. Tout usé et vieilli qu'il peut être, dira-t-on, ce cheval, acheté il y a quelques années, est toujours le même cheval et non pas une partie du cheval, c'est toute la chose achetée et non pas une partie de cette chose. Tout ce qu'il y a de vrai, c'est qu'il est détérioré; or, l'art. 1631 déclare formellement que, quoique la chose soit considérablement détériorée, il y a néanmoins lieu de restituer la totalité du prix... Malgré cela, nous adoptons le premier sentiment. On n'achète pas un cheval pour avoir toujours ce cheval, comme on achète une ferme pour avoir toujours cette ferme : ce que l'acheteur veut pour son argent, c'est bien moins le cheval en lui-même que *les services* que ce cheval doit lui rendre pendant quinze ou vingt ans, et il est dès lors parfaitement exact, quand il a recueilli la moitié de ses services, de dire que l'éviction n'est que partielle. Est-ce que le cheval qui est arrivé à vingt-huit ou trente ans, qui ne rend plus aucune espèce de service et ne gagne pas même sa nourriture, n'a pas cessé d'exister comme bête de travail et utilement parlant? Est-ce que ce n'est pas désormais une bête nulle, insignifiante, et dont l'éviction n'enlèverait à l'acheteur aucune autre valeur que celle de la peau? N'est-il pas évident que, dans ce cas, l'éviction ne porte que sur une partie, et une faible partie, de la chose achetée?

V. — Nous arrivons aux dommages-intérêts, et nous savons déjà que, quoique le Code n'emploie ici cette expression que dans un sens spécial et plus restreint, elle embrasse tous les objets de restitution autres que le prix de vente.

Le vendeur doit rendre à ce titre : 1° le coût du contrat et autres frais accessoires; 2° la valeur des fruits que l'acheteur serait condamné à rendre au propriétaire, ce qui n'est possible, bien entendu, que pour les fruits postérieurs au moment où l'acheteur a reconnu le vice de son contrat, puisque jusque-là il faisait les fruits siens comme possesseur de bonne foi ; 3° les frais faits tant sur la demande principale que sur la demande en garantie : toutefois, ceux de la demande principale ne seraient pas dus (à l'exception de ceux de l'exploit introductif, qui le seront nécessairement toujours) si l'acheteur les avait faits ou laissé faire avant de mettre son vendeur en cause, et si d'ailleurs ils n'étaient pas utiles à celui-ci pour son système de défense (1).

Si l'acheteur se trouve complétement indemnisé au moyen de ces diverses restitutions, il est clair qu'il ne pourra réclamer rien de plus ; mais il est possible que l'indemnité ne soit pas encore complète, et c'est alors qu'il y aurait lieu à un dernier objet de restitution, le seul auquel le Code donne ici le nom de dommages-intérêts. Cet objet peut comprendre deux choses : 1° les dépenses autres que celles qui sont une charge des fruits ; 2° la différence entre le prix de vente et la valeur plus grande de la chose au moment de l'éviction.

Pour les dépenses, il faut distinguer si elles étaient nécessaires, utiles, ou seulement voluptuaires. Les dépenses nécessaires sont dues alors même qu'il n'en serait résulté aucune augmentation de valeur, puisque l'acheteur a été forcé de les faire. Pour les dépenses utiles mais non nécessaires, le vendeur doit rembourser le montant de la plus-value qui en résulte, puisque, d'une part, c'est cette plus-value que l'éviction fait perdre à l'acheteur, non les sommes employées (lesquelles sont dès à présent absorbées), et que, d'un autre côté, l'acheteur n'était pas forcé de faire ces dépenses. Les dépenses voluptuaires enfin ne donnent lieu à récompense qu'autant que le vendeur aurait connu, lors du contrat, la cause de l'éviction (art. 1634, 1635).

Quant à la différence entre le prix de vente et la valeur plus grande que la chose peut avoir au moment de l'éviction, c'est une question controversée et délicate, en effet, de savoir si elle est due alors même qu'elle serait immense et résulterait, en dehors de toutes prévisions, d'événements complétement exceptionnels, comme le percement d'un canal, l'établissement d'une ville, etc. M. Duvergier (I, 369), d'après Dumoulin et Pothier, répond négativement, en appliquant l'art. 1150, qui déclare que, hors le cas de mauvaise foi, le débiteur ne doit que les dommages-intérêts que l'on a pu prévoir ; Toullier (VI, 285), M. Duranton (XVI, 295) et M. Zachariæ, professent l'affirmative et pensent que la disposition spéciale de l'art. 1633 échappe au principe général de l'art. 1150 ; M. Troplong enfin (I, 507) hésite entre les deux doctrines, parce qu'il trouve la seconde plus conforme au texte de la loi et la première plus conforme à l'équité. Quant à nous, celle-ci nous paraît devoir être suivie par ces trois motifs, 1° qu'elle est en effet plus conforme à l'équité ; 2° que les principes généraux ne doivent recevoir une exception qu'autant que cette exception est formellement écrite

(1) Les dépens de la demande en garantie peuvent être mis en entier à la charge de l'acquéreur qui ne subit aucune éviction, alors même qu'il aurait été fondé à appeler son vendeur en cause. Cass., 6 fév. 1867 (J. Pal., 67, 261).

dans la loi, et que l'art. 1638 ne contient rien qui manifeste la pensée de déroger au principe si sage de l'art. 1150, cet art. 1633 pouvant et devant s'entendre naturellement *de eo quod plerumque fit*, et non des cas extraordinaires et exceptionnels qui nous occupent; 3° que ce recours aux principes généraux se trouve en effet commandé ici par l'article 1639, et que la circonstance que cette doctrine était celle de Dumoulin et de Pothier donne de plus en plus lieu de croire que telle a été la pensée des rédacteurs. Nous disons donc que la totalité de la plusvalue ne serait due, en pareil cas, qu'autant que le vendeur aurait été de mauvaise foi (1).

1636. — Si l'acquéreur n'est évincé que d'une partie de la chose, et qu'elle soit de telle conséquence, relativement au tout, que l'acquéreur n'eût point acheté sans la partie dont il a été évincé, il peut faire résilier la vente.

1637. — Si, dans le cas de l'éviction d'une partie du fonds vendu, la vente n'est pas résiliée, la valeur de la partie dont l'acquéreur se trouve évincé, lui est remboursée suivant l'estimation à l'époque de l'éviction, et non proportionnellement au prix total de la vente, soit que la chose vendue ait augmenté ou diminué de valeur.

I. — Quand l'acheteur n'est évincé que d'une partie de la chose vendue, il faut distinguer si cette partie est ou non telle qu'il y ait lieu de croire que sans elle il n'eût pas acheté. S'il est reconnu qu'il eût néanmoins acheté, le contrat est maintenu et l'acheteur, dès lors, sans pouvoir réclamer tout ou partie de son prix de vente, a seulement droit (en outre, bien entendu, des autres dommages-intérêts comme ci-dessus) à une indemnité représentant la valeur actuelle de la partie dont il est évincé. Si l'on reconnaît, au contraire, que sans la partie dont l'acheteur est privé l'achat n'eût pas eu lieu, il a le choix de prendre cette même indemnité ou de faire résilier le contrat pour se faire restituer son prix de vente et tous autres dommages-intérêts, en rendant ce qui lui reste de la chose (2).

Plusieurs auteurs ont vivement critiqué la disposition qui, alors qu'il n'y a pas résiliation, veut que la somme à payer se calcule sur la valeur actuelle et non sur le prix de la vente. Delvincourt (t. III) et M. Duranton (XVI, 300), pour restreindre autant que possible une règle qu'ils trouvent souverainement illogique, prétendent qu'on ne doit pas l'appliquer au cas d'éviction d'une partie indivise; et M. Troplong (I, 517), tout en la reconnaissant applicable à toutes les hypothèses d'éviction

---

(1) Jugé que l'acquéreur de la chose d'autrui qui, en ayant été évincé, l'achète de nouveau du véritable propriétaire, n'a point de recours en garantie contre son vendeur primitif, à raison du supplément de prix qu'il a dû payer, si ce supplément est le résultat d'une plus-value postérieure à l'éviction. Cass., 19 mai 1863 (Dev., 64, 1, 73; *J. Pal.*, 64, 397).

(2) L'art. 1636 est applicable au cas de vente sur expropriation forcée comme au cas de vente volontaire. Lyon, 13 août 1852 (Dev., 53, 2, 119; *J. Pal.*, 52, 2, 635).

partielle, la regarde comme une distraction du législateur... Nous ne saurions partager ni l'une ni l'autre idée. D'une part, la généralité des termes de la loi ne comporte aucune distinction. D'un autre côté, puisque le contrat subsiste alors, il ne peut donc pas être question de restitution du prix, mais seulement de dommages-intérêts, de réparation du préjudice que subit l'acheteur ; or ce préjudice est précisément la perte que fait cet acheteur de la valeur actuelle de la portion dont on l'évince.

1638. — Si l'héritage vendu se trouve grevé, sans qu'il en ait été fait de déclaration, de servitudes non apparentes, et qu'elles soient de telle importance qu'il y ait lieu de présumer que l'acquéreur n'aurait pas acheté s'il en avait été instruit, il peut demander la résiliation du contrat, si mieux il n'aime se contenter d'une indemnité.

I. — La règle est ici la même que pour le cas précédent, parce que la gêne et la diminution de jouissance qu'apporte l'exercice d'une servitude passive constitue, en effet, une éviction partielle de la chose. L'article ne parle, au surplus, que de servitudes non apparentes ; car si les servitudes étaient visibles, l'acheteur ne pourrait s'en prendre qu'à lui d'avoir acheté sans examiner l'immeuble (1).

Bien entendu, cette règle peut changer dans un sens ou dans l'autre par une convention spéciale. L'acheteur peut, pour plus de sûreté, stipuler la garantie de servitudes même apparentes, et le vendeur peut, réciproquement, pour se mettre à l'abri de tout recours à raison de charges que lui-même ne connaît pas, stipuler la non-garantie de toutes servitudes, même occultes. Le point de savoir de quelles clauses résulterait cette non-garantie, et si telles ou telles expressions seraient assez efficaces pour la produire, n'est, évidemment, qu'une question d'interprétation à décider d'après les circonstances (2) ; mais il faut cependant dire qu'on ne devrait pas la voir, en général, dans ces phrases banales que la routine fait insérer dans tous les contrats, que l'immeuble est acheté *tel qu'il se poursuit et comporte,* ou bien *chargé de ses charges,* ou *avec toutes les servitudes actives et passives qu'il se trouve avoir,* ou *dans l'état où il est et que l'acheteur a déclaré bien connaître.* Ce sont là des phrases de style qui, par elles seules, ne signifient absolument rien et ne sauraient affranchir le vendeur de la garantie des servitudes occultes : quand un acheteur déclare ainsi bien connaître l'immeuble, c'est seulement de ce qu'on peut connaître en visitant le bien qu'il s'agit, et non des servitudes cachées (3).

---

(1) Paris, 2 août 1853 (Dev., 54, 2, 138).
(2) L'obligation attachée à la propriété d'un fonds d'y conserver la sépulture d'un précédent propriétaire, constitue une charge de nature à autoriser l'acquéreur, à qui elle n'a pas été déclarée, à demander la résiliation de la vente. Poitiers, 7 déc. 1864 (Dev., 65, 2, 235 ; J. Pal., 65, 942).
(3) *Voy.* Rej., 17 janv. 1842 (Dev., 42, 1, 559); Bourges, 7 mars 1853 (*J. Pal.,* 53, 2, 92). — Mais quand les énonciations sont telles que l'acquéreur a pu connaître l'étendue et la condition de la servitude, l'art. 1638 cesse d'être applicable ; les tribu-

On conçoit qu'il y aurait également éviction et que la règle de notre article s'appliquerait encore, quoique ses termes n'embrassent pas ce cas, si, au lieu de servitudes passives dont l'existence n'aurait pas été déclarée à l'acheteur, il s'agissait de servitudes actives qui lui auraient été promises et qu'il ne pourrait pas obtenir ou conserver.

1639. — Les autres questions auxquelles peuvent donner lieu les dommages et intérêts résultant pour l'acquéreur de l'inexécution de la vente, doivent être décidées suivant les règles générales établies au titre *Des Contrats ou des Obligations conventionnelles en général*.

I. — Nous avions déjà fait observer que les règles ici posées doivent se compléter par les principes généraux du titre des Obligations.

1640. — La garantie pour cause d'éviction cesse lorsque l'acqué-reur s'est laissé condamner par un jugement en dernier ressort, ou dont l'appel n'est plus recevable, sans appeler son vendeur, si celui-ci prouve qu'il existait des moyens suffisants pour faire rejeter la demande.

I. — Cette règle a déjà été signalée sous l'art. 1624, n° VI, et elle est d'ailleurs toute simple. Quand l'acheteur s'est laissé évincer sans appeler son vendeur, et que celui-ci prouve qu'il eût empêché l'éviction, qui est désormais irréparable, il est clair que l'acheteur, ici comme dans tous les cas où il ne serait évincé que par sa faute, n'a rien à récla-mer de son vendeur.

§ 2. — De la garantie des défauts cachés de la chose vendue.

1641. — Le vendeur est tenu de la garantie à raison des défauts cachés de la chose vendue qui la rendent impropre à l'usage auquel on la destine, ou qui diminuent tellement cet usage, que l'acheteur ne l'aurait pas acquise, ou n'en aurait donné qu'un moindre prix, s'il les avait connus.

1642. — Le vendeur n'est pas tenu des vices apparents et dont l'acheteur a pu se convaincre lui-même.

1643. — Il est tenu des vices cachés, quand même il ne les aurait pas connus, à moins que, dans ce cas, il n'ait stipulé qu'il ne sera obligé à aucune garantie.

1644. — Dans le cas des articles 1641 et 1643, l'acheteur a le choix de rendre la chose et de se faire restituer le prix, ou de garder la chose et de se faire rendre une partie du prix, telle qu'elle sera arbitrée par experts.

---

naux ont, à cet égard, un droit d'appréciation qui échappe à la censure de la Cour de cassation. Cass., 23 juin 1851 et 2 fév. 1852 (Dev., 51, 1, 728; 53, 1, 191).

1645. — Si le vendeur connaissait les vices de la chose, il est tenu, outre la restitution du prix qu'il en a reçu, de tous les dommages et intérêts envers l'acheteur.

1646. — Si le vendeur ignorait les vices de la chose, il ne sera tenu qu'à la restitution du prix, et à rembourser à l'acquéreur les frais occasionnés par la vente.

1647. — Si la chose qui avait des vices, a péri par suite de sa mauvaise qualité, la perte est pour le vendeur, qui sera tenu envers l'acheteur à la restitution du prix, et aux autres dédommagements expliqués dans les deux articles précédents.

Mais la perte arrivée par cas fortuit sera pour le compte de l'acheteur.

1648. — L'action résultant des vices rédhibitoires doit être intentée par l'acquéreur, dans un bref délai, suivant la nature des vices rédhibitoires, et l'usage du lieu où la vente a été faite.

1649. — Elle n'a pas lieu dans les ventes faites par autorité de justice.

SOMMAIRE.

I. Qu'appelle-t-on vices rédhibitoires. La garantie en est due dans toute vente, mobilière ou immobilière, autre que celles faites par autorité de justice.
II. Délais fixés par la loi du 20 mai 1838 pour les ventes d'animaux domestiques. Analyse de cette loi. Effets de la garantie d'après ses dispositions combinées avec celles du Code.
III. La garantie cesse dans cinq cas, et notamment quand la chose vicieuse périt par la faute de l'acheteur : erreur de M. Troplong. — C'est à l'acheteur de prouver que le vice existait lors de la vente, ou, si la chose a péri, qu'elle a péri par suite de ce vice.

I. — Quand la chose vendue est affectée, lors de la vente, de défauts cachés et inconnus de l'acheteur, qui la rendent impropre à l'usage auquel on la destine, ou qui diminuent assez notablement cet usage, on dit qu'il y a vice *rédhibitoire,* parce que l'acheteur peut faire résilier la vente (1).

Il faut que les vices aient été tout à la fois cachés et inconnus de l'acheteur. Si, d'une part, ils étaient assez apparents pour que l'acheteur eût pu les voir en examinant ce qu'il achetait, la garantie ne serait pas due, et M. Duranton se méprend quand il enseigne le contraire comme principe (XVI, 310), en se fondant sur l'art. 1642, puisque cet article précisément refuse la garantie pour les vices dont l'acheteur a pu se convaincre. Il n'en serait autrement que pour les ventes de certaines marchandises qu'il n'est pas d'habitude de vérifier chez les marchands : l'usage constant du commerce commande de regarder alors le marchand, ainsi que l'a jugé la Cour de Rouen et malgré la décision contraire d'un arrêt de Bordeaux, comme garantissant tacitement que

(1) Ainsi, il y a vice rédhibitoire lorsque des graines vendues pour semence n'ont pas poussé convenablement. Rej., 22 mars 1853 (Dev., 53, 1, 480); Amiens, 16 janv. 1862 (Dev., 62, 2, 156).

la chose est en bon état et telle qu'elle se vend ordinairement (1); mais pour toutes autres choses, et en dehors de cette convention implicite de garantie plus sévère, il faut que l'acheteur n'ait pas pu découvrir les défauts par l'inspection. Il faut aussi qu'il n'ait pas connu d'ailleurs ces défauts; car, si cachés qu'ils fussent, il ne pourrait pas se plaindre, du moment qu'il aurait connu l'état de la chose (2). Quant au vendeur, il importe peu qu'il ait ou non connu les vices, et il doit la garantie dans un cas comme dans l'autre; seulement, l'ignorance où il serait à cet égard lui permettrait de s'affranchir par une stipulation expresse (art. 1643), tandis que cette stipulation serait non avenue pour des vices qu'il connaissait (3).

La garantie dont il s'agit est due pour toute espèce de choses, aussi bien pour des immeubles que pour des meubles, quoique le contraire soit enseigné par M. Duranton (XVI, 317) et indiqué aussi dans le Rapport de M. Faure au Tribunat : le droit romain, notre ancienne jurisprudence et la généralité des termes de l'art. 1641, ne laissent pas de doute à cet égard (4). Mais elle n'a pas lieu dans les ventes faites par autorité de justice (art. 1649).

II. — Le Code n'avait fixé pour aucun cas le délai dans lequel l'acquéreur devait intenter l'action pour vice rédhibitoire; il laissait subsister à cet égard la diversité des anciennes coutumes, en donnant pour règle l'usage du lieu où la vente s'est faite (art. 1648). Mais la loi du 20 mai 1838 a fait cesser cet état de choses pour les ventes qui donnent lieu à cette action le plus fréquemment, celles des animaux domestiques : ainsi, tandis que, dans un même cas, le délai était de 8 jours pour l'Ile-de-France, de 24 heures pour le Dauphiné et de 6 mois pour la Bretagne, un délai uniforme de 9 jours ou de 30 jours, selon les cas, est maintenant établi pour toute la France. C'est donc seulement dans les ventes autres que celles d'animaux domestiques qu'il y a lieu de suivre l'usage des lieux, et, à défaut d'usage constant, un délai très-bref, dont la limite est laissée par l'art. 1648 à l'appréciation des tribunaux (5).

Les seuls vices rédhibitoires, dans les ventes d'animaux domestiques, sont désormais, d'après la loi de 1838 : 1° *pour le cheval, l'âne ou le*

---

(1) Pardessus (*Dr. commerç.*, I, p. 279); Duvergier (I, 391); Zachariæ (II, p. 527); Rouen, 11 déc. 1806. — *Contrà :* Bordeaux, 25 avr. 1828.

(2) *Voy.* une application dans un arrêt qui statue sur la vente d'un office. Cass., 31 janv. 1853 (Dall., 53, 1, 217).

(3) M. Troplong (n° 500) avait enseigné dans ses premières éditions que le vendeur peut *toujours* s'affranchir de la garantie, sans remarquer que l'art. 1642 ne le lui permet que *dans ce cas* d'ignorance des vices; mais il a corrigé cette erreur dans sa troisième édition.

(4) Dumoulin (*De divid.*, n° 602); Domat (1. 1, tit. 2, s. 11, 4); Pothier (n° 207); MM. Troplong (II, 548); Duvergier (I, 396); Zachariæ (II, p. 528); Lyon, 5 août 1824; Bourges, 18 nov. 1843 (Dev., 44, 2, 347); Cass., 29 mars 1852 et 16 nov. 1853 (Dall., 53, 1, 322; J. Pal., 54, 1, 323); Aix, 8 nov. 1864; Cass., 23 août 1865 (Dev., 65, 1, 397). *Voy.* aussi Marcadé (*Rev. crit.*, t. II, p. 455).

(5) Paris, 23 déc. 1852; Rej., 16 nov. 1853 (Dall., 53, 1, 322, et 2, 195). — Ce dernier arrêt, ou plutôt les trois arrêts rendus à cette date, décident que le délai part du jour de la révélation des vices cachés, par application de l'art. 1304, et non du jour de la vente. — *Voy.*, en sens contraire, Duvergier (I, 405); Troplong (II, 587).

mulet, la fluxion périodique des yeux, l'épilepsie, la morve, le farcin, les vieilles courbatures, l'immobilité, la pousse, le cornage chronique, le tic sans usure des dents, les hernies inguinales intermittentes, la boiterie intermittente pour cause de vieux mal ; 2° *pour l'espèce bovine,* la phthisie pulmonaire, l'épilepsie ; puis, après le part chez le vendeur, les suites de la non-délivrance et le renversement du vagin ou de l'utérus ; 3° enfin, *pour l'espèce ovine,* la clavelée et le sang de rate : la première de ces deux maladies, alors même qu'elle n'est reconnue que chez un seul animal, entraîne rédhibition de tout le troupeau ; la seconde l'entraîne aussi, quand la perte atteint, dans le délai de la garantie, le quinzième des animaux achetés, pourvu que, dans les deux cas, le troupeau porte la marque du vendeur (art. 1). — Le délai pour intenter l'action est, non compris le jour de la livraison, de trente jours pour la fluxion et l'épilepsie, et de neuf jours pour tous les autres cas (1); si l'animal a été livré ou conduit, dans les délais ci-dessus, hors du lieu du domicile du vendeur, ces délais s'augmentent d'un jour par cinq myriamètres de distance entre ce domicile et le lieu où l'animal se trouve ; mais c'est toujours dans les neuf jours ou les trente jours que l'acheteur doit, par requête présentée au juge de paix du lieu où l'animal se trouve, provoquer, à peine d'être non recevable, la nomination d'experts chargés de dresser procès-verbal : ce juge nomme immédiatement un ou plusieurs experts qui doivent opérer dans le plus bref délai (art. 3, 4 et 5). Et, bien entendu, cette constatation des experts ne dispense pas d'intenter l'action dans les neuf jours ou trente jours, plus le délai des distances, et c'est avec raison que des décisions contraires ont été cassées par la Cour suprême (2). — La demande est dispensée du préliminaire de conciliation ; elle s'instruit et se juge comme matière sommaire (art. 6).

Dans les cas autres que ceux prévus par la loi de 1838, c'est-à-dire quand il ne s'agit pas d'animaux domestiques, l'acheteur, d'après notre art. 1644, a le choix d'opérer sa rédhibition, c'est-à-dire de rendre la chose en se faisant restituer le prix, ou de garder la chose en se faisant rendre une partie du prix telle qu'elle sera arbitrée par experts ; mais quand il s'agit d'animaux domestiques, la loi de 1838 interdit l'action en réduction de prix (souvent désignée sous le nom d'action *quanti minoris*) et ne laisse à l'acheteur que l'action rédhibitoire (art. 2). Pour prévenir, chez les acheteurs de bestiaux, l'idée de se procurer, quelquefois frauduleusement, la restitution d'une certaine somme tout en

(1) Le délai pour intenter l'action rédhibitoire est franc ; de telle sorte que l'action est utilement introduite le lendemain du dernier jour du délai. Cass., 24 janv. 1849; Rouen, 27 mars 1858 ; Cass., 3 mai 1859, 10 nov. 1862 (Dev., 62, 1, 1024). Il en est de même du délai accordé pour provoquer la nomination d'experts. Cass., 6 mars 1867 (J. Pal., 67, 365).

(2) Cass., 23 mars 1840 ; Cass., 5 mai 1846 (Dev., 40, 1, 431 ; 46, 1, 431) ; Cass., 17 mai 1847 ; 15 mai 1854 (Dall., 47, 1, 183 ; 54, 1, 241) ; Cass., 10 déc. 1855, 19 déc. 1860 (Dev., 61, 1, 362 ; J. Pal., 61, 768). *Sic :* Troplong (t. II, n° 589) ; Aubry et Rau (t. III, § 355 *bis*) ; Galisset et Mignon (*Tr. des Vices rédhibit.,* p. 81) ; Rey (*Jurispr. vétérin.,* p. 275).

conservant l'objet acheté, la loi n'admet pas de milieu entre la résiliation totale du contrat et son maintien intégral.

Quand il y a résiliation, le vendeur doit restituer, en sus du prix de vente, les frais que cette vente a occasionnés à l'acheteur ; et si les vices lui étaient connus, il est tenu, en outre, de tous dommages-intérêts (art. 1645, 1646).

III. — La responsabilité du vendeur cesse (en outre des deux cas de stipulation de non-garantie par un vendeur ignorant les vices de la chose, et de connaissance acquise de ces vices par l'acheteur avant la vente), lorsque la chose a péri par cas fortuit, parce qu'alors le vendeur ne subit aucun préjudice, puisqu'une chose parfaitement saine eût également péri (art. 1647). — Il en est évidemment de même, et à plus forte raison, si c'est par la faute de l'acheteur que la chose périt. Il est vrai que M. Troplong (II, 568) enseigne que l'acheteur aurait encore alors son recours en garantie (sauf, bien entendu, à tenir compte au vendeur de la valeur que la chose vicieuse pouvait avoir) ; mais cette idée n'est pas soutenable : on ne peut certes pas traiter celui qui a lui-même fait périr la chose par sa faute plus favorablement que celui chez qui elle périt par cas fortuit, et c'est avec raison que la doctrine de M. Troplong est repoussée par tous les auteurs (1). C'est seulement quand la chose périt par suite de son propre vice que la perte en tombe sur le vendeur, aux termes de l'art. 1647. — La garantie cesse encore, dans les cas de morve, de farcin et de clavelée, si le vendeur prouve que l'animal pour lequel l'acheteur intente l'action a été mis en contact, depuis la livraison, avec des animaux atteints de cette maladie (L. de 1838, art. 8).

Nous venons de dire que le vendeur demeure responsable quand la chose périt par suite de son vice. Mais doit-on la présumer, jusqu'à preuve contraire, périe par suite du vice, par cela seul que sa perte arrive dans le délai de la garantie ; et doit-on de même présumer, jusqu'à preuve contraire, que le vice existait lors de la vente, par cela seul qu'il se déclare dans ce même délai ? Cette question, qui a dû paraître délicate jusqu'à la loi de 1838, se trouve tranchée par l'art. 7 de cette loi. D'une part, on pouvait dire que la loi n'ayant pas tracé de règle spéciale pour ce cas, on doit dès lors appliquer le droit commun, qui veut que tout demandeur fasse preuve de sa demande, et que par conséquent c'est à l'acheteur qui intente l'action rédhibitoire à justifier sa prétention ; d'autre part, on pouvait répondre que, dans les cas où un délai si court est accordé pour agir, il doit y avoir dérogation au droit commun, et que la brièveté de ce délai présuppose précisément dans la pensée du législateur l'existence de cette présomption. C'est, en effet, ce que décidaient la plupart des auteurs, notamment M. Troplong (I, 569) et M. Duvergier (I, 403) ; mais la loi de 1838 est

_____

(1) Delvincourt (t. III); Duranton (XVI, 326); Duvergier (I, 414); Zachariæ (II, p. 530, note 53).

venue condamner leur doctrine. En effet, c'est surtout pour les ventes d'animaux domestiques qu'un très-bref délai a toujours été fixé et que l'on se montrait très-rigoureux contre l'acheteur, au point de pousser quelquefois la présomption d'existence du vice lors de la vente ou de perte par suite de ce vice, jusqu'à ne pas même permettre la preuve contraire. Or c'est précisément pour ces mêmes ventes que l'art. 7 de la nouvelle loi ordonne d'appliquer le droit commun, en déclarant que, quand l'animal périt dans les délais, c'est à l'acheteur qui agit en garantie de prouver que la mort provient de l'une des maladies indiquées ci-dessus.

CHAPITRE V.

DES OBLIGATIONS DE L'ACHETEUR.

L'acheteur est tenu de deux obligations, celle de payer son prix et celle de prendre livraison de la chose. Notre chapitre s'occupe de la première dans les art. 1650-1656, et de la seconde dans l'art. 1657.

1° De l'obligation de payer le prix.

1650. — La principale obligation de l'acheteur est de payer le prix au jour et au lieu réglés par la vente.

1651. — S'il n'a rien été réglé à cet égard lors de la vente, l'acheteur doit payer au lieu et dans le temps où doit se faire la délivrance.

1652. — L'acheteur doit l'intérêt du prix de la vente jusqu'au payement du capital, dans les trois cas suivants :

S'il a été ainsi convenu lors de la vente;

Si la chose vendue et livrée produit des fruits et autres revenus;

Si l'acheteur a été sommé de payer.

Dans ce dernier cas, l'intérêt ne court que depuis la sommation.

1. — Le payement du prix de vente doit s'effectuer au temps et au lieu fixés par la convention; que si rien n'est dit à cet égard, il doit se faire, pour les ventes au comptant, au temps et au lieu où la délivrance doit se faire (art. 1651), et dans les ventes à terme, au domicile de l'acheteur, d'après le principe général de l'art. 1247 (1). Mais que dire si, la vente étant faite au comptant, le vendeur n'exige pas le payement au moment de la délivrance et donne ainsi à l'acheteur un terme qui n'est que de pure complaisance? Toullier (VII, 92) et M. Duvergier (I, 417) pensent qu'il en serait ici comme du terme de rigueur; mais le sentiment contraire nous paraît plus exact : car de ce que le vendeur a bien voulu retarder le moment du payement, il ne s'ensuit pas qu'il ait entendu renoncer au droit d'être payé au lieu de la délivrance, si c'est plus commode pour lui (2).

(1-2) Rej., 14 juin 1813; Limoges, 19 janv. 1828; Delvincourt (t. III); Duranton

II. — Le prix de vente porte intérêt dans trois cas : 1° lorsqu'il y a convention à cet égard ; 2° lorsque la chose vendue produit des fruits ; 3° enfin, lorsque l'acheteur, en retard de payer, a été sommé de le faire. Les intérêts courent, dans le premier cas, du jour fixé par la convention, et si la convention est muette à cet égard, du jour même de la vente, puisque c'est par elle que le vendeur devient créancier de la somme ; dans le second cas, du jour de la délivrance, puisque c'est de ce jour que l'acheteur recueille les fruits dont les intérêts sont la compensation ; dans le troisième, du jour de la sommation (1).

L'extrême rigueur avec laquelle étaient traités les intérêts de sommes d'argent dans notre ancien droit, qui voyait partout de l'usure, avait conduit plusieurs auteurs, et notamment Pothier (n° 266), à décider que, dans le cas de vente d'une chose frugifère, les intérêts ne seraient pas dus, si c'était par convention avec le vendeur que l'acheteur ne payât pas son prix comptant. Nos idées modernes ne permettent pas de suivre cette solution, et c'est avec raison que l'art. 1652 porte sa règle absolument et sans distinction, pour toutes ventes d'une chose frugifère (2).

1653. — Si l'acheteur est troublé ou a juste sujet de craindre d'être troublé par une action, soit hypothécaire, soit en revendication, il peut suspendre le payement du prix jusqu'à ce que le vendeur ait fait cesser le trouble, si mieux n'aime celui-ci donner caution, ou à moins qu'il n'ait été stipulé que, nonobstant le trouble, l'acheteur payera.

I. — Cet article se comprend assez par lui-même. Ajoutons seulement, 1° que les intérêts, lorsqu'ils sont dus, courraient néanmoins pendant la suspension du payement, puisque la crainte d'un trouble ni le trouble lui-même, tant qu'il n'y a pas éviction, n'enlèvent pas la chose à l'acheteur : celui-ci ne pourrait faire cesser les intérêts que par la consignation de son prix ; 2° qu'il faut assimiler au cas de stipulation qu'un acheteur payera, nonobstant tout trouble, celui d'un acheteur qui, au moment où il s'obligeait à payer à telle époque, connaissait le danger de l'éviction ; car il y a là consentement tacite de payer nonobstant le trouble (3).

L'ancien droit ne permettait à l'acheteur de suspendre son payement

---

(XVI, 331) ; Zachariæ (II, p. 533). — Dans le cas d'une vente à terme, l'augmentation d'impôt qui, depuis la vente et avant la livraison, a frappé les marchandises de l'espèce de celles vendues, est entièrement à la charge du vendeur, sans que celui-ci ait le droit de demander soit une augmentation de prix, soit la résiliation du marché. Bordeaux, 28 août 1852 ; Caen, 8 juill. 1852 ; Rouen, 18 nov. 1852 ; Paris, 30 avr. 1853 (Dall., 8, 2, 105 et 126). — Voy. *suprà*, art. 1586, n° II.

(1) La demande en payement d'un prix de vente formée même devant un juge incompétent, fait courir les intérêts de ce prix. Amiens, 8 fév. 1862 (Dev., 62, 2, 410 ; J. Pal., 62, 624).

(2) Duranton (XVI, 340) ; Troplong (II, 642) ; Duvergier (I, 420) ; Zachariæ (II, p. 534).

(3) Zachariæ (II, p. 534) ; Paris, 16 juill. 1832 (Dev., 32, 2, 517).

qu'autant qu'il y aurait trouble effectif. Notre Code est plus juste en le lui permettant par cela seul qu'il y a lieu de craindre le trouble. C'est aux juges du fait, au surplus, de décider s'il y a vraiment sujet sérieux de craindre, ou si les motifs allégués par l'acheteur ne seraient pas des frivolités ou même des prétextes pour retarder déloyalement son payement (1).

1654. — Si l'acheteur ne paye pas le prix, le vendeur peut demander la résolution de la vente.

1655. — La résolution de la vente d'immeubles est prononcée de suite, si le vendeur est en danger de perdre la chose et le prix.

Si ce danger n'existe pas, le juge peut accorder à l'acquéreur un délai plus ou moins long suivant les circonstances.

Ce délai passé sans que l'acquéreur ait payé, la résolution de la vente sera prononcée.

1656. — S'il a été stipulé lors de la vente d'immeubles, que, faute de payement du prix dans le terme convenu, la vente serait résolue de plein droit, l'acquéreur peut néanmoins payer après l'expiration du délai, tant qu'il n'a pas été mis en demeure par une sommation : mais, après cette sommation, le juge ne peut pas lui accorder de délai.

SOMMAIRE.

I. Action en résolution faute de payement. Elle a lieu, sauf l'exception de l'art. 1912, dans toutes ventes, dans la vente mobilière comme dans celle d'immeubles. Erreur de M. Duranton.

II. La vente mobilière peut aussi donner lieu au délai dont parle l'art. 1655. La bonne foi des tiers y empêchera souvent la résolution. *Secus* dans la vente d'immeubles ; et le vendeur peut alors faire résoudre, malgré les droits acquis par des tiers, après qu'il a perdu son privilége.

III. Les poursuites à fin de payement n'empêchent pas de faire résoudre ensuite, contre l'acheteur, pas même dans les ventes mobilières : erreur de M. Duvergier. *Quid* à l'égard des tiers ? Observation quant aux créanciers du vendeur.

IV. La condition résolutoire expresse s'accomplit plus facilement que la condition tacite ; mais toutes deux produisent le même effet.

V. L'action en résolution du contrat et en reprise de la chose est personnelle, réelle ou mixte, selon les cas : conséquences pour la compétence. Elle dure trente ans contre l'acheteur, et dix ou vingt ans (pour les immeubles) contre le tiers acquéreur de bonne foi : erreur de plusieurs arrêts.

I. — Quand l'acheteur ne paye pas son prix, le vendeur peut, soit que le contrat contienne ou ne contienne pas de stipulation à cet égard, faire prononcer la résolution de la vente. Cette disposition de l'art. 1654 n'est que l'application du principe posé par l'art. 1184, d'après lequel la condition résolutoire est sous-entendue dans tout contrat synallagmatique, au profit de la partie envers laquelle l'autre n'exécute pas son engagement.

---

(1) *Voy.* Caen, 28 janv. 1852, et Lyon, 25 janv. 1853 (*J. Pal.*, 53, 1, 580 et 418). — Mais l'acquéreur n'a que le droit de suspendre le payement ; il ne peut exiger caution du vendeur. Douai, 23 mai 1853 (Dall., 54, 2, 172). *Sic* : Aubry et Rau (III, § 356).

Cette faculté de faire résoudre existe dans toute vente, soit immobilière, soit mobilière, à l'exception seulement de celles qui sont consenties moyennant une rente viagère, l'art. 1978 refusant formellement la résolution pour celles-ci. Il est vrai que Delvincourt (t. III) et M. Duranton (XVI, 380) enseignent que la condition résolutoire n'a pas lieu dans les ventes mobilières, en se fondant, d'une part, sur ce que les art. 1655 et 1656 ne parlent que des immeubles, et, d'autre part, sur ce que l'art. 1657 édicte, pour les ventes de meubles, une autre cause de résolution, le défaut de retirement au terme convenu. Mais rien n'est plus inexact que cette idée. Les art. 1655 et 1656 ne posent leurs règles spéciales pour les ventes d'immeubles qu'à la suite du principe général posé par l'art. 1654 et qui déclare résoluble toute vente absolument : la fausse doctrine de MM. Delvincourt et Duranton ne serait rien moins que la suppression de cet art. 1654. L'art. 1657, à son tour, bien loin de contredire ce principe, le confirme au contraire, puisqu'il va jusqu'à permettre la résolution pour le simple défaut de retirement de la chose, qui n'a pas à beaucoup près la gravité du défaut de payement. En définitive, il s'agit d'une règle que rien ne contrarie dans le Code, qui s'y trouve d'ailleurs écrite deux fois pour une, et dans notre art. 1654 et dans l'art. 1184 ; et c'est avec raison dès lors que la doctrine de Delvincourt et de M. Duranton est condamnée par la jurisprudence (1).

II. — Cette applicabilité de l'art. 1654 aux ventes mobilières fait naître deux questions assez délicates. D'abord, l'art. 1655 n'autorisant le juge à donner un délai à l'acheteur que pour les ventes d'immeubles, faut-il en conclure que dans les ventes de meubles toute concession de délai serait impossible? Nous ne le pensons pas, et voici quelle nous paraît être à cet égard la pensée de la loi. Le Code défend avec raison la concession du délai, même pour les immeubles, quand il y a pour le vendeur danger de perdre la chose et le prix ; or, comme pour les meubles ce danger existera presque toujours, on conçoit que le législateur, se préoccupant ici comme partout *de eo quod plerumque fit*, n'ait pas exprimé pour eux la faculté d'accorder ce délai. Mais si, en fait, ce danger n'existait pas, le délai pourrait être accordé, soit par analogie de notre art. 1655, soit en vertu de l'art. 1184. En d'autres termes, l'art. 1184 permet la concession du délai absolument et sans distinction pour tous les contrats; l'art. 1655 la défend pour les ventes d'immeubles, quand il y a danger de perdre la chose et le prix ; et il est naturel d'en conclure qu'elle ne sera pas possible non plus pour les meubles, quand ce double danger existera (ce qui aura lieu générale-

(1) Troplong (II, 645); Duvergier (I, 436); Zachariæ (II, p. 535); Paris, 18 août 1829; Cass., 7 avr. 1830; Pau, 24 juin 1831; Paris, 20 juill. 1831; Paris, 16 août 1832; Cass., 9 déc. 1835; Paris, 21 fév. 1838; Amiens, 1er sept. 1838; Lyon, 21 mars 1839; Paris, 25 juill. 1846 (Dev., 32, 2, 29 ; 33, 2, 472-474; 38, 2, 97 ; 39, 2, 237 et 423; 46, 2, 358). — Du reste, l'action peut être intentée incidemment, par voie d'exception, dans une instance où le vendeur a été appelé pour faire valoir ses droits. Montpellier, 9 juin 1853 (Dall., 54, 2, 173).

ment) ; mais quand ce danger n'existera plus, on rentre dans la faculté absolue de l'art. 1184.

La seconde question est de savoir si la résolution de la vente mobilière, qui est impossible quand le meuble vendu est passé dans les mains d'un tiers de bonne foi qui l'a acheté ou reçu en gage, est également impossible quand ce meuble est devenu immeuble par destination et qu'il se trouve soumis au droit d'un créancier hypothécaire de l'acheteur. M. Troplong (addit. au n° 465) et plusieurs arrêts décident que la résolution peut encore avoir lieu. L'acheteur, disent-ils en substance, n'a pas pu transférer plus de droits qu'il n'en avait lui-même : or la transformation du meuble en immeuble par destination ne met pas cet acheteur à l'abri de l'action du vendeur; la preuve en est dans l'art. 593 C. proc.; puisque la loi, après avoir prohibé, en principe, dans l'article 592, la saisie-exécution des meubles immobilisés par destination, le permet dans cet art. 593 au vendeur non payé (1). Cette doctrine nous paraît inexacte, et nous pensons, avec M. Duvergier (I, 439) et des arrêts postérieurs à ceux indiqués ci-dessus, que l'action résolutoire n'est pas admissible ici. Il est très-vrai que du vendeur à l'acheteur l'immobilisation dont il s'agit ne nuit en rien au droit de ce vendeur ; mais il en est autrement entre le vendeur et le tiers qui acquiert un droit sur le meuble vendu, et il est faux de dire que ce tiers ne puisse pas avoir plus de droits que n'en aurait l'acheteur. M. Troplong reconnaît que, vu l'effet de la possession de bonne foi sur les choses mobilières, celui à qui le meuble aurait été revendu par mon acheteur serait à l'abri de mon action en résolution, tandis que mon acheteur, lui, s'il avait encore le meuble, ne pourrait pas s'en garantir. Le tiers peut donc avoir plus de droits que l'acheteur, et c'est tout simple. puisque c'est un effet de la bonne foi de ce tiers, bonne foi dont l'acheteur qui ne paye pas ne saurait argumenter. Si celui à qui le meuble a été revendu est à l'abri de l'action résolutoire, s'il en est de même du créancier dont ce meuble est devenu le gage mobilier, pourquoi en serait-il autrement de celui dont il est devenu, par son immobilisation, le gage hypothécaire? Le droit de ce dernier n'est pas moins favorable, et c'est avec raison que la jurisprudence se fixe dans ce sens (2).

Pour ce qui est des immeubles, comme la bonne foi des tiers n'a pas pour effet d'en déplacer la propriété et fait seulement gagner les fruits, le vendeur peut exercer son action résolutoire contre tout sous-acquéreur de l'immeuble ou concessionnaire d'un droit réel quelconque sur cet immeuble. Mais le pourrait-il encore après avoir perdu le privilége attaché à sa créance (art. 2103, 1°)? Ainsi quand le vendeur, soit par défaut d'inscription, soit par suite de forclusion prononcée faute de production dans un ordre, soit par l'effet du purgement accompli par le sous-acquéreur, soit par une renonciation formelle, se trouve dépouillé

---

(1) Paris, 10 juill. 1833; Amiens, 1er sept. 1838 (loc. suprà cit.).
(2) Cass., 9 déc. 1835; Lyon, 31 mars 1839; Paris, 25 juill. 1846 (loc. cit.); Cass., 9 juin 1847 (Dev., 47, 1, 689). Sic : Aubry et Rau (III, § 356).

de son privilége et devient simple créancier chirographaire de la somme due, peut-il encore agir en résolution contre le tiers ? Plusieurs auteurs et arrêts avaient d'abord répondu négativement ; on trouvait impossible de soutenir qu'un tiers acquéreur qui ne peut plus être poursuivi hypothécairement par le vendeur pût cependant être exproprié par lui. Mais cette idée, qui paraissait insoutenable, était cependant seule exacte, et c'est un point désormais constant : le vendeur, en effet, ayant ici deux droits distincts, celui d'agir pour son payement en créancier privilégié et non en créancier ordinaire, puis celui de reprendre la chose si on ne le paye pas, la perte du premier le réduit sans doute à n'avoir plus que le second, mais il a toujours ce second ; il n'est plus que créancier ordinaire au lieu d'être créancier privilégié, mais il est toujours créancier ; il est toujours vendeur non payé, et il peut, dès lors, faire résoudre la vente (1).

III. — Dans le droit romain, qui ne connaissait pas la condition résolutoire tacite des art. 1184 et 1654, et qui n'admettait la résolution que dans le cas de stipulation expresse, cette stipulation, appelée pacte commissoire, était entendue dans un sens qu'on ne saurait accepter aujourd'hui. On disait que l'effet du pacte étant de donner au vendeur, à défaut de payement au terme convenu, le choix de maintenir la vente ou de la tenir pour non avenue, il s'ensuivait que si, après le terme passé sans payement, le vendeur réclamait son prix, il optait ainsi pour le maintien de la vente et ne pouvait plus, dès lors, en invoquer la résolution : en demandant encore son prix après et malgré le défaut de payement au terme fixé, et en consentant ainsi, après ce terme, à l'exécution du contrat, le vendeur, disait-on, substitue à la vente résoluble une vente pure et simple... Ce système ne saurait être admis aujourd'hui, et les demandes et poursuites afin de payement, ne sauraient être, sous le Code, une fin de non-recevoir contre l'action en résolution.

En effet, même dans le cas où le contrat contient la stipulation formelle que, faute de payement au terme convenu, la vente sera résolue de plein droit, le vendeur, d'après l'art. 1656, non-seulement peut, mais doit faire sommation de payer avant de demander la résolution, en sorte que la demande de payement, dans notre droit, au lieu d'être un obstacle à l'exercice de l'action résolutoire, en est, au contraire, une condition. Il est vrai que cet art. 1656 n'est écrit que pour les im-

---

(1) Persil (art. 2403) ; Merlin (Rép., v° Résolut., n° 4) ; Duranton (XVI, 362) ; Troplong (Hyp., I, 222) ; Duvergier (Vente, I, 451) ; Zachariæ (II, p. 536) ; Cass., 2 déc. 1811, 3 déc. 1817 ; Limoges, 19 janv. 1824 ; Montpellier, 29 mai 1827 ; Cass., 26 mars 1828, 24 août 1831 ; Rej., 30 juill. 1834 ; Cass., 25 août 1841 ; Paris, 12 fév., 16); Rouen, 15 mai 1852 (Dev., 31, 1, 315 ; 35, 1, 311 ; 42, 1, 46 ; 44, 2, 115 ; 53, 2, 1; Paris, 16 août 1852 (J. Pal., 53, 1, 286).

Il en est autrement aujourd'hui sous l'empire de la loi du 23 mars 1855, dont l'article 7 contient la disposition suivante : « L'action résolutoire établie par l'art. 1654 du Code Napoléon ne peut être exercée, après l'extinction du privilége du vendeur, au préjudice des tiers qui ont acquis des droits sur l'immeuble du chef de l'acquéreur, et qui se sont conformés aux lois pour les conserver. » Mais cette disposition n'empêche pas l'exercice de l'action résolutoire vis-à-vis de l'acquéreur de la part du vendeur, même quand ce dernier a perdu son privilége. Lyon, 6 avr. 1866 (J. Pal., 66, 812).

meubles, et M. Duvergier en conclut (I, 445) que, si le système romain est évidemment inapplicable dans toutes les ventes immobilières, et aussi dans les ventes mobilières qui ne sont soumises qu'à la résolution tacite des art. 1184 et 1654, il faudra le suivre, au contraire, dans celle des ventes de meubles où la condition résolutoire serait exprimée. Mais c'est une erreur. D'abord, il serait contradictoire d'admettre que la condition qu'un vendeur a soin de stipuler formellement fût ici moins efficace et moins avantageuse que la simple condition tacite et sous-entendue à laquelle la loi donne moins d'énergie. D'un autre côté, quand même on admettrait cette idée subtile du droit romain que la demande en payement opère en quelque sorte substitution d'une seconde vente à la première, on n'en serait pas plus avancé, puisque cette seconde vente contiendrait toujours, de plein droit et en vertu des art. 1184 et 1654, la condition résolutoire tacite! A Rome, où la condition tacite n'existait pas, dire que la vente où la condition formelle était écrite se transformait en une vente où cette condition n'était plus écrite, c'était arriver à une vente pure et simple; mais aujourd'hui que toutes les ventes contiennent la condition implicitement, il ne servirait à rien d'admettre la prétendue transformation ou substitution, puisqu'on n'échapperait ainsi à la condition expresse que pour retomber sous la condition tacite! On s'étonne que M. Duvergier ne l'ait pas compris.

Des poursuites afin de payement pourront donc toujours être faites par le vendeur sans qu'il perde son droit de faire proclamer ensuite la résolution, si ces poursuites restent sans effet. Toutefois, quand nous disons qu'il en serait ainsi toujours, nous parlons seulement des rapports du vendeur avec son acheteur, lequel est toujours soumis à la résolution tant qu'il reste devoir tout ou partie de son prix. Mais pour des tiers, il en pourrait être autrement, et si, dans le but d'arriver à payement, le vendeur avait lui-même provoqué ou approuvé une revente ou une concession de droits réels, il est clair qu'il ne pourrait plus faire résoudre au préjudice des tiers acquéreurs, et que les droits acquis par ceux-ci sur la provocation ou sous l'autorisation expresse ou tacite du vendeur lui-même ne pourraient pas être ensuite attaqués par lui. Ainsi, quand, après avoir vendu votre immeuble à Paul moyennant 100 000 francs que celui-ci ne vous paye pas, vous poursuivez la revente de cet immeuble qui est adjugé à Jacques pour 80 000 francs dont vous vous emparez, vous ne pourrez pas, pour défaut de payement des derniers 20 000 francs, faire résoudre en offrant de rendre les 80 000 francs reçus: vous l'eussiez pu contre Paul, puisqu'il n'était devenu propriétaire qu'à la condition de vous payer la totalité des 100 000 francs; mais vous ne le pouvez pas contre Jacques, qui, de votre plein consentement, est devenu propriétaire à la seule condition de payer les 80 000 francs que vous avez reçus de lui. Vous êtes désormais sans autre droit qu'une créance de 20 000 francs contre Paul. Et ce que nous disons de ce cas s'applique, on le conçoit, à tous ceux où le vendeur aura lui-même approuvé, sinon provoqué, la revente ou concession de droits réels ; car il y a alors renonciation implicite à l'action résolutoire. On ne devra pas, au surplus, voir trop facilement l'autorisation du vendeur : une renonciation ne se présume pas, et, quand elle n'est pas formellement exprimée, il faut au moins qu'elle résulte bien des circonstances (1).

Il va sans dire enfin que, si des créanciers du vendeur, exerçant en son nom l'action en payement contre l'acheteur, avaient reçu le prix de celui-ci, ce vendeur ne pourrait plus faire résoudre ; que s'ils n'en avaient reçu qu'une partie, il pourrait, à défaut de payement du reste, faire résoudre en restituant ce qui a été payé ; que, s'il s'agissait de créanciers hypothécaires qui eussent poursuivi l'expropriation de l'immeuble, l'action résolutoire serait impossible, alors même que le prix d'adjudication serait beaucoup moindre que le prix de la première vente, le vendeur ne conservant pour le surplus, comme on l'a dit plus haut, que sa créance personnelle contre son acheteur ; qu'au contraire, le droit de résolution subsisterait toujours si le créancier du vendeur, se trouvant en même temps créancier personnel de l'acheteur, avait poursuivi l'expropriation en cette dernière qualité et sans exercer les droits du vendeur (2).

IV. — La résolution s'accomplit plus ou moins facilement, selon qu'elle est ou non formellement stipulée ; mais, une fois accomplie, elle produit les mêmes effets dans les deux cas.

Quand la résolution de la vente à défaut de payement au terme convenu est expressément stipulée, la réalisation de ce défaut de payement n'opère, à la vérité, la résolution qu'après une sommation de payer restée sans effet ; mais aussitôt cette sommation faite et demeurée inutile, la vente est résolue et l'acheteur ne pourrait pas, en s'adressant à la justice, se faire accorder un délai (art. 1656). Au contraire, quand il n'y a pas de stipulation formelle, mais simple application des articles 1184 et 1654, le juge est libre, à moins qu'il n'y ait pour le vendeur danger de perdre à la fois la chose et le prix, d'accorder un délai plus ou moins long, suivant les circonstances, sans toutefois que, ce délai une fois passé, il en puisse être accordé un second (art. 1655).

Quant aux effets de la résolution, ils consistent, on le conçoit, à remettre les choses au même état que si la vente n'avait pas eu lieu

---

(1) *Voy.* Cass., 16 juill. 1818, 2 juin 1824, 7 nov. 1832, juill. 1834 ; Paris, 12 août 1835 ; Cass., 16 nov. 1836, 16 mars 1840, 10 déc. 1844 (Dev., 33, 1, 310 ; 34, 1, 806 ; 36, 2, 272 ; 37, 1, 28 ; 40, 1, 155).

Le défaut de transcription d'une vente ne peut être opposé au vendeur qui exerce l'action résolutoire, par le tiers qui a racheté l'immeuble, quand il est établi que la seconde vente n'est que le résultat du concours frauduleux entre les deux parties. Cass., 14 mars 1859 (Dev., 59, 1, 833 ; *J. Pal.*, 59, 559).

(2) Cass., 30 juill. 1834 (Dev., 35, 1, 311).

Le vendeur dont le privilége n'a pas été inscrit avant la faillite de l'acquéreur n'en conserve pas moins le droit d'exercer l'action résolutoire à l'encontre des créanciers de ce dernier. Bordeaux, 15 juill. 1857 ; Grenoble, 13 mars 1858 ; Cass., 1ᵉʳ mai 1860 ; Grenoble, 24 mai 1860 ; Dijon, 13 juin 1864 (Dev., 57, 2, 642 ; 59, 2, 209 ; 64, 2, 244). *Sic :* Pont (*Priv.*, nᵒˢ 902 et suiv. ; *Rev. crit.*, XVI, p. 289 et 385 ; le *Droit*, 5 juin 1858). *Contra :* Troplong (*Transcr.*, nᵒ 295) ; Mourlon (t. II, nᵒ 379) ; Massé et Vergé (t. V, § 813) ; Flandin (*Transcr.*, t. II, nᵒ 1189).

(art. 1183). En conséquence, l'acheteur doit restituer le bien avec les fruits s'il y en a eu, ainsi qu'une indemnité pour les dégradations qu'il a pu causer. De son côté, le vendeur doit rendre la portion du prix qu'il aurait reçue, ainsi que les intérêts, quand on lui restitue des fruits. On objecterait en vain que si l'art. 1652 oblige l'acheteur à payer les intérêts de son prix quand la chose est frugifère, la loi n'en dit point autant du vendeur, et qu'il n'y a point, en effet, analogie entre les deux cas. L'analogie, au contraire, nous paraît complète, puisqu'il s'agit, d'un côté comme de l'autre, de ne pas laisser à la même personne les fruits du bien et les intérêts du prix, et que le vendeur ne doit pas plus s'enrichir au préjudice de l'acheteur que l'acheteur au préjudice du vendeur. Et le vendeur ne pourrait même pas retenir ou se faire payer les intérêts en abandonnant les fruits à l'acheteur ; car ces fruits sont rarement aussi considérables que les intérêts ; et puisque les choses doivent être mises au même état que s'il n'y avait pas eu vente, ce sont donc les fruits du bien qui appartiennent au vendeur et non les intérêts du prix. C'est avec raison qu'une décision contraire a été cassée par la Cour suprême (1).

Bien entendu, le vendeur qui exerce l'action résolutoire reprend la chose franche et libre de toutes servitudes, hypothèques et charges quelconques créées par l'acheteur (2) ; mais il faut reconnaître, par analogie de l'art. 1673, que les baux consentis par celui-ci devraient être respectés par celui-là (3).

V. — Deux derniers points à examiner ici sont ceux de savoir : 1° quelle est la nature de l'action en résolution (pour déterminer la compétence), et 2° par quel laps de temps elle se prescrit.

C'est d'abord un point très-controversé que de savoir si l'action est réelle, personnelle ou mixte. M. Troplong (II, 624 et suiv.) enseigne qu'elle est mixte quand elle est dirigée contre l'acheteur encore possesseur du bien, personnelle quand il ne le possède plus, et réelle quand on s'adresse à un tiers détenteur ; M. Carré (*Compét.*, I, 219) prétend qu'elle est personnelle dans le premier cas et mixte dans le second ; enfin M. Duvergier (I, 467) la soutient réelle contre le tiers et personnelle contre le vendeur. La première de ces trois doctrines nous paraît seule exacte... L'art. 59 du Code de procédure, quand il parle d'actions mixtes pour les opposer aux actions réelles et aux actions personnelles, entend par là (quel que fût d'ailleurs le sens qu'on donnât à cette expression dans le droit romain) les actions qui présentent un certain mélange de personnalité et de réalité. M. Duvergier lui-même le reconnaît (p. 574). Or ce mélange n'existe-t-il pas de la manière la plus évidente

(1) Cass. (d'un arrêt de Lyon), 23 juill. 1834 (Dev., 34, 1, 620) ; Rouen, 28 déc. 1857 (Dev., 58, 2, 76).
(2) Et cela s'applique au cas de résolution *amiable*, lorsqu'elle est déterminée par l'impossibilité de payer où se trouve l'acquéreur, aussi bien qu'au cas de résolution judiciairement prononcée. Req., 10 mars 1836 ; Bourges, 12 fév. 1853 (Dall., 36, 1, 167 ; 53, 2, 175).
(3) Delvincourt (t. III) ; Duranton (XVI, 365) ; Troplong (II, 651) ; Duvergier (I, 457).

dans l'action en résolution intentée contre un acheteur qui possède encore la chose vendue? D'une part, en effet, le vendeur attaque l'acheteur comme personnellement obligé, vu le défaut de payement, laisser résoudre le contrat qui était intervenu entre eux; et, d'un autre côté, ce même vendeur embrasse dans son action la revendication de la chose vendue, dont il se retrouve propriétaire par l'effet de la condition résolutoire. Sans doute, si le vendeur poursuivait séparément et par deux actions distinctes, d'abord la prononciation de la résolution, ensuite la revendication de sa chose, la première action serait purement personnelle et la seconde purement réelle : c'est précisément ce qui arrive quand, la chose ayant été rétrocédée par l'acheteur, le vendeur agit d'une part en résolution du contrat contre cet acheteur, puis en revendication contre le tiers acquéreur; l'action dirigée contre le premier est alors personnelle, et l'autre est réelle, comme le reconnaît très-bien M. Duvergier. Mais quand le vendeur, n'ayant affaire qu'à son acheteur, encore possesseur du bien, poursuit simultanément contre lui et la résolution du contrat et la revendication de la chose qui lui appartient par l'effet de cette résolution; quand, par une seule et même action, il demande tout ce qu'il eût demandé par les deux actions personnelle et réelle, il est certes bien clair que cette action présente un mélange de personnalité et de réalité, et qu'elle constitue ainsi ce que l'art. 59 du Code de procédure appelle action mixte.

Il suit de là que, quand le vendeur s'adresse à l'acheteur encore détenteur de la chose, l'action peut, comme action mixte, être portée, soit au tribunal du domicile du défendeur, soit au tribunal de la situation du bien; qu'elle doit l'être au tribunal du domicile de l'acheteur, comme action personnelle, quand il ne poursuit contre lui que la résolution du contrat sans la revendication du bien, ce bien n'étant plus aux mains de celui-ci; qu'elle doit l'être enfin au tribunal de la situation, comme action réelle, quand il attaque séparément le sous-acquéreur. Que si, dans ce cas de rétrocession, l'acheteur et le tiers étaient compris tous deux dans une même instance, le vendeur pourrait encore, à raison de la connexité des deux demandes personnelle et réelle, saisir, à son choix, l'un ou l'autre des deux tribunaux.

Quant à la durée de l'action, il est évident, et tout le monde reconnaît, en effet, qu'elle est de trente ans contre l'acheteur; mais on n'est pas d'accord quand il s'agit d'un tiers acquéreur. Quelques arrêts décident que l'action (qui, bien entendu, s'éteint immédiatement et par le seul fait de la possession de bonne foi du tiers, quand il s'agit de choses mobilières) dure également trente ans, malgré la bonne foi du sous-acquéreur, quand il s'agit d'immeubles (1); mais c'est à nos yeux une erreur, repoussée avec raison par la majorité des auteurs et des arrêts. L'art. 2265, en effet, accorde le bénéfice de la prescription par dix ou vingt ans à toute personne qui acquiert à juste titre et de

_____

(1) Montpellier, 29 mai 1827; Paris, 4 mars 1835; Agen, 28 août 1841 (Dev., 2, 230; 42, 2, 119).

bonne foi, et on ne saurait trouver aucun motif d'excepter de cette disposition le tiers acquéreur dont il s'agit ici. Il est bien vrai que cet art. 2265, en mettant le possesseur en opposition avec le *véritable propriétaire*, permet de dire (et c'est ce qu'on a fait) qu'il n'est écrit que pour celui qui acquiert *à non domino* et que, celui dont nous parlons ayant acquis d'une personne qui était propriétaire, l'article dès lors ne lui est pas applicable; mais n'est-ce pas là un abus de mots? Il serait, d'abord, contraire au bon sens que celui qui acquiert *à vero domino*, mais qui a néanmoins besoin de prescrire, fût moins bien traité que celui qui acquiert *à non domino ;* car la circonstance que mon auteur était bien propriétaire ne peut être qu'une nouvelle cause de faveur! Que si l'on veut d'ailleurs tenir judaïquement au texte, notre cas y rentrera facilement : pourquoi, en effet, le vendeur peut-il évincer ici le sous-acquéreur? c'est parce que, le défaut de payement faisant résoudre la vente, ce vendeur, par l'effet rétroactif de la résolution, se trouve être toujours resté propriétaire et le premier acquéreur ne l'avoir été jamais. La transmission faite par celui-ci l'a donc été *à non domino ;* c'est le vendeur qui se trouve avoir été *le véritable propriétaire ;* et la lettre même de l'art. 2265 est respectée(1).

2° De l'obligation de prendre livraison.

1657. — En matière de vente de denrées et effets mobiliers, la résolution de la vente aura lieu de plein droit et sans sommation, au profit du vendeur, après l'expiration du terme convenu pour le retirement.

I. — L'acheteur est obligé de prendre livraison de la chose, soit à l'époque fixée par la convention, soit, à défaut de convention, dans le délai déterminé par l'usage des lieux (art. 1135), soit enfin, s'il n'y a, sur ce point, ni convention particulière ni usage, aussitôt après la vente, c'est-à-dire dans le délai qui se trouve moralement et raisonnablement nécessaire.

Lorsque l'acheteur est en retard de prendre livraison, le vendeur, d'après les principes généraux et pour toute espèce de ventes, peut, après une sommation faite à l'acquéreur pour le mettre en demeure, demander à son choix ou le payement du prix ou la résolution de la vente; il peut aussi, s'il s'agit d'une chose mobilière, se faire autoriser par justice à la déposer dans un lieu déterminé, pour s'en débarrasser (art. 1264). Il peut également, bien entendu, obtenir des dommages-intérêts, si le défaut d'enlèvement de la chose lui a causé préjudice.

---

(1) Vazeille (*Prescr.*, II, 517); Duranton (XVI, 364); Troplong (I, 57); Zachariæ (II, p. 538); Toulouse, 13 août 1827; Colmar, 6 mars 1830; Rej., 12 janv. 1831; Rouen, 28 déc. 1831; Orléans, 14 déc. 1832; Bordeaux, 24 déc. 1832; Rej., 31 janv. 1844; Riom, 23 déc. 1845 (Dev., 31, 1, 129; 33, 2, 295, 575 et 576; 44, 1, 521; Dall., 46, 2, 105). — *Voy.* les dispositions de la loi du 23 mars 1855 sur la transcription, relatives à l'action résolutoire.

II. — Si, dans ce même cas de chose mobilière, il y a eu convention du terme de retirement de la chose, la loi, par la disposition spéciale de notre article, traite l'acheteur plus rigoureusement, en admettant alors, au profit du vendeur, la résolution de plein droit et sans sommation. M. Troplong (II, 679) et M. Duvergier (I, 474) enseignent, il est vrai, que la résolution de plein droit aurait également lieu, même à défaut de convention, après la sommation de retirer donnée par le vendeur; mais nous pensons, avec M. Zachariæ (II, p. 532), que cette idée est inexacte et que, même après le terme fixé par cette sommation, l'acheteur pourrait toujours se livrer de la chose, tant que le vendeur n'aurait pas obtenu le jugement prononçant la résolution. La disposition de notre art. 1657 est exceptionnelle; cette annulation immédiate (facultative pour le vendeur) d'une vente pour le seul défaut de retirement à l'époque indiquée, est une règle trop sévère, trop exorbitante, pour qu'on puisse l'étendre aux cas non prévus; or notre article ne la pose que pour le cas d'un *terme convenu*. Et en effet, une convention formelle à cet égard peut faire considérer les parties comme ayant entendu que le vendeur pourrait disposer de la chose après l'expiration du terme, tandis que rien ne révèle le consentement de l'acheteur à cet égard dans la sommation que lui fait faire le vendeur (1).

CHAPITRE VI.

DE LA NULLITÉ ET DE LA RÉSOLUTION DE LA VENTE.

1658. — Indépendamment des causes de nullité ou de résolution déjà expliquées dans ce titre, et de celles qui sont communes à toutes les conventions, le contrat de vente peut être résolu par l'exercice de la faculté de rachat et par la vileté du prix.

SOMMAIRE.

I. Rédaction vicieuse de l'article. Différence entre la résolution et la nullité ou la rescision.
II. Fausses doctrines de Toullier, de M. Troplong et de M. Duvergier sur les nullités.
III. Indication des principes sur ce point : renvoi. Objet des deux sections de ce chapitre.

I. — Le Code s'occupe dans ce chapitre de deux causes particulières d'anéantissement du contrat de vente : 1° le rachat ou réméré; 2° la rescision pour lésion par vileté du prix. Nous disons *anéantissement* pour présenter une expression générique aussi large que possible, afin qu'elle embrasse, sans inexactitude de langage, les deux cas prévus, et d'éviter ainsi le vice de rédaction de notre article. C'est à tort, en effet, que cet article présente comme synonymes les mots de *nullité*, de *résolution* et aussi (implicitement et par sa combinaison avec les art. 1674

_____

(1) Mais la règle est applicable en matière commerciale comme en matière civile. Cass., 6 juin 1848; Bordeaux, 18 nov. et 8 déc. 1853 (Dev., 49, 1, 65; 54, 2, 394). *Contrà* : Aubry et Rau (III, § 356); le Gentil (*Dissert. jurid.*, II, p. 239).

et suiv.) de *rescision*. Sans doute, absolument et à la rigueur, on pourrait appeler indistinctement *nullité* (ou mieux *annulation*), *rescision* ou *résolution*, toute cessation d'existence d'une vente ou d'un contrat quelconque : toutes les fois qu'une vente s'est formée et que, par une cause quelconque, elle est ensuite détruite, brisée et légalement répudiée n'avoir pas eu lieu, rien n'empêcherait, absolument parlant, de dire qu'il y a eu *annulation*, *résolution* ou *rescision* de cette vente, en prenant ces mots dans un sens aussi large que *destruction*, *suppression*, *anéantissement*. Mais cette manière de parler n'est pas conforme aux habitudes du langage juridique, à l'acception consacrée des mots : les deux termes de *nullité* et de *rescision* (dont l'un est d'ailleurs plus large que l'autre, le premier désignant un genre dont le second n'est qu'une espèce) ne s'emploient que pour les cas où le contrat cesse d'exister par suite d'un vice dont il était affecté, tandis que la *résolution* est l'anéantissement d'un contrat qui n'avait rien de vicieux et qui ne s'évanouit que par l'accomplissement d'une condition résolutoire. D'après cela, il y a bien résolution dans ce que le Code appelle le *rachat*, car la vente alors n'a rien de vicieux, et c'est simplement par l'accomplissement d'une condition résolutoire stipulée dans le contrat que ce contrat s'anéantit; mais dans le second cas, il n'y a pas de condition résolutoire, et c'est par suite du vice dont la vente était affectée par la vileté du prix que cette vente peut être annulée : aussi la section 2 (art. 1674-1685), qui qualifie jusqu'à sept fois cette cause d'annulation, lui donne-t-elle sept fois le nom de *rescision*, jamais celui de résolution. C'est donc avec raison que M. Troplong et M. Duvergier, en désaccord ici sur un autre point (sur lequel ils sont dans l'erreur tous deux, comme on va le voir), s'accordent à critiquer la rédaction de notre art. 1658. Ajoutons que cet article (de même que les textes qui le suivent) présente encore une rédaction vicieuse et qui, cette fois, n'est pas seulement contraire au sens ordinaire des mots, à l'usage, mais aussi à leur sens nécessaire, à l'idée même, quand il qualifie de *rachat* la première des deux causes d'anéantissement qu'il signale. On le verra sous l'art. 1659.

Nous venons de dire, ou du moins de faire entendre, que, quand même on conviendrait d'accepter la manière de parler de notre art. 1658 et d'appliquer à toute espèce d'anéantissement du contrat les mots de *résolution* et de *rescision*, il faudrait toujours, pour parler exactement, substituer au mot *nullité* celui d'*annulation*. Car de même que la résolution est le fait de résoudre, et la rescision le fait de rescinder, de même le fait d'annuler est l'*annulation*, et non pas la nullité. La nullité, c'est l'état de ce qui est actuellement nul ; or quand un contrat est actuellement nul, quand il est déjà rescindé ou résolu, on ne peut pas parler de l'anéantir : on ne peut pas anéantir le néant, détruire ce qui n'existe pas. Il eût donc fallu, pour la rectitude des idées et des termes, réserver le nom de contrats *nuls* à ceux qui demeurent légalement inexistants et dont la formation n'est qu'une apparence matérielle sans réalité juridique (comme sont la vente de la chose d'autrui et celle d'une

succession future), et dire *annulables* seulement (ou rescindables ou résolubles) ceux qui, existant en droit comme en fait, se trouvent soumis à une cause qui peut les faire briser et réputer non avenus.

II. — Il est surprenant que ces idées, si simples et si importantes en
même temps (et que nous avons développées déjà plus d'une fois),
n'aient été signalées par aucun autre auteur; il est surprenant que tous
les interprètes soient venus échouer sur cette matière des nullités. Trois
jurisconsultes éminents, Toullier, M. Troplong et M. Duvergier (les
deux derniers à l'occasion précisément de notre article), se sont surtout
occupés de cette théorie; Toullier lui consacre une grande partie de son
tome VII; M. Troplong, en combattant le premier sur plusieurs points,
présente à son tour une longue et savante dissertation sur les actes
nuls de plein droit, rescindables et résolubles; M. Duvergier est enfin
venu répondre aux critiques de M. Troplong; or, malgré tout cela, l'esprit cherche en vain à se reconnaître au milieu des explications de ces
trois écrivains : ce n'est partout, chez chacun d'eux, qu'erreur et contradiction.

Et d'abord, les longs développements de Toullier se réduisent, comme
on l'a vu plus haut (p. 211, 212), à trois ou quatre idées de la fausseté la plus insigne et la plus étrange. Selon lui, le contrat est nul de
plein droit quand il est entaché d'un vice qui *empêche la convention de
se former*: et dont la visibilité permet de faire détruire par une simple
production de titre *l'apparence de contrat* qui existe alors, tandis qu'il
est seulement rescindable quand le vice qui *empêche la convention de se
former* doit être démontré au juge dont la sentence détruira *l'apparence
de contrat*. Ainsi, ces deux classes d'actes, annoncées comme étant une
différentes, voilà qu'elles seraient identiques, puisqu'il s'agirait, d'une
part comme de l'autre, d'un prétendu contrat qui n'existe pas et n'est
qu'une apparence sans réalité. Il est vrai que Toullier, à défaut de différence dans la nature des actes, en met une dans leurs conséquences,
en disant que dans un cas l'apparence de contrat serait sans effet, tandis que dans l'autre elle produirait le même effet qu'un acte réel, tant
qu'elle ne serait pas détruite; mais quand on lui demande de quel côté
est l'apparence sans effet et de quel côté l'apparence à effet, le professeur n'est plus d'accord avec lui-même : ici (VII, 298 et 299) ce sont
les actes des mineurs, interdits ou femmes mariées qui sont inexistants
mais efficaces, ceux entachés d'erreur, violence ou dol étant seuls sans
effet, tandis que plus loin (VII, 521) ce sont ces derniers qui produisent
effet, ceux des incapables n'en pouvant avoir aucun. Or, à part même
cette contradiction, quoi de plus imaginaire que la distinction des apparences à effet et des apparences sans effet, et quoi de plus faux que
cette prétendue inexistence des contrats passés soit par des mineurs,
interdits ou femmes mariées, soit par suite d'erreur, violence ou dol,
alors que tous forment précisément la partie la plus saillante des conventions qui se forment réellement, qui sont même inattaquables
pour l'une des parties, qui continuent d'exister tant qu'elles ne sont
pas brisées sur la demande de l'autre, et qui restent pleinement ra-

lables quand elles ne sont pas attaquées dans les dix ans (art. 1304)?

La théorie de M. Troplong n'est ni moins fausse, ni moins bizarre, ni moins inintelligible que celle de Toullier. Le célèbre magistrat, arrivant, après de longues observations sur l'ancienne jurisprudence, à l'explication du Code Napoléon, passe sous silence et ne paraît pas même soupçonner la distinction fondamentale des actes proprement nuls (c'est-à-dire légalement inexistants) et des actes nuls improprement (c'est-à-dire annulables seulement), et prenant pour base d'un système et comme expression d'un principe général un mot jeté dans un texte isolé du Code, il nous dit sérieusement (II, 689) que les actes nuls de plein droit sont ceux dans lesquels *le droit est celui qui compose le fait*, et qui se présentent avec *une mauvaise réputation;* en sorte que la question des actes nuls et des actes rescindables aboutit, dit-il, à une simple question *de bonne ou mauvaise réputation des actes!*

Quant à M. Duvergier, il se contente (II, 3) de renvoyer aux énormités de Toullier, qu'il présente comme étant « ce qu'il y a, dans la science, de plus avancé, de mieux coordonné, de plus profondément compris, de plus heureusement exprimé », et comme la doctrine *la plus admirable et la plus sûre* qui se puisse imaginer !!!

III. — Pour ce qui est du vrai principe à poser ici, nous l'avons indiqué déjà bien des fois. On sait qu'en mettant à part les actes résolubles (qu'on ne saurait faire rentrer dans les actes nuls, puisque l'anéantissement n'y provient pas d'un vice, mais d'une convention expresse ou tacite, d'une condition formellement ou implicitement stipulée), la classification des actes nuls, débarrassée aujourd'hui des bizarres complications qu'elle présentait dans l'ancien droit, peut se réduire à la grande distinction des actes qui sont *nuls* dans le sens propre et rigoureux, c'est-à-dire légalement inexistants, et des actes auxquels on ne donne cette qualification qu'improprement et qui sont seulement *annulables*, c'est-à-dire entachés d'un vice qui, sans les empêcher de prendre naissance et d'exister légalement, permet seulement de les faire briser (*voy.* l'explication des art. 180, 1109 et suiv., 1304, et les observations qui précèdent ces mêmes articles).

Nous avons déjà fait remarquer que ni l'une ni l'autre des deux causes particulières d'anéantissement de la vente qui sont traitées dans le chapitre que nous commençons ne sont des cas de nullité proprement dite : dans le cas de la première section, la vente n'est pas même annulable, mais résoluble seulement; elle est annulable dans l'autre.

SECTION PREMIÈRE.

DE LA FACULTÉ DE RACHAT.

1659. — La faculté de rachat ou de réméré est un pacte par lequel le vendeur se réserve de reprendre la chose vendue, moyennant la restitution du prix principal, et le remboursement dont il est parlé à l'article 1673.

1. — Le Code, adoptant la locution impropre de la plupart de nos anciens auteurs, notamment de Pothier, appelle pacte de rachat ou de réméré (*re-emere*, racheter) la stipulation par laquelle le vendeur et l'acheteur conviennent que le premier pourra retirer la chose et rendre la vente non avenue, en restituant à l'acheteur dans un certain délai : 1° le prix de l'acquisition ; 2° les dépenses accessoires, telles que frais de contrat et d'enlèvement ou de transport de la chose ; 3° les impenses nécessaires ou utiles que l'acheteur a faites pour la chose, les premières pour la totalité des déboursés, et les secondes jusqu'à concurrence seulement de la plus-value (art. 1673).

Nous disons que, par l'exercice de la faculté dont il s'agit, la vente se trouve non avenue et que par conséquent les qualifications de rachat ou réméré sont inexactes. Il ne s'agit pas, en effet, pour le vendeur, de racheter la chose, il ne s'agit pas d'une revente, mais bien de la résolution, de l'anéantissement de la vente primitive ; comme le disait très-bien Pothier, il n'y a pas alors *novus contractus*, c'est au contraire *distractus ;* la nouvelle opération n'est pas une seconde vente, c'est la suppression de la première : la vente accompagnée de ce pacte est une vente faite sous condition résolutoire. L'acheteur n'acquiert alors qu'une propriété résoluble, et le vendeur continue par conséquent d'être propriétaire sous condition suspensive ; si la condition, c'est-à-dire le retrait, vient à s'accomplir, le vendeur n'aura jamais cessé d'être propriétaire, et par conséquent toutes les hypothèques, servitudes et autres charges réelles que l'acheteur aurait concédées seront non avenues, comme le déclare formellement le second alinéa de l'art. 1673; si, au contraire, le délai passe sans que le retrait ait lieu, l'acheteur devient propriétaire irrévocable, ainsi que l'explique l'art. 1662.

II. — Il résulte de là une conséquence qui, bien qu'elle nous ait été contestée et même positivement niée, dans une conférence, par notre célèbre confrère et compatriote Me Senard, ne saurait cependant être douteuse. C'est que celui qui, pendant le délai convenu pour le retrait d'un immeuble ainsi vendu, voudrait acquérir une hypothèque sur cet immeuble, n'aurait de sécurité qu'en se la faisant concéder tout à la fois et par l'acheteur et par le vendeur. C'est évident ; car l'hypothèque consentie par celui qui n'est propriétaire que sous une condition étant soumise à cette même condition, il s'ensuit que si l'hypothèque n'était ici concédée que par l'acheteur, l'exercice du retrait la ferait évanouir, de même que si elle n'émanait que du vendeur, le non-exercice du retrait la laisserait sans valeur. Il faut donc qu'elle soit donnée par tous deux pour être efficace en toute hypothèse, c'est-à-dire contre l'acheteur, si, le retrait n'ayant pas lieu, c'est lui qui demeure propriétaire, et contre le vendeur, au contraire, si, le retrait ayant lieu, c'est ce dernier qui se trouve avoir toujours eu la propriété.

On conçoit, au surplus, que ce qui est dit ici du cas de vente à réméré s'appliquerait dans tous les cas où un immeuble appartient à une personne sous condition résolutoire (et par conséquent à une autre sous condition suspensive), et que l'observation faite pour une hypothèque s'étend à tous autres droits réels.

On conçoit également que si la convention de reprendre la chose, au lieu d'accompagner le contrat de vente, n'intervenait que plus tard, son exécution serait une seconde vente et non plus une résolution de la vente primitive. Dans ce cas, en effet, il ne s'agit plus d'une vente faite sous la condition qu'elle sera résolue si le retrait s'opère, en sorte que, par l'effet de ce retrait, la vente se trouve n'avoir pas eu lieu ; ici la vente a été pure et simple, l'acheteur a été de suite propriétaire irrévocable, et ne peut dès lors que consentir une revente pour laquelle il faudra payer une seconde fois les droits de mutation et qui laissera subsister tous les droits réels concédés par cet acheteur primitif, aujourd'hui vendeur (1).

1660. — La faculté de rachat ne peut être stipulée pour un terme excédant cinq années.

Si elle a été stipulée pour un terme plus long, elle est réduite à ce terme.

1661. — Le terme fixé est de rigueur, et ne peut être prolongé par le juge.

1662. — Faute par le vendeur d'avoir exercé son action de réméré dans le terme prescrit, l'acquéreur demeure propriétaire irrévocable.

1663. — Le délai court contre toutes personnes, même contre le mineur, sauf, s'il y a lieu, le recours contre qui de droit.

1. — Pour ne pas laisser trop longtemps en suspens le droit de propriété, la loi ne permet de stipuler la faculté de retrait que pour un délai de cinq ans au plus, qui ne peut jamais être prolongé par le juge et qui court contre toutes personnes, capables ou incapables. Si le terme convenu est plus long, il se réduit de plein droit à ce maximum de cinq ans ; mais peut-on réciproquement, alors qu'on l'avait stipulé plus court, l'étendre par une convention nouvelle, pourvu qu'on reste toujours dans cette limite de cinq années à compter de la vente? La plupart des auteurs répondent affirmativement (2) ; mais nous pensons, comme M. Duranton (XVI, 398), qu'on doit tenir pour la négative. D'une part, en effet, c'est à tort qu'on invoque ici le second alinéa de l'art. 815 : sa disposition, qui, en permettant de ne stipuler que pour

---

(1) Le droit de réméré peut être exercé par les créanciers du vendeur. Grenoble, 9 janv. 1858 (Dev., 59, 2, 172; J. Pal., 59, 710).
(2) Troplong (II, 711 et 194); Duvergier (II, 26 et 5); Zachariæ (II, p. 540, notes 1 et 2).

cinq ans la convention d'indivision, autorise à renouveler indéfiniment cette convention, n'a rien d'analogue avec la nôtre, puisqu'elle admet l'indivision (en définitive et au moyen de renouvellements successifs) pour vingt, trente années ou davantage, tandis que le délai de retrait ne peut jamais, et quoi qu'on fasse, durer plus de cinq ans. D'un autre côté, on vient de voir, et nos adversaires l'admettent bien (1), que le pacte de retrait ne peut pas être ajouté *ex intervallo*, et que l'exécution de la convention ainsi faite après coup serait une seconde vente et non la résolution de la première; or la convention d'un nouveau délai de deux années, par exemple, ajouté après coup au pacte qui n'était écrit dans la vente que pour trois ans, serait un pacte fait *ex intervallo*; elle ne pourrait donc valoir que comme vente et serait nulle comme convention de retrait. Et, en effet, nos adversaires reconnaissent que la reprise du bien, faite en vertu de cette convention de délai nouveau, laisserait subsister les droits réels concédés par l'acheteur, et qu'elle donnerait lieu aussi à un second payement des droits de mutation (2); or, cela étant, comment donc trouver là un simple retrait, une résolution de vente et non une revente?

II. — Il n'est pas nécessaire, du reste, pour l'accomplissement du retrait, que dans le délai convenu le vendeur intente une action contre l'acheteur, et quand l'art. 1661 parle du défaut d'exercice, par le vendeur, de *son action de réméré*, il veut dire tout simplement *son droit* de réméré. Du moment que, dans les limites du délai, le vendeur déclare à l'acheteur sa volonté de reprendre la chose en offrant de restituer les sommes auxquelles cet acheteur a droit, c'en est assez pour empêcher la déchéance; et quand même, sur des déclarations et offres faites le dernier jour du délai, il y aurait, de la part de l'acheteur, un refus et des difficultés qui forceraient le vendeur à agir judiciairement, la circonstance que son action ne serait intentée qu'après le délai serait indifférente. Et il n'est pas même nécessaire, comme l'enseigne à tort M. Duvergier (II, 27), que les offres soient constatées par écrit; faites verbalement et d'une manière irrégulière, elles n'en seraient pas moins la manifestation, donnée par le vendeur à l'acheteur, de la volonté qu'a le premier de reprendre sa chose en faisant les restitutions voulues, et elles suffiraient dès lors, sauf, si besoin est, à les régulariser ou les prouver ensuite, même après l'expiration du délai. Bien mieux, nous pensons, comme les Cours de Bourges et de Nîmes, et contrairement à l'idée de M. Troplong (II, 718), que des offres formelles ne sont pas indispensables et que la déclaration, par le vendeur à l'acheteur, de la volonté de celui-là d'opérer le retrait serait suffisante, puisque cette déclaration implique et emporte de droit la soumission de faire les remboursements voulus (3). La seule remarque à faire ici, c'est que la dé-

---

(1) *Voy.* la note précédente.
(2) Cass., 22 brum. an 14 et 2 août 1808.
(3) Cass., 25 avr. 1812; Douai, 17 déc. 1814; Besançon, 20 mars 1819; Bastia, 10 janv. 1838; Nîmes, 31 mars 1840; Cass., 5 fév. 1856 (Dev., 38, 2, 266; 40, 2, 319; 56, 1, 671; *J. Pal.*, 57, 223).

claration, accompagnée ou non des offres, ne pourrait pas, si elle était niée par l'acheteur, se prouver par témoins au-dessus de 150 francs (art. 1341); c'est seulement sous ce rapport, pour la question de preuve, que la constatation par écrit est nécessaire.

1664. — Le vendeur à pacte de rachat peut exercer son action contre un second acquéreur, quand même la faculté de réméré n'aurait pas été déclarée dans le second contrat.

1665. — L'acquéreur à pacte de rachat exerce tous les droits de son vendeur; il peut prescrire tant contre le véritable maître que contre ceux qui prétendraient des droits ou hypothèques sur la chose vendue.

1666. — Il peut opposer le bénéfice de la discussion aux créanciers de son vendeur.

I. — La vente à réméré étant, comme on l'a vu, une vente sous condition résolutoire, il s'ensuit, d'une part, que l'acheteur, qui n'a qu'une propriété résoluble, ne peut, s'il revend la chose et qu'il s'agisse d'un immeuble, conférer qu'un droit résoluble également, d'où la conséquence que le vendeur peut toujours exercer le retrait contre un sous-acquéreur aussi bien que contre l'acheteur primitif. Et peu importerait que le contrat par lequel l'immeuble a été rétrocédé ne fît pas mention du droit de réméré; car c'était au nouvel acquéreur de se faire présenter l'acte d'acquisition de celui avec qui il traitait, et sa négligence à cet égard ne saurait nuire aux droits du vendeur. Que s'il s'agissait d'une chose mobilière, on sait que le simple fait de la possession de bonne foi mettrait le sous-acquéreur à l'abri de la résolution (art. 2279).

Mais, d'un autre côté, puisqu'il y a vente sous condition résolutoire, en sorte qu'il existe véritablement une vente, tant que ne s'accomplit pas la condition qui doit résoudre le contrat, l'acheteur jouit donc de tous les droits d'un acheteur ordinaire, tant que le retrait ne s'exerce pas. Ainsi la prescription courrait à son profit, pendant le délai du retrait, soit contre le véritable propriétaire du bien, s'il avait été vendu à non domino, soit contre toutes personnes qui pourraient avoir sur ce bien des droits de servitude, d'hypothèque, ou autres. Ainsi encore, il peut, comme tout acheteur, opposer aux créanciers hypothécaires du vendeur le bénéfice de discussion réglé par les art. 2170 et 2171.

1667. — Si l'acquéreur à pacte de réméré d'une partie indivise d'un héritage, s'est rendu adjudicataire de la totalité sur une licitation provoquée contre lui, il peut obliger le vendeur à retirer le tout lorsque celui-ci veut user du pacte.

I. — Dans le cas de cet article, le vendeur, s'il eût conservé la part indivise qu'il a vendue à réméré, aurait été contraint, comme l'a été l'acheteur, ou d'acquérir l'immeuble entier, ou d'abandonner sa part; cet acheteur, puisqu'on suppose une licitation provoquée contre lui, n'a pu conserver cette part qu'en prenant l'immeuble entier. Il est donc juste que le vendeur soit également tenu de reprendre tout ou rien. Il en serait autrement si c'était par l'acquéreur que la licitation eût été provoquée, et celui-ci pourrait alors être tenu de subir le retrait de la portion qui lui avait été vendue, parce que l'acquisition du surplus aurait été volontaire de sa part.

1668. — Si plusieurs ont vendu conjointement, et par un seul contrat, un héritage commun entre eux, chacun ne peut exercer l'action en réméré que pour la part qu'il y avait.

1669. — Il en est de même, si celui qui a vendu seul un héritage a laissé plusieurs héritiers.

Chacun de ces cohéritiers ne peut user de la faculté de rachat que pour la part qu'il prend dans la succession.

1670. — Mais, dans le cas des deux articles précédents, l'acquéreur peut exiger que tous les covendeurs ou tous les cohéritiers soient mis en cause, afin de se concilier entre eux pour la reprise de l'héritage entier; et, s'ils ne se concilient pas, il sera renvoyé de la demande.

1671. — Si la vente d'un héritage appartenant à plusieurs n'a pas été faite conjointement et de tout l'héritage ensemble, et que chacun n'ait vendu que la part qu'il y avait, ils peuvent exercer séparément l'action en réméré sur la portion qui leur appartenait;

Et l'acquéreur ne peut forcer celui qui l'exercera de cette manière, à retirer le tout.

I. — Toutes les fois que la chose vendue à réméré est divisible, l'action en retrait est elle-même divisible, tant activement que passivement, c'est-à-dire quant au vendeur qui exerce le retrait et quant à l'acheteur qui le subit. La loi s'occupe de la divisibilité relative au vendeur dans nos quatre articles, et de celle relative à l'acheteur dans l'article suivant.

Quoique l'action à exercer contre l'acheteur soit divisible, et que, dans le cas de plusieurs covendeurs ou de plusieurs cohéritiers d'un vendeur unique, chacun ne puisse agir que pour sa part, cependant l'acheteur peut, toutes les fois qu'il a obtenu le bien par une seule et même acquisition, et qu'il a dès lors dû compter le garder en entier ou le rendre en entier, se refuser au morcellement de ce bien et exiger que le réméré ne se fasse pas autrement que pour le tout. Il peut donc, sur l'action que l'un des ayants droit exerce pour sa part, mettre en cause les autres, afin que tous s'entendent pour opérer le retrait total. Si l'un ou plusieurs des coïntéressés refusent de retirer leur part et que, sur leur refus, aucun ne consente à retirer le tout à lui seul, l'acheteur peut conserver le bien.

Nous disons que ce droit n'existe pour l'acheteur qu'autant que nul des intéressés n'offrirait, au refus des autres, de retirer seul la chose entière; car du moment qu'un retrait total est proposé, il importe peu qu'il le soit par tous les ayants droit, s'entendant pour l'opérer en commun, ou qu'il le soit par un seul. Ce que veut ici la loi, c'est que l'acheteur ne soit pas conduit, contrairement à la pensée de son contrat, à une possession partielle de la chose; or il suffit pour cela que la chose soit reprise en entier, peu importe par qui. C'est toujours ainsi qu'on l'a compris dans l'ancien droit; et la preuve que le Code, quand il parle dans l'art. 1670 de *la conciliation* des cohéritiers ou covendeurs, n'entend pas proscrire ce retrait total par un seul, c'est que, prévoyant dans l'art. 1671 le cas où le retrait partiel est possible, il nous dit que l'acheteur ne pourra pas alors forcer *celui* des covendeurs qui l'exercera *à retirer le tout*. Le droit de cet acheteur se réduit donc bien à exiger que le tout soit retiré, qu'il le soit d'ailleurs par tous les intéressés ensemble ou par un seul, peu importe (1).

Remarquons bien, au surplus, que l'acheteur est parfaitement libre d'exiger ou de ne pas exiger ce retrait total : c'est une faculté que l'art. 1671 établit en sa faveur, un bénéfice dont il est maître de ne pas user, et si, sur la demande en retrait de l'un des ayants droit, cet acheteur voulait bien consentir à lui laisser reprendre sa part, il est clair que celui-ci ne pourrait pas le contraindre à lui livrer le tout. C'est un point qui ne saurait être douteux en présence de l'art. 1671, qui a toujours été bien entendu pour tous les auteurs, et c'est par une grave erreur de fait que M. Gilbert, en rapportant un arrêt de Grenoble qui le juge ainsi (2), cite MM. Troplong, Duvergier et Duranton, comme professant une doctrine contraire. Bien loin de contredire cette idée, ces auteurs la développent de la manière la plus formelle et la plus insistante.

II. — L'acheteur ne peut plus exiger un retrait total, quand le bien lui a été vendu par plusieurs séparément. Et la chose est vendue séparément et par parties, non pas seulement quand elle l'est par plusieurs actes, mais aussi quand, dans un seul acte, chacun des copropriétaires a stipulé séparément un prix distinct pour la portion à lui appartenant.

Le retrait, au surplus, ne pourrait alors s'exercer séparément que pour chaque part vendue séparément; et si l'un de deux vendeurs, ayant livré chacun la moitié de l'immeuble, laissait trois héritiers, l'un des trois ne pourrait pas retirer un sixième du bien. L'acquisition ayant porté sur deux moitiés, c'est par moitié seulement que le retrait peut être partiel : la vente de chaque moitié tombe sous la règle des art. 1666 et 1670, et non sous celle de l'art. 1671.

1672. — Si l'acquéreur a laissé plusieurs héritiers, l'action en réméré ne peut être exercée contre chacun d'eux que pour sa part,

---

(1-2) Tiraqueau (II, gl. 6, 37); Dumoulin (*De divid.*, part. 3, 583); Favre (C., lib. 3, tit. 25); Pothier (n° 397); Duranton (XVI, 416); Troplong (II, 749 et 750); Duvergier (II, 35); Gilbert (art. 1670, n° 2); Grenoble, 24 juill. 1834 (Dev., 35, 2, 78).

dans le cas où elle est encore indivise, et dans celui où la chose vendue a été partagée entre eux.

Mais s'il y a eu partage de l'hérédité, et que la chose vendue soit échue au lot de l'un des héritiers, l'action en réméré peut être intentée contre lui pour le tout.

I. — Cet article s'occupe de la divisibilité de l'action quant aux acheteurs. Il nous dit que si, l'acheteur ayant laissé plusieurs héritiers, la chose, au moment où s'intente l'action, est encore indivise entre ceux-ci ou a été partagée entre eux, le vendeur ne peut agir contre chacun que pour la part qui appartient à celui-ci ; que si, au contraire, le partage de la succession a mis la chose entière au lot d'un seul, celui-ci peut être actionné pour le tout.

La loi, qui a prévu plus haut le cas de plusieurs vendeurs conjoints ou non conjoints, ne parle pas ici du cas de plusieurs acheteurs. Comment se réglerait-il ?

Si les acheteurs n'ont pas acquis conjointement, s'il a été vendu à chacun une part distincte pour un prix distinct, quoique par un même acte, il est évident que le vendeur, qui ne peut agir contre chaque acheteur que pour la part de celui-ci, est libre de n'opérer le retrait que vis-à-vis de l'un sans l'opérer vis-à-vis des autres, et que celui auquel il s'adresse n'a pas droit d'exiger que ce retrait se fasse pour le tout. Mais si les acheteurs avaient acheté conjointement, faudrait-il dire, par analogie de l'art. 1670, que celui d'entre eux qui serait actionné pour une part seulement pourrait se refuser à subir le retrait, à moins qu'on ne l'opère intégralement ? La solution dépend, selon nous, d'une distinction. Si l'immeuble a été acquis pour être conservé tout entier en commun par les acheteurs, ceux-ci peuvent exiger que le retrait soit total ; mais s'ils ont acheté pour partager, soit que le partage ait ou n'ait pas encore eu lieu, aucun d'eux ne peut s'opposer à un retrait partiel, puisque c'est précisément en vue du morcellement de l'immeuble qu'ils ont traité.

1673. — Le vendeur qui use du pacte de rachat, doit rembourser non-seulement le prix principal, mais encore les frais et loyaux coûts de la vente, les réparations nécessaires, et celles qui ont augmenté la valeur du fonds, jusqu'à concurrence de cette augmentation. Il ne peut entrer en possession qu'après avoir satisfait à toutes ces obligations.

Lorsque le vendeur rentre dans son héritage par l'effet du pacte de rachat, il le reprend exempt de toutes les charges et hypothèques dont l'acquéreur l'aurait grevé : il est tenu d'exécuter les baux faits sans fraude par l'acquéreur.

SOMMAIRE.

I.   Renvoi pour l'explication de cet article. — Droit de rétention de l'acheteur. Obligation pour le vendeur de maintenir les baux.
II.   Restitutions de l'acheteur. Il doit des dommages-intérêts pour toutes détériorations provenant de sa faute. Il doit restituer l'alluvion et le trésor : grave er-

reur de Pothier. *Secùs* des adjonctions faites par lui; mais c'est à lui d'en justifier.

III. **Règlement** des fruits entre l'acheteur et le vendeur. Faux systèmes des divers auteurs, notamment de Pothier et de M. Troplong.

I. — Les dispositions de cet article se trouvent expliquées par ce qui a été dit sous l'art. 1659, à l'exception du droit de rétention de l'acheteur et de l'obligation pour le vendeur de respecter les baux loyalement faits par le premier.

Nos anciens auteurs n'étaient pas d'accord sur l'étendue du droit de rétention. Les uns (et parmi eux Pothier) ne l'accordaient que pour les sommes actuellement liquides, et permettaient au vendeur de se faire délaisser l'héritage sans attendre la liquidation du surplus. D'autres, au contraire, notamment Tiraqueau, dans son Traité du retrait (I, p. 44), reconnaissaient à l'acheteur le droit de retenir le bien, tant que toutes les sommes dues n'avaient pas été liquidées et payées. C'est cette dernière idée que consacre notre article, puisqu'il déclare absolument et sans distinction que le vendeur ne peut entrer en possession qu'après avoir satisfait *à toutes les obligations* dont le détail est donné par la phrase précédente (1).

Par une dérogation que les nécessités d'une bonne administration et les intérêts généraux, surtout ceux de l'agriculture, ont fait apporter à la règle *soluto jure dantis solvitur jus accipientis*, le vendeur est tenu, après et malgré l'exercice du retrait, de maintenir les baux faits par l'acheteur, pourvu qu'ils n'aient point été faits par fraude et dans le dessein de se procurer un avantage illicite au détriment du vendeur.

II. — Le Code nous dit bien ce que devra restituer le vendeur qui exerce le rachat; mais il ne s'occupe pas de préciser les restitutions à faire par l'acheteur, quoiqu'il y eût à cet égard de vives controverses dans l'ancien droit.

Il est d'abord évident que l'acheteur devrait payer au vendeur des dommages-intérêts, si la chose était détériorée par sa faute, notamment par le défaut d'entretien. Mais si la chose s'est accrue par des alluvions, qui peuvent parfois être fort considérables, l'acheteur devra-t-il livrer ces alluvions avec ce qu'il a reçu?... Parmi les anciens docteurs, les uns enseignaient que l'alluvion appartient toujours au vendeur à réméré; d'autres l'attribuaient au vendeur dans le cas de vente en bloc, et à l'acheteur dans le cas de vente à la mesure; la plupart, enfin, et telle était l'opinion de Pothier, décidaient qu'elle appartient à l'acheteur dans tous les cas.

La première de ces trois doctrines est seule exacte, et nous ne comprenons pas que la généralité de nos anciens auteurs, et surtout un jurisconsulte aussi judicieux que Pothier, aient pu s'en écarter. Par l'exercice du retrait, la vente est résolue et est censée n'avoir jamais eu lieu, le vendeur se trouve légalement avoir toujours été le seul propriétaire,

_____

(1) Troplong (II, 762); Duvergier (II, 51).

et c'est pour lui dès lors que la chose s'est accrue par l'alluvion; par l'effet de la résolution, cette chose est et a toujours été sienne, et l'augment dès lors est et a toujours été sien aussi. Pour nier ce résultat, il a fallu que Pothier niât la résolution de la vente : « Le réméré, dit-il, ne résout le contrat que pour l'avenir ; il le laisse subsister pour le passé (n° 403). » Mais comment Pothier a-t-il pu écrire une telle hérésie? Comment n'a-t-il pas vu que, par cette étrange proposition, il remiait les principes si bien établis ailleurs par lui, transformait la résolution de vente en véritable revente, le *distractus* en *contractus novus,* et boûleversait d'un mot toutes les règles de la matière? Le contrat serait résolu pour l'avenir, et non pour le passé! Le démenti le plus énergique est écrit dans les art. 1183, 1662 et 1673; et on ne peut pas s'étonner que le droit du vendeur sur l'alluvion soit proclamé par tous les auteurs qui ont écrit sous le Code Napoléon, sans exception (1).

Par la même raison, c'est aussi au vendeur exerçant le réméré qu'appartient la moitié de trésor attribuée *jure soli* au propriétaire du bien dans lequel il était caché; la moitié que la loi attribue à l'inventeur appartiendra seule à l'acheteur (en supposant que ce soit lui qui ait trouvé le trésor). La doctrine contraire de Pothier, qui était, du reste, conséquent avec lui-même en l'admettant, se trouve fausse par le motif ci-dessus donné.

Il va sans dire que, s'il s'agissait d'adjonctions que l'acheteur eût faites lui-même à l'immeuble, en augmentant sa contenance par d'autres achats ou autrement, c'est à lui que ces additions resteraient; mais il nous paraît certain aussi, comme à M. Troplong (II, 767), que ce serait à lui, à défaut d'explications suffisantes dans l'acte de vente, le prouver que, parmi les diverses parties qui composent actuellement le domaine, telle et telle ont été ajoutées par lui et sont dès lors sa propriété personnelle. Ces parties, en effet, ayant été réunies de façon à former en apparence un seul tout, un même immeuble, celui qui établit son droit à prendre cet immeuble est réputé, jusqu'à preuve contraire, avoir droit à toutes les parties qui le composent, et c'est à la partie adverse à justifier les distractions qu'elle prétend faire (2).

III. — C'était également un point très-controversé par nos anciens auteurs, et sur lequel les interprètes du Code ne sont pas eux-mêmes

---

(1) Delvincourt (t. III); Proudhon (*Dom. pub.*, IV, 1297); Duranton (XVI, 425); Garnier (*Rég. des eaux,* I, 242); Troplong (II, 766); Duvergier (II, 55); Ph. Dupin (*Encycl.*, v° Alluvion, 32); Zachariæ (II, p. 542).

Il faut dire, à l'excuse de Pothier et de ceux qui partageaient sa doctrine, que c'est surtout par des considérations d'équité qu'on s'était laissé entraîner à cette profonde violation des principes. Mais ce résultat prouve une fois de plus combien l'habitude de substituer ces considérations à la déduction logique des principes et de leurs conséquences est funeste dans l'étude du droit, et nous sommes heureux de voir énergiquement proclamée ici par M. Duvergier une idée que nous avons maintes fois signalée, en constatant cette funeste habitude chez quelques-uns de nos jurisconsultes les plus recommandables d'ailleurs, à savoir que *ces raisons d'équité et ces considérations particulières sont les mortelles ennemies des vraies solutions scientifiques.*

(2) Le vendeur cesse d'être tenu au remboursement de la plus-value quand les améliorations sont excessives eu égard à la valeur de l'immeuble. Agen, 28 mars 1860 (Dev., 60, 2, 167; *J. Pal.*, 60, 665).

complétement d'accord, que l'attribution des fruits produits par l'immeuble entre le moment de la vente et celui du retrait ou pendants sur cet immeuble à l'une ou à l'autre époque. Il a toujours été admis que le principe de la résolution du contrat (d'après lequel tous les fruits eussent dû être restitués au vendeur, qui aurait restitué, de son côté, tous les intérêts du prix) ne s'applique point ici, et que les parties doivent être regardées comme étant tacitement convenues de compenser entre elles les intérêts et les fruits. Mais comment doit s'entendre et se régler cette compensation? L'acheteur gardera-t-il toujours tous les fruits par lui perçus et n'aura-t-il jamais que ces fruits perçus, quelle qu'en soit la disproportion, en plus ou en moins, avec le temps qu'a duré sa jouissance du bien et celle du prix par le vendeur? Les auteurs ont toujours été et sont encore en divergence à cet égard. Pothier (n° 408) enseigne que l'acheteur devra restituer, en subissant une réduction sur le prix qu'on lui rembourse, tous les fruits qui étaient pendants lors de la vente, parce que leur valeur a dû être prise en considération pour la fixation de ce prix; d'autres, au contraire, entre autres M. Troplong (II, 769), veulent qu'il ne rende jamais aucune partie de ces fruits, si courte qu'ait pu être sa jouissance et alors même, par exemple, qu'il aurait recueilli en deux mois les fruits de toute une année. Même divergence pour les fruits pendants au moment du retrait : les uns les attribuent exclusivement au vendeur sans dédommagement aucun pour l'acheteur; d'autres, et Pothier est de ce nombre (n° 409), accordent à l'acheteur une indemnité pour ses frais de culture; d'autres enfin, notamment Tiraqueau (§ 5, gl. 4, 5), Coquille (quest. 304) et M. Troplong (n° 770), veulent que ces fruits se partagent au prorata du temps qui s'est écoulé.

Ces systèmes ne sont pas seulement divergents les uns des autres; tel d'entre eux est d'ailleurs incohérent ou contradictoire avec lui-même. Ainsi, comment Pothier peut-il refuser à l'acheteur la récolte pendante lors de la vente, pour lui refuser encore celle qui sera pendante lors du réméré? n'est-il pas clair qu'on ne pourrait lui refuser la seconde que si on lui accordait la première? Comment M. Troplong, à son tour, peut-il lui accorder en entier la première, quand il ne lui accorde la seconde qu'au prorata du temps écoulé? Si les fruits que le vendeur recueille après le réméré, et qui s'appliquent, par hypothèse, à une année dont les deux tiers étaient expirés lors de ce réméré, doivent être remis pour deux tiers à l'acheteur et ne rester que pour un tiers au vendeur, n'est-il pas clair que, réciproquement, ceux pendants lors de la vente devront, si le droit de jouissance de l'acheteur ne dure qu'un tiers d'année, ne rester à cet acheteur que pour un tiers et être restitués au vendeur pour deux tiers?

En définitive, on ne peut pas prendre deux poids et deux mesures, et la logique ne permet de choisir ici qu'entre deux systèmes s'appliquant l'un et l'autre à tous les fruits, sans distinction de ceux du jour de la vente et de ceux du jour du retrait. Ou bien faut-il dire que l'acheteur d'un côté, le vendeur de l'autre, prendra, ni plus, ni moins, les fruits échus pendant sa jouissance, en sorte que l'acheteur aura toujours la totalité de ceux pendants lors de la vente, et le vendeur la totalité de ceux pendants lors du retrait, ainsi que cela est réglé entre le propriétaire et l'usufruitier par l'art. 585; ou bien il faut dire que tous les fruits, à quelque moment qu'ils soient perçus, appartiendront à chacune des parties au prorata de la durée de son droit de jouissance.

Tout autre système n'est pas soutenable. Mais lequel de ces deux derniers doit être appliqué? Nous n'hésitons pas à dire que c'est le second. La règle de l'art. 585, parfaitement rationnelle en matière d'usufruit, où elle fait courir une chance réciproque aux deux parties, n'est pas acceptable ici, où le vendeur est maître de faire cesser la jouissance de l'acheteur à tel moment de l'année qu'il lui plaît, et à la veille d'une récolte qu'il s'approprierait ainsi en entier au détriment de l'acheteur. C'est, comme on l'a vu, d'après l'intention commune des parties que tout doit ici se régler; or leur intention est, tout naturellement, que chacune d'elles soit traitée avec une entière égalité, et que les fruits qui sont abandonnés à l'une, à raison des intérêts dont elle fait bénéficier l'autre, se calculent, comme ces intérêts eux-mêmes, sur la durée du droit de jouissance.

Si donc ce droit de jouissance, de l'immeuble pour l'acheteur, du prix pour le vendeur, c'est-à-dire si l'intervalle de la vente au retrait a duré une année, l'acheteur a droit à toute la récolte annuelle et n'a droit qu'à elle. Si l'intervalle a été de plusieurs années, sans fraction d'année, il a droit à autant de récoltes qu'il y a d'années. Si, au contraire, l'intervalle présente une fraction d'année, trois mois, par exemple (que ces trois mois constituent seuls la durée de la jouissance ou qu'ils viennent s'ajouter à une ou plusieurs années, peu importe), l'acheteur aura droit à un quart seulement de la récolte de cette année et le vendeur aux trois quarts, quel que soit celui des deux par qui la récolte sera faite (1).

Il est inutile d'ajouter que les parties peuvent, par des conventions particulières (conventions que l'état de la doctrine sur cette matière rend plus désirables ici que partout ailleurs), déroger à ce qui vient d'être dit et régler comme elles l'entendront leurs rapports quant aux fruits. Il est évident aussi que, s'il s'agissait d'un bien qui ne produit pas de fruits, ou qui, du moins, n'en doit pas donner pendant le délai convenu pour le réméré (c'est, par exemple, un taillis qui se coupe tous les neuf ans et qui est coupé depuis deux ans au moment de la vente; ou bien c'est une récolte annuelle, mais elle vient d'être faite et le délai convenu n'est que de six mois), l'acheteur aurait virtuellement renoncé à toute perception de fruits qui compense les intérêts que l'exercice du retrait lui ferait perdre. C'était à lui de stipuler alors ou un prix de rachat un peu plus fort que le prix de vente ou une restitution des intérêts. A défaut de stipulation particulière, il serait censé avoir sacrifié

(1) *Conf.* Duvergier (II, 57); Zachariæ (II, p. 523); Aubry et Rau (III, § 357); Massé et Vergé (IV, § 688).

ces intérêts, soit pour l'agrément que peut lui procurer la chose, soit pour la chance d'obtenir définitivement un bien qui lui convient.

SECTION II.

DE LA RESCISION DE LA VENTE POUR CAUSE DE LÉSION.

1674. — Si le vendeur a été lésé de plus de sept douzièmes dans le prix d'un immeuble, il a le droit de demander la rescision de la vente, quand même il aurait expressément renoncé dans le contrat à la faculté de demander cette rescision, et qu'il aurait déclaré donner la plus-value.

SOMMAIRE.

I. Rescision pour lésion. Elle n'a lieu que dans les ventes d'immeubles, ce qui comprend les immeubles incorporels : controverse. — *Quid* d'une vente de meubles et d'immeubles ?
II. Doctrine inexacte des auteurs pour les ventes aléatoires.
III. Nullité de la renonciation faite à l'action dans le contrat. *Quid* de la renonciation postérieure ? Dissentiment avec M. Troplong et M. Duvergier.

I. — Quand un immeuble a été vendu pour un prix qui n'arrive même pas aux cinq douzièmes de sa valeur, la loi suppose que le vendeur n'a pu se résigner à une lésion aussi énorme que par suite d'une position tellement fausse et gênée, qu'elle ne lui laissait pas son entière liberté, et elle lui permet, en conséquence, de faire annuler la vente comme n'ayant pas été assez librement consentie et résultant d'une espèce de violence exercée sur lui par les circonstances.

C'est pour les immeubles seulement qu'est portée cette règle exceptionnelle et rigoureuse, et elle ne s'appliquerait pas dès lors à la vente d'une chose mobilière, notamment à celle d'un office ministériel (1). Mais s'agit-il de tous immeubles, ou seulement des immeubles corporels ? M. Zachariæ (II, p. 545) tient pour cette dernière idée, et croit en trouver la justification dans les art. 1675, 1681 et 1682 ; mais ces trois articles n'ont rien de précis à cet égard, et nous pensons, avec le plus grand nombre des auteurs, que, la loi ne distinguant pas, il y a lieu de ne pas distinguer davantage et d'admettre la rescision pour la vente de toutes choses immobilières, corporelles ou incorporelles (2).

Que si une vente avait tout à la fois pour objet des immeubles et des meubles aliénés pour un seul et même prix, il faudrait faire une ventilation, c'est-à-dire rechercher quelle est, dans le prix total, la portion afférente aux immeubles, et voir si cette portion représente ou non les cinq douzièmes de leur valeur.

II. — C'est une question controversée, et qui semblerait fort délicate, à en juger par les explications des auteurs, que celle de savoir si

---

(1) Cass., 17 mai 1832 (Dev., 32, 1, 849).
(2) Duranton (XVI, 443); Troplong (II, 793); Duvergier (II, 73). — Toutefois, s'il s'agissait d'une vente dont le prix aurait été fixé par arbitres experts, conformément à l'art. 1592, l'action en rescision ne serait pas admissible. Bordeaux, 23 juill. 1853 (Dev., 54, 2, 427). — *Voy.* Troplong (I, 158); Duvergier (I, 157); Delamarre et Lepoitevin (III, 92 et suiv.). — *Voy.* cependant Delvincourt (III, p. 355); Duranton (XVI, 116).

la rescision doit être admise dans les ventes d'un usufruit, d'une nue propriété, ou faites moyennant une rente viagère. La question est cependant bien simple et ne présente de difficulté que par suite des termes impropres dans lesquels on l'a posée. « Y a-t-il lieu à rescision pour lésion, s'est-on dit, dans une vente aléatoire? Non, puisque l'acheteur courant alors, en regard de la chance de payer moins que la valeur réelle, la chance réciproque de payer plus, le vendeur n'est pas plus lésé quand la chance tourne contre lui que ne l'est l'acheteur dans le cas contraire. Or, continue-t-on, toutes les fois que la vente est faite moyennant une rente viagère, ou qu'elle a pour objet soit un usufruit, soit une nue propriété, cette vente est aléatoire, puisqu'on ne sait pas combien de temps durera soit la rente viagère, soit l'usufruit que l'acheteur acquiert ou qui grève le bien vendu, et que par conséquent on ne connaît pas le rapport du prix avec la chose. La rescision pour lésion est donc impossible dans toutes les ventes dont il s'agit. » (1)

Ces idées ne sont pas acceptables... Qu'un vieillard de quatre-vingts ans vende, moyennant une rente viagère de 1 200 francs par an, un immeuble de 1 000 francs de revenu net et valant 48 à 50 000 francs, il est clair qu'il y aurait lieu à rescision, puisque quand même le vendeur vivrait jusqu'à cent ans ou même cent dix ans, l'acheteur, qui ne paye chaque année que 200 francs en plus de ce qu'il reçoit, n'aurait ainsi déboursé, après trente ans, qu'une somme de 6 000 francs, qui, même avec les intérêts, serait bien loin de représenter les cinq douzièmes de la valeur de l'immeuble, c'est-à-dire 20 000 francs. Aussi les auteurs, après avoir posé comme prétendu principe que les ventes dont il s'agit ne sont pas rescindables pour lésion, finissent-ils par dire que la rescision devrait cependant être prononcée si la lésion de plus de sept douzièmes y était manifeste. Or, que signifie une pareille doctrine? Est-ce que *toutes* les ventes possibles d'immeubles ne sont pas dans le même cas? Est-ce qu'il n'est pas vrai *pour toutes* que la rescision n'y est pas admissible, à moins qu'une lésion de plus de sept douzièmes soit bien certaine?... On s'étonne qu'un pareil non-sens ait pu être reproduit par tant d'écrivains (2).

Sans doute, absolument parlant, il y a chance, et dès lors contrat aléatoire, dans toutes les ventes dont il s'agit ici, puisque, selon que la mort du crédirentier ou de l'usufruitier aura lieu plus tôt ou plus tard, l'acheteur payera plus ou moins (ou, ce qui est la même chose, aura pour un prix restant le même une valeur plus ou moins grande); mais ce n'est pas toute chance de payer *plus ou moins* absolument qui fait

(1) *Voy.* Merlin (*Rép.*, v° Lésion, § 1er, n° 8); Proudhon (*Usuf.*, II, 899); Duranton (XVI, 441 à 444); Troplong (II, 791 à 793); Duvergier (II, 75); Zachariæ (II, p. 546); Riom, 26 mai 1826; Angers, 21 fév. 1828; Cass., 1er avr. 1829; Montpellier, 6 mai 1831; Cass., 30 mai 1831, 15 déc. 1832; Bourges, 11 fév. 1840 (Dev., 31, 1, 217, et 2, 214; 33, 1, 394; 41, 2, 54); Montpellier, 8 déc. 1857 (Dev., 58, 2, 703); Rivière (*Jurispr. de la Cour de cass.*, n° 512).
(2) *Voy.* les auteurs cités à la note précédente, et aussi : Grenoble, 18 avr. 1831; Cass., 22 fév. 1836; Nancy, 2 août 1837; Rennes, 26 juin 1841 (Dev., 36, 1, 186; 39, 2, 183; 41, 2, 560). — Le non-sens est surtout saillant dans M. Zachariæ (*loc. cit.*). — *Voy.* aussi les citations faites par M. Gilbert et son observation (art. 1674, n° 8).

disparaître la lésion, c'est seulement la chance de payer *plus ou moins que la valeur de la chose vendue*. Alors, en effet, il y a pour chaque partie une chance de perte et une chance de gain qui se neutralisent et se compensent, en sorte que personne ne peut se dire lésé, tandis que si la chance d'une certaine perte pour une partie (et d'un certain gain pour l'autre) n'a en face d'elle que la chance d'une perte plus grande pour cette même partie (et d'un gain plus grand pour l'autre), la compensation est loin de s'établir, et la lésion, au lieu de disparaître, n'en devient que plus manifeste et plus profonde. Ainsi, par exemple, si un immeuble valant 60 000 francs est vendu pour un prix fixe et invariable de 40 000 francs, l'acheteur est lésé; si le prix peut, selon les circonstances, descendre à 40 000 francs, mais aussi s'élever à 80 000 francs, le contrat ne présente aucune lésion; mais si ce prix possible de 40 000 francs (c'est-à-dire inférieur à la valeur de la chose), au lieu de pouvoir monter jusqu'à 80 000 francs, ne peut que descendre encore et tomber jusqu'à 20 000 francs, il est bien clair que cette éventualité, au lieu d'enlever la lésion, ne fait que l'accroître. Lors donc que dans une vente il y a chance, *alea*, il faut distinguer : si la chance va de la perte au gain, il n'y a pas lésion; si elle va d'une perte à une perte plus grande pour la même partie, il y a lésion pour cette partie; si, enfin, il y a réunion de ces deux circonstances, que la perte s'élève, même dans son *minimum* éventuel, au-dessus des sept douzièmes de la valeur de la chose, et qu'elle soit pour le vendeur, il est bien évident qu'il y a lieu à rescision. Il ne suffit donc pas, pour écarter cette rescision, qu'il y ait une chance quelconque de payer *plus ou moins*, il faut que la chance soit de payer *plus ou moins que les cinq douzièmes de la valeur de la chose*.

III. — La position malheureuse et le pressant besoin d'argent qui déterminent un vendeur à livrer son immeuble à vil prix le détermineraient de même, on le conçoit, à déclarer dans le contrat, si on le lui demandait, qu'il renonce à toute action en rescision, ou même qu'il fait donation à son acheteur de la différence entre le prix de vente et la valeur du bien. De telles clauses, si elles étaient permises, ne manqueraient pas d'être insérées dans toutes les ventes faites à vil prix, et le Code a sagement fait de suivre ici les errements de notre ancienne jurisprudence, en refusant tout effet à une telle renonciation.

Notre article ne parlant que de la renonciation faite dans le contrat, faut-il en conclure que toute renonciation faite par un acte postérieur serait valable? Toullier (VIII, 505), M. Troplong (II, 798) et M. Duvergier (II, 77) l'enseignent ainsi; mais nous ne saurions adopter cette idée absolue. La restriction du texte doit bien faire admettre que la renonciation postérieure ne sera pas nulle nécessairement et toujours, comme celle qui se trouve dans le contrat; mais il faut reconnaître qu'elle le sera quelquefois. Ainsi, quand la renonciation postérieure réunit ces deux circonstances, qu'elle est faite, d'une part, gratuitement ou pour une somme qui, jointe au prix de vente, n'atteint pas les cinq douzièmes de la valeur de l'immeuble, et, d'autre part, à un moment où le vendeur n'a pas encore reçu le prix de vente, la nullité n'en saurait être douteuse. En un mot, l'acte ainsi passé après coup devrait être déclaré nul ou valable selon les cas : ce serait au juge de rechercher, en fait, si l'abandon consenti par le vendeur est bien le résultat d'une volonté véritablement libre, ou s'il est encore entaché du même vice que la vente elle-même (1).

1675. — Pour savoir s'il y a lésion de plus de sept douzièmes, il faut estimer l'immeuble suivant son état et sa valeur au moment de la vente.

1676. — La demande n'est plus recevable après l'expiration de deux années, à compter du jour de la vente.

Ce délai court contre les femmes mariées, et contre les absents, les interdits, et les mineurs venant du chef d'un majeur qui a vendu.

Ce délai court aussi et n'est pas suspendu pendant la durée du temps stipulé pour le pacte de rachat.

I. — La faculté de faire annuler une vente pour cela seul qu'elle a été faite à trop bas prix, est un droit trop exorbitant pour que le législateur ait cru pouvoir lui donner une longue durée. Pour ne pas laisser longtemps dans l'incertitude la propriété des biens, la loi veut que l'action se prescrive ici par un délai de deux ans, et que ce délai coure, à partir du jour de la vente, contre toutes personnes, même contre celles au profit desquelles la prescription est ordinairement suspendue.

La loi, en formulant cette règle, ne parle que du mineur venant du chef d'un majeur qui a vendu. C'est qu'en effet, si c'était le mineur qui eût vendu, son action (outre qu'elle existerait pour toute lésion même de moins de sept douzièmes) durerait dix ans au lieu de deux ans seulement (art. 1304 et 1305).

Quel que soit, au surplus, le moment où s'intente l'action, il est clair que pour savoir s'il y a lésion de plus de sept douzièmes, il faut considérer non pas la valeur que l'immeuble présente actuellement, mais celle qu'il avait au moment de la vente. On n'aura donc aucun égard aux accroissements ou améliorations que le bien a pu recevoir depuis; on l'estimera d'après l'état dans lequel il était alors.

II. — L'action en rescision, irrecevable quand il s'est écoulé deux ans depuis la vente, l'est également quand l'immeuble a péri sans la faute de l'acheteur, puisque la seule obligation que pût faire naître l'admission de la rescision, celle de restituer l'immeuble, se trouve désormais impossible, sans que l'impossibilité soit imputable à personne, et que le vendeur dès lors est sans intérêt à agir. Il en serait autrement si c'était par la faute de l'acheteur que la chose eût péri, car

---

(1) Favre (C., lib. 4, tit. 30, déf. 23); Delvincourt (t. III); Duranton (XVI, 436 et 437); Zachariæ (II, p. 546, note 3). — *Voy.* Cass., 19 déc. 1853 (Dall., 54, 1, 31).

le vendeur aurait alors intérêt et droit à faire constater les faits, pour obtenir contre l'acheteur une condamnation à réparer le préjudice que cette faute lui cause en rendant impossible la restitution du bien.

Mais que faudrait-il décider si l'immeuble n'avait péri, sans la faute de l'acheteur, qu'après avoir été revendu par lui pour un prix supérieur à celui de son acquisition? Nos anciens auteurs, et, sous le Code, M. Troplong (II, 826), enseignent, et avec raison selon nous, que le vendeur peut alors faire prononcer la rescision pour dire que, la chose se trouvant lui avoir toujours appartenu, c'est son bien qui a été vendu, et que par conséquent le prix de ce bien, prix qui lui appartenait et qui a été indûment reçu par l'acheteur, doit lui être restitué. M. Duvergier (II, 103) combat, il est vrai, cette doctrine. Le vendeur, dit-il, ne pourrait raisonner ainsi qu'après l'annulation prononcée; or elle ne peut pas même être demandée, la demande n'en est pas recevable, puisque ce vendeur ne peut demander autre chose que la restitution de son bien, et que, le bien n'existant plus, cette restitution est impossible. Mais c'est là une erreur que M. Duvergier réfute lui-même sans le remarquer. L'action en rescision n'a pas *nécessairement* pour objet, et n'a même jamais *immédiatement* pour objet, la restitution de l'immeuble; son objet immédiat, c'est la rescision, l'annulation de la vente; et comme conséquence seulement de cette annulation, le vendeur poursuit, selon les cas, soit la restitution de l'immeuble, s'il existe encore, soit une somme d'argent par tel ou tel motif résultant de la nullité déclarée de la vente. M. Duvergier le reconnaît bien, et se met en contradiction avec lui-même quand il enseigne (n° 102) que le vendeur peut agir en rescision, *quoique l'immeuble n'existe plus*, si c'est par la faute de l'acheteur que cet immeuble a péri.

1677. — La preuve de la lésion ne pourra être admise que par jugement, et dans le cas seulement où les faits articulés seraient assez vraisemblables et assez graves pour faire présumer la lésion.

1678. — Cette preuve ne pourra se faire que par un rapport de trois experts, qui seront tenus de dresser un seul procès-verbal commun, et de ne former qu'un seul avis à la pluralité des voix.

1679. — S'il y a des avis différents, le procès-verbal en contiendra les motifs, sans qu'il soit permis de faire connaître de quel avis chaque expert a été.

1680. — Les trois experts seront nommés d'office, à moins que les parties ne se soient accordées pour les nommer tous les trois conjointement.

SOMMAIRE.

I. La rescision ne peut être prononcée qu'après qu'un premier jugement a ordonné la preuve de lésion par une expertise.
II. Il en est ainsi alors même que le juge acquerrait dès le début la conviction de l'existence de la lésion : erreur de M. Troplong et de M. Duvergier. — Mais le juge n'est jamais tenu de se conformer au rapport d'expertise.

I. — La loi ne permet pas aux tribunaux de prononcer immédiatement la rescision, en accueillant *de plano* la preuve de lésion que le vendeur pourrait donner; elle exige qu'un premier jugement admette le vendeur à faire sa preuve (laquelle ne peut résulter que d'une expertise faite en conformité des art. 1678-1680), après quoi un second jugement, si le tribunal trouve la lésion de plus de sept douzièmes suffisamment établie, prononcera la rescision.

II. — M. Troplong (II, 830) et M. Duvergier (II, 106) enseignent que cette règle ne s'appliquerait pas, et que la rescision pourrait être prononcée par un premier et seul jugement, si les juges trouvaient immédiatement la lésion suffisamment établie. C'est une erreur. Non-seulement, en effet, nos quatre articles, qui portaient dans le projet les nos 97 à 100, posent à cet égard une règle absolue et à laquelle la loi n'admet pas l'exception dont il s'agit; mais encore cette exception avait été d'abord admise et a été rejetée lors de la rédaction définitive de la loi. Dans le projet, nos quatre articles étaient suivis d'un art. 101 qui disait : « Pourront néanmoins les juges rescinder un acte de vente sans estimation d'experts, lorsqu'une lésion suffisante sera déjà établie »; et cet article avait été admis à l'unanimité par le conseil d'État. Mais sur la communication faite au Tribunat, celui-ci critiqua cette exception et demanda qu'on la supprimât pour s'en tenir absolument à la disposition de l'art. 97 (aujourd'hui l'art. 1677). « Il ne suffit pas, fut-il dit, que les juges puissent décider s'il y a lésion ou non : quand on se déciderait pour l'affirmative, il faudrait encore connaître la juste valeur de l'objet vendu, afin que, dans le cas où l'acquéreur voudrait user du droit de retenir l'objet en payant le supplément du juste prix, on sache à quelle somme s'élève ce supplément. » En conséquence, l'article fut retranché (Fenet, XIV, p. 17, 50, 89).

MM. Troplong et Duvergier s'efforcent en vain de nier le résultat de cette suppression. — D'abord, dit le premier, il faudrait un texte pour enlever ici au juge le droit de prononcer dès qu'il se croit assez éclairé. Or ce texte prohibitif n'existe pas : l'art. 1677 et l'art. 1678, qui paraissent l'un et l'autre contenir la prohibition, n'ont pas été rédigés dans ce sens, puisque tous deux existaient en même temps que l'article 101, qui accordait expressément la faculté dont il s'agit... Singulier argument ! Sans doute les deux premiers articles existaient avec le troisième; car ceux-là posaient un principe auquel celui-ci apportait une exception. Un premier jugement sera nécessaire, disait l'un, pour autoriser la preuve de la lésion; Cette preuve, disait le second, ne pourra se faire que par expertise; après quoi le troisième ajoutait : le juge pourra *néanmoins* prononcer de suite, s'il se trouve dès à présent suffisamment éclairé. Mais puisqu'on avait fait une exception pour ce cas, c'est que la règle le comprenait; et puisque l'exception a été supprimée, le cas reste donc soumis à cette règle. — M. Duvergier dit à son tour que peut-être la suppression de l'art. 101 a été faite sans aucune idée d'enlever le droit de prononcer de suite la rescision dans notre cas, et par cette seule pensée que ce droit était assez évident pour n'avoir pas besoin d'être exprimé... Mais cet argument ne peut pas se prendre au sérieux, quand on voit par quel motif cette suppression a été demandée et obtenue par le Tribunat. — Nos deux auteurs ajoutent enfin que, le Tribunat n'ayant demandé la suppression de l'exception qu'en vue de la fixation du supplément de prix par le payement duquel l'acheteur est libre de se soustraire à la restitution de l'immeuble (article 1681), ce ne serait pas contrarier cette idée du Tribunat que de prononcer immédiatement la rescision, sauf à recourir plus tard à l'expertise si l'acheteur demandait à conserver l'immeuble en payant le supplément... Mais ce dernier argument n'est pas meilleur que les deux autres. Quelle que soit la raison qui a fait demander et opérer le retranchement de l'exception, cette exception est retranchée, et par conséquent force est bien d'appliquer la règle à tous les cas. Que le Tribunat ait eu tort de faire supprimer l'exception, alors qu'il aurait peut-être suffi de la modifier, c'est possible; mais là n'est pas la question : il ne s'agit plus pour nous, comme pour le conseil d'État et le Tribunat, de refaire la loi, mais de la prendre telle qu'on l'a faite. Or il est constant qu'après avoir d'abord apporté à la règle d'un jugement et d'une expertise préalables une exception pour le cas de lésion dès à présent établie, on a ensuite supprimé cette exception à dessein et pour s'en tenir, a-t-on dit, aux dispositions des art. 97 et 98 (art. 1677 et 1678). Il n'y a donc pas de doute possible.

Du reste, si le tribunal est toujours forcé, du moment qu'il croit devoir donner suite à la demande, d'ordonner une expertise, il n'est jamais forcé de se conformer au rapport des experts. Il peut nommer d'office de nouveaux experts; il peut, comme le disaient dans le conseil d'État M. Tronchet et le premier consul, chercher la vérité par tout autre moyen, recourir, en dehors de l'expertise, aux actes de ventes, de partages, de baux et de toutes autres circonstances, et arriver ainsi à reconnaître l'existence d'une lésion de plus de sept douzièmes malgré le rapport qui la niait, ou à la rejeter quand le rapport l'admettait. La doctrine contraire de M. Carré (*Proc. civ.*, 1, 1220) est une erreur condamnée avec raison par les auteurs et les arrêts; car c'est toujours d'après sa conviction ou son opinion personnelle, et non sur la conviction ou l'opinion d'autrui, qu'un juge doit prononcer (1).

1681. — Dans le cas où l'action en rescision est admise, l'acquéreur a le choix ou de rendre la chose en retirant le prix qu'il en a payé, ou de garder le fonds en payant le supplément du juste prix, sous la déduction du dixième du prix total.

Le tiers possesseur a le même droit, sauf sa garantie contre son vendeur.

1682. — Si l'acquéreur préfère garder la chose en fournissant le

_____

(1) Art. 322 et 323 C. pr. civ.; Merlin (*Rép.*, v° Expert., n° 2); Duranton (XVI, 451); Troplong (II, 835); Duvergier (II, 113); Chauveau, sur Carré (*loc. cit.*); Zacharie (II, p. 548); Nîmes, 12 pluv. an 13; Grenoble, 18 avr. 1831; Cass., 31 mars 1840 (Dall., 32, 2, 88; Dev., 40, 1, 304).

supplément réglé par l'article précédent, il doit l'intérêt du supplément, du jour de la demande en rescision.

S'il préfère la rendre et recevoir le prix, il rend les fruits du jour de la demande.

L'intérêt du prix qu'il a payé, lui est aussi compté du jour de la même demande, ou du jour du payement, s'il n'a touché aucuns fruits.

SOMMAIRE.

I. L'acheteur peut arrêter l'effet naturel de la rescision en payant le supplément du juste prix moins un dixième. C'est une pure faculté pour lui, et l'action du vendeur est toujours immobilière : erreur de la Cour de cassation. — Cette action est personnelle, réelle ou mixte, selon les cas : renvoi.
II. *Quid* quand l'acheteur opte pour la conservation de l'immeuble? — Des restitutions à faire de part et d'autre dans le cas contraire.
III. La rescision anéantit la vente rétroactivement : conséquences. Cependant la régie ne restitue pas le droit de mutation; mais il ne lui est pas dû de droit nouveau : erreur de la Cour de cassation.

I. — Quand la rescision de la vente est prononcée, son effet naturel est, on le comprend, de remettre les choses au même état qu'avant la vente, puisque cette vente, étant annulée, est légalement censée n'avoir jamais existé. Mais l'acheteur a le choix de laisser se réaliser cet effet naturel du jugement de rescision et d'opérer la restitution de l'immeuble, ou de prévenir cet effet et de conserver le bien en payant le supplément du juste prix, sous déduction d'un dixième de ce prix. Ainsi, quand un immeuble valant 60 000 francs a été vendu pour 20 000, le vendeur pourra le conserver et maintenir les effets de la vente, en payant une nouvelle somme de 34 000 francs, ce qui fera 54 000 francs, c'est-à-dire le prix total de 60 000 moins le dixième. Du reste, il ne faudrait pas croire qu'il s'agisse ici d'une obligation alternative, de telle sorte que le droit du vendeur qui demande la rescision serait mobilier ou immobilier, selon que l'acheteur optera pour le payement du supplément du prix ou pour la restitution de l'immeuble : ce droit du vendeur et l'obligation de l'acheteur n'ont qu'un seul objet, la restitution de l'immeuble, et le payement d'un supplément de prix est seulement *in facultate solutionis*. Le droit du vendeur est donc un droit immobilier, et on ne comprend pas que la Cour de cassation ait pu juger que l'action en rescision est mobilière (Rej., 23 prairial an 12, 14 mai 1806). C'est une hérésie impardonnable, puisqu'une action est mobilière ou immobilière, selon qu'elle tend *ad quid mobile* ou *ad quid immobile* (1).

S'il n'est pas contestable que l'action est immobilière, il n'est pas contestable non plus, quoique très-contesté, qu'elle est mixte contre l'acheteur encore possesseur du bien, personnelle contre celui qui l'aurait perdu, et réelle contre le sous-acquéreur; que dès lors elle doit

_____

(1) Dumoulin (*Paris*, gl. 1, 44, § 33); Ferrières (vo Lésion); Pothier (no 348); Toullier (XII, 186); Proudhon (*Dom. privé*, I, 195); Delvincourt (t. III); Duranton (XVI, 453); Troplong (II, 808); Duvergier (II, 114); Zachariæ (II, p. 548); Frémiuville (I, 337); Bourges, 25 janv. 1832 (Dev., 32, 2, 556).

être portée, dans le dernier cas, devant le tribunal de la situation ; dans le second, devant celui du domicile de l'acheteur ; et dans le premier, devant l'un ou l'autre de ces tribunaux, au choix du vendeur. La controverse et les motifs de décider sont ici les mêmes que pour l'action en résolution de la vente pour défaut de payement du prix, et nous renvoyons à ce que nous avons dit sur ce point sous l'art. 1656, n° V (1).

II. — Quand l'acheteur opte pour la conservation de l'immeuble au moyen du payement du supplément du prix, il doit payer aussi les intérêts de ce supplément à compter du jour de la demande formée par le vendeur. On aurait pu dire que, le vendeur ayant droit à ce supplément (à défaut de restitution de l'immeuble) par l'effet de la vente par lui faite à vil prix, les intérêts devraient lui en être payés à compter du jour de cette vente, et c'est, en effet, ce qu'enseignaient plusieurs anciens auteurs ; mais notre législateur, qui n'a admis qu'avec quelque difficulté la rescision pour lésion, n'a pas voulu y traiter l'acheteur trop sévèrement et a préféré la doctrine d'autres auteurs qui pensaient que l'acheteur devait être traité comme ayant pu ignorer le vice de son acquisition, jusqu'au jour où l'action du vendeur a appelé son attention sur la vileté du prix, et ne devant dès lors qu'à partir de ce jour les intérêts du supplément. — Il va sans dire que le droit de mutation payé d'abord sur le taux du prix de vente serait exigible par la régie à raison du supplément que paye l'acheteur.

Quand l'acheteur, au contraire, laisse produire au jugement de rescision son effet naturel, c'est-à-dire l'annulation de la vente, il est tenu de restituer l'immeuble et avec lui les fruits produits, mais seulement depuis le jour de la demande, par le motif sus-indiqué. Il doit aussi payer, s'il y a lieu, l'indemnité des détériorations dont il aurait tiré profit. Quant à celles qui ont été causées par sa négligence, mais sans qu'il en ait profité, Pothier (n° 361) voulait qu'il en fût ou non tenu, selon qu'il paraîtrait, en fait, avoir ou n'avoir pas possédé de bonne foi, c'est-à-dire avoir connu ou ignoré que son contrat était sujet à rescision ; M. Troplong (II, 844) enseigne qu'il ne les devra jamais, parce qu'il doit toujours être présumé de bonne foi ; et M. Duvergier, au contraire, veut qu'il en soit tenu toujours (II, 121), parce que le chiffre de lésion exigé par le Code, et qui est plus considérable que celui de l'ancien droit (autrefois plus de moitié, aujourd'hui plus de sept douzièmes), doit toujours faire regarder l'acheteur comme ayant été de mauvaise foi. Ces idées ne nous paraissent pas exactes. Nous venons de voir que le Code, adoptant la plus favorable des deux doctrines contraires des anciens docteurs (2), suppose la bonne foi chez l'acheteur jusqu'à la demande du vendeur, et ne le soumet dès lors, soit à payer

---

(1) *Conf.* Boncenne (I, p. 75) ; Duranton (XVI, 452) ; Troplong (II, 805) ; **Rauter** (*Proc.*, n° 55) ; Cass., 5 nov. 1806 ; Paris, 13 mars 1817 ; Cass., 13 fév. 1832 (Dev., 32, 1, 681). — *Contrà* : Duvergier (II, 93) ; Carré (*Compét.*, n° 221) ; Poncet (n° 119).

(2) Fachin (l. 2, ch. 4) ; Voët (*De resc. vend.*, n° 10) ; Bretonnier, sur Henrys (t. IV, p. 220) ; Domat (liv. 1, t. 2, sect. 9) ; — Cujas (l. 2, C. *De resc. vend.*).

les intérêts du supplément de prix, soit à restituer les fruits, que du jour de cette demande : jusque-là donc, les détériorations ne donneraient pas lieu à l'indemnité, à moins, bien entendu, qu'elles ne fussent de nature à prouver la mauvaise foi par elles-mêmes. Mais une fois la demande formée, l'acheteur n'ignore plus l'éventualité de la rescision, il sait qu'il pourra lui être demandé compte de sa gestion, sa négligence n'est plus excusable, et de même qu'il doit les intérêts ou les fruits, de même et à plus forte raison il devra l'indemnité des détériorations causées par sa faute. Au lieu donc de dire que cette indemnité ne sera jamais due (comme M. Troplong) ou qu'elle le sera toujours (comme M. Duvergier), le système du Code commande de dire qu'elle le sera pour les détériorations postérieures à la demande en rescision, non pour celles qui sont antérieures.

Réciproquement, le vendeur qui reprend l'immeuble doit rendre à l'acheteur le prix de vente et les intérêts de ce prix à partir du jour de sa demande. Que si l'immeuble n'avait produit aucuns fruits, les intérêts seraient dus à compter du jour même où il a reçu le prix. Il devra aussi tenir compte à l'acheteur de la plus-value résultant des améliorations que celui-ci aurait apportées à l'immeuble, et des sommes déboursées pour réparations nécessaires. Mais il n'est pas tenu de l'indemniser des frais de contrat, comme en cas de réméré; car ici le vendeur, qui n'est lié par aucune convention, ne doit tenir compte que de ce dont il profite, sans quoi la restitution qui lui est due ne serait pas complète[1]. L'acheteur, au surplus, a le droit ici, comme dans toute circonstance analogue, de retenir l'immeuble tant que le vendeur ne satisfait pas à ses obligations.

III. — La rescision (quand l'effet n'en est pas arrêté par l'offre d'un supplément de prix) faisant réputer la vente n'avoir jamais eu lieu, elle fait donc évanouir toutes aliénations ou concessions d'hypothèques, servitudes ou autres droits réels que l'acheteur aurait pu consentir; mais il est évident que le tiers acquéreur et autres concessionnaires pourraient, eux aussi, empêcher la résolution de leur droit en payant au vendeur le supplément de prix, comme il a été dit plus haut. Que si un sous-acheteur de l'immeuble, ne voulant pas payer le supplément de prix, était évincé de son acquisition, il est clair qu'il aurait son recours en garantie contre son vendeur, acheteur primitif.

En principe, cette annulation de la vente pour lésion et la reprise de l'immeuble par le vendeur devraient donner lieu à la restitution par la régie des sommes qu'elle a perçues pour cette vente. C'est évident, puisque légalement la vente se trouve n'avoir point existé, l'immeuble n'avoir jamais cessé d'appartenir à celui qui le reprend, et la mutation de propriété dès lors n'avoir point eu lieu. Mais une disposition spéciale fait obstacle à l'application de ce principe. L'art. 60 de la loi du 22 frimaire an 7 déclare que, à moins d'une exception écrite dans la

_____

(1) Pothier (n° 369); Delvincourt (t. III); Troplong (II, 818); Duvergier (II, 126); Zachariæ (II, p. 549).

loi (et il n'y en a pas pour ce cas), tout droit régulièrement perçu ne peut plus être restitué, quels que soient les événements ultérieurs. Mais c'est une question plus délicate que de savoir si cette même rescision, en faisant revenir le bien au vendeur, donne lieu à la perception d'un nouveau droit de mutation. En principe et de droit commun, la négative ne serait pas douteuse, d'après ce qui vient d'être dit ; mais l'article 68, § 3, 7°, de la loi précitée ayant déclaré qu'il n'est dû qu'un droit fixe de 3 francs pour les jugements *portant résolution de contrat pour cause de nullité radicale*, c'est un point très-controversé que de savoir si notre cas de rescision est ou non compris dans cette règle.

Plusieurs auteurs et deux arrêts de la Cour de cassation (1) décident que le cas de lésion ne présente pas une *nullité radicale*, puisque alors le contrat existe tant qu'il n'est pas brisé par la justice, et qu'il reste irrévocablement valable si on laisse passer deux années sans l'attaquer, et ils en concluent qu'il y a lieu de payer, d'après la loi précitée, le droit proportionnel. D'autres auteurs (2) disent, au contraire, que la lésion est bien une cause de nullité radicale, puisque la rescision qu'elle entraîne anéantit le contrat rétroactivement ; d'où la conséquence que le droit proportionnel n'est pas dû... Cette dernière solution est mal motivée ; mais elle est exacte. Elle est mal motivée ; car s'il est vrai que le Code embrasse habituellement sous le nom de *nullités* les cas de simple annulation, il est vrai aussi que ce langage est inexact, que l'annulation est profondément différente de la nullité proprement dite, et comme la rescision n'est qu'une annulation, ainsi que le dit très-bien la Cour suprême, il serait très-possible que la loi de frimaire, parlant plus exactement que le Code, n'eût entendu par *nullité radicale* que le cas de nullité propre, c'est-à-dire de non-formation du contrat, ce qui exclurait la rescision pour lésion. Il n'y a donc, rien de concluant dans cet argument de MM. Troplong, Duvergier et autres... Mais ce que ces mots de *nullité radicale* laissent douteux se trouve suffisamment prouvé par ces autres expressions de la loi de frimaire : les jugements *portant résolution de contrat*. Il n'y a, en effet, que les contrats existants qui puissent être résolus, et il devient dès lors évident que la loi de frimaire entend parler aussi des actes simplement annulables : elle ne parle même que d'eux (puisqu'un acte qui n'existerait pas ne pourrait pas être résolu), et les contrats rigoureusement nuls et non existants ne s'y trouvent compris qu'implicitement et par *à fortiori*. La rescision pour lésion se trouve donc comprise dans la disposition précitée du § 3 de l'art. 68 ; et c'est d'autant moins douteux que le § 7, 1°, de l'art. 69 ne présente comme soumises au droit proportionnel que les ventes, *reventes*, cessions, *rétrocessions*, etc., ce qui ne saurait comprendre la rescision pour lésion. La rescision, en effet, n'est point une revente, une rétrocession, mais une résolution de vente, par l'effet de laquelle

---

(1-2) Merlin (*Rép.*, v° Enreg., § 2) ; Duranton (XII, 572) ; Dalloz (Enreg., p. 181) ; Cass., 5 germ. an 13, 17 déc. 1811 ; — Toullier (VII, 542) ; Troplong (II, 852) ; Duvergier (II, 133) ; Championnière et Rigaud (II, 357).

le bien se trouve n'avoir pas cessé d'appartenir à celui qui le reprend, en sorte qu'il n'y a pas acquisition pour lui (1).

1683. — La rescision pour lésion n'a pas lieu en faveur de l'acheteur.

I. — Notre ancienne jurisprudence, repoussant les idées de Cujas (2) pour suivre celles de Dumoulin (3), admettait pour l'acheteur, aussi bien que pour le vendeur, le bénéfice de la rescision pour lésion. Au conseil d'État, M. Portalis proposa de consacrer cet ancien système, mais le Premier Consul, à la sagacité duquel sont dues, dans cette matière, plusieurs innovations heureuses (notamment la restriction de l'action aux ventes d'immeubles, le droit pour l'acheteur qui paye le supplément du juste prix de retenir un dixième de ce prix, etc.), fit adopter l'idée de Cujas. Cette disposition est, en effet, fort sage; car on peut être contraint à vendre par la misère, et la misère ne force jamais d'acheter. L'acheteur ne pourra donc pas se plaindre; à moins, bien entendu, qu'il n'ait été victime d'une fraude.

1684. — Elle n'a pas lieu en toutes ventes qui, d'après la loi, ne peuvent être faites que d'autorité de justice.

I. — Ce n'est pas pour toutes ventes faites en justice, mais seulement pour celles qui, d'après la loi, ne peuvent pas se faire autrement que la rescision pour lésion est refusée. Ainsi elle serait admise pour la licitation judiciaire faite entre cohéritiers majeurs et présents, puisque c'est alors la volonté des parties ou de l'une d'elles qui détermine l'intervention de la justice, dont la loi permettait de se passer. Ce point, qui est doublement évident, en présence du texte si précis de notre article et des explications dont il a été l'objet au Tribunat (4), est en effet admis par tous les auteurs, et c'est par erreur que M. Troplong reproche à M. Duranton d'enseigner le contraire.

1685. — Les règles expliquées dans la section précédente pour les cas où plusieurs ont vendu conjointement ou séparément, et pour celui où le vendeur ou l'acheteur a laissé plusieurs héritiers, sont pareillement observées pour l'exercice de l'action en rescision.

I. — Ainsi les dispositions portées par les six art. 1667-1672 et les explications que nous en avons données sont toutes applicables ici.

---

(1) Lorsqu'il y a rescision, les créanciers du vendeur rentré dans son droit de propriété peuvent, quelle que soit la date de leur créance, poursuivre contre lui l'expropriation de l'immeuble même entre les mains de l'acquéreur. Chambéry, 6 août 1864 (Dev., 65, 2, 48; J. Pal., 65, 326).

(2-3) Cujas (l. 2, C. *De resc. vend.*); Automne (lib. 16); Bretonnier, sur Henrys (IV, p. 214); Dumoulin (*De cont. usur.*, 9-14); Voët (*De resc. vend.*, nº 5); Pothier (nº 373);

(4) Fenet (XIV, p. 90); Duranton (XVI, 468); R. de Villargues (vº Lésion, nº 22); Troplong (II, 836 et 837); Duvergier (II, 81); Zachariæ (II, p. 548).

CHAPITRE VII.

DE LA LICITATION.

1686. — Si une chose commune à plusieurs ne peut être partagée commodément et sans perte;

Ou si, dans un partage fait de gré à gré de biens communs, il s'en trouve quelques-uns qu'aucun des copartageants ne puisse ou ne veuille prendre,

La vente s'en fait aux enchères, et le prix en est partagé entre les copropriétaires.

1687. — Chacun des copropriétaires est le maître de demander que les étrangers soient appelés à la licitation : ils sont nécessairement appelés lorsque l'un des copropriétaires est mineur.

1688. — Le mode et les formalités à observer pour la licitation sont expliqués au titre *Des Successions* et au Code de procédure.

I. — Quand un bien appartenant à plusieurs, et pour lequel on veut sortir d'indivision, est de nature à ne pas pouvoir se partager sans perte ou sans grave incommodité, c'est le cas de le liciter, c'est-à-dire de l'attribuer à une seule personne, moyennant une somme d'argent qui se partagera entre les divers copropriétaires. Il y a également lieu à licitation, même pour un bien commodément partageable, quand aucun des copropriétaires ne veut le prendre ni pour partie ni pour le tout.

Si l'on s'en tenait au texte de nos trois articles, il semblerait que, toutes les fois qu'il y a lieu à licitation, elle doit nécessairement se faire aux enchères et en justice; mais il n'en est point ainsi. La licitation, au lieu de se faire judiciairement, peut être purement amiable et se faire sans aucun recours ni à la justice, ni même à une mise aux enchères par-devant notaire, quand les copartageants sont tous présents et maîtres de leurs droits.

Entre copartageants capables, la licitation, même judiciaire, se fait sans admission des étrangers, à moins que l'un de ces copartageants ne la requière ou qu'il ne s'agisse d'un bien qu'aucun d'eux ne veut prendre; mais si, parmi les copartageants, il se trouve un ou plusieurs mineurs, les étrangers sont toujours appelés. Il va sans dire que, s'il y avait désaccord entre les copropriétaires sur le point de savoir si un bien est ou non partageable sans perte et sans incommodité, et s'il y a lieu, dès lors, de procéder à un partage en nature ou à une licitation, ce serait là une question de fait que les magistrats décideraient d'après les circonstances de chaque espèce. Que le bien soit meuble ou immeuble, corporel ou incorporel, il y a toujours lieu à licitation (à défaut de partage), et toujours aussi il suffit qu'elle soit exigée par un seul des copropriétaires, si minime que soit sa part dans le bien, attendu que nul n'est tenu de rester dans l'indivision (art. 815). Il y a toutefois exception pour les navires, dont la licitation ne peut être exigée que par un ou plusieurs copropriétaires réunissant au moins la moitié de l'intérêt total (art. 220 C. comm.) (1).

II. — Quoique la licitation soit ici placée dans le titre de la vente, et qu'elle soit, en effet, toujours vente sous un rapport, elle ne l'est cependant véritablement et complétement que quand elle attribue le bien à un étranger; quand c'est à l'un des copropriétaires que le bien demeure, elle constitue un partage dont l'effet, comme on l'a vu sous l'art. 883, est purement déclaratif de propriété, en sorte que celui qui reste propriétaire exclusif du bien est censé l'avoir toujours été et n'avoir point fait d'acquisition par la licitation. On sait aussi, du reste, que pour que l'acte soit vraiment une licitation et constitue un partage, il faut qu'il fasse cesser l'indivision complétement, absolument, entre tous les copropriétaires. L'acte qui ne réunirait dans les mains d'un seul que les parts de quelques-uns, en laissant subsister l'indivision avec d'autres, ne serait plus qu'une vente; il recevrait, à la vérité, malgré l'idée contraire de M. Pont (*Mar.*, I, 485), l'application de l'art. 1408 (s'il s'agissait d'immeubles) (2), mais non pas, quoi que dise M. Duvergier (II, 147), celle de l'art. 883 (3).

CHAPITRE VIII.

DU TRANSPORT DES CRÉANCES ET AUTRES DROITS INCORPORELS.

Cette rubrique présente deux inexactitudes d'expression. — La première, assez légère, et consacrée d'ailleurs par l'usage, se trouve dans le mot de *transport*, qui est ici employé comme synonyme de *vente*, tandis que proprement il signifie toute espèce de transmission, soit à titre onéreux (par vente, par échange ou autrement), soit à titre gratuit. Il en est de même du mot *cession*, qui rigoureusement comprend toute transmission d'un droit, mais qui s'applique aussi plus particulièrement au cas de vente. La vente des rentes sur l'État reçoit tout spécialement le nom de *transfert*. — La seconde inexactitude, plus étrange que la première, et qu'on retrouve pourtant jusque dans les discours de M. Portalis, de M. Faure et de M. Grenier devant le Corps législatif et le Tribunat (Fenet, XIV, p. 149, 178, 205), gît dans le pléonasme *droits incorporels*, qui supposerait l'existence de droits corporels, et qui rappelle cette loi du 6 juillet 1791 parlant tout au long de *la prescription des droits* CORPORELS *et incorporels!* Comment des

---

(1) L'usufruitier pour partie d'un immeuble dont la nue propriété appartient en entier à son co-usufruitier n'a pas le droit de demander la licitation de l'immeuble; il ne peut que demander la licitation de l'usufruit, s'il est impartageable. Paris, 1er mars 1865 (Dev., 65, 2, 99).

(2) *Voy.* cependant un arrêt de Douai du 13 janv. 1852 (Dev., 52, 2, 213), et les observations de M. Pont dans la *Revue critique* (t. II, p. 513).

(3) *Voy.* Cass. d'un arrêt de Paris, 6 mai 1844 (Dev., 44, 1, 593). *Voy.* aussi, sur la différence de principes des art. 883 et 1408, dont le second a quelquefois été regardé, à tort, comme un simple corollaire du premier, notre article sur le *Retrait partiel d'indivision*, publié dans la *Revue critique de la jurisprudence* (t. I, p. 528).

jurisconsultes ont-ils pu parler un pareil langage ? Il fallait dire ici tout simplement : *de* LA VENTE *des créances et autres* CHOSES *incorporelles* ; ou encore : *de la vente des créances et autres droits* (1).

Tous droits et actions dont la vente n'est pas interdite par quelque prohibition expresse ou implicite de la loi peuvent être vendus (*voy.* art. 631, 634, 1130; L. du 19 mai 1834, art. 20, etc.). La vente en est, en général, soumise aux mêmes principes que celle des choses corporelles; mais le Code établit en outre, dans ce chapitre, quelques règles spéciales, 1° pour la vente des créances (art. 1689-1695); 2° pour celle d'une hérédité (art. 1696-1698); 3° pour celle des droits litigieux (art. 1699-1701).

1° De la vente des créances.

1689. — Dans le transport d'une créance, d'un droit ou d'une action sur un tiers, la délivrance s'opère entre le cédant et le cessionnaire par la remise du titre.

1690. — Le cessionnaire n'est saisi à l'égard des tiers que par la signification du transport faite au débiteur.

Néanmoins le cessionnaire peut être également saisi par l'acceptation du transport faite par le débiteur dans un acte authentique.

1691. — Si, avant que le cédant ou le cessionnaire eût signifié le transport au débiteur, celui-ci avait payé le cédant, il sera valablement libéré.

SOMMAIRE.

I. La vente d'une créance n'en transmet la propriété à l'égard des tiers que par la signification du débiteur ou son acceptation. Développement de la règle; son but; cas où elle ne s'applique pas.

II. Conséquences diverses de cette règle. Notamment la saisie faite entre la cession et sa signification par un créancier du cédant est valable. Rapports du saisissant antérieur, du cessionnaire et de saisissants postérieurs.

III. Systèmes divers à cet égard. Ils sont tous inexacts.

IV. Suite. Réponse à M. Duvergier. Résumé.

V. Le débiteur peut opposer au cessionnaire des quittances n'ayant pas date certaine. Observations.

I. — Entre le cédant et le cessionnaire, c'est-à-dire entre le vendeur et l'acheteur, la transmission de la propriété d'une créance s'opère par le seul consentement, et la délivrance se réalise par la remise du titre; mais relativement aux tiers, le cessionnaire n'acquiert la propriété que par la signification faite au débiteur de l'acte de transport ou par l'acceptation du transport par ce débiteur (2). Peu importe, pour la signi-

___

(1) Il est étonnant que M. Troplong, qui critique comme nous cette naïve expression de *droits incorporels* (II, 877), soit ensuite pris à s'en servir lui-même et en plusieurs endroits (notamment *Vente*, n° 97; *Louage*, n° 71).

(2) L'art. 1690 s'applique aux créances commerciales aussi bien qu'aux créances civiles. Rennes, 29 juill. 1861; Cass., 9 mars 1864, 27 nov. 1865 (Dev., 62, 2, 225; 64, 1, 485; J. Pal., 66, 146). *Comp.* Colmar, 17 janv. 1866 (J. Pal., 66, 832), qui décide que le transport consenti par le failli avant la cessation de ses payements, mais qui n'est signifié qu'après cette cessation, n'est pas valable vis-à-vis des créan-

fication, qu'elle soit faite par le cessionnaire ou par le cédant. Quant à l'acceptation, on conçoit qu'elle serait parfaitement valable contre le débiteur, quoiqu'elle n'eût lieu que par acte sous seing privé ou même verbalement; mais vis-à-vis de toute autre personne, elle n'est efficace qu'autant qu'elle est faite par acte authentique.

Si plusieurs cessions successivement faites avaient été signifiées ou acceptées le même jour, les différents cessionnaires se trouveraient sur la même ligne, c'est-à-dire propriétaires de la créance chacun pour sa part, à moins que les actes n'indiquassent l'heure de la signification ou de l'acceptation; car on saurait ainsi lequel des transports a été accepté ou signifié le premier, et lui seul dès lors produirait son effet.

On comprend facilement pourquoi la loi a exigé la signification ou l'acceptation pour la transmission des créances à l'égard des tiers. Il fallait, comme le dit très-bien M. Troplong, « que le cessionnaire pût possession effective de la créance, en élevant une barrière entre l'ancien créancier et le débiteur; qu'il prouvât le défaut d'intérêt ultérieur et le dessaisissement sérieux du cédant... Si cette prise effective de possession n'est pas un moyen de faire cesser absolument les surprises, elle les rend beaucoup plus difficiles, puisqu'elle oblige l'acheteur à jouer un rôle actif qui répugne presque toujours à un simple prête-nom. » On s'étonne que M. Duranton (XVI, 498) critique cette disposition comme une règle surannée que notre Code aurait dû supprimer, et qu'il n'ait pas vu combien elle est utile pour prévenir les simulations.

On s'est demandé si la formalité de la signification ou de l'acceptation serait suppléée par la connaissance que le débiteur, ou toute autre personne argumentant du défaut de cette formalité, aurait autrement été acquise de la cession faite. En principe, la négative ne saurait être douteuse : le Code ayant cru devoir exiger tel mode déterminé de faire connaître la cession, ce serait refaire la loi que de déclarer suffisante toute connaissance acquise indirectement et par quelque moyen que ce soit; tant que la formalité n'est pas remplie, le tiers débiteur ou autre tiers qui se trouve autrement informé de la cession peut, en général, penser qu'elle n'est pas sérieuse (1). Mais s'il en est ainsi en principe, on conçoit que les circonstances de fait peuvent commander, par exception, une solution différente, et que le transport devrait être maintenu si l'on reconnaissait la fraude chez ceux qui la contestent : *fraus omnia corrumpit* (2).

On sait, au surplus, que la loi fait exception pour certaines créances à la formalité de la signification ou de l'acceptation. Ainsi, les lettres de change et les billets à ordre se transmettent par simple endosse-

---

ciers, encore bien que la signification soit faite avant le jugement déclaratif de la faillite.

(1) Montpellier, 4 janv. 1853 (*J. Pal.*, 53, 2, 532); Bastia, 10 mars 1856 (Dev., 56, 2, 292).

(2) *Voy.* Troplong (II, 900 et 901); Duvergier (II, 209 et 210); Zachariæ (II, p. 555); Cass., 13 juill. 1831 (Dall., 31, 1, 212).

ment ; les billets ou actions au porteur, par la tradition même ; les rentes sur l'État, par une inscription sur les registres du Trésor public ; les actions de la Banque de France, par une inscription sur les registres de la Banque (1).

II. — Le principe que la propriété de la créance ne passe à l'acquéreur, à l'égard des tiers, que par l'accomplissement de l'une des deux formalités ci-dessus, engendre plusieurs conséquences, dont une, comme on va le voir, présente dans son explication une grave difficulté.

1° Le cédant restant seul propriétaire vis-à-vis des tiers, lui seul dès lors peut intenter les actions ou exercer des poursuites relatives à la créance. Si donc la Cour de cassation a raison de reconnaître alors au cessionnaire le droit de faire des actes purement conservatoires (2), c'est uniquement parce que de tels actes doivent toujours être vus avec faveur, et qu'il est tout naturel de les permettre au cessionnaire et au cédant tout à la fois ; et cette Cour a commis une grave erreur, quand elle a été jusqu'à dire, dans son arrêt de 1828, que « la propriété n'appartenant plus au cédant, il n'a plus le pouvoir de faire des actes conservatoires ni d'agir relativement à l'objet cédé. » Sans doute, quand il ne s'agit que des rapports du cédant et du cessionnaire entre eux, c'est celui-ci qui est propriétaire, avant toute signification au débiteur ou acceptation de lui ; mais quand il s'agit, au contraire, d'actes, conservatoires ou autres, à exercer *contre des tiers*, quand il s'agit, comme dans l'espèce de cet arrêt de 1828, d'une surenchère à exercer contre un adjudicataire dont on vient ainsi troubler la possession, il est bien clair que le cédant seul peut alors invoquer contre ces tiers la qualité de propriétaire, et que ces tiers peuvent repousser le cessionnaire comme un étranger dépourvu de tout droit contre eux, puisque, *quant aux tiers*, la créance n'est transmise que par la signification ou l'acceptation. Jusque-là le cédant seul peut agir : lui seul, rigoureusement, pourrait accomplir envers les tiers un acte quelconque, et si les simples actes conservatoires doivent être permis *aussi* au cessionnaire, en même temps qu'à lui, c'est par principe d'équité, non par application d'un droit rigoureux (3).

2° Toujours parce que le cédant demeure propriétaire pour tous autres que le cessionnaire, il peut contraindre le débiteur au payement, sans que celui-ci puisse argumenter de la cession non signifiée ni acceptée, soit pour soutenir que le cédant n'est plus son créancier, soit pour lui opposer une compensation, une exception, une fin de non-recevoir ou tout autre moyen de défense qu'il eût eu à faire valoir contre le cessionnaire, s'il avait été attaqué par celui-ci. Par là même, le débiteur sera libéré par le payement qu'il ferait au cédant entre la

---

(1) Art. 35, 36, 136, 187 C. comm.; L. du 26 flor. an 7; Décr. du 16 janv. 1808. — Voy. encore un arrêt de Montpellier du 2 mars 1853 (*J. Pal.*, 53, 2, 465).
(2) Arr. des 4 avr. 1810, 7 oct. 1812, 25 mars 1816, 11 août 1819, 22 juill. 1828, 25 juill. 1832 (Dall., 28, 1, 344; Dev., 33, 1, 347).
(3) Troplong (II, 893 et suiv.); Duvergier (II, 204 et suiv.); Zachariæ (II, p. 555).

cession et la signification, et s'il était ensuite poursuivi par le cessionnaire après signification, il lui opposerait utilement, soit ce payement, soit toute autre cause d'extinction de sa dette, à lui acquise avant cette signification.

3° Si, de deux cessionnaires successifs d'une même créance, le second faisait signifier ou accepter avant le premier, c'est lui, quoique son transport soit postérieur, qui serait propriétaire de la créance, puisque ce n'est pas le contrat de vente, mais sa signification ou son acceptation, qui opère ici la transcription de propriété (1).

4° Il suit encore de ce principe que, tant que la signification ou l'acceptation n'a pas eu lieu, les créanciers du cédant peuvent faire utilement une saisie-arrêt de la créance cédée; et cette conséquence est celle que nous avons dit être l'occasion d'une grave difficulté.

Tout le monde reconnaît bien la validité de la saisie-arrêt ainsi pratiquée sur une créance déjà cédée, mais dont la cession n'est pas encore signifiée ni acceptée. Tout le monde admet bien aussi que la signification ou l'acceptation que le cessionnaire fait faire ensuite, avant la distribution des deniers, équivaut elle-même à une saisie et donne par conséquent au cessionnaire le droit de concourir au marc le franc avec le saisissant : il est, en effet, bien évident que le cessionnaire, s'il n'a pas envers le saisissant antérieur la qualité de propriétaire de la créance, se trouve créancier du cédant pour la somme par lui payée comme prix du transport, et qu'il peut dès lors, comme tout autre créancier, saisir la créance de son débiteur. Tout le monde, enfin, reconnaît encore que de nouvelles saisies-arrêts, postérieures à la signification ou à l'acceptation, seraient sans valeur à l'égard du cessionnaire, et que la cession vaut, non plus comme saisie seulement, mais comme cession, contre ces saisies postérieures. Il est vrai que la jurisprudence avait d'abord admis le contraire, et décidé que la cession ne vaut encore que comme saisie, dans ce cas, même à l'égard des créanciers qui ne saisissent que postérieurement : deux arrêts de la Cour de Paris l'avaient ainsi jugé (2); mais on a compris plus tard l'erreur de cette doctrine; on a compris que, la saisie-arrêt ne rendant une créance indisponible que jusqu'à concurrence de la somme pour payement de laquelle cette créance est saisie, il s'ensuit que tout ce dont la créance excède cette somme reste parfaitement cessible, et que dès lors la signification ou l'acceptation de transport faite après une première saisie donne au cessionnaire la propriété de cet excédant, aussi bien vis-à-vis de saisissants postérieurs que vis-à-vis de toutes autres personnes (3).

(1) Cass., 29 août 1849 (Dev., 50, 1, 666).
(2) Paris, 14 janv. 1814, 20 mars 1820, et aussi un ancien arrêt du Parlement de Paris du 8 mars 1760, rapporté par Denisart (v° Transport, n° 10).
(3) Delvincourt (t. II); Roger (Saisie-arr., n° 249); Dard (ibid.); Duranton (XVI, 501); Troplong (II, 927); Duvergier (II, 201); Zachariæ (II, p. 556); Pau, 12 avr. 1829; Cass., 26 fév. 1834; Paris, 30 mai 1835; Paris, 9 fév. 1837; Paris, 18 mars 1839; Nîmes, 12 juin 1839; Cass., 18 juill. 1843; Paris, 26 juill. 1843; Guadeloupe, 16 mai 1851; Nîmes, 10 janv. 1854; Orléans, 11 mai 1859; Riom, 23 janv. 1862; Bourges, 24 nov. 1865 (J. Pal., 66, 210; Dev., 35, 1, 222, et 2, 385; 37, 2, 262; 39, 2, 183; 40, 2, 5; 43, 1, 903, et 2, 523).

Mais si tout le monde est aujourd'hui d'accord sur ce dernier point comme sur les deux premiers, on est loin de l'être sur la manière de l'appliquer; et quand il s'agit de régler d'une manière précise les rapports du cessionnaire avec les saisissants antérieurs et les saisissants postérieurs, non-seulement les auteurs ou les arrêts ne concordent plus, mais, en outre, aucune des doctrines contradictoires qu'ils exposent à cet égard ne présente la vérité.

III.—Les uns, notamment M. Troplong, passent sous silence la question de savoir si les saisissants postérieurs à la signification ou à l'acceptation, qu'ils reconnaissent être sans droit contre le cessionnaire, peuvent ou non concourir avec les saisissants antérieurs sur la portion de créance arrêtée par ceux-ci.

D'autres, spécialement M. Duvergier (II, 202), enseignent que ces saisissants postérieurs n'ont pas plus de droit vis-à-vis des saisissants antérieurs que vis-à-vis du cessionnaire, et que leurs saisies tardives sont comme non avenues.

La plupart des arrêts (1) admettent, au contraire, que les saisissants postérieurs peuvent venir à contribution avec les saisissants antérieurs; mais ils donnent à ceux-ci le droit de reprendre sur le cessionnaire une somme égale à celle que ce concours leur enlève.

Enfin, M. Zachariæ et ses annotateurs (II, p. 557, note 18) admettent aussi le saisissant postérieur à concourir, avec le saisissant antérieur, sur le dividende arrêté par celui-ci, sauf recours en indemnité de ce dernier contre le cessionnaire; mais, au lieu de mesurer cette indemnité sur la totalité de la somme enlevée au premier saisissant par le dernier, ils la mesurent seulement sur la différence entre la somme que ce premier saisissant reçoit dans la contribution et celle qu'il aurait reçue si le cessionnaire n'avait été lui-même qu'un créancier.

Ainsi, et pour prendre un exemple, supposons qu'une créance de 3 000 francs, cédée à B pour une pareille somme, soit frappée de saisie-arrêt par A, créancier de 1 500 francs, avant la signification ou l'acceptation du transport, et qu'après cette formalité remplie, une seconde saisie soit pratiquée par C, également créancier de 1 500 francs : comment le partage se fera-t-il entre A, B et C?

M. Troplong ne prévoit pas la question.

M. Duvergier prétend que C n'a droit à rien, et que, la créance entière devant se partager au marc le franc entre A, créancier de 1 500 fr., et B, créancier de 3 000, le premier prendra 1 000 francs et le second 2 000.

La jurisprudence rejette ce système. A et B, dit-elle, prendraient l'un 1 000 francs et l'autre 2 000 s'ils étaient seuls; mais C étant venu saisir alors que la distribution des deniers n'était pas faite et que les 1 000 francs arrêtés par A étaient encore sous la main de la justice, C a droit à ces 1 000 francs aussi bien que A, et doit en prendre 500.

_____

(1) Ce sont les quatre arrêts précités de Pau, 1832; Paris, 1835, 1837 et 1839. Les autres ne jugent pas la question.

Mais comme, d'autre part, si A se voit enlever ces 500 francs, c'est par l'effet de la cession faite à B, et que pour lui, A, cette cession ne peut pas avoir d'effet comme telle et ne vaut que comme saisie, il a donc droit de reprendre sur B les 500 francs qu'on lui enlève ; en sorte que, définitivement, il faut attribuer 1 000 francs à A, 1 500 à B et 500 à C.

M. Zachariæ suit cette dernière doctrine, sauf le calcul de l'indemnité. Si B, dit-il, n'avait été pour tous qu'un créancier saisissant, A n'aurait pas eu pour cela 1 000 francs. Les trois saisissants étant créanciers, l'un de 1 500, le second de 3 000 et le troisième de 1 500, en tout 6 000, chacun n'aurait eu que 50 pour 100, et le dividende de A n'aurait été dès lors que de 750. C'est donc seulement la différence entre les 500 que le concours de C lui laisse et les 750 qu'il eût dû avoir, c'est-à-dire 250 francs, que A peut se faire payer par B ; en sorte que, finalement, A aura 750, B 1 750 et C 500.

De ces diverses théories, la dernière est celle qui approche le plus de la vérité, mais elle n'y arrive cependant pas encore : elle donne ici trop au cessionnaire, au préjudice du dernier saisissant (et ailleurs elle pourrait lui donner trop peu, en avantageant trop celui-ci). S'il est vrai, en effet, que la signification de transport vaut saisie, et que dès lors B (qui n'est qu'un créancier saisissant vis-à-vis de A) est tout à la fois, vis-à-vis de C, créancier saisissant et cessionnaire, en sorte qu'il peut invoquer à son gré, contre celui-ci, ou la qualité de créancier pour venir à la contribution, ou celle de propriétaire pour prendre seul la portion de créance qui lui est vendue, il est évident aussi qu'il ne peut pas faire valoir en même temps l'une et l'autre qualité pour se faire payer deux fois, mais seulement prendre l'une ou l'autre à son choix. Or c'est précisément en payant deux fois à B une partie de ce qui lui est dû (250 fr.), que M. Zachariæ arrive à lui attribuer ici 1 750 francs ; et son droit, soit qu'il se présente vis-à-vis de C comme saisissant ou comme cessionnaire, ne peut jamais être que de 1 500 francs. Si B demande d'être traité en saisissant, il existe alors trois saisissants, créanciers d'un total de 6 000 francs ; et comme la somme à partager n'est que de moitié, B, créancier de 3 000, aura 1 500 francs. S'il veut, au contraire, être traité en cessionnaire, il est bien vrai que toute la somme sur laquelle peut porter la cession lui appartient exclusivement ; mais cette somme n'est encore que de 1 500 francs : on a vu plus haut, en effet, que la cession n'est efficace que pour la portion qui, dans la créance cédée, excède les causes de la saisie existante ; or, ici, c'est pour 1 500 francs que la saisie existait sur une créance de 3 000, et il ne restait dès lors que 1 500 francs disponibles et cessibles. B ne peut donc, quelque titre qu'il invoque, réclamer que 1 500 francs ; A prendra sur les 1 500 autres ce que lui eût donné une contribution faite entre les trois intéressés, considérés tous trois comme créanciers, c'est-à-dire 750 francs, et il en restera 750 également pour C.

IV. — On conçoit que si, dans l'hypothèse ci-dessus (hypothèse que nous avons empruntée à M. Zachariæ, afin de discuter, pour plus de clarté, sur les mêmes chiffres que lui), les deux titres de créancier saisissant et de cessionnaire, entre lesquels l'acheteur peut choisir, lui donnent le même résultat, c'est une circonstance tout accidentelle et qui ne se reproduirait pas partout. Ainsi, que A soit créancier de 3 000 francs, C l'étant aussi d'une même somme : l'acheteur, au moyen de son titre de créancier pour une somme égale, obtiendrait le tiers de la créance saisie, tandis qu'il n'aurait pas un centime s'il n'invoquait que la qualité de cessionnaire, puisque la saisie étant faite pour 3 000 francs, c'est-à-dire pour le total de la créance, elle ne laisse rien de cessible. En sens inverse, l'acheteur trouverait plus d'avantage dans son titre de cessionnaire que dans celui de créancier, si la première saisie était faite pour une faible somme ; et la différence serait d'autant plus grande, bien entendu, que le montant de la saisie postérieure serait plus considérable. Ainsi, que A soit seulement créancier de 500 francs, C l'étant de 2 500 francs : B, en agissant comme créancier, n'aurait que 1 500 francs (A prenant 250 francs, et C 1 250 francs), tandis que la qualité de cessionnaire lui donne droit à 2 500 francs (A prenant toujours 250 francs, et C n'ayant aussi que 250 francs au lieu de 1 250 francs) (1).

Les explications ci-dessus donnent encore lieu à une autre remarque, qui fait tomber l'objection dirigée par M. Duvergier contre le droit, pour les saisissants postérieurs à la cession, de concourir avec le saisissant antérieur. Il serait absurde, dit M. Duvergier (n° 201), que le premier saisissant, qui voit d'abord la cession réduire à la stricte mesure de sa créance la somme beaucoup plus considérable qu'il avait saisie, fût encore contraint ensuite de partager ce gage ainsi restreint avec tous les saisissants nouveaux, ce qui pourrait le réduire à n'avoir presque rien. L'objection tombe à faux, puisque les saisissants postérieurs concourront, comme on l'a vu, non pas au marc le franc, mais de manière à laisser toujours au premier tout ce qu'il aurait si le cessionnaire n'était qu'un simple créancier, eux seuls subissant la conséquence de sa qualité de propriétaire de la créance saisie. Ainsi, quand A a saisi la créance de 3 000 francs pour 500 francs, et que C vient à son tour, après le transport signifié ou accepté, la saisir pour 2 500 francs, il faudrait, pour que l'objection de M. Duvergier fût fondée, que C, concourant au marc le franc avec A sur les 500 francs que la cession laisse aux créanciers, en prît les cinq sixièmes, c'est-à-dire 416 fr. 67 c., en ne laissant à A qu'un sixième, ou 83 fr. 33 c. Or il n'en est pas ainsi, puisqu'on donne à A 250 francs pour n'attribuer que le surplus à C. Comment A se plaindrait-il ? La cession qui ne vaut pas contre lui comme cession, il est tenu (M. Duvergier le reconnaît formellement) de la respecter comme saisie.

---

(1) Le système de M. Zachariæ, au lieu d'attribuer ainsi, dans cette hypothèse, 250 à A, puis 2 250 à B et 250 à C, donnerait à A 250, à B 2 233 fr. 33 cent., et à C 416 fr. 67 cent., ce qui prouve que ce système, comme nous l'avons dit plus haut, s'il donne tantôt trop au cessionnaire au préjudice du dernier saisissant, lui donnerait quelquefois trop peu à l'avantage de l'autre. Quant au système des arrêts, son inexactitude est beaucoup plus grande ; car d'une part elle porte sur les trois points au lieu de deux seulement, et elle est d'ailleurs plus profonde pour chacun de ceux-ci. Ce système, en effet, donnerait ici : A, 500 francs ; B, 2 083 fr. 35 cent. ; C, 416 fr. 67 cent.

Il se trouve donc en présence de deux créanciers dont les créances, réunies à la sienne, forment un total de 6 000 francs; et comme la somme saisie n'est que de 3 000 francs, et ne peut donner que 50 pour 100, il a donc tout son dû en recevant 250 francs pour sa créance de 500 francs. Il a tout son dû, et le préjudice résultant de la cession porte exclusivement sur C, qui ne retire que 250 francs au lieu des 1 250 francs que, sans cette cession, il aurait eus.

En définitive, et pour monter de notre hypothèse particulière à la formule générale, qui sera non-seulement plus exacte que celle de M. Zachariæ, mais aussi plus complète et en même temps plus simple, nous disons :

Si l'intérêt du cessionnaire est d'être traité comme créancier saisissant, tous les saisissants, lui comme les autres, partageront au marc le franc la créance saisie. Que si son intérêt est d'être traité comme cessionnaire, il faut (au lieu de se jeter dans les calculs assez compliqués et d'ailleurs inexacts de M. Zachariæ) faire deux choses fort simples; 1° donner au cessionnaire tout ce qui excède la somme pour laquelle il y a eu saisie avant la cession signifiée ou acceptée; 2° partager cette somme entre le saisissant antérieur et le saisissant postérieur, non pas au marc le franc, mais en donnant au premier tout ce qu'il eût eu si le cessionnaire n'avait été lui-même qu'un créancier saisissant, et le surplus seulement au dernier.

V. — Nous avons dit, au n° II, que le débiteur serait libéré par tout payement qu'il ferait au cédant avant la signification ou l'acceptation de la cession, et que ce payement sera parfaitement opposable au cessionnaire. Mais faut-il pour cela que la quittance présentée au cessionnaire par le débiteur, et qui doit être antérieure à la signification ou à la cession, ait une date certaine? En principe rigoureux, l'affirmative ne serait pas douteuse. Nous avons vu, en effet, au titre des obligations (art. 1338, n° III), en réfutant l'erreur de Toullier sur ce point, que si l'acheteur est l'ayant cause de son vendeur pour les faits antérieurs à la vente, il devient un tiers pour les faits postérieurs, d'où la conséquence qu'il pourrait, en principe, invoquer le défaut de date certaine dans la quittance qu'on lui représente. Mais nous avons vu aussi, sous l'art. 1328, que l'usage constant et universel de ne point faire enregistrer de simples quittances doit faire admettre que le législateur n'a point entendu appliquer rigoureusement sa règle à cette espèce d'actes. Aussi presque tous les auteurs sont-ils d'accord pour reconnaître que l'enregistrement ne saurait être exigé ici, et M. Troplong lui-même, après avoir émis une doctrine contraire dans son commentaire *Des Hypothèques* (II, 935), revient dans le titre *De la Vente* (II, 520) au sentiment général.

Mais, d'un autre côté, comme la possibilité donnée ici au débiteur d'opposer des quittances n'ayant pas date certaine est plutôt une tolérance qu'un droit strict, il est convenable dès lors d'apporter à cet avantage des limites aussi étroites que possible. Or le moyen d'y arriver fait naître une nouvelle divergence parmi les auteurs. Les uns déclarent inefficace toute quittance que le débiteur n'aurait pas opposée au moment même de la signification ; les autres croient qu'il est plus sage de laisser au juge un pouvoir discrétionnaire pour apprécier la sincérité de la date. Cette dissidence est, on le voit, peu profonde, et les deux systèmes peuvent se concilier. Déclarer nulle toute quittance non produite lors de la signification est chose excellente en général ; mais, d'une part, il peut arriver que la production immédiate de quittances existantes se trouve impossible ; et, en sens inverse, une quittance antidatée pourrait quelquefois être produite aussitôt après la signification : peu d'instants peuvent suffire, selon les cas, pour organiser la fraude. Le plus sage nous paraît donc de ne poser comme règle absolue que le pouvoir discrétionnaire du juge, en ajoutant, mais comme idée secondaire, que les quittances non produites immédiatement devront être écartées en général (1).

1692. — La vente ou cession d'une créance comprend les accessoires de la créance, tels que caution, privilége et hypothèque.

SOMMAIRE.

I. La vente d'une créance comprend, à moins de convention contraire, tous les accessoires de cette créance, notamment les intérêts, même déjà échus.
II. Mais elle ne comprend pas les actions en rescision ou résolution qui peuvent découler du même acte que cette créance : erreur de M. Troplong ; erreur et contradiction de M. Duvergier.
III. Au cas de créances transmissibles par simple endossement, les priviléges et hypothèques se transmettent de la même manière.

1. — Il est tout simple que la vente d'une créance comprenne de plein droit, et sans qu'il soit besoin que le contrat s'en explique, les accessoires de cette créance ; mais il n'est pas toujours sans difficulté de savoir si tel ou tel droit est ou n'est pas un accessoire de la créance vendue.

Le cautionnement, l'hypothèque ou le privilége qui garantissent une créance en sont évidemment des accessoires, puisqu'ils ne sont rien autre chose que des moyens d'en mieux assurer l'exécution, et que, la créance tombant, ces divers droits tomberaient et n'auraient plus de raison d'être : il n'y a pas de cautionnement possible, pas d'hypothèque ou de privilége possible, là où il n'y a pas une créance dont ces droits seront une dépendance. Le droit, résultant pour le créancier de la créance, d'exercer au besoin la contrainte par corps pour se faire payer, ainsi que celui que donne un titre exécutoire d'agir par voie parée, c'est-à-dire sans avoir à demander jugement, sont encore des accessoires de la créance, puisqu'eux aussi tomberaient si, par une cause quelconque, la créance tombait. Le droit de recevoir les intérêts que la créance produira, et même le droit d'exiger le payement des intérêts

---

(1) Delvincourt (t. III) ; Duranton (XVI, 504) ; Troplong (II, 920) ; Duvergier (II, 224) ; Bonnier (*Preuv.*, nº 570) ; Zachariæ (II, p. 559) ; Bourjon (I, p. 466) ; Ferrières (sur Paris, art. 104, nº 25) ; Lyon, 26 nov. 1823 ; Bordeaux, 26 janv. 1840 ; Limoges, 17 août 1841 ; Cass., 23 août 1841 (Dev., 41, 1, 756, et 2, 53 ; 42, 2, 313).

déjà échus lors de la vente, sont encore à considérer comme des accessoires passant à l'acheteur par l'effet naturel de la cession. Sans doute il n'y aurait rien d'étrange à laisser en dehors de la vente les intérêts actuellement échus; mais il faudrait s'en expliquer : car ces intérêts échus, quoique leur existence ultérieure ne dépende plus de l'existence ultérieure de la créance, sont néanmoins une dépendance de cette créance, c'est en vertu du même titre qu'ils seront exigés; ils sont si bien des accessoires, et la créance en est si bien le principal, que ce mot de *principal* est précisément celui que le langage habituel emploie par opposition à tous intérêts, soit échus, soit à échoir. Ils doivent donc faire partie de la cession, d'après notre article, tant qu'une clause expresse ou quelque autre circonstance particulière n'indique pas une volonté contraire (1).

II. — Mais faut-il aussi considérer comme accessoires de la créance, et comme étant dès lors transmis de plein droit au cessionnaire, tous les droits qui compétaient au cédant en vertu du contrat ou acte quelconque qui a donné naissance à la créance cédée, notamment les actions en nullité, en rescision ou en résolution? Ainsi, j'ai vendu ma ferme pour 60 000 francs dont je ne suis pas payé, et je cède à Pierre ma créance sur mon acheteur : Pierre pourra-t-il, à défaut de payement, intenter l'action en résolution et prendre la ferme? Pourra-t-il, si le prix de la vente est inférieur aux cinq douzièmes de la valeur de la chose, intenter l'action en rescision pour vileté du prix? Pourrait-il, si la ferme n'avait été vendue par moi qu'avec faculté de rachat, exercer ce rachat?... M. Troplong (II, 916) et M. Duvergier (II, 222) enseignent l'affirmative; mais leur doctrine n'est qu'une erreur résultant d'une confusion manifeste, puisque, pour justifier ce prétendu effet d'une cession *de la créance,* ils argumentent tous deux d'une cession *de tous les droits et actions.*

C'est sans doute par inadvertance que ces deux jurisconsultes n'ont pas saisi la profonde différence qui existe entre le cas où je cède, dans l'hypothèse ci-dessus, tous les droits que j'ai contre Pierre par suite de la vente que je lui ai faite, et celui où je cède seulement ma créance de 60 000 francs sur lui. Quand je cède tous mes droits, il est clair que mon cessionnaire est mis en mon lieu et place, et peut faire en général tout ce que j'aurais pu faire moi-même; en sorte que, si on lui refuse l'exercice de telle ou telle des actions que j'aurais pu exercer, ce ne pourra être que par une exception fondée sur quelque circonstance particulière appréciée par le juge du fait : hors de là et quand rien ne révèle l'intention d'excepter de la cession quelqu'une des actions, elle les comprend toutes. Mais quand, au contraire, je cède simplement ma créance de 60 000 francs sur Pierre, il est clair que mon cessionnaire n'acquiert pas d'autre action que l'action en payement de la somme due. Toute autre action ne saurait lui appartenir, puisqu'elle n'est ni la créance cédée, ni un accessoire de cette créance.

---

(1) Duranton (XVI, 507); Troplong (II, 915); Duvergier (II, 221).

L'action pour laquelle on pourrait douter le plus, c'est celle en résolution de la vente de l'immeuble à défaut de payement du prix ; et
M. Zachariæ, en effet, tout en professant notre principe, y fait exception pour elle et la prétend un accessoire de la créance, parce que, dit-
il, elle est un moyen de la faire valoir (II, p. 599, note 22). L'idée est
inexacte et le motif mauvais ; car il se peut souvent que des circonstances, même complétement étrangères à la créance que j'ai sur un
tiers, soient pour moi de très-bons moyens d'obtenir payement de cette
créance, et elles n'en seront certes pas des accessoires pour cela, puisqu'elles lui sont, on le suppose, parfaitement étrangères. Non, le droit
de résolution du vendeur, quoiqu'il soit aussi, en dehors de son but direct, un moyen de plus d'obtenir le payement de la créance, n'est point
un accessoire de cette créance. Loin que le premier droit soit l'accessoire du second, il ne coexiste même pas avec lui, il ne lui est pas con-
comitant, il ne prend naissance qu'après que celui-ci a cessé d'exister :
la demande en résolution implique et présuppose la renonciation au
droit de demander payement, la renonciation à la créance ; or un droit
qui ne peut pas exister tant qu'existe un autre droit, ne peut certes pas
être l'accessoire de celui-ci. C'est ce que reconnaît M. Duvergier lui-
même. Lui qui, par une étrange contradiction, enseigne, au n° 222,
que toutes actions, et surtout celle en résolution, sont comprises dans
la cession de la créance comme accessoires de cette créance, dit ailleurs (p. 259) « que le vendeur payé en billets, en transmettant ces
billets à un tiers, lui cède le droit d'exiger le payement et aussi le privilége, c'est-à-dire le droit d'être payé par préférence, mais *ne lui cède
pas l'action en résolution de vente*, parce que cette action N'EST PAS
L'ACCESSOIRE DU DROIT D'EXIGER LE PAYEMENT ; *elle suppose, au contraire,
le non-payement.* »

III. — Nous avons vu plus haut que les créances constatées par des
lettres de change ou billets à ordre se transmettent sans aucun besoin
de signification au débiteur ou d'acceptation par lui et par un simple
endossement du titre. On s'est demandé à ce sujet si la transmission
ainsi faite reçoit l'application de notre article et opère le transport des
priviléges ou hypothèques qui garantissent la créance ainsi cédée.

Pour la négative, admise par un arrêt de Bruxelles du 7 floréal an 9,
par un arrêt de Lyon du 22 mars 1830, et fortement soutenue devant
la Cour suprême par M. Dalloz, dans un pourvoi dirigé contre un autre
arrêt de Lyon, rendu en sens contraire (Dev., 33, 1, 353), on dit :
1° que, l'endossement n'étant admis par la loi que pour les matières
commerciales, les priviléges et hypothèques, droits purement civils,
ne sauraient dès lors être transmis par cette voie ; 2° que ce moyen de
transmission serait d'ailleurs inconciliable avec le droit accordé à tout
détenteur d'un immeuble hypothéqué de purger sa propriété en noti-
fiant son contrat aux créanciers inscrits, et en déclarant qu'il est prêt
à acquitter sur-le-champ toutes les dettes hypothécaires, exigibles ou
non exigibles (art. 2183 et 2184), puisque le tiers détenteur ne pourrait

ni payer ni même notifier à des porteurs de billets que souvent il lui serait impossible de connaître.

La réponse à ces objections est facile. D'une part, ce n'est pas la nature, commerciale ou non, des droits à transmettre, qui rend possible ou impossible la transmission par endossement, c'est uniquement la forme du titre employé pour constater ce droit; en sorte qu'un droit purement civil peut être transmis par cette voie, du moment qu'il est constaté par une lettre de change ou un billet à ordre. Il n'est pas vrai, d'un autre côté, que ce moyen de transmission fasse obstacle au droit de purger. Car la notification, d'abord, n'a pas besoin d'être faite à la personne ou au domicile des titulaires actuels des créances, mais seulement *aux domiciles élus par les inscriptions*, en sorte que tout cessionnaire d'une créance hypothéquée, qui ne peut pas ou ne veut pas changer la précédente élection de domicile, se soumet à n'avoir pas d'autre notification que celle qui sera faite à ce domicile, et doit prendre ses mesures en conséquence. Et pour ce qui est du payement, on conçoit que, vu l'impossibilité de connaître les créanciers actuels, il serait très-légalement remplacé par la consignation des sommes dues.

Rien ne s'oppose donc à la transmission par simple endossement des hypothèques et priviléges, et c'est avec raison que la jurisprudence se fixe dans ce sens (1).

1693. — Celui qui vend une créance ou autre droit incorporel, doit en garantir l'existence au temps du transport, quoiqu'il soit fait sans garantie.

1694. — Il ne répond de la solvabilité du débiteur que lorsqu'il s'y est engagé, et jusqu'à concurrence seulement du prix qu'il a retiré de la créance.

1695. — Lorsqu'il a promis la garantie de la solvabilité du débiteur, cette promesse ne s'entend que de la solvabilité actuelle, et ne s'étend pas au temps à venir, si le cédant ne l'a expressément stipulé.

SOMMAIRE.

I. Garantie de droit. Son étendue. Ses effets.
II. On peut l'écarter ou l'amoindrir. On peut aussi l'étendre en y ajoutant la garantie de fait ou conventionnelle. Celle-ci a trois degrés.
III. Dans le premier et le second, la garantie promise cesse d'être due si la créance ou ses sûretés viennent à périr par le fait du cessionnaire, ou seulement par sa négligence; erreur de Toullier. — *Quid* dans le troisième?

I. — Toute vente d'une créance soumet le cédant, à moins de con

(1) Merlin (*Quest.*, v° Hyp., § 18); Troplong (II, 906); Duvergier (II, 212); Lyon, 4 juin 1830; Cass., 21 fév. 1838, 11 juill. 1839; Colmar, 30 déc. 1850 et 29 mars 1853; Cass., 20 juin 1854; Dijon, 5 août 1858 (Dev., 33, 1, 353; 38, 1, 208; 39, 1, 939; 54, 2, 487; 54, 1, 593; 59, 2, 50). *Contrà* : Massé (*Dr. comm.*, t. VI, n° 617); Bucquet (*Rev. crit.*, t. XXV, p. 52).

vention contraire, à la garantie de l'existence et de la validité de cette créance, ainsi que de son droit de propriété sur elle. L'art. 1693 ne parle, il est vrai, que de garantie de l'existence; mais comme la créance qui, existant aujourd'hui, serait annulée plus tard, se trouverait légalement n'avoir pas existé, et que d'autre part il serait insignifiant pour l'acheteur que la créance eût une existence valable, si c'était pour un autre que le cédant qu'elle existât, il est évident que par *créance existante*, il faut entendre une créance qui existe valablement et au profit du cédant. Celui-ci peut donc être tenu de la garantie dans ces trois cas : 1° si lors du transport la créance n'existait pas, soit qu'elle n'eût jamais existé, soit qu'elle fût éteinte, par compensation, prescription ou autrement; 2° si cette créance vient à être annulée ou rescindée; 3° si elle appartient à un autre que lui.

Cette garantie est due de plein droit, et non-seulement quand il n'y a pas de convention à cet égard, mais aussi alors même que la cession serait déclarée faite *sans garantie,* expression qui, d'après l'art. 1693, n'exclurait que la garantie de la solvabilité du débiteur, dont s'occupent les art. 1694 et 1695.

Cette même garantie de l'existence utile de la créance, qui, ainsi qu'on l'a déjà vu, se nomme garantie *de droit* (vu qu'elle existe par la seule vertu de la loi), tandis qu'on appelle garantie *de fait* celle dont nous allons parler, s'étend, bien entendu, aux accessoires annoncés par le vendeur comme dépendant de la créance. Elle oblige le vendeur à restituer à l'acheteur, non pas le montant de la créance, mais le prix de la cession, et à lui payer les intérêts de ce prix, les frais de l'acte de transport, les dépens des deux instances principales et de garantie, et l'indemnité de toutes autres pertes que la cession a pu causer au cessionnaire (1).

II. — Les parties peuvent, à leur gré, soit restreindre ou même rejeter entièrement l'obligation légale de garantie, soit l'étendre au delà des limites ci-dessus; mais il faut pour cela, dans un cas comme dans l'autre, une convention particulière.

Il n'y aura décharge complète de la garantie qu'autant que la créance aurait été déclarée douteuse, ou que l'acheteur serait convenu de la prendre à ses risques et périls, ou que cet acheteur aurait connu, lors de la cession, les causes qui pouvaient amener l'éviction. Hors de là, les stipulations du vendeur le laisseraient soumis à l'obligation de restituer le prix et ne l'affranchiraient que du payement des sommes accessoires dont nous avons parlé (2).

Les clauses qui ont pour but d'étendre la garantie de droit et d'établir dès lors la garantie de fait ou garantie conventionnelle, c'est-à-dire celle de la solvabilité du débiteur, peuvent se ranger en trois classes. — 1° Tantôt le cédant ne répond que de la solvabilité actuelle du débiteur. C'est ce qui a lieu quand le vendeur déclare promettre *la garan-*

(1) Paris, 30 juin 1853 (*J. Pal.*, 53, 2, 341).
(2) Duranton (XVI, 511); Troplong (II, 936 et 937); Duvergier (II, 267); Zachariæ (II, p. 561); Bourges, 31 déc. 1849 (Dev., 53, 2, 25).

tie de tous troubles et évictions, ou seulement la garantie de fait, ou encore la garantie de la solvabilité ; alors, et quoique la généralité des termes employés pût s'entendre de la solvabilité future aussi bien que de la solvabilité actuelle, la garantie se restreint à celle-ci, conformément à l'art. 1695. Mais ce premier degré de la garantie de fait existerait-il, s'il était seulement déclaré que la vente est faite avec garantie, sans aucune addition qui prouve matériellement que c'est bien de la garantie de fait qu'on a entendu parler? Nous pensons, comme tous les auteurs, qu'on doit répondre affirmativement. La garantie de droit, celle de l'existence valable et de la propriété de la créance, est une chose qui va tellement de soi qu'on ne songe guère dans le monde à s'en préoccuper ni à en parler, en sorte que le mot de garantie ne s'emploie par des contractants, comme le faisait autrefois remarquer Loyseau, que pour la bonté de la créance, pour la solvabilité du débiteur. De même donc que les mots sans garantie s'entendent de la garantie de fait, non de la garantie de droit (art. 1693), de même c'est de cette garantie de fait que s'entendront les mots avec garantie (1). —
2° La garantie de fait peut s'étendre jusqu'à la solvabilité future du débiteur. Il faut pour cela que la vente contienne, soit la promesse expresse de garantie de la solvabilité future, soit une clause équivalente, comme serait celle de fournir et faire valoir. Car, fournir, c'est procurer ce qui pourrait manquer ; faire valoir, c'est rendre la créance efficace quand viendra l'époque du payement. Le vendeur, par cette clause, garantit donc l'acheteur de tout danger même futur. — 3° Enfin, le vendeur pourrait aller jusqu'à s'obliger à payer lui-même, soit après simple commandement au débiteur, soit même sans commandement et dès l'échéance de telle époque. Dans ce cas, le cessionnaire peut recourir contre le cédant sans être tenu de discuter ni le débiteur, ni les cautions ou les hypothèques qui accompagnent la créance. Que si, au lieu de dispenser ainsi le cessionnaire de tous actes et poursuites, ou du moins de tous autres que le commandement, le vendeur déclarait seulement s'obliger à payer lui-même au besoin, ou bien à défaut du débiteur, la clause aurait seulement l'effet de celle par laquelle il s'oblige à fournir et faire valoir, et le cessionnaire ne pourrait agir contre lui qu'après discussion du débiteur, des cautions, etc. (2).

Il faut toutefois faire ici une remarque que nous ne rencontrons dans aucun auteur, et qui nous paraît cependant aussi juste qu'importante. C'est que si les solutions qui viennent d'être données sur le sens et la portée des diverses clauses doivent être suivies comme règles générales, il faudrait néanmoins s'en écarter dans toute espèce où l'ensemble des circonstances révélerait une pensée différente chez les parties. Car il ne s'agit là, en définitive, que d'interprétations d'actes et de questions d'intention.

_____

(1) Loyseau (ch. 111, n°ˢ 16-20); Troplong (II, 938); Duvergier (II, 272); Zachariæ (p. 561, note 27).
(2) Voy. Loyseau (ch. 2, n°ˢ 15, 19, 20; ch. 8, n° 9) et l'arrêt, cité par lui, du 9 avr. 1602.

III. — Il est évident que la garantie conventionnelle, soit du premier degré, soit du second, ne serait plus due, si c'était par le fait du cessionnaire, ou seulement par sa négligence, que les créances ou les sûretés qui l'accompagnaient eussent péri. Il est vrai que Toullier (VII, 172) enseigne le contraire pour le cas de simple négligence, en se fondant sur ce que, d'après la doctrine formelle de Pothier, le créancier ne serait déchu vis-à-vis de la caution que quand c'est *par un fait positif de sa part* que la créance a péri, et non quand on ne peut lui reprocher *qu'une simple négligence* (*Obligat.*, n° 557), doctrine qui serait consacrée par le Code dans l'art. 2037. Mais cette idée du savant professeur de Rennes ne saurait être admise. La doctrine émise par Pothier dans ses *Obligations*, doctrine contraire à celle qu'il enseigne au titre *De la Vente* (n° 566), est une erreur manifeste. Il est clair, en effet, que pour la caution, c'est une simple faculté, non un devoir, de veiller au maintien de la créance et de ses sûretés, tandis que c'est là le devoir du créancier, véritable adversaire du débiteur et seul chargé d'agir et de prendre toutes mesures conservatoires : une preuve péremptoire s'en trouve, comme le fait remarquer M. Troplong, dans l'obligation où est le créancier de discuter le débiteur avant de passer à la caution; cette obligation impose au créancier un ministère actif, et rend évident le droit pour la caution de rester dans un état purement passif. L'erreur de Pothier provient de ce qu'il n'a pas remarqué qu'à l'époque à laquelle remontent les lois dans lesquelles il puisait sa doctrine, le fidéjusseur ne jouissait pas encore de ce bénéfice de discussion. Notre législateur n'a donc pas pu attacher aux mots « FAIT *du créancier* », dans l'art. 2037, le sens exclusif que veut leur donner Toullier; on ne trouve, en effet, rien, dans les travaux préparatoires, qui puisse justifier ce sens restreint et si contraire à tous les principes; et c'est avec raison, dès lors, que l'idée de Pothier et de Toullier, déjà contredite autrefois par Pothier lui-même, est condamnée par tous les auteurs anciens et modernes (1).

Ainsi, la garantie promise cessera d'être due, dans les deux cas ci-dessus, aussi bien pour la négligence du cessionnaire que pour son fait. Mais cessera-t-elle aussi dans le troisième cas, c'est-à-dire quand le cédant s'est obligé à payer *après simple commandement* ou même sans commandement? Elle cessera évidemment pour le fait du cessionnaire; car il serait absurde que celui-ci vînt demander au cédant le payement d'une créance que lui-même a, par son propre fait, éteinte ou rendue mauvaise (par exemple, en faisant remise au débiteur, ou en donnant mainlevée des priviléges ou hypothèques). Mais que déciderait-on alors, si on ne reprochait au cessionnaire que d'avoir laissé périr la créance ou ses accessoires par défaut de mesures conservatoires, par exemple, en ne faisant pas renouveler une inscription?... M. Duvergier ne répond pas à la question (car il ne prévoit que le premier et le second degré

---

(1) Louet (lett. F, n° 25); Brodeau (*ibid.*); Despeisses (part. 1, sect. 5, § 20, n° 20); Rousseaud de Lacombe (v° Garantie, n° 9); Troplong (II, 941); Duvergier (II, 278). — Voy. aussi Limoges, 24 août 1852 (*J. Pal.*, 54, 2, 79).

de garantie conventionnelle, sans parler du troisième, qui nous occupe ici); et M. Troplong (944, 2°) enseigne absolument que la garantie sera toujours due, par la raison que le cessionnaire, en stipulant ainsi son recours après simple commandement, s'est déchargé par là même de toute autre diligence, et n'est tenu dès lors à aucune mesure conservatoire.

C'est, selon nous, par une distinction que la question doit se résoudre. Si, en vendant la créance, le cédant a conservé les titres, c'est le cas d'appliquer la doctrine de M. Troplong. Mais si, comme il arrive le plus souvent, le cédant a livré les titres au cessionnaire, cette remise indique bien que la pensée commune a été de charger celui-ci des mesures qu'il pourrait être utile de prendre, et c'est lui dès lors qui supportera, par la perte de la garantie promise, les conséquences de l'inaccomplissement de ces mesures.

2° De la vente d'une hérédité.

1696. — Celui qui vend une hérédité sans en spécifier en détail les objets, n'est tenu de garantir que sa qualité d'héritier.

1697. — S'il avait déjà profité des fruits de quelque fonds, ou reçu le montant de quelque créance appartenant à cette hérédité, ou vendu quelques effets de la succession, il est tenu de les rembourser à l'acquéreur, s'il ne les a expressément réservés lors de la vente.

1698. — L'acquéreur doit de son côté rembourser au vendeur ce que celui-ci a payé pour les dettes et charges de la succession, et lui faire raison de tout ce dont il était créancier, s'il n'y a stipulation contraire.

SOMMAIRE.

I. Nature particulière de la vente d'une hérédité. — Elle est fort différente de la vente des différents biens composant l'hérédité. — On peut en distinguer six espèces, dont une seule fait l'objet de nos articles.

II. Celle-ci ne contient que la garantie du titre d'héritier. Éléments de cette garantie. Quand elle est due. À quoi elle oblige le vendeur : rejet d'une distinction de MM. Duranton et Troplong.

III. La cession comprend tout l'émolument du droit héréditaire, même la valeur des choses données par l'héritier : réponse à M. Duvergier. — *Quid* du droit d'accroissement? — Choses naturellement exceptées.

IV. Elle comprend de même tout le passif héréditaire, et l'acheteur doit indemniser l'héritier des sommes par lui payées pour la succession, mais non de celles que cet héritier aurait payées indûment, quoiqu'il ne soit pas responsable de ses fautes d'administration : réponse à M. Duvergier.

V. L'acheteur peut poursuivre les débiteurs héréditaires et peut être poursuivi par les créanciers; mais ceux-ci n'agiraient alors qu'au nom de l'héritier, toujours obligé envers eux. — La cession emporte-t-elle acceptation pure et simple? A-t-elle besoin d'être notifiée?

I. — Il ne faut pas confondre la vente *d'une hérédité* (ou vente des droits successifs, du droit héréditaire) avec la vente *des biens composant* cette hérédité. La vente de l'hérédité n'est que la cession d'un droit, d'un *nomen juris*, d'un objet incorporel, par laquelle le vendeur transporte sur l'acquéreur tous les droits pécuniaires, actifs et passifs, qui découlent de sa qualité d'héritier, en sorte que cette vente pourrait, selon les cas, ou procurer à l'acheteur un avantage considérable, ou ne lui transmettre que des charges, c'est-à-dire des dettes et des legs à acquitter : c'est parce que cette vente a ainsi pour objet *le droit héréditaire* du vendeur, avec ses conséquences telles quelles, que le Code la place, avec raison, sous la rubrique *du transport des créances et des droits*. Au contraire, la vente d'un, de plusieurs ou de la totalité des biens qui composent une succession, est une vente ordinaire, produisant le même effet que si ces biens provenaient d'une tout autre source. Et tandis que dans une simple vente des biens de la succession, le vendeur doit la garantie ordinaire telle que nous l'avons expliquée plus haut, dans la vente de l'hérédité, au contraire, il ne garantit que l'existence de son droit d'héritier (et aussi, bien entendu, ses faits personnels), d'après ce principe de raison qu'un vendeur ne garantit que ce qu'il vend. Nous allons examiner, aux nᵒˢ II et III, ce double effet de la vente de l'hérédité quant à la garantie due par le vendeur et quant à la transmission opérée pour l'acheteur ; mais faisons auparavant une autre remarque.

La distinction qui vient d'être indiquée, entre une vente de l'hérédité et la vente ordinaire de tout ou partie des biens compris dans cette hérédité, n'est pas la seule qui se présente ici ; et même, en laissant de côté ce dernier cas, il y a lieu de distinguer encore six hypothèses différentes, quoique M. Troplong (nᵒˢ 955-957) et M. Duvergier (nᵒˢ 308-311) n'en supposent que trois.

Ces six hypothèses sont celles-ci : 1° Vente du droit certain que le vendeur se dit avoir sur cette hérédité : c'est le cas prévu par le Code ; — 2° Vente d'un droit incertain à cette hérédité, c'est-à-dire de simples prétentions cédées comme telles : le vendeur ne garantit pas alors que son droit soit fondé, et il ne serait responsable qu'autant qu'on prouverait qu'au moment même de la vente il savait déjà que le droit n'existait pas ; — 3° Vente du droit déclaré certain, avec l'indication que l'hérédité comprend tels et tels biens ou qu'elle a telle importance : le vendeur est alors garant, non-seulement de l'existence de son droit, mais aussi de l'importance ou de la consistance qu'il attribue à la succession ; — 4°, 5° et 6° Vente du droit (soit présenté comme douteux, soit déclaré certain, mais sans aucune indication des choses héréditaires, — soit enfin avec cette indication) stipulée, non plus pour tout l'ensemble de l'hérédité, actif et passif, mais seulement pour l'actif, les dettes restant au compte de l'héritier vendeur. — On conçoit toute la différence qui existe entre cette vente portant seulement sur l'hérédité active, c'est-à-dire sur l'émolument à provenir de la succession abstraction faite des charges, et celle qui porte sur l'actif et le passif : la première ne peut jamais apporter à l'acheteur aucune perte (autre que celle de son prix d'acquisition), tandis que la seconde peut lui imposer des charges considérables (en sus de la perte de ce même prix), puisqu'il se peut qu'une succession que l'on croyait opulente contienne plus de dettes que de biens. Cette même vente de l'hérédité active seulement diffère aussi (alors même qu'elle est faite avec indication des biens) de la vente ordinaire des biens héréditaires, puisque celle-ci ne comprend que les choses désignées par le contrat, tandis que la première attribue à l'acheteur tous les biens qui se trouveront appartenir à la succession, aussi bien ceux que les contractants ne supposaient pas en faire partie que tous autres. En toute hypothèse, la vente des droits actifs de l'hérédité, aussi bien que celle de l'hérédité complète, sera toujours plus ou moins aléatoire, tandis que celle des biens de la succession comme biens ordinaires ne l'est en rien.

On conçoit, au reste, que c'est par les termes de l'acte et par l'ensemble des circonstances (notamment par la comparaison de l'état connu de la succession au moment de la vente avec l'importance du prix convenu) que l'on pourra décider en fait quelle a été l'intention des contractants et quelle est celle des hypothèses ci-dessus dans laquelle ils ont entendu se placer.

II. — L'hypothèse dont s'occupent nos trois articles est, avons-nous dit, celle d'un individu se disant héritier et qui transporte à son acquéreur tous ses droits héréditaires, actifs et passifs, sans aucune autre promesse, en sorte qu'il ne garantit que l'existence réelle et efficace de son titre d'héritier.

Cette garantie contient la promesse de ces trois choses : 1° qu'une succession est actuellement ouverte : car s'il s'agissait d'une succession encore future, le cédant, d'une part, ne serait pas héritier, mais seulement héritier présomptif, puisque *nulla est viventis hœreditas;* et d'un autre côté, la vente d'une telle succession serait radicalement nulle (art. 1130, 1600); — 2° que le vendeur est appelé à cette succession, soit pour le tout, soit pour la quotité qu'il déclare; — 3° enfin que rien ne fait disparaître sa vocation légale, c'est-à-dire qu'il n'est ni renonçant, ni indigne, ni écarté de l'hérédité, pour le tout ou pour une quote-part, par un legs universel ou à titre universel. Le cédant est d'ailleurs tenu, comme de raison, de ses faits personnels, puisque tout vendeur, si restreinte que puisse être la garantie, s'oblige toujours évidemment à ne rien faire qui puisse détruire, amoindrir ou troubler le droit qu'il confère.

Nous appliquons la garantie de droit au cas d'un legs universel ou à titre universel, et non au cas de legs particuliers; or ce point n'est pas sans difficultés. On pourrait dire, d'une part, que des legs particuliers pouvant enlever à l'héritier une partie très-considérable et quelquefois même la totalité des biens héréditaires, ils devront autoriser en certains cas le recours en garantie de la même manière qu'un legs universel ou à titre universel. En sens inverse, on pourrait faire remarquer que le legs universel lui-même ne fait pas disparaître absolument, comme la renonciation ou l'indignité, le droit du successeur *ab intestat*, puisque c'est toujours celui-ci qui recueillerait les biens s'il y avait renonciation du légataire ou nullité du testament, d'où l'on conclurait que l'existence d'un tel legs, ignorée lors de la vente, doit rentrer dans les chances que l'acheteur du droit héréditaire consent à courir, et ne pas donner lieu dès lors au recours en garantie. Mais ces deux idées nous paraissent inexactes l'une et l'autre. — D'une part, en effet, tout legs universel ou à titre universel, du moment qu'il est valable (et on le suppose tel, puisque, s'il était déclaré nul, il ne produirait aucun effet et ne permettrait plus de parler de garantie), enlève à l'héritier une partie ou même la totalité de son droit héréditaire, comme le ferait le concours inattendu d'un second héritier ou l'arrivée d'un héritier plus proche, dont la présence écarterait le vendeur. On argumenterait en vain de ce que le légataire peut renoncer; car il y a également possibilité de renonciation de l'héritier inattendu qui vient concourir avec le vendeur ou l'exclure; et de même que cette possibilité, tant qu'elle ne se réalise pas, ne saurait faire disparaître la garantie pour ce cas d'un héritier nouveau, de même elle ne peut la faire disparaître pour notre cas de légataire universel. La garantie de droit doit donc être admise alors. Mais pour des legs particuliers, c'est tout différent. Ces legs ne restreignant pas *en droit* l'efficacité du titre de l'héritier et ne produisant qu'*en fait* l'amoindrissement ou l'anéantissement des avantages qui devaient résulter de ce titre, il n'y a pas lieu alors à la garantie de droit, mais seulement à la garantie de fait, c'est-à-dire qu'il y aura seulement lieu de rechercher, comme point de fait et par l'examen des circonstances, quelle a été la commune intention des parties, comme on le ferait en face de la découverte inattendue de dettes considérables et absorbant tout ou presque tout l'actif.

Ainsi, et en deux mots : pour des legs particuliers, on verra en fait si les parties doivent être regardées comme ayant entendu admettre la garantie pour le cas qui se présente, mais sans que cette garantie soit alors due de plein droit; pour des legs universels, au contraire, la garantie est de droit, comme pour l'arrivée d'un nouvel héritier qui viendrait exclure le vendeur ou concourir avec lui. C'est, en effet, ainsi que ce point, passé sous silence par la généralité des auteurs, paraît entendu par Bourjon : « Le vendeur est obligé, dit-il, de garantir qu'il est héritier pour la portion qu'il s'est dit l'être, *et qu'il n'y a point de testament* CONTENANT LEGS UNIVERSEL. » (I, p. 469, n° 34.)

Il n'y aura donc garantie de droit qu'autant que l'hérédité vendue n'existerait pas ou qu'elle appartiendrait à un autre que le vendeur (soit pour la totalité, soit pour une quote-part, de ce qu'il a déclaré vendre). Et dans les deux cas, le vendeur doit à l'acheteur évincé : 1° la restitution du prix (avec application des art. 1636 et 1637, si l'éviction n'est que partielle); 2° celle des frais de contrat; 3° celle des dépens, s'il y a eu procès; 4° enfin des dommages-intérêts, s'il y a lieu.

Il est vrai que M. Duranton (XVI, 518) et M. Troplong (II, 956) enseignent, d'après le droit romain, que dans le cas d'une hérédité qui existe, mais n'appartient pas au vendeur, l'objet principal de la restitution serait, non plus le prix de la vente, comme au cas où l'hérédité n'existe pas, mais l'estimation de l'hérédité vendue; en sorte que, si la succession avait diminué de valeur depuis le contrat, l'acheteur recevrait moins qu'il n'a déboursé. Mais c'est là une erreur repoussée avec raison par M. Duvergier (II, 314), et qui provient de l'oubli du changement apporté par le Code aux anciens principes. Autrefois que la vente n'obligeait pas le vendeur à transférer la propriété de la chose, mais seulement à en procurer la possession à l'acheteur, en sorte que la vente de la chose d'autrui était valable, il était tout simple que celui qui avait vendu une hérédité qui ne lui appartenait pas, et qui se trouvait ainsi tenu, par un contrat parfaitement valable, à procurer à l'acheteur la possession de cette hérédité appartenant à un autre, dût, à défaut d'exécution de cet engagement, payer la valeur de cette hérédité (Pothier, n° 528). Mais aujourd'hui que le vendeur doit transférer la propriété de la chose, et que la vente de la chose d'autrui est nulle aussi bien que celle d'une chose qui n'existe pas (art. 1583, 1599), le vendeur sera donc dans le même cas et sera soumis à la même obligation (celle de restituer le prix), soit que la succession par lui vendue n'existe pas, soit qu'elle appartienne à un autre.

III. — Nous avons dit que, dans la vente qui nous occupe, le cédant, sans vendre son titre d'héritier (ce qui n'est pas possible, puisqu'il ne saurait donner à des étrangers la qualité de parent du défunt, ni se soustraire aux obligations dont il est tenu envers les créanciers et légataires de la succession), vend tous les droits pécuniaires, actifs et passifs, attachés à ce titre. L'acheteur aura donc, ni plus ni moins, tout ce que l'héritier a recueilli ou recueillerait plus tard s'il n'avait pas vendu, à l'exception seulement de ce que celui-ci se réserverait par la convention.

Ainsi l'héritier devra rendre à l'acheteur tous les fruits qu'il a pu recueillir depuis l'ouverture de la succession jusqu'au jour où il livre les biens héréditaires ; les sommes qu'il a pu recevoir, soit en payement de créances héréditaires, soit comme prix des biens par lui vendus ; la valeur des choses qu'il aurait personnellement consommées et de celles dont il aurait fait donation. Il est vrai que M. Duvergier (II, 324) a combattu cette dernière idée, en se fondant sur ce que l'héritier, dans ce cas de donation, n'a tiré aucune espèce d'avantage de l'aliénation ; mais sa doctrine n'est pas admissible. Outre que l'héritier tire un certain avantage de son aliénation, celui qui est attaché au titre de donateur (notamment, et à part le côté moral, le droit à des aliments et le droit de révocation pour certains cas), la question n'est d'ailleurs pas là. L'acheteur a droit, comme l'explique fort bien un peu plus haut M. Duvergier lui-même (n° 318), à toutes les choses appartenant à la succession, à toutes celles qui s'y trouvaient lors de l'ouverture aussi bien qu'à celles qui n'adviennent que plus tard ; donc la valeur des biens héréditaires que l'héritier a donnés se trouve comprise dans la vente, s'il n'y a pas de réserve à cet égard. Sans doute on devrait, comme le demande subsidiairement M. Duvergier, se montrer ici facile pour voir cette réserve dans les circonstances ou les termes de la convention ; mais enfin il faut que la réserve existe, il faut que l'exception soit constatée en fait par le juge ; car sans cela et si rien ne permettait d'échapper au principe, si le vendeur, par exemple, n'avait pas même pensé à instruire l'acheteur de la donation qu'il a faite, les biens donnés feraient partie de la vente comme tous les autres (1).

Si l'héritier était, avant l'ouverture de la succession, débiteur du défunt, ou grevé sur l'un de ses immeubles d'une servitude au profit d'un bien de celui-ci, la dette ou la servitude, qui se sont éteintes par confusion, renaîtront au profit de l'acheteur par l'effet de la cession, puisqu'il faut que cet acheteur obtienne tout ce qui provient de la succession, et par conséquent la créance ou la servitude active qui appartenaient au défunt. C'est toujours une conséquence de ce principe, que l'héritier vendeur ne peut rien conserver de l'hérédité et que tout ce qu'elle contient doit aller au cessionnaire. Il est évident, au surplus, que quand une créance renaît ainsi contre l'héritier, elle ne renaîtrait pas de même contre les tiers accessoirement obligés à la dette comme cautions ou autrement : pour eux la dette, une fois éteinte, demeure éteinte, l'acte qui la fait revivre et le principe que cet acte pose étant pour eux *res inter alios acta*.

Le principe ci-dessus donne également la solution simple et facile, en droit, d'une question qui pourtant a été singulièrement controversée, celle de savoir si c'est à l'acheteur ou bien à l'héritier vendeur qu'appartiendra la part d'hérédité qui viendrait à échoir à ce dernier par accroissement. Bartole, Voët, Furgole et autres attribuent l'accroissement au cessionnaire, tandis que Cujas, Vinnius, Ricard, etc., la réservent au vendeur, et Pothier trouve la question tellement délicate, qu'il expose les deux doctrines contraires sans oser se prononcer lui-même (n° 546). Mais n'y a-t-il pas là un simple malentendu et une difficulté de fait bien plutôt qu'un dissentiment en droit? En droit, n'est-il pas évident que l'accroissement qui se réalise au profit d'un cohéritier n'est que le développement de son droit successif; que quand il prend ce à quoi cet accroissement l'appelle, il n'y a là que l'exercice de ce droit successif, et que par conséquent c'est à l'acheteur de ce droit successif que l'émolument appartient? En vain on répond que cet accroissement étant complétement imprévu, la pensée des contractants n'a pas pû être de le comprendre dans leur traité; car la vente d'une hérédité est un coup de filet, un contrat complétement aléatoire qui embrasse l'imprévu comme le prévu, tout l'actif comme tout le passif actuel et possible, toutes les éventualités et chances favorables ou défavorables... Mais enfin, dit-on, l'acheteur a sans doute droit à tout, mais à tout ce qui rentre dans la chose vendue; or, puisque le vendeur n'était **ou ne** se croyait héritier que pour telle part, il n'a donc vendu que pour cette part... C'est ici qu'est le malentendu. Sans doute, si, en fait, l'héritier n'a vendu que la part héréditaire dont il était ou se croyait actuellement saisi, il est évident que l'acheteur n'a jamais droit qu'à cette part; mais si cette restriction n'existe pas, s'il y a vente pure et simple du droit successif, il n'est pas moins évident que l'accroisse-

---

(1) Dig. 2, § 3, *De hæred. vend.;* Pothier (n° 535); Duranton (XVI, 522); Troplong (II, 967); Zachariæ (II, p. 563).

ment appartient à l'acheteur... La difficulté, en définitive, n'est donc pas dans le droit, mais dans le fait ; et il s'agira pour le juge de décider par les circonstances s'il y a vente pure et simple du droit héréditaire, ou restriction à telle fraction de l'hérédité et dès lors réserve du surplus (1).

Les seules choses qui tout naturellement, et à moins de déclaration contraire, doivent être exceptées de la vente de droits successifs et rester à l'héritier, ce sont celles qui présentent une grande valeur morale pour l'héritier sans avoir aucune importance pécuniaire pour l'acheteur : des papiers ou portraits de famille, des lettres de noblesse, des brevets ou insignes de titres ou fonctions, etc. Mais s'il s'agissait d'un objet présentant tout à la fois une grande valeur morale et pécuniaire (par exemple une décoration ou une miniature ornée de riches pierreries), l'héritier qui voudrait les conserver devrait en faire la réserve ; car on ne pourrait pas, en cas de vente pure et simple, refuser à l'acheteur le droit de prendre des pierreries de 10 000 francs, 20 000 francs et peut-être plus, et l'héritier ne devrait prendre que l'objet dépouillé de sa riche monture ou payer à l'acheteur la valeur de cette monture.

IV. — La vente des droits successifs, en transmettant à l'acheteur tout l'actif de la succession, lui en transmet aussi le passif. C'est donc à lui d'acquitter toutes les dettes et charges héréditaires ; et si avant la cession l'héritier en a payé quelques-unes, s'il a acquitté les droits de mutation, les frais funéraires, des arrérages de rentes ou intérêts de capitaux dus, l'acheteur lui en devra compte.

De même, si l'héritier était créancier du défunt ou propriétaire d'un héritage au profit duquel un immeuble de ce défunt était grevé d'une servitude, la cession fera revivre, comme on l'a vu plus haut pour le cas inverse, la servitude ou la créance.

Mais l'acheteur serait-il aussi tenu de rembourser à l'héritier la somme que celui-ci aurait payée en la croyant due par la succession, tandis qu'elle ne l'était pas ? M. Duvergier répond affirmativement (II, 347), en se fondant sur cette raison : que c'est là un acte de mauvaise administration dans lequel l'héritier a, par sa négligence, diminué l'actif de la succession, et que puisque cet héritier n'est jamais tenu envers l'acheteur des diminutions qu'il a pu causer ainsi aux biens héréditaires (parce que, tout naturellement, l'acheteur et lui sont supposés livrer et prendre ces biens dans l'état où ils se trouvent), il ne doit pas plus être responsable dans le cas de somme indûment payée que dans tout autre. — Nous ne saurions partager cette idée. Que l'héritier ne soit pas responsable de l'amoindrissement apporté par son imprudence aux biens héréditaires : par exemple, de la destruction d'un bâtiment qu'il a laissé tomber faute de réparations suffisantes, de la perte d'un immeuble dont il a laissé s'accomplir la prescription, de celle

(1) *Voy.* Merlin (*Rép.*, vᵒ Dr. success., nᵒ 7); Duranton (XVI, 524); Troplong (II, 972); Duvergier (II, 359); Zachariæ (II, p. 564).

d'objets mobiliers qu'il a livrés à des personnes qu'il en croyait propriétaires tandis qu'elles ne l'étaient pas et qui sont insolvables, on le conçoit; il est tout simple qu'une négligence dont on ne saurait demander compte à l'héritier, puisqu'il ne la commettait qu'à son préjudice et alors qu'il était le maître des biens, ne puisse pas devenir pour l'acheteur le fondement d'un recours en indemnité. Mais ici, le cas est tout différent : il ne s'agit plus de décharger l'héritier du recours que l'acheteur voudrait exercer contre lui, mais de lui accorder à lui-même un recours contre cet acheteur : ce n'est plus l'acheteur qui demande une indemnité pour l'amoindrissement que l'héritier a fait subir aux biens de la succession, c'est l'héritier lui-même qui voudrait se faire rembourser par l'acheteur une somme que sa propre négligence lui a fait perdre. Or une pareille prétention n'est pas soutenable ; et si la circonstance que l'héritier était le maître des biens doit faire admettre qu'il n'est pas responsable de ses fautes d'administration envers l'acheteur, et que celui-ci ne peut pas lui demander des dommages-intérêts, elle ne permet certes pas d'aller jusqu'à dire que ses propres fautes lui donneront droit à des dommages-intérêts contre l'acheteur ! L'opposition que M. Duvergier fait ici à la doctrine généralement admise est donc mal fondée (1).

Il ne faudrait pas, du reste, pousser trop loin ce principe même que l'héritier vendeur n'est pas responsable envers l'acheteur des fautes de son administration antérieure. Ceci n'est vrai, bien entendu, que pour les simples fautes, mais non pour les actes frauduleux et tendant précisément à frustrer le futur acheteur. Si l'héritier, par exemple, soit en se procurant certains avantages personnels, soit même seulement pour avantager des amis, avait, à dessein et par connivence, laissé accomplir une prescription ou consenti de prétendues transactions ou autres actes déloyaux et préjudiciables à l'hérédité, il est clair que l'acheteur pourrait demander raison de cette fraude et réclamer des dommages-intérêts.

V. — Terminons cette matière par trois observations importantes.

Et d'abord, quoique la vente d'une hérédité transmette de l'héritier à son acheteur tout le passif comme tout l'actif de cette hérédité, ce n'est cependant qu'entre les parties contractantes que l'héritier est déchargé du payement des dettes ; et les créanciers héréditaires, qui n'ont nullement abdiqué leur droit et pour qui la décharge de l'héritier est res inter alios acta, restent maîtres de le poursuivre comme si la vente n'avait pas eu lieu. Il est très-vrai qu'ils peuvent aussi poursuivre l'acheteur en vertu de cette vente, en sorte qu'il semble, au premier coup d'œil, qu'il y ait ici contradiction ; mais il n'en est rien. Ce n'est pas, en effet, par un droit à eux propre, mais seulement par le droit de l'héritier, leur débiteur, que ces créanciers poursuivront ici l'acheteur. L'héritier ayant acquis par son contrat le droit de faire payer toutes les

---

(1) Pothier (n° 545); Delvincourt (t. III); Chabot (art. 873); Duranton (XVI, 523); Zachariæ (II, p. 564).

dettes par l'acheteur, ce droit fait donc désormais partie de son patrimoine, de ses biens, et c'est comme faisant ainsi partie des biens de leur débiteur, et en vertu des art. 2093 et 1166, que les créanciers l'exerceront. Ainsi les créanciers n'ont aucun droit propre contre l'acheteur, ils n'ont affaire qu'avec l'héritier ; c'est seulement parce qu'ils trouvent désormais dans les biens de cet héritier un droit d'action contre l'acquéreur qu'ils peuvent user de cette action, et cette faculté dès lors, loin d'être en opposition avec leur droit de conserver l'héritier pour débiteur personnellement tenu de les payer sur tous ses biens, en est au contraire une conséquence. — Quant aux débiteurs de la succession, l'acheteur peut évidemment les poursuivre directement, pourvu, bien entendu, qu'il ait accompli, comme on le verra plus bas, les formalités exigées de tout cessionnaire d'une créance pour être saisi envers le débiteur.

Le successible qui, avant de s'être prononcé sur l'acceptation d'une succession, vend cette succession d'une manière absolue et sans aucune explication, fait par là même un acte de disposition qui constitue de sa part une acceptation pure et simple, en sorte que ni lui ni son acquéreur ne pourraient recourir ensuite au bénéfice d'inventaire, et seraient personnellement contraignables pour l'intégralité des dettes héréditaires. Mais rien n'empêche les parties de déclarer dans leur contrat qu'elles ne traitent qu'en se réservant d'user du bénéfice d'inventaire. Que si, dès avant la vente, l'héritier avait déjà fait sa déclaration régulière d'acceptation bénéficiaire seulement, c'est tout naturellement sur les droits attachés à son titre d'héritier bénéficiaire que porte la vente, puisqu'il est tout simple que l'héritier agisse avec la position qu'il s'est faite et traite des droits dont il est investi. Il sera, du reste, tout naturel et fort prudent de signaler alors dans l'acte la qualité d'héritier bénéficiaire, et la volonté d'en maintenir le bénéfice.

Notre dernière observation consiste à dire que, malgré la doctrine contraire d'un arrêt des requêtes, la vente des droits successifs n'a pas besoin d'être notifiée, conformément à l'art. 1690, pour être efficace vis-à-vis des tiers. Sans doute, si l'hérédité vendue comprend des créances, il faudra, pour que l'acheteur soit saisi de ces créances à l'égard des tiers, qu'il y en ait notification aux débiteurs ou acceptation par eux, puisque l'art. 1690 ne fait aucune distinction entre la cession portant sur une seule créance et celle qui aurait pour objet plusieurs créances, réunies ou non à d'autres biens ; mais si la vente doit ainsi être notifiée ou acceptée en tant qu'elle est vente de créances, pourquoi donc et sous quel prétexte devrait-elle l'être aussi sous tout autre rapport, en elle-même et en tant qu'elle est vente de droits successifs ? — On dit, dans l'arrêt des requêtes, que l'art. 1690 étant placé dans le chapitre de la vente des créances *et autres droits*, il est dès lors applicable à toute vente de droits quelconques, et notamment à celle des droits héréditaires dont la loi s'occupe dans le même chapitre. Mais la fausseté de cet argument n'est-elle pas palpable ? Est-ce que par hasard l'art. 1699, qui est écrit aussi dans notre chapitre, est applicable pour cela à toute cession de droits, en sorte que tout débiteur d'une créance cédée pourrait, en toute hypothèse et quelle que soit la créance, se faire tenir quitte en remboursant au cessionnaire le prix de la cession? N'est-il pas évident, au contraire, que cet art. 1699 n'est écrit que pour les droits *litigieux;* et que de même les art. 1689-1695 ne sont écrits que pour les droits constituant *des créances,* pour les droits à exercer *sur un tiers,* pour les droits dont le sujet passif est un *débiteur* auquel on devra notifier? Or, quand je vends l'hérédité qui vient de s'ouvrir par la mort de mon père, où donc est, je vous prie, ce débiteur de mes droits héréditaires auquel devrait se faire la notification? Il est clair qu'il n'y en a pas et que dès lors l'application de l'art. 1690 est matériellement impossible. Dans l'espèce soumise à la chambre des requêtes, l'héritier, qui, après avoir vendu ses droits à un premier cessionnaire, les avait vendus frauduleusement à un second, avait un cohéritier, un frère, et c'est dans ce cohéritier que l'on prétendait voir le débiteur auquel la première cession eût dû être notifiée pour pouvoir être opposée au second cessionnaire. Or, outre que deux cohéritiers ne sont nullement des débiteurs l'un envers l'autre, mais bien des copropriétaires exerçant parallèlement leurs droits respectifs et indépendants sur le corps héréditaire, comment d'ailleurs n'a-t-on pas remarqué qu'un second cessionnaire pourrait se plaindre et protester contre le défaut de notification et de publicité d'une précédente cession, aussi bien quand le vendeur est héritier unique que quand il a des cohéritiers? La position de ce second cessionnaire est évidemment la même dans ce cas d'un héritier unique; son droit et son intérêt sont les mêmes; s'il peut argumenter du défaut de notification dans l'autre cas, il le pourra de même dans celui-ci; or, puisque ici la prétention tomberait dans l'absurde, le système se trouve donc réfuté par cela seul et alors même qu'il ne serait pas évident d'autre part qu'un cohéritier n'est pas le débiteur de son cohéritier. On a dit encore (dans le rapport de ce même arrêt) que c'est seulement par l'effet du partage que seront fixés définitivement les droits du cohéritier vendeur, et qu'il serait possible que, la succession se composant d'un seul immeuble impartageable, tout fût attribué à l'autre cohéritier, qui deviendrait ainsi débiteur d'une somme d'argent envers l'héritier vendeur dont la vente ne serait plus ainsi qu'une cession de créance... Comment comprendre de pareils arguments dans la bouche de magistrats de la Cour suprême? Sans doute cette transformation de droits réels en un droit personnel pourra quelquefois arriver, sans doute la propriété du vendeur ou de son cessionnaire pourra quelquefois se transformer en une créance; mais, outre que cette possibilité exceptionnelle ne saurait assurément être la base d'une solution générale qui, outre qu'il est étrange de chercher dans un accident particulier l'explication d'un principe universel, qui ne voit d'ailleurs que, même dans ce cas particulier, l'idée serait encore fausse? D'une part, en effet, qui vous dit que la transformation ne se fera pas à l'inverse, le partage donnant l'immeuble au cohéritier vendeur pour donner une créance à l'autre? D'un autre côté, s'il est vrai que la vente qui serait faite du droit héréditaire après qu'il est déjà devenu simple créance devrait évidemment être notifiée, s'ensuit-il qu'il faille également notifier celle qui s'est faite avant la transformation et alors que le droit cédé était encore une copropriété de l'immeuble? En tout cas, et en supposant que l'effet déclaratif et rétroactif du partage dût aller jusque-là, il reste toujours incontestable que l'inefficacité de la vente envers les tiers pour défaut de notification ne pourrait jamais être prononcée qu'après le partage commencé et dans le cas (exceptionnel et fort rare) où le droit du vendeur serait actuellement devenu simple créance. — On invoquait enfin un précédent arrêt de la chambre civile de 1819; mais cet arrêt, précisément, est contraire à la doctrine que nous combattons, puisqu'il n'a déclaré la notification nécessaire, pour la vente de droits légitimaires sur laquelle il prononçait, que par le motif qu'il ne s'agissait pas d'une espèce régie par le Code, mais par les anciens principes du droit écrit, d'après lesquels le légitimaire n'était pas saisi des biens et n'avait qu'une créance contre l'héritier. C'était bien dire implicitement que la notification n'est pas nécessaire pour la vente faite par l'héritier, et c'est, en effet, ce que décide un arrêt postérieur de la même chambre, et ce qu'enseignent aussi tous les auteurs qui ont traité la question (1).

3° De la vente de droits litigieux.

1699. — Celui contre lequel on a cédé un droit litigieux peut s'en faire tenir quitte par le cessionnaire, en lui remboursant le prix réel de la cession avec les frais et loyaux coûts, et avec les intérêts à compter du jour où le cessionnaire a payé le prix de la cession à lui faite.

1700. — La chose est censée litigieuse dès qu'il y a procès et contestation sur le fond du droit.

1701. — La disposition portée en l'article 1699 cesse,

1° Dans le cas où la cession a été faite à un cohéritier ou copropriétaire du droit cédé;

2° Lorsqu'elle a été faite à un créancier en payement de ce qui lui est dû;

3° Lorsqu'elle a été faite au possesseur de l'héritage sujet au droit litigieux.

_____

(1) Cass., 23 juill. 1825 (Dev., 35, 1, 481). *Adde* : Cass., 6 juill. 1858 (Dev., 59, 1, 247). — Troplong (II, 907); Duvergier (II, 351); Zachariæ (II, p. 553); Rodière (*Rev. de législ.*, t. IV, p. 234); Aubry et Rau (III, § 359 *bis*); Massé et Vergé (IV, § 691); Rivière (*Jurispr. de la Cour de cass.*, n° 516); Rej. civ., 18 nov. 1819; Grenoble, 19 août 1825; Rej. civ., 16 juin 1829; Toulouse, 24 nov. 1832 (Dev., 33, 2, 316). — *Voy.* aussi un arrêt dont l'espèce (quoique différente) donnait aussi lieu à la fausse théorie de la chambre des requêtes. Cette théorie avait été appliquée, en effet, par la Cour de Douai, et le défendeur ne manqua pas d'opposer au pourvoi le précédent arrêt des requêtes et le rapport qui l'avait préparé; mais la chambre civile ne prononça pas moins la cassation : Cass., 22 avr. 1840 (*J. Pal.*, 40, 2, 597-599). *Contrà* : Nancy, 28 juin 1856 (Dev., 56, 2, 558).

SOMMAIRE.

I. Retrait de droits litigieux. Il faut que la cession ait eu lieu alors qu'il y avait procès sur le fond du droit. Quand cette circonstance se réalise-t-elle? Développement.

II. Il faut rembourser le prix *réel*, ses intérêts et tous les frais et coûts *loyaux* : conséquences. — Le retrait s'applique au cas d'échange et aussi pour la cession de choses corporelles, mais non pour les donations. — Quand peut-il être demandé?

III. Trois exceptions sont apportées à la faculté de retrait (et non pas quatre), et la première n'a pas plus de portée qu'autrefois : double inexactitude de M. Troplong : erreur de M. Duranton.

I. — Les acheteurs de procès ont toujours été vus avec défaveur, et l'art. 1699 ne fait que consacrer une règle admise déjà, non-seulement dans notre ancien droit, mais aussi à Rome par les deux lois *Per diversas* et *Ab Anastasio* (C. *mandati vel contrà*, 22 et 23), quand il permet à celui contre qui un droit litigieux a été cédé de s'en faire tenir quitte en remboursant au cessionnaire le prix de la vente avec les frais et intérêts.

C'est à la vente de *droits litigieux* que s'applique la règle; mais que faut-il entendre par là?... On n'était pas d'accord sur ce point dans l'ancien droit. Les Parlements de Paris et de Toulouse, s'arrêtant au fait matériel, déclaraient droits litigieux tous ceux et uniquement ceux sur lesquels il y avait litige au moment de la cession. Mais cette idée était vivement critiquée : un droit, disait-on, peut être manifestement et profondément litigieux, quoique le procès n'existe pas encore actuellement, et réciproquement, un droit peut être parfaitement clair et certain, quoiqu'il soit actuellement l'objet d'un procès élevé par pur esprit de chicane; ce n'est donc pas par l'existence ou la non-existence du procès, mais par l'appréciation des circonstances, qu'il faut déterminer le caractère du droit cédé. C'est, en effet, ce que faisait le Parlement de Bordeaux (1). Malgré cela, le Code a préféré le premier système; il a voulu écarter, dans une disposition tendant à éteindre un procès, une appréciation préalable qui serait elle-même un procès; il n'a pas voulu qu'il y eût lieu à un premier litige, pour savoir si le droit est en litige, et il a trouvé plus sage de s'en tenir aussi au fait matériel. Ainsi, non-seulement le droit ne sera litigieux ici que quand il y aura litige existant au moment de la vente; mais aussi, et réciproquement, le droit sera légalement litigieux, par cela seul qu'un procès existera, si mal fondé que ce procès puisse être : on n'en peut pas douter, quand on voit l'art. 1700 nous dire, non pas que la chose sera *litigieuse* réellement, mais qu'elle sera *censée* litigieuse, *dès là qu'il y aura procès* (2).

Du reste, il ne suffit pas qu'il y ait procès; il faut de plus que ce procès porte sur le fond du droit. Expliquons chacune de ces deux idées.

---

(1) *Voy.* Salviat (*Jurispr. du Parl. de Bordeaux*, vº Cess. d'act.).
(2) Cass., 5 juill. 1819; Cass., 24 janv. 1827; Paris, 17 juill. 1836; Riom, 11 mai 1839; Limoges, 16 mai 1839; Cass., 9 fév. 1849, 20 mars 1843 (Dev., 36, 2, 458; 39, 2, 483; 40, 2, 14; 41, 1, 220; 43, 1, 542).

Il faut d'abord qu'il y ait actuellement procès, et il ne suffirait pas dès lors que ce procès parût imminent, inévitable, et que le droit eût été qualifié de droit litigieux dans l'acte même de cession, puisque cette qualification n'a pas alors le sens de notre art. 1700 (1). Il ne suffirait pas non plus qu'une citation en conciliation eût été déjà lancée, puisque cette citation, loin d'être le premier acte du procès, est au contraire un acte dont le but est d'empêcher le procès ; et il en serait ainsi, malgré la décision contraire d'un arrêt de Turin, alors que la tentative de conciliation aurait échoué déjà, puisqu'il y aurait bien alors imminence du procès, mais non pas procès existant (2). — Il y a procès, évidemment, non-seulement quand le débat, terminé en première instance, a recommencé en appel, mais aussi, comme l'ont très-bien jugé la Cour de Dijon et la chambre des requêtes, quand après le double jugement du premier et du second degré, il y a, par suite de l'admission d'un pourvoi, nouvelle instance devant la Cour de cassation. Car s'il est vrai (ce qu'on oublie trop souvent) que cette Cour n'est point un troisième degré de juridiction, puisqu'elle ne rend pas de vrais jugements, mais se contente, soit de *supprimer* (sans les remplacer), soit de *laisser subsister* (sans même les *confirmer*, comme le disent souvent à tort la plupart des auteurs) les jugements qui lui sont soumis, on ne peut pas nier non plus qu'il n'y ait devant la chambre civile, entre les deux parties, un débat qui remet les choses en question aussi bien que devant le tribunal d'appel, et avec cette seule différence, insignifiante ici, que si la décision attaquée est supprimée, ce ne sera pas la Cour de cassation, mais le tribunal de renvoi qui en prononcera une autre. Mais il ne faut pas aller jusqu'à dire, comme l'arrêt de Dijon le fait dans ses motifs, que le procès jugé en appel continue d'exister *par cela seul que les délais du pourvoi ne sont pas expirés*. C'est une erreur, repoussée avec raison par un arrêt de Bordeaux : tant qu'il y a seulement possibilité d'un pourvoi, il n'y a donc que possibilité de procès ; or ce n'est pas une possibilité, ni même une imminence de procès, que la loi demande, c'est un procès existant (3). — Au contraire, il n'y aurait pas procès légalement, malgré l'instance pendante en fait, si le défendeur opposait une exception de chose jugée et qu'elle fût admise : c'est évident, puisque la question débattue sera précisément, dans ce cas, de savoir s'il y a lieu à procès, si le litige est possible, et que cette question sera résolue négativement par la déclaration de chose jugée (4).

Il faut, en second lieu, que le procès porte *sur le fond du droit*, c'est-à-dire qu'il mette en question l'existence même de ce droit. Ainsi, s'il s'agit de droits résultant d'une donation et que cette donation soit

---

(1) Arrêts précités des 24 janv. 1827 et 9 fév. 1841, et Cass., 1er mai 1866; 11 déc. 1866 et 4 fév. 1867 (*J. Pal.*, 67, 18 et 282).
(2) Metz, 6 mars 1827; Dalloz (v° Oblig., p. 476); Duranton (XVI, 534); Troplong (II, 990); Duvergier (II, 361 et 362).
(3) Dijon, 13 août 1831 ; Cass., 5 mai 1835; Bordeaux, 18 janv. 1839 (Dev., 35, 1, 627; 32, 9, 261).
(4) Cass., 4 mars 1823.

arguée de nullité, soit pour défaut d'acceptation, soit pour inaccomplissement de telle ou telle autre formalité, il est clair que, quoiqu'il
ne s'agisse que d'une question de forme, c'est bien cependant *le fond
du droit* qui est mis en question, c'est sur l'existence même de ce
droit que porte le procès; de même, si l'adversaire prétend que le droit
est prescrit, c'est encore un débat roulant sur le fond du droit, dans
le sens de l'art. 1700, quoique le moyen tiré de la prescription soit
souvent qualifié de simple *exception*, mis en opposition avec les
moyens *du fond*. Il s'agit donc tout simplement de distinguer si le
moyen tend seulement à neutraliser l'instance actuelle, en laissant le
demandeur libre d'agir de nouveau plus tard (soit en prenant une autre
voie, soit en s'adressant à d'autres juges, soit en évitant les irrégularités de procédure qu'on lui reproche aujourd'hui), ou bien s'il tend à
faire déclarer le défendeur quitte à toujours, à repousser le droit du
demandeur définitivement et irrévocablement (1). — Y aurait-il procès
sur le fond du droit, dans le cas d'une action intentée à la veille de
l'expiration du délai de prescription, et contre laquelle le débiteur opposerait une nullité d'exploit? Nous n'hésitons pas à dire non, puisqu'il ne s'agit que d'une pure exception de procédure, laissant toute
faculté de renouveler l'action. Il est bien vrai que si cette exception
triomphe, les circonstances sont telles que le droit sera probablement
perdu pour toujours et l'action ultérieure inefficace, puisqu'il y aura
désormais prescription; mais ce fait ne change rien à la règle de droit.
D'une part, rien ne prouve que la prescription sera opposée plus tard,
le débiteur étant libre de l'invoquer ou non, d'après sa conscience;
d'autre part et en tout cas, l'accomplissement de la prescription ne
serait nullement la conséquence du jugement, puisque ce n'est nullement ce jugement qui la produirait, il la laisserait seulement s'accomplir. Le jugement ici reste étranger au fond du droit; la question qui
se discute au procès a pour objet la validité de l'instance, nullement
l'existence du droit; le cas, dès lors, ne rentre pas dans la règle de
l'art. 1700.

II. — Examinons maintenant les diverses autres règles du principe
posé par nos articles, pour voir ensuite, au n° III, les exceptions que ce
principe comporte.

Et d'abord, celui contre qui le droit a été cédé ne peut faire prononcer le retrait qu'en payant au cessionnaire tout ce que celui-ci a loyalement déboursé, c'est-à-dire : le prix réel de la cession; les frais de contrat; les dépens faits dans l'instance jusqu'au moment de la demande
en retrait; enfin les intérêts du prix, depuis le jour où le cessionnaire
l'a payé jusqu'au jour du remboursement ou des offres réelles (2). —
C'est *le prix réel*, dit avec raison le Code, qui doit être remboursé; et
dès lors, toutes les fois que le débiteur pourra prouver que le prix os-

---

(1) Cass., 27 juill. 1826; Amiens, 11 janv. 1839; Riom, 11 mai 1839; Toulouse,
7 mai 1840 (Dev., 39, 2, 381 et 483; 40, 2, 347).
(2) Pour exercer le retrait, il n'est pas besoin d'offres réelles préalables. Metz,
21 nov. 1855 (Dev., 56, 2, 147; J. Pal., 55, 2, 477).

tensible est mensonger, et que la somme réellement payée est moindre, c'est cette dernière qu'il remboursera. Bien entendu, c'est aussi de ce prix réel seulement que les intérêts seront dus; et bien plus, c'est également sur ce prix réel que se calculera le chiffre des droits de mutation à rembourser, quoique le cessionnaire ait payé ces mêmes droits sur la totalité du prix porté au contrat. Il est vrai qu'alors le cessionnaire ne sera pas indemnisé complétement et pourra faire une perte considérable; mais c'est là précisément un résultat très-juste, très-légal et très-désirable. Il est fort juste, d'abord, que des sommes payées par le cessionnaire, non comme conséquence de son acquisition, mais uniquement pour organiser une fraude, restent à sa charge : telle est aussi la règle du Code, puisqu'elle demande la restitution des *loyaux coûts,* et que rien n'est moins loyal que le coût dont il s'agit ici; d'un autre côté, la crainte, pour le cessionnaire, de se trouver ainsi pris lui-même à son propre piége, pourra quelquefois prévenir la fraude. C'est donc avec grande raison que la Cour de Paris et la Cour suprême, dans une espèce où un certain Rignon, agent d'affaires, avait eu l'effronterie d'élever à 60 000 francs le prétendu prix d'une cession par lui payée 1 930 francs, ont jugé que le remboursement des droits de mutation n'était dû que sur ces 1 930 francs, et resterait à la charge de Rignon pour 58 070 francs d'excédant (1).

Si l'acquisition du droit litigieux, au lieu d'être obtenue par un prix en argent, l'avait été par la dation d'un bien corporel, en sorte qu'il y aurait alors échange, notre principe ne s'appliquerait pas moins, puisque l'art. 1707 applique généralement à l'échange toutes les règles de la vente : au lieu du prix de cession, qui n'existe plus ici, on rembourserait la valeur estimative du bien livré par l'acquéreur (2). — Le principe s'appliquerait également, si l'acte présentait comme vendu ou échangé, non pas tel ou tel *droit,* mais tel *bien,* meuble ou immeuble, sur lequel il y a procès. Il est vrai que Delvincourt et un ancien arrêt de la Cour suprême (24 nov. 1818) décident le contraire; mais c'est une erreur. C'est de la cession de toutes actions, de tous procès, que le Code entend parler. Quand il y a procès entre Pierre et moi sur la propriété d'une maison, qu'importe que je déclare vous vendre *mon droit* sur cette maison ou vous vendre *la maison?* Est-ce que la vente *de la maison* n'est pas la vente *du droit* tel quel, du droit *litigieux* dans l'espèce, qu'on a sur la maison? Aussi Lamoignon disait-il : « Le cessionnaire des *héritages* et *autres droits* étant en litige »; Ferrières : « Les cessions des actions *et choses* litigieuses »; et le Code, à son tour, après avoir parlé du *droit litigieux* dans l'art. 1699, nous parle de *la chose litigieuse* dans l'art. 1700, et du possesseur *de l'héritage* dans l'art. 1701 (3).

---

(1) Paris, 14 fév. 1834; Rej., 1er juill. 1835 (*J. Pal.,* à leur date).
(2) Cass., 19 oct. 1814; Duranton (XVI, 549); Troplong (II, 1002); Duvergier (II, 387).
(3) Lamoignon (*Arrêtés,* t. I, p. 142); Ferrières (*Paris,* art. 108, § 3); Troplong (II, 1001); Duvergier (II, 379); Cass., 22 juill. 1851 (Dall., 51, 1, 265).

Mais le principe ne s'appliquerait plus si le droit litigieux avait été donné ; car rien n'autorise à transporter sur la donation la disposition exorbitante que le Code pose ici pour la vente. Et c'est avec raison que le Code, comme notre ancien droit, comme le droit romain, n'étend pas sa rigueur aux donations, puisqu'on n'a plus ici cet esprit de spéculation cupide qui dirige en général les acheteurs de procès. Que si l'acte se présentait comme une donation faite avec des charges, les magistrats devraient rechercher avec grand soin, par l'examen des circonstances, si l'acte est vraiment ce qu'on le dit être, ou si ce n'est pas plutôt, comme il arrive très-souvent, une véritable vente faite pour un prix modique et dont la modicité même (habituelle, on le sait, dans de pareilles cessions) serait un moyen de mieux déguiser la vraie nature du contrat (1). — Il va sans dire que c'est au rang des donations, et non au rang des ventes, que devront se placer des actes de démissions de biens ou avancements d'hoirie (Rej., 15 mars 1826).

Jusqu'à quel moment, enfin, le retrait peut-il être exigé? Il peut l'être tant qu'il y a procès actuel sur le droit ; et aussi bien dès lors en appel et devant une cour de renvoi après cassation, qu'en première instance, mais non pas quand le procès n'existe plus, puisque alors il n'y a plus droit litigieux et que le but du retrait, qui est d'éviter le procès, ne peut plus être atteint. Par suite le débiteur ne pourrait pas, au même moment, défendre au procès et faire accueillir des conclusions conditionnelles tendant à se faire accorder le retrait s'il succombe, puisqu'une fois qu'il aurait succombé ce retrait ne serait plus possible (2). — Du reste, la règle que la demande en retrait peut toujours être faite pendant le procès et ne peut plus l'être après, pourrait recevoir exception, soit dans un sens, soit dans l'autre. Si, quoique la décision ne fût pas encore rendue, on reconnaissait en fait que le débiteur ne demande le retrait, en fin de cause, que parce qu'il voit son affaire perdue, et pour échapper à une condamnation désormais certaine et inévitable, ce retrait ne devrait pas lui être accordé, puisque sa conduite n'a été qu'une combinaison frauduleuse pour cumuler le bénéfice de ce retrait avec l'avantage d'une lutte poussée jusqu'au bout. Réciproquement, le retrait devrait être accordé, quoique la sentence définitive fût rendue, si le cessionnaire avait tenu la cession cachée jusque-là, en se présentant au procès comme simple mandataire du cédant, et ne faisait signifier son acte qu'après le jugement. Alors, en effet, il y a encore fraude en sens inverse, fraude dont l'effet, s'il était maintenu, n'irait à rien moins qu'à rendre complétement illusoires les dispositions de la loi (3).

III. — Des trois exceptions admises par l'art. 2701 au principe qui vient d'être développé, exceptions reproduites toutes trois des lois

(1) Troplong (II, 1009); Duvergier (II, 388); Zachariæ (II, p. 573); Rej., 15 mars 1836 ; Toulouse, 13 déc. 1830.
(2) Cass., 1er juin 1831 ; Rej., 8 mars 1832 ; Bourges, 10 fév. 1838 ; Metz, 21 nov. 1855 ; Poitiers, 12 mai 1857 ; Alger, 13 juill. 1857 (Dev., 31, 1, 245 ; 32, 1, 446 ; 98, 2, 372 ; 56, 2, 147 ; 57, 2, 241 ; 58, 2, 266).
(3) Pothier (n° 597); Troplong (II, 999 et 988); Duvergier (II, 377 et 378); Rouen, 16 mars 1812.

Per diversas et *Ab Anastasio,* une seule, la première, a fait naître, sous le Code, une difficulté, et embarrassé, mais bien à tort, quelques interprètes.

Cette exception est écrite pour la cession faite *à un cohéritier ou copropriétaire* du droit cédé. Or, tandis que le droit romain et notre ancien droit déclaraient catégoriquement qu'il ne s'agissait que de la cession faite à ce cohéritier ou copropriétaire *par son cohéritier ou copropriétaire,* le Code ne se prononce pas explicitement à cet égard, et on s'est demandé si l'exception n'était pas dès lors admise aussi pour le cas où la cession serait faite au copropriétaire par un étranger. M. Duranton (XVI, 539), n'osant pas, dit-il, distinguer alors que le texte ne distingue pas, tient timidement pour l'affirmative; et si M. Troplong (II, 1005 et 1006) professe avec raison la négative, et tient pour la nécessité, comme à Rome et dans l'ancien droit, d'une cession faite au copropriétaire par son copropriétaire, c'est en faisant prédominer l'esprit de la loi sur son texte, et en reconnaissant que ce texte embrasse aussi le cas de cession faite par un étranger. Or nous n'hésitons pas à dire avec M. Duvergier (II, 392), que non-seulement l'esprit de l'article 1701, mais aussi son texte même, ne permettent d'appliquer l'exception qu'à la cession faite au copropriétaire par son copropriétaire.

Quant à l'esprit de la loi, c'est évident; car, ainsi que le dit très-bien M. Troplong, de deux choses l'une : ou le copropriétaire, en acquérant d'un tiers le droit litigieux, a agi dans l'intérêt général de la copropriété, et alors c'est précisément réaliser son intention que de mettre en commun l'objet de son acquisition, c'est-à-dire d'accorder le retrait à ses copropriétaires; ou il n'a agi que dans son intérêt exclusif, mais alors il n'a donc fait qu'acheter un procès contre la communauté, et sa qualité ne fait que le soumettre plus étroitement qu'un autre au principe du retrait, puisqu'il devait plus que tout autre chercher à éviter les procès et les difficultés dans le partage à faire. Mais, d'un autre côté, le texte même conduit à ce résultat, et c'est faute d'attention suffisante que MM. Duranton et Troplong ne l'ont pas remarqué. Ce texte, en effet, n'est pas aussi large qu'on l'a supposé; il ne se contente pas de demander que le cessionnaire soit *un copropriétaire* absolument et sans précision, c'est-à-dire l'un des copropriétaires du droit ou de la chose sur lesquels existe une prétention qui serait l'objet de la cession; l'article dit plus que cela, il veut que le cessionnaire soit *un copropriétaire* DU DROIT CÉDÉ, un copropriétaire *du droit même qui fait l'objet de la cession.* Or, comme un droit commun ne peut être cédé que par l'un des communistes, il s'ensuit que demander chez le cessionnaire la qualité de copropriétaire *du droit cédé,* c'est exiger que cette qualité existe chez les deux parties, puisque chez le cédant elle existe forcément. Le texte ne s'applique donc qu'à la cession où les deux parties sont copropriétaires et ne comprend pas dans ses termes, comme l'ont cru à tort MM. Troplong et Duranton, le cas d'un cédant étranger au cessionnaire. L'exemple choisi par M. Troplong en est lui-même la preuve : le savant magistrat suppose un procès entre une succession échue à Pierre et à Paul et un créancier héréditaire qui cède à Pierre la créance en litige, et il présente ce cas comme rentrant dans les termes de notre art. 1701. C'est une erreur manifeste : Pierre était bien copropriétaire, avec Paul, de tous les biens composant la succession ; mais il n'était en aucune façon *copropriétaire du droit cédé*, c'est-à-dire de la créance vendue par Philippe, laquelle appartenait exclusivement à ce dernier.

Notre première exception n'a donc, même d'après le texte, que la portée qu'elle avait toujours eue ; elle n'est écrite que pour la cession faite par un communiste à son communiste, et qui a dès lors pour cause le désir de faire cesser l'indivision (1).

Les deux autres exceptions ne présentent aucun embarras. — L'une est admise au profit du créancier qui se fait céder par son débiteur un droit litigieux en payement de sa créance, parce que rien n'est plus légitime que de se faire payer son dû. Seulement il faut, bien entendu, que la créance soit sincère et ne soit pas un prétexte cachant une fraude à la loi. — La dernière est établie pour la cession faite au possesseur d'un héritage sujet au droit cédé. Ainsi, le possesseur qui, pour échapper à une revendication, se fait céder le droit d'un tiers se prétendant aussi propriétaire, le détenteur qui achète une créance hypothéquée sur l'immeuble qu'il détient, l'usufruitier qui acquiert les droits d'un prétendant à la propriété de l'immeuble, tous ceux enfin qui se font céder un droit devant s'exercer sur l'immeuble qu'ils possèdent, seront, bien que ce droit fût l'objet d'un procès lors de la cession, à l'abri du retrait, parce que leur acquisition présente, à raison de leur position, un motif légitime et qui ne permet pas de les assimiler à ces méprisables acheteurs de procès que la loi veut écarter.

M. Troplong (II, 1004, 1009 et 1010) présente comme quatrième exception le cas où le droit litigieux serait l'objet d'une donation ; mais ce n'est pas là une exception au principe, puisqu'on ne peut excepter d'un principe que ce qui s'y trouve compris et que le principe du retrait n'est établi par la loi que pour la vente, comme on l'a vu au n° II.

On doit également regarder comme n'étant pas soumis à la règle de l'art. 1699 le cas d'un droit litigieux cédé comme simple accessoire de la chose que l'on vend ; par exemple, le cas où, en vendant une terre, on vend en même temps les droits qu'on peut avoir contre les fermiers qui l'exploitent, droits parmi lesquels s'en trouvent un ou plusieurs sur lesquels il y a procès ; le cas encore où le droit litigieux serait l'un des différents biens composant l'heredité que je vous vends. L'acquéreur, en pareil cas, n'a rien de commun avec ces acheteurs de procès que la loi veut atteindre : le droit litigieux est alors un accessoire qui se perd dans le principal ; et il est conforme à l'ordre d'idées qui a dicté nos dispositions, de dire qu'il n'y a ici qu'une seule vente, celle *d'une terre*

(1) Cass., 8 frim. an 12, 18 juill. 1838, 22 juill. 1851 (Dev., 38, 1, 790 ; Dall., 51, 1, 265).

ou celle *d'une hérédité* (avec ses accessoires), et pas de vente de droits litigieux comme l'entend la loi (1).

RÉSUMÉ DU TITRE SIXIÈME.

DE LA VENTE.

I. — Nous étudierons successivement ici :

1° La nature du contrat de vente et sa forme, à propos de quoi nous parlerons de la licitation ; — les conditions nécessaires à son existence ou à sa validité, ce qui comprend : le consentement des parties et dès lors la question de capacité des personnes ; la chose, avec examen du point de savoir quand cette chose peut ou non être vendue ; le prix enfin, avec les règles sur le prix vil et le prix non sérieux (chap. 1, 2 et 3 du Code ; ch. 6, sect. 2 ; ch. 7) ;

2° Les diverses espèces de ventes, notamment : ventes pure et simple, à terme et conditionnelle, soit sous condition suspensive, soit sous condition résolutoire, spécialement celle improprement appelée *vente à réméré :* ventes à la mesure, en bloc, à l'essai, avec arrhes, et aussi les promesses de vente (ch. 1 ; et ch. 6, sect. 1) ;

3° Les principales obligations que la vente fait naître, pour le vendeur d'une part, pour l'acheteur d'autre part (ch. 4 et 5) ;

4° Enfin, les règles spéciales aux ventes de créances ou autres droits (ch. 8).

Notre traité résumé se divisera donc en quatre chapitres.

CHAPITRE PREMIER.

DE LA NATURE DE LA VENTE, DE SA FORME ET DE SES CONDITIONS.

SECTION PREMIÈRE.

NATURE ET FORME DE LA VENTE.

II. — La vente est un contrat par lequel une des parties transfère à l'autre la propriété d'une chose, moyennant un prix que celle-ci s'oblige à lui payer. Nous disons *transfère* la propriété, et non pas *s'oblige à transférer,* comme on le dit souvent, car le changement apporté ici par le Code aux anciens principes ne consiste pas seulement à substituer une obligation à une autre (celle de procurer à l'acheteur le droit de propriété, à celle de lui procurer la possession), ce changement est plus profond, il rend la vente contrat translatif de propriété, de simple

---

(1) Pothier (n° 595) ; Troplong (II, 1011) ; Duvergier (II, 397).

contrat productif d'obligation qu'elle était autrefois, en sorte que ce n'est pas par la tradition qui suit la convention que la propriété est transmise, mais par l'effet immédiat et direct de cette convention.

Et ce n'est pas seulement à l'égard du vendeur, comme pourrait le faire croire le texte du Code, que la transmission de propriété s'opère ainsi par le seul consentement, c'est absolument et vis-à-vis de tous, puisque la question, laissée indécise dans notre titre comme au titre des Donations, a été résolue plus tard dans ce sens au titre des Hypothèques.

Du reste, si la translation instantanée de la propriété est aujourd'hui l'effet normal et ordinaire de la vente, elle n'en est pas un effet nécessaire, et la vente peut, dans certains cas exceptionnels, ne produire que l'obligation de rendre propriétaire. C'est ce qui arrive : 1° quand, l'objet n'étant pas un corps certain ou le prix n'étant pas encore connu, la vente n'est pas encore parfaite ; 2° quand les parties stipulent que l'acheteur ne deviendra propriétaire qu'après un certain délai (art. 1583, n° I-III).

III. — En général, la vente n'est soumise à aucune espèce de forme, elle est tout aussi valable quand elle est faite verbalement que si elle était constatée par acte authentique, et s'il est nécessaire d'en dresser un écrit authentique ou privé, c'est pour la question de preuve et nullement pour la question de validité du contrat (1583, V).

Mais il en est autrement dans certains cas. Ainsi nous verrons au chap. 4 que des formalités sont nécessaires pour la validité, envers les tiers, des ventes de créances ; on sait aussi que toute vente de biens de mineurs, d'interdits, etc., ne peut se faire qu'aux enchères publiques et avec des formalités spéciales indiquées par la loi.

On pourrait croire, à s'en tenir au texte du Code, qu'il en est de même pour toute licitation ; mais ce serait une erreur. Quand un bien indivis entre plusieurs n'est pas de nature à se partager sans perte ou grave incommodité, ou encore quand aucun des copropriétaires, malgré la facile division du bien, ne veut le prendre ni pour partie ni pour le tout, il y a lieu de le liciter, c'est-à-dire de l'attribuer à une seule personne, moyennant une somme d'argent qui se partagera entre les divers copropriétaires. Or cette licitation, qui ne constitue légalement qu'un partage quand l'attribution est faite à l'un des copropriétaires, devient une vente quand le bien est attribué à un étranger. Quand tous les copropriétaires sont présents et maîtres de leurs droits, ils sont libres de ne pas appeler les étrangers, et aussi, en les appelant, de faire leur licitation comme il leur plaira et sans aucun recours ni à la justice ni même à des enchères devant notaire ; c'est seulement dans le cas contraire qu'il y a nécessité d'appeler les étrangers et de remplir les formalités indiquées au titre des Successions et au Code de procédure (art. 1686-1688).

SECTION II.
DES CONDITIONS D'EXISTENCE ET DE VALIDITÉ DE LA VENTE.

IV. — Trois éléments sont essentiels au contrat de vente : le consentement des parties, la chose et le prix.

§ 1er. — Du consentement des parties.

V. — Le consentement, qui doit, bien entendu, porter sur le prix et sur la chose, doit aussi, comme dans toute autre convention, n'être pas entaché d'erreur, de violence ou de dol, et être donné par des parties capables; or, en outre des causes générales d'incapacité, il en est ici de particulières au contrat de vente.

Et d'abord, le contrat de vente est prohibé entre époux; mais il y a trois exceptions à ce principe. 1° La vente peut être faite, soit par le mari à la femme, soit par la femme au mari, quand, après jugement de séparation de biens, l'un des conjoints, constitué débiteur envers l'autre par la liquidation, cède des biens à celui-ci en payement de ce qu'il lui doit. 2° Elle peut l'être, même hors le cas de séparation judiciaire, mais seulement par le mari à la femme, en payement d'une dette actuelle du premier. 3° Enfin, elle peut être faite par la femme au mari, en dehors de ce même cas de séparation judiciaire, mais pourvu qu'il n'y ait pas communauté, pour remplir le mari d'une somme ou d'une créance que la femme lui avait promise en dot (1595, I-III).

Toute vente que se feraient les époux en dehors de ces trois cas d'exception, soit qu'elle fût une vente sincère, soit qu'elle ne fût qu'une donation déguisée, serait annulable, pendant dix ans, à partir de la dissolution du mariage. Que si une vente faite dans un des cas d'exception se trouvait contenir pour l'époux acheteur un avantage indirect, cet avantage serait, comme toute autre libéralité, réductible à la quotité disponible sur la demande des héritiers réservataires du vendeur (1595, IV et V).

VI. — La loi déclare absolument incapables d'acheter : — 1° Les tuteurs, pour les biens de ceux dont ils ont la tutelle. La règle comprend, bien entendu, toute espèce de tuteurs, aussi bien ceux des personnes frappées d'interdiction judiciaire ou légale que ceux des mineurs, et les protuteurs ou cotuteurs comme les autres tuteurs; mais nous ne voyons pas, malgré la division des auteurs et des arrêts sur ce point, comment on peut l'appliquer aux subrogés tuteurs, curateurs ou conseils judiciaires, puisqu'il s'agit d'une disposition exceptionnelle, qui ne doit dès lors recevoir aucune extension, et que les personnes dont il s'agit ne sont pas des tuteurs. — 2° Tout mandataire, pour les biens qu'il est chargé de vendre. L'incapacité ne s'appliquait pas, sous le Code Napoléon, à l'avoué d'un créancier poursuivant une saisie immobilière; mais elle lui a été appliquée par la loi du 2 juin 1841.

— 3° Les maires et autres administrateurs, pour les biens des communes ou établissements qu'ils sont chargés d'administrer. — 4° Enfin, tous officiers publics, pour les biens nationaux qui se vendent par leur ministère ; et, quoiqu'on enseigne quelquefois le contraire, il faut, comme on l'a dit au conseil d'État, appliquer la règle aussi bien au préfet qui se ferait remplacer pour la vente qu'à celui qui y procéderait en personne, puisque le délégué ne serait alors que l'instrument du déléguant.

Dans ces quatre cas encore, la vente serait annulable pendant dix ans au profit de ceux dans l'intérêt desquels la prohibition est portée (article 1596).

VII. — Le Code défend enfin, sous peine de nullité absolue et de tous dépens et dommages-intérêts, à tous magistrats, avocats, avoués, huissiers, notaires, avocats agréés ou autres défenseurs, attachés à un tribunal, de quelque degré qu'il soit, de se rendre cessionnaires de procès, droits ou actions litigieux de la compétence de ce tribunal. — La prohibition est établie pour tout ce qui est de la compétence du tribunal, c'est-à-dire pour toute prétention sur laquelle ce tribunal est ou peut être appelé à statuer, en sorte que les magistrats, greffiers, etc., de la Cour de cassation y sont soumis pour toute la France et les colonies, comme ceux d'une justice de paix ne le sont que pour le canton ; mais elle ne s'étend pas au delà de cette compétence, et dès lors les membres d'un tribunal d'arrondissement peuvent acheter les droits qui ressortissent à un autre tribunal dépendant de la même cour d'appel, et les membres de cette cour peuvent acheter celui sur lequel un des tribunaux du ressort doit statuer en dernière instance. — Cette prohibition, du reste, ne s'applique pas seulement, comme la règle que nous signalerons au chapitre 4 pour la vente de droits litigieux faite à toutes autres personnes, aux droits sur lesquels il existe actuellement un procès, mais à tous ceux qui sont de nature à faire naître ce procès (1) ; elle s'applique aussi aux pactes appelés *de quotâ litis* et n'admet d'ailleurs aucune des exceptions que reçoit cette règle du chap. 4. — Il faut enfin remarquer que la prohibition étant ici fondée sur un motif d'ordre public, la convention n'est pas alors annulable, mais rigoureusement nulle, en sorte qu'il y a lieu de déduire pour ce cas les conséquences de l'inexistence légale du contrat (1597).

§ 2. — De la chose faisant l'objet de la vente.

VIII. — Il faut, pour qu'une vente se forme légalement, que la chose qu'on lui donne pour objet existe, et ne se trouve pas mise hors du commerce, soit par sa nature même, soit par la loi.

Il faut d'abord que la chose existe ; et si l'on déclarait vendre et acheter une chose qui est actuellement détruite, le contrat ne se formerait pas, faute d'objet, et si l'acheteur avait payé la somme convenue,

---

(1) Aux autorités citées p. 194, *adde* : Rej., 11 fév. 1851 (Dev., 51, 1, 199).

il pourrait la répéter pendant trente ans comme l'ayant versée indûment et sans cause. Il le pourrait, alors même qu'il aurait su, lors de la première vente, que la chose n'existait plus et que l'autre partie l'aurait ignoré. Sans doute il pourrait être condamné à des dommages-intérêts et devrait réparer tout le préjudice qu'il aurait pu causer; mais il ne pourra jamais rien devoir à titre de prix de vente, puisque, faute d'objet, il n'y a pas de vente (1601, I).

Quand la chose n'était détruite qu'en partie, la loi donne à l'acheteur le choix de tenir le contrat pour non avenu ou de se contenter d'une diminution proportionnelle du prix. Ce choix lui étant donné absolument et sans condition, il pourra donc, à la différence de ce qui a lieu dans le cas d'éviction partielle (et à la suite dès lors d'un contrat parfaitement formé), opter pour la non-existence de la vente, même quand la partie détruite de la chose n'est pas assez considérable pour qu'il soit certain que sans elle il n'eût pas acheté. Il faudrait, pour qu'on pût lui refuser le choix, que cette partie fût assez minime pour faire juger que son absence n'est qu'un prétexte que l'acheteur prend pour cacher le vrai motif qui lui fait demander la résiliation. — Que si l'acheteur avait connu lors de la vente la destruction partielle, il ne pourrait ni se départir du contrat, ni même demander une diminution : il serait naturellement réputé avoir reconnu que la chose valait encore le prix qu'il en donnait (*ibid.*, II).

Mais si l'on avait vendu non pas la chose même, mais seulement ce qui peut subsister encore de cette chose, la vente serait parfaitement valable, alors même qu'il ne resterait rien, puisque l'objet de la vente, dans ce cas, c'est tout simplement une chance d'avoir tout, peu ou rien, et que cette chance existait. Il va sans dire aussi que les décisions ci-dessus s'appliqueraient également au cas d'une vente ayant pour objet un ensemble de plusieurs choses, dont toutes, l'une ou plusieurs, n'existeraient plus (*ibid.*, III).

IX. — Il faut, d'un autre côté, que la chose ne soit pas mise hors du commerce, soit par sa nature même, soit par les dispositions de la loi, sinon absolument, du moins quant au contrat de vente.

D'après ce principe, on ne peut pas vendre la chose d'autrui. On le pouvait autrefois, alors que la vente ne produisait que l'obligation de procurer la possession; on le pourrait encore, si elle n'engendrait que l'obligation de transférer la propriété; mais du moment que la vente doit désormais avoir pour effet, non de créer une obligation, mais de transmettre directement la propriété, ce contrat n'est donc plus possible que pour une chose appartenant au vendeur, et toute vente de la chose d'autrui est légalement nulle et inexistante. — Il y a grave controverse sur les conséquences juridiques de cette nullité de la vente de la chose d'autrui; voici notre doctrine à cet égard :

Puisque l'acte est légalement inexistant, il ne suffit donc pas de reconnaître au vrai propriétaire de la chose le droit de la revendiquer tant qu'elle n'est pas acquise par la prescription, il faut reconnaître encore à l'acheteur, non-seulement le droit de refuser le prix en laissant ou restituant la chose, mais aussi le droit de répéter ce prix, s'il était payé, pendant trente années, et non pas pendant dix ans seulement, comme on le décide souvent, puisque le délai n'est réduit à dix ans que quand il s'agit de faire briser un contrat annulable, et qu'ici la vente n'existe pas. Et l'acheteur a ce droit, alors même qu'il aurait su que la chose n'appartenait pas au vendeur, et que celui-ci l'aurait ignoré : sans doute sa conduite déloyale pourrait alors, en outre des frais de contrat qu'il devrait supporter, le faire condamner à des dommages-intérêts; mais elle n'empêcherait pas qu'il n'y a point eu vente et que dès lors le prix n'était pas dû. — Quant au vendeur, le point de savoir s'il peut également opposer l'inexistence du contrat, dépend d'une distinction. Tant que la chose n'a pas été livrée, il le peut pour se refuser à la délivrance qu'on lui demande; car de ce qu'il a fait un premier acte illicite en vendant la chose d'autrui, ce n'est pas une raison pour en faire un second en la livrant : son devoir est de s'entendre avec le propriétaire, soit pour lui acheter le bien et consolider ainsi sa propre vente, soit pour le lui restituer, si celui-ci refuse de vendre, en offrant d'ailleurs tous dommages-intérêts à l'acheteur. Mais il ne le peut plus, une fois la chose livrée, pour se faire restituer cette chose. Car si la nullité de la vente fait que la chose n'appartient pas à l'acheteur, elle ne fait pas qu'elle appartienne au vendeur : le propriétaire a seul le droit d'agir en restitution du bien ; et le seul devoir du vendeur envers ce propriétaire est désormais de l'avertir, afin que, s'il refuse de vendre, il exerce lui-même l'éviction dont lui, vendeur, indemnisera l'acheteur (1599, I-III).

X. — Le vendeur de la chose d'autrui étant tenu de remplir le rôle de vendeur et ses conséquences, autant qu'il lui est légalement possible de le faire, il s'ensuit que, s'il devient par une cause quelconque propriétaire de la chose, la vente, à l'instant même, se trouvera parfaite, et la propriété transmise à l'acheteur : dès l'instant, en effet, que le vendeur a été propriétaire, il y a eu obligation de transférer la propriété, et comme dans notre droit cette obligation s'accomplit *ipso jure* dès qu'elle est née, l'acheteur est donc devenu propriétaire immédiatement, et il ne pourrait plus désormais critiquer la vente. Il n'en serait autrement qu'autant que la réunion sur la même tête des deux qualités de vendeur et de propriétaire ne se réaliserait qu'après signification par l'acheteur de l'action en nullité de la vente : alors, en effet, l'acheteur, en intentant l'action, a répudié les effets que la convention pouvait produire, il a renoncé à l'acquisition éventuelle de la propriété, et sa volonté d'être acquéreur n'existant plus quand cette propriété lui a été offerte, la vente nulle est donc restée nulle, et il conserve le droit de la faire déclarer inexistante. Il est évident, au surplus, que c'est là une pure faculté pour lui, et qu'il est libre de retirer sa demande en nullité pour accueillir la propriété qui lui est offerte. — Il en serait de même en cas de ratification de la vente par le vrai propriétaire. Si cette ratification intervient avant l'action de l'acheteur intentée, la vente est désormais inattaquable ; si c'est après, l'acheteur a le choix de faire proclamer la nullité ou de maintenir la vente.

On conçoit bien, au surplus, qu'il n'y a aucune contradiction entre l'inexistence légale de la vente de la chose d'autrui et le droit, pour l'acheteur de bonne foi, de gagner les fruits, de demander des dommages-intérêts et de pouvoir prescrire, soit par dix ou vingt ans pour des immeubles, soit instantanément pour des meubles : il y a méprise à dire, comme on le fait quelquefois, qu'on ne peut pas soutenir l'inexistence d'un acte, quand on fait produire des effets à cet acte ; car les droits dont il s'agit ne sont nullement des effets de la vente considérée comme vente, ils sont l'effet du préjudice subi ou de la possession de bonne foi. — On conçoit de même qu'il n'y aurait pas vente de la chose d'autrui, mais un contrat parfaitement valable, dans l'acte par lequel une partie se porterait fort seulement envers l'autre de lui faire avoir la propriété de la chose appartenant à autrui (1599, IV-VI).

XI. — Parmi les choses mises hors du commerce par la loi se trouve la succession d'une personne encore vivante : la vente d'une telle succession, soit pour son ensemble, soit pour tels ou tels biens qui en dépendent, est considérée comme contraire aux bonnes mœurs, alors même qu'elle serait faite avec le consentement du *de cujus ;* et on aurait dès lors trente ans, malgré l'étrange système par lequel certains auteurs arrivent à une conclusion contraire, pour intenter l'action tendant à en faire constater l'inexistence légale. Si on avait vendu pour un seul prix une succession future et des biens présents, comme les tribunaux n'ont pas le droit de faire pour ces derniers une fixation de prix qui ne peut émaner que des parties, la vente serait nulle pour le tout ; à moins, bien entendu, que l'acheteur ne consentît à payer pour les seuls biens présents l'intégralité du prix convenu (1600).

XII. — Des lois particulières rangent parmi les choses dont la vente est prohibée, les armes cachées et secrètes (telles que stylets, poignards, pistolets de poche, etc.) et les grains en vert, excepté dans certains cas. — Il faut y ranger aussi, comme étant hors du commerce par sa nature même, la démission de tous offices publics autres que ceux pour lesquels la loi du 28 avril 1816 permet de traiter à prix d'argent de la présentation d'un successeur. Il est vrai que la jurisprudence est divisée sur ce point ; mais les principes ne sont cependant pas douteux. Si, en effet, une fonction publique n'est pas chose dans le commerce, la démission de cette fonction ne l'est pas davantage ; cette démission ne comporte pas d'autres parties que le titulaire qui la donne et l'autorité qui la reçoit, et elle ne peut pas dès lors, en dehors de l'exception créée par la loi de 1816, être l'objet d'une convention privée, d'un traité d'argent. Une telle convention étant ainsi nulle radicalement, comme contraire à l'ordre public, la somme qui aurait été payée pour son exécution pourrait dès lors être répétée pendant trente ans. Il en serait ainsi alors même que celui qui a payé la somme aurait obtenu l'emploi ; car cet emploi, qui n'a pas été donné par le démissionnaire, mais par l'autorité, n'est pas dès lors, et ne peut pas être légalement le prix de la somme versée : que les tribunaux, selon les cas, reconnaissent en fait qu'un préjudice a été causé au démissionnaire par l'autre partie, et condamnent celle-ci à payer des dommages-intérêts, que ces dommages-intérêts soient quelquefois égaux au prix qui avait été convenu et payé, rien de mieux ; mais dire, comme le fait un auteur, que la somme pourrait être gardée comme prix du traité, comme chose dûment payée, c'est une erreur manifeste (1598, I et III).

Une dernière classe de choses qui, sans être entièrement hors du commerce, n'y entre pas absolument non plus, se présente dans les œuvres de l'esprit. Il est évident, en effet, que pour les compositions littéraires, scientifiques ou artistiques, l'éditeur, que l'on dit ordinairement acheter l'œuvre, n'acquiert pas sur elle une vraie propriété, mais seulement un droit d'exploitation ; et l'auteur est d'ailleurs toujours le maître (sauf dommages-intérêts s'il y a lieu) d'apporter à son travail tels changements qu'il juge nécessaires, et même, selon les cas, d'en arrêter la publication. Ce qui peut alors se vendre et se vend, c'est seulement un droit d'exploitation restreint et soumis à l'appréciation de l'auteur (*ibid.*, II).

§ 3. — Du prix de la vente.

XIII. — Il est indispensable, pour la formation même du contrat de vente, qu'il y ait un prix consistant en argent, que ce prix soit suffisamment déterminé ou déterminable, et enfin qu'il soit sérieux ; il faut en outre, pour la validité de la vente, que ce prix ne soit pas vil. En l'absence d'une des trois premières conditions, il n'y a pas de vente ; s'il y a vileté du prix, la vente existe, mais elle est rescindable.

1° Du cas où la vente ne se forme pas faute de prix.

XIV. — Et d'abord le prix doit consister en argent ; sans cela, et si c'était pour d'autres valeurs que l'aliénation de la chose fût consentie, il n'y aurait plus vente, mais échange, et les effets du contrat ne seraient plus les mêmes. Mais que doit-on entendre par prix en argent ? Doit-on regarder ici comme équivalent de l'argent, et comme formant un véritable prix, des denrées ayant un cours connu, une pension alimentaire en nature et autres valeurs analogues ? La question, très-controversée par les auteurs, doit se résoudre par les circonstances ; et s'il faut dire que la plupart du temps ces choses ne donneront lieu qu'à un échange, il faut reconnaître qu'elles pourront quelquefois aussi, surtout relativement à un immeuble, constituer un prix de vente, sans quoi il faudrait aller jusqu'à décider (ce que personne n'ose faire) que l'aliénation de cet immeuble ne serait pas une vente alors même qu'elle serait faite pour une rente, puisqu'une rente n'est pas non plus une somme d'argent. Il faut donc dire que le prix peut consister, soit en une somme d'argent, soit en choses qu'il est d'usage, et qu'il a été dans l'intention des parties d'assimiler à une somme d'argent (1592, I) (1).

XV. — Il faut en second lieu que le prix soit suffisamment déterminé ou déterminable. C'est-à-dire que les parties doivent de deux choses l'une, ou fixer elles-mêmes le prix (soit directement, soit par relation avec tel cours ou par tout autre moyen indirect), ou du moins, à défaut de fixation actuelle, se lier assez pour que ce prix puisse être fixé ultérieurement sans aucun besoin d'un nouvel acte de leur volonté, et en conséquence du consentement actuellement donné. C'est ce qui a lieu quand ces parties conviennent que la détermination sera faite par tels ou tels experts, ou en général par un ou plusieurs experts qui seront désignés, soit par elles, soit par la justice à leur défaut. Si, quand les parties conviennent de désigner elles-mêmes l'expert ou les experts, elles n'ajoutaient pas la faculté de recourir à la justice en cas de refus par elles, le contrat ne serait pas formé, puisqu'elles ne seraient pas liées ; et si les experts nommés par elles mouraient ou refusaient la mission, la vente serait non avenue, la condition dont elle dépendait ne se réalisant pas (1592, II).

XVI. — Il ne suffit pas, pour la formation du contrat de vente, qu'il y ait un prix en argent ou en équivalent, et que ce prix soit suffisamment déterminé, il faut aussi, bien entendu, que ce prix soit sérieux; car une convention, quel qu'en soit l'objet, n'est un acte juridique et ne peut former un contrat quelconque qu'autant qu'elle est faite sérieusement. Si donc je déclarais vous vendre ma ferme (qui vaut 80 000 francs) pour un écu, il est clair qu'il n'y aurait pas une véritable vente, de même que si je déclarais l'échanger contre votre moineau, ce ne serait pas un véritable échange.

Cette idée si simple, et qui n'était certes pas de nature à soulever la moindre difficulté, a cependant fait naître une vive controverse par suite de l'étrange confusion dans laquelle sont tombés ici quelques auteurs et de nombreux arrêts. On a prétendu, en effet, que le prix cessait d'être sérieux, non-seulement quand il est ainsi mis par plaisanterie, *nugatorie*, mais aussi toutes les fois qu'il est assez faible pour que les parties *n'aient pas pu le regarder comme l'équivalent de la chose*. Or c'est là une erreur manifeste et qui reçoit trois réfutations pour une.

D'une part, quand, pressé par le besoin d'argent comptant, je vous vends ma ferme de 80 000 francs pour quinze ou vingt mille, il est clair que nous n'avons pas pu regarder ce prix comme l'équivalent de la chose, en sorte que, d'après la doctrine ci-dessus, ce prix ne serait pas sérieux. Or il est bien évident, au contraire, que c'est sérieusement, et très-sérieusement, que ce prix a été convenu : rien n'est plus sérieux au monde que ma résignation à faire un énorme sacrifice pour donner du pain à mes enfants ou satisfaire d'impitoyables créanciers, et que votre résolution de profiter de ma position pour avoir mon bien à un prix abject. — D'autre part, s'il me plaisait d'échanger ma ferme de 80 000 francs pour votre maison de 15 000 francs, ou de vous la

---

(1) *Voy.* aussi plus loin l'art. 1702, n° II.

louer pour 500 francs par an quand elle vaut plus de 2000 francs, ou d'acheter votre maison de 15000 francs pour 80000 francs en argent, tout le monde reconnaît que le contrat serait parfaitement sérieux ; pourquoi donc ne le serait-il plus dans notre cas, où la disproportion est rigoureusement la même ? — Non-seulement, enfin, il n'y a ni raison ni prétexte pour appliquer à l'abjection du prix, dans la vente, une règle que l'on reconnaît inapplicable pour l'abjection égale, soit de la chose dans le même contrat, soit de l'une des deux choses dans l'échange, soit de la chose ou du prix dans le louage, mais encore ce cas d'abjection du prix de la vente est précisément celui de tous pour lequel cette idée est plus manifestement inadmissible que partout ailleurs. Ce cas, en effet, est précisément le seul pour lequel la loi ait cru devoir porter une règle spéciale ; or cette règle, destinée à donner au vendeur une protection toute particulière, se contente de dire que ce vendeur, pourvu encore qu'il s'agisse d'immeubles et que l'acheteur n'offre pas un supplément de prix, pourra pendant deux ans demander la rescision du contrat. S'il en est ainsi, c'est donc que cette circonstance d'un prix abject n'empêche pas le contrat de se former ; que dès lors un prix ne cesse pas d'être sérieux par cela seul que les parties n'ont pas pu le regarder comme l'équivalent de la chose ; et que, comme le dit en effet le sens habituel des mots, un prix, si minime qu'il soit, est cependant sérieux du moment qu'on le fixe pour tout de bon, et dans la pensée bien positive qu'il sera payé (1592, III).

2° De la vente rescindable pour insuffisance du prix.

XVII. — Quand le prix de vente est dans une telle disproportion avec la valeur de la chose, qu'il est vraiment vil et abject, la loi, s'il s'agit d'immeubles, vient au secours du vendeur ; elle regarde son consentement comme arraché par une espèce de violence morale exercée contre ce vendeur par les circonstances malheureuses dans lesquelles il est placé, et elle l'autorise, en conséquence, à faire briser son contrat par la justice. Le prix est vil quand il n'atteint pas les cinq douzièmes de la valeur (1674, I).

C'est pour les immeubles seulement que cette rescision pour lésion est admise ; mais elle doit l'être pour tous immeubles, incorporels aussi bien que corporels, puisque la loi ne distingue pas. Que si des immeubles et des meubles avaient été vendus ensemble pour un seul et même prix, il faudrait faire une ventilation pour déterminer la portion de ce prix afférente aux immeubles, et admettre la rescision quant à eux si on se trouve au-dessous des cinq douzièmes de leur valeur (ibid.).

On dit ordinairement qu'une vente ne peut pas être entachée de lésion du moment qu'elle est aléatoire. C'est une erreur. Une vente, en effet, est aléatoire toutes les fois qu'il y a chance de payer plus ou moins ; or il ne suffit pas, pour empêcher la lésion, de toute chance de payer *plus ou moins* absolument, il faut une chance de payer *plus ou moins que la valeur de la chose*. Il est bien évident, en effet, que si une chance de perte n'a vis-à-vis d'elle (au lieu d'une chance de gain) que la chance d'une perte plus grande, celle-ci, loin de neutraliser la première et d'effacer la lésion, la rend au contraire plus profonde. Si donc la chance qui ne va ainsi que de la perte à la perte s'élève, dans son *minimum* lui-même, au-dessus des sept douzièmes du juste prix (et qu'elle existe contre le vendeur), il est clair qu'il y a lieu à rescision (1674, II).

XVIII. — Toute clause par laquelle le vendeur déclarerait renoncer à l'action en rescision, ou faire donation de l'excédant de la valeur du bien, est avec raison déclarée nulle par la loi, quand elle se trouve dans l'acte même de vente. Mais il n'en faut pas conclure, comme le font plusieurs auteurs, qu'une telle déclaration serait toujours efficace, du moment qu'elle serait passée par acte postérieur. L'acte serait alors nul ou valable, selon les cas : ce serait au juge à rechercher en fait s'il est vraiment le résultat d'une volonté libre ou s'il est encore entaché du même vice que la vente (1674, III).

XIX. — L'action en rescision n'est recevable que pendant deux ans à partir du jour de la vente ; et ce délai court contre toutes personnes, même contre celles au profit desquelles la prescription est ordinairement suspendue. Mais, bien entendu, à quelque moment qu'on agisse, c'est toujours la valeur que l'immeuble avait au moment même de la vente, et non pas la valeur plus grande ou moins grande qu'il peut avoir actuellement, qui sert de base au calcul (1676, I).

L'action ne serait plus recevable si l'immeuble avait péri sans la faute de l'acheteur, puisque l'obligation de restituer cet immeuble, la seule qui eût pu résulter alors de la prononciation de la rescision, ne pourrait plus naître faute d'objet. Si c'était par sa faute que l'immeuble eût péri, il pourrait être condamné à réparer le préjudice qu'il a causé en rendant impossible la restitution du bien. Que si enfin l'immeuble ne périssait, sans faute de l'acheteur, qu'après avoir été revendu par celui-ci pour un meilleur prix, le vendeur pourrait faire prononcer la rescision pour dire ensuite que, la chose se trouvant lui avoir toujours appartenu, c'est donc son bien qui a été revendu, que dès lors le prix a été indûment reçu par l'acheteur et doit lui être restitué (1676, II).

XX. — La rescision ne peut jamais être prononcée *de plano* et par un premier jugement, mais seulement après une expertise que ce premier jugement doit ordonner. C'est à tort qu'on l'a nié pour le cas où la lésion paraîtrait dès à présent établie ; car le législateur, qui avait d'abord admis une exception à sa règle pour ce cas, l'a ensuite retranchée en déclarant que même alors il faudrait s'en tenir à la règle. Du reste, si le tribunal est toujours tenu d'ordonner une expertise, il n'est jamais tenu d'en adopter les conclusions, et il pourrait, en s'éclairant de tous autres documents, reconnaître la lésion de plus de sept douzièmes que nie le rapport d'experts, ou *vice versâ*.

XXI. — L'effet de la rescision est de rendre légalement la vente non venue; mais l'acheteur peut empêcher ce résultat en payant le supplément du juste prix sous la déduction d'un dixième de ce prix. Du reste, comme ce n'est là qu'une faculté pour l'acheteur, que dès lors son obligation est à cet égard facultative seulement et non alternative, qu'elle n'a ainsi qu'un objet unique, qui est la restitution de l'immeuble, il s'ensuit que, quoi qu'en aient dit deux anciens arrêts de la Cour suprême, l'action du vendeur est toujours immobilière. — Il n'est pas moins certain, malgré la doctrine contraire de quelques auteurs, que cette action est mixte contre l'acheteur qui possède encore le bien, personnelle contre celui qui ne l'a plus, et réelle contre le sous-acquéreur. Il est bien évident, en effet : 1° que l'action dirigée contre l'acheteur encore en possession est mélangée de personnalité et de réalité, puisqu'on y prétend, tout à la fois, que l'acheteur est *obligé* de laisser briser le contrat intervenu, et qu'il sera par l'effet de la rescision *détenteur d'un bien* appartenant au demandeur; 2° que la première idée existe seule quand l'acheteur est attaqué alors qu'il ne possède plus; et 3° que la seconde seule, c'est-à-dire un cas de pure revendication, se présente quand on agit contre le tiers acquéreur (1682, I).

XXII. — Quand l'acheteur opte pour le payement du supplément, il en doit les intérêts, mais seulement à compter du jour de la demande en rescision, la loi ayant préféré, entre les deux systèmes contraires qui divisaient nos anciens docteurs, celui qui était le moins sévère pour l'acheteur et qui le traitait comme ayant pu posséder de bonne foi jusqu'à l'action. Il doit aussi, bien entendu, payer à la régie un supplément de droit de mutation. — Si, au contraire, l'acheteur laisse réaliser l'annulation de la vente, il doit restituer l'immeuble, et aussi les fruits à partir de la demande seulement, ainsi que l'indemnité des détériorations dont il aurait tiré profit. Quant à celles dont il n'a pas profité, il est conséquent avec l'idée du législateur, qui traite l'acheteur comme étant de bonne foi, de ne lui faire payer que celles qui sont postérieures à la demande et non les autres, à moins que la mauvaise foi ne soit établie pour celles-ci. Le vendeur, de son côté, doit restituer le prix de vente avec intérêts du jour de la demande, ainsi que la plus-value des améliorations faites par l'acheteur et le montant des réparations nécessaires; mais il ne doit pas les frais de contrat, puisque, ces frais ne lui profitant pas, ce serait rendre incomplète la restitution qui lui est due que de les lui faire supporter (1682, II).

Bien entendu, l'offre de supplément peut, à défaut de l'acheteur, être faite par un sous-acquéreur. Si elle n'a pas lieu, il y a résolution, tant du droit de l'acheteur que de tous les droits réels que celui-ci a pu conférer sur l'immeuble (1682, III).

XXIII. — En principe, la régie devrait, quand il y a résolution, restituer les droits de mutation, puisque légalement cette mutation se trouve n'avoir pas eu lieu; mais l'art. 60 de la loi du 22 frimaire an 7 déroge à ce principe, en déclarant que, du moment qu'un droit aura été dûment perçu, il n'y aura jamais lieu de le restituer, quoi qu'il puisse arriver ensuite. On a voulu aller bien plus loin. La Cour de cassation a jugé que le vendeur doit lui-même payer le droit proportionnel pour l'immeuble qu'il reprend, attendu que l'art. 68 de la susdite loi ne soumet au simple droit fixe de 3 francs que *les jugements portant résolution du contrat* POUR CAUSE DE NULLITÉ RADICALE, et que la rescision n'est point un cas de nullité radicale, mais une simple annulation. C'est une erreur : la loi de frimaire ne s'est servie des mots *nullité radicale* que dans leur sens impropre, et pour signaler l'annulabilité de l'acte. Cette vérité, qui se manifesterait déjà suffisamment par la circonstance que tel est partout le langage du Code (et même de la plupart des auteurs, notamment de Toullier et de M. Duranton), trouve d'ailleurs sa preuve dans la phrase même qu'on invoque, puisqu'elle parle des jugements qui, pour cause de nullité radicale, *portent résolution de contrat :* on ne peut résoudre que les contrats qui existent, et c'est bien dès lors des contrats annulables, non des contrats nuls et proprement inexistants, que ce texte parle. Aussi l'art. 69 ne soumet au droit proportionnel que les *reventes* et *rétrocessions*, non les rescisions ou annulations de ventes (1682, III).

XXIV. — Si la misère ou une position gênée peuvent forcer à vendre, elles ne forcent jamais à acheter ; et le Code, en conséquence, a cru devoir, à la différence de l'ancienne jurisprudence, refuser à l'acheteur la rescision pour lésion (1683).

Cette action est aussi refusée au vendeur lui-même, dans les ventes qui ne peuvent être faites que par autorité de justice : il ne s'agit pas de toutes ventes qui se feraient en justice, mais seulement de celles qui ne peuvent pas se faire autrement (1684).

Une dernière observation à faire, c'est que ce qui va être dit dans le chapitre II, quant à l'exercice de l'action en réméré, pour le cas où plusieurs ont vendu ou acheté conjointement ou séparément, et pour celui d'un vendeur ou d'un acheteur laissant plusieurs héritiers (*infra*, n° XXXIX), est applicable à notre action en rescision pour lésion (1685).

CHAPITRE II.

DES DIVERSES ESPÈCES DE VENTES.

XXV. — La vente peut, comme tout autre contrat, se faire avec certaines modalités ou particularités, qui seront régies, en général, par les principes posés au titre des conventions. Nous n'avons pas à passer ici en revue toutes ces modalités ou particularités, susceptibles de varier à l'infini ; mais il en est plusieurs dont la loi s'est spécialement occupée et sur lesquelles nous devons insister.

Ainsi, la vente peut être faite avec un terme ou sous une condition, soit suspensive, soit résolutoire ; or il est une espèce de vente sous condition résolutoire dont l'importance comportait tout un système de règles particulières, c'est la vente à réméré. Nous en ferons l'objet exclusif d'une première section.

Les ventes de marchandises produisent des effets différents, selon qu'elles sont faites en bloc, à la mesure, sous condition de dégustation, ou à l'essai; et elles sont, pour ces différents cas, l'objet de dispositions particulières du Code. Nous les rangerons dans une seconde section, où nous placerons aussi une autre particularité de la vente : l'élection de command.

Nous parlerons enfin, dans une dernière section, de la promesse de vente (que le Code déclare valoir vente quelquefois) et de la stipulation d'arrhes qui peut l'accompagner.

SECTION PREMIÈRE.

DE LA VENTE A RÉMÉRÉ.

XXVI. — On appelle (improprement, au surplus) vente *à réméré* ou *avec pacte de rachat*, celle dans laquelle il est convenu que le vendeur pourra, dans un certain délai, rendre le contrat non avenu et reprendre le bien comme s'il n'eût pas cessé de lui appartenir, à la charge de restituer à l'acheteur : 1° le prix de l'acquisition; 2° les dépenses accessoires, telles que frais de contrat et d'enlèvement ou de transport de la chose; et 3° les impenses nécessaires ou utiles que cet acheteur aura faites, les premières pour la totalité des déboursés, les secondes jusqu'à concurrence des plus-values. — Nous disons que la qualification est impropre, et c'est évident, puisqu'elle indiquerait une revente, une vente nouvelle de la même chose, tandis que c'est, au contraire, une suppression de la première vente, *non contractus novus, sed distractus*; en sorte que, au lieu de deux ventes successives, il se trouve légalement n'y en avoir pas une seule. — Si la condition résolutoire ne s'accomplit pas, c'est-à-dire si le retrait ne s'opère pas dans le délai convenu, la vente reste pure et simple, et l'acheteur est propriétaire irrévocable. — Pendant le délai, l'acheteur, puisque c'est lui qui est actuellement propriétaire sauf résolution, jouit de tous les droits et avantages d'un acheteur ordinaire. Ainsi, la prescription court à son profit; il pourrait opposer aux créanciers de son vendeur le bénéfice de discussion; et tous les droits qu'il peut conférer sur le bien sont régulièrement établis, sauf qu'ils sont résolubles comme le sien. Mais si le retrait s'opère, tous ses droits s'évanouissent, et le vendeur reprend son immeuble (1) libre de toutes charges, soit à l'acheteur, soit à un sous-acquéreur (sans qu'il soit nécessaire pour cela que la faculté du retrait ait été déclarée dans le second contrat, puisque c'était au nouvel acquéreur de se faire présenter l'acte de son cocontractant). — On conçoit, du reste, que ces effets ne se produiraient plus si c'était seulement par un acte postérieur à la vente que la faculté de rachat fût stipulée; la vente alors ayant été pure et simple, il n'y aurait lieu qu'à un rachat véritable, qui laisserait subsister cette première vente et en constituerait une seconde (1659, I et II; et 1664-1666).

---

(1) On sait que, pour des meubles, le sous-acquéreur de bonne foi serait protégé par la disposition de l'art. 2279.

XXVII. — La condition résolutoire, improprement appelée *réméré* ou *rachat*, ne peut être stipulée que pour un délai de cinq ans au plus, qui ne peut jamais être prolongé par le juge et court contre toutes personnes, capables ou incapables. Si le délai était fixé par l'acte de vente à un temps plus long, il se réduirait de plein droit à ce terme de cinq ans; mais pourrait-il, s'il avait été fixé d'abord à un temps plus court, à deux ans, par exemple, être ensuite prolongé efficacement, pourvu, bien entendu, que sa durée totale restât dans la limite de cinq ans? La plupart des auteurs répondent affirmativement; mais c'est de leur part une erreur et une contradiction. Ces auteurs, en effet, reconnaissent que la stipulation de réméré, faite par un acte postérieur à la vente, serait inefficace et ne donnerait plus lieu qu'à une revente; or il est évident que, pour la période ainsi ajoutée après coup, on serait précisément dans ce cas d'une stipulation de réméré postérieure à la vente. C'est évident, puisque cette vente était stipulée résoluble pour deux ans seulement, et pure et simple pour le temps ultérieur, et que c'est par un second acte qu'on a voulu la rendre résoluble aussi pour ce temps ultérieur. Et cela est si vrai, que ces mêmes auteurs professent la validité des droits réels que l'acheteur concéderait dans la seconde période, et qu'on reconnaît aussi la nécessité où serait alors le vendeur primitif de payer, pour reprendre le bien, un second droit de mutation. C'est donc bien alors une seconde vente (1660-1663, I).

Il n'est pas nécessaire, au reste, qu'une action judiciaire soit intentée dans le délai convenu. Du moment que, dans ce délai, le vendeur déclare à l'acheteur sa volonté de retirer la chose en faisant les restitutions voulues, sa déclaration suffit pour empêcher la déchéance; et quand même une action que la résistance de l'acheteur rendrait nécessaire, ou la régularisation des offres faites, ou enfin la preuve d'allégations quelconques avancées par une partie et niées par l'autre, ne se produiraient qu'après l'expiration du délai, la résolution devrait être prononcée dès là qu'il serait établi que la déclaration de volonté avait été faite en temps utile. Il ne serait même pas indispensable que l'offre des sommes à restituer eût d'abord été formelle, puisque la seule demande du retrait implique naturellement cette offre (*ibid.*, II).

XXVIII. — S'il a été vendu à réméré une part d'immeubles indivis, et que l'acheteur ait ensuite acquis le surplus sur une licitation provoquée contre lui, comme cette acquisition a été pour lui, et eût été de même pour le vendeur, le seul moyen de conserver la part d'abord achetée, ce vendeur voulant exercer le retrait sera tenu de retirer l'immeuble entier si l'acheteur l'exige. Mais si c'était par l'acheteur lui-même que la licitation eût été provoquée, il ne pourrait pas s'opposer au retrait que le vendeur voudrait faire de la seule portion vendue, parce que l'acquisition du surplus a été volontaire de sa part (1667).

XXIX. — Dans le cas de plusieurs covendeurs ou de plusieurs cohéritiers d'un vendeur unique, l'acheteur qui avait obtenu le bien par une seule acquisition, et qui a dû compter le garder en entier ou le rendre en entier, peut se refuser à un retrait partiel, et conserver l'immeuble tant qu'il n'y a pas accord des divers copropriétaires ou consentement de l'un ou de plusieurs d'entre eux pour le prendre en entier. Mais, bien entendu, ce n'est là pour lui qu'une faculté, et s'il veut bien livrer à celui des copropriétaires agissant contre lui la part qui lui appartient dans l'immeuble, celui-ci ne peut pas exiger le bien entier. — L'acheteur ne peut pas se refuser au retrait partiel, quand les copropriétaires lui ont vendu séparément, c'est-à-dire par différents actes ou du moins avec un prix distinct pour chaque partie (1668-1671).

Quand c'est l'acheteur qui laisse plusieurs héritiers, il faut distinguer s'il y a eu partage mettant le bien entier au lot d'un seul héritier, ou si ce bien est encore indivis ou partagé entre les héritiers. Dans le premier cas, l'héritier qui possède le bien peut être actionné pour le tout ; dans le second, le vendeur ne peut demander à chaque héritier que la part de celui-ci. — Au cas de plusieurs acheteurs, le vendeur peut exiger de l'un d'eux un retrait partiel, s'ils ont acheté séparément ; il le peut encore, quoiqu'ils aient acheté conjointement, s'ils ont acquis le bien pour le partager ; mais si ce bien a été acheté pour être conservé entier indivisément, le retrait partiel n'est plus possible (1672).

XXX. — Le vendeur ne peut exiger la reprise effective du bien qu'après entier payement de toutes les sommes qu'il doit à l'acheteur pour des causes indiquées au n° XXVI ; et la loi l'oblige aussi, dans un but d'intérêt général et par exception au principe *soluto jure dantis*, à maintenir les baux faits sans fraude par l'acheteur (1673, I).

Cet acheteur, de son côté, peut avoir à faire au vendeur, en outre du bien lui-même, d'autres restitutions. Ainsi tout le monde reconnaît bien qu'il devra des dommages-intérêts pour toutes détériorations causées par sa faute ; mais devra-t-il rendre, avec le bien, les alluvions qui l'auraient augmenté ? Beaucoup d'anciens auteurs, et parmi eux Pothier, répondaient négativement. C'était une profonde erreur : puisque par l'effet du réméré le vendeur se trouve n'avoir pas vendu et être toujours resté propriétaire de la chose, c'est donc pour lui que cette chose s'est accrue ; l'acheteur se trouvant, par l'accomplissement de la condition résolutoire, n'avoir pas eu un seul instant la propriété, comment les alluvions qui ont augmenté ce bien lui appartiendraient-elles ? Aussi, la doctrine est unanime aujourd'hui pour proclamer l'étrange méprise de Pothier. Par la même raison, c'est aussi au vendeur qu'appartiendrait celle des deux moitiés du trésor trouvé dans le bien qui est attribuée au propriétaire par droit d'accession. Mais, au contraire, c'est à l'acheteur que resteraient, bien entendu, toutes les augmentations qu'il prouverait avoir été ajoutées au bien par lui-même (*ibid.*, II).

XXXI. — Une dernière question est relative aux fruits. On a toujours reconnu que l'effet de la résolution ne s'étend pas à eux, et que, par suite d'une convention tacite qu'il est tout naturel d'admettre ici, il y a compensation entre ces fruits et les intérêts du prix. Mais comment doit se régler cette compensation ? C'est un point qui a toujours été très-controversé, soit avant le Code, soit depuis, et sur lequel s'est produit plus d'un système incohérent et contradictoire. La solution paraît néanmoins assez facile. Et d'abord, n'est-il pas évident qu'il n'est permis d'hésiter ici qu'entre deux systèmes : ou bien dire que chaque partie prendra les fruits échus pendant sa jouissance, en sorte que l'acheteur, en gardant la totalité de ceux qui étaient pendants lors de la vente, laissera réciproquement au vendeur la totalité de ceux qui sont pendants lors du retrait (comme la loi le veut pour le cas d'usufruit); ou bien dire que ces fruits, sans distinguer quand et par qui ils sont perçus, appartiendront à chaque partie au prorata de la durée de sa jouissance? Ces deux systèmes, les seuls qui présentent aux deux parties une position égale et une juste réciprocité, sont dès lors les seuls entre lesquels on puisse choisir. Mais lequel doit être préféré? Nous n'hésitons pas à dire que c'est le second. Il est vrai, en effet, que la loi applique le premier au cas d'usufruit; mais cette règle n'est pas acceptable ici, où le vendeur est maître de faire cesser la jouissance de l'acheteur à tel moment de l'année qu'il lui plaît, et à la veille d'une récolte qu'il s'approprierait ainsi en entier au détriment de l'acheteur. On doit tout naturellement présumer aux parties cette intention : que chacune d'elles soit traitée avec une entière égalité, et que, dès lors, les fruits à prendre par l'acheteur se calculent, comme les intérêts que garde le vendeur, sur la durée effective du droit de jouissance. — Il est évident, au surplus, que, s'il s'agissait d'un bien ne produisant pas de fruits (ou qui du moins n'en devrait pas donner pendant le délai du réméré), l'acheteur serait réputé avoir renoncé à toute perception et avoir sacrifié les intérêts du prix pour la chance de conserver le bien. — Il va sans dire enfin que ces règles ne sont applicables qu'à défaut de conventions particulières (1673, III).

SECTION II.

DES VENTES EN BLOC OU A LA MESURE, A L'ESSAI, ET AVEC ÉLECTION DE COMMAND.

XXXII. — Quand il s'agit de choses qui peuvent se peser, se compter ou se mesurer, il faut distinguer si la vente a été faite en bloc, ou si elle ne l'a été qu'au poids, au compte ou à la mesure. — La vente est faite en bloc, quand elle réunit ces deux circonstances : 1° que les choses sont vendues en masse, dans leur ensemble et comme formant un objet unique; 2° qu'elles le sont pour un seul et même prix : par exemple, *Je vous vends ce troupeau pour* 2 500 *francs.* — Elle est faite au poids, au compte ou à la mesure, dans les trois cas contraires, c'est-à-dire : 1° quand il n'y a ni unité d'objet ni unité de prix (Je vous vends 100 moutons de mon troupeau pour 25 francs par tête); 2° quand, avec l'unité d'objet, il n'y a plus unité de prix (Je vous vends ce troupeau pour 25 francs par tête); 3° enfin quand, avec l'unité de prix, il n'y a pas unité d'objets (Je vous vends 100 moutons pour 25 francs). — Mais la circonstance que le vendeur aurait aussi fait connaître la quantité des choses, et que l'indication en serait même mise en première ligne, n'empêcherait pas la vente d'être faite en bloc, du moment qu'on trouverait dans la convention l'unité de prix et l'unité d'objet : ainsi, *Je vous vends pour* 2 500 *francs ce troupeau de* 100 *moutons, ou* bien les 100 *moutons qui forment ce troupeau*. Elle serait encore en bloc, si, au lieu de porter sur la totalité de l'ensemble, elle portait sur une quote-part : Je vous vends pour 1 250 francs ou 500 francs la moitié ou le cinquième de ce troupeau, avec ou sans addition de l'indication du nombre (1556, I et II).

Selon que la vente est faite en bloc ou seulement à la mesure, elle est ou n'est pas immédiatement parfaite, c'est-à-dire qu'elle opère ou n'opère pas pour l'acheteur la translation de la propriété et par suite celle des risques. Cette idée, que beaucoup d'auteurs n'admettent pas en ce qui touche la transmission de propriété (transmission que ceux-ci attribuent à toute vente faite à la mesure, et que ceux-là reconnaissent pour quelques-unes en la niant pour d'autres), cette idée, d'après laquelle le transport de la propriété n'a jamais lieu dans aucune vente faite au poids, au compte ou à la mesure, n'est cependant pas contestable ; car, à part même les divers arguments de principes qui en démontrent l'exactitude, elle a été proclamée par le législateur de la manière la plus explicite, lors de la confection du Code. — Mais si la vente n'existe pas encore comme contrat translatif de propriété, il est clair qu'elle existe comme contrat productif d'obligation : chaque partie pourra donc contraindre l'autre à l'exécution, et obtenir, à défaut d'exécution, des dommages-intérêts (1586, III et IV).

XXXIII. — Deux articles du Code posent, l'un pour les ventes faites sous condition de dégustation ou d'agrément par l'acheteur, l'autre pour les ventes faites à l'essai, deux prétendus principes qui (outre qu'ils seraient, en tout cas, formulés trop laconiquement, et complétement insuffisants) seraient d'ailleurs, surtout le premier, fort peu exacts comme règles absolues, et qui ne devront gêner en rien la pleine liberté d'appréciation des circonstances, d'après laquelle les magistrats devront prononcer sur la nature et les effets des conventions dont il s'agit. C'est par cette appréciation d'après les circonstances de chaque espèce, que l'on devra décider si la convention a constitué un contrat ou un simple projet, si le contrat est synallagmatique ou bilatéral, si la vente est sous condition suspensive ou sous condition résolutoire, si les qualités dont l'existence était prise comme objet de la condition doivent être appréciées par le sentiment personnel de l'acheteur ou par le sentiment général. — La seule utilité réelle de ces deux articles, c'est de condamner une erreur émise autrefois par Pothier, qui enseignait, sur la foi d'un texte romain mal compris, que la vente à essai doit toujours être réputée faite sous condition résolutoire, tandis que le Code, d'accord avec la raison, veut que, dans le doute absolu sur la pensée des contractants, on présume au contraire la condition suspensive (1587 et 1588, I-III).

XXXIV. — Une particularité assez bizarre qui peut se présenter dans le contrat de vente, c'est l'*élection de command*. On appelle ainsi la désignation que l'acheteur, en vertu de la faculté qu'il s'est réservée au contrat, fait, après coup, d'une tierce personne qui vient prendre sa place, de sorte qu'il est censé n'avoir agi qu'au nom de celle-ci et comme si elle lui eût donné mandat et *commandement* d'acheter. Cette

faculté singulière de chercher et d'*élire* après la vente faite une personne qui sera réputée avoir acheté, et dont le véritable acheteur sera
censé n'être que le mandataire, n'eût pas été possible d'après les principes du droit commun; mais elle est consacrée par les lois des 5 décembre 1790, 13 septembre-16 octobre 1791, 14 thermidor an 10
et 22 frimaire an 7. Entre les parties, l'élection peut se faire dans le
délai qu'aura fixé la convention; mais, vis-à-vis du fisc, elle doit être
faite par un acte authentique notifié à l'administration dans les vingt-
quatre heures de la vente (1584).

SECTION III.

DES PROMESSES DE VENTE.

XXXV. — Le Code ne s'occupe que d'une seule espèce de promesse
de vente, et c'est pour nous dire qu'elle vaut vente. Nous avons à
chercher le sens de cette proposition; mais nous devons d'abord dire un
mot des diverses espèces de promesses de vente.

On peut en distinguer trois : 1° la promesse faite par une partie, mais
non encore acceptée par l'autre, et qui n'est dès lors qu'une simple pollicitation et non un contrat; 2° la promesse de vendre acceptée par
l'autre partie, mais sans que celle-ci ait réciproquement promis d'acheter, en sorte qu'il y a contrat, mais contrat unilatéral seulement;
3° enfin la promesse de vendre accompagnée de la promesse d'acheter
faite par l'autre partie, en sorte qu'il existe alors un contrat synallagmatique comme la vente, et que le Code, en effet, nous dit valoir vente.
Insistons sur ces idées si souvent mal exprimées et mal comprises par
les auteurs et les arrêts, quoiqu'elles soient pourtant fort simples.

Tant que la promesse de vendre n'est pas acceptée par celui à qui
elle est offerte, il est clair qu'elle n'est encore qu'une offre ou pollicitation, et non pas un contrat, puisque le contrat est le concours des
volontés, et qu'ici la seconde volonté ne s'est pas encore unie à la première. L'engagement n'est alors que proposé, l'obligation n'est pas formée, aucun lien de droit n'existe, et le promettant dès lors peut retirer son offre. — Quand une fois la promesse du futur vendeur est acceptée par le futur acheteur, il y a ainsi concours des deux volontés, le
contrat est donc formé et le futur vendeur lié; mais puisque le futur
acheteur n'a rien promis, il n'y a donc obligation que d'un côté, le contrat est unilatéral. — Quand enfin il y a promesse réciproque, et acceptée de part et d'autre, de vendre et d'acheter la chose, il est clair
que chacune des parties est liée et qu'il y a contrat synallagmatique
(1589, I).

Ceci bien compris, voyons quel sera l'effet du contrat unilatéral d'a-
bord, puis du contrat synallagmatique.

XXXVI. — Pour que la promesse unilatérale de vendre, dûment acceptée, soit efficace, il faut, bien entendu, qu'on y trouve, avec la détermination de la chose, soit la fixation actuelle du prix, soit les moyens
de le fixer sans le concours ultérieur des parties, ainsi qu'il a été dit

au n° XV, puisque sans cela le futur vendeur ne serait pas lié. Mais quand une fois la promesse sera ainsi pleinement obligatoire, quand le contrat unilatéral existera, quel sera son effet? Le créancier pourra-t-il, malgré le refus d'exécution par le débiteur, obtenir la propriété de la chose? On a souvent soutenu la négative, surtout dans l'ancien droit, en disant que, d'après la règle *Nemo potest cogi ad factum*, il n'y avait ici lieu qu'à une condamnation de dommages-intérêts. C'était une erreur et un abus de la maxime précitée. Sans doute on ne peut pas contraindre à l'exécution directe, quand l'obligation a pour objet le fait personnel de l'obligé (quand, par exemple, vous m'avez promis de m'épouser); mais tel n'est pas ici le cas : l'impossibilité devant laquelle la loi est bien forcée de s'arrêter n'existe pas ici, et elle n'a pas besoin de votre concours pour qu'il soit déclaré par jugement qu'en conséquence de votre engagement, ce bien qui vous appartenait jusqu'ici sera désormais ma propriété. C'est là un point aujourd'hui constant. — Il est certain, au surplus, malgré la doctrine contraire d'un auteur, que, soit dans l'exécution volontaire, soit dans l'exécution forcée, c'est seulement à partir du contrat de vente ou du jugement qui en tient lieu, et non pas avec effet rétroactif au jour de la promesse de vendre, que la propriété passe à l'acheteur. Ce contrat de vente, en effet, n'a rien de conditionnel; il n'est pas soumis, comme l'était la promesse, à la condition *si* vous vous décidiez à acheter plus tard; il est parfaitement pur et simple et ne peut dès lors produire aucune rétroactivité. Il faut donc reconnaître que le futur acheteur, même après le contrat de vente (ou son équivalent), se trouve toujours n'avoir eu, dans l'intervalle de la promesse à la vente réalisée, qu'un simple droit personnel, d'où la conséquence que si, dans cet intervalle, la chose avait été vendue à un autre, il ne pourrait pas faire déclarer l'aliénation nulle, mais seulement obtenir de son débiteur des dommages-intérêts. C'est avec raison que la doctrine contraire est généralement condamnée (1589, II et III).

XXXVII. — Quant à la promesse synallagmatique de vendre et d'acheter, elle est, avons-nous dit, la seule dont s'occupe le Code, et c'est pour déclarer que cette promesse *vaut vente*. Mais que signifient ces paroles? Deux auteurs les expliquent en ce sens que la promesse conduit forcément à la réalisation de la vente, au lieu de donner seulement droit, en cas de refus d'exécuter, à des dommages-intérêts; mais tous les autres interprètes du Code, et comme eux la jurisprudence, les entendent rigoureusement et dans ce sens absolu, que la simple promesse d'acheter ou de vendre plus tard est immédiatement transformée par la loi en une vente actuelle... Si générale que soit cette dernière idée, nous n'hésitons pas à dire qu'elle est inexacte.

Il est bien vrai, en effet, que non-seulement le texte du Code, mais aussi les procès-verbaux des travaux préparatoires, s'expriment de la manière la plus propre à faire croire, au premier coup d'œil, qu'il s'agit de donner à l'acte l'effet d'une vente actuelle; mais quand on compare ces documents à l'état de l'ancienne doctrine sur ce point, on acquiert bientôt la preuve du contraire. Nos anciens auteurs, en effet, étaient profondément divisés sur l'effet à donner à la promesse de vente, et c'est pour trancher cette vive controverse que le Code a pris soin de déclarer qu'elle vaut vente. Or, quoique ceux des anciens auteurs dont le Code a consacré la doctrine se servissent eux-mêmes à chaque pas d'expressions aussi énergiques que celles du texte ou des travaux préparatoires, on voit néanmoins clairement par leurs écrits, comme par ceux de leurs adversaires, que la dispute était uniquement de savoir si la promesse liait tellement le promettant que la vente s'ensuivit forcément, en procurant une condamnation à passer contrat ou à tenir ce contrat pour passé en cas de refus, ou si elle donnait lieu seulement à des dommages-intérêts. D'autre part, tout prouve que c'est uniquement ce doute, entre le droit de contraindre à la réalisation de la vente et un simple droit à des dommages-intérêts, que le Code a entendu lever. On le voit notamment par ce passage du rédacteur Maleville : « Cet article termine une grande discussion entre les docteurs, les uns tenant que la promesse *vaut vente* ET OBLIGE A PASSER CONTRAT; les autres, qu'ELLE SE RÉSOUT EN DOMMAGES-INTÉRÊTS... » Et la loi, en effet, ne pouvait pas se jouer à ce point de la volonté des contractants, que quand nous sommes convenus, en 1851, vous de me vendre tel immeuble et moi de vous l'acheter dans quatre ans, en 1855, la vente fût déclarée, malgré notre volonté contraire, dès à présent accomplie, du jour même de notre promesse (1589, V).

XXXVIII. — Ainsi la promesse synallagmatique ne rend pas plus le futur acheteur propriétaire que la promesse unilatérale; elle n'en diffère qu'en ceci qu'elle oblige ce futur acheteur à acheter comme elle oblige le futur vendeur à vendre. Il suit de là que tous les droits réels consentis par celui-ci dans l'intervalle de la promesse à la vente seraient valables et feraient seulement naître un recours en dommages-intérêts contre lui, et que si, avant la vente, les deux parties convenaient de se délier, ce cas, loin de présenter une vente et une revente, c'est-à-dire deux ventes, n'en présenterait aucune.

Quand la promesse, soit unilatérale, soit synallagmatique, est faite avec indication d'un délai dans lequel l'exécution devra être demandée, le seul fait de l'expiration du délai sans demande d'exécution rend la promesse non avenue. Mais quand il n'y a pas indication de délai, il faut distinguer entre l'une et l'autre promesse : si la promesse est réciproque, les deux parties restent toujours liées, tant qu'elles ne conviennent pas mutuellement de se dégager; mais si elle est unilatérale, comme il tombe sous le sens que la partie qui s'est ainsi liée sans réciprocité pour elle ne peut pas rester éternellement à la discrétion de l'autre, il est clair qu'un terme après lequel il y aurait déchéance pourrait être fixé, soit par un jugement, soit par une simple sommation du débiteur, sauf que dans ce dernier cas la justice, s'il y avait contestation, aurait à prononcer sur la suffisance ou l'insuffisance du délai fixé (1589, VI).

Du reste, quoique la promesse de vente ne soit pas encore la vente, c'est néanmoins à partir de sa date et non de celle de la vente qui l'a suivie que courrait le délai donné au vendeur d'immeubles pour faire rescinder en cas de lésion de plus de sept douzièmes. La promesse, en effet, peut être attaquée pour cette cause comme une vente même : or, puisqu'elle peut l'être, c'est donc dans le délai fixé qu'elle doit l'être ; et passé ce délai, dès lors, elle devient valable et on ne peut plus critiquer ni cette promesse, ni la vente qui s'ensuivrait (*ibid.*, VII).

XXXIX. — Le Code pose comme principe que quand une promesse de vente est accompagnée d'une remise d'arrhes, cette circonstance permet à chaque partie de se dédire, l'une en perdant les arrhes qu'elle a données, l'autre en payant une somme égale en outre de leur restitution. Mais il va sans dire que ce principe recevrait exception, et que les arrhes, au lieu d'être un moyen de dédit, devraient au contraire être considérées comme l'indice de l'irrévocabilité de la promesse, s'il résultait, soit des termes de la convention, soit des circonstances, que telle a été la commune intention des parties (1590, I).

Pour ce qui est du cas où les arrhes accompagnent une vente, il n'a été prévu ni par le texte du Code, ni, quoi qu'on en ait dit, par les explications des travaux préparatoires. Mais cette omission absolue de toute règle spéciale n'a rien de fâcheux ici, puisqu'il ne s'agit là que d'une question d'intention, d'un point de fait, que le juge résoudra par les circonstances. C'est comme point de fait qu'il décidera si la somme remise l'a été comme indice de la faculté de se dédire, ou comme signe de l'irrévocabilité de la convention, ou comme simple à-compte sur le prix convenu, ou enfin avec ces deux derniers caractères tout ensemble (*ibid.*, II).

CHAPITRE III.

DES OBLIGATIONS QUI NAISSENT DE LA VENTE.

XL. — En même temps que la vente est un contrat translatif de propriété, elle est aussi un contrat productif d'obligations, et nous avons à étudier ici les principaux engagements qu'elle fait naître, soit contre le vendeur, soit contre l'acheteur.

SECTION PREMIÈRE.

DES OBLIGATIONS DU VENDEUR.

XLI. — Le vendeur est tenu tout d'abord d'expliquer clairement ce à quoi il s'oblige, et tandis que, d'après les principes généraux des conventions, on doit interpréter les clauses obscures contre le stipulant et en faveur de l'obligé, ici c'est contre le vendeur que la loi commande d'entendre toute clause douteuse, aussi bien celle dans laquelle il s'oblige que celle dans laquelle il stipule. Cette règle, que l'on a prétendue inique, semble cependant se justifier suffisamment quand on pense : 1° qu'elle n'est écrite que pour les clauses qui constituent essentiellement le contrat de vente et non pour les diverses stipulations particulières qui peuvent être introduites dans le contrat; 2° qu'elle n'est applicable qu'après épuisement de tous les moyens d'interprétation; 3° enfin que c'est en effet pour le vendeur qu'il y a plus de facilité d'expliquer clairement les choses ou de tromper l'autre partie (1602).

En outre de cette obligation légale et relative à la formule même de la convention, le vendeur contracte comme conséquence de la vente deux obligations principales : celle de délivrer la chose et celle de la garantir (1603).

§ 1er. — De la délivrance.

XLII. — Nous aurons à voir ici successivement : 1° Ce que c'est que la délivrance et quels actes la constituent ; — 2° Aux frais de qui, où et quand elle doit se faire ; — 3° Ce qu'elle doit comprendre ; — 4° Enfin, pour qui sont les risques de la chose depuis la vente jusqu'à la délivrance.

1° Ce qu'est la délivrance et quels actes la constituent.

XLIII. — La délivrance est la mise de la chose vendue en la pleine puissance et possession de l'acheteur; et il faut aujourd'hui, en rejettant les subtilités puériles par lesquelles nos anciens docteurs opposaient ici à la tradition réelle des traditions feintes ou symboliques ou allégoriques, dire tout simplement que la délivrance est accomplie quand l'acheteur, de quelque manière que ce soit et avec ou sans acte matériel quelconque, se trouve avoir la chose en sa possession et sous sa puissance.

La délivrance d'un immeuble, qui exige, bien entendu, le délaissement complet, par le vendeur au profit de l'acheteur, du bien et de tout ce qui en dépend ou s'y rapporte, peut quelquefois être entièrement accomplie par la seule remise soit des titres, soit des clefs. Il pourrait même (si le vendeur n'avait pas de titres ou que l'acheteur en eût déjà, comme dépositaire ou autrement) que la délivrance se fit par le nu consentement. C'est ce qui arriverait si l'acheteur possédait déjà l'immeuble, comme locataire ou autrement, ou que le vendeur dût continuer de le garder comme locataire de l'acheteur ou à quelque autre titre. — La délivrance de meubles corporels peut se faire : par la livraison réelle et effective des choses elles-mêmes, ou par la mise des clefs des bâtiments contenant les choses, ou par la remise des titres de propriété ou autres, ou par l'apposition que le vendeur laissera faire, à l'acheteur, du sceau ou de la marque de celui-ci sur les choses, ou enfin par le nu consentement. — Quant aux choses incorporelles ou simples droits, la délivrance peut, selon les cas, y consister soit dans la remise des titres, soit dans l'usage que le vendeur laissera faire du droit cédé, ou résulter encore du simple consentement : ce dernier mode serait le seul possible pour la cession d'une servitude négative (1604-1607, I-III).

XLIV. — Il ne faudrait pas croire, au surplus, quoiqu'on l'enseigne quelquefois, que ce soit par la délivrance que s'opère, dans les ventes faites *à non domino*, soit le commencement de la prescription pour les immeubles, soit la prescription instantanée pour les meubles. Il y a là confusion de deux choses fort distinctes. La délivrance est un fait purement relatif au vendeur et à l'acheteur, tandis que la possession à l'effet de prescrire doit exister vis-à-vis de tous et réunir des caractères que la première ne comporte pas toujours. Par la délivrance, le vendeur fait la place libre à l'acheteur et lui offre les moyens de venir l'occuper, mais c'est à celui-ci d'en opérer l'occupation. La prescription pourra souvent ne pas courir quoiqu'il y ait eu délivrance complète, tandis qu'elle pourrait fort bien courir quoique cette délivrance complète n'eût pas eu lieu. La délivrance et la possession à l'effet d'acquérir sont donc deux choses fort différentes (1607, IV).

2° *Frais de délivrance, où et quand elle doit se faire.*

XLV. — La délivrance ne consistant que dans le délaissement de la chose, et non dans la prise effective de possession qui doit être le fait de l'acheteur, le vendeur, à défaut de convention spéciale, supportera bien les frais de livraison, mais non pas ceux d'enlèvement. — Le lieu de la délivrance est, en principe légal, celui où la chose se trouvait lors de la vente. — Quant au temps, lorsqu'il n'est pas fixé non plus par une stipulation contraire, l'acheteur peut exiger la livraison immédiate, sauf que le vendeur peut la refuser tant que l'acheteur, qui n'aurait pas de terme pour le payement, n'offre pas ce payement, ou même, en cas de terme, si cet acheteur tombe en faillite, en déconfiture, ou diminue les sûretés qu'il avait données. A défaut de délivrance par la faute du vendeur, l'acheteur a le choix de faire prononcer par justice sa mise en possession ou la résolution du contrat, en obtenant d'ailleurs des dommages-intérêts, s'il y a lieu. — Mais il ne faut pas oublier, au surplus, que les règles ci-dessus peuvent être modifiées par la convention, soit expresse, soit tacite des parties, et que les diverses questions de détail qui peuvent se présenter ici sont à décider par les principes exposés dans le résumé des Obligations (1608-1613).

3° *Quel doit être l'objet de la délivrance.*

XLVI. — Puisque c'est du jour même de la vente que l'acheteur est propriétaire de la chose et le vendeur débiteur de cette chose, celui-ci répondrait donc des détériorations survenues, par une cause à lui imputable, dans l'intervalle de la vente à la délivrance; et, dans ce sens, il est vrai de dire qu'il doit livrer la chose en l'état où elle était lors de la vente. Mais pour ce qui est d'événements fortuits, c'est évidemment pour l'acheteur qu'ils augmentent ou diminuent la chose, et cette chose doit dès lors être livrée dans son état au jour de la livraison.

D'après ce même principe du droit de propriété de l'acheteur du jour de la vente, c'est de ce jour que les fruits lui appartiennent, à moins de convention contraire. Et il en serait ainsi, quoi qu'on ait pu dire, dans le cas d'une vente conditionnelle, puisque, par l'effet rétroactif de la condition, la vente se trouve avoir existé purement et simplement *ab initio*, d'où la conséquence nécessaire que c'est *ab initio* que l'acheteur a droit aux fruits de la chose et le vendeur aux intérêts du prix, si l'on ne constate pas en fait une intention contraire des parties (1614, 1 et 11).

XLVII. — Il va sans dire que la délivrance doit comprendre tous les accessoires et toutes les dépendances de la chose vendue. Quant à savoir quelles choses sont ou non, selon les cas, des accessoires ou des dépendances de l'objet vendu, c'est un point de fait que le Code a sagement laissé à l'appréciation du juge (1615).

XLVIII. — Le vendeur est enfin tenu de fournir la mesure convenue, et cette obligation est régie par des règles particulières en ce qui touche les ventes d'immeubles. — Il faut distinguer à cet égard six hypothèses : deux pour les ventes faites sans indication de contenance, quatre pour celles qui contiennent cette indication.

Ces six hypothèses sont les suivantes : — 1° Vente d'un immeuble déterminé, sans indication de contenance, pour un seul prix total ; — 2° Vente d'un immeuble déterminé et sans indication de contenance, mais à raison de tant la mesure ; — 3° Vente d'un certain nombre de mesures à prendre dans un terrain plus grand, soit pour un prix total, soit à tant la mesure ; — 4° Vente d'un immeuble déterminé, avec indication de contenance et à tant la mesure ; — 5° Vente d'un immeuble déterminé, avec indication de contenance, pour un seul prix total ; — 6° Enfin, vente avec indication de contenance, mais avec convention que toute différence en plus ou en moins serait sans effet.

Passons en revue ces différents cas.

Le premier et le troisième ne présentent aucune difficulté sous aucun rapport. Tout le monde reconnaît notamment que, quand je vous vends tel immeuble d'une contenance non indiquée pour une somme de..., nous sommes irrévocablement, dès la signature de l'acte, vous propriétaire du bien, moi créancier de la somme ; et qu'au contraire, dans le cas d'une certaine contenance de terrain à prendre dans un terrain plus grand, la propriété ne sera transmise que par le mesurage, puisque c'est lui seulement qui détermine l'objet de la vente. Mais on n'est pas d'accord sur la transmission de propriété pour le second cas, celui d'un immeuble vendu, sans indication de contenance, à raison de tant la mesure. La question toutefois n'est pas difficile, et c'est par erreur qu'on a pu prétendre ici la propriété transmise dès le jour du contrat, sous prétexte qu'il s'agit d'un corps certain. La détermination de la chose, en effet, ne suffit pas pour qu'il y ait vente parfaite, il faut aussi la détermination du prix ; or le nombre de mesures par lequel le prix doit se déterminer n'étant pas connu, le prix ne l'est pas davantage, et la vente ne sera dès lors parfaite que par l'accomplissement de la condition du mesurage (1616, I et II).

XLIX. — Dans la quatrième hypothèse, celle d'un immeuble vendu avec cette double circonstance que sa contenance est indiquée et qu'un prix particulier est fixé pour chaque mesure, la loi donne à la différence entre la contenance déclarée et la contenance réelle un effet plus ou moins grand, selon qu'elle est en plus ou en moins. S'il y a déficit, si minime qu'il soit, l'acheteur peut toujours exiger ou que le vendeur lui procure ce qui manque, si c'est possible, ou qu'il subisse une diminution de prix. S'il y a excédant, au contraire, il ne produit d'effet qu'autant qu'il est au moins d'un vingtième (1), l'acheteur devant subir une augmentation proportionnelle du prix, à moins qu'il ne préfère rompre le marché. Il est vrai que les auteurs prétendent que l'acheteur est tenu de payer le supplément de prix pour tout excédant, sauf qu'au-dessous du vingtième il ne peut pas résilier le contrat. Mais c'est une erreur condamnée par les principes comme par les travaux préparatoires du Code. Il serait inique, en effet, d'arriver, pour un fait qui n'est impu- table qu'au vendeur, à forcer l'acheteur de débourser plus qu'il n'a voulu payer et plus peut-être *qu'il ne peut payer !* Quand l'augmenta- tion du prix n'est que facultative, au moyen d'une possibilité de rési- liation, elle n'a rien que de juste ; mais celle-ci disparaissant, elle doit disparaître avec elle. Aussi a-t-il été nettement déclaré lors de la con- fection de la loi que, tandis que le déficit, *si modique qu'il soit,* donne droit pour l'acquéreur à la diminution du prix, « en cas d'excédant, au contraire, *il faut, pour que le vendeur ait droit au supplément, que cet excédant soit d'un vingtième.* » — Il faut aussi reconnaître (avec tous les auteurs, moins un seul) que si l'acquéreur ne peut pas, en général, se désister pour un vingtième en moins, comme il le peut pour un vingtième en plus, il le pourrait s'il prouvait qu'il n'eût pas acheté s'il avait connu le déficit de contenance, attendu que ce déficit rend le terrain impropre à la destination qu'il voulait lui donner (1617, 1618, I et II).

Il est également certain, nonobstant la doctrine contraire d'un autre auteur et la controverse qui existait autrefois sur ce point, qu'il y a ici, à l'instant même du contrat et avant le mesurage, vente parfaite et attribution à l'acheteur de la chose et de ses risques. Alors, en effet, il y a détermination et de la chose et aussi du prix lui-même, puisque ce prix n'est que le produit de la multiplication du prix particulier (et connu) de chaque mesure par le nombre (également connu) des mesu- res : le mesurage qui reste à faire n'est plus ici la condition de fixation du prix, mais seulement un moyen de vérification et de contrôle. Aussi la loi entend bien qu'il y a prix et que la vente existe, puisqu'elle parle, pour le cas d'erreur, de l'augmentation et de la diminution de ce prix ; et si l'erreur est assez grave, de la résiliation de la vente (*ibid.*, III).

---

(1) Mais il n'est pas nécessaire qu'il soit de *plus du vingtième*, comme on le dit quelquefois à tort.

L. — Quand la vente d'un immeuble avec déclaration de sa contenance est faite pour un seul prix total, la loi porte une règle qui diffère en deux points de celle de l'hypothèse précédente. D'une part, la diminution de prix n'est alors admise que pour le déficit d'un vingtième (de même que l'augmentation n'a lieu toujours que pour l'excédant du vingtième); et d'un autre côté, ce n'est plus sur l'étendue de l'objet, mais sur sa valeur, que se calcule le vingtième en plus ou en moins. — Cela étant, on ne comprend pas que des auteurs se soient demandé si cette règle serait applicable au cas d'une vente ayant pour objet des terrains de valeurs diverses, puisque c'est précisément là le seul cas pour lequel elle a pu être faite : tant que le terrain vendu présente la même valeur dans toutes ses parties, le vingtième de sa contenance est donc aussi le vingtième de sa valeur, et par conséquent le législateur, s'il n'avait entendu régir ici que ce cas, n'aurait pas eu à modifier, pour notre cinquième hypothèse, la règle posée pour la quatrième; c'est précisément et uniquement en vue de terrains de valeurs diverses qu'il a pu avoir l'idée de substituer le calcul du vingtième de la valeur à celui du vingtième de la contenance. Si la contenance particulière de chacun des terrains de valeur différente a été indiquée, cette règle s'applique tout naturellement, et c'est alors surtout qu'il y a étrange erreur à la prétendre inapplicable comme l'a fait un auteur; car ce cas est précisément le seul dans lequel il soit possible de l'appliquer directement : quand, par exemple, on a déclaré vendre 10 hectares de vigne et 10 hectares de bruyère, on sait par le mesurage si c'est sur la bruyère ou sur la vigne que porte l'excédant ou le déficit, et il est facile dès lors d'en comparer la valeur au prix total pour voir s'il en forme ou non le vingtième; quand, au contraire, on a déclaré seulement vendre 20 hectares de vigne et bruyère, on ne peut plus dire si l'excédant ou le déficit porte sur le terrain d'un grand prix ou sur celui d'un prix minime, et il sera dès lors souvent impossible de savoir, au moins directement, s'il est ou non le vingtième de la valeur totale. Mais s'il y a ainsi erreur, allant jusqu'au non-sens, à dire que le calcul par la valeur ne s'appliquera que dans le cas où chaque contenance particulière n'a pas été indiquée, ce n'est cependant pas une raison pour dire, réciproquement, que la règle ne s'applique point à ce cas, mais seulement au premier. Car si elle ne s'y appliquait pas, comme on ne peut pas y appliquer non plus celle de l'hypothèse précédente (puisqu'elle n'est faite que pour le cas de vente à tant la mesure), il faudrait donc dire que jamais il n'y aurait ici lieu à augmentation ou diminution du prix, alors même que l'excédant ou le déficit serait énorme! La règle s'appliquera donc encore; seulement le calcul de la valeur, au lieu d'être direct et immédiat, se ferait ici médiatement et par induction du calcul de la contenance : la différence d'un vingtième de la valeur sera considérée comme existant ou n'existant pas, selon qu'il y aura ou non différence d'un vingtième de la contenance. Du reste, ce n'est pas par cela seul que la contenance particulière de chaque nature de terrain n'aurait pas été *exprimée dans le contrat* qu'on serait réduit à n'admettre la différence d'un vingtième de la valeur que pour celle d'un vingtième de la contenance, c'est seulement quand la contenance particulière en considération de laquelle les parties traitaient *n'est pas connue* : toutes les fois qu'elle sera connue, quoique sans être indiquée dans l'acte, il est clair qu'on devra la prendre pour base de calcul, et que dès lors ce calcul pourra se faire sur la valeur directement (1619-1622, I et II).

Des auteurs enseignent que la latitude d'un vingtième du déficit s'augmenterait (et serait fixée par les tribunaux selon les circonstances), si le vendeur, en déclarant la contenance, avait ajouté *environ*. C'est une erreur ; car on voit par les observations du conseil d'État que c'est précisément pour régler l'approximation dont ce mot donne l'idée, que le Code a posé notre règle, en apportant ici à l'ancien droit une dérogation doublement avantageuse au vendeur. Autrefois, en effet, la latitude n'existait qu'autant qu'il avait formellement dit *environ*, et elle n'était que d'un trentième, tandis qu'aujourd'hui elle existe alors même qu'on n'écrit pas ce mot (toujours sous-entendu désormais), et elle va jusqu'au vingtième. Pour qu'elle allât plus loin, il faudrait une convention. — Et puisque le mot *environ*, donnant la latitude d'un vingtième au vendeur, est toujours sous-entendu dans notre cinquième hypothèse, ce n'est donc que pour le déficit d'un vingtième que l'acheteur pourrait ici, en prouvant que la contenance est insuffisante pour le but dans lequel il achetait, demander la résiliation, au lieu d'une simple diminution de prix (*ibid.*, III).

LI. — Dans les quatrième et cinquième hypothèses qui viennent d'être expliquées, l'action en supplément ou en diminution du prix, comme celle en résiliation lorsqu'elle est possible, doivent s'intenter dans l'année du jour du contrat; et cette prescription annale, qui court contre les incapables eux-mêmes, s'appliquerait également au cas de stipulations particulières fixant un déficit ou excédant autre que celui de la loi, puisque les motifs d'intérêt public qui ont fait repousser un terme plus long existent dans ce cas comme dans l'autre, et que le Code formule, en effet, sa règle absolument et pour tous les cas possibles. — Toutes les fois que l'acheteur paye un supplément de prix, il en doit les intérêts, s'il a joui de l'immeuble ; et lorsqu'il y a résiliation, le vendeur doit payer les frais, et, s'il y a lieu, des dommages-intérêts (1619-1622, IV et V).

Dans ces deux mêmes hypothèses, la loi veut, et avec raison, que l'indication séparée de chacune des contenances spéciales de plusieurs fonds vendus par un même acte n'empêche pas (du moment qu'elle n'est pas accompagnée de l'indication également séparée d'un prix spécial pour chaque fonds, et que tout est vendu pour un seul prix total) de considérer l'acte comme une vente unique, dont les différents fonds forment l'unique objet, en sorte qu'on ne doit calculer le déficit ou l'excédant que pour l'ensemble de ces fonds réunis. — Un auteur enseigne que cette règle s'applique seulement à la cinquième hypothèse, c'est-à-dire au cas d'immeubles vendus pour un prix en bloc et non à des ventes faites à tant la mesure; mais cette doctrine n'est pas admissible. Si, dans une vente de 12 hectares de vigne et de 8 hectares de pré, pour le prix de 8 000 francs, on doit compenser l'excédant d'un immeuble avec le déficit de l'autre, pourquoi n'en serait-il pas de même quand les deux biens ont été vendus pour 4 000 francs l'hectare? C'est alors, au contraire, que la compensation et les autres conséquences d'un calcul portant sur l'ensemble des terrains sont plus justes et plus logiques; car, dans la vente faite pour un prix en bloc, il se pourra que a première nature de terrain ait une autre valeur que la seconde, tandis que, précisément, l'égalité de valeur est certaine quand les deux fonds sont vendus pour un même prix par mesure. C'est donc avec raison que la loi parle de tous les cas d'un seul et même prix, sans distinguer si ce prix est fixé en bloc ou par mesure; et c'est ainsi, en effet, que l'ont entendu les rédacteurs du Code (1623, I et II).

LII. — Quant à la sixième et dernière hypothèse, celle d'une vente faite avec convention spéciale que la contenance, bien qu'elle soit indiquée, n'est point garantie, et sera prise telle qu'elle se trouvera, sans réclamation possible de part ni d'autre, elle ne présente aucune difficulté. Toute condition étant obligatoire dès là qu'elle n'a rien de contraire à l'ordre public, il est clair que, du moment qu'on sera convenu, peu importe en quels termes, que le bien sera pris tel qu'il se trouve être, l'excédant ni le déficit de contenance ne pourront produire aucun effet; et c'est avec raison dès lors que deux cours d'appel, qui avaient d'abord jugé le contraire, ont fini par adopter cette doctrine, qui est aussi celle des auteurs et de la Cour suprême (1623, III).

LIII. — Pour ce qui est du point de savoir sur qui, du vendeur ou de l'acheteur, tombent, selon les cas, les risques de la chose dans l'intervalle de la vente à la délivrance, il faut se rapporter à ce qui a été dit plus haut sur le transport de la propriété et des risques, et aussi aux principes généraux exposés dans le résumé du titre des Obligations (1624).

§ 2. — De la garantie.

LIV. — Le vendeur est tenu de garantir son acheteur (c'est-à-dire de le protéger et de le défendre, ou subsidiairement de l'indemniser) à raison : 1° de toute espèce d'éviction, c'est-à-dire de tout ce qui peut faire obstacle à la pleine et libre possession de la chose vendue ; 2° des défauts cachés qui anéantissent ou diminuent considérablement l'usage de cette chose, et qui, permettant à l'acheteur de résilier le contrat (*redhibere*), se nomment pour cela *vices rédhibitoires*.

1° De la garantie en cas d'éviction.

LV. — On entend par éviction la privation qu'un acheteur subit (que ce soit par l'action d'un tiers ou par la résistance passive de ce tiers, peu importe) de tout ou partie de ce que devait lui transmettre la vente. L'éviction partielle peut se réaliser de deux manières : 1° par la privation complète d'une portion de la chose ; 2° par la restriction qu'apportent au droit qui devait être transmis, soit l'existence de servitudes passives, hypothèques ou autres charges, soit la non-existence de servitudes actives promises par le vendeur (1626, I).

L'éviction ne donne lieu à la garantie qu'autant qu'elle résulte d'un droit dont l'existence est antérieure à la vente, ou dont la naissance (si elle est postérieure à la vente) serait imputable au vendeur. — Ainsi la garantie est due quand l'acheteur est évincé par l'effet de la surenchère qu'exerce un créancier hypothécaire, puisque cette surenchère résulte d'un droit antérieur à la vente. Elle ne le serait pas, au contraire, si l'éviction provenait, soit d'un droit (postérieur) à l'existence duquel le vendeur est étranger, soit du fait du souverain et de tout autre cas de force majeure(1) ; à moins, bien entendu, que ce ne fût précisément sur la demande du vendeur que l'acte du pouvoir fût intervenu. — Mais le serait-elle au cas d'une prescription qui aurait commencé avant la vente et ne se serait accomplie que depuis? Les uns le veulent, en se fondant sur ce que le droit existait alors *en germe* avant la vente ; d'autres disent non, parce que, la prescription n'étant un droit que lorsqu'elle est acquise, la naissance du droit est donc ici postérieure à la vente... Ces deux doctrines sont inexactes l'une et l'autre. Sans doute c'est la naissance du droit qu'il faut considérer, et la naissance est ici postérieure à la vente ; mais il faut aussi voir si cette naissance postérieure ne serait pas imputable au vendeur, et on ne pourrait certes pas nier qu'elle le fût, si la prescription, par exemple, avait couru plus de vingt-neuf ans contre lui et quelques mois seulement contre l'acheteur, qui n'aurait pas même été averti ! La question se réduira donc ici à une appréciation de circonstances (1626, II).

LVI. — La garantie a-t-elle lieu dans les adjudications forcées comme dans les ventes volontaires? Ceux-ci l'admettent, en l'accordant et contre le propriétaire saisi et aussi contre le créancier saisissant ; d'autres la refusent contre l'un et contre l'autre... Il y a erreur des deux côtés. D'une part, en effet, si le débiteur exproprié n'est pas vendeur dans le sens complet et ordinaire du mot, il l'est dans le sens qui nous occupe ici. Il y a ici un possesseur qui, en se donnant comme propriétaire des choses que l'on vend à sa connaissance comme lui appartenant, se procure le même avantage et cause à l'acheteur le même préjudice que s'il vendait lui-même. Le créancier poursuivant, au contraire, n'est nullement vendeur ; ce n'est pas lui qui vend, c'est la justice, pour le compte et comme mandataire légal du débiteur. — Du reste, si le poursuivant ne peut pas être attaqué en garantie comme vendeur, il est clair qu'il serait, d'après les principes généraux, responsable des fautes qu'il aurait commises dans la direction des poursuites ; et, de leur

---

(1) Il en est autrement du fait du juge, quoi qu'en ait dit Pothier, d'après le droit romain. La chose jugée étant toujours chose vraie (légalement, si fausse qu'elle puisse être en fait), il s'ensuit que quand il sera jugé même à tort que tel bien n'appartenait pas au vendeur, il sera vrai en droit que ce bien n'a pas été transmis à l'acheteur, et la garantie dès lors sera due.

côté, les créanciers colloqués auxquels l'adjudicataire qu'on évince aurait payé son prix pourraient être poursuivis en répétition. C'est évident, puisque le Code accorde le droit de répéter, alors même que la somme était due, si elle ne l'était pas par celui qui a payé et que, l'adjudication étant annulée, l'adjudicataire se trouve n'avoir pas été débiteur du prix (1626, III).

Il n'est pas moins certain que la garantie peut être demandée nonseulement par l'acheteur lui-même, mais aussi par son successeur quel qu'il soit venant à être évincé. Il est vrai que Pothier refusait ce droit au donateur de l'acheteur, et que, sous le Code encore, un grave auteur présente une doctrine incohérente et contradictoire sur le principe qui résout cette question. Mais la solution n'en saurait cependant être douteuse. Sans doute un donataire (en général) n'a pas le droit à garantie contre son donateur; mais ce n'est pas une raison pour qu'il n'ait pas ce droit contre le vendeur de ce donateur. Tout aliénateur, en effet, à moins de stipulation contraire, transmet à son acquéreur tous les droits et actions dont il est investi quant au bien aliéné; et la donation, par conséquent, confère au donataire l'action de garantie que le donateur avait contre le vendeur. C'est donc avec raison que la jurisprudence le décide ainsi, comme le faisait déjà Domat autrefois (1626, IV).

LVII. — Les parties peuvent à volonté restreindre ou élargir l'obligation légale de garantie. Elles peuvent l'élargir et stipuler, par exemple, qu'elle s'étendra même au fait du souverain ou autre cas de force majeure; seulement, on conçoit qu'un résultat si exorbitant n'est admissible qu'autant que la volonté des contractants est bien manifeste. Cette garantie plus large et résultant de la convention se nomme quelquefois *garantie de fait,* par opposition à celle qui résulte des dispositions mêmes de la loi et qu'on appelle *garantie de droit.* Réciproquement, on peut diminuer l'étendue de l'obligation ou même la supprimer, mais avec une distinction pour les faits personnels au vendeur. S'il s'agit de faits antérieurs au contrat, rien n'empêche, on le conçoit, d'en stipuler la non-garantie, pourvu qu'ils soient loyalement indiqués à l'acheteur; et si dès lors une dispense générale serait alors insuffisante, il y aurait, au contraire, pleine efficacité de la dispense spéciale qui préciserait ces faits. Mais quant aux faits encore futurs, la bonne foi ne permet pas d'en affranchir jamais le vendeur. — D'après cela, on peut dire que la garantie est en général de la nature seulement du contrat de vente, et qu'elle n'est de son essence que pour ceux des faits personnels au vendeur qui seraient postérieurs au contrat ou qui, antérieurs, ne seraient pas spécialement déclarés par lui. (1626, V).

LVIII. — La dette de garantie peut cesser, soit pour les dommages-intérêts seulement, soit tout à la fois pour eux et pour le prix à restituer.

Le vendeur est déchargé des dommages-intérêts, mais en restant débiteur du prix, 1° quand il y a stipulation de non-garantie; 2° quand, l'acte de vente étant muet à cet égard, l'acheteur connaissait le danger de l'éviction : que si, dans ce cas de connaissance acquise à l'acheteur, celui-ci avait stipulé la garantie, les dommages-intérêts seraient dus. — Il importe peu, au surplus, que cette connaissance ait été acquise à l'acheteur par la déclaration formelle du vendeur ou autrement, et les distinctions que plusieurs auteurs (qui ne sont d'ailleurs pas d'accord entre eux) veulent faire à cet égard, soit entre des hypothèques et d'autres charges, soit entre telles hypothèques et telles autres, doivent être rejetées en présence de la disposition absolue de la loi. Elles le sont, en effet, par la jurisprudence.

Le vendeur est affranchi et des dommages-intérêts et de la restitution de prix dans quatre cas : 1° quand les deux circonstances ci-dessus indiquées se réunissent, c'est-à-dire quand il y a tout à la fois stipulation de non-garantie et connaissance chez l'acheteur, lors de la vente, du danger de l'éviction ; — 2° quand la vente est faite aux risques et périls de l'acheteur, sans qu'il y ait à distinguer alors si l'acte contient ou non une clause de non-garantie ; — 3° quand c'est par la faute ou du moins par le fait de l'acheteur lui-même que l'éviction s'est réalisée : par exemple, s'il s'est laissé condamner sans appeler son vendeur et que celui-ci prouve qu'il eût empêché l'éviction ; — 4° enfin quand la conservation du prix a été stipulée : comme s'il est dit, par exemple, que la vente est faite sans garantie *ni restitution de deniers*. — Quant à l'idée, admise par deux arrêts, que la dispense de garantie existerait de plein droit par cela seul que l'éviction n'enlèverait pas le vingtième de la chose, elle n'a aucune espèce de fondement, et c'est avec raison que la Cour suprême l'a condamnée (1621, VI).

LIX. — Il tombe sous le sens que celui qui devrait garantir de l'éviction ne peut pas lui-même évincer ; et par conséquent l'acheteur jouit d'une *exception de garantie* contre le vendeur, contre sa caution et contre tous successeurs universels de l'un ou de l'autre.

Ainsi, que le propriétaire de la chose vendue *à non domino* devienne héritier du vendeur, ou son légataire ou donataire universel, il ne pourra plus évincer. Il est vrai que plusieurs auteurs, en admettant cette idée pour tous héritiers ou légataires universels et aussi pour les donataires de biens présents et à venir, la rejettent pour le donataire de biens présents, parce que, selon eux, la donation même universelle n'est alors qu'un titre particulier, l'universalité n'existant rigoureusement que dans ce qui embrasse l'avenir comme le présent. Mais cette idée n'est pas admissible. Sans doute une telle donation n'est pas universelle dans le sens le plus absolu de ce mot ; mais elle l'est assez pour produire l'effet en question. La maxime *universi patrimonii, non certarum rerum, æs alienum onus est,* s'entend aussi bien du patrimoine actuel (pour les dettes actuelles) que du patrimoine actuel et futur (pour les dettes actuelles et futures), puisqu'il est bien impossible de présenter comme disposition de choses spéciales et déterminées (*certarum rerum*) celle qui transfère en masse tous les biens, droits et actions qui m'appartiennent. Aussi les travaux préparatoires se sont-ils expliqués dans ce sens, consacré partout par les arrêts. — Tout le monde reconnaît que, dans ce cas de vente faite *à non domino*, la circonstance que le propriétaire serait un mineur, dont le tuteur aurait vendu les biens comme siens, et qui deviendrait ensuite héritier de ce tuteur, n'empêcherait pas l'application de notre règle : la loi, en effet, ne fait aucune exception pour les mineurs au principe *qui doit garantir ne peut évincer*. Mais deux auteurs enseignent qu'il en serait autrement si le bien avait été vendu comme bien de ce mineur et que la vente ne fût nulle que pour absence des formalités voulues : car les vices de forme, disent-ils, étant imputables à l'acheteur aussi bien qu'au vendeur, celui-ci ne doit pas de garantie pour cette cause. C'est une erreur, condamnée avec raison par la Cour suprême. Car la circonstance d'une négligence égale des deux parties aurait bien ce résultat que l'éviction ne donnerait pas droit contre le vendeur à des dommages-intérêts, mais elle ne ferait certes pas cesser la garantie pour restitution du prix; or, puisque le vendeur doit encore garantir, il ne peut donc pas évincer, et son représentant ne le peut pas davantage... Et comment, en effet, mon vendeur pourrait-il argumenter d'une négligence qui nous est commune pour me dépouiller du bien? comment pourrait-il me déposséder, lui dont l'obligation est de protéger contre tous ma possession? Évidemment il ne le peut pas, et son héritier dès lors ne le peut pas non plus.

Celui qui s'est porté caution du vendeur (et qui dès lors devrait garantir le cas échéant) ne pouvant jamais évincer, ses héritiers ne le pourraient donc pas plus que lui. Il est vrai qu'un savant professeur enseigne le contraire; mais c'est une hérésie manifeste. En vain il prétend que la dette de garantie se réduit à des dommages-intérêts, et que dès lors l'héritier de la caution pourrait évincer en payant ces dommages-intérêts; car cette dette, au contraire, a pour objet avant tout la libre possession de la chose, et elle ne se résout en dommages-intérêts qu'au cas d'impossibilité de procurer la possession. Et qui ne voit que si cette idée du savant professeur était exacte, elle s'appliquerait, non pas seulement à l'héritier de la caution, mais aussi à cette caution, mais à l'héritier du vendeur, mais au vendeur même, et serait ainsi la suppression de la règle *quem de evictione*, etc. (1626, VII).

LX. — C'est un point singulièrement controversé que de savoir si l'action et l'exception de garantie sont ou non divisibles. Quant à l'action, tout le monde reconnaît, au fond et sauf une dispute de mots peu digne d'hommes graves, qu'elle est indivisible abstractivement et en elle-même, et divisible, au contraire, pratiquement et dans son exécution; mais, pour l'exception, la dispute est aussi sérieuse que vive et ancienne, et la doctrine de l'indivisibilité, admise aujourd'hui encore par une jurisprudence constante, est qualifiée de paradoxe par tel interprète du Code, et l'avait été par Dumoulin d'opinion *inepte* et *stupide!...* Malgré cela, nous n'hésitons pas à dire qu'elle est seule exacte, et que les arrêts sont dans le vrai en jugeant ainsi.

Quant à l'action, tous les auteurs sont d'accord pour proclamer, et avec raison, qu'ayant pour objet direct la libre possession de la chose par l'acheteur, la défense de cet acheteur contre tous troubles et empêchements, elle est dès lors indivisible, en principe, puisqu'on ne saurait appeler l'héritier pour un tiers ou un quart à soutenir le tiers ou le quart d'un procès, à produire le tiers ou le quart d'un titre. Mais quand du principe on descend à l'application, comme d'abord l'héritier assigné est maître de ne pas venir défendre l'acheteur et de laisser ainsi l'obligation se transformer (par l'accomplissement de l'éviction) en une simple dette d'argent, pleinement divisible, et que, d'un autre côté, la condamnation qui interviendrait contre cet héritier ne pourrait pas être opposée aux autres, il faut donc que l'acheteur ait soin de mettre en cause tous les héritiers, comme s'il était dans un cas de divisibilité. Ceci, on le voit, enlève toute importance à la critique qu'on a adressée à la Cour suprême pour avoir dit (en se préoccupant moins de pures abstractions que de la réalité des choses) que l'action en garantie est divisible : elle l'est, en effet, en résultat et dans la pratique.

Il en est autrement pour l'exception. Indivisible en droit par la même raison que l'action, puisqu'elle a pour base la même dette de garantie, elle l'est également en fait, puisque les circonstances dans lesquelles elle se présente permettent de lui donner en pratique toute son efficacité. Or, chose incroyable, ce sont précisément ceux qui tiennent à proclamer l'indivisibilité alors qu'elle ne peut produire aucun effet, c'est-à-dire dans le cas d'action, qui la nient dans le seul cas où elle soit efficace, c'est-à-dire dans ce cas d'exception, et ce, en s'appuyant sur deux motifs aussi étranges que la solution elle-même. Le premier, en effet, se tire de ce que l'obligation *de livrer* est divisible ; or il ne s'agit pas de l'obligation de livrer, mais de l'obligation de garantir, et ce sont précisément les partisans de ce faux système qui nous apprennent que « quoique la première *soit divisible,* la seconde néanmoins *est indivisible.* » Le second motif consiste à dire que si d'une part l'obligation de protéger et défendre l'acheteur est indivisible, elle n'est pas d'autre part tellement absolue que l'héritier du vendeur *ne puisse quelquefois* la transformer en une dette d'argent dans laquelle il ne devra plus que sa part ; comme si ce singulier argument n'était pas réfuté d'avance par cette idée (que développent les adversaires pour le cas d'action) : que cette possibilité n'est qu'un fait matériel et non un droit, fait matériel qui précisément *n'existe plus* au cas d'exception ! Chose inconcevable ! c'est précisément dans le cas où la possibilité de transformer l'obligation indivisible en dette divisible *n'existe pas* (le cas d'exception), que les partisans de Dumoulin professent la divisibilité ; eux qui, lorsque cette possibilité vient à exister (dans le cas d'action), tiennent néanmoins pour l'indivisibilité !

En deux mots, la dette de garantie des représentants multiples du vendeur est indivisible par sa nature et tant qu'elle ne dégénère pas en simple dette d'argent. Or la faculté d'en opérer la transformation existe toujours pour ces représentants au cas d'action de garantie, et cette action dès lors, tout indivisible qu'elle est en principe, devient alors divisible en fait; mais cette faculté n'existant plus au cas d'exception, cette exception demeure dès lors indivisible en fait comme en droit. C'est donc avec raison qu'une jurisprudence constante le décide ainsi (1626, VIII).

LXI. — Lorsqu'il y a éviction et que rien ne modifie l'obligation légale de garantie, le vendeur est tenu de restituer le prix de vente et de payer des dommages-intérêts. Nous distinguons le prix et les dommages-intérêts; car s'il est vrai que cette dernière expression (malgré le langage différent du Code) comprend l'indemnité des dépens faits sur l'éviction, du coût de contrat, etc., elle n'embrasse pas de même, quoiqu'on ait quelquefois dit le contraire, le prix de la vente. Ce n'est pas à titre de réparation d'un préjudice subi que l'acheteur réclame ce prix, c'est comme l'ayant indûment payé; et son action n'est alors qu'une *condictio indebiti*. Aussi le prix doit-il toujours être restitué en totalité, alors même que le bien, lors de l'éviction, aurait diminué de valeur, soit par la dépréciation générale des biens de même nature, soit par suite d'accidents fortuits, même de la propre négligence de l'acheteur : celui-ci, en effet, se croyant propriétaire de la chose, pouvait la négliger sans en devoir compte à personne, et sa négligence n'empêche pas qu'il n'ait payé le prix de vente indûment (tandis que s'il ne s'agissait que de dommages-intérêts, il ne pourrait demander que l'équivalent de ce qu'il perd). Et cette totalité du prix serait encore due, quoique Pothier enseignât autrefois le contraire, si une partie de la chose avait péri, puisque ce cas de perte n'est certes pas plus défavorable que celui de négligence de l'acheteur, formellement admis par le Code. — Mais si le bien en diminuant d'un côté avait augmenté de l'autre, l'acheteur ne pourrait pas, en recevant la totalité de son prix malgré la diminution, exiger encore des dommages-intérêts pour l'augmentation, puisque ces dommages-intérêts ne sont dus que pour ce que la chose vaut *en sus du prix de vente,* et qu'ici la chose ne fait que revenir par cette augmentation à la valeur que la diminution réciproque lui enlève (1630, I et II).

Bien entendu, l'acheteur ne peut jamais (et on ne comprend pas que Pothier ait pu dire le contraire), même en s'adressant à un vendeur antérieur au sien qui aurait vendu plus cher, répéter un prix plus fort que celui qu'il a payé, et encore bien moins réclamer plusieurs prix de vente. Ce n'est pas qu'on puisse, comme le fait un auteur moderne (qui tombe à cet égard dans l'erreur opposée à celle de Pothier, et aussi dans une flagrante contradiction, puisqu'il admet ailleurs le principe, incontestable en effet, qu'il rejette ici), nier qu'un vendeur transmette à son acheteur toutes les actions dont il est investi quant à la chose vendue; mais il est clair que cette transmission ne s'opère que comme accessoire de la garantie dont ce vendeur lui-même est tenu : il ne peut pas être question de se faire garantir le remboursement de ce qu'on ne débourse pas! — Ainsi l'acheteur a toujours droit à son prix, mais n'a droit qu'à ce prix (1); et de même qu'il peut répéter toutes les sommes

_____

(1) Nous ne parlons ici que du prix, car il va sans dire qu'en dehors de ce prix il

payées sous les noms d'épingles, pots-de-vin et autres, parce qu'elles sont une partie du prix, de même le vendeur peut déduire de sa restitution toutes les sommes dont le premier, par une cause quelconque, se trouverait déjà remboursé (1630, III).

Quant aux dommages-intérêts, ils comprennent tous les objets de restitution autres que le prix de vente, et notamment : 1° les impenses que l'acheteur aurait pu faire sur le bien; 2° la différence qui peut exister entre le prix de vente et la valeur plus grande de la chose lors de l'éviction. — Pour les impenses, on distingue si elles étaient nécessaires, utiles ou voluptuaires. Les premières sont dues alors même qu'il n'en serait résulté aucune plus-value; pour les secondes, le vendeur ne doit que la plus-value, puisque c'est elle que l'éviction fait perdre à l'acheteur; les dernières ne donnent lieu à récompense que lorsque le vendeur connaissait lors du contrat la cause de l'éviction. Quant à la différence du prix à la valeur actuelle et plus grande, on doit dire, comme Dumoulin et Pothier, que s'il s'agissait d'une plus-value énorme et résultant d'événements extraordinaires et hors de toute prévision, le vendeur n'en devrait l'indemnité complète qu'autant qu'il aurait vendu de mauvaise foi. Cette solution, en effet, étant conforme aux principes généraux, on ne pourrait la rejeter ici qu'en vertu d'une exception formelle, et cette exception n'existe pas (1630, V).

LXII. — Nous supposons dans le numéro précédent une éviction totale. Parlons maintenant de l'éviction partielle, qui peut, on le sait, se réaliser de plusieurs manières.

Elle existe d'abord quand l'acheteur est évincé d'une portion de la chose; et il faut alors distinguer si cette portion est ou n'est pas telle qu'il y ait lieu de croire que sans elle l'achat n'eût pas eu lieu. Si cet achat se fût fait, l'acheteur a seulement droit (en outre de tous autres dommages-intérêts) à une indemnité représentant la valeur actuelle de ce dont il est évincé. Dans le cas contraire, il a le choix de prendre cette même indemnité ou de résilier pour se faire restituer le prix en rendant le reste de la chose. La loi ne distinguant pas, cette règle s'applique à l'éviction d'une portion indivise comme à toute autre (1630-1637).

Tout le monde reconnaît qu'il faut ranger dans cette hypothèse, d'une éviction portant sur une portion seulement de la chose, le cas où, la chose ne consistant que dans une série de jouissances ou de prestations (un usufruit, une rente viagère), l'éviction n'en aurait lieu que longtemps après la vente. Mais doit-on en dire autant des ventes d'animaux? La question est très-controversée; mais elle doit, ce semble, se résoudre affirmativement. On n'achète pas un cheval pour le garder à toujours comme une ferme : ce que l'acheteur veut avoir alors, ce n'est pas le cheval en lui-même, mais *les services* qu'il en peut tirer pendant quinze ou vingt ans; et il est dès lors vrai de dire que, quand

---

reste la question de dommages-intérêts, qui pourra permettre à l'acquéreur de réclamer ce qu'il n'a pas déboursé. C'est à ce titre de dommages-intérêts qu'un donataire, notamment, pourra réclamer, comme on l'a vu au n° LVI, du vendeur de son donateur, le prix payé par celui-ci.

on lui enlève ce cheval après qu'il a recueilli la moitié ou les deux tiers de ces services, il ne subit qu'une éviction partielle (1630, IV).

C'est aussi une éviction partielle, soumise à la règle alternative qui vient d'être indiquée, que celle qui résulte, soit de l'existence de servitudes non apparentes ou autres charges occultes que le vendeur n'aurait pas fait connaître, soit de la non-existence de servitudes actives qui auraient été promises. Si, dans le premier cas, la servitude était apparente, l'acheteur ne pourrait pas se plaindre, puisqu'il a pu et dû la connaître. — Il va sans dire, au surplus, qu'ici comme partout la règle légale peut être modifiée et rendue plus ou moins sévère par une stipulation spéciale des parties. Et il va de soi aussi que les dispositions analysées dans ce paragraphe doivent se compléter par les principes généraux du titre des Obligations (1638 et 1639).

2° De la garantie des défauts cachés.

LXIII. — Quand la chose vendue est affectée lors de la vente de défauts occultes et inconnus de l'acheteur, et qui empêchent ou diminuent notablement l'usage auquel cette chose est destinée, l'acheteur peut faire résilier la vente, ce qui a fait donner à ces défauts le nom de *vices rédhibitoires*. Nous disons que les défauts doivent être tout à la fois occultes et inconnus de l'acheteur; car il n'y aurait plus lieu à garantie si celui-ci avait acheté en connaissance de cause ou s'il s'agissait de vices apparents et qu'il pouvait découvrir par l'inspection de la chose. Il n'en serait autrement, sous ce dernier rapport, que pour les marchandises qu'on n'est pas dans l'habitude de vérifier chez le marchand : l'usage constant du commerce commande de considérer alors le marchand comme garantissant tacitement que la chose est en bon état et telle qu'elle se vend ordinairement. Mais en dehors de cette exception, il faut que l'acheteur n'ait pas pu constater les défauts. Quant au vendeur, peu importe qu'il ait ou non connu les vices; seulement l'ignorance où il serait à cet égard lui permettrait de s'affranchir par une stipulation expresse. — Cette garantie est due pour toute espèce de choses, aussi bien pour des immeubles que pour des meubles. Mais elle n'a pas lieu dans les ventes faites par autorité de justice (1641, I).

Le Code n'avait fixé pour aucun cas le délai dans lequel l'acheteur doit intenter l'action, il se contentait de renvoyer à l'usage des lieux. Mais la loi du 20 mai 1838 a fait cesser cet état de choses pour les ventes qui donnent lieu le plus souvent à cette action, celle des animaux domestiques; et ce n'est plus que pour les autres ventes qu'il y a lieu désormais de suivre l'usage des lieux ou, à défaut d'usage constant, un délai très-bref dont le Code laisse la fixation aux tribunaux. La loi de 1838 précise d'ailleurs avec soin les seuls cas qui autorisent maintenant l'action rédhibitoire pour les diverses espèces d'animaux; et pour prévenir des fraudes précédemment trop fréquentes, elle enlève aux acheteurs le choix (qui leur appartient toujours pour les ventes autres que celles d'animaux domestiques) entre la résiliation du contrat et une simple réduction de prix : le premier parti est désormais le seul qu'ils puissent prendre. — Dans tous les cas, le vendeur doit, quand il y a résiliation, restituer, en sus du prix de vente, les frais occasionnés par cette vente, et payer de plus, si les vices lui étaient connus, des dommages-intérêts (*ibid.*, II).

La responsabilité du vendeur cesse, en outre des deux cas de stipulation de non-garantie par un vendeur ignorant le vice, et de connaissance de ce vice par l'acheteur lors de la vente, 3° lorsque la chose a péri par cas fortuit; 4° lorsqu'elle a péri par la faute de l'acheteur; 5° enfin, dans les cas de morve, de farcin et de clavelée, si le vendeur prouve que l'animal a été mis en contact, depuis la livraison, avec d'autres animaux atteints de cette maladie. — En cas de contestation sur le point de savoir si le vice existait lors de la vente, ou si, alors que la chose a péri, elle a péri par suite de ce vice, aucune présomption n'existe au profit de l'acheteur, qui doit dès lors faire preuve de sa prétention (*ibid.*, III).

SECTION II.

DES OBLIGATIONS DE L'ACHETEUR.

LXIV. — L'acheteur est tenu de deux obligations : celle de payer son prix et celle de prendre livraison de la chose.

1° *De l'obligation de payer le prix.*

LXV. — Le payement du prix doit se faire au temps et au lieu fixés par la convention; à défaut de convention, au temps et au lieu où doit se faire la délivrance, pour les ventes au comptant, et au domicile de l'acheteur pour les ventes à terme. Le prix porte intérêt dans trois cas : 1° lorsqu'il y a convention à cet égard; 2° toutes les fois que la chose vendue est frugifère; 3° lorsque l'acheteur, en retard de payer, est sommé de le faire. Les intérêts courent, dans le premier cas, du jour fixé par la convention, et à défaut de convention, du jour même de 'la vente; dans le second, du jour de la délivrance; dans le troisième, du jour de la sommation (1650-1652).

Si l'acheteur était troublé dans sa possession ou avait seulement une crainte fondée de l'être, il pourrait suspendre le payement jusqu'à ce que le vendeur eût fait cesser le trouble, à moins 1° qu'il n'ait été convenu que l'acheteur payerait nonobstant le trouble; 2° que l'acheteur n'ait connu lors de la vente le danger de trouble; ou 3° que le vendeur ne donne caution. Les intérêts, au surplus, courraient toujours pendant la suspension du payement (1653).

LXVI. — A défaut de payement, le vendeur peut faire prononcer la résolution de la vente; et cette faculté, à l'exception du cas de rente viagère qui en est formellement affranchi, est consacrée par le Code d'une manière absolue, et aussi bien dès lors pour les ventes de meubles que pour celles d'immeubles. Or de là naissent deux questions dont la seconde a été très-controversée. — D'abord, le texte de notre titre n'exprimant pas pour la vente mobilière le droit qu'il confère au juge dans la vente d'immeubles, d'accorder un délai à l'acheteur, faut-il en conclure que ce droit n'existe pas pour la première? On doit répondre négativement, puisque, si ce droit n'est pas écrit ici, il l'est ailleurs parmi les principes généraux des conventions. La seconde question est de savoir si la bonne foi qui met le meuble à l'abri de l'action résolutoire pour le tiers, à qui l'acheteur l'aurait revendu ou livré en gage, produirait le même effet pour le créancier dont ce meuble, immobilisé par destination, serait devenu le gage hypothécaire. Un grave auteur et quelques arrêts ont répondu négativement, en se fondant sur ce que l'acquéreur du meuble n'a pas pu transmettre plus de droits qu'il n'en avait luimême; mais c'est une erreur, puisque la bonne foi du tiers a précisément pour effet de lui donner, dans ce cas de meubles, le droit que n'avait pas celui avec qui il contractait. C'est donc avec raison que d'autres auteurs et arrêts plus récents ont rejeté cette doctrine. — Quant aux immeubles, comme la bonne foi des tiers n'a pas pour effet d'en déplacer la propriété, l'action résolutoire sera possible contre tout sous-acquéreur ou cessionnaire de droits réels quelconques. Elle le sera même pour le vendeur qui aurait perdu le privilége attaché à sa créance, puisque, ce privilége et le droit de résolution étant deux choses distinctes et indépendantes, l'extinction de l'un n'empêche pas l'autre de subsister (1654, I et II) (1).

LXVII. — A Rome, la condition résolutoire n'étant pas admise de plein droit et n'existant que pour les ventes dans lesquelles elle était formellement stipulée, on en concluait que si, une fois le terme passé sans payement, le vendeur, au lieu de demander la résolution, réclamait son prix, il perdait par là son droit de faire résoudre, parce qu'il substituait ainsi à la vente résoluble une vente pure et simple. Il est évident que pour nous cette idée ne serait plus acceptable. La condition résolutoire existant aujourd'hui tacitement et de plein droit dans toute vente, il ne pourrait jamais servir à rien d'admettre une prétendue substitution d'une seconde vente à une première, puisqu'on n'échapperait à la condition expresse que pour retomber sous la condition tacite. Ce n'est donc que par inattention qu'un auteur a pu dire le contraire, et il faut tenir que des poursuites afin de payement pourront toujours être faites par le vendeur sans qu'il perde pour cela son droit de faire proclamer la résolution. — Toutefois, il est évident que si le vendeur, dans le but d'arriver à payement, avait lui-même provoqué ou approuvé une revente ou concession de droits réels, il ne pourrait plus faire résoudre au préjudice des tiers acquéreurs. Il va sans dire aussi que si des créanciers du vendeur, exerçant en son nom l'action en payement, avaient reçu le prix de la vente, ce vendeur ne pourrait plus faire résoudre (1654, III).

LXVIII. — La condition résolutoire expresse s'accomplit plus faci-

_____

(1) *Voy.*, à cet égard, les dispositions nouvelles de la loi du 23 mars 1855 sur la *Transcription.*

lement que la condition tacite; mais l'une et l'autre produisent les mêmes effets. Quand la condition est expressément stipulée, il est vrai qu'une sommation est nécessaire; mais après cette sommation, la vente est résolue, et l'acheteur ne pourrait pas obtenir de la justice un délai, tandis qu'il le peut en cas de condition tacite, à moins qu'il n'y ait pour le vendeur danger de perdre et la chose et le prix. Quant aux effets de la résolution, ils consistent, dans les deux cas, à remettre les choses au même état que si la vente n'avait pas eu lieu. Ainsi, l'acheteur devra restituer ce bien avec les fruits, s'il y en a eu, et l'indemnité des dégradations qu'il a pu causer. Le vendeur, de son côté, doit rendre la portion de prix qu'il aurait pu recevoir, ainsi que les intérêts quand on lui restitue des fruits, et il reprendra le bien libre de toutes charges créées par l'acheteur, mais avec l'obligation toutefois de respecter les baux faits par celui-ci (1654, IV).

Quant à la nature et à la durée de l'action en résolution, ce sont deux points assez simples, quoiqu'ils aient été controversés. Pour sa nature d'abord, l'explication donnée plus haut (n° XXI) pour l'action en rescision, laquelle est parfaitement applicable ici, prouve qu'elle est mixte contre l'acheteur possédant encore le bien, personnelle contre l'acheteur qui ne le possède plus, et réelle contre le sous-acquéreur. Pour sa durée, s'il est certain qu'elle est de trente ans contre l'acheteur, il ne l'est pas moins, malgré la solution contraire de quelques arrêts isolés et condamnés par une imposante jurisprudence, que pour les immeubles transmis à un sous-acquéreur elle serait, non pas de trente ans absolument et toujours, mais tantôt de trente ans et tantôt de dix ou vingt ans seulement, selon qu'il y aurait ou non bonne foi du sous-acquéreur. On ne saurait, en effet, trouver aucune raison de refuser ici à la possession de bonne foi l'effet que la loi lui attribue (*ibid.*, V).

2° De l'obligation de prendre livraison.

LXIX. — L'acheteur doit prendre livraison de la chose, soit à l'époque convenue, soit dans le délai déterminé par l'usage, soit enfin, à défaut de convention et d'usage, aussitôt après la vente.

A défaut par l'acheteur de prendre livraison, le vendeur peut, après sommation, demander à son choix le payement du prix ou la résolution de la vente; il peut de plus, s'il s'agit de choses mobilières, se faire autoriser à les déposer dans un lieu déterminé. Et si, dans ce même cas de choses mobilières, le terme du retirement avait été formellement convenu, le vendeur est libre de tenir immédiatement la vente pour résolue sans jugement ni sommation. — Deux auteurs enseignent que cette résolution de plein droit doit être admise aussi, même à défaut de convention pour le retirement; mais cette doctrine doit être écartée, puisque, d'une part, il s'agit là d'une disposition exorbitante qui ne doit pas dès lors s'étendre aux cas non prévus, et que, d'un autre côté, une convention spéciale sur le terme implique assez naturellement la concession, par l'acheteur au vendeur, du droit de disposer de la chose une fois ce terme passé, concession qu'on ne saurait voir dans les autres cas (1657).

CHAPITRE IV.

DES VENTES DE CRÉANCES ET AUTRES DROITS.

LXX. — La vente des droits et actions, c'est-à-dire des choses incorporelles, est en général soumise aux mêmes principes que celle des choses corporelles; mais le Code établit quelques règles spéciales : 1° pour la vente des créances, 2° pour celle d'une hérédité, 3° pour celle des droits litigieux.

§ 1er. — De la vente des créances.

LXXI. — Entre le vendeur et l'acheteur, la vente d'une créance est, comme toute autre vente, parfaite par le seul consentement des parties; mais vis-à-vis des tiers, elle n'est parfaite et ne produit la transmission de propriété que par la signification de cette vente au débiteur, ou par l'acceptation qu'en fait ce débiteur dans un acte authentique. Si plusieurs ventes d'une même créance avaient été signifiées ou acceptées le même jour et sans indication de l'heure, les différents acheteurs se trouveraient sur la même ligne, c'est-à-dire propriétaires chacun pour sa part. On sait, au surplus, que la loi fait exception pour certaines créances à la formalité de la signification ou de l'acceptation; tels sont les lettres de change et billets à ordre, les rentes sur l'État, les actions de la Banque de France, etc. (1689, 1).

LXXII. — Du principe que la propriété de la créance ne passe à l'acquéreur, à l'égard des tiers, que par la signification ou l'acceptation de l'acte, il résulte : 1° que tant que la formalité voulue n'a pas été accomplie, c'est toujours le cédant, seul propriétaire à l'égard des tiers, qui peut seul agir contre ceux-ci, et que s'il faut reconnaître aussi au cessionnaire le droit de faire des actes conservatoires, c'est uniquement parce que de tels actes doivent toujours être vus avec faveur et se permettre aux deux parties à la fois; 2° que le cédant peut contraindre le débiteur à payer sans que celui-ci puisse argumenter de la cession, et que réciproquement le débiteur pourra se libérer envers le cédant sans que le cessionnaire puisse, en remplissant la formalité plus tard, critiquer la libération; 3° que de deux acheteurs successifs d'une même créance, le second en serait propriétaire, si c'était lui qui fît signifier ou accepter le premier; 4° enfin que tant que la formalité n'a pas été remplie, les créanciers du vendeur peuvent utilement saisir-arrêter la créance cédée. — Cette dernière conséquence est l'occasion d'une grave difficulté.

Tout le monde, en effet, admet bien que la signification ou acceptation que le cessionnaire fait faire après la saisie, mais avant la distribution des deniers, équivaut elle-même à une saisie et lui donne le droit de concourir au marc le franc avec les saisissants. On reconnaît aussi, après une dissidence dans laquelle la vérité l'a enfin emporté, que des saisies-arrêts postérieures seraient sans valeur à l'égard du cessionnaire, et que la cession vaut vis-à-vis de celles-ci comme cession et non plus comme saisie seulement. Mais l'accord disparaît et trois systèmes contraires, et inexacts tous trois, se produisent quand il s'agit de régler les rapports du cessionnaire avec les saisissants antérieurs et les saisissants postérieurs (1689, II).

LXXIII. — Pour le règlement de ces rapports, les uns enseignent que les saisissants postérieurs à la signification ou à l'acceptation n'ont aucun droit ni à l'égard des saisissants antérieurs ni à l'égard du cessionnaire, ce qui est faux, puisque toute saisie pratiquée avant la distribution et alors que les deniers sont encore sous la main de la justice donne droit sur ces deniers. — Un second système, qui est celui de la jurisprudence (1), accorde bien aux saisissants postérieurs le droit de venir à la contribution avec les saisissants antérieurs ; mais il donne à ceux-ci le droit de reprendre sur le cessionnaire toute la somme qui leur est ainsi enlevée, ce qui est inadmissible, puisque c'est faire réagir les saisies postérieures contre le cessionnaire à l'égard duquel elles sont inefficaces. — D'autres, enfin, ne donnent un recours aux saisissants antérieurs, contre le cessionnaire, que pour la différence entre la somme qu'ils reçoivent dans la contribution et celle qu'ils auraient reçue si le cessionnaire n'avait été lui-même qu'un créancier. — Or ce dernier système, en approchant plus près de la vérité, n'y arrive cependant pas encore ; il donnerait tantôt trop au cessionnaire au préjudice du dernier saisissant, et tantôt trop à celui-ci au préjudice de celui-là. Voici le système à suivre définitivement :

Si l'intérêt du cessionnaire est d'être traité comme simple créancier saisissant, tous, lui comme les autres, viendront au marc le franc. Que si son intérêt est d'être traité comme cessionnaire, il faut faire deux choses : 1° lui donner tout ce qui excède la somme pour laquelle il y a eu saisie avant la signification ; 2° partager cette même somme entre les saisissants antérieurs et les saisissants postérieurs, en donnant aux premiers tout ce qu'ils auraient eu si le cessionnaire n'avait été lui-même qu'un créancier, et le surplus seulement aux derniers (1689, III et IV).

LXXIV. — La vente d'une créance comprend naturellement tous les accessoires de cette créance. Ainsi, le cautionnement, le privilége ou l'hypothèque qui garantissent une créance, le droit d'exercer la contrainte par corps pour s'en faire payer, celui de recevoir les intérêts qu'elle produira ou qui sont actuellement dus, constituent des accessoires de cette créance et se trouvent dès lors compris dans sa cession, s'il n'y a convention contraire. — Et puisque toute cession d'une créance embrasse ainsi tous les accessoires de cette créance, il faut re-

_____

(1) Des cours d'appel, car la Cour suprême n'a pas encore jugé la question.

connaître, et c'est ce que fait la jurisprudence après quelques hésitations, que quand la créance, à raison de la forme de l'acte qui la constate, peut être transmise par simple voie d'endossement, les priviléges
ou hypothèques qui la garantissent se transmettent de la même manière
et en même temps (1692, I et III).

Mais il n'en serait pas de même de tous les droits qui compétaient
au cédant en vertu de l'acte qui a donné naissance à la créance. Ainsi,
le cessionnaire de la créance que j'avais contre Paul à raison de l'immeuble que je lui avais vendu ne pourrait pas, à défaut de payement,
intenter l'action en résolution ; il ne pourrait pas, si le prix était inférieur aux cinq douzièmes de la valeur, intenter l'action en rescission ;
et ce n'est que par inadvertance que des auteurs ont pu enseigner le
contraire, en confondant la cession *de tous les droits et actions* que j'ai
contre Paul avec celle *de la créance* que j'ai sur lui. Le droit d'agir en
résolution de la vente de l'immeuble et de reprendre cet immeuble n'est
pas, en effet, un accessoire de la créance, puisqu'il ne peut naître que
quand celle-ci cesse d'exister (la demande en résolution impliquant la
renonciation au droit de demander payement). Le droit de faire rescinder pour vileté du prix a encore bien moins, on le conçoit, le caractère
d'accessoire de la créance de ce prix (1692, II).

LXXV. — Les ventes de créances donnent lieu comme toutes autres
à la garantie du vendeur, et on y distingue aussi la garantie légale ou *de
droit* et la garantie conventionnelle ou *de fait*. La garantie de droit qui
ne cesserait pas par la simple déclaration que la vente est faite *sans garantie* (cette expression ne s'entendant ici, aux termes de la loi, que de
l'exclusion de la garantie de fait), a pour objet l'existence de la créance,
sa validité et le droit de propriété du cédant sur elle : l'absence d'une
de ces trois circonstances obligerait celui-ci à restituer le prix de la
cession avec ses intérêts, les frais de l'acte, les dépens de procès et
l'indemnité de toutes autres pertes que la cession aurait pu causer au
cessionnaire (1693, I).

Les parties peuvent, par convention particulière, non-seulement
restreindre la garantie légale, mais aussi la supprimer, comme elles
peuvent réciproquement l'étendre. — Il n'y a lieu à décharge complète
de la garantie qu'autant que la créance a été déclarée douteuse, ou
que l'acheteur l'a prise à ses risques et périls, ou qu'il a connu lors de
la vente le danger de l'éviction. Hors de là, les stipulations du vendeur
le laisseraient soumis à la restitution du prix et ne l'affranchiraient que
des restitutions accessoires. — Les clauses qui étendent la garantie
peuvent se ranger en trois classes. Le vendeur, en effet, peut répondre
1° de la solvabilité actuelle seulement du débiteur ; 2° de sa solvabilité
actuelle et future; 3° enfin, du payement à faire lui-même, soit après
simple commandement, soit même sans commandement et dès l'é-
chéance, ce qui dispense le cessionnaire de discuter ni le débiteur ni les
cautions ou les hypothèques. Il va sans dire que, dans le doute sur la
portée d'une clause extensive, c'est au sens plus restreint qu'il faut s'ar-

réter; mais il faut reconnaître que la simple déclaration que la vente est faite *avec garantie* doit s'entendre de la garantie de fait et suffit dès lors pour l'établir (au premier degré seulement).

Il est évident que la garantie de fait, soit du premier degré, soit du second, ne serait plus due si c'était par le fait du cessionnaire, ou seulement par sa négligence, que la créance ou ses sûretés eussent péri. Il est vrai que Pothier (dont la doctrine a été reproduite par un auteur moderne) enseignait le contraire, dans son Traité *des Obligations*, pour le cas de simple négligence, sur le fondement d'anciennes lois romaines; mais c'était une erreur d'autant plus manifeste que l'état de choses organisé par ces lois avait été changé plus tard par le droit romain lui-même, erreur que Pothier lui-même abandonne dans son Traité *de la Vente*, et qui est condamnée avec raison par tous les autres auteurs. — Quant à la garantie du troisième degré, elle cesserait de même, évidemment, par le fait du cessionnaire; mais cesserait-elle aussi pour sa simple négligence? Un grave auteur répond négativement; mais on doit, ce semble, substituer une distinction à cette solution absolue. Si le cédant, en vendant la créance, en a conservé les titres, cette solution est exacte; mais s'il a remis ses titres au cessionnaire, la pensée a donc été de charger celui-ci des mesures qu'il pourrait être utile de prendre, et c'est lui dès lors qui doit supporter les conséquences de leur inaccomplissement (1693, II et III).

§ 2. — De la vente d'une hérédité.

LXXVI. — La vente d'une hérédité (ou vente des droits successifs du droit héréditaire) n'est que la cession d'un droit, d'un *nomen juris*, d'une chose incorporelle; et on peut en compter six espèces. Il peut, en effet, y avoir : 1° vente du droit (certain) que le cédant se dit avoir sur une succession; 2° vente d'une simple prétention, cédée comme telle, sur cette succession; 3° vente du droit (déclaré certain), avec indication de la consistance ou de l'importance de l'hérédité; 4°, 5° et 6° vente (dans chacune des trois circonstances ci-dessus) de l'actif seulement de la succession, le passif devant rester au compte du vendeur. — Le Code ne s'occupe que de la première de ces six hypothèses; mais les règles qu'il pose pour elle, rapprochées des principes généraux, font assez comprendre celles à suivre dans les autres cas.

Celui qui vend (absolument et sans aucune addition comme sans restriction) ses droits héréditaires, actifs et passifs, ne garantit de droit (et sauf garantie de droit plus étendue) que l'existence efficace du titre d'héritier et ses faits personnels. Cette garantie contient la promesse de ces quatre choses : 1° que la succession annoncée est actuellement ouverte; 2° que le vendeur y est appelé, ou pour le tout ou pour la quotité qu'il déclare; 3° qu'il n'est ni renonçant, ni indigne, ni écarté en tout ou partie par un legs universel; 4° qu'il ne fera rien qui puisse amoindrir ou troubler le droit qu'il transmet. — En cas d'éviction, le vendeur devra : la restitution du prix; celle des frais de contrat; celle des dépens, s'il y a eu procès ; enfin des dommages-intérêts, s'il y a lieu. Nous disons la restitution *du prix*, sans distinguer si la privation de l'acheteur provient de ce que la succession n'existait pas, ou seulement de ce qu'elle appartenait à un autre que le vendeur. Il est vrai que des auteurs, appliquant ici le droit romain, distinguent entre les deux cas, et veulent que pour le second l'objet de la restitution soit, au lieu du prix de vente, la valeur de la succession (valeur qui peut être fort différente du prix, surtout si l'éviction n'a lieu que longtemps après la vente) ; mais cette distinction est inadmissible et la règle romaine inapplicable, puisque les anciens principes sur la vente de la chose d'autrui ont été changés par le Code, et que la vente d'une succession n'appartenant pas au vendeur (qui était valable autrefois) est aujourd'hui nulle aussi bien que celle d'une succession qui n'existe pas (1696, I et II).

LXXVII. — Puisque le vendeur, sans transmettre ici précisément son titre d'héritier (ce qui n'est pas possible), transmet tous les droits pécuniaires, actifs et passifs, attachés à ce titre, l'acheteur doit donc recueillir (à défaut de réserve expresse ou tacite à cet égard) tout l'émolument de la succession, comme il doit aussi supporter (sauf réserve) toutes les dettes et charges de cette succession.

C'est à lui, d'une part, qu'appartient tout l'émolument ; et dès lors il aurait droit, quoi que dise un auteur, même à la valeur des choses héréditaires données par l'héritier. En vain on dit que l'héritier ne tire ici aucun avantage de l'aliénation ; car, outre qu'il en tire l'avantage moral et pécuniaire attaché au titre de donateur, la question n'est pas là ; elle est dans ceci, que les choses données font partie de l'actif héréditaire, et que cet actif appartient à l'acheteur. Sans doute ce sera le cas de voir facilement une réserve tacite ; mais il faut que cette réserve existe. De même, si l'héritier avait été, avant l'ouverture de la succession, débiteur du défunt ou grevé sur l'un de ses immeubles d'une servitude au profit d'un bien de celui-ci, la dette ou la servitude renaîtraient au profit de l'acheteur. — C'est également à l'acheteur, d'après le principe si simple ci-dessus posé, qu'appartiendrait la part d'hérédité venant à échoir au vendeur par accroissement. C'est évident, malgré les interminables disputes des anciens docteurs sur ce point, puisque l'accroissement n'est qu'un développement et une partie du droit successif. Sans doute si, en fait, l'héritier n'a vendu rien que la part dont il était ou se croyait dès lors saisi, en se réservant l'éventualité de l'accroissement, cet accroissement lui appartient ; mais il ne saurait lui appartenir tant qu'il n'y a ni restriction ni réserve. — Une seule classe de choses est à considérer comme réservée par sa nature même et tant qu'une pensée contraire ne se manifeste pas. Ce sont celles qui présentent une grande valeur morale pour l'héritier, sans avoir aucune importance pécuniaire pour l'acheteur : des papiers de famille, des lettres de noblesse, etc., etc.

Réciproquement, c'est à l'acheteur de supporter tout le passif. Il devrait donc compte à l'héritier des frais funéraires, des droits de mutation et de toutes autres charges héréditaires que celui-ci aurait acquittées ; et la cession ferait revivre pour cet héritier les créances ou les servitudes qu'il pouvait avoir sur les biens du défunt. Mais l'acheteur serait-il aussi tenu d'indemniser le vendeur des sommes que celui-ci aurait payées en les croyant dues par la succession alors qu'elles ne l'étaient pas ? Non assurément, et c'est avec raison que la réponse affirmative donnée ici par un auteur est rejetée par tous les autres. Il est bien vrai que l'héritier n'est pas responsable des fautes d'administration qu'il a pu commettre pendant qu'il était maître des biens (il ne répondrait que de sa fraude) ; mais de ce que l'acheteur ne peut pas ici agir en indemnité contre l'héritier, ce n'est certes pas une raison pour que celui-ci puisse jamais agir contre celui-là : argumenter de sa propre faute pour demander des dommages-intérêts, ce serait par trop fort (1696, III et IV).

LXXVIII. — Il reste à faire trois remarques importantes :

1° C'est seulement entre les parties contractantes que la vente d'une hérédité décharge l'héritier du payement des dettes ; et les créanciers héréditaires restent maîtres de le poursuivre comme avant la vente. Il est vrai qu'ils peuvent aussi poursuivre l'acheteur, mais c'est seulement *jure debitoris,* au nom de l'héritier et en exerçant l'action que le contrat confère à celui-ci. — Quant aux débiteurs héréditaires, ils peuvent être poursuivis directement par l'acheteur, du moment qu'il y a eu signification ou acceptation de la cession.

2° Le successible qui, avant de s'être prononcé sur l'acceptation d'une succession, la vend sans explication, fait par là même un acte d'héritier, qui emporte contre lui et son acquéreur les conséquences d'une acceptation pure et simple ; mais rien n'empêche les parties de déclarer dans le contrat qu'elles ne traitent qu'en se réservant d'user du bénéfice d'inventaire. Que si l'héritier avait déjà fait avant la vente sa déclaration d'acceptation bénéficiaire, la vente n'emporterait pas par elle-même déchéance du bénéfice, et il ne serait pas indispensable (quoiqu'il fût plus prudent) de s'y expliquer à cet égard.

3° Disons enfin que, malgré la doctrine contraire d'un arrêt des requêtes, la vente d'une hérédité n'a nullement besoin d'être notifiée ou acceptée pour être efficace envers les tiers. Sans doute, si l'hérédité vendue comprend des créances, la signification aux débiteurs ou l'acceptation par eux sera nécessaire pour la transmission, à l'égard des tiers, de la propriété de ces créances ; mais si l'acte doit ainsi être notifié ou accepté en tant que vente de créances, il n'a nullement besoin de l'être en tant que vente d'hérédité. C'est d'autant plus manifeste, et l'erreur de la chambre des requêtes (erreur condamnée, au surplus, par la chambre civile comme par tous les auteurs) est d'autant plus certaine que *le débiteur* à qui il faudrait signifier, ou par lequel il faudrait faire accepter, *n'existe pas même ici.* D'une part, en effet, on voudrait en vain le voir dans le cohéritier du vendeur (puisque deux cohéritiers ou autres copropriétaires d'immeubles ne sont certes pas débiteur et créancier) ; et, d'un autre côté, la vente d'une hérédité se fait aussi bien par un héritier unique que par l'un de plusieurs héritiers (1696, V).

§ 3. — De la vente de droits litigieux.

LXXIX. — Les acheteurs de procès ont toujours été vus avec défaveur; et le Code ne fait que reproduire un principe admis dans notre ancien droit à Rome, quand il permet à celui contre qui un droit litigieux a été cédé de s'en faire tenir quitte en remboursant au cessionnaire le prix de la vente avec les frais et intérêts.

Le Code, consacrant l'ancienne jurisprudence du Parlement de Paris et ne voulant pas laisser place, dans une disposition tendant à écarter un procès, à une appréciation qui serait elle-même un procès, détermine ici le caractère des droits par le seul fait matériel, et ordonne qu'ils soient ou non déclarés litigieux, selon qu'ils seront ou non l'objet d'un procès au moment de la vente. Il faut de plus que ce procès porte sur le fond du droit.

Il faut d'abord qu'il y ait procès; et il ne suffirait, dès lors, ni d'une citation en conciliation, puisqu'elle n'est qu'un acte tendant à empêcher le procès, ni même du procès-verbal de non-conciliation, puisqu'il n'y aurait alors qu'imminence d'un procès et non procès existant. Il n'y aurait pas non plus procès légalement, si le défendeur opposait une exception de chose jugée et qu'elle fût admise, puisqu'il serait ainsi décidé que le litige n'était pas possible. Il y a procès, au contraire, non-seulement quand le débat, terminé en première instance, a recommencé en appel, mais aussi quand, après le double jugement du premier et du second degré, il y a instance entre les parties devant la Cour de cassation; car la circonstance que le nouveau jugement à intervenir s'il y a cassation ne sera pas rendu par cette Cour, mais par un tribunal auquel elle renverra, n'empêche pas qu'il n'existe actuellement un débat remettant les choses en question, c'est-à-dire un procès.

Il faut en second lieu que le procès porte sur le fond du droit, c'est-à-dire que la question de ce procès soit précisément l'existence du droit. Ainsi, quand le défendeur soutient que le droit est prescrit, ou qu'il ne s'est pas formé vu l'inaccomplissement de telle formalité, la circonstance qu'il s'agit de prescription ou de formes (c'est-à-dire de moyens que l'on distingue des moyens *du fond*) n'empêche pas qu'il n'y ait procès sur le fond du droit, puisque la question est de savoir si ce droit existe. Au contraire, si une simple nullité d'exploit était opposée à l'action intentée la veille de l'expiration du délai de prescription, la circonstance de fait que l'annulation de l'exploit entraînera par contre-coup l'extinction du droit, n'empêche pas que le procès est étranger au fond du droit, puisque la question n'est pas l'existence du droit, mais seulement la validité de l'instance actuelle (1699, I).

LXXX. — Celui qui veut opérer le retrait doit payer au cessionnaire le prix réel de la cession, les intérêts de ce prix, les loyaux coûts de contrat et les dépens faits dans l'instance jusqu'à la demande en retrait.

C'est le prix réel qui est dû, et si dès lors le débiteur prouvait que le prix ostensible est mensonger et qu'il n'a été payé qu'une somme moindre, c'est celle-ci qu'il rembourserait. C'est d'elle également qu'il devrait les intérêts, et c'est sur elle aussi seulement que se calculerait le chiffre des droits de mutation à restituer. Il est bien vrai qu'alors l'acheteur pourra faire une perte considérable; mais ce résultat est aussi désirable que légal, puisque ce ne sont pas là des coûts *loyaux*, et qu'il est fort juste que la perte de sommes payées pour organiser une fraude retombe sur le fraudeur et non sur le fraudé. — Au cas d'échange, on rembourserait la valeur estimative du bien livré par l'acquéreur.

La règle du retrait s'applique pour les droits immobiliers comme pour les droits mobiliers, et soit que l'acte présente comme vendu ou échangé tel droit ou *tel bien* sur lequel porte ce droit. Il a toujours été entendu que la règle était faite pour toutes cessions d'actions et *choses litigieuses*; et les textes du Code, en ajoutant ce mot *choses* au mot *droits*, indiquent bien, comme le reconnaissent aussi la jurisprudence et la doctrine, après quelque hésitation, qu'il s'agit de la cession de toutes actions, de tous procès. Le seul cas auquel la règle ne s'étende pas est celui où le droit litigieux serait acquis par donation. Les tribunaux auraient seulement à rechercher alors si la prétendue donation ne cache pas une vente, et si ce que l'acte présente comme de simples charges d'une libéralité n'est pas le payement d'une vente faite à vil prix, comme il arrive souvent en cette matière.

Le retrait peut être exercé tant qu'il y a procès, mais non plus quand le procès est terminé, puisque alors le droit a cessé d'être litigieux. Tel est le principe; mais comme tout principe tombe devant la fraude, on admet avec raison que, d'une part, le retrait devrait être refusé, même avant la décision rendue, si le débiteur ne le demandait, après avoir lutté jusqu'au bout, que pour éviter une condamnation dès à présent certaine; et que, d'autre part, il devrait être accordé, quoique le procès fût fini, si le cessionnaire avait tenu la cession secrète en se présentant comme simple mandataire du cédant (1699, II).

LXXXI. — La faculté de retraire le droit litigieux souffre exception dans trois cas : 1° Quand le cédant et le cessionnaire sont deux copropriétaires du droit cédé : il est vrai que, le texte du Code ne parlant de cette qualité de copropriétaire que pour le cessionnaire, un auteur a révoqué en doute la nécessité de cette même qualité chez le cédant; mais, outre qu'elle résulte assez et de l'esprit de la loi et de la tradition, elle résulte d'ailleurs du texte lui-même, puisqu'un droit commun à plusieurs ne peut être cédé que par l'un des communistes, en sorte que, demander cette qualité chez le cessionnaire, c'est exiger qu'elle existe chez les deux parties; — 2° Quand la cession est faite à un créancier par son débiteur en payement de ce qui est dû au premier; — 3° Enfin, quand elle est faite au possesseur d'un héritage soumis au droit cédé.

Il est un autre cas qui, sans être une exception à la règle, n'en reçoit pas non plus l'application. C'est celui d'un droit litigieux qui se trouve cédé comme simple accessoire de l'objet d'une vente ; par exemple, un droit litigieux faisant partie de l'hérédité que je vous vends. L'esprit de notre disposition commande de dire alors que l'accessoire se perd dans le principal, et qu'il y a seulement vente *d'une hérédité,* non pas vente d'un droit litigieux. Ce cas ne présentant pas une vente de droits litigieux, il n'est pas compris dans la règle et n'a pas besoin dès lors d'en être excepté.

———

TITRE VII.

DE L'ÉCHANGE.

(Décrété le 7 mars 1804. — Promulgué le 17.)

1702. — L'échange est un contrat par lequel les parties se donnent respectivement une chose pour une autre.

1703. — L'échange s'opère par le seul consentement, de la même manière que la vente.

SOMMAIRE.

I. Définition de l'échange. Erreur de la plupart des auteurs et réfutation de la critique qu'ils adressent au Code.
II. Caractère distinctif de l'échange et de la vente. Critique des doctrines diverses de MM. Championnière, Troplong et autres.
III. L'échange est soumis à la règle de l'art. 1341 : grave erreur d'un arrêt des requêtes.
IV. Nature de l'action tendant à la réalisation d'un échange d'immeubles. Compétence.

I. — Les deux contrats de vente et d'échange ont entre eux les rapports les plus intimes : l'échange a été le prélude et l'ébauche de la vente, la vente est la simplification et le perfectionnement de l'échange. Le règlement complet d'un de ces contrats laissait donc peu de chose à dire pour l'autre ; comme le législateur, considérant plutôt leur importance pratique que l'ordre historique dans lequel ils se sont produits, nous a donné tout d'abord l'exposition développée des règles de la vente, quelques articles vont lui suffire pour l'échange.

Le Code, et comme lui M. Troplong, définissent l'échange : un contrat par lequel les parties *se donnent* une chose pour une autre. Cette définition, que presque tous les autres auteurs critiquent, n'a cependant rien d'inexact ; et c'est au contraire celle par laquelle ces auteurs proposent de la remplacer qui se trouve fausse et inacceptable. En effet, MM. Rolland de Villargues, Delaporte, Delvincourt, Duranton et Zachariæ prétendent qu'il faudrait de deux choses l'une, ou substituer (selon les uns), ou du moins ajouter (selon les autres) au mot *se donnent,* ou autre mot équivalent, l'idée d'une simple *obligation* de donner. Ainsi, les uns définissent l'échange : le contrat dans lequel les parties *se donnent ou s'obligent à se donner* une chose pour une autre ; et les autres, rejetant comme inexact le premier membre de l'alternative, veulent qu'on dise seulement : *s'obligent à se donner.* Leur motif est que, tandis qu'à Rome l'échange était un contrat réel ne se formant que par la tradition de la chose, chez nous, au contraire, il est consensuel, et se forme, avant toute livraison, par la seule volonté des parties (art. 1703). Or ce principe est, à la vérité, parfaitement exact, mais la conséquence qu'on en veut tirer est au contraire absolument fausse, et l'idée de simple obligation n'a rien à faire ici.

Oui, sans doute, le contrat était réel à Rome, et il est consensuel chez nous ; mais tout ce qui suit de là, c'est que les parties, qui ne pouvaient à Rome *se donner* la chose, c'est-à-dire *s'en transférer la propriété,* DARE, que par la tradition matérielle, le font maintenant par la seule convention, par le seul accord des volontés. Le principe générateur a changé, mais le résultat est toujours le même : la tradition, nécessaire autrefois pour engendrer la translation de propriété, n'est plus nécessaire aujourd'hui ; mais cette translation n'en subsiste pas moins et n'en constitue pas moins l'échange, en sorte que cet échange est toujours comme à Rome le contrat par lequel les parties *se donnent,* c'est-à-dire se transfèrent en propriété, une chose pour une autre. — Et si la définition du Code est exacte, celle par laquelle nos cinq auteurs proposent de la remplacer est, au contraire, inacceptable ; car le contrat dans lequel il y aurait seulement *obligation* de transférer une chose pour une autre ne serait pas un échange, mais une simple promesse d'échange, de même qu'il y a simple promesse de vente, et non pas vente, dans l'obligation prise de transférer la chose pour un prix en argent. L'échange, aussi bien que la vente, est une *datio,* une translation actuelle de propriété ; quant à la simple *obligatio dandi,* elle ne peut plus y trouver place aujourd'hui. A Rome, du moins, si on ne la rencontrait pas avant la tradition d'une des choses (parce que la simple convention d'échanger n'était qu'un pacte, ne produisant pas obligation), on l'avait quand l'une des parties avait livré sa chose, puisque l'autre était alors tenue de livrer ensuite la sienne : d'après la formule *do ut des,* la *datio* opérée par Pierre faisait naître chez Paul l'obligation *dandi ;* mais aujourd'hui que la *datio* ou translation de propriété s'opère par le seul consentement (art. 1138 et 1703), les deux translations réciproques se trouvent donc toujours accomplies en même temps, soit qu'on fasse à la fois les deux traditions, soit qu'il y en ait une seule, soit qu'il n'y en ait aucune, et dès lors toute obligation *dandi* se trouve désormais impossible dans l'échange comme elle est impossible dans la vente (art. 1583, n° II). Sans doute cette obligation existerait aujourd'hui dans une simple promesse d'échange ; mais elle n'est pas possible dans l'échange, et rien n'est plus faux dès lors que la définition imaginée par nos cinq auteurs (1).

II. — L'échange est donc la dation d'une chose *pour une autre chose,*

_____

(1) C'est cependant cette fausse définition de Delvincourt, M. Duranton et autres, que reproduit M. Mourlon, en critiquant comme eux celle du Code, qu'il qualifie de *maladroite.*

tandis que la vente est la dation de cette chose *pour un prix en argent.*
Mais l'application de cette distinction présente deux graves difficultés.
Et d'abord, tandis que MM. Championnière et Rigaud, invoquant les
écrits des anciens feudistes, veulent qu'on voie des ventes dans toutes
aliénations d'immeubles *pour des meubles*, M. Troplong (*Échange, n° 4*),
reproduisant ici la doctrine que nous avons déjà signalée (art. 1592, 1)
chez MM. Duvergier et Zachariæ, enseigne qu'il n'y a vente que dans le
seul cas où l'aliénation est faite *pour de l'argent monnayé.* Or n'est-ce
pas inexact de part et d'autre? — D'un côté, il n'est pas vrai que les
feudistes aient admis qu'une aliénation d'immeubles pour des meubles
fût une vente; ils ont seulement dit, et avec raison, que pour ce qui était
des droits de lods et ventes à payer au seigneur, cette aliénation devait
être assimilée à la vente et traitée comme elle. « Les droits seigneuriaux
sont dus, dit Legrand, lorsqu'on *échange* des héritages avec blés, vins,
draps, toiles, etc., *encore que ce ne soit pas achat et vente, mais
échange.* » Fonmaur dit également : « *L'échange* d'un immeuble contre
un meuble *ne peut avoir le caractère d'une vente;* mais *en ce qui concerne
le payement des lods,* le contrat est *considéré comme une vente.* » Dumoulin avait dit de même qu'il y a dans ce cas ouverture aux lods,
comme dans une vraie vente, *sicut in vera venditione* (1). Ainsi, les
feudistes eux-mêmes reconnaissaient qu'il y avait là échange; et le Code
ne contredit point leur doctrine quand il déclare qu'il y a échange ou
vente, selon que la chose est aliénée pour une autre chose en nature ou
pour un prix en argent. — Mais s'il demeure certain que le prix en argent est indispensable pour qu'il y ait vente, n'est-il pas également certain que cette idée de prix en argent ne doit pas s'entendre avec une
rigueur absolue, et n'est-ce pas tomber dans l'exagération, et partant
dans l'erreur, que de dire, comme MM. Duvergier, Zachariæ et Troplong,
que le prix ne peut consister *qu'en argent monnayé?* Un lingot d'or n'est
pas de la monnaie, c'est de l'or en nature, qui joue très-souvent dans
la vente le rôle de marchandise; et pourtant ce lingot très-souvent aussi
sera reçu comme somme d'argent, comme jouant le rôle de monnaie et
pouvant dès lors constituer un véritable prix de vente. Des billets de
banque ne sont ni de l'argent monnayé, ni même de l'argent, ce ne sont
que des titres de créances sur un établissement : est-ce que néanmoins
on ne les traite pas comme du numéraire? De même une rente soit perpétuelle, soit viagère, n'est ni de la monnaie ni de l'argent non monnayé, c'est un droit, une créance sur un tiers, créance qui joue souvent
dans la vente le rôle de chose vendue; mais pourtant, quand moyennant une rente j'acquiers votre ferme, votre maison ou même votre mobilier, est-ce qu'il n'est pas reconnu par tout le monde, même par les
trois auteurs auxquels nous répondons, que c'est là une vente dans laquelle la rente est le prix; de sorte qu'il y aura lieu à rescision si la valeur de cette rente ne représente pas les cinq douzièmes de l'immeuble

---

(1) Dumoulin (*sur Paris*, § 78, n° 8); Fonmaur (*Lods et ventes*, n° 327); Legrand
(*sur Troyes*, art. 55, n° 22).

aliéné? Il en pourrait être de même selon les cas, on le conçoit, de denrées, d'actions de la Banque, etc., comme l'enseigne aussi M. Duranton (XVI, 119). Il faut donc, en disant que le prix de vente doit consister en une somme d'argent, ajouter : ou en choses qu'il est d'usage et qu'il a été dans l'intention des parties d'assimiler à une somme d'argent.

Le second point est de savoir si, dans le cas où l'une des choses serait aliénée tout à la fois pour une autre chose en nature et pour une somme d'argent, le contrat est néanmoins un échange, ou si c'est une vente, ou s'il y a échange et vente tout ensemble. Quelques coutumes, entre autres celle de Normandie (art. 464), voyaient une vente dès là qu'on payait une somme d'argent si minime qu'elle fût. Le plus grand nombre, au contraire, s'accordaient pour distinguer si la somme était plus considérable que la chose donnée avec elle, ou si c'était la chose qui valait plus que la somme, et dans ce second cas elles admettaient que le contrat restait pour le tout un échange, dont la somme n'était que l'accessoire, la soulte ; mais dans le cas inverse elles se divisaient : les unes, notamment celle de Paris (art. 145), voyaient alors un mélange d'échange et de vente, tandis que selon d'autres, notamment celle d'Orléans (art. 384), il y avait vente pour le tout. Ce dernier système était suivi par Pothier (*Retr.*, n° 92); et c'est aussi celui qui paraît généralement admis par les interprètes du Code (1). — Malgré cela, nous ne saurions adopter cette doctrine dans les termes où elle est présentée; et nous pensons qu'on prend ici comme principale une idée qui ne doit être que secondaire. Selon nous, la question dont il s'agit n'est en définitive qu'une question d'intention; et il y aura vente, échange, ou réunion d'échange et de vente, selon ce que les parties auront entendu faire. En d'autres termes, le principe se réduirait à dire qu'il faudra rechercher, et par la teneur de l'acte et par l'ensemble des diverses circonstances, la pensée des contractants ; en sorte que l'importance relative de la somme payée et de la chose qu'elle accompagne ne sera que l'une de ces circonstances à consulter, et non pas l'unique ou le principal moyen de solution. Ainsi, quand, pressé par un extrême besoin d'argent et n'en trouvant pas, j'accueille l'offre que me fait un juif d'acquérir ma maison de 24 000 francs moyennant 5 000 francs de marchandises diverses et 4 000 francs d'argent, on voit que notre doctrine et celle à laquelle nous la substituons ne donneront pas le même résultat. Dans le système de Pothier, M. Troplong et autres, il faudrait dire que les choses livrées en nature étant plus considérables que la somme d'argent qu'on y joignait, l'acte est donc un échange pour le tout, et ne peut pas dès lors être attaqué pour lésion; dans le nôtre, au contraire, on dira que, tous les faits de l'espèce démontrant que ma seule pensée étant de me procurer de l'argent, c'est bien une vente que j'ai entendu faire, de sorte que je pourrai faire rescinder. Et pourquoi, en effet, ne le pourrais-je pas? Si le législateur me refuse dans l'échange la rescision pour lésion énorme qu'il admet dans la vente d'immeubles, c'est

---

(1) Duranton (XVI, 547); Troplong (n°ˢ 5 et 6); Duvergier (n° 406).

que dans celle-ci je cherche de l'argent, et dans l'autre une simple convenance; c'est que l'une peut résulter d'un état de détresse qui ne sera jamais la cause de l'autre, et dont il serait inhumain de laisser profiter celui qui abuse de ma misère pour me spolier. Or ma détresse et la lésion énorme sont-elles moins évidentes ou moins favorables ici qu'elles le seraient si le juif, me traitant mieux, m'avait donné les 9000 francs en écus?...

Quant à une dernière question, que Pothier (*Vente*, n° 618) résout dans un sens et M. Troplong en sens contraire (*Éch.*, n° 9), elle nous paraît fort simple. Il s'agit de savoir quelle est la nature du contrat par lequel je vous cède tel immeuble pour un prix de..., en consentant aussitôt à recevoir tel autre immeuble en payement de ce prix. Pothier voit là une vente accompagnée d'un contrat de dation en payement, tandis que M. Troplong y voit un échange dans lequel l'indication d'une somme n'a été mise que comme estimation de mon immeuble. Or cette dernière idée n'est pas acceptable. Qu'importe, en effet, que la vente et la clause de dation en payement soient séparées par un intervalle plus ou moins long, ou que la seconde suive immédiatement la première? Dans un cas comme dans l'autre, je vous cède l'immeuble A pour tel prix, ce qui est bien évidemment une vente, puis je consens à recevoir l'immeuble B en place de ce prix, ce qui est non moins évidemment une dation en payement : dans un cas comme dans l'autre, la négation de l'échange se produit deux fois pour une, puisqu'on déclare d'abord que l'immeuble A est cédé pour un prix de... (et non pas pour l'immeuble B), et ensuite que l'immeuble B sera donné en *payement de ce prix* (et non pas en échange de l'immeuble A) : la seconde phrase, loin de contredire la première, vient au contraire la confirmer ; la prétendue obscurité que voit là M. Troplong est, au contraire, une clarté parfaite ; et transformer les deux clauses en cette clause unique et toute différente : « Je vous donne mon immeuble A, qui vaut tel prix, en échange de votre immeuble B », c'est dénaturer l'acte sous prétexte de l'interpréter.

III. — De ce que l'échange est chez nous un contrat purement consensuel, qui se forme sans aucun besoin ni de tradition de l'une des choses ni d'un écrit, il ne s'ensuit pas, bien entendu, que l'écrit n'y soit pas nécessaire pour la preuve. Aucun texte n'exige cet écrit quant à l'existence du contrat; mais l'art. 1341 l'exige quant à la preuve, aussi bien pour l'échange que pour tous autres contrats, quand il s'agit de plus de 150 francs. L'échange ne pourrait alors se prouver par témoins, ou par de simples présomptions, aux termes des art. 1347 et 1353, qu'à la condition d'un commencement de preuve par écrit; et on ne comprend pas qu'un arrêt de la chambre des requêtes ait pu méconnaître un principe aussi incontestable (1).

IV. — Du reste, quand on analyse l'action qui tend à la réalisation

_____

(1) Cass., 21 janv. 1834 (Dev., 34, 1, 297; Dall., 34, 1, 8). — Mais *voy.* un arrêt de Cass. du 27 juin 1853 (Dev., 54, 1, 77) et 29 déc. 1863 (Dev., 64, 1, 72).

d'un échange d'immeubles, on doit reconnaître qu'elle est mixte, puisque d'une part elle tient de l'action personnelle en ce qu'elle tend à la réalisation d'une convention intervenue entre les parties, et que d'une autre part elle tient de l'action réelle en ce qu'elle tend à la mise en possession de l'immeuble échangé. Une telle action peut donc être portée soit devant le tribunal du domicile du défendeur, soit devant le tribunal de la situation de l'immeuble, au choix du demandeur (art. 59 C. proc.) (1).

1704. — Si l'un des copermutants a déjà reçu la chose à lui donnée en échange, et qu'il prouve ensuite que l'autre contractant n'est pas propriétaire de cette chose, il ne peut pas être forcé à livrer celle qu'il a promise en contre-échange, mais seulement à rendre celle qu'il a reçue.

1705. — Le copermutant qui est évincé de la chose qu'il a reçue en échange, a le choix de conclure à des dommages et intérêts, ou de répéter sa chose.

SOMMAIRE.

I. Disposition trop étroite de ces deux articles. Chaque échangiste, du moment que l'autre n'est pas propriétaire, peut toujours invoquer la nullité de l'échange, soit qu'il y ait eu livraison des deux choses, ou d'une seule, ou d'aucune. Sens controversé d'un important arrêt.
II. La nullité réagit sur les tiers acquéreurs d'immeubles : erreur de Delvincourt et autres.

I. — Puisque l'échange est un contrat translatif de propriété *ab utraque parte* et que chaque partie doit y transmettre à l'autre le *dominium* de la chose qu'elle livre ou s'oblige à livrer, il s'ensuit donc que si l'un des contractants n'est pas propriétaire de la chose qu'il livre ou promet, il n'y a pas véritablement échange, et l'autre contractant peut toujours se dire propriétaire de la chose. De là résultent des conséquences dont plusieurs, mais non pas toutes, sont consacrées par nos deux articles.

Ainsi, quand Pierre, après avoir déjà reçu la chose de Paul et avant d'avoir livré la sienne, découvre et peut prouver que celui-ci n'était pas propriétaire et par conséquent ne lui a pas transmis la propriété, il peut refuser de livrer sa propre chose et se contenter de rendre celle qu'il a reçue, en demandant d'ailleurs des dommages-intérêts pour l'inexécution du contrat. Tel est le cas prévu par l'art. 1704 ; mais il faut ajouter que si Pierre, au moment où il découvre que Paul n'était pas propriétaire, avait déjà livré sa propre chose, il pourrait de même, puisqu'il en est demeuré propriétaire, se la faire restituer, toujours avec dommages-intérêts. Et si c'était avant même d'avoir reçu la chose promise par Paul que Pierre pût établir l'absence du droit de propriété de celui-ci, le

(1) Orléans, 24 fév. 1854 (*J. Pal.*, 54, 2, 49). — *Voy.*, dans le même sens, Cass., 2 fév. 1809 et 31 mai 1839; Amiens, 13 janv. 1848; Colmar, 10 fév. 1848; Lyon, 31 août 1849 (*J. Pal.*, 49, 2, 361; 50, 1, 86).

résultat serait toujours le même, Pierre pourrait toujours ou refuser de livrer sa chose, ou la revendiquer si elle était livrée.

On a prétendu qu'un arrêt de la Cour suprême (ch. civ., 11 déc. 1815) avait méconnu ces principes incontestables. Les trois recueils de Sirey, de M. Dalloz et du Palais ont, dans leurs sommaires, présenté cet arrêt comme jugeant que l'échangiste ne *peut pas faire déclarer l'échange nul*, quand c'est après avoir livré sa propre chose qu'il découvre et offre de prouver que celle qu'il a reçue n'appartenait pas au cocontractant : et sur la critique faite de cette appréciation par M. Duvergier et M. Troplong, la troisième édition du Palais, la collection nouvelle de M. Devilleneuve et les Codes annotés de M. Gilbert (art. 1704, n° 4), combattent cette critique et maintiennent leur appréciation. Nous croyons fermement que c'est à tort, et que l'arrêt de 1815 n'a rien d'assez explicite pour permettre de lui imputer une aussi grave hérésie. Cet arrêt, en effet, n'avait pas à juger notre question d'échange *du bien d'autrui*, mais seulement une question d'échange *d'un bien dotal* fait sans les formalités voulues (question qu'il résout dans son second considérant), et tout ce qu'il contient sur notre question se réduit à dire, dans un premier considérant qui écarte l'art. 1704 comme étranger au procès, que le demandeur en cassation ne pouvait pas invoquer une violation de cet article, puisqu'il avait depuis longtemps livré son terrain. Ainsi la seule idée que l'arrêt énonce ici (en passant et avant d'arriver à la question, toute différente, du procès), c'est que l'échangiste qui a livré sa chose à un coéchangiste non propriétaire de l'autre *ne trouve pas dans l'art.* 1704 le droit de la revendiquer. Mais ne le trouverait-il pas ailleurs, dans les principes généraux, dans les dispositions fondamentales des art. 1702 et 1184 ? Ce droit, que n'édicte pas l'art. 1704, n'existe-t-il pas en dehors de cet article ? C'est là ce que l'arrêt ne dit pas et n'avait pas besoin de dire, puisque telle n'était pas la question du pourvoi. — Du reste, MM. Devilleneuve et Carette, tout en s'efforçant de donner à l'arrêt de 1815 le sens que nous lui refusons, reconnaissent que ce sens serait erroné, comme l'enseignent tous les auteurs (1).

Et de même qu'il faut ajouter, dans l'art. 1704, au droit de conserver la chose non livrée, le droit de répéter celle dont la livraison aurait été faite, de même évidemment il faut ajouter, dans l'art. 1705, au droit pour l'échangiste évincé de répéter la chose qu'il a livrée, le droit, bien moins douteux encore, de refuser celle dont il n'aurait pas encore fait livraison (2).

---

(1) Favart (n° 2); R. de Villargues (n° 28); Duranton (XVI, 544); Duvergier (n° 419); Troplong (n° 23); Devilleneuve et Carette (5, 1, 121).

L'échangiste évincé peut exercer l'action en résolution de l'échange et en reprise de l'immeuble par lui abandonné, au préjudice de tout tiers ayant acquis des droits sur cet immeuble. L'art. 7 de la loi du 23 mars 1855 ne lui est pas applicable. Nancy, 9 janv. 1862 (Dev., 62, 2, 353). — Mais il en serait autrement pour la soulte s'il en existait une. Flandin (*Transcr.*, n° 1217); Troplong (*Transcr.*, n° 299).

(2) Il a été décidé même que le fait par l'échangiste d'avoir vendu l'immeuble qu'il avait reçu en contre-échange ne l'empêche pas de demander la résolution pour cause

En un mot, l'échange devant transférer de part et d'autre la propriété, la transmission du *dominium* étant le premier devoir de chaque échangiste, chacun des contractants peut donc, si l'autre n'était pas propriétaire, invoquer la nullité du contrat par application des art. 1702 et 1184, soit qu'il y ait eu livraison des deux choses, soit qu'une seule ait été livrée, soit qu'aucune encore ne l'ait été.

II. — Puisque, quand l'un des coéchangistes n'est pas propriétaire de la chose par lui livrée ou promise, l'autre reste propriétaire de la sienne et peut, s'il l'a livrée, faire déclarer le contrat non avenu pour la répéter, il est donc certain, aucun texte ne faisant obstacle à cette conséquence, qu'il pourra, s'il s'agit d'immeubles, revendiquer son bien aux mains des sous-acquéreurs auxquels le contractant aurait pu le transmettre. Il est vrai que Delvincourt, Favart et R. de Villargues ont, sur le fondement d'une disposition spéciale du droit romain, nié cette vérité; mais leur doctrine ne saurait être admise. A part même les conséquences découlant de la nature particulière du contrat d'échange et l'argument irrésistible des art. 1702, 1707 et 1599, le principe général de l'art. 1184, qui introduit dans tous les contrats synallagmatiques une condition résolutoire opposable aux tiers aussi bien qu'aux parties, ne laisse pas le doute possible : à Rome, cette condition résolutoire n'existait qu'autant qu'elle était formellement stipulée; mais elle existe chez nous tacitement et de plein droit dans toutes les conventions, et l'échange n'en est pas plus exempté que tout autre contrat. C'est donc avec raison que la doctrine et la jurisprudence sont fixées dans le sens d'une nullité efficace contre les tiers (2).

1706. — La rescision pour cause de lésion n'a pas lieu dans le contrat d'échange.

1707. — Toutes les autres règles prescrites pour le contrat de vente s'appliquent d'ailleurs à l'échange.

I. — En général, les règles tracées par le Code pour la vente s'appliquent à l'échange, et c'est pour cela que ce dernier contrat est traité si brièvement. Mais il y a cependant plusieurs différences, et notre texte a tort de dire qu'en dehors de la rescision pour lésion, *toutes les autres règles* sont les mêmes dans les deux cas : l'inapplicabilité de la rescision (dont nous avons indiqué le motif au n° II de l'art. 1702) est, à la vérité, la différence principale, mais elle n'est pas la seule; on peut en indiquer trois autres.

1° Tandis que l'art. 1602 veut que dans la vente les pactes obscurs s'interprètent contre le vendeur, comme ici le rôle de vendeur, d'alié-

---

d'éviction, si cet immeuble a été saisi et vendu entre les mains de son acquéreur par les créanciers de son copermutant. Grenoble, 4 mars 1847 (Dev., 48, 2, 718).

(1) Merlin (*Rép.*, v° Éch., n° 2); Durauton (XVI, 546); Coulon (*Quest.*, I, p. 484); Duvergier (n° 417); Troplong (n° 25); Zachariæ (II, p. 577); Aix, 25 mai 1813; Grenoble, 18 juill. 1834; Lyon, 12 janv. 1839; Nîmes, 19 fév. 1839; Bordeaux, 12 juin 1846 (Dev., 35, 2, 75; 39, 9, 293 et 455; 47, 2, 30). — *Voy.* cependant Toulouse, 13 avr. 1829 (Dev., 29, 2, 81).

nateur du bien est rempli par chacune des parties, et que toutes deux sont sur la même ligne, il est clair qu'il faut les traiter l'une et l'autre de la même manière, et que par conséquent la clause obscure s'interprétera contre celui des contractants qui cède la chose à laquelle cette clause se réfère (1).

2° Par cette même raison du rôle identique que jouent ici les deux parties, les frais d'actes, au lieu d'être à la charge exclusive de l'acheteur (art. 1593), se partageront également entre les deux échangistes.

3° Nous pensons enfin qu'il n'y a pas lieu d'appliquer à l'échange la règle portée par l'art. 1619 pour l'excédant ou le déficit de contenance, et qu'elle doit être ici remplacée par une simple appréciation en fait de l'intention des parties. Dans la vente, il y a cette double circonstance, que l'un des objets (le prix) est de nature à pouvoir toujours devenir plus petit ou plus grand à volonté, et que la pensée réciproque de recevoir et de payer la valeur exacte du bien est celle qui doit généralement dominer les parties. Dans l'échange, au contraire, aucun des objets n'est susceptible de croître ou diminuer au gré des personnes, et c'est d'ailleurs principalement dans la question de convenance que se trouve le motif déterminant des échangistes. Si donc il est parfaitement juste et conforme à la pensée présumable des contractants d'ordonner dans la vente une augmentation ou diminution du prix, toutes les fois que la différence avec la contenance indiquée va jusqu'au vingtième de la valeur, ce n'est évidemment pas une raison pour dire que, dans l'échange aussi, il y aura toujours et nécessairement lieu d'exiger une soulte en dehors de la convention, par cela seul que cette différence d'un vingtième existerait. Sans doute l'obligation de payer cette soulte (sauf faculté de résilier le contrat) serait admissible dans bien des cas, mais il est manifestement impossible de dire qu'elle le sera forcément et toujours, et impossible, dès lors, de suivre la règle absolue de l'article 1619. Il n'y aura ici qu'une question de fait, une question d'intention, à décider par l'examen des circonstances. C'est, en effet, ce que reconnaissent les auteurs et l'arrêt qui décident la question; et M. Troplong lui-même, qui contredit tout d'abord cette solution, semble finir par y venir, puisqu'il termine en disant qu'il faudra, dans ces questions, *tenir compte des circonstances du fait et de l'intention des parties* (2).

Au surplus, puisque dans la vente elle-même, où la règle est plus sévère et l'égalité des valeurs plus rigoureusement exigée, l'art. 1619 ne donne effet à la différence que quand elle est au moins d'un vingtième (regardant toute différence moindre comme comprise dans la latitude que les parties sont présumées se réserver), ce n'est donc aussi qu'à partir d'un vingtième que ce qui vient d'être dit peut s'appliquer à l'échange. Par conséquent, il n'y a pas lieu de songer à transporter ici la règle de l'art. 1617 donnant effet au déficit de moins d'un vingtième,

(1) Troplong (n° 41); Pau, 14 mai 1830 (Dev., 31, 2, 284).
(2) R. de Villargues (n° 24); Duvergier (n° 426); Troplong (n° 34); Colmar, 1er mai 1807.

règle qui n'est écrite d'ailleurs que pour la circonstance particulière, et sans analogie avec l'échange, d'une vente faite *à tant par mesure*.

○━━━○

RÉSUMÉ DU TITRE SEPTIÈME.

DE L'ÉCHANGE.

I. — L'échange (qui n'est plus comme à Rome un contrat *réel*, puisqu'il s'accomplit aujourd'hui par le seul consentement et sans aucun besoin de tradition) est un contrat par lequel deux parties se transfèrent en propriété une chose pour une autre.

Quant à la convention par laquelle les parties, au lieu de se transférer immédiatement la propriété, prendraient seulement *l'obligation* de la transférer, il est manifeste (quoique la plupart des auteurs, par une singulière erreur, proposent de modifier dans ce sens la définition fort exacte du Code) qu'elle ne serait pas un échange, mais une simple promesse d'échange (1702, I).

II. — On a déjà vu que si une chose, au lieu d'être aliénée pour une autre chose prise en nature et considérée comme telle, l'est pour une somme d'argent ou pour une chose que l'on assimile à de l'argent, le contrat n'est plus un échange, mais une vente. Mais que doit-on décider si elle est aliénée tout à la fois et pour une chose en nature et pour de l'argent? Y a-t-il alors vente; y a-t-il échange; y a-t-il mélange d'échange et de vente? On tient le plus généralement qu'il y a vente ou échange, selon que la somme est plus importante que la chose qui l'accompagne, ou réciproquement; mais nous pensons qu'il s'agit là d'une question d'intention; qu'il y aura vente, échange ou mélange d'échange et de vente, selon ce que les parties auront entendu faire, et que, par conséquent, l'importance relative de la somme et de la chose qui l'accompagne ne sera ici que l'une des circonstances à consulter pour découvrir la pensée des contractants. — Il est d'ailleurs évident, nonobstant la critique qu'un grave auteur adresse à cet égard à Pothier, que s'il y avait successivement, entre les parties, aliénation d'une chose pour une somme d'argent, puis convention de donner une autre chose en payement de cette somme, soit qu'il s'écoule ou non un certain laps de temps entre les deux stipulations, ce ne serait plus là un échange, mais une vente suivie d'un contrat de dation en payement (1702, II).

III. — Au surplus, si l'échange, comme la vente, est aujourd'hui contrat consensuel et n'a dès lors besoin ni d'aucune tradition ni d'aucun écrit pour se former, il est clair que, comme la vente aussi et comme tout autre contrat, elle a besoin de l'écrit pour se prouver, en cas de contestation, au-dessus de 150 francs, et que la preuve purement testimoniale ou par simples présomptions ne serait pas alors admissible.

On ne comprend pas qu'un arrêt de la chambre des requêtes ait pu méconnaître un principe aussi certain (1702, III).

IV. — L'échange devant transférer la propriété, celui des contractants qui serait évincé ou qui, en dehors de toute éviction, prouverait que l'autre n'était pas propriétaire de la chose livrée ou promise, pourrait donc faire déclarer le contrat non avenu, soit qu'il y ait eu déjà livraison des deux choses, ou qu'une seule ait été livrée, ou qu'aucune ne l'ait encore été.

Et puisque le contrat est alors non avenu et que le demandeur est resté propriétaire de sa chose, il pourrait donc, s'il l'avait déjà livrée, en exercer la revendication, non pas seulement contre l'autre partie, mais aussi (pourvu qu'il ne s'agisse pas de meubles reçus de bonne foi) contre des sous-acquéreurs. En vain quelques auteurs ont voulu nier cette dernière idée : la nature du contrat d'échange, et au besoin le principe général qui, dans notre droit, autorise la résolution de tout contrat synallagmatique pour inexécution d'une des parties, ne permettent pas de la révoquer en doute ; et c'est avec raison qu'elle est généralement admise par la doctrine et la jurisprudence (1704, II et III).

V. — L'échange, dont la vente n'est qu'un perfectionnement, reçoit généralement l'application des diverses règles tracées pour celle-ci ; mais il y a quelques différences commandées par la nature même des choses.

1° La rescision pour lésion n'étant admise par le Code, au profit du vendeur d'immeubles, que par la supposition d'une détresse et d'un besoin d'argent qui ne peuvent pas être le mobile de l'échange, ce dernier contrat n'est jamais attaquable pour cette cause. — 2° Les deux parties jouant dans l'échange un rôle identique, la règle qui veut que les clauses obscures d'un contrat de vente s'interprètent contre le vendeur conduit à dire ici qu'elles s'interpréteront contre celle des parties qui cède la chose à laquelle la clause se réfère. — 3° Par la même raison, les frais d'actes, qui dans la vente sont à la charge exclusive de l'acheteur, seront ici supportés également par chaque partie. — 4° Enfin, comme l'échange a pour principal mobile la convenance et ne suppose pas une égalité de valeurs aussi rigoureuse que dans la vente, la règle qui, en accordant une latitude d'un vingtième de différence entre la contenance déclarée et la contenance réelle (hormis le cas d'une vente faite à tant par mesure), veut qu'à partir de ce vingtième une indemnité soit toujours due, ne devra pas non plus être appliquée : il n'y aura là, pour l'échange, qu'une question d'intention, les juges du fait ayant à décider par les circonstances si cette différence d'un vingtième ou plus doit ou non, d'après la pensée des parties, donner lieu à une soulte (1706, 1707).

TITRE VIII.

DU CONTRAT DE LOUAGE.

(Décrété le 7 mars 1804. — Promulgué le 17.)

CHAPITRE PREMIER.

DISPOSITIONS GÉNÉRALES.

1708. — Il y a deux sortes de contrats de louage :
Celui des choses,
Et celui d'ouvrage.

1709. — Le louage des choses est un contrat par lequel l'une des parties s'oblige à faire jouir l'autre d'une chose pendant un certain temps, et moyennant un certain prix que celle-ci s'oblige de lui payer.

1710. — Le louage d'ouvrage est un contrat par lequel l'une des parties s'engage à faire quelque chose pour l'autre, moyennant un prix convenu entre elles.

1711. — Ces deux genres de louage se subdivisent encore en plusieurs espèces particulières :

On appelle *bail à loyer,* le louage des maisons et celui des meubles ;

Bail à ferme, celui des héritages ruraux ;

Loyer, le louage du travail ou du service ;

Bail à cheptel, celui des animaux dont le profit se partage entre le propriétaire et celui à qui il les confie.

Les *devis, marché* ou *prix fait,* pour l'entreprise d'un ouvrage moyennant un prix déterminé, sont aussi un louage, lorsque la matière est fournie par celui pour qui l'ouvrage se fait.

Ces trois dernières espèces ont des règles particulières.

SOMMAIRE.

I. Contradiction et défaut de méthode du Code et de ses interprètes dans le plan de ce titre. Il faut distinguer le louage parfait (qui comprend les deux louages de choses et d'ouvrages), et le louage imparfait ou mélangé de société qui comprend les cheptels.
II. Critique adressée à tort à l'art. 1711 par M. Duranton et M. Duvergier : renvoi.
III. Dans tous les louages, le locateur est celui qui reçoit le prix, et le locataire celui qui le paye. Fausses doctrines des jurisconsultes romains, de Cujas, de Pothier et de M. Troplong.

I. — Le Code ne présente pas bien logiquement le plan des matières dont il s'occupe dans ce titre ; et ses interprètes ne le font pas d'une manière plus satisfaisante.

Après avoir distingué le *louage des choses* et le *louage d'ouvrage,* le

Code nous dit (art. 1711) que ces deux genres embrassent toutes les matières du titre, et présente notamment le *bail à cheptel* comme n'étant qu'une subdivision de ces deux grandes classes. Or il se met ensuite en contradiction avec cette donnée, puisque, au lieu de placer le bail à cheptel dans l'un des deux chapitres précédents, il le range dans un chapitre particulier et en fait une troisième classe indépendante. C'est avec raison, au surplus, et de ces deux idées contraires, la seconde est la plus exacte : car on verra que le cheptel présente une nature toute particulière, qui non-seulement est tout à la fois louage de choses et louage d'ouvrage, mais qui de plus participe du contrat de société, de sorte qu'il était bien impossible de le faire rentrer logiquement dans l'une des deux premières classes. Et non-seulement le cheptel ne pouvait pas être une simple subdivision d'un des deux autres louages ; mais le parti le plus logique eût même été de ne faire ici que deux divisions principales, dont une pour les deux louages proprement dits (formant les deux branches d'une seule grande classe) et l'autre pour le bail à cheptel : ce dernier tenant de la société en même temps que du louage, la ligne de démarcation devait donc être plus tranchée entre lui et les deux premiers que de l'un à l'autre de ceux-ci, qui sont tous deux de purs louages. Aussi Pothier s'occupait-il *des cheptels* dans un traité à part, pour ne parler dans son Traité *du louage* que des deux louages de choses et d'ouvrage.

Cela étant, les auteurs auraient donc dû, sinon prendre ce dernier plan, tout au moins n'adopter les trois divisions du Code qu'en se gardant bien de présenter d'abord le cheptel comme une simple subdivision, et en signalant, au contraire, cette inexactitude de nos articles et la contradiction qui en résulte. Or, loin de là, MM. Duranton (n°s 1-5), Duvergier (n° 7), Troplong (n° 66), Demante (*Progr.*, III, 398 et 400), Taulier (VI, p. 201), reproduisent tous comme chose parfaitement exacte et naturelle l'idée fausse de notre art. 1711 ; M. Demante la rend même plus saillante et plus choquante encore que dans le Code, puisqu'il a soin de proclamer (n° 400, 4°) que le cheptel est un contrat *d'une nature particulière, qui tient du louage et de la société,* ce qui ne l'empêche pas de dire (400, alin. 1) que les deux louages de choses et d'ouvrage *embrassent réellement toute la matière,* et de présenter ce cheptel, qui généralement ne donne, comme le fait remarquer le savant professeur, *qu'un partage du profit (en nature),* comme n'étant néanmoins qu'*une des espèces* du genre qu'il a défini plus haut (n° 398) « un contrat par lequel une partie s'oblige *moyennant un prix fixé en argent* » ; M. Delvincourt, enfin, qui a remarqué et voulu éviter la contradiction du Code, n'y échappe que pour tomber dans une inexactitude plus grave, puisque, au lieu de critiquer notre art. 1711 pour adopter trois divisions, ou mieux encore deux, dont la seconde serait réservée au bail à cheptel, il ne divise la matière en deux parties que pour consacrer l'une au louage de choses et l'autre au louage d'ouvrage, en ne présentant le bail à cheptel que comme une simple variété du premier !

On voit que pour procéder ici méthodiquement, il fallait, en s'inspirant des deux traités distincts consacrés par Pothier, l'un *au louage* et l'autre *aux cheptels*, traités dont les matières sont réunies dans notre titre sous le nom commun de *contrat de louage*, diviser ce titre en deux grandes parties, l'une pour le *louage parfait* ou pur louage (comprenant le louage des choses et le louage d'ouvrage avec leurs diverses variétés), l'autre pour le *louage imparfait* ou mélangé de société, c'est-à-dire le bail à cheptel (1).

II. — Si les auteurs n'ont pas critiqué dans l'art. 1711 l'inexactitude très-réelle que nous venons d'y signaler, plusieurs, en revanche, lui en ont reproché une autre qui n'existe pas. Selon M. Duranton (XVII, 250) et M. Duvergier (II, 334, 335), ce serait à tort que cet article ne déclarerait louage la convention d'une entreprise d'ouvrage pour un prix déterminé que dans le cas où la matière est fournie par celui qui commande le travail; ils enseignent que d'après l'art. 1787 cette convention est un louage dans tous les cas. Nous verrons, en expliquant cet article, que cette doctrine est erronée, et que sous le Code Napoléon, comme dans notre ancien droit français et dans le droit romain, la convention dont il s'agit est une vente lorsque la matière est fournie par celui qui fait l'ouvrage.

III. — Les deux parties qui figurent dans le louage reçoivent, non-seulement selon les différentes variétés de ce contrat, mais aussi selon les localités, des qualifications assez nombreuses. Ainsi, dans le louage d'une chose, celui qui procure cette chose se nomme *bailleur, locateur, propriétaire*, et l'autre *bailliste, locataire, preneur, fermier*, quelquefois *louager, louandier, occupeur*, puis, dans le bail à métairie, *métayer, colon partiaire;* dans le louage d'ouvrage, celui qui fournit son travail se nomme *entrepreneur, ouvrier, domestique* et génériquement *locateur,* celui qui reçoit et paye ce travail se dit *maître, propriétaire* et génériquement *locataire* ou *conducteur;* enfin, dans le cheptel, celui qui fournit le troupeau est le *locateur* et en reçoit les différents noms, celui qui nourrit et soigne ce troupeau est le *locataire,* il en prend les différentes appellations et aussi celle de *cheptelier* (2).

Les deux expressions de *locateur* et *locataire* sont celles que l'on devrait préférer et employer le plus souvent; car elles ont tout à la fois l'avantage : 1° d'indiquer le rôle contraire des deux parties d'une manière très-simple et très-nette, par la seule antithèse de la terminaison d'un mot dont la racine est identique et est aussi d'ailleurs celle du nom

_____

(1) Notons toutefois que cette division, en laissant tel qu'il est l'arrangement des textes du Code, ne s'y appliquera pas encore avec une exactitude rigoureusement absolue, et présentera une exception dans chacune des deux parties. D'une part, en effet, parmi les nombreux cas de louage des chapitres 2 et 3, on en trouve encore un qui est autant une société qu'un louage : c'est le *bail à métairie*, ou *colonage partiel* (art. 1763, 1764). Réciproquement, parmi les différents cheptels, il en est un qui n'est qu'un louage pur et simple : c'est le cheptel de fer donné au fermier proprement dit (art. 1821-1826). Mais sauf cette exception, unique de part et d'autre (et qui pourrait disparaître, au surplus, par une substitution réciproque), la division sera parfaitement exacte.

(2) *Cheptel* et *cheptelier* se prononcent *chétel* et *chételier.*

même du contrat : *locare, locatio, locator, locatarius ;* 2° d'être applicables dans toute espèce de louage, dans le louage parfait comme dans le louage imparfait, dans le louage d'ouvrage comme dans le louage de choses et dans toutes les variétés de chacun d'eux ; 3° enfin, de qualifier en termes identiques, pour toutes les hypothèses, deux personnes qui jouent un rôle identique aussi dans toutes ; car il est bien certain, malgré les nombreuses contradictions que cette idée a rencontrées, que partout, aussi bien dans le louage d'ouvrage que dans les autres, la logique est d'accord avec notre Code pour commander de voir dans le payement du salaire le caractère qui distingue le locataire du locateur : la logique dit que partout, dans le louage d'ouvrage comme dans les autres, celui-là est le locateur qui reçoit ce salaire, en compensation de l'objet quelconque (chose ou travail) qu'il fournit, et le locataire celui qui paye pour avoir cet objet.

Il est vrai que cette idée, si incontestable qu'elle soit, a cependant toujours été fort contestée, et qu'elle semble restée incomprise, aujourd'hui encore, pour des hommes éminents. A Rome, on nous présente celui qui se charge d'un travail moyennant un salaire tantôt comme locateur (*locator*), tantôt comme locataire (*conductor*), c'est-à-dire comme étant tout ensemble locateur sous un rapport et locataire sous un autre, en même temps que la seconde partie revêt aussi ces deux qualités à la fois (1). Dans notre ancien droit, Domat, que M. Duvergier (I, p. 11) cite à tort comme professant la doctrine que nous défendons, suivait, au contraire, le système faux et contradictoire des Romains, puisque, après avoir dit que ceux qui se chargent d'un travail sont en général *locataires* (ce qui est le contre-pied de notre doctrine), il ajoute que souvent *ils tiennent* AUSSI *lieu de locateurs* EN UN SENS, l'ouvrier étant alors comme on disait à Rome, *locator operæ suæ* en même temps que *conductor operis magistri.* Cujas (*Obs.*, lib. 2, c. 28), s'efforçant de perfectionner la théorie romaine, voulait que dans ce prétendu concours des deux qualités contraires pour chacun des contractants, celui-là fût exclusivement réputé locateur qui était venu proposer le contrat à l'autre. Pothier enfin (n° 392) rejetait, à la vérité, ces idées étranges et ne se déterminait que par le payement du salaire ; mais, renversant ici la règle suivie pour le louage des choses, il voulait que la partie payante fût prise pour locateur et l'autre pour locataire. Sous le Code, les deux seuls auteurs qui, à notre connaissance, aient examiné la question, la résolvent dans notre sens, mais d'une manière peu satisfaisante ; car le premier, M. Duvergier (n° 6), tout en disant que cette solution est commandée par la logique elle-même, aussi bien que par la disposition de l'art. 1710, ne se préoccupe pas de justifier son assertion par la réfutation des trois systèmes contraires d'Ulpien, de Cujas et de Pothier ; et quant à

_____

(1) M. Étienne (*Instit.*, II, p. 191, 192) est, à notre connaissance, le seul qui ait bien fait saisir la théorie probable qui conduisait les Romains à ce résultat bizarre, que M. Ducaurroy (n° 1049) et M. Ortolan (l. 3, t. 24, pr.) exposent sans chercher à l'expliquer.

M. Troplong (I, 54), il n'admet notre solution que comme étant légis-lativement imposée par cet art. 1710, et enseigne que logiquement le système le plus plausible est celui de Cujas, qui, selon lui, eût dû être suivi si les rédacteurs du Code ne s'étaient pas prononcés en sens con-traire. Or on ne saurait admettre aucune de ces idées, et il est parfaite-ment certain que si le système qui tient partout pour *locataire* la partie *payante* est celui qu'adopte le Code Napoléon, c'est aussi celui que la raison commandait d'adopter.

Et, en effet, qu'est-ce que *louer ?* qu'est-ce que *donner à louage* un objet (quel qu'il soit, chose ou travail)? N'est-ce pas faire jouir tempo-rairement de cet objet, en procurer l'usage pour un certain temps, moyennant une certaine contribution? Or l'architecte qui me construit un pavillon sur ma ferme et l'entrepreneur de déménagements qui trans-porte mon mobilier de Paris à Rouen ne me procurent-ils pas la jouis-sance de leur travail, de leur industrie, comme je procure à mon fermier la jouissance de ma ferme, comme le propriétaire de la maison que j'habite me procure la jouissance d'un appartement? Dans le louage, comme dans la vente, il faut, avec le *consensus* des parties, deux autres éléments, *res* et *pretium ;* or n'est-il pas clair que, comme dans la vente, celui-là est le vendeur qui procure la chose, et l'acheteur celui qui la paye, quelle que soit cette chose ; de même dans le louage, ce-lui-là est le locateur qui fournit la jouissance de l'objet, et le locataire est celui qui la paye, que cet objet soit une maison, une ferme, un trou-peau, un mobilier, une industrie, un travail quelconque?... On me répond que si l'architecte est à la vérité locateur (et moi locataire), parce qu'il me fournit son travail, *locator operæ suæ,* il est en même temps, et sous un autre point de vue, locataire (et moi locateur), parce que je lui fournis une entreprise, une opération dont je dispose, que je puis four-nir à qui je veux, et que je lui livre pour qu'il l'exploite, *conductor operis mei :* la construction de mon pavillon, me dit M. Étienne, est une entreprise dont je suis le maître, un projet qui est ma chose, une opé-ration dont cet architecte va tirer des bénéfices, c'est-à-dire des fruits civils, comme le fermier tire des fruits naturels de la ferme que je lui loue! Mais qui ne voit ce qu'il y a, dans ce système, non pas seulement d'étrangement subtil et de forcé, mais de profondément faux et de trois fois faux? D'une part, quand même, et après avoir vu dans notre con-vention un premier contrat (contrat de louage, dans lequel l'architecte est le locateur et moi le locataire), il serait permis, en la regardant à la loupe par un autre côté, d'y voir un second contrat coexistant avec le premier, ne voyez-vous pas que, puisque cet *opus,* dont vous faites une chose m'appartenant, est livré par moi, non pas pour demeurer ma pro-priété et me revenir après un certain temps de jouissance par l'autre partie, mais pour cesser absolument d'être mienne et ne le redevenir jamais (car cette prétendue chose sera consommée et absorbée par l'effet de notre convention), le second contrat dès lors ne serait point un simple louage, mais une vente? Et cela est si vrai que les premiers Romains eux-mêmes appelaient ici mon cocontractant ACHETEUR *de l'opération,*

REDEMPTOR *operis*... (1) D'autre part, ne voyez-vous pas aussi que, pour que votre prétendu second contrat existât, soit comme louage, soit comme vente, il faudrait, en regard de l'*opus* que je livrerais comme objet loué ou vendu, un prix (*merces* ou *pretium*) qui me serait payé par vous? Or ce prix n'existe pas... Enfin, et quand même, prenant de nouveau le microscope pour compléter le travail de pure imagination des Romains, on verrait ce second prix quelque part, notre course dans ce monde imaginaire ne servirait qu'à nous ramener au point de départ et à confirmer la règle qu'on voulait nier; car s'il était vrai alors que dans le second contrat je suis locateur et l'architecte locataire, c'est parce qu'il serait vrai aussi qu'un prix m'est payé par cet architecte, en sorte qu'on se retrouverait toujours, pour le prétendu second louage, comme pour le premier, en face de cette idée que le locateur est celui qui fournit la chose et reçoit le prix, le locataire celui qui paye le prix et reçoit la chose.

Les développements mêmes dans lesquels entre Cujas pour commenter, justifier et perfectionner l'incroyable système des Romains, donnent précisément la preuve la plus palpable de la fausseté de toutes ces idées, et on ne comprend pas que M. Troplong ait pu reproduire et approuver de pareils non-sens. Voici ce que dit en résumé Cujas (en reconnaissant partout l'exactitude de ce point, évident, en effet, que le locateur est celui qui *donne* la chose louée et le locataire celui qui *la reçoit*) : « Sans doute l'architecte est locateur (et moi locataire), puisqu'il me *donne* son travail, *locat operam suam ;* mais aussi, explique l'illustre professeur (en se plaçant à un autre point de vue, aussi faux et aussi forcé que le premier est simple et vrai), je suis locateur, et l'architecte est locataire, puisque je lui *donne* une maison à faire et que lui *la reçoit*, car *domum faciendam do et ille suscipit ;* de même si ce berger ou ce commissionnaire sont locateurs, puisqu'ils me *donnent* leur travail pour garder mon troupeau ou porter mes fardeaux, ils sont aussi locataires, puisqu'ils *reçoivent* le troupeau que *je donne* à garder ou les fardeaux que *je donne* à porter, *pecus pascendum vel onus ferendum accipiunt ;* de même encore, si le professeur est locateur puisqu'*il donne* son travail pour former des élèves, il est locataire puisqu'*il reçoit* les élèves qui *se donnent* à lui, *se dantes edocendos suscipit...* » Or qui ne voit de suite la fausseté, nous dirions presque le ridicule, de ce raisonnement, que l'on prendrait pour un jeu d'esprit et une plaisanterie, si Cujas, M. Troplong et tant d'autres ne le présentaient très-sérieusement? Sans doute on peut fort bien dire que l'on *donne* une maison à bâtir, des troupeaux à garder, des fardeaux à porter, des élèves à instruire; mais ce n'est certes pas dans le sens dont il s'agit ici, dans le sens de chose *donnée à loyer*. Quand je traite avec un architecte pour faire bâtir une maison, est-ce que par hasard cette maison est la chose *donnée à loyer* par l'un et *reçue à loyer* par l'autre? est-ce que c'est la jouissance de cette maison qui fait la matière de notre contrat de louage? N'est-il

---

(1) Étienne (*loc. cit.*); Ducaurroy (*loc. cit.*); Dig. VII, 1, fr. 39.

pas clair comme le jour que la seule chose donnée et reçue en louage, c'est *le travail* de l'architecte, travail que lui me donne, et dont moi je jouis en le payant? De même, dans le louage que je contracte avec le berger, le commissionnaire et le professeur, est-ce que par hasard les choses *données à loyer* par l'un et *prises à loyer* par l'autre sont mon troupeau, mes meubles et mes enfants? Est-ce que je loue et donne en jouissance mes enfants au professeur qui les instruit, mes meubles au commissionnaire qui les transporte, mes moutons au berger qui les garde? N'est-il pas, encore une fois, clair comme le jour que la chose, la seule et unique chose qui soit donnée et reçue en louage, c'est *le travail* du berger, du commissionnaire et du professeur?... Comment, pendant tant de siècles, tant d'écrivains si renommés ont-ils pu reproduire de livre en livre un pareil *quiproquo?* Comment, d'une part, venir dire que je donne à loyer mes enfants, une maison que j'entends seulement faire bâtir, des meubles que je veux seulement déménager, etc.? Si d'ailleurs la matière du louage était ici la maison, le troupeau, les meubles, etc., ce serait donc un louage de choses; or il ne s'agit que du louage d'ouvrage, du louage de travail! Si, enfin, il était vrai que je suis un locateur donnant à loyer mon troupeau, ma maison, mes meubles, où donc serait *le prix* de ce louage? Mon berger, mon architecte, mon commissionnaire, ne me payent pas apparemment; or il n'y a pas de louage *sine mercede.*

Et si ce système n'était qu'une erreur grave, le perfectionnement que prétendait y apporter Cujas pour faire prévaloir la qualité de locateur chez celui qui propose le contrat et celle de locataire chez celui qui l'accepte, n'était qu'une seconde erreur ajoutée à la première; s'il était vrai qu'un louage d'ouvrage contient ainsi deux louages juxtaposés en sens inverse, et faisant locataire à droite celui qui est locateur à gauche, le point de savoir par qui le contrat a été proposé serait parfaitement insignifiant et ne pourrait rien changer dans le résultat. C'est bien évident; car la circonstance que c'est moi qui ai offert à l'architecte de construire ma maison ne peut pas empêcher ce fait que celui-ci me donne son travail et qu'il est dès lors *locator operæ suæ;* et réciproquement, cet architecte aura beau m'avoir offert le premier ses services, ceci n'empêchera pas que je lui ai *donné* ma maison à faire et que par conséquent je serais (dans votre système) *locator operis mei.* Si donc le prétendu concours des deux qualités contraires chez la même partie avait existé, il n'y aurait eu aucun moyen de faire absorber ainsi l'une par l'autre. Mais ce concours, on l'a vu, n'existe nullement. Puisque dans le louage d'ouvrage, comme dans les autres, il n'y a qu'un prix, il n'y a donc qu'une chose payée, qu'une chose louée, à savoir *le travail* que donne une partie et que rétribue l'autre; or puisque ce travail est la seule chose donnée à loyer, celui qui le fournit est donc le seul locateur.

Quant au système de Pothier, il est le contre-pied du vrai d'une manière trop saillante pour avoir besoin d'être discuté, puisqu'il fait préci-

sément, et toujours, locataire celui qui fournit la chose louée, et locateur celui qui reçoit et paye cette chose !

C'est donc avec grande raison que les rédacteurs du Code, après avoir
eu le tort, dans le projet de l'art. 1710, de définir le louage d'ouvrage
« un contrat par lequel l'une des parties DONNE *quelque chose à faire* »
(ce qui présentait la partie payante comme celle qui fournit la matière
du contrat, et en faisait dès lors un *locator operis*, comme dans les
idées romaines), a changé cette phrase sur la demande du Tribunat,
pour présenter comme corrélatif du prix l'obligation de la partie qui
S'ENGAGE *à faire quelque chose*, conformément à cette déclaration si
exacte et si précise du Rapport au Tribunat : « Les soins, les services, le
travail et l'industrie forment la matière du louage d'ouvrage ; voilà ce
qu'on y donne à loyer, ce qu'on y paye. C'est donc le gardien, le serviteur, l'artisan, l'ouvrier ou l'entrepreneur qui est véritablement le locateur : celui qui les paye est le véritable locataire ou conducteur ; et c'est
mal à propos que dans les lois et les ouvrages des jurisconsultes, ces
qualités ont été interverties. » (1)

1712. — Les baux des biens nationaux, des biens des communes
et des établissements publics, sont soumis à des règlements particuliers.

I. — Ces différents biens étant administrés, comme on l'a vu par
l'art. 537, suivant des règles qui n'appartiennent pas au droit civil,
mais au droit administratif, le législateur n'avait pas à s'occuper, dans
ce titre, des baux dont ils sont l'objet (2).

CHAPITRE II.

DU LOUAGE DES CHOSES.

1713. — On peut louer toutes sortes de biens meubles ou immeubles.

SOMMAIRE.

I.   Le louage de choses a de l'analogie avec la vente. Il exige comme elle les trois
     éléments *res, pretium, consensus.*
II. *Res.* Quelles choses ne peuvent pas être louées. Réponse à M. Taulier pour les
     choses fongibles. Erreur de M. Troplong et d'un arrêt des requêtes pour le
     louage partiel des mines.
III. *Pretium.* Il peut consister en prestations en nature : controverse. Il ne donne pas
     lieu à rescision pour vileté du prix. Renvoi pour le prix non sérieux.
IV. *Consensus.* Capacité de louer : le propriétaire apparent peut consentir un bail
     valable : controverse.

_____

(1) Fenet (**XIV**, p. 217, 279, 338, 339). — Le Code bavarois (*Louage*, art. 1) dit
aussi que, dans le louage d'ouvrage comme dans le louage de choses, celui qui reçoit
le prix est *locateur*, et celui qui use de la chose *locataire*.
(2) *Voy.* Merlin (*Rép.*, v° Bail, §§ 17 et 18); Duvergier (118 et suiv.); Troplong (69
et suiv.).

V. Renvoi pour les rapports du louage avec l'usufruit et pour la réfutation de M. Troplong sur le prétendu droit réel du locataire d'immeubles. — Autre renvoi pour les baux emphytéotiques et autres.

1. — Le louage des choses est, d'après l'art. 1709, un contrat par lequel l'une des parties s'oblige à faire jouir l'autre d'une chose pendant un certain temps et moyennant un certain prix que celle-ci s'oblige à lui payer.

Ce contrat diffère essentiellement de la vente, puisqu'il ne s'agit pas d'y transférer la propriété de la chose, ni même, comme dans la vente ancienne, d'en procurer à toujours la libre possession, mais seulement de faire jouir de cette chose pendant un temps déterminé. Cependant il a beaucoup d'analogie avec elle : il est comme elle un contrat synallagmatique, à titre onéreux, purement consensuel, qui exige aussi les trois éléments *res, pretium* et *consensus ;* et il est même parfois fort difficile de distinguer l'un de l'autre.

Ainsi, on s'est demandé si le contrat par lequel je vous cède, moyennant un certain prix, le droit de recueillir la récolte de tel fonds pendant un certain nombre d'années, sans préciser la nature de notre convention, doit être regardé comme un louage du fonds ou comme une vente des fruits. La question n'est pas indifférente, puisque le droit d'enregistrement est plus fort pour la vente que pour le louage, et que l'acheteur supporte les risques de la chose que ne supporte pas le locataire... On a toujours été d'accord pour reconnaître qu'il n'y a là, et dans toutes les positions semblables, qu'une question d'intention à décider par l'examen des circonstances ; mais les jurisconsultes les plus éminents étaient loin de s'entendre sur la valeur relative de ces circonstances. Ainsi Pothier (n° 4) voulait que la durée de la jouissance fût le principal élément de solution et que le contrat fût déclaré vente ou louage selon que cette durée excédait ou non neuf années, quel que fût le mode de payement du prix ; tandis que Caroccius, combattu par Pothier, voulait qu'il y eût louage ou vente, indépendamment de la durée, selon que le prix était payable périodiquement ou en une seule fois... Cette dernière idée est certainement plus exacte. Il est, en effet, dans la nature des prix de loyers, qui sont des fruits civils, de n'échoir que périodiquement comme les fruits naturels qu'ils remplacent, tandis qu'il n'est pas dans la nature du bail d'avoir une durée plus ou moins longue. Ce serait donc, au cas de doute absolu et alors que les autres circonstances ne révéleraient pas la pensée des parties, par la périodicité ou la non-périodicité des payements, qu'on distinguerait le louage de la vente (1) ; mais si d'autres circonstances, soit isolément, soit par leur réunion, dénotaient mieux la pensée commune, on devrait s'attacher à elles, puisque ce n'est là, encore une fois, qu'une question d'intention.

Le louage, avons-nous dit, présente les trois éléments *res, pretium* et *consensus.* Donnons quelques mots de développement à chacun.

_____

(1) Duranton (XVII, 17); Duvergier (I, 33); Troplong (I, 22).

II. — *Res.* En général, toute espèce de choses peut être l'objet du louage; mais il y a une exception : certaines choses ne peuvent être ni louées ni vendues; d'autres, qui peuvent être vendues, ne sauraient être louées.

Ainsi, la servitude réelle que vous avez sur un immeuble voisin du vôtre ne peut ni se vendre ni se louer, par elle-même et autrement qu'avec votre fonds, parce qu'elle est inhérente à ce fonds et ne saurait exister séparément. Les droits d'usage et d'habitation, à la différence du droit d'usufruit, ne peuvent pas non plus être aliénés ni loués, d'après les art. 631 et 634. Les choses du domaine public sont dans le même cas; mais si elles ne peuvent être louées entièrement et en elles-mêmes, on conçoit qu'elles peuvent quelquefois l'être pour tel point ou sous tel rapport particulier : on ne loue pas une église, un cimetière, une place publique, une grande route, un fleuve; mais on loue très-bien des places dans une église, des emplacements d'étalages de marchands sur la voie publique, le droit de récolter les fruits et l'herbe d'un cimetière, le droit de pêche dans un fleuve, etc.

On ne peut pas, en général, louer les choses de consommation, quoiqu'on puisse les vendre, puisque la chose louée doit demeurer la propriété du locateur et lui être remise après un certain temps de jouissance, tandis qu'ici le prétendu locataire ne pourrait jouir de la chose qu'en l'anéantissant. Il n'en serait autrement que dans le cas exceptionnel d'un louage fait *ad meram ostentationem,* comme si je livrais, moyennant un prix convenu, des bouteilles de liquide qu'un marchand de liqueur exposera dans sa montre sans en disposer, des pièces de monnaie dont un changeur garnira son comptoir pendant quelque temps pour me les rendre identiquement, de beaux fruits qu'une personne fera figurer dans un dessert sans qu'on doive y toucher : de même que le contrat serait alors, s'il était gratuit, un véritable commodat et non pas un *mutuum,* de même il est un véritable louage, du moment que l'usage des choses est payé. Hors de là, les choses de consommation ne peuvent pas se louer, à moins, bien entendu, d'être livrées comme accessoires d'une autre chose, comme les pailles et engrais faisant partie d'un bail à ferme, lesquels sont alors un accessoire de la ferme et se trouvent immobilisés par destination (1).

On ne pourrait pas non plus louer un office ministériel, alors même

(1) Paris, 10 déc. 1852 (*J. Pal.*, 54, 2, 77). — M. Taulier (VI, p. 204, 205) trouve bizarre et paraît regarder comme très-contestable cette doctrine, généralement admise de l'impossibilité, en général, du louage des choses de consommation. Puisqu'on admet bien, dit-il, l'usufruit de ces choses, à charge par l'usufruitier d'en rendre de même nature et qualité ou leur estimation (art. 587), pourquoi n'en admettrait-on pas aussi le louage? Sans doute cet usufruit n'est qu'une fiction; mais pourquoi cette fiction n'existerait-elle pas pour le louage comme pour l'usufruit?... La réponse est bien simple, soit en droit, soit en législation. En droit, la loi pouvant seule créer des actions, et le législateur n'ayant pas cru devoir étendre au louage celle qu'il établissait ici pour l'usufruit, nul autre que lui ne peut faire ce qu'il n'a pas fait. En législation, le motif de différence est bien facile à indiquer : c'est que la fiction avait une grande utilité au cas d'usufruit et n'en avait aucune au cas de louage. L'acte par lequel je vous donnerai des choses de consommation, à charge par vous de m'en donner plus tard soit d'autres semblables, soit l'estimation, sera dans le premier cas un échange,

qu'il serait du nombre de ceux que la loi permet de céder, parce que l'ordre public exige qu'un pareil office ne soit jamais exploité par un autre que par le titulaire nommé par le gouvernement. Nous verrons plus loin que c'est même un point fort douteux (et que, pour notre part, nous décidons négativement, comme MM. Duvergier, Troplong et Delangle) que de savoir si l'office pourrait être l'objet d'une association pour le partage de ses bénéfices, alors même que la gérance en resterait exclusivement au titulaire (1); mais si la négative peut paraître douteuse dans ce cas, elle ne l'est certes pas alors qu'il s'agit de faire exploiter l'office par un locataire.

En dehors de ces restrictions, la règle de notre art. 1713 devient exacte; on peut généralement louer toutes sortes de biens, meubles ou immeubles (par exemple, les immeubles dotaux, quoiqu'ils ne puissent pas être vendus); et bien que le Code ne traite dans les articles qui vont suivre que du louage des maisons d'habitation et des biens ruraux, il n'est pas douteux qu'en général ses règles doivent s'appliquer, autant que la nature des choses le comporte, pour tous autres biens meubles et immeubles, pour des usines, des manufactures, des machines, des chutes d'eau, des mines et carrières, des chantiers, etc.

Nous disons que les mines peuvent être louées; mais elles ont ceci de particulier, d'après la législation spéciale qui les régit, qu'elles ne peuvent l'être par les parties sans l'autorisation du gouvernement, et la doctrine contraire de M. Troplong et d'un arrêt des requêtes a été repoussée avec raison par la chambre civile comme par les auteurs récents. Il est vrai que l'art. 7 de la loi du 21 avril 1810 dit seulement que la mine ne pourra être *vendue* par lots ni *partagée*, d'où l'on a voulu conclure que les seuls actes prohibés (sans l'autorisation préalable) étaient les partages de la propriété et les ventes partielles, et non de simples louages, amodiations ou concessions de jouissance temporaire; mais, quoi que puisse dire M. Troplong, cette idée n'est pas soutenable. Ce que la loi a entendu proscrire, ce n'est pas seulement, ce n'est pas même surtout la division *de la propriété* des mines, mais bien la division *de leur exploitation*. C'est l'exploitation divisée qui, avec un plus grand danger d'éboulements et d'inondations, entraînerait souvent la perte d'une grande partie du minerai et le gaspillage du gîte par la multiplication des massifs de séparation et l'interruption des filons, en

---

et dans le second une vente; or vous n'aviez aucun intérêt à ce que la loi permît de l'appeler un louage. Ce serait toujours un contrat, et nous n'avons aucun intérêt, du moment que le but peut être atteint, à ce que notre contrat porte tel nom plutôt que tel autre. Au contraire, l'usufruit s'établissant souvent sans contrat, par testament, il était important de créer une fiction qui permît de disposer par cette voie des choses de consommation, dont on n'aurait pas pu sans cela léguer la jouissance. La fiction avait donc pour l'usufruit une utilité qu'elle n'avait pas pour le louage. *Hœres*, dit ᴛɪʀɪꜱ CAUSA, *neque naturali ratione, neque civili, recipiunt usumfructum... Sed* UTILI-ᴛɪʀɪꜱ CAUSA, *senatus censuit posse etiam usumfructum constitui, ut... si pecuniœ usufructus* LEGATUS *sit... datur* LEGATARIO... *Cœterœ quoque res ita traduntur* LEGA-ᴛᴀʀɪᴏ (*Inst.*, l. 2, t. 4, § 2). *Comp.* toutefois Cass., 7 avr. 1857 (Dev., 58, 1, 51).

(1) Paris, 2 janv. 1838; Nîmes, 20 août 1840; Rennes, 28 août 1841; Paris, 17 juill. 1843; Lyon, 29 juin 1849; Paris, 1ᵉʳ mars 1850; Cass., 15 déc. 1851 (Dev., 38, 2, 83; 41, 2, 494; 43, 2, 369; 50, 2, 433; 52, 1, 21).

même temps qu'elle nuirait à l'agriculture par l'emploi d'une plus grande partie de la superficie pour les puits, les chemins, les rigoles, les dépôts de matériaux de construction et de matières extraites, etc. Or, comme cette exploitation désastreuse et si contraire aux intérêts généraux résulterait aussi bien de louages partiels que de ventes partielles (louages qui pourraient d'ailleurs être assez longs pour suffire à l'épuisement de la portion amodiée, et dès lors équivaloir à son aliénation), c'était méconnaître étrangement la pensée bien manifeste de la loi que de prendre dans un sens restreint ces mots de *mine partagée*, qui sont évidemment employés ici pour la jouissance aussi bien et plus encore que pour la propriété. Aussi, malgré la complaisance avec laquelle M. Troplong exaltait l'arrêt de rejet rendu dans son sens par la chambre des requêtes en 1837, malgré ses soins à expliquer que si, en 1839, un autre arrêt de cette chambre avait admis un second pourvoi soulevant la même question, ce n'était pas par suite de scrupules sur la précédente décision, mais à cause d'un autre moyen qui méritait l'épreuve de la chambre civile, il s'est trouvé que cette dernière chambre a pensé tout autrement : la Cour, sur les conclusions conformes de M. de Boissieu, a prononcé la cassation, sur ce premier moyen qu'on prétendait *ne pas mériter l'épreuve de la chambre civile ;* et, l'année suivante, sur les conclusions conformes aussi de M. Delangle (alors avocat général), elle cassait encore un autre arrêt déclarant licite l'amodiation partielle [1].

III. — *Pretium.* On a beaucoup disputé pour savoir si le prix du louage doit nécessairement être en argent, ou s'il ne peut pas aussi consister en certaines prestations faites en nature. Sous le Code, M. Duvergier (n° 95) tient pour la première idée ; mais M. Troplong, qui est d'accord avec lui pour exiger ce prix en monnaie quand il s'agit de la vente, admet (n° 3) qu'elle peut très-bien consister en denrées quand il s'agit du louage, et il va sans dire que nous partageons cet avis, nous qui pensons qu'il en est ainsi même dans la vente (art. 1702, n° 11). On lit dans la loi romaine elle-même : *Si olei certa ponderatione* LOCASTI (C. IV, t. 65, 21) ; et, quoi que puisse dire M. Duvergier, après d'autres auteurs, du prétendu sens impropre dans lequel le mot LOCASTI serait pris ici, il est bien manifeste que c'est d'un louage qu'on y entend parler, puisque, comme le fait remarquer Cujas, non-seulement ce texte est placé dans le titre *de locato,* mais il explique même qu'il s'agit d'un contrat *bonæ fidei,* caractère qui n'existerait pas si, au lieu d'un louage, on supposait un autre contrat analogue au louage. Comment d'ailleurs, dans notre droit moderne et dans nos mœurs françaises, pourrait-on ne pas voir des louages dans cette foule de baux qui se font si fréquemment pour

_____

[1] Troplong (n° 93) ; Cass., 20 déc. 1837 (Dev., 38, 1, 91). — Taulier (VI, p. 206) ; Jousselin (*Serv. d'util. publ.*, II, n° 53) ; Cass., 4 janv. 1844, 26 nov. 1845 (Dev., 1, 723 ; 46, 1, 240). — Que penser, en présence de ce fait, auquel on pourrait en ajouter bien d'autres, de cette assertion de M. Troplong que, « quand on parle d'opposition entre les deux chambres des requêtes et civile, *on ne sait ce qu'on dit* » ? (*Contr. de mar.*, t. IV, p. 459.) On peut voir encore, à ce sujet et sur la manière de juger fort différente des deux chambres, nos observations dans la *Revue critique* (t. I, p. 458, 460, et t. II, p. 67).

des redevances en nature? Ici, comme dans la vente, il faut dire que le prix doit consister, soit en argent, soit en choses que l'usage et l'intention des parties est d'assimiler dans ce cas à de l'argent. Bien entendu, la première condition requise pour cela, c'est que ces choses soient données en propriété : si, comme équivalent de la jouissance que je vous donne de ma chose, vous me donniez aussi la simple jouissance de la vôtre, si, par exemple, vous me donnez la jouissance de votre bœuf pour avoir celle de mon cheval, ce n'est plus un louage (car il n'y a pas de prix), ce n'est pas non plus un échange (puisqu'il n'y a d'aucune part transmission de propriété) ; c'est un contrat innomé qui se rapproche du louage, puisqu'il s'y agit de jouissance non gratuite, mais qui a ceci de commun avec l'échange que les deux parties y jouent un rôle identique, rôle analogue pour toutes deux à celui du locateur.

Le prix peut, comme dans la vente, être remis à l'arbitrage d'un tiers. Il y a également ceci de commun avec le prix de la vente que s'il n'était pas sérieux, le contrat serait radicalement nul et non avenu, il ne se formerait pas ; mais il en diffère en ce que, si minime qu'il puisse être, si vil et si abject qu'on puisse le trouver, il ne peut jamais donner lieu à la rescision pour lésion : si déraisonnable que soit ce prix, si disproportionné qu'il puisse être avec l'importance de la chose louée, du moment qu'il est fixé sérieusement, c'est-à-dire traité comme une affaire, comme objet d'un contrat à titre onéreux, l'acte est inattaquable à cet égard (1). Nous renvoyons, au surplus, pour cette différence entre le prix vil et le prix non sérieux, et pour la réfutation de l'erreur si grave dans laquelle sont tombés sur ce point M. Duvergier et M. Zachariæ, aux développements que nous avons donnés sous l'art. 1592, n° III (2).

IV. — *Consensus.* Le consentement n'offre ici rien de particulier ; comme partout, il forme l'essence du contrat, qui est toujours *consensus duorum in idem placitum* (3) : comme partout, il doit, pour que l'acte soit valable, émaner d'une personne capable et agissant dans les limites de sa capacité. C'est ainsi que le tuteur ne peut prendre à loyer les biens du pupille sans autorisation du conseil de famille, que ce même tuteur, le mineur émancipé, l'usufruitier, le mari pour les immeubles de sa femme, ne peuvent passer des baux de plus de neuf ans, etc. (art. 450, 481, 595, 1429, 1430, 1718, etc.) (4).

Faut-il ranger parmi les personnes capables de consentir le louage d'un bien, le propriétaire apparent avec lequel un locataire vient traiter de bonne foi? MM. Duranton (XVII, 135), Championnière et Rigaud (IV, 3097) et Duvergier (I, 82 et 331) répondent négativement ; mais cette doctrine nous paraît trop sévère et contraire à la pensée du légis-

---

(1) Rouen, 21 mai 1844 (Dev., 44, 2, 653).
(2) *Voy.* aussi notre article dans la *Revue critique* (t. I, p. 24). — *Voy.* encore Bordeaux, 2 juill. 1847 (Dev., 48, 2, 247).
(3) Mais le consentement, qui doit porter sur la chose et sur le prix, doit porter aussi sur la durée du bail; la durée est, en effet, un élément essentiel. Douai, 5 août 1852 (Dev., 53, 2, 188).
(4) *Voy.* Cass., 15 juin 1812; Paris, 23 fév. 1849 (Dev., 42, 1, 838; 49, 2, 145).

lateur. Le louage n'est pas un acte d'aliénation, mais un acte d'administration, et autrefois déjà, alors qu'on était beaucoup moins favorable au locataire que le Code Napoléon, Domat et Pothier enseignaient que le vrai propriétaire était tenu de respecter les baux faits par le propriétaire apparent, celui-ci devant être considéré comme mandataire légal, pour cet objet, du propriétaire réel. N'est-ce pas par cette nécessité de faire ici céder les principes à l'intérêt général, que les baux faits par un acheteur à réméré, et en général, comme le reconnaissent la doctrine et la jurisprudence, par toutes personnes qui ne sont propriétaires que sous une condition résolutoire, demeurent valables après l'exercice du réméré (art. 1673) ou l'accomplissement de la condition résolutoire quelconque, tandis que tous les droits réels consentis dans la même position se trouvent non avenus? Comment l'idée de Pothier ne serait-elle pas admise sous le Code, lui qui traite les locataires bien plus favorablement encore que notre ancien droit, comme on le verra par l'art. 1743? (1)

V. — Le louage a beaucoup de rapports avec l'usufruit : le droit du locataire qui va jouir pendant neuf ans de la ferme que je lui ai louée présente certainement une grande analogie avec le droit de celui à qui j'avais concédé l'usufruit de cette ferme pour le même laps de temps; mais il existe aussi, entre les deux cas, de nombreuses et profondes différences, dont nous avons eu l'occasion de signaler ailleurs les principales, et au premier rang desquelles il faut placer celle-ci, féconde en conséquences importantes : que l'usufruitier est investi d'un *droit réel*, qui le met en rapport direct avec la chose dont il a directement et par lui-même la faculté de jouir, tandis que le locataire n'a rien autre chose que le *droit personnel* de contraindre le locateur à le faire jouir de cette chose. Un savant écrivain, M. le président Troplong, a fait des efforts dignes d'une meilleure cause pour combattre cette vérité, et arriver à établir que le changement introduit dans notre droit, par la disposition de l'art. 1743, a donné au droit du preneur le caractère de réalité qu'il n'avait pas avant le Code Napoléon; mais ce n'est là qu'une brillante erreur, repoussée avec raison par les auteurs et les arrêts (2),

---

(1) Domat (*Louage*, sect. 1, n° 6); Pothier (n° 20); Merlin (*Rép.*, v° Bail, § 2, 9); Delvincourt (t. III); Dalloz (n° 4); Troplong (n° 98). — Pour le cas de condition résolutoire : Toullier (VI, 576); Duranton (XVII, 134); Duvergier (I, 83); Troplong, 9, Paris, 49 mai 1835; Paris, 11 mai 1839; Cass., 30 mars 1842 (Dev., 35, 2, 102; 99, 1, 307, et 2, 337; 42, 1, 171). — Quant à un arrêt des requêtes du 19 nov. 1838 (Dev., 39, 1, 307), que M. Troplong rapporte en entier et invoque comme jugeant *très-positivement et très-implicitement* (p. 276-282) notre question du propriétaire apparent, il lui est au contraire étranger, puisqu'il juge simplement la validité, bien évidente, en effet, d'un bail qui, ayant pour objet une verrerie dont l'exploitation *était mise en société*, avait été consenti par celui des copropriétaires et coassociés qui était le gérant de cette société. — *Voy.* encore Cass., 4 juin 1844 (Dev., 44, 1, 723).

(2) Jugé que le droit du preneur est purement personnel. Cass., 14 nov. 1833; Caen, 24 janv. 1848; Bourges, 27 fév. 1852; Grenoble, 4 janv. 1860; Cass., 6 mars 1861 et 21 fév. 1865 (Dev., 52, 2, 638; 61, 2, 125; 61, 1, 713; 65, 1, 113). Sic : Demolombe (t. IX, n° 493); Valette (*Priv. et Hyp.*, t. I, p. 195); Pont (*Priv. et Hyp.* n° 385); Aghel (*Code des propriét.*, n° 13); Massé et Vergé (IV, § 698); Flandin (*Transcript.*, n° 496). Jugé, au contraire, que le droit du preneur est un droit mixte. Paris,

et dont nous avons donné ailleurs, à plusieurs reprises, une réfutation suffisante pour n'avoir pas à y revenir ici (*voy*. art. 526, V; 578, II ;
595, I).

Nous renvoyons également à ce que nous avons dit sous l'art. 526,
n° III, pour les baux *emphytéotiques, à domaine congéable, à rente
foncière, à complant*, et autres qui, fort usités dans l'ancien droit et
pratiqués quelquefois encore aujourd'hui, sont tous devenus, par l'effet
des lois de 1789 et 1790, tantôt de véritables ventes, tantôt de simples
louages (1).

SECTION PREMIÈRE.

DES RÈGLES COMMUNES AUX BAUX DES MAISONS ET DES BIENS RURAUX.

I. — Cette première section, en retranchant l'art. 1718, qui a été
précédemment expliqué, se divise en six parties qui s'occupent successivement : 1° de la forme et de la preuve du bail (art. 1714-1716);
— 2° des sous-locations (art. 1717); — 3° des obligations du bailleur
(art. 1719-1727); — 4° des obligations du preneur (art. 1728-1735);
— 5° de l'expiration du bail et de la tacite réconduction (art. 1736-
1740); — 6° enfin des causes de résolution de bail (art. 1741-1751).

1° De la forme et de la preuve du bail.

1714. — On peut louer ou par écrit, ou verbalement.

1715. — Si le bail fait sans écrit n'a encore reçu aucune exécution, et que l'une des parties le nie, la preuve ne peut être reçue par
témoins, quelque modique qu'en soit le prix, et quoiqu'on allègue qu'il
y a eu des arrhes données.

Le serment peut seulement être déféré à celui qui nie le bail.

1716. — Lorsqu'il y aura contestation sur le prix du bail verbal
dont l'exécution a commencé, et qu'il n'existera point de quittance, le
propriétaire en sera cru sur son serment, si mieux n'aime le locataire
demander l'estimation par experts; auquel cas les frais de l'expertise
restent à sa charge, si l'estimation excède le prix qu'il a déclaré.

SOMMAIRE.

I. L'art. 1714 s'applique à toute espèce de louages; *secùs* des deux autres.
II. Le bail verbal d'immeubles ne peut jamais se prouver par témoins, même avec
commencement de preuve écrite : erreur de M. Duvergier et de M. Zachariæ.
— On peut seulement déférer le serment à l'adversaire ou le faire interroger
sur faits et articles : réponse à M. Troplong.
III. L'allégation contredite d'un commencement d'exécution ne permet pas la preuve
par témoins, ni au-dessus ni au-dessous de 150 francs : erreur de M. Troplong;
erreur plus grave de M. Duranton. — Si le bail est avoué, son prix ou sa durée
ne se prouvent pas non plus par témoins. *Secùs* des autres conditions au-dessous de 150 francs ou s'il y a commencement de preuve écrite. — Les faits

24 juin 1858, 29 mars 1860, 8 juill. 1861, 12 mars 1863 (Dev., 63, 2, 221). *Sic* : Jozon
(Rev. *prat.*, t. XX, p. 358).
(1) *Voy*., pour les développements, Duvergier (139 et suiv.); Troplong (30 et suiv.).

allégués, insusceptibles de témoignage en tant que faits d'exécution d'un bail, en sont susceptibles sous d'autres rapports.

IV. Renvoi pour les promesses de bail. L'effet des arrhes n'est jamais ici qu'une question d'intention.

I. — On est d'accord pour reconnaître que, tandis que le premier de ces trois articles, quoique placé sous la rubrique *des baux des maisons et des biens ruraux*, s'applique à toute espèce de baux, à ceux des meubles aussi bien qu'à ceux des immeubles, à ceux d'un travail aussi bien qu'à ceux des choses; les deux autres, au contraire, doivent être restreints aux baux indiqués par la rubrique. L'art. 1714, en effet, ne fait qu'énoncer un principe de droit commun, qui existerait toujours, alors même que cet article ne serait pas écrit; et toute espèce de louage, comme toute convention quelconque, peut, du moment qu'un texte spécial ne s'y oppose pas, se contracter verbalement aussi bien que par écrit, en vertu des principes généraux. Au contraire, les art. 1715 et 1716 constituant une exception à ces principes généraux, une dérogation au système général des preuves, on ne peut les appliquer que dans les cas pour lesquels ils sont écrits. Il est très-vrai qu'il pourrait être également utile de les suivre dans les baux autres que ceux des maisons et des biens ruraux, et que le motif qui les dicte (c'est-à-dire le désir d'éviter des frais de procès pour des objets quelquefois peu considérables, et de voir terminer promptement une contestation dans une matière souvent très-urgente) existe aussi bien pour un louage de domestiques ou pour une location de meubles que pour un louage de fermes ou de maisons; il est également vrai que, dans le premier projet de notre titre, nos articles étaient placés sous une rubrique plus large, qui les rendait applicables à toute espèce de louage, et que c'est par suite d'idées autres que celles qui nous occupent que cette rubrique a été changée (1); mais tout ceci n'empêche pas que les dispositions de ces articles ne soient dérogatoires au droit commun et n'aient par conséquent de valeur légale que pour les baux pour lesquels ils ont été décrétés, c'est-à-dire ceux des maisons et ceux des biens ruraux (2).

Mais si l'on est d'accord sur les cas d'application de ces deux articles, on est loin de l'être sur leur véritable sens et leur portée, comme on va le voir.

II. — Quand le bail d'une maison ou d'un bien rural a été fait sans écrit et que, n'ayant encore reçu aucune exécution, il est nié par l'une des parties, la loi, dérogeant ici au principe qui permet de prouver par témoins toute convention dont l'objet n'excède pas 150 francs, proscrit ce moyen de preuve, si modique que puisse être le prix du louage allégué; la seule ressource que l'art. 1715 accorde, c'est de déférer le serment à celui qui nie la convention.

Or ici se présente déjà une première difficulté. La loi, en permettant

---

(1-2) Fenet (t. XIV, p. 218 et 246); Delvincourt (t. III); Duranton (XVII, 52); Duvergier (I, 14); Troplong (I, 110).

la délation du serment, entend-elle restreindre rigoureusement à cette unique ressource, ou ne faut-il pas regarder comme se trouvant ici sur la même ligne la faculté de faire interroger l'adversaire sur faits et articles? M. Troplong (I-III) et un ancien arrêt de Rennes (6 août 1812) tiennent pour la première idée; mais elle nous paraît d'une rigueur exagérée, et la doctrine contraire, plus généralement admise, nous paraît aussi plus exacte. « L'art. 1715, selon M. Troplong, est trop précis pour qu'on puisse douter de son sens rigoureusement restreint; et c'est en vain qu'on invoque l'art. 324 du Code de procédure permettant l'interrogatoire sur faits et articles *en toutes matières*, puisque notre article y apporte, dit-il, une exception expresse. D'autre part, on s'accorde à dire que l'art. 2275, qui permet aussi de déférer le serment, n'autorise pas l'interrogatoire, et pourtant cet article n'est pas rédigé d'une manière aussi restrictive que le nôtre. » Tout ceci nous paraît peu concluant; car, d'un côté, le point de savoir si notre article, quand il dit que le serment pourra *seulement* être déféré, parle par opposition à l'interrogatoire, ou simplement par opposition à la preuve testimoniale qu'il vient de proscrire, est précisément la question, et c'est précisément parce qu'on ignore à quoi ce mot *seulement* fait allusion que la question existe; par la même raison, il est inexact de dire que notre article contient *une exception expresse* à la disposition de l'art. 324 du Code de procédure; et pour ce qui est enfin du prétendu accord relatif à l'art. 2275, il n'existe nullement : M. Troplong, en effet, parmi les différents auteurs, n'est d'accord à cet égard qu'avec lui-même (car il n'en cite pas un seul sous son n° 995 *de la Prescription,* auquel il renvoie), et se trouve en opposition avec Toullier (X, 54) et M. Duranton (XIII, 434). La question reste donc entière devant les arguments de M. Troplong, l'art. 324 du Code de procédure n'est nullement prouvé inapplicable, et comme il permet l'interrogatoire *en toutes matières,* c'est-à-dire pour celles dont le témoignage est proscrit comme pour les autres, comme enfin l'interrogatoire n'est ni plus compliqué, ni plus dispendieux, ni plus dangereux que le serment, nous croyons exacte l'opinion générale qui le déclare permis ici (1).

Quant au témoignage, il n'est jamais admissible, pas même avec un commencement de preuve par écrit; et c'est avec raison que la doctrine contraire de M. Duvergier (I, 267) et de M. Zachariæ (III, p. 6), adde Aubry et Rau (III, § 364), est condamnée par les autres auteurs et par la jurisprudence. Prouver par témoins dans le cas d'un commencement de preuve par écrit, ce serait revenir pour ce cas aux règles générales sur la preuve, et le législateur a formellement déclaré repousser ici ces règles générales (2). La célérité et l'économie, en vue desquelles

---

(1) Duranton (XVII, 53); Carré (*Quest.,* 1226); Berriat (v° Prix, I, p. 312); Dalloz (v° Interrogat., p. 572); Duvergier (I, 257); Bruxelles, 13 fév. 1813; Trib. de Rouen, 5 juin 1845 (le *Droit* du 15). *Contra :* Agnel (n° 125). *Voy.* Paris, 6 mai 1862, et Cass., 12 janv. 1864 (Dev., 64, 1, 88).
(2) Fenet (XIV, p. 322 et 351); Duranton (XVII, 54); Curasson (p. 278); Troplong (II, 112); Taulier (VI, p. 221); Massé et Vergé (IV, § 690); Agnel (*Code des propriét.,*

est écrite la disposition de notre article, disparaîtraient aussi bien en présence d'une preuve testimoniale précédée du commencement écrit qu'avec celle qui en est dénuée; l'une ne serait ni moins longue ni moins coûteuse que l'autre (1).

Mais il en serait autrement, et le témoignage serait admissible, s'il avait existé un écrit qui serait perdu par un accident de force majeure. Alors, en effet, ce ne serait plus d'une exception à notre article qu'il serait question; on serait dans un cas pour lequel l'article n'est pas fait, puisqu'il ne régit que le bail *fait sans écrit*, et qu'ici le bail a été fait par écrit. Il faudrait, bien entendu, que le réclamant prouvât qu'il a possédé un acte constatant le bail, qu'il a été victime de tel événement de force majeure, et que c'est par cet événement qu'il a été privé de l'acte : après cette triple preuve, il pourrait établir par témoins la convention niée par l'adversaire (art. 1348, V).

III. — Quand le bail verbal a déjà reçu un commencement d'exécution (ou si, en dehors de toute exécution, il est reconnu ou avoué), de sorte qu'il n'y ait contestation que sur les conditions de ce bail et non sur son existence, la loi, même dans ce cas, n'autorise pas la preuve testimoniale (2). S'il s'agit de la durée du bail, la loi la fixe elle-même dans les art. 1736 et 1774, en se reportant à l'usage des lieux pour les baux des maisons; et pour les biens ruraux, au temps nécessaire au preneur pour recueillir tous les fruits de l'héritage. S'il s'agit de la quotité du prix, on se reportera aux quittances; à leur défaut, le propriétaire sera cru sur son serment, à moins que le locataire ne préfère s'en rapporter à une expertise; mais alors, c'est lui qui devra être condamné aux frais, si l'estimation excède le prix qu'il a déclaré (3). Que si enfin il s'agit d'autres conditions, qui ne soient réglées dans le Code ni par une disposition spéciale ni par renvoi à l'usage des lieux, comme alors on est en dehors des dispositions dérogatoires de nos art. 1715 et 1716, on rentre dans le droit commun, et le témoignage peut dès lors être admis (s'il ne s'agit pas de plus de 150 francs, ou si, au-dessus de ce chiffre, il y a commencement de preuve par écrit) (4); et, bien entendu, ce n'est pas au loyer d'une année qu'il faut appliquer cette

4e édit., n° 125); Caen, 23 mars 1840; Rouen, 19 mars 1841 ; Paris, 6 mai 1862 (Dall., 40, 2, 204; Dev., 41, 2, 468; 62, 2, 273; *J. Pal.*, 62, 885).

(1) *Voy.* la note précédente.

(2) Cass., 12 janv. 1864 (Dev., 64, 1, 88). *Sic* : Massé et Vergé (III, § 699); Aubry et Rau (III, § 364); Agnel (n° 125); Marcadé (*Rev. crit.*, t. II, p. 189).

(3) Il est bien sévère de mettre les frais à la charge du locataire par cela seul que l'estimation excède le prix par lui déclaré; et ce serait quelquefois même fort injuste, puisqu'elle pourrait, en l'excédant de fort peu, être beaucoup au-dessous du prix allégué par le propriétaire. Mais ce n'est pas une raison pour dire, comme le fait M. Duranton (XVII, 58), que le juge pourrait alors ne pas tenir compte de cette règle. Le juge comme le commentateur doivent accepter la loi telle qu'elle est, bonne ou mauvaise : *dura lex, sed lex*. Le seul moyen pour un locataire d'échapper à cette fâcheuse disposition, et de laisser le juge libre de prononcer d'après sa conscience la condamnation aux dépens, serait de demander l'expertise sans déclarer le prix, et en disant seulement qu'il est moindre que ne le prétend le propriétaire.

(4) Caen, 31 janv. 1848 (Dev., 48, 2, 151). Si le bailleur est mort, les juges peuvent, sans recourir à une expertise, s'en rapporter à la déclaration du preneur. Cass., 13 mars 1867 (*J. Pal.*, 67, 244).

limite de 150 francs, mais à la masse des loyers de toute la durée prétendue du bail, puisque c'est cette masse qui détermine l'importance du procès (1).

Nous disons que, pas plus pour le prix du bail verbal ou sa durée que pour son existence même, la preuve testimoniale n'est jamais admissible, ni au-dessus ni au-dessous de 150 francs. Des auteurs enseignent cependant le contraire : M. Duranton (XVII, 56) professe que, soit pour la durée du bail verbal exécuté ou autrement reconnu, soit même pour la question de son exécution (et de son existence par suite), la preuve testimoniale est admissible, tant au-dessus qu'au-dessous de 150 francs; et M. Troplong (I, 115), en se gardant d'aller aussi loin, enseigne que jusqu'à 150 francs du moins on peut prouver par témoins l'exécution et dès lors l'existence de ce bail verbal. Mais ce sont là deux inexactitudes, dont la seconde, moins grave que la première, mais non moins certaine, est avec raison condamnée comme elle par la Cour de cassation.

Pour ce qui est d'abord du système de M. Duranton, il ne repose que sur un raisonnement d'une fausseté palpable. La solution, d'après le savant professeur, serait cependant *incontestable :* « L'art. 1715, dit-il, l'établit CLAIREMENT, *puisqu'IL DIT que la preuve par témoins de l'existence du bail peut avoir lieu quand il a reçu un commencement d'exécution.* » Mais, au contraire, l'article ne dit rien de pareil : l'article dit que le bail *non exécuté* ne pourra pas se prouver par témoins; et quant au bail *exécuté,* il n'en parle pas, il n'en dit rien, et il le laisserait ainsi soumis (alors même qu'une règle spéciale, et qui est le contre-pied de celle de M. Duranton, ne resulterait pas de l'article suivant) aux principes généraux... L'art. 1715 de dit rien du bail exécuté, et c'est de là que des partisans de la doctrine de M. Duranton, voulant substituer un raisonnement quelque peu plausible à la singulière assertion de l'honorable professeur, sont partis pour dire : Puisque l'article ne prohibe le témoignage que pour le bail non exécuté, il l'admet donc implicitement pour le bail qui a reçu exécution. Mais qui ne voit combien cet argument est mauvais? qui ne voit que, quand même une solution contraire ne résulterait pas de l'art. 1716, tout ce qui suivrait du silence de l'art. 1715, c'est qu'il faudrait appliquer alors *le droit commun;* or le droit commun permet bien la preuve testimoniale jusqu'à 150 francs, mais il ne la permet pas au delà. Et comment, en effet, n'a-t-on pas compris que l'art. 1715, qui a précisément été fait pour restreindre le droit commun sur la preuve testimoniale des conventions, ne pouvait pas dès lors lui donner dans notre hypothèse une extension contraire à toutes les règles? Aussi ce système est-il réprouvé par une jurisprudence constante (2).

---

(1) Boiceau (ch. 14, n° 304); Danty (*Addit.,* n° 4); Duvergier (I, 15); Zachariæ (III, p. 5); Troplong (I, 116); Paris, 6 avr. 1825.
(2) Toullier (IX, 32); Duvergier (I, 258); Troplong (I, 115); Bruxelles, 20 nov. 1810; Paris, 6 avr. 1825; Bordeaux, 20 nov. 1836; Bordeaux, 19 janv. 1827; Trib. de Montpellier, 1er sept. 1830; Limoges, 30 juill. 1836; Nîmes, 1er août 1836; Cass., 14 janv.

Mais ce n'est pas seulement cette doctrine de M. Duranton qui doit être écartée, c'est aussi celle de M. Troplong; et la preuve testimoniale d'un bail verbal que l'un prétend avoir été exécuté, tandis que l'autre en nie l'existence, est inadmissible au-dessous de 150 francs aussi bien qu'au-dessus de ce chiffre. D'une part, en effet, l'art. 1716, en supposant un bail verbal dont l'existence est avouée et dont le prix seulement est contesté, défend encore d'établir ce prix par la preuve testimoniale; or, si cette preuve est interdite alors qu'il s'agit seulement d'une condition du bail, à plus forte raison le sera-t-elle quand c'est l'existence même de ce bail qui est en question! D'autre part, le rapprochement et la combinaison des deux art. 1715 et 1716 ne laissent pas de doute sur cette vérité. On y voit, en effet, en étudiant avec attention l'ensemble et la marche des idées du législateur, qu'il entend prévoir deux cas embrassant toutes les hypothèses possibles : ou bien le bail affirmé par l'un est nié par l'autre, c'est le cas de l'art. 1715; ou bien ce bail est reconnu par tous deux, et on ne dispute que sur ses conditions, c'est le cas de l'art. 1716. Quand l'art. 1715 parle d'un bail qui *n'a reçu aucune exécution* et qui est nié, quand l'art. 1716 parle d'un bail *dont l'exécution a commencé*, ils entendent tous deux une exécution incontestée, reconnue comme telle, et non pas des faits que l'un prétendrait, mais que l'autre nierait, constituer une exécution : quand, en face d'une partie soutenant qu'il y a eu exécution d'un bail, l'autre soutient le contraire (soit en niant les faits eux-mêmes, soit en prétendant que ces faits se sont accomplis à tout autre titre que celui de locateur ou locataire), alors on ne peut pas dire que, pour la loi ni pour le juge, il y ait *une exécution* de bail, il y a seulement *une allégation d'exécution*, avancée par l'un et repoussée par l'autre... C'est parce que l'art. 1716 (aussi bien que l'art. 1715) n'entend parler que d'une exécution reconnue, d'une exécution certaine, qu'il débute par l'idée d'une contestation portant seulement sur le prix, et ne s'occupe plus d'une contestation sur l'existence du bail, laquelle est alors impossible... Cette pensée de nos deux articles se retrouve nettement encore dans le Rapport au Tribunat. On y expose d'abord cette idée générale et résumant les deux articles, que *du moment qu'il n'y a point d'écrit, la preuve du contrat ne peut jamais se faire par témoins;* puis, passant successivement aux deux idées opposées des deux articles, le Rapport nous présente comme objet de l'art. 1715 le cas d'un bail *désavoué par l'une des parties*, et comme objet de l'art. 1716 celui d'un bail *qui n'est pas désavoué* (1). Cela étant, il est donc manifeste que quand l'un prétend prouver l'exécution d'un bail dont l'autre nie l'existence, quand on est ainsi en face d'un bail prétendu qui n'a reçu aucune exécution avouée, c'est le cas de l'art. 1715, nullement le cas de l'art. 1716, et le témoignage dès lors se trouve formellement interdit,

1840; Bourges, 14 mai 1842 (Dev., 33, 1, 557; 36, 2, 427; 38, 2, 125; 40, 1, 5; 43, 2, 29).

(1) Fenet (XIV, p. 322, 323); Cass., 14 janv. 1840; Bourges, 14 mai 1842 (Dev., 40, 1, 5; 43, 2, 29).

si modique que soit le prix... Il est d'autant plus étonnant que M. Trop-long n'ait pas saisi ces idées, que l'arrêt de cassation de 1840, qu'il invoque lui-même (n° 113) contre la doctrine de M. Duranton, condamne aussi la sienne de la manière la plus nette et la plus décisive, en disant avec beaucoup de raison « qu'en parlant d'exécution, les art. 1715 et 1716 s'appliquent au cas *où l'exécution n'est pas déniée*, et qu'admettre à prouver par temoins des faits considérés comme commencement d'exécution d'un bail verbal, ce serait admettre *la preuve testimoniale du bail lui-même*, preuve expressément interdite par la loi. » (1)

Il va sans dire, au surplus, que si une partie ne peut jamais prouver par témoins des faits considérés comme exécution d'un bail, elle peut toujours prouver ainsi ces mêmes faits considérés en eux-mêmes, pour en tirer telle ou telle conséquence indépendante de toute idée de bail. Ainsi, je ne pourrais pas prouver par témoins que c'est comme locataire et en vertu d'un bail verbalement convenu que vous avez fait pâturer vos vaches dans mon herbage, mais je pourrais fort bien prouver par témoins le fait de ce pâturage pour me faire payer par vous une indemnité.

IV. — De même qu'on peut, au lieu d'une vente actuelle, faire seulement une promesse, simple ou réciproque, de vente, de même on peut faire une promesse, simple ou réciproque, de louage, et cette promesse peut, selon les cas, ou n'être qu'une simple pollicitation ou constituer un contrat, soit unilatéral, soit synallagmatique. Il faut appliquer ici, *mutatis mutandis,* les règles que nous avons développées sous l'art. 1589.

Quant aux arrhes qui peuvent accompagner soit une promesse de bail, soit une convention actuelle de bail, comme la loi ne pose aucune règle à leur égard, c'est comme point de fait, comme question d'intention, et par l'examen des circonstances, que le juge décidera dans tous les cas si les arrhes ont été données comme indice de la faculté de se dédire, ou comme signe, au contraire, de l'irrévocabilité de la convention, ou comme simple à-compte sur le prix convenu, ou enfin avec ces deux derniers caractères à la fois (*voy.* art. 1590) (2).

2° *Des sous-locations et cessions de bail.*

1717. — Le preneur a le droit de sous-louer, et même de céder son bail à un autre, si cette faculté ne lui a pas été interdite.

Elle peut être interdite pour le tout ou partie.

Cette clause est toujours de rigueur.

SOMMAIRE.

I. Différence entre la cession et la sous-location. Inexactitude de M. Troplong. Le locataire peut faire l'une et l'autre, mais sans nuire au locateur.

_____

(1) Boiceau et Danty (ch. 14, n° 2); Jousse (Ord. de 1667, t. 20, art. 4); Charondas (ch. 52); Toullier (IX, 32); Troplong (I, 114); Nîmes, 1er août 1836; Orléans, 12 fév. 1842; Rej., 28 mars 1842 (Dev., 38, 2, 125; 42, 1, 459).
(2) Paris, 13 janv. 1845 (Dev., 46, 2, 163).

II. Il ne le peut plus si une clause spéciale le lui interdit. La défense de sous-louer emporte celle de céder, et réciproquement. La prohibition pure et simple de sous-louer s'applique à la sous-location partielle : erreur de M. Duvergier. Secus de la prohibition de sous-louer en totalité. — La prohibition n'atteint ni un domestique du locataire ni l'ami auquel il prêterait son logement : erreur de M. Duvergier.

III. La contravention donne lieu à résiliation; mais cette résiliation doit être prononcée par le juge, qui peut l'accorder ou la refuser selon les cas. La prohibition cesse, au surplus, par le consentement que donne le propriétaire.

1. — Le droit de jouissance que confère un bail n'est pas exclusivement attaché à la personne du locataire; il est transmissible à ses héritiers, il est saisissable par ses créanciers, qui pourraient s'en emparer pour en faire leur profit s'ils y trouvaient avantage, et il peut être cédé par ce locataire à un tiers, soit pour le tout, soit pour partie.

Cette transmission du droit par le locataire à un tiers peut s'effectuer de deux manières : soit par une cession totale ou partielle du bail lui-même, soit par une simple sous-location également totale ou partielle. Par la cession proprement dite, le tiers est mis absolument au lieu et place du locataire cédant, il acquiert ni plus ni moins les droits qu'avait celui-ci, et le titre de l'un devient le titre de l'autre; de sorte que, si des clauses particulières du bail étendent ou restreignent les droits ordinaires de tout preneur, le second locataire jouira de l'extension ou subira la restriction. Dans la sous-location, au contraire, le tiers ne devient pas locataire du propriétaire, mais locataire du locataire; ses droits sont, vis-à-vis de celui-ci (à défaut de convention contraire, expresse ou tacite), ceux que la loi donne à tout locataire, en sorte qu'il n'est pas tenu de subir à son égard les restrictions au droit commun que celui-ci avait acceptées, de même qu'il ne pourrait pas invoquer les extensions que celui-ci avait pu stipuler du propriétaire. Si, par exemple, il s'agit de biens ruraux et que la moitié d'une récolte soit enlevée par cas fortuit, la sous-location de tout ou partie de la ferme, si on ne s'y est pas expliqué à ce sujet, donnera au sous-locataire le droit d'exiger une diminution de prix (art. 1769), quand même le locataire, dans son contrat avec le bailleur, aurait renoncé à ce droit, tandis qu'une cession du bail, dans ce même cas, en mettant exactement le second locataire à la place du premier, lui interdirait toute réclamation. Réciproquement, si dans le bail d'une maison bourgeoise le locataire a stipulé le droit de changer la destination des lieux et d'en faire, s'il le veut, une auberge, le tiers avec lequel ce locataire aurait traité sans rien dire à cet égard aura le même droit en cas de cession de bail, et ne l'aura pas en cas de sous-location. Céder un bail ou faire un sous-bail ne sont donc pas une même chose, et notre article l'entend bien ainsi, puisqu'il explique que le preneur peut sous-louer et même céder son bail : en sous-louant, le preneur se fait lui-même locateur, tandis que quand il cède son bail, il fait une cession, une vente de ses droits; et on ne comprend pas dès lors que M. Troplong, après avoir lui-même constaté cette différence (n° 129), mais trop sommairement, nous dise plus loin (n° 134) que sous-louer, c'est céder une partie de son bail! L'inexactitude est manifeste; car la sous-location peut être totale, et la cession peut être partielle : quand je vous loue *en entier* pour 1 000 francs par an la ferme qui m'est louée pour 800 et sous des conditions différentes de celles que je vous impose, ce n'est bien là qu'une sous-location et non pas une cession, je suis bien locateur et non pas vendeur ; réciproquement, si je vous cède pour 4 000 francs le droit de jouir à ma place *de la moitié* des herbages qui me sont loués, je ne fais pas un louage, mais une vente. La cession reste donc cession quoiqu'elle soit partielle, comme la sous-location reste sous-location quoiqu'elle soit totale ; et dans un cas comme dans l'autre, tandis que le cessionnaire acquiert (pour tout ou partie du bien) les droits mêmes qu'avait le cédant, le sous-locataire, au contraire, acquiert (également pour tout ou partie) les droits particuliers que son bail lui donne.

Bien entendu, c'est seulement entre le locataire et son sous-locataire que ceci s'applique, et non vis-à-vis du locateur, dont les droits ne sauraient être amoindris par une convention qui est pour lui *res inter alios acta.* Lors donc que le sous-locataire se trouve avoir un droit que le locataire n'a pas lui-même envers le locateur, il ne peut agir que contre ce locataire, soit pour qu'il se fasse consentir ce droit par le locateur, soit pour qu'il paye des dommages-intérêts, soit enfin pour qu'il subisse la résiliation du sous-bail, résiliation qui ne modifiera en rien le bail principal. Du reste, tant que la nouvelle convention du locataire avec le tiers a son effet, la position du locateur est améliorée et lui donne deux obligés pour un, puisqu'il peut, si son locataire ne le paye pas, agir contre le tiers, débiteur de son débiteur. Pour qu'il en fût autrement et que le locataire primitif fût déchargé, le nouveau répondant seul des loyers en son lieu et place, il faudrait que le locateur y eût consenti, soit expressément, soit tacitement.

II. — Mais si le locataire peut ainsi, en principe, sous-louer ou même céder son bail, il se peut aussi que cette faculté lui soit enlevée par une convention particulière de ce bail ; et notre article a soin de déclarer que cette convention, dont on tenait autrefois peu de compte dans les baux des maisons (1), devra désormais être prise *toujours à la rigueur,* c'est-à-dire être sérieusement appliquée par les tribunaux, aussi bien dans les baux de maisons que dans ceux de biens ruraux. Ce n'est là, au surplus, qu'une application du droit commun, qui veut que toute convention fasse loi pour ceux qui l'ont souscrite (art. 1134).

Il ne pourra donc y avoir d'embarras à cet égard que sur le sens et la portée de la clause prohibitive, ce qui sera toujours une simple question d'interprétation, un point de fait que le juge décidera d'après les circonstances. Disons seulement, comme règle générale, que si l'interdiction de sous-louer emporte, à plus forte raison et comme tout le monde le reconnaît, celle de céder le bail (2), celle-ci doit de même être considérée en général comme entraînant la première, quoi qu'en

_____

(1) Pothier (nº 283) ; Denisart (vº Bail à loyer) ; Bourjon (II, p. 42).
(2) Duranton (XVII, 92) ; Duvergier (I, 315) ; Zachariæ (III, p. 17) ; Curasson (I, p. 356) ; Troplong (I, 133).

aient dit deux arrêts d'Angers et d'Amiens (1). Il est bien vrai, en effet, comme on l'a vu ci-dessus, que la cession du bail est quelque chose de plus qu'une sous-location ; mais on a vu aussi qu'il n'en est ainsi qu'entre le locataire et le tiers, et non vis-à-vis du locateur, pour qui la convention du locataire est *res inter alios acta*. Pour ce locateur, une cession ne produit pas plus d'effets qu'une sous-location : quand ce locateur stipule sa prohibition, c'est qu'il ne veut pas voir passer sa chose aux mains d'un autre que celui avec lequel il traite et en qui il a confiance ; et comme la chose passerait aussi bien aux mains du tiers par la sous-location que par la cession, ces deux actes, différents l'un de l'autre entre le locataire et le tiers, se trouvent sur la même ligne entre ce locataire et le locateur, et la prohibition de l'un emporte dès lors prohibition de l'autre (2).

Mais en mettant ainsi la cession et la sous-location sur la même ligne dans les rapports du locataire avec le locateur, en sorte que pour eux, au contraire de ce qui a lieu entre le tiers et le locataire, ces deux expressions seront synonymes et signifieront toute transmission de la jouissance à un tiers, quelle clause sera nécessaire pour interdire la cession ou la sous-location *pour partie* aussi bien que pour le tout ? M. Duvergier (I, 374) et deux arrêts (3) décident qu'une prohibition générale de sous-louer ou céder ne suffirait pas. M. Troplong, au contraire, qui voit l'impossibilité de la cession ou de la sous-location partielle dans cette prohibition pure et simple, semble la voir aussi (n° 135 *et son sommaire*) dans la défense de céder ou sous-louer *en totalité*. Or ces deux idées sont inexactes l'une et l'autre. D'une part, une clause qui exprime une idée purement et simplement, absolument, ayant dès lors une signification absolue, la défense absolue de céder ou sous-louer comprend donc nécessairement toute sous-location ou cession, partielle comme totale. Mais quand l'acte, au contraire, dit que le preneur ne pourra céder ou sous-louer *en totalité* ou *pour le tout*, il lui laisse par là même la faculté de le faire pour partie ; l'addition des mots *en totalité* ne peut pas même avoir un autre sens, et il est présumable que M. Troplong, en parlant d'une défense de sous-louer *en totalité*, a seulement voulu dire : une défense *générale* de sous-louer (4).

Une dernière question, également controversée entre M. Duvergier

---

(1) Angers, 27 mars 1817 ; Amiens, 24 mai 1817.
(2) Merlin (*Rép.*, v° Sous-loc.) ; Duranton (XVII, 92) ; Duvergier (I, 376) ; Troplong (I, 134) ; Paris, 28 août 1824, 24 fév. 1825, 18 mars 1826, 28 mars 1829, 6 mai 1835 (Dev., 35, 2, 305). — Si, du reste, nous réprouvons l'arrêt d'Amiens, ce n'est pas, comme le fait à tort M. Troplong, pour avoir dit que la cession même partielle est autre chose que la sous-location ; car on a vu plus haut que cette proposition est parfaitement exacte : c'est uniquement par le motif que nous indiquons ici.
(3) Bruxelles, 17 juill. 1821 ; Paris, 6 mai 1835 (Dev., 35, 2, 305).
(4) La clause que le locataire ne pourra sous-louer qu'avec le consentement par écrit du bailleur équivaut à l'interdiction de sous-louer, en telle sorte que le droit du bailleur de refuser son consentement à la sous-location est absolu. Lyon, 26 déc. 1849 (Dev., 50, 2, 46). Mais la clause portant qu'on ne pourra sous-louer qu'à des personnes *agréées par le propriétaire* ne confère pas à celui-ci un droit absolu de refus. Ce refus doit s'appuyer sur des motifs sérieux et légitimes. Paris, 6 août 1847 ; Colmar, 12 avr. 1864 (Dev., 64, 2, 285) ; Agnel (n° 518) ; Sauger (*Louage et servit.*, n° 32).

(I, 367) et M. Troplong (I, 136), est de savoir si la prohibition de céder ou sous-louer, laquelle ne saurait évidemment empêcher le locataire de faire occuper les lieux par un domestique ou homme de confiance à ses gages (puisque ce domestique lui appartient et fait partie de sa maison), l'empêcherait de prêter son appartement à un ami. M. Duvergier répond affirmativement, en se fondant sur ces deux motifs : que, d'une part, ce serait un moyen facile d'éluder la prohibition ; et que, d'ailleurs, la circonstance que le tiers habite ici gratuitement est insignifiante quant au locateur, dont la volonté est aussi bien méconnue alors que si ce tiers payait le locataire. M. Troplong soutient l'opinion contraire, mais sans la motiver et en se contentant de dire qu'elle était celle du consul Cambacérès dans la discussion au conseil d'État... Quoique la question nous paraisse plus sérieuse qu'elle n'a paru à M. Troplong, nous pensons cependant qu'elle doit se résoudre dans son sens. D'une part, le danger de la fraude ne doit jamais être une fin de non-recevoir contre l'exercice d'un droit, et si l'on reconnaît que le droit en question appartient au locataire, ce sera au locateur de faire preuve (par tous les moyens possibles, comme toujours) de la fraude qu'il prétendrait exister, en établissant, ne fût-ce que par des présomptions (art. 1353), que le prétendu prêt n'en est point un. Maintenant, le droit existe-t-il ? Nous le pensons. Le prêt fait à l'ami n'a pas la gravité d'une cession ou sous-location, parce que, d'un côté, il sera généralement d'une plus courte durée, et que, d'autre part, on met plus de ménagement et de réserve dans l'usage gratuit d'une chose que dans l'usage qu'on en paye. Le prêt n'est donc pas à redouter au même degré que la sous-location ou cession ; et comme la clause qui prohibe celle-ci est dérogatoire au droit commun et ne peut pas dès lors s'étendre d'une hypothèse à une autre, c'est le cas de dire, comme M. Duvergier le fait lui-même au n° 366, que *dès que le locataire ne sous-loue pas et ne cède pas son bail, il n'y a pas infraction à la loi du contrat* (1).

III. — Quand le locataire contrevient à la prohibition, le locateur peut poursuivre la résiliation (art. 1741 et 1766) ; mais cette résiliation, quoi que dise un arrêt de Colmar, ne s'opère pas de plein droit, il faut qu'elle soit demandée en justice (art. 1184), et c'est avec raison qu'on admet qu'elle ne devrait pas être prononcée, si la sous-location avait été résiliée et les choses remises dans leur premier état dès avant la demande, ou seulement si le locataire offrait de rompre immédiatement cette sous-location. En vain l'arrêt de Colmar se fonde sur ce que la clause prohibitive *est de rigueur ;* car ce que la loi déclare être de rigueur, c'est la prohibition et nullement la résiliation qui peut s'ensuivre : la convention est de rigueur, elle n'est plus simplement réputée comminatoire comme autrefois, elle est strictement obligatoire comme toute autre convention ; mais c'est précisément la reconnaître obligatoire,

(1) Agnel (*Code des propriét.*, 4ᵉ édit., n° 517).

c'est l'exécuter, et l'exécuter comme toute autre convention, que de lui appliquer l'art. 1184 (1).

Il va sans dire, au surplus, que le locateur ne pourrait plus faire résilier ni s'opposer à la continuation de la sous-location, si lui-même y avait consenti, soit expressément, soit tacitement, soit avant qu'elle eût commencé, soit depuis (2); et il est évident aussi que cette convention nouvelle du bailleur et du preneur pourrait se prouver comme toute autre convention, c'est-à-dire par écrit seulement ou avec commencement de preuve écrite, s'il s'agissait de plus de 150 francs, et par tous les moyens possibles dans le cas contraire. Mais que faudrait-il décider s'il avait été dit dans le bail que le locataire ne pourrait sous-louer qu'avec le consentement *par écrit* du bailleur? Il y aurait alors à rechercher (et ce serait, bien entendu, un point de fait à décider par les termes de l'acte et les autres circonstances) si ce n'est là qu'une clause de style banale et insignifiante, ou si c'est vraiment l'expression d'une idée à laquelle les parties ont positivement entendu tenir. Dans ce dernier cas, l'écrit serait indispensable; mais dans le premier, on rentrerait sous la règle de droit commun qui vient d'être indiquée (3).

1718. — Les articles du titre *Du Contrat de mariage et des Droits respectifs des époux*, relatifs aux baux des biens des femmes mariées, sont applicables aux baux des biens des mineurs.

N. B. — Le développement de cette règle se trouve dans l'explication des art. 1429, 1430; et quant à l'ordre d'idées dans lequel la règle rentre, il a été présenté plus haut (art. 1713, n° IV).

3° *Des obligations du bailleur.*

1719. — Le bailleur est obligé, par la nature du contrat, et sans qu'il soit besoin d'aucune stipulation particulière,

1° De délivrer au preneur la chose louée;

2° D'entretenir cette chose en état de servir à l'usage pour lequel elle a été louée;

3° D'en faire jouir paisiblement le preneur pendant la durée du bail.

---

(1) Colmar, 16 août 1816; Besançon, 8 juin 1854; — Duvergier (I, 370); Troplong (I, 139); Cass., 13 déc. 1820; Lyon, 16 déc. 1825; Cass., 29 mars 1837 (Dev., 37, 1, 614).

(2) Duvergier (I, 372); Troplong (I, 141); Douai, 5 juin 1841; Cass., 28 juin 1859; Colmar, 12 avr. 1864 (*J. Pal.*, 41, 2, 278; 64, 1044).

(3) Troplong (I, 141); Amiens, 7 juin 1838; Cass., 19 juin 1839 (Dev., 39, 1, 462). — *Voy.* la note ci-dessus, sous le § 2.

Jugé que le droit de sous-louer s'applique aux appartements meublés. Paris, 20 juin 1861 (Dev., 61, 2, 587). *Sic* : Aguel (n° 952). *Contra* : Sauger (*Louage et servit.*, n° 218). Mais le locataire d'un appartement dépendant d'une maison bourgeoise ne peut le louer garni et meublé, alors même qu'il aurait la faculté de sous-louer. Trib. de la Seine, 16 juin 1855 (*Droit* du 28 juin).

1720. — Le bailleur est tenu de délivrer la chose en bon état de réparations de toute espèce.

Il doit y faire, pendant la durée du bail, toutes les réparations qui peuvent devenir nécessaires, autres que les locatives.

SOMMAIRE.

I. L'obligation de délivrer la chose n'est pas seulement de là nature du contrat, elle est de son essence. Il faut, avec la chose, délivrer ses accessoires et délivrer le tout en bon état; mais ces deux points ne sont que de la nature du contrat. En général, les accessoires d'un bien rural ne comprennent pas le droit de chasse ni le droit de pêche : controverse.

II. La seconde obligation du bailleur n'est pas une continuation de la première et présente un objet moins étendu. Diverses espèces de réparations.

III. Observations sur la troisième et dernière obligation. Transition aux sept articles suivants.

I. — Ces deux articles, dont les sept suivants ne sont que le développement et le corollaire, imposent au bailleur trois obligations : 1° de délivrer la chose au preneur ; 2° de l'entretenir pendant tout le bail; 3° d'en faire jouir le preneur pendant le même temps.

Le bailleur doit tout d'abord délivrer la chose. C'est une obligation qui n'est pas seulement de la nature du contrat, comme pourrait le faire croire le texte de l'art. 1719, mais de son essence même; car il est évident qu'il n'y a pas de louage possible sans livraison de la chose louée. Et non-seulement le bailleur doit livrer la chose, mais il doit la livrer avec tous ses accessoires et livrer le tout en bon état : seulement, ces deux derniers points ne sont plus que de la nature du contrat; non de son essence; car on peut très-bien convenir que le preneur ne jouira pas de tels ou tels accessoires précédemment dépendants de la chose, ou encore qu'il prendra la chose en l'état où elle est, quoique cet état ne soit pas bon. Bien entendu, il faut pour cela une convention spéciale; car, dans le silence des parties, le preneur a droit aux accessoires de la chose et peut exiger que tout soit en bon état lors de son entrée en jouissance.

C'est un point controversé que celui de savoir si, parmi les accessoires de la chose louée, on doit, en cas de biens ruraux, ranger le droit de chasse. Trois systèmes existent à cet égard. M. Duvergier (I, 73) et avec lui M. Taulier (VI, p. 228) enseignent que ce droit appartient toujours au fermier, à l'exclusion du propriétaire. M. Duranton (IV, 286) veut que le propriétaire et le fermier puissent l'exercer concurremment. Enfin l'opinion générale est que le droit demeure, au contraire, réservé au propriétaire exclusivement, tant qu'il ne s'agit pas d'un fonds d'une telle nature que le gibier en serait l'unique revenu ou une branche importante de ce revenu (cas où le droit appartiendrait évidemment au fermier seul). Or cette dernière doctrine est seule exacte, sauf qu'à l'exception qui vient d'être indiquée, il faut en ajouter une seconde que les auteurs n'ont pas signalée, mais qui n'est pas plus contestable que la première, comme on va le voir plus bas. En général, et sauf ces deux exceptions, c'est au propriétaire que le droit de chasse demeure, tant qu'une convention spéciale ne l'attribue pas au locataire.

En général, en effet, la chasse n'est qu'un moyen de distraction ; le gibier qu'elle procure, quoiqu'il ait sans doute une certaine valeur et qu'on puisse en tirer quelque argent en le vendant, n'est cependant pas un fruit du fonds, comme le disait fort bien la loi romaine ; sa poursuite n'est point une récolte de fruits, elle n'est point non plus un secours nécessaire pour l'exploitation des terres, elle n'est qu'un exercice d'agrément qui, comme toutes les choses d'agrément, comme la maison bourgeoise mise sur la ferme, comme le jardin voluptuaire qui en dépend, fait partie, tout naturellement et sans qu'il soit besoin de s'en expliquer, des réserves du propriétaire... Sans doute le fermier aura le droit de détruire les animaux qui nuisent à ses récoltes (L. du 28-30 avr. 1790, art. 15) ; mais ce droit n'est pas le droit de chasse, et on ne comprend pas que M. Duvergier ait pu prétendre le contraire. Si le droit de chasser et le droit de détruire le gibier dommageable étaient une même chose, comme le soutient si étrangement notre savant confrère, la loi de 1790 n'aurait pas pu, en interdisant l'un *pour un certain temps de l'année* (art. 1er), déclarer que l'autre peut s'exercer *en tout temps* (art. 15). La chasse, comme le fait très-bien remarquer M. Troplong, s'exerce soit qu'il y ait peu ou beaucoup de gibier, et elle a surtout lieu alors que la terre est dépouillée de ses produits, tandis que le droit de destruction ne peut exister qu'à la double condition qu'il existe des récoltes à préserver et des essaims considérables d'animaux qui les menacent. Ces deux droits sont donc parfaitement distincts et différents... Sans doute encore le fermier a le droit, d'après les art. 1 et 8 de la loi de 1790, de se plaindre devant les tribunaux des délits de chasse commis sur les terres par lui cultivées et de se faire indemniser du préjudice qu'il a pu subir ; et c'est avec raison que la Cour d'Angers, après avoir jugé le contraire en 1826, a répudié sa fausse doctrine plus tard (1). Mais ce droit n'emporte nullement celui de chasser, il n'a rien de commun avec lui ; et la loi de 1790, loin de présenter le moindre appui, soit au système de M. Duvergier, soit à celui de M. Duranton, les condamne visiblement l'un et l'autre, par le rapprochement de ses art. 1, 13, 14 et 15, dont les trois premiers sont relatifs au droit de chasse, et le dernier au droit de destruction du gibier nuisible. L'art. 1er reconnaît le droit de chasse, pendant un certain temps de l'année, *aux propriétaires ou possesseurs ;* or, si la qualification de *possesseur* appartient à l'usufruitier (qui, en même temps qu'il possède pour le propriétaire quant à la nue propriété, possède aussi pour lui-même quant à son droit réel d'usufruit), elle n'appartient nullement au fermier ; l'art. 13 permet de même la chasse, en tout temps, dans les propriétés closes, *à tout propriétaire ou possesseur ;* l'art. 14 la permet également

(1) Angers, 14 août 1826 ; Bruxelles, 6 nov. 1822 ; Bruxelles, 26 fév. 1826 ; Angers, 20 janv. 1836 ; Cass., 9 avr. 1836, 4 juill. 1845 (motifs) (Dev., 36, 1, 844 ; 38, 2, 269 ; 45, 1, 774).

en tout temps dans les bois et forêts *à tout propriétaire ou possesseur autre qu'un simple usager* : après quoi l'art. 15, passant du droit de chasse au droit de destruction des animaux nuisibles, déclare permis *en tout temps*, et dans toutes récoltes closes *ou non closes*, de détruire le gibier nuisible, aux propriétaires ou possesseurs ET MÊME *au fermier !* Ainsi, tandis que ce dernier droit appartient cumulativement au propriétaire, au possesseur *et même* au fermier, le droit de chasse n'appartient qu'à ceux-là, à l'exclusion de celui-ci ; et c'est avec raison dès-lors que l'opinion commune s'est établie dans ce sens (1).

Mais il faut, avons-nous dit, s'écarter de ce principe dans deux cas : 1° celui d'un bail portant précisément sur un fonds *cujus fructus in ipsâ venatione constat ;* 2° celui d'une location ayant pour objet l'agrément lui-même du fonds loué. Ainsi quand un propriétaire dont la ferme est louée à Pierre loue à Paul la maison bourgeoise, les jardins, les bosquets, les promenades, en un mot les réserves quelconques qu'il a sur cette ferme, il est clair que Paul aura le droit de chasse, s'il n'est pas excepté, puisqu'il fait partie de ces réserves. De même, si je prends à loyer une maison de campagne avec un parc en dépendant, il est clair que c'est à moi, et non à mon bailleur, qu'appartiendra le droit de chasser dans ce parc, puisque c'est précisément pour l'agrément qu'il peut procurer que ce parc est pris et donné à bail. C'est ce qu'a jugé avec raison la Cour d'appel de Paris (2).

Ce que nous disons de la chasse est aussi applicable à la pêche ; et la doctrine de M. Troplong (I, 163), décidant, comme nous le faisons nous-même, que le droit de pêche reste *en principe* au propriétaire, n'aurait peut-être pas rencontré tant de contradicteurs, si le savant magistrat, au lieu de n'apporter à ce principe que l'exception unique et insuffisante du cas où la pêche serait l'un des produits utiles du fonds, une branche de ses revenus, avait admis aussi, comme on doit évidemment le faire, que le principe cesse également, même pour un bien dans lequel la pêche n'est à considérer que comme objet d'agrément, toutes les fois que, d'après les circonstances, la location doit être considérée comme portant aussi bien sur l'agrément de la chose que sur son utilité. Ainsi, quand le bien que traverse une petite rivière, au lieu de se louer au seul et unique point de vue d'une exploitation utile, est de nature (soit à l'exclusion de l'idée d'utilité, soit concurremment avec elle) à être occupé bourgeoisement et comme lieu de plaisance, n'est-il pas manifeste que le locataire aura droit aux agréments de la chose comme à l'utilité qu'elle peut procurer, et qu'on ne pourra pas plus lui interdire de pêcher ou de se promener en barque que de planter des fleurs ou des arbustes sur les gazons qui entourent la maison ? Sans doute le

---

(1) Toullier (IV, 19); Merlin (*Quest.*, v° Ch., § 2); Favart (v° Chasse, n° 15); Zachariæ (III, p. 7); Troplong (I, 161); Championnière (*Man. du chass.*, p. 18); Berriat Saint-Prix (p. 133); Poullain (p. 28); Paris, 19 mars 1812; Angers, 14 août 1826; Cass., 12 juin 1828, 4 juill. 1845; Grenoble, 19 mars 1846 (Dev., 45, 1, 774; 46, 2, 468). — *Voy.* aussi la L. 26 au Dig. *De usuris et fructibus*, et Rouen, 22 mars 1861 (Dev., 61, 2, 406).

(2) Paris, 17 août 1846, sur jug. conf. de Versailles (*J. Pal.*, 46, 2, 556).

principe existe, et c'est avec raison qu'un arrêt assez récent de Rouen le proclame comme tel; mais il ne faut pas l'exagérer, et peut-être cet arrêt lui-même (dont les faits ne nous sont pas assez connus) en a-t-il fait une fausse application (1).

Quant au point de savoir si l'alluvion qui survient dans le cours du bail doit profiter au fermier comme accessoire de la chose, nous l'examinerons sous l'art. 1722, n° III.

Terminons ce qui concerne cette première obligation du bailleur en signalant une fausse doctrine de M. Troplong sur la nature de l'action *ex conducto* appartenant au locataire pour contraindre le locateur récalcitrant à lui délivrer en bon état la chose et ses accessoires. La savant magistrat enseigne (I, 170) que cette action, autrefois purement personnelle et mobilière, même pour les immeubles, parce que le locataire n'avait aucun droit réel sur ces immeubles (Pothier, *Choses*, § 2), est maintenant, dans ce cas d'immeubles, une action immobilière et qui, présentant le caractère de réalité en même temps que celui de personnalité, constitue dès lors une action mixte. C'est la conséquence de sa doctrine sur la prétendue réalité du droit du locataire d'immeubles. Or nous avons réfuté ailleurs (art. 526, V; 578, II; 595, I) cette grave inexactitude, condamnée avec raison par les arrêts comme par les auteurs (2).

II. — La seconde obligation du bailleur est d'entretenir la chose, pendant toute la durée du bail, en état de servir à l'usage pour lequel elle est louée. Cette seconde obligation n'est pas analogue à la première, elle n'a pas une portée aussi large, et l'art. 1720 indique clairement la différence d'étendue qui existe entre les deux. Lors de l'entrée en jouissance du preneur, le bailleur doit lui livrer la chose *en bon état* à tous égards, et par conséquent dans des conditions satisfaisantes pour les réparations *de toute espèce* (alin. 1); au contraire, pendant la durée du bail et pour ce qui est de l'entretien, ce même bailleur ne doit plus que les réparations *autres que les locatives* (alin. 2), et ces dernières, loin de pouvoir être demandées au bailleur, sont précisément à la charge du preneur, qui devra plus tard, en sortant, rendre les lieux en bon état

---

(1) Voy. *contre* ce principe : Proudhon (*Dom. publ.*, IV, 1251); Duvergier (I, 75); Daviel (n° 685); — *Pour* : Troplong (I, 163); Rouen, 13 juin 1844 (Dev., 44, 2, 329). — Cet arrêt, contraire aux conclusions de M. l'avocat général Chassan, est rendu entre un propriétaire et un locataire d'usine, et il se fonde sur ce que le locataire n'a dû considérer le cours d'eau qu'au point de vue de l'utilité et comme moteur de l'usine. Cette idée, sur le mérite de laquelle nous ne saurions nous prononcer, pourrait fort bien n'être pas exacte. La plupart des usines, dans les environs de Rouen, ont pour maisons d'habitation de fort jolies villas entourées de jardins anglais d'une coquetterie charmante; et si l'usine dont il s'agissait au procès était dans ce cas, nous ne saurions admettre que la pensée des contractants ait été de ne considérer le cours d'eau que pour sa force motrice : ce n'est pas pour des résidences d'une telle gracieuseté, et qui sont l'antipode le plus parfait des habitations des cultivateurs, que l'on peut considérer les parties comme n'ayant pas dû songer au côté agréable et voluptuaire de la chose louée. Au surplus, et quoi qu'il en soit ici de l'exactitude d'application du principe, ce principe en lui-même nous paraît incontestable, tout contesté qu'il est.

(2) Cass., 14 nov. 1832; Caen, 24 janv. 1848. *Voy.* ci-dessus la note sur l'art. 1713, § 5, et plus loin l'art. 1743, n° 1.

de réparations de cette espèce, à moins qu'il ne prouve les avoir lui-même reçues en mauvais état (art. 1730, 1731) (1).

Mais quelles réparations sont locatives et mises dès lors à la charge du locataire qui a reçu la chose en bon état, quelles autres sortent de cette classe et font l'objet de la seconde obligation du bailleur? Nous avons vu, dans la matière de l'usufruit, qu'on distingue les grosses réparations et les réparations d'entretien; or celles-ci se subdivisent en réparations de gros entretien et réparations de menu entretien (art. 1754). Ces dernières seules sont locatives; celles des deux premières classes sont à la charge du bailleur. Du reste, la ligne de démarcation ne pouvant pas ici être précisée *à priori* et par une règle générale, le Code, au lieu de se jeter dans une nomenclature impossible, s'en réfère à cet égard, et avec raison, à l'usage des lieux, en donnant seulement des exemples (art. 1754).

III. — Le bailleur est enfin tenu de procurer au preneur pendant toute la durée du bail la jouissance paisible de la chose, de le *faire jouir* de cette chose, à la différence du nu propriétaire vis-à-vis de l'usufruitier, lequel doit seulement *laisser jouir* celui-ci. Il doit le faire jouir, c'est-à-dire accomplir tous les faits et actes nécessaires pour lui procurer constamment une complète et paisible jouissance, et à plus forte raison doit-il s'abstenir de tous ceux qui pourraient entraver, amoindrir ou gêner en quoi que ce soit cette même jouissance. Ainsi celui qui m'a loué un appartement dans une maison bourgeoisement occupée ne pourra pas ensuite y établir une auberge, y recevoir une maison de jeu, une maison de prostitution, ni aucune profession de nature à rendre l'habitation de la maison incommode ou peu convenable. Il n'en serait autrement qu'autant que le bailleur se serait réservé le droit d'apporter à la jouissance du locataire telle ou telle gêne ou restriction : tant que le bailleur restera dans les limites de la réserve par lui stipulée, il est clair que le preneur ne pourra pas se plaindre, puisqu'il aura tout ce que lui attribue sa convention.

Nous allons, au surplus, continuer l'explication des trois obligations du bailleur dans les sept articles suivants, qui ne sont, nous l'avons dit déjà, que le développement de nos deux articles.

1721. — Il est dû garantie au preneur pour tous les vices ou défauts de la chose louée qui en empêchent l'usage, quand même le bailleur ne les aurait pas connus lors du bail.

S'il résulte de ces vices ou défauts quelque perte pour le preneur, le bailleur est tenu de l'indemniser.

I. — Obligé de faire jouir le locataire, de lui fournir la jouissance libre et entière de la chose louée, le locateur est donc garant envers lui

_____

(1) Et lorsqu'il résulte d'un état des lieux dressé régulièrement que la chose louée a été livrée en bon état, le locataire ne peut, au cours du bail, exiger du propriétaire que les réparations autres que locatives. Rouen, 8 fév. 1853 (*J. Pal.*, 53, 2, 393). Voy. *infrà*, art. 1730 et suiv., n° 1.

de tous vices ou défauts qui empêcheraient l'usage auquel cette chose est destinée, soit qu'il les ait ou non connus lors du contrat, et soit qu'ils existassent dès ce moment ou qu'ils ne soient survenus que dans le cours du bail. Ces défauts permettront au locataire, dans tous les cas, de faire prononcer la résiliation du bail et de se soustraire à tout paye- ment du prix. Sans doute il ne suffirait pas pour cela des vices qui ren- draient seulement la jouissance moins agréable ou moins commode qu'on n'eût pu la supposer, il faut que ces vices aient de la gravité; mais il n'est pas nécessaire non plus, bien entendu, qu'ils rendent toute jouissance de la chose absolument impossible : si l'on ne peut pas em- pêcher de fumer les cheminées de la maison que vous m'avez louée, si le cheval que vous m'aviez livré pour faire rapidement un long trajet ne peut aller qu'au pas, je ferai briser notre marché et ne vous devrai au- cun loyer (1). Toutefois, la résiliation ne serait pas possible, bien en- tendu, si les défauts de la chose avaient été connus du locataire; c'est alors un désagrément qu'il a bien voulu subir et qui lui a sans doute fait obtenir la chose pour un prix de loyer moins élevé.

Mais si le premier alinéa de notre article ne présente aucune difficulté, il n'en est pas de même du second, et c'est un point controversé que de savoir si les dommages-intérêts qu'il attribue au locataire à qui les vices ou défauts de la chose ont causé un préjudice lui sont dus en toute hypothèse, et par cela seul qu'il y a préjudice, ou s'ils ne le sont que dans le cas où le bailleur est en faute parce qu'il a connu ou dû connaître les vices. Delvincourt (t. III) et un arrêt des requêtes ad- mettent la première idée, en se fondant sur ce que le texte ne distingue pas, et que cette absence de distinction est d'autant plus significative que la loi vient précisément de parler du cas où le bailleur n'aurait pas connu les défauts.

Nous ne saurions suivre cette doctrine. D'abord, l'argument tiré du rapprochement des deux alinéa de l'article n'a aucune valeur sérieuse; car on pourrait aussi bien dire que, puisque l'article a pris soin de dé- clarer sa première règle applicable *même* au cas d'un bailleur ignorant les vices, il n'aurait pas manqué d'en faire autant pour la seconde, si telle avait été sa pensée, et que son silence dans la seconde règle, rela- tivement à un cas qu'il a senti nécessaire d'exprimer dans la première, doit s'expliquer par l'exclusion de ce cas. Le texte n'a donc rien de con- cluant, et voici maintenant ce qui nous détermine. D'une part, c'est un principe fondamental du droit civil que la réparation d'un préjudice causé, même par le fait d'une personne, n'est due par cette personne que quand il y a eu faute de sa part (art. 1382), et telle est aussi pour la vente, qui a tant d'analogie avec le louage, la règle des art. 1644 et

---

(1) Paris, 15 déc. 1825, 20 fév. 1843, 9 janv. 1844, 13 juin 1849; Angers, 4 août 1847 (Dev., 43, 2, 125; 44, 2, 79; 49, 2, 471; 48, 2, 378).
Jugé que le bailleur est garant envers le preneur de la restriction de jouissance ou diminution de jour qu'éprouve celui-ci par suite de constructions que le propriétaire voisin a fait élever. Paris, 13 juin 1849 (Dev., 49, 2, 471). *Sic:* Pothier (n° 113); Troplong (n° 199); Duvergier (t. I, n° 309); Agnel (n° 229).

1645 ; et puisqu'une disposition contraire serait ainsi une exception, une dérogation au droit commun, ce n'est donc pas du silence de la loi qu'elle pourrait résulter, mais seulement d'un texte exprès. Enfin cette solution a toujours été admise à Rome et dans notre ancien droit ; et rien, ni dans le Code, ni dans les travaux préparatoires, ne manifeste la volonté, chez le législateur, de changer une règle si équitable. Loin de là, l'un des rédacteurs, M. Maleville, nous apprend le contraire, en plaçant précisément sous notre article cette observation, que « le louage a les mêmes règles générales que la vente », et que « c'est pour cela qu'on n'a pas mis ici des décisions qu'on doit chercher sous le titre *de la vente*. » Nous pensons donc que c'est sous la condition que le bailleur aura connu ou dû connaître les vices, que l'indemnité du préjudice causé sera due par lui. Nous disons connu ou dû connaître, car il est telle position (par exemple, celle d'un fabricant ou marchand des objets loués) où le fait même de n'avoir pas connu les défauts de la chose serait déjà une faute chez le bailleur (1).

1722. — Si, pendant la durée du bail, la chose louée est détruite en totalité par cas fortuit, le bail est résilié de plein droit ; si elle n'est détruite qu'en partie, le preneur peut, suivant les circonstances, demander ou une diminution du prix, ou la résiliation même du bail. Dans l'un et l'autre cas, il n'y a lieu à aucun dédommagement.

SOMMAIRE.

I. Le cas fortuit qui détruit la chose louée fait cesser le bail sans indemnité. S'il ne la détruit qu'en partie, le preneur a le choix entre la résiliation et une diminution de loyer ; et, dans ce dernier cas, il peut exiger les réparations, mais non des travaux de reconstruction : confusion et fausses doctrines de M. Duvergier et de M. Troplong.
II. Le cas fortuit donne encore lieu à l'application de l'article lorsque, sans affecter la chose matériellement, il la met seulement hors d'état de servir à ce pourquoi on l'a louée. Critique d'une solution de M. Troplong et d'une solution inverse de M. Duvergier.
III. L'alluvion profite-t-elle au fermier ? Controverse.

I. — Cet article prévoit le cas où, par événement de force majeure, il y aurait destruction, suppression, totale ou partielle, de la chose louée ; mais il ne parle pas du cas où, la chose continuant d'exister matériellement, il y aurait, par la même cause, suppression totale ou partielle de la jouissance de cette chose. Occupons-nous séparément et successivement de ces deux hypothèses.

Lorsque, par cas fortuit, la chose vient à périr, la loi distingue si la destruction est totale ou partielle. Au cas de destruction totale, le contrat est de plein droit et immédiatement résilié, toute obligation du bailleur et du preneur cesse ; celui-ci ne peut pas plus contraindre le bailleur à faire reconstruire ou remplacer la chose que l'autre ne peut

---

(1) *Contrà* : Cass., 30 mai 1837, et Bastia, 7 mars 1854 (Dev., 37, 1, 602 ; 54, 2, 165). — *Conf.* L. 19, § 1, *loc. cond.* (Dig., liv. 19, t. 2) ; Domat (l. 1, tit. 4, sect. 3) ; Pothier (n° 116) ; Duranton (XVII, 63) ; Duvergier (I, 341) ; Troplong (I, 194) ; Taulier (VI, p. 230) ; Aguel (n° 270).

le forcer à attendre la reconstruction ou le remplacement, pour arriver à une continuation du bail; ce bail finit absolument et sans indemnité, comme si le temps pour lequel il avait été convenu était expiré (articles 1722 et 1741) (1). Au cas de destruction partielle seulement, le locataire a le choix ou de résilier purement et simplement ou de demeurer locataire de la partie qui subsiste, en se faisant consentir une diminution proportionnelle du prix de loyer, toujours sans indemnité dans l'une comme dans l'autre hypothèse.

Mais le locataire peut-il, quand il opte pour la continuation du bail, exiger du bailleur les réparations nécessaires pour mettre en état convenable la partie du bien encore existante et qui doit être désormais l'objet de ce bail? M. Duvergier (I, 522 et 523) admet la négative comme principe certain, et on invoque dans ce sens un arrêt de Paris du 5 mai 1826 et les motifs d'un autre arrêt de cette Cour du 12 février 1833, tandis que l'affirmative est soutenue par M. Troplong (II, 219 et 220), qui repousse comme erronés la solution du premier arrêt et les motifs du second. Mais les deux auteurs se sont-ils bien entendus, se sont-ils placés sur le vrai terrain, ont-ils bien saisi et précisé la question à résoudre? Évidemment non; tous deux sont tombés dans une grave confusion, et sur le point à décider, et sur les idées qui l'avoisinent, et sur le sens des deux arrêts qu'ils citent; et nous sommes convaincu qu'en évitant cette confusion on arrive facilement à une solution de nature à satisfaire tous les esprits (2).

Quand le feu du ciel ou toute autre cause de destruction vient frapper une maison, trois choses sont possibles: la maison peut être complétement détruite, elle peut ne l'être qu'en partie, elle peut enfin n'être qu'endommagée. Sans doute, dans un certain sens et absolument, tout dégât est une destruction, et pour la simple chute d'une cheminée par un coup de vent on pourrait dire qu'il y a destruction partielle de la maison, puisque la cheminée est une des parties de la maison et que cette cheminée est détruite; mais cette manière de parler ne serait pas exacte, et lorsque, comme le suppose M. Troplong, « un coup de vent violent renverse les cheminées, arrache les persiennes ou brise les fenêtres, ou qu'une neige inaccoutumée fait enfoncer la toiture », on ne dira pas pour cela que la maison est détruite même en partie, mais seulement qu'elle est endommagée, et les travaux à faire ne constitueront pas, par rapport à l'ensemble de l'édifice, une *reconstruction* même partielle, mais seulement une réparation. Si donc il faut distinguer la destruction totale et la destruction partielle, il faut distinguer aussi cette

---

(1) La démolition ordonnée par l'autorité administrative en vue d'un alignement constitue le cas fortuit susceptible de rompre le bail avant le terme, sans donner au preneur une action en dommages-intérêts. Bordeaux, 24 déc. 1833: Paris, 27 juill. 1850 et 7 juill. 1852 (*J. Pal.*, 50, 2, 94; 52, 2, 663). *Voy.* aussi M. Pont (*Revue critique*, t. III, p. 272). — *Voy.* encore Bordeaux, 4 janv. 1854 (Dev., 54, 2, 316); et Cass., 10 fév. 1864 (Dev., 64, 1, 118).

(2) C'est aussi l'avis de M. Pont (voy. *Rev. crit.*, t. III, p. 276). — *Voy.* encore, sur la question, deux arrêts fort exacts, l'un de la Cour de Paris, du 27 juill. 1850, l'autre de la Cour de Douai, du 31 mai 1852 (*J. Pal.*, 50, 2, 94; 53, 2, 558), et l'arrêt de la Cour de cass., du 2 fév. 1864, cité plus haut.

destruction partielle et le simple endommagement; car les trois cas sont réglés par la loi d'une manière fort différente, et cela devait être. La destruction totale (par cas fortuit) fait cesser le bail; la destruction partielle donne au locataire le choix de le résilier ou de le continuer sur ce qui reste avec diminution du prix; le simple endommagement ne permet la résiliation ni à l'une ni à l'autre des parties, et oblige seulement le bailleur, d'après le 2° de l'art. 1719 et l'alinéa 2 de l'art. 1720, réparer le dégât pour remettre la chose en bon état.

Comment des idées si simples, et qui donnent la solution si facile de la question posée plus haut, ont-elles pu échapper à M. Duvergier et à M. Troplong? M. Duvergier confond tellement la simple réparation d'un édifice ou partie d'édifice endommagés avec la reconstruction partielle d'un édifice en partie détruit, qu'il prend avec insistance, comme exemple du premier cas, une espèce qui appartient au second de la manière la plus saillante. Il présente par trois fois l'arrêt précité de 1826 (p. 534, 535) comme jugeant que le locataire ne peut pas *exiger des réparations* sur la partie non détruite de l'immeuble; or sait-on ce que juge cet arrêt? Le voici : de trois bâtiments faisant l'objet d'une location, deux étaient entièrement détruits par le feu; et le locataire demandait que le bailleur fût tenu de rétablir les choses *dans leur état primitif,* c'est-à-dire de rebâtir ces deux bâtiments brûlés! Le jugement de première instance avait, en effet, condamné le propriétaire *à rétablir les lieux dans leur état primitif;* et c'est ce jugement que la Cour de Paris, et avec raison, réforma sur l'appel, « attendu que la chose ayant péri par cas fortuit, dans sa majeure partie, il y avait seulement lieu d'ordonner la réduction du prix, si mieux n'aimait le locataire demander la résiliation. » C'est là ce que M. Duvergier appelle refuser *la réparation* de la partie non détruite!... M. Troplong commet la même confusion, et d'une manière plus étrange encore. Non-seulement, en effet, il présente également cet arrêt comme ayant « rejeté la prétention d'un preneur qui exigeait, selon lui, *des réparations* (p. 30) », mais il va jusqu'à critiquer et déclarer qu'on ne peut pas *prendre au sérieux* (p. 32) cette proposition de l'arrêt de 1833 « que l'art. 1722 n'oblige pas le propriétaire A LA RECONSTRUCTION *de la partie de l'immeuble détruite par force majeure!* » Après quoi le savant magistrat nous parle, pour prouver le prétendu ridicule de cette proposition de l'arrêt, de cheminées renversées, de persiennes arrachées, de fenêtres brisées, de toiture enfoncée, prétendant que d'après la proposition ci-dessus la réparation de ces dégâts ne serait pas due par le bailleur! comme si le rétablissement de pareilles choses était *une reconstruction!* comme s'il n'était pas bien évident que, d'une part, il s'agit là de simples *réparations,* toujours dues d'après les art. 1719 et 1720, mais que, d'autre part, quand il s'agit au contraire de la *reconstruction* de bâtiments *détruits* en tout ou partie par cas fortuit, notre art. 1722 soustrait le bailleur à toute obligation de reconstruire, en sorte que la proposition précitée de l'arrêt de 1833, bien loin de ne pas mériter d'être prise au sérieux, est, au contraire, de la plus parfaite exactitude!

Or c'est par cette distinction entre la réparation et la reconstruction que notre question se résout, et si M. Troplong avait relevé la confusion dans laquelle tombe à cet égard M. Duvergier, au lieu de s'y enfoncer lui-même davantage, il eût facilement réfuté la réponse négative de celui-ci. Il est clair, en effet, que, le bailleur étant toujours tenu, tant que le bail continue, de faire *toutes les réparations* autres que les locatives (art. 1720), le locataire dont la chose se trouve par cas fortuit détruite en partie place ce bailleur, en optant pour la continuation du bail sur l'autre partie, dans l'obligation de la réparer et de la lui mettre et maintenir en état convenable. Mais si, pour remettre telle partie de la chose en état de servir, il y fallait faire des travaux de reconstruction, ce ne serait plus le cas de l'art. 1720, mais celui de l'art. 1722, et le bailleur ne serait pas tenu d'accomplir ces travaux. Ainsi des travaux de réparation seront toujours dus, un travail de reconstruction ne le sera jamais, tel est le principe; et quant à l'application de ce principe, quant à savoir si, dans une espèce donnée, tel travail est ou n'est pas à considérer comme travail de reconstruction, il est clair que c'est un point de fait à décider par les circonstances.

II. — Notre article ne parle que de la destruction matérielle, de la suppression de la chose même; mais il peut y avoir, par force majeure également, suppression de la jouissance, impossibilité absolue et momentanée de se servir de la chose, sans que cette chose soit matériellement atteinte, et le locataire pourra demander encore, selon les cas, ou la résiliation du bail, ou une diminution du loyer, ou la cessation momentanée du payement de ce loyer.

Ainsi, quand, en temps de guerre, le locataire est forcé de quitter son habitation, dont les troupes s'emparent; si, en temps de peste, il ne peut pas venir occuper la maison qu'il a louée dans une ville, parce que la police sanitaire l'empêche d'entrer; si le petit cours d'eau qui fait marcher un moulin ou autre usine vient à se tarir ou à se trouver insuffisant pour procurer la force motrice; si le locataire d'une sucrerie voyait prohiber la fabrication du sucre en France; si celui qui a pris à ferme un droit d'octroi, un droit de péage sur un point, un droit de taxe sur un marché, voit, en temps de révolution ou d'émeute, le peuple refuser d'acquitter les droits; si le locataire d'une auberge sur une route voit supprimer cette route, en sorte que la maison, ses écuries et autres dépendances ne peuvent plus être à usage d'auberge : dans tous ces cas et autres analogues, le preneur pourra, suivant les circonstances, tantôt faire résilier le bail, tantôt obtenir soit une diminution du loyer, soit la cessation momentanée du payement de ce loyer (1).

_____

(1) *Comp*. Douai, 8 janv. 1849; Cass., 5 mars 1850, et Paris, 10 mars 1854 (Dev., 54, 2, 363).

Il en serait autrement, et le bail ne serait pas modifié, si l'événement dont se plaint le locataire n'était pas véritablement un cas fortuit, ou si le cas fortuit n'affectait nullement la chose elle-même. Ainsi, quand le cours d'eau qui fait mouvoir une usine, et qui vient de se tarir, se tarit ainsi habituellement dans toutes les sécheresses, l'usinier ne peut pas réclamer; car ce n'est pas un cas fortuit que l'événement qui se reproduit régulièrement par intervalles dans les mêmes circonstances, et en prévision duquel, dès lors, les parties ont dû traiter. Si, en temps de guerre ou de peste, c'est uniquement par sa volonté, par une sage précaution, et non par ordre de l'autorité, que le locataire ne vient pas occuper la maison ou cesse de l'occuper, ses obligations continuent; car ce n'est pas alors la maison qui se trouve inhabitable, c'est seulement lui qui préfère ne pas l'habiter. Il en serait de même si le locataire d'une auberge ou d'une sucrerie éprouvait une grande diminution de bénéfices par la création d'une route voisine qui rend celle de l'auberge moins fréquentée qu'avant, ou par l'établissement d'un droit plus fort sur la fabrication des sucres; car ce n'est pas alors l'immeuble qui se trouve privé de l'usage pour lequel il a été loué : la sucrerie est toujours sucrerie, l'auberge est toujours auberge, et le locataire ne peut pas plus demander ici une diminution, que le bailleur ne pourrait demander une augmentation si les droits mis sur la fabrication des sucres avaient été supprimés, ou si une seconde route était venue se joindre à la première en face de l'auberge et en avait augmenté l'achalandage.

Il est vrai que M. Troplong et M. Duvergier professent ici, en sens inverse, deux doctrines contraires à la nôtre. Le premier enseigne (II, 230) qu'une augmentation considérable de l'impôt mis sur la fabrication de sucre permettrait au locataire d'exiger une indemnité; et le second soutient, au contraire (I, 529), que cette indemnité ne serait pas même due à l'aubergiste dont l'auberge vient à être privée de la route sur laquelle elle est construite. Mais l'erreur réciproque de ces deux solutions extrêmes n'est-elle pas manifeste? Si, par une loi, la fabrication du sucre était tout à coup prohibée, soit pour le tout, soit pour partie, sans doute l'industriel pourrait réclamer, puisqu'il a entendu louer une sucrerie et que l'immeuble n'est plus une sucrerie (s'il y a prohibition totale), ou du moins n'est plus une sucrerie susceptible du même rendement : c'est la chose elle-même qui est alors atteinte et diminuée de valeur par l'effet de la prohibition; mais quand il y a seulement augmentation de l'impôt de fabrication, la chose louée n'est pas atteinte, elle est toujours sucrerie comme avant et peut produire autant qu'avant; il ne saurait donc y avoir lieu ni à résiliation ni à indemnité. Réciproquement, quand une auberge vient à être privée de sa route, il est clair qu'il y a lieu à réclamation pour le locataire : sans doute il en est autrement, comme nous l'avons dit, quand il y a seulement création d'une seconde route, celle de l'auberge continuant de subsister; mais quand cette route est supprimée, quand elle est changée, remplacée par une autre, comme le supposait Pothier, et que, par conséquent, l'auberge cesse de pouvoir être une auberge, comment le locataire n'aurait-il pas le bénéfice de notre article? Vous lui avez loué une auberge (avec ses écuries, remises et autres dépendances); vous êtes dès lors tenu de le faire jouir d'une auberge ; or votre maison n'est plus et ne peut plus être une auberge, puisque les voyageurs, les chevaux et les voitures, non-seulement n'y viennent plus, mais n'y peuvent plus venir ! **M.** Duvergier étaye en vain sa fausse doctrine et la critique qu'il adresse à Pothier d'un arrêt de cassation du 14 novembre 1827, puisqu'il s'agissait seulement, dans l'espèce de cet arrêt, d'une maison louée avec cette réserve du preneur *qu'il aurait le droit d'y établir une maison de jeu,* ce pourquoi il était en instance devant l'autorité. Tout ce qui résultait de là, c'est que le bailleur n'aurait pas pu s'opposer à l'établissement de la maison de jeu ; et comme il ne s'y était nullement opposé, comme l'impossibilité de l'établir n'était provenue que du refus de la permission que le preneur se croyait sûr d'obtenir et qu'il n'obtint pas, comme le bailleur exécutait pleinement l'obligation par lui prise dans le bail en laissant au preneur toute faculté d'établir la maison de jeu s'il le pouvait, il est clair que la Cour de Paris avait violé l'art. 1728, 2°, en réduisant de moitié le prix du bail, et que son arrêt devait être cassé. **M.** Duvergier aurait dû voir qu'il n'y a rien de commun entre ce cas et celui d'un bailleur qui, louant une auberge, s'est dès lors obligé à faire jouir d'une auberge, et dont la maison cesse de pouvoir être aubergé par la suppression de la route (1).

Ainsi le cas fortuit donne lieu à l'application de notre article dans les seuls cas, mais aussi dans tous ces cas, où il a pour effet de mettre la chose, pour le tout ou pour partie, dans l'impossibilité de servir à ce pourquoi elle a été louée. Mais il y a toutefois exception à ce principe quand les cas fortuits sont mis par le bail à la charge du preneur, comme on le verra par les art. 1772, 1773.

III. — La disposition de notre article nous paraît faciliter la solution

---

(1) **M.** Troplong, tout en approuvant comme nous la doctrine de Pothier pour cette hypothèse de la suppression de la route, pense (II, 232) que c'est là une règle à peu près inapplicable, une pareille hypothèse ne pouvant guère se réaliser. C'est une erreur, et cette hypothèse se réalise, au contraire, assez souvent. Il arrive assez souvent, surtout aux côtes (et c'est précisément au haut des côtes que les auberges se placent de préférence), que, pour rendre la montée plus douce, on remplace sur une certaine longueur (2, 3 à 4 kilomètres) la précédente route par une autre, en sorte que la première se trouve complétement supprimée sur un parcours plus ou moins long, où presque toujours se trouve quelque auberge, ainsi mise hors d'état de servir à sa précédente destination. A Rouen seulement, sur sept grandes routes partant de cette ville, quatre se trouvent dans ce cas : celles de Rouen à Reims (côte de Saint-Jacques sur Darnétal), de Rouen au Havre (côte de Canteleu), et de Rouen à Dieppe (côté de Déville), ont subi depuis quelques années cette suppression partielle; celle de Rouen à Paris (côte de Bon-Secours) doit la subir prochainement. Ce cas de suppression de route est donc une cause aussi pratique que théorique d'application de notre art. 1722.

Il va sans dire que parmi les causes d'application de cet article ou du précédent on ne range plus aujourd'hui les apparitions de spectres, fantômes ou revenants, dont se préoccupaient si gravement nos vieux auteurs. Brillon, signalant à cet égard la différence de jurisprudence entre les Parlements de Paris et de Bordeaux, en donnait pour raison probable que *les visions ne sont pas aussi fréquentes à Paris qu'en Guyenne* (v° Bail, n° 12). La France d'aujourd'hui, comme le dit avec raison M. Troplong, est un peu faite, à l'endroit des revenants, comme le Paris d'autrefois.

d'une question qui est controversée entre les auteurs, celle de savoir si l'augmentation que la chose louée peut recevoir par l'alluvion dans le cours du bail doit ou non être considérée comme faisant partie de ce bail? M. Duranton (XVII, 81) distingue si le bien est ou non loué à tant la mesure; au premier cas, il veut que l'alluvion profite au fermier sans augmentation du loyer, et il décide, dans le second, que ce fermier devrait payer une augmentation proportionnelle. M. Troplong (I, 190) veut que l'alluvion profite toujours au fermier absolument et sans distinction. Au contraire, MM. Chardon (*Alluv.*, n° 157), Duvergier (I, 356) et Taulier (VI, p. 235) veulent que, dans tous les cas, une augmentation du loyer soit due.

Cette dernière doctrine nous paraît seule exacte, sauf toutefois deux observations. Et d'abord, si l'alluvion est de fort peu d'importance, c'est le cas de dire, comme M. Troplong, qu'elle se confond avec l'ensemble de la chose louée, et que le fermier, qui ne pourrait pas réclamer d'indemnité pour les minimes parcelles de terre que l'eau enlèverait de son champ, ne doit pas non plus, d'après la pensée toute naturelle des contractants, être soumis à une augmentation de prix pour les parcelles également minimes que l'eau vient ajouter à ce même champ. Mais s'il s'agit d'une alluvion considérable, si, par exemple (comme il est souvent arrivé sur les bords de la Seine entre Rouen et le Havre), une prairie de 20 hectares s'est trouvée augmentée de 4 ou 5 hectares, nous ne saurions admettre, d'après le principe de MM. Duranton et Troplong, principe condamné avec grande raison, ce nous semble, par Pothier (n° 278), que le locataire, qui eût obtenu, d'après notre article, une diminution considérable de loyer si le fleuve lui avait enlevé 4 ou 5 hectares, puisse profiter sans augmentation de ce terrain nouveau. Nous disons donc ici, comme MM. Chardon, Duvergier et Taulier, qu'une augmentation proportionnelle du loyer serait due. Seulement, si c'est là notre seconde modification à la doctrine de ces auteurs, comme il peut ne pas entrer dans les convenances du fermier de payer un loyer plus fort pour prendre une exploitation plus forte, nous disons qu'il doit avoir le choix, ou de jouir de l'alluvion en la payant, ou de rester dans sa précédente position, de même que notre article lui donne, en cas de diminution de la chose, le droit d'opter entre une exploitation moindre et une résiliation.

1723. — Le bailleur ne peut, pendant la durée du bail, changer la forme de la chose louée.

I. — Le bailleur ne peut, à moins que le preneur n'y consente, apporter aucun changement pendant la durée du bail à la forme de la chose louée; et on ne pourrait plus, sous le Code, dire comme Pothier (n° 75) qu'il y aurait exception à ce principe, s'il s'agissait d'un changement peu considérable, très-intéressant pour le propriétaire et dont celui-ci offrirait d'indemniser le locataire. Le locataire peut toujours exiger que la chose soit maintenue dans l'état où il l'a louée ; car il se peut que ce soit précisément à cause de cet état qu'il l'ait louée (1).

1724. — Si, durant le bail, la chose louée a besoin de réparations urgentes et qui ne puissent être différées jusqu'à sa fin, le preneur doit les souffrir, quelque incommodité qu'elles lui causent, et quoiqu'il soit privé, pendant qu'elles se font, d'une partie de la chose louée.

Mais, si ces réparations durent plus de quarante jours, le prix du bail sera diminué à proportion du temps et de la partie de la chose louée dont il aura été privé.

Si les réparations sont de telle nature qu'elles rendent inhabitable ce qui est nécessaire au logement du preneur et de sa famille, celui-ci pourra faire résilier le bail.

I. — Le bailleur n'a pas seulement le droit, il est, vis-à-vis du locataire, dans l'obligation rigoureuse de faire les réparations nécessaires pour maintenir la chose en bon état ; mais d'un autre côté, cependant, puisque la privation totale ou partielle de jouissance, même causée par un cas fortuit, donne lieu à une résiliation ou à une diminution de loyer, le locataire ne devait-il pas avoir le droit de réclamer pour le tort que lui cause la confection des travaux de réparation, dont la nécessité peut être considérée comme une espèce de cas fortuit ? La loi a combiné ces deux idées. Tant que les travaux ne sont pas urgents, et peuvent se retarder sans danger jusqu'à la fin du bail, le locataire peut se refuser à ce qu'ils soient faits. En cas d'urgence, le bailleur pourra toujours les faire ; mais il faudra distinguer quel est le degré de privation qu'en souffre le locataire et quelle est la durée de cette privation. Si, pour une maison ou un appartement, le preneur est privé de sa jouissance au point de ne plus pouvoir habiter, ou si, pour tout autre objet de location, il est privé de la chose en totalité, il pourra, si courts que soient les travaux, faire résilier le bail. Si la privation n'est que partielle, la résiliation ne sera plus possible, et il n'y aura lieu à remise d'une portion de loyer qu'autant que les travaux dureront plus de quarante jours.

M. Troplong enseigne (II, 253), contrairement à l'opinion commune, que, dans les cas de travaux de plus de quarante jours, la diminution proportionnelle de loyer ne sera due que pour ce qui excédera ces quarante jours ; mais c'est une erreur que condamnent et le texte et les travaux préparatoires et les antécédents du Code. Le texte dit que le

---

(1) Duranton (XVII, 66) ; Duvergier (I, 307) ; Troplong (II, 245) ; Zachariæ (III, p. 9) ; Paris, 15 déc. 1825 ; Bordeaux, 26 juill. 1831 ; Paris, 20 fév. 1843 ; Paris, 9 janv. 1844 (Dev., 43, 2, 125 ; 44, 2, 79).

Jugé que le propriétaire ne peut élever, en face d'un appartement loué, des constructions interceptant la vue dont jouissait le locataire. Paris, 26 mars 1857 ; Aix, 21 janv. 1864 (J. Pal., 64, 832). Comp. Paris, 19 juill. 1856, 24 janv. et 25 juin 1857.

prix sera diminué *à proportion du temps et de la partie de la chose dont le locataire aura été privé ;* or cette phrase, dans laquelle on réunit le temps des travaux et la partie de la chose, ne signifie-t-elle pas tout naturellement que l'indemnité qui se calculera, d'une part, sur la partie *dont le locataire est privé,* se calculera de même, d'autre part, sur le temps *pendant lequel il est privé ?* Or, en cas de travaux de cinquante jours, ce n'est pas seulement pendant dix jours qu'il a été privé, c'est pendant les cinquante... Le Rapport au Tribunat dit à son tour que, dans ce cas, le locataire peut réclamer « une diminution de loyer proportionnelle à la privation *et à sa durée.* » (Fenet, XIV, p. 326.) Or *la durée de la privation* n'est pas ici de dix jours, elle est de cinquante... Enfin la jurisprudence du Châtelet, que M. Troplong lui-même reconnaît avoir été érigée en règle légale par notre article, consistait précisément à décharger le locataire du loyer (excepté dans les cas de travaux n'excédant pas six semaines) *pour le temps qu'il avait été privé de la jouissance,* et non pas seulement pour ce qui excédait les six semaines de grâce (Pothier, n° 77). Il est surprenant que nul auteur n'ait fait cette remarque; mais pour n'avoir été faite par personne, elle n'en est pas moins décisive (1).

1725. — Le bailleur n'est pas tenu de garantir le preneur du trouble que des tiers apportent par voies de fait à sa jouissance, sans prétendre d'ailleurs aucun droit sur la chose louée; sauf au preneur à les poursuivre en son nom personnel.

1726. — Si, au contraire, le locataire ou le fermier ont été troublés dans leur jouissance par suite d'une action concernant la propriété du fonds, ils ont droit à une diminution proportionnée sur le prix du bail à loyer ou à ferme, pourvu que le trouble et l'empêchement aient été dénoncés au propriétaire.

1727. — Si ceux qui ont commis les voies de fait, prétendent avoir quelque droit sur la chose louée, ou si le preneur est lui-même cité en justice pour se voir condamner au délaissement de la totalité ou de partie de cette chose, ou à souffrir l'exercice de quelque servitude, il doit appeler le bailleur en garantie, et doit être mis hors d'instance, s'il l'exige, en nommant le bailleur pour lequel il possède.

SOMMAIRE.

I. Trouble de fait et trouble de droit. — Le premier ne donne aucun recours contre le bailleur, hormis le cas de force majeure. *Secùs* de faits antérieurs à l'entrée en jouissance et y portant obstacle.
II. Le trouble de droit donne action au preneur contre le bailleur pour faire cesser, s'il y a lieu, la privation de jouissance, et en tout cas pour en être indemnisé.

---

(1) Delvincourt (t. III); Duvergier (I, 303); Zachariæ (III, p. 9); Taulier (VI, p. 233). Le preneur qui éprouve un dommage par suite de réparations effectuées en moins de quarante jours est fondé à en réclamer la réparation. Paris, 24 nov. 1864 (*J. Pal.*, 65, 449).
La privation d'une partie notable de l'habitation peut suffire pour donner lieu à la résiliation du bail. Paris, 14 avr. 1862 (*J. Pal.*, 62, 1148).

— Différents partis à prendre par le locataire. — Que comprend l'indemnité. — Sous quelle condition elle est due. — Quand et jusqu'où peut cesser la garantie. La modicité du dommage ne la fait pas cesser : erreur de M. Troplong.

I. — Parmi les causes de privation de jouissance du locataire se trouvent les troubles que des tiers peuvent y apporter, et qui se divisent en troubles de fait et troubles de droit. Le trouble de fait est celui qui résulte des simples voies de fait d'un tiers sans prétention par lui soulevée d'aucun droit sur la chose : c'est le cas de l'art. 1725. Le trouble de droit est celui qui a pour cause la prétention d'un droit sur la chose, soit qu'il s'opère uniquement par une action judiciaire, soit qu'il présente aussi des voies de fait à l'appui de la prétention soulevée : c'est le cas des art. 1726, 1727. Il est vrai que le premier de ces deux articles ne parle que du trouble causé par une action judiciaire, en sorte qu'on pourrait croire tout d'abord que, de nos trois articles, le premier ne s'occupe que du trouble de fait, le second du trouble de droit, et le troisième de celui qui est mélangé de fait et de droit tout ensemble; mais l'art. 1727, après avoir d'abord indiqué ce mélange, revient lui-même au pur trouble de droit pour poser les règles à suivre dans ce cas (règles que n'indique pas l'art. 1726). Nous suivons donc exactement la marche du Code en ne prenant que ces deux points de division : 1° troubles de fait (art. 1725); 2° troubles de droit, accompagnés ou non de voies de fait (art. 1726, 1727).

Quand il y a seulement trouble de fait, le locataire n'a aucun recours contre le bailleur. C'est à lui d'exercer une active surveillance pour prévenir tous actes nuisibles des tiers et d'agir contre ceux-ci, quand il n'a pas pu empêcher ces actes, pour obtenir des dommages-intérêts. C'est là une affaire entre lui et ces tiers, et c'est avec raison que le conseil d'État a rejeté de l'art. 1725 une disposition finale qui, dans le projet, permettait au locataire, conformément à la doctrine de Pothier, de recourir contre le bailleur quand son action contre les tiers était inefficace (1).

Il en serait autrement, bien entendu, si les voies de fait des tiers prenaient le caractère d'événements de force majeure; s'il s'agissait, par exemple, de ravages de guerre, d'invasions de bandes armées pour cause politique ou autres, d'attaques de voleurs attroupés. Du moment qu'il y aurait force majeure, ce ne serait plus le cas de notre article, mais celui de l'art. 1722, et la privation de jouissance du locataire donnerait lieu, comme on l'a vu, à une diminution du loyer. — Le locataire pourrait de même s'adresser au propriétaire, s'il s'agissait de voies de

---

(1) Pothier (n° 81); Fenet (XIV, p. 222, 245, 246).
Jugé que le locataire d'une maison que les travaux exécutés par l'administration municipale ont rendue impropre à l'usage auquel elle était destinée, a une action contre son bailleur. Paris, 24 nov. 1858; Cass., 17 août 1859 (Dev., 60, 1, 453). Contrà : Paris, 18 mars 1864 (Dev., 64, 2, 200; J. Pal., 64, 200).
Jugé aussi que le bailleur est garant, vis-à-vis du preneur, de la privation de jouissance qu'éprouve celui-ci par la reconstruction d'un mur mitoyen opérée par le propriétaire voisin. Paris, 19 juill. 1848, 14 avr. 1862, 30 déc. 1864 (Dev., 65, 2, 133). Voy. aussi Aix, 4 mai 1863 (Dev., 64, 2, 73); Rennes, 12 août 1864 (J. Pal., 66, 89). Voy. toutefois Cass., 16 mai 1866 (J. Pal., 66, 759).

fait antérieures à l'entrée en jouissance et l'empêchant de se mettre en possession. C'est le bailleur, et non pas lui locataire, qui doit faire cesser cet empêchement, puisque autrement il ne remplirait pas son obligation de livrer la chose au preneur et de l'en mettre en possession. On ne conçoit pas qu'un ancien arrêt de Nîmes ait pu consacrer la prétention contraire, et c'est avec raison que cette prétention, soulevée encore par un bailleur dans une espèce plus récente, a été successivement condamnée et en première instance, et en appel, et devant la Cour de cassation. Quand, en effet, le locataire est une fois en possession, c'est à lui de la défendre contre les voies de fait des tiers, c'est le cas de notre article; mais tant que cette possession n'a pas commencé, quand, en d'autres termes, une complète délivrance n'a pas été faite, c'est le cas de l'art. 1719, c'est au bailleur d'exécuter son contrat en mettant le preneur en jouissance effective (1).

II. — Quand, avec ou sans voies de fait, il y a trouble de droit, quand c'est en prétendant quelque droit, soit de propriété ou de ses démembrements, soit de possession, qu'un tiers porte atteinte à la jouissance du locataire, c'est alors l'affaire du bailleur, c'est à lui de lutter contre ce tiers, et s'il y a privation totale ou partielle de la jouissance, les conséquences en retombent sur lui.

Si le tiers prétendant procède par une action judiciaire, le locataire ainsi attaqué peut choisir entre deux partis : ou rester en cause en appelant son bailleur en garantie; ou faire prononcer sa mise hors de cause en faisant connaître au demandeur son véritable adversaire, c'est-à-dire le bailleur pour lequel il possède. Pothier (n° 91) n'admettait que ce dernier parti; mais l'art. 1727 autorise l'un et l'autre, et le locataire, en effet, peut avoir intérêt à rester dans l'instance. — Si le tiers a dépossédé de fait le locataire pour attendre qu'on l'attaque, celui-ci n'a pas qualité pour agir contre lui, même au possessoire; car il n'a aucun droit de possession, c'est le bailleur qui possède par lui, et il ne peut que dénoncer le trouble à celui-ci, pour qu'il fasse cesser ce trouble, si c'est possible, et qu'il l'en indemnise.

L'indemnité due par le bailleur ne consistera pas seulement ici dans une remise proportionnelle du loyer, elle devra comprendre, en dehors de cette remise, le dédommagement de tout le préjudice que subit le locataire et de tout le gain dont il est privé. Ici, en effet, à la différence du cas de réparations nécessaires et des différents cas de force majeure, il y a une faute dont la réparation complète est due. Si le bailleur succombe, c'est lui qui est en faute d'avoir loué une chose sujette à éviction totale ou partielle; s'il triomphe, c'est le tiers qui est en faute d'avoir troublé le locataire, et le bailleur doit à ce dernier une réparation dont il se fera tenir compte par le tiers. Il va sans dire, au surplus, que dans le cas d'éviction partielle, la diminution du loyer ne se calculera pas sur la valeur locative que pourrait avoir actuellement le bien,

---

(1) Duvergier (I, 277); Troplong (II, 262); Cass., 7 juin 1837 (Dev., 37, 1, 970). — Nîmes, 26 juin 1806.

mais sur celle que fixe la convention; en sorte que si les prix de location avaient diminué dans l'intervalle, leur abaissement ne serait pas à prendre en considération. Ainsi, quand on a loué des terres à raison de 80 francs l'hectare et que le fermier est privé de la jouissance d'un hectare, la circonstance que ces terres ne se louent plus aujourd'hui que 60 francs n'empêchera pas que le fermier n'ait droit à une remise de 80, puisque c'est là le prix de son bail. Réciproquement et par la même raison, si le prix des locations a augmenté, c'est toujours sur le prix du bail, non sur le prix actuel et plus élevé, que se calculera la remise du loyer; mais cette indemnité d'un prix plus élevé, à laquelle ce locataire n'aura pas droit par ce premier chef, elle lui sera due par le second, qui doit comprendre tout le gain dont il est privé (1).

Pour que le locataire troublé ait droit à l'indemnité, il faut, bien entendu, qu'il ait dénoncé le trouble au bailleur, puisque le défaut de dénonciation serait de sa part un manquement à une obligation que la loi lui impose (art. 1768), manquement qui, loin de lui permettre de demander des dommages-intérêts, le soumettrait lui-même à en payer. Il en serait toutefois autrement, s'il prouvait que le bailleur n'avait aucun moyen de réussir, ou que, malgré le silence du locataire, il est arrivé néanmoins, étant autrement averti, à se faire payer par le tiers l'indemnité due par celui-ci (2).

Si, du reste, le danger de l'éviction totale ou partielle que subit le locataire avait été connue de lui lors du contrat, il y aurait bien toujours lieu de supprimer ou de diminuer le prix du loyer, mais le locataire ne pourrait pas demander d'autres dommages-intérêts, s'il n'avait pas eu soin de se faire promettre expressément la garantie. Le loyer, disons-nous, cesserait d'être dû (pour tout ou partie, selon que l'éviction serait totale ou partielle), et ce, alors même que le preneur, connaissant d'une part le danger de l'éviction, aurait d'ailleurs laissé insérer dans l'acte une déclaration formelle de non-garantie du bailleur. Il serait, en effet, impossible, en cas de louage, et alors que le prix à payer ne s'acquiert pour l'un, et n'est dû par l'autre, que jour par jour et comme représentation de la jouissance actuelle, d'entendre une telle clause dans un sens analogue à celui qu'elle produit au cas de vente (art. 1629). Il faudrait, pour qu'il en fût autrement, qu'il résultât clairement de l'acte, que l'on entendait faire, non pas un louage ordinaire, mais un contrat aléatoire par lequel une des parties s'obligeait à payer une somme de..., chaque année, pendant tant d'années, pour avoir seulement le droit de jouir de tel immeuble, à titre de locataire, tant qu'il n'y aurait pas éviction, et sans que cette éviction, soit totale, soit partielle, dût faire cesser l'obligation du preneur (3).

Terminons en signalant une idée, étrangement inexacte, selon nous,

---

(1) Pothier (*Louage*, n° 93); Troplong (II, n° 279).
(2) Duvergier (I, 323); Zachariæ (III, p. 11); Troplong (II, 281); Cass., 1er déc. 1825.
(3) *Conf.* Duvergier (I, 330) et Troplong (II, 286), qui toutefois ne prévoient pas la dernière hypothèse que nous signalons ici.

de M. Troplong. Le savant magistrat enseigne (n° 282) que le locataire évincé n'aurait droit à aucune indemnité ni remise du loyer, si la portion de jouissance dont il est privé était modique, et il cite à l'appui ce passage du président Favre : « Modicam incommoditatem conductoris non inducere remissionem mercedis, sed ea tantum quæ magna sit... Aliud siquidem est incommodum, aliud vero damnum, quamvis nec *damnum modicum* attendi valde solet. » Mais ce passage n'a aucun trait au cas qui nous occupe; si l'idée est toute naturelle au cas de force majeure et au cas de réparations nécessaires (qui sont aussi une force majeure), il n'en est plus de même ici, et M. Troplong nous semble réfuter très-bien lui-même la fausse application qu'il en fait. « La force majeure, dit-il, déjà si désastreuse par elle-même, ne devait pas être aggravée dans ses contre-coups contre le bailleur... Ici de semblables raisons n'ont plus lieu. Il y a toujours plus ou moins à reprocher au bailleur pour avoir donné à bail une chose qui contenait un principe d'éviction. Voilà pourquoi il est tenu d'une action en garantie qui n'a pas lieu dans le cas de force majeure. » C'est précisément là ce qui fait que le bailleur devra toujours ici l'indemnité de toute privation de jouissance : si la privation est modique, l'indemnité sera modique, mais elle sera due, comme l'enseignent avec raison les autres auteurs (1).

4° Des obligations du preneur.

1728. — Le preneur est tenu de deux obligations principales,
1° D'user de la chose louée en bon père de famille, et suivant la destination qui lui a été donnée par le bail, ou suivant celle présumée d'après les circonstances, à défaut de convention;
2° De payer le prix du bail aux termes convenus.

1729. — Si le preneur emploie la chose louée à un autre usage que celui auquel elle a été destinée, ou dont il puisse résulter un dommage pour le bailleur, celui-ci peut, suivant les circonstances, faire résilier le bail.

SOMMAIRE.

I. La première obligation du preneur présente deux chefs que la loi distingue et que n'ont pas aperçus M. Duranton et M. Duvergier. Développement de l'un et de l'autre.
II. De l'obligation de payer le prix. *Quid* des impôts fonciers et des portes et fenêtres ?

I. — Les deux principales obligations du preneur sont relatives, l'une au mode de jouissance, l'autre au payement du prix.
La première présente deux idées distinctes. Le preneur doit jouir : 1° en bon père de famille; 2° suivant la destination de la chose.
La destination de la chose louée sera quelquefois précisée par la convention même, mais souvent aussi la convention sera muette à cet

---

(1) Pothier (*Louage*, n° 58); Delvincourt (t. III); Duvergier (I, 324).

égard, et c'est alors par l'état des lieux, par l'usage auquel la chose avait précédemment servi et par la qualité sous laquelle s'est présenté le locataire, que cette destination se reconnaîtra. Cette destination, de quelque manière qu'elle apparaisse, le preneur doit la respecter. Ainsi, non-seulement le preneur ne pourrait pas, à défaut de stipulation expresse, établir dans une maison honnêtement habitée une maison de prostitution ou maison de jeu (1), mais il ne pourrait pas non plus transformer un appartement bourgeois en restaurant, en café, en cercle, ni une maison bourgeoise en auberge ou en hôtel. On ne conçoit pas que la Cour de Bourges ait pu comprendre assez peu le sens de nos articles pour maintenir, malgré la réclamation du bailleur, la transformation ainsi faite par le locataire d'une maison bourgeoise en auberge sous le prétexte que cette transformation ne causait pas un *préjudice irréparable!* Il ne s'agit pas de savoir s'il y a préjudice irréparable, ni même s'il y a un préjudice pécuniaire quelconque. Il se pourrait que la destination nouvelle fût de nature à rendre l'immeuble plus productif; et le propriétaire n'en aurait pas moins le droit de l'empêcher, si elle ne lui convenait pas. La raison le dit et la loi le dit aussi, puisqu'elle pose comme première obligation du preneur celle de jouir de la chose *suivant cette destination*. De même donc que le locataire ne pourrait pas transformer une auberge, un café, une boutique en habitation bourgeoise (ce qui ferait perdre l'achalandage des lieux); de même il ne pourra pas transformer l'habitation bourgeoise en boutique, en café ou en auberge (2).

Mais il ne suffit pas au locataire de respecter la destination de la chose, il faut encore qu'il en jouisse en bon père de famille, en homme soigneux et prudent, et il y aurait lieu, soit à une indemnité, soit même à résiliation de bail, selon la gravité des cas, si le locataire, sans changer d'ailleurs la destination de la chose, en faisait un usage abusif, immodéré et dommageable dès lors pour le bailleur. Ce sont ces deux idées distinctes que prévoient et le 1° de l'art. 1783 et aussi l'art. 1729, quand ils parlent d'un preneur employant la chose *à un usage autre que celui auquel elle est destinée* ou *dont il puisse résulter un dommage pour le bailleur*, et on s'étonne que M. Duranton (XVII, 99) et M. Duvergier (I, 400) aient cru nécessaire de remplacer cette disjonctive *ou* par la copulative *et*, pour ne voir ici qu'une seule idée. Il y en a évidemment deux : si mon fermier, par exemple, épuise et ruine mes terres pour leur faire produire pendant quelques années, et au détriment des années suivantes, un rendement disproportionné à leurs forces, il est

(1) Le bail consenti pour l'exploitation d'une maison de tolérance est nul comme contraire aux bonnes mœurs. Lyon, 11 juill. 1862 (Dev., 63, 2, 165).
(2) Bourges, 2 janv. 1847 (Dev., 47, 2, 432). — Pothier (n° 189); Duranton (XVII, 95); Duvergier (I, 57); Troplong (II, 306 et suiv.); Bordeaux, 10 mars 1828; Aix, 31 janv. 1833; Rennes, 17 mars 1834; Bourges, 4 mars 1842; Rej., 15 avr. 1844 (Dev., 33, 2, 485; 34, 2, 596; 45, 1, 70; *J. Pal.*, 42, 2, 737; Paris, 6 juill. 1853 (*J. Pal.*, 53, 2, 420). *Voy.* Toutefois Cass., 20 déc. 1858 (Dev., 60, 1, 66).
Sur la question de savoir si un locataire a le droit d'établir dans les lieux loués un système d'éclairage au gaz ou une machine à vapeur, *voy.* Lyon, 26 janv. 1847, 6 janv. 1852; Rouen, 24 juill. 1856; Dijon, 3 déc. 1860; Paris, 29 nov. 1862 et 22 déc. 1864.

clair qu'il n'y a pas changement de destination (puisque ces terres étaient destinées à produire des blés, orges et avoines, etc., et que c'est là ce qu'on leur fait produire); mais il y a usage immodéré, usage dommageable pour moi et qui n'est pas celui d'un bon père de famille (1).

II. — La seconde obligation du preneur consiste dans le payement exact du prix du loyer aux termes convenus. En cas de manquement à cette obligation, le bailleur peut faire prononcer la résiliation, et c'est aux tribunaux, dans le silence du Code à cet égard, à décider si les retards de payement sont assez longs pour motiver une résiliation (2). Quant aux termes de payement, ils sont, à défaut de convention spéciale sur ce point, réglés par l'usage des lieux.

C'est au locataire qu'est imposée par la loi l'obligation, non pas de supporter, mais d'avancer le payement de l'impôt foncier. Il doit, aux termes de l'art. 147 de la loi du 3 frimaire an 7, en faire le versement sur une quittance que le propriétaire est ensuite tenu de recevoir en compte. Pour l'impôt des portes et fenêtres, c'est le contraire; le propriétaire est tenu de le payer, sauf recours contre le locataire (L. du 4 frimaire an 7, art. 12). Les baux, du reste, modifient souvent ces deux règles dans les rapports du propriétaire et du locataire. Il est d'usage pour les locations de ville de convenir que le propriétaire supportera l'impôt des portes et fenêtres; et pour les biens ruraux, au contraire, il est ordinairement stipulé que l'impôt foncier restera pour le compte du fermier.

1730. — S'il a été fait un état des lieux entre le bailleur et le preneur, celui-ci doit rendre la chose telle qu'il l'a reçue, suivant cet état, excepté ce qui a péri ou a été dégradé par vétusté ou force majeure.

1731. — S'il n'a pas été fait d'état des lieux, le preneur est pré-

---

(1) Zachariæ (III, p. 11 et 12); Troplong (II, 301); Taulier (VI, p. 235-237); Grenoble, 5 mars 1835 (Dev., 35, 2, 320). — Cet arrêt de Grenoble, dont M. Duvergier (I, 404) critique à tort la solution, contient, il est vrai, des motifs inexacts, mais il est irréprochable au fond. Une carrière de pierre avait été louée aux environs de Grenoble. Bientôt une ordonnance royale prescrivit la construction de fortifications nouvelles autour de la ville, et c'est à cette carrière que le génie militaire s'approvisionna. Si l'on ne considérait ici, comme l'a fait M. Duvergier, que les bénéfices énormes que faisait le locataire de la carrière, il est clair que le bailleur n'aurait pas eu à réclamer, car l'augmentation imprévue des bénéfices n'est pas plus une cause d'augmentation du loyer que la diminution des bénéfices espérés ne serait une cause de diminution de ce loyer; mais il y avait aussi l'épuisement rapide de la carrière, qui allait être mise en peu d'années hors d'état de rien donner ensuite, épuisement qui n'était pas entré dans la prévision des parties et dont on devait tenir compte au bailleur. Le locataire faisait de la chose, au détriment du bailleur, un usage excédant de beaucoup celui pour lequel on lui avait loué, et l'augmentation du loyer était dès lors aussi juridique que raisonnable. — Voy. encore Lyon, 26 janv. 1847 et 6 janv. 1852 (J. Pal., 47, 2, 686, et 53, 2, 519).

(2) La stipulation que le bail sera résilié de plein droit, après un simple commandement, à défaut de payement d'un terme de loyer, est licite et obligatoire, et les juges ne peuvent, en pareil cas, accorder de délai au débiteur. Cass., 2 juill. 1860: Orléans, 9 nov. 1860: Bordeaux, 1er juin 1864 (Dev., 64, 2, 263; J. Pal., 64, 1187). Comp. Cass., 11 janv. 1865 (Dev., 65, 1, 239).

sumé les avoir reçus en bon état de réparations locatives, et doit les rendre tels, sauf la preuve contraire.

1732. — Il répond des dégradations ou des pertes qui arrivent pendant sa jouissance, à moins qu'il ne prouve qu'elles ont eu lieu sans sa faute.

I. — De l'obligation de jouir de la chose suivant sa destination et en bon père de famille découle, pour le locataire, celle de rendre cette chose dans l'état où il l'a reçue, sauf les dégradations provenant de force majeure (ce qui comprend le cas de vétusté). Ainsi, le locataire qui a enlevé ou ajouté des cloisons, condamné des portes ou des armoires, ou fait quelques autres de ces travaux peu considérables qui sont toujours permis, parce qu'ils n'ont rien de contraire à la destination de la chose et ne font qu'approprier cette destination aux besoins et aux goûts de chacun, devra, lors de sa sortie, rétablir les lieux, à ses frais, dans leur état primitif (1). De même s'il a cassé des glaces, fendu des dalles, écorné des sculptures, il en devra payer la réparation. Il devra, en un mot, sauf les détériorations provenant de force majeure, remettre les choses en l'état où elles étaient lors de son entrée.

Mais qui fera la preuve de l'état des choses à ce moment de l'entrée en jouissance? S'il a été fait un état des lieux précisant bien la condition des choses, il n'y aura pas de difficulté; mais, à défaut de cet état des lieux, il faut distinguer entre les réparations locatives et les autres. — Pour ce qui est des réparations locatives, comme le locataire savait en entrant que toutes celles qui seraient à faire pendant le cours du bail resteraient à sa charge (art. 1720, II), il a dû les exiger rigoureusement, et il est présumé dès lors les avoir fait faire, s'il en était besoin, et avoir ainsi reçu la chose en bon état sous ce rapport. Ce serait donc à lui de prouver le contraire, ce qu'il pourrait, bien entendu, faire par témoins au-dessus comme au-dessous de 150 francs, quoi qu'en dise Delvincourt, puisqu'il ne s'agit pas ici d'une convention, mais d'un fait (2). — Pour les autres réparations, au contraire, comme le locataire n'avait plus ce motif impérieux de les exiger, la loi ne pose point pour elles cette présomption de réception de la chose en bon état, et ce serait au propriétaire de prouver qu'elle était en bon état. — Quand une dégradation, locative ou autre, que l'on reconnaît s'être réalisée pendant la jouissance du locataire, est attribuée par celui-ci à la force majeure, c'est à lui, bien entendu, de justifier de cette force majeure qu'il allègue (3).

_____

(1) Et si les ouvrages ne sont pas reconnus nécessaires à l'exploitation, ils restent aux risques du preneur, sans qu'il puisse en exiger le remboursement à la fin du bail, à moins que le bailleur ne veuille les retenir. Cass., 3 janv. 1849; Orléans, 20 avr. 1849 (Dall., 49, 1, 95, et 2, 597). *Comp.* Cass., 1er août 1859.
(2) Duranton (XVII, 101); Duvergier (I, 443); Troplong (II, 340).
(3) Pothier (n° 199); Zachariæ (III, p. 13); Troplong (II, 342).

Si le preneur, soit à son entrée en possession, soit dans le cours de sa jouissance, a lui-même fait des travaux de réparation et d'amélioration, quel sera son droit? S'il s'agit de réparations nécessaires à la conservation de la chose (et qu'il aurait faites lui-même, à cause de l'éloignement du propriétaire), il aura son recours pour toute la somme dépensée. Mais s'il ne s'agit que de travaux seulement utiles ou même voluptuaires, il ne saurait exercer aucun recours et peut seulement emporter ceux des objets par lui placés qui sont susceptibles d'être enlevés sans aucun endommagement de l'immeuble.

On sait, au surplus, que les actions relatives aux cas qui viennent de nous occuper sont, d'après la loi du 25 mai 1838 (art. 4), de la compétence des juges de paix jusqu'à 1 500 francs, sauf appel au-dessus de 100 francs.

1733. — Il répond de l'incendie, à moins qu'il ne prouve

Que l'incendie est arrivé par cas fortuit ou force majeure, ou par vice de construction,

Ou que le feu a été communiqué par une maison voisine.

1734. — S'il y a plusieurs locataires, tous sont solidairement responsables de l'incendie;

A moins qu'ils ne prouvent que l'incendie a commencé dans l'habitation de l'un d'eux, auquel cas celui-ci seul en est tenu;

Ou que quelques-uns ne prouvent que l'incendie n'a pu commencer chez eux, auquel cas ceux-là n'en sont pas tenus.

SOMMAIRE.

I. L'art. 1733 déroge au droit commun aussi bien que l'art. 1734, et il ne permet la preuve que sur un des trois points qu'il indique. Critique de la doctrine contraire des auteurs.

II. Mais il laisse sous l'empire du droit commun la manière de faire cette preuve. Grave erreur de M. Duvergier et de deux arrêts.

III. Il ne s'applique, au surplus, qu'entre locateur et locataire (ou sous-locataire). Lourde erreur et contradiction de Toullier. — *Quid* du colon partiaire?

IV. L'art. 1734 établit une vraie solidarité. La division de la dette entre les codébiteurs se fait par portions égales.

V. Le propriétaire habitant une partie de la maison ne peut, de plein droit, invoquer aucun des bénéfices de nos articles : erreur de M. Zachariæ. Mais il recouvre ces bénéfices en prouvant seulement que le feu n'a pas commencé chez lui : erreur de M. Duranton.

VI. L'indemnité due comprend le *lucrum cessans*. Mais elle n'est due ici que pour les objets loués, et non par conséquent pour la partie de maison réservée par le propriétaire. Insuffisance de la doctrine des auteurs.

VII. La cession que le propriétaire fait à une assurance de ses droits contre les locataires est parfaitement valable.

I. — Ces deux art. 1733, 1734, s'écartent l'un et l'autre du droit commun, et portent contre les locataires, dans le but de les rendre plus vigilants à l'endroit des incendies, malheureusement si fréquents, des règles d'une sévérité exceptionnelle. Il est vrai que la plupart des auteurs entendent le premier dans un sens qui le ramènerait à n'être qu'une application des principes généraux ; mais nous allons voir que ce sens est inadmissible et que l'art. 1733 déroge au droit commun aussi bien que l'art. 1734.

Le preneur étant obligé de garder et surveiller la chose pour la rendre dans l'état où il l'a reçue, c'est à lui dès lors de prouver, pour s'affranchir de cette obligation de restituer, que la chose qui a péri a péri sans sa faute ; à défaut de cette preuve, son obligation de rendre la chose ou d'en payer l'équivalent subsiste : tel est le droit commun, et on ne comprend pas que M. Duvergier (I, 411) voie là une règle de rigueur, une exception aux principes. Si l'art. 1734, pour le cas de plusieurs locataires dont aucun ne prouve l'absence de faute, et qui dès lors restent tous responsables, ne les déclarait responsables que chacun pour sa part, et si, de son côté, l'art. 1733, pour affranchir le locataire, ne lui demandait, comme prétendent presque tous les auteurs et M. Duvergier lui-même, que de prouver qu'il n'est pas en faute, de quelque manière qu'il fît la preuve, ces deux articles ne seraient que des règles de droit commun, ils seraient tous deux l'application pure et simple du principe général de l'art. 1732, et le législateur n'aurait pas eu besoin de les écrire. C'est bien évident, et le prétendu caractère exceptionnel que M. Duvergier voit à l'art. 1733, entendu seulement dans ce sens que le locataire sera responsable de l'incendie s'il ne prouve pas qu'il est arrivé *sans sa faute*, n'est qu'un non-sens, puisque ce ne serait pas la répétition, pour le cas de l'incendie, de ce que dit l'art. 1732 pour tous les cas possibles, que le locataire répond des dégradations et pertes, s'il ne prouve pas qu'elles ont eu lieu sans sa faute. L'art. 1733 resterait donc dans le droit commun s'il laissait pour la preuve la latitude ordinaire ; mais il s'en écarte en forçant le locataire à prouver l'une des trois hypothèses taxativement prévues, comme l'art. 1734 s'en écarte en édictant la solidarité (1).

La généralité des auteurs est, à la vérité, d'un avis différent. Sur cinq qui s'expliquent à cet égard, quatre admettent que l'art. 1733 n'a rien de limitatif, et que quand il exige que le locataire prouve, ou que l'incendie est arrivé par force majeure, ou qu'il provient d'un vice de construction, ou enfin qu'il résulte de la communication du feu par une maison voisine, c'est seulement pour plus d'explications qu'il procède ainsi, et pour exprimer par ce développement de rédaction cette simple idée que le locataire doit prouver *qu'il n'a commis aucune faute* (2). Ainsi, soit que le locataire prouve le cas de force majeure, ou le vice de construction, ou la communication par le voisin, soit que, sans rien préciser à cet égard (et en avouant même, si l'on veut, qu'il ignore complétement la cause de l'incendie), il établisse seulement que la

---

(1) *Voy.* Cass., 14 nov. 1853 (Dall., 54, 1, 56); Paris, 23 nov. 1852 (Dall., 54, 2, 168).

(2) Proudhon (*Usuf.*, III, 1552); Duvergier (I, 437); Troplong (II, 382); Taulier (VI, p. 244, 245); Rouen (motifs seulement), 16 janv. 1845 (Dev., 45, 2, 473; Dall., 45, 2, 172; *J. Pal.*, 45, 2, 241); Metz, 28 juill. et 21 déc. 1854; Bordeaux, 18 mai 1865 (Dev., 65, 2, 191; *J. Pal.*, 65, 824). *Comp.* Grenoble, 30 nov. 1852, et Cass., 20 avr. 1859 (Dev., 59, 1, 495). Quant à Toullier (XI, 161 et 162) et M. Duranton (XVII, 104), ils semblent bien avoir une opinion contraire, mais ils ne s'en expliquent pas nettement.

cause du sinistre lui est étrangère (en prouvant, par exemple, que lors de ce sinistre, lui et les siens étaient en voyage ou dans une autre résidence et n'occupaient pas l'appartement), le vœu de l'art. 1733 serait, d'après ces auteurs, aussi bien rempli dans la seconde hypothèse que dans la première, puisque, dans l'une comme dans l'autre, le locataire établirait ce fait, qu'il n'y a aucune faute à lui reprocher. Qu'importe, disent-ils, qu'on sache ou non d'où provient l'incendie, du moment qu'on sait qu'il ne provient pas de la faute du locataire? D'ailleurs, a dit la Cour de Rouen, dès là que le locataire prouve qu'il n'y a pas de faute de sa part, il prouve par là même (indirectement, mais qu'importe?) que l'incendie provient d'une des trois causes indiquées par la loi.

Cette pensée n'est pas celle du Code. Ce n'est pas une simple preuve *négative* de l'absence de faute que la loi demande ici, c'est la preuve *positive* de l'une des trois causes précisées dans l'article. A tort ou à raison, la loi, pour forcer les locataires à une vigilance plus grande, ne les décharge qu'à la condition d'indiquer la cause de l'incendie; elle pense que le besoin, pour le locataire, de savoir, afin de pouvoir le dire lui-même, quelle est la cause de l'événement, le poussera, de même que l'idée d'une responsabilité solidaire, à exercer une surveillance plus active, non-seulement sur les gens de sa maison, mais aussi sur les autres locataires, sur les voisins et sur les tiers, et arrivera dès lors à prévenir ou à arrêter beaucoup de ces sinistres qui ne sont déjà que trop nombreux. Non, la loi ne se contente pas de la négation du locataire qui, sans arriver à l'affirmation d'une des trois hypothèses prévues, se contenterait de prouver qu'il n'est pas en faute; et la preuve de cette idée se trouve, claire et saillante, dans notre art. 1733, et surtout dans sa combinaison avec celui qui le précède et celui qui le suit... D'abord, si le législateur n'avait eu que la pensée qu'on lui prête, s'il avait voulu dire que le locataire ferait cesser sa responsabilité de l'incendie en prouvant seulement qu'il a eu lieu sans sa faute, à quoi bon ce soin de détails et d'hypothèses ainsi précisés? Évidemment, si telle avait été sa pensée, il eût dit tout simplement ici ce qu'il venait de dire dans l'article 1732 : *à moins qu'il ne prouve qu'il a eu lieu sans sa faute...* Mais il y a plus. Non-seulement l'art. 1733, dans cette supposition, ne serait pas rédigé tel qu'il est, mais il n'existerait même pas, et les rédacteurs n'auraient pas songé à l'écrire; car il ne servirait à rien, cet article, absolument à rien, et sa suppression complète ne ferait aucune espèce de changement dans le Code. Déclarer que le locataire répond DE L'INCENDIE arrivant pendant sa jouissance, à moins qu'il ne prouve *qu'il a eu lieu sans sa faute,* ce serait parler pour ne rien dire, quand on vient de proclamer qu'il répond DE TOUTES DÉGRADATIONS OU PERTES qui arrivent pendant sa jouissance, à moins qu'il ne prouve *qu'elles ont eu lieu sans sa faute!* Entendre l'art. 1733 comme le font MM. Duvergier, Troplong et autres, c'est donc tout bonnement le supprimer et le retrancher du Code, en disant que le législateur ne l'a écrit que pour répéter de suite une seconde fois ce qu'il venait de dire dans l'article précédent!... Et si l'art. 1732 indique le sens du nôtre, l'art. 1734 ne l'indique pas moins, puisqu'il prouve péremptoirement que le Code entend bien mettre l'incendie en dehors du droit commun et en faire une position exceptionnelle. Puisque l'incendie est à ses yeux un cas à soustraire aux principes ordinaires et à régir par des règles à part et plus sévères, ce n'est donc pas pour reproduire la règle générale de l'art. 1732 qu'est faite la règle spéciale de l'art. 1733! Nous n'hésitons donc pas à dire que M. Zachariæ (III, p. 13) et ses annotateurs, qui tiennent pour la nécessité d'une preuve affirmative de l'un des trois cas indiqués, sont seuls dans le vrai à cet égard (1).

II. — Mais si la loi s'écarte ici du droit commun quant au point à prouver, elle ne s'en écarte nullement quant à la manière de le prouver : l'article dit tout simplement *à moins qu'il ne prouve*, sans rien dire de particulier sur la question de savoir comment il faudra qu'il prouve, et on reste dès lors, à cet égard, sous l'empire des principes ordinaires.

Cela étant, on ne comprend pas comment M. Duvergier (I, 436) a pu enseigner, avec la Cour de Paris, qu'un locataire ne serait pas recevable à établir un ensemble de circonstances rendant seulement vraisemblable et probable l'une des causes indiquées par l'article, et qu'il est tenu d'en faire la preuve rigoureuse et proprement dite. C'est une profonde et manifeste erreur. Toutes les fois qu'il s'agit de faits, non de conventions, et qu'il y a lieu dès lors, quelle que soit l'importance du débat, à la preuve testimoniale, il y a lieu par là même, aux termes de l'art. 1353, à la preuve imparfaite par simples présomptions ; et s'il est vrai que le juge est toujours libre, en fait, d'admettre ou de rejeter ces présomptions, selon qu'il les trouve ou non suffisamment graves, précises et concordantes, il est bien clair aussi qu'il ne peut jamais les repousser, en droit et par fin de non-recevoir, par cela seul qu'elles ne sont que des présomptions et des probabilités. C'est là un principe élémentaire dans la matière des preuves. Pour que cette preuve de second ordre et par simples présomptions ne fût pas admissible, il faudrait qu'il n'y eût pas lieu à la preuve par témoins ; et c'est sans doute pour se montrer plus logique que M. Duvergier, en reproduisant son erreur, que la Cour de Toulouse, dans un arrêt qui repousse aussi les offres de preuve d'un locataire pour un cas analogue, a émis cet incroyable motif, que de telles offres ne pouvaient être accueillies, « parce que, dit la Cour, elles n'avaient pas pour point d'appui *des documents indépendants de la preuve testimoniale!* » Aussi la Cour suprême n'a-t-elle maintenu cet arrêt que grâce à ses motifs de fait, et en ayant soin, quant au point de droit, de proclamer qu'*il n'est pas permis aux juges de repousser ici en principe et par fin de non-recevoir la preuve testimoniale*.

Mais, par cela même, il ne leur est pas permis davantage de repous-

---

(1) La responsabilité du locataire existe encore bien que tout porterait à faire croire que l'incendie est l'œuvre de la malveillance. Paris, 23 janv. 1866 (*J. Pal.*, 66, 341). *Comp.* Chambéry, 10 avr. 1867 (*J. Pal.*, 67, 806).

ser, en principe et par fin de non-recevoir, la preuve par simples présomptions. L'une et l'autre, du moment que l'art. 1733 ne pose aucune règle particulière à cet égard, sont parfaitement admissibles, et il est surprenant qu'on ait pu méconnaître une vérité si simple (1).

III. — La règle établie par l'art. 1733, c'est-à-dire la présomption légale d'une faute contre laquelle le locataire doit faire preuve en établissant l'un des trois points indiqués par la loi, cette règle, disons-nous, n'étant, à part même sa rigueur exceptionnelle, que la conséquence de l'obligation pour le locataire de conserver et de restituer la chose, il est donc bien évident qu'elle ne pourrait s'appliquer entre personnes étrangères l'une à l'autre, c'est-à-dire dont l'une n'était pas tenue envers l'autre de l'obligation de conserver et de restituer la chose incendiée.

Ainsi, quand un propriétaire voit sa maison dévorée par un incendie provenant de la maison voisine, il ne pourra pas invoquer, ni contre le propriétaire ni contre les locataires de cette maison voisine, le bénéfice de notre article, puisque ceux-ci n'étaient obligés à rien vis-à-vis de lui (2). Il ne pourrait obtenir d'eux la réparation du préjudice qu'il subit que par application des art. 1382, 1383, c'est-à-dire en prouvant lui-même leur faute, au lieu de pouvoir rejeter sur eux la preuve de

---

(1) Voy. Duvergier (I, 436) et l'arrêt de Paris, du 4 juillet 1835, qu'il rapporte. — Troplong (II, 384); Cass., sur arrêt de Douai, 11 fév. 1834; Cass. (motifs seulement), 16 août 1841 (Dev., 34, 1, 115; 41, 1, 837). L'arrêt de Toulouse déféré à la Cour de cassation, fort inexact dans ses motifs de droit, était irréprochable en fait et jugeait bien au fond; mais l'arrêt de Paris, approuvé par M. Duvergier, était aussi mauvais en fait qu'en droit. Le preneur, en effet, offrait de prouver que le feu avait pris dans le grenier à fourrages de la maison; que jamais ses employés n'étaient entrés là avec du feu ou de la lumière; que dès le soir la porte en était fermée; mais que, dans la maison voisine, il existait, donnant sur ce grenier, des ouvertures et jours de souffrance non fermés, et qu'on avait vu là des hommes qui fumaient. Assurément de telles circonstances étaient tout à la fois fort graves, très-précises et parfaitement concordantes entre elles; elles donnaient, à défaut de la preuve rigoureuse et matérielle, qu'il est si rare de rencontrer et que la loi n'exige pas, la plus haute probabilité de la communication du feu par la maison voisine; et c'était bien, ou jamais, le cas d'appliquer l'art. 1353.

M. Duvergier, qui approuve cet arrêt, critiqué avec grande raison par M. Troplong (no 385), en critique à son tour un autre (I, 417) que M. Troplong approuve (no 389), et avec raison encore. Il s'agissait de l'incendie du théâtre de la Gaîté, dont la cause première se trouvait dans une flammèche échappée d'une torche destinée à figurer des éclairs. La Cour de Paris décida (18 avr. 1836 : Dev., 37, 2, 70; J. Pal., 37, 1, 437) que, d'une part, les théâtres exigeant un emploi extraordinaire du feu par leur destination même, et, d'autre part, les locataires de la salle ayant agi avec toute la prudence possible et pris toutes les précautions imaginables, en dépassant même celles que prescrit la police si sévère des théâtres, le fait qui avait produit l'incendie devenait ainsi, pour les directeurs locataires, un véritable cas fortuit. Ainsi l'arrêt ne juge pas, comme le croit M. Duvergier et comme le dit aussi M. Devilleneuve dans son sommaire de cet arrêt, que les locataires de théâtre ne sont pas soumis à l'art. 1733 (ce qui serait faux); il juge que le fait, qui dans d'autres édifices serait imputable au locataire, peut n'être pour les théâtres, à raison de leur destination exceptionnelle, qu'un cas fortuit, un événement de force majeure, c'est-à-dire la première des trois causes en vue desquelles l'art. 1733 fait cesser la responsabilité. Loin donc d'écarter l'application de l'article, c'est au contraire par application de cet article que l'arrêt prononce.

(2) A moins, d'après un arrêt de la Cour de cassation, que l'incendie ne soit le résultat d'un fait accompli par le locataire dans l'exercice de son droit de jouissance (30 janv. 1854 : Dev., 1, 97).

l'absence de faute. La question, par suite d'une fausse intelligence des lois romaines, était autrefois diversement décidée par les auteurs et les arrêts; mais elle ne saurait être douteuse sous le Code, et on s'étonne que Toullier (XI, 172) ait pu, en se perdant au milieu de détails insignifiants, la décider contre les voisins, sur cette fausse base que ceux-ci répondent de leur faute prouvée ou *présumée !* De la faute prouvée, oui sans doute; mais de leur faute présumée, non évidemment. Et cette erreur de Toullier est d'autant plus étrange, la confusion dans laquelle il tombe ici, à travers d'indigestes citations et narrations, se comprend d'autant moins, que lui-même, un peu plus haut (n° 168), explique fort bien que, quand le propriétaire s'adresse à un autre que son locataire, c'est à lui demandeur de prouver la faute, parce qu'alors le défendeur est responsable, *non plus en vertu d'une présomption, mais seulement en vertu de l'art.* 1382. Comment Toullier, après avoir ainsi constaté que les art. 1382 et 1383 ne contiennent pas la présomption de faute, en proclamant ensuite (n° 172, *in fine*) que *les voisins ne sont tenus qu'en vertu de ces art.* 1382 *et* 1383, peut-il arriver à cette conséquence que le voisin répond de sa faute prouvée ou *présumée?* Et comment aussi M. Duvergier, dans son édition annotée de Toullier, n'a-t-il pas relevé une si lourde contradiction?... Du reste, l'absence de présomption est un point aujourd'hui bien constant en doctrine et en jurisprudence (1).

Par la même raison, le propriétaire de la maison que consume le feu mis par un ami du locataire, ami que celui-ci avait reçu chez lui, ne pourra pas se faire indemniser par cet ami du locataire, s'il ne prouve pas qu'il y a eu faute de sa part. Sans doute il invoquera très-bien l'art. 1733 contre le locataire, puisque celui-ci répond des personnes qu'il reçoit chez lui comme de lui-même; mais il ne saurait l'invoquer contre l'hôte de ce locataire, puisque cet hôte n'est nullement soumis à l'obligation de restituer la chose (2). La présomption de l'article ne pourrait pas être invoquée non plus par un locataire contre un autre locataire, ni contre le propriétaire habitant lui-même une partie de la maison, toujours parce que ce second locataire ou ce propriétaire ne sont pas tenus envers le premier à la restitution de la chose (3). Dans tous ces cas et autres analogues, le demandeur ne peut arriver à son but qu'en faisant lui-même la preuve de la faute.

Au contraire, la présomption existe, et c'est notre art. 1733 qui s'applique, non plus les art. 1382, 1383, quand il s'agit d'un sous-locataire répondant soit au locataire principal, soit au propriétaire. C'est évident, puisque le sous-locataire est tenu envers le locataire par les mêmes

---

(1) Proudhon (*Usuf.*, nᵒˢ 1561-1565); Duranton (XVII, 105); Duvergier (I, 412); Zachariæ (III, p. 15); Troplong (II, 365); Taulier (VI, p. 242); Grenoble, 22 janv. 1824; Paris, 16 mai 1825; Nancy, 19 juill. 1825; Cass., 18 déc. 1827; Cass., 1ᵉʳ juill. 1834; Limoges, 25 nov. 1838 (Dev., 34, 1, 559; 39, 2, 405); Besançon, 11 mai 1854 (*J. Pal.*, 54, 1, 517).

(2-3) Toullier (XII, 168); Duvergier (I, 431 et 413); Zachariæ (III, p. 15); Troplong (II, 367 à 369); Taulier (VI, 241); Bordeaux, 25 juin 1828; Lyon, 12 août 1829; Cass., 11 avr. 1831; Douai, 27 déc. 1844 (Dev., 31, 1, 196; 45, 2, 286).

liens que celui-ci envers le bailleur originaire, et que ce bailleur à son tour peut exercer les actions de son locataire contre le sous-locataire (1). Elle existe de même pour le louage d'une chose mobilière, un navire, par exemple, aussi bien que pour celui d'un immeuble; car nous avons déjà vu que, malgré la rubrique trop restreinte de notre section, les règles qu'elle pose sont communes à tous louages de choses (2). Elle existe enfin, quoi que disent deux arrêts de Limoges, au cas d'un colon partiaire comme pour celui d'un fermier ordinaire. En vain on dit que le colonage partiaire n'est point un louage, mais une société; cette idée absolue n'est pas plus exacte que celle de M. Duvergier soutenant en sens inverse qu'il n'est pas une société, mais un pur louage; et la vérité est qu'il participe de la nature des deux contrats, comme l'a reconnu depuis la Cour de Limoges elle-même. Or puisque ce contrat, en même temps que société, est aussi louage (tellement que c'est dans le titre du louage, non dans le titre de la société, que le Code s'en occupe, ce qui suffirait déjà pour lui rendre applicables les règles que le Code déclare porter pour tous louages de biens ruraux), et puisque ce louage soumet le locataire, aussi bien que le louage ordinaire, à l'obligation de conserver la chose et de la restituer au locateur, on ne peut donc pas se dispenser de lui appliquer l'art. 1733 (3).

IV. — Quand la maison est occupée par plusieurs locataires, tous sont, à défaut de preuve contraire, présumés en faute et responsables envers le propriétaire. Cette présomption et la responsabilité qu'elle entraîne ne disparaissent que pour ceux qui prouvent que l'incendie a commencé chez tel locataire (auquel cas ce dernier en est seul tenu) ou qu'il n'a pas pu commencer chez eux. Tout ceci n'est, on le voit, que la conséquence naturelle de l'obligation de restituer la chose louée; et si l'art. 1734 se bornait à ces dispositions, il ne serait qu'une application du droit commun entre débiteurs et créanciers. Mais il va plus loin, et non content de déclarer tous les locataires tenus jusqu'à la preuve d'absence de faute, il les déclare tenus solidairement.

On enseigne quelquefois qu'il ne s'agit pas là d'une véritable solidarité; qu'à la vérité chacun des locataires sera contraignable pour le tout, mais que les autres conséquences de l'obligation solidaire n'existeront pas, et que, par exemple, la poursuite dirigée contre l'un d'eux n'aurait pas ici pour effet, comme le veut l'art. 1206, d'interrompre la prescription à l'égard de tous. Cette idée nous paraît inadmissible. La loi ne s'est pas contentée de dire que les locataires seraient responsables *chacun pour le tout;* elle dit qu'ils le seront *solidairement;* elle

---

(1) Toullier (XI, 169); Duranton (XVII, 112); Duvergier (I, 434); Troplong (II, 372); Riom, 10 fév. 1843 (Dev., 43, 2, 235); Besançon, 11 mai 1854 (*J. Pal.*, 54, 1, 517). — *Voy.* cependant Paris, 12 fév. et 2 août 1851 (*J. Pal.*, 51, 1, 475; 52, 2, 165). — Toutefois la responsabilité du sous-locataire cesse envers le locataire principal, lorsque celui-ci s'est réservé une partie de la chose et en jouit en commun avec le sous-locataire. Arrêt précité de Besançon, du 11 mai 1854.
(2) Lyon, 7 mars 1840 (Dev., 40, 2, 275; *J. Pal.*, 40, 1, 504).
(3) Limoges, 21 fév. 1839 et 6 juill. 1840 (Dev., 39, 2, 406; 41, 2, 467). — Duvergier (I, 99); Troplong (II, 473); Limoges, 26 août 1848; Nîmes, 14 août 1850 (Dev., 49, 2, 321; 50, 2, 477).

établit donc la solidarité; et, comme elle a pris soin de préciser elle-même les conséquences de cette solidarité, aussi bien pour le cas où elle a lieu de plein droit que pour celui où elle résulte d'une convention (art. 1402 et suiv.), on ne peut pas arbitrairement retrancher telle ou telle de ces conséquences. Sans doute c'est là une disposition bien dure, mais l'interprète n'y peut rien faire : *dura lex, sed lex.*

Du reste, l'obligation solidaire se divisant dans les rapports des codébiteurs entre eux (art. 1213), il y a lieu de se demander si le recours du locataire qui a tout payé doit être proportionné à l'importance du loyer de chacun ou s'exercer contre tous par portions égales... La dette ayant pour cause une faute présumée par la loi, et cette faute présumée étant égale pour tous (puisque le locataire du moindre appartement est, dans l'ignorance du fait et d'après la présomption, aussi coupable que le locataire du plus grand et réputé comme lui avoir causé la perte totale de la maison), tous seront également tenus et la contribution se fera par portions viriles (1).

V. — Quand le propriétaire habite lui-même une partie de la maison incendiée, il est évident qu'il ne jouit plus de plein droit du bénéfice des art. 1733, 1734, puisque, tant qu'il y a incertitude complète sur la partie où l'incendie a ou n'a pas commencé, la présomption de faute du locataire ne peut plus naître.

Nos articles, en effet, reposent sur ces trois idées : 1° quand rien ne prouve d'où vient le feu, il est présumé venir de la maison même; 2° toutes les fois que le feu a commencé chez un locataire, ce locataire est présumé en faute; 3° enfin (et en conséquence de ces deux premières idées), quand la maison n'est habitée que par des locataires, le feu ayant commencé chez un de ces locataires, celui-ci est donc en faute, et comme on ne sait pas lequel, tous sont présumés en faute en même temps et au même degré. Telle est la base des art. 1733, 1734. Or quand, parmi les habitants de la maison, se trouve le propriétaire lui-même, comme le feu a pu prendre dans l'appartement de celui-ci aussi bien que dans tout autre, on ne sait plus si on est dans le cas d'un incendie ayant commencé chez un locataire, ce qui rend impossible la présomption de faute sur laquelle reposent les deux articles. Donc, tant qu'il y a incertitude sur la partie où l'incendie a pu commencer ou ne pas commencer, nos deux règles cessent, et cessent complètement, pour le propriétaire habitant la maison. Elles cessent complètement, et celui-ci ne pourrait pas même prétendre, comme l'ont dit à tort les motifs d'un arrêt de Lyon et aussi M. Zachariæ (p. 14, note 12), qu'on doit alors admettre la présomption de faute pour toutes les personnes habitant la maison, pour lui comme pour les autres, en l'assimilant lui-même à un locataire, et que par conséquent il peut agir contre les locataires pour obtenir d'eux leur part de la réparation du dommage, en supportant lui-même sa propre part. Ce tempérament

---

(1) Duranton (XVII, 110); Duvergier (I, 422); Troplong (II, 379); Taulier (VI, p. 246); Massé et Vergé (IV, § 702); Agnel (n° 351). *Contrà :* Aubry et Rau (III, § 367); Allain (*Man. des juges de paix*, n° 1306).

n'est pas admissible, puisqu'il repose encore sur la présomption de faute des locataires (en l'étendant seulement au propriétaire, considéré comme s'il était locataire lui-même), et que cette présomption ne peut exister que pour des locataires chez qui le feu a commencé. Sans doute la propriétaire peut très-bien se faire traiter ici comme simple locataire si cela lui plaît (et nous allons voir qu'il peut même beaucoup plus); mais on a vu plus haut que, de locataire à locataire, le demandeur est tenu de faire preuve de la faute. Encore une fois, la base de la présomption, c'est ce fait que le feu a commencé chez un locataire; donc, tant que ce fait n'est pas acquis, la présomption n'est pas possible (1).

Mais du moment que le propriétaire prouvera seulement que le feu n'a pas commencé chez lui, il rentre (sauf toutefois l'observation importante qui va être faite au n° VI) dans le bénéfice complet des art. 1733, 1734. Par cette preuve, en effet, il établit que le feu a commencé chez un locataire; il rend ainsi à la présomption de faute sa base légale, et cette présomption renaît dès lors avec tous ses effets. En vain M. Duranton (XVII, 109), pour soutenir le contraire, nous dit que le propriétaire, dans ce cas, était là pour surveiller sa chose. L'objection est puérile, car le propriétaire qui habite une partie de sa maison n'a pas plus qu'un autre le droit de s'introduire chez ses locataires pour savoir ce qui s'y passe. Du moment, encore une fois, qu'il prouve que le feu n'a pas commencé dans la partie qu'il occupe, il prouve par là même qu'il a commencé chez ses locataires, et par conséquent la présomption légale existe (2).

VI. — L'indemnité due par les locataires au propriétaire (ou par des sous-locataires, soit au locataire principal, leur bailleur, soit à ce même propriétaire) doit tout naturellement être complète, c'est-à-dire réparer la totalité du préjudice, et comprendre aussi bien le *lucrum cessans* que le *damnum emergens*. Il n'en est pas ainsi d'une compagnie d'assurance, puisque les compagnies s'obligent seulement à payer la valeur que présentait l'immeuble au moment du désastre; mais pour le locataire, c'est différent : obligé par son contrat à la restitution de la chose, il doit rendre son créancier complétement indemne de tout le préjudice que lui cause le défaut de cette restitution (3). Mais ce n'est pas une raison pour dire, comme MM. Duvergier et Troplong (*loc. cit.*), que le preneur doit toujours payer la somme nécessaire pour la reconstruction de l'édifice, car le propriétaire pourrait *gagner* ainsi la différence de valeur entre une maison neuve et une maison fort vieille; or si le

---

(1) Duvergier (I, 425); Troplong (II, 380); Taulier (VI, p. 241, 242); Riom, 4 août 1829; Toulouse, 7 juill. 1843; Cass., 20 nov. 1855 (Dev., 44, 2, 175; Dall., 44, 2, 102; J. Pal., 44, 2, 166; Dev., 56, 1, 103). *Contrà* : Rodière (*Solidar.*, n° 204).

(2) Duvergier (I, 416); Zachariæ (*loc. cit.*); Troplong (II, 370 et 380); Taulier (*loc. cit.*); Paris, 31 juill. 1851 (*J. Pal.*, 53, 1, 674); Lyon, 17 janv. 1834 (Dev., 34, 2, 211 ; Dall., 34, 2, 180). — Cet arrêt de Lyon contient, nous l'avons déjà dit, des motifs inacceptables; mais sa solution est parfaitement exacte, puisqu'il était prouvé par le propriétaire que le feu ne provenait pas de chez lui.

(3) Duvergier (I, 419); Troplong (II, 390); Riom, 10 fév. 1843 (Dev., 43, 2, 235; Dall., 43, 2, 143; *J. Pal.*, 43, 1, 659).

locataire, à la différence d'un assureur, est tenu de faire que le propriétaire ne perde rien, il n'a rien à lui faire gagner, et peut dès lors exiger qu'on tienne compte, s'il y a lieu, de la différence du neuf au vieux (1).

Bien entendu, c'est seulement pour l'objet loué que cette obligation du locataire existe; et ce principe conduit à une conséquence que tous les auteurs, moins M. Zachariæ, semblent n'avoir pas aperçue, quoiqu'elle soit fort importante. M. Troplong (II, 392) dit bien, comme l'avaient fait le professeur allemand et avant lui M. Duvergier (I, 420), que la présomption de faute admise au profit du bailleur quant à la maison incendiée ne le protégerait plus dans la réclamation qu'il ferait du prix des meubles qu'il pouvait avoir dans cette maison, et que ces meubles n'étant pas l'objet de l'obligation de conserver et de restituer qui incombe au locataire, puisqu'ils n'ont pas été loués, le propriétaire n'en pourrait obtenir le prix qu'en vertu de l'art. 1382, c'est-à-dire en faisant lui-même la preuve de la faute. Mais ni M. Troplong ni d'autres n'ont remarqué que la même règle s'applique nécessairement à l'édifice lui-même, pour la partie occupée par le propriétaire, et qu'il y a lieu dès lors de rapprocher cette idée de la solution que nous avons donnée plus haut pour le cas d'occupation partielle de la maison par le bailleur. Sans doute ce bailleur, comme on l'a vu, conserve, sous la seule condition de prouver que le feu n'a pas commencé chez lui, le bénéfice des art. 1733, 1734, c'est-à-dire le droit de se faire indemniser par le locataire, et même, s'il y en a plusieurs, l'avantage de les avoir tous pour obligés solidaires; mais sur quoi porte alors la dette d'indemnité? Est-ce sur la totalité de la maison? Non assurément, et cette idée scrait profondément inexacte, quoiqu'elle paraisse être celle de MM. Duvergier et Troplong. Le locataire, en effet, ou les locataires, s'il y en a plusieurs, ne sont tenus de plein droit et sans preuve de faute qu'en cette qualité de locataires et pour ce dont ils sont locataires; or ils n'ont pas cette qualité pour la partie que le propriétaire habite, et celui-ci dès lors ne pourrait se faire indemniser de cette partie qu'en prouvant lui-même la faute, conformément à l'art. 1382. Rien n'est donc plus juste que cette proposition de M. Zachariæ, malheureusement non motivée ni expliquée (comme toujours) : « Si le propriétaire prouve que l'incendie n'a pu prendre naissance dans les localités qu'il occupe, les locataires restent soumis à l'application des art. 1734 et 1733, *sans que cependant leur responsabilité puisse s'étendre à la partie réservée par le bailleur.* » (III, p. 14.)

VII. — On s'est demandé s'il fallait accepter comme valable en droit la clause, très-fréquente dans les polices d'assurances, par laquelle la compagnie se fait substituer, pour le cas de réalisation du sinistre, aux droits que notre article confère au propriétaire contre ses locataires. Toute la question, on le comprend, se réduisait à savoir si l'action ré-

---

(1) Nancy, 9 août 1849; Paris, 3 janv. 1850 (Dev., 50, 2, 129 et 132) ; Paris, 29 janv. 1866 (*J. Pal.*, 66, 341).

sultant de ces articles est cessible, si elle peut passer du propriétaire à ses héritiers, créanciers et autres ayants droit, ou si elle est exclusivement attachée à sa personne. Or, comme il est bien évident que c'est là un droit purement pécuniaire, ne présentant rien autre chose qu'une question d'argent, et parfaitement transmissible dès lors à tous ayants cause, il est clair que sa cession devrait être reconnue efficace et la clause dont il s'agit pleinement valable. Aussi tous les auteurs sont-ils d'accord sur ce point, qu'ils regardent, et avec raison, comme n'étant pas une question, et qui est aussi décidé de même par une jurisprudence aujourd'hui constante.

Il est vrai pourtant que cette solution a trouvé des contradicteurs. Un arrêt de Colmar du 13 janvier 1832, un jugement de Strasbourg du 15 avril 1833, puis un arrêt d'Orléans du 12 février 1836, ont jugé le contraire (pour être bientôt cassés, au surplus), et aujourd'hui même la conférence des jeunes avocats de Paris s'amuse encore à discuter longuement cette prétendue question (*Confér. des samedis 29 mai et 12 juin* 1852). Mais les objections qu'on a imaginées contre cette vérité ne font que rendre plus claire l'impossibilité d'une controverse sérieuse. On a commencé par dire qu'une telle cession était immorale et contraire à l'ordre public, en ce qu'elle privait le locataire de la chance d'apitoyer le propriétaire sur sa triste position. Comme si les propriétaires, et en général tous les créanciers, quels qu'ils soient, étaient plus pitoyables que ne le sont les compagnies; comme si, en tout cas, le propriétaire qui serait assez généreux pour remettre à son locataire une partie de la somme due ne peut pas la lui remettre aussi bien sur l'indemnité qu'il reçoit de la compagnie; comme si d'ailleurs cet aperçu d'une pitié qu'on pourrait trouver chez telle personne et ne pas trouver chez son cessionnaire ne se rencontre pas dans une foule d'autres circonstances où il ne saurait évidemment avoir d'autre résultat que de rendre la cession très-fâcheuse *en fait* pour le débiteur, mais non pas *illégale* pour cela; comme si, enfin, la contradiction à l'intérêt public et à la pensée intime de nos articles ne se trouvait pas, au contraire, dans la doctrine opposée, puisque s'il était une fois entendu que, du moment qu'un propriétaire est assuré, les locataires se trouvent affranchis de toute responsabilité et ne peuvent plus avoir à répondre de la présomption de faute, ni envers le propriétaire (qui sera désintéressé par la compagnie) ni envers la compagnie, les précautions que la loi a cru nécessaire de prendre pour prévenir les incendies n'existeraient plus!... Aussi a-t-on bientôt abandonné cet argument, tout *de législation*, pour chercher quelque raison *de droit*, et on a cru trouver quelque chose de sérieux en disant que *la subrogation* ainsi faite à l'avance, dans une police d'assurance en vue d'un sinistre et d'un payement purement éventuels, ne présentait pas les conditions rigoureuses que l'art. 1250 exige pour la subrogation conventionnelle. Comme s'il s'agissait ici de la subrogation proprement dite, soit légale, soit conventionnelle! C'est d'une cession qu'il s'agit; c'est la cession de son droit éventuel que le propriétaire fait à la compagnie dans le contrat d'assurance pour le cas de sinistre; et comme on peut, à moins d'une prohibition qui n'existe pas ici, céder toute espèce de biens, droits et actions, aussi bien ceux qui sont futurs ou incertains que ceux qui sont présents ou assurés, il faut bien reconnaître la validité de la clause dont il s'agit, comme le font les auteurs et les arrêts, et malgré les petites arguties imaginées par la conférence des jeunes avocats de Paris (1).

1735. — Le preneur est tenu des dégradations et des pertes qui arrivent par le fait des personnes de sa maison ou de ses sous-locataires.

I. — Dans le droit romain, le locataire n'était responsable des dégâts commis par les gens de sa maison qu'autant qu'il avait commis la faute de prendre chez lui des personnes dangereuses par leur négligence (2); mais notre ancienne jurisprudence et, comme elle, le Code, ont rejeté cette théorie, trop féconde en difficultés pratiques. Le preneur est, chez nous, responsable de toutes personnes de sa maison, sans exception ni distinction; c'est à lui d'être prudent et soigneux, soit à les recevoir, soit à les surveiller.

Pothier (3) cependant voulait qu'on fît exception à cette règle au profit de l'aubergiste pour les dommages causés par la faute ou l'imprudence d'un voyageur, lorsqu'ils proviendraient d'une cause autre que l'incendie; et M. Duranton (XVII, 107), prenant précisément le contre-pied de cette idée, enseigne que l'aubergiste, toujours responsable de ses voyageurs dans les cas ordinaires, cesserait de l'être dans ce cas d'incendie, à moins de négligence ou d'imprudence prouvée contre lui. Nous ne saurions admettre aucune de ces deux exceptions contraires et qui se réfutent, pour ainsi dire, l'une par l'autre. Le Code ne faisant pour l'aubergiste aucune exception à la règle de notre article, cette règle subsiste donc pleine et entière pour lui comme pour tous autres. Les voyageurs qu'il reçoit sont, pendant leur séjour chez lui, des gens de sa maison, des sous-locataires momentanés, évidemment compris dans les termes de la loi; et cette disposition, si sévère qu'elle puisse être parfois à l'endroit des aubergistes, ne peut pas surprendre quand on voit le Code les déclarer de même responsables envers les voyageurs de tous vols ou dommages causés, soit par les domestiques, soit même *par des étrangers allant et venant dans l'hôtellerie* (4).

---

(1) Toullier (XI, 238); Duvergier (I, 418); Troplong (II, 393); Taulier (VI, p. 243); Grun et Joliat (n° 296); Pardessus (*Dr. comm.*, II, 595, 5°); Rej., 1er déc. 1834; Cass., 13 avr. 1836, 24 nov. 1840; Paris, 12 mars 1841; Amiens, 28 juill. 1841 (Dev., 35, 1, 148; 36, 1, 271; 41, 1, 45, § 2, 538; 45, 2, 93).

Jugé que l'indemnité due au locataire qui a fait assurer son risque locatif n'est point dévolue au propriétaire à l'exclusion des autres créanciers du locataire. Cass., 20 déc. 1859; Lyon, 27 déc. 1861; Cass., 31 déc. 1862 (Dev., 60, 1, 24; 62, 2, 83; 63, 1, 531). *Sic :* Alauzet (*Assur.*, t. II, n° 452); Goujet et Merger (*Dict. de dr. comm.*, v° Assur., n° 290); Merger (*Rev. prat.*, t. X, p. 75); Philbert (*Rev. crit.*, t. XVII, p. 450). *Contrà :* Pouget (*Dict. des assur. terr.*, v° Act. dir., n° 3).

(2-3) Dig., 41 (*loc. cond.*, 30, § 4, *ibid.*); Domat (liv. 1, tit. 4, sect. 2); Pothier (n°° 193, 194).

(4) Duvergier (I, 431); Troplong (II, 397). Ce dernier se méprend en disant que

5° *De l'expiration du bail et de la tacite réconduction.*

1736. — Si le bail a été fait sans écrit, l'une des parties ne pourra donner congé à l'autre qu'en observant les délais fixés par l'usage des lieux.

1737. — Le bail cesse de plein droit à l'expiration du terme fixé, lorsqu'il a été fait par écrit, sans qu'il soit nécessaire de donner congé.

SOMMAIRE.

I. Rédaction vicieuse de ces articles. Les mots *par écrit* — *sans écrit* — signifient *avec* ou *sans expression d'une durée préfixe.* L'art. 1731 est d'ailleurs faux pour les biens ruraux.
II. Inconvénients du renvoi aux usages et du défaut de règle légale pour les délais des congés.
III. Le congé ne peut se prouver que par écrit. Mais il n'a pas besoin d'être accepté (erreur de M. Duranton), ni encore moins d'être fait double (erreur de M. Duvergier). — Effet du congé : mode d'action contre le locataire récalcitrant.

I. — D'après le texte de ces articles, ce serait selon que le bail a été fait sans écrit ou par écrit qu'il y aurait ou non nécessité de donner congé pour le faire cesser ; mais ce n'est là, malgré la décision contraire et vraiment incroyable d'un arrêt de Paris (1), qu'un vice de rédaction auquel il faut bien se garder de s'arrêter. Sans doute, la plupart du temps, le bail verbal sera fait sans indication d'une durée préfixe, ce qui rendra le congé nécessaire, et le bail écrit, au contraire, contiendra cette indication, et c'est là ce qui explique le vice de rédaction du Code, qui s'est préoccupé *de eo quod plerumque fit,* vice de rédaction qui se trouve encore dans les trois art. 1774-1776. Mais il se peut très-bien aussi qu'un bail fait verbalement soit cependant convenu pour un temps déterminé d'avance, et que réciproquement un bail soit fait par écrit pour une durée limitée. Il faut donc dire que le congé sera ou ne sera pas nécessaire, selon que la convention (écrite ou verbale, peu importe) laisse ou non indéfinie la durée du bail (2).

Même avec cette rectification, l'art. 1736 est encore inexact. Il admet, en effet, la nécessité du congé, d'après la rubrique de notre section, dans tout bail convenu, sans expression de sa durée, soit pour des maisons, *soit pour des biens ruraux.* Or les art. 1774, 1775, déclarent, au contraire, que quand un bail de biens ruraux est fait sans expression de sa durée (*sans écrit,* dit le Code dans son langage impropre), cette durée se trouve cependant fixée d'avance par les circonstances (art. 1774), en sorte qu'il finit de plein droit à l'époque ainsi indiquée sans qu'il soit besoin de congé (art. 1775). Du reste, cette inexactitude, provenant d'un remaniement qui est venu changer après coup le

---

M. Duranton adhère à la doctrine de Pothier. On a vu qu'il en prend, au contraire, le contre-pied.
(1) Paris, 28 août 1840; journal *le Droit* du 2 septembre.
(2) Delvincourt (t. III); Duranton (XVII, 116); Duvergier (I, 485); Zachariæ (III, p. 23); Troplong (II, 404); Taulier (VI, p. 249).

classement primitif de nos articles, existe aussi en sens inverse; et si la moitié des biens dont parle la rubrique sont à retrancher de l'application de nos deux articles, il est d'autres biens dont cette rubrique ne parle pas et qui sont soumis à cette application. Ainsi, il est évident que le bail d'une carrière, d'une mine, d'un bateau-lavoir, d'un bateau de bains, donnerait ou non lieu à la nécessité du congé, selon qu'il serait ou non fait avec détermination de sa durée.

II. — Le Code, malgré la demande qu'avaient faite à cet égard beaucoup de cours d'appel dans leurs observations, n'a pas voulu poser une règle fixe et générale pour les délais à observer dans la notification des congés. Il se réfère à l'usage des lieux, et c'est un tort; car, à part même la bigarrure qui en résulte par la profonde diversité des règles suivies à cet égard dans les différentes provinces, les usages de chaque localité, et par conséquent les règles à y suivre, sont parfois assez douteux et diversement entendus dans la localité même. C'est ainsi qu'à Paris, où tant de jurisconsultes ont écrit, où tant de décisions judiciaires ont été rendues, on est cependant loin de s'entendre sur tous les points. Ainsi il est constant, à la vérité, que l'usage y admet toujours quatre termes, commençant aux 1er janvier, 1er avril, 1er juillet et 1er octobre; que cependant les payements du loyer ne peuvent être exigés que le 8 de ces quatre mois pour les petites locations, et le 15 seulement pour toutes les autres; que les entrées et sorties ont lieu à ces mêmes époques pour les deux classes de locations, et aussi aux demi-termes pour les petites; qu'enfin les congés doivent être donnés six semaines d'avance (un demi-terme) pour ces petites locations, trois mois pour les grandes et six mois pour certaines autres. Mais quelle est la ligne de démarcation entre les premières et les secondes, entre les secondes et les troisièmes?

Le délai de six semaines est suffisant pour les petits appartements de 400 francs et au-dessous, et le délai de trois mois est exigé pour tout appartement au-dessus de 400 francs. Jusqu'en 1838, l'usage n'avait été constaté que pour les logements *au-dessous* ou *au-dessus* de ce chiffre; mais un jugement du Tribunal de la Seine du 21 juin de cette année (le *Droit* du 28 juillet) décide que quand le loyer est juste de 400 francs, c'est le délai de six semaines qui est applicable. Quand il s'agit d'une maison entière, d'un corps de bâtiment entier, ou de boutiques ou magasins sur rues ou passages, le délai est de six mois. Mais si les magasins ou ateliers sont dans une cour ou au-dessus du rez-de-chaussée, le délai est-il encore de six mois, comme l'affirment certains praticiens et un jugement de la Seine du 2 mars 1843 (1), ou n'est-il que de trois mois ou six semaines, comme le décide (2) un arrêt du 22 juin 1842?... Les appartements de plus de 400 francs ne demandent-ils jamais que trois mois, si haut que s'élève le loyer, comme le

(1-2) Le *Droit*, 3 mars 1843; Dall., 42, 2, 243; *J. Pal.*, 42, 2, 151. Jugé qu'à Paris le congé d'une boutique placée même au fond d'une cour doit être donné six mois avant l'échéance du terme. Paris, 21 nov. 1863 (Dev., 64, 2, 158). — *Contrà* : Agnel (*Code des propriét.*, no 855).

juge un arrêt de Paris du 20 juillet 1825, ou faut-il six mois, soit pour 1.000 francs, comme le disent Delvincourt (t. III) et Pigeau (v° Congé) d'après un ancien acte de notoriété du Châtelet, soit pour 4 000 francs, comme le décide un arrêt du 12 octobre 1821?... Les six mois sont-ils nécessaires, indépendamment du prix, comme l'affirment MM. Duvergier (II, 39) et Troplong (II, 407), pour les commissaires de police, juges de paix, maîtres de pension et instituteurs, ou doit-on suivre la règle ordinaire de six mois, trois mois ou six semaines pour toutes ou quelques-unes de ces personnes?... Enfin le délai, quel qu'il soit, doit-il se prendre seulement en avant du jour du payement et de la sortie (c'est-à-dire du huit ou du quinze qui suivent l'échéance du terme), comme le dit M. Duranton (XVII, 169), ou doit-on faire abstraction des huit ou quinze jours, comme le disent MM. Duvergier (II, 66) et Troplong (II, 420)?...

Ce ne sont pas là des questions de droit, mais de simples questions de fait, puisque la loi se contente de dire ici : *On suivra l'usage,* et que tout se réduit dès lors à savoir *quel est l'usage* sur ces différents points. La Cour de cassation, par conséquent, n'aura jamais rien à voir dans ces questions (Rej., 23 fév. 1814); le jurisconsulte n'a pas non plus à les discuter ; et les difficultés que nous venons de signaler pour la constatation de l'usage, difficultés qui ne seront certes pas moindres en province qu'à Paris, prouvent combien les cours d'appel avaient raison de demander ici une règle légale, et combien les rédacteurs du Code ont eu tort de ne pas la poser.

III. — Le congé ne peut se prouver que par écrit, même au-dessous de 150 francs; c'est un point bien constant, et sur lequel l'art. 1715, à l'explication duquel nous renvoyons, ne permet en effet pas le doute (1); mais il peut, bien entendu, se prouver par toute espèce d'écrit : par lettre missive, par énonciation dans une quittance. L'écriture, au surplus, n'est requise que pour la preuve, et du moment que l'existence d'un congé verbal serait reconnue, il est clair que ce congé aurait une efficacité pleine et entière, au-dessus comme au-dessous de 150 francs.

Le congé n'étant point une convention, un concours de deux volontés, mais l'expression d'une volonté unique, l'acte d'une personne déclarant à l'autre qu'elle entend faire cesser tel état de choses à tel moment, que celle-ci le veuille ou ne le veuille pas, il n'a donc pas besoin d'être accepté par celui à qui on le notifie; il suffit qu'il soit reconnu qu'on l'a notifié. La doctrine contraire de M. Duranton (XVII, 122) est, comme le dit M. Duvergier, une *grave erreur,* qui a été, comme elle devait l'être, unanimement condamnée (2). Mais si le congé n'est pas même une convention unilatérale, il n'est donc pas, et encore bien moins, une convention synallagmatique; la règle des doubles originaux

---

(1) Merlin (*Quest.*, v° Preuve, § 5); Toullier (IX, 34); Duranton (VII, 51); Curasson (I, 29); Duvergier (I, 489); Zachariæ (III, p. 25); Troplong (II, 422); Taulier (VI, p. 250); Cass., 12 mars 1816; Bastia, 15 nov. 1826; Caen, 30 avr. 1860 (Dev., 61, 2, 93); Agnel (*Code des propriét.*, n° 885).

(2) Toullier (IX, 34); Curasson (*loc. cit.*); Duvergier (I, 493); Zachariæ (III, p. 25); Troplong (II, 423).

(art. 1325) ne le concerne donc en aucune façon; et si dès lors la solution de M. Duranton quant à l'acceptation a justement été qualifiée d'erreur grave, celle de M. Duvergier déclarant les doubles nécessaires (I, 492) est une erreur bien plus grave encore. En vain notre savant confrère objecte que celui qui donne un congé constaté par acte simple se met à la disposition de l'autre partie : l'objection n'est pas sérieuse et reçoit deux réfutations pour une. La première, c'est que M. Duvergier confond la question de preuve avec la question de validité; que si celui qui donne un congé constaté par acte simple a l'imprudence de laisser cet acte à la discrétion de l'autre partie, qui pourra le supprimer ou en nier l'existence, ce sera comme s'il s'était contenté d'un congé verbal, qu'on aurait également pu nier, mais qui n'en sera pas moins efficace, si son existence est reconnue. La seconde, c'est que l'inconvénient, qui est au surplus insignifiant en droit, peut d'ailleurs être fort bien évité quoiqu'il ne soit fait qu'un acte simple, puisque cet acte unique pourra bien être (et c'est ce qu'on fait souvent), non pas un écrit de celui qui donne le congé, mais un écrit de celui qui le reçoit et constatant sa réception (1).

Quant à l'effet du congé, il est clair que c'est de faire cesser les rapports et les qualités mêmes de bailleur et de preneur, et que le locataire, par conséquent, soit qu'il ait été congédié par le propriétaire ou qu'il se soit congédié lui-même, est tenu de sortir et de rendre les lieux libres à l'époque indiquée. S'il refusait de le faire, le propriétaire peut obtenir à bref délai un jugement ordonnant l'expulsion immédiate et qui, si le locataire résiste encore, sera mis à exécution par un huissier faisant porter, au besoin, les meubles sur la voie publique. Avant la loi du 25 mai 1838, la lenteur et les frais du jugement à obtenir décidaient souvent les propriétaires de petits logements à user, contre les locataires obstinés, d'un moyen plus expéditif et moins coûteux : c'était d'enlever les portes et fenêtres, l'escalier même s'il était facile à retirer, de mettre enfin, par tous moyens possibles, ce logement hors d'état d'être habité. Ce moyen, si fâcheux qu'il pût être, n'avait assurément, quoi que dise M. Curasson (p. 303), rien d'illégal, puisque l'action violente ne s'exerçait ni sur l'ex-locataire ni sur ses meubles, mais seulement sur la maison, sur une chose dont le bailleur avait recouvré le droit de jouissance, sur laquelle l'ex-locataire n'avait aucune espèce de droit et dont le propriétaire était évidemment bien libre de faire ce qu'il voulait (2). Mais aujourd'hui que la loi de 1838 a donné, pour les logements n'excédant pas 400 francs à Paris et 200 francs dans les départements, le moyen si prompt et si peu dispendieux d'un jugement du juge de paix exécutoire sur minute et avant l'enregistrement, on aura sans doute rarement recours aux mesures, parfaitement licites, mais quelque peu sauvages, que nous venons de signaler (3).

(1) Curasson (I, p. 289); Troplong (II, 425); Taulier (VI, p. 250).
(2) Troplong (II, n°⁵ 435-442), et arrêt de Nancy, 7 août 1834, rapporté par lui.
(3) Le congé donné à l'un des locataires solidaires est valable même à l'égard des autres locataires. Paris, 18 avr. 1857 (Dev., 57, 2, 507 ; J. Pal., 57, 1067).

1738. — Si, à l'expiration des baux écrits, le preneur reste et est laissé en possession, il s'opère un nouveau bail dont l'effet est réglé par l'article relatif aux locations faites sans écrit.

1739. — Lorsqu'il y a un congé signifié, le preneur, quoiqu'il ait continué sa jouissance, ne peut invoquer la tacite réconduction.

1740. — Dans le cas des deux articles précédents, la caution donnée pour le bail ne s'étend pas aux obligations résultant de la prolongation.

I. — Quand, après l'expiration d'un bail fait pour un temps déterminé, le locataire reste volontairement, et est librement laissé par le locateur, en possession de la chose, ce double fait des deux parties indique assez leur volonté de continuer leurs rapports de locateur et de locataire, et on doit voir là une convention tacite de faire succéder un nouveau bail au précédent bail qui vient d'expirer. Bien entendu, ce nouveau bail sera d'une durée indéterminée et ne finira qu'au moyen d'un congé, comme il a été dit plus haut, puisqu'il se forme tacitement et sans aucune explication. Bien entendu aussi, il faut, pour que cette tacite réconduction ait lieu, que la possession postérieure à l'expiration du précédent bail ait duré assez de temps pour manifester cette volonté des parties : quelques jours de tolérance, et s'expliquant par la difficulté du déménagement ou par toute autre cause, ne suffiraient pas ; et c'est aux juges du fait, en cas de contestation, à décider par l'ensemble des circonstances si cette volonté se trouve ou non suffisamment indiquée.

Le précédent bail n'ayant été fait que pour un temps préfix et aujourd'hui expiré, c'est donc bien un bail nouveau qui commence, comme le dit l'art. 1738, et non pas une prolongation de ce premier bail, comme semblerait le dire l'art. 1740, dont la rédaction n'est pas assez précise. C'est un nouveau bail ; et par conséquent les garanties qui pouvaient accompagner le premier ne s'étendront pas toutes de plein droit à l'autre. Ainsi la caution qui s'était engagée pour l'un ne sera pas tenue pour l'autre, à moins d'un nouveau consentement de sa part ; l'hypothèque que le preneur avait pu donner ne se trouvera pas renouvelée, puisqu'elle ne pourrait résulter que d'un acte authentique. Mais celles des garanties ou clauses particulières du précédent bail qui sont de nature à se renouveler par convention tacite existeront pour le nouveau, puisque, dans ce silence des parties, le nouveau bail se trouve tout naturellement fait sous les mêmes conditions que le précédent. C'est ainsi que la réserve, faite dans le précédent bail, que ce bail sera résilié si le preneur est promu à des fonctions publiques dans un autre lieu, existe évidemment pour le second bail, les circonstances indiquant que le preneur n'a entendu relouer tacitement que sous cette condition (1).

II. — Quand, dans ce même cas de bail à durée préfixe, il y a eu

_____

(1) Rouen, 11 janv. 1849 (Dev., 50, 2, 31).

signification, soit par le bailleur au preneur, soit par celui-ci à celui-là, d'un acte que l'art. 1739 appelle un congé, mais qui n'est plus le congé dont nous avons parlé plus haut (puisque l'un tendait à faire cesser un bail illimité, tandis que celui dont il s'agit ici n'est qu'une protestation contre la formation d'un bail nouveau), la réconduction n'a pas lieu; elle est empêchée par cette protestation. Elle le serait de même, au surplus, dans le cas de bail illimité, par le congé proprement dit qui l'aurait fait cesser, puisque ce congé, en même temps qu'il marquerait la fin du bail courant, impliquerait nécessairement protestation contre la formation d'un autre : on ne vient pas briser un bail qui pouvait durer encore, pour lui en substituer un autre en tout semblable. Elle le serait enfin par une clause prohibitive de réconduction tacite, qui aurait été insérée dans le bail *ab origine* ou stipulée depuis. Mais dans ces trois cas, toutefois, la réconduction ne serait nécessairement écartée qu'autant que la possession postérieure à l'expiration du bail ne durerait pas trop longtemps; car si elle se prolongeait assez, on finirait nécessairement par y voir l'abandon de la précédente volonté et le consentement tacite à un bail nouveau.

Et ce que nous disons du congé donné à l'expiration d'un bail à durée préfixe, il faut le dire aussi de celui qui serait donné pour la fin d'une des périodes d'un bail convenu pour neuf ou douze ans, par exemple, mais avec faculté, pour les parties ou l'une d'elles, de le faire cesser de trois en trois années par un avertissement préalable, congé qui serait ensuite suivi d'une nouvelle possession suffisante pour opérer la réconduction tacite. Ici encore, il y aurait bail nouveau, pouvant toujours cesser par un congé donné suivant l'usage des lieux, et non pas continuation du précédent bail ne pouvant cesser qu'après trois nouvelles années (1).

La réconduction tacite aurait lieu, on le conçoit, pour des meubles aussi bien que pour des immeubles, et, par exemple, pour le mobilier qu'un tapissier m'aurait loué à l'année. Seulement, comme la location des meubles, à la différence de celle des maisons, peut très-bien commencer et finir à toutes époques, on pourrait faire cesser quand on voudrait, de part et d'autre, le bail illimité résultant de la réconduction tacite (comme celui qui aurait été fait expressément, mais sans fixation de sa durée), et sans attendre l'une des quatre ou huit époques de l'année ci-dessus indiquées, pourvu que l'avertissement fût donné avec un délai raisonnable. Il en serait du moins ainsi généralement, et sauf les circonstances qui pourraient dénoter la pensée de faire coïncider la cessation de location des meubles avec les époques de location des appartements.

6° *Des causes de résolution du bail.*

1741. — Le contrat de louage se résout par la perte de la chose

---

(1) Paris, 5 avr. 1850; *Journal du Palais*, 1850, t. II, p. 266.

louée, et par le défaut respectif du bailleur et du preneur, de remplir leurs engagements.

1742. — Le contrat de louage n'est point résolu par la mort du bailleur, ni par celle du preneur.

I. — On comprend de reste qu'il n'est pas nécessaire, pour amener la résiliation du bail, qu'il y ait tout à la fois manquement du bailleur à ses engagements ET manquement du preneur aux siens, comme semble-rait le dire l'art. 1741. Il va sans dire que l'un ou l'autre de ces deux manquements suffit (1).

Pas plus dans les baux à ferme que dans ceux des maisons, la mort même du preneur ne résout le contrat, malgré les inconvénients qui peuvent en résulter pour le bailleur. C'est à celui-ci, s'il tient à ne pas voir passer l'exploitation de sa ferme aux mains des héritiers de son fermier, de s'expliquer à cet égard dans le bail.

Quant au colonage partiaire, nous verrons plus loin (art. 1763, 1764) si notre art. 1742 lui est applicable.

1743. — Si le bailleur vend la chose louée, l'acquéreur ne peut expulser le fermier ou le locataire qui a un bail authentique ou dont la date est certaine, à moins qu'il ne se soit réservé ce droit par le contrat de bail.

SOMMAIRE.

I. Observations et renvoi pour la fausse doctrine de M. Troplong sur la prétendue réalité du droit du preneur.

II. L'art. 1743 s'applique à toute autre aliénation comme à la vente, et aussi bien pour le locataire qui ne possède pas encore que pour celui qui est déjà en jouis-sance : erreur de M. Duranton et de M. Duvergier.

III. Il s'applique de même vis-à-vis d'un second locataire, alors même qu'il serait en possession.

I. — C'est dans cet article que se trouve la base de la théorie si pro-fondément fausse par laquelle M. Troplong a voulu établir la réalité du droit du locataire d'immeubles sous le Code. Puisque tout acquéreur d'un immeuble, dit le savant magistrat, est désormais dans la nécessité de subir le bail dont cet immeuble est l'objet, c'est donc que le droit du bailliste est désormais un droit réel ! Un acheteur, à moins de stipu-lations particulières à cet égard, ne succède pas aux obligations per-sonnelles de son vendeur, et puisque ici l'acheteur est forcé de subir le droit du locataire, c'est que ce droit, de simple *jus ad rem* qu'il était autrefois, est devenu un *jus in re !*

Étrange doctrine, qui ne saurait résister un instant à l'examen du jurisconsulte, et qui, bien loin d'être profitable aux locataires, comme l'a sans doute cru son auteur, les mettrait, au contraire, dans une bien

_____

(1) Du reste, l'action tendant à résiliation est-elle mixte, et par conséquent de la compétence indistinctement du juge de la situation des lieux ou de celui du domicile du locataire, ou seulement personnelle? Dans le premier sens, *voy.* Paris, 10 fév. 1853 (*J. Pal.*, 1853, t. I, p. 328); — en sens contraire, *voy.* Cass. 14 nov. 1832; Caen, 24 janv. 1848; Bourges, 27 fév. 1852 (*J. Pal.*, 1850, t. I, p. 166; 1852, t. I, p. 391).

triste position, si on s'avisait de le prendre au mot... Le preneur a un droit réel, dit-il : ce n'est pas le droit personnel de contraindre le bailleur ou son représentant *à le faire jouir* de la chose, que le bail lui a conféré; c'est le droit réel *de jouir* par lui-même. Eh bien, soit. Dès lors, quand le locataire de la ferme que j'achetai l'an dernier viendra me demander de reconstruire la grange ou les écuries qu'une tempête vient de démolir, je lui répondrai qu'il se méprend singulièrement sur ses droits; que je ne suis pas du tout obligé de le faire jouir, mais seulement forcé de le laisser jouir; qu'il n'a pas du tout un droit personnel auquel correspondait mon obligation personnelle d'entretenir sa jouissance, mais un droit réel qui le met, comme un usufruitier, en rapport direct et exclusif avec la chose; qu'il faut que lui ou ses conseils aient un bandeau bien épais sur les yeux (je prends les expressions de M. Troplong) pour ne pas voir qu'une obligation personnelle n'a pas pu passer, par l'effet d'une vente dans laquelle on n'a rien dit de pareil, de mon vendeur à moi acheteur, et que par conséquent c'est à lui, s'il le juge à propos, de reconstruire les bâtiments tombés, sans qu'il puisse me rien demander à cet égard... Croit-on que cela fît son compte? Aussi n'en est-il pas ainsi. Le preneur acquiert par le bail, non pas un droit réel, mais un droit tout personnel; le bailleur, et comme lui quiconque devient son représentant pour le bail, n'est pas seulement tenu, comme le serait le premier venu, de le laisser JOUIR de l'immeuble (art. 578), il est *personnellement obligé de* le FAIRE JOUIR (art. 1709); et comme le Code, dans l'intérêt des locataires, surtout des locataires ruraux et pour le bien de l'agriculture, a voulu que le preneur qui agit prudemment, c'est-à-dire qui a soin de donner date certaine à son bail, fût désormais toujours assuré de ne pas voir ce bail se briser dans ses mains, il a voulu que tout acquéreur d'un immeuble loué par bail à date certaine fût de plein droit soumis *aux obligations* du bailleur; il a entendu, et c'est là toute la théorie de notre art. 1743 (dont M. Troplong a eu grand tort de chercher l'explication si loin, quand elle est si près), il a entendu que la clause imposant à l'acquéreur l'obligation d'entretenir le bail de la chose fût de plein droit sous-entendue dans tout acte d'aliénation de cette chose... Et cette règle est-elle donc nouvelle, pour que M. Troplong ait tant cherché sans la rencontrer? N'est-elle pas tout simplement, au contraire, l'extension à tous locataires de ce qui existait autrefois pour les locataires d'immeubles du fisc? Dans les ventes de ces biens, dit M. Troplong (II, 480, et I, 11), *la clause d'entretenir le bail était toujours sous-entendue,* et la loi supposait qu'il était intervenu *une convention tacite de ne pas expulser le fermier;* en sorte que l'acquéreur était soumis aux obligations du bailleur, sans aucune ombre de droit réel. Eh bien, ce qui avait alors lieu pour certains immeubles, a maintenant lieu pour tous; ce que la loi faisait quelquefois dans l'intérêt du fisc et de ses locataires, elle le fait maintenant toujours, dans l'intérêt de l'agriculture, de l'industrie, du commerce et de tous les citoyens; la nouvelle règle n'est que la généralisation de l'ancienne, et l'idée si fausse (et non-seulement fausse, mais *impossible*) d'un droit réel chez le locataire n'a pas plus à figurer dans l'une que dans l'autre. Nous renvoyons, au surplus, à ce que nous avons dit sous les art. 526, V, 578, II, et 595, I, pour la réfutation plus complète de cette brillante et profonde erreur, condamnée d'ailleurs, comme on le pense bien, par les auteurs et les arrêts (1).

II. — Si l'on s'en tenait judaïquement au texte de notre art. 1743, sans rechercher sa pensée, on pourrait prétendre que sa règle n'est applicable qu'au cas *de vente*, non aux autres cas d'aliénation, et qu'il n'interdit à l'acheteur que *l'expulsion* du locataire déjà entré en jouissance. C'est, en effet, ce qu'enseignent, du moins pour ce dernier point, M. Duranton (XVII, 139) et M. Duvergier (I, 281). Mais ce n'est là qu'une erreur ; et il faut reconnaître, d'une part, que la règle s'applique à tous acquéreurs, aux échangistes, donataires ou légataires, aussi bien qu'à l'acheteur ; et, d'autre part, qu'elle oblige l'acquéreur de respecter le bail non encore commencé, aussi bien que celui qui est en cours d'exécution (2).

Et d'abord, on ne voit vraiment ni raison ni prétexte pour qu'un échangiste ou un donataire fût ici affranchi de l'obligation qui pèse sur l'acheteur. Le premier n'est pas plus favorable qu'un acheteur, le second l'est moins, et l'intérêt public, en vue duquel est portée notre disposition, est toujours le même dans un cas que dans l'autre. L'agriculture ou l'industrie souffriraient tout autant d'une expulsion opérée par un donataire que de l'expulsion opérée par un acheteur ; et si la loi a parlé du cas de vente, c'est parce qu'il est le plus ordinaire, et avec la pensée bien manifeste de lui assimiler tous les cas d'aliénation. C'est, en effet, ce que reconnaissent eux-mêmes, implicitement, M. Duranton (XVII, 146) et M. Duvergier (I, 556 et 557). Maintenant, quant à la prétendue différence entre le locataire qui est entré en jouissance et celui qui n'y est pas encore, elle reçoit une réfutation encore plus saisissable. D'abord, le motif même de notre règle, le but d'intérêt général que la loi a voulu atteindre, la sécurité qu'elle a entendu assurer à tout locataire qui a soin de donner date certaine à son bail, commandent de respecter aussi bien le bail non commencé que celui qui est en cours d'exécution. Comment ! ce fermier ou ce manufacturier, qui ont loué depuis deux ou trois ans la ferme ou l'usine qu'ils doivent venir occuper dans un mois, vont être réduits à jeter sur le pavé, l'un le nombreux personnel de son exploitation, l'autre les quatre cents ouvriers employés dans la filature ! Est-ce que l'impossibilité d'entrer en jouissance ne serait pas aussi désastreuse que la nécessité d'en sortir ? Notre art. 1743,

---

(1) Delvincourt (t. III); Toullier (III, 388); Proudhon (*Usuf.*, I, 102); Duranton (IV, 73); Ducaurroy (*Thémis*, t. IV); Duvergier (I, 279); Bellot des Minières (le *Droit*, 20 mai 1836); Championnière et Rigaud (IV, 3032); Curasson (p. 330, 2ᵉ édit.); Taulier (VI, p. 210-214); Valenciennes, 23 déc. 1830; Cass., 14 nov. 1832; Caen, 24 janv. 1848 (Dev., 33, 1, 32; 49, 2, 533; *J. Pal.*, 1850, t. I, p. 166). — Cet arrêt de Caen est remarquablement motivé.

(2) Voy., pour le surplus des arrêts, la note mise ci-dessus au bas de l'art. 1713, § IV. Chambéry, 28 nov. 1862 (Dev., 63, 2, 87).

de l'aveu même de M. Duvergier (p. 258, 259), a eu pour but de compléter la réforme commencée par l'Assemblée constituante dans la loi du 28 septembre-6 octobre 1791; or c'était pour toute *résolution du bail*, postérieure ou antérieure à l'entrée en jouissance, que cette loi avait posé le germe d'amélioration que le Code est venu développer. Cela étant, c'est donc bien de toute résolution de bail que le Code entend parler; et s'il se sert du mot *expulsé*, c'est que partout, sous l'ancienne jurisprudence, dans la loi comme dans les écrits de ses interprètes, on répétait que *l'acquéreur pouvait expulser le locataire*, et que les rédacteurs ont cru ne pouvoir mieux faire que de formuler nettement le contre-pied de cette règle, en déclarant qu'aujourd'hui *l'acquéreur ne peut expulser le locataire*. C'est précisément pour mieux caractériser le changement complet et radical qu'ils opéraient, qu'ils ont pris cette expression dont on abuse si singulièrement, et leur pensée bien manifeste est que désormais tout successeur particulier sera tenu (comme l'était le successeur universel) de *respecter et entretenir le bail*. C'est ce qu'a fort bien jugé un arrêt de Dijon de 1827, que M. Troplong (I, 498) a grand tort d'invoquer à l'appui de la prétendue réalité du droit du preneur; car on voit que la fausse idée du droit réel n'a rien à faire dans cette question (1).

III. — Et puisque le propriétaire d'un immeuble ne peut pas, après l'avoir loué par bail à date certaine, conférer même à un acquéreur le droit d'en jouir ou faire jouir au préjudice du locataire, à plus forte raison ne pourrait-il pas conférer ce droit à un autre locataire en signant frauduleusement un second bail; d'où la conséquence que, de deux preneurs successifs, la préférence serait due à celui dont le bail a une date certaine antérieure à l'autre, indépendamment de toute question de possession. En vain on prétendrait qu'un second preneur n'étant pas du tout dans les mêmes conditions qu'un acquéreur du bien, on ne doit rien conclure de celui-ci à celui-là; que la convention tacite et légalement forcée de laisser jouir et faire jouir le premier preneur, si elle est naturelle dans un contrat d'aliénation, est impossible dans un second contrat de bail, puisque ici le second contractant traite précisément pour obtenir cette jouissance de locataire, laquelle ne saurait être légalement retranchée de son contrat, alors qu'elle en est l'objet unique. On répondrait avec raison que si le premier contractant est, de par la loi, plus fort que le second, alors que celui-ci est un acquéreur, c'est-à-dire un propriétaire du bien, à plus forte raison doit-il l'être quand ce dernier n'est lui-même qu'un locataire; qu'un acquéreur pourrait fort bien aussi avoir acheté l'immeuble précisément pour venir l'occuper lui-même, ce qui ne l'empêcherait pas d'être obligé de renoncer à sa jouissance, et de l'interrompre si elle existait déjà, pour laisser exécuter la convention de bail antérieure à son acquisition; que sans doute le second preneur ne pourra pas, comme un acquéreur, être soumis aux

_____

(1) Dalloz (1827, 2, 119); Zachariæ (III, p. 26); Curasson (I, p. 370); Troplong (I, 493 à 497); Dijon, 21 avr. 1827.

deux obligations de laisser exécuter le bail et même de l'exécuter personnellement, mais que si les circonstances ne permettent pas qu'il soit tenu de faire quelque chose, elles ne sauraient aller plus loin, et que si son contrat n'a pas pu lui imposer *l'obligation de faire jouir* le preneur précédent, il n'a pas pu non plus lui donner *le droit de l'empêcher de jouir*.

En un mot, puisque le droit du premier preneur l'emporte sur celui d'un acquéreur postérieur, à plus forte raison l'emportera-t-il sur celui d'un second preneur. Prenons une hypothèse. Pierre, propriétaire d'une ferme, signe en janvier avec Primus, qui fait enregistrer de suite, un bail qui doit commencer en septembre ; en avril, il fait un autre bail à Secundus, qu'il met de suite en possession, mais qui ne donne pas date certaine à son acte ; puis en juin ou juillet il vend la ferme à Tertius. L'acquéreur pourrait, puisque le bail de Secundus n'a pas date certaine, l'expulser de la ferme ; mais il ne pourra pas en septembre s'opposer à l'entrée en jouissance de Primus. Or puisque Primus est ainsi plus fort que Tertius, que lui-même est plus fort que Secundus, comment donc ne serait-il pas plus fort que ce dernier, si c'était à lui qu'il eût à s'adresser ? Comment, s'il n'y avait pas eu vente, Primus n'aurait-il pas pu exiger la dépossession de Secundus, alors que cette dépossession est au pouvoir de Tertius, dont le droit est cependant moins énergique que celui de Secundus ? C'est évidemment le cas de mettre dans la bouche de Primus, parlant à Secundus, l'adage : *Si vinco vincentem te, à fortiori te vincam* (1).

1744. — S'il a été convenu, lors du bail, qu'en cas de vente, l'acquéreur pourrait expulser le fermier ou locataire, et qu'il n'ait été fait aucune stipulation sur les dommages et intérêts, le bailleur est tenu d'indemniser le fermier ou le locataire de la manière suivante.

1745. — S'il s'agit d'une maison, appartement ou boutique, le bailleur paye, à titre de dommages et intérêts, au locataire évincé, une somme égale au prix du loyer, pendant le temps qui, suivant l'usage des lieux, est accordé entre le congé et la sortie.

1746. — S'il s'agit de biens ruraux, l'indemnité que le bailleur doit payer au fermier, est du tiers du prix du bail pour tout le temps qui reste à courir.

1747. — L'indemnité se réglera par experts, s'il s'agit de manufactures, usines, ou autres établissements qui exigent de grandes avances.

---

(1) Nous avons dû donner quelque développement à cette question, parce qu'aucun auteur, à notre connaissance du moins, n'en a saisi la difficulté. Des trois auteurs qui la prévoient, Merlin (v° Bail, § 6, n° 9) ne donne aucun motif de sa solution ; M. Duvergier (1, 283) ne se décide que par application de l'idée fausse, et réfutée plus haut, que le droit conféré au preneur par notre article suppose la possession de ce preneur ; enfin M. Troplong (II, 500) ne voit ici qu'une conséquence de sa fausse doctrine du droit réel.

1748. — L'acquéreur qui veut user de la faculté réservée par le bail, d'expulser le fermier ou locataire en cas de vente, est, en outre, tenu d'avertir le locataire au temps d'avance usité dans le lieu pour les congés.

Il doit aussi avertir le fermier des biens ruraux, au moins un an à l'avance.

1749. — Les fermiers ou les locataires ne peuvent être expulsés qu'ils ne soient payés par le bailleur, ou, à son défaut, par le nouvel acquéreur, des dommages et intérêts ci-dessus expliqués.

I. — Ces différents articles, très-clairement rédigés, ne font naître qu'une seule question : celle de savoir si l'acquéreur a besoin, pour user de la faculté d'expulsion réservée dans l'acte de bail, d'avoir lui-même déclaré, dans son acte d'acquisition, qu'il entendait pouvoir user de cette faculté... En principe, il faut reconnaître, avec M. Duvergier (I, 543) et M. Zachariæ (III, p. 26), qu'une stipulation dans l'acte d'acquisition n'est nullement nécessaire. L'art. 1743 nous a dit que l'acquéreur ne pourrait expulser, à moins qu'il n'y ait réserve dans le bail. Donc, quand cette réserve du bail existe, l'acquéreur peut expulser, et la loi n'exige aucune autre condition. Le locataire, lui, n'a aucune objection à faire, puisque pour lui le bail est tout, et que ce bail stipule le droit d'expulsion ; et quant au bailleur, il est de plein droit réputé avoir cédé à son acquéreur tous les droits qu'il avait quant à la chose vendue, par conséquent ce droit d'expulsion comme les autres, et c'est à lui, s'il prétend que la pensée commune qui a présidé à l'acte d'aliénation était différente, à faire preuve de cette pensée différente. Mais en constatant ces principes, que Delvincourt, M. Duranton (XVII, 148) et M. Troplong (II, 511) ont méconnus, il faut dire aussi que les circonstances pourront souvent révéler chez les parties une intention contraire, et que les juges devront alors, pour ne pas soumettre l'aliénateur à un payement de dommages-intérêts qu'il a entendu éviter, refuser à l'acquéreur le droit d'expulsion, que son contrat lui enlève virtuellement (1).

Il est évident, au surplus, d'après notre explication de l'article précédent, que la dette de dommages-intérêts et l'obligation d'avertir à l'avance existent aussi bien vis-à-vis du locataire dont la jouissance n'a pas encore commencé que pour celui qui occupe déjà le bien. Ainsi, quand j'ai loué à Paris, pour plusieurs années, par bail ayant date certaine, mais qui contient la faculté pour le bailleur de résilier en cas d'aliénation, une maison dont mon entrée en jouissance devait commencer quelques jours après le moment où elle est vendue, l'acheteur sera tenu de m'en laisser jouir pendant six mois, et de me payer (si le

(1) Le locataire dont le bail stipule qu'en cas de vente ou d'échange de la propriété le bail sera résilié, ne peut, en cas d'expropriation pour utilité publique, réclamer de l'expropriant une indemnité à fixer par le jury. Paris, 24 fév. 1860 ; Cass., 13 mars 1861 (Dev., 61, 1, 501). *Contrà* : Rouen, 12 fév. 1847 (Dev., 48, 2, 591).

vendeur ne me la paye pas) une somme égale à six mois de loyer. S'il s'agissait d'un simple appartement, ce serait (au lieu de six mois) trois mois ou six semaines, selon que le loyer serait ou non de plus de 400 fr.

1750. — Si le bail n'est pas fait par acte authentique, ou n'a point de date certaine, l'acquéreur n'est tenu d'aucuns dommages et intérêts.

I. — Quand le bail n'a pas date certaine, l'une des deux conditions imposées plus haut à l'acquéreur pour résilier ce bail, celle de payer lui-même les dommages-intérêts si le bailleur ne les paye pas, dispa-raît, et le règlement de l'indemnité est une question qui ne peut s'agi-ter qu'entre le bailleur et celui auquel il a loué. Quant à la seconde condition, celle d'avertir le locataire à l'avance, elle doit toujours être remplie, et on ne s'explique pas que le contraire ait été jugé par un ancien arrêt et soit même enseigné, à ce qu'il paraîtrait, par des profes-seurs de l'École de Paris (1). Ce n'est plus seulement le droit, c'est l'humanité même, qui ne permet pas de jeter dehors, du jour au lende-main, une famille qui se trouverait ainsi sans abri! Dans l'ancien droit lui-même, qui ménageait si peu les locataires, jamais l'acquéreur ne pouvait expulser en sur-terme. Pothier, qui se fait à lui-même l'objec-tion que rien ne peut faire naître en droit une pareille obligation, ré-pond qu'il y a des obligations formées par la seule équité naturelle et par la loi de charité que les hommes doivent avoir les uns pour les autres, et que celle-ci est du nombre. Le Code, qui a tant amélioré la condition des locataires, n'a certes pas entendu permettre contre eux cette espèce de cruauté, que l'ancienne jurisprudence elle-même n'ad-mettait pas; et quand il a soin de dire que le défaut de date certaine fera cesser l'une des deux obligations, c'est bien évidemment pour indi-quer qu'il laissera subsister l'autre (2).

1751. — L'acquéreur à pacte de rachat ne peut user de la faculté d'expulser le preneur, jusqu'à ce que, par l'expiration du délai fixé pour le réméré, il devienne propriétaire incommutable.

I. — Dans l'ancien droit, les arrêts refusaient aux acheteurs à ré-méré, tant que le délai du rachat n'était pas expiré, le droit d'expulser les locataires; et quoique Pothier (n° 295) combattît cette jurispru-dence, c'est elle que le Code, toujours favorable à ces locataires, érige

---

(1) Turin, 21 juin 1810; Répétitions de M. Mourlon (3e Exam., p. 241).
(2) Pothier (n° 297); Bourjon (l. 4, t. 4, ch. 6, sect. 8, n° 74); Louet (lett. L, n° 11); Duranton (XVII, 144); Duvergier (I, 546); Troplong (II, 518); Taulier (VI, p. 256); Bruxelles, 13 vend. an 13.
En matière d'expropriation pour cause d'utilité publique, la partie expropriante ne doit aucune indemnité aux locataires qui ne justifient pas d'un bail ayant date cer-taine avant l'expropriation. Cass., 16 fév. 1847; Paris, 16 mai 1854; Lyon, 16 mars 1855. — Sic : Cotelle (Dr. admin., t. II, p. 354); Dufour (Dr. admin., t. V, n° 467). Contrà : Lyon, 7 août 1855; Grenoble, 30 août 1856; Cass., 17 avr. 1861; Daffry de la Monnoye (Expropr., p. 358); de Peyronny et Delamarre (Expropr., p. 525). Voy. encore Rev. prat. (t. I, p. 80), et Gazette des trib. du 19 mai 1854.

ici en règle légale. Et, bien entendu, cette règle est faite pour tous les baux, aussi bien pour ceux qui n'ont pas date certaine que pour les autres, et nous ne comprenons pas que M. Duranton (XVII, 154) et M. Demante (III, 441) aient vu là une question. Puisque, d'après l'article 1743, les acquéreurs d'immeubles loués par bail à date certaine ne peuvent plus expulser aujourd'hui, à la différence de l'ancien droit, alors même qu'ils sont propriétaires incommutables, ce n'est donc pas pour eux, mais précisément pour ceux d'immeubles loués sans date certaine (ou avec réserve du droit d'expulser), qu'est écrite la règle particulière de notre article.

Un point qui peut beaucoup mieux faire question et dont ne parle aucun auteur, c'est celui de savoir si ce que notre article dit pour la vente à réméré ne devrait pas s'appliquer à toute vente faite sous une condition résolutoire. On peut dire pour la négative qu'il s'agit là d'une faveur toute spéciale, qu'en principe un bail sans date certaine ne devrait être opposable à aucun acquéreur, puisque rigoureusement il est pour lui comme n'existant pas, et que si la loi a bien voulu déroger à ce principe contre l'acquéreur à pacte de rachat, ce n'est pas une raison pour étendre la dérogation à tous acquéreurs sous condition résolutoire. Pour l'affirmative, on répondrait que le cas de réméré n'est et ne peut être ici qu'un exemple, qu'un cas particulier d'application d'un principe qu'il faut prendre dans sa généralité, à savoir, que si le locataire par bail sans date certaine peut être expulsé par un nouveau propriétaire, il ne peut l'être du moins que par un *propriétaire incommutable*. « Tant que l'acquéreur, disaient les anciens arrêts, peut lui-même être évincé par son vendeur, il ne faut pas qu'il puisse évincer le locataire qui tient droit de ce vendeur. » (Brodeau, sur Louet, L, ch. 4.) Or qu'importe que la résolution du droit de l'acquéreur dépende du rachat du vendeur ou de toute autre condition ?... Nous croyons cependant que la question doit se résoudre négativement, attendu qu'il existe entre le cas de réméré une différence suffisante pour motiver la restriction de la règle au cas unique qu'elle prévoit. Dans la vente à réméré, en effet, la résolution du droit de l'acheteur n'est pas seulement possible, elle est *très-probable,* puisque c'est précisément dans le but de reprendre son bien que le vendeur a stipulé le droit de réméré, et que tous ses efforts tendront à réaliser ce réméré, tandis que, dans les autres cas, cette résolution est purement éventuelle. Or c'est précisément sur cette grande probabilité du rachat que se fonde la règle de l'ancienne jurisprudence et du Code, et ceci explique pourquoi celui-ci comme celle-là n'ont parlé, et n'ont entendu parler, que du cas de vente à réméré.

SECTION II.

DES RÈGLES PARTICULIÈRES AUX BAUX A LOYER.

Après s'être occupé, dans la section précédente, des règles communes aux baux des maisons et aux baux des biens ruraux, le Code va tracer ici les règles particulières aux baux de la première espèce, pour arriver, dans les sections suivantes, à celles qui sont particulières à la seconde. Mais un bail peut quelquefois embrasser les diverses espèces. de biens tout ensemble, quoiqu'il soit bien entendu qu'on n'a voulu faire qu'une seule et unique location, portant indivisément sur la totalité des choses louées. Ainsi, le bail d'une usine peut, avec le bâtiment industriel, la maison d'habitation et les machines, des matières premières ou autres choses mobilières, comprendre aussi, soit des prés ou herbages destinés à faire sécher les produits, à les faire blanchir, à nourrir les animaux de l'établissement, soit des bois destinés à l'entretien des feux ou même à l'approvisionnement des matières premières (comme dans les charbonneries), soit de vastes terrains devant fournir les sables, argiles, terres, pierres, kaolins, etc., nécessaires à l'exploitation (comme dans les briqueteries, faïenceries, porcelaineries, etc.). La principale règle à suivre ici, dans la supposition d'un bail unique, c'est de distinguer dans ce bail le principal et l'accessoire. Si le bail a pour objet principal l'usine, et que les autres objets n'en soient que des dépendances, c'est un bail à loyer; si, au contraire, on avait loué un vaste domaine rural dont un moulin à blé, à papier, ou autre usine, ne serait qu'un accessoire, le bail serait pour le tout un bail à ferme. Ceci dit, occupons-nous des baux à loyer.

1752. — Le locataire qui ne garnit pas la maison de meubles suffisants, peut être expulsé, à moins qu'il ne donne des sûretés capables de répondre du loyer.

I. — Le locataire doit, à peine de voir prononcer la résolution du bail, garnir les lieux de meubles suffisants. Mais quand les meubles seront-ils réputés suffisants? Faut-il, parce que l'art. 2102, 1°, donne privilège au bailleur pour tout ce qui est échu et tout ce qui est à échoir, dire que le mobilier doit être assez considérable pour répondre de toute la durée de la location? Évidemment non, car le propriétaire n'est nullement forcé de laisser accumuler tous les loyers; et s'il est raisonnable qu'il n'agisse pas rigoureusement à défaut de payement d'un seul terme, il est raisonnable aussi qu'il n'attende pas trop longtemps, et il ne peut pas se plaindre quand le mobilier du locataire est suffisant pour produire, par la vente qui en serait faite, le montant de deux ou trois termes, en sus des frais de la vente (1). Il est, du reste, évident que si une règle était fixée à cet égard par l'usage des lieux, les juges devraient la consulter avant tout; que, si la destination donnée à la chose par le bail lui-même ne comportait pas un mobilier suffisant même pour répondre d'un seul terme, comme seraient, par exemple, une salle d'armes ou une salle de danse, le bailleur ne pourrait pas s'en plaindre. Il va sans dire aussi que la résolution autorisée par notre article, qui n'est qu'un cas d'application du principe posé par l'art. 1741, ne saurait jamais avoir lieu de plein droit

(1) Delvincourt; Duranton (XVII, 157); Duvergier (II, 531).

et devrait être prononcée par la justice après examen des circonstances (1). Le locataire peut, au surplus, échapper à cette résolution, en remplaçant la garantie que le mobilier devait donner au propriétaire par une hypothèque, une caution ou toute autre sûreté suffisante (2).

1753. — Le sous-locataire n'est tenu envers le propriétaire que jusqu'à concurrence du prix de sa sous-location dont il peut être débiteur au moment de la saisie, et sans qu'il puisse opposer des payements faits par anticipation.

Les payements faits par le sous-locataire, soit en vertu d'une stipulation portée en son bail, soit en conséquence de l'usage des lieux, ne sont pas réputés faits par anticipation.

I. — Le sous-locataire, par cela même qu'il occupe les lieux appartenant au bailleur, est tenu directement envers lui ; et ce n'est pas seulement en vertu de l'art. 1166, et comme exerçant les droits du locataire principal, que ce bailleur peut agir contre le sous-locataire pour se faire payer quand le locataire ne paye pas, c'est aussi comme créancier direct de ce sous-locataire, à raison de l'habitation de celui-ci dans sa maison (3). Toutefois, comme le bailleur et le sous-locataire n'ont point contracté entre eux, et que celui-ci ne peut pas être obligé au delà des limites du sous-bail, c'est seulement pour la portion de prix de ce sous-bail par lui due qu'il est tenu envers le propriétaire. Pour cette portion, le sous-locataire est, nous le répétons, personnellement tenu envers le bailleur, aussi bien qu'envers le locataire ; il ne doit pas, dès lors, la payer à celui-ci, quand le moment de le faire n'est pas arrivé, et tout payement fait par anticipation, fût-il constaté par acte authentique, serait comme non avenu vis-à-vis du bailleur, qui pourrait, à défaut du payement par le locataire, contraindre le sous-locataire à payer une seconde fois. Du reste, la loi ne regarde pas comme faits par anticipation les payements qui, bien que faits à l'avance, ne le seraient qu'en exécution d'une clause du sous-bail ou en conséquence de l'usage des lieux.

De même que le sous-locataire ne peut jamais être tenu envers le propriétaire que dans les limites de sa sous-location, de même le propriétaire ne peut être tenu envers lui que dans les limites du bail principal par lui consenti, et du moment que ce bail serait résolu pour défaut de payement par le locataire, le sous-locataire ne pourrait pas,

(1) Dans la pratique, l'expulsion est prononcée sur référé. *Voy.* M. de Belleyme (Form. 66, p. 104). — Mais on n'admet pas la même forme dans le cas de bail de biens ruraux (art. 1766). *Voy.* Paris, 10 déc. 1851 (Dall., 53, 2, 16).

(2) Dans le cas où, par suite de la vente des meubles du preneur, les lieux se trouvent dégarnis, le bailleur est fondé à réclamer la sous-location de l'immeuble loué aux risques du preneur, et cette sous-location peut être effectuée par la mise en vente aux enchères publiques du droit au bail. Aix, 6 mars 1867 (*J. Pal.*, 67, 452).

(3) Duranton (XVII, 161); Duvergier (II, 539); Troplong (547, 548); Paris, 10 mai 1849; Cass., 24 janv. 1853 (*J. Pal.*, 49, 2, 98; 53, 1, 219).

encore bien qu'il ne dût rien et qu'il eût peut-être payé d'avance le terme à courir, exiger d'être maintenu en possession : le bail tombant, le sous-bail tombe avec lui, puisque le droit du sous-locataire n'est qu'une délibation du droit, aujourd'hui résolu, du locataire principal. C'est en vain que M. Duvergier (I, 539) a voulu nier cette doctrine, en se fondant sur ce qu'on maintient les baux faits par un grevé de substitution, par un donataire, par un adjudicataire dont les titres sont ensuite révoqués. Quand celui qui a loué était propriétaire (et il suffirait même qu'il eût été seulement propriétaire apparent), le locataire a dû compter sur le bail pour toute sa durée, et comme ce bail n'est qu'un acte d'administration, il n'est pas résolu par la résolution du droit du bailleur. Mais quand la location n'a été faite que par un locataire, le sous-locataire a su qu'il ne traitait pas avec un propriétaire, il a su que le maintien de sa location dépendrait du maintien du droit de celui avec qui il contractait, et il ne pourrait exiger la continuation de sa jouissance qu'en se mettant au lieu et place du locataire et en offrant au propriétaire de payer tout ce que devrait payer ce locataire. L'erreur de M. Duvergier, adoptée sans examen ni discussion par M. Zachariæ (III, p. 23), est avec raison condamnée par tous les auteurs et arrêts (1).

II. — Notre article s'applique aussi bien aux baux à ferme qu'aux baux à loyer; c'est comme règle commune à toute espèce de baux et pour être inséré dans la section précédente qu'il avait été proposé par la Cour de Lyon (car il n'existait pas dans le projet) et adopté par le conseil d'État; et c'est par inadvertance que, lors du remaniement général et peu réfléchi qui eut lieu plus tard, on l'a fait passer dans notre section (2).

On comprend aussi, d'après ce que nous avons dit sous l'art. 1717, n° II, que la règle écrite ici pour le sous-locataire s'appliquerait également, *mutatis mutandis*, à un cessionnaire du bail, c'est-à-dire que le bailleur, à défaut de payement par le locataire, aurait aussi ce cessionnaire pour débiteur direct, pour ce que celui-ci devrait à son cédant; et que d'autre part ce cessionnaire ne pourrait exiger son maintien en jouissance après résolution du droit du cédant pour défaut de payement.

1754. — Les réparations locatives ou de menu entretien dont le locataire est tenu, s'il n'y a clause contraire, sont celles désignées comme telles par l'usage des lieux, et, entre autres, les réparations à faire,

Aux âtres, contre-cœurs, chambranles et tablettes des cheminées;

Au recrépiment du bas des murailles des appartements et autres lieux d'habitation, à la hauteur d'un mètre;

---

(1) Duranton (XVII, 159); Troplong (II, 544); Curasson (I, 50 *ter*); Rennes, 13 nov. 1810; Paris, 15 juin 1835; Paris, 30 juin 1836; Bordeaux, 25 juill. 1844 (*J. Pal.*, 38, 1, 312; Dev., 45, 2, 42).
(2) Fenet (IV, p. 201); Toulouse, 5 fév. 1845 (Dev., 45, 2, 279; *J. Pal.*, 45, 1, 624).

Aux pavés et carreaux des chambres, lorsqu'il y en a seulement quelques-uns de cassés;

Aux vitres, à moins qu'elles ne soient cassées par la grêle ou autres accidents extraordinaires et de force majeure, dont le locataire ne peut être tenu;

Aux portes, croisées, planches de cloison ou de fermeture de boutiques, gonds, targettes et serrures.

1755. — Aucune des réparations réputées locatives n'est à la charge des locataires, quand elles ne sont occasionnées que par vétusté ou force majeure.

1756. — Le curement des puits et celui des fosses d'aisance sont à la charge du bailleur, s'il n'y a clause contraire.

I. — La règle à suivre en cette matière, et dont nos articles ne font que donner des exemples, c'est l'usage des lieux, comme le déclare l'art. 1755. On peut voir, à cet égard, les ouvrages spéciaux de Piales, Goupy, Desgodets et Lepage. Disons seulement que les principes de la matière se réduisent à cette idée : Que le locataire n'est tenu que des endommagements qui sont censés provenir d'un usage abusif ou immodéré des choses, du défaut de soin, de sa faute enfin; et qu'il n'est pas responsable des dommages résultant, soit de vices des matières ou de la construction, soit de vétusté ou d'événements de force majeure, soit de l'usage soigneux et régulier des choses. C'est ainsi qu'il doit en général la réparation des chambranles et tablettes de cheminées fêlées, parce qu'il est présumé les avoir fêlées lui-même, tandis qu'il ne la devrait plus s'il prouvait que les fêlures ne sont que le résultat de la mauvaise qualité des marbres. C'est ainsi que s'il doit réparer les pavés cassés en petit nombre, parce qu'il est réputé les avoir brisés en frappant dessus, il ne doit plus réparer ceux dont la généralité serait cassée, parce qu'alors leur mauvais état est présumé provenir, sauf preuve contraire par le bailleur, de la vétusté ou de la mauvaise qualité de ces pavés.

1757. — Le bail des meubles fournis pour garnir une maison entière, un corps de logis entier, une boutique, ou tous autres appartements, est censé fait pour la durée ordinaire des baux de maisons, corps de logis, boutiques ou autres appartements, selon l'usage des lieux.

1758. — Le bail d'un appartement meublé est censé fait à l'année, quand il a été fait à tant par an;

Au mois, quand il a été fait à tant par mois;

Au jour, s'il a été fait à tant par jour.

Si rien ne constate que le bail soit fait à tant par an, par mois ou par jour, la location est censée faite suivant l'usage des lieux.

I. — L'art. 1757, par une simple présomption qui céderait à toute circonstance indiquant une pensée différente chez les contractants, donne pour durée, dans le silence des parties, au bail de meubles loués pour garantir un logement, non pas le temps pour lequel ce logement est lui-même loué par le locataire des meubles, mais le temps pour lequel un logement de ce genre se loue, d'après l'usage des lieux, à défaut d'explication des parties. Ainsi, peu importe que le logement à garnir de meubles soit ou non loué pour un temps préfix, ou qu'il ne soit pas même loué du tout (parce que le locataire des meubles serait le propriétaire même de la maison, venant y résider pour quelque temps, ou un ami à qui le propriétaire prêterait ce logement) ; dans tous les cas, la location des meubles se trouvera faite, à moins de quelque circonstance indiquant le contraire, pour le temps que durerait, d'après l'usage du pays, le bail fait de ce même logement, sans indication de la durée.

Bien entendu, la présomption cesserait, non pas comme l'enseignent M. Duvergier (II, 233) et M. Troplong (II, 599), par cela seul que, le bail de la maison étant fait pour une durée préfixe, le locateur des meubles aurait connu cette durée (car on peut fort bien ne pas vouloir louer les meubles pour autant de temps que la maison), mais si la durée de l'occupation de la maison (comme locataire ou autrement, peu importe) avait été indiquée à ce locateur de meubles comme renseignement relatif à la location de ces meubles. Elle devrait cesser encore, comme l'indique l'analogie de l'art. 1758, si la location avait été faite à tant par mois, par semaine ou par jour, puisque cette circonstance accuse la pensée que le bail pourra finir après chaque mois, chaque semaine ou chaque jour, ou se renouveler par tacite réconduction à la fin de chaque période (1).

1759. — Si le locataire d'une maison ou d'un appartement continue sa jouissance après l'expiration du bail par écrit, sans opposition de la part du bailleur, il sera censé les occuper aux mêmes conditions, pour le terme fixé par l'usage des lieux, et ne pourra plus en sortir ni en être expulsé qu'après un congé donné suivant le délai fixé par l'usage des lieux.

N. B. — Cet article se trouve expliqué par ce qui a été dit sous l'art. 1738, dont celui-ci n'est que l'application, on pourrait même dire la reproduction, en tant qu'il s'agit de baux de maisons.

1760. — En cas de résiliation par la faute du locataire, celui-ci est tenu de payer le prix du bail pendant le temps nécessaire à la relocation, sans préjudice des dommages et intérêts qui ont pu résulter de l'abus.

_____

(1) La présomption établie par l'art. 1758 n'est pas applicable au bail d'un hôtel garni. Cass., 6 nov. 1860 (Dev., 61, 1, 153).

I. — Quand c'est par la faute du locataire que le propriétaire est forcé de faire prononcer la résiliation, ce locataire répond des loyers pendant le temps nécessaire à la relocation, c'est-à-dire pendant tout le terme (calculé suivant l'usage des lieux) qui suit sa sortie, si le logement ne se trouve pas reloué plus tôt, sans préjudice, bien entendu, de la réparation des dommages qu'il a pu causer par une jouissance plus ou moins abusive (1).

1761. — Le bailleur ne peut résoudre la location, encore qu'il déclare vouloir occuper par lui-même la maison louée, s'il n'y a eu convention contraire.

1762. — S'il a été convenu, dans le contrat de louage, que le bailleur pourrait venir occuper la maison, il est tenu de signifier d'avance un congé aux époques déterminées par l'usage des lieux.

I. — A Rome et dans notre ancien droit, le bailleur pouvait toujours expulser son locataire, quand c'était pour habiter la maison lui-même. Le Code n'a pas voulu reproduire un pareil privilége, et le bailleur ne peut pas plus pour cette cause que pour une autre résoudre le contrat qu'il a passé, s'il n'y a eu convention spéciale à cet égard. Quand cette convention existe, le bailleur peut toujours en user, à la seule condition d'avertir à l'avance son locataire aux délais fixés par l'usage. Il est vrai que M. Duvergier demande davantage et prétend (II, 10) que ce bailleur doit aussi, dans ce cas, des dommages-intérêts; mais c'est une erreur manifeste. Le Code, qui a eu si grand soin d'indiquer, pour le cas d'aliénation, la double obligation de donner congé d'avance et de payer des dommages-intérêts dont il détermine la quotité pour chaque hypothèse, se garde bien ici, en reproduisant la première obligation, de poser aussi la seconde; et quand on remarque que cet affranchissement de tous dommages-intérêts a été formellement énoncé au conseil d'État, qu'il n'est d'ailleurs que la continuation de ce qui existait dans le dernier état de la Coutume de Paris, et qu'en effet ce cas est bien plus favorable que celui d'un bailleur qui vend la chose louée, puisque celui-ci n'expulse son locataire que par spéculation et pour tirer de sa vente un bénéfice plus grand (bénéfice qu'il serait inique de lui procurer au détriment du preneur), on s'étonne de la solution de M. Duvergier, condamnée du reste, et avec raison, par les auteurs qui ont écrit après lui (2).

Il va sans dire que si, sous le prétexte d'occuper la maison lui-même, le bailleur n'expulsait le locataire que pour louer ensuite à un autre, ce serait une fraude dont il répondrait; et le locataire expulsé aurait, dans ce cas, le choix ou de demander seulement des dommages-intérêts ou d'exiger sa rentrée dans les lieux avec dommages-intérêts encore.

(1) Bordeaux, 19 mai 1849; Cass., 1er juill. 1851.
(2) Pothier (n° 337); Fenet (XIV, p. 253); Zachariæ (III, p. 28); Troplong (II, 626); Taulier (VI, p. 265).

SECTION III.

DES RÈGLES PARTICULIÈRES AUX BAUX A FERME.

1763. — Celui qui cultive sous la condition d'un partage de fruits avec le bailleur, ne peut ni sous-louer ni céder, si la faculté ne lui en a été expressément accordée par le bail.

1764. — En cas de contravention, le propriétaire a droit de rentrer en jouissance, et le preneur est condamné aux dommages et intérêts résultant de l'inexécution du bail.

SOMMAIRE.

I. Qu'appelle-t-on bail à ferme et biens ruraux? Erreur d'un arrêt de Paris. — On distingue le bail à ferme proprement dit et le bail à métairie.
II. Ce dernier est tout ensemble bail et société; il contient, de droit, l'interdiction de céder ou sous-louer. Mais il ne se résout pas par la mort du preneur. Erreur de M. Troplong.

I. — Les baux à ferme sont ceux des biens ruraux, et on entend par biens ruraux ceux qui produisent des fruits naturels ou industriels que le locataire a le droit de percevoir et qui sont le principal objet de sa location. Ainsi, quand des terres labourables, des prés, bois, vignes, herbages, jardins maraîchers, sont loués comme objet principal de la location, de sorte que les bâtiments d'habitation et d'exploitation, si considérables qu'ils puissent être, n'en sont que l'accessoire pour le locataire, le bail est un bail à ferme; mais si, au contraire, la maison d'habitation était le principal objet de la location, la circonstance qu'un jardin produisant des fruits, un verger, un herbage, un petit bois, etc., dépendent de cette location, n'empêcherait pas le bail d'être un bail à loyer. La Cour d'appel de Paris a donc commis une erreur lorsque, par arrêt du 16 juin 1825, elle a déclaré bien rural, donnant lieu dès lors à l'application de l'art. 1746, *un chantier!* Un chantier ne donne pas de récolte, ce n'est point un bien de campagne, un bien rural, et sa location n'est point un bail à ferme; c'est un bail à loyer, donnant lieu, non pas sans doute à l'application de l'art. 1745, mais à celle de l'article 1747.

Le bail à ferme est de deux espèces : le *bail à ferme* proprement dit, dans lequel le locataire paye une redevance, soit en argent, soit en denrées, soit partie en argent et partie en denrées, et porte le nom de *fermier;* puis le *bail à colonage* ou à *métairie,* dans lequel le locataire jouit moyennant un partage des fruits à moitié, et prend le nom de *colon, colon partiaire* ou *métayer.*

II. — Le bail à colonage tient du louage et de la société : du louage, puisque le colon vient seul occuper les lieux et les exploiter, en abandonnant au bailleur, pour prix de la location, la moitié des produits; de la société, puisque le propriétaire met en commun la jouissance de ses terres, en fournissant même ordinairement les semences par moitié, pour recueillir la moitié des fruits, pendant que le métayer apporte son travail et son industrie. Si donc il ne faut pas dire, comme M. Duvergier (I, 99; II, 87), que c'est un véritable bail à ferme, il ne faut pas non plus, comme Cujas, dont le système a été consacré par deux arrêts de Limoges et se trouve, sinon adopté, du moins présenté avec trop de complaisance par M. Troplong (II, 638), y voir exclusivement une société. La vérité est entre les deux extrêmes; il y a là mélange des deux contrats, et on serait assurément mal venu à repousser ici l'idée de louage, aujourd'hui que la loi, qui avait sans doute bien le droit de dire aussi son mot dans cette dispute de nos vieux docteurs, a cru devoir faire dominer cette idée de louage, et placer dans le titre du louage le contrat mixte qui nous occupe. C'est ce que la Cour de Limoges elle-même a fini par reconnaître et ce qui est proclamé plus nettement encore par un arrêt de la Cour de Nîmes (1).

C'est parce que le bail à métairie, en même temps que le louage, est aussi société et se forme, plus qu'un autre bail, de la part du bailleur surtout, en considération de la personne du contractant, que la loi refuse ici au preneur, à moins de convention contraire, la faculté généralement accordée aux locataires de céder ou sous-louer. Mais cette dérogation à l'art. 1717 n'est certes pas une raison de déroger aussi à l'art. 1742, en disant comme M. Troplong (II, 645), que le bail serait ici résilié par la mort du preneur (2). La loi a fait, à raison de la nature particulière de ce bail, ce qu'elle a cru devoir faire, nous n'avons pas le droit d'aller plus loin qu'elle, et c'est au bailleur, s'il ne veut pas avoir affaire avec l'héritier du preneur, de s'expliquer à cet égard en louant. En vain M. Troplong prétend que la défense légale de céder ou sous-louer doit entraîner comme conséquence la résiliation par décès du preneur. C'est une erreur; car il est infiniment moins grave, pour un bailleur, d'être exposé seulement à voir passer ses terres, plus tard et pour le seul cas de décès du preneur de son choix, aux mains de l'héritier de ce preneur (héritier qu'il connaît peut-être, qu'il peut savoir capable de continuer la bonne exploitation de son auteur, qui est souvent un fils exploitant déjà la métairie avec son père, et qu'il y a d'ailleurs espoir de ne voir arriver que dans bien des années), que de courir le danger de voir la métairie passer, dès qu'il plaira au preneur, dans les mains d'un individu étranger à ce preneur et complétement inconnu du bailleur. Aussi est-il bien certain, et M. Troplong n'a pas songé à cette idée qui réfute péremptoirement son argument, que la clause par laquelle un locateur ordinaire interdit à son locataire de céder ou sous-louer n'entraîne nullement comme conséquence la résiliation par le décès de ce locataire! Quant à l'art. 1865, il est clair qu'on ne peut pas l'invoquer, puisqu'il n'est fait que pour la société qui est seulement société, non pour la société-louage qui nous occupe. La preuve en est bien palpable, puisque, s'il était applicable, notre bail serait aussi

_____

(1) Limoges, 21 fév. 1839 et 6 juill. 1840 (Dev., 39, 2, 406; 41, 2, 167). — Limoges, 26 août 1848; Nîmes, 14 août 1850 (Dev., 49, 2, 321; 50, 2, 477; Dall.; 49, 2, 113; 51, 2, 144).
(2) *Adde :* Grenoble, 20 mars 1863 (Dev., 63, 2, 108; *J. Pal.*, 63, 242).

résolu par la mort même du bailleur, ce que M. Troplong lui-même reconnaît impossible (n° 647). L'art. 1742, écrit pour tous baux, soit de maisons, soit de biens ruraux, et auquel rien ne déroge pour le bail à métairie, reçoit donc pour lui son application, et la doctrine de M. Troplong n'est qu'une erreur, condamnée avec raison par les autres auteurs (1).

1765. — Si, dans un bail à ferme, on donne aux fonds une contenance moindre ou plus grande que celle qu'ils ont réellement, il n'y a lieu à augmentation ou diminution de prix pour le fermier, que dans les cas et suivant les règles exprimés au titre *De la Vente*.

I. — Le Code renvoie ici aux dispositions de art. 1617-1623, et nous n'avons nous-même qu'à renvoyer à l'explication de ces articles, explication dans laquelle nous avons relevé diverses erreurs soit de M. Duvergier, soit de M. Troplong. C'est ainsi que ce dernier auteur, par une doctrine sur laquelle il insiste de nouveau dans le commentaire de notre article (n° 654), mais qui n'en est pas moins erronée, prétend que l'acheteur ne pourrait pas, au cas prévu par l'art. 1617, et dans la supposition d'une contenance moindre que celle déclarée au contrat par le vendeur, faire résoudre la vente en prouvant que le déficit de contenance rend le terrain impropre à la destination pour laquelle il l'achetait. Ainsi, il lui fallait, pour la création d'une usine ou de tout autre établissement, 3 hectares de terrain au moins ; le vendeur a déclaré que son terrain était de 3 hectares 25 ares, et il n'est, au contraire, que de 2 hectares 75 ares. Tant pis pour l'acheteur, dit M. Troplong ; il ne devait pas acheter sans s'être assuré de la contenance ! En vérité, une pareille réponse n'est pas sérieuse. Sans doute, si le vendeur n'avait rien déclaré et que l'acheteur se contentât de dire qu'il avait pensé, qu'il lui avait paru que le terrain avait au moins 3 hectares, il ne serait pas écouté. Sans doute cet acheteur a dû s'assurer de la contenance. Mais il n'était pas tenu apparemment de s'en assurer par tel mode plutôt que par tel autre ! Le mode le meilleur et le plus juridique était assurément d'en faire une clause même de son contrat ! Et ce n'est certes pas *vis-à-vis de son vendeur* que la déclaration précise et formelle *de ce vendeur* peut être insignifiante ! C'était à ce vendeur, dira-t-on, avec grande raison, en retournant l'étrange argument de M. Troplong, de ne pas faire une pareille déclaration, s'il n'était pas sûr de la contenance. Il est en faute de l'avoir faite, et ce n'est certes pas à lui de venir dire que l'acheteur est en faute et doit être puni pour avoir cru à son affirmation, devenue clause expresse du contrat !!!

Ce principe, au surplus, sera plus rarement applicable au louage qu'à la vente ; car on peut toujours cultiver une plus petite ferme aussi bien qu'une plus grande, et il sera généralement difficile à un fermier de

(1) R. de Villargues (v° Bail part. 8); Duranton (XVII, 178); Duvergier (II, 91); Zachariæ (III, p. 33); Taulier (VI, p. 266).

prouver qu'il n'aurait pas loué si le bailleur n'avait pas déclaré une fausse contenance. Mais s'il faisait pourtant cette preuve ; si un fermier, qui ne voulait quitter sa ferme actuelle de 15 hectares que parce qu'elle était devenue trop petite pour employer utilement le travail de sa famille, signe le bail d'une ferme que l'acte déclare être de 20 hectares et qui se trouve, en définitive, n'en contenir que 14 (soit parce qu'une pièce de 6 hectares que le bailleur croyait en dépendre n'en dépend pas, soit pour toute autre raison), il est clair que ce fermier pourra faire résoudre le contrat.

Mais si M. Troplong se trompe quand il soutient contre tous les auteurs la doctrine à laquelle nous venons de répondre de nouveau, il a parfaitement raison quand il soutient contre M. Duranton (XVII, 180) que le délai de prescription de l'action du bailleur ou du preneur serait ici d'une année, conformément à l'art. 1622, et non pas de trente ans. C'est évident, puisque notre article applique ici *les règles du titre de la vente* (1).

1766. — Si le preneur d'un héritage rural ne le garnit pas des bestiaux et des ustensiles nécessaires à son exploitation, s'il abandonne la culture, s'il ne cultive pas en bon père de famille, s'il emploie la chose louée à un autre usage que celui auquel elle a été destinée, ou, en général, s'il n'exécute pas les clauses du bail, et qu'il en résulte un dommage pour le bailleur, celui-ci peut, suivant les circonstances, faire résilier le bail.

En cas de résiliation provenant du fait du preneur, celui-ci est tenu des dommages et intérêts, ainsi qu'il est dit en l'article 1764.

1767. — Tout preneur de bien rural est tenu d'engranger dans les lieux à ce destinés d'après le bail.

1768. — Le preneur d'un bien rural est tenu, sous peine de tous dépens, dommages et intérêts, d'avertir le propriétaire des usurpations qui peuvent être commises sur les fonds.

Cet avertissement doit être donné dans le même délai que celui qui est réglé en cas d'assignation suivant la distance des lieux.

I. — Ces articles ne sont que l'application et les conséquences, appropriées au bail des biens ruraux, du principe posé par l'art. 1728.

Quoique l'art. 1768 ne parle que d'usurpations, il ne faudrait pas croire qu'il dût se restreindre aux envahissements matériels ; il comprend, comme le prouve son rapprochement avec l'art. 1736, toute espèce d'entreprises, tous faits de nature à porter atteinte au droit de propriété ou de possession du bailleur ; et il faut même dire avec M. Troplong (II, 690), contrairement à l'idée de M. Duvergier (II, 113), que le locataire du bien rural, fermier ou métayer, doit aussi donner

---

(1) Merlin (*Rép.*, vº Bail, § 9); Duvergier (II, 135); Troplong (II, 658).

connaissance à son bailleur de tous actes judiciaires ou extrajudiciaires qui lui seraient signifiés relativement à l'immeuble. Il est bien vrai que ces actes sont sans valeur juridique, le locataire n'ayant pas qualité pour les recevoir; mais de ce qu'il n'est pas tenu d'y répondre (ni le bailleur non plus), ce n'est pas une raison pour qu'il ne soit pas tenu de les faire connaître au propriétaire, pour que celui-ci soit renseigné sur les prétentions qu'on élève contre lui, sur les attaques dont il est menacé.

1769. — Si le bail est fait pour plusieurs années, et que, pendant la durée du bail, la totalité ou la moitié d'une récolte au moins soit enlevée par des cas fortuits, le fermier peut demander une remise du prix de sa location, à moins qu'il ne soit indemnisé par les récoltes précédentes.

S'il n'est pas indemnisé, l'estimation de la remise ne peut avoir lieu qu'à la fin du bail, auquel temps il se fait une compensation de toutes les années de jouissance;

Et cependant le juge peut provisoirement dispenser le preneur de payer une partie du prix en raison de la perte soufferte.

1770. — Si le bail n'est que d'une année, et que la perte soit de la totalité des fruits, ou au moins de la moitié, le preneur sera déchargé d'une partie proportionnelle du prix de la location.

Il ne pourra prétendre aucune remise, si la perte est moindre de moitié.

1771. — Le fermier ne peut obtenir de remise, lorsque la perte des fruits arrive après qu'ils sont séparés de la terre, à moins que le bail ne donne au propriétaire une quotité de la récolte en nature; auquel cas le propriétaire doit supporter sa part de la perte, pourvu que le preneur ne fût pas en demeure de lui délivrer sa portion de récolte.

Le fermier ne peut également demander une remise, lorsque la cause du dommage était existante et connue à l'époque où le bail a été passé.

SOMMAIRE.

I. Ces règles sont une conséquence de la nature du bail et un corollaire du principe de l'art. 1722. Réponse à la doctrine contraire de M. Duvergier.
II. La perte par cas fortuit des fruits non perçus donne droit à l'indemnité, quand il ne reste que la moitié d'une récolte ordinaire, et que cette perte n'est pas compensée par les autres années. Cette perte se calcule sur la quantité des fruits et non sur la valeur. Erreur de M. Troplong.
III. La compensation se fait avec les quantités qui excèdent dans les autres années une récolte moyenne, et sans qu'il y ait à s'occuper du prix de bail. Autre erreur plus lourde de M. Troplong.
IV. On ne doit point défalquer des excédants des fortes années les déficits des années faibles. Réponse à la doctrine contraire de MM. Duranton et Troplong.
V. Le calcul se fait sur l'ensemble de tous les fonds soumis au même bail. — C'est au fermier de constater les pertes. — La remise faite par le bailleur avant la fin du bail est toujours provisoire, à moins de manifestation contraire.
VI. Quid du colon partiaire? — Le droit du fermier à la remise cesse dans deux cas.

I. — Le locataire, d'après la nature même du louage, n'étant tenu de payer le prix qu'autant que le bailleur le fera jouir de la chose, il s'ensuit que si des événements de force majeure viennent priver un fermier d'une portion de la jouissance due, celui-ci aura droit à une remise proportionnelle du prix. C'est là, pour les baux de biens ruraux, un corollaire du principe général posé par l'art. 1772. Il est vrai que M. Duvergier (II, 151) se refuse à voir dans la règle de nos articles une conséquence de la nature du contrat de louage et regarde cette règle comme une faveur accordée au fermier par esprit d'humanité. Le bailleur, selon lui, est bien garant de la libre possession et jouissance du fonds lui-même, et c'est pour cela que, si minime que pût être la portion de ce fonds qui viendrait à être enlevée au fermier, celui-ci aurait droit à indemnité; mais ce même bailleur n'est nullement garant de la quotité des fruits, et la preuve s'en trouve dans nos articles eux-mêmes, puisque c'est seulement pour une perte de moitié de la récolte qu'ils l'obligent à subir une diminution de fermage, tandis que, si la garantie des récoltes était due en principe, la privation de toute portion de ces récoltes, grande ou petite, donnerait lieu à la diminution.

Si spécieuse que soit cette idée, nous ne la croyons pas exacte. Et d'abord, la pensée commune du bailleur et du preneur d'un bien rural n'a point été de louer une certaine étendue de terrain improductif, comme dans le bail d'un chantier, par exemple; ils ont entendu louer un terrain frugifère, une terre à récoltes; et le but du bail à ferme ne serait pas plus rempli pour le fermier que des cas fortuits priveraient constamment de tous les fruits attendus, en transformant ainsi en terrains nus et stériles un sol qui était loué de part et d'autre comme frugifère, qu'il ne serait rempli pour le locataire d'une maison quand des cas fortuits l'empêchent de l'habiter. Donc, et c'est là une première idée à laquelle il faut en ajouter une seconde pour en prévenir l'exagération, les récoltes attendues sont ici à considérer comme partie intégrante de la chose louée; chaque récolte, avant sa perception, avant sa séparation du fonds, ne fait, à ce point de vue contractuel, comme au point de vue naturel, qu'un seul et même tout avec ce fonds, et c'est pour cela que le bailleur devait être, et a toujours été à toutes les époques, dans l'ancien droit romain comme aujourd'hui, garant des récoltes dues et non perçues. Quant aux fruits recueillis, ils cessent, par leur séparation du sol, de faire partie du fonds, ils deviennent exclusivement la chose du fermier et ne peuvent plus dès lors périr que pour lui, comme le déclare l'art. 1771. Ainsi, la garantie du bailleur porte sur les récoltes que peut et doit donner le fonds, comme sur le fonds lui-même. Mais il faut, avons-nous dit, ajouter à cette première idée une autre idée qui en précise la portée et qui va répondre à la principale objection de M. Duvergier. C'est que, le fermier devant seul profiter du bénéfice de récoltes plus qu'ordinaires, il est donc juste que lui seul subisse réciproquement le préjudice des récoltes faibles, et qu'une indemnité ne lui soit due que dans le cas de perte énorme. Ceci, on le voit, explique et justifie la manière différente d'appliquer le principe d'indemnité, selon qu'il s'agit de la chose elle-même ou seulement des fruits de la chose. Quand je prends à loyer un appartement composé de sept pièces, comme je n'ai aucune chance d'y trouver un beau matin une pièce de plus ni d'avoir les pièces plus grandes, il me sera dû indemnité pour la privation d'une seule pièce ou d'une partie de cette pièce; de même, comme le fermier qui prend 20 hectares de terre n'a aucune chance d'en trouver un beau jour 21, il aurait droit à indemnité s'il se trouvait réduit à 19; mais pour les récoltes, c'est différent, et courant la chance d'en avoir de fortes, il doit courir la chance d'en avoir de faibles. Voilà comment le principe de l'art. 1722, au lieu de s'appliquer ici d'une manière pure et simple, ne s'applique qu'avec une certaine modification et sous le bénéfice d'une distinction entre la simple *faiblesse* des récoltes et la *privation* totale ou partielle de récolte; mais ceci n'empêche pas que nos articles ne soient une application des règles naturelles du contrat de louage, non une simple disposition de faveur et d'humanité; et c'est bien ainsi, en effet, que l'ont entendu et les jurisconsultes romains, et nos anciens auteurs, et les rédacteurs du Code (1).

II. — D'après nos articles, la perte causée par cas fortuit (et qui doit, ne l'oublions pas, porter sur des fruits non encore perçus) constitue seulement une faiblesse de récolte ou prend le caractère de privation de récolte, selon que le fermier est ou n'est pas réduit à n'avoir que *la moitié d'une récolte ordinaire de sa ferme.* Ainsi, soit une ferme produisant moyennement et année commune 100 hectolitres de blé : le fermier ne pourra pas réclamer, s'il en a récolté 55; mais si le cas fortuit ne lui en a laissé que 50, il y a lieu pour cette année, et sauf le cas de compensation dont nous allons parler, à une diminution de moitié sur le prix du fermage; s'il n'en avait recueilli que 25, il ne devrait qu'un quart de ce prix.

Quand le bail n'est que d'une seule année, ce qui sera bien rare, le cas est immédiatement réglé; mais il en est autrement quand le bail est de plusieurs années, et il faut rechercher alors si la perte énorme d'une année n'est pas rachetée par les années précédentes ou ne le sera pas par celles qui suivront. Si elle se trouve compensée dès à présent, aucune remise n'est due; si elle ne l'est pas, mais que le bail ne soit pas fini, on attendra sa fin, et la remise sera ou non due selon qu'il y aura ou non compensation. Toutefois, les juges sont autorisés, quand la perte de moitié ou davantage ne se trouve pas actuellement compensée, à dispenser provisoirement le fermier du payement d'une portion du prix, sauf au propriétaire à répéter cette portion, dès qu'il y aura compensation.

Mais le calcul, soit de la perte en elle-même, soit de sa compensation, présente plus d'une difficulté.

_____

(1) Dig., *loc. cond.* (15, § 25, § 4 ; 25, § 6); Favre (sur la l. 15, § 2); Pothier (n° 153); Penet (XIV, p. 336 et 354); Demante (III, 462); Duranton (XVII, 190); Zachariæ (III, p. 30); Troplong (II, 240, 695-697).

Et d'abord, M. Troplong (II, 717), reproduisant une ancienne idée de Claperiis ou Clapiers, enseigne que la perte faite par le fermier, de moitié ou de plus de moitié des fruits, ne lui donnerait pas droit à la remise, si la portion qu'il recueille avait une valeur vénale excédant la valeur ordinaire d'une moitié de récolte moyenne. Ainsi, que le blé se vende ordinairement 40 francs l'hectolitre, ce qui donnerait au fermier 4 000 francs pour une récolte commune de 100 hectolitres, et 2 000 francs pour une demi-récolte; ce fermier, dit M. Troplong, ne pourra pas réclamer, même en ne recueillant que 35 ou 40 hectolitres, si, par la cherté du blé dans l'année, il en tire plus de 2 000 francs. C'est évident, dit-il, puisque, s'il n'a pas la moitié en quantité, il l'a en valeur, et qu'il ne subit pas dès lors la perte voulue par la loi... C'est là une étrange et grave erreur. La loi a voulu que le calcul se fît sur les quantités de fruits, non sur les valeurs, et elle a eu grande raison de le vouloir ainsi. Comment M. Troplong n'a-t-il pas vu que pour qu'il fût juste de calculer sur les valeurs dans ce cas, il faudrait le faire toujours, sans se préoccuper jamais des quantités? Ainsi, que dans une année abondante en général, mais faible pour votre fermier par suite de la grêle qui l'a frappé, le blé tombe de 40 francs à 30 francs, et que ce fermier, qui a récolté 60 hectolitres, ne les vende ainsi que 1 800 francs; ce fermier pourra-t-il vous dire que ne recevant que 1 800 francs au lieu de 2 000, moitié d'une année commune, il fait dès lors, par l'effet de la grêle, une perte de plus de moitié, une perte de six dixièmes, et qu'il a droit, par conséquent, à une remise de six dixièmes sur le fermage de l'année? Non assurément. Vous lui répondriez que la loi n'a pas voulu qu'on se préoccupât des valeurs, parce que leur fréquente variation ferait naître trop de difficultés; que pour avoir une règle simple et facile, elle s'en est tenue à la quantité des fruits; et que du moment dès lors que la récolte a été de 60 hectolitres sur 100, c'est-à-dire de plus de moitié, il n'a pas de remise à réclamer... La réponse serait fort exacte. Mais si le calcul par les valeurs n'est pas permis au fermier contre le propriétaire, il est bien clair qu'il ne l'est pas plus au propriétaire contre son fermier; et on ne comprend pas que M. Troplong ait été exhumer cette vieille idée de Clapiers, parfaitement concevable, il y a deux cents ans, en l'absence de règles fixes dans la loi (absence qui faisait dire à Pothier, n° 156, que la décision appartenait à l'arbitrage du juge), mais clairement inadmissible aujourd'hui, en face du texte précis de nos articles (1).

III. — Une autre idée de Clapiers, plus étrange encore que la précédente sous le Code, et que M. Troplong présente néanmoins (729, 730) comme interprétation exacte de nos articles, tandis qu'elle en serait le bouleversement complet, c'est de dire que le fermier qui perd la moitié des fruits d'une année, ou davantage, n'aura pas droit à la remise et sera suffisamment indemnisé par les autres années, *si* LE PRIX DE VENTE

---

(1) Duranton (XVII, 192); Demante (III, 462); Duvergier (II, 155); Zachariæ (III, p. 32).

des fruits de toutes les années réunies n'est pas inférieur AU PRIX DE BAIL *de ces mêmes années!* Ainsi, j'ai loué pour trois ans à Titius, à raison de 100 florins par an, un fonds produisant, année commune, 15 sacs de blé de 10 florins chacun : dans deux des trois années, Titius récolte ses 15 sacs, puis 3 sacs seulement dans l'autre ; en tout 33 sacs (au lieu de 45), qu'il a vendus 330 florins (au lieu de 450). Titius, dit M. Troplong, n'a rien à réclamer ; car il n'a payé que 300 florins et en a reçu 330, en sorte qu'au lieu de perdre la moitié d'une année, il ne perd rien du tout, il gagne, au contraire, 30 florins !!! On reste étourdi, en vérité, en présence d'une telle solution. Comment ! voilà un fermier qui sur trois années en subit une tellement désastreuse qu'elle ne lui donne ni la moitié, ni le tiers, ni même le quart, mais le cinquième seulement d'une récolte commune ; et quand les deux autres ne sont que tout juste des années moyennes, ne présentant dès lors *aucun excédant,* vous venez dire sérieusement que les bénéfices de ces deux années couvrent *et au delà* le déficit de l'autre ! Encore une fois, c'est à n'y pas croire. Où donc voit-on, dans le Code, que la comparaison puisse ici se faire entre les fruits recueillis et *le prix du bail?* N'est-il pas clair comme le jour que ce prix du bail n'a rien à faire dans la question ? N'est-il pas clair que les deux termes de la comparaison sont d'une part les fruits recueillis, et d'autre part ceux qu'on eût dû recueillir en récoltes ordinaires ; en sorte que le déficit de moitié qu'une année présente au-dessous de la moyenne ne peut être compensé que par les excédants que d'autres années présentent au-dessus de cette même moyenne ? (1)

Nous avons, du reste, à opposer aux incroyables doctrines que nous venons de combattre une autorité bien décisive pour M. Troplong. C'est M. Troplong lui-même, qui, combattant plus loin (n° 732) une doctrine de M. Duvergier à laquelle nous allons arriver bientôt, abandonne alors, sans le remarquer peut-être, les fausses idées de Clapiers, pour revenir à ses idées personnelles et beaucoup meilleures. Le savant magistrat

---

(1) Si le système de Clapiers, que suit ici M. Troplong, est hérétique en droit et comme interprétation du Code, il ne l'est pas moins en fait et comme question d'économie rurale. Il prend, en effet, pour base cette étrange idée, que tout ce dont le prix de vente des produits d'une ferme excède le prix de fermage *est gain* pour le fermier, tandis que les frais d'exploitation de ce fermier sont en moyenne d'une somme égale aux deux tiers de ce prix de fermage. Une ferme valant 3 000 francs de fermage coûte au fermier 5 000 francs : 3 000 pour le propriétaire, 2 000 pour les frais d'exploitation ; en sorte que, pour qu'un fermier gagne seulement pour lui, sa femme et ses enfants, sa nourriture et son entretien, pour qu'il *gagne sa vie* (sans rien amasser), il faut que le prix de vente des produits soit *le double* du prix de location. C'est précisément sur ce fait qu'est fondé cet usage du bail à colonage de faire le partage des fruits *par moitié,* quoique ce soit le propriétaire qui fournisse souvent les semences, les bestiaux, etc. M. Troplong compte donc pour rien, dans une ferme, le payement et la nourriture des ouvriers, l'entretien et le remplacement des équipages, harnais, ustensiles, chevaux et bestiaux quelconques, les maladie et mort accidentelles de ces bestiaux, les marnage, emplâtrage et autres frais d'entretien des terres, l'intérêt du capital que représente tout le mobilier d'une ferme (capital qui est au moins de 6 000 fr. pour une ferme de 1 000 fr. de fermage)... Dire à un fermier, quand il a payé en trois ans 3 000 francs de fermage et qu'il a reçu 3 300 francs, qu'il gagne ces 300 francs, c'est une amère dérision : ce fermier perd alors *de suo* 1 500 francs au moins.

explique alors qu'il faut cumuler et balancer tous *les excédants* et tous les déficits des diverses années par lesquelles on veut compenser la perte de moitié d'une autre année, et que si la balance de ces excédants et déficits, au-dessus et au-dessous de la moyenne, laisse subsister le déficit de moitié de l'année désastreuse, la remise reste due. Il suppose que Pierre, fermier d'un fonds rapportant année commune 100 sacs de blé, en a recueilli 110 en 1830, 90 en 1831, et 49 (moins de moitié) en 1832; et il décide que, les 10 sacs d'excédant de 1830 étant balancés par les 10 sacs de déficit de 1831, la perte de 51 sacs de la dernière année reste entière, et donne par conséquent droit à la remise. Or M. Troplong aurait dû voir, en écrivant ce n° 732, qu'il réfutait par là sa doctrine des n°² 729, 730; car s'il faut admettre (et c'est ce que nous allons examiner plus bas) que Pierre, sur une moyenne de 100 sacs, ne trouve aucune compensation (à sa perte de moitié) dans deux années dont l'une donne *un excédant,* parce que l'autre donne un déficit égal à cet excédant, il est certes bien clair que Titius, sur une moyenne de *quinze sacs,* ne trouve non plus aucune compensation (à sa perte de quatre cinquièmes) dans deux années dont chacune est juste de *quinze sacs,* et dont ni l'une ni l'autre ne donne dès lors *aucun excédant!*.... C'était donc bien le cas de dire, avec Imola et tous les canonistes, dont M. Troplong rapporte la solution, contraire à celle de Clapiers, que « puisqu'il n'y a pas eu abondance dans les deux dernières années, qui ne sont que des années moyennes, la demande en réduction ne peut dès lors éprouver aucune difficulté. »

IV. — Le seul point difficile dans cette matière est celui de savoir si, comme nous venons de le voir dire à M. Troplong, on doit, pour compenser la perte de moitié ou davantage survenue dans une année, par les excédants des autres années, réunir toutes ces années et balancer les excédants des unes par les déficits des autres, ou si le propriétaire peut prendre les excédants sans tenir compte des déficits... Nous avions longtemps incliné à penser, comme M. Troplong et la plupart des auteurs (1), qu'il fallait balancer le tout, pour n'apporter comme diminution de la perte de l'année désastreuse que la différence en plus des excédants sur les déficits; mais un mûr examen nous a fait adopter la solution contraire de M. Duvergier (II, 175). L'opinion commune, en effet, ne s'appuie que sur un argument de texte qui nous paraît assez faible, tandis que l'autre se fonde sur trois raisons dont aucune ne nous semble pouvoir être renversée.

Le Code, dit-on pour la première, commande : 1° de prendre, en cas de calcul immédiat, *les récoltes précédentes,* toutes les récoltes précédentes et non pas telles de ces récoltes à l'exclusion de telles autres; et 2° de faire, en cas de calcul rapporté à la fin du bail, *compensation de* TOUTES *les années de jouissance.* C'est donc bien sur toutes les années, sur les mauvaises comme sur les bonnes, que le calcul doit

---

(1) Duranton (XVII, 201); Zacharie (III, p. 31); Troplong (II, 732); Taulier (VI, p. 270).

porter; et ce serait non-seulement favoriser démesurément le propriétaire au préjudice du fermier, mais aussi résister au texte même du Code, que de s'en tenir à celles-ci pour faire abstraction de celles-là... L'argument est peu concluant. Sans doute la loi parle de toutes les années; mais dans quel but? Est-ce pour qu'on les balance toutes les unes par les autres, ou bien est-ce seulement pour que dans toutes on balance les bonnes avec celle qui présente la perte énorme? C'est ce que le Code n'explique pas; et comme, dans l'un et dans l'autre des deux systèmes contraires, on consultera toujours toutes les années, pour voir dans chacune s'il y a excédant, l'argument n'a rien de décisif.

Voyons maintenant si la doctrine contraire ne se fonde pas sur des raisons péremptoires.

Un premier argument, auquel M. Troplong a voulu répondre, mais n'a pas répondu, se résume ainsi : La loi ne donnant droit à indemnité que pour la perte de la moitié d'une récolte au moins, et laissant toute perte moindre à la charge du fermier, celui-ci ne peut jamais exiger l'indemnité pour cette perte de moins de moitié; or ce serait l'exiger et l'obtenir, indirectement il est vrai, mais très-réellement, que de faire procéder par le système dont il s'agit. Si Pierre, dont la ferme est d'une récolte moyenne de 100 hectolitres, et qui a eu, en 1830, 1831 et 1832, d'abord 110, puis 90, puis 49, obtenait de reporter sur l'année 1831 les 10 hectolitres d'excédant de 1830 que le propriétaire voulait reporter sur 1832, n'est-il pas clair qu'il se ferait indemniser par là du déficit de 10 hectolitres de l'année 1831?... M. Troplong a cru répondre à cela en disant : « Non, l'année 1831 ne reçoit pas ici d'indemnité; elle entre seulement en ligne de compte pour neutraliser l'année 1830 et lui enlever sa prépondérance; l'argument confond l'indemnité avec la compensation ou simple balance de profits et pertes. » Mais qui ne voit que ce ne sont là que des mots? Enlever à 1830 sa prépondérance, c'est-à-dire son excédant de 10 hectolitres pour en faire bénéficier 1831, afin que le propriétaire paye le déchet de 1832, qu'il ne payerait pas si c'était à ce déchet qu'on appliquât l'excédant, n'est-ce pas couvrir et réparer la petite perte de 1831, et par conséquent indemniser le fermier de cette perte? Ce n'est, dites-vous, qu'une compensation et non pas une indemnité! Mais depuis quand donc les compensations ne sont-elles plus un des moyens d'indemniser? Ce n'est qu'une balance de profits et pertes! Mais depuis quand la balance ou neutralisation d'une perte par un profit, d'un déficit par un excédant, n'est-elle plus une réparation de cette perte, une indemnité de ce déficit? Oui, certes, c'est là une indemnité, et une indemnité d'autant moins admissible ici, que non-seulement elle n'est pas due par le propriétaire à qui on veut la faire subir, mais qu'elle serait bien plus complète (et par conséquent plus lourde pour celui sur qui on la veut faire peser) que celle qui est due par ce propriétaire pour les pertes énormes. Celle-ci, en effet, ne consiste que dans une réduction proportionnelle du prix de bail, ce qui ne représente que la moitié environ des fruits perdus (comme on l'a vu par la note du n° III), tandis que celle qui nous occupe couvrirait intégralement le déficit, sac de blé pour sac de blé! — Le second argument, auquel M. Troplong n'a pas même essayé de répondre, quoique M. Duvergier l'ait clairement exposé, est plus frappant peut-être que le premier... Il est bien certain, et tous les auteurs l'enseignent en effet, que quand le fermier se trouve indemnisé du désastre par les années antérieures, le règlement qui le déclare alors n'avoir droit à aucune remise est définitif et irrévocable, malgré les déficits (de moins de moitié) qui pourraient survenir plus tard. Or il n'en serait pas ainsi si le Code avait eu la pensée qu'on lui prête! Si la loi avait entendu que les excédants des bonnes années doivent, avant de s'appliquer dans l'intérêt du propriétaire à la perte énorme dont il répond, compenser les déficits des années mauvaises, elle eût fait pour le fermier à qui la remise ne serait pas due *quant à présent*, ce qu'elle fait pour le propriétaire qui, quant à présent, la doit : elle eût reporté le calcul définitif à la fin du bail. Ainsi, quand le fermier, au lieu de recueillir 110, puis 90, puis 49, recueille dans un autre ordre 110, puis 49, puis 90, n'est-il pas clair que le Code, si son idée avait été celle que l'on prétend, n'aurait pas pu, dès la seconde année, le déclarer *définitivement* sans droit à la réduction, puisque les 10 d'excédant de la première année auraient pu se balancer, et se balancent en effet, avec un déficit égal dans la troisième année? Pourquoi le Code refuse-t-il la remise immédiatement, par cela seul que la perte de moitié est réduite à moins de moitié par un excédant antérieur, et sans tenir compte de la possibilité d'un déficit subséquent? Pourquoi, après la réalisation de ce déficit ultérieur (et qui pourrait être de 20, 30 et 40 hectolitres au lieu de 10), refuse-t-elle au fermier le droit de revenir sur le règlement fait, et d'obtenir à la fin du bail ce qu'il n'a pu obtenir d'abord? Pourquoi cela, alors que le même article explique que, dans le cas inverse, la réduction ne peut jamais être accordée que provisoirement et sauf l'effet d'excédants ultérieurs? Pourquoi, sinon parce que votre balance des excédants avec les déficits de moins de moitié n'est pas admise par la loi? — Et comment enfin douter de cette théorie de l'art. 1769, quand on réfléchit bien à la disposition de l'art. 1770 et aux motifs qui ont dominé cette matière? Cette théorie, si dure au premier aspect pour le fermier, quel est, en définitive, le résultat le plus terrible qu'elle puisse avoir contre lui? Ce serait, en supposant réunies pendant toute la durée du bail les chances les plus défavorables, d'être réduit à n'avoir, pour tout l'ensemble de ce bail, que peu de chose en sus de la moitié des fruits espérés. Ainsi, supposons que Pierre, dans sept années sur neuf, n'ait eu que 51 hectolitres au lieu de 100, qu'il tombe à 45 la huitième, et qu'il obtienne 106 dans la neuvième et dernière : on dira que, les sept premières années ayant toutes donné plus de moitié, et le déficit plus grand de la huitième se trouvant également réduit à moins de moitié par l'excédant de *6 hectolitres* de la dernière, Pierre ne peut rien réclamer, quoiqu'il n'ait en tout que 508 hectolitres au lieu de 900. Or en quoi ce résultat peut-il surprendre? Est-ce que le principe fondamental du Code en cette matière n'est pas de n'accorder remise que pour perte *de moitié au moins?* Est-ce que Pierre ne serait pas également dans l'impossibilité de réclamer, quand même, au lieu d'avoir du moins une année de 106 que le propriétaire ne peut pas lui faire baisser au-dessous de 100, il n'aurait eu chaque année que 51, ce qui le réduirait encore à moins de 508, à 459? Est-ce qu'enfin la loi n'entend pas ce principe avec une telle rigueur, que dans le cas même où il est impossible que la perte énorme d'une année se compense par les gains d'une ou plusieurs autres années, parce que le bail n'est que d'une seule année, dans ce cas même, ce n'est encore qu'au déficit de moitié au moins que la loi accorde une remise; en sorte que celui qui loue pour un an un champ dont la moyenne est de 900 hectolitres, et qui n'en recueille que 451, ne pourra rien réclamer, quoiqu'il n'y ait aucune chance d'amoindrissement de sa perte énorme?... Cette disposition de l'art. 1770 est ici décisive. Sans elle, on aurait pu soutenir que le Code n'avait adopté son principe de la nécessité d'une perte d'au moins 50 pour 100 sur une année, et refusé toute réduction de prix pour une perte de 40, 45 et 49, que par la considération des chances d'années meilleures; que l'hypothèse des six, neuf et douze années donnant toutes une perte de 45 à 49 pour 100 était trop chimérique en fait pour avoir pu préoccuper le législateur, et que par conséquent ce serait exagérer et fausser la pensée de la loi, que d'appliquer à la totalité d'un bail ce qu'elle n'aurait dit que pour une année dont la perte est nécessairement amoindrie par les années précédentes ou suivantes. Mais l'art. 1770 rend ce raisonnement impossible, puisque, réglant taxativement le cas particulier d'une perte portant sur toute la récolte du bail, c'est encore son principe de la nécessité d'une perte de 50 *pour* 100 *au moins* qu'il applique à ce cas extrême!

Et si notre solution se trouve ainsi conforme aux règles du droit écrit, ne l'est-elle pas aussi aux règles de la justice et de l'équité? Est-ce que la loi n'aurait pas pu, sans qu'on pût la taxer d'injustice, se montrer plus sévère pour le fermier, et permettre au propriétaire d'appliquer à la compensation des pertes de 50 pour 100 tout ce qui dans les autres années excède ce chiffre de 50 pour 100, au lieu de ne lui laisser prendre que ce qui excède la récolte normale? Est-ce que le fermier, qui (ne l'oubliez pas) ne paye *jamais* aucune augmentation de prix pour des années abondantes, si énormes qu'elles puissent être, ne serait pas assez équitablement traité en obtenant néanmoins une réduction pour la perte s'élevant à 50 pour 100, mais toute compensation faite? et ne doit-il pas s'estimer heureux que cette réduction (qu'il obtient, encore une fois, *sans subir la réciprocité*) lui soit accordée sans que la compensation entame les récoltes moyennes?... Quand, d'une part, on pèse avec soin cette considération; que, d'autre part, on voit l'art. 1770 appliquer sa règle d'une perte d'au moins moitié, même au cas d'une récolte unique; puis l'art. 1769 refuser toute réduction au fermier dont le désastre est suffisamment amoindri par un excédant antérieur, quels que puissent être les déficits ultérieurs, il est impos-

sible de ne pas déclarer inexacte la solution de MM. Duranton, Troplong et autres sur notre question.

V. — Il va sans dire que, pour donner lieu à la réduction, la perte de
moitié au moins doit porter sur l'ensemble de la récolte de l'année. Lors
donc qu'une ferme produit tout à la fois du blé, de l'avoine, de l'orge,
du colza, etc., il ne suffirait pas que le blé, par exemple, fût perdu tout
entier; il faudrait que le blé présentât à lui seul la même importance
que les autres produits réunis. De même, si la ferme comprend des
terres arables, des prés et des bois, l'indemnité ne serait due pour la
perte totale des céréales qu'autant que ces céréales auraient la même
importance au moins que les produits donnés par les bois et les prés.
Sans doute si le fermier, quoique tenant les différents fonds du même
propriétaire, ne les occupait qu'en vertu de différents baux, la règle
s'appliquerait séparément pour chaque bail; mais si ces différents fonds
sont l'objet d'un bail unique, le calcul ne peut se faire que sur tout
l'ensemble des produits, et la réduction de fermage n'est due que quand
la perte représente au moins la moitié de la récolte totale. — Il suit de
là que si le locataire par bail unique de plusieurs fonds de natures
diverses avait sous-loué chacun de ces fonds à plusieurs sous-locataires, il se pourrait qu'il eût à subir une réduction vis-à-vis de tel ou
tel des sous-locataires, sans avoir lui-même rien à réclamer vis-à-vis
du propriétaire.

Il va sans dire aussi que le fermier ne peut, à la fin d'un bail, demander une remise pour pertes par cas fortuits, qu'autant qu'il a eu
soin de les faire constater à une époque où on pouvait en reconnaître
l'existence et l'étendue.

Il va sans dire enfin que le bailleur qui, sur une perte de moitié ou
davantage, aurait consenti bénévolement et sans ordre du juge une
réduction du prix de l'année, serait réputé, à moins d'indication d'une
volonté contraire, ne l'avoir fait que provisoirement, et pourrait revenir sur cette réduction, du moment que les années suivantes pré-
senteraient un excédant qui réduirait cette perte au-dessous de la moitié. Nous disons : *à moins d'indication d'une volonté contraire;* et on
conçoit que cette indication se trouverait, notamment, dans le fait que
lors du désastre la perte était déjà compensée par les années précédentes. Il est certain que, dans ce cas, le bailleur n'a pas entendu ne
faire qu'une remise conditionnelle et soumise à l'éventualité d'une
compensation ultérieure, puisque cette compensation était déjà toute
faite.

VI. — Dès là que les fruits sont séparés de la terre et avant même
qu'ils soient engrangés ou aient pu l'être, la perte en est tout entière
pour le fermier, dont ils sont désormais la chose. Il en serait autrement, bien entendu, pour un colon partiaire, puisque, devant au
bailleur telle fraction de la récolte même du fonds, tout événement,
non imputable au colon, qui vient, même après que la récolte est séparée du fonds, diminuer cette récolte, diminue par là même la fraction de cette récolte qui appartient au bailleur. Mais cette idée, on le

conçoit, n'a rien de commun avec le principe d'indemnité qui vient d'être développé ci-dessus : il n'y a pas là une remise faite au locataire sur ce qu'il doit ; ce locataire paye alors tout ce qu'il doit d'après le bail : seulement, ce qu'il doit se trouve être moins considérable après l'événement qu'avant, parce qu'il ne doit que telle fraction de la récolte et que l'événement a diminué la récolte. Aussi, dans ce cas, n'est-il pas nécessaire que la perte soit de moitié ; si minime qu'elle soit, le bailleur en supporte sa part comme le colon supporte la sienne : il devait la moitié ou le tiers de la récolte, il livre cette moitié ou ce tiers de la récolte, si faible ou si forte que soit cette récolte.

Le Code revient, au contraire, à notre principe quand il déclare, par la disposition finale de l'art. 1771, que la remise n'est pas due quand la cause du dommage était déjà connue au moment de la passation du bail. Alors, en effet, on a traité en vue de cette perte, et le prix a dû être fixé en conséquence.—La remise cesse également d'être due quand par le bail le preneur a pris les cas fortuits à sa charge, comme vont le dire les deux articles suivants.

1772. — Le preneur peut être chargé des cas fortuits par une stipulation expresse.

1773. — Cette stipulation ne s'entend que des cas fortuits ordinaires, tels que grêle, feu du ciel, gelée ou coulure.

Elle ne s'entend pas des cas fortuits extraordinaires, tels que les ravages de la guerre, ou une inondation, auxquels le pays n'est pas ordinairement sujet, à moins que le preneur n'ait été chargé de tous les cas fortuits prévus ou imprévus.

I. — Le Code, rejetant l'idée fausse et subtile de Vinnius, qui prétendait qu'on ne peut pas parler d'un cas fortuit prévu, puisqu'un cas fortuit est toujours imprévu par sa nature même (*Quest.*, liv. 2, ch. 1), distingue ici, comme Bartole, les cas fortuits en prévus ou ordinaires et imprévus ou extraordinaires. Et c'est avec raison ; car s'il est vrai que le cas fortuit qu'on appelle ici ordinaire est toujours imprévu en ce sens qu'on ne sait ni où ni comment il arrivera, ni même s'il arrivera, il est évident aussi qu'il peut être prévu comme possible et probable, et qu'il est en effet prévu comme tel par tout homme sensé. Il n'est certes pas de fermier qui ne prévoie, en signant un bail de neuf années, qu'il aura probablement à subir une ou plusieurs grêles, tandis qu'il ne prévoit pas et ne soupçonne pas des invasions de la France par l'étranger ou quelqu'un de ces météores monstrueux dont l'un est venu, en 1845, ravager les champs et les filatures de Monville et a fait naître de si délicates questions devant les Cours de Rouen et de Paris.

Le fermier peut se charger des deux classes de cas fortuits ; mais il faut, pour les uns comme pour les autres, une stipulation formelle, et la clause qui porterait seulement que le preneur prend à sa charge *les cas fortuits*, ou même *tous les cas fortuits*, ne s'entendrait que des cas fortuits ordinaires. Des charges aussi dures ne peuvent pas se présumer ni s'admettre facilement ; il faut que la volonté de s'y soumettre soit bien manifeste.

Par la même raison, la charge prise par le fermier, soit des cas fortuits ordinaires, soit de tous cas fortuits quelconques et même extraordinaires, ne devrait s'entendre, à moins de manifestation d'une volonté différente, que relativement aux pertes de récoltes et non de la privation d'une partie du fonds lui-même. Sans doute les parties peuvent aussi convenir que le preneur se soumet aux cas fortuits, même quant à la privation partielle de la chose, et que le bailleur sera dès lors déchargé de la garantie de l'art. 1722, aussi bien que de celle dont s'occupent les art. 1769, 1770 ; mais, ici encore, il faut que leur volonté soit clairement manifestée, et toutes clauses de ce genre devront toujours, dans le doute, s'interpréter restrictivement.

1774. — Le bail, sans écrit, d'un fonds rural, est censé fait pour le temps qui est nécessaire afin que le preneur recueille tous les fruits de l'héritage affermé.

Ainsi le bail à ferme d'un pré, d'une vigne, et de tout autre fonds dont les fruits se recueillent en entier dans le cours de l'année, est censé fait pour un an.

Le bail des terres labourables, lorsqu'elles se divisent par soles ou saisons, est censé fait pour autant d'années qu'il y a de soles.

1775. — Le bail des héritages ruraux, quoique fait sans écrit, cesse de plein droit à l'expiration du temps pour lequel il est censé fait, selon l'article précédent.

1776. — Si, à l'expiration des baux ruraux écrits, le preneur reste et est laissé en possession, il s'opère un nouveau bail dont l'effet est réglé par l'article 1774.

SOMMAIRE.

I. Les biens ruraux sont toujours, même dans le silence des parties, loués pour un temps préfix. Règle à cet égard. Conséquence.
II. Tacite réconduction de ces biens. Cas prévu par Pothier. Étrange erreur de M. Duvergier.

I. — On a déjà vu (art. 1736) que, par *baux faits sans écrit* ou *par écrit,* on entend des baux faits avec ou sans convention sur leur durée. Or la loi pose ici, pour les biens ruraux, cette règle raisonnable que, dans le cas de baux sans écrit, c'est-à-dire dans le silence des parties sur la durée, cette durée sera de plein droit de tout le temps nécessaire pour faire la récolte entière des fonds affermés. — Ainsi, quand la récolte se fait en une seule année, le bail sera d'une année. — S'il s'agit de fermes à céréales, et divisées dès lors en *soles,* le bail sera d'autant d'années qu'il y a de *soles.* On appelle *soles* ou *saisons* les divisions de la ferme en plusieurs parties, égales ou à peu près, sur chacune desquelles chaque espèce de produit ne se fait qu'à l'intervalle de plusieurs années. Le plus souvent, il y a trois soles, une pour les blés (et un peu de seigle), l'autre en avoines et orges, la dernière en *jachères*, c'est-à-dire en repos complet, dans les pays à culture routinière et ignorante (1), et dans les autres, en plantes de nature à rendre au sol une partie des principes que lui ont enlevés les blés et avoines des deux années précédentes. Dans plusieurs contrées à culture avancée, on ne fait que deux soles, et le blé revient sur la même terre par intervalle de deux ans au lieu de trois. Or, selon qu'il y a deux ou trois soles, le bail fait sans convention sur sa durée est de deux ans ou de trois ans. — S'il s'agit de bois taillis, sur lesquels le projet de notre article contenait une règle particulière et dérogatoire qui fut, avec raison, critiquée et rejetée pour laisser le cas sous l'empire de la règle générale, le bail en sera fait pour tout le temps nécessaire au premier pour l'exploitation entière de ce bois, d'après son aménagement. Si la récolte, par exemple, s'en fait en dix-huit ans, soit en une seule coupe totale, soit en plusieurs coupes partielles, et que le bois entier, dans le premier cas, ou la partie la plus jeune, dans le second, ait deux ans au moment du contrat, le bail est fait pour seize ans; si la récolte s'en fait en douze ans, en deux coupes de moitié, et que la plus jeune moitié ait déjà cinq ans, le bail est fait pour sept ans. — Quand le bail porte sur des fonds de diverses natures, des bois, prés, terres de labour, etc., la règle est toujours la même, et la durée de l'ensemble du bail est toujours de tout le temps nécessaire pour la récolte des produits de tous les fonds. Si donc les terres sont en trois soles, le fermier, alors même que le taillis devrait être coupé tout entier la première année, et quoique les prés donnent une récolte entière dans une année, jouira néanmoins de ces prés et taillis pendant trois ans; et de même si le taillis ne doit être entièrement exploité qu'en seize ans, comme ci-dessus, le bail sera de seize ans aussi pour les prés et les terres.

Les baux de biens ruraux se trouvant ainsi, alors même qu'ils sont muets sur leur durée, toujours faits pour un temps préfix, ils cessent de plein droit à l'expiration de ce temps, sans qu'il soit nécessaire dès lors de donner congé, et nos art. 1774, 1775, donnent ainsi un démenti à la proposition trop générale de l'art. 1736, qui applique à tort à tous les baux la nécessité de congé qui n'existe que pour les baux à loyer (2).

II. — Que si, à l'expiration du bail rural, que sa durée ait ou non été exprimée (car l'art. 1776 a grand tort, à son tour, de n'énoncer cette règle que pour les baux écrits, puisque ici tous sont sur la même ligne, tous ont une durée préfixe), le preneur reste et est laissé en possession, il s'opère la réconduction tacite dont nous avons parlé sous

---

(1) Les jachères, dont le pitoyable système règne encore jusque dans certaines contrées des plus fertiles, notamment dans la basse Normandie (il est enfin chassé de la haute Normandie, et il faut espérer que son abandon ne tardera pas à gaguer de proche en proche), se nomment aussi *compots, friches, landes, guérets*, etc.
(2) *Voy.* Req., 16 août 1853 (Dall., 54, 1, 83).

l'art. 1738, et la ferme se trouve louée de nouveau pour le temps nécessaire à la récolte de tous ses produits.

A l'occasion de cette tacite réconduction des biens ruraux, Pothier (n° 361) soulevait une question dont la solution lui paraissait fort simple, comme elle le paraît à M. Troplong (II, 774) et à nous-même, et que M. Duvergier a cependant cru devoir décider en sens contraire (II, n°ˢ 216-218). Pothier suppose qu'un fermier a pris à bail *pour un an* les terres composant *une seule* des deux soles *inégales* d'une ferme, et qu'à la fin de l'année il s'est mis, au vu et sans obstacle du propriétaire, à cultiver les terres de l'autre sole. *Quid juris?* Pothier et M. Troplong répondent que ce n'est pas là une tacite réconduction, puisque la nouvelle jouissance ne porte pas sur des biens déjà loués; mais qu'il y a toutefois un louage tacite dont la durée sera d'un an, puisqu'il ne s'agit que d'une sole, et dont le prix (dont on n'a pas parlé et qui ne peut pas être celui de l'autre sole, puisque les biens n'ont pas la même importance) sera, si les parties ne s'entendent pas, déterminé par des experts. Cette solution nous paraît d'une exactitude on ne peut plus claire; et cependant M. Duvergier la combat : il discute longuement pour établir que le nouveau bail portera sur les deux saisons de la ferme, qu'il sera de deux années, et que le prix sera de plein droit celui du bail précédent. Ainsi le veulent, dit-il, les principes de la tacite réconduction!

Ce qu'il y a de plus étrange dans cette étrange doctrine, c'est que notre savant confrère n'a pas seulement songé à *essayer* d'établir le point qui fait la base de sa décision. Toute la question, en effet, revient à savoir si le fait peut ou non constituer une réconduction; et M. Duvergier l'a parfaitement vu, puisqu'il débute en disant qu'il y a doute ici *et sur la question même de savoir s'il y a lieu à réconduction, et sur* le temps, et sur le prix (p. 241). Or, chose incroyable, M. Duvergier, dans les cinq pages qu'il consacre à la question, non-seulement n'établit pas, mais ne cherche même pas à établir, que la réconduction existe; il laisse complétement de côté ce point, qui, de son propre aveu, était pourtant le premier à discuter, et il se contente de prouver que les deux réponses de Pothier, sur la durée du bail et sur son prix, sont contraires *aux principes de la réconduction!*... Eh! sans doute, elles sont contraires aux principes de la réconduction; et cela doit être, puisque la réconduction n'existe pas ici! La réconduction n'existe pas, puisque, pour qu'il y ait *reconductio*, il faut apparemment qu'il y ait eu déjà une *conductio*, qu'on ne peut *relouer* que ce qui était déjà *loué*, et qu'ici la seconde sole que loue tacitement le fermier ne lui avait jamais été louée! Après avoir si bien indiqué, en débutant, les trois points de la question, M. Duvergier aurait bien dû dire quelque chose du premier, avant de passer aux deux autres, qui n'en sont que des conséquences!

1777. — Le fermier sortant doit laisser à celui qui lui succède dans la culture, les logements convenables et autres facilités pour les travaux de l'année suivante; et réciproquement, le fermier entrant doit procurer à celui qui sort les logements convenables et autres facilités pour la consommation des fourrages, et pour les récoltes restant à faire.

Dans l'un et l'autre cas, on doit se conformer à l'usage des lieux.

1778. — Le fermier sortant doit aussi laisser les pailles et engrais de l'année, s'il les a reçus lors de son entrée en jouissance; et quand même il ne les aurait pas reçus, le propriétaire pourra les retenir suivant l'estimation.

SOMMAIRE.

I. Obligations réciproques des deux fermiers entrant et sortant, dans la transition d'un bail à l'autre.
II. Le fermier sortant, qui n'a pas trouvé les fumiers et pailles à son entrée, n'est tenu de laisser les siens que s'il y est obligé ou si le propriétaire les lui paye. Critique de M. Troplong.

I. — La transition d'un fermier à un autre n'est pas, à beaucoup près, un fait aussi simple que celui d'un nouveau locataire venant succéder à l'ancien dans un appartement ou une maison. Cette transition présente une complication de droits et d'intérêts qui s'enchevêtrent les uns sur les autres et qui amènent pendant les derniers mois du bail qui finit, et les premiers mois de celui qui commence, une espèce de jouissance commune entre les deux fermiers sortant et entrant. Le Code, pour la fixation précise des droits réciproques des deux fermiers, se réfère avec raison à l'usage de chaque contrée, en posant seulement le principe général à cet égard. Chacun des deux fermiers doit laisser prendre par l'autre les logements et autres facilités dont il a besoin, l'un pour terminer son exploitation, l'autre pour commencer la sienne. Tel est le principe, et c'est aux usages des lieux, usages différents pour chaque pays, selon les différents modes de culture et les différentes natures de biens, d'en préciser les détails.

Ainsi, par exemple, dans la Seine-Inférieure, l'Eure et le Calvados, les baux finissent et commencent à la Saint-Michel (29 septembre). Mais dès la Saint-Jean précédente (24 juin), le fermier futur a le droit de placer sur la ferme, pour préparer en juillet et août les terres à blé pour l'année suivante, deux ou trois chevaux qui logent dans l'étable (libre, puisque les vaches couchent au parc en cette saison), un charretier et une servante à qui on donne le four pour maison, le fermier actuel conservant, bien entendu, le droit d'y cuire. — A la Saint-Michel, le fermier entrant vient occuper la maison; mais il ne prend encore qu'une partie des bâtiments. Le fermier sortant, en effet, ayant droit, dans les herbages, à toute l'herbe de l'année, qui n'est entièrement mangée par les bestiaux que vers Noël, puis aux pommes et poires, qui ne seront pressurées que fort avant dans l'hiver, il peut encore occuper en presque totalité les étables, bergeries, porcheries, pressoir et celliers; et comme il peut laisser ses blés engrangés jusque vers la Saint-Jean pour les faire battre et porter au marché partie par partie, il a jusque-là droit à une partie des granges (ainsi qu'à une partie du grenier à fourrages), au logement d'un ou de plusieurs batteurs en grange, d'une servante de cour, d'un garçon de ferme, d'un ou de deux chevaux, à l'usage du four pour cuire le pain nécessaire à ces personnes, et à une chambre de ce four pour cuisine, comme on a dit plus haut.

II. — Parmi les obligations du fermier sortant se trouve celle de laisser les pailles et fumiers, s'il en a trouvé sur la ferme à son entrée, et dans le cas contraire, c'est-à-dire quand ces pailles et fumiers sont sa propriété, d'en subir l'expropriation, si le bailleur veut les garder en payant leur estimation à dire d'experts. Cette règle est claire et précise, et elle est en même temps fort juste, puisque si le locataire peut s'approprier ainsi les pailles et fumiers de son locateur, c'est d'une part pour l'intérêt général de l'agriculture, et d'autre part sans détriment aucun pour le fermier, qui reçoit la juste valeur de sa chose, et qui, par l'application même de la règle, sera toujours sûr (puisqu'il peut ne louer qu'à cette condition) de trouver sur sa nouvelle ferme les pailles et fumiers qui la garnissent.

La règle, disons-nous, en même temps que fort équitable, est claire et précise, et on s'étonne que M. Troplong (II, 785) ait pu émettre ici, sous le Code, une doctrine qui était peut-être juridique autrefois, mais qui ne l'est certes pas maintenant, en présence de l'art. 1778.

Nos anciennes coutumes se divisaient ici en deux classes. Les unes, et c'étaient les plus nombreuses, celles qu'on regardait comme constituant le droit commun, permettaient au propriétaire de garder, *sans aucune indemnité,* les pailles et fumiers existant sur la ferme à la fin du bail, quoique le fermier n'en eût pas trouvé en arrivant et les eût mis *de suo.* Les autres, regardées comme l'exception à la règle générale, permettaient l'enlèvement au fermier sortant, qui, bien plus, pouvait, dans le cours même du bail, vendre ou porter ailleurs une partie des pailles et fumiers, ou autres engrais provenant de l'exploitation de la ferme, et notamment du curage des mares et fossés. Nous disons que cette seconde dérogation au droit commun était bien plus grave que la première, puisque s'il est tout simple qu'un fermier puisse, à moins de renonciation à ce droit, enlever, en partant, des pailles et fumiers qui ne sont que la représentation de ceux qu'il avait apportés lui-même, il est, au contraire, exorbitant, et en opposition avec son obligation de jouir et cultiver en bon père de famille, de le laisser distraire dans le cours même du bail ces pailles et fumiers qui doivent entretenir les terres en bon état. Néanmoins les coutumes de la seconde classe admettaient l'une et l'autre dérogation au droit commun : un extrême appelle souvent l'extrême contraire, et ces coutumes d'exception étaient trop favorables pour le fermier, comme les coutumes de droit commun l'étaient trop pour le propriétaire. — Or, dans cet état de choses, on s'était demandé si la stipulation faite par un propriétaire, sous une coutume d'exception, que le fermier serait tenu de convertir en fumiers pour la ferme la totalité des pailles provenant des récoltes, n'impliquait pas pour ce fermier l'obligation de laisser aussi en sortant, et sans indemnité toujours, les pailles et fumiers qui se trouvaient exister alors. La question, comme on le voit, revenait à savoir si le retour au droit commun stipulé, sous une coutume d'exception, pour l'un des deux points sur lesquels cette coutume y dérogeait, n'emportait pas implicitement ce même retour au droit commun sur le second point ; et cette question avait été jugée affirmativement par un arrêt du Parlement de Paris du 22 août 1781. Peut-être cette solution eût-elle été susceptible d'une juste critique ; obliger le fermier à convertir toutes les pailles en fumier pour l'engrais de la ferme, pendant le cours du bail, étant chose toute naturelle et fort raisonnable, tandis que l'obliger à laisser en partant, *sans indemnité*, des pailles et fumiers qu'il avait apportés *de suo* en entrant, était chose rigoureuse et inique : peut-être était-il aussi peu logique que peu juste de regarder la seconde obligation comme sous-entendue dans la première, et d'induire, d'un retour formel au droit commun sur un point tout simple et tout naturel, au retour tacite à ce même droit commun sur un point dont la rigueur allait jusqu'à l'injustice. Aussi voit-on que Merlin, tout en approuvant l'arrêt du Parlement de Paris, se trouve embarrassé pour chercher une réponse spécieuse aux arguments par lui rapportés de l'avocat du fermier, arguments auxquels on ne voit aucune réponse faite par l'adversaire, qui n'était autre que le fameux cardinal de Rohan. Quoi qu'il en soit, et sans supposer que la position sociale du propriétaire ait exercé quelque influence sur la décision, on peut expliquer cette décision par la pensée que la règle à laquelle il s'agissait de faire retour, si dure qu'elle fût, étant en définitive *le droit commun,* ce retour devait se présumer assez facilement et paraître ici convenu, sinon par les termes de la clause, du moins par son esprit, comme le dit Merlin.

Mais aujourd'hui que LE DROIT COMMUN ne donne au propriétaire les pailles et fumiers du fermier *qu'à charge de payement,* comment M. Troplong a-t-il pu penser que la simple clause de conversion des pailles en fumiers à mettre sur la ferme, pendant la durée du bail, suffirait pour permettre à ce propriétaire de prendre ces pailles et fumiers, en fin de bail, *sans les payer?* N'est-il pas évident que s'il n'a pas eu soin de stipuler du fermier l'obligation précise de les laisser en partant, il ne pourra les garder qu'en les achetant?... Il n'est pas un fermier, pas un valet de ferme qui ne regarde comme un grave délit d'enlever les pailles d'une ferme (dans le cours du bail), soit pour les vendre, soit pour les porter sur d'autres terres ; il n'en est pas un non plus qui ne sache parfaitement que tout fermier qui n'a pas trouvé sa ferme *empaillée* a le droit d'en enlever les pailles en sortant. Or si, pour tous, le premier fait est un délit qu'ils assimilent au vol, tandis que le second est l'exercice du droit le plus sacré, du droit même de propriété, comment donc voudriez-vous que l'interdiction de l'un emportât de plein droit l'interdiction de l'autre? Comment! parce que j'ai reconnu que je ne puis pas ruiner vos terres en les privant de l'aliment nécessaire, je me suis par cela même obligé à vous faire cadeau de mes 3 ou 4 000 francs de pailles et engrais? Comment! vous ne voyez pas qu'autre chose est de faire soigneusement servir mes pailles et engrais au bon entretien de votre terre pendant mes neuf ou douze années de jouissance, sans en pouvoir rien distraire (parce que cette terre n'en aura certes pas trop, n'en aura probablement pas même assez), autre chose l'obligation de vous gratifier de mes pailles et engrais quand je partirai, quand c'est à vous alors ou de les acheter, ou d'en acheter d'autres, ou enfin de louer à un fermier qui en apportera comme j'en ai apporté!... La raison est donc d'accord avec notre droit nouveau pour exiger ou que le propriétaire stipule l'obligation *de laisser les pailles en partant*, ou qu'il ne les retienne qu'en les payant; et rien n'est plus exact que les deux arrêts par lesquels la Cour de Douai a d'abord jugé la question contre le fermier dans une espèce où celui-ci s'était obligé, non pas seulement à convertir toutes les pailles en fumiers pendant sa jouissance, mais aussi *à laisser au fermier qui lui succéderait les pailles et fumiers qui se trouveraient sur la ferme à sa sortie*, pour la juger ensuite contre le propriétaire, en présence d'un bail qui ne contenait que la première obligation et non la seconde (1).

CHAPITRE III.

DU LOUAGE D'OUVRAGE ET D'INDUSTRIE.

1779. — Il y a trois espèces principales de louage d'ouvrage et d'industrie :

1° Le louage des gens de travail qui s'engagent au service de quelqu'un ;

2° Celui des voituriers, tant par terre que par eau, qui se chargent du transport des personnes ou des marchandises;

3° Celui des entrepreneurs d'ouvrage par suite de devis ou marchés.

SOMMAIRE.

I. Renvoi pour la nature du louage d'ouvrage et rôle que chaque partie y joue. Division du chapitre.

II. Différence du louage d'ouvrage avec le louage de choses. — Différence beaucoup

_____

(1) *Voy.* Merlin (*Quest.*, v° Fumiers); Duvergier (II, 223); Douai, 4 juin 1849 et 19 juill. 1850; Metz, 18 juill. 1861; Rouen, 7 oct. 1864 (Dev., 50, 2, 506; *J. Pal.*, 50, 2, 383; 61, 961; 65, ('98). — Il est étrange que les deux recueils, et dans leurs sommaires et dans leurs annotations, et M. Pont dans la *Revue critique*, t. I, p. 193 et suiv., présentent ces arrêts comme se contredisant l'un l'autre, et qu'ils n'aient pas vu que le second juge une simple clause *de conversion de toutes les pailles en fumiers*, et le premier, au contraire, l'obligation prise, en outre, *de laisser les pailles et fumiers en sortant!* C'est à tort aussi qu'ils citent Merlin comme professant la doctrine par nous combattue, puisque Merlin ne discutait la question que sous l'empire des coutumes, et déclarait, dans les deux rubriques de son article, ne s'occuper que de ce qui existait *avant le Code Napoléon*.

plus délicate avec le mandat. D'après la loi, il y a mandat quand il n'y a pas de prix, et, par conséquent, pour les travaux des professions libérales. Erreur de MM. Duvergier, Zachariæ et Taulier. Réponse aux étranges idées philoso-phiques de M. Championnière.

III. Du remplacement militaire. Longues hésitations de la jurisprudence, aujourd'hui fixée. — Contrats passés avec une agence de remplacement. Le remplaçant alors n'est créancier que de l'agence : erreur de M. Zachariæ. Et il n'est point créancier privilégié : erreur de M. Troplong.

I. — Nous avons prouvé plus haut (art. 1710, III), contre les juris-consultes romains, et contre Domat, Cujas, Pothier et M. Troplong, que l'idée d'après laquelle le locateur est, dans le louage d'ouvrages aussi bien que dans le louage de choses, celui qui reçoit le prix, et le locataire celui qui le paye, idée qui est consacrée par notre Code, est en effet la seule qui fût vraiment rationnelle, la seule qu'une législation logique dût adopter.

Le louage d'ouvrage ou d'industrie est donc un contrat par lequel une partie, qu'on appelle locateur, s'oblige à faire jouir de son travail une autre partie qui s'oblige à le payer et qu'on appelle locataire. La loi en distingue trois grandes classes, indiquées par notre texte, et qui vont être réglées séparément dans les trois sections suivantes.

II. — Tout le monde est d'accord pour constater, entre le louage de choses et le louage d'ouvrage, cette différence capitale, que le premier, en cas de refus par le locateur de remplir son obligation de mettre le locataire en jouissance du bien, est susceptible d'une exécution forcée, tandis que le second, qui a pour objet le travail même de l'homme, ne peut, en cas d'inexécution par le locateur, que se transformer en une dette de dommages-intérêts, d'après la règle *nemo potest cogi ad factum*.

Mais c'est, au contraire, un point très-controversé (et qui serait, en effet, assez délicat, s'il fallait prendre la question au point de vue où l'examinent à tort les auteurs), que de savoir quel est au juste le carac-tère distinctif du louage d'ouvrage et du mandat. M. Duvergier, dont les idées sont adoptées par deux autres auteurs, enseigne que ce qui caractérise le mandat et le différencie du louage, c'est le pouvoir (et aussi l'obligation, car le mandat oblige) d'une personne de représenter l'autre, et de parler ou agir au nom de celle-ci; d'où la conséquence que le médecin que je charge de soigner mon enfant malade n'a fait avec moi qu'un louage, et non pas un mandat, parce que ce médecin ne me représente pas, tandis que le commissionnaire à qui je paye une course de 2 francs pour porter ma malle à une diligence et m'y retenir une place est mon mandataire, parce qu'il me représente et agit pour moi. Le système contraire, développé surtout par M. Troplong, trouve la différence caractéristique des deux contrats dans la circonstance que le travail est ou n'est pas *payé*, en prenant ce mot dans son sens exact et rigoureux. Ainsi, non-seulement quand il n'y aura pas rétribution, mais aussi quand la somme remise pour le travail n'en sera pas propre-ment le prix, mais seulement une récompense, un honoraire, parce que ce travail est une de ces choses qui ne sont pas appréciables en argent et ne sont pas de nature à être *payées* dans le sens exact du mot, le contrat est un mandat (1).

Il y a ici trois questions que l'on a eu tort de confondre et dont une seule est à résoudre par le jurisconsulte : il y a une question de philosophie et de morale, une question de législation, puis une question de droit positif, et cette dernière est évidemment la seule qui rentre dans l'explication du Code. D'abord une question de philosophie, qui consiste à savoir si la distinction entre les professions purement manuelles ou mercantiles et les professions libérales, entre l'artisan ou le marchand et le savant ou l'artiste, entre les travaux qui se payent par l'argent et sont susceptibles d'un véritable prix et ceux qui sont inappréciables en argent et ne peuvent dès lors recevoir que des récompenses et des honoraires, entre le résultat du calcul et de la spéculation et le fruit du dévouement et de l'amour pour le vrai, pour le beau, pour l'humanité; si cette distinction, disons-nous, n'est qu'un préjugé sans base, qu'une erreur condamnée par la raison et qui doive disparaître, ou si elle ne repose pas, au contraire, sur une grande et sainte vérité. — Or cette première question est loin de se confondre avec celle qui nous occupe en droit (ni même avec la question de législation qui se place entre les deux), et la preuve en est ici bien palpable. Car, d'une part, M. Taulier, tout en disant comme M. Duvergier que tous travaux rétribués, si nobles ou si chétifs qu'ils soient, et soit que leur récompense prenne le nom de salaire ou d'honoraire, ne sont et ne doivent être que des louages, n'en constate pas moins, comme M. Troplong, cette vérité philosophique, « que les mœurs ne passeront jamais le niveau sur des inégalités qui sont des harmonies, que l'humanité a ses instincts de conservation auxquels elle ne faillira jamais, et qu'elle n'ira jamais assimiler le grand poëte qui improvise un chef-d'œuvre pour la scène au concierge qui balaye le théâtre (295)»; et d'un autre côté, M. Championnière, qui admet comme M. Troplong que le Code ne reconnaît le louage que pour les travaux manuels, les arts mécaniques, les œuvres mercantiles, en élevant les travaux plus nobles dans la classe des mandats, n'en prétend pas moins que cette règle est mauvaise, qu'elle repose sur une distinction mal fondée, et que l'inégalité qu'elle consacre doit dès lors disparaître (n° 1487). — La question de législation, à son tour, outre que la solution de droit en est indépendante (puisque celle-ci consiste seulement à savoir ce que la loi a fait, et non ce qu'elle devait ou doit faire), ne se résoudrait pas elle-même nécessairement par la question philosophique; car, à part bien d'autres vues qu'il est inutile d'indiquer ici, on pourrait fort bien, tout en proclamant, non-seulement la justesse de la distinction entre les professions libérales et les autres, mais aussi la nécessité de la consécration de cette distinc-

_____

(1) Duvergier (II, 267 et suiv.); Zachariæ (III, p. 34); Taulier (VI, p. 284, 297); — Merlin (*Rép.*, v° Notaire, § 6); Duranton (XVIII, 196); Championnière et Rigaud (II, 1479 et suiv.); Troplong (III, 791 et suiv.).
L'engagement des artistes dramatiques constitue un louage d'industrie. Cass., 24 fév. 1864 (Dev., 64, 1, 59).

tion dans la loi, ne pas arriver pour cela au système de M. Troplong, et dire que si les travaux des professions libérales ne sont point des cas de louage, ils ne seront pas non plus des cas de mandat et seront l'objet d'un contrat spécial et *sui generis*. Tel serait, pour notre part, notre avis en législation. Dans une loi à faire, les œuvres de l'esprit et du cœur ne devraient être, selon nous, ni l'objet d'un mandat ni l'objet d'un louage; car s'il répugne d'admettre que le zèle de ces missionnaires qui vont arracher des peuplades sauvages à la barbarie, que la charité de ces saintes religieuses qui renoncent aux joies du monde (et quelquefois de la fortune) pour soigner dans nos hôpitaux les maladies les plus repoussantes, que le dévouement du médecin, du soldat, de l'avocat et du professeur, que le génie de l'artiste et du savant, avec sa brûlante ardeur, son inspiration et son enthousiasme, que toutes ces saintes et belles choses ne sont que *des choses à louer,* n'est-il pas aussi par trop bizarre et contraire à toutes les idées reçues de voir un mandat, comme le fait le second des systèmes exposés, dans tout travail fait sans prix, de telle sorte que le savetier qui raccommode mes bottes se trouve élevé à la dignité de mandataire le jour où il veut bien, pour une fois en passant, les raccommoder gratis!

Mais tout ceci n'est pas la question. Il ne s'agit pas de savoir ce que la loi devait faire, mais ce qu'elle a fait; or il est bien certain que ce dernier système est celui qu'adopte le Code.

Tandis, en effet, que le Code autrichien (art. 1163) fait expressément un cas de louage des travaux ou services dont il s'agit (1), notre Code, au contraire, non-seulement ne dit pas un mot qui fasse allusion à un pareil système, mais on ne trouve rien non plus, ni dans ses textes, ni dans ses travaux préparatoires, qui manifeste la moindre pensée de changer les anciens principes; et comme le second système ci-dessus indiqué a toujours dominé, soit à Rome, soit dans notre ancien droit, c'est donc bien lui que le Code a entendu consacrer... Il a, en effet, toujours été entendu que l'une des conditions du louage, c'est *le prix;* qu'en l'absence de ce prix, le contrat ayant pour objet des travaux ou services quelconques *est un mandat,* non un louage; enfin, que les travaux et services qui nous occupent ici n'étant pas susceptibles *d'un prix,* parce qu'ils sont inappréciables par leur nature même, c'est alors un mandat qui se forme et non un louage. Paul, Ulpien, Caïus, Justinien, Bartole, Cujas, nous expliquent tous que le mandat est gratuit, qu'il peut bien recevoir un honoraire, mais non pas un prix, que c'est l'absence ou la présence de ce prix qui fera que le contrat sera mandat ou louage; que, quand il s'agit d'arts libéraux, le contrat sera nécessairement un mandat, puisque le prix n'est pas possible alors; et Pothier, appliquant, non-seulement dans ses commentaires du droit romain, mais aussi dans ses travaux sur le droit civil français, ces principes constants, nous dit à son tour : « Il y a certains services

_____

(1) Une telle disposition est sans doute quelque chose de pénible à voir dans le Code d'une nation européenne; mais elle y cadre assez bien, au surplus, comme le fait remarquer M. Troplong, avec la discipline militaire à coups de bâton.

pour lesquels, quoiqu'ils dépendent d'une profession libérale *et qu'en conséquence ils appartiennent au contrat de mandat*... ceux qui les ont rendus sont reçus en justice à en demander la récompense ordinaire. — Tels sont les services que rendent les médecins, les grammairiens, les maîtres de philosophie, etc. L'action qu'ont ces personnes n'est pas l'action *ex locato;* car la récompense *n'est pas un loyer,* ce n'est pas *un prix* de leurs services, qui sont inestimables de leur nature. » Pothier insiste et revient à plusieurs reprises sur cette différence capitale entre *le prix* d'un travail susceptible d'être payé, et ce qui n'est que récompense ou honoraire de travaux ou services qui, par leur nature même, ne sont pas susceptibles d'estimation, et c'est toujours pour expliquer qu'il y a louage dans le premier cas et mandat dans le second (1). Cela étant, et le Code n'ayant ici rien changé aux anciens principes, notre question n'est donc pas douteuse.

Du reste, si cette théorie légale, à nous transmise par les Romains, peut être critiquée en tant qu'elle voit toujours ici un mandat, elle a du moins grandement raison de n'y voir jamais un louage, d'admettre ainsi la distinction entre les professions libérales et les autres, et nous devons, en terminant, protester de toutes nos forces contre l'incroyable critique que lui adresse à cet égard M. Championnière. D'après lui, cette distinction est *peu fondée;* l'inégalité des professions, pur préjugé résultant de cette inégalité des personnes et des biens qui faisait la base de la constitution romaine et du régime féodal, n'est qu'une opinion *qui doit tomber et s'éteindre.* Déjà la précellence que l'on accordait à certaines professions n'est plus admise *que par ceux qui les exercent;* et BIENTOT, le progrès avançant toujours, *les travaux comme les esprits* seront TOUS empreints DE CALCUL *et d'égalité; l'artiste et l'écrivain,* déchus de cette hauteur FICTIVE, ne seront, *même à leurs yeux,* que DES ENTREPRENEURS, *et leurs œuvres* DES SPÉCULATIONS. Voilà pourquoi les règles adoptées par les rédacteurs du Code *sont susceptibles d'être* JUSTEMENT *critiquées* (n° 1487, texte et note)... De pareilles doctrines ne se réfutent pas, elles se dénoncent à la raison publique, qui n'y voudra voir, comme nous, que le rêve d'un cerveau fatigué, pour n'y pas voir un blasphème. Non, le poëte, l'artiste, le savant, le prêtre, le soldat, le médecin, le professeur (j'entends ceux qui sont dignes de leur état), ne seront jamais, ni à leurs yeux ni aux yeux des autres, des entrepreneurs; leurs œuvres ne seront jamais des spéculations; non, l'ardent amour du vrai et du beau, le dévouement à la patrie et à l'humanité, l'enthousiasme du génie, ces nobles et saintes passions des grandes âmes, ne seront jamais des actes de calcul; leur mobile et leur récompense ne sera jamais dans l'argent, il sera toujours dans la gloire, dans le respect et l'admiration des hommes, dans la joie intime de la conscience, et quand ce brave soldat ira se faire tuer avec tant d'héroïsme

---

(1) Dig. *Mand. vel cont.* 1, § 4; *ibid.*, 6; Caii Instit. III, 162; Justin. Instit. III, 26, § 13; Bartole (sur la l. *Si mensor*); Cujas (liv. III, sur la l. 7 *Mand.*); Pothier (Mandat, n°° 26 et suiv.).

pour la défense de son pays, quand cet homme supérieur usera ses forces et sa vie à faire un chef-d'œuvre, ce ne sera pas pour les quelques sous de chaque jour que l'État compte au premier, pour les billets de banque que l'éditeur compte au second; l'un et l'autre ne *calculeront* pas s'ils auraient quelques sous de plus ou quelques mille francs de plus en se faisant marchands au lieu d'être soldat, prêtre, artiste ou savant... C'est que celui qui a mis au cœur de tout homme l'amour de sa femme et de ses enfants, a mis aussi dans les âmes d'élite l'amour de la patrie et de l'humanité, l'amour de tout ce qui est vrai, grand et beau, et que partout l'amour n'a rien de commun avec la spéculation et l'entreprise commerciale!... Au surplus, Championnière lui-même, lui que le zèle de la science a dévoré et vient de conduire si jeune encore au tombeau, lui dont le *Traité des droits d'enregistrement,* pierre précieuse malheureusement mal montée, est vraiment un chef-d'œuvre, lui qui était devenu l'un de nos premiers jurisconsultes, alors que l'État lui refusait encore jusqu'à cette chétive distinction si largement prodiguée à la camaraderie et à l'intrigue, Championnière était une nouvelle preuve de la vérité que nous rappelons ici; Championnière s'est calomnié lui-même en calomniant l'humanité, et sa propre vie proteste tout entière contre les fâcheuses paroles que lui ont sans doute arrachées quelques instants de maladie ou de découragement.

III. — Avant d'arriver aux trois sections qui forment les subdivisions de notre chapitre, disons quelques mots d'une variété de louage qui a pris de grands développements depuis une vingtaine d'années, et qui, quoique sa suppression, tant de fois réclamée, et sur le point d'être prononcée lors de la constitution de 1848, paraisse devoir l'être dans un avenir peu éloigné, n'en joue pas moins aujourd'hui encore un rôle fort important chez nous. C'est le contrat de remplacement militaire qui constitue, il est vrai, un louage de services, mais très-différent de celui dont vont s'occuper les art 1780, 1781, et qui a ses règles à part.

Le remplacé n'étant responsable de la désertion de son remplaçant, aux termes de l'art. 23 de la loi du 21 mars 1832, que pendant un an à compter du jour de l'acte passé devant le préfet et pourvu encore que le remplaçant ne soit pas arrêté dans ce délai, le remplacé doit donc la totalité de son prix dès là que cette première année, qu'on appelle l'année de garantie, se passe sans désertion ou que la désertion y est suivie d'arrestation (1). Il le devrait également, alors même que, par une cause quelconque, la durée du service du remplaçant aurait été abrégée, puisque le remplacé n'en aurait pas moins obtenu sa libération complète et définitive. Mais il en serait autrement si le remplacé se trouvait obligé, après un certain temps, de venir servir, par suite d'une loi qui appellerait le remplaçant pour son compte personnel, et le prix du remplacement ne serait alors dû que dans la proportion du temps pendant lequel le remplaçant a servi pour le remplacé. Il est

---

(1) Troplong (III, 831); Zachariæ (III, p. 38); Grenoble, 6 mai 1848 (Dev., 49, 2, 14).

vrai que quelques arrêts avaient d'abord jugé le contraire; mais c'était bien à tort, puisque, quand je vous ai promis une somme de… pour me remplacer pendant huit ans, et que vous me procurez ma liberté pendant quatre ans seulement, les plus simples notions de raison et de justice disent assez que je ne vous dois que la moitié du prix convenu, obligé que je suis de venir faire en personne la moitié de mon temps de service. Sans doute il n'y a aucune faute à vous reprocher, puisque c'est par un fait indépendant de votre volonté que l'exécution complète de votre obligation se trouve impossible; mais tout ce qui suit de là, c'est que je ne puis pas vous demander de dommages-intérêts (1).

Quant à savoir si le contrat de remplacement passé par le père (non tuteur) du remplacé donne action sur celui-ci, il faut distinguer : si le fils est mineur, le père sera tout naturellement considéré comme ayant été son *negotiorum gestor*, et, par conséquent, l'enfant est obligé, à moins qu'il ne résulte des circonstances que le père n'a contracté que dans son intérêt personnel (2). Mais si l'enfant est majeur, comme alors le père et le fils sont deux personnes complétement indépendantes et dont l'une ne saurait obliger l'autre, le père, en principe, serait réputé avoir traité pour lui et se trouverait seul tenu. Il n'en serait autrement que s'il était bien prouvé que le père n'a traité que pour le fils et comme son gérant d'affaires, ou s'il résultait des circonstances que celui-ci a entendu s'obliger lui-même (3).

Quand le remplaçant et le remplacé, au lieu de traiter ensemble, ont traité, chacun de son côté, avec un agent d'assurance, il est clair que c'est envers cet agent et non envers le remplaçant que le remplacé se trouve débiteur; et on ne conçoit pas que des cours d'appel aient pu juger le contraire et condamner le remplacé à payer une seconde fois, comme ayant mal payé la première, lorsque après avoir versé son prix aux mains de l'agent, tombé plus tard en faillite, il était ensuite poursuivi par le remplaçant. Alors, en effet, il se forme non pas un contrat, mais deux contrats successifs : un premier contrat entre l'agent et le remplacé qui s'oblige à *payer à cet agent* une somme de…, sans rechercher ce que cet agent a pu ou pourra payer pour lui fournir un remplaçant; un second contrat entre l'agent et le remplaçant, qui stipule qu'une somme de… lui sera payée *par cet agent*, sans rechercher combien cet agent s'est fait ou se fera payer par le remplacé; d'où la conséquence bien manifeste que l'agent est le seul débiteur du remplaçant et le seul créancier du remplacé… Et quand on voudrait soutenir que, lors de la présentation du remplaçant par le remplacé à l'agrément de l'autorité administrative, il se forme tacitement, et cette fois entre le remplaçant et le remplacé, un troisième contrat, par lequel chacun d'eux s'oblige directement envers l'autre, cette idée ne changerait rien

---

(1) Cass., 9 mai 1815 et 20 juin 1826.— *Contrà*: Nimes, 8 août 1810; Colmar, 2 janv. 1811.

(2-3) Colmar, 6 déc. 1815; Caen, 17 août 1827; Paris, 3 juin 1829; Bourges, 5 déc. 1832; Paris, 20 et 29 fév. 1840; Amiens, 11 juill. 1840; Paris, 31 déc. 1842; Bourges, 27 nov. 1850; Caen, 20 déc. 1851 (Dev., 32, 2, 634; 40, 2, 148 et 473; 42, 2, 415; 43, 2, 366; 51, 2, 154; 52, 2, 246).

à la solution. Car quelle serait la condition de ce nouveau contrat? Serait-ce que le remplacé payera quelque chose au remplaçant? Évidemment non; car l'acte administratif qui se passe devant le préfet ne dérange rien aux combinaisons précédemment convenues et arrêtées; il est, au contraire, la confirmation, l'acceptation nouvelle et respective, par le remplaçant et le remplacé, de ces combinaisons antérieures. La loi de ce troisième et dernier contrat sera donc, comme celle des deux autres, qu'une telle somme sera payée par le remplacé *à l'agent* et telle autre somme *par l'agent* au remplaçant. Le remplaçant n'a pour débiteur que l'agent, il n'a consenti à avoir affaire qu'à lui; et de même qu'il pourrait toujours se faire payer par cet agent, alors même que celui-ci n'aurait pas été payé par le remplacé, devenu insolvable, de même il n'a rien à demander à ce remplacé, à défaut de payement par l'agent, qui est son seul débiteur. — En vain d'autres arrêts, et comme eux M. Zachariæ, qui n'essaye pas même de motiver sa doctrine et la présente comme un axiome (III, p. 39), ont voulu transiger avec ces principes, en donnant l'action au remplaçant jusqu'à concurrence de ce que le remplacé doit encore à l'agent tombé en faillite. Cette idée n'est pas soutenable, puisque les créanciers de cet agent failli ont le même intérêt et les mêmes droits qu'avait cet agent, et que du moment que le remplacé n'est débiteur qu'envers cet agent, le remplaçant n'a rien à réclamer de lui. C'est, en effet, ce qui est reconnu maintenant par la jurisprudence de la Cour suprême et des cours d'appel, de celles-là mêmes qui avaient d'abord jugé le contraire (1).

Et s'il faut ainsi reconnaître que le remplaçant n'est alors créancier que sur l'agent ou entrepreneur de remplacement, nullement sur le remplacé, il faut bien reconnaître aussi, quoi que dise un arrêt de Lyon de 1833, approuvé par M. Troplong (III, 838), que sa créance n'est point privilégiée. La Cour de Lyon et M. Troplong se fondent sur l'art. 2102, 3°, qui accorde privilége *aux frais faits pour la conservation de la chose.* Mais si cette idée peut paraître *ingénieuse*, comme le dit le savant magistrat, il est clair qu'elle est on ne peut plus fausse. Est-ce que la somme à payer au remplaçant est un remboursement de *frais faits par lui?* Les seules impenses qu'ont pût alors regarder comme des frais faits pour la conservation de la créance sur le remplacé seraient les sommes versées au remplaçant; or ces frais ne seraient pas faits par le remplaçant, mais au contraire par l'agent, et ces sommes étant d'ailleurs payées ne seraient donc plus dues. L'aperçu est donc aussi faux que M. Troplong le trouve ingénieux, et c'est avec grande raison qu'il est condamné par les arrêts, qui décident fort exactement que, les priviléges étant de droit étroit, on ne saurait en voir un ici au profit du remplaçant (2).

---

(1) *Contrà* : Rouen, 1er mai et 6 août 1829; Bordeaux, 31 juill. 1832. — *Conf.* Toulouse, 26 mai 1830; Lyon, 29 juin 1831; Cass., 21 nov. 1832, 10 avr. et 21 mai 1833; Bordeaux, 12 juill. 1833; Rouen, 4 août 1833; Paris, 16 août 1838; Cass., 13 janv. 1841 (Dev., 30, 2, 266; 32, 1, 113; 33, 1, 13, 271 et 765; 34, 2, 19; 38, 2, 514; 41, 1, 401).

(2) Paris, 16 août 1838; Cass., 13 janv. 1841 (Dev., 38, 2, 514; 41, 1, 401).

SECTION PREMIÈRE.

DU LOUAGE DES DOMESTIQUES ET OUVRIERS.

1780. — On ne peut engager ses services qu'à temps, ou pour une entreprise déterminée.

1781. — Le maître est cru sur son affirmation,

Pour la quotité des gages ;

Pour le payement du salaire de l'année échue ;

Et pour les à-compte donnés pour l'année courante.

SOMMAIRE.

I.   Qu'entend le Code par *domestiques*, et de quels *ouvriers* il s'agit ici.
II.   On ne peut, ni directement ni indirectement, engager ses services pour toute sa vie. Une telle convention serait absolument nulle et ne lierait aucune partie. Réponse à M. Troplong. — Observations. — Le maître, lui, peut s'obliger pour toute sa vie.
III. Comment finit le louage de services.
IV.   Règle exceptionnelle pour le chiffre et le payement des gages ou salaires. Elle ne peut pas s'étendre aux cas non prévus par le texte.

I. — Il s'agit ici du louage de services, c'est-à-dire du louage des *domestiques*, dans l'acception actuelle de ce mot, et de certains ou-. vriers qu'on pourrait appeler *ouvriers-serviteurs*.

On entendait autrefois par *domestiques* toutes les personnes attachées, à quelque titre que ce fût, à la maison d'un autre : DOMESTICI, *qui* EX DOMO *sunt ;* en sorte que des précepteurs, des aumôniers, les plus hauts officiers de la maison d'un prince ou du roi, étaient *domestici,* aussi bien qu'un valet de chambre ou un cuisinier. Mais nos mœurs n'acceptent plus depuis longtemps ce mot dans un sens aussi large. La loi du 19-20 avril 1790 (art. 7) reconnaît en dehors de la domesticité les intendants, les secrétaires, les régisseurs, même les charretiers de labour; on ne doit entendre par domestiques, dans le langage du Code, que ceux qui remplissent auprès d'une personne des fonctions intimes, et auxquels cette qualification est également donnée dans le monde (1).

Quant aux ouvriers, il ne s'agit pas ici de tous ceux que ce mot désigne dans le langage habituel, mais de ceux-là seulement qui se soumettent à une plus grande dépendance, en se louant à la journée, à la semaine, au mois ou à l'année. Les autres, c'est-à-dire tous ceux qui, bien que simples ouvriers (parce qu'ils ne font que des travaux manuels ou n'exercent que des arts mécaniques), travaillent *à leurs pièces,* c'est-à-dire moyennant un prix fait pour chaque ouvrage, ne rentrent plus dans notre 1re section, mais dans la section 3, puisque le contrat qu'ils forment n'est plus un louage de services, mais un marché ou louage à prix fait.

II. — Le Code ne permet d'engager ses services que pour un temps

_____

(1) *Voy.* cependant Rouen, 10 juill. 1843 (Dev., 44, 2, 34).

limité, ou pour une entreprise déterminée, c'est-à-dire dont la durée soit également limitée : il n'admet pas comme valable l'obligation prise par un homme de servir toute sa vie, obligation dont le résultat serait une espèce de servage qui répugne à la liberté et à la dignité humaines (1). Et, bien entendu, l'engagement serait encore nul, quoique fait pour un temps préfix ou pour une entreprise déterminée, si ce temps ou la durée de cette entreprise étaient assez longs pour absorber la vie de celui qui s'oblige : il est évident, en effet, que s'obliger, soit à servir une personne pendant soixante-quinze ou quatre-vingts ans (ou seulement pendant quarante ans, si on en a déjà cinquante ou cinquante-cinq), soit à faire l'extraction de toute une carrière dont l'exploitation doit durer le même temps, c'est en réalité s'obliger pour toute sa vie. On s'étonne que M. Troplong (III, 859) trouve ce point délicat en ce qui touche la seconde hypothèse; car il ne l'est pas plus pour elle que pour la première. En vain le savant magistrat fait remarquer que le texte pris à la lettre permet l'engagement, du moment qu'il est fait *pour une entreprise déterminée;* car on lui répondra qu'il le permet également du moment qu'il est fait *à temps*, c'est-à-dire pour une durée préfixe. Dans un cas comme dans l'autre, la loi entend proscrire tout contrat par lequel le locateur s'engagerait pour toute sa vie; or s'il est bien évident que s'engager pour un temps préfix de cent ou cent cinquante ans, c'est, par une voie détournée, s'obliger pour toute sa vie, il n'est pas moins évident qu'il en est absolument de même quand on s'engage pour une entreprise déterminée qui doit durer le même temps. Encore une fois, on ne comprend pas que M. Troplong hésite plus dans le second cas que dans le premier (2).

Et puisque la convention ainsi faite pour toute la vie du locateur est prohibée comme illicite et contraire aux mœurs, elle n'est donc pas seulement annulable sur la demande de ce locateur, c'est-à-dire du domestique ou de l'ouvrier, de façon que le maître serait tenu de l'exécuter; elle est absolument nulle, en sorte que le maître, aussi bien que l'autre partie, peut à tout moment en faire constater l'inexistence légale. C'est à tort que M. Troplong enseigne le contraire (III, 856) en se fondant sur ce que la prohibition est établie en faveur du locateur, dans l'intérêt de sa liberté, et qu'il suffit pour sauvegarder cette liberté que lui locateur puisse faire déclarer le contrat nul. M. Troplong oublie que le contrat n'est pas annulable, mais radicalement nul et inexistant, en sorte qu'il ne lie ni l'une ni l'autre des parties; il oublie que ce n'est pas dans l'intérêt privé du locateur que la prohibition est portée, mais par un motif d'ordre public et pour sauvegarder la dignité humaine en général, non pas seulement la dignité personnelle de tel ou tel. Et quant à l'hypothèse d'un maître assez inique pour jeter à la porte et laisser sans moyens de subsistance le vieux serviteur qui n'a usé sa vie à son

---

(1) La règle applicable aux domestiques et gens de service ne l'est pas aux médecins. Cass., 31 avr. 1839 (Dev., 39, 1, 339).
(2) Duranton (XVII, 226); Duvergier (II, 284); Zachariæ (III, p. 35).

service, et pour des gages fort modiques peut-être, que sur la promesse qu'on lui avait faite de le garder toute sa vie, promesse que le maître violerait, dit-on, impunément; puisque le contrat étant nul il n'y aurait pas lieu à des dommages-intérêts, elle nous paraît moins embarrassante qu'à M. Troplong. Sans doute le maître ne pourra pas être condamné à des dommages-intérêts pour manquement à une obligation, puisque le contrat n'a produit aucune obligation; mais il pourra l'être pour le fait matériel du dommage par lui causé au domestique. Il en sera ici comme de la vente de la chose d'autrui, qui donne parfaitement lieu à des dommages-intérêts, bien qu'elle soit également sans existence légale. C'est donc avec raison que la doctrine de M. Troplong, qui ne voit ici qu'un contrat annulable au profit du locateur de services et pleinement obligatoire contre le maître, est repoussée par les auteurs et les arrêts (1).

D'après cette règle, la convention par laquelle le locateur déclarerait s'engager, non pas pour toute sa vie, mais pour toute la vie du maître, serait nulle ou valable, selon que le maître serait ou non assez jeune pour que, dans l'ordre ordinaire des choses, il dût vivre autant que le promettant. Si le maître est aussi jeune ou plus jeune que le promettant, celui-ci s'engage en réalité pour toute sa vie et la promesse est nulle; si, au contraire, le maître est beaucoup plus âgé, on conçoit que la convention n'a plus rien d'illicite (2).

Il va sans dire, au surplus, que la nullité du contrat ne dispenserait pas le maître de payer le domestique ou l'ouvrier pour tout le temps pendant lequel celui-ci aurait travaillé. Ce n'est pas par l'effet du contrat que le maître serait tenu, puisque ce contrat n'existe pas légalement, et le prix, dès lors, ne serait pas nécessairement celui de la convention; il serait tenu par le fait même des travaux accomplis et qu'il a laissé faire, travaux dont la valeur, en cas de contestation, serait appréciée par le tribunal.

Une dernière remarque à faire ici, c'est que si la faculté de s'obliger *in perpetuum* est enlevée au locateur de services, elle ne l'est point au maître, qui peut très-bien s'engager à garder, pendant toute sa vie, telle personne à son service. La loi n'étend point au second l'interdiction prononcée pour le premier; et elle n'est pas nécessaire, en effet,

---

(1) Duranton (XVII, 226); Duvergier (II, 284); Zachariæ (III, p. 35); Taulier (VI, p. 209); Paris, 20 juin 1826; Bordeaux, 23 janv. 1827.

(2) Tel était, selon toute apparence, le cas sur lequel statue un arrêt de Douai, du 2 février 1850, pour un contrat par lequel la demoiselle Poulet s'était obligée envers le sieur Maquet « de demeurer avec celui-ci, de faire tous les travaux de son ménage, d'administrer sa maison et de lui donner tous les soins dont il aurait besoin en maladie comme en santé, et ce pendant toute sa vie. » Il y a tout lieu de penser que le sieur Maquet était un vieillard beaucoup plus âgé que la demoiselle Poulet, et l'arrêt juge dès lors avec raison que leur convention ne tombe pas sous la prohibition de notre art. 1780. Mais il a tort d'ajouter que l'engagement n'est d'ailleurs pas de la nature de ceux que prévoit et prohibe cet article. Il est bien évident, en effet, que s'obliger à demeurer avec une personne pour la soigner et faire tous les travaux de son ménage, c'est contracter un louage de services. Ce considérant est donc aussi faux qu'inutile. (Dev., 51, 2, 182.)

puisque la subordination qui existe pour l'un (et. dont la perpétuité ferait une espèce de servage) n'existe pas pour l'autre (1).

III. — Le Code ne nous dit pas comment finit le louage de services. C'est en recourant aux principes généraux et aux usages des lieux que la question se résoudra dans différents cas.

Quand les parties sont convenues d'un temps déterminé, le louage finit de plein droit à l'expiration de ce temps, sauf tacite réconduction si le domestique ou l'ouvrier continue ensuite ses services du consentement du maître. Quand les parties ne se sont pas expliquées sur la durée du louage, cette durée, en général, sera indéfinie et ne cessera qu'au moyen du congé donné par l'une des parties à l'autre, avec le délai fixé par l'usage des lieux. Mais il en sera quelquefois autrement et le louage pourrait avoir une durée tacitement déterminée à l'avance, par suite soit de la nature même du travail, soit de l'usage des lieux. Ainsi, l'ouvrier loué pour une entreprise déterminée sera lié, ni plus ni moins, pour la durée de cette entreprise; de même les ouvriers et domestiques d'une ferme seront en général loués, soit pour l'année entière, soit pour la saison des travaux, selon les cas.

Le louage de services finit toujours par la mort du domestique ou de l'ouvrier. Le maître ne saurait être contraint d'accepter leurs héritiers à leur place, et ceux-ci réciproquement ne pourraient pas être contraints par le maître à continuer le travail de leur auteur, le contrat n'ayant été formé de part et d'autre que pour la personne de cet ouvrier ou de ce domestique. Quant à la mort du maître, son effet ne saurait être indiqué en thèse et d'une manière absolue; car c'est par les circonstances de chaque espèce qu'on verra si le louage n'a été fait qu'en considération du maître, et si sa mort dès lors doit résoudre le contrat.

Le louage de services peut, comme tout autre contrat synallagmatique, être résolu par l'une des parties, si l'autre ne remplit pas ses obligations. Si donc le maître maltraite le domestique ou l'ouvrier, ou ne le nourrit pas convenablement, si d'un autre côté le travail ou la conduite de ceux-ci ne sont nullement convenables, s'il y a enfin, de part ou d'autre, manquement grave aux obligations résultant du contrat, l'autre partie peut résilier et obtenir même, selon les cas, des dommages-intérêts. Si c'était une cause de force majeure qui rendît impossible l'exécution des obligations d'une partie, si le domestique, par exemple, se trouvait par maladie dans l'incapacité de travailler, il est clair qu'il ne serait pas dû de dommages-intérêts; mais l'autre partie n'en pourrait pas moins se dégager. Il est vrai que M. Troplong

_____

(1) Duvergier (II, 286); Troplong (III, 857); Taulier (VI, p. 300). Ce dernier auteur s'exprime à cet égard en termes qui seraient bien étranges chez tout jurisconsulte, mais qui le sont plus encore chez un professeur. Il dit que du moment que l'engagement perpétuel n'est pas réciproque, *il n'y a pas de contrat*, mais seulement, de la part du maître, une simple promesse constituant une obligation de faire qui, à défaut d'exécution, se résoudrait en dommages-intérêts. Pas de contrat! Oui, certes, il y a contrat, puisqu'on suppose le maître obligé, et par conséquent sa promesse acceptée. Il y a contrat : seulement ce contrat est unilatéral. — Cependant *voy.* Paris, 20 juin 1826 (Dev., 27, 2, 53).

semble admettre, d'après quelques anciens arrêts de parlement, que le maître est tenu de garder et de payer son domestique malade et incapable de faire son service; mais c'est une grave erreur. Sans doute c'est un devoir moral de ne pas abandonner, quand on peut le secourir, un pauvre domestique malade; mais outre qu'un maître pourrait fort bien n'avoir pas les moyens de payer pendant un mois, deux mois ou davantage, deux domestiques au lieu d'un, ce ne serait d'ailleurs là qu'un devoir de conscience, nullement une obligation légale, comme l'enseignent très-bien Pothier (n° 168) et Merlin (*Rép.*, v° Domest., n° 2).

IV. — Lorsqu'il y a contestation entre le maître et son ouvrier ou domestique, soit sur le chiffre des gages ou salaires convenus, soit sur le payement d'une année échue, soit sur les à-compte de l'année courante, la loi s'écarte du droit commun pour porter une disposition qu'il nous paraît difficile de justifier, et que nous verrons sans doute un jour ou l'autre disparaître du Code. Tandis que, d'après les principes, l'ouvrier ou domestique pourrait, à défaut d'écrit, établir sa prétention par témoins, tant qu'il s'agirait de moins de 150 francs, la loi lui interdit ici la preuve testimoniale et le livre à la discrétion du maître, qui devra toujours être cru sur son affirmation. Le maître, a-t-on dit, ayant plus de fortune, et aussi, en général, plus d'éducation que le domestique ou l'ouvrier, il sera donc doublement moins enclin à trahir la vérité pour un intérêt modique. Nous concevrions cette idée s'il ne s'agissait de s'en rapporter au maître que dans le doute absolu, et alors qu'il n'existe pas de témoins ou que le juge ne trouve pas les témoins assez dignes; mais défendre à ce juge d'écouter jamais aucun témoignage, si respectable qu'il puisse être, et lui commander de s'en rapporter nécessairement et toujours au maître, alors même que sa conscience pourrait répugner à le faire, c'est ce que nous ne saurions comprendre. Au surplus, la loi est formelle : *dura lex, sed lex.*

Mais puisqu'il s'agit d'une exception, et d'une exception fort rigoureuse, elle ne saurait donc s'étendre à d'autres cas que ceux indiqués dans le texte. Ainsi, si la contestation portait sur l'existence même du contrat, sur sa durée, sur des stipulations particulières autres que le prix, sur un apport d'effets affirmé par le domestique est nié par le maître, etc., on rentrerait dans le droit commun. Il est vrai que M. Troplong (III, 888) est d'un avis contraire en ce qui touche les effets; mais comme il ne s'agit plus là ni de la quotité ni du payement des gages, il faut bien reconnaître qu'on est en dehors des cas prévus et que la règle dès lors est inapplicable (1). Elle ne s'appliquerait pas non plus entre l'ouvrier ou domestique et l'héritier du maître, puisqu'il s'agit d'un fait tout personnel à ce dernier et que son héritier dès lors

_____

(1) *Comp.* Cass., 7 nov. 1866 (*J. Pal.*, 67, 31). Il a été jugé que l'art. 1781 est inapplicable au cas où le maître reconnaît que les gages n'ont été fixés par aucune convention. Toulouse, 17 juin 1862 (Dev., 62, 2, 517). Jugé aussi qu'il ne peut être invoqué par les patrons à l'égard de leurs commis. Grenoble, 29 nov. 1861 (Dev., 62, 2, 111).

ne peut affirmer à la place de son auteur. Il n'en serait autrement qu'autant que l'héritier aurait fait partie de la maison de son auteur du vivant de celui-ci et pourrait être considéré, d'après les circonstances, comme ayant été lui-même l'un des maîtres.

Tous les auteurs, à l'exception de M. Taulier (VI, p. 302), s'accordent à reconnaître que l'affirmation dont parle l'art. 1781 est une affirmation sous serment, et nous partageons leur sentiment : la disposition est assez rigoureuse contre l'ouvrier ou domestique pour qu'on doive penser que la loi a du moins entendu lui donner la garantie du serment (1). Que signifierait d'ailleurs la doctrine contraire et en quoi servirait-elle au maître, puisque le serment pourrait toujours lui être déféré par son adversaire?

C'est au juge de paix, d'après la loi du 25 mai 1838 (art. 5, 3°), qu'appartient la connaissance de toutes contestations entre maîtres et domestiques ou gens de service, jusqu'à 100 francs sans appel, et à charge d'appel à quelque chiffre que la demande s'élève.

SECTION II.
DES VOITURIERS PAR TERRE ET PAR EAU.

1782. — Les voituriers par terre et par eau sont assujettis, pour la garde et la conservation des choses qui leur sont confiées, aux mêmes obligations que les aubergistes, dont il est parlé au titre *Du Dépôt et du Séquestre*.

1783. — Ils répondent non-seulement de ce qu'ils ont déjà reçu dans leur bâtiment ou voiture, mais encore de ce qui leur a été remis sur le port ou dans l'entrepôt pour être placé dans leur bâtiment ou voiture.

1784. — Ils sont responsables de la perte et des avaries des choses qui leur sont confiées, à moins qu'ils ne prouvent qu'elles ont été perdues ou avariées par cas fortuit ou force majeure.

1785. — Les entrepreneurs de voitures publiques par terre et par eau, et ceux des roulages publics, doivent tenir registre de l'argent, des effets et des paquets dont ils se chargent.

1786. — Les entrepreneurs et directeurs de voitures et roulages publics, les maîtres de barques et navires, sont en outre assujettis à des règlements particuliers, qui font la loi entre eux et les autres citoyens.

SOMMAIRE.

I. Louage de transports. Il se forme souvent tacitement. Comment il se prouve.
II. Responsabilité du voiturier. En général, il doit indemniser de l'intégralité du dommage ; mais il en est autrement de l'argent et des bijoux, si l'on n'a pas spécialement déclaré leur nature : réponse à M. Troplong.
III. Exécution de la convention. Comment l'action en réclamation s'éteint : distinc-

---

(1) Merlin (*Rép.*, v° Affirmat.); Toullier (X, 453); Duranton (XVII, 236); Rauter (*Proc. civ.*, § 134); Duvergier (II, 35); Zachariæ (III, p. 37); Troplong (III, 883).

tion entre les commerçants et les non-commerçants. Des règlements particuliers aux voituriers publics.

I. — Le Code appelle ici *voituriers* tous ceux qui se chargent de transporter d'un lieu à un autre, moyennant un prix, des personnes ou des choses. Ainsi, 1° les voituriers proprement dits dont les transports de personnes ou de choses font la profession habituelle, tels que directeurs de chemins de fer, messagistes, rouliers, bateliers, loueurs de voitures, etc.; 2° les individus qui se chargent accidentellement d'un transport rétribué; 3° les commissionnaires de transports, sont tous compris dans le terme générique de la loi.

Le contrat de louage de transport est tacitement conclu, et les choses à transporter sont dès lors sous la responsabilité du voiturier, dès là qu'elles ont été remises à lui-même ou à son préposé, soit dans sa voiture ou son bâtiment, soit dans l'entrepôt ou le bureau, soit sur le port ou tout autre lieu où il est d'usage de les déposer. Des domestiques, garçons d'écurie ou employés quelconques étrangers au factage des marchandises ne sont pas des préposés à l'effet de recevoir les choses à transporter. Il en est ainsi encore, dans les lieux où l'entreprise tient un bureau et son préposé, du conducteur même de la voiture; mais sur les points où il n'existe pas de bureau, le conducteur doit nécessairement être considéré comme préposé, puisqu'il est le seul à qui l'on puisse s'adresser.

Quant au moyen de prouver le contrat, il faut distinguer avec qui il est formé. Si c'est avec un voiturier de profession, ou un commissionnaire de transports, on peut, puisque c'est un commerçant, prouver contre lui par témoins, à quelque chiffre que s'élève l'objet du débat (art. 109 et 632 C. comm.). Dans le cas contraire, l'acte n'étant pas commercial, il ne pourrait se prouver par témoins que jusqu'à 150 francs ou avec commencement de preuve par écrit, puisque nulle disposition ne déroge à cet égard aux principes généraux du droit civil. Il ne faudrait pas dire, en effet, que l'art. 1782 assimile le voiturier à l'aubergiste, lequel est lui-même assimilé au dépositaire nécessaire (art. 1952), et que, par conséquent, la preuve testimoniale, admise contre ce dernier par l'art. 1950, pour quelque valeur que ce soit, est par là même admissible contre le premier. Car ce n'est pas absolument que l'art. 1782 assimile le voiturier à l'aubergiste, ce n'est pas notamment pour le moyen de prouver le contrat contre lui, c'est seulement pour la garde et la conservation de la chose. Et, en effet, s'il était naturel de demander au voiturier les mêmes soins qu'à l'aubergiste et au dépositaire nécessaire, il n'y avait aucune raison d'admettre contre lui le même moyen de preuve : rien n'est plus simple que de tirer un reçu des choses que l'on confie à un entrepreneur de transports ou autre voiturier.

Les entrepreneurs de transports publics sont astreints comme commerçants à tenir des registres, et notamment un registre d'inscription de l'argent et autres objets quelconques dont ils se chargent. Cette inscription fait preuve contre eux au profit du voyageur ou expéditeur; mais nous ne saurions admettre, comme M. Troplong (III, 955 et 956), que la possibilité de ce nouveau moyen de preuve soit un obstacle à l'admission de la preuve par témoins dans le cas où il n'y aurait eu ni inscription ni remise d'un récépissé. Le voiturier étant ici un commerçant, la preuve testimoniale peut donc être admise contre lui (même au-dessus de 150 francs), et la circonstance qu'il s'est soustrait à l'obligation particulière de l'inscription, circonstance qui constitue de sa part une contravention, ne saurait assurément l'affranchir des principes généraux auxquels il est soumis. Sans doute il en serait autrement si c'était précisément le voyageur ou l'expéditeur qui, pour échapper au payement du transport d'un objet, se fût avisé de glisser cet objet dans la voiture à l'insu de l'entrepreneur; mais hors de ce cas et quand c'est le voiturier qui est en faute de n'avoir pas inscrit, sa faute ne saurait lui profiter, et le témoignage demeure dès lors admissible contre lui. Et non-seulement le témoignage serait admissible à défaut de l'inscription, mais il le serait même contre les mentions de l'inscription, puisque c'est là un titre que le voiturier se fait à lui-même, sans contrôle suffisant de l'autre partie. C'est en effet dans ce sens que l'article a été entendu dans la discussion du conseil d'État (1).

II. — Le voiturier répond de la perte et des avaries de la chose qui lui est confiée, à moins qu'il ne prouve que le dommage résulte d'un cas fortuit, d'une force majeure ou d'un vice de la chose, soit par défaut d'emballage convenable, soit autrement. Il est prudent de la part du voiturier de faire constater sans délai, sur les lieux mêmes et par procès-verbaux réguliers, les accidents qui surviennent; mais il pourrait toujours, au surplus, les prouver par témoins, puisqu'il ne s'agit alors que de simples faits et non de conventions (2). Il serait toutefois responsable, d'après le droit commun, du dommage même causé par cas fortuit ou force majeure, s'il avait été précédé d'une faute sans laquelle il n'eût pas eu lieu. Et comme sa responsabilité est la même que celle de l'aubergiste (art. 1772), il répond même des vols autres que ceux qui seraient commis avec force armée ou autre force majeure (art. 1953, 1954) (3).

La doctrine et la jurisprudence sont unanimement d'accord pour reconnaître, et avec grande raison, que, dans le cas de perte d'un objet, la responsabilité du voiturier s'étend à la valeur totale de la chose perdue, pour tous objets autres que de l'argent et des bijoux. C'est en vain, en effet, que les messagistes voudraient argumenter, comme ils l'ont fait pendant longtemps, de la loi du 23-24 juillet 1793, dont l'art. 62 fixait à 150 francs le maximum de l'indemnité; car cette loi n'était faite que pour les messageries exploitées par le gouvernement et supprimées par la loi du 9 vendémiaire an 6, elle n'est en aucune façon applicable aux entreprises particulières. En vain aussi ils argumente-

---

(1) Fenet (XIV, p. 260); Maleville (art. 1786); Zachariæ (III, p. 42); Taulier (VI, p. 307).

(2) C'est au voiturier qu'incombe la preuve que la chose à lui confiée a péri par cas fortuit. Cass., 23 août 1858 (Dev., 60, 1, 984; J. Pal., 60, 442).

(3) Cass., 4 mars 1863 (Dev., 63, 1, 389).

raient de la mention par eux insérée dans les bulletins qu'ils délivrent aux voyageurs et par laquelle il est déclaré qu'il ne sera jamais alloué plus de 150 francs. Car la réception de ce bulletin par le voyageur, qui la plupart du temps ne le lit même pas, ne constitue pas de la part de celui-ci un assentiment aux prétentions du voiturier, et ne forme pas dès lors la convention qui serait nécessaire pour déroger aux principes (1).

Mais en est-il de même de l'argent et des bijoux, ou ne faut-il pas, au contraire, pour qu'une entreprise réponde de la valeur intégrale, qu'il y ait une déclaration spéciale de la nature des objets, pour appeler de la part du voiturier des précautions plus grandes et une surveillance plus minutieuse ? M. Troplong, adoptant la solution de quelques arrêts assez anciens déjà, notamment d'un arrêt des requêtes du 16 avril 1828, tient pour la première doctrine ; il trouve ridicule et inadmissible l'idée de donner plus de soins et d'attention à tel colis qu'à tel autre, de faire une différence entre les diverses choses à transporter, et, partant de l'idée que le voiturier doit sans distinction apporter le plus grand soin possible à la conservation de toutes les choses qu'on lui confie, il le déclare tenu dans tous les cas, et malgré le défaut d'observation particulière par le voyageur, de l'intégralité du dommage causé par la perte ou l'avarie de l'objet (III, 950). Mais cette doctrine nous paraît fausse. On ne doit pas et on ne peut pas, quoi qu'en dise M. Troplong, traiter de la même manière une cassette pleine d'or et de diamants et un ballot de coton, une boîte de bijoux et une malle de linge ou d'habits. Vos objets précieux étant enveloppés à part et recommandés au voiturier, ils seront mis par lui dans un coffre particulier de sa voiture où il ne saurait mettre les gros colis, et il en évitera dès lors le vol, la chute dans le parcours, l'avarie ou endommagement quelconque ; cette distinction entre eux et les autres, bien loin d'être blâmable, est assurément on ne peut plus raisonnable et on ne peut plus fréquente : elle est la règle de toutes les personnes prudentes. Les voituriers percevant d'ordinaire et tout naturellement un prix de transport un peu plus élevé pour les objets précieux qu'ils placent ainsi dans des endroits réservés, comment celui qui, pour épargner quelques centimes de port, n'a pas fait connaître la nature des objets et les a laissé mettre avec les gros colis qu'il est *impossible* de surveiller autant, pourrait-il faire payer par le voiturier le dommage qu'il a lui-même préparé par son avarice ou sa négligence? Nous n'hésitons donc pas à dire que la valeur intégrale n'est due ici qu'au moyen de la recommandation spéciale; et c'est, en effet, dans ce sens que se prononcent tous les auteurs et aussi les décisions les plus récentes (2).

---

(1) Merlin (*Rép.*, vº Messag., § 2); Toullier (X, 447); Duvergier (II, 322); Troplong (III, 925); Zachariæ (III, p. 43); Cura-son (II, p. 303); Taulier (VI, p. 369); Paris, 7 juill. 1832; Cass, 18 juin 1833; Grenoble, 19 août 1833; Paris, 15 juill. 1834; Alger, 16 déc. 1846; Paris, 14 août 1847; Douai, 17 nov. 1847; Trib. de Tours, 23 nov. 1847 (Dev., 32, 2, 469; 33, 1, 705; 34, 2, 622 et 682; 47, 2, 89, 207 et 510; 48, 2, 15).

(2) Toullier (IX, 255); Duvergier (II, 329); Zachariæ (III, p. 43); Taulier (VI, p. 310); Douai, 17 mai 1847; Trib. de Tours, 23 nov. 1847; Paris, 10 avr. 1854; Bor-

En cas de contestation sur la valeur des choses perdues ou avariées et d'absence de renseignements propres à la faire connaître, l'art. 1369, on le sait, autorise le juge à déférer à cet égard le serment au demandeur, en déterminant lui-même le maximum de la somme pour laquelle ce demandeur sera cru.—Remarquons enfin que, d'après les art. 1782, 1952 et 2060, 4°, combinés, le voiturier se trouve passible de la contrainte par corps pour les dommages-intérêts qu'il peut devoir à raison de perte ou avarie des choses.

III. — Le transport doit s'opérer dans le délai convenu sous peine de dommages-intérêts, à moins que le voiturier ne prouve que le retard résulte, soit d'un événement fortuit ou de force majeure, soit de la faute du voyageur ou expéditeur. Réciproquement, les voyageurs ou expéditeurs sont tenus, les premiers de se rendre au lieu du départ à l'heure fixée, les uns et les autres d'y remettre en état convenable pour le transport les choses dont ils veulent charger le voiturier. Ils doivent, au surplus, payer à celui-ci le prix convenu et aussi les dépenses qu'il a pu être obligé de faire à l'occasion des choses à lui confiées.

D'après les art. 105 et 108 du Code de commerce, l'action résultant des pertes ou avaries s'éteint, pour les destinataires commerçants, 1° par la réception des choses accompagnée ou suivie du payement du prix ; 2° par le laps de six mois pour les expéditions faites dans l'intérieur et d'un an pour celles faites à l'étranger. — Nous disons qu'il faut, dans le premier cas, la double existence de la réception des marchandises et du payement du prix faits sans protestation ni réserves ; car si, d'une part, le destinataire a reçu les choses sans payer le prix, cette rétention de la somme par lui due est une protestation suffisante contre une renonciation tacite à son action, et c'est, en effet, ce que décide la jurisprudence (1) ; que s'il a reçu et payé, mais en réservant formellement son droit d'action, il est bien impossible encore de dire que cette action soit par lui abandonnée tant que le délai de la prescription n'est pas accompli (2). — Nous disons aussi que ces deux dispositions ne sont applicables qu'à des commerçants. Il s'agit, en effet, de règles exceptionnelles : il est sévère d'éteindre par six mois une action qui devrait en principe durer trente ans ; il ne l'est pas moins de déclarer immédiatement déchu de son droit de réclamation celui qui, par trop de confiance, a reçu les objets et en a payé le port, avant même peut-être d'avoir pu constater la perte ou l'avarie. Or, ces dispositions n'étant édictées que par le Code de commerce et pour *des marchandises,* on doit donc, quoi que dise M. Duvergier (II, 332), ne pas les étendre aux non-commerçants et reconnaître que la prescription ne s'accomplit contre ceux-ci que par trente ans (3).

Quoique les règlements particuliers auxquels sont soumis les entre-

deaux, 24 mai 1858; Cass., 16 mars 1759; Douai, 27 nov. 1865; Cass., 7 août 1867 (Dev., 47, 2, 207; 48, 2, 15; 54, 2, 313; 66, 2, 12; *J. Pal.*, 1867, 1974).
(1-2) Bordeaux, 5 juill. 1839; Cass., 2 août 1842; Bordeaux, 26 avr. 1849; Rej., 24 juill. 1850 (Dev., 39, 2, 522; 42, 1, 723; 50, 1, 783, et 2, 407).
(3) Zachariæ (III, p. 44); Troplong (III, 928); Taulier (VI, p. 310); Cass., 4 juill. 1816.

preneurs et commissionnaires de transports publics soient principalement établis pour la sûreté publique, ils n'en sont pas moins obligatoires, comme le dit l'art. 1786, entre les voituriers et les voyageurs ou expéditeurs. Ceux-ci sont donc tenus de s'y conformer, comme ils peuvent aussi en exiger l'observation lorsqu'ils y ont intérêt. On peut voir à cet égard les lois, décrets ou ordonnances des 14 fructidor an 12, 28 août 1808, 13 août 1810, 25 mars 1817 (art. 115), 4 février 1820, 27 septembre 1827, 16 juillet 1828, 28 juin 1829.

SECTION III.

DES DEVIS ET DES MARCHÉS.

1787. — Lorsqu'on charge quelqu'un de faire un ouvrage, on peut convenir qu'il fournira seulement son travail ou son industrie, ou bien qu'il fournira aussi la matière.

1788. — Si, dans le cas où l'ouvrier fournit la matière, la chose vient à périr, de quelque manière que ce soit, avant d'être livrée, la perte en est pour l'ouvrier, à moins que le maître ne fût en demeure de recevoir la chose.

1789. — Dans le cas où l'ouvrier fournit seulement son travail ou son industrie, si la chose vient à périr, l'ouvrier n'est tenu que de sa faute.

1790. — Si, dans le cas de l'article précédent, la chose vient à périr, quoique sans aucune faute de la part de l'ouvrier, avant que l'ouvrage ait été reçu, et sans que le maître fût en demeure de le vérifier, l'ouvrier n'a point de salaire à réclamer, à moins que la chose n'ait péri par le vice de la matière.

1791. — S'il s'agit d'un ouvrage à plusieurs pièces ou à la mesure, la vérification peut s'en faire par parties : elle est censée faite pour toutes les parties payées, si le maître paye l'ouvrier en proportion de l'ouvrage fait.

SOMMAIRE.

I. Des marchés à prix fait. Ils se transforment en vente, si c'est l'ouvrier qui fournit la matière. Erreur de MM. Duranton et Duvergier.
II. Par qui est supportée la perte, soit de la matière, soit de la main-d'œuvre, dans les différents cas.

I. — Après avoir traité du louage de services et du louage de transport, la loi s'occupe ici du louage par devis et marchés, ou plutôt et tout simplement *du louage sur marchés;* car c'est le marché qui constitue la convention; et le devis, qui d'ailleurs n'existe pas toujours, n'en est que le préliminaire. Le devis, en effet, n'est que l'indication des travaux à faire, de leurs étendue, dimensions et proportions, des matériaux à y employer, ainsi que du prix de ces matériaux et de la main-d'œuvre; et, soit qu'il y ait ou non devis, c'est toujours le marché, la convention, la conclusion de l'affaire, qui constitue le contrat de louage. Du reste, ce n'est pas dans son sens usuel que la loi emploie ici le mot *marché*. Dans le monde, on applique ce mot aussi bien à tout autre louage qu'à celui qui nous occupe, aussi bien même à la vente et à l'échange qu'à un louage, et *faire un marché* signifie faire une convention quelconque. Ici, au contraire, le mot ne s'entend que du louage de travaux conclu *à prix fait, à forfait*, ce qui le distingue du louage de services dans lequel l'ouvrier se loue à tant par jour, par mois ou par an. Dans ce dernier cas, l'ouvrier, aussi bien qu'un domestique, doit être payé à raison du temps qu'il a travaillé, tandis qu'ici le prix étant convenu, non pas en raison du temps et pour le travail fourni, mais pour l'ouvrage confectionné, c'est seulement pour cet ouvrage terminé et agréé par le maître que le prix est dû.

On peut, dit l'art. 1787, en commandant un ouvrage à quelqu'un, lui demander seulement son travail et lui remettre la matière à travailler, ou convenir qu'il fournira le travail et la matière. Mais il y a cette différence que le contrat, qui dans le premier cas est un louage, devient une vente dans le second. D'une part, en effet, c'est bien faire le même contrat que d'acheter chez un fabricant un objet tout fait, ou de convenir, alors qu'il n'a pas l'objet voulu, qu'on le prendra quand il l'aura établi : la seule différence, c'est que la vente, qui est pure et simple dans un cas, se trouve être conditionnelle et porter sur un objet futur dans l'autre. C'est aussi ce que décidaient à Rome Caïus et Justinien (1); et telle est également la pensée du Code, puisqu'il déclare, dans l'art. 1711, que la convention de travail à prix fait n'est un louage que *lorsque la matière est fournie par celui pour qui l'ouvrage se fait*. Il est vrai que M. Duranton (XVII, 250) et M. Duvergier (II, 335) ont prétendu que notre art. 1787 était venu changer sur ce point l'art. 1711 et que les rédacteurs avaient oublié et contredit dans celui-là le principe posé par celui-ci. Mais cette fausse idée, qui serait inadmissible déjà en présence du seul texte du Code, est surtout condamnée péremptoirement par les travaux préparatoires. D'abord l'art. 1787 ne contredit nullement l'art. 1711 : il dit qu'on peut, en faisant faire un travail, fournir la matière ou ne pas la fournir, ce qui est assurément incontestable; mais il ne dit pas le moins du monde que le contrat serait un louage dans un cas comme dans l'autre. Direz-vous qu'*il semble* le dire, puisqu'*il paraît* faire du cas de fourniture par l'ouvrier un simple accident du louage, soit par le contexte de la disposition, soit par la rubrique sous laquelle elle est placée? On répondrait qu'il ne suffit pas d'une simple apparence, d'une simple possibilité, pour détruire la déclaration très-formelle d'une disposition contraire, et qu'on ne doit admettre une antinomie que quand il est impossible de faire autrement. Mais, au surplus, les travaux préparatoires lèvent tous les doutes à cet égard. Car cet art. 1787, placé comme il l'est et rédigé comme il l'est, contenait d'abord à la suite du premier alinéa, auquel il est réduit aujourd'hui, cette autre déclaration très-précise : « Dans le premier cas,

_____

(1) Caii Instit. III, 147; Just. Instit. *De loc. cond.*, § 4.

c'est un pur louage ; dans le second, *c'est une vente* d'une chose une fois faite »; et cette partie de l'article n'a été supprimée sur la demande du Tribunal que « comme étant de pure doctrine et n'ayant nullement le caractère d'une disposition législative. » Ainsi, ce n'est pas du tout comme inexacte, c'est comme inutile dans le Code, qui ne doit procéder partout que par forme dispositive, que cette déclaration si péremptoire a été retranchée (1).

Toutefois, il n'est pas nécessaire, pour qu'il y ait louage, que celui qui fait travailler fournisse la totalité de la matière, il suffit qu'il fournisse le principal. Ainsi, quand je livre au tailleur le drap dont il me fait un habit, il y a louage, quoique l'ouvrier fournisse la doublure, les boutons et autres garnitures, parce que ces choses ne sont que des accessoires ; et il y a louage aussi, quand un architecte ou entrepreneur me construit avec des matériaux par lui fournis, même en totalité, une maison sur mon terrain, parce que, l'édifice étant l'accessoire du sol, *œdificium solo cedit,* c'est encore moi qui fournis le principal (2).

II. — Quand la chose dont l'ouvrier fournit la matière vient à périr, par quelque cause que ce soit, avant d'avoir été agréée par le maître, comme la condition sous laquelle elle était achetée par celui-ci n'est pas accomplie, et que cette chose dès lors est restée la propriété de l'ouvrier, c'est pour lui qu'elle périt. Le Code dit : avant d'être *livrée ;* mais c'est évidemment parce que, parlant *de eo quod plerumque fit,* il regarde la livraison par l'ouvrier et la réception par le maître comme accompagnant et même constituant l'agrément par celui-ci, et si la chose avait été agréée avant la livraison, elle serait devenue à l'instant la propriété du maître et périrait dès lors pour lui, quoiqu'elle ne fût pas encore livrée. Et il en serait encore ainsi, même avant l'agrément par le maître, si, lorsque la chose a péri, il était déjà en demeure de vérifier et d'accepter. Dans ce cas, la chose est réputée avoir été offerte en bon état et a péri dès lors pour le compte du maître, si celui-ci ne prouve pas qu'elle était inacceptable.

Quand, au contraire, l'ouvrier ne fournit que son travail, la chose qui périt sans sa faute avant que l'ouvrage soit reçu par le maître périt pour celui-ci quant à la matière, parce que cette matière lui appartient, et pour l'ouvrier quant à la main-d'œuvre, parce que c'est seulement par la réception que le prix de cette main-d'œuvre aurait été dû. Si toutefois le maître avait été en demeure de recevoir, il devrait le prix, à moins de prouver que le travail était mauvais (3). Il le devrait encore si c'était le vice de sa matière qui eût causé la perte ; à moins qu'il ne

---

(1) Fenet (XIV, p. 233, 289); Demante (*Pr.,* III, 484); Troplong (III, 962 à 966).
(2) Dig , *loc. cond..* 22, § 2; Pothier (n° 394); Troplong (III, 964).
La preuve d'un contrat de louage d'ouvrage dont l'importance excède 150 francs ne peut être faite par témoins qu'avec un commencement de preuve par écrit. Cass., 25 août 1862 (Dev., 62, 1, 1030).
(3) Et l'ouvrier serait affranchi de toute responsabilité, même pour malfaçon, si, après avoir travaillé la matière, il l'a rendue au maître, qui l'a reçue et a payé la main-d'œuvre sans réclamation. Orléans, 27 avr. 1853 (*J. Pal.,* 1853, t. II, p. 64). — *Voy.* aussi Troplong (III, 991); Duvergier (II, 347).

s'agit d'un vice que l'ouvrier devait reconnaître d'après son art, auquel cas celui-ci serait en faute, et devrait dès lors, loin de pouvoir exiger son salaire, payer la matière elle-même (1).

Que si enfin la matière était fournie en partie par l'ouvrier, cas non prévu par la loi, on voit que, par application des principes ci-dessus, le maître, en supposant qu'il n'y ait faute ni de part ni d'autre, perdrait sa partie de matière, l'ouvrier l'autre partie et sa main-d'œuvre. Si c'est par le vice d'une des matières, celui dont la matière était vicieuse doit indemniser l'autre, à moins que ce ne fût la matière du maître et que l'ouvrier n'en eût dû reconnaître le vice.

Du reste, si l'ouvrage est à faire par pièces ou à la mesure, le maître peut être mis en demeure de vérifier partie par partie; et il est censé avoir vérifié et tacitement agréé toute partie payée, lorsqu'il paye en proportion de l'ouvrage fait. Quant à de simples à-compte donnés dans le cours des travaux, sur l'ensemble et non par imputation spéciale à certaines portions terminées, on conçoit qu'elles n'emportent nullement cette présomption de vérification.

1792. — Si l'édifice construit à prix fait, périt en tout ou en partie par le vice de la construction, même par le vice du sol, les architecte et entrepreneur en sont responsables pendant dix ans.

1793. — Lorsqu'un architecte ou un entrepreneur s'est chargé de la construction à forfait d'un bâtiment, d'après un plan arrêté et convenu avec le propriétaire du sol, il ne peut demander aucune augmentation de prix, ni sous le prétexte de l'augmentation de la main-d'œuvre ou des matériaux, ni sous celui de changements ou d'augmentations faits sur ce plan, si ces changements ou augmentations n'ont pas été autorisés par écrit et le prix convenu avec le propriétaire.

SOMMAIRE.

I. Responsabilité des architectes et entrepreneurs pour les gros ouvrages par eux faits ou dirigés. — Une clause expresse ne la ferait pas cesser : erreur de MM. Duranton et Taulier. — L'action dure trente ans, à partir de la manifestation du vice : erreurs d'un arrêt de Paris et de M. Duvergier. — Le vice se présume par le fait même de la destruction, tant que le constructeur ne prouve pas qu'elle provient d'un cas fortuit : réponse à MM. Duvergier et Troplong.
II. Le constructeur de gros ouvrages à forfait ne peut jamais demander d'augmentation de prix, même pour innovations au plan primitif, si elles n'ont été autorisées par écrit et leur prix convenu.

I. — Ces articles édictent deux dispositions sévères contre les constructeurs d'édifices. La première, qui est autant d'ordre public que d'intérêt privé et que complète l'art. 2270, est relative à la garantie due par le constructeur pour la solidité du travail; la seconde proscrit les petites supercheries de métier par lesquelles on a toujours rançonné les propriétaires faisant bâtir.

---

(1) *Comp.* Cass., 13 août 1860 (Dev., 61, 1, 522).

L'art. 1792 déclare les architectes et entrepreneurs responsables pendant dix ans de la destruction totale ou partielle de l'édifice par eux construit, lorsqu'elle provient, soit du vice de la construction, soit même du vice du sol. C'est, en effet, à l'homme de l'art de voir si un terrain est ou non propre à recevoir la construction qu'on y veut élever. Et comme c'est également à lui de juger si les matériaux sont convenables, il est évident que le vice de la construction comprend non-seulement la façon contraire aux règles, mais aussi l'emploi de matériaux vicieux, quand même ces matériaux auraient été fournis par le propriétaire; car le devoir du constructeur était alors de les refuser. L'article 2270 reproduit cette disposition et d'une manière plus large, ou du moins plus explicite, en déclarant que la responsabilité ne cesse qu'après dix ans pour l'architecte et les entrepreneurs par qui *de gros ouvrages* ont été faits *ou dirigés.* Ainsi, d'une part, il ne s'agit pas seulement de constructions entièrement nouvelles, de l'établissement d'édifices neufs, mais aussi d'additions faites à un édifice ancien, de tous gros travaux de bâtisse; d'un autre côté, la règle ne concerne pas seulement les édifices, des églises, des maisons ou autres constructions analogues, mais tous gros ouvrages, un pont, un barrage de rivière, etc.; enfin, ce n'est pas seulement à ceux qui ont opéré les travaux, mais aussi à ceux qui les ont simplement dirigés (1), et non pas seulement à ceux qui ont contracté à prix fait, à forfait, mais à tous autres, que cette règle est applicable : le doute n'est pas possible en présence de la disposition si large et si compréhensible de l'art. 2270. Cela étant, c'est donc un bien mauvais arrêt que celui du 12 novembre 1844 par lequel la chambre des requêtes, donnant encore un nouvel exemple de son étrange propension à rejeter les pourvois, a déclaré non responsable, comme l'avait fait la Cour de Paris, et contrairement au jugement parfaitement exact de première instance, l'architecte qui avait dressé les plans et devis, puis surveillé et dirigé les travaux de construction de l'église de Saint-Germain en Laye, sous le prétexte que l'art. 1792 n'est applicable qu'à ceux qui ont construit à prix fait, et que l'église n'avait été construite à prix fait que par les entrepreneurs, non par l'architecte, qui avait seulement dressé les plans, ordonné, surveillé et dirigé les travaux. Le demandeur en cassation n'avait pas manqué d'invoquer et l'art. 1792 *et aussi l'art.* 2270, qui en est le complément. Comment donc la chambre des requêtes s'est-elle contentée de répondre au premier, sans dire un mot du second? C'était, il est vrai, plus commode; mais c'était aussi passablement étrange, alors que celui-ci déclare responsables, cumulativement et en même temps, L'ARCHITECTE ET *les entrepreneurs* par qui les ouvrages ont été *faits* OU DIRIGÉS. Cette fausse doctrine, au surplus, déjà condamnée par de précédents arrêts de la Cour suprême, l'a été depuis encore par des arrêts postérieurs (2).

---

(1) Bordeaux, 21 avr. 1864 (Dev., 64, 2, 219).
(2) Cass., 12 nov. 1844 (Dev., 45, 1, 180; Dall., 45, 1, 8), 20 nov. 1817, 10 fév. 1835, 11 mars 1839; Aix, 18 janv. 1841; Bourges, 13 août 1842; Cass., 12 fév. 1850.

La responsabilité de l'architecte et des entrepreneurs subsisterait toujours, alors même que ce serait le propriétaire qui, malgré les observations par eux faites, aurait tenu soit aux matériaux, soit à la façon qui constitue le vice, et qu'il aurait été formellement stipulé qu'à raison de cette circonstance ils ne répondaient de rien. Cette clause serait nulle, et les hommes de l'art seraient tenus comme si elle n'existait pas. Il est vrai que MM. Duranton (XVII, 255) et Taulier (VI, p. 316, 317) enseignent le contraire; mais cette fausse solution vient de ce qu'ils ne considèrent notre règle que comme touchant à une question d'intérêt privé, tandis qu'elle a été portée, et devait l'être en effet, dans un but plus élevé et dans l'intérêt de la sécurité publique. Un législateur sensé ne devait pas permettre aux hommes de l'art, pour quelque circonstance que ce fût, de faire sciemment une construction qui ne doit pas tenir. Aussi, voyons ce qui s'est passé lors de la discussion de notre article... Il apportait dans le projet, à la responsabilité des architectes et entrepreneurs, cette restriction, conforme à l'idée de MM. Duranton et Taulier : « A moins qu'ils ne prouvent avoir fait au maître les représentations convenables pour le dissuader de bâtir. » Mais les Cours de Nancy et de Lyon firent observer « qu'il serait mieux que l'architecte ne pût, sous aucun prétexte, violer les règles de son art, quand il s'agit de la solidité d'un édifice; que l'intérêt public l'exige; que, sans parler de la perte que l'architecte cause au propriétaire, on a vu tant d'exemples d'ouvriers et de passants écrasés sous des ruines, que l'humanité et l'utilité publique commandent la radiation de la fin de l'article. » Cette fin fut en effet retranchée; et malgré la tentative faite par M. Cambacérès pour faire ajouter une autre restriction, déclarant l'architecte passible d'une peine de police, mais dégagé envers le propriétaire, on maintint la portée désormais absolue de la règle, sur cette réponse de MM. Tronchet et Treilhard, que « l'architecte ne doit pas suivre les caprices d'un propriétaire assez insensé pour compromettre sa sûreté personnelle en même temps que la sûreté publique », et que « le propriétaire ne connaissant pas les règles de la construction, c'est à l'architecte à ne pas s'en écarter par une complaisance condamnable. » Le sens de l'article 1792 ne peut donc pas être douteux; et c'est avec grande raison que la doctrine de MM. Duranton et Taulier est repoussée comme manifestement contraire à la loi par les autres auteurs comme par les arrêts (1).

Un autre point également controversé, mais qui n'est pas plus douteux, c'est de savoir par combien de temps se prescrit l'action en dom-

---

19 mai 1851 (Dev., 35, 1, 174; 39, 1, 180; 42, 2, 73; 51, 1, 97 et 293; J. Pal., 41, 2, 65). — M. Pont, dans la *Revue critique*, t. I, p. 197 et suiv., donne une conciliation entre l'arrêt de 1844 et les arrêts ultérieurs de la Cour de cassation. — *Voy.* néanmoins Cass., 15 juin 1863 (Dev., 63, 1, 409).

(1) Fenet (t. II, p. 268; IV, p. 211 et 616; XIV, p. 233, 264, 265); Zachariæ (III, p. 48); Duvergier (II, 351); Troplong (III, 996); Rej., 10 fév. 1835; Aix, 18 janv. 1841 (Dev., 35, 1, 174; J. Pal., 41, 2; 65). — *Voy.* encore Cass., 19 mai 1851; Bastia, 7 mars 1854; Aix, 16 janv. 1858; Paris, 5 mars 1863; Bordeaux, 21 avr. 1864 (Dev., 51, 1, 393; 54, 2, 165; 58, 2, 539; 63, 2, 92; 64, 2, 219). — *Voy.* cependant Lyon, 16 mars 1852 (J. Pal., 53, 2, 448).

mages-intérêts, lorsqu'elle est une fois née contre les architectes et entrepreneurs par la manifestation des vices. Trois systèmes se sont produits à cet égard; mais deux d'entre eux ne sont pas soutenables, et c'est avec raison que le troisième est professé par la généralité des auteurs. — La Cour d'appel de Paris, confondant de la façon la plus étrange le délai pendant lequel l'action peut naître, et qui est de dix ans à compter de la réception des travaux, avec celui de la prescription qui doit éteindre cette action, a décidé que la poursuite n'était plus recevable après ce délai de dix ans à compter de la réception. Mais comment cette Cour n'a-t-elle pas vu l'inexactitude d'une pareille idée? Comment n'a-t-elle pas remarqué qu'un droit ou une action quelconques ne peuvent pas commencer à se prescrire avant d'être ouverts, et que, l'action du propriétaire ne s'ouvrant ici que par la manifestation du vice, c'est de ce moment, et non du jour de la réception des travaux, que la prescription peut commencer? Comment n'a-t-elle pas vu que son système revenait à dire que la prescription durerait tantôt neuf ans et plus, et ne serait tantôt que de *quelques jours, de quelques heures,* de *quelques instants,* puisque le vice peut ne se manifester qu'au dernier moment des dix années de la réception? Évidemment, il faut un délai à la prescription; ce délai ne peut commencer qu'à la manifestation du vice; ce délai doit être le même, à quelque moment des dix années que la manifestation survienne. Tout ceci est clair comme le jour, et on devine bien que pas un auteur n'est tombé dans l'étrange méprise de la Cour de Paris. — M. Duvergier (II, 360), comprenant bien qu'il faut ici deux prescriptions successives, d'abord celle de la garantie, c'est-à-dire un délai partant de la réception des travaux et par l'expiration duquel l'homme de l'art est déchargé de sa responsabilité et ne peut plus devenir débiteur, quel que puisse être ultérieurement le sort de l'ouvrage, puis celle de l'action une fois née, c'est-à-dire un nouveau délai commençant à la naissance de cette action par la manifestation du vice, et par l'expiration duquel l'homme de l'art devenu débiteur cesse de l'être, M. Duvergier a cru trouver le double règlement de ces deux prescriptions dans les deux art. 1792 et 2270. Selon lui, l'art. 1792 s'appliquerait à la première et l'art. 2270 à la seconde, en sorte que, comme le délai de garantie cesse après dix ans depuis la réception de l'ouvrage, de même la dette une fois née par la manifestation du vice dans ce délai, cesserait aussi après dix ans depuis cette manifestation. Mais ce second système n'est pas plus exact que le premier comme interprétation du Code; il serait parfaitement rationnel et acceptable en législation et il s'agissait de faire la loi, mais il est faux en droit et en prenant la loi telle qu'elle est. L'art. 2270, en effet, n'est que la reproduction de l'art. 1792; et quand il dit qu'après dix ans les architectes et entrepreneurs sont déchargés de la garantie des ouvrages, il est clair, et c'est là aussi ce qu'a expliqué M. Bigot-Préameneu dans l'Exposé des motifs (Fenet, XV, p. 494), que c'est uniquement du délai de garantie qu'il entend parler, et nullement du délai dans lequel on doit agir quand l'éventualité de cette garantie est une fois réalisée.

L'art. 2270 comme l'art. 1792 ne s'occupent que de la première des deux prescriptions qui se succèdent ici ; et comme la seconde n'est l'objet d'aucune disposition spéciale, elle reste soumise au principe général de l'art. 2262 et dure par conséquent trente ans (1).

Une dernière question est ici de savoir si, une fois la destruction accomplie ou imminente, c'est au propriétaire de prouver qu'elle provient d'un vice imputable au constructeur, ou à celui-ci de prouver qu'elle résulte d'une autre cause. M. Duvergier (II, 356) et M. Troplong (III, 1005) présentent la preuve (quant aux mots, du moins ; car leur pensée paraît peu d'accord avec leurs paroles) comme étant à la charge du propriétaire ; mais c'est une erreur. Toutes les fois, en effet, qu'une construction vient à périr dans les dix ans, il est bien évident que la cause n'en peut pas être la vétusté, et que si la perte ne provient pas d'événements de force majeure, tels qu'un incendie, une inondation, un tremblement de terre, des fouilles faites contre les fondements, etc., elle ne peut venir que du vice de la chose. Il n'y a pas, pour un travail aussi nouveau, de milieu possible entre ces deux causes. Or, comme des cas fortuits ne se présument pas, et qu'il est aussi naturel d'en demander la preuve que facile de la donner, la présomption est donc ici contre l'architecte ou entrepreneur, qui doit être déclaré responsable par le fait même de la destruction, tant qu'il n'indique pas le cas exceptionnel qui peut seul l'exonérer. Cela est si vrai, que nos savants adversaires le reconnaissent eux-mêmes, et ne repoussent *dans la forme* la doctrine par nous présentée ici que pour l'adopter *au fond*. M. Duvergier, en effet, proclame que « quand un bâtiment périt sans qu'aucun événement de force majeure *connu et déterminé* ait entraîné sa ruine, *il est évident* que c'est un vice de construction qui en a causé la perte, et que l'architecte doit être déclaré responsable, *parce que la nature même des choses démontre* qu'il y a eu négligence ou impéritie de sa part » (p. 408) ; et M. Troplong, à son tour, présente ses idées comme conformes à celles de M. Duvergier. Mais cela étant, les deux auteurs, quoique leur doctrine soit contraire à la nôtre pour les mots, sont donc d'accord avec nous quant aux choses ! Car si, jusqu'à constatation d'un événement de force majeure précis et déterminé, la faute et la responsabilité de l'architecte se trouvent ainsi démontrées par la nature même des choses, le propriétaire n'a donc pas à les démontrer ; sa preuve à lui se trouve toute faite, jusqu'à preuve contraire, dans les faits eux-mêmes ; et puisqu'elle ne peut tomber que devant un événement de force majeure connu et déterminé, c'est à son adversaire de déterminer et de faire connaître cet événement, c'est-à-dire de faire sa preuve en le signalant à la justice... Maintenant, que la probabilité qui résulte ainsi des circonstances mêmes pour le proprié-

---

(1) Duranton (XVII, 255); Frémy-Ligneville (p. 238); Troplong (III, 1007-1011); Zachariæ (III, p. 47); Taulier (VI, p. 317, 318). — Nous devons dire pourtant que la Cour de Paris a persisté dans son inconcevable système : *voy.* arrêt du 17 fév. 1853 (*J. Pal.*, 1853, t. I, p. 279) ; et ce système est adopté par MM. Mourlon (t. III, p. 255 et 256); Perrin et Rendu (*Dict. des construct.*, n° 1770); Massé et Vergé (t. IV, § 710).

taire et contre l'architecte doive ou non s'appeler une présomption légale, ce n'est plus qu'une question de mots parfaitement insignifiante : tout ce qu'il importe de savoir, c'est que la preuve est ici à faire par l'architecte, qui sera nécessairement condamné s'il ne justifie pas d'un cas fortuit.

Tant qu'il ne s'agit que de réparations ou d'autres travaux qui ne constituent pas ce qu'on appelle de gros ouvrages, on rentre dans le droit commun, et celui qui les a faits ou dirigés est immédiatement dégagé par la réception : c'est au propriétaire de les vérifier ou faire vérifier avec soin avant de les recevoir.

II. — L'art. 1793, à la différence du précédent, n'est édicté que dans l'intérêt privé de ceux qui font construire; mais sa disposition n'en est pas moins rigoureuse. Frappé des dépenses vraiment ruineuses dans lesquelles celui qui bâtit se trouve toujours entraîné au delà des prévisions, et souvent par les supercheries des constructeurs, le législateur a voulu prévenir ce résultat autant qu'il était en lui, et il déclare que jamais, sous quelque prétexte que ce soit, les architectes ou entrepreneurs qui se seront chargés d'une construction à forfait, et sur un plan convenu à l'avance, ne pourront demander aucune augmentation de prix. S'il y a augmentation du prix des matériaux ou de la main-d'œuvre, c'est au constructeur de les supporter, puisqu'il s'est obligé de bâtir pour une somme fixe et que c'est à lui qu'eût profité la baisse si, au lieu d'enchérir, ces matériaux et cette main-d'œuvre avaient diminué de prix. S'il fait des additions ou changements quelconques au plan arrêté, le surcroît de dépense qui en pourra résulter sera pour son compte, s'il n'a pas accompli la formalité prescrite par notre article. Comme c'est précisément par ces changements au plan primitif que les constructeurs trouvent le moyen d'arriver à ces dépenses ruineuses contre lesquelles il s'agit de protéger ici le propriétaire, le Code ne permet aucune réclamation que sous la double condition que le propriétaire ait autorisé ce changement *par écrit* et qu'il soit formellement convenu du prix. Si donc il n'y a pas d'écrit, toute réclamation est interdite au constructeur, qui ne peut pas plus recourir à la délation du serment ou à l'interrogatoire sur faits et articles qu'à tout autre moyen de preuve. Du reste, l'écrit n'étant ainsi exigé par la loi que pour l'autorisation du changement à faire et non pour le prix de ce changement, l'architecte ou entrepreneur jouirait, quant à ce dernier point, des moyens ordinaires de preuve.

Bien entendu, c'est seulement pour les ouvrages qui se font à forfait, c'est-à-dire moyennant un prix total rigoureusement fixé d'avance, que notre art. 1793 s'applique, et nous ne trouvons pas ici, comme pour l'article précédent, soit dans un autre texte, soit dans l'esprit même de la disposition, la faculté d'y comprendre les travaux faits, soit moyennant un prix à débattre ultérieurement, soit à tant pour chaque journée ou pour telle mesure de travail : la raison comme le texte disent que la règle n'est applicable qu'autant qu'il y a prix fait d'avance pour le tout et en bloc. Au contraire, il faut reconnaître, comme l'a fait la Cour suprême, que, bien que l'article ne parle que de la construction d'un bâtiment, son esprit évident commande de l'appliquer également à l'entreprise de tous gros ouvrages, ponts, canaux, barrages de rivières, etc., du moment qu'elle est convenue à forfait. Dans tous les cas, le surcroît énorme et inattendu des dépenses est également à craindre ; dans tous les cas, les innovations ou additions au plan primitivement arrêté seraient un moyen d'entraîner le propriétaire dans ces dépenses qu'il n'a pas voulu faire et que peut-être il ne peut pas faire; dans tous les cas, dès lors, son autorisation par écrit à ces innovations, ainsi que la fixation précise de leur prix, se trouvent indispensables (1).

1794. — Le maître peut résilier, par sa seule volonté, le marché à forfait, quoique l'ouvrage soit déjà commencé, en dédommageant l'entrepreneur de toutes ses dépenses, de tous ses travaux, et de tout ce qu'il aurait pu gagner dans cette entreprise.

1795. — Le contrat de louage d'ouvrage est dissous par la mort de l'ouvrier, de l'architecte ou entrepreneur.

1796. — Mais le propriétaire est tenu de payer en proportion du prix porté par la convention, à leur succession, la valeur des ouvrages faits et celle des matériaux préparés, lors seulement que ces travaux ou ces matériaux peuvent lui être utiles.

1797. — L'entrepreneur répond du fait des personnes qu'il emploie.

1798. — Les maçons, charpentiers et autres ouvriers qui ont été employés à la construction d'un bâtiment ou d'autres ouvrages faits à l'entreprise, n'ont d'action contre celui pour lequel les ouvrages ont été faits, que jusqu'à concurrence de ce dont il se trouve débiteur envers l'entrepreneur, au moment où leur action est intentée.

1799. — Les maçons, charpentiers, serruriers, et autres ouvriers qui font directement des marchés à prix fait, sont astreints aux règles prescrites dans la présente section : ils sont entrepreneurs dans la partie qu'ils traitent.

SOMMAIRE.

I. Observations diverses. Sens du mot *utiles* dans l'art. 1796 : erreur de la Cour de Bourges.
II. L'art. 1798 donne aux ouvriers une action directe; conséquence : erreur de Delvincourt. — Ces divers articles ne s'appliquent pas à l'ouvrier fournissant la matière : erreur de MM. Zachariæ et Duvergier.

I. — Ces six articles ne présentent guère de difficulté ; leur texte même suffit en général à leur intelligence, et nous n'avons que de courtes observations à présenter ici.

Et d'abord, on ne peut pas s'étonner que le Code ait donné au pro-

_____

277. (1) Cass., 28 janv. 1846, 6 mars 1860 (Dev., 46, 1, 635; *J. Pal.*, 46, 1, 420; 61,

priétaire le droit de résilier à son gré le louage d'ouvrage, même dans le cas de forfait, du moment qu'il ne le permet qu'à la condition de payer au constructeur, non-seulement ses déboursés, mais aussi le gain qu'il aurait fait dans l'entreprise, allant ainsi plus loin que n'osait le faire Pothier lui-même (n° 440). Dès que l'entrepreneur gagnera sans faire l'ouvrage tout ce qu'il aurait gagné en le faisant, de quoi pourrait-il se plaindre, et quel inconvénient peut-il y avoir à mettre, dans ces termes, la convention à la discrétion du propriétaire?

Une seconde cause de résolution du louage d'ouvrage, c'est la mort de l'ouvrier, entrepreneur ou architecte, sans qu'il y ait à distinguer, comme le voulait l'ancien droit, s'il s'agit ou non d'un de ces travaux dans lesquels le talent et la manière de faire de l'ouvrier sont importants. Le Code, pensant que la considération de la personne de l'ouvrier joue toujours ici un certain rôle dans le contrat, voulant d'ailleurs éviter toute discussion à cet égard, et comprenant aussi que le propriétaire se trouverait souvent mis, s'il n'y avait pas résolution, en présence de difficultés dont le moindre inconvénient serait de voir traîner en longueur des travaux qu'on désire toujours voir terminer promptement, prononce ici la résolution absolument et pour tous les cas. Toutefois le propriétaire doit alors payer à la succession de l'ouvrier décédé la valeur de tous ceux des travaux faits et des matériaux préparés qui pourront être utiles. La Cour de Bourges, dans ses observations sur le projet du Code, avait critiqué cette disposition comme injuste et n'attribuant pas aux héritiers une indemnité suffisante, puisqu'il se pourrait très-bien, disait-elle, qu'il s'agît de travaux et matériaux qui seraient, en réalité, parfaitement inutiles, mais qui seraient pourtant convenables pour la construction, peut-être bizarre et ruineuse, que voulait le propriétaire. Mais c'était mal comprendre la pensée de la loi; car ce n'est pas de travaux ou matériaux utiles absolument et en eux-mêmes que l'article entend parler, mais seulement utiles *relativement à l'ouvrage commandé*.

II. — Terminons en signalant deux doctrines inexactes, l'une de Delvincourt, l'autre de MM. Duvergier et Zachariæ.

Le premier a cru que l'art. 1798 (1), quand il permet aux ouvriers employés en sous-ordre d'agir contre le propriétaire pour ce que doit celui-ci, ne le faisait que par application de l'art. 1166. C'est une erreur. La loi donne ici aux ouvriers contre le propriétaire, quand l'entrepreneur ne les paye pas, une action directe et personnelle fondée sur ce que c'est par eux qu'a été faite l'affaire de ce propriétaire. Si elle n'avait voulu admettre ici que l'application du droit commun, il n'y eût certes pas eu lieu de faire un article exprès pour cela, et l'article d'ailleurs n'aurait pas été rédigé comme il l'est. Cet article explique, en effet, que les ouvriers ne peuvent agir que pour ce qui est encore dû

(1) L'action que l'art. 1798 accorde aux ouvriers ne leur confère aucun privilége sur les sommes dues à l'entrepreneur. Paris, 9 août 1859 et 12 avr. 1866 (*J. Pal.*, 66, 934).
Cette action n'appartient qu'aux ouvriers proprement dits et ne peut être exercée par les sous-entrepreneurs. Cass., 11 nov. 1867 (*J. Pal.*, 1867, 1157).

par le propriétaire ; or cette observation eût été par trop naïve si les ouvriers n'avaient agi que *jure debitoris* et comme exerçant le droit de l'entrepreneur, tandis qu'elle était fort utile pour des ouvriers agissant *jure proprio* (1). C'est donc bien comme étant devenus, à défaut de payement par l'entrepreneur, créanciers personnels du propriétaire, par l'effet d'un quasi-contrat de gestion d'affaires, que les ouvriers procèdent ici ; et il suit de là cette conséquence importante, que dès que le propriétaire est saisi de la demande des ouvriers, il devient leur débiteur en cessant d'être celui de l'entrepreneur, de sorte que les créanciers de celui-ci n'ont pas droit de concourir avec ces ouvriers sur la somme due, comme ils l'auraient si ces ouvriers n'agissaient qu'en vertu de l'art. 1166 (2). Du reste, l'action n'étant accordée que pour ce qui est encore dû à l'entrepreneur, elle ne serait plus possible pour la créance ou portion de créance que celui-ci aurait régulièrement cédée ; et comme elle n'est d'ailleurs conférée qu'aux ouvriers qui ont confectionné l'ouvrage, elle n'appartiendrait pas aux fournisseurs des matériaux (3).

L'art. 1794, selon M. Duvergier (II, 335), et les art. 1795, 1796, d'après M. Zachariæ (III, p. 46), seraient applicables au cas même d'un constructeur faisant le bâtiment sur son terrain ou d'un ouvrier quelconque faisant le travail avec sa matière. C'est, suivant nous, et comme le pense aussi M. Troplong (n°s 1030 et 1044), une erreur qui se comprend très-bien chez M. Duvergier, puisqu'il ne voit là qu'un cas de louage, mais qui surprend chez M. Zachariæ, qui reconnaît comme nous que le contrat est alors une vente. Puisqu'il y a, en effet, dans ce cas, vente et non pas louage, comme on l'a vu sous l'art. 1787, nos articles ne sont donc pas applicables, un contrat conditionnel de vente n'étant nullement résoluble, soit par la simple volonté de l'acheteur, soit par le décès du vendeur.

CHAPITRE IV.

DU BAIL A CHEPTEL.

Nous avons déjà fait remarquer, en commençant ce titre, combien son plan, quoiqu'il soit reproduit sans observation par tous les auteurs,

---

(1) La cession que fait l'entrepreneur des sommes qui lui sont dues par le propriétaire met obstacle à l'action directe des ouvriers. Cass., 18 janv. 1854 et 11 juin 1861 ; Poitiers, 9 juill. 1863 ; Paris, 17 août 1863 ; Douai, 13 août 1866 (Dev., 61, 1, 878 ; 63, 2, 259 ; J. Pal., 1866, 1016). *Sic* : Duranton (t. XVII, n° 262) ; Aubry et Rau (t. III, § 374) ; Massé et Vergé (t. IV, § 710). *Contrà* : Montpellier, 24 déc. 1852 ; Trib. de la Seine, 21 avr. 1853 ; Besançon, 16 juin 1863 (Dev., 63, 2, 206) ; Frémy-Ligneville (*Législ. des bâtim.*, 2e édit., t. I, n° 226).

(2) Duranton (XVII, 262) ; Duvergier (II, 381) ; Troplong (III, 1048) ; Douai, 30 mars et 13 août 1833 (Dev., 33, 2, 536 et 537) ; Paris, 10 fév. 1847 et 8 mars 1848 ; Montpellier, 22 avr. 1850 et 24 déc. 1852 ; Cass., 18 janv. 1854 ; Paris, 9 août 1859 ; Besançon, 26 juin 1863 (J. Pal., 47, 1, 451 ; 48, 1, 673 ; 54, 1, 382 et 384 ; Dev., 63, 2, 206). — *Voy.* aussi Cass., 17 juin 1846 (Dev., 46, 1, 863).

(3) Lyon, 21 janv. 1846 (Dev., 46, 2, 262 ; J. Pal., 46, 2, 615) ; Req., 18 janv. 1854 (J. Pal., 54, 1, 384). Bordeaux, 30 nov. 1858 ; Besançon, 16 juin 1863 ; Poitiers, 4 mai et 9 juill. 1863 (Dev., 63, 2, 259). *Contrà* : Montpellier, 22 août 1850 et 24 déc. 1852 ; Nancy, 21 fév. 1861 ; Bordeaux, 8 juill. 1862 (Dev., 63, 2, 13).

est cependant inexact et peu méthodique, lorsque, après avoir présenté le louage des choses et le louage d'ouvrage comme embrassant toute la matière et notamment les cheptels (art. 1708 et 1711), ce qui commandait de ne faire suivre le chapitre des *Dispositions générales* que de deux autres chapitres, un pour le *louage des choses*, l'autre pour le *louage d'ouvrage*, dans l'un desquels les cheptels auraient fait une section, il nous donne au contraire trois chapitres, un pour le louage de choses, un pour le louage d'ouvrage, et un pour les cheptels, qui deviennent ainsi une division principale, après avoir été formellement indiqués comme une simple subdivision. Nous avons vu que les cheptels, à l'exception du cheptel de fer qui est un pur louage, présentent un mélange de louage et de société, ce qui a lieu aussi pour le bail à métairie, et que le seul plan vraiment logique était dès lors de diviser les matières réunies par le Code sous le nom commun de louage en deux parties, dont une, consacrée au *louage parfait*, comprendrait et le louage des choses et le louage d'ouvrage (et contiendrait ainsi le cheptel de fer), pendant que l'autre traiterait du *louage imparfait*, comprenant les cheptels (autres que le cheptel de fer) et le bail à métairie.

C'est là, bien entendu, l'ordre que nous adopterons dans notre Traité résumé ; mais pour le commentaire, nous continuerons à suivre le plan du Code.

SECTION PREMIÈRE.
DISPOSITIONS GÉNÉRALES.

1800. — Le bail à cheptel est un contrat par lequel l'une des parties donne à l'autre un fonds de bétail pour le garder, le nourrir et le soigner, sous les conditions convenues entre elles.

1801. — Il y a plusieurs sortes de cheptels :

Le cheptel simple ou ordinaire,

Le cheptel à moitié,

Le cheptel donné au fermier ou au colon partiaire.

Il y a encore une quatrième espèce de contrat improprement appelé *cheptel*.

1802. — On peut donner à cheptel toute espèce d'animaux susceptibles de croît ou de profit pour l'agriculture ou le commerce.

1803. — A défaut de conventions particulières, ces contrats se règlent par les principes qui suivent.

I. — Le mot *cheptel*, que l'on voit écrit chez nos vieux auteurs et selon les diverses provinces, *chaptel, chatel, cattel, chetel* (et qui se prononce encore aujourd'hui *chetel*), vient des mots *capitale* ou *capitale* employés dans la basse latinité du moyen âge pour signifier un troupeau considéré en masse, comme unité, comme *capital*. Il désigne dans le Code, tantôt le troupeau ou fonds de bétail qui fait l'objet du contrat (art. 1805 et 1806), tantôt le contrat lui-même (art. 1810 et 1815).

Le bail à cheptel présentant diverses espèces fort différentes entre elles, il était impossible de donner une définition générale qui pût les expliquer toutes à la fois, et le Code a eu tort de tenter ce résultat impossible dans l'art. 1800. Outre que sa définition n'en est vraiment pas une, puisqu'elle ne fait que renvoyer à la définition particulière de chaque espèce par ces mots *sous les conditions convenues,* elle présente encore d'ailleurs trois inexactitudes. D'une part, il n'est pas vrai que le bailleur *donne* le troupeau : il le livre et le confie pour un certain temps, mais il ne l'aliène pas ; en second lieu, le troupeau n'est pas toujours livré *par l'une des parties à l'autre,* puisque quelquefois toutes deux fournissent chacune par moitié (sect. III) ; enfin, ce n'est pas seulement pour *garder, nourrir et soigner* le troupeau que le contrat est formé, c'est aussi et surtout pour le faire fructifier et en tirer profit. La seule idée qu'il y eût à indiquer ici et qu'il faille retenir de cet art. 1800, c'est tout simplement que le bail à cheptel a pour objet un fonds de bétail.

On peut aujourd'hui livrer à cheptel toute espèce d'animaux susceptibles de profiter à l'agriculture ou au commerce ; et le cheptel de porcs, qui était autrefois interdit dans la plupart des cas comme usuraire au profit du bailleur (parce que les porcs, disait-on (1), donnent plus de profit à ce bailleur en multipliant plus que d'autres bestiaux, en même temps qu'ils coûtent plus cher au preneur pour leur nourriture), est aussi bien permis par le Code que le cheptel des espèces bovine, chevaline, ovine et autres.

Dans le cheptel comme dans tous autres contrats, les conventions des parties sont toujours la première règle à suivre ; et c'est seulement à défaut ou en cas d'insuffisance de stipulations particulières qu'il y a lieu de recourir aux dispositions portées par le Code pour les diverses espèces de cheptel.

Ces espèces sont au nombre de cinq, dont deux, réunies par le texte de l'art. 1801, sont ensuite distinguées et avec raison par les deux paragraphes de la section IV : 1° le cheptel simple ou ordinaire ; — 2° le cheptel à moitié ; — 3° le cheptel livré au fermier ; — 4° le cheptel livré au colon partiaire ; — 5° enfin, le cheptel improprement dit.

SECTION II.
DU CHEPTEL SIMPLE.

1804. — Le bail à cheptel simple est un contrat par lequel on donne à un autre des bestiaux à garder, nourrir et soigner, à condition que le preneur profitera de la moitié du croît, et qu'il supportera aussi la moitié de la perte.

1805. — L'estimation donnée au cheptel dans le bail n'en transporte pas la propriété au preneur ; elle n'a d'autre objet que de fixer la perte ou le profit qui pourra se trouver à l'expiration du bail.

(1) La Thaumassière (*Berry,* t. XVII) ; Pothier (*Cheptels,* nᵒˢ 22, 23).

I. — L'art. 1804 donne une définition inexacte et incomplète, et que les art. 1810 et 1811 vont corriger et compléter, quand il présente le cheptelier comme prenant seulement la moitié du croît et devant supporter la moitié de la perte. Le cheptelier, en effet, prend aussi la moitié des laines et en outre la totalité des laitages, fumiers et labeurs des animaux (1811); d'autre part, il ne subit une moitié que dans la perte partielle et ne supporte rien dans la perte totale.

Le bailleur reste propriétaire du troupeau confié au preneur, et l'estimation qui en est faite ordinairement n'en opère nullement la vente à celui-ci; elle est seulement le moyen de constater l'état de ce troupeau lors du commencement du bail, pour fixer par là sa diminution ou son augmentation, et dès lors la perte ou le profit à partager entre les parties, lorsque ce bail finira.

1806. — Le preneur doit les soins d'un bon père de famille à la conservation du cheptel.

1807. — Il n'est tenu du cas fortuit que lorsqu'il a été précédé de quelque faute de sa part, sans laquelle la perte ne serait pas arrivée.

1808. — En cas de contestation, le preneur est tenu de prouver le cas fortuit, et le bailleur est tenu de prouver la faute qu'il impute au preneur.

1809. — Le preneur qui est déchargé par le cas fortuit, est toujours tenu de rendre compte des peaux des bêtes.

1810. — Si le cheptel périt en entier sans la faute du preneur, la perte en est pour le bailleur.

S'il n'en périt qu'une partie, la perte est supportée en commun, d'après le prix de l'estimation originaire, et celui de l'estimation à l'expiration du cheptel.

SOMMAIRE.

I. Responsabilité du cheptelier. La perte qui ne lui est pas imputable ne le concerne pas quand elle est totale; mais si elle n'est que partielle, il en supporte moitié à la fin du bail.
II. Cette dernière règle, trop dure pour le cheptelier, ne peut pas s'étendre; et si considérable que soit la perte partielle arrivée dans le cours du bail, il ne doit pas la rembourser *de suo*, mais seulement la laisser se réparer par le croît.

I. — Le preneur doit les soins d'un bon père de famille, c'est-à-dire d'un administrateur prudent et diligent, à la conservation et à l'amélioration du troupeau. Ainsi, il doit se procurer les étables ou autres logements nécessaires pour l'héberger convenablement selon l'espèce des animaux, des pailles pour la litière, des fourrages, grains ou légumes pour la nourriture d'hiver, et aussi des prairies ou herbages, qu'il devra louer s'il n'en a pas à lui, pour le pacage.

Toute perte, soit de quelques animaux, soit du troupeau tout entier, serait réputée provenir de sa faute et devrait dès lors être réparée par lui seul, s'il ne prouvait pas qu'elle résulte de quelque maladie ou autre cas fortuit. Le cas fortuit une fois prouvé, il serait encore responsable si l'accident avait été précédé d'une faute de sa part sans laquelle la perte n'eût pas eu lieu ; mais, bien entendu, ce serait au bailleur d'alléguer et de prouver cette faute, comme le cheptelier a dû alléguer et prouver le cas fortuit. Alors même, au surplus, qu'il est déchargé de toute responsabilité par la justification d'un cas fortuit que le bailleur ne prouve pas avoir été précédé d'une faute, le cheptelier doit toujours rendre compte des peaux des bêtes, afin qu'il en soit tiré parti, s'il y a lieu. La loi dit qu'il doit rendre compte des peaux et non pas qu'il devra les représenter ; car la représentation en serait souvent impossible ; par exemple, si la police avait ordonné d'enfouir immédiatement les bêtes mortes, si ces bêtes avaient été enlevées par des voleurs, etc.

Quand la perte ne lui est pas imputable, il faut distinguer si elle est totale ou partielle : dans la premier cas, le Code la met en entier à la charge du bailleur ; dans le second, il la divise par moitié entre les deux parties. Mais la contribution du cheptelier à la moitié de la perte partielle ne se fait pas de la même manière et ne présente pas le même caractère, selon qu'elle a lieu dans le cours du bail ou à l'expiration de ce bail. Dans le cours de ce bail, il n'y aura pas lieu (du moins pas toujours, et nous verrons plus bas si ce serait admissible quelquefois) de réparer la perte immédiatement. Ainsi, quand un troupeau de cent bêtes, livré par le bailleur, se trouvera réduit, par une ou deux mauvaises années, à quatre-vingt-dix ou quatre-vingts, ce ne sera pas le cas d'acheter dix ou vingt bêtes nouvelles dont chacune des parties payerait moitié ; on attendra que le croît d'années meilleures vienne combler ce déficit. De cette façon, le cheptelier (de même que le bailleur, de son côté) n'aura rien à débourser, il sera seulement privé pour quelque temps de son bénéfice de moitié du croît, et c'est seulement par cette privation de bénéfice qu'il supportera la moitié de la perte. A la fin du bail, au contraire, il lui faudra réparer de suite et argent comptant la perte qui se trouvera exister. Si le troupeau de cent bêtes qui avait été livré se trouve n'être que de quatre-vingt-dix, ou si, abstraction faite du nombre, le troupeau livré avec une valeur de 10 000 francs n'en vaut plus que 9 000, vu l'état moins bon des animaux, le cheptelier devra prendre *de suo* pour payer au bailleur la moitié, soit de la perte de 1 000 francs, soit de la valeur des dix bêtes à remplacer.

II. — On a critiqué, et avec grande raison, cette obligation imposée au cheptelier par le Code de payer *de suo* la moitié de la perte partielle arrivée sans sa faute. Le cheptel est, en général, une industrie fort misérable pour le preneur ; les chepteliers sont d'ordinaire de pauvres paysans dénués de toutes ressources, vivant fort chétivement, et qui ne cherchent et ne trouvent dans la charge des bestiaux à nourrir et soigner que de quoi vivre avec peine, sans jamais rien amasser. Nos anciens jurisconsultes le savaient de reste, et c'est parce que les rédacteurs du Code ne l'ignoraient pas davantage que, dans l'art. 1811, ils se sont écartés du droit commun et de la liberté des conventions, pour venir au secours de cette classe malheureuse. Qu'on oblige donc le cheptelier, dans le cours du bail, à contribuer à la perte partielle par sa privation de moitié du croît comme on l'a vu plus haut, c'est tout naturel ; mais qu'on le soumette à la fin du bail à payer *de suo* la moitié de cette perte, c'est trop dur. Comment n'a-t-on pas vu d'ailleurs qu'en mettant à la charge du cheptelier la moitié de la perte partielle, alors qu'on le laisse étranger à la perte totale, on l'excitait puissamment à mal faire? Que le troupeau soit réduit des deux tiers ou des trois quarts, le cheptelier n'aurait-il pas intérêt, pour échapper au payement d'une somme considérable, à faire périr le reste, pour que, la perte devenant totale, il soit complétement exonéré? Aussi Coquille, qui écrivait dans un pays de cheptels et qui s'était sagement écarté des deux doctrines extrêmes, dont l'une, professée par Pothier et d'autres commentateurs des coutumes, voulait faire supporter au cheptelier la moitié de la perte même totale, tandis que l'autre, énergiquement soutenue surtout dans le fameux livre des *Conférences sur l'usure*, voulait le décharger de toute contribution quelconque à la perte même partielle, Coquille disait bien que le preneur devait concourir à la réparation de la perte partielle, mais seulement en laissant cette perte se combler, s'il y a lieu, par le croît ultérieur, comme doit également le faire un usufruitier, et sans jamais avoir à payer rien *de suo*. C'est donc à tort que M. Duvergier (II, p. 448) nous présente le Code comme consacrant la doctrine de Coquille ; et sa déclaration à cet égard se comprend d'autant moins qu'il cite lui-même tout au long ce passage dans lequel Coquille explique que le preneur doit seulement « patienter et nourrir ce qui reste du bétail, jusqu'à ce que le croît puisse parfournir le cheptel. » Chose non moins étrange, c'est que, dans la discussion, au conseil d'État, de la première rédaction de l'art. 1810, la disposition du projet avait été longuement expliquée et développée dans ce sens d'une contribution par simple abstention de bénéfice (1), et qu'après renvoi à la section *pour être revu dans l'esprit de ces observations* (2), elle a été néanmoins définitivement rédigée dans le sens tout opposé que présentent et cet art. 1810 et l'art. 1817.

Du reste, la loi est formelle ; le preneur, à la fin du bail, devra fournir *de suo* la moitié de la différence entre l'estimation originaire et celle de l'expiration du cheptel : *dura lex, sed lex*. Mais, bien entendu, la rigueur de cette disposition ne permet pas de l'étendre au delà des termes de la loi ; et comme c'est seulement à l'expiration du cheptel que le preneur est tenu de payer la moitié de la perte partielle, il faut dire qu'il n'y sera jamais obligé dans le cours du bail, si considérable que cette perte partielle puisse être, et devra seulement rester privé de sa moitié du croît ultérieur, pour laisser le troupeau se recompléter si c'est possible. On dirait en vain que quand une épizootie, par exemple, vient enlever d'un seul coup les deux tiers ou les trois quarts du troupeau, il ne serait pas dans l'ordre, pas conforme aux règles d'une sage

---

(1-2) Observat. de MM. Defermon, Treilhard et Tronchet (Fenet, XIV, p. 254).

administration, pas d'un bon père de famille, de rester privé des bénéfices de l'exploitation d'un troupeau pendant le temps énorme qui serait
nécessaire pour que le croît de vingt-cinq ou trente bêtes fît remonter
le troupeau à cent; que ce procédé est tout naturel pour une perte minime, mais qu'il est contraire aux principes de saine économie, et ne
peut pas dès lors être imposé au bailleur, quand il s'agit d'une perte
très-considérable... Ces observations sont fort justes en elles-mêmes et
devraient être suivies dans des contrats ordinaires; mais le cheptel a
ses règles à part, il exige de la loi une protection toute spéciale pour le
preneur contre le bailleur, ainsi que va nous le prouver l'article suivant;
et comme notre art. 1810, de l'aveu même des rédacteurs, est déjà rigoureux dans sa disposition finale, il faut donc bien se garder d'étendre
cette disposition. Or comme cette disposition n'admet qu'un seul calcul
à faire, qu'un seul déboursé à exiger (s'il y a lieu) du preneur par la
comparaison de la valeur du troupeau lors du commencement du bail
avec sa valeur lors de la fin, il n'y a donc rien de semblable à faire dans
le cours de ce bail, et l'unique obligation du preneur, comme aussi
son propre intérêt, en cas de perte partielle avant la fin du bail, est de
travailler à recompléter au plus vite le troupeau tant pour en retirer des
bénéfices annuels que pour n'avoir rien à payer quand se fera la seconde
et dernière estimation.

1811. — On ne peut stipuler,

Que le preneur supportera la perte totale du cheptel, quoique arrivée par cas fortuit et sans sa faute, .

Ou qu'il supportera, dans la perte, une part plus grande que dans
le profit,

Ou que le bailleur prélèvera, à la fin du bail, quelque chose de plus
que le cheptel qu'il a fourni.

Toute convention semblable est nulle.

. Le preneur profite seul des laitages, du fumier et du travail des
animaux donnés à cheptel.

La laine et le croît se partagent.

SOMMAIRE.

I. Clauses prohibées dans le cheptel. De ce nombre est celle qui retrancherait au
preneur une partie des laitages, etc. Erreur de MM. Duvergier et Zachariæ.
II. La clause illicite est nulle pour le tout, mais n'entraîne pas la nullité du contrat :
double erreur et contradiction de M. Duranton.
III. Les clauses onéreuses pour le bailleur n'ont rien d'illicite. — Le preneur prend,
avec les laines, tous les produits analogues. Il ne peut pas faire travailler les
animaux pour des étrangers.

I. — L'état de dénûment et d'ignorance des chepteliers les poussant
à souscrire toute espèce de conditions pour obtenir un troupeau par les
profits duquel ils espèrent se procurer le pain nécessaire à leur famille,
la loi a dû se préoccuper de les protéger contre la rapacité de proprié-

taires assez inhumains pour spéculer sur leur misère. Tel est l'objet de notre article.

Le Code prohibe donc comme immorale toute clause dont l'objet serait : 1° de faire supporter au preneur la perte totale arrivant par cas fortuit et sans sa faute; 2° de lui faire supporter dans la perte une part plus grande que dans le profit; 3° d'autoriser le bailleur à prélever, à la fin du bail, rien de plus que le troupeau qu'il a fourni; 4° enfin, d'enlever au preneur, pour l'attribuer au bailleur, tout ou partie des laitages, fumiers et travaux des animaux.

Il est vrai que M. Duvergier (n° 408) et M. Zachariæ (III, p. 51) n'admettent pas cette dernière idée. Ils pensent, en se fondant sur ce que le contexte de l'article n'applique pas à ce cas comme aux autres sa déclaration de nullité, que le bailleur pourrait licitement stipuler qu'il partagera ces derniers profits comme le croît et les laines. Mais c'est une grave erreur, et le contexte même de l'article, loin de contrarier notre solution, est précisément à nos yeux une nouvelle preuve de son exactitude.

Remarquons que les travaux, fumiers et laitages, ces derniers surtout, sont vraiment le pain quotidien du pauvre cheptelier; ils sont, par opposition au croît et aux laines, *les menus profits* qui subviennent à la vie même du preneur et dont il ne peut dès lors lui être rien retranché; c'est par l'usage personnel qu'il fait d'une petite partie de ces laitages (en lait, fromage, beurre, etc.), et par la vente du reste au marché le plus voisin, qu'il fournit au jour le jour aux premiers besoins de sa famille; de sorte que lui en enlever une partie, ce serait le priver d'une partie de son pain. Le droit du cheptelier aux labeurs, fumiers et laitages est donc le plus sacré de tous, c'est celui que la justice et l'humanité commandaient de lui assurer le plus efficacement. Aussi, même dans celui des trois systèmes de l'ancienne jurisprudence qui était le plus défavorable au preneur, dans celui qui trouvait licite de lui faire supporter la perte totale elle-même, dans ce système que Pothier lui-même, son principal défenseur, reconnaissait n'être moral que dans les pays de pâturages abondants et où la nourriture du bétail coûte fort peu (n° 19), dans ce système-là même, comme dans les autres, le droit exclusif aux laitages, fumiers et travaux, ne pouvait jamais être amoindri par une convention; cette convention était déclarée illicite partout ailleurs que dans le cheptel à métairie. Pothier nous dit qu'à l'égard de la clause par laquelle le bailleur exigerait du preneur *du beurre ou des fromages* (en si petite quantité que ce fût), *il n'est pas douteux* qu'elle est permise dans les cheptels de métairie et défendue dans les autres cheptels (n° 28); il avait déjà dit plus haut (n° 25, al. dernier) qu'*il y aurait* INIQUITÉ, *si on retranchait au preneur* QUELQUE CHOSE *des laitages, fumiers ou labeurs.* Comment donc voudrait-on que le Code, qui trouve trop dures pour le cheptelier ces anciennes coutumes approuvées par Pothier, qui les rejette pour adopter presque en entier la doctrine contraire de Coquille, qui prohibe comme illicites les clauses qu'elles trouvaient équitables, aille permettre celle qu'elles-mêmes reconnaissaient inique et impossible ? En vérité, MM. Duvergier et Zachariæ n'y ont pas pensé ; et le rapprochement des art. 1804, 1811, 1819 et 1828, éclairés d'ailleurs par les traditions de l'ancien droit, démontre jusqu'à l'évidence que notre législateur a regardé la proscription de la clause dont il s'agit comme chose tellement bien entendue et si claire, qu'elle n'avait pas besoin d'être spécialement formulée. Son procédé s'explique bien facilement : les clauses dont telle ou telle était autrefois déclarée licite (et formait même le droit commun), et que lui regarde comme illicites, il a soin de les proscrire formellement ; mais quant à celle sur l'iniquité de laquelle il n'y a jamais eu de doute et que tous les systèmes ont toujours prohibée, parce qu'elle est contraire à l'essence même du cheptel et va jusqu'à enlever au cheptelier son morceau de pain, il ne croit pas devoir prendre la peine de s'expliquer spécialement sur son compte : il sera clair pour tous, pense-t-il, qu'elle reste prohibée comme elle l'a été toujours et partout ; sa nullité est une chose qui va sans dire, qui résulte d'ailleurs par *à fortiori* des précédentes dispositions de l'article, et il se contente dès lors de proclamer, comme fait constant et parfaitement entendu dans tous les temps, que *le preneur profite* SEUL *des laitages,* etc.

Nous avons dit que la combinaison des divers articles relatifs aux laitages prouve bien la pensée du Code. Et d'abord, en effet, pourquoi le législateur a-t-il placé dans notre art. 1811, au lieu de la mettre dans l'art. 1804, où il n'en dit pas un mot, la disposition qui réserve tous les laitages au preneur ? Pourquoi, sinon parce que cette règle étant une de celles auxquelles, dans sa pensée intime, on ne peut pas déroger, il lui a paru tout naturel de la formuler ici, pour présenter en une seule fois et dans un même article le tableau complet des conditions essentielles auxquelles les parties ne sauraient se soustraire ? Qu'on y réfléchisse, et on verra que, sans cette idée du législateur, cette particularité de rédaction, ce report de l'art. 1804 à l'art. 1811 d'une règle qui sans cela devait être mise dans le premier, deviennent inexplicables... L'art. 1819, à son tour, indique bien la même idée, quand après avoir dit que, dans le cheptel à moitié, le preneur profite *seul* des laitages, etc., COMME DANS LE CHEPTEL SIMPLE, il ajoute que *toute convention contraire serait nulle......* Enfin, ce même art. 1819 et l'article 1828 achèvent de révéler la pensée de la loi, quand ils disent que la dérogation à cette règle est permise, par exception, pour le cheptel qui fait partie d'un bail à métairie. Les trois art. 1811, 1819 et 1828 ne sont-ils pas la reproduction bien manifeste de cette règle de Pothier, que la clause dérogatoire au droit exclusif du preneur est interdite dans tous les cheptels autres que les cheptels de métairie ?

C'est donc avec grande raison que la doctrine de MM. Duvergier et Zachariæ est repoussée par les autres auteurs (1).

Quant à la clause qui attribuerait au bailleur plus de la moitié des

_____

(1) Delvincourt (t. III); Duranton (XVII, 277); Troplong (III, 1127); Taulier (VI, p. 326).

gros fruits, c'est-à-dire du croît et des laines, nous pensons, avec la généralité des auteurs et contre le sentiment de Delvincourt et de M. Duranton (n° 276), qu'elle serait permise, pourvu, bien entendu, que le bailleur supportât dans la perte une part égale à celle qu'il prendrait dans le gain, puisque notre article défend d'attribuer au preneur une part de profit moindre que sa part de perte. Ainsi, le bailleur peut se réserver deux tiers ou trois quarts de profit, en ne laissant qu'un tiers ou un quart au preneur, pourvu que la perte se partage dans la même proportion. Remarquons, en effet, que notre article, dont aucune règle, il est vrai, ne peut être modifiée par la convention, ordonne seulement le *partage* de ces croît et laines, sans exiger que ce partage se fasse par moitié. Un partage inégal n'est donc pas plus défendu par le Code qu'il ne l'était dans l'ancien droit (1).

II. — Quand l'une des quatre clauses ci-dessus réprouvées a été stipulée, quel sera l'effet de la présence de cette clause nulle? M. Duranton (XVII, 279), se donnant ici à lui-même, d'une ligne à l'autre, la plus étrange réfutation, commence par dire que le preneur pourrait faire prononcer la résiliation *du contrat*, la nullité d'une seule clause entraînant ainsi, selon lui, la nullité *du contrat tout entier*, puis il ajoute aussitôt, sans remarquer la singulière contradiction de ces deux solutions, que si le contrat s'est exécuté jusqu'au bout, ce même preneur peut, au moment du partage, invoquer *la partie de la clause* qui lui est favorable, en repoussant *la partie* défavorable. Or non-seulement on ne saurait admettre à la fois ces deux conclusions, puisque l'une est la négation de l'autre, mais on ne doit même admettre aucune des deux. La règle *utile per inutile non vitiatur*, que M. Duranton invoque dans le dernier cas (et qu'il avait oubliée dans le premier), ne signifie pas qu'une seule et même clause puisse se scinder pour s'appliquer dans une partie et rester sans effet dans l'autre; elle signifie que la clause nulle n'entraîne pas la nullité des autres clauses du même contrat. Si donc la règle *utile per inutile non vitiatur* condamne clairement la première solution du savant professeur, en ne permettant pas au preneur de rejeter le contrat entier pour le vice d'une seule de ses clauses, elle ne justifie pas pour cela la seconde, puisqu'une seule et même clause ne peut pas être tout à la fois nulle et valable.

Lors donc qu'il est stipulé, par exemple, que le preneur supportera les trois quarts de la perte et prendra les deux tiers du profit, ce preneur ne pourra pas, d'une part, faire résilier le contrat; il devra exécuter le bail pendant toute sa durée, sauf à faire écarter, comme contraire à la loi, la clause relative aux profits et pertes. Mais comme il se trouve, après la suppression de cette clause, qu'il n'existe plus de règle conventionnelle pour les profits et pertes, c'est le cas d'appliquer la règle légale, conformément à l'art. 1805; le profit comme la perte doivent dès lors se partager par moitié; et le preneur, par conséquent, ne peut

---

(1) Pothier (n° 25); Duvergier (II, 405); Troplong (III, 1130); Zachariæ (III, p. 51); Taulier (VI, p. 327).

pas plus exiger les deux tiers en cas de gain, que le bailleur ne pourrait le contraindre à subir les trois quarts en cas de perte.

III. — Il va sans dire que si les clauses trop onéreuses pour le preneur sont illicites, celles qui, en sens inverse, lui feraient de grands avantages au détriment du bailleur ne le seraient nullement et conserveraient toute leur valeur : la loi n'avait pas à protéger le bailleur contre le preneur, le fort contre le faible, et toute disposition qui ne serait onéreuse que pour lui s'apprécierait d'après les principes généraux. — Il pourrait donc être convenu que le bailleur prendra dans la perte une part plus forte que dans le profit, ou même que, prenant une part quelconque du profit, il supporterait seul la perte entière.

Il va sans dire aussi que le preneur, de même que les laines, prendrait également les poils, crins, soies, plumes ou duvets, que procurent des chèvres, chevaux, porcs, oies ou autres animaux qui peuvent aussi bien que des moutons faire l'objet d'un bail à cheptel.

Remarquons enfin que si le preneur a droit au labeur dont les animaux soumis à cheptel sont susceptibles, c'est seulement pour son usage propre et sans pouvoir louer leurs services à des étrangers qui, moins intéressés que lui à leur conservation, pourraient n'en pas prendre autant de soins : le droit de faire travailler un animal n'est pas le droit de louer son travail à d'autres ; et l'art. 1812 défend absolument au preneur de disposer d'aucune bête sans le consentement du bailleur.

1812. — Le preneur ne peut disposer d'aucune bête du troupeau, soit du fonds, soit du croît, sans le consentement du bailleur, qui ne peut lui-même en disposer sans le consentement du preneur.

SOMMAIRE.

I. Une partie ne peut disposer, à quelque titre que ce soit, au préjudice de l'autre, d'aucune bête du troupeau ou du croît ; mais l'art. 2279 s'applique ici.
II. Les tiers acquéreurs ou créanciers du bailleur sont tenus de respecter le droit du preneur. Difficultés à cet égard.
III. Chaque partie peut contraindre l'autre à la vente qui serait reconnue utile. Erreur de M. Troplong.

I. — Le troupeau du cheptel étant la propriété du bailleur et le croît appartenant en commun à ce bailleur en même temps qu'au preneur, celui-ci n'en peut donc disposer en aucune façon, et pas plus à titre de louage ou de prêt que par aliénation, sans le consentement du premier. S'il les vendait ou aliénait autrement, il y aurait délit d'abus de confiance (art. 408 C. pén.) ; mais l'acquéreur de bonne foi n'en deviendrait pas moins propriétaire par la livraison qui lui en serait faite, et c'est avec raison qu'un article du projet qui autorisait le bailleur à revendiquer les animaux contre l'acheteur ou autre possesseur a été retranché du Code, puisqu'il était en flagrante opposition avec l'article 2279.

Le bailleur, de son côté, quoiqu'il soit propriétaire du troupeau, ne peut pas plus que le preneur disposer d'aucune bête sans le consentement de celui-ci, puisqu'il lui a concédé un droit de jouissance auquel il ne peut porter atteinte : il pourrait sans doute aliéner, soit une ou plusieurs bêtes, soit le troupeau tout entier; mais ce ne pourrait être que sous la condition par l'acquéreur de respecter le droit du preneur et de n'entrer en jouissance qu'après l'expiration du bail.

II. — C'est un point qui n'est pas sans difficulté que de savoir si un tiers acquéreur ou un créancier du bailleur pourraient s'emparer du cheptel, sans être tenus de respecter le droit du preneur, en laissant le bail s'exécuter jusqu'au bout. Autrefois déjà on était divisé sur ce point : Coquille (Nivernais, art. 16) voulait que le droit du preneur fût toujours respecté, parce qu'il le considérait comme un droit réel, tandis que Thaumassière (Berry, *préf.* du tit. 17) et Pothier (n° 33) décidaient le contraire, parce qu'ils niaient, et avec raison, cette prétendue réalité du droit. Sous le Code, tous les auteurs sont d'accord, il est vrai, pour admettre que les acquéreurs ou créanciers ne peuvent nuire au droit du cheptelier; mais ils sont loin de s'entendre sur le fondement de cette solution. M. Troplong, critiquant la doctrine de ses devanciers, qui se décidaient par l'analogie de l'art. 1743, veut que, si le bail a date certaine, le preneur puisse argumenter d'une espèce d'*aliénation* de la jouissance faite par le bailleur au profit de l'association cheptelière, et qu'à défaut de date certaine, il puisse se retrancher derrière la maxime *En fait de meubles, possession vaut titre*. Mais on ne saurait adopter ce système; on ne peut voir aucune aliénation ni concession de droit réel dans le cheptel, puisque le bailleur y contracte seulement l'obligation personnelle de faire jouir le preneur.

C'est donc à l'argument tiré de l'art. 1743 qu'il faut s'arrêter. Sans doute cet article, comme le dit très-bien M. Troplong, n'est écrit que pour le louage d'immeubles; mais s'il est très-vrai que sa lettre ne protége pas le cheptelier, n'est-il pas évident que son esprit y suffit? Est-ce que les motifs ne sont pas les mêmes dans les deux cas? Est-ce que l'intérêt de l'agriculture et celui du commerce ne commandent pas la même solution?... Il suffira donc au preneur de cet art. 1743, si le bail a date certaine, et, dans le cas contraire, de ce même article combiné avec l'art. 2279; car l'acquéreur ou le créancier, trouvant le preneur en possession de la chose mobilière, seront bien forcés, ou d'expliquer cette possession du preneur par son titre, et alors ils acceptent ce titre et reconnaissent l'existence du bail, ou de s'arrêter à la possession seule, et alors viendrait une présomption de propriété, plus puissante encore que le droit résultant du louage : ils se trouvent ainsi forcés, vu la nature mobilière des choses, de reconnaître le bail, quoique dépourvu de date certaine, sous peine d'un inconvénient plus grave pour eux (1).

III. — Si l'une des parties prétendait qu'il est utile de vendre certaines bêtes du troupeau et que l'autre s'y refusât, la première pourrait-elle en faire ordonner la vente par la justice et se faire adjuger

_____

(1) Duranton (XVII, 281); Duvergier (II, 416); Zachariæ (III, p. 52); Troplong (III, n°° 1152-1154); Taulier (VI, p. 328).

des dommages-intérêts, si le refus de l'autre avait causé préjudice?
M. Troplong (III, 1140), qui n'examine du reste la question que pour
le preneur demandant la vente contre le bailleur, répond négativement,
en se fondant sur ce que celui-ci, étant propriétaire du troupeau et copropriétaire du croît, ne peut jamais être forcé d'aliéner sa chose malgré
lui, et sur ce qu'on a retranché du Code une disposition qui dans le
projet autorisait le preneur à agir contre le bailleur se refusant à une
vente avantageuse... Nous pensons cependant qu'on doit adopter l'idée
contraire.

Et d'abord, le retranchement de la disposition du projet nous touche
peu; et nous nous étonnons que M. Troplong lui donne tant d'importance, lui qui, sur la question précédente, trouve insignifiant, et avec
raison, le rejet d'une proposition déclarant que les créanciers du bailleur ne pourraient saisir et vendre que *sans préjudicier au droit du preneur* (n° 1152) : pourquoi la première disposition n'aurait-elle pas été
écartée comme inutile seulement et suffisamment indiquée par les principes généraux, ainsi que l'a été l'autre?... Le bailleur, dit-on, est propriétaire du troupeau et copropriétaire du croît. Mais, outre que pour
le croît cette qualité de copropriétaire appartient également au preneur,
et que les principes ne permettent pas de soumettre l'un des communistes à la discrétion et au caprice arbitraire de l'autre, est-ce que le
bailleur ne s'est pas obligé à procurer au preneur tous les profits et
avantages que peut donner l'exploitation convenable et intelligente du
cheptel? ne s'est-il pas interdit d'empêcher par un caprice les mesures
que peut rendre nécessaires ou utiles la bonne administration du cheptel? Il est propriétaire, dites-vous! mais qu'importe à la question? Est-ce
qu'un propriétaire peut se prévaloir de cette qualité pour se soustraire
à ses obligations? Nous ne comprenons pas, nous l'avouons, cette doctrine de M. Troplong, contraire, on le pense bien, aux règles admises
dans l'ancien droit; et c'est avec grande raison qu'elle est repoussée par
tous les auteurs (1).

1813. — Lorsque le cheptel est donné au fermier d'autrui, il doit
être notifié au propriétaire de qui ce fermier tient; sans quoi il peut le
saisir et le faire vendre pour ce que son fermier lui doit.

I. — Quand le cheptelier à qui le bailleur livre son troupeau est fermier d'un autre propriétaire, le bailleur doit avoir soin de notifier à
celui-ci son contrat de cheptel, afin que ce propriétaire sache que le
troupeau qui entre sur sa ferme n'appartient pas à son locataire et ne
répond pas de ses fermages; autrement le propriétaire aurait le droit,
le cas échéant, de le faire saisir et vendre comme tout le reste du mobilier garnissant sa ferme. Peu importe, au surplus, comment se fait la
notification, que ce soit par un acte d'huissier, ou par simple missive,

---

(1) Pothier (n° 36); Duranton (XVII, 283); Duvergier (II, 413); Zachariæ (III, p. 51);
Taulier (VI, p. 328).

ou encore par une déclaration purement verbale, pourvu, dans ces deux derniers cas, que le bailleur du cheptel retire une reconnaissance de l'avertissement par lui donné. Tout ce qu'il faut, c'est que le loca-teur de la ferme soit renseigné à cet égard; et on reconnaît avec raison, malgré la décision contraire d'un ancien arrêt de Paris, que quand même il n'aurait pas été prévenu par le bailleur du cheptel, il serait sans droit sur le troupeau, s'il avait autrement connu l'état des choses (1).

Il faut reconnaître aussi que la règle s'appliquerait aussi bien au cas d'un colon partiaire qu'à celui d'un fermier proprement dit; car les deux positions sont, quant à l'objet de notre article, absolument iden-tiques, et la loi se sert ici du mot *fermier* dans un sens générique et pour signifier tout locataire d'un bien rural, comme elle fait du mot *métairie* dans l'art. 1819.

Mais ce que l'article dit pour le cas d'un preneur qui est locataire d'une ferme ou métairie, appartenant à un tiers au moment même où le cheptel lui est livré, devrait-il s'appliquer aussi au cas d'un cheptel-lier qui était indépendant lors de la confection du bail à cheptel et qui ne devient que plus tard locataire d'un bien rural sur lequel il porte le troupeau? On pourrait dire pour la négative que c'est à celui qui vient traiter avec un individu de s'enquérir de sa position actuelle pour agir en conséquence; que de même que, dans le premier cas, le bailleur du cheptel est en faute de ne s'être pas renseigné de façon à savoir que celui à qui il allait livrer son troupeau était locataire de la ferme ou métairie sur laquelle allait entrer ce troupeau, de même, dans le se-cond, c'est le bailleur de l'immeuble qui serait en faute de ne s'être pas renseigné de façon à savoir que le fonds de bétail à la tête duquel se trouvait son futur locataire ne lui appartenait pas et n'était là qu'en location. Mais nous pensons qu'on doit admettre l'idée contraire. Il est, en effet, tout naturel pour le bailleur d'immeubles, d'une part, de regarder comme appartenant à son locataire, jusqu'à déclaration con-traire, tout ce dont celui-ci garnit les lieux à son entrée; et il n'est pas moins naturel au bailleur à cheptel, d'autre part, de surveiller son cheptelier dans le cours du bail et de se préoccuper de ce qu'il peut faire de son troupeau. C'est à lui, quand il le voit quitter sa précé-dente position, pour se charger de l'exploitation d'un corps de ferme sur lequel il va porter ce troupeau, de s'empresser de prévenir le pro-priétaire de cette ferme.

1814. — Le preneur ne pourra tondre sans en prévenir le bail-leur.

1. — Les laines se partagent entre le bailleur et le preneur; le pre-mier a donc intérêt à en surveiller la tonte, et le second dès lors ne doit pas la faire sans l'en avertir.

---

(1) Paris, 31 juill. 1818. — Troplong (III, 1161). — Cass., 7 mars 1843 (Dev., 43, 1, 285).

1815. — S'il n'y a pas de temps fixé par la convention pour la durée du cheptel, il est censé fait pour trois ans.

1816. — Le bailleur peut en demander plus tôt la résolution, si le preneur ne remplit pas ses obligations.

SOMMAIRE.

I. Le cheptel dure le temps convenu, et, à défaut de convention, trois ans. Quand il y a tacite réconduction, le nouveau bail est aussi de trois ans : erreurs de la plupart des auteurs.

II. On peut convenir aujourd'hui que le bail pourra se résilier par la seule volonté d'une des parties.

III. Il peut être résolu pour inexécution des obligations d'une des parties; mais il ne finit pas par la mort du preneur. Erreur de M. Troplong.

I. — Lorsque la durée du cheptel a été fixée par la convention, c'est au temps convenu qu'il finit, à moins de cause extraordinaire de résolution. Mais s'il n'y a pas eu convention à cet égard, sa durée, qui variait autrefois selon les usages et coutumes des diverses localités, est aujourd'hui fixée à trois ans par la loi. Si à l'expiration, soit de ce délai de trois ans, soit du terme convenu, le preneur reste et est laissé en possession du troupeau, il s'opère une tacite réconduction, et la durée de ce nouveau bail est également de trois ans, malgré la dissidence, fort étrange à nos yeux, des auteurs sur ce point.

M. Duranton (XVII, 286) veut que la durée du nouveau bail soit celle du bail primitif, si longue ou si courte qu'elle fût; M. Zachariæ (III, p. 52) la détermine par l'usage du pays; M. Taulier (VI, p. 329), combinant ces deux idées, prend pour règle l'usage de la contrée, s'il en existe un, et à son défaut la durée du précédent bail; M. Neveu-Derotrie (*Lois rurales*, p. 184) veut que la durée soit toujours d'un an, terme qui suffit à la récolte entière des produits de la chose louée; enfin MM. Duvergier (II, 424) et Troplong (III, 1180) enseignent, comme nous le faisons nous-même, que le terme est de trois ans. C'est en effet évident, et pas un des quatre systèmes contraires ne saurait se soutenir. La tacite réconduction est un bail fait sans convention sur sa durée; or la durée du bail ainsi fait, ce n'est pas, ni dans notre cas ni dans aucun autre (art. 1738), la durée du bail qui a pu le précéder; ce n'est pas non plus ici celui qu'indiqueraient les usages des lieux, usages que le Code a mis à l'écart pour y substituer une règle uniforme; ce n'est pas davantage, ici toujours, le temps strictement nécessaire pour recueillir tous les produits du cheptel : c'est, d'après la disposition assez formelle sans doute de notre art. 1815, le délai préfix et général de *trois ans*, délai que le Code a jugé nécessaire, comme le faisait la Coutume de Berry (art. 17), pour donner aux parties le temps de profiter du croît. Il n'y a donc pas ici de dispute possible, et l'exactitude de la solution de MM. Duvergier et Troplong n'est pas sérieusement contestable.

II. — C'est, disons-nous, à défaut de convention contraire, que le cheptel dure trois ans, et les parties sont parfaitement libres de le faire plus long ou plus court; mais pourraient-elles, sans rejeter ce terme légal de trois ans, convenir que l'une des parties (c'est ordinairement le bailleur) pourra résilier toutes fois et quantes ?

Coquille, qui écrivait, on le sait, sous la Coutume du Nivernais, et d'après lui Pothier (n° 54), répondaient négativement, tout en reconnaissant que la clause ne pouvait s'entendre que d'une résiliation demandée en temps opportun ; mais les motifs qui justifiaient cette solution n'existent plus aujourd'hui. D'une part, la Coutume de Nivernais n'ayant fixé aucun délai à la durée du cheptel, qui ne pouvait finir que par la déclaration d'une partie à l'autre, la clause en question y aurait eu pour effet de permettre à une partie de maintenir l'autre dans un lien perpétuel, tandis qu'elle n'a plus cet inconvénient en présence du délai de trois ans fixé par le Code. D'autre part, la Coutume donnant à celle des parties qui proposait la résolution le droit de notifier une estimation sur le pied de laquelle l'autre était tenue ou de le garder ou de l'abandonner à la première, il suivait de là qu'en faisant le bailleur seul maître de proposer la résolution, on le faisait maître par là même d'avoir à non-valeur le troupeau considérablement augmenté, puisqu'il pouvait demander la résolution avec une estimation à vil prix, alors qu'il savait le pauvre cheptelier dénué d'argent et hors d'état de s'en procurer, ce qui forçait celui-ci à le lui abandonner pour ce prix, si chétif qu'il fût. Il était donc indispensable alors, à tous égards, que le droit de résolution appartînt au preneur comme au bailleur ; mais comme ces inconvénients n'existent plus, que la clause ne s'entend d'ailleurs, nous l'avons dit, que d'une résolution demandée en temps opportun (art. 1869, 1870), qu'enfin les rédacteurs du Code, qui avaient sous les yeux ce qu'en ont dit Coquille et Pothier, ne l'ont pas rangée dans l'art. 1811 parmi les clauses prohibées, il faut reconnaître qu'elle serait valable.

III. — Le bail à cheptel, comme tout contrat synallagmatique, peut se résoudre, d'après le principe général de l'art. 1184, non pas seulement, comme le dit l'art. 1816, pour le manquement du preneur à ses obligations, mais aussi pour le manquement du bailleur aux siennes : l'inexécution par l'une des parties, quelle qu'elle soit, donne à l'autre le droit de résilier.

Mais finit-il également par la mort du preneur ? M. Troplong (III, 1186) enseigne l'affirmative ; mais nous ne saurions admettre sa doctrine. En vain le savant magistrat invoque l'art. 1865, 3°, puisque cette disposition n'est faite que pour les sociétés pures, non pour le cheptel, qui est louage en même temps que société, à ce point que M. Troplong lui-même est forcé de la reconnaître inapplicable au moment même où il veut l'appliquer. Elle dit, en effet, que le contrat finit *par la mort* DE L'UN DES ASSOCIÉS ; or M. Troplong reconnaît bien que la mort du bailleur ne résout pas le cheptel. Pothier lui-même, quoique pour lui le contrat ne fût pas un louage, mais une vraie et pure société, avait soin d'expliquer comme point constant dans l'ancien droit que la mort de l'une ou de l'autre des parties laisse continuer le cheptel (n° 3) ; et il y a dès lors double motif de décider de même aujourd'hui : d'un côté, parce que le Code, à tort ou à raison, a considéré le cheptel comme un louage du troupeau, en sorte que la non-résolution par la mort des parties, qui était autrefois une dérogation au droit commun, s'explique aujourd'hui tout naturellement ; d'un autre côté, parce que le seul fait du silence du Code à cet égard, et de l'inapplicabilité manifeste et avouée de l'art. 1865, soumet le cas au principe général de l'art. 1122 portant qu'on stipule pour soi *et pour ses héritiers ou ayants cause*. Aucune exception n'étant ici apportée à ce principe, il faut reconnaître avec M. Duvergier (II, 425) qu'il conserve toute sa force.

1817. — A la fin du bail, ou lors de sa résolution, il se fait une nouvelle estimation du cheptel.

Le bailleur peut prélever des bêtes de chaque espèce, jusqu'à concurrence de la première estimation : l'excédant se partage.

S'il n'existe pas assez de bêtes pour remplir la première estimation, le bailleur prend ce qui reste, et les parties se font raison de la perte.

1. — Quand le bail à cheptel finit, soit qu'il arrive à l'expiration de sa durée conventionnelle ou légale, soit qu'on l'ait fait résoudre pour une cause quelconque, il s'agit de procéder à la liquidation ; et c'est alors seulement, comme nous l'avons déjà dit et comme le prouve bien notre article, qu'il y a lieu à une seconde (et dernière) estimation et à un déboursé d'argent par le preneur, s'il y a perte.

On estime donc une seconde fois le troupeau, comme on l'a estimé une première au commencement du bail, et on tient ainsi compte, dans les deux positions, non pas seulement du nombre des animaux, mais aussi de leur valeur, en sorte qu'il est possible que six bêtes de la seconde estimation en vaillent dix de la première, ou réciproquement. Le fonds du bétail une fois estimé, ou bien sa valeur est supérieure à celle de la première estimation, ou bien elle lui est égale, ou bien elle lui est inférieure. Si elle est supérieure, le bailleur prélève d'abord un certain nombre de bêtes jusqu'à concurrence d'une valeur égale au chiffre de la première estimation, ce qui représente le troupeau par lui fourni et dont il est resté propriétaire ; puis l'excédant, qui est un bénéfice, se partage par moitié entre les deux parties. Si la valeur du fonds actuel est précisément égale à celle du premier, le bailleur prend toutes les bêtes, et tout est ainsi réglé. Si enfin elle est inférieure, le bailleur prend également tout, et comme la différence entre la valeur du troupeau qu'il prend ainsi et le chiffre plus fort de la première estimation constitue la perte que les parties doivent supporter par moitié, le preneur doit tenir compte au bailleur de la moitié de cette différence.

Il va sans dire que la liquidation générale de profit ou perte, qui se fait aussi à la fin du bail, peut avoir été précédée, dans le cours de ce bail, d'un ou de plusieurs partages partiels de profits, portant non-seulement sur les laines, poils, etc., mais aussi sur le croît lui-même. Mais cette circonstance est indifférente, et le preneur doit toujours payer au bailleur la moitié de la perte qui se trouve exister à la fin du bail, sans qu'on ait besoin de faire revenir en ligne de compte les profits déjà pris sur le croît. Ainsi, supposons un cheptel de cinq ans dont le troupeau, de 3 000 francs d'abord, était monté par le croît à 4 000 francs au bout de trois ans (et présentait ainsi un bénéfice de 1 000 francs qu'on a partagé dès cette troisième année), et s'est trouvé réduit de 3 000 à 2.200 à la fin de la cinquième année, de sorte qu'il présente alors 800 francs de perte, soit 400 pour chacune des parties. Il est clair qu'il n'est pas besoin de faire rapporter pour les comptes les 500 francs de profit que chaque partie a recueillis deux ans avant, et que le résultat sera le même en prenant les choses telles qu'elles sont aujourd'hui. Le preneur, en effet, aura 400 francs à payer au bailleur; mais comme il en avait pris 500 deux ans avant, il lui restera donc au résumé 100 fr. de profit. Or il en serait de même si, en rapportant le précédent profit, on disait que le troupeau remonte ainsi de 2.200 à 3.200 : il y aurait alors un profit de 200, dans lequel la part du preneur serait de 100 fr.; en sorte qu'il rendrait 500 francs pour en reprendre 100, ce qui serait la même chose que d'en payer 400. Encore une fois, le résultat est le même de quelque manière que l'on compte, et il est plus simple dès lors de ne pas faire de rapport.

SECTION III.

DU CHEPTEL A MOITIÉ.

1818. — Le cheptel à moitié est une société dans laquelle chacun des contractants fournit la moitié des bestiaux, qui demeurent communs pour le profit ou pour la perte.

1819. — Le preneur profite seul, comme dans le cheptel simple, des laitages, du fumier et des travaux des bêtes.

Le bailleur n'a droit qu'à la moitié des laines et du croît.

Toute convention contraire est nulle, à moins que le bailleur ne soit propriétaire de la métairie dont le preneur est fermier ou colon partiaire.

1820. — Toutes les autres règles du cheptel simple s'appliquent au cheptel à moitié.

I. — Le cheptel à moitié est celui dans lequel les parties fournissent chacune la moitié du troupeau, pour être aussi de moitié dans toutes les pertes comme dans tous les profits, à l'exception des menus profits des laitages, fumiers et labeurs, qui restent exclusivement au preneur comme dans le cheptel simple. Il diffère encore de celui-ci en ce que la proportion de moitié dans le partage des bénéfices n'y peut pas être amoindrie pour le preneur par la convention, à moins que le preneur ne soit le fermier ou le colon partiaire du bailleur. Il suit, pour le surplus, toutes les règles du cheptel simple.

Ainsi le cheptel à moitié est en tout même chose que le cheptel simple, sauf ces trois points : 1° que le bétail, au lieu d'être apporté par le bailleur seul, l'est pour moitié seulement par lui et pour moitié par le preneur; 2° que ce preneur supporte la moitié dans la perte totale aussi bien que dans la perte partielle; 3° enfin, que la proportion de moitié pour le preneur dans le partage du croît et des laines, poils, etc., laquelle peut être amoindrie par la convention dans le cheptel simple (art. 1811, n° 1, *in fine*), ne peut pas l'être ici en principe. — Quant à cette autre règle, que l'attribution au bailleur d'une portion des laitages devient possible, aussi bien que le changement de proportion dans le partage, quand le preneur est le fermier ou le métayer du bailleur, elle n'est point une nouvelle différence entre les deux cheptels, puisque cette attribution est également possible dans le cheptel simple pour ce cas de fermier ou de métayer.

Si on peut trouver étrange au premier coup d'œil que le cheptelier simple et le cheptelier à moitié soient tous deux sur la même ligne absolument pour les laitages, fumiers et labeurs, et que le premier en ait la totalité aussi bien que le second, quoiqu'il ne fournisse rien du fonds de bétail dont l'autre apporte moitié, cette singularité peut, ainsi qu'on l'a fait remarquer, s'expliquer par cette circonstance que les soins, le logement et la nourriture sont donnés par le cheptelier simple pour un troupeau qui appartient tout entier à l'autre partie, tandis que, dans le second cheptel, la moitié s'en applique à la chose propre du cheptelier. Le premier fournit en réalité, sous ce rapport, moitié plus que le second.

SECTION IV.

DU CHEPTEL DONNÉ PAR LE PROPRIÉTAIRE A SON FERMIER OU COLON PARTIAIRE.

Il serait assez naturel de croire que le cheptel livré au fermier ou au colon, et dont va s'occuper cette section, n'est que l'un des deux cheptels ci-dessus, modifié seulement, comme il a été dit déjà, à raison de la circonstance qu'il est donné au locataire de l'immeuble du bailleur. Mais ce serait une erreur : ce n'est ni du cheptel simple, ni du cheptel à moitié, livrés à un colon ou fermier, que la loi va traiter ici ; tout ce qu'elle avait à en dire a été dit plus haut ; et c'est d'un cheptel particulier, livré à ces fermier ou colon, cheptel profondément différent des deux premiers, que le Code va nous exposer maintenant les règles. Ce nouveau cheptel, ou plutôt ces deux nouveaux cheptels (car le cheptel à métairie, objet du § 2, est à son tour fort différent du cheptel à ferme, objet du § 1er), diffèrent notamment des cheptels simples ou à moitié, même livrés au colon ou au fermier, par leur durée; car elle est pour ceux-ci de trois années (art. 1815 et 1820), tandis qu'elle se mesure nécessairement pour ceux-là sur la durée même du bail à ferme ou à métairie, dont le cheptel n'est alors qu'un accessoire et une partie (articles 1821 et 1829).

Une classification précise et complète des cheptels réglés par le Code doit donc en présenter sept espèces, dont quatre sont expliquées ci-dessus, puis les cinquième et sixième par les deux paragraphes de notre section, et le dernier par la section suivante, savoir : — 1° le cheptel simple, livré à un étranger; — 2° le cheptel simple, livré au fermier ou au colon; — 3° le cheptel à moitié, livré à un étranger; — 4° le cheptel à moitié, livré au fermier ou au colon; —5° le cheptel à ferme; — 6° le cheptel à métairie; — 7° enfin, le cheptel improprement dit.

§ 1er. — Du cheptel donné au fermier.

1821. — Ce cheptel (aussi appelé *cheptel de fer*) est celui par lequel le propriétaire d'une métairie la donne à ferme, à la charge qu'à l'expiration du bail, le fermier laissera des bestiaux d'une valeur égale au prix de l'estimation de ceux qu'il aura reçus.

1822. — L'estimation du cheptel donné au fermier ne lui en transfère pas la propriété, mais néanmoins le met à ses risques.

1823. — Tous les profits appartiennent au fermier pendant la durée de son bail, s'il n'y a convention contraire.

1824. — Dans les cheptels donnés au fermier, le fumier n'est point dans les profits personnels des preneurs, mais appartient à la métairie, à l'exploitation de laquelle il doit être uniquement employé.

1825. — La perte, même totale et par cas fortuit, est en entier pour le fermier, s'il n'y a convention contraire.

1826. — A la fin du bail, le fermier ne peut retenir le cheptel en en payant l'estimation originaire; il doit en laisser un de valeur pareille à celui qu'il a reçu.

S'il y a du déficit, il doit le payer; et c'est seulement l'excédant qui lui appartient.

SOMMAIRE.

I. Cheptel à ferme. Il est une partie du bail de la ferme; conséquences. Pourquoi on l'appelle aussi *cheptel de fer*.

II. Droits de celui à qui le bailleur céderait le troupeau, des créanciers de ce bailleur et des créanciers du preneur.

III. Différences entre le cheptel à ferme, le cheptel simple livré à un étranger et le cheptel simple livré au fermier. — Le cheptel à ferme peut être modifié par la convention.

I. — Le cheptel à ferme, dont la définition est fort mal rédigée dans l'art. 1821, est celui par lequel le propriétaire d'une ferme donne à bail, avec la ferme même, un fonds de bétail attaché à son exploitation, et qui en est ainsi l'accessoire et une partie intégrante. Ce n'est pas, comme le dit le texte (qui a d'ailleurs le tort de présenter comme synonymes les deux termes de *métairie* et de *ferme*, quand il a si grand soin partout de distinguer le métayer du fermier), ce n'est pas le bail de l'immeuble (car le cheptel ne s'établit pas sur des immeubles); c'est le bail du troupeau garnissant cet immeuble : c'est un bail secondaire et accessoire au bail principal de la ferme, ou plutôt, il n'y a qu'un seul et même bail, celui de la ferme et du troupeau, de la ferme garnie de son troupeau.

La ferme étant ainsi louée avec le troupeau qui en fait partie, et le preneur jouissant nécessairement de cette partie de la même manière et au même titre que des autres, il s'ensuit d'une part que le preneur, à la différence de ce qui a lieu dans les autres cheptels, prendra seul ici tous les profits quelconques du troupeau, et d'autre part que le cheptel à ferme est véritable et pur louage, qui ne participe en rien du contrat de société. Quand on dit, au surplus, qu'il a tous les profits des bestiaux, il est clair que, pour les fumiers, cela s'entend en ce sens seulement que lui seul y a droit à l'exclusion du propriétaire, mais à la charge de ne les employer qu'à l'engrais des terres de la ferme, à l'entretien et amélioration desquelles ils sont destinés.

A l'expiration du bail, le preneur doit rendre la ferme telle qu'il l'a reçue, et garnie, par conséquent, non pas identiquement du même troupeau, mais d'un troupeau de même valeur. Pour cela, on estime le bétail au commencement du bail, on l'estime de nouveau lorsque ce bail expire, et s'il y a déficit (non pas dans le nombre des bêtes, car ce nombre est indifférent; c'est leur valeur seule qui est à considérer), le fermier doit payer au bailleur la différence. Que s'il y a excédant, c'est à lui évidemment qu'appartient cet excédant, puisqu'il est un profit du troupeau, une partie de la récolte de la ferme. C'est parce que le fermier est ainsi tenu de rendre le bétail à sa sortie, que dès lors l'estimation qui en est faite, sans l'en rendre propriétaire, le met à ses risques et périls, alors même que sa perte totale arriverait par cas fortuit, en sorte que le bailleur auquel il appartient ne peut pas le voir périr pour son compte, c'est pour cela que ce cheptel a été appelé *cheptel de fer,* troupeau de *bêtes de fer,* parce que, comme disait Beaumanoir (ch. 66), *il ne peut pas mourir à son seigneur; perire non potest domino* (1).

II. — Le bailleur restant propriétaire des bestiaux comme de la ferme, dont ils ne sont qu'un accessoire, il peut donc les aliéner, comme il peut aliéner l'immeuble lui-même; mais c'est à la charge par l'acquéreur, si le bail a date certaine, d'entretenir ce bail pour les uns comme pour l'autre, puisque ces bestiaux, immobilisés par destination (article 522), tombent, comme et avec l'immeuble dont ils sont l'accessoire, sous l'application directe de l'art. 1743. Ce n'est pas que le preneur ait sur eux un droit réel, comme le dit à tort M. Troplong (III, 1225), reproduisant ici la profonde erreur que nous avons plusieurs fois réfutée; mais l'acquisition ne se fait, comme nous l'avons démontré sous cet art. 1743 et ailleurs, que sous l'obligation par l'acquéreur d'exécuter le bail consenti par l'aliénateur. De même les créanciers du

_____

(1) Il est vrai que le fermier peut être déchargé du risque par la convention (article 1825), et qu'alors le cheptel périt pour son seigneur, *peril domino;* mais alors il y a dérogation au droit commun, et le cheptel n'est plus un vrai cheptel *de fer.* La preuve que la raison donnée de ce terme par Beaumanoir est juste, et que les auteurs ont tort quand, à l'exception de M. Troplong, ils la placent dans ce simple fait, que le troupeau, faisant ici partie du domaine, lui est *attaché* et comme *enchaîné,* c'est que dans le cheptel du métayer, qui fait également partie de la métairie et lui est également attaché, le cheptel n'a jamais été appelé *cheptel de fer,* parce qu'il y périt toujours pour le bailleur.

bailleur ne pourraient saisir et faire vendre le cheptel qu'avec la ferme et à la charge par l'adjudicataire d'entretenir le bail pour l'un comme pour l'autre. Quant aux créanciers du preneur, il est clair qu'ils ne pourraient saisir que le croît qui lui appartient.

III. — Nous avons dit plus haut, sous la rubrique de cette section, que le cheptel à ferme, dont on connaît les différences avec le cheptel ordinaire livré à un étranger, diffère aussi du cheptel ordinaire livré au fermier lui-même.

En effet, quand le propriétaire d'une ferme donne à bail à son fermier un fonds de bétail, mais sans rattacher le bail des bestiaux au bail de la ferme, en sorte qu'on a dans ce cas deux baux distincts et indépendants l'un de l'autre, il est bien vrai que la convention, à la différence du bail à cheptel fait avec un étranger, peut réserver au bailleur une portion des laitages, fumiers et labeurs, en considération de ce que c'est à lui bailleur qu'appartiennent, et par lui que seront réparés et entretenus, les logements servant à héberger les bestiaux; mais comme ici le bail à cheptel ne fait pas partie du bail à ferme, qu'il a son existence séparée et prendra fin séparément comme il commence séparément, le règles de notre section ne sauraient lui être appliquées, et c'est à celles de la section II qu'il se trouve soumis. Ainsi, non-seulement, à défaut de convention à cet égard, il ne durerait pas pendant les six, huit, dix années ou plus que le bail à ferme peut avoir à courir, pour finir avec lui d'après les art. 1821 et 1826, et finirait au bout de trois ans, d'après l'art. 1815; mais encore il ne serait pas aux risques du preneur pour la perte totale, il ne lui donnerait que la moitié des gros profits, etc. En un mot, puisqu'on a ici deux baux distincts et séparés, l'un pour la ferme, l'autre pour le fonds de bétail, on appliquera séparément à chacun d'eux ses règles particulières. Seulement la circonstance que les bailleur et locataire du cheptel sont aussi bailleur et locataire du domaine qui doit le recevoir apporterait aux règles ordinaires du cheptel simple ces trois dérogations, dont une vient déjà d'être signalée : 1° que le bailleur peut s'attribuer une partie des laitages, fumiers et labeurs; 2° que si le bail de la ferme avait, au moment où s'établit le cheptel, moins de trois années à courir, le cheptel serait censé fait pour ce délai plus court, puisqu'il y aurait tout naturellement convention tacite de le faire finir en même temps que l'autre; 3° enfin que les fumiers qui appartiennent au fermier devront être employés par lui sur sa ferme, parce que, d'une part, les circonstances et la position respective des parties ne permettent pas de leur supposer une autre intention, et que, d'autre part, l'avantage indirect qui résultera de cet emploi pour le bailleur n'est pas prohibé, puisqu'il se prend sur les fumiers et qu'on est ici dans une hypothèse où ce bailleur peut se réserver une partie desdits fumiers.

On voit par les art. 1823 et 1825 que le cheptel à ferme tel que la loi l'organise peut être modifié par la convention des parties. Ainsi, on peut convenir que le bailleur prendra une portion des profits gros et menus (1523), que le preneur ne supportera pas seul ou ne supportera même en rien la perte totale par cas fortuit (1525) (1) ; et on pourrait même convenir, en sens inverse, que le preneur sera tenu, à la fin du bail, de laisser un cheptel plus fort que celui qu'il a reçu : le bail à cheptel n'étant alors qu'une partie et l'une des clauses du bail à ferme, les charges ou avantages qui pourraient paraître excessifs dans le premier considéré en lui-même sont supposés compensés dans l'ensemble du traité, notamment et surtout par le chiffre plus ou moins élevé du fermage (2).

§ 2. — Du cheptel donné au colon partiaire.

1827. — Si le cheptel périt en entier sans la faute du colon, la perte est pour le bailleur.

1828. — On peut stipuler que le colon délaissera au bailleur sa part de la toison à un prix inférieur à la valeur ordinaire ;

Que le bailleur aura une plus grande part du profit ;

Qu'il aura la moitié des laitages :

---

(1) En matière de cheptel de fer, la disposition qui met la perte entière à la charge du fermier doit prévaloir, dans l'interprétation des conventions des parties, sur un usage local contraire. Cass., 12 nov. 1856 (Dev., 57, 1, 294 ; J. Pal., 57, 24).

(2) Nous devons, à ce sujet, exprimer notre étonnement de voir M. Troplong discuter (III, 1222) la doctrine d'anciens théologiens qui prétendaient que le cheptel à ferme est une iniquité lorsque le bailleur exige de sa ferme un prix plus élevé que celui qu'elle vaudrait si elle était dénuée de troupeau, parce que, disaient-ils, les avantages à tirer du troupeau sont entièrement payés par l'obligation d'en subir les pertes... Il n'y a pas à réfuter de pareilles idées ; on en signale le ridicule, mais on ne les discute pas... Comment, la chance de subir par cas fortuit la perte d'un bien payerait suffisamment les avantages que ce bien procure ! Comment, entre la chance de perdre une chose et la valeur résultant de sa possession il y aurait équation ! Il faudrait donc dire que le donataire qui reçoit un bien en pur cadeau le paye cependant, puisque en l'acquérant pour toujours il se soumet pour toujours à la chance de le perdre ! Comment, la ferme que je louerais équitablement 4 000 francs sans troupeau, il faudra que je la donne également pour 4 000 francs quand j'aurai déboursé 12 000 francs pour la garnir de bestiaux ! Je ne pourrai pas, pendant les douze, quinze ou vingt années de bail, être indemnisé de la perte de jouissance de mes 12 000 francs, sous le prétexte que le fermier s'oblige à me rendre mon troupeau à la fin du bail, quand même il périrait par cas fortuit ! Est-ce qu'en s'obligeant à me restituer quand même mon capital, il me paye ma perte de jouissance pendant quinze ou vingt années ? Est-ce que, s'il avait déboursé lui-même les 12 000 francs pour acheter à ses frais le troupeau que je lui ai fourni de mes deniers, il n'aurait pas également couru la chance de perte ? Sans doute, l'équité ne me permet pas d'exiger un prix aussi fort que si la perte ne m'était pas garantie ; mais j'ai certes droit à un prix, par la raison bien simple que si la chance de perte diminue, il est vrai, la valeur intrinsèque des biens, elle ne l'absorbe pas en entier : autrement la morale ne permettrait pas une seule vente ; on ne pourrait aliéner que par donation !

Encore une fois, on ne discute pas de pareilles idées. Si la théologie est une belle science, et la plus belle des sciences, c'est quand elle est traitée dignement, et non pas sous la plume de ces écrivains ignares et à courte vue qui l'ont trop souvent ravalée, de ces écrivains qui nous disent ici que la stipulation d'un prix pour le cheptel à ferme est défendue, quand ils nous disent ailleurs qu'il est permis de tuer un homme pour l'empêcher de divulguer l'acte déshonorant qu'on a commis ; comme ils enseignent aussi, quant au dogme, cette idée (qui serait sacrilége si elle n'était stupide), que le Christ aurait pu SE FAIRE ANE au lieu de se faire homme. (Voy. notre t. II, article 346, n° III.)

Mais on ne peut pas stipuler que le colon sera tenu de toute la perte.

1829. — Ce cheptel finit avec le bail à métairie.

1830. — Il est d'ailleurs soumis à toutes les règles du cheptel simple.

I. — Le cheptel à métairie n'est qu'un accessoire du bail de la métairie elle-même, comme le cheptel à ferme n'est qu'un accessoire du bail de la ferme; et de même que le fermier, dans celui-ci, moyennant le fermage qu'il paye, recueille tous les profits de la ferme et du troupeau dont elle est garnie, de même le colon partiaire, dans l'autre, prend la moitié des profits du troupeau comme la moitié des fruits du fonds.

En outre de cette première différence pour la quantité de profits à prendre, le cheptel à métairie diffère encore du cheptel à ferme en ce que le fermier, comme on l'a vu, supporte pour le tout la perte, même totale, tandis que le métayer ne supporte, et pour sa moitié seulement, que la perte partielle, sans qu'il soit permis de stipuler le contraire. Ce cheptel, d'un autre côté, diffère du cheptel simple livré à un étranger sur trois points. On peut, en effet, y stipuler (ce qui n'est pas permis dans l'autre), 1° que le bailleur aura la moitié des laitages; 2° qu'il aura plus de moitié dans les profits du troupeau, et notamment que le preneur lui abandonnera sa part des laines pour un prix inférieur à leur valeur ordinaire; puis enfin, 3° il est réputé fait, à défaut de convention à cet égard, non pas pour trois ans, mais pour la durée quelconque du bail à métairie dont il est l'accessoire. — C'est parce qu'ici le troupeau, bien qu'il soit attaché à la métairie comme il l'est à la ferme dans le paragraphe précédent, n'est jamais en entier aux risques du preneur, et dès lors *périt à son seigneur* pour partie (et même pour la plus grande partie, puisque celui-ci supporte seul la perte totale), qu'il n'a jamais été appelé *cheptel de fer*.

Il ne diffère, au surplus, du cheptel qui serait donné au métayer lui-même, mais indépendamment de son bail à métairie, que pour le dernier des trois points ci-dessus; car les deux autres lui sont communs, comme on l'a vu sous l'art. 1819, et il reçoit également toutes les autres règles du cheptel simple et ordinaire.

SECTION V.

DU CONTRAT IMPROPREMENT APPELÉ CHEPTEL.

1831. — Lorsqu'une ou plusieurs vaches sont données pour les loger et les nourrir, le bailleur en conserve la propriété : il a seulement le profit des veaux qui en naissent.

I. — Ce contrat, dont les rédacteurs du Code ont trouvé les règles tracées dans Pothier, et qui n'était usité, à ce qu'il paraît, que dans l'Orléanais, n'est pas précisément un cheptel, puisqu'il ne porte pas sur une universalité de bêtes, sur un troupeau ; mais il a beaucoup de rapport avec lui et présente comme lui, quoi qu'en aient dit Pothier et d'autres auteurs ensuite, certains caractères du louage et de la société : du louage, puisque le preneur loue ses services pour loger, nourrir et soigner les vaches ; de la société, puisqu'il existe un objet (ces mêmes vaches) dont les deux parties se partagent les profits, en fournissant, l'une l'objet lui-même, l'autre les soins et travaux nécessaires pour le faire profiter.

Le preneur, obligé de loger, nourrir et soigner les vaches, dont le croît est pour le bailleur, doit aussi nourrir les veaux jusqu'à ce qu'ils puissent être retirés, c'est-à-dire jusqu'à l'âge de trois ou quatre semaines. Il recueille pour lui le surplus du lait et les fumiers, parce qu'il fournit aussi les pailles pour la litière (on pourrait même convenir qu'il aura la moitié des veaux, en subissant pour moitié la perte des vaches). Le traitement des vaches, en cas de maladie, est aux frais du bailleur, le preneur ne devant que les soins ordinaires.

Quand la durée du bail n'est pas fixée par la convention, chaque partie peut rendre ou reprendre les vaches quand bon lui semble, pourvu que ce ne soit pas en temps inopportun (Pothier, nos 72-77).

RÉSUMÉ DU TITRE HUITIÈME.

DU CONTRAT DE LOUAGE.

I. — Le Code comprend sous le nom de louage deux genres de contrats différents, et dont l'un est vraiment un pur louage, tandis que l'autre présente un mélange du louage et de la société. Nous nous occuperons spécialement de chacun d'eux dans deux parties, dont la première sera consacrée au louage parfait et l'autre au louage imparfait (art. 1708-1711, n° I).

PREMIÈRE PARTIE.

DU LOUAGE PARFAIT.

II. — Le louage pur ou parfait est un contrat par lequel une partie qu'on appelle locateur s'oblige à faire jouir, soit d'une chose, soit de son travail ou de son industrie, une autre partie qu'on nomme locataire et qui s'oblige à lui payer le prix de cette jouissance.

On distingue, en effet, le louage des choses et le louage d'ouvrage ou d'industrie ; mais ils ont ceci de commun que, dans tous deux, le locateur est celui qui procure la jouissance, et le locataire celui qui la paye. Il est vrai que cette idée, pour ce qui est du louage d'ouvrage, a été singulièrement mal comprise dans tous les temps : on voit à Rome les Ulpien, les Caïus et autres; dans notre ancien droit, Cujas, Domat et Pothier; et de nos jours encore, des jurisconsultes des plus éminents, enseigner tantôt que chacun des deux contractants est ici locateur et locataire tout à la fois, tantôt que celui-là est locateur qui vient le premier proposer le contrat à l'autre, tantôt enfin que le locateur est toujours celui qui paye le prix et le locataire celui qui le reçoit! Or rien n'est plus manifestement erroné que ces idées, et pour qui réfléchit sans prévention, il n'est pas seulement certain, mais évident, que *donner à louage* un objet, c'est en faire jouir pour un certain temps, moyennant une certaine rétribution; et que, par conséquent, l'architecte qui construit ou répare une maison, le déménageur qui transporte mon mobilier, le berger qui garde mon troupeau, sont mes locateurs et moi leur locataire, puisqu'ils me procurent la jouissance de leur travail et de leur industrie, comme je procure à mon fermier la jouissance de ma ferme. En vain on a eu l'incroyable idée de dire, par un jeu de mots indigne d'hommes sérieux, que l'architecte, le déménageur et le berger sont locataires et moi locateur, parce que c'est moi qui leur *donne*, et eux qui *reçoivent* dans ce cas la *maison* à réparer, le *mobilier* à transporter, les *moutons* à garder! Comme si cette théorie, pour avoir été pendant tant de siècles et être encore aujourd'hui proposée ou approuvée par les hommes les plus célèbres, en était moins ridicule et fausse trois fois pour une! Trois fois; car, d'une part, ma maison, mon mobilier et mon troupeau ne sont pas donnés à louage, je n'en donne pas la jouissance. D'ailleurs, vous ne pourriez trouver là qu'un louage de choses, et vous cherchez un louage d'ouvrage! Enfin, où serait le prix de ce prétendu louage? L'architecte, le commissionnaire et le berger ne me payeront pas, que je sache, pour ma maison, mon mobilier et mon troupeau que *je leur donne*, dites-vous; c'est au contraire moi qui les payerai. Singulier louage, en vérité, que celui où le locateur fournirait et la chose et le prix, le locataire recevant le prix avec la chose!... Est-ce que le bon sens ne dit pas qu'il n'y a ici qu'un seul objet donné à louage, qu'un seul objet dont la jouissance soit procurée par une partie et payée par l'autre, à savoir le travail et l'industrie de l'homme qu'on emploie, et que, par conséquent, c'est celui qui fournit ce travail qui est locateur?

Ce n'est donc pas arbitrairement, mais d'après les règles de la plus saine logique, que le Code a consacré cette proposition du Rapport au Tribunat : « Les soins, les services, le travail et l'industrie forment la matière du contrat de louage. » Voilà ce qu'on y donne à loyer, ce qu'on y paye. C'est donc le gardien, le serviteur, l'artisan, l'ouvrier, l'entrepreneur, qui est le locateur, celui qui les paye est le locataire (1708-1711, n° III).

III. — Toute espèce de louage peut se contracter soit verbalement, soit par écrit. Nous verrons bientôt que pour certains louages un écrit est requis, et plus sévèrement même que dans les autres conventions, pour la preuve du contrat ; mais cette règle n'est relative qu'à la preuve et au cas de contestation, nullement à la question de validité du contrat, qui est toujours efficace, quoique purement verbal, du moment que son existence est reconnue (art. 1714).

Ces principes communs aux deux classes de louages ainsi posés, occupons-nous successivement du louage des choses et du louage d'ouvrage.

CHAPITRE PREMIER.

DU LOUAGE DES CHOSES.

IV. — Quoique profondément différent de la vente, puisqu'il ne s'agit ni d'y transférer la propriété de la chose, ni même d'en assurer à toujours la possession, mais seulement d'en procurer la jouissance temporaire, le louage des choses a cependant de l'analogie avec elle, à ce point qu'il peut quelquefois être difficile de distinguer les deux contrats. Ainsi, quand je vous cède moyennant un prix le droit de recueillir pendant quelques années la récolte de tel fonds, il peut être embarrassant de savoir s'il y a louage de ce fonds ou vente des fruits... Ce ne sera là, du reste, qu'une question d'intention à décider par les circonstances ; mais il importe de dire que, contrairement à l'opinion de Pothier, la circonstance la plus significative serait la périodicité ou non-périodicité du prix, puisqu'il est dans la nature des prix de bail d'échoir périodiquement, comme les fruits naturels qu'ils représentent (1713, I).

V. — Le louage présente, comme la vente, ces trois éléments indispensables : *res, pretium* et *consensus*.

Res. On peut, en général, louer toutes les choses qui sont dans le commerce ; mais il y a toutefois exception pour certaines choses dont la nature répugne à un louage. Ainsi, on ne pourrait pas louer une servitude réelle autrement qu'avec le fonds auquel elle est inhérente, puisqu'elle ne peut exister séparée de lui. On ne peut pas louer les droits d'usage et d'habitation, un texte formel de la loi s'y opposant. On ne peut louer autrement que comme accessoires d'une autre chose (à moins que le louage n'en soit fait *ad meram ostentationem*) les choses de consommation, puisque la chose louée doit demeurer la propriété du locateur et lui revenir après un certain temps, tandis qu'ici le prétendu locataire ne jouirait de la chose qu'en l'anéantissant. Il est vrai qu'il en est autrement pour l'usufruit, que la loi, par une fiction spéciale, a permis d'établir aussi sur les choses de consommation ; mais la loi n'a pas cru devoir créer une fiction semblable pour le louage, où elle était, en effet, inutile, puisqu'elle n'était nécessaire que pour le cas de testament, et que le louage est un contrat et ne saurait se faire par testament. — On peut louer des mines comme toute autre espèce de biens ; mais elles ne peuvent toutefois pas se louer pour partie sans l'autorisation du gouvernement. Il est vrai que la loi ne prohibe textuellement que le *partage* des mines ; mais il est bien évident que c'est la division de l'exploitation des mines, bien plus encore que la division de leur propriété, que la loi a entendu proscrire par là; et c'est avec grande raison que la doctrine contraire d'un grave auteur et d'un arrêt des requêtes a été condamnée par les autres auteurs et par la chambre civile de la Cour suprême.

Pretium. Le prix, quoi qu'en aient dit certains auteurs avant et depuis le Code, peut consister, non-seulement en argent, mais aussi en denrées que l'intention des parties est d'assimiler ici à l'argent. Nous avons vu, au titre précédent, qu'il en est ainsi même dans la vente; à plus forte raison est-ce possible pour le louage; et c'est, en effet, chose très-commune en France que des baux faits avec ce mode de payement. Le prix, ici comme pour la vente, peut être remis à l'arbitrage d'un tiers, et, comme pour elle aussi, il empêcherait le louage de se former, s'il n'était pas sérieux; mais il ne peut jamais donner lieu à la rescision pour lésion : si minime qu'il soit, dès là qu'il est sérieux, le louage est inattaquable.

Consensus. Le consentement ne présente ici rien de particulier : il forme, comme partout, l'essence même du contrat, et, comme partout, il doit émaner d'une personne capable. Mais doit-on ranger parmi les personnes capables de donner un bien à bail le propriétaire apparent de ce bien? On ne doit pas hésiter, malgré la doctrine de quelques auteurs, à répondre affirmativement, puisque le louage n'est qu'un acte d'administration, et que l'ancien droit lui-même, beaucoup moins favorable que le Code au maintien des baux, reconnaissait déjà valable le bail ainsi consenti (1713, nos II-IV).

Après ces observations générales, traitons séparément 1° des règles communes, soit à tous les baux des choses, soit à ceux des maisons et des biens ruraux; 2° des règles spéciales aux baux à loyer; 3° enfin des règles spéciales aux baux à ferme.

SECTION PREMIÈRE.

DES RÈGLES COMMUNES SOIT A TOUS LES BAUX DES CHOSES, SOIT A CEUX DES MAISONS ET DES BIENS RURAUX.

VI. — *De la preuve du bail.* — Dans les baux de choses mobilières, la preuve, en cas de contestation, se ferait conformément aux principes généraux, c'est-à-dire que le témoignage serait admissible absolument jusqu'à 150 francs, et le serait encore au-dessus de ce chiffre avec un commencement de preuve par écrit. Et, bien entendu, ce n'est pas, en matière de bail, par le loyer d'une année que se calcule cette limite de 150 francs, mais par la masse des loyers de toute la durée du bail prétendu. Mais s'il s'agit d'immeubles, la loi, soit pour la preuve d'un prétendu bail dont l'existence n'est pas avouée, soit pour celle du prix ou de la durée du bail avoué, proscrit rigoureusement le témoignage, au-dessous comme au-dessus de 150 francs, et soit qu'il y ait ou non commencement de preuve par écrit.

Deux auteurs, il est vrai, refusent à la proscription du témoignage l'étendue que nous lui assignons. Ils enseignent que ce témoignage est permis, même au-dessus de 150 francs, suivant l'un, et jusqu'à ce chiffre ou avec commencement de preuve par écrit, conformément au droit commun, suivant l'autre, quand une des parties demande à prouver, non pas l'existence seulement, mais aussi l'exécution du prétendu bail nié par l'autre. Mais c'est là une erreur certaine. D'une part, en effet, puisque la loi défend expressément la preuve testimoniale, même au cas d'un bail incontesté, alors qu'on discute seulement sur le prix de ce bail, ce n'est pas pour l'admettre alors que la contestation porte sur l'existence même du bail. D'un autre côté, il résulte clairement, et de la combinaison même des textes, et des déclarations des travaux préparatoires, que le Code, quand il parle d'un bail qui a reçu *exécution,* entend une exécution incontestée, reconnue comme telle, et nullement une simple allégation d'exécution. N'est-il pas clair, enfin, que prouver par témoins l'exécution prétendue d'un bail dénié, ce serait prouver par témoins le bail lui-même? C'est donc avec grande raison que la Cour suprême a condamné cette doctrine.

Les seuls moyens de preuve, à défaut d'écrit, dans les cas ci-dessus, c'est : 1º quant à la question d'existence du bail, la délation du serment à l'adversaire, ou aussi, quoiqu'on l'ait nié, son interrogatoire sur faits et articles, puisque cet interrogatoire est autorisé par la loi *en toute matière ;* 2º quant au prix d'un bail avoué, on se reportera aux quittances et, à leur défaut, au serment du propriétaire, à moins que le locataire ne préfère s'en rapporter à une expertise, mais à charge par lui d'en payer les frais, par cela seul que le prix fixé par les experts excéderait celui qu'il aurait déclaré (en sorte qu'il est prudent à lui, dans ce cas, de n'indiquer aucun chiffre). Que s'il s'agit seulement de la durée, elle est alors fixée par la loi elle-même, comme on le verra plus loin. — Pour toutes autres conditions du bail non fixées par le Code, la preuve se ferait d'après le droit commun (1715, 1716, nºˢ I-III).

VII. — *Des sous-locations et cessions de bail.* — De droit commun, tout locataire peut sous-louer, pour tout ou partie, la chose qui lui est louée, et il peut même, pour tout ou partie également, céder son droit de bail. Par la cession, le tiers est mis au lieu et place du locataire cédant, il acquiert ni plus ni moins les droits qu'avait celui-ci, de sorte que, si des clauses particulières du bail étendent ou restreignent les droits ordinaires d'un locataire, le locataire jouira de l'extension ou subira la restriction. Dans la sous-location, au contraire, le tiers devient, non pas locataire du propriétaire, mais locataire du locataire; ses droits sont, à défaut de convention contraire, ceux de tout locataire, en sorte qu'il n'est pas tenu envers son locateur de subir les restrictions au droit commun que celui-ci aurait acceptées, comme il ne pourrait pas invoquer les extensions que celui-ci aurait stipulées du propriétaire. Mais, bien entendu, c'est seulement entre le locataire et son sous-locataire que ceci s'applique, et non vis-à-vis du premier locateur, dont les droits ne sauraient être amoindris par une convention qui est pour lui *res inter alios acta* (1717, I).

VIII. — Le sous-locataire, par cela seul qu'il occupe les lieux appartenant au locateur, se trouve, quand celui-ci n'est pas payé, personnellement tenu envers lui, mais seulement, bien entendu, pour ce qu'il doit lui-même au locataire. Ayant ainsi le locateur pour créancier en second ordre, le sous-locataire ne doit donc jamais payer le locataire tant que le moment de le faire n'est pas arrivé, et tout payement fait par anticipation serait comme non avenu pour le locateur à défaut de payement de celui-ci par le locataire. Du reste, les payements faits à l'avance en exécution d'une clause du sous-bail, ou par application de l'usage des lieux, ne sont pas réputés faits par anticipation. Un cessionnaire du bail serait de même, pour ce qu'il devrait au cédant, débiteur direct du locateur non payé par le cédant.

Et, bien entendu, la résolution, pour défaut de payement, du droit du locataire, entraînerait la résolution du droit du sous-locataire ou du cessionnaire. En vain ceux-ci argumenteraient, comme l'ont fait deux auteurs, de ce que les baux faits par un propriétaire sont maintenus malgré la résolution de son droit de propriété ; car celui qui a loué d'un propriétaire a dû compter sur le bail pour toute sa durée, tandis que celui qui n'a traité qu'avec un locataire a parfaitement su que son cocontractant n'avait et n'aurait qualité pour le faire jouir, qu'à la condition de remplir ses engagements envers le locateur, et il ne pourrait dès lors conjurer la résolution qu'en remplissant lui-même ces engagements au lieu et place du locataire. C'est donc avec raison que les auteurs et les arrêts le décident ainsi (1753, I et II).

IX. — La faculté de sous-louer ou céder le bail peut être enlevée au locataire par une clause de ce bail, et s'il faut reconnaître comme règle générale que la défense de sous-louer emporte celle de céder, il faut dire aussi que celle-ci emporterait celle-là ; car si la sous-location et la cession diffèrent profondément l'une de l'autre, c'est seulement entre le locataire et le tiers, non pour le locateur, qui est étranger à la convention, qui voit sa volonté méconnue (c'est-à-dire sa chose passer aux mains d'un tiers) aussi bien par le second acte que par le premier, et pour qui dès lors la prohibition de l'un implique prohibition de l'autre, comme le reconnaissent, en effet, les auteurs et les arrêts. Du reste, tandis que la défense pure et simple, et dès lors absolue, de sous-louer ou céder empêcherait (aussi bien que celle de le faire *même pour partie*) toute sous-location ou cession, partielle comme totale, quoi qu'en ait dit un auteur, puisque toute disposition absolue doit produire un effet absolu, celle qui interdirait seulement de céder ou sous-louer *en totalité* laisserait évidemment permise la cession ou sous-location partielles. Il est évident aussi, malgré la doctrine contraire du même auteur, que la prohibition la plus absolue de céder ou sous-louer n'empêcherait pas le locataire de pouvoir prêter sa maison à un ami ; car ce prêt est tout autre chose qu'une sous-location ou cession, il sera généralement plus rare, beaucoup moins long et aussi moins dangereux, puisque l'usage gratuit d'une chose impose plus de ménagement que son usage payé : la défense, qui est une dérogation au droit commun, ne peut donc pas s'étendre de l'autre hypothèse à celle-ci, et c'était au locateur, s'il voulait aussi la prohiber, de le déclarer dans son bail.

La contravention à la défense écrite dans le bail peut, si elle est assez grave, donner lieu à résiliation; et c'est au magistrat à apprécier les circonstances et à voir si cette résiliation doit ou non être prononcée. Il va sans dire, au surplus, que la prohibition cesserait par une convention contraire, soit expresse, soit tacite, et que cette convention se prouverait d'après le droit commun, à moins qu'une clause sérieuse du bail n'exigeât positivement un consentement par écrit. Dans ce cas, l'écrit serait nécessaire même au-dessous de 150 francs (1717, II et III).

X. — *Des obligations du locateur.* — Le louage impose au locateur trois obligations : 1° celle de délivrer la chose; 2° celle de l'entretenir pendant tout le bail; 3° celle d'en faire jouir le preneur pendant le même temps.

Le locateur doit d'abord délivrer la chose; et il doit, bien entendu, la délivrer avec ses accessoires, et aussi délivrer le tout en bon état. Du reste, tandis que le premier de ces trois points est de l'essence même du contrat (puisqu'il n'y a pas de louage possible sans livraison de la chose louée), les deux autres ne sont que de sa nature; car une convention spéciale peut fort bien réserver les accessoires au locateur et soumettre le locataire à prendre la chose dans le mauvais état où elle se trouve.

Mais faut-il ranger parmi les accessoires ou dépendances de la chose, quand il s'agit de biens ruraux, le gibier qui s'y trouve, et attribuer dès lors au fermier, à défaut de convention contraire, le droit de chasse sur ces biens? Non, assurément; et sauf deux cas d'exception qui vont être indiqués plus bas, il faut tenir, avec l'opinion commune, que le droit de chasse reste exclusivement au propriétaire : ainsi le veulent et la raison et le droit positif. La raison; car la poursuite du gibier n'est ni une récolte des fruits du fonds, ni un adminicule nécessaire de l'exploitation de ce fonds, mais un simple exercice d'agrément, qui, comme et avec toute autre chose d'agrément, fait naturellement partie des réserves du propriétaire. Le droit positif; car la loi, en accordant le droit de destruction du gibier nuisible (qui est fort différent du droit de chasse, puisque celui-ci n'est permis que dans un certain temps de l'année, tandis que le premier l'est en tout temps, et que, d'autre part, l'un s'exerce, soit qu'il y ait peu ou beaucoup de gibier et alors surtout qu'il n'y a plus de récoltes, tandis que l'autre n'est possible qu'à la double condition de récoltes à préserver et d'essaims considérables d'animaux qui les menacent), la loi, en accordant le droit de destruction *aux propriétaires, aux possesseurs* (usufruitiers) ET MÊME *aux fermiers*, n'accorde jamais le droit de chasse, dans les diverses dispositions qui le régissent, qu'aux *propriétaires* ou *possesseurs*. C'est donc au propriétaire et à lui seul qu'appartient en principe le droit de chasse; mais on conçoit que ce principe cesserait : 1° dans le cas d'un bail portant sur des terrains dont le gibier serait précisément une principale branche de revenu; 2° dans le cas d'une location ayant pour objet l'agrément même du fonds. — Il en est évidemment de la pêche comme de la chasse : c'est aussi un droit qui demeure, en principe, au propriétaire, par les raisons ci-dessus; mais ce principe reçoit également exception par les deux causes qui viennent d'être indiquées et dont la seconde a quelquefois été méconnue (1719, I).

XI. — Le locateur doit, en second lieu, entretenir la chose pendant toute la durée du bail en état de servir à l'usage auquel elle est destinée. Mais tandis que, lors de l'entrée en jouissance, il doit livrer la chose en bon état de réparations *de toute espèce*, il n'est tenu pendant la durée du bail qu'à faire les réparations autres que les locatives, celles-ci restant à la charge du locataire. On entend par réparations locatives, non pas toutes celles d'entretien, mais seulement celles de menu entretien, et pourvu encore que la nécessité en provienne ou soit réputée provenir d'un usage exagéré ou peu soigneux du locataire. La loi, au lieu de se jeter à cet égard dans une nomenclature qui eût été nécessairement incomplète, s'en réfère, avec raison, à l'usage des lieux, en donnant seulement quelques exemples (1719, II; 1754).

Le locateur est enfin tenu de procurer au locataire pendant toute la durée du bail la jouissance paisible de la chose. Il doit l'en *faire jouir*, c'est-à-dire accomplir tous les faits et actes nécessaires pour lui procurer constamment une jouissance paisible et complète, et, à plus forte raison, s'abstenir de tous ceux qui pourraient entraver, amoindrir ou gêner cette même jouissance en quoi que ce soit (1719, III).

XII. — Du principe ci-dessus posé, il résulte que le locateur est garant envers le locataire de tous vices ou défauts qui empêchent l'usage auquel la chose est destinée, soit qu'il les ait ou non connus lors du contrat, et soit qu'ils existassent lors du contrat ou qu'ils ne soient survenus que depuis. Dans tous les cas, le locataire pourra, si ces vices et défauts sont assez graves, se soustraire à tout payement de loyer et faire prononcer la résiliation. Le locateur devrait même, si le locataire avait subi un préjudice et si le premier avait connu les vices ou se trouvait autrement en faute, lui payer des dommages-intérêts. Il faut pour cela, disons-nous, qu'il y ait faute à reprocher au locataire. Il est vrai que la loi ne s'en explique pas et qu'un arrêt des requêtes a jugé le contraire, mais cette solution n'est pas acceptable. Contraire au droit romain et à notre ancien droit, elle est également condamnée par les principes du Code, puisque la doctrine contraire est la seule qui puisse résulter, soit du droit commun, soit de l'analogie du louage avec la vente (art. 1721).

XIII. — Obligé, non pas seulement à laisser jouir le locataire, mais à le faire jouir, le locateur est vis-à-vis de lui garant des cas fortuits qui viennent supprimer ou amoindrir la jouissance. Ainsi, quand il y a destruction totale de la chose, le bail est immédiatement résilié, et le locateur ne pourrait pas plus contraindre le locataire à continuer le bail après rétablissement des choses, s'il y avait lieu, que celui-ci ne pourrait contraindre le premier à opérer ce rétablissement. Si la destruction n'est que partielle, le locataire a le choix de résilier ou de continuer le bail avec diminution proportionnelle du prix du loyer. Dans ce cas de destruction partielle, le locataire, qui ne peut jamais exiger la reconstruction de ce qui est détruit, peut fort bien exiger, au contraire, en optant pour la continuation du bail, la réparation de ce qui n'est qu'endommagé ; et c'est en confondant des travaux de reconstruction avec de simples travaux de réparation, que les auteurs ont obscurci cette idée, évidemment fort simple (1722, I).

Si le cas fortuit, sans atteindre la chose matériellement, la mettait cependant, totalement ou partiellement, hors d'état de servir à ce pourquoi elle a été louée, le locataire, à moins que par le bail il n'eût pris les cas fortuits à sa charge, pourrait, suivant les circonstances, ou faire prononcer la résiliation du bail, ou obtenir soit une diminution du loyer ou la cessation momentanée du payement de ce loyer. Il en serait ainsi, par exemple, dans le cas de la suppression de la route sur laquelle était placée une auberge, puisque alors l'immeuble cesse de pouvoir être auberge ; mais il en serait autrement d'un locataire de sucrerie qui verrait seulement augmenter par une loi les droits de fabrication du sucre, puisque par cette loi l'immeuble loué ne serait nullement affecté en lui-même et demeurerait toujours une sucrerie, susceptible du même rendement qu'auparavant (*ibid.*, II).

Et puisque, dans le cas de suppression partielle de la chose, dans le cas, par exemple, où la portion notable d'un champ serait enlevée par la violence des eaux, le locataire aurait le choix ou de résilier le bail, ou de faire diminuer le prix, il faut donc reconnaître réciproquement, malgré les controverses qui existent à cet égard, que, si par cas fortuit la chose était augmentée, le locataire serait tenu de subir une augmentation de prix, sauf faculté pour lui de résilier (*ibid.*, III).

XIV. — L'obligation pour le locateur de faire pendant la durée du bail toutes les réparations dont la chose peut avoir besoin, réparations qui pourront souvent gêner beaucoup ou rendre même impossible la jouissance du locataire, se trouve ainsi en opposition avec l'obligation de ce même locateur de faire jouir paisiblement son locataire. Voici comment la loi combine ces deux idées. — Si les travaux ne sont pas urgents et peuvent se retarder sans danger jusqu'à la fin du bail, le locataire peut se refuser à ce qu'ils soient faits pendant sa jouissance. Si les travaux se font et qu'il y ait privation totale de la jouissance, le locataire pourra, si courte qu'elle doive être, faire résilier le bail. Si la privation n'est que partielle, la résiliation ne sera plus possible, et il n'y aura même lieu à remise d'une portion du loyer qu'autant que les travaux dureront plus de quarante jours. La remise se calculera, bien entendu, sur la durée totale de privation, et non pas seulement, comme l'enseigne un auteur, sur ce qui excède les quarante jours de grâce. Le texte même de la loi, le Rapport au Tribunat, et surtout la jurisprudence du Châtelet que le Code a érigée en règle légale, ne laissent pas de doute à cet égard (art. 1724).

Le locateur ne peut, au surplus, à moins que le locataire n'y consente, apporter aucun changement à la forme de la chose (art. 1723).

XV. — De simples troubles de fait apportés par des tiers à la jouissance du locataire ne donnent évidemment aucun droit à celui-ci contre le locateur. Sans doute, s'il s'agissait de voies de fait antérieures à l'entrée en jouissance et faisant obstacle à la mise en possession du locataire, ce ne serait pas à celui-ci, mais au locateur, de les faire cesser, puisque autrement il ne remplirait pas son obligation de livrer la chose; mais quand le locataire est une fois en possession, c'est à lui de se défendre dans sa possession, comme à tous autres égards, contre les faits des tiers, sans qu'il puisse réclamer à ce sujet contre son locateur. Il n'en serait autrement qu'autant que les voies de fait prendraient le caractère d'événements de force majeure, le locateur étant, comme on l'a vu, garant du défaut de jouissance par force majeure.

Mais quand, avant ou sans voies de fait, il y a trouble de droit, c'est-à-dire prétention d'un droit sur la chose de la part du tiers, c'est alors au locateur de lutter contre ce tiers, et s'il y a privation totale ou partielle de la jouissance, les conséquences en retombent sur lui. Si le tiers procède contre le locataire par action judiciaire, celui-ci peut ou rester en cause en appelant en garantie le locateur, ou faire prononcer sa mise hors de cause en faisant connaître au demandeur ce même locateur, son seul adversaire. Si le tiers a dépossédé le locataire pour se faire attaquer, celui-ci n'a pas qualité pour agir, il ne peut que dénoncer le trouble au locateur pour qu'il le fasse cesser, si c'est possible, et qu'en tout cas il lui donne une indemnité qui devra, dans ce cas et à la différence du cas de force majeure, comprendre tous dommages-intérêts, si modique que soit le préjudice (quoi que dise un auteur), puisqu'il y a ici (de l'aveu même de cet auteur) une faute, soit du locateur, soit du tiers contre lequel il recourra. Cette indemnité, bien entendu, ne sera due par le locateur qu'autant que le locataire lui aura dénoncé le trouble, à moins toutefois que celui-ci ne prouvât que le premier n'avait aucun moyen de se défendre contre le tiers, ou qu'il est arrivé, malgré le silence du locataire, à se faire payer par ce tiers l'indemnité due. — Les dommages-intérêts ne seraient plus dus, si le locataire avait connu lors du contrat le danger de l'éviction, à moins qu'il n'en eût formellement stipulé la garantie; il y aurait seulement lieu à cessation totale ou partielle du loyer (selon que l'éviction serait totale ou partielle), et ce alors même qu'il y aurait clause de non-garantie, ce loyer n'étant dû que comme représentation de la jouissance actuelle (art. 1725-1727).

XVI. — *Des obligations du locataire.* — La première obligation du locataire, obligation qui présente deux chefs distincts, c'est, d'une part, de respecter la destination de la chose et de ne pas la changer sans l'assentiment du locateur, et, d'autre part, de jouir de la chose en bon père de famille, en homme prudent et soigneux. Le changement de destination, ou l'usage qui, quoique conforme à cette destination, serait exagéré et abusif, exposeraient le locataire, selon la gravité des cas, soit à une résiliation (avec dommages-intérêts, s'il y avait lieu), soit aux dommages-intérêts. — La seconde obligation du locataire consiste dans le payement exact du loyer aux termes indiqués par la convention ou fixés par l'usage des lieux, sous peine encore de résiliation, lorsque le juge trouve le retard du payement assez long pour la motiver. L'impôt des portes et fenêtres, à défaut de stipulation particulière, doit être supporté par le locataire en sus de son prix, le locateur est seulement tenu de l'avancer; c'est le contraire pour l'impôt foncier (art. 1728, 1729).

De l'obligation de jouir de la chose suivant sa destination et en bon père de famille découle pour le locataire celle de rendre cette chose, sauf les détériorations provenant de force majeure ou de vétusté, dans l'état où il l'a reçue au commencement du bail. Mais qui fera la preuve de l'état de la chose à ce moment? La loi distingue à cet égard. Pour les réparations locatives, comme le locataire savait que toutes celles qui seraient à faire pendant le cours du bail resteraient à sa charge, il est bien naturel de penser qu'il a exigé rigoureusement celles qui pouvaient être nécessaires, et il y a dès lors présomption de réception en bon état, présomption que le locataire ne pourrait faire tomber qu'en prouvant le contraire (ce qu'il pourrait toujours, bien entendu, faire par témoins). Mais pour les autres, comme cette raison n'existe plus, la présomption disparaît, et ce serait au propriétaire de prouver la réception en bon état. Que si, pour une dégradation reconnue s'être réalisée pendant la jouissance, le locataire alléguait la force majeure, il est clair que ce serait à lui de la justifier. — Quant aux travaux, soit de réparation, soit d'amélioration, que le locataire aurait faits lui-même, on distingue : s'il s'agit de réparations nécessaires, il a son recours contre le locateur; mais s'il s'agit de travaux voluptuaires ou seulement utiles, il n'a pas de recours et peut seulement emporter ceux des objets qui pourraient s'enlever sans endommagement de la chose louée (art. 1730-1732).

XVII. — Pour rendre les locataires plus vigilants à l'endroit des incendies, le Code s'écarte ici du droit commun sur deux points où sa sévérité sera de nature à exciter une plus grande surveillance. Elle veut, d'une part, que tout locataire reste responsable tant qu'il n'aura pas établi, non pas seulement par simple preuve négative, qu'il n'est pour rien dans la cause de l'incendie, mais par affirmation positive, que cet incendie est arrivé par un événement de force majeure, ou qu'il provient d'un vice de construction, ou qu'il a été communiqué par une maison voisine. Et d'autre part, s'il y a plusieurs locataires, elle les déclare tous tenus, non pas chacun pour sa part, comme le voudrait le droit commun, mais solidairement, à moins qu'il ne soit prouvé que l'incendie a commencé chez l'un d'eux, auquel cas ce dernier est seul tenu, ou qu'il n'a pu commencer chez tel ou tel, auquel cas ceux-ci sont déchargés. Et puisqu'il y a solidarité dans le second cas, il ne serait donc pas permis d'appliquer tel des effets légaux de la solidarité en écartant tel autre : il faudra les appliquer tous; et il faut dire aussi, pour la division de la dette quant aux débiteurs entre eux, que la faute présumée étant égale pour tous, la contribution se fera, non pas en raison de l'importance du logement de chacun, mais par portions égales.

Nous disons que, dans le premier cas, le locataire doit prouver, ou la force majeure, ou le vice de construction, ou la communication par les voisins. C'est, en effet, un point qui, malgré la doctrine contraire de la plupart des auteurs, nous paraît demeurer certain, en présence soit du texte si formel du Code, soit du non-sens auquel ce texte arriverait par l'interprétation différente (puisqu'il ne serait plus alors que la répétition inexplicable du texte qui le précède immédiatement), soit enfin de la volonté que le législateur manifeste, en édictant la solidarité dans le second cas, de sortir du droit commun pour ce qui concerne les incendies. Du reste, si la loi se montre ainsi très-sévère quant au point à prouver, elle n'apporte aucune dérogation au droit commun quant à la manière de le prouver, et la preuve pourrait dès lors s'en faire, quoi qu'en ait dit un auteur, non-seulement par témoins, mais aussi par de simples présomptions, laissées ici comme partout à l'appréciation du juge; puisque cette preuve par présomption est admissible partout où l'est le témoignage (1733, 1734, nᵒˢ I, II et IV).

XVIII. — Quand le locateur habite lui-même une partie de la maison incendiée, la présomption de faute des locataires n'existe pas, du moins de plein droit et immédiatement. Cette présomption, en effet, repose sur ces idées que, quand rien ne prouve d'où vient le feu, il est présumé venir de la maison même, et que tout locataire chez qui le feu commence est présumé en faute, d'où la conséquence que, quand la maison n'est habitée que par des locataires, c'est donc chez l'un d'eux que le feu est réputé avoir commencé, et comme on ignore chez lequel, tous sont réputés en faute en même temps. Or quand parmi les habitants de la maison se trouve le locateur lui-même, comme le feu a pu prendre dans son appartement, on ne sait plus si on est dans le cas d'un incendie ayant commencé chez un locataire, ce qui rend là présomption impossible. — Mais si le locateur, dans ce cas, arrive seulement à prouver que le feu n'a pas commencé chez lui, comme il établit par là que le feu a commencé chez un locataire, il rend ainsi sa base à la présomption de faute, et cette présomption, sauf l'observation de l'alinéa suivant, renaît avec toutes ses conséquences. En vain dirait-on, comme un auteur dont la doctrine est avec raison rejetée par tous les autres, que la présomption ne peut pas naître ici, parce que le locateur était là pour surveiller sa chose; car le locateur qui habite une partie de sa maison n'a pas plus le droit qu'un autre de s'introduire chez ses locataires pour savoir ce qui s'y passe (*ibid.*, V).

XIX. — L'indemnité à payer par le locataire doit être complète et comprendre, à la différence de celle que payent les assureurs, le *lucrum cessans* aussi bien que le *damnum emergens;* mais si le locataire est tenu de faire que le locateur ne perde rien, il n'est pas tenu de le faire gagner, et il pourrait dès lors, selon les cas, sur le prix de l'édifice à reconstruire, faire défalquer une certaine somme pour la différence de valeur du neuf au vieux. Bien entendu, c'est seulement pour l'objet loué que la dette d'indemnité existe. Si donc il est certain, comme tout le monde le reconnaît, qu'elle ne s'étend pas (par le seul effet de la présomption) aux meubles que le locateur pouvait avoir dans la maison, puisqu'ils n'étaient pas loués et dès lors pas soumis à l'obligation de conserver et de restituer, il est clair qu'il en serait de même, quoique les auteurs ne l'aient pas remarqué, pour la partie de maison occupée par le locateur, puisque les défendeurs ne sont pas locataires de cette partie. Pour cette partie réservée par le locateur comme pour son mobilier, ce locateur ne pourrait obtenir indemnité que d'après le droit commun, c'est-à-dire en prouvant lui-même la faute de tel ou tel des locataires (*ibid.*, VI).

Et puisque la présomption n'est que la conséquence de l'obligation pour le locataire de restituer la chose louée, elle ne s'appliquera donc jamais entre personnes dont l'une n'était pas tenue envers l'autre de cette obligation. Ainsi un locateur agissant contre ses voisins de chez qui le feu aurait été communiqué, ou contre un ami de son locataire logé chez celui-ci ; de même un locataire agissant, soit contre son locateur, soit contre un autre locataire, ne pourrait pas invoquer cette présomption. C'est une conséquence tellement nécessaire des principes, que le seul auteur qui l'ait niée sur un point n'a pu le faire qu'en se jetant dans la plus étrange contradiction. Au contraire, la présomption existerait contre un sous-locataire répondant, soit au locataire, soit au locateur, puisqu'il est tenu envers le premier par les liens de locataire à locateur, et que le second peut exercer contre lui les actions du locataire (*ibid.*, III).

Du reste, le droit ici établi au profit du propriétaire contre ses locataires étant purement pécuniaire et transmissible à tous ayants cause de ce propriétaire, il peut donc être cédé par lui, et la clause qui, dans une police d'assurance, transmet ce droit de l'assuré à l'assureur est parfaitement valable (*ibid.*, VII).

XX. — *De l'expiration du bail et de la tacite réconduction.* — Quand un bail est fait avec indication de sa durée (ce que le Code, préoccupé de ce qui a lieu le plus souvent, exprime en disant : « Si le bail est fait *par écrit* »), il finit de plein droit au moment convenu, sans qu'une des parties ait besoin de rien signifier à l'autre à cet égard. Mais si le bail a été fait sans convention sur sa durée (*sans écrit*, pour parler le langage du Code), il faut distinguer s'il s'agit : 1° de biens ruraux ; 2° de meubles loués pour garnir un logement ou de logements tout meublés ; 3° de tous autres biens.

S'il s'agit de maisons (non meublées), d'usines, carrières, chantiers, et généralement de biens autres que ceux des deux autres classes ci-dessus, la durée en est indéfinie, et le bail ne peut cesser qu'au moyen d'un congé donné par l'une des parties à l'autre, aux termes et délais marqués par l'usage des lieux (art. 1761, I et II).

Le bail de meubles fournis pour garnir un logement est censé fait, à moins de circonstances manifestant une pensée contraire, pour le temps que l'usage des lieux assignerait à la location de ce logement, c'est-à-dire pour une durée indéfinie et qui ne s'arrêtera que par un congé donné comme il vient d'être dit. Quant aux baux de logements meublés, ils suivront la même règle si rien ne constate qu'ils aient été faits à tant par an, à tant par mois, à tant par jour; mais s'il est reconnu qu'ils sont faits à tant par jour, ou à tant par mois, ou à tant par année, ils sont faits pour le jour, pour le mois ou pour l'année, et le congé n'est pas nécessaire pour les faire cesser (art. 1757, 1758).

Enfin, les baux de biens ruraux, faits sans indication de la durée, le sont pour tout le temps nécessaire à la récolte de tous les produits du fonds. Ils seront donc d'une année seulement, si la récolte entière se recueille chaque année; de deux ou trois ans, s'il s'agit d'une ferme divisée en deux ou trois soles; de dix-sept ans, s'il s'agissait d'un bois taillis ne se coupant en entier que tous les dix-huit ans et dont le plus jeune bois n'aurait qu'un an. Si le bail porte sur des fonds de diverses natures, la règle est toujours la même, et la durée de l'ensemble du bail est toujours de tout le temps nécessaire à la récolte des produits de tous les fonds. La signification du congé n'est donc jamais nécessaire pour les biens ruraux (1774, 1775, n° I).

XXI. — La notification du congé, quoique parfaitement efficace, même faite verbalement, quand son existence est reconnue, ne peut, en cas de dénégation, être prouvée que par écrit, même au-dessous de 150 francs; mais elle peut l'être par toute espèce d'écrit : par lettres missives, par exemple, ou par insertion dans une quittance.

Et comme le congé n'est point une convention, un concours des deux volontés, mais l'expression d'une volonté unique, il n'a donc pas besoin d'être accepté par celui à qui on le notifie, et c'est avec raison que la doctrine contraire d'un auteur a été qualifiée d'erreur grave par un auteur plus récent. Mais s'il n'est pas une convention, il n'est donc pas, et encore moins, une convention synallagmatique; et ce dernier auteur commet dès lors une erreur plus grave encore quand il le déclare soumis à la nécessité d'un acte fait double !

L'effet du congé est de faire cesser les rapports et les qualités mêmes de locateur et locataire. Si ce dernier, soit dans ce cas de congé, soit dans le cas d'expiration d'un bail fait, ou légalement réputé fait, pour un temps préfix, refusait de quitter les lieux, le locateur pourrait obtenir à bref délai un jugement ordonnant l'expulsion immédiate, et qui, pour les logements n'excédant pas 400 francs à Paris et 200 francs dans les départements, peut, depuis 1838, être prononcé par le juge de paix (1736, III).

XXII. — Quand le locataire, après l'expiration d'un bail dont la durée était déterminée, soit par les parties, soit par la loi, reste et est laissé par le locateur en possession de la chose, assez longtemps pour manifester leur intention de continuer les rapports de locateur et locataire, il se forme un nouveau bail par réconduction tacite. Ce nouveau bail pourra différer du premier, soit par sa durée, qui sera toujours, non pas celle que la convention avait donnée au précédent, mais celle qu'indiquent ou la loi ou l'usage des lieux, à son défaut, comme il a été dit plus haut, soit pour les stipulations particulières qui ne sont pas de nature à se renouveler par l'accord tacite des deux parties (comme serait le cautionnement fourni par un tiers, lequel ne pourrait exister de nouveau que par le consentement de ce tiers); mais pour le reste, le nouveau bail se trouvera fait sous les mêmes conditions que le précédent.

La tacite réconduction serait tout d'abord empêchée, bien entendu, soit par un congé (improprement dit et surabondant, au surplus) qu'une partie aurait signifié à l'autre lors de l'expiration du bail, soit par la clause prohibitive de réconduction tacite qui aurait été consignée dans le bail *ab origine* ou stipulée depuis; mais elle ne le serait que pour quelque temps, et si la possession se continuait assez, il faudrait bien y voir l'abandon de la précédente volonté et le consentement tacite à un bail nouveau. Il va sans dire qu'il en serait de même après le congé proprement dit qu'une partie aurait donné pour faire cesser un bail d'une durée illimitée.

Il est évident, au surplus, que pour qu'il y ait lieu à la tacite réconduction, il faut qu'il s'agisse du même bien que dans le précédent bail; autrement, il pourrait y avoir une tacite *location*, mais non pas une tacite *relocation!* Si donc un fermier à qui on aurait loué une seule des deux soles d'une ferme pour un an se mettait ensuite, et était laissé par son locateur, en possession de l'autre sole, il est clair qu'il y aurait là bail tacite de cette seconde sole et nullement un cas de réconduction, comme l'a dit à tort un auteur : il ne peut y avoir *reconductio* que pour ce qui était l'objet d'une première *conductio* (1738-1740, 1759, 1776, II).

XXIII. — *Des causes de résolution du bail.* — Le bail se résout, bien entendu, par la perte de la chose louée, ainsi que par l'accomplissement de la condition résolutoire à laquelle il est soumis, et notamment, suivant les règles du droit commun, par le manquement de l'une ou de l'autre des parties aux obligations que le contrat lui impose. Mais il n'est pas résolu par là mort d'une des parties; et il ne l'est pas même aujourd'hui, comme il l'était autrefois, par l'aliénation que le locateur fait de la chose louée.

A Rome et dans notre ancien droit, l'acquéreur d'un immeuble pouvait toujours, à moins de clause contraire dans son acte d'acquisition, expulser le locataire, en se fondant sur ce que, n'ayant contracté aucune obligation, il ne pouvait pas être tenu d'entretenir un bail qui lui était étranger; et le locataire était ainsi réduit à obtenir des dommages-intérêts contre son locateur. Il n'en était autrement que pour les biens du fisc, dans l'aliénation desquels la loi sous-entendait de plein droit la clause soumettant l'acquéreur à l'obligation d'entretenir le bail. Or ce que le droit romain avait fait pour les locataires du fisc, notre Code, dans l'intérêt de l'agriculture, de l'industrie et de tous les citoyens, l'a étendu à tous locataires d'immeubles, et toute aliénation d'un immeuble donné à bail, pourvu que ce bail ait date certaine (et que, bien entendu, il ne réserve pas au locateur le droit d'expulser en cas d'aliénation), est désormais faite, de plein droit, à la charge par l'acquéreur d'exécuter pleinement le bail. — On voit que ce changement de règle s'explique parfaitement sans aucun besoin de recourir à l'idée, soutenue par un auteur, d'une transformation du droit du locataire en droit réel sur l'immeuble; et cette idée, repoussée avec grande raison par les autres auteurs comme par les arrêts (et que nous avons déjà réfutée ailleurs), est d'autant plus fausse que non-seulement elle n'est nullement nécessaire, on le voit, pour donner ici la théorie du Code, mais qu'elle serait même impuissante à le faire. Le *jus in re*, en effet, si par impossible il existait chez le locataire, forcerait bien l'acquéreur à *le laisser jouir*, mais il ne saurait l'astreindre *à le faire jouir*; il ne donnerait pas au locataire le droit de contraindre l'acquéreur à faire les réparations et reconstructions nécessaires à la jouissance, et n'expliquerait dès lors en aucune façon la nécessité dans laquelle cet acquéreur est mis d'entretenir le bail (1742, 1743, I).

XXIV. — C'est pour toute aliénation qu'est portée la règle ci-dessus, quoique le Code ne parle que de la vente; car le cas de vente serait précisément le plus favorable pour l'acquéreur, et, d'autre part, l'agriculture et l'industrie souffriraient tout autant d'une expulsion opérée par tel ou tel autre acquéreur que de celle d'un acheteur. Il est de même certain, malgré la doctrine contraire de deux auteurs, que, bien que le texte ne parle que *d'expulser* le locataire, le bail doit également être exécuté vis-à-vis du locataire qui ne serait pas encore entré en jouissance. D'une part, le but même de la disposition du bail est d'empêcher ici la résolution du bail, que ce bail soit ou non commencé; d'autre part, il est évident et reconnu par les adversaires mêmes de cette doctrine, que la pensée du Code a été de compléter la réforme commencée sur ce point par l'Assemblée constituante en 1791; or c'était *pour toute résolution du bail* qu'avait été posé le germe de l'amélioration. — Disons enfin que, puisque le propriétaire d'un immeuble ne peut pas, après l'avoir loué par bail à date certaine, conférer même à un acquéreur le droit d'en jouir ou faire jouir au préjudice du locataire, à plus forte raison ne pourrait-il pas conférer ce droit à un autre locataire, en signant frauduleusement un second bail; d'où la conséquence que, de deux locataires successifs, la préférence serait due à celui dont le bail a une date certaine antérieure à l'autre, indépendamment de toute question de possession (1743, II et III).

XXV. — Quand le bail réserve au locateur le droit de résolution, pour le cas d'aliénation, sans fixer le chiffre de l'indemnité, cette indemnité sera : 1° pour les maisons, d'une somme égale au prix du loyer pendant le temps accordé par l'usage des lieux entre le congé et la sortie; 2° pour les biens ruraux, du tiers du prix à payer pour tout le temps restant à courir; 3° pour des manufactures, usines et autres grands établissements, d'une somme que fixeront les experts. Dans tous les cas, l'indemnité doit être payée, soit par le locateur, soit par l'acquéreur, avant qu'on puisse faire cesser ou empêcher la possession du locataire, et celui-ci doit d'ailleurs être averti un an d'avance pour les biens ruraux, et avec les délais d'usage pour les congés, s'il s'agit d'autres biens.

L'acquéreur, au surplus, n'a nullement besoin, pour être en droit d'opérer la résolution, de déclarer dans son acte d'acquisition qu'il entend user de la faculté réservée par le bail. Tout aliénateur conférant à son acquéreur tous les droits qui lui appartiennent quant à la chose aliénée, celui-ci se trouve donc ici revêtu du droit de résoudre le bail. Mais, s'il en est ainsi en principe, les circonstances pourraient indiquer une pensée différente chez les contractants, et ce sera aux juges du fait à apprécier ces circonstances.

Si le bail n'avait pas date certaine, l'obligation de payer les dommages-intérêts disparaîtrait (quant à l'acquéreur seulement, bien entendu) ; mais celle d'avertir le locataire subsisterait toujours, car l'humanité même la réclame. Si le Code ne la répète pas, c'est précisément parce qu'il ne l'a pas regardée comme pouvant être douteuse, alors que l'ancien droit lui-même, qui ménageait si peu les locataires, ne permettait cependant pas contre eux une telle dureté (art. 1744-1750).

XXVI. — Dans le cas même de bail sans date certaine ou contenant la faculté pour le locateur de résoudre s'il vient à l'aliéner, la résolution n'est pas possible pour l'acheteur à réméré, tant qu'il n'est pas devenu propriétaire incommutable. La règle n'est faite, au surplus, que pour la vente à réméré, et ne pourrait pas s'étendre à tous les cas de vente faite sous condition résolutoire. Dans la vente à réméré, la résolution du droit de l'acheteur n'est pas seulement possible, elle est très-probable, tandis que dans les autres cas elle est purement éventuelle. Or c'est précisément sur cette grande probabilité de rachat que se fonde la règle de l'ancienne jurisprudence et du Code (art. 1751).

SECTION II.

DES RÈGLES PARTICULIÈRES AUX BAUX A LOYER.

XXVII. — Le locataire de tout ou partie d'une maison doit, sous peine de voir prononcer la résiliation du bail si le locateur le demande, garnir les lieux de meubles suffisants pour répondre du payement de plusieurs termes de loyer, à moins qu'il ne remplace cette garantie par une hypothèque, une caution ou toute autre sûreté suffisante, ou à moins encore qu'il ne s'agisse d'une chose dont la destination ne comporte pas de mobilier (art. 1752).

Toutes les fois que, soit pour cette cause, soit pour toute autre imputable au locataire, la résiliation est prononcée, ce locataire répond des loyers pendant tout le temps qui suit sa sortie, si les lieux ne se trouvent pas loués plus tôt, sans préjudice, bien entendu, des dommages-intérêts qu'il pourrait devoir pour jouissance abusive (art. 1760).

XXVIII. — Autrefois, le locateur pouvait toujours expulser son locataire, quand c'était pour venir habiter la maison lui-même. Le Code a proscrit avec raison ce privilége, et le locateur ne pourrait résilier le bail pour cette cause qu'au moyen d'une convention spéciale à cet égard. Il ne le peut, bien entendu, qu'en avertissant d'avance son locataire aux délais d'usage; mais cette condition est la seule que la loi lui impose, et elle ne le soumet pas ici, comme dans le cas d'aliénation, à payer des dommages-intérêts (art. 1760-1762).

SECTION III.
DES RÈGLES PARTICULIÈRES AUX BAUX À FERME.

XXIX. — Les baux à ferme sont ceux des biens ruraux, et les biens ruraux sont ceux qui produisent des fruits que le locataire a le droit de récolter et qui sont l'objet principal de la location. Ainsi, il n'y aurait point bail à ferme, mais bail à loyer, soit dans le louage d'un chantier, puisque ce chantier ne donne pas de fruits, soit dans celui d'une maison d'habitation qui aurait, comme simples dépendances et accessoires, un jardin, verger ou autre terrain donnant des fruits, puisque la maison serait alors l'objet principal (1763, I).

Les baux à ferme, indépendamment des règles générales tracées dans la section 1re, présentent des règles particulières aussi nombreuses qu'importantes, et dont la première est relative à l'erreur de contenance. Si on a donné aux fonds une contenance moindre ou plus grande que celle qu'ils ont réellement, il y a lieu, pour le fermier, soit à diminution ou augmentation du fermage, soit à résiliation du bail, d'après les règles que nous avons expliquées au titre de la vente (art. 1765).

XXX. — Le fermier est tenu de garnir l'héritage des bestiaux et ustensiles nécessaires, de cultiver les fonds d'après leur destination et en bon père de famille, d'engranger dans les lieux à ce destinés, d'avertir le locateur des usurpations, entreprises et faits quelconques de nature à porter atteinte au droit de propriété ou de possession de celui-ci, et l'avertissement doit être donné dans le délai fixé par la loi pour les assignations.

Le défaut par le locataire de remplir ses obligations, comme réciproquement le manquement du locateur aux siennes, peut, d'après le principe général du n° XXIII, donner lieu, selon les cas, ou à des dommages-intérêts seulement, ou aussi à la résiliation du bail (articles 1766-1768).

XXXI. — Les biens ruraux étant des biens frugifères et loués comme tels, les fruits à y récolter font, tant qu'ils ne sont pas séparés du sol, partie intégrante de la chose louée, et le fermier a droit à indemnité, dans une certaine limite, pour la privation par cas fortuit d'une partie des récoltes, comme pour la privation d'une partie de la chose elle-même. Dans une certaine limite, disons-nous; car tandis que la privation de la chose même donne droit à diminution de prix dans tous les cas et si minime qu'elle soit (n° XIII), la perte de récoltes, au contraire (par la raison qu'il serait injuste d'accorder une diminution de prix pour une simple faiblesse de récolte, alors qu'il n'y a pas augmentation pour une récolte plus abondante), ne donne droit à l'indemnité que quand elle est énorme et que son énormité ne se trouve pas d'ailleurs couverte par les récoltes des autres années.

La perte est énorme, quand le fermier est réduit dans une année à n'avoir que la moitié d'une récolte ordinaire de sa ferme; et la diminution proportionnelle du prix est due, pour cette perte de moitié au moins, d'une part, quand le bail n'est que d'une année, et d'autre part, si, dans un bail de plusieurs années, la perte n'est pas ramenée à moins de moitié par l'excédant de quelque autre année au-dessus d'une récolte ordinaire. Si donc, dans ce cas de bail de plusieurs années, une perte de 60 pour 100 sur une année rencontre dans une des années antérieures un excédant de plus de 10 pour 100 sur la récolte moyenne, ce qui réduit la perte à moins de moitié, il est immédiatement entendu que le fermier n'a droit à aucune réduction; mais si cet excédant d'années antérieures n'existe pas, il faut attendre la fin du bail pour voir si une année postérieure ne le donnera pas, et c'est seulement quand aucune des années ne l'a donné que la réduction est due. Toutefois la loi permet alors aux tribunaux, en attendant le calcul à faire à la fin du bail, de dispenser provisoirement le fermier du payement d'une partie de son prix (1769-1771, nᵒˢ I et II).

XXXII. — Il va sans dire que, dans le calcul ci-dessus, la valeur vénale des produits de la mauvaise année n'est point à considérer, et qu'on ne pourrait pas refuser au fermier la réduction de prix sous le prétexte que sa récolte, quoique réduite à un tiers par le cas fortuit, lui a cependant procuré, vu la cherté des denrées, plus de la moitié du prix ordinaire d'une récolte moyenne. Ce système, admis pourtant par un éminent auteur, serait profondément illégal et inique tout à la fois. Illégal, puisque la loi commande de faire le calcul directement sur la quantité des fruits, non sur leur valeur vénale; inique, puisque si l'on calculait ainsi par la valeur, il faudrait du moins le faire toujours, et accorder dès lors la remise au fermier pour une récolte qui, réduite d'un tiers seulement par le cas fortuit, ne donnerait cependant, vu le bon marché des denrées dans l'année, que la moitié du prix d'une récolte moyenne; or, ce même système reconnaît cela impossible! La vérité est que l'impossibilité existe dans les deux hypothèses, puisque le Code, à raison de la trop grande variation du prix de vente, a ordonné le calcul, dans tous les cas, par la quantité même des fruits.

A plus forte raison faudrait-il se bien garder d'admettre cette autre doctrine, vraiment inconcevable, du même auteur, qui, regardant comme *bénéfice* pour le fermier tout ce qui, dans le prix de vente de ses récoltes, excède son prix de bail, enseigne sérieusement que le calcul de comparaison, qui doit établir une perte de moitié au moins pour une année, peut se faire entre le prix de vente des fruits et ce prix du bail!!! comme si le fermier qui, en payant 3 000 francs, n'en reçoit que 3 300, et que notre auteur prétend gagner alors ces 300, ne perdait pas au contraire plus de 1 500 francs! comme si une ferme louée 3 000 francs n'en coûtait pas au fermier 5 000! comme si enfin les deux termes du calcul n'étaient pas ici, de par la loi, non pas le prix des fruits et le prix du bail (qui n'ont rien à faire, ni l'un ni l'autre, dans la question), mais la quantité de fruits qu'on a recueillie et celle qu'on eût dû recueillir en récolte moyenne (*ibid.*, II et III).

XXXIII. — Ce que nous avons dit plus haut, pour expliquer que la perte de moitié au moins dans une année ne donne droit à la remise qu'autant que cette perte ne se trouve pas compensée et ramenée à moins de moitié par un excédant de moyenne dans quelque autre année, indique assez que le propriétaire peut toujours compter tous les excédants des fortes années, sans être tenu de les laisser neutraliser par les déficits des années faibles; et c'est pour ne s'être pas bien pénétrés de la pensée du Code que des auteurs ont enseigné le contraire. D'une part, en effet, cette compensation de tous les déficits et excédants serait au fond une attribution d'indemnité pour les déficits de moins de moitié (tandis que l'indemnité n'est due que pour la perte de plus de moitié). D'autre part, cette compensation des déficits de moins de moitié se trouve encore démontrée contraire à la pensée intime de la loi par cette considération, que le fermier n'aurait droit à aucune remise alors même que, dans toutes et chacune des nombreuses années d'un bail, une série incessante de cas fortuits serait venue réduire chaque récolte à fort peu au-dessus de moitié, de sorte que, pour douze années, par exemple, il aurait eu douze fois 51 ou 52 seulement au lieu de 100! Enfin, si les excédants des fortes années ne devaient atténuer la perte de plus de moitié qu'après défalcation des déficits d'années faibles, le Code, dans le cas d'une perte énorme sur une année qui n'est pas la dernière du bail, n'aurait pas déclaré définitive l'atténuation résultant d'un excédant d'une année précédente, puisque cet excédant pourrait être neutralisé par le déficit d'une année suivante; le Code aurait alors reporté le calcul définitif à la fin du bail, comme il le fait pour le cas inverse (*ibid.*, IV).

Il va sans dire que, soit pour la perte énorme, soit pour les excédants qui doivent la compenser, le calcul se fera toujours sur tout l'ensemble des différents biens soumis à un même bail, et que toujours aussi c'est au fermier à faire la preuve de la perte énorme qu'il allègue. La remise, du reste (qui ne serait jamais due, on le sait, pour une perte ne frappant que sur des fruits déjà séparés du fonds), cesserait d'être due si la cause du dommage avait été connue au moment du contrat, ou si le fermier avait formellement pris les cas fortuits à sa charge, d'après ce qui va être dit au numéro suivant (*ibid.*, V et VI).

XXXIV. — Quoique des cas fortuits soient toujours imprévus, en ce sens qu'on ne sait ni quand ils arriveront ni même s'ils arriveront, quelques-uns peuvent cependant, par leur fréquence même, être prévus comme probables; et c'est avec raison dès lors que le Code distingue les cas fortuits en prévus ou ordinaires, et imprévus ou extraordinaires. Or le fermier peut prendre à sa charge les uns comme les autres ; mais il faut, même pour les premiers, et à plus forte raison pour les seconds, une stipulation dont la pensée soit bien manifeste, et la clause qui porterait seulement que le preneur prend à sa charge *tous les cas fortuits* ne s'entendrait que des cas fortuits ordinaires : de même la charge prise par le fermier de tous les cas fortuits, *même extraordinaires,* ne s'entendrait que relativement aux pertes de récoltes et non de la privation d'une partie du fonds lui-même. Sans doute le fermier peut aussi renoncer à toute indemnité pour ce dernier cas; mais, ici encore, il faut que sa volonté en soit clairement manifestée (art. 1772, 1773).

XXXV. — La transition d'un fermier à un autre présentant une complication de droits et d'intérêts qui s'enchevêtrent les uns sur les autres et amènent, pendant les derniers mois du bail qui finit et les premiers de celui qui commence, une espèce de jouissance commune entre les deux locataires, le Code déclare que chacun d'eux doit laisser prendre par l'autre les logements et autres facilités dont celui-ci a besoin, en se référant aux usages des lieux pour la précision des règles de détail (1777, 1778, n° I).

Lorsque le fermier sortant n'a point trouvé la ferme, à son arrivée, garnie de ses pailles et fumiers, il n'est pas tenu, comme le voulaient autrefois les coutumes de droit commun, de laisser *sans indemnité* ceux qu'il s'est procurés lui-même et qui sont sa propriété; mais il ne peut pas non plus, comme le permettaient certaines coutumes d'exception, les enlever malgré la volonté du propriétaire de les garder en les payant : celui-ci est autorisé, dans l'intérêt de l'agriculture, à les prendre malgré le fermier, en lui comptant le prix qui sera fixé par des experts. — Il en serait autrement, bien entendu, et le fermier n'aurait pas d'indemnité à réclamer, s'il s'était obligé par son bail à laisser ses pailles et fumiers en partant; mais il faudrait pour cela une volonté nettement manifestée : on ne pourrait la voir, par exemple, dans la simple promesse du fermier de convertir les pailles en fumier dans le cours de son bail, et la doctrine contraire qu'un savant auteur a émise sur ce point n'est qu'une grave erreur. Il n'y a rien de commun entre le fait d'épuiser une ferme en lui enlevant dans le cours de l'exploitation, pour les vendre ou améliorer d'autres terres, les engrais dont elle a besoin, et celui d'emporter ces engrais, à la fin du bail, quand le propriétaire ne veut pas les payer au fermier qui les a mis et auquel ils appartiennent : le premier fait n'est, aux yeux d'un fermier honnête homme, rien de moins qu'un délit, tandis que le second est l'exercice d'un droit sacré, et il n'y a dès lors rien à conclure de la renonciation au premier pour la renonciation au second. Que sous l'empire des coutumes, et alors que le droit exceptionnel qui permettait l'enlèvement à la fin du bail, malgré l'offre d'indemnité, permettait aussi l'enlèvement de tous engrais dans le cours même de l'exploitation, on ait vu, dans une clause faisant expressément retour au droit commun sur ce dernier point, un retour tacite à ce même droit commun pour le sort des engrais à la fin du bail, et par conséquent l'obligation de les laisser sans indemnité, cela se conçoit; mais aujourd'hui que le droit commun exige l'indemnité, il est clair que l'obligation de laisser les pailles et fumiers sans indemnité ne saurait s'induire d'une autre stipulation qui n'a rien de commun avec elle, et c'est avec grande raison que la jurisprudence le décide ainsi (*ibid.*, II).

XXXVI. — Lorsque la ferme est livrée au preneur garnie d'un troupeau ou *cheptel* placé là pour son exploitation par le propriétaire, le fermier recueille, bien entendu, tous les profits de ce troupeau comme ceux de la ferme elle-même; mais il est tenu, quand le bail finit, d'en rendre un de même valeur. Pour cela, on estime le fonds de bétail au commencement du bail, on l'estime de nouveau à la fin, et s'il y a déficit dans la valeur, le fermier paye la différence : s'il y a excédant, c'est un profit qui lui appartient. Le fermier étant ainsi tenu de rendre le cheptel à sa sortie, et l'estimation qui en est faite le mettant à ses risques (sans l'en rendre propriétaire), de sorte que le bailleur ne peut le perdre, quoi qu'il arrive, on l'a appelé *cheptel de fer*, parce que, pour son maître, il ne peut pas mourir (1822-1826, n° I).

Le cheptel faisant ici partie de la ferme dont il est l'accessoire, immobilisé qu'il est par sa destination, il est clair qu'il ne pourrait être aliéné dans le cours du bail qu'à la charge par l'acquéreur d'entretenir ce bail, s'il a date certaine. De même les créanciers du bailleur ne pourraient saisir et faire vendre le cheptel qu'avec la ferme et à la charge par l'adjudicataire d'entretenir le bail pour l'un comme pour l'autre. Quant aux créanciers du fermier, on comprend qu'ils n'ont droit que sur le croît qui lui appartient (*ibid.*, II).

Les parties peuvent, au surplus, modifier à leur gré les règles relatives au cheptel. Ainsi on peut convenir que le bailleur prendra une partie des profits du troupeau, que le preneur ne supportera pas seul ou même ne supportera en rien la perte totale arrivée par cas fortuit (mais alors le cheptel ne mériterait plus le nom de *cheptel de fer*), ou bien que le preneur sera tenu de laisser un cheptel plus fort que celui qu'il a reçu. Le bail du cheptel n'étant ici qu'une partie et l'une des clauses du bail à ferme, les charges ou avantages qui pourraient paraître excessifs dans le premier considéré en lui-même sont compensés dans l'ensemble du contrat, et notamment par le chiffre plus ou moins élevé du fermage (*ibid.*, III).

CHAPITRE II.

DU LOUAGE D'OUVRAGE.

XXXVII. — On a déjà vu que le louage d'ouvrage ou de travail est un contrat par lequel une partie, qu'on appelle *locateur*, s'oblige à faire jouir de son travail ou de son industrie une autre partie qu'on appelle locataire, et qui s'oblige à payer le prix de cette jouissance (n° II, *suprà*).

Tout le monde est d'accord pour constater entre le louage d'ouvrage et le louage de choses cette différence capitale, que celui-ci, en cas de refus du locateur de remplir son obligation, est susceptible d'exécution forcée, tandis que celui-là ne peut que se transformer en dette de dommages-intérêts, d'après la règle *nemo potest cogi ad factum*. Mais c'est, au contraire, un point très-controversé que de savoir quel est le caractère distinctif du louage d'ouvrage et du mandat. Les uns veulent que le contrat soit mandat ou louage, selon que la partie qu'on charge du travail aura ou non le pouvoir de représenter l'autre, de parler et d'agir en son nom, de sorte que le médecin louerait ses soins, tandis que le portefaix, qui va faire inscrire ma malle à la voiture, accomplirait un mandat. Les autres enseignent qu'il y a louage toutes les fois que le travail est payé et mandat quand il ne l'est pas, soit parce qu'il n'est pas susceptible de l'être (sa nature le rendant inestimable en argent et ne permettant que des honoraires, non un véritable prix), soit qu'étant de nature à être rigoureusement payé, il se fasse néanmoins gratuitement. — S'il s'agissait de faire la loi, on devrait au moins, ce semble, n'adopter ni l'un ni l'autre système. Car s'il répugne à la dignité humaine, s'il est profondément contraire à la vérité des choses et à la morale, de déclarer à louer les choses de l'esprit et du cœur, ces actes d'enthousiasme, d'amour, de dévouement, qui, quoi qu'on puisse dire, ne sont pas susceptibles d'un prix en argent (or il n'y a pas louage sans prix), il est aussi passablement bizarre de décorer mon savetier du nom de mandataire, le jour où il raccommode ma chaussure gratis. Mais on doit accepter la loi telle qu'elle est faite, et il est bien certain en fait que ce second système est celui du Code. Notre législateur, en effet, suit ici les anciennes traditions, et il a toujours été entendu, dans notre ancien droit comme à Rome, par Pothier comme par Caïus et Justinien, que c'est l'absence ou la présence d'un prix proprement dit qui fait du contrat un mandat ou un louage (1779, II).

On distingue quatre espèces de louage de travail : 1° le louage de remplacement militaire ; 2° le louage de services ; 3° le louage de transports ; 4° le louage d'entreprises à forfait.

SECTION PREMIÈRE.
DU REMPLACEMENT MILITAIRE.

XXXVIII.—Le remplacé n'étant responsable de son remplaçant que pendant l'année à compter de l'acte passé devant le préfet et pourvu que ce remplaçant ne soit pas arrêté dans ce délai, il doit donc la totalité du prix convenu dès que cette année se passe sans désertion ou que la désertion y est suivie d'arrestation. Il le devrait également si la durée du service du remplaçant venait à être abrégée ; mais il n'en devrait qu'une portion si, par suite d'une loi qui appellerait le remplaçant à servir pour son propre compte, il était obligé de venir servir lui-même, puisque alors la liberté que le remplacé avait entendu payer ne lui est pas acquise en entier. Sans doute il n'y a pas de faute à reprocher au remplaçant ; mais tout ce qui s'ensuit, c'est qu'il ne doit pas de dommages-intérêts (1779, III).

XXXIX. — Quand le remplaçant et le remplacé, au lieu de traiter ensemble, ont traité l'un et l'autre avec un agent de remplacement, comme il se forme alors, non pas un seul contrat, mais deux contrats distincts, un par lequel le remplacé s'engage à payer une somme de... à l'agent, un autre par lequel l'agent s'oblige à payer une somme de... au remplaçant, il est clair que c'est seulement envers l'agent que le remplacé est débiteur, comme cet agent est le seul débiteur du remplaçant. Loin donc qu'on puisse condamner le remplacé, qui aurait payé son prix à l'agent, tombé depuis en faillite, à payer une seconde fois au remplaçant, comme l'ont fait certains arrêts, on ne peut pas même, comme l'enseigne à tort un auteur, admettre ce remplaçant à agir contre le remplacé pour ce que celui-ci peut devoir encore à l'agent failli ; car, encore une fois, le remplacé n'est nullement débiteur du remplaçant, qui n'est créancier que de l'agent, et qui doit dès lors venir à contribution avec les autres créanciers de cet agent. C'est, en effet, ce que reconnaît la jurisprudence.

Et il faut aussi, malgré la doctrine contraire d'un autre auteur et d'un arrêt, reconnaître, comme le fait également la jurisprudence, que, créancier de l'agent seulement, le remplaçant n'en est pas créancier privilégié. C'est en vain qu'on invoque pour lui la disposition qui accorde privilége aux frais faits pour la conservation de la chose, puisque la somme à payer au remplaçant n'est nullement un remboursement de frais (*ibid.*).

SECTION II.

DU LOUAGE DE SERVICES.

XL. — On entend par louage de services celui des domestiques, dans le sens actuel et usuel de ce mot, et aussi celui des ouvriers qui, au lieu de travailler à prix fait, à la mesure ou à la pièce, se mettent dans une plus grande dépendance en se louant à la journée, à la semaine, au mois ou à l'année.

La loi prohibe tout contrat par lequel une personne s'obligerait à servir sa vie entière ; elle n'admet le louage de services que quand il est fait pour un temps limité ou pour une entreprise déterminée, et pourvu, bien entendu, que le temps ou la durée probable de l'entreprise ne soient pas l'équivalent de la vie de l'homme. Une telle convention étant proscrite comme contraire aux bonnes mœurs, elle est donc absolument nulle, et le maître dès lors peut, aussi bien que le domestique ou l'ouvrier, malgré la doctrine contraire d'un auteur, en faire prononcer à tout moment l'inexistence légale. Sans doute ce maître pourrait, selon les cas, être condamné à payer une indemnité ; mais ce sera pour le fait matériel du dommage par lui causé et nullement pour manquement à une obligation, puisque le contrat étant radicalement nul n'a pu produire aucune obligation, comme le reconnaissent avec raison les auteurs et les arrêts. De même, et malgré la nullité du contrat, le maître ne serait pas moins tenu de payer l'ouvrier ou domestique pour tout le temps pendant lequel il aurait travaillé, non pas en vertu du contrat et au prix convenu, mais par le fait même des services rendus et d'après l'appréciation qui en serait faite par le juge, en cas de contestation. Du reste, si la faculté de s'obliger *in perpetuum* est enlevée au locateur de services, on conçoit qu'elle ne l'est nullement au maître, qui peut très-bien s'engager à garder à son service telles personnes pendant toute sa vie (1780, 1781, n°s I, II).

XLI. — Quand les parties ne se sont pas expliquées sur la durée du louage, il ne finira, en général, qu'au moyen d'un congé donné par l'une des parties à l'autre, avec le délai fixé par l'usage des lieux. Mais il pourrait aussi avoir une durée tacitement déterminée, soit d'après ce même usage des lieux, soit par suite de la nature du travail.

Le louage de services finit par la mort de l'ouvrier ou domestique, le contrat n'ayant été formé, de part et d'autre, que pour la personne de celui-ci. Quant à la mort du maître, c'est par les circonstances de chaque espèce qu'on verra si, d'après l'intention des contractants, elle doit résoudre la convention.

Le louage de services, comme tout autre contrat synallagmatique, peut, si l'une des parties manque gravement à ses obligations, être résilié par l'autre partie, qui peut aussi, selon les cas, obtenir des dommages-intérêts. Si c'était une cause de force majeure qui rendît impossible l'exécution des obligations d'une partie, il ne serait pas dû de dommages-intérêts; mais l'autre partie pourrait toujours se dégager. C'est à tort qu'un auteur essaye de nier cette vérité pour le cas de maladie d'un domestique; car outre qu'un maître n'a pas toujours le moyen de payer, même pour un ou deux mois seulement, deux domestiques au lieu d'un, ce ne serait d'ailleurs, pour celui qui le peut, qu'un devoir de conscience et nullement une obligation légale (1780, 1781, n° III).

XLII. — En cas de contestation entre le maître et son ouvrier ou domestique, soit sur le chiffre des gages ou salaires convenus, soit sur le payement d'une année échue, soit sur les à-compte de l'année courante, la loi interdit la preuve testimoniale et veut que le maître soit toujours cru sur son affirmation. C'est du reste, quoi qu'en dise un auteur, d'une affirmation sous serment que la disposition doit s'entendre : elle est certes assez rigoureuse pour qu'on exige du moins cette garantie, et on ne voit pas d'ailleurs en quoi il serait utile au maître d'interpréter la loi autrement, alors que le serment pourrait toujours lui être déféré par son adversaire.

Et puisqu'il s'agit ici d'une exception fort rigoureuse au droit commun, il est clair qu'on ne pourrait l'étendre au delà des cas prévus. Si donc la contestation portait sur l'existence même du contrat, sur sa durée, ou encore (quoiqu'un auteur enseigne le contraire) sur un apport d'effets affirmé par l'un et nié par l'autre; en un mot, sur tout objet autre que la quotité des gages et leur payement, la règle serait inapplicable. Elle le serait de même à l'égard de l'héritier du maître, puisqu'il s'agit d'un fait personnel à ce dernier et que l'héritier ne saurait affirmer à sa place.

Toutes contestations entre maîtres et gens de service sont aujourd'hui de la compétence du juge de paix, jusqu'à 100 francs, sans appel, et à charge d'appel indéfiniment (1781, IV).

SECTION III.
DU LOUAGE DE TRANSPORT.

XLIII. — La loi donne ici, à toutes les classes d'individus qui se chargent, soit par terre, soit par eau, du transport des personnes ou des choses, le nom générique de *voituriers*.

Le louage de transport est tacitement conclu, et les choses à transporter sont dès lors sous la responsabilité du voiturier, dès là qu'elles ont été remises à lui-même ou à son préposé, soit dans sa voiture ou son bâtiment, soit dans l'entrepôt ou le bureau, soit sur le port ou tout autre lieu d'usage. Les employés étrangers au factage n'ont pas qualité pour recevoir, et le conducteur de la voiture est du nombre, là où un préposé existe ; mais sur les points où ce préposé n'existe pas, le conducteur est à considérer comme ayant cette qualité, puisqu'il est alors le seul auquel on puisse s'adresser.

Quand le contrat se forme avec un voiturier commerçant, on peut, à raison de cette qualité, admettre indéfiniment contre lui la preuve testimoniale. Dans le cas contraire, on ne peut prouver que conformément au droit commun. On argumenterait à tort, contre cette solution, de l'art. 1782 ; car ce n'est pas absolument que cet article assimile le voiturier à l'aubergiste, ce n'est pas notamment pour le moyen de prouver le contrat, mais seulement pour la garde et la conservation de la chose.

Les voituriers commerçants sont astreints à tenir un registre pour l'inscription de l'argent et des autres objets dont ils se chargent. Cette inscription forme un nouveau moyen de preuve contre eux ; mais il n'en reste pas moins soumis à la preuve par témoins, pour le cas où il n'y aurait eu ni inscription ni remise d'un récépissé. Sans doute, il en serait autrement si c'était précisément le voyageur ou expéditeur qui, pour échapper au payement du transport, eût glissé l'objet à l'insu du voiturier ; mais quand c'est celui-ci qui est en faute de n'avoir pas inscrit, sa faute ne saurait lui profiter et le témoignage demeure dès lors admissible. Il le serait même contre les mentions de l'inscription, puisque c'est là un titre que le voiturier se fait lui-même sans contrôle suffisant (1782-1786, n° I).

XLIV. — Le voiturier répond des pertes et avaries des objets à lui confiés, s'il ne prouve pas qu'elles résultent d'un cas fortuit ou d'un vice de la chose, ce qu'il peut, bien entendu, faire par témoins ; encore serait-il responsable du dommage causé même par cas fortuit, s'il avait été précédé d'une faute de sa part, sans laquelle il n'eût pas eu lieu. Sa responsabilité est étendue par la loi au cas même de vol, si ce vol n'a pas été commis avec force majeure.

Il est aujourd'hui bien constant, en doctrine et en jurisprudence, malgré les efforts faits par les administrations de voitures publiques pour faire admettre la solution contraire, que, dans le cas de perte d'objets autres que de l'argent ou des bijoux, le voiturier doit la valeur totale de la chose. C'est en vain, en effet, qu'on argumenterait, soit de la loi de 1793, puisqu'elle n'était faite que pour les messageries du gouvernement et non pour les entreprises particulières, soit des mentions imprimées sur les bulletins remis aux voyageurs, puisque la réception du bulletin, que souvent on ne lit même pas, ne saurait constituer la convention qui serait indispensable pour déroger aux principes. Mais en est-il de même pour l'argent et les bijoux, quand on n'a pas eu soin d'en déclarer spécialement la nature? Un grave auteur et quelques arrêts déjà anciens admettent l'affirmative; mais elle nous paraît erronée. La nature plus précieuse de ces objets demande, quoi qu'on puisse dire, une surveillance plus grande, des soins qu'il est évidemment impossible d'étendre à toute espèce de colis, et elle exige dès lors une recommandation particulière de la part du voyageur ou expéditeur, que l'on ne peut certes pas dire exempt de faute, quand lui-même traite et fait traiter ses objets précieux comme un paquet ordinaire. C'est donc avec raison que les autres auteurs et les décisions récentes se prononcent dans ce sens (1).

En cas de contestation sur la valeur des choses perdues ou avariées et d'absence de renseignements à cet égard, le juge est autorisé à déférer le serment au demandeur, en déterminant le maximum de la somme pour laquelle il sera cru. Le voiturier est contraignable par corps pour le payement des dommages (1782-1786, n° II).

XLIV bis. — L'action résultant des pertes ou avaries s'éteint, pour les destinataires commerçants : 1° par la réception des choses accompagnée ou suivie du payement du prix, fait sans protestation ni réserves; 2° par le laps de six mois pour les expéditions faites à l'intérieur de la France et d'un an pour celles faites à l'étranger. Quant aux non-commerçants, comme aucune disposition spéciale ne les prive, pour ce cas, du bénéfice du droit commun, il faut bien reconnaître, malgré la doctrine isolée d'un auteur, que la prescription ne s'accomplirait que par trente ans.

Les règlements auxquels sont soumis les entrepreneurs de transports publics, quoique établis surtout en vue de la sûreté publique, n'en sont pas moins obligatoires entre les voituriers et les voyageurs ou expéditeurs. Ceux-ci sont donc tenus de s'y conformer, comme ils peuvent aussi en exiger l'observation, lorsqu'ils y ont intérêt (1786, III).

---

(1) Un arrêt de Paris, du 12 janvier 1852, qui ne nous a été connu qu'après l'impression de notre commentaire de l'art. 1784, pourrait, au premier coup d'œil, paraître contraire à cette doctrine; mais, en l'examinant de près, on voit qu'il ne la contredit pas et que sa décision est exacte. En effet, avant de condamner le chemin de fer de Boulogne à payer à la dame Lloyd 10 000 francs d'indemnité pour la perte d'un écrin de diamants contenu dans son sac de nuit, écrin dont cette dame n'avait pas spécialement déclaré la présence, l'arrêt a soin de constater en fait que cette dame avait insisté pour garder son sac avec elle dans le wagon, et que c'était contre son gré qu'il lui avait été enlevé pour être porté aux bagages, d'où il lui avait été rendu pesant 2 kilogrammes de moins et privé de l'écrin... Il était bien impossible, en pareil cas, de ne pas déclarer l'administration responsable de la valeur de l'écrin qui avait disparu. (J. Pal., 1852, t. I, p..420.)

SECTION IV.
DU LOUAGE D'ENTREPRISES A FORFAIT.

XLV. — On peut, en commandant un ouvrage à quelqu'un, lui demander seulement son travail et lui remettre la matière, ou convenir qu'il fournira la matière comme le travail. Mais tandis que, dans le premier cas, le contrat est un louage, il devient une vente dans le second ; et quoique cette idée soit niée par deux auteurs, elle n'en est pas moins bien certaine. En effet, c'est faire le même contrat que d'acheter un objet tout confectionné chez un fabricant, ou de convenir qu'on le prendra quand il l'aura confectionné : la seule différence, c'est que la vente, qui est pure et simple dans un cas, se trouve être conditionnelle et porter sur un objet futur dans l'autre. Aussi le Code, non content d'avoir déjà dit ailleurs que la convention de travail à forfait n'est un louage que *lorsque la matière est fournie par celui pour qui l'ouvrage se fait,* avait-il pris la peine de répéter dans notre section que le contrat est dans ce cas *un louage* et dans l'autre *une vente,* et cette déclaration si formelle n'a été retranchée que parce qu'il était inutile, a-t-on dit, de faire de la doctrine dans les textes, et nullement parce qu'elle aurait été inexacte ou douteuse.

Du reste, il suffit, pour qu'il y ait louage, que celui qui fait travailler fournisse la partie principale de la matière ; et il y a louage dès lors, soit quand un tailleur me fait un vêtement avec mon drap, quoiqu'il en fournisse les accessoires, soit quand un entrepreneur me construit une maison avec ses matériaux sur mon terrain, parce que l'édifice est l'accessoire du sol (1787, I).

XLVI. — Quand la chose dont l'ouvrier fournit la matière vient à périr avant que l'acheteur l'ait agréée ou ait été mis en demeure de l'agréer, comme la condition sous laquelle elle était achetée n'est pas accomplie et que la chose est dès lors restée la propriété de l'ouvrier, c'est pour lui qu'elle périt. — Mais quand, au contraire, l'ouvrier ne fournit que son travail, la chose qui périt sans sa faute avant réception ou mise en demeure, périt pour le maître quant à la matière, parce que cette matière lui appartient, et pour l'ouvrier quant à la main-d'œuvre, parce que c'est seulement par la réception que le prix de cette main-d'œuvre aurait été dû ; mais si c'était le vice de la matière qui eût causé la perte, ce prix serait dû par le maître, à moins qu'il ne s'agît d'un vice que l'ouvrier, d'après son art, serait en faute de n'avoir pas reconnu. — Que si enfin la matière était fournie en partie par le maître et en partie par l'ouvrier, le maître perdrait sa partie de matière, l'ouvrier l'autre partie de sa main-d'œuvre ; et si c'était par le vice d'une des matières, celui dont la matière était vicieuse devrait indemniser l'autre, à moins que ce ne fût la matière du maître et que l'ouvrier n'eût dû en reconnaître le vice.

Du reste, si l'ouvrage se fait par pièces ou à la mesure, le maître peut être mis en demeure de vérifier partie par partie, et il est censé avoir

vérifié et tacitement agréé toute partie payée, lorsqu'il paye en proportion de l'ouvrage fait (art. 1788-1791, n° II).

XLVII. — Quand il s'agit de constructions ou reconstructions, même
partielles, d'édifices ou de tous autres gros ouvrages (canaux, ponts,
barrages, etc.), les architectes et entrepreneurs qui les ont faits ou dirigés, soit à forfait, soit autrement, sont responsables de toute destruction totale ou partielle qui se réalise ou menace, par suite de quelque
vice, dans les dix ans de la réception des travaux. Cette responsabilité
étant édictée pour la sûreté publique autant que dans l'intérêt privé du
propriétaire, elle existerait alors même que les architectes ou entrepreneurs auraient fait toutes les observations convenables au propriétaire,
et que, sur son refus d'en tenir compte, ils auraient formellement stipulé ne répondre de rien; car c'est à eux de ne s'écarter jamais et sous
aucun prétexte des règles de l'art. La contradiction que deux auteurs
opposent sur ce point au sentiment général de la doctrine et de la jurisprudence est d'autant plus mal fondée, que les rédacteurs du Code se
sont prononcés à cet égard de la manière la plus explicite lors de la
suppression d'une disposition qui avait d'abord admis une règle différente.

Une fois l'action née par la manifestation du vice, l'action du propriétaire ne se prescrit que par trente ans, puisque aucune disposition
spéciale ne soustrait le cas à ce délai de droit commun. Il est vrai qu'un
auteur enseigne que l'art. 2270 fixe pour l'action un second délai de
dix ans, et qu'un arrêt a été plus loin encore, en jugeant que cette
action s'éteint par l'expiration même du premier délai, de celui dans
lequel elle peut prendre naissance; mais ces deux systèmes sont également insoutenables, puisque, si le second va jusqu'au ridicule en réduisant quelquefois la prescription à quelques jours ou à quelques heures,
c'est-à-dire à un délai qui serait la négation même de l'action, le premier prend pour le délai de l'action ce qui n'est que la répétition du
délai même de garantie. Encore une fois, le délai de l'action n'est
l'objet d'aucune règle spéciale, et il dure par conséquent trente ans.

Au surplus, comme la ruine d'une construction dans un délai aussi
court que dix ans ne peut pas provenir de vétusté, et que, par conséquent, elle résulte nécessairement d'un vice, si elle n'est pas due à un
événement fortuit et de force majeure, le propriétaire trouve ainsi la
preuve du vice toute faite dans les circonstances mêmes, et le constructeur qui veut y échapper ne le peut qu'en alléguant et prouvant un cas
fortuit.

Quant à tous travaux autres que de gros ouvrages, la responsabilité
cesse par la réception même des travaux (1792, I).

XLVIII. — Les architectes ou entrepreneurs qui se sont chargés de
gros ouvrages à forfait et sur un plan convenu d'avance ne peuvent
jamais demander aucune augmentation du prix fixé, même pour innovations ou additions au plan, à moins que ces changements, dont le
prix a d'ailleurs dû être convenu, n'aient reçu l'approbation par écrit
du propriétaire. S'il n'y a pas d'écrit, toute réclamation est interdite au

constructeur, qui ne peut pas plus recourir à la délation du serment ou à l'interrogatoire sur faits et articles qu'à tout autre moyen de preuve. Le texte de la loi ne parle ici que d'édifices ; mais son esprit commande d'appliquer sa disposition à tous autres gros ouvrages, comme le fait la Cour suprême, puisque le surcroît imprévu et ruineux de dépenses y est également à craindre, les innovations au plan primitif également dangereuses (1793, II).

XLIX. — La loi permet au propriétaire, même dans les entreprises à forfait, de résoudre le contrat quand il lui plaît et à quelque point qu'en soient les travaux ; mais c'est à la condition de payer à l'ouvrier, non-seulement ses déboursés, mais aussi tout le gain qu'il aurait fait dans l'entreprise.

Le contrat se résout encore par la mort de l'ouvrier, sans qu'il y ait à distinguer, comme on le faisait autrefois, s'il s'agit ou non d'un de ces travaux dans lesquels le talent et la manière de faire de l'ouvrier sont importants. Toutefois le propriétaire doit alors payer à la succession de l'ouvrier la valeur de tous ceux des travaux faits et des matériaux préparés qui sont utiles pour l'ouvrage commandé (1794-1796, I).

L. — Deux auteurs enseignent que les deux causes de résolution qui viennent d'être indiquées sont applicables au cas même d'un constructeur faisant le bâtiment sur son terrain, ou d'un ouvrier quelconque faisant son travail avec sa propre matière. Cette doctrine n'est pas admissible, puisque alors il y a vente conditionnelle et non pas louage. Une vente, quoique conditionnelle, n'est résoluble ni par la simple volonté de l'acheteur ni par le décès du vendeur (*ibid.*, I).

LI. — Les ouvriers employés en sous-ordre dans un travail ont, quand l'entrepreneur ne les paye pas, une action directe et personnelle contre le propriétaire ; mais cette action, fondée sur ce que c'est par eux qu'a été faite l'affaire du propriétaire, n'est admise que pour ce dont l'entrepreneur est encore créancier envers le propriétaire, au moment où elle est intentée. Il suit de là qu'elle ne serait plus possible pour la créance ou portion de créance que cet entrepreneur aurait régulièrement cédée, et elle n'appartiendrait pas d'ailleurs aux simples fournisseurs des matériaux. Du reste, l'action des ouvriers étant exercée *jure proprio* et non pas *jure debitoris*, le propriétaire, dès qu'il est saisi de la demande de ces ouvriers, devient leur débiteur en cessant d'être celui de l'entrepreneur, de sorte que les créanciers de celui-ci n'ont pas le droit de concourir avec eux sur la somme due, comme ils l'auraient si les ouvriers n'agissaient qu'en vertu de l'art. 1166.

Il va sans dire que tout entrepreneur répond envers le propriétaire du fait des personnes qu'il emploie, et que tout ouvrier d'une branche quelconque qui se charge, dans sa spécialité, d'un marché à prix fait, est un véritable entrepreneur pour la partie dont il traite ainsi (1797-1799, texte et n° II).

DEUXIÈME PARTIE.
DU LOUAGE IMPARFAIT.

LII. — Le louage imparfait, c'est-à-dire mélangé de société; se présente dans deux cas : 1° dans le bail à colonage; 2° dans les cheptels autres que le cheptel de fer dont il a été parlé plus haut (n° XXVI).

CHAPITRE PREMIER.
DU BAIL A COLONAGE.

LIII. — On appelle *bail à colonage* ou *bail à métairie* celui dans lequel le locataire d'un bien rural en jouit moyennant un partage des fruits dans une certaine proportion, ordinairement moitié, et prend le nom de *colon, colon partiaire* ou *métayer*. On comprend, au surplus, que cette dernière qualification n'est exacte qu'autant que le fonds est rendu *mitoyen*, pour ainsi dire, par un partage égal des fruits, ce qui est, du reste, la règle générale.

Le bail à colonage tient du louage et de la société : du louage, puisque le colon vient seul occuper et exploiter le fonds, en livrant au bailleur, comme prix de location, une portion des produits ; de la société, puisque le bailleur met ainsi en commun la jouissance de ses terres, pendant que l'autre partie fournit son travail et son industrie. Si donc il ne faut pas dire, comme l'a fait un auteur, que c'est un véritable bail à ferme, il ne faut pas non plus, comme l'avait fait une cour d'appel dans deux arrêts (sur lesquels elle est revenue depuis), y voir exclusivement une société : on serait mal venu à repousser ici l'idée de louage, aujourd'hui surtout que le Code y a fait prédominer cette idée en plaçant ce contrat mixte dans notre titre (1763, 1764, n° XI).

LIV. — C'est parce que ce bail, en même temps que louage, est aussi société et se forme plus qu'un autre, surtout de la part du bailleur, en considération de la personne du cocontractant, que la loi refuse ici au preneur, sous peine de résiliation, la faculté généralement accordée au locataire de céder ou sous-louer. Mais c'est en vain que l'on prétendrait, comme le fait un auteur, que ce bail serait aussi résilié par la mort du colon, et que c'est là une conséquence de la défense légale de céder ou sous-louer. Il est, d'une part, infiniment moins grave, pour un bailleur, d'être exposé seulement à voir passer ses terres, plus tard et pour le seul cas de décès, aux mains de l'héritier de son preneur (héritier qu'il peut connaître et qui sera souvent un fils exploitant la métairie avec son père), que de courir le danger de voir le fonds passer, de suite peut-être, aux mains du premier venu. D'un autre côté, l'interdiction de sous-louer écrite dans un bail n'emporterait pas résiliation par décès du locataire, et il est faux dès lors de présenter cette résiliation comme une conséquence de l'interdiction. Le colonage reste donc soumis à cet égard aux principes ordinaires du louage, et si le bailleur veut le voir cesser par le décès du preneur, il faudra qu'il s'en explique (*ibid.*).

LV. — Tandis que le fermier a droit à une diminution proportionnelle du prix fixé par son bail, toutes les fois qu'un cas fortuit réduit sa récolte à la moitié au plus d'une année moyenne, le colon partiaire, au contraire, est toujours tenu, quoi qu'il arrive, de livrer la fraction de fruits convenue. Ainsi, que sa récolte soit réduite à un tiers d'année moyenne, il ne pourra pas dire pour cela que sa dette de la moitié des fruits se réduit à un tiers de cette moitié, c'est-à-dire à un sixième des fruits existants; il devra toujours livrer la moitié de ces fruits existants, conformément à la convention du bail. C'est qu'en effet, la réduction que la justice commande d'accorder alors au locataire résulte ici, par la nature des choses, de l'exécution pure et simple de la convention même, puisque, le colon ne devant pas une chose préfixe, mais seulement telle fraction des fruits, tout cas fortuit qui diminue la quantité de ces fruits diminue par là même l'importance de la fraction qu'il doit, en sorte que c'eût été l'indemniser deux fois que de diminuer encore le chiffre de la fraction. La position du colon est même ici plus avantageuse que celle du fermier sous deux rapports, puisque, d'une part, cette diminution d'importance de la fraction invariable aura lieu, non pas seulement pour une perte énorme, mais pour toute perte, grande ou petite; et que, d'autre part, elle aura lieu pour la perte dont le cas fortuit frapperait les fruits déjà séparés du fonds aussi bien que pour la perte antérieure à la séparation (art. 1771, VI).

Mais quant à tous ceux des principes du louage parfait qui ne se trouvent pas ainsi incompatibles avec le colonage partiaire ou auxquels la loi n'a pas formellement dérogé pour lui, ils demeurent applicables à ce contrat. Ce point ne saurait être douteux surtout, quoique la jurisprudence l'ait d'abord nié (mais pour le reconnaître depuis), quant à la présomption légale de faute admise contre le locataire en cas d'incendie. Le colon étant, vis-à-vis du bailleur, dans l'obligation de conserver la chose louée et de la restituer, aussi bien que tout autre locataire, les conséquences légales de cette obligation sont donc pour lui les mêmes que pour tout autre (art. 1733, III).

CHAPITRE II.

DES CHEPTELS.

LVI. — Le bail à cheptel, dont il serait impossible, à raison des différences que présentent ses diverses espèces, de donner une définition qui fût à la fois complète et applicable au genre entier, peut se définir sommairement (et en laissant en dehors le cheptel de fer, comme nous devons le faire ici d'après notre plan, puisque le cheptel de fer est un louage pur) : un contrat par lequel une partie livre à l'autre tout ou partie d'un fonds de bétail que celle-ci doit loger, nourrir et soigner, et dont les profits ou les pertes se partagent entre elles.

On distingue (toujours sans compter le cheptel de fer) quatre espèces de cheptels : 1° le cheptel simple ; 2° le cheptel à moitié ; 3° le cheptel de métairie ; 4° enfin, un cheptel improprement dit, portant seulement sur quelques vaches dont les profits, mais non pas les pertes, se partagent entre les parties.

SECTION PREMIÈRE.
DU CHEPTEL SIMPLE.

LVI *bis*. — Le cheptel simple ou cheptel ordinaire est celui par lequel le bailleur fournit le fonds de bétail tout entier, pour en partager par moitié le croît et les laines (ou poils, crins, etc.) avec le preneur, qui prend exclusivement les laitages, fumiers et labeurs, et supporte la moitié de la perte arrivée par cas fortuit et par sa faute.

Si la perte était arrivée autrement que par cas fortuit, ou même par un cas fortuit précédé d'une faute du preneur sans laquelle elle n'eût pas eu lieu, ce preneur répondrait de la perte entière, soit partielle, soit totale. Bien entendu, ce serait au preneur de prouver le cas fortuit qu'il allègue, et au bailleur d'établir la faute qu'il imputerait au premier.

C'est à la fin du bail seulement que se fait la seconde estimation, qui, rapprochée de celle qui a eu lieu au commencement, indique s'il y a perte dans le troupeau, et que le preneur est tenu de payer au bailleur la moitié de cette perte ; dans le cours du bail, le preneur n'a jamais rien à payer pour cette cause, et les pertes partielles qui peuvent survenir alors l'obligent seulement à laisser le croît s'accumuler pour recompléter le troupeau. On conçoit, au surplus, qu'au moyen des deux estimations du commencement et de la fin du bail, ce n'est pas d'après le nombre des bêtes, mais d'après leur valeur, que se calcule le profit ou la perte (art. 1804, I ; 1806-1810, I et II ; 1817, I).

LVII. — La triste position des chepteliers commandait au législateur de les protéger énergiquement contre la dureté des propriétaires qui eussent pu abuser de leur misère. Aussi le Code prohibe comme immorale toute clause dont l'objet serait : 1° de faire supporter au preneur la perte totale arrivant par cas fortuit et sans sa faute ; 2° de lui faire supporter dans la perte une part plus grande que dans le profit ; 3° d'autoriser le bailleur à prélever, en fin de bail, rien de plus que le troupeau qu'il a fourni ; 4° enfin, d'enlever au preneur, pour l'attribuer au bailleur, tout ou partie des laitages, fumiers et travaux des animaux. Il est vrai que la proscription de cette dernière clause ne se manifeste dans le Code qu'implicitement, et non par une disposition expresse, comme pour les précédentes ; mais comme la clause était précisément celle qu'il importait le plus d'interdire (les laitages étant ce qui fournit au malheureux cheptelier son pain quotidien), qu'elle a toujours été proscrite, même dans celui des anciens systèmes qui admettait telle autre clause aujourd'hui prohibée, il faut bien reconnaître que si le Code n'en a pas spécialement formulé la proscription, c'est précisément parce qu'elle ne lui paraissait pas pouvoir être douteuse, et qu'elle résultait bien suffisamment, soit des traditions de l'ancien droit, soit aussi de la combinaison de nos différents textes (1811, I).

La présence d'une clause prohibée n'entraîne pas, bien entendu, la nullité du contrat entier, puisque *utile per inutile non vitiatur;* mais il est clair que cette clause est nulle complétement et qu'il faut en faire abstraction pour y substituer la règle de droit commun à laquelle elle dérogeait (*ibid.,* II).

Les clauses non prohibées restant permises, on peut donc stipuler que le bailleur prendra dans le croît et les laines une part plus grande que le preneur, pourvu, bien entendu, que les parts soient les mêmes dans la perte. Il est évident, au surplus, que, quelle que soit la proportion des parts, le preneur ne peut jamais faire la tonte des laines sans avertir le bailleur (*ibid.,* I et 1814).

Il est évident aussi que des clauses très-avantageuses pour le preneur ne seront jamais illicites tant qu'elles n'auront rien de contraire aux principes généraux; que le preneur, de même que les laines, aurait aussi les crins, poils, duvets, que peuvent procurer les animaux soumis au cheptel, et que son droit au labeur de ces animaux ne lui permettrait pas de les faire travailler pour d'autres (1811, III).

LVIII. — Aucune des parties, on le conçoit, ne peut disposer, à quelque titre que ce soit, au préjudice de l'autre, d'aucune des bêtes du troupeau, ni du croît non encore partagé; mais, néanmoins, l'aliénation qui en serait faite indûment serait protégée, pour l'acquéreur mis en possession et de bonne foi (c'est-à-dire dans l'ignorance de l'existence du bail), par la règle qu'en fait de meubles possession vaut titre. Hors ce cas, les acquéreurs du bailleur lui-même seraient tenus de respecter le droit du preneur, par analogie de l'art. 1743. Du reste, de ce que l'une des parties ne peut disposer d'aucune bête sans le consentement de l'autre, il n'en faut pas conclure, comme le fait à tort un auteur, qu'elle ne pourrait pas non plus contraindre cette autre partie à la vente qui serait reconnue utile ou obtenir des dommages-intérêts si le refus avait amené un retard préjudiciable. On dirait en vain que le bailleur étant propriétaire exclusif du troupeau, il ne saurait être contraint à aliéner tout ou partie de sa chose malgré lui. La qualité de propriétaire ne donne pas le droit de manquer à ses obligations; or le bailleur, en contractant le bail, s'est obligé de procurer au preneur tous les avantages que peut donner l'exploitation convenable du cheptel, et à laisser s'accomplir toutes les mesures que la bonne administration de ce cheptel peut rendre nécessaires ou utiles (1812, n°s I-III).

LIX. — Quand le cheptelier à qui le bailleur livre son troupeau est le fermier ou métayer d'un autre propriétaire, le bailleur doit notifier son contrat de cheptel à celui-ci, afin qu'il sache que le troupeau n'appartient pas à son fermier; autrement ce propriétaire aurait droit, le cas échéant, de le faire vendre comme le reste du mobilier garnissant sa ferme. Peu importe, au surplus, comment se fait la notification; tout ce qu'il faut, c'est que le propriétaire de la ferme soit renseigné à cet égard, et on reconnaît avec raison que quand même il n'aurait pas été prévenu par le bailleur du cheptel, il serait encore sans droit sur le troupeau, s'il avait autrement connu l'état des choses. Et ce que la loi dit pour le cas où le cheptelier est déjà, au moment même du contrat, locataire du

domaine appartenant au tiers s'appliquerait de même au cas où le cheptelier ne deviendrait que postérieurement à la formation du contrat de
cheptel locataire de ce domaine; car il est, d'une part, tout naturel
pour le bailleur d'immeuble de regarder comme appartenant à son locataire, jusqu'à déclaration contraire, tout ce dont celui-ci garnit les lieux
à son entrée, et il n'est pas moins naturel au bailleur à cheptel de surveiller son cheptelier dans le cours du bail, et c'est à lui, quand il le
voit prendre l'exploitation d'un corps de ferme sur lequel il va porter
le troupeau, de s'empresser d'en prévenir le propriétaire (art. 1813).

LX. — La durée du bail à cheptel est celle dont les parties sont convenues; à défaut de convention, la loi la fixe à trois ans. Il suit de là
que, dans le cas de tacite réconduction, c'est ce terme de trois ans qui
serait applicable. Il est vrai que cette solution est fort controversée, et
qu'en regard de deux auteurs qui l'admettent, les autres proposent divers systèmes contraires et veulent que la durée du bail nouveau soit
celle du bail primitif selon ceux-ci, celle qu'indique l'usage des lieux
selon ceux-là, d'un an selon d'autres; mais aucun de ces systèmes n'est
admissible, car le bail résultant d'une tacite réconduction est un bail
fait sans convention sur sa durée; et la loi, écartant ici le recours à
l'usage des lieux et tout autre terme quel qu'il soit, déclare formellement qu'à défaut de convention sur la durée, cette durée sera de trois
ans (1815, 1816, n° I).

Rien, au surplus, n'empêche de stipuler aujourd'hui que le bail
pourra se résilier, avant les trois ans, par la seule volonté de telle des
parties. Autrefois, alors que, d'une part, cette clause eût mis la seconde
partie à la discrétion de la première pour toujours (parce qu'il n'existait
pas de terme légal), et qu'elle eût été d'ailleurs (par suite des bases
sur lesquelles on procédait au règlement de compte) un moyen pour le
stipulant (ordinairement le bailleur) d'obtenir le troupeau pour le prix
qu'il en voudrait donner, une pareille stipulation ne pouvait pas être
autorisée; mais aujourd'hui que ces inconvénients n'existent plus, il
n'y a ni raison ni prétexte pour la prohiber, et c'est avec raison que le
Code ne l'a pas défendue (ibid., II).

Il va sans dire enfin que le bail à cheptel peut, comme tout autre
contrat synallagmatique, être résolu pour inexécution des obligations
d'une des parties; mais il ne finit point, comme l'enseigne à tort un auteur, par la mort du preneur. En vain on invoque à cet égard la règle
relative aux sociétés, puisque cette règle entraînerait résolution pour la
mort du bailleur lui-même, ce qu'on reconnaît inadmissible. Autrefois
déjà, quand on ne reconnaissait pas à notre contrat le caractère de
louage, la mort du preneur ne le dissolvait pas plus que celle du bailleur; à plus forte raison en est-il ainsi aujourd'hui dans la nouvelle
théorie du Code (ibid., III).

SECTION II.
DU CHEPTEL A MOITIÉ.

LXI. — Le cheptel à moitié, ainsi nommé parce que chaque partie y fournit la moitié du fonds de bétail, diffère du précédent quant aux effets : 1° en ce que la perte totale, comme la perte partielle, y est supportée en commun; 2° en ce qu'on ne peut pas y stipuler que le bailleur aura plus de moitié dans le croît et les laines.

Sauf ces deux points, il suit toutes les règles du cheptel simple (1819, 1820).

LXII. — Remarquons toutefois que si le cheptel simple ou le cheptel à moitié étaient livrés au fermier ou métayer du bailleur, il deviendrait permis d'y stipuler soit que ce bailleur prendra plus de moitié du croît et des laines, soit qu'il prendra part aux laitages, fumiers et labeurs (rubr. de la sect. IV).

SECTION III.

DU CHEPTEL A MÉTAIRIE.

LXIII. — Le cheptel à métairie n'est que l'accessoire du bail de la métairie elle-même, et le métayer y prend la moitié des gros profits, en même temps que la totalité des laitages, fumiers et labeurs, comme la moitié des autres fruits du domaine. — Il diffère du cheptel simple livré à un étranger sur trois points. On peut y stipuler, en effet : 1° que le bailleur aura la moitié des laitages; 2° qu'il aura plus de moitié dans les profits du troupeau, et notamment que le preneur lui abandonnera sa part des laines pour un prix inférieur à leur valeur ordinaire; puis enfin, 3° il serait réputé fait, à défaut de convention à cet égard, non pas pour trois ans, mais pour la durée du bail à métairie, dont il est l'accessoire. — Il ne diffère du cheptel simple qui serait donné au métayer lui-même que pour le dernier de ces trois points, et il reçoit d'ailleurs toutes les autres règles de ce cheptel simple (1877-1830).

SECTION IV.

DU CHEPTEL IMPROPREMENT DIT.

LXIV. — Ce contrat, qui n'est pas précisément un cheptel (puisqu'il ne porte pas sur un corps de troupeau, sur une universalité de bêtes), mais qui participe comme lui du louage et de la société, a pour objet une ou plusieurs vaches, que le preneur s'oblige à loger, nourrir et soigner, en nourrissant aussi leurs veaux jusqu'à l'âge de trois à quatre semaines, et dont il gagne les laitages et fumiers, sans participer à la perte des vaches. Le traitement des animaux en cas de maladie est à la charge du bailleur.

A défaut de convention sur la durée du bail, chaque partie peut rendre ou reprendre les vaches quand bon lui semble, pourvu que ce ne soit pas en temps inopportun (art. 1831).

FIN DU TOME SIXIÈME.

TABLE DES MATIÈRES

EXPLIQUÉES DANS LE SIXIÈME VOLUME.

FIN DE LA TABLE.

PARIS. — TYPOGRAPHIE DE J. BEST,
rue des Missions, 15.

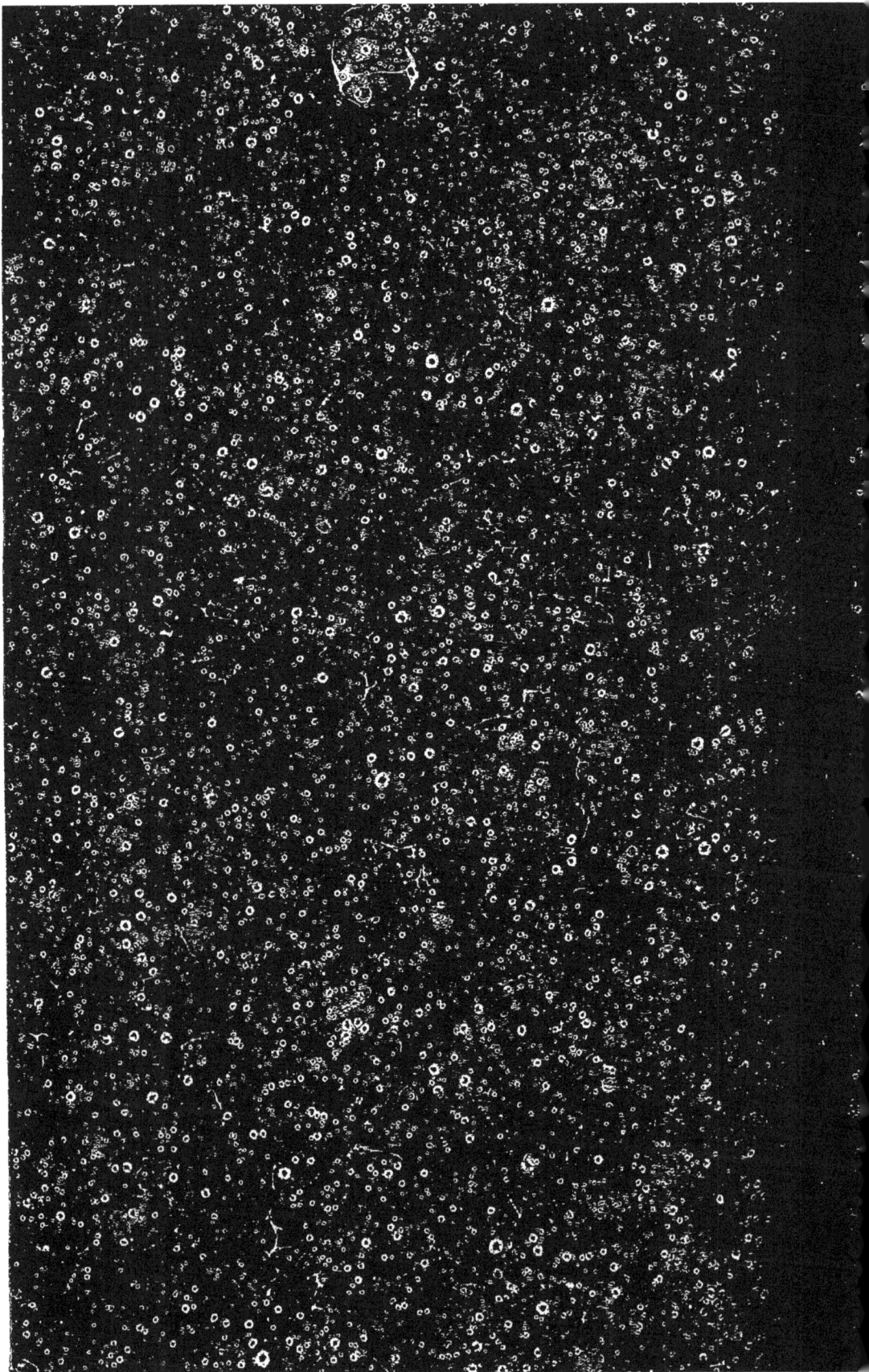

www.ingramcontent.com/pod-product-compliance
Lightning Source LLC
Chambersburg PA
CBHW060840220326
41599CB00017B/2346